ANNA KNON · DAS MANUSCRIPTUM HAUSHALTUNGSBUCH

ANNA KNON

Das Manuscriptum Haushaltungsbuch

MANUSCRIPTUM

ISBN 978-3-933497-15-4

© Manuscriptum Verlagsbuchhandlung
Thomas Hoof KG · Waltrop und Leipzig
Gestaltung: Helmut Pöppel, Peiting
Einbandgestaltung: Achim Schmidt, Waltrop
4., gegenüber der 3. unveränderte Auflage 2011

Inhalt

Vorwort

Es gibt wohl kaum einen Bereich, der so vielfältig ist wie die Hauswirtschaft. Vom Wissen über Lebensmittel, gesunde Ernährung, Technik im Haushalt, Haus- und Textilpflege, Kinderbetreuung bis hin zu Umweltschutz und Wirtschaftslehre reicht die Palette, die die Hausfrau bzw. der Hausmann im Alltag bewältigen muß.

Selbst bei großer Erfahrung kann das breite Wissen nicht stets parat sein. Dieses Buch soll daher ein Nachschlagewerk sein für diejenigen, die bereits eine hauswirtschaftliche Ausbildung absolviert haben; darüber hinaus soll es ein Ratgeber sein für alle, die sich noch wenig mit Hauswirtschaft befaßt haben. In kompakter Form gibt es Antwort auf täglich wiederkehrende Fragen und erleichtert anstehende Entscheidungen. Alle Bereiche der Hauswirtschaft sind ausführlich beschrieben. Besonderer Wert wurde auf praxisnahe Darstellung mit zahlreichen Ratschlägen und nützlichen Hinweisen gelegt. Die theoretischen Grundlagen wurden bewußt knapp gehalten und sind nur in dem Umfang behandelt, wie sie für das Verständnis wichtiger Zusammenhänge notwendig sind, z. B. die Bedeutung der Ernährung für die Gesundheit.

Grundlegend sind die Kapitel »Geld, Wirtschaft und Recht« sowie »Arbeit«. Im Abschnitt »Geldwirtschaft« wird die Rolle der haushaltsführenden Person im Bereich des Einkommens und der Geldverwendung abgesteckt, denn nur, wenn beide Bereiche bewußt wahrgenommen werden, können die Ziele der Haushaltsführung mit Zukunftsplänen und Einkommensentwicklung harmonisch abgestimmt werden.

Die tägliche Arbeit darf aber nicht nur im Hinblick auf die finanzielle Lage gesehen werden, sondern auch auf die eigene Leistungsfähigkeit. Wie Arbeitserledigung und Erhaltung der körperlichen Gesundheit in Einklang gebracht werden können, ist im Kapitel »Arbeit« anhand vieler Beispiel dargestellt.

Besonders hervorzuheben ist der Abschnitt »Umweltschutz«. Zwar wird von vielen Organisationen und den Medien eine wahre Informationsflut geboten, doch meist nur für einzelne Bereiche. In diesem Buch ist der Bereich Umweltschutz im Haushalt umfassend behandelt.

Als Autorin danke ich allen herzlich, die mich bei der Erarbeitung des Buches unterstützt haben.

Anna Knon

Vorwort zur 3. Auflage

Seit dem Erscheinen der 1. Auflage 1997 haben sich auch auf den vielen Feldern dessen, was zur Hauswirtschaft gehört, zahlreiche neue Tendenzen, Entwicklungen, Erkenntnisse und Regelungen ergeben, die eine umfassendere Überarbeitung des Werkes erforderlich machten, um es für die Nutzer wieder auf den aktuellen Stand zu bringen. Schwerpunkte waren dabei die Bereiche Lebens-

mittel und gesunde Ernährung, der Gesichtspunkt der Nachhaltigkeit, vor allem beim Einkauf, sowie der Komplex Technik im Haushalt.

Verlag und Autorin hoffen, daß das Interesse am überarbeiteten Werk genauso intensiv und anhaltend bleiben möge wie an den beiden vorhergehenden Auflagen.

Die Bedeutung der Hauswirtschaft

Hauswirtschaft hat leider kein sehr hohes Ansehen in unserer Gesellschaft – obwohl sie jeder braucht und nutzt. Die Bedeutung der Hauswirtschaft wird erst sichtbar, wenn sie ausfällt, nicht funktioniert. Dann sind Wäscheberge und eine ungepflegte Wohnung noch das kleinere Übel. Sichtbar wird fehlendes Management im Haushalt auch in desolater Finanzlage durch falsche Geldeinteilung bzw. -verwendung sowie in gesundheitlichen Beschwerden durch falsche oder einseitige Ernährung. Aber auch auf den ersten Blick nicht sichtbare Dinge sind auf eine funktionierende Hauswirtschaft zurückzuführen, z. B. das Wohlbefinden im privaten Rückzugsbereich, den jeder braucht, um seine Leistungsfähigkeit zu erhalten.

Hauswirtschaft ist also mehr als Kochen, Putzen, Waschen, und sie ist keineswegs reine Privatsache, sondern hat Auswirkungen auf die ganze Gesellschaft. Die enormen Kosten im Gesundheitswesen sind nicht zuletzt darauf zurückzuführen, daß die meisten Krankheiten durch Fehlernährung zustande kommen. Auch im Bereich des Umweltschutzes können private Haushalte viel leisten, aber auch großen Schaden anrichten. Nicht zuletzt ist auch die Erziehungsarbeit, die in den Familien geleistet wird, eine wichtige gesellschaftliche Aufgabe; hier lernen Kinder Arbeits- und Sozialverhalten.

Legt man nur den sehr niedrigen Nettostundensatz von sieben Euro zugrunde, der schon manches über die Wertschätzung der Hausarbeit aussagt, so betrug im Jahr 2001 der Wert der unbezahlten Haushaltsarbeit laut Statistischem Bundesamt rund 684 Milliarden Euro, die sich auf fast 100 Milliarden Arbeitsstunden verteilen. Die Führung des Haushalts ist in jeder Weise einer beruflichen Vollzeittätigkeit vergleichbar, ja im Anspruch nicht selten höher anzusetzen, denn Hauswirtschaft ist eine wichtige Managementaufgabe, die ein sehr breites Spektrum an Wissen und Fertigkeiten verlangt.

Geld, Wirtschaft und Recht

1. MANAGEMENT

Alle Aufgaben, die die Leitung eines Betriebes, in diesem Fall des Haushalts, umfaßt, bezeichnet man als Management. Alle anfallenden Aufgaben im Haushalt optimal miteinander zu kombinieren, sie termingerecht und gut auszuführen, ist eine anspruchsvolle Aufgabe. Kennzeichnend für das Management im Haushalt ist große Flexibilität. So können beispielsweise fest eingeplante Aufgaben nicht ausgeführt werden, wenn ein Kind krank wird oder wenn überraschend Gäste kommen.

Es gibt allerdings auch Schwankungen im Haushalt, die über Jahre hinweg vorgezeichnet sind. Dazu gehört die Veränderung des Haushalts entsprechend dem Familienzyklus.

FAMILIENZYKLUS

Bestimmte Entwicklungen sind bei fast allen Familienhaushalten zu beobachten; man nennt das den Familienzyklus.

Gründungsphase:

Der Familienzyklus beginnt mit der Entscheidung zweier Menschen, eine Lebensgemeinschaft einzugehen. Beide Partner können voll arbeiten, das Einkommen ist entsprechend hoch. Man kann sparen.

Aufbauphase:

Kinder werden geboren, eine zweite Generation lebt mit im Haus. Wegen der Kinderbetreuung kann ein Partner nicht mehr oder nur noch stundenweise einer Erwerbstätigkeit nachgehen. Meist ist das die Frau. Der Geldbedarf der jungen Familie steigt.

Stabilisierungsphase:

Die Kinder werden größer und selbständiger. Die Ausgaben des Haushalts steigen mit dem Alter der Kinder weiter an.

Abbauphase:

Die Kinder gehen in die Ausbildung, sind nur noch teilweise zu Hause. Der Geldbedarf des Haushalts nimmt ab, weil die Kinder bereits eigenes Geld dazuverdienen.

Auslaufphase:

Die Kinder ziehen aus und gründen eigene Familien. Der Geldbedarf des Haushalts sinkt. Nachdem nun die Eltern bereits das Rentenalter erreicht haben, steht wieder mehr Zeit zur Verfügung.

1.1. Managementaufgaben

Bedürfnisse und Bedürfnisbefriedigung

Die Leistungen des Haushalts sind darauf ausgerichtet, die Bedürfnisse der Haushaltsmitglieder zu befriedigen. Welche Bedürfnisse haben wir? Es sind Grundbedürfnisse wie Essen, Trinken, Schlafen, Schutz vor Kälte, aber auch soziale Bedürfnisse nach Anerkennung, Selbständigkeit, Geborgenheit, Entfaltung der Persönlichkeit und geistige Bedürfnisse nach Bildung, Interesse an Kultur und Kunst.

Wird ein Bedürfnis erkennbar, versucht der Haushalt, die entsprechende Leistung zur Verfügung zu stellen. Ziel ist es, möglichst viele Bedürfnisse mit dem verfügbaren Einsatz an Zeit und Geld zu befriedigen.

Die nötigen Mittel (Arbeitszeit und Geld) sind nicht immer ausreichend vorhanden. Deshalb ist eine wichtige Aufgabe der Haushaltsführung, Bedürfnisse und verfügbare Mittel aufeinander abzustimmen. Welche Wünsche als besonders dringlich empfunden werden, ist von Haushalt zu Haushalt verschieden. Eine Familie legt Wert auf gutes Essen, einer anderen ist ein komfortables Auto wichtig, eine dritte will ein Haus erwerben. So muß sich die Verteilung der Haushaltsausgaben nach den jeweiligen Bedürfnissen richten. Weil Geld nicht unbegrenzt zur Verfügung steht, gilt ein einfacher, aber oft verdrängter Grundsatz: Alles zusammen geht nicht; es müssen Entscheidungen getroffen werden.

Arbeitszeit ist ebenfalls nicht unbegrenzt verfügbar. Es gilt abzuwägen, welche Bedürfnisse der Familie wirklich wichtig sind. Wird Wert auf gebügelte Unterwäsche gelegt? Sind selbsthergestellte Marmelade, ein blitzender Fußboden oder häufige Einladungen wichtig? Alles zusammen kann die Hausfrau nicht schaffen.

Arbeitszeit und Geld sind gegeneinander austauschbar. Für Geld können viele Dienstleistungen gekauft werden, z. B. Bügeln, Kochen, Nähen. Einen Haushalt, bei dem ein großer Teil der Tätigkeiten ausgelagert sind und durch Dritte erledigt wird, nennt man Vergabehaushalt. Für den eigenen Haushalt das richtige Maß zwischen Eigenleistung und Vergabe zu finden ist eine

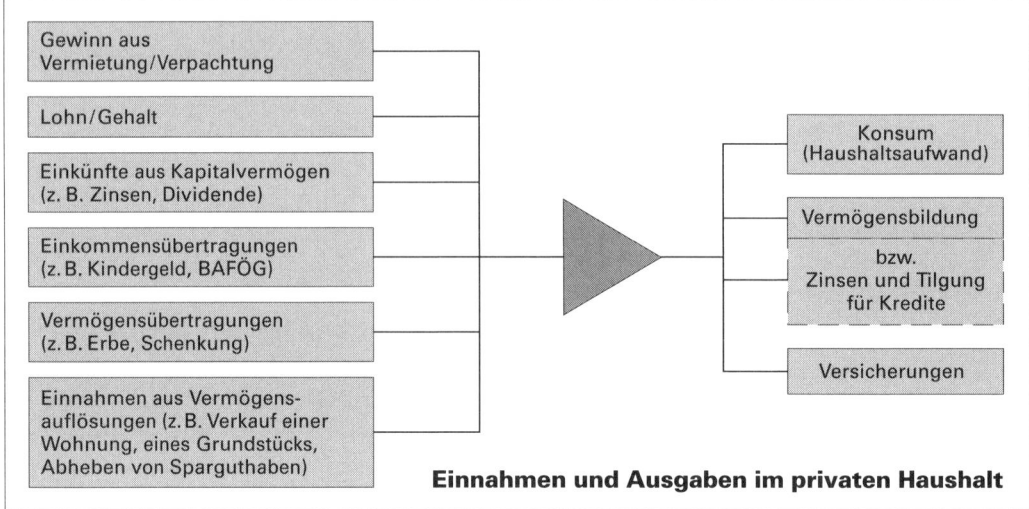

Gewinn aus Vermietung/Verpachtung

Lohn/Gehalt

Einkünfte aus Kapitalvermögen (z. B. Zinsen, Dividende)

Einkommensübertragungen (z. B. Kindergeld, BAFÖG)

Vermögensübertragungen (z. B. Erbe, Schenkung)

Einnahmen aus Vermögens- auflösungen (z. B. Verkauf einer Wohnung, eines Grundstücks, Abheben von Sparguthaben)

Konsum (Haushaltsaufwand)

Vermögensbildung bzw. Zinsen und Tilgung für Kredite

Versicherungen

Einnahmen und Ausgaben im privaten Haushalt

wesentliche Aufgabe der Haushaltsführung. Wer sich seiner Bedürfnisse bewußt ist, kann Finanzen und Arbeitskraft entsprechend einteilen.

Finanzen und Finanzplanung

Die voraussichtlichen Ausgaben Ihres Haushalts können im Haushaltsbudget zusammengestellt werden. Das sollte auf jeden Fall geschehen, wenn
- ein Haushalt neu gegründet wird
- Investitionen anstehen
- Änderungen in der Familie bevorstehen, z. B. Familienzuwachs
- Meinungsverschiedenheiten über die Höhe des Haushaltsgeldes bestehen.

Um seine Ausgaben zu planen, muß man seine Einnahmen kennen.

EINNAHMEN

Zum Einkommen der Familie gehören
- Lohn bzw. Gehalt
- Gewinn aus Vermietung und Verpachtung
- Einkünfte aus Kapitalvermögen (Zinsen)
- Einkommensübertragungen (Kindergeld, BAföG, Steuerrückerstattungen)
- Vermögensübertragungen (Schenkung, Erbe)
- Einnahmen aus Vermögensauflösungen, z. B. Verkauf von Grundstücken, Abheben von Sparguthaben, Auszahlungen von Versicherungen).

EINKOMMENSVERWENDUNG

Die Einkommensverwendung teilt sich in die drei großen Bereiche Haushalt (Konsum), Vermögensbildung und Kreditabzahlung auf. Gerade der Bereich Vermögensbildung sollte nicht dem Zufall

überlassen bleiben nach dem Motto »Was übrigbleibt, kommt auf die hohe Kante«. Wesentlich effektiver sind gezielte, d. h. regelmäßige Rücklagen, die fest eingeplant sind. Wer Vermögen in Form von Immobilien ansteuert, spart üblicherweise einen Grundstock für den Kauf an. Der Rest wird durch Kredite finanziert, die evtl. steuermindernd angesetzt werden können. So gesehen, dient ein Kredit auch der Vermögensbildung. Anders verhält es sich dagegen, wenn es sich um einen sogenannten Konsumkredit handelt, der z. B. für Möbel, Auto oder Urlaub verwendet wird. Solche Konsumkredite sollten absolute Ausnahmen bleiben, denn sie bedeuten nichts anderes als ein Sparen im Nachhinein. Der Konsum, d. h. der Kauf eines Konsumgutes, ist bereits vorweggenommen. Konsumgüter dienen nicht der Vermögensbildung.

AUSGABEN

In einem zweiten Schritt sollte man sich einen Überblick über die festen Ausgaben verschaffen.

Praktische Hinweise:

- *Vermerken Sie den jeweils zu zahlenden Betrag in der Spalte »monatlich«, »vierteljährlich«, »halbjährlich« oder »jährlich« und errechnen Sie den Jahresbetrag. Wenn Sie die erforderlichen Summen immer rechtzeitig zurücklegen, kommen Sie am Fälligkeitstermin nicht in Zahlungsschwierigkeiten.*
- *Nun erstellen Sie Ihren persönlichen Ausgabenplan. Veranschlagen Sie eine bestimmte Summe für die einzelnen Ausgabeposten. Bei der Verteilung des Geldes werden immer zuerst die not-*

Feste Ausgaben

Feste Ausgaben	Zahlungen				€/Jahr
	Monatlich	Viertel-jährlich	Halb-jährlich	Jährlich	
Miete Müllabfuhr Kanalgebühren Grundsteuer					
Rundfunk-, Fernsehgebühr, Zeitungen, Zeitschriften					
Vereinsbeiträge Kindergarten . . . . Unterhaltsleistungen Internat					
Taschengelder Kfz-Versicherung Kfz-Steuer					
Haftpflichtversicherung Rechtsschutz Hausratversicherung					
Lebensversicherung Ausbildungsversicherung Bausparvertrag Sonstige Sparverträge Kredittilgungen					
Gesamtausgaben					

wendigen, dann die wünschenswerten Ausgaben berücksichtigt. Legen Sie auch einen Betrag für die Vermögensbildung bzw. Vorsorge zurück.
- *Nach Ablauf des Monats können Sie gut vergleichen, ob sich Ihre Planung mit den tatsächlichen Ausgaben deckt. Vielleicht wird es notwendig, die vorgesehenen Summen nach oben oder unten abzuändern.*

Aktenführung

Damit die Haushaltsführung übersichtlich bleibt und Vorgänge nachvollziehbar sind, müssen schriftliche Unterlagen geordnet werden. Die »Ablage« von Verträgen, Rechnungen und Kontoauszügen in Schuhkartons gehört der Vergangenheit an. Wie Firmen oder Vereine sollten auch Haushalte Akten anlegen.

Personalakte für jedes Haushaltsmitglied:
Geburtsurkunde, Taufschein, Heiratsurkunde, Impfscheine, Zeugnisse, Ausbildungsbescheinigungen, Anstellungsverträge, Mitgliedschaften.

Veränderliche Ausgaben

Datum:	1.	2.	3.	...	31.	Tatsächliche Ausgaben gesamt	Vorgesehene Ausgaben
Ausgaben							
Lebensmittel							
Putz- und Waschmittel							
Hausrat, Einrichtung							
Kleidung							
Körperpflege							
Kommunikation (Telefon, Internet, Post, Schreibmaterial)							
Verkehr, Auto							
Aus- und Fortbildung							
Freizeit, Unterhaltung							
Geschenke							
Spenden							
Taschengeld							
Verpflegung außer Haus							
Sonstiges							
Gesamtausgaben							

Monat: ....

Haushaltsakte:
Kaufverträge, Mietverträge, Grundrisse, Rechnungen für Strom, Wasser, Heizung, Telefon, Radio und Fernsehen.

Geräteakte:
Rechnungen, Gebrauchsanweisungen, Kundendiensthefte, Reparaturrechnungen für alle Geräte und Maschinen in einem Register: Waschmaschine, Küchenmaschine, Kaffeemaschine ...

Kfz-Akte:
Kaufvertrag, Kfz-Brief, Steuerbescheid, Versicherungen, TÜV, Reparaturrechnungen, Benzinrechnungen.

Versicherungsakte:
Verträge, Versicherungsbedingungen, Zahlungen, Leistungen, sonstiger Schriftverkehr.

Behördenakte:
Steuerbescheide, Einkommens- oder Lohnsteuerausgleich, Kindergeld, kommunale Abgaben.

Geldakte:
Gehaltsmitteilungen, Bankauszüge, Daueraufträge, Kredite, Geldanlagen.

Praktischer Hinweis:

- *Durchforsten Sie die Unterlagen einmal jährlich und sortieren Sie Überflüssiges und Veraltetes aus.*

Mehr raus als rein?

Die Verschuldung privater Haushalte hat in den vergangenen Jahren bedenkliche Ausmaße angenommen. In Westdeutschland sind rund 7 % der Privathaushalte überschuldet, in Ostdeutschland 11 %; Tendenz steigend. Es wurde also mehr ausgegeben als eingenommen. Schuld daran sind zum einen das riesige Warenangebot, das tausenderlei Bedürfnisse weckt, zum anderen die Tatsache, daß Konsum als Statussymbol gilt. Zahlungsmodalitäten wie Kreditkarten, Schecks und Einzugsermächtigungen tragen dazu bei, daß mancher Konsument den Überblick über seine Ausgaben verliert.
Vor finanzieller Misere schützen folgende Überlegungen:

Ordnung halten:
Sämtliche Rechnungen, Belege, Lieferscheine, Garantiescheine, Versicherungspolicen übersichtlich geordnet aufheben. Ideale Ordnungseinrichtung sind Hängeregister-Taschen. Darin geht kein

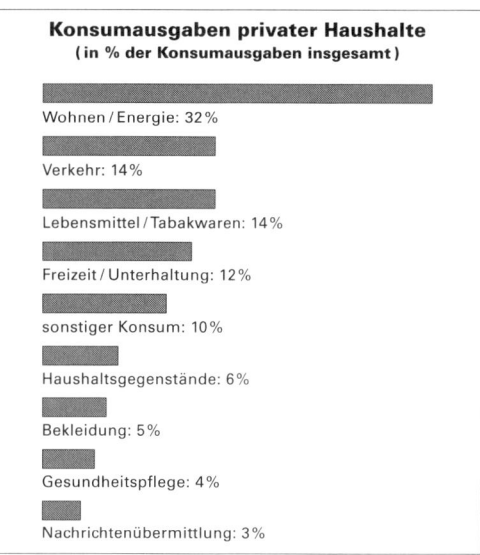

Konsumausgaben privater Haushalte
(in % der Konsumausgaben insgesamt)

Wohnen / Energie: 32 %

Verkehr: 14 %

Lebensmittel / Tabakwaren: 14 %

Freizeit / Unterhaltung: 12 %

sonstiger Konsum: 10 %

Haushaltsgegenstände: 6 %

Bekleidung: 5 %

Gesundheitspflege: 4 %

Nachrichtenübermittlung: 3 %

noch so kleiner Beleg verloren. Genügend Taschen anlegen, damit gut unterteilt werden kann.

Einnahmen und Ausgaben überblicken:
- Welches Einkommen steht netto zur Verfügung einschließlich Sonderzulagen, Kindergeld, Mieteinnahmen?
- Welche Ausgaben sind fix, z. B. Miete, Abschlagszahlungen für Strom, Wasser, Heizung?
- Welche Ausgaben kommen regelmäßig jährlich auf den Haushalt zu, z. B. Versicherungen, Grundsteuer?
- Welche Anschaffungen müssen in nächster Zeit gemacht werden, z. B. neue Waschmaschine, Auto? Bis wann sind diese Ausgaben fällig?
- Welche Anschaffungen müssen notfalls auch unvorhergesehen sofort getätigt werden, z. B. Totalausfall der Gefriertruhe, Reparatur der Heizung?

Geht man diese Fragen ehrlich und schriftlich regelmäßig durch, stellt sich schnell heraus, wieviel Geld für andere Ausgaben bzw. für die Vermögensbildung noch zur Verfügung steht.

Wo kann gespart werden?
Sparen ist Übungssache: Wer sich bei allem, was er kauft, vor allem auch bei kleinen Beträgen, überlegt, ob er ein Produkt wirklich braucht, wird merken, daß man vieles nicht braucht. Gerade in Haushalten, in denen mit 10- und 20-Euro-Beträgen achtlos umgegangen wird, ist finanzieller Frust vorprogrammiert. Gesehen wird nämlich nicht, daß das Geld kleinweise verpulvert wird, sondern nur, »daß man sich ohnehin nichts Großes leistet und leisten kann«. Wer Geld sparen will bzw. muß, sollte sich vor jedem Kauf folgende Fragen stellen:

– Muß ich diese Ware unbedingt haben?
– Welche Kosten kommen in der Folge auf mich zu, z. B. Versicherung und Steuer für ein größeres Auto, Stromkosten für ein Elektrogerät, Futter- und Tierarztkosten für ein Haustier, Honorar für Übungsstunden an einem Musikgerät oder -instrument, Mindestumsatz bei Telefonanbieter, teure Druckerpatronen für den Drucker des Computers, teure Klingeltöne für das Handy?
– Kann ich mir das Gerät bzw. die Maschine auch ausleihen, z. B. Shampooniergerät für Teppiche, Häcksler für Gartenabfälle?
– Wie oft wird das Produkt im Haushalt benötigt, z. B. Einkochautomat, Saftzentrifuge, Küchenmaschine, Computer, Bezahlfernsehen (Pay-TV)?
– Ist der Haushalt überversichert? Klopfen Sie Ihre Versicherungsverträge daraufhin ab, was wirklich notwendig ist. Überflüssige Versicherungen nicht abschließen bzw. kündigen.

Keine Panik bei Schulden!
– Gehen Sie nicht zu Kredithaien. Sie bieten »ewig« laufende Kreditverträge mit sehr geringen Ratenzahlungen an, bei denen jedoch im Laufe des Jahres horrende Zinsen anfallen.
– Zahlen Sie die Miete auf jeden Fall. Wer die Miete nicht bezahlt, verliert die Wohnung und damit oft auch die Arbeitsstelle. Aus diesem Teufelskreis ist schwer wieder herauszukommen.
– Nehmen Sie Hilfe in Anspruch, bereits bevor Sie in der Klemme stecken! Staatliche Beratungsstellen helfen professionell weiter. Anlaufstelle ist die Private Schuldnerberatung (zu erfahren über die Verbraucherzentralen).

1.2. Einkauf

Einkaufen – manchmal eine Qual, oft ein Vergnügen. Was schleppen wir nicht alles nach Hause! Das Sortiment reicht von Kondensmilch über Waschpulver bis hin zu Kaffeemaschine, Hautcreme, Spielzeug. Keller und Dachböden füllen sich, Müllberge türmen sich auf oder werden verbrannt.

Verbraucherwünsche

Das Verhalten des Konsumenten wird nicht nur von rationalem Handeln, sondern auch von Gefühlen bestimmt. Im Laufe der letzten Jahrzehnte haben sich die Wünsche der Verbraucher deutlich gewandelt: In den 50er Jahren herrschte der Bedarf an lebensnotwendigen Gütern vor, z. B. Lebensmittel und Bekleidung. In den 60er Jahren wurden verstärkt langlebige Gebrauchsgüter gekauft, z. B. Möbel. In den 70er Jahren stieg die Nachfrage nach

Gütern und Dienstleistungen im Freizeitbereich; die Feriensiedlungen in südlichen Ländern entstanden. In den 80er Jahren waren Unterhaltungselektronik und schönes Wohnen als große Ausgabebrocken erkennbar. Seit den 90er Jahren stiegen die Ausgaben für Luxusgüter in allen Bereichen.
In den letzten Jahren ist ein starker Anstieg der Ausgaben für Nachrichtenübermittlung festzustellen. Moderne Informations- und Kommunikationstechnologien haben sich in den privaten Haushalten durchgesetzt: Handy und Computer mit Internetanschluß sind zur Normalität geworden. Damit sind nicht nur Anschaffungskosten für die Geräte zu bewältigen, sondern auch Unterhaltskosten (zum Beispiel Druckerpatronen) sowie Internet- und Faxkosten, vielfach auch deutlich höhere Telefonkosten.
Mit der modernen Kommunikationstechnologie müssen Verbraucher auch auf neue Kostenfallen achten. Dazu gehören zum einen teilweise hohe Gebühren fürs Telefonieren per Handy – ein Problem, das nicht nur Familien mit Kindern gut kennen. Selbst das Klingeln des Telefons kann inzwischen (viel) Geld kosten, wenn man sich besondere Klingeltöne zulegt.
Böse Überraschungen kann auch das Surfen im Internet bringen. Mit tückischen Programmen wählt man sich unbemerkt in eine Verbindung ein, die zu horrenden Telefonkosten führt. Schützen kann man sich davor nur bedingt, denn Betrüger erfinden laufend neue Tricks, um Sicherheitseinrichtungen zu umgehen.

Werbung

Werbung dient der Verkaufsförderung. Der Konsument wird angesprochen, auf das Produkt aufmerksam gemacht. Dazu bieten sich viele Möglichkeiten an: Plakate, Anzeigen, Fernsehspots, Anordnung der Produkte im Supermarkt, Aufmachung des Produktes. Bild und Ton wecken Erwartungen und Sehnsüchte nach dem bestimmten Artikel. Vom Kauf des Produktes erhoffen wir uns neben seinem eigentlichen Verwendungszweck einen Nutzen, den die Werbung verspricht. Die Seife »S« macht uns nicht nur sauber, durch sie bekommen wir eine schöne Haut. Die Verwendung des Waschmittels »B« läßt uns eine gute Hausfrau und Mutter sein. Solche Aussagen kann man für fast jedes Produkt treffen. Andere Zusatznutzen sind z. B. Gesundheit, Männlichkeit, Weiblichkeit, Mut oder Prestige. Aufforderungen wie »Kommen Sie«, »Holen Sie sich« oder »Nimm« veranlassen uns zum Handeln, zum Kaufen. Ist der Wunsch erst einmal geweckt, ist es schwierig, sachlich zu entscheiden. Besonders Kindern fällt es schwer, den Verlockungen zu widerstehen. Fröhliche Lieder und phantasievolle, lustige Gestalten bringen ihnen das Produkt nahe. Eltern können ihren Kindern oft einen Wunsch nicht abschlagen, vor allem wenn das Produkt als gesund gilt. So haben Kinder einen großen Einfluß auf die Kaufentscheidung. Deshalb haben Produkte, die für Kinder entwickelt sind, wachsende Verkaufsraten zu verzeichnen.

Besitzen wir das betreffende Produkt, so sind wir nicht wunschlos glücklich, denn ein erfüllter Wunsch ist der Vater vieler Wünsche.

Ständig kommen neue Produkte auf den Markt, während vertraute verschwinden. Zusätzliche Artikel werden erfunden, von denen uns eingeredet wird, daß wir sie brauchen, obwohl wir bis heute ohne sie gut zurechtgekommen sind. Um »in« zu sein, kaufen wir jedoch die neuen Produkte – man will ja nicht als altmodisch gelten. So dreht sich das Konsumkarussell immer schneller.

Geschäfte

Durch das große Angebot und dessen ständige Veränderung haben sich auch die Einkaufsstätten geändert. Den »Tante-Emma-Laden« gab es eine Zeitlang kaum noch; mittlerweile werden in einzelnen Dörfern auf Initiative der Bewohner solche Läden wieder eingerichtet. Gerade auf dem Land sind Läden für ältere Menschen und Leute ohne Auto wichtig.

Bezüglich der Gestaltung der Geschäfte lassen sich in den letzten Jahren zwei Trends feststellen. Auf der einen Seite sind Discounter gefragt, wo hauptsächlich wegen des günstigen Preises eingekauft wird. Die Waren stehen in Kartons in den Regalen, Personal ist nur zum Nachfüllen der Ware da, nicht zur Kundenbetreuung. Meist ist das Warenangebot begrenzt; es werden nur Artikel angeboten, die einen bestimmten Umsatz bringen.

Den Gegensatz dazu stellen Fachgeschäfte und »Erlebniseinkauf« dar. Solche Geschäfte sind ansprechend gestaltet, bieten erstklassige Ware und Spezialitäten. Hier wird beim Einkauf nicht so sehr auf den Preis geachtet; das Angebot kann teuer sein. Der Einkauf in solchen Geschäften wird als Erlebnis, als vergnügliche Beschäftigung empfunden. Personal ist ausreichend vorhanden, das den Kunden berät und eine persönliche Beziehung aufbaut. Etwas Besonderes ist der Einkauf auf dem Bauernhof. Er vermittelt dem Städter eine ihm fremde Welt. Kinder dürfen vielleicht Tiere streicheln und die Arbeit im Stall miterleben. Der Einkauf wird zu einem Erlebnis für die ganze Familie. Außerdem sind Produkte direkt vom Erzeuger, vom Bauernhof, etwas Besonderes, weil sie absolut frisch sind. Die Zahl der Bauern, die ab Hof ihre Produkte verkaufen (Direkt- oder Selbstvermarkter), ist in den letzten Jahren sehr angestiegen,

auch die Palette der Produkte, die auf Höfen gekauft werden kann: Eier, Milch, Brot, Butter, Käse, Nudeln, frisches Obst und Gemüse, Frischfleisch, Wurstwaren, Säfte, Marmeladen, Liköre und andere Spezialitäten. Die häufigen Skandale bei Lebensmitteln haben dazu geführt, daß viele Verbraucher wieder Produkte wählen, bei denen sie die Herkunft genau kennen.

Bauernhöfe, die Produkte ab Hof verkaufen, haben entsprechende Hinweisschilder angebracht, z. B.

das Zeichen »Einkaufen auf dem Bauernhof« bzw. sind in Direktvermarkter-Verzeichnisse eingetragen. Diese sind bei Landwirtschaftsämtern, -kammern oder dem Bauernverband zu bekommen.

Vom Kauf bei Kaffeefahrten ist abzuraten. Zum einen fehlt die Möglichkeit, Preise und Qualität mit anderen Anbietern zu vergleichen, zum anderen ist die angebotene Ware oft völlig überteuert. Keinesfalls sollte man sich durch kostenlose Bewirtung, billige Busfahrt oder Werbegeschenke zu einem Kauf gedrängt fühlen.

Teleshopping: Der Kauf am Bildschirm ist praktisch, hat aber Tücken, denn häufig handelt es sich um Spontankäufe, bei denen Qualität und Preis nur wenig abgewogen bzw. beurteilt werden können. Wenn das gekaufte Produkt Mängel hat, muß es der Händler zwar zurücknehmen, doch der Aufwand ist groß. Erkundigen Sie sich vor dem Kauf über die Kosten eines Umtauschs bzw. Rücknahme, Versandkosten und Liefergebühren.

Einkaufen per Internet

Rund um die Uhr einkaufen ist per Internet möglich. Allerdings sollten einige Grundsätze beachtet werden:

❑ Vor der Bestellung die Allgemeinen Geschäftsbedingungen (AGB) lesen! Das kann zwar mühsam sein, aber hier findet man zum Beispiel, ob der Versender oder der Kunde die Versandkosten übernimmt, die Art und Weise der Zahlung, Lieferfrist, Mindestbestellwert, genaue Adresse des Anbieters. Vorsicht bei einem Anbieter, der in den AGB keinen Hinweis auf das gesetzliche Widerrufsrecht gibt! Der Einkauf per Internet gilt – mit einigen Ausnahmen – als Fernabsatzgeschäft, bei dem die bestellte Ware innerhalb von 2 Wochen ohne Angabe von

Gründen zurückgeschickt werden kann – ein Vorteil gegenüber dem Einkauf im Geschäft. Ab einem Bestellwert von 40 € muß der Händler die Rücksendekosten übernehmen, das heißt, man kann das Paket »unfrei« zurückschicken.

◻ Achten Sie darauf, daß der Anbieter eine übersichtliche Auftragsbestätigung per Ausdruck anbietet. Darauf müssen alle wichtigen Daten inklusive des Gesamtpreises genannt sein.

◻ Am sichersten ist die Zahlungsweise per Rechnung. Wenn die Ware nicht den Vorstellungen entspricht, muß man seinem schon bezahlten Geld nicht hinterherlaufen.

◻ Der Einkauf per Internet bietet Preisvergleiche, die beim herkömmlichen Einkauf nicht möglich wären. Achten Sie aber bei der Produktbeschreibung bzw. dem Produktfoto genau darauf, ob es sich tatsächlich um identische Produkte handelt – am Bildschirm kann man Unterschiede oft auf den ersten Blick nicht erkennen.

Versteigerungen im Internet

Sie sind beliebt, weil man so manches Schnäppchen machen kann. Allerdings kann man auch auf unseriöse Anbieter hereinfallen. Einige Tips für größere Sicherheit:

◻ Die Beschreibung der Ware genau lesen! Nicht immer stimmen Foto und angebotene Ware überein! Wenn etwas unklar ist, beim Anbieter nachfragen; bei unklarer Antwort ist es ratsam, sofort auszusteigen.

◻ Lesen Sie auch das Bewertungsprofil des Anbieters; es kann zwar auch manipuliert sein, gibt aber eine gewisse Sicherheit.

◻ Sobald Sie ein Gebot abgeben, entsteht ein wirksamer Kaufvertrag. Internet-Auktionen zählen nicht zu Fernabsatzgeschäften, das heißt, eine Rückgabemöglichkeit der Ware ist nicht gesetzlich verankert.

◻ Manche Auktionshäuser bieten die Möglichkeit, über eine Treuhand zu zahlen. Der Anbieter bekommt das Geld erst, wenn der Käufer den ordnungsgemäßen Erhalt der Ware bestätigt.

Verbraucherverhalten

Verbraucher achten zunehmend auf die Qualität, schauen aber dabei sehr wohl auf den Preis von Waren. Sparsamkeit ist in den verschiedenen Produktbereichen recht unterschiedlich ausgeprägt. Bei oft gekauften Waren, z. B. Benzin, Lebensmitteln, reagieren die Verbraucher auf Preiserhöhungen besonders empfindlich. Bei einmaligen oder seltenen Käufen, z. B. von Möbeln oder Auto, sind die Konsumenten viel großzügiger. Auch erhebliche Preiserhöhungen werden eher akzeptiert.

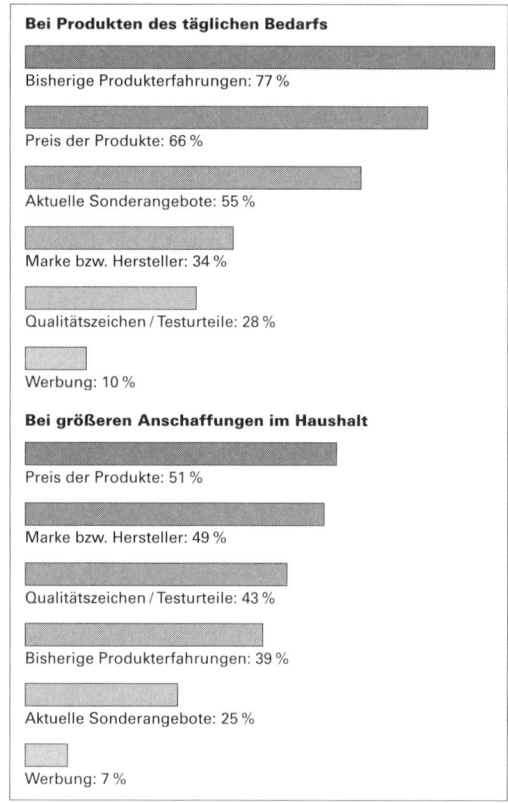

Bei Produkten des täglichen Bedarfs

Bisherige Produkterfahrungen: 77 %

Preis der Produkte: 66 %

Aktuelle Sonderangebote: 55 %

Marke bzw. Hersteller: 34 %

Qualitätszeichen / Testurteile: 28 %

Werbung: 10 %

Bei größeren Anschaffungen im Haushalt

Preis der Produkte: 51 %

Marke bzw. Hersteller: 49 %

Qualitätszeichen / Testurteile: 43 %

Bisherige Produkterfahrungen: 39 %

Aktuelle Sonderangebote: 25 %

Werbung: 7 %

Worauf der Verbraucher beim Einkauf achtet

Doch sollte man sich gerade bei solchen Gütern gründlich informieren, vergleichen und genau abwägen, ob beispielsweise eine Zusatzausstattung beim Auto durch günstigen Benzinkauf jemals wieder einzusparen ist. Manche Verbraucher neigen dazu, die Höhe des Kaufpreises als Zeichen für hohe Qualität zu betrachten. Informierte Käufer greifen auch zu Niedrigpreiswaren, denn sie trauen sich einen Qualitätsvergleich zu. Der Konsument sollte in der Lage sein, ein Angebot zu beurteilen. Dazu sind Warenkenntnisse und Preisvergleiche erforderlich.

Neutrale Informationen, z. B. von der Stiftung Warentest, sollten genutzt werden. Erfahrungsgemäß resultiert aus der besseren Produktinformation neben dem günstigeren Einkauf auch ein höheres Maß an Zufriedenheit mit dem erworbenen Produkt.

Bewußter Einkauf

Dem Verbraucher sollte bewußt sein, daß er nicht als einzelner einer Übermacht von Anbietern gegenübersteht, sondern daß es Institutionen und Organisationen gibt, die die Interessen der Verbraucher vertreten und Auskünfte erteilen.

Hier einige Anschriften, bei denen im Bedarfsfall Information angefordert werden kann:

Arbeitsgemeinschaft der Verbraucherverbände (AgV)
Heilsbachstraße 20
53123 Bonn

Öko-Test Verlag
Kasseler Stra. 1a
60486 Frankfurt / Main
www.oekotest.de

Stiftung Warentest
Lützowplatz 11 – 13
10785 Berlin
www.stiftung-warentest.de

Verbraucherzentralen
(im Telefonbuch zu finden)

Ist Einkaufen Privatsache?

Ja und nein. Ja, weil jeder frei auswählen kann, wofür er sein Geld ausgibt. Nein, weil dem Einkauf Abläufe vor- und nachgelagert sind, die nicht nur den Konsumenten, sondern die ganze Gesellschaft und vor allem die kommenden Generationen betreffen. Das Stichwort heißt nachhaltiger Konsum und betrifft alle Konsumbereiche von Lebensmitteln und Kleidung bis zu Dienstleistungen und Reisen. Insgesamt geht es um einen zukunftsfähigen Lebensstil, bei dem nicht kurzfristige Bedürfnisbefriedigung das Maß aller Dinge ist, sondern bewußter Umgang mit Ressourcen und Einhaltung sozialverträglicher Standards weltweit.

NACHHALTIGER EINKAUF VON LEBENSMITTELN

Billig sind Lebensmittel oft nur auf den ersten Blick. Man muß auch die Produktionsmethoden sowie die Umweltveränderungen, zum Beispiel durch weite Transportwege, berücksichtigen.

❑ Wählen Sie regionale und saisonale Lebensmittel. Sie verursachen nur einen geringen Transportaufwand. Müssen es Äpfel aus Neuseeland sein? Braucht man Erdbeeren an Weihnachten und Spargel im Februar?

❑ Kaufen Sie tierische Lebensmittel wie Fleisch und Eier aus der Region. Das spart nicht nur Transportaufwand, sondern bietet Frische und die Möglichkeit, sich über die Produktionsmethoden zu informieren. Die Qualität der Produkte läßt sich im nahen Umfeld leichter überprüfen, zum Beispiel Ochsenfleisch aus Weidehaltung, Haltungsform der Legehennen. Beim Einkauf von Eiern sind viele Verbraucher sensibilisiert, was Legebatterien angeht, das Einkaufsverhalten hinkt den Forderungen an die Geflügelhalter jedoch noch hinterher.

❑ Wer beim Einkauf bewußt Lebensmittel von der nächstgelegenen Molkerei, Mühle oder Gartenbaubetrieb wählt, unterstützt damit die einheimische Landwirtschaft. Zum Teil gibt es auch Regionalvermarktungsinitiativen. Sie kennzeichnen Produkte aus der Region mit einem Logo und erleichtern dadurch den regionalen Einkauf. Wer Lebensmittel aus der Region kauft, unterstützt die einheimische Landwirtschaft. Ob er dabei ökologischer Produktionsweise den Vorzug gibt oder Produkte aus konventioneller Landwirtschaft wählt, muß jeder Verbraucher selbst entscheiden. Qualität bieten beide Produktionsschienen, und Transparenz ist ebenfalls gegeben.

❑ Denken Sie auch daran, daß die einheimische Landwirtschaft die Landschaft prägt. Im Wettbewerb mit billiger Massenproduktion können in Deutschland nur ganz wenige Regionen mithalten. Wo einheimische Landwirtschaft aus Rentabilitätsgründen aufhören muß, verändert sich auch das Landschaftsbild und damit der Erholungswert der unmittelbaren Umgebung.

❑ Lebensmitteleinkauf hat auch Auswirkungen auf die einheimische Wirtschaft. Wer beim Bäcker, Metzger oder einem anderen lebensmittelverarbeitenden Betrieb im eigenen Ort einkauft, trägt dazu bei, daß auch Arbeits- und Ausbildungsplätze im unmittelbaren Umfeld erhalten bleiben.

❑ Lebensmittel vom Bauern- oder Wochenmarkt, direkt vom Erzeuger oder aus dem Gemüseladen müssen nicht in Kleinpackungen verpackt werden.

❑ Mehrwegpackungen zum Beispiel für Getränke sollten selbstverständlich sein.

❑ In Fertiggerichten steckt ein hoher Rohstoff- und Energieaufwand. Mit hohem technologischem Aufwand werden die Zutaten in eine haltbare, optisch ansprechende und im Haushalt schnell verfügbare Form gebracht. Bei manchen Fertiggerichten steht auch der Verpackungsaufwand in keinem Verhältnis zum finanziellen Wert des Lebensmittels. Bei selbstzubereiteten Speisen kann man die Zutaten selber wählen, Zusatzstoffe sind nicht notwendig.

Siegel und Labels – Wegweiser beim Einkauf

Lebensmittel aus ökologischer Erzeugung werden besonders umweltschonend erzeugt. Viele Verbraucher sind aber verunsichert angesichts der Vielzahl an Bezeichnungen, Herkunfts- und Gütezeichen. Gütezeichen geben Qualitätsstandards vor, die so unterschiedlich sein können wie die Firmen, Verbände, Institute etc., die sie vergeben. Die Tatsache, daß ein Produkt ein Gütezeichen trägt, ist keine Gewähr für besonders hohe Qualität, die der Verbraucher erwartet. Wer ein Gütezeichen als Einkaufshilfe nutzen will, muß sich damit befassen, welche Kriterien dahinterstecken. Zwei neuere Gütezeichen sind das Bio-Siegel und das QS-Zeichen.

QS-Zeichen

Das QS-Zeichen steht für Qualität und Sicherheit beim Fleischeinkauf. Das Label wurde durch die Privatwirtschaft entwickelt. Produkte, die damit ausgezeichnet sind, erfüllen über die gesetzlichen Vorschriften hinausgehende Qualitätsanforderungen; es wird zum Beispiel auf antibiotische Leistungssteigerer verzichtet. Das Label gewährleistet stufenübergreifende Kontrolle und Dokumentation des Lebensmittels vom Erzeuger bis zum Verbraucher. Das QS-Zeichen wurde zunächst für Fleisch entwickelt, mittlerweile gibt es das Label auch für Obst- und Gemüseprodukte.

Das Bio-Siegel wurde vom Staat initiiert und soll Produkte des ökologischen Landbaus von herkömmlich erzeugten Lebensmitteln unterscheidbar machen. Lebensmittel mit dem Bio-Siegel müssen die Auflagen der EU-Öko-Verordnung erfüllen.

Bio-Siegel

Darin ist unter anderem ein Verbot von Bestrahlung, der Verwendung gentechnisch veränderter Organismen, des Pflanzenschutzes mit chemisch-synthetischen Mitteln und der Verwendung leichtlöslicher, mineralischer Dünger festgeschrieben.

Das Bio-Siegel ist staatlich, verbandsunabhängig und markenübergreifend. Es dürfen nur Produkte damit gekennzeichnet sein, deren Zutaten landwirtschaftlichen Ursprungs zu mindestens 95 % aus ökologischem Landbau stammen.

Weil es auf dem »Bio-Sektor« eine Flut an Bezeichnungen gibt, ist die Verwirrung beim Verbraucher groß, wann es sich tatsächlich um geprüfte Bio- oder Öko-Ware handelt. Dafür gibt es eine einfache Regel: »bio« und »öko« sind geschützte Bezeichnungen, auch Begriffe wie biologisch, ökologisch, kontrolliert biologisch, kontrolliert ökologisch, biologischer Landbau, ökologischer Landbau, biologisch-dynamisch, biologisch-organisch. Nur Produkte, die mindestens dem Standard der EG-Öko-Verordnung genügen, dürfen solche Bezeichnungen tragen, außerdem müssen auf jedem (verpackten) Bioprodukt der Name und/oder die Nummer der Kontrollbehörde oder der Öko-Kontrollstelle stehen.

EU-Logo

Auf EU-Ebene gibt es ebenfalls ein Siegel für Bioprodukte. Es kann für europäische Erzeugnisse verwendet werden, die die EG-Öko-Verordnung erfüllen.

Auf vielen Bio-Lebensmitteln ist außer dem staatlichen Bio-Siegel auch ein Zeichen eines anerkannt ökologischen Anbauverbands abgebildet: Biokreis, Bioland, Biopark, Demeter, Ecoland, Ecovin, Gäa, Naturland. Die Anbauverbände haben jeweils eigene Richtlinien in der Erzeugung, die in Teilbereichen strenger als die EG-Öko-Verordnung sind.

Zeichen der Anbauverbände

Irreführende Bezeichnungen sind beispielsweise »aus Vertragsanbau«, »unter unabhängiger Kontrolle«, »ungespritzt«, »aus integrierter Landwirtschaft«, »aus alternativer Haltung«, »naturnah«. Die Verwirrung wird komplett durch die Verwendung von Marken für Bio-Lebensmittel, die große

Eigenmarken von Handelsketten

Handelsketten »erfunden« haben, um ihre Bio-Schiene damit erkennbar zu machen.

Warum sind Bio-Lebensmittel teurer als herkömmlich produzierte?

Wenn ein Landwirt auf seinen Feldern auf den Einsatz von Chemie verzichtet, hat er niedrigere Erträge als bei konventioneller Erzeugung. Außerdem ist Öko-Landbau arbeitsintensiver, zum Beispiel in der Tierhaltung. Diese höheren Gestehungskosten schlagen sich auch in höheren Preisen nieder. Die höheren Preise sind bisher für viele Verbraucher eine Kaufbarriere. Nachhaltigkeit im Handeln wird zwar von den Erzeugern, sprich der Landwirtschaft, gefordert, aber von den meisten Verbrauchern selbst nicht erfüllt: der (niedrige) Preis ist gerade bei Lebensmitteln das hauptsächliche Kaufkriterium. Das oft angeführte Argument, man könne sich biologisch erzeugte Lebensmittel nicht leisten, gilt nur für ganz wenige Bevölkerungsteile. Es ist vielmehr so, daß keine Bereitschaft da ist, für Lebensmittel – zu Ungunsten anderer Konsumwünsche – mehr Geld auszugeben. Es scheint aber allmählich eine Sensibilität dafür zu geben, daß nur ein zukunftsfähiger Ernährungsstil auch die Bedürfnisse der kommenden Generationen berücksichtigt.

Was sind Herkunftszeichen?

Herkunftszeichen sagen nichts über die Qualität eines Produktes aus, sie geben – wie der Name sagt – nur an, woher das Produkt stammt. Vielfach handelt es sich dabei um Spezialitäten, deren Bezeichnung damit EU-weit geschützt ist. Folgende Möglichkeiten gibt es:
g.g.A. »Geschützte geographische Angabe«
g.U. »Geschützte Ursprungsbezeichnung«
g.t.S. »Garantiert traditionelle Spezialität«

Herkunftszeichen

Beispiele für g.g.A. sind Nürnberger Lebkuchen und Nürnberger Rostbratwurst. Sie dürfen nur

noch in Betriebsstätten in Nürnberg hergestellt werden, was aber nicht heißt, daß die Zutaten aus der Region kommen müssen. Wenn der Rohstoff aus einer bestimmten Region kommt, kann es um ein g.U.-Produkt gehen, zum Beispiel Allgäuer Emmentaler. Das heißt, die Milch für den Emmentaler muß ausschließlich von Allgäuer Bauernhöfen stammen.
Ein Beispiel für ein g.t.S.-Produkt ist Serrano-Schinken aus Spanien.
Herkunftszeichen dieser Art dienen weniger der Verbraucheraufklärung als dem Bestreben, sich mit seinem Produkt auf dem Markt abzuheben und den Verbraucher infolge eines Wiedererkennungswerts oder eines besonderen Bezugs zu einer Region zum Kauf anzuregen.

»Sonderfall« Fischwirtschaft

Fisch ist gesund, und die Empfehlung lautet daher, einmal pro Woche Fisch zu essen. Wer auf Nachhaltigkeit setzt, kann jedoch nicht sorglos Fisch essen, weil auch in den Meeren Raubbau betrieben wurde und wird:

◻ Die Bestände sind zum Teil überfischt. Ein Großteil der Fischerzeugnisse, die bei uns vertrieben werden, stammt nicht aus nachhaltiger, sondern teilweise sogar aus bestandsgefährdender Fischerei.

◻ Manche Fangmethoden verursachen ökologische Schäden oder gefährden seltene Fischarten, das ökologische Gleichgewicht in den Meeren wird gestört durch Überfischung sowie das Herausholen von Millionen Tonnen von nicht benötigtem »Beifang« jährlich.

◻ Abfischen der Bestände von Entwicklungsländern gefährdet die Existenz der dortigen Fischer und die Nahrungsgrundlage der Menschen. Um die Wildbestände an Fisch zu schonen, gibt es Aquakultur. Aquakultur bedeutet, daß Fisch bzw. Krustentiere nicht aus der freien Natur stammen (sogenannter Wildfang), sondern in Teichen, abgegrenzten Behältern oder umzäunten Arealen im Meer oder Süßwasser herangewachsen sind. Intensive Mast von Fischen, Krusten- und Weichtieren führt aber auch in Aquakultur zu ökologischen Problemen:

– Fleischfressende Fische werden mit Futtermitteln gemästet, die aus Wildfang stammen. Für 1 kg Lachs aus Aquakultur braucht man ungefähr 3 kg Wildfisch! Fisch für Futtermittel stammt nicht nur aus Beifang, sondern wird zum Teil extra für diesen Zweck gefangen.

– Die Bestandsdichte ist relativ hoch, so daß Medikamente eingesetzt werden müssen, damit keine Seuchen das schnelle Wachstum oder den Tierbestand gefährden.

- Aquakulturen tragen dazu bei, daß Chemikalien, Kot und Futterreste die Küstengewässer verschmutzen und Krankheitserreger auch auf Wildbestände übergreifen und diese gefährden.
- Zucht und Mast von Krustentieren (Shrimps, Garnelen, Gambas) zerstört ökologisch wertvolle Mangrovenwälder durch hohe Schadstoffeinträge.

Wie kann man beim Einkauf von Fisch nun konkret vorgehen? Für ökologische Aquakultur sind bereits Richtlinien erarbeitet, die eine naturnahe Haltung, vertretbare Fütterung und Verzicht auf Antibiotika beinhalten. Lachs, Forellen und Shrimps gibt es bereits aus ökologischer Aquakultur: ein staatliches Bio-Siegel gibt es bisher nicht (Stand 2006).

Beim Fischkauf gezielt nach dem Fanggebiet fragen, auch wenn es oft nur vage angegeben wird. Wer bewußt nach Produkten aus nachhaltiger Fischerei und ökologischer Aquakultur fragt bzw. sie kauft, kann einen Beitrag zum Umdenken in der Fischereiwirtschaft leisten. Die weltweit tätige Organisation Marine Stewardship Council (MSC) hat Richtlinien für nachhaltige Fischerei entwickelt und vergibt ihr Siegel an Fischer einer Region, die

sich entsprechend zertifizieren lassen. Fischprodukte, die mit diesem Siegel gekennzeichnet sind, stammen aus nachhaltiger Fischereiwirtschaft.

MSC-Siegel

Lebensmittel aus fernen Ländern

Bananen, Kaffee, Tee und andere Lebensmittel, die bei uns Standard sind, aber zum Teil aus anderen Kontinenten zu uns kommen, werden zum Teil unter Bedingungen produziert, die alles andere als sozialverträglich sind: Kinderarbeit, gesundheitsgefährdende Arbeitsbedingungen durch Lärm oder Chemikalien, unangemessene Entlohnung, ausbeuterische Arbeitszeiten, keine soziale Absicherung. Wer Kleinbauern in den Entwicklungsländern unterstützen will und Produkte haben

möchte, die nicht unter Ausbeutung der Arbeitskräfte erzeugt wurden, kann sich am Transfair-Siegel orientieren. Diese Organisation unterstützt fairen Handel mit Erzeugern aus Entwicklungsländern. Das Transfair-Siegel gibt es für folgende Lebensmittel (Stand 2006): Kaffee, Tee, Kakao,

Transfair-Zeichen

Schokolade, Bonbons, Orangen- und Fruchtsäfte, Honig, Bananen, Wein, Reis. Wobei man sich auch hier fragen sollte: Muß es Honig aus Südamerika sein und Wein aus Afrika?

NACHHALTIGER EINKAUF VON MÖBELN

- Beim Möbelkauf Zeit lassen und Stücke mit klaren Formen auswählen, die keinen Modetrends unterworfen sind und an denen man sich nicht rasch absieht.
- Bei Neuanschaffungen auf Langlebigkeit achten, zum Beispiel Verschleißteile wie Scharniere.
- Manche Möbelhäuser führen Möbel mit dem ÖkoControl-Zeichen, ein Hinweis auf umwelt- und gesundheitsverträgliche Produkte.

ÖkoControl-Zeichen   **Holz aus nachhaltiger Waldbewirtschaftung**

- Bei der Auswahl von Möbeln aus Massivholz, zum Beispiel Gartenmöbeln, auf das Siegel für ökologische Waldbewirtschaftung achten und keine Möbel aus Tropenhölzern wählen (hoher Transportaufwand, Abholzung ökologisch wertvoller Regenwälder).
- Möbel vom einheimischen Handwerker können vom Preis-Leistungs-Verhältnis oft mit solchen von Möbelhäusern mithalten. Hinzu kommen maßgeschneiderte Anpassung an vorhandene Gegebenheiten, zum Beispiel Raum- oder Nischengrößen. Auch bei mehrmaligem Auf- und Abbau, zum Beispiel bei Umzug, halten schreinergefertigte Möbel mehr aus als Möbel aus Massenproduktion. Und auch wenn der Preis für manches Stück vom heimischen Handwerker vielleicht höher ist als im Möbelhaus, zahlt es sich langfristig aus, wenn Arbeitsplätze in der näheren Umgebung erhalten bleiben. Mit dem Verlust mancher Handwerkszweige gehen auch Fertigkeiten verloren, die einmal zur Kultur eines Landes bzw. Landstrichs gehört haben.
- Handgeknüpfte Teppiche kommen zum Großteil aus Ländern mit niedrigen Sozialstandards. Eine eindeutige Kennzeich-

Rugmark-Label

nung, damit man solche Teppiche meiden könnte, gibt es bisher nicht. Allerdings gibt es ein Label, das garantiert, daß keine Kinderarbeit dahintersteckt: Rugmark.

NACHHALTIGER EINKAUF VON TEXTILIEN

- Achten Sie auf Langlebigkeit, gute Verarbeitung und Stoffqualität.
- Modische Kleidungsstücke sind nur eine Saison lang tragbar, oft handelt es sich um ressourcenverschlingende Massenware. Ökologisch sinnvoller sind Teile, die man länger als eine Saison tragen kann. Gerade billige Kleidungsstücke kommen aus Ländern, in denen Sozialstandards nicht beachtet werden. Die Arbeit findet unter

Label Naturtextil better und best

gesundheitsgefährdenden Bedingungen statt, zum Beispiel durch Chemikalien, Lärm, zu lange Arbeitszeiten, zu kurze oder wenige Pausen. Kinderarbeit und Ausbeutung sozial nicht abgesicherter Wanderarbeiter sind keine Seltenheit.
- Naturtextilien sind ökologisch verträglicher als Chemiefasern, weil sie aus einem nachwachsenden Rohstoff bestehen. Achten Sie beim Einkauf von Naturtextilien, ob auf (energie- und chemikalienaufwendige) Ausrüstung, zum Beispiel Knitterschutz, verzichtet wurde. Eine Orientierung bietet das Label »Naturtextil«. Es kennzeichnet Textilien, die vollständig aus Naturstoffen bestehen, es wird in den Auszeichnungsstufen »better« und »best« vergeben. Für die Vergabe wird die vollständige Produktionskette einschließlich der Einhaltung sozialer Standards betrachtet. Was mit »best« ausgezeichnet ist, enthält nur Baumwolle aus ökologischem und pestizidfreiem Anbau.
- Werfen Sie Kleidungsstücke nicht weg, wenn Nähte aufgegangen sind oder wenn sie andere leicht behebbare Beschädigungen haben. Falls Sie sich die Reparatur nicht selber zutrauen, suchen Sie eine (Änderungs-)Schneiderei. Vielleicht entdecken Sie dabei ja auch einen Meisterbetrieb, von dem Sie sich das eine oder andere Stück maßschneidern lassen. Sie stärken damit nicht nur einheimisches Handwerk, sondern durchaus auch den eigenen Geldbeutel. Oft können Anzüge, Kostüme und Kleider preislich mit Ware von Kaufhäusern mithalten, bezüglich Verarbeitung und Stoffauswahlmög-

lichkeit ohnehin. Und ein Schneider ändert auch einmal einen unmodern gewordenen Kragen oder ein anderes Detail so, daß das Stück tragbar bleibt.

NACHHALTIGER EINKAUF VON HAUSHALTSGERÄTEN

- Achten Sie auf niedrigen Energie- und Wasserverbrauch (siehe auch Seite 425). Bei der Vielfalt an elektrisch betriebenen Haushaltskleingeräten sollte man immer auch überlegen: Ist das Gerät wirklich nötig? Beispiele: elektrischer Eierkocher, Dosenöffner, Zitruspresse. Oft bedeutet Verzicht auch einen Zeitvorteil: bis alle Teile der Küchenmaschine zum Raspeln einer kleinen Menge Gemüse zusammengebaut und hinterher wieder gespült sind, ist die Arbeit mit der Handreibe längst erledigt. Für so manche Haushaltsgeräte gibt es mechanische Alternativen, zum Beispiel Dosenöffner. Und wenn in einer kleinen Küche ein Gerät weniger auf der Arbeitsfläche steht, erleichtert das auch manche anderen Arbeitsabläufe.
- Auch bei Gartengeräten sollte man die Anschaffung kritisch überdenken. Laubgebläse, mit denen im Herbst Blätter »zusammengefegt« werden, sind überflüssig, laut und belasten die Luft mit Schadstoffen. Auch beim so selbstverständlichen Rasenmäher könnte man einmal überlegen: muß es wirklich ein Bilderbuch-Rasen sein, der alle paar Tage gemäht werden muß? Alternative: eine Blumenwiese, die drei- bis viermal pro Saison mit einem Motormäher gemäht wird. Solche Geräte haben leistungsstarke Doppelmesser, die auch höheren Aufwuchs problemlos bewältigen. Sinnvoll wäre es auch, den Motormäher zusammen mit Nachbarn zu kaufen. Solche Gemeinschaftsgeräte wären auch für andere Gartengeräte wie Häcksler für Gartenabfälle zu empfehlen. Eine Blumenwiese benötigt außerdem keinen Dünger, bietet Artenvielfalt statt Monokultur und damit Futter für Insekten und Vögel.

NACHHALTIG REISEN

Kurztrips mit dem Flugzeug stehen nicht im Verhältnis zu den Umweltauswirkungen durch Energieverbrauch und Schadstoffausstoß. Viele Pauschalreisen sind verlockend billig, ressourcenschonend sind sie nicht: weite Flüge und Autofahrten, Massentourismus mit vielfältigen Auswirkungen auf Natur und Umwelt der jeweiligen Region. Angebote aus dem

Label für umweltverträglichen Tourismus

sogenannten »sanften« Tourismus nehmen Rücksicht auf die Bedürfnisse der Region und entsprechen Umweltstandards. Auch bei Reisen kann man sich inzwischen an einem Siegel orientieren, dem Siegel für umweltverträglichen Tourismus.

NACHHALTIGKEIT UND GELDANLAGE

Auch das eigene Geld kann man für Nachhaltigkeit »arbeiten« lassen. Achten Sie auf soziale und ökologische Anlagekriterien. Fragen Sie bei Ihrer Bank gezielt danach und wählen Sie nicht allein nach Rendite-Merkmalen aus.

UMWELTSCHUTZ

Am anderen Ende des Einkaufs steht der Müll! Alles, was wir kaufen, gelangt eines Tages in den Abfall oder das Abwasser. Diesen wichtigen Punkt lassen viele Verbraucher oft außer acht. Wenn die Waren schön präsentiert im Regal stehen, denken sie nicht an die Müllberge, die entsorgt werden müssen. Aktiv werden viele erst, wenn es darum geht, daß in ihrer Region eine Mülldeponie eingerichtet werden soll.

Praktische Hinweise:

- *Planen Sie Ihre Einkäufe. Überlegen Sie bei größeren Anschaffungen die Finanzierung. Schreiben Sie sich für den Wocheneinkauf einen Einkaufszettel.*
- *Informieren Sie sich vor dem Kauf über Preis, Qualität und Angebot. Vergleichen Sie!*
- *Bei langlebigen Verbrauchsgütern sollten Sie auf Kundendienst, Ersatzteile und Nachlieferungsmöglichkeiten achten.*
- *Fragen Sie nach Rabatt oder Skonto!*
- *Kaufen Sie nur gut lagerfähige Waren auf Vorrat. Die Vorratsmenge muß sich nach dem Bedarf der Familie richten.*
- *Lassen Sie sich möglichst wenig von Modeströmungen und Werbung beeinflussen.*
- *Achten Sie bei Großpackungen auf den Preis. Sie sind nicht immer billiger als die kleineren Einheiten.*
- *Nutzen Sie Schlußverkauf und Räumungsverkäufe!*
- *Kaufen Sie Obst und Gemüse zur jeweiligen Saison, bei Marktschwemmen sinken die Preise rapide. Haben Sie ein verdorbenes Lebensmittel erhalten, bringen Sie es sofort zurück und verlangen Sie einen vollwertigen Ersatz!*
- *Achten Sie beim Einkauf von Lebensmitteln auf die Herkunft und wählen Sie einheimische Produkte. Der Kauf beim Erzeuger, d. h. beim Bauern, ist besonders zu empfehlen, da hier die Herkunft*

der Produkte durchschaubar ist. Die Preise sind zwar durchschnittlich etwas höher, dafür erhalten Sie beste Qualität. Gerade die Diskussion um BSE hat gezeigt, wie sinnvoll und beruhigend der Kauf von Produkten garantierter Herkunft ist.
- *Achten Sie auf Sonderangebote. Ein günstiger Preis sollte jedoch nicht dazu verleiten, etwas zu kaufen, was Sie nicht oder nicht in der Menge benötigen. Ein günstiges Angebot bedeutet nicht, daß das Geschäft alle Waren günstig anbietet.*
- *Vermeiden Sie Eileinkäufe! Sie sind meist teuer, und häufig ist man mit dem Gekauften unzufrieden, weil man sich zuwenig informiert hat.*
- *Zählen Sie das Wechselgeld sofort nach!*
- *Kontrollieren Sie die Rechnungen!*
- *Tragen Sie die Ausgaben umgehend in Ihr Haushaltsbuch ein.*

Zusammenfassende Hinweise zum nachhaltigen Einkauf:

- *Informieren Sie sich über Herstellungsmethoden, Sozialstandards und Umweltverträglichkeit der Güter, die Sie kaufen, und entscheiden Sie nicht allein nach möglichst niedrigem Preis.*
- *Informieren Sie sich darüber, welche Grundsätze hinter einem Label stehen oder ob es sich eher um eine geschickte Werbestrategie handelt.*
- *Umwelt-Engagement ist für Unternehmen zu einem Aushängeschild geworden. Ob es sich dabei um ein »Feigenblatt« oder echtes Engagement handelt, kann man als Verbraucher oft nicht beurteilen. Hier helfen Berichte von neutralen und kritischen Institutionen und Organisationen weiter, zum Beispiel Stiftung Warentest und ökotest.*
- *Kaufen Sie keine Produkte, die nicht Ihrer Überzeugung entsprechen. Die Nachfrage bestimmt das Angebot: Was Verbraucher nicht kaufen, wird auch nicht mehr produziert bzw. gehandelt. Dieser Mechanismus zeigt die wahre Macht der Verbraucher.*
- *Wenn sozial- und umweltverträgliche Produkte nicht erhältlich sind, fragen Sie danach. Jeder gute Händler wird bei häufigen Nachfragen darauf reagieren und sein Sortiment erweitern.*
- *Hellhörig muß man immer dann werden, wenn Waren auffallend billig sind. Eine Jacke für 10 Euro, eine Reisetasche um 20 Euro, das Kilo Fleisch für drei Euro, das Kilo Mehl für 20 Cent – da kann etwas nicht stimmen, noch dazu wenn die Waren um den halben Globus befördert wurden.*
- *Zum nachhaltigen Konsum gehören selbstverständlich auch alle Maßnahmen zum Umweltschutz, die man im Privathaushalt umsetzen kann (siehe Kapitel »Umweltschutz«, Seite 421).*

2. GELDVERKEHR

2.1. Zahlungsarten

Früher ist man ohne Geld ausgekommen, weil der Tauschhandel üblich war. Vermehrter Handel führte dann dazu, daß das reine Tauschgeschäft durch Bezahlung mit Geld abgelöst wurde. Die Münzen waren früher aus Gold oder Silber; ihr Wert entsprach dem Materialwert. Heute symbolisieren Münzen meistens einen größeren Wert, als ihr Materialwert darstellt. Bei Geldscheinen ist dies noch deutlicher.

Bargeldlose Bezahlung

Der Zahlungsverkehr hat sich noch eine Stufe weiterentwickelt. Wir bezahlen nicht mehr alles mit Geld, das wir in den Händen halten. Die bargeldlose Bezahlung hat viele Vorteile. Sie verringert den Bedarf an Bargeld und somit das Diebstahlrisiko. Zahlungen erreichen sicher und bequem den Empfänger, ohne daß tatsächlich Geld transportiert werden muß. Der Zahlungsverkehr ist einfacher, man spart Zeit. Allerdings wird durch das Unterschreiben eines Belegs der Vorgang des Geldausgebens nicht mehr so deutlich bewußt. Der Griff in die Tasche und das Übergeben des Geldes machen viel eher klar, daß man »Geld ausgegeben« hat. So liegt in der bargeldlosen Zahlung die Gefahr, daß man leichter Geld ausgibt und den Überblick über sein Konto verliert.

Die derzeit bequemste Art, Bankgeschäfte abzuwickeln, geht über Computer (Homebanking). Dabei gibt es grundsätzlich zwei Möglichkeiten. Zum einen kann man auf dem Computer daheim Überweisungen, Lastschriften, Daueraufträge etc. auf Diskette laden. Diese Diskette wird in der Bank abgegeben. Bei dieser Art des Homebanking hat man keinen Einblick in aktuelle Kontobewegungen oder den aktuellen Kontostand. Diese Möglichkeit ist gegeben, wenn man online mit dem Rechner der Bank verbunden ist. Dann kann man von zu Hause aus nicht nur Rechnungen überweisen sondern beispielsweise auch den Kontostand abfragen. Damit niemand anderer als der Kontoinhaber diese Möglichkeit hat, bekommt er eine Codenummer. Zusätzlich bekommt man Transaktionsnummern (TAN). Eine Transaktionsnummer muß man jeweils eingeben, wenn man eine Kontobewegung veranlassen will. Anhand der TAN kontrolliert der Rechner der Bank, ob man beispielsweise berechtigt ist, eine Überweisung vorzunehmen.

ÜBERWEISUNG

Geld wird von einem Konto auf ein anderes übertragen, entweder bei derselben oder bei einer anderen Bank. Zur späteren Kontrolle bzw. als Beleg behält man einen Durchschlag des Überweisungsauftrags. Kehren Zahlungen in gleicher Höhe und Fälligkeit regelmäßig wieder, empfiehlt sich ein Dauerauftrag. Dann wird z. B. an jedem Monatsersten der Betrag für die Tageszeitung von der Bank automatisch überwiesen.

LASTSCHRIFT

Im Gegensatz zur Überweisung löst hier der Geldempfänger den Zahlungsvorgang aus. Er läßt unter Einschaltung einer Bank einen Betrag vom Konto des Zahlungspflichtigen abbuchen. Dazu braucht er eine Einzugsermächtigung oder einen Abbuchungsauftrag.

Einzugsermächtigung

Sie wird vom Zahlungspflichtigen schriftlich an den Zahlungsempfänger gegeben und ist jederzeit widerrufbar. Bei Fälligkeit kann der Empfänger den Betrag bei der Bank des Zahlungspflichtigen einziehen. Auf dem Beleg wird vermerkt, daß eine Einzugsermächtigung vorliegt. Die Bank überprüft die Richtigkeit dieser Aussage nicht, kann jedoch innerhalb einer Frist von bis zu sechs Wochen bei falschen Abbuchungen das Geld zurückholen.

Abbuchungsauftrag

Darunter versteht man den Auftrag des Zahlungspflichtigen an seine Bank, vorgelegte Lastschriften eines bestimmten Empfängers einzulösen. Auch der Abbuchungsauftrag wird schriftlich gegeben und ist jederzeit widerrufbar. Die Bank hat die Verpflichtung, vor der Zahlung zu prüfen, ob tatsächlich der Abbuchungsauftrag des Kontoinhabers vorliegt. Wichtig ist, daß bei Abbuchungsaufträgen keine Rückbuchung im Kundenauftrag möglich ist. Das Lastschriftverfahren wird vor allem mit Versicherungsgesellschaften, Krankenkassen, Bausparkassen, öffentlicher Verwaltung, Zeitungsverlagen u. ä. durchgeführt. Sie haben regelmäßige Forderungen in gleichbleibender oder auch wechselnder Höhe. Der Vorteil liegt darin, daß man nicht an die einzelnen Zahlungstermin zu denken braucht, keine Belege ausfüllen muß, sondern aus dem Kontoauszug ersieht, daß die Zahlung ausgeführt wurde. Nachteilig ist, daß man den Überblick über sein Konto verlieren kann, wenn viele Abbuchungen vorgenommen werden. Zu den monatlichen Zahlungen wie Miete und Telefonrechnungen kommen möglicherweise Zahlungen, die in größeren Abständen fällig sind, wie Stromrechnung, Versicherungen. Dadurch ist ein Teil des monatlich verfügbaren Geldes von vornherein weg.

Praktische Hinweise:

- *Prüfen Sie anhand des Kontoauszuges genau nach, ob die Abbuchungen und deren Höhe berechtigt waren. Wenn nicht, müssen Sie sich sofort mit der Bank in Verbindung setzen. Ihr Geld ist aber zunächst einmal weg!*
- *Deshalb sollten Sie mit Einzugsermächtigungen und Abbuchungsaufträgen zurückhaltend sein. Überlegen Sie genau, wem Sie solche Rechte einräumen wollen und ob es für Sie im Einzelfall tatsächlich vorteilhaft ist.*
- *Erstellen Sie sich eine Liste der betreffenden Zahlungsempfänger. Damit haben Sie im Zweifelsfall einen schnellen Überblick.*

SCHECK

Ein Scheck wird vom Zahlungspflichtigen ausgestellt und weist die Bank an, bei Vorlage die entsprechende Summe dem Zahlungsempfänger auszuzahlen. Aus Sicherheitsgründen und zur Vereinfachung erkennen die Banken nur die von ihnen selbst ausgegebenen Scheckvordrucke an. Am häufigsten kommen Bar- und Verrechnungsscheck vor. Beim Barscheck wird der Geldbetrag bar an den Empfänger ausbezahlt. Das hat den Vorteil, daß Personen ohne Konto den Scheck einlösen können, birgt aber die Gefahr, daß bei Diebstahl oder Verlust des Schecks das Geld in falsche Hände gelangt. Der Verrechnungsscheck, der durch den Vermerk »Nur zur Verrechnung« gekennzeichnet ist, kann nur durch Gutschrift auf das Konto des Empfängers eingelöst werden. Dadurch besteht die Sicherheit, daß das Geld nicht an Unberechtigte ausbezahlt wird. Der Weg des Geldes läßt sich verfolgen.

Euroscheck

Der Euroscheck ist eine Sonderform des Schecks. Format und Farbe sind international vereinheitlicht. Banken geben ec-Karten und die zugehörigen Scheckvordrucke an Kontoinhaber aus. Sie garantieren die Einlösung des ausgestellten Schecks in Europa und den an das Mittelmeer grenzenden Ländern, wenn bestimmte Voraussetzungen erfüllt sind. Die Bank löst den Scheck auch dann ein, wenn das Konto nicht gedeckt ist. Inzwischen wird vor allem im Inland auf die Ausstellung des Scheckformulars häufig verzichtet. Es genügt, wenn die EC-Karte vorgelegt wird. Mit der EC-Karte ist es möglich, auch außerhalb von Schalterstunden Geld an Automaten abzuheben. Die Summe ist jedoch begrenzt.

Zusätzlich geben die Kreditinstitute Kundenkarten mit Magnetstreifen und Geheimnummern aus, mit denen an Geldautomaten Geld abgehoben und in Geschäften im sogenannten »Electronic Cash« bezahlt werden kann.

Eine Zusatzfunktion auf EC-Karten und Kundenkarten ist ein elektronischer Chip, der die Möglichkeit bietet, diese Karte als »Geldkarte« zu verwenden. Auf den Chip kann Bargeld aufgeladen werden, und von dieser Geldmenge können Kleinbeträge bezahlt werden. Die Karte soll sozusagen das Kleingeld ersetzen, ähnlich wie bei Telefonkarten. Im Gegensatz zu diesen kann aber der Chip am Geldautomaten bzw. speziellen Ladeterminals wieder aufgeladen werden.

BANKKOSTEN

Die Abwicklung der Geldgeschäfte leisten die Banken nicht kostenlos. Für die Führung eines Kontos berechnen sie Kontoführungsgebühren. Dabei handelt es sich zwar um kleine Beträge, die sich jedoch im Laufe des Jahres bei umfangreichen Kontobewegungen zu einigen hundert Euro aufsummieren können.

Viele Banken erheben eine monatliche Grundgebühr; zusätzlich wird für jede Überweisung oder jeden Dauerauftrag Geld verlangt. Weitere Leistungen, z. B. die EC-Karte, werden natürlich gesondert berechnet.

Für die Kontoführung bieten die meisten Banken auch Paket-Preismodelle an, in denen verschiedene Leistungen zu einem festen monatlichen Preis angeboten werden. Manche Direkt- oder Telefonbanken bieten auch eine gebührenfreie Kontoführung, meist allerdings unter bestimmten Voraussetzungen, wie z. B. einem Mindestguthaben auf dem Konto oder einem Mindesteinkommen.

Praktische Hinweise:

- *Vergleichen Sie, welche Gebühren verschiedene Banken erheben. Wenn viele Buchungsvorgänge anfallen, können die Gebühren ins Geld gehen.*
- *Wenn Sie bei einer Bank Spareinlagen oder Kredite haben, empfiehlt es sich, über die Kontoführungsgebühren zu verhandeln. Manche Banken erlassen diese, um einen Kunden nicht zu verlieren. Wenn Sie keinen Erfolg haben, sollten Sie sich bei einer anderen Bank umsehen. Es gibt auch Banken, die generell keine Kontoführungsgebühren verlangen.*
- *Um Kosten zu sparen, sollten Sie sich Kontoauszüge nicht zuschicken lassen. Nehmen Sie sie mit, wenn Sie ohnehin bei Ihrer Bank zu tun haben.*

- *Sie sollten auf dem Konto nicht mehr Geld belassen, als Sie in nächster Zeit voraussichtlich brauchen werden. Die meisten Banken verzinsen diese Beträge gar nicht oder nur mit 0,5 %.*

Kreditkarten

Sie werden von verschiedenen Organisationen angeboten; am bekanntesten sind American Express, Visa, Eurocard und Diners Club. In Hotels, Gaststätten, Geschäften oder bei Autoverleihern unterschreibt der Kreditkarteninhaber einen Beleg über den Rechnungsbetrag. Der fällige Betrag wird nach einigen Wochen von seinem normalen Bankkonto abgebucht. Auch die Beschaffung von Bargeld ist bis zu festgesetzten Höhen (z. B. 2 050 € pro Woche) möglich. Für Bargeldabhebungen werden allerdings meist zusätzliche Gebühren erhoben, hingegen sind die Kosten für unbare Zahlungsvorgänge, auch im Ausland, durch den jährlichen Mitgliedsbeitrag abgedeckt. Teilweise sind mit den Kreditkarten noch diverse Versicherungen verbunden. Ob diese allerdings gebraucht werden, sollte man prüfen.

Der Vorteil der Kreditkarte liegt neben der verzögerten Abbuchung darin, daß man nicht ständig auf genügend Bargeld achten muß.

Das Bewußtsein, Geld zur Verfügung zu haben, und die erst später folgende Abbuchung verleiten möglicherweise zum großzügigen Geldausgeben. Der Überblick über den Kontostand geht leicht verloren. Kreditkarten sind vor allem für Personen praktisch, die viel reisen, denn sie sparen sich oft sogar das Umwechseln von Geld. Um in den Genuß dieser Zahlungsart zu kommen, sind ein bestimmtes Jahreseinkommen und von der Bank bestätigte Kreditwürdigkeit Voraussetzung. Mittlerweile sind Kreditkarten weit verbreitet. Sie werden auch hierzulande von vielen Geschäften, Tankstellen, Gaststätten usw. akzeptiert, obwohl sie selbst auf ihr Geld warten und zusätzliche Gebühren bezahlen müssen.

Kredite

Um Rechnungen zu begleichen, kann man außer eigenem Geld auch fremdes Kapital verwenden. Man nimmt einen Kredit auf, den Banken gegen Zins verleihen. In festgelegten Raten wird die Summe zuzüglich der Zinsen zurückgezahlt. Vor allem bei kurzlebigen Gütern sollte man sich überlegen, ob man sie auf Kredit kauft. Oft muß noch Kredit zurückgezahlt werden, wenn der Gegenstand bereits nicht mehr nutzbar ist. Kreditlaufzeiten sollten auf keinen Fall die Nutzungsdauer der gekauften Ware überschreiten.

Beispiel:
Eine Frau verliert ihren PKW nach drei Jahren durch Totalschaden, der Kredit läuft aber über sechs Jahre.

Anders ist die Situation bei notwendigen Gütern oder größeren Investitionen, z. B. Heizung, Wohnungskauf. In diesen Fällen ist eine Finanzierung mit Fremdmitteln häufig unumgänglich.

KONTOKORRENT-, DISPOSITIONSKREDIT

Darunter versteht man das »Überziehen« des eigenen Bankkontos bis zu einem vereinbarten Höchstbetrag. Häufig sind das 3 Monatsgehälter. Diesen Kredit kann man im Bedarfsfall nutzen, ohne daß gesonderte Anträge unterzeichnet werden müssen. Die in Anspruch genommenen Beträge werden hoch verzinst, sind also wesentlich teurer als längerfristige Kredite. Wer regelmäßig sein Konto überzieht, sollte deshalb nach einer billigeren Finanzierungsmöglichkeit suchen.

Kaufkredit / Teilzahlungskredit

Er wird z. B. von Versandhäusern, von Warenhäusern oder Autohändlern angeboten. Die Kaufsumme wird nicht auf einmal, sondern in Raten, zuzüglich Zinsen, bezahlt. Meistens wird dazu eine Ratenkreditbank eingeschaltet.

Die Kreditwürdigkeit des Antragstellers auf einen Kredit wird nach dessen eigenen Angaben, seinen Einkommensnachweisen und der SCHUFA-Auskunft bemessen.

Die SCHUFA (Schutzgemeinschaft für allgemeine Kreditsicherung) ist eine Gemeinschaftseinrichtung der kreditgebenden Unternehmen. Die SCHUFA speichert Informationen über Konteninhaber und Kreditnehmer. Bei Privatpersonen werden Name, Geburtsdatum, Anschrift, die Aufnahme und die Abwicklung eines Kredits von der Bank gemeldet. Vertragswidriges Verhalten, die Einleitung gerichtlicher Schritte oder Vollstreckungsmaßnahmen werden ebenfalls registriert. Angaben über Kontoguthaben, Depotbestände oder allgemeine Vermögensverhältnisse werden nicht gemacht.

Die SCHUFA gibt ihrerseits Informationen an anfragende Kreditinstitute weiter, um sie vor Verlusten zu schützen. Das heißt, wer Informationen liefert, bekommt auch Auskünfte. Damit Datenschutzvorschriften berücksichtigt sind, unterschreibt der Kunde die sogenannte SCHUFA-Klausel und erklärt damit, daß er zur Weitergabe der Daten seine Zustimmung gibt.

Beispiel für einen Ratenkredit

Darlehenssumme	*15 000,00 €*
Effektiver Jahreszins	*10,56 %*
Laufzeit	*72 Monate (= 6 Jahre)*
Monatsrate	*278,29 €*
Gesamte Rückzahlungssumme	*20 036,88 €*

Das bedeutet, daß Sie, um 15 000,00 € Kredit zu erhalten, ca. 5 000 € bezahlen müssen.

LEASING

Darunter versteht man eine Sonderform der Finanzierung. An die Stelle des Kaufs tritt die Mietzahlung. Geleast werden können Immobilien (Betriebsanlagen, Geschäftshäuser, Lagerhallen usw.), Mobilien (Autos, EDV-Anlagen, technische Geräte usw.) oder Personal (Zeitarbeit).
Leasingverträge können sehr unterschiedlich gestaltet sein. Bei Vollamortisationsverträgen decken die Zahlungen die Anschaffungs- bzw. Herstellungskosten des Gegenstandes, die Finanzierungskosten sowie das Risiko und die Gewinnspanne des Leasinggebers ab. Bei Teilamortisationsverträgen erhält der Leasinggeber nur einen Teil dieser genannten Summen. Es ist deshalb notwendig, daß der fehlende Teil abgesichert wird. Möglich ist z. B. die Verpflichtung des Leasingnehmers, den Gegenstand zu einem vereinbarten Preis nach Ablauf des Leasingvertrages zu übernehmen.
Der Vorteil des Leasing ist, daß der Gegenstand nicht in voller Höhe im voraus bezahlt werden muß. Investitionen können so auch bei fehlenden Eigenmitteln getätigt werden. Die laufenden Mietkosten können allerdings je nach Vertragsdauer 20 bis 40 % über der Kaufsumme des Gegenstandes liegen. Während der Grundmietzeit ist der Leasingnehmer gebunden; er kann den Gegenstand nicht zurückgeben. Für Unternehmer sind die entstehenden Steuervorteile mitentscheidend beim Abschluß von Leasingverträgen.
Im Privatbereich ist das Leasen von Autos am gängigsten.

HYPOTHEKAR- UND GRUNDSCHULDKREDITE

Sie dienen zur Baufinanzierung. Damit können ein Wohnhaus, eine Eigentumswohnung oder Wirtschaftsgebäude gebaut, gekauft oder modernisiert werden. Hypothek und Grundschuld sind Grundpfandrechte, die in das Grundbuch des belasteten Grundstücks eingetragen werden. Der Unterschied zwischen beiden Formen besteht darin, daß eine Grundschuld zur Absicherung wechselnder Forderungen dienen kann, während die Hypothek an eine bestimmte Form gebunden ist. Die Grundschuld kann im Grundbuch bestehenbleiben und bei Bedarf immer wieder herangezogen werden.

Beispiel:
Herr Wieland will für seinen Sohn Matthias eine Wohnung kaufen, die 200 000 € kostet. Das Geld dafür leiht er sich von seiner Bank und läßt eine Hypothek über den Betrag von 200 000 € auf sein Wohnhaus eintragen. Nach Abzahlung dieser Schuld ist die Hypothek getilgt. Hätte er eine Grundschuld eintragen lassen, könnte er bei der nächsten anstehenden Investition diese 200 000 € Grundschuld zur Kreditsicherung wieder heranziehen und auf diese Weise Notar- und Eintragungskosten sparen.

Den Wert des finanzierten Objekts bemißt die Bank nicht nach dem Kaufpreis, sondern sie ermittelt nach eigenem Schema, dem sogenannten »Beleihungswert«. Normalerweise werden maximal 60 % dieser Summe als Darlehen zur Verfügung gestellt. Voraussetzung ist die Bestellung der Grundschuld.
Kredite für die Baufinanzierung werden auch als Realkredite bezeichnet. Die Laufzeit beträgt üblicherweise zwischen 20 und 35 Jahren. Die Höhe des Darlehens wird durch die Zahlungsfähigkeit des Schuldners und den Wert des Objekts begrenzt. Der Betrag, der maximal für die Zahlung von Zins und Tilgung aufgebracht werden kann, ist die Kapitaldienstgrenze.
Dieser Wert sollte nicht völlig ausgeschöpft werden, um Spielraum für unvorhersehbare Ereignisse zu haben. Als Richtwert können 75 % der Kapitaldienstgrenze angesehen werden.

Langfristige Kapitaldienstgrenze

Gesamtes Einkommen

- Privataufwand (Lebenshaltungsaufwand, Miete, Versicherungen)
- Für Kapitalbildung festgelegte Ausgaben (Kapitallebensversicherung, Bausparen)
- Sonstige festgelegte Ausgaben

= Langfristig für den Kapitaldienst (Zins und Tilgung) verwendbare Summe.

Man unterscheidet die Darlehensformen:
1. *Tilgungsdarlehen (Abzahlungsdarlehen):* Die Tilgungsbeiträge bleiben gleich, die Zinsen nehmen zum Ende der Laufzeit hin ab.
2. *Festdarlehen:* Während der Laufzeit werden nur Zinsen bezahlt; die Tilgung erfolgt insgesamt am Ende. Diese Form des Darlehens wird meist mit dem Abschluß einer Lebensversicherung kombiniert. Während der Laufzeit müssen Versicherungsbeiträge und Zinsen bezahlt werden,

die Tilgung erfolgt durch die ausgezahlte Versicherungssumme.

3. *Annuitätendarlehen:* Die jährlich zu zahlende Summe bleibt gleich. Die Tilgungsbeiträge steigen um die ersparten Zinsen. Die Zinsen werden durch die fortschreitende Tilgung immer weniger.

Am gebräuchlichsten sind Annuitätendarlehen. Sie sind für den Schuldner am leichtesten zu überblicken. Es kommt aber auf den Einzelfall an, welche Darlehensform am günstigsten ist. Wenn z. B. absehbar ist, daß in einigen Jahren weniger Geld zur Verfügung steht, kann ein Tilgungsdarlehen vorteilhaft sein.

Bevor ein Darlehen aufgenommen wird, sollten Angebote von verschiedenen Kreditgebern eingeholt und verglichen werden. Eine wichtige Größe ist der Effektivzins. Er hängt ab

❏ von der Darlehensart – für Baudarlehen wird wegen der großen Sicherheit meist ein verhältnismäßig niedriger Zins angesetzt,

❏ vom Normalzins (Zinssatz) – er richtet sich nach dem Kapitalmarkt,

❏ von der Zinsbindungsdauer – wenn das Zinsniveau niedrig ist, sollte eine Zinsbindung auf mehrere Jahre in Erwägung gezogen werden, der Zinssatz erhöht sich dadurch allerdings etwas,

❏ vom Auszahlungskurs – die Differenz zwischen Nennbetrag und tatsächlich ausbezahlter Summe bezeichnet man als Disagio oder Damnum. Dem

Wesen nach sind das im voraus gezahlte Zinsen. Ein niedriger Auszahlungskurs bedingt also niedrigere Zinsen. Zu beachten ist, daß die dadurch fehlende Summe entweder mit einem höheren Darlehensbetrag oder durch ein weiteres Darlehen ausgeglichen werden muß,

❏ von den Bearbeitungsgebühren (Prüfung der Kreditwürdigkeit, des Beleihungswertes),

❏ von der Laufzeit,

❏ von den Darlehensgebühren.

Praktische Hinweise:

■ *In den effektiven Zinssatz müssen sämtliche Kosten eingerechnet sein. Es dürfen keine Kosten mehr dazukommen.*

■ *Beachten Sie, wie oft Zins und Tilgung verrechnet werden. Geschieht dies beispielsweise nur am Jahresende, zahlen Sie im Dezember noch Zinsen für Beträge, die Sie bereits Anfang des Jahres getilgt haben.*

BAUSPARDARLEHEN

Beim Bauspardarlehen handelt es sich um ein Annuitätendarlehen. Voraussetzung dafür ist ein Bausparvertrag (siehe Tabelle S. 33). Ein Bauspardarlehen wird zweckgebunden zur Schaffung von Wohneigentum oder dessen Verbesserung vergeben.

Der anfängliche Zinssatz liegt im allgemeinen zwischen 4,5 und 5 %; der Tilgungssatz beträgt zu Beginn 7 %. Die Rückzahlung erfolgt in Form eines Annuitätendarlehens. Da dieses nach spätestens 12 Jahren zurückgezahlt ist, sind die monatlichen Raten im Vergleich zu länger laufenden Darlehen relativ hoch. Noch nicht zugeteilte Bausparverträge können zwischenfinanziert werden, bis das Guthaben und das Darlehen verfügbar sind. Zur Finanzierung eines Bauvorhabens werden wegen der Höhe der Summe normalerweise verschiedene Finanzierungsarten notwendig sein.

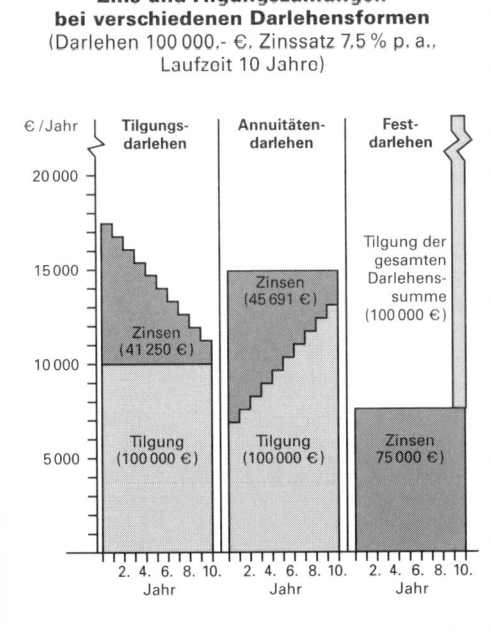

Zins und Tilgungszahlungen bei verschiedenen Darlehensformen
(Darlehen 100 000,- €, Zinssatz 7,5 % p. a., Laufzeit 10 Jahre)

2.2. Vermögensbildung

Die Vermögensbildung ist neben den Aufwen-
dungen für den Haushalt ein wichtiger Teil der
Einkommensverwendung. Die Gründe für eine
Geldanlage sind vielfältig.

Möglichkeiten der Geldanlage

Welche Anlageformen sind zu bevorzugen? Diese
Frage ist im Einzelfall nur mit Hilfe des Fach-
manns zu beantworten. Wichtig für den Anleger
sind:
❑ Sicherheit
❑ Rentabilität (der Ertrag)
❑ Liquidität (die Verfügbarkeit).
Diese drei Ziele müssen nach individuellen Vorstellungen abgewogen werden. Anlageformen, die
hohe Renditen erzielen, beinhalten auch ein
größeres Risiko. Langfristige Geldanlagen erzielen
höhere Renditen als kurzfristige. Deshalb muß der
Anleger entscheiden, wie lange er sein Geld festlegen möchte und welches Risiko er eingehen
will.
Geldanlage kann auch in Form von Immobilien
(Häuser, Wohnungen, Gewerbebauten, Grund-
stücke) erfolgen. Dies erfordert vergleichsweise
hohe Beträge, die im allgemeinen für längere
Zeiträume festgelegt werden. Immobilien bieten
eine gewisse Wertbeständigkeit und Sicherheit,
die jedoch von der Lage auf dem Immobilien-
markt abhängig ist.
Bei eigengenutzten Objekten spielt die Rendite
nicht die entscheidende Rolle, sondern eher die
persönlichen Vorstellungen. Vermietete Immobi-

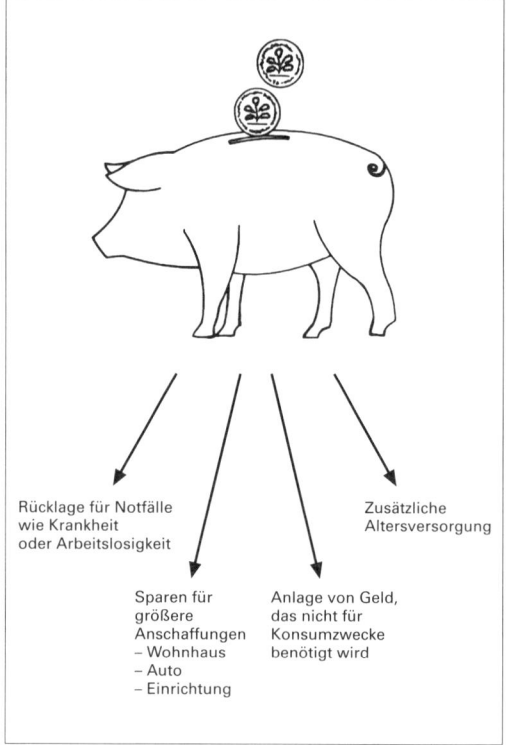

Rücklage für Notfälle
wie Krankheit
oder Arbeitslosigkeit

Zusätzliche
Altersversorgung

Sparen für
größere
Anschaffungen
– Wohnhaus
– Auto
– Einrichtung

Anlage von Geld,
das nicht für
Konsumzwecke
benötigt wird

Gründe für eine Geldanlage

lien werden dagegen aus Gründen der Rentabilität erworben. Die Rendite liegt aber meist
erheblich unter dem Kapitalmarktzins. Als
Ausgleich dafür wird eine Wertsteigerung des
Objekts erhofft.

Anlageformen und ihre Merkmale

Anlageform	Sicherheit	Ertrag	Verfügbarkeit
Sparbuch	Groß; kein Kursrisiko	Mäßig, Zinsen müssen gegen die laufende Geldentwertung aufgerechnet werden; keine Gebühren	Sofort
Sparbrief	Groß; kein Kursrisiko	Höher als beim Sparbuch; Festzins für die gesamte Laufzeit; keine Anpassung an Kapitalmarktzins	Je nach Laufzeit 1–6 Jahre; längere Laufzeiten bringen in der Regel höhere Erträge
Festgeld	Groß	Zwischen Sparbuch und Sparbrief; keine Gebühren	Je nach Vereinbarung, i. a. 30–90 Tage
Bausparen	Groß; kein Kursrisiko, aber eventuell lange Wartezeiten bis zur Zuteilung	2,5–4 % Zins; eventuell Wohnungsbauprämie; Anspruch auf ein zinsgünstiges Bauspardarlehen; 1–2 % der Vertragssumme Abschlußgebühr; Darlehensgebühr 1–2 % der Darlehenssumme; Kontoführungsgebühren	Jederzeit kündbar; Verfügung über Sparguthaben und Darlehen erst nach Zuteilung (Verwendung auch außerhalb von Bauvorhaben)
Lebensversicherung	Groß	Einmalige Auszahlung oder Rentenzahlung; Versicherungssumme + Gewinnbeteiligung; Abschlußgebühr	Nach Ablauf des Vertrags oder vorzeitiger Rückkauf
Finanzierungsschätze	Groß; kein Kursrisiko	Unterschied zwischen Kaufpreis und Einlösungswert; Depotgebühren	Anlagedauer 1 bzw. 2 Jahre
Bundesobligationen	Groß, begrenztes Kursrisiko	Fester Zinssatz; Ersterwerb kostenfrei, ansonsten An- u. Verkaufskosten; Depotgebühren	Laufzeit 5 Jahre; Verkauf zum Börsenkurs jederzeit möglich
Bundesschatzbriefe	Groß; kein Kursrisiko	Kapitalgerechte Verzinsung mit steigendem Zinssatz	Anlagedauer 6 bzw. 7 Jahre; vorzeitige Verfügung nach 1 Jahr möglich
Festverzinsliche Wertpapiere	Groß; begrenztes Kursrisiko	Fester Zinssatz; bei Verkauf Gewinn oder Verlust durch Kursschwankungen; An- und Verkaufskosten; Depotgebühren	Je nach Laufzeit; Verkauf zum Börsenkurs jederzeit möglich
Aktien	Sicherheit abhängig von der Bonität der Gesellschaft; Kursrisiko	Dividende richtet sich nach Ertragslage des Unternehmens; bei Verkauf Kursgewinne möglich; An- und Verkaufskosten, Depotgebühren	Verkauf zum Börsenkurs jederzeit möglich
Investmentsparen	Je nach Investmentfond verschieden (z. B. Aktien, festverzinsliche Wertpapiere oder Immobilien)	Richtet sich nach der Art des Fonds	Verkauf jederzeit zum Rücknahmepreis möglich

3. VERSICHERUNGEN

Versichern läßt sich so ziemlich alles: Fußballer-
beine, Ölbohrinseln oder Bilder von Picasso.
Neben diesen recht ausgefallenen Beispielen gibt
es eine große Angebotspalette der Versicherungsgesellschaften für den »Normalverbraucher«. Der
Grundgedanke bei allen Versicherungen ist, daß
durch unvorhersehbare Ereignisse finanzielle Probleme entstehen können, die der einzelne nicht
mit eigenen Mitteln lösen kann. Gegen solche
Notfälle kann man sich versichern. Dazu leistet
man laufend kleinere Zahlungen an die Versicherungsgesellschaft. Das Unternehmen kann durch
die Vielzahl der Beitragsleistenden das Risiko insgesamt übernehmen.

Einige Versicherungen hat der Gesetzgeber zur
Pflicht gemacht: die Kfz-Haftpflicht, die Gebäude-
brandversicherung und bei Arbeitnehmern die Rentenversicherung, die Arbeitslosenversicherung und,
je nach Einkommen, die Krankenversicherung.
Eine Vielzahl von Versicherungen kann freiwillig
abgeschlossen werden. Das große Angebot ist ver-
wirrend. Da die Abschlüsse nach und nach erfolgen, sind sich manche Leute gar nicht genau im
klaren darüber, wogegen sie versichert sind, wie
gut sie für Notfälle vorgesorgt haben und wieviel
sie für diesen Schutz jährlich bezahlen.

Praktischer Hinweis:

- *Erstellen Sie anhand der Tabelle eine Übersicht
  über die Versicherungen in Ihrem Haushalt.*

Wie sind Sie versichert?

Lfd. Nr.	Versicherungsart	Versicherungsanspruch	Vertragsbeginn/-ende	Kosten pro Jahr
1	Hausratversicherung			
2	Privathaftpflicht-versicherung			
3	Rechtsschutz-versicherung			
4	Krankentagegeld-versicherung			
5	Krankenhaustagegeld-versicherung			
6	Krankenhauszusatz-versicherung			
7	Pflegeversicherung			
8	Risikolebensversicherung mit . . . . Zusatz			
9	Kapitallebensversicherung mit . . . . Zusatz	derzeitiger Rückkaufswert . . . . €		
10	Ausbildungsversicherung			
11	Aussteuerversicherung			
12	Unfallversicherung			
13	Berufsunfähigkeits-versicherung			
	Kosten insgesamt			. . . . €

Bevor man über die Vorzüge oder Nachteile des einen oder anderen Angebots nachdenkt, sollte man sich erst einmal überlegen, welche Risiken überhaupt bestehen und ob sie es wert sind, sich dagegen zu versichern. Die Entscheidung liegt im persönlichen Ermessensspielraum. Um sich für die richtigen Versicherungen entscheiden zu können, muß man wissen, welche Lücken im gesetzlichen Absicherungssystem vorhanden sind.

Praktische Hinweise:

- *Erkundigen Sie sich, welche Leistungen Ihre diversen Versicherungen beinhalten.*
- *Die versicherungswürdigen Risiken ändern sich im Lauf der Jahre. Von Zeit zu Zeit sollten Sie deshalb Ihre Situation erneut überprüfen.*

Die am häufigsten auftretenden Risiken im privaten Bereich und deren Versicherungsmöglichkeiten werden nachfolgend beschrieben.

3.1. Personenversicherungen

Lebensversicherung

Die Lebensversicherung gehört zu den am meisten genutzten Vorsorgemöglichkeiten. Zwei Formen der privaten Lebensversicherung bieten sich an.

RISIKOLEBENSVERSICHERUNG

Die vereinbarte Versicherungssumme wird nur im Versicherungsfall, also bei Tod des Versicherten, ausbezahlt. Erlebt der Versicherte das festgelegte Ablaufdatum, dann erlischt der Versicherungsschutz. Die gezahlten Beiträge sind verloren. Eine Risikolebensversicherung eignet sich daher nicht zur Altersvorsorge, sondern dient ausschließlich zur Absicherung der Angehörigen. Zu empfehlen ist sie z. B. für jüngere Familienversorger mit höheren Zahlungsverpflichtungen.
Die Risikolebensversicherung kann während der Laufzeit in eine Kapitallebensversicherung umgewandelt werden. Die bereits bezahlten Beiträge werden jedoch nicht angerechnet. Die Berechnung der neuen Beitragssätze richtet sich nach dem Lebensalter zum Zeitpunkt der Umwandlung. Der einzige Vorteil einer solchen Umwandlung besteht darin, daß eine erneute Gesundheitsprüfung entfällt.
Fast alle Gesellschaften bieten Risikolebensversicherungen mit Zusatzpolicen an. Möglich ist z. B. eine Unfallzusatzversicherung. Dabei verdoppelt sich bei Unfalltod die Versicherungssumme. Sinnvoller ist jedoch, dieses Risiko durch eine gesonderte Versicherung abzudecken, denn der Todesfall wird ohnehin durch die Lebensversicherung abgedeckt. Für das zweite Unfallrisiko jedoch, die Berufsunfähigkeit oder Invalidität, fehlt ein Versicherungsschutz.
Eine Berufsunfähigkeits-Zusatzversicherung in verschiedenen Varianten sichert eine Rente. Diese Rente wird im Normalfall allerdings nur für die Laufzeit der Risikolebensversicherung bezahlt.
Risikolebensversicherungen sind für Frauen wesentlich günstiger als für Männer. Vor allem hängen die Jahresbeiträge aber vom Alter des Versicherten ab: je jünger, desto niedriger die Beiträge.

KAPITALLEBENSVERSICHERUNG

Diese Versicherung verbindet zwei Absichten miteinander: Bei frühem Todesfall (vor Ablauf der Versicherung) sind die Angehörigen abgesichert, im Erlebensfall (des Versicherungsablaufs) wird durch das gebildete Kapital eine (zusätzliche) Altersversorgung erreicht.
Die Beiträge für diese Art der Versicherung sind deutlich höher als die für eine Risikolebensversicherung, denn neben der Risikoabsicherung enthält die Versicherung noch einen Sparvorgang. Die Beiträge decken drei Bereiche ab:
Kostenanteil: Davon bestreitet der Versicherer seine Verwaltungskosten.
Risikoanteil: Davon werden die Kosten bezahlt, die durch den vorzeitigen Tod des Versicherten seinen Angehörigen zustehen.
Sparanteil: Davon wird die Auszahlungssumme im Erlebensfall bestritten. Diesen Anteil legt die Versicherungsgesellschaft langfristig an. Je nach Anlagegeschick erhöht sie durch den Sparanteil die am Ende ausbezahlte Summe mehr oder weniger. Wenn weniger Versicherte vor Erreichen des Endalters sterben, trägt auch der Risikoanteil zur Erhöhung des Auszahlungsanteils bei.
Kapitallebensversicherungen werden häufig mit Laufzeiten von 25 bis 35 Jahren abgeschlossen. Das Kapital ist so über lange Zeit gebunden. Das Risiko einer zunehmenden Geldentwertung (Inflation) oder des schlechten Wirtschaftens der Versicherungsgesellschaft muß getragen werden. Zudem besteht die Gefahr, daß wegen finanzieller Engpässe der Vertrag vorzeitig abgebrochen wird. Manchmal wird beim Abschluß zu wenig bedacht, daß die Beiträge über Jahre hinweg aufgebracht werden müssen. Die Auflösung des Vertrages ist meist mit größeren Nachteilen verbunden. Der Rückkaufswert ist in den ersten Jahren deutlich niedriger als die gezahlten Versicherungsbeiträge. Auch zu einem späteren Zeitpunkt ist der Rückkauf der Lebensversicherung ein schlechtes Geschäft.

Oft wird von den Gesellschaften mit Steuervorteilen geworben. Richtig ist, daß Beiträge, auch die für eine Risikolebensversicherung, als Sonderausgaben geltend gemacht werden können, allerdings nur im Rahmen der festgelegten Höchstbeträge. Diese sind häufig schon durch andere Versicherungsbeiträge ausgeschöpft.

Die Gewinnausschüttungen sind größtenteils steuerfrei, sofern die Laufzeit mindestens 12 Jahre beträgt. Je höher der persönliche Steuersatz ist, desto höher wird letztlich die Rendite der Versicherungen sein. Wer aber keine oder nur wenig Steuern zahlt, sollte sich den Abschluß sehr genau überlegen.

Welche Rendite die Kapitallebensversicherung bringt und welche Gesellschaft die günstigste ist, kann niemand genau sagen. Das hängt davon ab, wie der Versicherer in den nächsten 20 oder 30 Jahren wirtschaftet. Vergleiche der Rendite sagen ja nur immer aus, wie erfolgreich das Unternehmen bisher war. Ergebnisse der Stiftung Warentest können als Anhaltspunkt dienen. Eine weitere Größe ist die sogenannte Ablaufleistung, also die Summe, die im Erlebensfall tatsächlich ausbezahlt werden soll. Deren Höhe ist nicht garantiert, sie muß jedoch vom Versicherungsunternehmen realistisch und erreichbar vorausgeschätzt werden.

Welche Form der Lebensversicherung man wählt, hängt von den eigenen Absichten ab. Wollen Sie hohe Fremdkapitalsummen absichern, erreichen Sie dies über eine Risikolebensversicherung preisgünstig. Reichen jedoch niedrigere Todesfallsummen aus, wollen Sie Kapital bilden, können Steuervorteile genutzt werden, und soll die Altersversorgung verbessert werden, kann eine Kapitallebensversicherung ins Auge gefaßt werden.

Krankenversicherung

Grundsätzlich übernimmt eine gesetzliche Krankenkasse die Kosten (oder zumindest einen Teil) für ärztliche und zahnärztliche Behandlungen, Krankenhausbehandlung, die Kosten für Arznei-, Verbands-, Heil- und Hilfsmittel (z. B. Brillen). Unter bestimmten Voraussetzungen werden auch Leistungen zur häuslichen Krankenpflege erbracht. Private Versicherungen bieten zusätzliche Leistungen an.

Krankentagegeldversicherung

Nach Vorlage eines ärztlichen Attestes wird für jeden Krankheitstag das vereinbarte Tagegeld bezahlt, egal ob der Versicherte im Krankenhaus liegt oder sich zu Hause auskuriert. Das Tagegeld kann Einkommensverluste ausgleichen, zum Beispiel die Differenz aus dem normalen Monatsverdienst und dem niedrigeren Krankengeld ab der siebten Krankheitswoche. Auch für Selbständige kann die Tagegeldversicherung ein Einkommensausgleich sein. Der Zahlungsbeginn wird für einen bestimmten Krankheitstag, z. B. den 20. Tag, festgelegt. Je früher die Versicherung zahlen muß und je höher das Tagegeld ist, um so höher sind die Beiträge.

Krankenhaustagegeld

Für jeden Tag im Krankenhaus wird ein vereinbarter Betrag bezahlt. Damit soll zumindest ein Teil der Kosten abgedeckt werden, die durch Einkommensausfälle oder ähnliches entstehen. Das Tagegeld kann ein willkommener Notgroschen sein, als echte Vorsorge ist es aber nicht geeignet. Der Beitrag richtet sich nach dem Eintrittsalter und der Tagegeldhöhe. Vorerkrankungen müssen angegeben werden. Die Prämien der einzelnen Gesellschaften schwanken erheblich; ein Vergleich lohnt sich.

Krankenhauszusatzversicherung

Eine Zusatzversicherung für den Krankenhausaufenthalt deckt zusätzliche Kosten für Ein- oder Zweibettzimmer und die Behandlung durch den Chefarzt.

Man muß selbst entscheiden, wie wichtig einem diese Leistungen sind. Zu bedenken ist aber, daß in den letzten Jahren viele Krankenhäuser modernisiert wurden und ohnehin ausschließlich Zweibettzimmer haben. Die Versicherungsprämien schlagen relativ stark zu Buche; Frauen zahlen höhere Prämien als Männer. Eine 35jährige Frau zahlt zwischen 30 und 50 € pro Monat zusätzlich zur Krankenversicherung. Die Höhe der Prämie richtet sich nach eventuellen Vorerkrankungen und nach dem Eintrittsalter.

Zahnzusatzversicherungen

Gesetzliche Krankenkassen zahlen nur einen Teil der Kosten für Zahnersatz. Die Zusatzversicherung (Monatsbeitrag sehr unterschiedlich, zwischen 3 bis 30 €) springt hier ein und übernimmt bis auf einen restlichen Eigenanteil von etwa 10 % die Kosten für Zahnersatz (nicht für Zahnbehandlung).

Ergänzungsversicherung

Die gesetzlichen Krankenkassen haben in den letzten Jahren einen Teil ihrer Leistungen erheblich gekürzt. Mit einer Ergänzungsversicherung lassen sich die dadurch zusätzlich auf den Versicherten zukommenden Kosten auffangen, z. B. bei Brillen, Zahnersatz, Auslandskrankenversicherung.

Auslandsreise-Krankenversicherung

Mit der normalen Krankenversicherung ist man nicht überall auf der Welt abgesichert, zumindest nicht in dem Umfang wie in Deutschland. Es empfiehlt sich deshalb eine Zusatzversicherung, die es entweder für Kurzreisen oder für das ganze Jahr gültig gibt (Jahresbeitrag ab etwa 8 €).

Praktischer Hinweis:

- *Wählen Sie die Versicherungsgesellschaft sorgfältig aus, da Sie bei einer Vertragskündigung und Überwechseln zu einer anderen Gesellschaft mit einem höheren Eintrittsalter beginnen würden.*

Private Krankenversicherung

Als Arbeitnehmer ist man bis zu einem bestimmten Monatsbruttoeinkommen, der sogenannten Versicherungspflichtgrenze, in einer gesetzlichen Krankenkasse (Allgemeine Ortskrankenkasse, Landwirtschaftliche Krankenkasse, Betriebskrankenkasse, Ersatzkasse) pflichtversichert. Diese Pflichtgrenze lag 2006 bei 3 937,50 € Bruttoeinkommen im Monat bzw. 47 250 € im Jahr. Versicherte können allerdings eine gesetzliche Krankenkasse frei wählen und immer wieder zu einer anderen gesetzlichen Kasse wechseln.

Zu einer privaten Krankenkasse kann man aber erst wechseln, wenn das Einkommen über der Pflichtgrenze liegt, oder wenn man selbständig ist. Ein Hauptunterschied der privaten Krankenversicherung zur gesetzlichen ist, daß der Beitragssatz nicht vom Einkommen abhängig ist, sondern nach individuellen Faktoren berechnet wird. Entscheidend ist das Eintrittsalter bei der Versicherung (je jünger, desto günstiger die Beitragssätze). Wichtig sind auch Geschlecht und Gesundheitszustand. Natürlich hängt die Beitragshöhe auch ganz wesentlich von den vereinbarten Leistungen ab.

Die Beitragssätze schwanken auch stark zwischen den vielen Anbietern. Insgesamt sind die Leistungen teilweise wesentlich besser als bei gesetzlichen Krankenkassen. Nur: Mit dem normalen Beitragssatz ist lediglich eine Person versichert. Familienmitglieder ohne eigenes Einkommen (Ehepartner und Kinder) sind nicht wie bei der Gesetzlichen automatisch beitragsfrei mitversichert. Sie sind sozusagen »aufpreispflichtig«. Die familiäre Situation ist also ganz entscheidend, wenn Beitrags- und Leistungsvergleiche zwischen gesetzlicher und privater Krankenversicherung angestellt werden. Bei Arbeitnehmern zahlt der Arbeitgeber normalerweise wie bei der gesetzlichen Krankenkasse auch für die private die Hälfte des Monatsbeitrags.

Wichtiger Hinweis:

- *Wer von einer gesetzlichen zu einer privaten Krankenversicherung gewechselt ist, ist in eine Einbahnstraße gebogen. Es gibt kein Zurück mehr – mit einigen Ausnahmen, z. B. wenn das Einkommen wieder unter die Versicherungspflichtgrenze sinkt.*

Unfallversicherung

Die Berufsgenossenschaften bieten bei Arbeitsunfällen eine gute Grundversorgung. Diese reicht jedoch in den meisten Fällen nicht aus, um z. B. einen Betrieb fortführen oder den Lebensunterhalt für eine Familie bestreiten zu können. Das gleiche trifft zu bei krankheits- oder durch einen Unfall im privaten Bereich bedingter Berufsunfähigkeit. Private Unfallversicherungen decken einen Teil dieses Risikos ab, nämlich neben berufsbedingten auch Freizeitunfälle.

Unfallversicherungen gibt es in vielen Varianten, die zum Teil Leistungen enthalten, die man mit der Prämie zwar bezahlen muß, aber nicht unbedingt braucht. Bei Unfalltod wird beispielsweise eine Geldsumme an die Hinterbliebenen ausbezahlt. Das ist überflüssig, wenn sowieso schon eine ausreichende Lebensversicherung besteht.

Bei Invalidität durch Unfall wird ein Geldbetrag ausbezahlt, der sich nach der Versicherungssumme und dem Grad der Beeinträchtigung richtet. Der Berechnung dieses Betrages liegt die sogenannte Gliedertaxe zugrunde. Die volle Versicherungssumme wird nur bei 100prozentiger Invalidität ausbezahlt.

Anstelle oder zusätzlich zur Invaliditätssumme kann eine monatliche Unfallrente vertraglich vereinbart werden.

Um aus der Versicherungssumme eine Art Rente zu beziehen, sollte die ausbezahlte Summe, langfristig angelegt, durch die Zinsertrag die Versorgungslücke füllen.

Wenn z. B. monatlich 1 000 € gebraucht werden, wäre eine Auszahlungssumme von 240 000 € nötig. Diese mit 5 % Zinsen angelegt, erbringt im Monat die gewünschten 1 000 €.

Bei Unfallversicherungen kann man zwischen drei verschiedenen Modellen wählen:

- Bei 100 % Invalidität wird die vereinbarte Versicherungssumme ausbezahlt, bei geringerer Invalidität wird die Auszahlung um den entsprechenden Prozentsatz gekürzt (lineare Leistung).
- Bis zu einem bestimmten Invaliditätsgrad wird die entsprechende Versicherungssumme ausbezahlt. Bei höherer Beeinträchtigung erhält der Versicherte eine Mehrleistung, z. B. bei 70 % Invalidität die doppelte Leistung.

❑ Die Auszahlung steigt mit dem Grad der Behinderung überproportional, meist ab 26 %. Beispielsweise werden bei einem solchen Modell bei 100 % Invalidität 225 % der Versicherungssumme ausbezahlt. Dieses Tarifmodell ist am teuersten.

Zusätzliche Leistungen in Unfallversicherungen sind meistens ziemlich teuer, z. B. Übergangsentschädigungen, Unfall-, Krankenhaustagegeld, Krankentagegeld, kosmetische Operationen und Bergungskosten. Zum Teil sind solche Leistungen schon mit anderen Versicherungen abgedeckt.
Prämiennachlässe lassen sich erreichen, wenn sich die ganze Familie versichert. Auch für bestimmte Gefahrengruppen (z. B. die preisgünstigere Gefahrengruppe A: Hausfrauen, Bürokräfte) gibt es unterschiedliche Beitragssätze.
Der Versicherungsschutz einer Unfallversicherung erstreckt sich auch auf Verkehrsunfälle und auf Unfälle in der Freizeit.

Praktischer Hinweis:

■ *Vor Abschluß der Versicherung sollten Sie überlegen, welche Summen Sie als Invaliditätsschutz wirklich benötigen. Dabei spielt eine Rolle, welche Leistungen Sie von der gesetzlichen Versicherung erwarten können. Die Höhe des möglicherweise fehlenden Betrages hängt von Ihrer persönlichen Situation ab, z. B. Lebensstandard, Zahl der Kinder, Rückzahlung von Fremdkapital.*

Berufsunfähigkeitsversicherung

Die gesetzliche Versorgung weist bei vorzeitiger Berufsunfähigkeit erhebliche Lücken auf. Zwar zahlt bei Berufsunfällen die Berufsgenossenschaft eine Rente, und bei anderen Unfällen springt eine eventuell abgeschlossene Unfallversicherung ein. Doch Berufsunfähigkeit entsteht zu 90 % durch Krankheiten. Und die gesetzliche Rentenversicherung zahlt bei Normalverdienern nur etwa 30 % des Bruttolohns als Berufsunfähigkeitsrente. Ganz leer gehen sogar Berufsanfänger aus, die weniger als fünf Jahre Rentenbeitragszahlungen aufweisen können.
Eine Berufsunfähigkeitsversicherung kann helfen, diese Versorgungslücken zu schließen.
Wie hoch die durch die Versicherung abgedeckte Rente sein soll, hängt auch hier von den persönlichen Verhältnissen ab, z. B. Lebensstandard, Fremdkapitalbelastung, Vermögenswerten und nicht zuletzt natürlich davon, welche Versicherungsbeiträge finanzierbar sind. Die Höhe der Versicherungsbeiträge richtet sich nach dem Eintritts-

alter des Versicherten, dem Beruf, der Höhe der vereinbarten Rente, dem Gesundheitszustand, dem Geschlecht, dem Vertragssystem und der Vertragsdauer.
Berufsunfähigkeitsversicherungen werden über einen bestimmten Zeitraum abgeschlossen. Während dieser Zeit besteht der Versicherungsschutz. Ein Versicherter, der berufsunfähig geworden ist, bekommt allerdings nicht automatisch Rentenleistungen von der Versicherung. Die Verträge enthalten nämlich meistens eine sogenannte Verweisungsklausel. Diese Klausel sichert den Versicherungen das Recht zu, zu prüfen, ob der Versicherte nicht in einem anderen Beruf doch weiterarbeiten könnte.
Berufsunfähigkeitsversicherungen sollte man nicht mit teuren Kapitallebensversicherungen kombinieren.

Praktische Hinweise:

■ *Wenn eine Berufsunfähigkeitsversicherung mit einer Lebensversicherung verbunden werden soll, dann am besten mit einer Risikolebensversicherung.*
■ *Die Beiträge von Versicherung zu Versicherung sind höchst unterschiedlich. Vergleiche lohnen sich.*
■ *Im Antragsformular müssen Angaben zum Gesundheitszustand gemacht werden; oft ist eine ärztliche Untersuchung notwendig. Vorerkrankungen dürfen auf keinen Fall verschwiegen werden, denn wird im Versicherungsfall festgestellt, daß ein Leiden bereits vor Vertragsabschluß bestand und nicht angegeben wurde, braucht die Versicherung nicht zu zahlen.*

Pflegeversicherung

Seit 1995 gibt es die gesetzliche Pflegeversicherung. Ähnlich wie bei der Krankenversicherung gibt es auch hier gesetzliche und private Versicherungen. Überschreitet man die Versicherungspflichtgrenzen, ist auch hier der Wechsel zu einer privaten Pflegeversicherung möglich. Bei Arbeitnehmern zahlt der Arbeitgeber die Hälfte der Beiträge.
Die Pflegeversicherung ist trotzdem kein Rundumsorglos-Paket. Sie sichert nur bestimmte Grundbeträge bei eventueller Pflegebedürftigkeit. Für weitergehende Absicherungen müßte man auch hier noch an weitere Zusatzversicherungen denken.

3.2. Sachversicherungen

Hausratversicherung

Durch eine Hausratversicherung werden Gegenstände in einem Haus oder einer Wohnung entschädigt, die durch

❏ Brand, Blitzschlag, Explosion,
❏ Einbruchdiebstahl, Raub, Vandalismus nach einem Einbruch,
❏ Leitungswasseraustritt,
❏ Sturm zerstört oder beschädigt werden.

Die Höhe der notwendigen Versicherung muß der Versicherte selbst bestimmen. Bewertungsgrundlage ist der Neuwert sämtlicher im Haushalt vorhandenen Gegenstände. Versichert sind z. B. Möbel, Wäsche, Kleidung, Teppiche, Vorhänge, Fernseher, Musikgeräte, Bücher, Wertsachen, Schmuck und Kunstgegenstände. Gegen zusätzliche Beiträge lassen sich außerdem Glasbruchschäden (Fenster) und Fahrraddiebstahl mitabsichern.
Die Beiträge werden pro tausend € Versicherungssumme berechnet. Wichtig ist, daß die Versicherungssumme tatsächlich dem Wert des kompletten Hausrats (und zwar dem Neuwert) entspricht. Ansonsten ersetzt die Versicherung im Schadensfall nur einen Teilbetrag. Die meisten Versicherungen errechnen die vorhandenen Werte aber nicht Stück für Stück, sondern pauschal. Grundlage dafür ist die Wohnfläche. Pro Quadratmeter Wohnfläche werden 600 – 700 € als notwendiger Versicherungsschutz angenommen. Das heißt, bei einer Wohnfläche von 100 m² muß die Versicherungssumme bei 60 000 70 000 € liegen, damit man im Schadensfall nicht unterversichert ist.

Beispiel für eine Unterversicherung:
Eine Wohnung hat 50 m²; der Hausrat müßte pauschal demnach mit mindestens 30 000 € versichert sein. Besteht jedoch nur Versicherungsschutz für 20 000 €, werden selbst bei kleinsten Schäden nur zwei Drittel des Neuwerts ersetzt.

Weil sich durch kontinuierliche Preissteigerungen die Neuwerte ständig erhöhen und andererseits die Hausratsversicherungen meistens lange Laufzeiten haben, müßte bei der Höhe der Versicherungssumme laufend nachkorrigiert werden. Damit das automatisch passiert, gibt es bei den Versicherungsbedingungen sogenannte Summenanpassungsklauseln. Die Versicherungsbeiträge hängen außer der Versicherungssumme noch von der geographischen Lage der Wohnung ab. Dazu ist die Bundesrepublik in mehrere Tarifzonen eingeteilt. Außerdem spielt die Bauart des Hauses eine Rolle.

Praktischer Hinweis:

■ *Versuchen Sie, mit Ihrer Versicherung eine Hausratversicherung abzuschließen, deren Höhe sich nach den tatsächlich vorhandenen Werten richtet. Denn in sehr kleinen Wohnungen, die z. B. mit teuren Möbeln ausgestattet sind, kann eine Pauschalsumme von 600 € pro m² als Versicherungssumme u. U. nicht ausreichen. Andererseits ist man in sehr großen Häusern, in denen nur wenig Hausrat untergebracht ist, weil z. B. einige Räume sogar leerstehen, mit der 600-€-Pauschale »überversichert«.*

Private Haftpflichtversicherung

Eine der wichtigsten Versicherungen im privaten Bereich ist die Privathaftpflichtversicherung. Sie ist eine rein freiwillige Versicherung, aber für jeden zu empfehlen, gleich, ob alleinstehend oder Familien. Die private Haftpflicht deckt nämlich viele Risiken ab, für die man rein privat, also mit dem eigenen Vermögen, haftet.
Nur einige Beispiele: Beim Skifahren sind Sie am Sturz und an der Verletzung eines anderen schuld. Sie zerschlagen in einem Lampengeschäft versehentlich eine Leuchte. Ihr Kind verursacht schuldhaft mit dem Fahrrad einen Verkehrsunfall.
All das sind Geschehnisse, für die man haftet und die von keiner anderen Versicherung abgedeckt sind als von einer privaten Haftpflicht – sofern man eine solche Versicherung abgeschlossen hat. Eine private Haftpflicht kostet jährlich zwischen etwa 50 und 100 €. Die Deckungssummen sind von Versicherung zu Versicherung sehr unterschiedlich (von 1 bis zu 10 Mill. € für Personen- und Sachschaden). Außerdem gibt es Single- und Familientarife. Unverheiratete volljährige Kinder sind in der Familie mitversichert, solange sie sich noch in der Schul- oder in der an die Schule anschließenden Berufsausbildung befinden. Seit einigen Jahren ist es sogar möglich, bei unverheirateten Paaren »in einer eheähnlichen Gemeinschaft« den einen Partner beim anderen auf Antrag mitzuversichern.
Einige Risiken schließt aber eine normale private Haftpflicht aus. Vor allem springt sie nicht ein, wenn man an ausgeliehenen oder gemieteten Sachen einen Schaden verursacht. Das trifft besonders zu, wenn man ein ausgeliehenes Kraftfahrzeug beschädigt. Abgedeckt sind jedoch Schäden, die man in einer gemieteten Wohnung verursacht.
Ebenfalls nicht gedeckt sind z. B. Schäden, die der Hund der Familie oder die man mit einem Segel- oder einem Motorboot verursacht. Mit einem entsprechenden Beitragsaufschlag können solche

Risiken aber zusätzlich in die private Haftpflicht aufgenommen werden. Das gleiche gilt für die Haftpflicht bei vermieteten Häusern.

Praktischer Hinweis:

- *Kinder sind rechtlich für Schäden übrigens erst verantwortlich, wenn sie das siebte Lebensjahr vollendet haben. Wenn kleine Kinder etwas anstellen, beispielsweise mit dem Fahrrad ein Auto beschädigen, kann es durchaus sein, daß der Geschädigte leer ausgeht, weil selbst eine private Haftpflicht für den Schaden nicht aufkommen muß – sofern die Eltern ihre Aufsichtspflicht nicht vernachlässigt haben.*

Rechtsschutzversicherung

Die Deutschen sind »streitsüchtiger« geworden. Das läßt sich nicht leugnen. Das Risiko, in einen Rechtsstreit verwickelt zu werden, ist größer geworden. Andererseits scheuen viele die Kosten, wenn sie ihre berechtigten Ansprüche gerichtlich durchsetzen müßten. Solche Kosten können, zumindest teilweise, von einer Rechtsschutzversicherung abgedeckt werden. Eine solche Versicherung übernimmt z. B. Rechtsanwalts- und Gerichtskosten, Kosten, die dem Prozeßgegner entstanden sind, oder Gutachterkosten.
Ob die Versicherung die Kosten für einen Rechtsstreit übernimmt, muß vorab mit ihr geklärt werden. Bei schlechten Erfolgsaussichten können sich die Versicherungen weigern, eine Deckungszusage zu geben. Andererseits kann man sich so zum Teil auch vor »notorischen Streithanseln« bewahren.
Rechtsschutzversicherungen gibt es für viele Bereiche: für den Straßenverkehr, den Beruf oder die Vermietung. Die verschiedenen Bereiche lassen sich zu Versicherungspaketen bündeln. Sie kosten aber dann schnell 250 – 350 € und mehr. Ob bei diesen relativ hohen Beiträgen ein Rechtsschutz wirklich gebraucht wird, muß jeder für sich entscheiden.

4. VERBRAUCHERRECHTE

Verbraucherrechte dienen dem Schutz des Verbrauchers vor unlauteren Verkaufspraktiken. In diesem Kapitel werden einige wesentliche Verbraucherrechte herausgegriffen, denn alle Gesetze, Verordnungen und Gerichtsurteile aufzuführen würde den Rahmen dieses Buches übersteigen. Wenn Sie detaillierte Fragen zu Verbraucherrechten haben, wenden Sie sich an die Verbraucherzentrale (im Telefonbuch zu finden) oder die Arbeitsgemeinschaft der Verbraucherverbände (Adresse S. 21).

Preisauszeichnungsverordnung

Wer bewußt oder preisgünstig einkaufen will, muß neben den unterschiedlichen Qualitäten auch die Preise vergleichen können. Von wenigen Ausnahmen abgesehen, z. B. Antiquitäten oder Pflanzenverkauf unmittelbar vom Freiland, ist insbesondere der Einzelhandel zur Preisauszeichnung verpflichtet.
Stets müssen die Endpreise angegeben sein, die Mehrwertsteuer, Gebühren, Bedienungsgeld usw. enthalten.

- Ausgestellte Waren müssen deutliche Preisangaben tragen, bzw. es muß in unmittelbarer Nähe ein Preisschild aufgestellt sein. Dies gilt auch für die Kataloge von Versandhäusern.
- Wer Dienstleistungen anbietet, z. B. Friseur oder Textilreinigung, muß die Preise für wesentliche Leistungen gut sichtbar im Schaufenster oder Geschäft anbringen. In manchen Fällen, z. B. bei Reisebüros oder Versicherungen, genügt es, wenn Preisverzeichnisse zur Einsicht bereitgehalten werden.
- Gaststätten sind verpflichtet, den Gast bereits vor Betreten des Lokals zumindest grob über das Preisniveau zu informieren. Ein Verzeichnis der wichtigsten Speisen und Getränke mit Preisangabe muß neben dem Eingang hängen. Im Lokal selbst müssen vollständige Preisverzeichnisse ausliegen.
- Bei Beherbergungsbetrieben (Hotels, Gasthöfe, Pensionen) muß in jedem Zimmer der Übernachtungspreis angebracht sein.
- Kreditinstitute und Banken sind bei ihren Angeboten verpflichtet, den effektiven Jahreszins anzugeben. Dieser enthält neben dem Normalzins alle Bearbeitungsgebühren, Provisionen, das Disagio usw. Damit kann der Verbraucher die einzelnen Angebote besser vergleichen.

Die Händler sind in ihrer Preisgestaltung weitgehend frei. Die Hersteller dürfen sie nicht verpflichten, bestimmte Preise zu verlangen; Ausnahme sind z. B. Bücher. Erlaubt sind aber Preisempfehlungen. Diese Preise müssen deutlich mit den Worten »unverbindlich« oder »empfohlen« gekennzeichnet sein. An diesen Preis ist der Händler nicht gebunden, er kann ihn über- oder unterschreiten. Es ist untersagt, die Preise absichtlich hoch anzusetzen – sogenannte »Mondpreise« –, damit der Handel durch die Unterschreitung der Empfehlung Kunden anlocken kann.

Anders ist die Lage bei Sonderangeboten, die häufig einen echten Preisvorteil bieten. In manchen Fällen ist davon im Geschäft nur eine kleine Menge vorhanden; der Händler will damit Kunden ins Geschäft locken. Solche »Lockvogelangebote« sind ebenfalls untersagt. Erlaubt ist dagegen der Hinweis »wird nur in haushaltsüblichen Mengen abgegeben«. Damit soll sichergestellt werden, daß nicht wenige Kunden eine große Menge des betreffenden Produkts erwerben, sondern möglichst viele von dem Angebot profitieren können.

Das Rabattgesetz reglementierte früher streng die Gewährung von Rabatten. Seit der Liberalisierung des Gesetzes können Käufer und Verkäufer individuelle Preisnachlässe aushandeln; Ausnahme sind Bücher.

Nun gibt es eine Flut von Rabatten, die zunächst für den Verbraucher vorteilhaft erscheinen, aber eine Marktübersicht erschweren. Viele Rabatt-Aktionen sind zeitlich kurz begrenzt und verführen zu Schnellkäufen, ohne daß man sich Zeit für Preisvergleiche nehmen kann. Nicht immer führen hohe Preisnachlässe zu echten Schnäppchen. Manchmal ist der Grundpreis so hoch, daß am Ende der Preis bei einem weniger marktschreierisch auftretenden Anbieter günstiger sein kann.

Gesetz gegen den unlauteren Wettbewerb

Durch dieses Gesetz wird irreführende und sittenwidrige Werbung verboten. Irreführend sind sogenannte »Lockvogelangebote«, das heißt Niedrigpreisartikel, die ein insgesamt niedriges Preisniveau vortäuschen sollen.

Unter sittenwidrig versteht man die Belästigung durch aufdringliche Werbung, die eine sachliche Kaufentscheidung unmöglich macht. Dazu gehören unerbetene Telefonanrufe, die Zusendung nicht bestellter Waren, übermäßig wertvolle Werbegeschenke. Immer mehr Firmen, darunter durchaus auch an sich seriöse, große Unternehmen, gehen zu aggressivem Telefonverkauf von Waren und Dienstleistungen über. Das können Telefontarife sein, die einem aufgeschwatzt werden, Scheckkarten, Versicherungsverträge oder Waren aller Art. »Gewonnene Reisen« haben sich beim Einlösen oft als teurer Urlaub entpuppt infolge unterschiedlichster Zuschläge, die man natürlich

selbst übernehmen muß. Auch der Verkauf von Zeitschriften-Abonnements und Bezahlfernsehen wird per Telefon versucht. Selbst Verbraucher, die am Telefon deutlich eine Bestellung abgelehnt haben, bekommen oft postwendend »Auftragsbestätigungen«, Vertragsänderungen des Telefonanbieters oder Warensendungen. Damit wird versucht, Verbraucher zu überrumpeln. Die verfassungsrechtlich geschützte Privatsphäre, die solche Werbeanrufe massiv unterlaufen, interessiert die aggressiv agierenden Unternehmen nicht.

Unlauterer Wettbewerb kann das Erzwingen oder Erschwindeln des Zutritts zur Wohnung sein. Dazu zählt auch der Besuch eines Vertreters, wenn Sie nur einen Katalog oder einen Prospekt angefordert haben.

Werbefahrten, sogenannte Kaffeefahrten, müssen in der Werbung so dargestellt werden, daß klar wird, daß damit eine Verkaufsveranstaltung verbunden ist. Beim Teilnehmer darf nicht das Gefühl entstehen, daß er zum Kauf verpflichtet ist; er hat nur den angegebenen Kostenbeitrag zu entrichten.

Lebensmittel- und Bedarfsgegenständegesetz

Im Lebensmittel- und Bedarfsgegenständegesetz ist festgelegt, daß Lebensmitteln keine Wirkungen zugeschrieben werden dürfen, die sie nicht haben. Strikt verboten ist krankheitsbezogene Werbung. Aussagen, die sich auf die Verhinderung, Linderung oder Heilung von Krankheiten beziehen, sowie ärztliche Ratschläge dürfen nicht in Zusammenhang mit Lebensmitteln gebracht werden.

Praktische Hinweise:

- *Wenn Sie unlautere Wettbewerbspraktiken feststellen, wenden Sie sich an die Verbraucherzentralen.*
- *Bei unerwünschten Anrufen nicht lange höflich zuhören, sondern einfach auflegen. Erfahrungsgemäß kommt der Angerufene ohnehin nicht zu Wort.*
- *Ein Vertrag über ein Abonnement einer Zeitschrift kann auch per Telefon wirksam geschlossen werden. Falls Sie am Telefon jedoch nicht zugestimmt haben, sollten Sie mit dem zugeschickten Vertrag sofort bei der nächsten Verbraucherzentrale nachfragen.*
- *Lassen Sie sich nicht überreden, daß Ihnen wenigstens Informationsmaterial zugeschickt wird; meist kommt eine Auftragsbestätigung oder ein Vertrag, den Sie gar nicht wollten.*
- *Falls Sie sich am Telefon zu einem Kauf überreden ließen, können Sie 14 Tage lang den Vertrag widerrufen. Wenn nicht auf das Wider-*

rufsrecht hingewiesen wurde, verlängert sich diese Frist in vielen Fällen.

- *Manche Versandhändler schicken einfach Pakete samt Rechnung, ohne daß der Verbraucher jemals bestellt hat. In solchen Fällen kommt kein Vertrag zustande. Der Empfänger muß also weder widerrufen noch das Paket zurückschicken. Auch wenn der Absender Mahnungen schickt, braucht sich der Empfänger nicht verunsichern zu lassen. Er kann den Inhalt des Pakets sogar verbrauchen, der Versender kann keine Ansprüche stellen.*

Gesetz gegen Wettbewerbsbeschränkungen

Dieses Gesetz, bekannter unter dem Namen »Kartellgesetz«, räumt dem Verbraucher keine unmittelbaren Rechte ein. Jedoch soll es garantieren, daß die Vorteile des freien Wettbewerbs dem Verbraucher zugute kommen und seine Stellung im Marktgeschehen verbessern.

Untersagt sind z. B. Preisabsprachen der verschiedenen Unternehmen, Absprachen über die Preisgestaltung zwischen Händlern und Herstellern und die Marktbeherrschung durch einen Unternehmer oder Zusammenschlüsse von Unternehmern.

Rechte aus dem Kaufvertrag

Die Pflichten und Rechte des Verkäufers und des Käufers werden im Bürgerlichen Gesetzbuch (BGB) geregelt. Danach verpflichtet sich der Verkäufer, dem Käufer eine bestimmte Sache zu übergeben. Der Käufer wiederum verpflichtet sich, den vereinbarten Kaufpreis zu zahlen und die gekaufte Sache abzunehmen.

Ist der Kaufvertrag erst einmal geschlossen, ist der Verkäufer rechtlich nicht ohne weiteres verpflichtet, die Ware zurückzunehmen und das Geld auszuzahlen. Auch der Austausch gegen eine andere Ware ist nicht selbstverständlich. Viele Händler räumen den Kunden jedoch freiwillig einen Umtausch ein, meist im Zeitraum von 14 Tagen. Der Kassenzettel muß vorgelegt werden. Bei Schluß- oder Räumungsverkäufen schließt der Verkäufer den Umtausch prinzipiell aus.

Hat die neugekaufte Ware Mängel, hat der Käufer das Recht zu reklamieren, auch wenn es sich um ein Sonderangebot handelt. Dabei stehen mehrere Möglichkeiten offen:

- Wandlung: Rückgabe der mangelhaften Ware gegen Rückzahlung des Kaufpreises.
- Minderung: Ermäßigung des Preises.
- Umtausch: Lieferung mangelfreier Ersatzware.
- Schadenersatz: Ersatzzahlung für verursachten Schaden.
- Nachbesserung: Beseitigung des Mangels.

Bei Handwerksleistungen muß der Kunde zunächst immer die – kostenlose – Nachbesserung verlangen. Erst wenn diese nicht zum Erfolg führt, stehen dem Verbraucher die anderen Möglichkeiten offen. Die Verpflichtung zur Nachbesserung haben auch Textilreinigungsunternehmen. Ist das Kleidungsstück so beschädigt, daß eine Nachbesserung ausscheidet, haftet der Reiniger. Allerdings beschränkt sich diese Haftung auf das 15fache des Reinigungspreises. Wenn Sie ein besonders teures Stück, z. B. einen Ledermantel, zur Reinigung geben, kann es ratsam sein, durch einen Aufpreis unbegrenzte Haftung zu vereinbaren.

Praktischer Hinweis:

- *Heben Sie sich von teuren Kleidungsstücken die Rechnung auf, damit im Schadensfall die Schlichtungsstelle für Textilreinigungsschäden den Schadenersatz festlegen kann.*

Die Reklamation sollte in jedem Falle möglichst bald erfolgen. Sechs Monate nach Übergabe der Ware erlöschen die Ansprüche.

Anders ist die Lage bei Haustür- und Abzahlungsgeschäften. Für Kaufverträge dieser Art gilt ein Widerrufsrecht. Kaufverträge, die an der Haustüre, am Arbeitsplatz, bei Kaffeefahrten, im Bereich einer Privatwohnung oder im Anschluß an ein überraschendes Ansprechen geschlossen wurden, können innerhalb einer Woche wider-

---

Ludwig Meier　　　　　　　　　　Dorfplatz 11
　　　　　　　　　　　　　　　　20301 Eisenstadt

Firma Elektrostern
Stadtplatz 17　　　　　　　　　　　10.01.2006
53786 Maningen

Widerruf des Kaufvertrags vom 06.01.2006

Sehr geehrte Damen und Herren,

hiermit widerrufe ich den Kaufvertrag vom 06.01.2006 über den Kauf eines Heizlüfters Typ HS 307 S.

Mit freundlichen Grüßen

Ludwig Meier

Beispiel für ein Widerrufsschreiben

rufen werden. In diese Regelung eingeschlossen sind auch Werk-, Makler- oder Dienstverträge. Ausgenommen sind Versicherungsverträge und Verträge, die auf eine vorherige Bestellung des Kunden zurückgehen.

Wenn Sie vom Vertrag zurücktreten wollen, genügt es, wenn Sie den schriftlichen Widerruf rechtzeitig absenden, unbedingt per Einschreiben mit Rückschein! Der Verkäufer muß den Verbraucher auf das Recht zum Widerruf schriftlich hingewiesen haben. Ist das nicht geschehen, verlängert sich das Widerrufsrecht.

Praktische Hinweise:

Bevor Sie einen Kaufvertrag unterschreiben, sollten Sie folgende Punkte beachten:

- *Lesen Sie das Kleingedruckte.*
- *Räumen Sie Unklarheiten aus; lassen Sie sich mündliche Vereinbarungen schriftlich bestätigen.*
- *Überdenken Sie Ihre Entscheidung noch einmal, bevor Sie unterschreiben.*
- *Leisten Sie Anzahlungen nur an Personen, die sich ausweisen und die inkassoberechtigt sind. Inkassoberechtigung der Firma, für die der Verkäufer arbeitet, zeigen lassen!*

- *Beachten Sie die Zahlungs- und Lieferbedingungen.*

Abzahlungsgesetz

Dieses Gesetz besagt, daß Kaufverträge mit Teilzahlung innerhalb einer Woche widerrufen werden können. Innerhalb dieser Frist muß der Widerruf abgeschickt werden. Da die Beweispflicht beim Käufer liegt, sollten Sie einen Einschreibebrief (mit Rückschein) schicken.

Der Kaufvertrag muß den Barzahlungspreis, den Teilzahlungspreis, den effektiven Jahreszins, Betrag, Zahl und Fälligkeit der Raten enthalten.

Bei Katalogversandhandel sind diese Angaben aus dem Katalog ersichtlich; eine gesonderte Aufführung bei der Bestellung der Ware ist deshalb nicht erforderlich. Das Widerrufsrecht muß dagegen auf dem Bestellformular abgedruckt sein, ebenso, daß die Ware bis eine Woche nach Erhalt zurückgegeben werden kann.

Praktischer Hinweis:

- *Wenden Sie sich bei Unklarheiten oder komplizierter Sachlage an die nächste Verbraucherberatung.*

Arbeit

1. ARBEITSPLANUNG

Warum ist Arbeitsplanung notwendig?

Arbeitsplanung mögen manche für umständlich halten, aber nur mit Hilfe einer durchdachten Planung kann die anfallende Arbeit systematischer und damit zügiger, wirtschaftlich und termingerecht durchgeführt werden. Es bleibt mehr Zeit zum Beispiel für Erholung oder Kinderbetreuung, es kommt weniger zu Arbeitsüberlastung und Hetze.

Wichtiger Hinweis:

■ *Sie sollten nicht erst durch Arbeitsüberlastung zusammenbrechen, bevor Sie darangehen, Ihre Arbeit systematisch zu planen und zu organisieren.*

Ein Wort voraus: Es geht im Haushalt nicht darum, daß alles immer perfekt ist, sondern daß er insgesamt gut funktioniert, also die Bedürfnisse der Haushaltsmitglieder erfüllt. Perfektionismus bringt unnötigen Druck und macht keinen Spaß. Insgesamt geht es jedoch bei der Führung eines Haushalts darum, die Lebensqualität zu steigern – auch derjenigen, die die Haushaltsarbeit in der Hauptsache machen! Natürlich kann in einem Haushalt nicht alles bis ins Detail nach Plan durchgeführt werden, weil immer wieder Störungen dazwischenkommen, etwa durch die Kinder. Aber auch unvorhergesehene Ereignisse werfen einen guten Arbeitsplan nicht um, sondern können gerade wegen des Planes gut bewältigt werden. Zwar wird jede Hausfrau ohnehin eine Art Arbeitsplanung machen, indem sie am Vorabend oder Morgen in Gedanken den Tag und die anfallende Arbeit durchgeht. Effektiver ist es, den Arbeitsplan schriftlich festzuhalten. Das ist nicht nur dann anzuraten, wenn die Hausfrau das Gefühl hat, überarbeitet zu sein, sondern auch bei Frauen, die gut mit ihrer Arbeit zurechtkommen. Unumgänglich ist ein Arbeitsplan, wenn Hilfskräfte beschäftigt werden. Ein schriftlicher Plan läßt erkennen, wo Arbeitsschwerpunkte liegen. Bei Arbeitsüberlastung kann gezielt überlegt werden, wo sich Arbeit einsparen läßt. Organisation, Planung und Kontrolle der Hausarbeit ermöglichen es, Schwachstellen aufzudecken und gezielte Verbesserungsmaßnahmen durchzuführen. Anhand eines schriftlichen

Arbeitsplanes läßt sich die Arbeit auch leichter mit den Familienmitgliedern besprechen und bei Bedarf aufteilen.

Beim Aufstellen eines Arbeitsplanes können Arbeitsspitzen durch entsprechende Vorbereitungen verhindert oder abgeflacht werden. So wird z. B. in Zeiten, in denen im Garten viel zu tun ist, der Speiseplan anders aussehen als in den arbeitsärmeren Wintermonaten. An ruhigeren Tagen kann vorgekocht und eingefroren bzw. eingemacht werden, an arbeitsreichen Tagen sind dann küchenfertige Produkte vorrätig.

Nicht zuletzt verhindert ein Arbeitsplan auch, daß bestimmte Arbeiten vergessen werden.

Ziele der Haushaltsplanung

Durchdachte Planung und Organisation des Haushalts verfolgen bestimmte Ziele, die je nach Haushalt unterschiedlich sind:
❑ mehr Freizeit
❑ mehr Zeit für hochwertige Aufgaben
❑ termingerechtere Arbeitserledigung
❑ weniger Hetze, ruhiger Arbeitsablauf
❑ mehr Einkommen, weniger Ausgaben
Will z. B. eine Familie ihr Einkommen verbessern, müssen sich die Mitglieder überlegen, ob die Hausfrau ganz oder teilweise einer Berufstätigkeit nachgeht. Dabei ist zum einen notwendig, die anfallenden Arbeiten umzuorganisieren, d. h. daß jedes Haushaltsmitglied bestimmte Arbeiten übernimmt. Andererseits kann es sinnvoll sein, manche Arbeiten zuzukaufen, z. B. das Bügeln von Wäsche, die Wohnungsreinigung. Wichtig ist natürlich, daß »unterm Strich« ein höheres Familieneinkommen herauskommt.

1.1. Hausarbeit

Erfassen der Situation des Haushalts

Um ein Ziel zu erreichen, zu dem eine Umorganisation der Arbeit notwendig ist, muß erst einmal die Arbeitssituation des Haushalts erfaßt werden. Man kann nur etwas ändern, was man gut kennt.

ARBEITSTAGEBUCH

Eine Übersicht über die einzelnen Arbeiten und ihre Erledigung bekommt man, indem man die Tätigkeiten einzeln aufschreibt. Dabei wird aber nicht nur der Arbeitsbereich genannt, sondern die jeweilige Tätigkeit, z. B. nicht »Hauspflege«,

Beispiel für einen Tagesarbeitsplan

Uhrzeit	Tätigkeit
6.45 Uhr	Kinder wecken, Christine beim Waschen und Anziehen helfen
7.00 bis 7.15 Uhr	Frühstück herrichten, Pausenbrote herrichten
7.15 bis 7.35 Uhr	Frühstücken
7.35 bis 8.00 Uhr	Kinder für die Schule fertigmachen, Christine in den Kindergarten fahren, anschließend zu Oma fahren
9.30 bis 10.00 Uhr	Tomatenpflanzen in der Gärtnerei holen
10.00 bis 11.00 Uhr	Wohnung aufräumen, Betten machen, Bad aufräumen, Waschbecken putzen, Waschmaschine füllen
11.00 bis 12.00 Uhr	Mittagessen herrichten
12.00 bis 12.15 Uhr	Christine vom Kindergarten holen
12.30 bis 13.00 Uhr	mit den Kindern essen
13.00 bis 13.35 Uhr	Küche aufräumen, Wäsche aufhängen
13.35 bis 14.00 Uhr	Mittagsschläfchen, Zeitunglesen
14.00 bis 15.00 Uhr	Hausaufgaben betreuen, Reißverschluß einnähen, Flickarbeiten
15.00 bis 16.35 Uhr	Tomaten einpflanzen, Unkraut jäten
16.35 bis 17.00 Uhr	Kuchen backen
17.00 bis 18.00 Uhr	Abendessen herrichten
18.00 bis 18.45 Uhr	Abendessen
18.45 bis 19.05 Uhr	Küche aufräumen
19.05 bis 19.30 Uhr	Mit den Kindern Schulsachen kontrollieren, evtl. Schuhe putzen
19.30 bis 20.00 Uhr	Den Kindern eine Geschichte erzählen, ein Spiel machen
20.00 Uhr	Kinder ins Bett bringen

sondern »Staubwischen«. Die Arbeitssituation des Haushalts wird um so genauer erfaßt, je genauer ein Arbeitstagebuch geführt wird. Die anfallenden Arbeiten lassen sich erst nach längerem Aufschreiben über mehrere Monate erfassen. Das ist zwar etwas zeitaufwendig, aber diese Zeit ist hinterher schnell hereingeholt.

ARBEITSBEREICHE IM HAUSHALT UNTERSCHEIDEN

Bevor Sie mit dem Arbeitstagebuch beginnen, sollten Sie sich ein System zurechtlegen, nach dem Sie die Arbeiten bereits beim Aufschreiben ordnen. Das erleichtert Ihnen später die Auswertung der Notizen. Folgende Bereiche sind in jedem Haushalt anzutreffen:

- ❏ Haushaltsführung: Haushaltsbuchführung, Aufstellen von Speiseplänen, Schriftwechsel und Telefonate mit Behörden, Arbeitsbesprechung mit Auszubildenden oder Hilfskräften.
- ❏ Einkauf
- ❏ Nahrungszubereitung: tägliches Zubereiten der Mahlzeiten, Diäten bereiten für kranke Familienmitglieder, Zubereiten von Festtagsessen, Vorkochen.
- ❏ Vorratshaltung: Lagern von Nahrungsmitteln und regelmäßige Kontrolle, Konservieren von Lebensmitteln.
- ❏ Spülen und Aufräumen: Reinigen von Geschirr, Besteck und anderen Haushaltsgegenständen.

- ❏ Hausreinigung und -pflege: Reinigen der Räume, Bettenmachen, Bettwäsche wechseln, kleine Reparaturen ausführen: z. B. Türangeln ölen, Duschkopf entkalken.
- ❏ Wäschepflege: Waschen, Trocknen und Bügeln von Kleidung, Fleckentfernung, Ausbessern von Kleidung.
- ❏ Kinderbetreuung: tägliche Körperpflege (waschen, anziehen), spielen, Hausaufgabenbetreuung.
- ❏ Pflege kranker und alter Familienmitglieder: tägliche Körperpflege, anziehen, beschäftigen (vorlesen, spazierengehen, reden).
- ❏ Gartenarbeit
- ❏ Sonstige Aufgaben: ehrenamtliche Tätigkeiten

ARBEITSZEITEN NOTIEREN

Zu den einzelnen Tätigkeiten muß ihre jeweilige Dauer genau aufgeschrieben werden. Schätzungen liefern sehr ungenaue Ergebnisse, die nicht weiterhelfen.

Praktischer Hinweis:

- ■ *Arbeiten Sie stets mit der Uhr. Stellen Sie immer wieder fest, wieviel Zeit Sie für häufig wiederkehrende Arbeiten brauchen, z. B. 25 Minuten zum Wechseln von Bettwäsche, 15 Minuten zum Putzen eines großen Fensters, 30 Minuten zum Aufräumen der Küche nach dem Mittagessen.*

Verbessern der Arbeitssituation des Haushalts

Wenn nun die Situation erfaßt ist, kann kritisch geprüft werden:

❑ Wurde systematisch oder häufig unsystematisch gearbeitet?

❑ Welche Aufgabenschwerpunkte haben sich ergeben?

❑ Sind bestimmte Tätigkeiten in diesem Umfang nötig?

Unsystematisches Arbeiten kostet viel Zeit. Es gibt eine Reihe von Tricks, den Arbeitsablauf ruhiger zu gestalten. Stellt sich heraus, daß ein bestimmter Arbeitsbereich besonders viel Zeitaufwand erfordert, sollte geprüft werden, ob dies nicht zugunsten anderer – vielleicht vernachlässigter – Bereiche geändert werden sollte.

Beispiel:

Frau Müller hat wesentlich mehr Zeit für die Hausreinigung aufgeschrieben als für die Kinderbetreuung. Sie überlegt:

❑ *Kommen die Kinder wirklich zu kurz?*

❑ *Konnte ich Hausreinigung und Kinderbetreuung gut miteinander vereinbaren, indem ich das Putzen unterbrach, wenn Julia mich brauchte?*

❑ *Könnte ich die Hausreinigung rascher und gezielter erledigen, Unterbrechungen abbauen und dafür einmal wöchentlich mit Julia zum Schwimmen gehen?*

ALLGEMEINE VERBESSERUNGSANSÄTZE

Wenn Sie Ihr Arbeitstagebuch auswerten, sollten Sie zunächst die allgemeinen Verbesserungsvorschläge beachten.

Weglassen bestimmter Arbeiten

Manche Arbeiten können bei Arbeitsüberlastung entfallen, z. B. Nähen von Kleidung. Auch die Vorratshaltung kann verringert werden, z. B. weniger Bohnen einwecken, mehr einfrieren. Manche Tätigkeiten können seltener ausgeführt werden: Staubwischen, Fensterputzen. In diesem Zusammenhang sollten auch die Ansprüche der Familie überdacht werden. Die Zeit für Nahrungszubereitung könnte verringert werden, wenn nicht jeden Tag ein dreigängiges Menü auf dem Tisch stehen muß; Tischsets sind schneller gebügelt als eine Tischdecke. Besonders aufwendige Bäckereien oder Speisen passen ebenfalls nicht in den Zeitplan einer überlasteten Hausfrau.

Vergabe von Arbeiten

Die Hausfrau sollte sich nicht scheuen, bestimmte Tätigkeiten ausführen zu lassen, wenn sie überlastet ist. Es wäre falscher Ehrgeiz, der der Gesundheit schadet, wenn trotz Arbeitsüberlastung keine Arbeiten vergeben werden. Anbieten würde sich beispielsweise das Waschen und Bügeln von Wäsche, Reinigen des Hauses (Putzfrau). Zur Vergabe gehört auch der Kauf von fertigen Speisen, z. B. Säften, Marmeladen.

Vor der Vergabe von Arbeiten muß jedoch überlegt werden, ob die Qualität der zugekauften Leistungen mit selbsterbrachter Leistung mithalten kann; Beispiel: Fertigprodukte oder Speisen aus Zutaten, die man nach eigenen Qualitätskriterien auswählt und zubereitet.

Verteilen der Arbeiten auf mehrere Familienmitglieder

Manche Aufgaben können auch von größeren Kindern übernommen werden, ohne daß die Hausaufgaben oder die nötige Freizeit darunter leiden. Heranwachsende lernen so, wie bestimmte Haushaltätigkeiten zu verrichten sind. Sie entlasten die Hausfrau und bekommen mehr Verständnis und Wertschätzung für die Arbeit der Mutter – ein Aspekt, der gerade für Jungen wichtig ist. Da sich erfahrungsgemäß keiner um Hausarbeit reißt, ist es notwendig, die einzelnen Aufgaben konkret zu verteilen, z. B. Juliane kümmert sich jede Woche darum, daß die Mülltonne vors Haus gestellt wird; Peter bringt das Altpapier weg. Das Aufräumen des eigenen Zimmers sollte ab einem Alter von zwölf Jahren selbstverständlich sein.

Delegieren trägt dazu bei, daß die anderen Haushaltsmitglieder selbständiger werden, was wiederum Arbeitsentlastung bringt. Rechnen Sie mit Widerspruch, aber lassen Sie nicht nach und fordern Sie Beteiligung an der Haushaltsarbeit. Machen Sie aber nicht die eigene Arbeitsweise zum Maß aller Dinge. Zeigen Sie Ihre Arbeitsmethode und geben Sie Hinweise zur Arbeitserledigung, aber akzeptieren Sie auch eine andere Arbeitsweise bzw. auch nicht ganz so perfekte Arbeitsergebnisse.

Bessere Gestaltung des Arbeitsplatzes

Je besser der Arbeitsplatz gestaltet ist, desto zügiger kann gearbeitet werden. Größe, Anordnung und Ausstattung müssen stimmen. Manche Arbeitsabläufe werden schon allein dadurch beschleunigt, daß passende Ordnungseinrichtungen vorhanden sind.

Beispiele:

Ein Putzschrank, in dem die Geräte und Hilfsmittel griffbereit und übersichtlich untergebracht sind; ein Schreibtisch, in dem alle wichtigen Schreibutensilien, Kuverts, Briefmarken etc. zu finden sind.

Richtige Arbeitstechniken anwenden

Arbeitstechniken sind gekennzeichnet durch Art und Ablauf der Arbeitsbewegungen und durch die Wahl der Werkzeuge, Geräte und Hilfsstoffe. Die richtige Arbeitstechnik spart Zeit und Kraft; deshalb

muß die Ausführung aller Tätigkeiten kritisch überprüft und gegebenenfalls geändert werden. Zwar
kostet die Umstellung auf eine andere Arbeitstechnik etwas Zeit, aber sie ist schnell hereingeholt!

Beispiel:
Vielfach werden Bohnen oder Äpfel in der Hand geschnipselt.
Versuchen Sie das Schnipseln auf einem Brett; sie sparen
Zeit und Kraft mit dieser Arbeitstechnik.

Zeitsparende Arbeitsverfahren anwenden

Tiefgefrieren von Gemüse erfordert erfahrungsgemäß weniger Zeitaufwand als Sterilisieren. Man
kann mit geringem Mehraufwand an Arbeitszeit
statt vier Portionen acht zubereiten, den Rest einfrieren und bei Bedarf verwenden. Zeitsparend ist
beispielsweise auch der Einsatz des Dampfdruck-
topfs.

Anschaffung und Einsatz von Maschinen oder Geräten

Viele Geräte verkürzen die Arbeitszeit erheblich.
Zusätzlich zu Waschmaschine, Elektro- oder Gas-
herd kann z. B. der Einsatz von Wäschetrockner,
Bügelmaschine oder Mikrowellengerät zu Arbeitserleichterungen führen. Die Anschaffung ist jedoch nur wirtschaftlich, wenn die Geräte auch gezielt eingesetzt werden. Waffeleisen, elektrisches
Dörrgerät oder Joghurtbereiter sollten in dieser
Hinsicht kritisch betrachtet werden.

Prioritäten setzen

Setzen Sie Prioritäten bei den verschiedenen
Arbeiten danach, wie wichtig und wie dringlich
eine bestimmte Aufgabe ist.
Wichtig und dringlich, das heißt, nicht verschiebbar, sind zum Beispiel Kindererziehung,
Pflege kranker und hilfsbedürftiger Familienmitglieder, Berufstätigkeit, Pausen.
Wichtig, aber verschiebbar sind zum Beispiel
Wäschewaschen, Putzen, Arbeitsplanung, Einla-
dungen/Treffen mit Freunden, Mahlzeiten, Ein-
kauf und Besorgungen.
Dringlich, also nicht oder kaum verschiebbar, sind
zum Beispiel Fahrdienste für Kinder, Veranstal-
tungen und Termine, zum Beispiel beim Arzt oder
bei Behörden.
Gerade dringliche Aufgaben wie Hol- und Bring-
fahrten führen oft zu Unterbrechungen der
Arbeitsabläufe und kosten so doppelt Zeit. Sagen
Sie bei diesen Aufgaben auch einmal nein, bevor
Sie sich überfordern oder wichtige Dinge liegen-
lassen (müssen).
Die wichtigste Frage bei Arbeitsüberlastung oder
Unzufriedenheit mit der Arbeitssituation: Was pas-
siert, wenn diese Arbeit nicht sofort gemacht wird?
Wenn die Antwort »nichts« lautet, müssen solche
Arbeiten warten, bis Zeit dafür ist.

Praktische Vorschläge für Arbeitseinsparung im Haushalt:

- *Fenster statt viermal jährlich nur noch dreimal jährlich putzen.*
- *Unterwäsche, Handtücher nicht bügeln.*
- *Bettwäsche nach dem Trocknen sofort wieder beziehen; so spart man sich das Bügeln.*
- *Merkzettel in der Küche aufhängen, wo sofort aufgeschrieben wird, wenn ein Lebensmittel zur Neige geht; so spart man Wege und Zeit.*
- *Einkaufen in ruhigen Geschäftszeiten, also möglichst nicht abends oder samstags*
- *Einkaufsfahrten oder -gänge so legen, daß sie mit anderen Verpflichtungen kombiniert werden können, zum Beispiel Bankgeschäften, Behördenterminen, Abholen von Kindergarten bzw. Schule.*
- *Ein Speiseplan erleichtert den Einkauf und spart viele kleine Einkäufe.*
- *Beim Kauf von Kleidung auf Pflegekennzeichnung achten. Sachen, die Handwäsche oder chemische Reinigung erfordern, meiden.*
- *Nicht jede Bluse oder Hemd muß nach einmaligem Tragen gewaschen werden, oft reicht auch Auslüften.*
- *Statt Tischdecken Tischsets oder abwischbare Tischdecken verwenden .*
- *Wäsche nicht erst vor dem Beladen der Waschmaschine sortieren, sondern Behälter aufstellen zum Vorabsortieren; alle Familienmitglieder entsprechend informieren.*
- *Dampfdrucktopf und Mikrowelle sparen Zeit bei der Speisenzubereitung.*
- *Versuchen Sie, mit Nachbarn zusammenzuarbeiten, z. B. Abwechseln beim Abholen der Kinder vom Kindergarten, Grüngut aus dem Garten gemeinsam entsorgen.*
- *Nehmen Sie sich Zeit für hauswirtschaftliche Informationsveranstaltungen, z. B. über rationelles Arbeiten. Diese Zeit ist gut investiert.*
- *Manche – nicht alle – neuartigen Putzhilfen erleichtern die Arbeit enorm, z. B. Fensterputzer mit Gummilippe statt Fensterleder bzw. Trockentücher.*
- *Viele Handgriffe und damit Zeit kann man sparen, wenn zum Beispiel Geschirr und Kochutensilien in der Küche übersichtlich eingeräumt sind. Wenn vieles ineinandergestapelt ist, kann man nie mit einem Griff das Benötigte herausholen! Beobachten Sie, welche Teile sie oft brauchen, welche ganz selten oder nie und ordnen Sie entsprechend um. Dann ist auch in einer kleinen Küche Ordnung bzw. zügiges Arbeiten möglich.*
- *Ähnliches gilt für Kleiderschränke: In Fächern, die zu voll gepackt sind, ist es schwer, Ordnung zu halten. Für Schubladen gilt das gleiche.*

- *Entrümpeln spart Zeit: prüfen Sie Schränke danach, was schon lange nicht mehr benutzt wurde. Geben Sie Kleidung zur Altkleidersammlung oder versuchen Sie einen Verkauf in einem Secondhand-Laden bzw. bei Kinderkleidung in Basaren, die in vielen Orten von Kinderbetreuungseinrichtungen veranstaltet werden. Das gleiche gilt für Geschirr und Dinge des täglichen Gebrauchs: in Schachteln verpacken und im Keller oder Speicher lagern und bei Gelegenheit auf dem Flohmarkt verkaufen oder verschenken.*
- *Anleitungen von Haushaltsgeräten sollten griffbereit sein. Bei Neuanschaffung ist es auch wichtig, sich möglichst zügig einzuarbeiten. Dann wird nicht nur Fehlbedienung vermieden, sondern es sitzen auch die Handgriffe.*

AUFSTELLEN EINES ARBEITSPLANES

Das Aufstellen eines Arbeitsplanes erfordert Genauigkeit, denn nur, wenn die eingeplante Zeit für eine bestimmte Tätigkeit ungefähr stimmt, kann man nach diesem Plan arbeiten. Keine Angst, wenn dies anfangs noch nicht gelingt –

mit etwas Übung und bewußtem Beobachten bzw. Aufschreiben der Arbeitszeit bekommt man einen Überblick über das eigene Arbeitstempo. Arbeitsplanung umfaßt drei Pläne:

- Jahresarbeitsplan
- Wochenarbeitsplan
- Tagesarbeitsplan

Der Jahresarbeitsplan

Für den Jahresarbeitsplan eignet sich ein Übersichtskalender, den Sie in Ihrer Küche oder an Ihrem Schreibtisch aufhängen sollten. Er bietet einen Überblick über besondere Ereignisse und Arbeiten im Jahresablauf. Hier werden also nicht nur bestimmte Arbeiten eingetragen, z. B. Frühjahrsputz, Renovierungsarbeiten, sondern auch Geburtstage, Festtage, Ferien, Urlaub.

Eine zusätzliche wirkungsvolle Planungshilfe ist ein Fristenplan; er ist besonders zu empfehlen in Monaten mit besonders viel Arbeit, z. B. November und Dezember mit Weihnachtsvorbereitungen. Dieser Plan gibt an, bis zu welchem Tag genau bestimmte Arbeiten ausgeführt sein müssen. Vorsicht, den Plan nicht zu voll packen und

Beispiel für einen Jahresarbeitsplan

1. Halbjahr	Januar	Februar	März	April	Mai	Juni
1. Woche		Fenster putzen im Obergeschoß, Vorhänge waschen	Kinderzimmer Grundreinigung	Bad Grundreinigung	Fenster putzen im Erdgeschoß, Vorhänge waschen	
2. Woche	Weihnachtssachen aufräumen	Geburtstag Hausherr 13.2.	Schlafzimmer Grundreinigung	Wohnzimmer Grundreinigung	Flur Grundreinigung	Geburtstag Markus 21.6. (Feier 22.6.)
3. Woche	Kleiderpflege, Kleider neu anfertigen		Ostervorbereitungen, Gartenarbeit beginnt, Schulferien	Küche Grundreinigung	Pfingsten	Speicher Grundreinigung
4. Woche	Gefriertruhe abtauen		Ostern Geburtstag Karin 28.3.	Sommerkleidung herrichten	Winterkleidung wegräumen	Einkauf für Urlaub

2. Halbjahr	Juli	August	September	Oktober	November	Dezember
1. Woche	Urlaubsgepäck packen Schulferien	Keller Grundreinigung	Winterkleidung herrichten	Fenster im Obergeschoß putzen	Restliche Gartenarbeiten	Weihnachtsvorbereitungen, Plätzchen backen
2. Woche				Fenster im Erdgeschoß putzen		Weihnachtsvorbereitungen, Plätzchen backen letzte Einkäufe
3. Woche	Gefriertruhe abtauen	Geburtstag Hausfrau Gäste 18.8.	Vorratshaltung	Garten abernten		Weihnachtsvorbereitungen, Schulferien
4. Woche		Vorratshaltung (Marmelade, Gemüse usw.)		Sommerkleidung wegpacken, Grab herrichten	Weihnachtseinkäufe	Weihnachten

Beispiel für einen Wochenarbeitsplan für die ganze Familie
(bei Arbeiten, die *nicht* von der Hausfrau erledigt werden, sind die Zuständigen namentlich vermerkt)

	Montag	Dienstag	Mittwoch	Donnerstag	Freitag	Samstag
Vormittag	Wohnzimmer, Eßzimmer, Küche, Flur wischen	Kirschen pflücken *Christoph:* morgens Mülltonne rausstellen, abends reinstellen	9.30 Uhr Arzttermin	Räume im Obergeschoß putzen, einschl. Bad	Vorräte auffüllen, Vorratskammer aufräumen und wischen; Einkaufszettel schreiben	*Anja:* Frühstückssemmeln holen
Nachmittag	Wäsche waschen und aufhängen; Balkonpflanzen düngen; Zimmerpflanzen in den Garten bringen	Marmelade von den Kirschen machen	Federbetten in die Reinigung bringen; abends bügeln; *Jens:* hilft beim Falten *Papa:* 18 Uhr: Anja zum Sport fahren	Oma besuchen; Arbeits- und Speiseplan für die nächsten Wochen schreiben *Anja:* Rasen mähen	Blumenschmuck richten; Treppe vorm Haus schrubben *Jens:* Wohnzimmer saugen *Christoph:* Kuchen backen *Papa:* Leergut wegbringen und Sondermüll zum Wertstoffhof, dann Wocheneinkauf	

realistische Arbeitszeiten eintragen! Nicht vergessen, daß auch die »normale« Arbeit täglich verrichtet werden muß!

Mit einem Fristenplan bekommt man eine Übersicht über die einzelnen Arbeiten; sie können fristgerecht und harmonisch nacheinander weggearbeitet werden.

In einen Fristenplan werden zunächst alle Vorgänge in der voraussichtlichen Reihenfolge eingetragen; danach wird die Zeitdauer geschätzt und eingetragen. Damit Fehleintragungen vermieden werden, Sonn- und Feiertage kennzeichnen, ebenso Tage und Zeiten, die aus anderen Gründen nicht frei verfügbar sind.

Der Wochenarbeitsplan
In diesem Plan werden zuerst zeitlich fest gebundene Aufgaben, z. B. Termine für Veranstaltungen, Arztbesuche, eingetragen, anschließend wöchentlich wiederkehrende Tätigkeiten ergänzt. Tägliche Arbeiten wie Kochen, Kinderbetreuung werden in diesen Plan nicht eingetragen; er wird jedoch durch den Speiseplan vervollständigt.

Auch dieser Plan darf nicht zu voll gepackt werden; es müssen Pufferzeiten für Unvorhergesehenes eingeplant sein, damit der Plan nicht störungsanfällig ist. Die Folgen wären unnötiger Streß und meist völlig planloses Vorgehen.

Der Tagesarbeitsplan
Das Gerüst für diesen Plan bilden Beginn der Arbeit am Morgen und Ende der Arbeit am Abend und die Mahlzeiten. Danach werden weitere zeitlich fest gebundenen Tätigkeiten eingetragen, z. B. Kinder zur Schule oder zum Kindergarten fahren,

Mahlzeiten zubereiten. Die zeitlich nicht fest gebundenen Arbeiten, z. B. Bettenmachen, Putzen, Aufräumen, werden so verteilt, daß die Leistungsschwankungen im Tagesablauf (biologische Leistungskurve) berücksichtigt werden. Wichtige, anstrengende Arbeiten sollten zwischen 9 und 12 Uhr oder 16 bis 19 Uhr ausgeführt werden, weil hier die Leistungsfähigkeit besonders hoch ist.

Auch in den Tagesarbeitsplan müssen Pufferzeiten eingebaut werden, und wenn diese nicht reichen, können Arbeiten wie Fensterputzen, Staubwischen verschoben werden. Dies sollte jedoch nicht zur Gewohnheit werden, sonst kommt es immer wieder zu unerwünschten Arbeitsspitzen.

Zeitplan für einzelne Aufgaben
Manchmal muß der Tagesarbeitsplan ergänzt werden durch einen noch exakteren Plan, vor allem dann, wenn besondere Aufgaben zu erfüllen sind, etwa das Zubereiten eines Festessens für eine größere Personenzahl. In diesem Fall werden die einzelnen Arbeiten der Reihe nach aufgeschrieben; so kann nichts vergessen werden und pünktlich serviert werden.

Praktischer Hinweis:

Planen Sie »von hinten nach vorn«, also:
- *19.00 Uhr Essen fertig*
- *18.50 Uhr Salat mischen*
- *18.45 Uhr Soße abschmecken*
- *18.00 Uhr Serviettenkloß in Kochwasser hängen usw.*

1.2. Hausarbeit und Berufstätigkeit

Frauen, die Beruf und Haushalt bzw. Familie unter einen Hut bringen müssen, sind einer enormen Doppelbelastung ausgesetzt. Berufstätige Mütter arbeiten durchschnittlich 35 Stunden im Haushalt; das bedeutet bei einer Halbtagsstelle insgesamt eine Arbeitszeit von 55 Stunden pro Woche. Viele Frauen verzichten auf eigene Erholung und Ruhe, um alles zu schaffen. Diese Doppelbelastung führt auf Dauer zu Gesundheitsschäden und Frust.

Damit regelmäßig Zeit für Erholung und Entspannung bleibt und damit die Gesundheit erhalten bleibt, sind genaue Arbeitsorganisation und Zeitplanung unerläßlich. Manche Tätigkeiten können vergeben werden, aber nicht alle. Zum einen wäre dadurch ein Großteil des anderweitig verdienten Geldes bereits wieder »verbuttert«, zum anderen entsprechen nicht alle zugekauften Dienstleistungen den jeweiligen Ansprüchen. Beispiel dafür sind die zahlreichen Fertig- und Halbfertigprodukte. Sie sparen natürlich viel Zeit für die Nahrungszubereitung ein, sind allerdings meist nicht billig und können selbstgekochte Mahlzeiten mit frischen Produkten nicht ersetzen. Sie sind eine Alternative an besonders arbeitsreichen Tagen, sollten aber im Hinblick auf abwechslungsreiche, gesunde Ernährung kein Dauerzustand sein.

Wenn die Zeit für den Haushalt insgesamt zu knapp ist, sollten lieber andere Tätigkeiten vergeben werden, z. B. Putzen, Waschen. Außerdem kann man auch aus selbstgekochten Mahlzeiten einen schnell verfügbaren Vorrat anlegen.

Rücken Sie von der Vorstellung ab, immer alles perfekt machen zu müssen. Ob beispielsweise die Fenster geputzt sind oder nicht, schadet niemandem, auch keinem Besuch. Sie müssen auch niemandem beweisen, daß Sie alles können und nur Sie. Beziehen Sie Ihre Familie in die Hausarbeit mit ein. Erstellen Sie nicht nur für sich einen Arbeitsplan, sondern auch für alle anderen Haushaltmitglieder. Hilfreich ist ein Wochenarbeitsplan, der zentral aufgehängt wird, z. B. an der Pinnwand in der Küche oder am Telefon.

Beispiele für Arbeiten, die Kinder bzw. der Ehemann ebensogut erledigen können wie die Hausfrau:

- Blumen gießen
- Mülleimer leeren
- Geschirrspülmaschine ausräumen
- Einkaufen
- Bettwäsche wechseln
- Leergut und Altpapier bzw. Wertmüll wegbringen
- Staubsaugen
- eigenes Zimmer aufräumen
- Geschirr spülen
- Rasen mähen
- Tisch decken
- einfache Wäscheteile bügeln
- bei der Vorbereitung der Mahlzeiten helfen
- Waschbecken reinigen
- gebügelte Wäsche falten

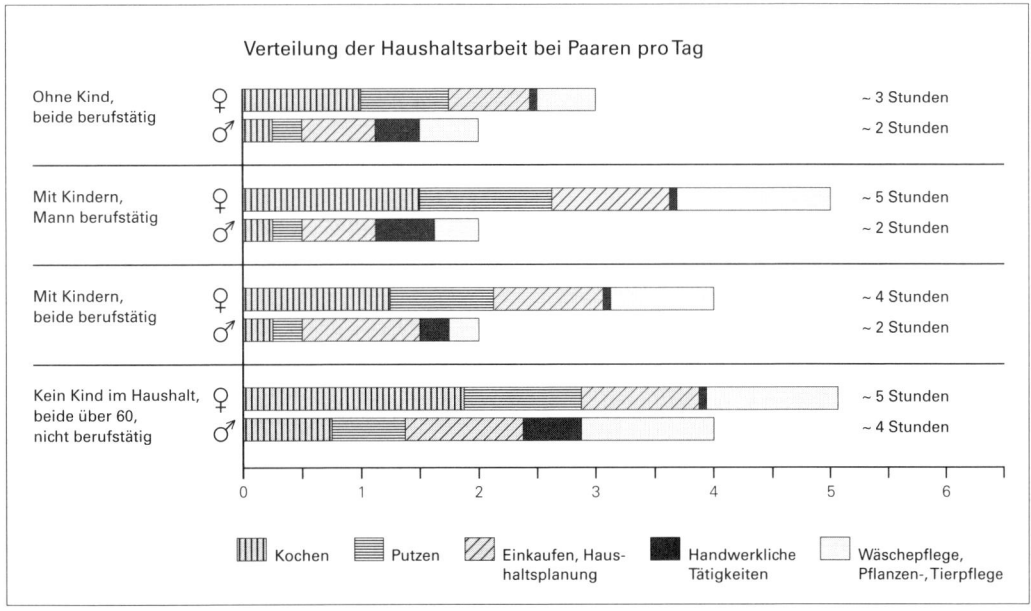

2. ARBEITSBELASTUNG

Um die einzelnen Tätigkeiten möglichst schnell und kraftsparend auszuführen, sollten ergonomische Grundsätze berücksichtigt werden. Ergonomie ist die Lehre von der menschlichen Arbeit. Ihre Erkenntnisse ermöglichen es, die Arbeit dem Menschen und den Menschen an die Arbeit anzupassen.

FORMEN DER ARBEIT

Dynamische Arbeit (Bewegungsarbeit):
Bei dieser Arbeit wechseln sich Anspannung und Erschlaffung der Muskeln dauernd ab. Während sich der Muskel entspannt, werden über das Blut neue Energiereserven zugeführt. Der Muskel kann sich immer wieder erholen und ermüdet nicht so schnell.
Beispiele für dynamische Arbeit: Fenster putzen, Staub wischen.

Statische Arbeit (Haltearbeit):
Diese Arbeit zwingt den Muskel zu dauernder Anspannung; der Muskel ist wenig durchblutet, bekommt also auch keine neue Energie zugeführt und ermüdet daher rasch. Statische Arbeit wird vor allem zur Erhaltung des Körpergleichgewichts geleistet, z. B. beim Stehen und Bücken. Diese Arbeit ist nicht sichtbar, kann aber durch die dauernde Muskelanspannung mehr Energie als die sichtbare Bewegungsarbeit beanspruchen. Das ist insbesondere der Fall, wenn Lasten einseitig oder ungeschickt getragen werden, ebenso bei ungünstiger Arbeitshaltung, z. B. Bücken.
Beispiele für statische Arbeit: Tablett halten, Vorhänge aufhängen.

2.1. Leistungsfähigkeit

Die Leistungsfähigkeit der Menschen ist unterschiedlich; sie hängt von folgenden Faktoren ab:
❑ *Geschlecht:* Frauen können nicht so viel Kraft für körperliche Arbeiten aufbringen; dies fällt jedoch nur bei schweren Arbeiten ins Gewicht.
❑ *Alter:* Die höchste Leistung kann im Alter zwischen 30 und 40 Jahren erbracht werden. Danach sinkt die Leistungsfähigkeit stetig ab.
❑ *Ausbildung und Übung:* Arbeiten, die oft ausgeführt werden, gehen schneller und leichter von der Hand.
❑ *Körperliche Verfassung:* Sie hängt vom Gesundheitszustand und von der biologischen Leistungskurve ab.
❑ *Antriebe:* Wer für eine Arbeit motiviert ist, kann sie leichter ausführen. Zu diesen Antrieben gehören z. B. Anerkennung, Interesse, Ehrgeiz, Wille, Zielstrebigkeit, Fleiß, Freude und Schwung.

2.2. Ermüdung

Arbeit verbraucht Energie und Kraft und macht daher müde, die Leistungsfähigkeit nimmt ab. Anzeichen für Ermüdung sind:
❑ Wahrnehmungsstörungen, manche Dinge werden übersehen.
❑ Koordinationsstörung, die Bewegungen sind nicht mehr so gut aufeinander abgestimmt.
❑ Verminderte Aufmerksamkeit, mehr Fehler unterlaufen.
❑ Verminderter Antrieb, es treten Unlustgefühle auf.
❑ Reizbarkeit, Unbeherrschtheit.
Die Ermüdung hängt nicht nur von der Arbeitsbelastung ab, sondern ist auch durch Vorgänge im Körper bestimmt. Veränderungen im Nervensystem und im Hormonhaushalt bedingen Leistungsschwankungen, die willentlich kaum zu beeinflussen sind. Die biologische Leistungskurve verdeutlicht diese Schwankungen während des Tages und sollte bei der Arbeitsplanung berücksichtigt werden. Die Ermüdung ist dann geringer. So sollen Arbeiten, die viel Kraft, hohe geistige oder nervliche Anspannung fordern, vormittags oder im nachmittäglichen Leistungshoch erledigt werden, z. B. Wäsche aufhängen, Buchführung, Haushaltspla-

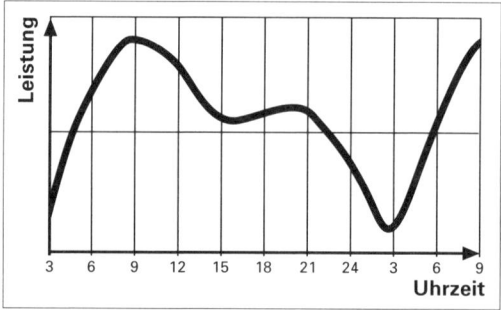

Biologische Leistungskurve

nung, Gartenarbeit, Pflege Bettlägeriger. Leichtere Arbeiten und Tätigkeiten, die man gerne macht, können nachmittags ausgeführt werden, z. B. Schuhe putzen, Staub wischen, Nähen, Bügeln.
Wenn ständig gegen diese »innere Uhr« gearbeitet wird, kann es zu ernsten Gesundheitsstörungen kommen, z. B. Nervosität, Schlaflosigkeit.

Praktische Hinweise:

Ermüdung wird verzögert, wenn
■ *der Arbeitsplatz zweckmäßig gestaltet ist,*
■ *schwere und leichte Tätigkeiten im Wechsel ausgeführt werden,*
■ *schlechte Arbeitshaltung vermieden wird,*
■ *Kurzpausen eingelegt werden.*

2.3. Erholung

Ruhepausen sind notwendig, um die Leistungsfähigkeit zu erhalten. Nach schweren körperlichen Arbeiten sind längere Pausen sinnvoll. Leichtere Arbeiten, vor allem geistige Arbeit, sollten durch mehrere kurze Pausen unterbrochen werden. Auf jeden Fall sollten die Pausen systematisch eingelegt werden.

Man kann sich auch erholen, wenn man nach schweren Arbeiten leichte Arbeiten verrichtet. Deshalb sollten auf Tage großer Anstrengung solche mit leichterer Arbeit folgen, damit der Körper die Kraftreserven wieder auffüllen kann.

Die beste Erholung schenkt ausreichender Schlaf. Schläft man zuwenig, läßt die körperliche Leistungsfähigkeit nach, ebenso sinken Aufmerksamkeit und Konzentrationsfähigkeit ab, wodurch die Unfallhäufigkeit steigt. Neben einem ruhigen Nachtschlaf sollte man auch an den Mittagsschlaf bzw. die Ruhe im mittäglichen Leistungstief denken. Die halbe Stunde Pause tut dem Körper gut und wird durch erhöhte Leistungsfähigkeit am Nachmittag schnell hereingeholt.

Zu den Pausen gehören auch arbeitsfreie Tage und Urlaub. Sie ermöglichen nicht nur körperliche Erholung, sondern auch Abstand von den täglichen Arbeiten und damit auch geistige und seelische Erholung.

Praktische Hinweise:

- *Planen Sie Arbeitspausen bereits beim Notieren eines Tagesarbeitsplanes ein.*
- *Halten Sie im Wochenarbeitsplan z. B. den Samstagnachmittag frei. Nutzen Sie ihn für sich persönlich zur Erholung.*
- *Tragen Sie in den Jahresplan Urlaubstage ein.*

3. ARBEITSDURCHFÜHRUNG

3.1. Gestaltung des Arbeitsplatzes

Die richtige Gestaltung des Arbeitsplatzes hat einen wesentlichen Einfluß auf Arbeitsdurchführung und Arbeitsergebnis. Ein gut gestalteter Arbeitsplatz ermöglicht einen reibungslosen Ablauf der einzelnen Tätigkeiten und verhindert schnelles Ermüden, weil in natürlicher Körperhaltung gearbeitet werden kann oder weil keine überflüssigen Arbeitsbewegungen ausgeführt werden müssen.

Körperhaltung

Durch die richtige Körperhaltung kann Kraft gespart werden und dadurch die Tätigkeit wirkungsvoller und ermüdungsfrei ausgeführt werden. Auch Gesundheitsschäden durch einseitige Haltung werden so vermieden, z. B. Wirbelsäulenschäden. Die verschiedenen Körperhaltungen sind unterschiedlich anstrengend, verbrauchen daher auch unterschiedlich viel Energie. Bücken, Überkopfarbeiten und langes Stehen wirken sehr schnell ermüdend.

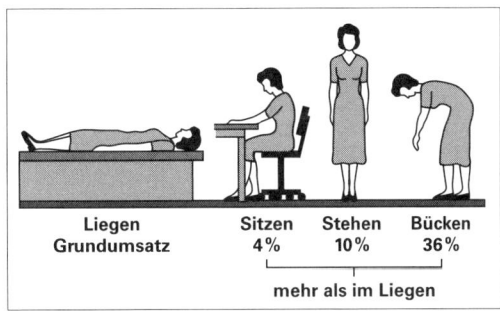

Energieverbrauch bei unterschiedlicher Körperhaltung

SITZEN

Wie aus der Abbildung ersichtlich ist, erfordert Stehen viel mehr Kraft als Sitzen; außerdem entlastet Sitzen auch die Beine.

Praktischer Hinweis:

- *Möglichst viele Tätigkeiten im Sitzen ausführen.*

Anfangs bedeutet es zwar für viele Hausfrauen eine Umstellung, wenn sie beim Gemüseputzen, Bügeln etc. sitzen. Mit etwas Übung geht die Arbeit im Sitzen genausoschnell von der Hand, und die Beine tun nicht weh. Sitzen ist vor allem bei langdauernden Tätigkeiten anzuraten. Für kurze Arbeiten lohnt es nicht, sich zu setzen. Stehen ist dann günstiger als Sitzen, wenn Schweres bewegt oder weit gegriffen werden muß, z. B. beim Zusammenlegen von Bettwäsche.

Voraussetzung für natürliche Sitzhaltung ist ein gut geformter Arbeitsstuhl; er muß folgende Anforderungen erfüllen:

❏ Der Stuhl muß Körperbewegungen zulassen, z. B. nach vorne und hinten beugen.
❏ Die Rückenlehne soll in Höhe der Lendenwirbel die Wirbelsäule abstützen.
❏ Die Sitzfläche muß genügend groß sein und soll nach vorne abgeschrägt sein, damit sie nicht gegen die Beine drückt und zu Durchblutungsstörungen bei längerem Sitzen führt.
❏ Der Stuhl muß höhenverstellbar sein.

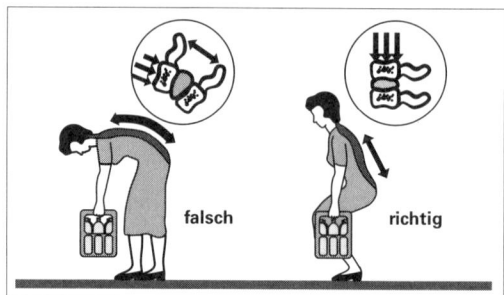

Richtiges Heben von Lasten

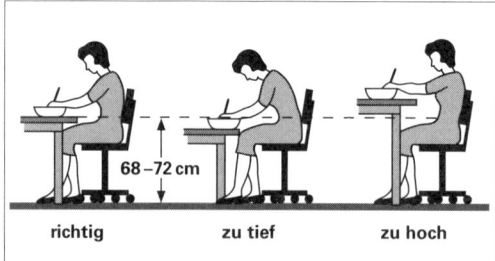

Richtige Arbeitshaltung im Sitzen

Praktische Hinweise:

■ *Die Arbeitshaltung sollte ungezwungen und natürlich sein.*
■ *Die Sitzhöhe sollte so gewählt werden, daß der Rücken gerade und im Bereich der Lendenwirbelsäule unterstützt ist. Der Schultergürtel soll entspannt sein; die Oberarme hängen locker, und die Unterarme sind leicht angewinkelt.*

BÜCKEN

Bücken ist sehr anstrengend. Viel Arbeit in gebückter Haltung führt zu Rückenschmerzen bis hin zu bleibenden Bandscheibenschäden.
Bücken kann durch die richtige Wahl der Arbeitsmittel vermieden werden. Schrubber und Besen sollten knapp so lang sein wie die Körpergröße; mit einem zu kurzen Stiel muß man sich bücken, zu langer Stiel behindert beim Kehren bzw. Putzen.

Praktische Hinweise:

■ *Vermeiden Sie Bücken. Stellen Sie den Einkaufskorb auf einen Stuhl, wenn sie ihn ausräumen. Auch der Wäschekorb wird auf einen Hocker gestellt, wenn die Wäsche aufgehängt wird.*
■ *Heben Sie niemals eine Last »aus dem Rücken heraus«. Gehen Sie in die Knie und halten Sie den Rücken gerade, wenn Sie einen Eimer oder ein Kind hochheben.*

Arbeitsbewegungen

Bewegungen bei der Arbeit kosten Kraft, daher ist jede unnötige Bewegung zu vermeiden. Folgende Grundsätze sollten beachtet werden:

❏ Die Bewegungen sollten harmonisch ineinander übergehen, ruckartige Bewegungen vermeiden, z. B. beim Fensterputzen in Schlangenlinien putzen, keine Zickzackbewegungen ausführen.
❏ Kreisbewegungen sind kraftsparender als Zickzackbewegungen.
❏ Beide Hände arbeiten zusammen. Die Handgriffe gehen besser ineinander über, die Hände können abwechselnd ausruhen.
  – Räumen Sie die Spülmaschine mit beiden Händen aus.
  – Füllen Sie die Waschmaschine mit beiden Händen.
  – Wechseln Sie beim Fensterputzen die Arbeitshand. Auch die linke Hand kann Wischlappen und Fensterleder gezielt bedienen.
  – Setzen Sie auch beim Bügeln beide Hände ein. Eine Hand bereitet vor, die andere führt das Gerät, und zwar im Wechsel.
❏ Wurf- und Schwungbewegungen sind leichter auszuführen als festgelegte, steife Bewegungen, z. B. beim Kneten von Teig.
❏ Bewegungen nicht gegen die Schwerkraft ausführen.
  – Vermeiden Sie Arbeiten in oder über Kopfhöhe.
  – Verwenden Sie Leiter oder Tritthocker, um starkes Strecken zu vermeiden.
  – Bringen Sie die Wäscheleine in einer Höhe an, die Ihrer Körpergröße entspricht. Hängen Sie kleine Wäschestücke auf einen Ständer.
❏ Bewegungen, bei denen die Arme überkreuzt werden müssen, vermeiden, weil dadurch die Schultermuskulatur stark beansprucht wird.
  – Wenn Spülbecken, Abtropffläche und Stellfläche für sauberes Geschirr nicht richtig angeordnet sind, kommen Überkreuzgriffe häufig vor.
  – Stellen Sie Wäschekorb und Klammernbehälter so auf, daß Überkreuzgriffe nicht nötig sind, wenn die Wäsche aufgehängt wird.

3.2. Arbeitsgrundsätze: REFA-Leitsätze

In der Industrie sind Arbeitsstudienexperten – REFA-Fachleute – mit der Gestaltung der Arbeit beauftragt. Der REFA-Fachausschuß für Haushaltsmanagement sieht seine Aufgabe darin, die in der Industrie bewährten Maßnahmen für den Haushalt anwendbar zu machen. Von den 24 REFA-Leitsätzen zur Arbeitsgestaltung in der Industrie hat der REFA-Fachausschuß für Haushaltsmanagement die folgenden 10 Leitsätze ausgewählt. Sie sind das Ergebnis langjähriger Untersuchungen und vielfacher Erprobungen in der Praxis und die Voraussetzung für die Verbesserung einer Arbeit.

Leitsatz 1

Der Arbeitsplatz soll dem Bewegungsablauf der Arbeit und dem arbeitenden Menschen soweit wie möglich angepaßt werden. Er soll weder größer noch kleiner sein, da nur dann ungehindert gearbeitet werden kann.

An einem zu geräumig gestalteten Arbeitsplatz legen Sie unnötig viele Wege zurück. Es gehen Zeit und Kraft verloren, wenn eine Küche zu groß ist. Ein zu kleiner Arbeitsplatz engt die Bewegungsfreiheit ein, die Unfallgefahr ist erhöht. Grundlage für die Gestaltung des Arbeitsplatzes ist der Greifraum. Der Greifraum ist der Raum bzw. die Fläche, die erreicht werden kann, ohne den gesamten Körper bewegen oder aufstehen zu müssen.

Für den inneren Greifraum, der den Bewegungsradius der Unterarme beschreibt, gilt eine durchschnittliche Tiefe von 35–45 und eine Breite von 80–110 cm. Bei Arbeiten, die im inneren Greifraum durchgeführt werden, sollten alle für diese Bewegungen benötigten Geräte und Hilfsmittel innerhalb dieser Fläche bereitstehen, damit unnötige Anstrengung vermieden wird. Der äußere Greifraum beschreibt den Bewegungsraum bei ausgestreckten Armen; er ist durchschnittlich 55–60 cm tief und 140–160 cm breit.

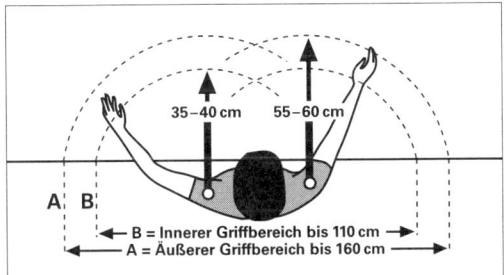

Horizontaler Greifraum

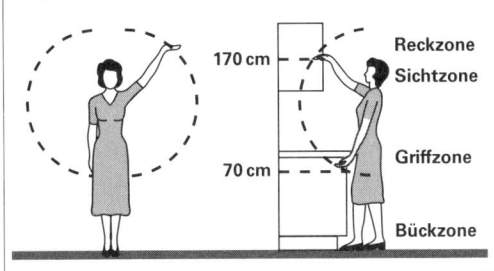

Vertikaler Greifraum

Für Arbeiten, die mit größeren, ausladenden Bewegungen verbunden sind, sollte eine genügend große Arbeitsfläche zur Verfügung stehen. Bei Berücksichtigung der Greifräume kann die Arbeit ohne Wechsel des Arbeitsplatzes oder Aufstehen ausgeführt werden.
Neben den horizontalen Greifräumen ist auch der vertikale Greifraum zu beachten. Der innere Greifraum liegt hier im Radius der Unterarme, wenn die Oberarme locker herabhängen. Der äußere Greifraum liegt innerhalb des Radius der ausgestreckten Arme.
Die Beachtung des vertikalen Greifraumes bringt Arbeitserleichterung durch Kraftersparnis. So werden zweckmäßigerweise Gegenstände, die häufig gebraucht werden, nicht in das oberste oder unterste Fach des Küchenschrankes gestellt, denn Bücken und Strecken kostet Kraft. Der richtige Platz für diese Gegenstände ist die Griff- bzw. Sichtzone.

Beispiele:
– *Wenn Sie bei der Weihnachtsbäckerei Linzer Törtchen zusammensetzen, stellen Sie alle Arbeitsmittel in den inneren Greifraum: rechts das Backblech mit den gebackenen Plätzchen, links davon die Marmelade zum Zusammensetzen, links davon die flüssige Kuvertüre zum Tauchen, links davon die Folie zum Ablegen der Plätzchen.*
– *Haben Sie ein Baby zu versorgen, sollten Sie den Wickelplatz so gestalten, daß im inneren Greifraum das Baby gewickelt wird, jedoch im äußeren sowie im vertikalen Greifraum die Pflegemittel, Wäsche und frische Windeln untergebracht sind, die Sie jeden Tag mehrmals zum Wickeln brauchen. So haben Sie das Baby und das Wickeln »im Griff«. Der Wickelplatz muß also ausreichend groß sein.*
– *Die Wand über Ihrem Arbeitsplatz in der Küche gehört zum äußeren Greifraum. Sie können dort Topflappen und andere häufig gebrauchte Arbeitsgeräte griffbereit aufhängen.*

Leitsatz 2

Das Arbeiten in richtiger Höhe und möglichst bequemer Körperhaltung erspart unnötige Anstrengung.

Je natürlicher die Körperhaltung ist, desto länger kann ermüdungsfrei gearbeitet werden. Ausschlaggebend sind die Höhe der Arbeitsfläche beim Sitzen und Stehen sowie die Höhe des Arbeitsstuhles. Berücksichtigt werden muß auch der Bewegungsraum für die Füße und Beine.

Die richtige Arbeitshöhe

Zu hohe Arbeitsplätze führen dazu, daß die Arbeit mit hochgezogenen Schultern gemacht wird, zu niedrige Arbeitsfläche führt zu dauernder Beugehaltung. Solche ungünstigen Körperhaltungen machen nicht nur schnell müde, sie können auch zu Schäden an der Wirbelsäule führen.
Typisches Beispiel für die schnelle Ermüdung bei gebeugter Haltung ist das Unkrautjäten oder Erdbeerenpflücken.
Beim Sitzen kann die richtige Arbeitshöhe verhältnismäßig einfach eingehalten werden durch einen höhenverstellbaren Stuhl. Schwieriger ist dies beim Arbeiten im Stehen. Deshalb ist es bei der Anschaffung einer neuen Küchen- oder Arbeitsraumeinrichtung besonders wichtig, auf die Arbeitshöhe der Einrichtungsgegenstände zu achten. Die Höhe von Küchenschränken ist genormt, es gibt jedoch auch Einrichtungen mit besonders hoher Arbeitsfläche für große Personen.

| zu tief | richtig | zu hoch |

Körperhaltung im Stehen

Die ideale Höhe der Arbeitsfläche kann nicht pauschal angegeben werden, sondern variiert je nach Körpergröße. Als Faustregel gilt: Sowohl im Stehen als auch im Sitzen sollte zwischen dem waagerecht angewinkelten Unterarm und der Arbeitsfläche ein Abstand von ca. 15 cm sein.
Ausziehbretter in der Küche sind vorgesehen für Arbeiten im Sitzen. Im Stehen wird am Ausziehbrett nur mit einigen Geräten gearbeitet, z. B. Fleischwolf, Handrührgerät.

Bewegungsraum für Füße und Beine

Beine und Füße dürfen beim Arbeiten nicht eingeengt sein. Mangelhafte Beinfreiheit hat eine angespannte Muskulatur, also ungesunde Körperhaltung, zur Folge.

Praktischer Hinweis:

- *Schaffen Sie sich für die Haushaltsbuchführung einen bequemen Arbeitsplatz. Im inneren Greifraum liegt Ihre Schreibunterlage, im äußeren Greifraum sind die Akten aufgestellt. Geordnete Schreibutensilien, ein guter Arbeitsstuhl, richtige Höhe des Schreibtisches, ausreichender Fußraum und gute Beleuchtung erleichtern die Arbeit.*

Leitsatz 3

Geräte, Arbeitsmittel und Materialien sollen am Arbeitsplatz stets übersichtlich und griffbereit sein.

Geräte sind griffbereit, wenn sie übersichtlich und ordentlich aufbewahrt werden. Nur dann wird langes Suchen vermieden. Praktische Hilfsmittel vor allem für kleinere Gegenstände sind verschiedene Ordnungseinrichtungen, z. B. Schubladeneinteilungen, Körbchen für Sämereien, Gitter oder Stange neben oder über dem Herd für Kellen, Bratenwender, Schaumlöffel etc. Beim Einordnen ist auch der Greifraum zu beachten.

Praktische Hinweise:

- *An der Spüle sollten Sie Reinigungsmittel, Spültücher, -bürste, Trockentücher, Abtropfkorb und Abfalleimer griffbereit aufbewahren.*
- *Überlegen Sie, ob alles, was Sie zum Kaffeekochen täglich brauchen, griffbereit eingeordnet ist. Griffbereit heißt, daß Sie Filtertüten und Kaffeemehl greifen können, ohne andere Gegenstände zur Seite schieben zu müssen. Geizen Sie mit Handgriffen, gerade bei Arbeiten, die täglich anfallen.*

Leitsatz 4

Das Tragen schwerer Lasten kann oft durch Fahren oder einfache Tragevorrichtungen wesentlich erleichtert werden.

Im Haushalt werden verschiedene Arbeitsmittel oft an verschiedenen Stellen im Haus gebraucht, daher ist es praktisch, sie z. B. auf einem Putzwagen zu transportieren. Weitere Erleichterungen bieten Geschirr- oder Teewagen für das Haus. Dabei erweist es sich als vorteilhaft, im Haus keine Türschwellen einzubauen, damit die Wagen ohne Hindernisse fahren können. Auch beim Einkaufen an Arbeitserleichterung denken: Einkaufswagen benützen. Schubkarren und Leiterwagen erleichtern viele Arbeiten in Hof und Garten.
Schieben ist übrigens leichter als Ziehen, und große Rollen laufen besser als kleine.

Tragen von Lasten

Eine Last trägt sich am leichtesten, wenn der tragende Arm am Körper anliegt und senkrecht nach unten hängt. Tragen am abgespreizten oder angewinkelten Arm ist sehr anstrengend. Nach Möglichkeit sollte die Last gleichmäßig auf beide Arme verteilt werden.

Beim Tragen von Lasten ist auch die Form des Gefäßes wichtig. Ovale, schmale und tiefe Behälter lassen sich leichter tragen als breite, flache. Ovale Eimer trägt man leichter als runde.

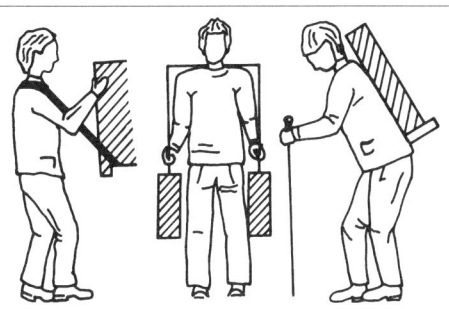

Günstigere Belastung beim Tragen mit Hilfsmitteln

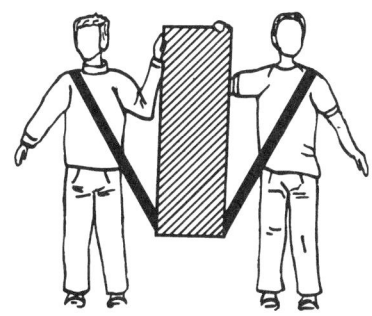

Hilfsmittel (Gurte) auch bei mehreren Trägern verwenden

Gefährliche Hohlkreuzhaltung und Verdrehung der Wirbelsäule sind schlecht, Schwerpunkt der Last beachten!

Richtiges Tragen von Lasten

Praktische Hinweise:

- *Vielleicht können Sie die gebügelte Wäsche auf dem Teewagen stapeln und nach dem Auskühlen von Zimmer zu Zimmer fahren, um sie in Schränke einzuordnen.*
- *Auf dem Rücken tragen Sie Lasten leichter als in der Hand. Überlegen Sie, ob Sie für manche Transportarbeiten einen Rucksack oder eine Tragekraxe einsetzen können.*
- *Achten Sie beim Kauf von Eimern, Wannen und Körben auf handliche Griffe. Die vollen Gefäße lassen sich so weniger ermüdend tragen.*

Leitsatz 5

Arbeitsplatz und Arbeitsmittel sind so zu gestalten, daß Verletzungen ausgeschlossen sind und sich der Arbeitende nicht gehemmt fühlt durch die Angst, sich verletzen zu können.

Die Zahl der Unfälle im Haus ist hoch. Die meisten dieser Unfälle könnten vermieden werden, wenn die Sicherheit von Arbeitsplätzen und Hilfsmitteln beachtet werden würde. Den größten Anteil der Unfälle machen Stürze aus, deshalb alle Stolperstellen im Haushalt beseitigen:

- ❏ Trittsichere Bodenbeläge wählen.
- ❏ Treppen nicht bohnern, Teppiche auf Treppen sicher verankern.
- ❏ Beim Fensterputzen oder anderen Arbeiten in der Höhe Sicherheitsleitern benutzen.
- ❏ Fußabstreifer und Teppiche mit Rutschbremsern unterlegen.
- ❏ Schadhafte Treppen oder Bodenbeläge umgehend ausbessern.

Praktischer Hinweis:

- *Verbauen Sie in Haus, Hof und Garten die Wege nicht mit abgestellten Gegenständen. Räumen Sie stets alles ordentlich auf. Selbst umherliegende Hausschuhe sind eine Unfallgefahr.*

Leitsatz 6

Gute und regelmäßige Entlüftung, richtige Temperatur und Luftfeuchtigkeit am Arbeitsplatz vermindern die Ermüdung des Arbeitenden. Unvermeidbare Dünste, Staub und Abfälle sollten möglichst umgehend und unmittelbar beseitigt werden.

In der Küche und im Hausarbeitsraum entstehen Dämpfe, die bei unzureichender Lüftung als unangenehm empfunden werden. Abhilfe schafft gründliches Lüften bzw. die Dunstabzugshaube. Staub wird nicht nur beim Staubwischen und Kehren aufgewirbelt, sondern auch beim Staubsaugen. Öffnen Sie beim Reinigen der Räume die Fenster.

Leitsatz 7

Gute Beleuchtung des Arbeitsplatzes und eine geeignete Farbgebung im Arbeitsraum erleichtern die Arbeit und erhöhen die Sicherheit.

Je heller der Arbeitsplatz, desto weniger schnell ermüden die Augen und läßt die Konzentration nach:

❑ Deshalb Arbeitsplatz in Fensternähe einrichten. Bei Rechtshändern soll das Licht von links, bei Linkshändern von rechts kommen.
❑ Wände und Decken hell tapezieren oder streichen, dunkle Farben »schlucken« Licht.

Bei der künstlichen Beleuchtung darauf achten, daß sie nicht blendet. Wichtig ist in Arbeitsräumen eine helle Allgemeinbeleuchtung, z. B. durch Strahler oder Leuchtstoffröhren. Zusätzlich zu Deckenleuchten sind Lichtquellen notwendig für feine Arbeiten oder Arbeiten, bei denen der eigene Körperschatten stört. Praktisch für Arbeiten in der Küche sind z. B. Leuchten an der Unterseite der Oberschränke, sie blenden nicht und leuchten den Arbeitsplatz gut aus.
Ältere Menschen brauchen eine stärkere Beleuchtung als junge.

Praktische Hinweise:

- *Prüfen Sie, ob alle Treppen in Haus, Hof und Garten gut beleuchtet sind.*
- *Beleuchtete Lichtschalter sind schneller zu finden.*
- *Sorgen Sie für gute Beleuchtung am Hausaufgabenplatz der Kinder.*

Leitsatz 8

Griffe an Handgeräten und Maschinen sollen handgerecht geformt sein.

Handgerechte Griffe liegen gut in der Hand. Handliche Griffe sind an Messern, Schälern, Schneebesen, Bügeleisen, Handrührgerät usw. wichtig, weil mit ihnen über einen längeren Zeitraum gearbeitet wird. Deshalb beim Kauf testen, ob das Gerät gut in der Hand liegt. Der Griff muß mit der Hand umfaßt werden können. Zu dünne Griffe führen zu unnatürlicher Haltung und Verkrampfungen der Hand. Günstig sind abgerundete Griffe.

Leitsatz 9

Arbeitsmittel sollen so gestaltet sein, daß die statische Belastung möglichst gering ist (Eigengewicht) und die Benutzung mit beiden Händen ermöglicht wird.

Die Arbeit mit beiden Händen ist wirtschaftlicher, es kann schneller und ermüdungsfreier gearbeitet werden. Viele Arbeiten werden nicht mit beiden Händen gleichzeitig ausgeführt; dann sollten rechte und linke Hand abgewechselt werden, z. B. beim Fensterputzen. Das erfordert etwas Übung, erleichtert aber die Arbeit, weil sich jede Hand immer wieder »ausruhen« kann.
Die statische Arbeit (siehe auch S. 52) ist um so größer, je schwerer ein Arbeitsgerät ist und je länger es ohne Bewegung gehalten werden muß, z. B. Handrührgerät. Beim Kauf sollte deshalb das Gewicht beachtet werden. Um die statische Arbeit zu vermindern, bewegen viele Hausfrauen das Handrührgerät in der Rührschüssel.

Leitsatz 10

Arbeitsmittel, Gebrauchsgegenstände und Geräte sowie Möbel müssen im Haushalt regelmäßig gereinigt werden; deshalb sollte auf Möglichkeiten leichter und gründlicher Reinigung geachtet werden.

Glatte Flächen lassen sich leichter und schneller reinigen als angerauhte Flächen. Ecken sind mühsam zu säubern, deshalb z. B. bei Küchenmöbeln auf Zierleisten verzichten. Verzierungen sind an Arbeitsmitteln überflüssig; sie erschweren nur die Pflege.

Praktische Hinweise:

- *Denken Sie bereits bei der Auswahl eines jeden Gebrauchsgegenstandes vor dem Kauf an Reinigung und Pflege.*
- *Küchenmöbel im Landhausstil sind gefällig. Die vielen Türfüllungen oder Zierleisten sind jedoch pflegeaufwendig.*
- *Kleine Fliesen haben viele Fugen. Sie sind pflegeaufwendiger als große Fliesen mit weniger Fugen. Denken Sie daran bei Baumaßnahmen.*
- *Mattierte Flächen sind pflegeleichter als hochglänzende, auf denen jeder Streifen und Fingerabdruck sichtbar ist. Achten Sie darauf beim Kauf von Edelstahltöpfen oder -arbeitsflächen.*

3.3. Rationalisierung der Arbeit

Die Arbeit zu rationalisieren heißt, sie so zu organisieren, daß sie leichter, schneller, besser und sicherer gemacht werden kann. Sie sollten daher bei jeder Tätigkeit kritisch überlegen:

❑ Welche Arbeitserleichterungen kann ich einsetzen?

❑ Wie geht die Arbeit schneller?

❑ Habe ich alles vermieden, was gefährlich ist?

Der erste Schritt zu rationeller Arbeit ist Arbeitsplanung. Beim Erarbeiten des Arbeitsplanes wird überlegt, wer was wann wo und wie macht.

ORGANISATORISCHE RATIONALISIERUNG

Das *Was*, also die anfallende Arbeit, wird hinterfragt, ob sie unbedingt notwendig ist. Es entfallen überflüssige Arbeiten automatisch.

Ist eine Arbeit als notwendig eingestuft worden, wird das *Wann* festgelegt. Schwere Arbeiten werden entsprechend der biologischen Leistungskurve auf den Vormittag verlegt, leichte auf den frühen Nachmittag.

Das *Wo* beschreibt den Arbeitsplatz und seine Gestaltung. Er muß richtig gestaltet sein. Sie sollten z. B. auf Dauer nicht damit zufrieden sein, die Haushaltsplanung und Ausgaben- Aufschreibungen am Couchtisch erledigen zu müssen. Richten Sie sich einen praktischen und angenehmen kleinen Arbeitsplatz dafür ein. Auch wenn manche Hausfrau meint, das *Wer* sei keine Frage, lohnt es sich, darüber nachzudenken: Kleine Botengänge oder Einkäufe können z. B. Kinder gut übernehmen, auch der Ehemann kann um Hilfe gebeten werden (siehe auch S. 47).

Praktische Hinweise:

Sie arbeiten rationell, wenn Sie

■ *systematisch arbeiten (denken Sie immer wieder an die REFA-Leitsätze und wenden Sie sie bewußt an).*

■ *konzentriert arbeiten (lassen Sie sich möglichst wenig ablenken, z. B. durch ein ständig laufendes Radio oder Fernsehgerät; es gibt ohnehin genügend Störungen bei der Hausarbeit).*

■ *nach der Uhr arbeiten (prüfen Sie immer wieder, wieviel Zeit Sie brauchen).*

Das *Wie* einer Arbeit ist in den REFA-Leitsätzen beschrieben.

Praktische Hinweise:

■ *Gleichartige Arbeiten nacheinander machen, z. B. erst alle Äpfel schälen, dann alle kleinschneiden. Erst alle Schuhe ausbürsten, dann eincremen, dann polieren. So wird der Arbeitsablauf harmonisch, unnötige Wege werden vermieden.*

■ *Überlegen, ob umfangreichere Arbeiten in einer Großaktion oder in kleinen, aber zügigen Schritten weggearbeitet werden, z. B. Gardinen waschen. Sie könnten z. B. alle Gardinen im Haus abnehmen, waschen und wieder aufhängen oder aber Zimmer für Zimmer vornehmen. Beides hat Vor- und Nachteile.*

■ *Der Einkauf wird rationeller, wenn immer ein Schreibblock in der Küche liegt, auf den fehlende Lebensmittel geschrieben werden. Gewöhnen Sie sich einen Rhythmus fürs Einkaufen an, z. B. monatlich einen Großeinkauf, wöchentlich frische Lebensmittel.
Denken Sie an das Sprichwort »Was man nicht im Kopf hat, muß man in den Beinen haben«!*

■ *Von rechts nach links bzw. oben nach unten arbeiten. Wenn Sie im Schlafzimmer abstauben, beginnen Sie rechts von der Türe und beenden Sie die Arbeit links von der Türe. Sie gehen systematisch im Kreis und stauben von oben nach unten ab.*

Manche Arbeiten können mit etwas Überlegung auch völlig vermieden werden:

❑ *Sucharbeiten*, wenn übersichtliche Ordnungseinrichtungen vorhanden sind, z. B. Regale, Schubladen für Werkzeug, Geräte, Vorräte, Waschmittel, Schreibzeug.

❑ *Aufräumungsarbeiten*, wenn Erwachsene und Kinder zur Ordnung angehalten werden und benutzte Gegenstände aufräumen und nicht nur weglegen.

❑ *Ausbesserungsarbeiten*, wenn unzweckmäßige Kinder- und Arbeitskleidung schon beim Kauf vermieden wird, wenn bereits kleine Schäden ausgebessert werden, wenn rissige Stuhlbeine oder Tischkanten begradigt werden.

❑ *Reinigungsarbeiten*, wenn nicht gedankenlos in Arbeitskleidung und mit Arbeitsschuhen durchs Haus gelaufen wird.

TECHNISCHE RATIONALISIERUNG

Durch die Technik sind viele Hausarbeiten leichter und schneller zu verrichten. Nicht immer bringt jedoch der Einsatz eines Gerätes Zeitvorteile, weil es häufig hervorgeholt, gereinigt und wieder aufgeräumt werden muß. So lohnt es sich z. B. nicht, Gemüse für eine oder zwei kleine Portionen im

Schnitzelwerk der Küchenmaschine zu zerkleinern, weil der Reinigungsaufwand sehr hoch ist.

Die Entscheidung für oder gegen ein Haushaltsgerät ist von verschiedenen Einflüssen abhängig:

❑ Körperliche Belastung, z. B. Wäschetrockner oder Wäsche auf die Leine hängen.

❑ Zeitbedarf, z. B. Gemüse mit dem Messer schneiden oder mit dem Schnitzelwerk der Küchenmaschine zerkleinern.

❑ Kosten, z. B. Wäsche im Trockner oder auf der Leine trocknen.

❑ Arbeitsergebnis, z. B. Kartoffelpüree selbst gemacht oder aus Püreepulver.

Wie wichtig die einzelnen Punkte für den jeweiligen Haushalt sind, muß jede Hausfrau selbst entscheiden. (Weitere Entscheidungshilfen siehe Kapitel Haushaltsgeräte)

Ganz ohne technische Geräte ist es schwer, die Hausarbeit zu bewältigen, denn es mangelt an Hilfskräften, und die Ansprüche sind heute höher denn je. Eine gute technische Ausstattung ist daher für jeden Haushalt wünschenswert.

Zur technischen Rationalisierung gehören auch die räumlichen Gegebenheiten. Sinnvolle Zuordnung von Küche, Speisekammer und Hauswirtschaftsraum sparen Wege. Die praktische Einrichtung dieser Räume trägt wesentlich zu rationellem Arbeiten bei. Auch die Auswahl der Fußböden, ob pflegeleicht oder pflegeaufwendig, trägt zur Rationalisierung bei.

Grundlagen der Ernährung

1. ERNÄHRUNGSSITUATION

Zu viel, zu fett, zu süß und zu viel Alkohol – so läßt sich in kurzen Worten die Ernährungssituation eines Großteils unserer Bevölkerung beurteilen. Größtes Problem der Menschen in den Industriestaaten ist nicht Mangel, sondern Überfluß an Nahrung. Leider ist falsche Ernährung keine Bagatelle, sondern Ursache vieler Erkrankungen. Dem Körper machen vor allem die überflüssigen Pfunde zu schaffen mit allen ihren Folgen: Abnutzungserscheinungen am Skelett (Gelenke, Wirbelsäule), Herz- und Kreislauferkrankungen, Krampfadern, Zuckerkrankheit, Gicht bis hin zu Komplikationen bei Operationen.

Trotz der Überfütterung bestehen Versorgungslücken bei Calcium, Eisen, manchen B-Vitaminen und Jod. Grund dafür sind die Verzehrsgewohnheiten mit zu geringem Anteil an Milch, Seefisch, Getreideprodukten, Kartoffeln und Hülsenfrüchten. Ebenfalls mangelhaft ist die Versorgung mit Ballaststoffen; sie sind wichtig für eine geregelte Verdauung. Anstatt ballaststoffreicher Kost besteht die tägliche Nahrung immer mehr aus »leeren Kalorien«, z.B. Alkohol und Zucker, die dem Körper nur Energie, aber keine Vitamine, Mineralstoffe oder wichtige Nährstoffe liefern.

Typisch für die »moderne« Ernährung ist auch der hohe Anteil an Genußgiften; dazu gehören Koffein, Alkohol und Nikotin.

2. DER ENERGIEHAUSHALT DES KÖRPERS

2.1. Joule bzw. Kalorie

Durch die Nahrung wird dem Körper Energie zugeführt, die er für den Aufbau und die Erhaltung des ganzen Organismus braucht. Außerdem werden aus der Nahrungsenergie Arbeitskraft und Wärme gewonnen.

Maß für die Energie ist 1 Joule (abgekürzt J). Die alte, aber immer noch gebräuchliche Einheit ist 1 Kalorie (abgekürzt 1 cal).

1 Kilojoule bzw. 1 Kilokalorie sind 1000 Joule bzw. Kalorien (abgekürzt kJ bzw. kcal). In kJ bzw. kcal wird der Energiegehalt der Nahrung angegeben.

1 kcal entspricht ungefähr 4,2 kJ.

Aus den einzelnen Bestandteilen der Nahrung können unterschiedliche Mengen an Energie gewonnen werden:

1 Gramm Fett	liefert	39 kJ (9,3 kcal)
1 Gramm Kohlenhydrate	liefert	17 kJ (4,1 kcal)
1 Gramm Eiweiß	liefert	17 kJ (4,1 kcal)
1 Gramm Alkohol	liefert	30 kJ (7,0 kcal)

Vitamine, Mineralstoffe und Wasser liefern keine Energie.

2.2. Grundumsatz und Leistungsumsatz

Der Energiebedarf des Körpers setzt sich zusammen aus dem Grundumsatz und dem Leistungsumsatz.

Der Grundumsatz ist die Energie, die ein ruhender Mensch in 24 Stunden für Gehirn-, Herztätigkeit, Atmung und das Funktionieren aller Organe braucht. Er ist abhängig von Körpergröße, Gewicht, Alter, Klima und liegt durchschnittlich bei 6 300 kJ (1500 kcal).

Der Leistungsumsatz ist die Energie, die der Körper zusätzlich braucht, wenn er eine Tätigkeit ausführt. Die Höhe des Arbeitsumsatzes ist abhängig von der Schwere und Dauer der Arbeit, die verrichtet wird.

Wird dem Körper mehr Nahrung und damit Energie zugeführt, als er braucht, speichert er sie in Form von Fettgewebe. Das Körpergewicht nimmt zu.

Energieverbrauch bei verschiedenen Arbeiten

Art der Arbeit	Energieverbrauch/Minute	
	kJ	kcal
Fensterputzen	13	3
Wohnung aufräumen	8	2
Wäsche bügeln (von Hand)	11	3
Teppich klopfen	25	6
Wäsche aufhängen	21	5
Geschirr spülen	11	3
Wiener Walzer tanzen	24	6
Spazierengehen	13	3
Schwimmen	29	7
Treppen steigen	35	8
Unkraut jäten	8	2
Erdbeeren pflücken	14	3

Da in unserer modernen Arbeitswelt die körperlichen Arbeiten vorwiegend von Maschinen übernommen werden und die Menschen die Energiezufuhr dem veränderten Bedarf nicht anpassen (verringern), ist etwa ein Drittel der Bevölkerung übergewichtig.

Ob man selber zu den Übergewichtigen gehört oder nicht, läßt sich mit einer einfachen Formel berechnen. Das Normalgewicht berechnet sich aus:

Körpergröße (cm) – 100 = … kg Körpergewicht

Beispiel:
Das Normalgewicht einer Frau von 170 cm Größe beträgt 70 kg.

Diese Formel gilt nicht bei sehr großen oder sehr kleinen Personen sowie bei Kindern und Jugendlichen.
Ein weiterer Richtwert, um das Körpergewicht eines Erwachsenen zu beurteilen, ist der Body-Mass-Index (BMI). Er wird folgendermaßen errechnet:

$$BMI = \frac{\text{Körpergewicht in kg}}{\text{Quadrat der Körpergröße in m}}$$

Beispiel:
Ein Mann ist 1,79 m groß und 84 kg schwer, damit hat er einen BMI von 26.

$$\frac{84}{1,79 \times 1,79} = 26,22$$

	BMI Männer	BMI Frauen
Normalgewicht	20 – 25	19 – 24
Leichtes Übergewicht	25 – 30	24 – 30
Übergewicht	30 – 40	30 – 40
Fettsucht	über 40	über 40

Energieverbrauch bei unterschiedlicher Tätigkeit

Schweregrad der Tätigkeit	Energiebedarf/Tag			
	Frau (60 kg)		Mann (70 kg)	
	kJ	kcal	kJ	kcal
Leichte körperliche Tätigkeit (Büroangestellte, PKW-Fahrer)	8400	2000	10080	2400
Mittelschwere körperliche Tätigkeit (Hausfrau, Verkäuferin, Maler, Traktorfahrer)	10080	2400	11760	2800
Schwere körperliche Tätigkeit (Bauarbeiter, Waldarbeiter, Hochleistungssportler)	13440	3200	14280	3400

3. DIE INHALTSSTOFFE DER LEBENSMITTEL

3.1. Eiweiß

Aufgaben im Körper

Eiweiß hat als Baustoff im Körper sehr wichtige Aufgaben und kann von keinem anderen Nährstoff ersetzt werden. In jeder Zelle des Körpers, in Blut, Lymphe, Hormonen, Enzymen, Antikörpern kommt Eiweiß vor.

Die kleinsten Bausteine von Eiweiß sind die Aminosäuren; etwa 20 verschiedene Aminosäuren sind für den Menschen wichtig, 8 davon sind essentiell, d. h. sie müssen mit der Nahrung zugeführt werden; der Körper kann sie nicht selbst bilden.

Bedarf

Eiweiß kann im Körper nicht gespeichert werden, deshalb muß es täglich mit der Nahrung zugeführt werden.

Der Eiweißbedarf des Erwachsenen liegt bei 0,8 g pro kg Körpergewicht und Tag.

Ca. 15 % der Gesamtenergiezufuhr sollten mit Eiweiß gedeckt werden. Bei abwechslungsreicher Kost ist der Eiweißbedarf gedeckt.

Über den Bedarf hinaus aufgenommenes Eiweiß baut der Organismus in Fett und Kohlenhydrate um. Eiweißmangel ruft schwere gesundheitliche Schäden hervor: verminderte Leistungsfähigkeit und Widerstandskraft gegen Krankheiten, schwere Entwicklungsschäden bei Kindern, verzögerte Wundheilung.

Hinsichtlich der Qualität von Nahrungseiweiß gibt es Unterschiede: Je ähnlicher es dem menschlichen Körpereiweiß ist, desto wertvoller ist es, weil daraus Körpereiweiß gebildet werden kann. Man spricht von hoher biologischer Wertigkeit.

Tierisches Eiweiß in Eiern, Milch, Fleisch ist biologisch hochwertig, aber auch pflanzliche Lebensmittel wie Kartoffeln, Nüsse, Hülsenfrüchte, Soja enthalten hochwertiges Eiweiß.

Nicht vollwertiges pflanzliches Eiweiß kann bei geeigneter Mischkost mit tierischem Eiweiß aufgewertet werden (Ergänzungswirkung). Dabei wird nicht nur das minderwertige Eiweiß aufgewertet, sondern auch das hochwertige noch hochwertiger, es tritt also ein doppelter Effekt ein.

Gute Eiweißergänzungswirkung verschiedener Lebensmittel (Erhöhung der biologischen Wertigkeit):
- Eier mit Kartoffeln
- Fleisch mit Kartoffeln
- Fleisch mit Getreide
- Kartoffeln mit Milchprodukten
- Hülsenfrüchte mit Ei, Getreide oder Milch
- Getreide mit Milch oder Ei

Demgemäß bieten folgende Speisen hochwertige Eiweißversorgung: Pellkartoffeln mit Quark, Kartoffelteig, Reisauflauf, Bohnen mit Eiern, Omelett; die Reihe ließe sich beliebig fortsetzen.

Die Erhöhung der biologischen Wertigkeit tritt jedoch nur dann ein, wenn die sich ergänzenden Eiweiße möglichst gleichzeitig, d. h. zu einer Mahlzeit, gegessen werden.

Praktischer Hinweis:

- *Bei der Aufstellung des Speiseplans an die Ergänzungswirkung des tierischen und pflanzlichen Eiweißes denken.*

Eigenschaften von Eiweiß

Eiweiß gerinnt (koaguliert) bei Einwirkung von Hitze, Säuren, Alkohol, Laugen, Lab und Schwermetallsalzen. Das Eiweiß ballt sich zusammen, gibt Wasser ab und wird fester. Gut zu beobachten ist die Eiweißgerinnung beim Braten von Eiern.

Fleisch sollte beim Garen in kochendes Wasser oder heißes Fett gelegt werden; das Eiweiß an der Oberfläche gerinnt dann schnell und verhindert, daß Fleischsaft austritt. Kartoffeln enthalten ebenfalls wertvolles Eiweiß, das in kaltem Wasser ausgelaugt wird. Salzkartoffeln daher nicht in kaltem Wasser zusetzen, sondern in die kochende Flüssigkeit einlegen.

Die Bildung einer Haut auf gekochter Milch ist auch auf die Eiweißgerinnung zurückzuführen. Man kann die Hautbildung verhindern, indem die Milch während des Erhitzens mit einem Schneebesen kräftig durchgerührt wird.

Bestimmte Eiweißstoffe gerinnen bei etwa 70 °C, deshalb legierte Suppen und Soßen nicht aufkochen; es bilden sich sonst kleine Flocken.

Eiweiß ist wasserlöslich, deshalb sollten Lebensmittel wie Fleisch, Fisch, Gemüse, Kartoffeln im ganzen gewaschen und in möglichst wenig Wasser gegart werden. Das Kochwasser kann man weiterverwenden für Suppen und Soßen.

Eiweiß quillt, d. h. es nimmt Wasser auf. Deshalb sollte man verschiedene Teige, z. B. Pfannkuchenteig, nicht sofort backen, sondern einige Zeit ruhen lassen. Dabei quellen die Eiweißstoffe, der Teig wird elastischer, man kann dünnere Pfannkuchen backen.

Gerüsteiweiß, wie es in Haut, Knochen und Knorpeln enthalten ist, löst sich bei längerem Kochen in Wasser; nach dem Abkühlen erstarrt es. Gut zu beobachten ist diese Eigenschaft bei der Herstellung von Sülzen. Gelatine wird ebenfalls aus Gerüsteiweiß hergestellt.

Eiweißreiche Lebensmittel

Milch und Milchprodukte (Käse, Quark, Joghurt, Kefir, Dickmilch), Fleisch, Geflügel, Innereien, Wurst, Fisch, Eier, Getreideerzeugnisse, Kartoffeln, Hülsenfrüchte, Soja und Sojaprodukte (Tofu, Miso).

3.2. Fett

Aufgaben im Körper

Fett übt im menschlichen Körper eine Schutzfunktion aus. So umgibt Fettgewebe alle empfindlichen Organe, wie Nieren, Augen, Herz, um Druck und Stoß von außen zu dämpfen. Eine Fettschicht ist direkt unter der Haut, um den Körper vor Wärmeverlusten zu schützen. Außerdem dient Fett als Energiereserve. Depotfett wird angelegt, wenn mehr Nahrungsenergie aufgenommen wird, als der Körper braucht. Abgebaut werden die Reserven bei zu niedriger Nahrungsaufnahme.

Wichtig ist Fett auch als »Lösungsmittel« für die fettlöslichen Vitamine A, D, E und K; nur bei gleichzeitiger Aufnahme von Fett können diese Vitamine vom Körper verwertet werden. Von Karottenrohkost könnte z. B. der hohe Vitamin-A-Gehalt nicht genutzt werden, wenn nicht gleichzeitig Fett (mit der Salatmarinade) gegessen wird.

Bedarf

Der Fettbedarf des Erwachsenen liegt bei 1 g pro kg Körpergewicht und Tag.

30 % des täglichen Energiebedarfs sollten mit Fett gedeckt werden. Leider wird dieser Prozentsatz bei uns weit überschritten. Die Folge ist Übergewicht; auch Fettstoffwechselstörungen können auftreten.

Ganz ohne Fett geht es in der Ernährung aber auch nicht: Linolsäure ist die wichtigste essentielle Fettsäure, d. h. sie muß mit der Nahrung zugeführt werden. Ein Mangel führt zu schweren Stoffwechselstörungen (Hautveränderungen, Störungen im Wasserhaushalt, Fortpflanzungsstörungen).

Der Fettverbrauch setzt sich zusammen aus Streichfett (Butter, Margarine), Kochfett (Öl, Plattenfette) und den sogenannten versteckten Fetten. »Versteckte« Fette sind enthalten in fetten Wurst- und Käsesorten, fettreichen Kuchen und Cremes, fettreichen Fischen (Aal, Hering), Schokolade, Nüssen, Kartoffelchips.

Qualitativ werden die Fette eingeteilt in Fette mit einfach und mehrfach ungesättigten Fettsäuren und in Fette mit gesättigten Fettsäuren. Einfach ungesättigte Fettsäuren sind enthalten in Rapsöl, Olivenöl, Erdnußöl, Schweineschmalz. Mehrfach ungesättigte Fettsäuren sind enthalten in Sonnenblumenöl, Sojaöl, Maiskeimöl, Weizenkeimöl, Distelöl. Gesättigte Fettsäuren sind enthalten in Kokosfett, Rinder- und Hammeltalg, Butterschmalz und gehärteten Fetten.

Der Anteil an mehrfach ungesättigten Fettsäuren und einfach ungesättigten Fettsäuren sollte hoch sein, weil dadurch der Cholesteringehalt des Blutes gesenkt werden kann; noch wirkungsvoller ist die Verringerung der Fettmenge in der Nahrung insgesamt. Hoher Cholesteringehalt im Blut gilt als Ursache für Herzinfarkt und Erkrankungen der Blutgefäße, z. B. Arteriosklerose (Arterienverkalkung). Cholesterin ist ein fettähnlicher Stoff und kommt nur in tierischen Lebensmitteln vor. Der Körper braucht Cholesterin, um Gallensäuren, Hormone und Vitamin D aufzubauen; besonders viel Cholesterin ist in Haut und Nervengewebe enthalten. Cholesterin wird zum größten Teil vom Körper selbst aufgebaut, zum Teil durch die Nahrung aufgenommen.

Eigenschaften der Fette

Fett ist in Wasser unlöslich und leichter als Wasser, d. h. es schwimmt auf der Oberfläche. Fettbrände können daher nicht mit Wasser gelöscht werden, sondern müssen erstickt werden. Bei einem Fettbrand im Kochtopf Deckel auflegen, damit kein Sauerstoff mehr zur Verfügung steht.

Fett schwimmt an der Oberfläche von Fleischbrühe oder fetten Soßen. Sie können entfettet werden durch vorsichtiges Abschöpfen der Fettschicht oder Abziehen mit einem saugfähigen Küchentuch. Eine andere Möglichkeit des Entfettens bietet sich, wenn man die Brühe erkalten läßt; das Fett wird fest und kann mühelos abgenommen werden.

Fett sättigt sehr gut und verbessert den Geschmack von Speisen.

Fett verdirbt (wird ranzig) bei Einwirkung von Luftsauerstoff, Hitze und Sonnenlicht, Mikroorganismen und Metallspuren. Fette und Öle müssen daher dunkel und kühl gelagert werden sowie luftgeschützt, d. h. verschlossen. Vitamin E verzögert den Fettverderb und ist in vielen Fetten von Natur aus vorhanden. Wegen ihrer begrenzten Lagerfähigkeit sollten Fette und Öle in kleinen Mengen gekauft werden. Ranzige Fette sind nicht mehr für den Verzehr geeignet; sie sind gesundheitsschädlich.

Fette mit hohem Wasseranteil (Butter, Margarine) können nicht hoch erhitzt werden, sonst beginnen sie zu spritzen und verkohlen.

Fette haben einen höheren Siedepunkt als Wasser. Dadurch kann man in heißem Fett schneller garen; außerdem bilden sich geschmacksgebende Röststoffe.

Beim Erhitzen zersetzen sich Fette und beginnen zu rauchen. Die Temperatur, bei der ein Fett zu rauchen beginnt, heißt Rauchpunkt. Je höher der Rauchpunkt, desto besser ist das Fett für hohe Erhitzung beim Braten geeignet. Allerdings sollte man starkes Bräunen von Lebensmitteln ohnehin vermeiden, um die Bildung von gesundheitsschädlichem Acrylamid gering zu halten. Fette sollten nie bis zum Rauchpunkt erhitzt werden; sie riechen dann stechend-brenzlig und sind gesundheitsschädlich.

Rauchpunkt verschiedener Fette

Fett	Rauchpunkt in °C
Butterfett	175
Rindertalg	210
Schweinefett	160
Kokosfett	185–205
Maiskeimöl	200
Olivenöl	138
Sonnenblumenöl	210–225
Weizenkeimöl	135

Fette mit einem hohen Anteil an ungesättigten, kurzkettigen Fettsäuren sind weich oder flüssig. Sie haben einen niedrigen Schmelzpunkt (z. B. Butter, Sonnenblumenöl). Fette mit einem hohen Anteil an gesättigten Fettsäuren sind fest und haben einen hohen Schmelzpunkt (z. B. Rindertalg), und sie sind schwer verdaulich. Bei gehärteten Fetten wird durch chemische Verfahren der Schmelzpunkt erhöht; es entstehen Fette, die sich hoch erhitzen lassen. Beim Härten von Fetten kommt es zur Bildung von sogenannten Transfettsäuren, die Arteriosklerose fördern und den Cholesterinspiegel im Blut negativ beeinflussen. Fette sind emulgierbar, d. h. sie verteilen sich in Flüssigkeiten in feinste Tröpfchen. Beispiel dafür ist die Butter; sie enthält etwa 82 % Fett und 16 % Wasser. Bei der Verdauung werden Fette durch Gallensäuren emulgiert, d. h. in feinste Tröpfchen zerkleinert. Bereits emulgierte Fette wie Butter sind daher leichter verdaulich. Emulgierte Fette sind aber nicht so lange haltbar wie reine Fette.

Schmelzpunkt verschiedener Fette

Fett	Schmelzpunkt in °C
Butter	28–38
Schweinefett	28–40
Rindertalg	42–49
Kokosfett	20–28
Olivenöl	unter 5
Maiskeimöl	unter 5
Sonnenblumenöl	unter 5

Praktische Hinweise:

- *Bedingt durch den hohen Wassergehalt, läßt sich Butter nicht hoch erhitzen. Sie spritzt; außerdem verbrennen die enthaltenen Eiweißanteile. Wer zum Braten auf den feinen Buttergeschmack nicht verzichten möchte, sollte Butterfett verwenden.*
- *Meiden Sie Lebensmittel, bei denen auf der Zutatenliste »gehärtete Fette« aufgeführt sind: z.B. Nougatcremes, Knabbersnacks, Billiggebäck.*

Fettreiche Lebensmittel

Speisefette und -öle, fritierte Lebensmittel (z. B. Kartoffelchips), Nüsse, Avocado, Torten, fettes Fleisch (Wammerl, Speck), fette Wurstsorten (Mettwurst, Leberwurst), fette Käsesorten, fette Fische (Aal, Hering), Schokolade.

3.3. Kohlenhydrate

Aufgaben im Körper

Wichtigste Aufgabe der Kohlenhydrate ist es, dem Körper Energie zu liefern. Eingeteilt werden die Kohlenhydrate in Einfach-, Doppel- und Vielfachzucker. Die bedeutendsten Einfachzucker sind

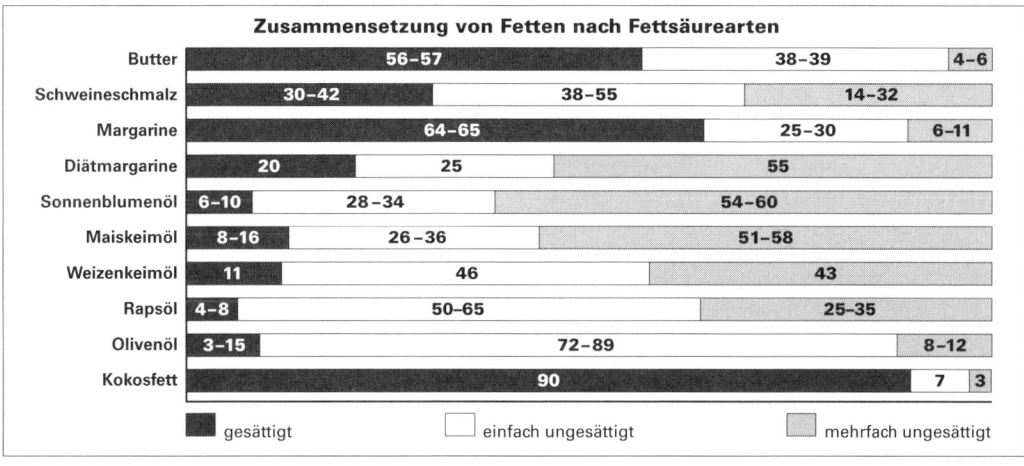

Traubenzucker und Fruchtzucker. Zu den Doppelzuckern gehören Rüben- und Rohrzucker, Malzzucker und Milchzucker. Die wichtigsten Vielfachzucker sind Stärke und Cellulose.

EINFACHZUCKER

Traubenzucker spielt im Körper eine besonders wichtige Rolle; er ist Hauptenergielieferant für das Gehirn und kann auch von allen anderen Organen verwertet werden. Fruchtzucker, in Obst und Gemüse enthalten, wird bei der Verdauung langsam in Traubenzucker umgebaut. Er wird daher auch als Zuckeraustauschstoff bei Diabetikern verwendet.

DOPPELZUCKER

Rübenzucker ist der normale Haushaltszucker und gilt als wichtigstes Süßungsmittel.
Milchzucker ist vor allem für den Säugling wichtig, weil er für ihn das einzige Nahrungskohlenhydrat darstellt. Er hat leicht abführende Wirkung.
Die Milchzucker- und damit Milchunverträglichkeit beruht darauf, daß beim Betroffenen ein Enzym fehlt, das den Doppelzucker spaltet. Der Milchzucker gelangt ungespalten in den Darm und verursacht Durchfall und Blähungen. Die Milchzuckerunverträglichkeit nimmt im Alter zu. Trotzdem braucht nicht auf Milchprodukte verzichtet zu werden: Bei gesäuerten Milchprodukten, z. B. Joghurt, Kefir, Dickmilch, ist der Zucker bereits vergoren und stört damit die Verdauung nicht mehr.

VIELFACHZUCKER

Stärke spielt mengenmäßig als Kohlenhydrat die wichtigste Rolle. Rohe Stärke, z. B. von Kartoffeln, kann der Körper nicht verwerten, gegarte Stärke dagegen sehr gut. Stärke wird bei der Verdauung in Einfachzucker gespalten. Der Blutzuckerspiegel steigt also nur langsam an. Diese Tatsache ist wichtig für die Kohlenhydratversorgung von Diabetikern.
Cellulose ist ein Vielfachzucker, der vom menschlichen Körper nicht verdaut werden kann, also auch keinen Nährwert und keine Energie liefert. Allerdings hat Cellulose die wichtige Aufgabe, als Ballaststoff die Darmtätigkeit anzuregen. Ballaststoffe füllen den Darm und fördern dadurch die Darmbewegung und -entleerung. Ballaststoffe können aber nur dann Darmträgheit verhindern, wenn gleichzeitig reichlich Flüssigkeit getrunken wird.
Ballaststoffreiche Ernährung ist ein geeignetes und gesundes Mittel, den Körper zu überlisten: Das Hungergefühl wird unterdrückt.
Die empfohlene Zufuhr an Ballaststoffen liegt bei mindestens 30 g pro Tag.

Diese Menge deckt nur eine Kost, bei der sehr viel Wert auf frisches Obst, rohes Gemüse und Vollkornprodukte gelegt wird.

Praktischer Hinweis:

- *Viele Ballaststoffe sind in Vollkornprodukten enthalten; allerdings enthält Getreide auch einen umstrittenen Stoff: Phytinsäure. Sie bindet Mineralstoffe und Spurenelemente, z. B. Calcium aus Milch (Müsli!). Andererseits gibt es Hinweise darauf, daß eine hoher Phytatgehalt der Nahrung mit einer niedrigen Dickdarmkrebsrate einhergeht.*

Kohlenhydrate werden nur als Einfachzucker vom Körper aufgenommen. Einfachzucker, z. B. Traubenzucker, spenden daher dem Körper sofort Energie, weil sie direkt ins Blut übergehen. Vielfachzucker müssen bei der Verdauung erst in Einfachzucker aufgespalten werden. Sie liefern im Vergleich zu Traubenzucker über längere Zeit Energie.
Ein gleichmäßiger Blutzuckerspiegel ist wichtig für gleichbleibende körperliche und geistige Leistungsfähigkeit. Er schwankt nicht zu sehr bei Zufuhr von Vielfachzuckern, weil diese nach und nach in Einfachzucker abgebaut werden. Der Blutzuckerspiegel steigt dagegen sehr rasch an beim Verzehr von Lebensmitteln, die einen hohen Anteil an Einfachzuckern haben, z. B. Süßigkeiten. Bei erhöhtem Blutzuckerspiegel schüttet die Bauchspeicheldrüse das Hormon Insulin aus, das die Einfachzucker zur Leber führt. Die Leber speichert den nicht sofort benötigten Zucker. Allerdings ist dieser Speicher nicht sehr groß, er reicht für etwa einen Tag. Diabetiker müssen besonders auf einen gleichmäßigen Blutzuckerspiegel achten, weil bei dieser Krankheit zu wenig Insulin gebildet wird. Der Körper kann daher große Mengen an Einfach- und Doppelzuckern nicht verarbeiten.

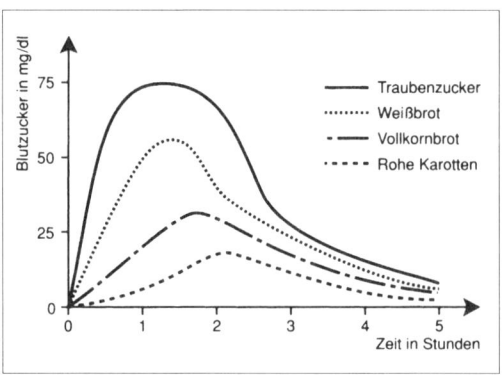

Blutzuckerspiegelanstieg nach verschiedenen Mahlzeiten

Bedarf

Kohlenhydrate sollen etwa 55 % der Gesamtenergieaufnahme decken, das entspricht etwa 5 g je kg Körpergewicht und Tag.

Da Kohlenhydrate nur in geringem Umfang gespeichert werden, müssen sie jeden Tag in der Nahrung enthalten sein. Überschüssig zugeführte Kohlenhydrate werden vom Körper in Fett umgewandelt und als solches gespeichert.

Eigenschaften der Kohlenhydrate

Einfach- und Doppelzucker sind wasserlöslich und ziehen Wasser an. Feucht gelagerter Zucker verklumpt deshalb.

Rohr- und Rübenzucker schmilzt bei trockener Erhitzung, färbt sich braun und schmeckt nicht mehr so süß; es entsteht Karamel.

Rübenzucker wirkt in hoher Konzentration keimhemmend. Diese Eigenschaft macht man sich bei der Marmeladenherstellung zunutze.

In Wasser gelöster Zucker kann durch Hefen zu Alkohol vergoren werden (Weinherstellung, Mosten). Stärke ist roh nicht wasserlöslich; beim Erhitzen in Wasser verkleistert sie bei Temperaturen von 60–70 °C. Bei trockener Erhitzung wird Stärke braun, bekommt dadurch einen besseren Geschmack, aber bindet nicht mehr so gut. Die Stärke wird dabei zu Dextrin abgebaut.

Stärke quillt in Flüssigkeiten, deshalb wird sie als Bindemittel z. B. in Soßen, verwendet. Stärke klumpt nicht, wenn sie kalt angerührt wird und dann erst in die heiße Flüssigkeit eingerührt wird. Stärke wird durch Kochen mit Säure, z. B. Obstsäure, zu Traubenzucker abgebaut. Mit Stärke gebundene Obstspeisen sollten daher nicht zu lange gekocht oder aufbewahrt werden, weil sie dann wieder flüssig werden.

Stärkehaltige Speisen, die beim Kochen die Form behalten sollen, z. B. Klöße, Nudeln, werden in kochende Flüssigkeit gegeben. Die Oberfläche verkleistert sofort und erhält dadurch die Form. Bei breiigen Gerichten werden die stärkehaltigen Zutaten kalt zugesetzt; sie quellen dann besser.

Kohlenhydratreiche Lebensmittel

Stärkehaltige Lebensmittel: Getreide und Getreideerzeugnisse (Teigwaren, Reis, Mehl, Grieß, Brot, Grütze, Graupen), Kartoffeln, Hülsenfrüchte und Gemüse enthalten neben Stärke auch Cellulose. Ballaststoffreiche Lebensmittel sind Vollkornprodukte (Brot, Nudeln, Reis, Haferflocken), Hülsenfrüchte (Linsen, Erbsen, Bohnen), Gemüse und Obst. Zuckerhaltige Lebensmittel: Haushaltszucker, Süßigkeiten, Honig, Kuchen, Gebäck, süße Obstsorten.

3.4. Vitamine

Aufgaben im Körper

Vitamine liefern dem Körper keine Energie, sind aber für den Ablauf aller Stoffwechselvorgänge unentbehrlich. Als Bestandteil vieler Enzyme und Hormone wirken die Vitamine mit bei der Regelung des Stoffwechsels, Blutbildung, Knochenbildung, beim Sehvorgang. Eingeteilt werden die Vitamine in fettlösliche (Vitamin A, D, E, K) und wasserlösliche Vitamine (Vitamin C und B-Vitamine).

Bedarf

Vitamine kann der Körper nicht selbst bilden; sie müssen mit der Nahrung zugeführt werden. Bei zu niedriger Vitaminzufuhr kommt es zu Mangelerscheinungen wie Müdigkeit, Konzentrationsschwäche, Leistungsabfall bis hin zu erhöhter Anfälligkeit für Infektionen. Die Versorgung mit Vitaminen ist in unserer Bevölkerung weitgehend gedeckt, nur bei manchen B-Vitaminen kommt es teilweise zu Unterversorgung. Ursache dafür dürfte sein, daß zuwenig Vollkorn- und Milchprodukte gegessen werden, die gute Vitamin-B-Lieferanten sind.

Vitaminmangel kommt am häufigsten vor bei Kindern und Jugendlichen sowie älteren Menschen, die sich sehr einseitig ernähren, z. B. wenig frisches Obst und Gemüse essen.

Vitamine sind bereits in sehr kleinen Mengen wirksam und werden als »fertige« Vitamine oder deren Vorstufen aufgenommen. Der Bedarf an den einzelnen Vitaminen kann nicht genau festgelegt werden; bei Schwangerschaft, Krankheit, in der Stillzeit oder bei schwerer körperlicher Arbeit ist der Bedarf erhöht. Am zuverlässigsten deckt man den Vitaminbedarf, wenn täglich frisches Obst, Gemüse, Vollkornprodukte und frische Kräuter auf dem Speiseplan stehen; die fettlöslichen Vitamine sind in Eiern, Keimölen, Butter und Fisch enthalten. Fettlösliche Vitamine können vom Körper nur dann verwertet werden, wenn sie in Kombination mit Fett aufgenommen werden. Rohkostsalate daher mit etwas Joghurt, Sahne oder Öl zubereiten.

Eigenschaften der Vitamine

Hitze, Sauerstoff und Licht zerstören Vitamine. Vitaminreiche Lebensmittel daher dunkel und kühl lagern. Das Warmhalten von Speisen vermeiden; es ist günstiger, die Speisen rasch abzukühlen und dann erneut zu erhitzen.

Fettlösliche Vitamine können im Fettgewebe gespeichert werden; wasserlösliche Vitamine sind auch speicherbar, allerdings in geringeren Mengen.

Praktische Hinweise:

- *Frisches Obst und Gemüse möglichst nicht auf Vorrat kaufen oder ernten, sie verlieren bei längerer Lagerung viele wertvolle Vitamine.*
- *Gemüse und Obst erst kurz vor der Verwendung zerkleinern und waschen.*
- *Bei Lebensmitteln, die wasserlösliche Vitamine enthalten, besondere Vorsicht walten lassen: nicht im Wasser liegenlassen, in wenig Wasser garen. Vitaminreiche Lebensmittel möglichst nur kurz garen; Gemüse mit »Biß«, d. h. nicht matschig-weich kochen.*
- *Zugabe von Säure, z. B. Zitronensaft oder Essig, verzögert den Abbau von Vitamin C. Vitamin-A-haltige Lebensmittel (Karotten) mit Öl oder Sahne zubereiten, damit das fettlösliche Vitamin verwertet werden kann.*

Antioxidantien und Radikalenfänger

Freie Radikale entstehen bei verschiedensten Stoffwechselvorgängen im Körper, aber auch etwa durch Rauchen und gelten als eine Ursache für Krebs und andere schwere Erkrankungen. Sie sind sehr aggressiv und schädigen die einzelnen Zellen des Körpers durch Oxidationsvorgänge. Antioxidantien machen freie Radikale unschädlich, deshalb nennt man sie auch Radikalenfänger. Die Vitamine C und E, Beta-Carotin sowie das Spurenelement Selen sind wichtige und wirksame Antioxidantien. Auch manche sogenannten sekundären Pflanzenstoffe (siehe Seite 69) gehören zu den wirksamen Radikalenfängern, zum Beispiel enthalten in Tomaten und roten Beeren.

Aufgrund der Bedeutung der Antioxidantien für die Gesundheit werden sie in vielen Nahrungser-

Vitamine: Vorkommen und Mangelerscheinungen

Vitamin	Vorkommen	Mangelerscheinungen
Wasserlösliche Vitamine		
B$_1$	Hefe, Getreidekeime, Vollkornreis, Eier, Vollkornprodukte, Schweinefleisch, Innereien, Pilze, Erbsen, Kartoffeln	Verminderte Leistungsfähigkeit, Lähmungen, Krämpfe, Muskelschwund, Herzversagen, Appetitmangel, Müdigkeit, Nervenstörungen, Gewichtsverlust
B$_2$	Milch, Fleisch, Backwaren, Hefe, Milchprodukte, Nährmittel, Leber, Ei, Orangensaft	Einreißen der Mundwinkel, Wachstumsstörungen, Blutarmut, Rötung und Schuppung der Haut um Augen, Lippen, Nase, brüchige Fingernägel, Entzündung der Zungenschleimhaut
B$_6$	Fleisch, Fisch, Eigelb, Hefe, Walnüsse, Weizenkeime, Innereien, Haferflocken, Gemüse, Kartoffeln	Wachstumsstörungen, Hauterkrankungen, Störungen im Nervensystem, Appetitlosigkeit
B$_{12}$	Leber, alle tierischen Lebensmittel	Blutarmut, Nervenschädigung, Verdauungsstörungen, Schwellung der Zunge
Folsäure	Vollkornprodukte, Kartoffeln, Soja, Weizenkeime, Hefe, grüne Salate, Gemüse, Zitrusfrüchte, Leber	Blutarmut, Schleimhautveränderungen in Magen, Darm und Mund, Infektanfälligkeit, Hautkrankheiten, Fehlgeburten
Niacin	Gemüse, Hefe, Fleisch, Innereien, Kartoffeln, Getreideprodukte	Rötung der Haut, Störungen der Hautpigmentierung, Erbrechen, Durchfall, Störungen im Nervensystem
Pantothensäure	In allen Lebensmitteln	Mangel nicht zu beobachten
Biotin	In allen Lebensmitteln	Mangel nicht zu beobachten
C	Zitrusfrüchte, schwarze Johannisbeeren, Hagebutten, Paprika, Kartoffeln, Sauerkraut, Fleisch, Petersilie, Erdbeeren	Appetitlosigkeit, Infektanfälligkeit, Müdigkeit, Leistungsschwäche, Blutarmut, verzögerte Wundheilung
Fettlösliche Vitamine		
A	Leber, Eigelb, Butter, Margarine, Möhren, grüne Gemüse, Petersilie (Vorstufe von Vitamin A)	Verhornen der Haut und Schleimhäute, Nachtblindheit, Geschwülste und Verhornungen von Gewebe, Austrocknen der Augenhornhaut, Wachstumsstörungen an Skelett und Zähnen
D	Fisch, Leber, Butter, Margarine, Eier, Hefe, Pilze, Spinat (Vorstufe von Vitamin D)	(Rachitis), Knochenerweichung, Knorpelschwellung
E	Sonnenblumenkerne und -öl, Mais-, Weizenkeimöl	Nicht bekannt
K	In allen Lebensmitteln	Verzögerte Blutgerinnung, Mangel kaum bekannt

gänzungsmitteln angeboten. Die positive Wirkung kann bei Überdosierung jedoch ins Gegenteil umschlagen. Wesentlich sinnvoller ist ausgewogene Ernährung mit einem hohen Anteil an Obst und Gemüse. Außerdem enthalten Lebensmittel die gesunden Inhaltsstoffe in einer Kombination, die besonders wirksam ist.

Als Faustregel gilt: »fünfmal täglich«, also 5 Portionen Obst und Gemüse. Das hört sich viel an, ist aber problemlos zu schaffen: Als Portion gilt zum Beispiel ein Glas Fruchtsaft, Frischobst im Frühstücksmüsli, eine Stück Obst oder Gemüse zwischendurch, Gemüse- oder Salatbeilage zu den Hauptmahlzeiten.

Entscheidend ist, daß täglich Obst und Gemüse gegessen werden; Abstinenztage können durch Mehrverzehr nicht hereingeholt werden.

3.5. Mineralstoffe

Aufgaben im Körper

Mineralstoffe sind lebensnotwendig; sie sind Bausteine von Knochen, Zähnen, kommen im Blut vor und in der Schilddrüse. Außerdem unterstützen sie die Funktion der Enzyme und spielen eine wichtige Rolle bei der Erregbarkeit von Nervenzellen.

Je nach Menge im Körper unterscheidet man Mengen- und Spurenelemente.

Mineralstoffe werden im Körper weder gebildet noch im Stoffwechsel verbraucht; mit Schweiß und Harn scheidet man jedoch Mineralsalze aus. Diese müssen dem Körper mit der Nahrung wieder zugeführt werden.

Bedarf

Alle Mineralstoffe müssen mit der Nahrung aufgenommen werden, der Körper kann sie nicht bilden. Bei abwechslungsreicher Mischkost mit frischem Obst und Gemüse, Vollkornprodukten, Milch, Fisch und Fleisch ist der Mineralstoffbedarf normalerweise gedeckt. Lediglich bei Eisen, Calcium und Jod kommen Mangelerscheinungen vor. Jodmangel tritt überwiegend in Süddeutschland auf, weil hier das Trinkwasser jodarm ist und wenig Seefisch gegessen wird. Jodarme Ernährung führt zu Kropfbildung und bei Kindern und Jugendlichen zu Entwicklungsstörungen.

Praktischer Hinweis:

■ *Jod ist wichtig für die Funktion der Schilddrüse. Da Deutschland zu den jodärmsten Gegenden Europas gehört, ist die Jodversorgung über die Lebensmittel vielfach nicht gegeben und die Verwendung von jodiertem Speisesalz daher empfehlenswert.*

Eisenmangel hat Blutarmut zur Folge. Junge Frauen sind häufig von Eisenmangel betroffen, aber auch viele ältere Menschen. Wer an Eisenmangel leidet, sollte bedenken, daß das Eisen aus tierischen Lebensmitteln besser verwertbar ist als pflanzliches. Insgesamt wird die Verwertbarkeit erheblich gesteigert, wenn die Kost mit vitaminreichen Lebensmitteln, vor allem Vitamin C, ergänzt wird.

Calciummangel tritt oft auf während der Schwangerschaft und Stillzeit sowie bei älteren Menschen. Folgen sind Knochenerweichung, Zahnausfall, Zahnerkrankungen und Muskelkrämpfe. Mangelhafte Versorgung mit Calcium wird vor allem bei Frauen während und nach den Wechseljahren beobachtet. Folge davon ist meist Knochenbrüchigkeit (Osteoporose). Da Vitamin D die Aufnahme von Calcium in den Knochen fördert, ist ausreichende Versorgung mit diesem Vitamin wichtig (Fisch, Eier, Butter, Margarine, Milch). Regelmäßige körperliche Aktivität wirkt der Knochenbrüchigkeit ebenfalls entgegen.

3.6. Sekundäre Pflanzenstoffe

Obst und Gemüse sind gesund, nicht nur, weil sie Mineralstoffe, Vitamine und Ballaststoffe enthalten, sondern auch aufgrund von Inhaltsstoffen, deren gesundheitsfördernde Wirkungen noch nicht lange bekannt sind: sekundären Pflanzenstoffen. Etwa 30 000 verschiedene Arten sind bisher bekannt, zum Beispiel Karotinoide aus rotem und grünem Gemüse, Glucosinolate aus Senf, Meerrettich und Kohl, Lycopin aus Tomaten, Flavonoide aus Brokkoli, Sulfide aus Knoblauch. Die sekundären Pflanzenstoffe wirken dann am besten, wenn sie in ihrer natürlichen Kombination, wie sie in Obst und Gemüse vorkommen, aufgenommen werden. Hohe Konzentrationen durch isolierte Einzel- oder Kombinationspräparate erreichen nicht die entsprechende Wirksamkeit. Die gesundheitsfördernde Wirkung beruht auf ihrer Eigenschaft als hochwirksame Antioxidantien. Sie schützen die einzelnen Zellen vor aggressiven Stoffwechselprodukten und wirken damit vorbeugend gegen Krebs und andere schwere Erkrankungen.

Wer auf die Zufuhr von sekundären Pflanzenstoffen besonderen Wert legt, braucht dafür keine Nahrungsergänzungsmittel, die diese Stoffe in isolierter Form enthalten. Es reicht aus, sich abwechslungsreich zu ernähren unter besonderer Berücksichtigung folgender Regeln:

❑ Täglich 5 Portionen Obst und Gemüse, etwa eine »Handvoll« entspricht einer Portion, zum Beispiel 1 Apfel, 1 Glas Fruchtsaft.

❑ Obst und Gemüse bevorzugen, das keine Lagerung hinter sich hat und das nicht unreif geerntet wurde, um lange Transportwege zu überstehen.

Mineralstoffe: Vorkommen und Mangelerscheinungen

Mineralstoffe	Vorkommen	Mangelerscheinungen
Mengenelemente		
Calcium	Milch, Milchprodukte, Butter, Hartkäse, Eigelb, Nüsse, Lachs, Lebertran	Krämpfe, Wachstumsstörungen, Knochenerweichung, Lähmungen
Phosphor	In allen Lebensmitteln	Mangel nicht bekannt
Magnesium	In grünem Gemüse, Milch, Käse, Fisch, Haferflocken, Hülsenfrüchten, Nüssen	Kribbeln, Nervosität
Natrium	Kochsalz, salzhaltige Lebensmittel wie Käse, Wurst, Brot	Selten, Mangel kann vorkommen bei starken Verlusten durch Erbrechen und Durchfall und führt dann zu Übelkeit und Müdigkeit
Kalium	In allen pflanzlichen Lebensmitteln	Selten, nur bei Durchfall oder einseitiger Abmagerungsdiät, Mangel führt dann zu Muskelschwäche, Blutdruckabfall und Herzmuskelstörungen
Chlor	Kochsalz, salzhaltige Lebensmittel	Selten, nur bei häufigem Erbrechen
Spurenelemente		
Eisen	Fleisch, Schnittlauch, Leber, Eigelb, Hülsenfrüchte, Vollkornbrot	Blutarmut, Müdigkeit, Wachstumsstörungen, verringerte Widerstandskraft, Aufreißen der Mundwinkel
Jod	Jodiertes Speisesalz, Seefisch, Milch	Kropf, Mangel kommt vor allem in Gegenden mit geringem Jodgehalt des Trinkwassers vor
Fluor	Seefisch, Fleisch, Eier, Schwarztee	Anfälligkeit der Zähne gegen Karies. Ausreichende Versorgung ist vor allem bei Kindern wichtig, weil im Kindesalter das schützende Fluor in die Zähne eingelagert wird.
Zink	Innereien, Fleisch, Gemüse, Vollkornbrot, Fisch, Milch	Wachstumsstörungen, Hautveränderungen, Haarausfall, psychische Störungen

- Gemüse roh und gegart essen, denn die Verfügbarkeit der sekundären Pflanzenstoffe ist unterschiedlich.
- Obst je nach Art und Möglichkeit nicht schälen; das Gesunde sitzt unmittelbar unter oder in der Schale.
- Reichlich frische Kräuter verwenden, erst kurz vor dem Verzehr untermischen.
- Regelmäßig Hülsenfrüchte in den Speiseplan einbauen, auch Keimlinge von Hülsenfrüchten.
- Täglich Nüsse essen, zum Beispiel im Müsli, auf Gemüsegerichten oder im Kuchen.
- Regelmäßig Vollkornprodukte essen, auch Keimlinge von Getreide.

3.7. Wasser

Wasser ist im menschlichen Körper vor allem Baustoff. Der Mensch besteht etwa zur Hälfte aus Wasser. Wasser ist in jeder Zelle und in den Körperflüssigkeiten (Blut, Lymphe, Speichel) enthalten. Es dient als Quellmittel und bedingt zusammen mit den Mineralstoffen die Gewebespannung. Mit abnehmender Quellfähigkeit des Körpers im Alter nimmt auch die Gewebespannung ab; die Haut wird schlaff, es bilden sich Falten. Wasser ist Voraussetzung für alle Stoffwechselvorgänge in seiner Eigenschaft als Lösungs- und Transportmittel im Körper. Eine wichtige Rolle spielt Wasser auch im Wärmehaushalt des Körpers. Beim Schwitzen gibt der Körper Wasser über die Haut ab. Das Wasser verdunstet und wirkt dadurch kühlend; Wärme wird nach außen abgeführt. Bei feuchtheißem Wetter kann es zu einem Hitzschlag kommen. Die Haut kann keine Wärme mehr durch Schwitzen abgeben, es kommt zu einem Hitzestau im Körper.

Der tägliche Wasserbedarf eines Erwachsenen liegt bei etwa 2,5 l.

Knapp die Hälfte davon nimmt man über den Wassergehalt der Lebensmittel auf, der Rest sollte mit Getränken und Suppen zugeführt werden. Geregelt wird die Wasseraufnahme über das Durstgefühl. Ausgeschieden wird Wasser über Haut, Atmung, Niere und Darm.

Der Bedarf ist erhöht bei schwerer körperlicher Arbeit, bei Erbrechen und Durchfall, bei Fieberkrankheiten, bei sehr salzhaltiger Kost und in Gegenden mit heißem, trockenem Klima.

Bei Kindern ist der Wasserbedarf pro kg Körpergewicht etwa dreimal so hoch wie beim Erwachsenen.

4. WAS IST GESUNDE ERNÄHRUNG?

Gesunde Ernährung führt dem Körper alle notwendigen Nährstoffe, Mineralstoffe und Vitamine in der Menge zu, wie er sie braucht. Damit ist gesunde Ernährung der Grundstein für körperliches Wohlbefinden, Gesundheit und Leistungsfähigkeit. Je nach Alter, Geschlecht und Tätigkeit braucht jeder Mensch eine andere Nahrungszusammenstellung.

Nährstoffbedarf

Nährstoffe	Je kg Körper- gewicht und Tag	% der Nahrung
Eiweiß	0,8 g	15
Fett	1 g	30
Kohlenhydrate	5 g	55

4.1. Gesunde Ernährung des Erwachsenen

Abweichungen von diesen Faustzahlen sind nicht lebensgefährlich, führen aber auf die Dauer zu Fehlernährung. Eine praktische Handreichung für gesunde Ernährung sind der »Ernährungskreis« der Deutschen Gesellschaft für Ernährung (DGE) sowie die 10 Grundregeln für vollwertige Ernährung:

Vollwertig essen und trinken nach den 10 Regeln der DGE

1. Vielseitig essen
Genießen Sie die Lebensmittelvielfalt. Merkmale einer ausgewogenen Ernährung sind abwechslungsreiche Auswahl, geeignete Kombination und angemessene Menge nährstoffreicher und energiearmer Lebensmittel.

Gruppe	Lebensmittel
Gruppe 1	**Getreide, Getreideerzeugnisse, Kartoffeln** ■ Brot 200–300 g (4–6 Scheiben) **oder** Brot 150–250 g (3–5 Scheiben) und 50–60 g Getreideflocken ■ Kartoffeln 200–250 g (gegart) **oder** Teigwaren 200–250 g (gegart) **oder** Reis 150–180 g (gegart) Produkte aus Vollkorn bevorzugen
Gruppe 2	**Gemüse, Salat** ■ Gemüse: insgesamt 400 g und mehr Gemüse 300 g gegart + Rohkost/Salat 100 g **oder** Gemüse 200 g gegart + Rohkost/Salat 200 g
Gruppe 3	**Obst** ■ 2–3 Portionen Obst (250 g) und mehr
Gruppe 4	**Milch, Milchprodukte** ■ Milch/Joghurt 200–250 g ■ Käse 50–60 g fettarme Produkte bevorzugen
Gruppe 5	**Fleisch, Wurst, Fisch, Ei** Pro Woche: ■ Fleisch und Wurst: 300–600 g insgesamt fettarme Produkte bevorzugen ■ Fisch: Seefisch fettarm 80–150 g und Seefisch fettreich 70 g ■ Ei: bis zu 3 Stück (inkl. verarbeitetes Ei)
Gruppe 6	**Fette, Öle** ■ Butter, Margarine: 15–30 g ■ Öl (z. B. Raps-, Soja-, Walnuß-) 10–15 g
Gruppe 7	**Getränke** ■ insgesamt mindestens 1,5 Liter bevorzugt energiearme Getränke

Quelle: DGE-Ernährungskreis®, Copyright: Deutsche Gesellschaft für Ernährung e. V., Bonn

2. Reichlich Getreideprodukte und Kartoffeln

Brot, Nudeln, Reis, Getreideflocken, am besten aus Vollkorn, sowie Kartoffeln enthalten kaum Fett, aber reichlich Vitamine, Mineralstoffe, Spurenelemente sowie Ballaststoffe und sekundäre Pflanzenstoffe. Verzehren Sie diese Lebensmittel mit möglichst fettarmen Zutaten.

3. Gemüse und Obst – Nimm »5 am Tag« …

Genießen Sie 5 Portionen Gemüse und Obst am Tag, möglichst frisch, nur kurz gegart, oder auch eine Portion als Saft – idealerweise zu jeder Hauptmahlzeit und auch als Zwischenmahlzeit: Damit werden Sie reichlich mit Vitaminen, Mineralstoffen sowie Ballaststoffen und sekundären Pflanzenstoffen (z. B. Carotinoiden, Flavonoiden) versorgt. Das Beste, was Sie für Ihre Gesundheit tun können.

4. Täglich Milch und Milchprodukte; ein- bis zweimal in der Woche Fisch; Fleisch, Wurstwaren sowie Eier in Maßen

Diese Lebensmittel enthalten wertvolle Nährstoffe, wie z. B. Calcium in Milch, Jod, Selen und Omega-3-Fettsäuren in Seefisch. Fleisch ist wegen des hohen Beitrags an verfügbarem Eisen und an den Vitaminen B_1, B_6 und B_{12} vorteilhaft. Mengen von 300 – 600 g Fleisch und Wurst pro Woche reichen hierfür aus. Bevorzugen Sie fettarme Produkte, vor allem bei Fleischerzeugnissen und Milchprodukten.

5. Wenig Fett und fettreiche Lebensmittel

Fett liefert lebensnotwendige (essentielle) Fettsäuren, und fetthaltige Lebensmittel enthalten auch fettlösliche Vitamine. Fett ist besonders energiereich, daher kann zu viel Nahrungsfett Übergewicht fördern, möglicherweise auch Krebs. Zu viele gesättigte Fettsäuren fördern langfristig die Entstehung von Herz-Kreislauf-Krankheiten. Bevorzugen Sie pflanzliche Öle und Fette (z. B. Raps- und Sojaöl und daraus hergestellte Streichfette). Achten Sie auf unsichtbares Fett, das in Fleischerzeugnissen, Milchprodukten, Gebäck und Süßwaren sowie in Fast-Food- und Fertigprodukten meist enthalten ist. Insgesamt 60 – 80 g Fett pro Tag reichen aus.

6. Zucker und Salz in Maßen

Verzehren Sie Zucker und Lebensmittel bzw. Getränke, die mit verschiedenen Zuckerarten (z. B. Glucosesirup) hergestellt wurden, nur gelegentlich. Würzen Sie kreativ mit Kräutern und Gewürzen und wenig Salz. Bevorzugen Sie jodiertes Speisesalz.

7. Reichlich Flüssigkeit

Wasser ist absolut lebensnotwendig. Trinken Sie rund 1,5 l Flüssigkeit jeden Tag. Bevorzugen Sie Wasser – ohne oder mit Kohlensäure – und andere kalorienarme Getränke. Alkoholische Getränke sollten nur gelegentlich und nur in kleinen Mengen konsumiert werden.

8. Schmackhaft und schonend zubereiten

Garen Sie die jeweiligen Speisen bei möglichst niedrigen Temperaturen, soweit es geht kurz, mit wenig Wasser und wenig Fett – das erhält den natürlichen Geschmack, schont die Nährstoffe und verhindert die Bildung schädlicher Verbindungen.

9. Nehmen Sie sich Zeit, genießen Sie Ihr Essen

Bewußtes Essen hilft, richtig zu essen. Auch das Auge ißt mit. Lassen Sie sich Zeit beim Essen. Das macht Spaß, regt an, vielseitig zuzugreifen, und fördert das Sättigungsempfinden.

10. Achten Sie auf Ihr Gewicht und bleiben Sie in Bewegung

Ausgewogene Ernährung, viel körperliche Bewegung und Sport (30 bis 60 Minuten pro Tag) gehören zusammen. Mit dem richtigen Körpergewicht fühlen Sie sich wohl und fördern Ihre Gesundheit.

Praktische Hinweise:

- *Obst und Gemüse wählen, die gerade Saison haben, weil die Sorten dann ausgereift sind und einen hohen Gehalt an Vitaminen, Mineralstoffen und sekundären Pflanzenstoffen haben. Bei regionaler Herkunft gehen die wertgebenden Inhaltsstoffe nicht durch lange Transporte oder Lagerung verloren. Wer rund ums Jahr die saisonalen Sorten wählt, bekommt automatisch Abwechslung auf den Tisch und verringert damit das Risiko, manche gesunden Lebensmittel zu »übersehen«.*

- *Damit die wertvollen Inhaltsstoffe von frischen Lebensmitteln nicht verlorengehen, Obst und Gemüse zügig vorbereiten, nicht in Wasser liegen lassen oder zerkleinert lange herumstehen lassen; längeres Warmhalten vermeiden, lieber nochmals erhitzen.*

- *Zucker steckt nicht nur in Süßigkeiten und Gebäck, auch sogenannte Softdrinks, zum Beispiel Limonaden, enthalten viel Zucker. Zucker enthält nur Energie, aber keine Vitamine und Mineralstoffe und sollte daher eingeschränkt werden. Zu viel Salz kann bei manchen Menschen Bluthochdruck fördern. Brot, Hartkäse, gesalzene Knabberartikel, roher Schinken, Rohsalami sowie manche Sauerkonserven enthalten viel Salz.*

- *Rund 3 l Flüssigkeit braucht der Körper eines Erwachsenen täglich, bei Krankheit, Durchfall oder starkem Schwitzen entsprechend mehr. Etwa einen Liter nimmt man durch den Flüssigkeitsgehalt der Lebensmittel auf, der Rest sollte durch Getränke aufgenommen werden. Günstig sind Wasser, verdünnte Obstsäfte, leicht gezuckerte Tees. Alkohol meiden, er liefert nur »leere« Kalorien, aber keine wertvollen Inhaltsstoffe und kann zu Sucht führen.*

- *Was gesund ist, kann auch gut schmecken! Voraussetzung sind Kochkenntnisse. Wer sich mit dem Zubereiten von Lebensmitteln schwertut, findet Kochbücher, Kochsendungen und Kochkurse für jede »Könner-Stufe«. Kochen ist nicht gleichbedeutend mit hohem Zeitaufwand; gerade Gemüsegerichte oder zartes Fleisch oder Fisch haben kurze Garzeiten, einfache Zubereitungsarten bringen gute Grundzutaten oft am besten zur Geltung.*

4.2. Neuere Ernährungsformen

Eigentlich gehören die im Folgenden behandelten Ernährungsformen nicht unter das Kapitel »gesunde Ernährung«, werden aber hier kritisch besprochen, weil sie in aller Munde sind.

Nahrungsergänzungsmittel

Darunter versteht man Produkte, die Vitamine, Mineralstoffe oder sekundäre Pflanzenstoffe in hochkonzentrierter Form enthalten, entweder als einzelnen Wirkstoff oder Kombination verschiedener Stoffe. Sie werden meist in Tabletten- und Pulverform verkauft, gelten aber nicht als Medikament, sondern als Lebensmittel. Es gibt sie überall zu kaufen, von Apotheken und Drogeriemärkten bis zu Discountern oder per Internet.

Nahrungsergänzungsmittel sind ein boomender Markt, obwohl ein gesunder Mensch sie nicht braucht. Eine abwechslungsreiche Ernährung enthält alles, was der Körper benötigt. Die Werbung für Nahrungsergänzungsmittel erweckt den Eindruck, als seien die Lebensmittel nicht mehr so nährstoffreich wie früher. Die Wissenschaft bestätigt diese Behauptung nicht. Allerdings ernähren sich immer mehr Menschen einseitig und ungesund und greifen daher zu Nahrungsergänzungsmitteln. Zum Teil herrscht die Meinung vor: Durch Nahrungsergänzungsmittel kann man ungesunde Ernährungs- und Lebensweise wettmachen. Manche Kinder sind »schlechte Esser« oder mögen Obst und Gemüse nicht. Wenn Eltern dann schnell zu Nahrungsergänzungsmitteln greifen, vermitteln sie beim Kind die Botschaft: Man braucht sich nicht gesund zu ernähren, dafür gibt's Tabletten.

Isolierte Wirkstoffe können jedoch mit der Wirkungsweise von gesunden Inhaltsstoffen in Lebensmitteln nicht mithalten, sie können sogar schädlich sein. Beispiel: Beta-Carotin (siehe auch Seite 68) gilt als hochwirksamer Radikalenfänger, das heißt vorbeugend vor schweren Erkrankungen wie Krebs. In einer Studie, bei der Raucher gezielt hohe Mengen Beta-Carotin als Krebsvorbeugung eingenommen haben, stellte sich die gegenteilige Wirkung heraus: das Krebsrisiko stieg.

Wann können Nahrungsergänzungsmittel sinnvoll sein?

- bei bestimmten Erkrankungen,
- bei ausgeprägten Nahrungsmittelunverträglichkeiten,
- bei geringer Nahrungszufuhr, zum Beispiel bei längeren Abmagerungsdiäten,
- in der Schwangerschaft und Stillzeit bei bestimmten Vitaminen und Mineralstoffen,
- bei älteren Menschen mit geringer Nahrungszufuhr.

Vor der Einnahme von Nahrungsergänzungsmitteln sollte man sich immer vom Arzt beraten lassen und neutrale Informationen zu diesen Mitteln einholen. Außer daß man unnütz Geld ausgibt, kann es nämlich auch zu gesundheitlichen Folgen kommen. Manche Nahrungsergänzungsmittel gehören ihrer Zusammensetzung nach eher zu den Medikamenten, das heißt, die Gefahr von Überdosierung bzw. Nebenwirkungen ist gegeben. Manche Firmen und Produkte verschwinden wieder vom Markt, bevor die Aufsichtsbehörden die Produkte überprüfen können.

Funktionelle Lebensmittel

Funktionelle Lebensmittel (Functional food) sollen durch ihren Gehalt an besonderen Inhaltsstoffen der Gesundheit förderlich sein.
Die wichtigsten auf dem Markt befindlichen funktionellen Lebensmittel:

❑ Probiotika und Präbiotika enthalten Bakterien, die sich positiv auf die Darmgesundheit auswirken sollen. Beispiele sind Joghurts, Molkedrinks und andere Milchprodukte, Backwaren mit präbiotischen Bakterienkulturen.

❑ ACE-Produkte haben hohe Gehalte an den Vitaminen A, C, E und sollen dadurch die natürlichen Abwehrkräfte steigern und die körperliche und geistige Leistungsfähigkeit verbessern. Beispiele sind Getränke und Fruchtsnacks.

❑ Produkte mit Omega-3-Fettsäuren sollen positiv auf die Blutgefäße wirken, den Cholesterinspiegel senken, Herzinfarktrückfälle verringern, Schuppenflechte und Rheuma lindern. Beispiele sind Brot und andere Backwaren, Nudeln.

❑ Produkte mit sekundären Pflanzenstoffen sollen die Abwehr des Körpers gegen Krankheiten verbessern, die Blutgefäße stärken, den Cholesterinspiegel senken, streßabbauend wirken und das Wachstum (von Kindern) fördern. Beispiele sind Margarine mit Phytosterinen, Snacks wie Müsli- und andere Riegel.

Im Gegensatz zu Nahrungsergänzungsmitteln, die entsprechende Wirkstoffe in Tablettenform enthalten, behalten funktionelle Lebensmittel ihren herkömmlichen Charakter. Mit der gesundheitlichen Wirkung darf nur geworben werden, wenn ein entsprechender Nachweis geführt werden kann; krankheitsbezogene Aussagen dürfen nicht gemacht werden.

Fast food

Die Ernährungsgewohnheiten haben sich in den vergangenen Jahrzehnten gewandelt, nicht nur die Art der Lebensmittel und ihre Zubereitung, sondern auch das Tempo des Essens. Fast food heißt

wörtlich übersetzt »schnelles Essen«, gemeint sind damit Mahlzeiten und Imbisse, die im »Vorbeigehen« konsumiert werden, zum Beispiel Kebap, Pommes und Currywurst, Hähnchennuggets, »Hamburger«.
Nicht nur, aber vor allem Kinder, Jugendliche und junge Erwachsene essen gerne in Schnellgaststätten und an Imbißbuden.
Ist Fast food (un-)gesund? Grundsätzlich ist gegen gelegentliche Fast-food-Mahlzeiten nichts einzuwenden. Generell hat diese Ernährungsweise jedoch das Potential zum Dickmacher:

❑ Viele Fast-food-Gerichte und Snacks enthalten viel Fett, zum Beispiel Blätterteiggebäck, Pommes frites mit und ohne Mayonnaise oder Ketchup, Schokoriegel, Leberkäse-Brötchen.

❑ Erst 15 bis 20 Minuten nach Beginn des Essens sendet das Gehirn das Signal der Sättigung aus. Beim schnellen Essen oder Fast food ist bereits die zweite Portion gegessen, bevor diese Eßbremse wahrgenommen wird. Fast food landet nicht nur deshalb so schnell im Magen, weil es minutenschnell serviert wird, sondern weil es wenig Kauwiderstand bietet und damit schnell »verdrückt« ist.

❑ Irgendwann merken auch die schnellen Esser, daß die vermeintlich schnelle und preiswerte Mahlzeit gar nicht so wenig kostet, weil man zwei Portionen ißt, bevor man satt ist. Die Schnellgaststätten wollen aber ihre Kunden behalten und bieten daher Menüs und XXL-Portionen zu vergleichsweise günstigen Preisen an. Die Folge: Es wird noch schneller noch mehr Energie aufgenommen und womöglich noch über die Sättigung hinaus gegessen, weil ja so viel auf dem Teller oder in der Tüte liegt.

❑ Getränke (Soft Drinks), die üblicherweise zu Fast food konsumiert werden, sind infolge hohen Zuckergehalts richtige Kalorienbomben, zum Beispiel Limonaden, Cola-Getränke, stark gezuckerte Eistees. Auch manche Milchmixgetränke sind vom Kaloriengehalt her schon eine halbe Hauptmahlzeit. Milchgetränke sind zwar wegen ihres Calciumgehalts für Kinder und Jugendliche grundsätzlich empfehlenswert, aber die Kalorienmenge muß bei anderen Mahlzeiten eingespart werden, damit es nicht zu Übergewicht kommt.

❑ Snacks zwischendurch bringen viele Kalorien, aber nie das Gefühl, »etwas Richtiges« gegessen zu haben. Die Folge ist Heißhunger mit schnellem und daher übermäßigem Essen. Alternative: Obst oder ein Stück Gemüse als Zwischenmahlzeit.

4.3. Gesunde Ernährung von Kindern und Jugendlichen

Für die geistige und körperliche Entwicklung bei Kindern und Jugendlichen ist gesunde und abwechslungsreiche Ernährung Grundvoraussetzung. Eiweißmangel kann beispielsweise die geistige Entwicklung beeinträchtigen. Überernährung und Fettleibigkeit ist häufig Ursache für psychische Störungen, weil Kinder von Altersgenossen gehänselt werden. Außerdem führt Fettleibigkeit bei Kindern oft zu Fuß- und Haltungsschäden.

Gesunde Ernährung ist nicht zuletzt deshalb wichtig, weil Kinder von klein auf lernen, sich richtig zu ernähren, vernünftig zu essen. Damit haben sie auch als Erwachsene weniger Eß- und damit Figurprobleme.

Da Kinder und Jugendliche Körpersubstanz nicht nur erhalten, sondern auch aufbauen müssen, haben sie pro kg Körpergewicht einen höheren Bedarf an Nährstoffen als ein Erwachsener.

Der Bedarf an Calcium ist erhöht, weil bei Kindern und Jugendlichen das Skelett noch wächst. Milch und Milchprodukte sind ideale Calciumlieferanten. Gleichzeitig liefert Milch wertvolles Eiweiß, das für Heranwachsende ebenfalls sehr wichtig ist. Der hohe Eiweißbedarf sollte außerdem durch Fisch, Eier, Kartoffeln, Fleisch, Vollkornprodukte und Hülsenfrüchte gedeckt werden.

Bei der Kohlenhydratversorgung ist darauf zu achten, daß Kinder nicht zuviel Zucker und Süßigkeiten essen. Sie haben sonst bei den Mahlzeiten keinen Appetit. Außerdem fördert Zucker Karies und Zahnverfall, wenn hinterher nicht sofort die Zähne geputzt werden. Zucker gehört zu den sogenannten »leeren« Energieträgern, d. h. er liefert nur Energie, aber keine wertvollen Nährstoffe. Besser geeignet als Kohlenhydratlieferanten sind Obst, Gemüse und Vollkornprodukte.

Als geeignete Fette gelten in der Kinderernährung Butter und Öle mit hohem Gehalt an einfach und mehrfach ungesättigten Fettsäuren, z. B. Rapsöl, Sonnenblumenöl, Keimöle.

Auf ausreichende Zufuhr an Vitaminen ist großer Wert zu legen. Vitamin B_1 und B_2 sind in Schweinefleisch, Vollkornprodukten und Milch enthalten. Der Bedarf an den Vitaminen B_6 und B_{12}, Folsäure und Niacin ist durch eine abwechslungsreiche Kost abgedeckt. Dagegen muß auf die Versorgung der Kinder mit Vitamin C gerade während der Wintermonate geachtet werden. Durch mangelnde Vitamin-C-Versorgung besteht eine höhere Anfälligkeit für Infekte. Durch Orangensaft, viel Obst und Gemüse kann vorgebeugt werden. Vitamin A ist in Eigelb, Butter, Karotten und Petersilie enthalten und wird mit einer abwechslungsreichen Kost ausreichend zuge-

führt. Vitamin E ist in Speiseölen enthalten, Vitamin K kommt in praktisch allen Lebensmitteln vor. Damit ist die Versorgung gesichert.

Bei den Mineralstoffen kommt es leicht zu einem Mangel an Eisen und Jod. Eisen ist enthalten in Fleisch, Leber, Eigelb, Vollkornprodukten, grünem Gemüse und frischen Kräutern; Jod findet sich in Seefisch und jodiertem Speisesalz.

Besonders hoch ist bei Kindern und Jugendlichen der Flüssigkeitsbedarf. Als Durstlöscher sind Mineralwasser, leicht gesüßter Früchtetee oder frisch gepreßte Säfte geeignet. Limonaden, Cola-Getränke, auch manche Fruchtsaftgetränke (z. B. Nektar) enthalten viel Zucker. Vollmilch gilt wegen ihres hohen Energiegehaltes (ein halber Liter Vollmilch enthält 330 kcal!) als Lebensmittel; sie ist für Kinder, die zu höherem Körpergewicht neigen, als Durstlöscher nicht ideal.

Alkoholhaltige Speisen (Kuchenfüllungen, Nachspeisen) und Getränke sind für Kinder völlig abzulehnen. Zu schnell gewöhnen sich selbst Kinder an den Geschmack von Alkohol.

Wichtig ist für Kinder und Jugendliche regelmäßige Nahrungszufuhr. Warme Mahlzeiten und kleine Zwischenmahlzeiten (Obst, Milchprodukte) vermindern die Versuchung des Naschens. Wichtige Mahlzeiten sind 1. und 2. Frühstück. Sie werden von Müttern und Schülern häufig vernachlässigt. Das erste Frühstück ist der Start in den Tag. Es muß in Ruhe eingenommen werden. Das Pausenbrot ist unerläßlich, weil es die Leistungsfähigkeit während des langen Schultages erhält.

Häufig klagen Mütter, daß ihr Kind zuwenig ißt. Meist bekommen die Kinder dann alles zu essen, auch viele Süßigkeiten, nur damit sie »wenigstens etwas essen«. Das sollte auf jeden Fall vermieden werden. Kein Kind sollte man zum Essen zwingen; es besteht die Gefahr, daß man es zum »Fresser« erzieht, der sein Leben lang Gewichtsprobleme hat.

Obst, Gemüse und Vollkornprodukte, kurzum Gesundes, mögen viele Kinder nicht gern. Trotzdem muß man sie ihnen immer wieder anbieten, vielleicht sogar »versteckt«, z. B. in einer Soße zu Nudeln. Mit der Zeit tritt ein Gewöhnungseffekt ein. So wie sich Kinder von klein auf an gesundes Essen gewöhnen können, gewöhnen sie sich auch an ungesundes! Wichtig in der Ernährungserziehung ist auch, daß die Eltern mit gutem Beispiel vorangehen. Kinder schauen sich auch das Eßverhalten von den Eltern ab; Vorbild sein ist wesentlich wirkungsvoller als große Erklärungen.

Beispiele für beliebte Pausenverpflegung
– Scheibe Vollkornbrot, dünn mit Butter bestrichen, 2 Scheiben gekochten Schinken

– *Scheibe Vollkornbrot, dünn mit Butter bestrichen, 1 Scheibe Hartkäse (keine scharfe oder stark riechende Sorte), darüber eine Lage Apfelscheiben*
– *Scheibe Vollkornbrot, 3 Scheiben Wurst, 1 Salatblatt*
– *Scheibe Mischbrot mit Leberwurst bestrichen, darüber eine Lage Gurkenscheiben*
– *Scheibe Mehrkornbrot mit Butter bestrichen und Radieschenscheiben belegt, darüber 1 EL feingeschnittenen Schnittlauch streuen*
– *Sonnenblumen- oder Vollkornbrötchen mit je einer Scheibe Salami und Hartkäse, frisch gehackte Petersilie darüberstreuen*

Dazu gibt's jeweils ein Stück Obst (Apfel, Banane, Orange, Birne, Mandarine) oder ein Stück rohes Gemüse (Möhre, Kohlrabi, Radieschen), sowie ein Getränk (Milch, Milchmischgetränk, Saft, Tee) oder einen Becher Joghurt.

Übergewichtige Kinder

Übergewicht bei Kindern wird häufiger und damit auch gewichtsbedingte Krankheiten und Leiden. Die Ursache ist falsche Ernährung, kombiniert mit zuwenig Bewegung. Viele Kinder gehen ohne Frühstück aus dem Haus und kaufen sich in der Pause fett- und zuckerreiche Fast-food-Produkte wie Schnitzel- und Leberkäse-Brötchen, Schokoriegel, dazu noch energiereiche Getränke wie Limonaden und Colagetränke. Wenn dann das Mittagessen auch noch aus einem kalorienreichen Fertiggericht besteht oder in einem Schnellrestaurant eine XXL-Portion gekauft wird, wäre der Tagesbedarf an Kalorien oft schon gedeckt. Dann kommen aber noch Zwischenmahlzeiten am Nachmittag und womöglich die Familienhauptmahlzeit am Abend hinzu. Zur ungesunden Ernährung gesellt sich mangelnde Bewegung, statt sich zu bewegen sitzen Kinder zunehmend vor Fernseher und Computer. Wenn Kinder erst einmal dick sind, beginnt ohnehin ein Teufelskreis, weil die Bewegung schwerer fällt oder Hänseleien von Gleichaltrigen befürchtet werden, zum Beispiel im Schwimmbad.

Adipositas (Fettsucht) bei Kindern hat körperliche und psychische Folgen. Übergewichtige Kinder leiden unter Rücken- und Gelenkschmerzen, manche entwickeln bereits früh Diabetes und hohen Blutdruck. Dicke Kinder bleiben auch dicke Erwachsene, und spätestens dann werden sie zu Risikopatienten für viele Krankheiten bis hin zu Krebs und Herzinfarkt. Dicke Kinder leiden unter ihrem Aussehen, werden teilweise ausgegrenzt, ziehen sich zurück und können depressiv oder aggressiv werden. Übergewichtige Jugendliche finden schwerer eine Ausbildungsstelle, die Partnerwahl wird schwierig – so entsteht ein Teufelskreis, der nicht selten zu »Frustfressen« führt.

VORBEUGEN

❏ Vorbeugen ist besser als heilen, denn Übergewicht wieder loszuwerden ist für Kinder und Eltern eine Tortur. Kinder haben von klein auf ein natürliches Gefühl dafür, wann sie satt sind, und sollten nicht zum Essen gedrängt oder bereits als Säuglinge »überfüttert« werden. Ein gewisser »Babyspeck« ist bis zum Alter von 2 bis 3 Jahren ganz normal. Danach wirken Kinder oft zu dünn und werden zum Essen animiert, bzw. ungesunde Lieblingskost wie Pommes und Süßigkeiten wird zu oft erlaubt aus Angst, das Kind könnte unterernährt sein. Ein gesundes Kind weiß, wann es satt ist.
❏ Kindern Geld zu geben, damit sie sich selbst etwas zu essen kaufen, muß die Ausnahme sein. Kinder sind zwar gut informiert, welche Lebensmittel gesund sind und welche nicht, doch bei freier Auswahl greifen sie zu Süßigkeiten, Pommes, Burger, Cola, Limonade und anderen energiereichen Mahlzeiten oder Getränken.
❏ Freier Zugang zu einer üppig mit Süßigkeiten gefüllten Schublade ist eine Verlockung, mit der nur wenige Kinder umgehen können. Rationieren Sie Süßigkeiten und setzen Sie Süßigkeiten bzw. Essen nicht als Belohnung oder Erziehungsmittel ein.
❏ Spezielle Kinderlebensmittel sind nicht notwendig. Sie enthalten oft viel Zucker und Fett und sind damit zu energiereich. Meist sind diese Produkte auch nicht billig. Beworben werden diese Produkte mit Eigenschaften wie »calciumreich« oder »vitaminreich«, doch ein Blick auf die Zutatenliste lohnt sich.
❏ Die Eltern sind Vorbild: wenn sie Salat, Obst und Gemüse essen, mögen es die Kinder auch, wenn sie statt Limonade Wasser trinken, ist es für die Kinder auch selbstverständlich.

RUNTER MIT DEN PFUNDEN

Wenn ein Kind übergewichtig ist, muß die ganze Familie daran arbeiten, daß sich das ändert. Das übergewichtige Kind braucht keine Diät, sondern ausgewogene Ernährung und genügend Bewegung. Es braucht Vorbilder für normales Essen in der Familie. Je nach Ausmaß der Fettleibigkeit kann man eher zum Erfolg kommen und die Belastung leichter bewältigen, wenn man sich einer Selbsthilfegruppe anschließt. Einige Ratschläge, wie dicke Kinder abnehmen können:
❏ Regelmäßige Mahlzeiten in der Familie.
❏ Kinder fragen, worüber sie sich freuen würden, und gemeinsam dieses Ziel angehen, zum Beispiel Kleidung in Normalgröße.

❑ Verbieten Sie dem Kind keine Lebensmittel, besprechen Sie aber die richtige Tagesdosis mit ihm und teilen Sie die tägliche Süßigkeitenmenge konsequent ein. Es muß lernen, das richtige Maß zu finden – auch bei Knabbereien und Süßigkeiten. Bei generellen Verboten kommt es unweigerlich zu Heißhungerattacken auf Schokolade und Co., bei freier Zugänglichkeit von Süßigkeiten überfordert man die Selbstbeherrschung des Kindes jedoch.

❑ Verbannen Sie energiereiche Getränke aus Ihrem Haushalt; alle Kalorien, die bei Getränken eingespart werden, können die Einschränkungen beim Essen mildern! Wasserverdünnte Obstsäfte und leicht gezuckerte Früchtetees können einen Übergang zu Wasser erleichtern, denn die abrupte Umstellung von süßer Limonade auf Wasser gelingt meist nicht.

❑ Kinder durchaus daran erinnern, daß sie abnehmen wollen, wenn sie sich mal wieder nicht bewegen wollen oder beim Essen zum dritten Nachschlag ausholen.

❑ Sind im Kinderzimmer zu viele Geräte, die für das Kind attraktiver erscheinen als Bewegung, zum Beispiel Fernseher, Computer, Playstation, Gameboy? Regeln Sie die Zeiten, in denen sich die Kinder damit beschäftigen dürfen. Bieten Sie dem Kind Alternativen an, daß sie zum Beispiel gemeinsam eine kleine Radtour machen, in den Tierpark gehen etc.

❑ Motivieren Sie das Kind zu Bewegung und zeigen Sie ihm Möglichkeiten, aber »verordnen« Sie ihm keinen Sport oder Bewegungsprogramme, an denen es keine Freude entwickelt. Nur Bewegung, die Spaß macht, wird regelmäßig ausgeübt. Dicke Kinder – wie dicke Erwachsene – können sich trotz ihres Gewichts am leichtesten in Wasser bewegen, außerdem macht Kindern Schwimmen und Planschen immer Spaß. Wenn sich das Kind wegen seiner Dickleibigkeit schämt, ins Schwimmbad zu gehen, gehen Sie mit und nehmen Sie noch andere Kinder mit. Suchen Sie nach speziellen Bewegungsgruppen von übergewichtigen Kindern; wenn die anderen Kinder auch übergewichtig sind, ist diese Hemmschwelle weg.

❑ Ein Eßtagebuch zeigt dem Kind, wieviel es ißt und wie viele Kleinigkeiten zwischendurch genascht werden.

❑ Extrem dicke Kinder können mit amublanten oder stationären Therapien behandelt werden, Mißerfolg und Rückfälle sind jedoch vorprogrammiert, wenn sich das familiäre Umfeld nicht entsprechend ändert.

❑ Wer unsicher ist, ob das Kind zuwenig oder zuviel wiegt, sollte den Arzt fragen. Wer die regelmäßigen Vorsorgeuntersuchungen nicht nur bei Kleinkindern wahrnimmt, wird ohnehin frühzeitig auf das Problem aufmerksam gemacht. Es gibt keine Faustregel für das Idealgewicht von Kindern. Der BMI (Body Mass Index, siehe Seite 62), den man für Erwachsene nimmt, kann bei Kindern nicht angewendet werden.

4.4. Gesunde Ernährung während der Schwangerschaft und Stillzeit

»Für zwei essen« – das ist nicht die richtige Devise während der Schwangerschaft. Nicht die Menge, sondern die Qualität der Nahrung ist ausschlaggebend für eine werdende Mutter. Bei zu üppiger Kost kommt es zu Übergewicht, was zu Krampfadern, Ödemen und Bluthochdruck bis hin zu Komplikationen bei der Geburt führen kann. Fasten und falsche Ernährung dagegen führen zu Wachstumsstörungen beim Kind.

Ab dem 4. Schwangerschaftsmonat ist der Bedarf an Eiweiß erhöht auf 1,5 g pro kg Körpergewicht und Tag. Zu achten ist auf hochwertiges Eiweiß, wie es in Milch, Milchprodukten, Fleisch, Fisch, Geflügel und Eiern enthalten ist. Zu niedrige Eiweißzufuhr kann zu einer Fehlgeburt führen oder Entwicklungsstörungen des Kindes hervorrufen.

Die Hälfte des Energiebedarfes sollten Schwangere mit Kohlenhydraten abdecken. Kartoffeln, Brot, Gemüse, Obst sind ideale Lieferanten. Ballaststoffreiche Speisen gehören unbedingt auf den täglichen Speiseplan. Sie gewährleisten eine geregelte Verdauung. Blähende Speisen sind weniger empfehlenswert, sie beeinträchtigen das Wohlbefinden.

Die Fettmenge sollte 35 % der Nahrungsenergie nicht übersteigen. Öle mit hohem Gehalt an einfach und mehrfach ungesättigten Fettsäuren (Sonnenblumenöl, Rapsöl, Maiskeimöl, Weizenkeimöl) sowie Butter sind für die Schwangerenernährung gut geeignet.

Schwangere sollten 1,5 l Flüssigkeit pro Tag trinken. Treten Wassereinlagerungen ins Gewebe (Ödeme) auf, kann der Arzt die Flüssigkeitszufuhr beschränken. Mineralwasser, Tee, Obstsäfte sind geeignete Durstlöscher, Limonaden und süße Obstsäfte enthalten viel Zucker und sollten gemieden werden. Kaffee und schwarzen Tee sollten Schwangere nur mäßig trinken; Alkoholgenuß sollte ganz unterbleiben, ebenso das Rauchen.

Mit den Mineralstoffen Eisen, Jod und Calcium sind Schwangere häufig unterversorgt. Vorbeugen kann man mit Milch, Schnittlauch, Eigelb, Leber, Herz, Weizenkeimen, Seefisch, Fleisch. Ebenfalls erhöht ist der Bedarf an den Vitaminen A, D, C

und K sowie an den B-Vitaminen. Abwechslungsreiche Mischkost mit viel frischem Obst und
Gemüse sichert am zuverlässigsten den Bedarf.
Besonderer Wert ist auf ausreichende Versorgung
mit Folsäure/Folat zu legen, weil Mangel zu Fehlentwicklungen beim Fötus führen kann. Folat-
reich sind Gemüse, Salate, Vollkornprodukte.
Weil es zu den Fehlbildungen (Neuralrohrdefekte)
bereits in den ersten Wochen der Schwangerschaft
kommt, wenn sie manchmal noch gar nicht festgestellt ist, sollten Frauen mit Kinderwunsch
generell auf folatreiche Ernährung achten.

Wichtiger Hinweis:

- *Rohes Fleisch kann gefährliche Erkrankungen
wie Listeriose oder Toxoplasmose übertragen.
Toxoplasmose-Erreger können beim ungebore-
nen Kind schwere Schäden verursachen. Verzichten Sie in der Schwangerschaft auf rohes
Fleisch (Tatar) und Rohwurst (Salami, Mettwurst), und achten Sie darauf, daß Fleisch
immer »durch« ist.*

Während der Stillzeit ist der Nährstoffbedarf wesentlich höher als in der Schwangerschaft. Der
Mehrbedarf hängt von der Milchproduktion ab und
beträgt durchschnittlich knapp 4 200 kJ (1 000 kcal)
pro Tag. Erhöht sind auch Eiweiß-, Calcium-,
Eisen-, Jod- und Vitaminbedarf sowie der Flüssigkeitsbedarf. Abwechslungsreiche Kost ist also auch
nach der Geburt des Kindes sehr wichtig.

4.5. Gesunde Ernährung des älteren Menschen

Mit zunehmendem Alter sinkt der Energiebedarf
des Organismus. Der Grundumsatz nimmt ab;
außerdem haben ältere Menschen meist weniger
körperliche Bewegung.
Die Ernährung des älteren Menschen sollte kohlenhydratreich sein, also viel Brot, Getreideprodukte und Kartoffeln enthalten. Diese Lebensmittel haben außerdem einen hohen Anteil an wert-
vollem Eiweiß sowie Mineralstoffen, Vitaminen
und Ballaststoffen. Zucker gehört zwar auch zu
den Kohlenhydraten, allerdings sollte der Zucker-
konsum im Alter eingeschränkt werden, weil er zu
starken Blutzuckerschwankungen führt. Vollkornprodukte dagegen sind auch kohlenhydratreich,
führen aber zu einer sehr konstanten Blutzucker-
kurve, weil sie langsam abgebaut werden. Da ballaststoffreiche Lebensmittel besonders gesund sind,
sollten Vollkornbrot, Vollkornnudeln, Naturreis bevorzugt werden. Kartoffeln möglichst fettarm zubereiten, z. B. als Salz- oder Pellkartoffeln, dafür
weniger Bratkartoffeln und Pommes frites.

Besonderen Wert sollte man im Alter auch darauf
legen, viel Gemüse, Hülsenfrüchte und Obst zu
essen. Gemüse und Obst liefern Vitamine und
Mineralstoffe sowie reichlich Ballaststoffe. Hülsenfrüchte sind ebenfalls ballaststoffreich; vor
allem enthalten sie aber wertvolles Eiweiß. Obst
und Gemüse möglichst täglich einmal roh essen
oder als Saft trinken. Wenn bestimmte Sorten
nicht bekommen, auf verträgliche Arten ausweichen. Ballaststoffreiche Lebensmittel sind übrigens die beste Vorbeugung gegen Darmträgheit;
ihre Wirkung ist um so größer, je mehr Flüssigkeit
dazu getrunken wird.
Fleisch, Fisch und Eier liefern hochwertiges Eiweiß, aber auch viele Vitamine und Mineralstoffe.
Wählen Sie bewußt fettarme Produkte, denn der
Fettverzehr sollte im Alter eingeschränkt werden.
Wertvoll sind Öle mit hohem Gehalt an mehrfach
ungesättigten Fettsäuren.
Kritisch ist bei fast allen älteren Menschen die Versorgung mit Flüssigkeit, weil das Durstgefühl nachläßt. Auch im Alter ist eine tägliche Trinkmenge
von etwa 1,5 l unerläßlich.
Wichtig ist bei Älteren auch die Versorgung mit
Calcium, damit die Knochen stabil bleiben. Milch
und Milchprodukte also regelmäßig einplanen. Da
Milch aber im Alter häufig nicht mehr vertragen
wird, sind gesäuerte Milchprodukte zu empfehlen
(Joghurt, Dickmilch, Kefir); sie sind leichter verdaulich.
Auf die Versorgung mit Eisen muß bei älteren
Menschen besonderer Wert gelegt werden; damit
kann der sogenannten Altersschwäche vorgebeugt
werden. Eisenreiche Lebensmittel sind Fleisch,
Vollkornprodukte, Weizenkeime, Paprika, frische
Kräuter, Leber, Eigelb.
Wer für ältere Menschen kocht, sollte daran denken, daß sich im Alter das Geschmacksempfinden
ändert. Die Empfindlichkeit für »sauer«, »salzig«
und »bitter« nimmt zu, daher ist sparsam mit Würzmitteln umzugehen! Auch der Geruchssinn läßt
mit zunehmendem Alter nach. Schönes Anrichten
und Abwechslung im Speiseplan sind wichtig,
sonst bleibt der Appetit aus. Das ist nicht zuletzt
der Grund dafür, daß viele ältere Menschen unterernährt sind. Sie essen insgesamt oft zuwenig, weil
sie einsam sind oder das Umfeld nicht paßt. Folgen
dieser Unterernährung sind erhöhte Anfälligkeit
für Infekte, allgemeine Schwäche, körperliche Einschränkungen, verschlechterte Wundheilung, Gefahr von Wundliegen und verzögerte Genesung.
Die Lebensmittel sollten schonend zubereitet werden, damit die Nährstoffe möglichst erhalten bleiben. Dünsten, Dämpfen und Grillen sind günstige
Garmachungsarten. Scharfes Anbraten oder Fritieren sind weniger geeignet, weil die Speisen durch
die Röststoffe schwerer verdaulich sind. Wie bei

jüngeren Menschen sollte die Nahrungszufuhr auf 5–6 kleinere Mahlzeiten über den ganzen Tag verteilt werden, das Essen ist dann bekömmlicher. Richtige Ernährung im Alter ist sehr häufig ein Problem. Man sollte daher nicht erst ab dem »Pensionsalter« die Ernährung umstellen, sondern sich im Laufe der Jahre schrittweise umerziehen.

5. BESONDERE ERNÄHRUNGSFORMEN

Zu den besonderen Ernährungsformen gehören: Schnitzer-Diät, Haysche Trennkost, Makrobiotik. Diese Diäten propagieren die verstärkte Aufnahme bestimmter Lebensmittel und damit eine Verschiebung der Nährstoffverhältnisse. Sie sind nicht zu empfehlen, weil es zu Mangelerscheinungen durch einseitige Ernährung kommen kann.
Besondere Ernährungsformen sind auch Vegetarismus, Vollwerternährung und leichte Vollkost. Diese drei Formen haben Vorzüge, die eine Bereicherung für jeden Speiseplan darstellen können.

5.1. Vollwerternährung

Bei der Vollwerternährung gilt der Grundsatz, die Lebensmittel möglichst naturbelassen zu essen. Dabei wird großer Wert gelegt auf geringe Schadstoffgehalte und weitgehende Rückstandsfreiheit. Als beste Qualität gelten in der Vollwerternährung unverarbeitetes Getreide und Getreidekeimlinge, frisches Obst und Gemüse, Frischmilch, Vollkornmehl, Nüsse, Samen, naturbelassene Fette und kaltgepreßte Öle.
Fleisch und Wurstwaren werden nur selten gegessen; Zucker, Weißmehl und konservierte Lebensmittel sind ebenfalls weitgehend aus dem Speiseplan gestrichen, ebenso Alkohol, Kaffee und Nikotin. Vollwertkost deckt den täglichen Nährstoff-, Vitamin- und Mineralstoffbedarf ideal und führt durch den hohen Ballaststoffgehalt nicht so schnell zu Übergewicht wie »Normalkost«.

5.2. Vegetarische Ernährung

Vegetarisch heißt pflanzlich. Die Anhänger dieser Ernährungsform teilen sich in die gemäßigten Ovo-lacto-Vegetarier, die Lacto-Vegetarier und die ganz strengen Vegetarier (Veganer).
Die Ovo-lacto-Vegetarier essen weder Fleisch noch Fisch, jedoch Eier (ovo), Milch (lacto) und Milchprodukte. Viel Rohkost und wenig Alkohol kennzeichnen ebenfalls ihre Eßgewohnheiten.
Lacto-Vegetarier nehmen von den tierischen Lebensmitteln nur Milch und Milchprodukte zu sich. Eier werden abgelehnt.

Strenge Vegetarier (Veganer) lehnen alle Lebensmittel ab, die von Tieren stammen, also auch Milch, Eier, sogar Honig. Sie meiden Alkohol und essen viel Rohkost.
Pflanzliche Lebensmittel enthalten weniger Eiweiß als tierische. Deshalb ist ausreichende Eiweißversorgung nicht einfach. Diese gelingt durch geschicktes Kombinieren von Lebensmitteln, die Eiweiß mit hoher biologischer Wertigkeit enthalten. Soja und Sojaprodukte spielen daher in der Ernährung von Vegetariern eine große Rolle.
Abwechslungsreiche Ovo-lacto-Kost ist vollwertig und versorgt den Körper mit allen notwendigen Nährstoffen. Diese Kost hat den Vorteil, daß sie ballaststoffreich und energiearm ist.
Die Kost der Veganer kann zu Mangelversorgung mit Vitamin B_{12}, Calcium, Eisen und Eiweiß führen. Strenger Vegetarismus eignet sich deshalb nicht für bedarfsgerechte Ernährung von Schwangeren und während der Stillzeit sowie für Kinder.
Diese Kostformen haben aber einige Vorteile: fettarm, kochsalzarm, ballaststoffreich. Oft wird die Ernährung der Veganer auch als besonders purinarm dargestellt; dies trifft nur dann zu, wenn wenig Soja gegessen wird. Soja enthält hohe Mengen an Purinen.

6. ERNÄHRUNG BEI VERSCHIEDENEN KRANKHEITEN

6.1. Ernährung bei Übergewicht

Reduktionsdiät

Laut Ernährungsbericht der DGE (Deutsche Gesellschaft für Ernährung) ist in der Bundesrepublik jeder dritte übergewichtig. Kein Wunder, daß jeden Tag neue sensationelle Abmagerungskuren wie Pilze aus dem Boden schießen. Leider bleibt bei den meisten dieser vielversprechenden Diäten der Erfolg aus; außerdem gefährdet ein Großteil dieser Wunderkuren durch sehr einseitige Ernährung die Gesundheit.
Am sinnvollsten und wirksamsten nimmt man ab, wenn man den Körper langsam auf energieärmere Kost umstellt. Einige Regeln muß man dabei beachten:
- Bei jeder Mahlzeit etwas weniger essen, als man gewohnt ist.
- Fettreiche Lebensmittel vermeiden; Streichfett sparen, billigen Käse (Magerquark, Harzer Käse, Romadur) bevorzugen, er enthält wenig versteckte Fette. Nüsse, fette Wurst- und Käsesorten vermeiden, ebenso fette Soßen, Schokolade, fritierte Lebensmittel, Sahne, Mayonnaise.

❑ Eiweißreiche Lebensmittel wie magere Milchprodukte, mageres Fleisch, mageren Fisch häufig auf den Speiseplan setzen.

❑ Vitamin- und mineralstoffreich essen: Obst, Gemüse, Vollkornprodukte.

❑ Kochsalz sparen, mit Kräutern würzen.

❑ Zucker und zuckerhaltige Lebensmittel meiden, also Schokolade, Trockenfrüchte, Kuchen, Torten, Konfitüre, Honig.

❑ Alkohol meiden; er enthält nur Energie, aber keine wertvollen Nährstoffe.

❑ Ballaststoffreiche Lebensmittel bevorzugen; sie wirken sättigend und regen die Verdauung an.

❑ Reichlich trinken, aber energiearme Getränke wählen: Mineralwasser, ungesüßten Früchtetee.

❑ Fettarme Zubereitungsarten wählen: dämpfen, grillen, garen in Folie, kochen.

❑ Nebenbeschäftigungen beim Essen vermeiden (lesen, fernsehen).

❑ Langsam essen und gut kauen.

❑ Speisen appetitlich anrichten und gut abschmekken; eine Diät, die gut schmeckt, hält man leichter und länger durch.

❑ Reste nicht aufessen, z. B. vom Teller der Kinder.

❑ 5–6 kleine Mahlzeiten am Tag einnehmen, dann kommt es nicht zu plötzlichen Heißhungeranfällen, bei denen man unkontrolliert ißt.

❑ Beim Frühstück kohlenhydratarm essen; dadurch wird der Kohlenhydratstoffwechsel gebremst und damit auch das Hungergefühl.

Beispiel für ein solches Frühstück:
Ungesüßter Tee oder Kaffee, Milch, 1 Scheibe Vollkornbrot mit Kräuterquark oder 2 Scheiben Knäckebrot mit Butter, dazu ein weichgekochtes Ei. Eine andere Frühstücksvariante: Müsli aus Joghurt, frischem Obst und 1 EL eingeweichtem Getreide mit 1 EL Sonnenblumenkernen.

Bei der Entstehung von Übergewicht spielen nicht selten psychische Probleme eine Rolle (Kummerspeck). Eine Abmagerungsdiät wird nur dann ein Dauererfolg sein, wenn es gelingt, diese Probleme nicht über das Essen zu »verarbeiten«.

Bewegung hilft beim Abbau von Pölsterchen, denn dabei wird Energie verbraucht, die Beschäftigung lenkt von Gedanken ans Essen ab, und das körperliche Wohlbefinden steigt.

Die Familienmitglieder sollten dem »Abnehmer« helfen, indem sie ihn immer wieder loben und ihn nicht »in Versuchung führen«.

Wer abnehmen will, braucht sich keine Lebensmittel zu verbieten; das würde früher oder später zu Heißhunger auf diese Speisen führen mit der Gefahr, unkontrolliert zu essen. Üben Sie aber, bei kalorienreichen »Sünden« maßzuhalten!

Praktischer Hinweis:

■ *Die Bezeichnung »light« oder »leicht« ist nicht geschützt. Dahinter kann sich ein kalorienärmeres, alkoholärmeres, koffeinärmeres Produkt befinden. Teilweise sind diese Light-Produkte nicht neu, sondern nur durch Luft (Aufschäumen) leichter gemacht oder durch Wasserzusatz »entschärft«. Ein kritischer Blick auf die Zutatenliste lohnt sich, denn viele Light-Produkte sind nicht gerade billig.*

Tauschen Sie öfter!

Kalorienreiches Lebensmittel	Kalorienarme Alternative
Paniertes Schnitzel	Naturschnitzel
Panierter Fisch	Fisch gedünstet, blau oder in Folie gegart
Rinderbraten mit Klößen	Gekochtes Rindfleisch mit Salzkartoffeln (statt Meerrettichsoße frisch geriebenen Meerrettich)
Bratkartoffeln	Pellkartoffeln, Salzkartoffeln
Pfannkuchenstreifen (Suppeneinlage)	Kräuter-Biskuit-Schnitten
Salami, »Aufschnitt«, Leberkäse	Aspik, Sülze, kalter (magerer) Braten, gekochter Schinken
Hartkäse	Harzer, Frischkäse
Eis, Cremes	Fruchtsülze, Obstsalat, rote Grütze
Chips, Flips, Erdnüsse	Salzstangen, Reisgebäck
Schokolade	Gummibären
Rührteig, Knetteig	Hefeteig, Biskuit
Buttercremetorte, Schokoladenkuchen	Obstkuchen
Cola, Limonade	Wasser, verdünnte Säfte, Tee
Wein, Bier	Schorle, alkoholfreies Bier

Nulldiät

Bei dieser Diät verzichtet man völlig auf das Essen. Es wird jedoch Wert darauf gelegt, viel zu trinken: etwa 4,5 l Mineralwasser oder ungesüßten Tee pro Tag.

Mit einer Nulldiät werden kurzfristig schnelle Gewichtsabnahmen erreicht, allerdings lernt der Betroffene dabei nicht, richtig zu essen, d. h. die üppigen Eßgewohnheiten werden nicht abgelegt. Dadurch besteht die Gefahr, daß nach der anstrengenden Kur das Gewicht stetig wieder ansteigt. Eine länger dauernde Nulldiät belastet den Körper erheblich und darf deshalb nur unter ärztlicher Kontrolle durchgeführt werden (Todesfälle bekannt). Jedoch sind einzelne Fasttage, an denen viel getrunken wird, und das Weglassen einzelner Mahlzeiten durchaus geeignet, das Gewicht zu reduzieren.

Modifiziertes Fasten

Dem Eiweißabbau, wie er als Folge einer radikalen Nulldiät auftritt, soll vorgebeugt werden. Täglich führt man dem Körper etwa 1000–1700 kJ (250–400 kcal) zu. Diese »Kost« besteht aus industriell herstellten Gemischen aus hochwertigem Eiweiß, Mineralstoffen und Vitaminen. Modifiziertes Fasten sollte ebenfalls nur unter ärztlicher Aufsicht durchgeführt werden.

Auch modifiziertes Fasten führt nicht zu einer dem Bedarf angepaßten Ernährungsweise. Außerdem kosten die Spezialprodukte relativ viel. Dieses Geld wäre in erstklassige, frische Lebensmittel, die noch dazu viel Geschmack ins Abnehmen bringen, besser angelegt.

Diäten mit extremer Nährstoffverteilung

Beispiele für diese Diäten sind Eierdiät, Kartoffeldiät, Atkins-Diät, Reisdiät. Sie werden oft in Zeitschriften angepriesen. Ein bestimmter Nährstoff wird in besonders hohen Mengen zugeführt. Auch diese Diäten haben langfristig nur selten Erfolg, führen zu keiner Umstellung der falschen Eßgewohnheiten und können den Organismus belasten.

Medikamentöse Kuren

Es werden Appetitzügler, Abführmittel oder Schilddrüsenhormone eingenommen, um das Hungergefühl zu unterdrücken, die Verdauung und Stoffwechseltätigkeit anzuregen. Die Gefahr bei diesen Medikamenten liegt darin, daß sich der Körper schnell daran gewöhnt und die Wirkung verlorengeht. Auch bei dieser Methode ist der Langzeiterfolg nicht groß; der Übergewichtige lernt nicht, sich richtig zu ernähren. Im übrigen ist von medikamentösen Kuren auch wegen der Nebenwirkungen abzuraten.

Energiereduzierte Lebensmittel, Füllstoffe, Quellmittel

Der »normalen« Nahrung werden unverdauliche Quell- und Füllstoffe zugegeben; dadurch ist das Sättigungsgefühl größer, das Hungergefühl unterdrückt. Nachteil: Falsche Eßgewohnheiten werden nicht verändert, die abgenommenen Pfunde sind schnell wieder da.

Was sind Fettersatzstoffe?

Es gibt natürliche Fettersatzstoffe und synthetische. »Low-calorie«-Fette werden als natürliche Fettersatzstoffe angeboten; der Nährstoff Fett wird durch geeignete Kohlenhydrate, z. B. Maltodextrine, und Eiweiß ersetzt. Durch einen physikalischen Prozeß werden die Ausgangsstoffe so umgeformt, daß sie fettartig schmecken. Der Energiegehalt dieser Stoffe beträgt nur etwa 1 kcal/g, während 1 g Fett immerhin gut 9 kcal/g liefert. Die meisten dieser Produkte können nicht erwärmt werden, ohne daß ihr fettartiger Geschmack verlorengeht. Man kann diese »Low-calorie«-Fette für Eiscreme, Desserts oder als Zusatz zu Joghurt verwenden, um einen cremeartigen Geschmack zu erzielen.

Synthetische Fettersatzstoffe sind die sogenannten »No-calorie«-Fette. Sie sind bislang noch nicht zugelassen. Es handelt sich um fettähnliche oder fettfremde Verbindungen, die weitgehend unverdaulich sind, also ungenutzt ausgeschieden werden.

Abnehmen mit MCT-Fetten?

MCT-Fette (medium chain triglycerides) sind mittelkettige Fettsäuren, die bei bestimmten Darmerkrankungen sinnvoll eingesetzt werden können, nicht jedoch, um abzunehmen. Der Körper gewöhnt sich in kurzer Zeit an diese Fette, so daß anfängliche Gewichtsverluste schnell hereingeholt sind.

6.2. Ernährung bei Magersucht und Bulimie

Magersucht tritt vorwiegend auf bei jungen Mädchen in der Pubertät und hat meist psychische Ursachen. Ausgelöst wird diese Krankheit häufig durch ein abnormes Schlankheitsideal, gepaart mit psychischen Problemen oder ausgelöst durch sie. Eine »Diät« wird wenig Erfolg haben; die Kranke braucht die Unterstützung der ganzen Familie, um zu einem normalen Eßverhalten zurückzufinden. Auf jeden Fall gehören Magersüchtige in ärztliche Behandlung, denn ab einem bestimmten Untergewicht kommt die Hilfe oft zu spät. Wie schwerwiegend diese Krankheit ist, kann man auch daran erkennen, daß die Suizidrate bei »Geheilten« auch im fortgeschrittenen Erwachsenenalter hoch ist. Magersucht muß von einem guten Arzt geheilt werden.

Bulimie, Stierhunger, Eßbrechsucht: diese drei Begriffe beschreiben die gleiche Krankheit, die übrigens die häufigste Frauenkrankheit in der Bundesrepublik ist. Betroffen sind vor allem Frauen im Alter von 20–30 Jahren, die nach Heißhungeranfällen das Gegessene freiwillig erbrechen oder Abführmittel schlucken. Diese Krankheit ist nur mit ärztlicher Hilfe und Beratung zu beheben.

6.3. Ernährung bei
Magenbeschwerden

Hier gelten die Regeln der leichten Vollkost. Spezielle Diäten bei Magenbeschwerden werden nicht mehr empfohlen.

Leichte Vollkost

Leichte Vollkost, früher auch Schonkost genannt, ist eine Kostform, die nicht nur bei Krankheit zu empfehlen ist, sondern auch für Gesunde alle notwendigen Nährstoffe liefert, gut schmeckt und den Organismus wenig belastet. Leichte Vollkost ist generell zu empfehlen bei Bettlägerigen und alten Menschen. Auch in der Kinderernährung ist diese Kost ideal; sie ist bekömmlich und belastet die Verdauungsorgane wenig. Vom Arzt wird leichte Vollkost verordnet bei schweren Infektionskrankheiten sowie bei Magen-Darmstörungen, z. B. Magenschleimhautentzündung.
Folgende Regeln kennzeichnen die leichte Vollkost:
- Alle Speisen aus dem Speiseplan streichen, die der Kranke erfahrungsgemäß nicht verträgt.
- Nicht zu kalt oder zu heiß essen.
- Keine sehr süßen Speisen essen.
- Scharfe Gewürze und scharf gewürzte Speisen meiden.
- Alkohol und Kaffee sind »Säurelocker«, d. h. sie regen die Bildung von Magensäure an und sollten daher vermieden werden.
- Nicht zu fettreich essen; dieses Essen liegt »schwer im Magen«.
- Blähende Kost vermeiden (z. B. frisches Brot und Gebäck).
- Schonende Zubereitungsarten wählen: Kochen, Dämpfen, Dünsten.
- Scharfes Anbraten vermeiden, die Röststoffe sind schwer verdaulich.
- Kleine Mahlzeiten einnehmen.
- In Ruhe essen.
- Gründlich kauen, Speichel wirkt neutralisierend und fördert die Verdaulichkeit.
- Abwechslungsreich essen.

6.4. Ernährung bei Durchfall

Durchfall kann verschiedene Ursachen haben: akute Darmentzündung, Lebensmittelvergiftung, Diätfehler, Allergie, Virusinfektion.
Wichtig ist bei Durchfall reichliche Flüssigkeitsaufnahme mit ungesüßtem Tee. Gut vertragen werden Zwieback, Bananen, Haferschleim, Reis, Quark, Eier, Pell- oder Salzkartoffeln; ansonsten gelten die Regeln der leichten Vollkost. Ein altes, sehr bewährtes Hausmittel gegen Durchfall ist geriebener Apfel, der mehrmals am Tag gegessen wird. Andere Lebensmittel werden nicht aufgenommen, reichliches Trinken ist jedoch wichtig. Wenn Kinder Durchfall haben, kann – nach Rücksprache mit dem Kinderarzt – Salzgebäck und teelöffelweise Cola-Getränk helfen.
Durchfall läßt meist nach 2 – 3 Tagen nach. Sollte er länger dauern, unbedingt den Arzt aufsuchen: Durchfall kann lebensgefährlich sein. Dies gilt vor allem bei Kindern und älteren Menschen.

6.5. Ernährung bei Darmträgheit

Darmträgheit ist eine typische Zivilisationskrankheit. Durch die »moderne« Ernährung mit hochkalorischen Lebensmitteln, die kaum Ballaststoffe enthalten, und Bewegungsarmut wird Darmträgheit hervorgerufen.
Schokolade, Rotwein, schwarzer Tee, Kakao, Heidelbeeren fördern die Darmträgheit. Ballaststoffreiche Lebensmittel, also Vollkornprodukte, rohes Gemüse, Obst, Salate, viel Flüssigkeit verhindern Darmträgheit. Hilfreich ist es, morgens auf nüchternen Magen ein Glas lauwarmes Wasser oder über Nacht eingeweichte Trockenpflaumen zu essen. Buttermilch und Sauermilcherzeugnisse fördern ebenfalls die Verdauung.
Sehr gut gegen Darmträgheit wirkt auch reichliches Trinken zu den Mahlzeiten. So können unverdauliche Ballaststoffe gut quellen und regen damit die Verdauung an.

6.6. Ernährung bei Diabetes

Diabetes, im Volksmund auch Zuckerkrankheit genannt, ist eine Stoffwechselkrankheit, bei der die Kohlenhydratverwertung gestört ist.
Normalerweise wird bei der Kohlenhydratverwertung von der Bauchspeicheldrüse das Hormon Insulin ausgeschüttet, das die Aufnahme des Traubenzuckers aus dem Blut in die Zellen ermöglicht und damit für einen gleichmäßigen Blutzuckerspiegel sorgt. Beim Zuckerkranken wird zuwenig Insulin gebildet; dadurch kommt es zu einer Anhäufung des Zuckers im Blut, wenn kohlenhydratreiche Lebensmittel gegessen werden. Zu hohe Blutzuckerkonzentration führt zu akuten Beschwerden, von starkem Durstgefühl, Sehstörungen bis hin zu Bewußtlosigkeit. Gefürchtete Spätschäden bei Diabetes können Erblindung, Gefäßerkrankungen und Herzinfarkt sein.
Die wichtigste Regel für den Zuckerkranken lautet daher, Kohlenhydrate in einer Form zu essen, die keinen rapiden Blutzuckeranstieg hervorruft. Dazu gehört z. B. Stärke in Brot oder

Gemüse. Stärke wird im Körper nur langsam zu Traubenzucker abgebaut. Kritisch sind für Diabetiker Zucker und zuckerhaltige Speisen, weil Traubenzucker sofort ins Blut übergeht und den Blutzuckerspiegel sprunghaft erhöht.

Beim Diabetes gibt es zwei Formen: Typ I und Typ II. Typ I tritt akut auf bei meist jüngeren Patienten, auch Kindern. Ursache ist ein echter Insulinmangel, d. h. es wird zuwenig oder gar kein Insulin gebildet. Die Patienten sind auf Insulinspritzen angewiesen. Beim Typ II, früher auch Altersdiabetes genannt, handelt es sich meist um übergewichtige Patienten mit einer Insulin-Resistenz, bei der die Aufnahme des Zuckers aus dem Blut in die einzelnen Körperzellen blockiert ist. Etwa 80 % der Diabetiker gehören zum Typ II und können ihre Krankheit allein mit konsequenter Diät einstellen.

Für Diabetiker gelten folgende Ernährungsregeln:
❑ Übergewicht abbauen.
❑ Die tägliche Kohlenhydratmenge in der Nahrung wird vom Arzt genau festgelegt, angegeben in Broteinheiten (BE).
❑ Der tägliche Energiebedarf sollte auf 5 – 7 kleine Mahlzeiten verteilt werden, da nach kleinen Mahlzeiten der Blutzuckerspiegel nicht so hoch ansteigt. Besondere Bedeutung hat eine Spätmahlzeit am Abend (z. B. Obst), damit während der Nacht der Blutzuckerspiegel nicht so weit absinkt.
❑ Der Kohlenhydratbedarf wird mit Lebensmitteln gedeckt, die keine Einfach- und Doppelzucker, aber einen hohen Anteil an Vielfachzuckern enthalten.
❑ Ballaststoffreich und fettarm essen.
❑ Ein Drittel der vom Arzt berechneten Kohlenhydrate sollten in Form von Obst und Gemüse gegessen werden.
❑ Zucker und zuckerhaltige Speisen und Getränke sollten gemieden werden: Eis, Honig, Süßigkeiten, Kuchen, Plätzchen, Marmelade.
❑ Milchzucker darf gegessen werden; er wird langsam gespalten, in größeren Mengen kann er Durchfall verursachen.
❑ Zuckeraustauschstoffe belasten den Kohlenhydratstoffwechsel nicht und können daher zum Süßen verwendet werden. Der Energiegehalt ist aber ähnlich dem des Zuckers und muß daher beachtet werden.
❑ Süßstoffe belasten den Blutzuckerspiegel ebenfalls nicht; sie haben keinen Nährwert und müssen nicht mitberechnet werden.
❑ Kohlenhydratarme Getränke wählen, Alkohol meiden; er liefert viele »leere« Kalorien.
❑ Rauchen ist verboten wegen der Gefahr von Blutgefäßschäden.
❑ Regelmäßige körperliche Betätigung ist wichtig.

6.7. Ernährung bei Gicht

Gicht ist eine typische Wohlstandskrankheit und betrifft hauptsächlich Männer. Sie wird hervorgerufen durch einen erhöhten Harnsäuregehalt im Blut. Harnsäure wird im Körper beim Abbau von Purinen gebildet. Purine sind in allen pflanzlichen und tierischen Lebensmittteln in unterschiedlicher Menge enthalten; sie werden beim Stoffwechsel der Zellen gebildet.

Die typischen Gichtschmerzen werden dadurch verursacht, daß bei zu hoher Harnsäurekonzentration im Blut die Harnsäure in Form von Kristallen ausfällt und sich überwiegend in den Gelenken ablagert.

Folgende Regeln gelten für Gichtkranke:
❑ Purinreiche Lebensmittel sind einzuschränken: Ölsardinen, Fleischbrühe, Innereien. Fleisch enthält auch viele Purine; es sollte selbst vom Gesunden nur 3 – 4 mal wöchentlich maßvoll gegessen werden, vom Gichtkranken seltener.
❑ Alkohol ist zu meiden, er behindert die Harnsäure-Ausscheidung. »Genehmigt« wird täglich maximal ein Glas Bier oder Wein.
❑ Fettarme Kost sollte bevorzugt werden.
❑ Reichliche Flüssigkeitszufuhr ist wichtig (etwa 2 l pro Tag), um die Harnsäure-Ausscheidung zu beschleunigen.
❑ Tee, Kaffee, Kakao sind erlaubt (entgegen früheren Verboten).
❑ Gichtkranke sollten das Normalgewicht anstreben.
❑ Der Gichtkranke soll nicht ausschweifend schlemmen und nicht fasten. Beim Schlemmen besteht die Gefahr, daß er zu viele purinreiche Lebensmittel und Alkohol genießt; beim Fasten werden vom Körper selbst sehr viele Purine freigesetzt.

6.8. Ernährung bei Bluthochdruck

Etwa 15 % der Erwachsenen haben zu hohen Blutdruck. Als Normalbereich gelten für den Erwachsenen Blutdruckwerte bis 140/90. Der Blutdruck ist nicht immer gleich hoch. Er wird unter anderem von Herzrhythmus, Streß und Ernährung beeinflußt. Nur ein Arzt kann deshalb eindeutig feststellen, wann beim einzelnen Bluthochdruck vorliegt; das gilt vor allem auch für ältere Menschen. Bluthochdruck ist ein bedeutender Risikofaktor für Arterienverkalkung (Atherosklerose), Angina pectoris und schließlich auch für Herzinfarkt.

Für Hochdruckpatienten lassen sich folgende Regeln aufstellen:
❑ Kochsalz sparen ! Der durchschnittliche Verbrauch liegt viel höher als der tatsächliche Bedarf

von 5 g pro Tag! Diese 5 g sind allein schon in den Lebensmitteln (Brot, Käse) enthalten; Salzen der Speisen wäre also rein vom Kochsalzbedarf her gesehen völlig überflüssig. Durch Würzen mit Kräutern kann man auf kochsalzärmere Kost umstellen. Flüssige Würzen, Brühen, fertige Soßen, Suppen und Marinaden enthalten viel Salz!

◻ Speisen sollten Sie nicht nachsalzen.
◻ Natriumarme Mineralwässer als Getränk bevorzugen (auf dem Etikett angegeben).
◻ Kaliumreiche Kost bevorzugen: Soja, Grünkohl, Petersilie, Spinat, Aprikosen, Bananen, Rosinen, Kartoffeln.
◻ Übergewicht abbauen.
◻ Alkohol steigert den Blutdruck, daher nur mäßig trinken.
◻ Rauchen einstellen, weil es die Gefahr von Gefäßschäden erhöht.
◻ Für geregelten Lebensablauf sorgen. Streß, Aufregung und Ärger meiden: Bluthochdruck wird nicht grundlos als »Managerkrankheit« bezeichnet.
◻ Eine Ernährung mit reichlich Obst, Gemüse, Nüssen und Getreideprodukten schon in jüngeren Jahren senkt das Risiko für Bluthochdruck erheblich.

6.9. Ernährung bei zu hohem Cholesterinspiegel

Von einem erhöhten Cholesteringehalt im Blut spricht man bei Werten über 200 mg/dl. Es gibt zweierlei Cholesterin, ein »gutes« und ein »schlechtes«: LDL-Cholesterin (low density lipoproteins) ist das »schlechte«, es ist ein primärer Riskofaktor für Herz-Kreislauf-Erkrankungen und sollte unter 160 mg/dl liegen. HDL-Cholesterin (high density lipoproteins) ist das »gute«; es schützt die Blutgefäße vor Ablagerungen und sollte mindestens bei 40 mg/dl liegen.

Die wichtigste Maßnahme bei zu hohem Cholesterinspiegel ist die Verringerung der Fettaufnahme insgesamt; fettreiche Lebensmittel sollten also gemieden werden. Der Patient sollte auch auf die Art des Fettes achten: Pflanzliche Fette enthalten mehr einfach und mehrfach ungesättigte Fettsäuren als tierische; ungesättigte Fettsäuren können den Cholesterinspiegel senken. Lebensmittel mit hohem Cholesteringehalt sollten gemieden werden (ohne völlig darauf zu verzichten), z. B. Eier (Eigelb), Innereien, Schweinefleisch, tierische Fette. Jeden Tag frisches Obst und Gemüse zu essen sowie auf ballaststoffreiche Kost zu achten gehört ebenfalls zu den Regeln einer cholesterinarmen Ernährung.

Haferkleie senkt den Cholesterinspiegel, in gleicher Weise wirken Haferflocken. Das heißt nun nicht, daß eine Portion Hafer täglich von allen Cholesterinproblemen befreit. Planen Sie jedoch Haferflocken oder -kleie regelmäßig in den Speiseplan ein, zum Beispiel zum Frühstücksmüsli. Nicht nur die richtige Ernährung kann den Cholesteringehalt im Blut senken; wichtig sind auch viel Bewegung, Verzicht auf Nikotin und das Erreichen und Halten des Normalgewichts.

Lebensmittel

1. PFLANZLICHE LEBENSMITTEL

1.1. Getreide

Getreide ist die älteste Nutzpflanze der Menschen und gehört zu den wichtigsten Kohlenhydratlieferanten in unserer Ernährung. Trotz des Trends zu vollwertiger Ernährung wird zuwenig das ganze Korn verzehrt. Aus dem Mehlkörper (Stärke) wird weißes Mehl gemahlen; die wertvollen Randschichten werden großteils für Tierfutter verwendet.

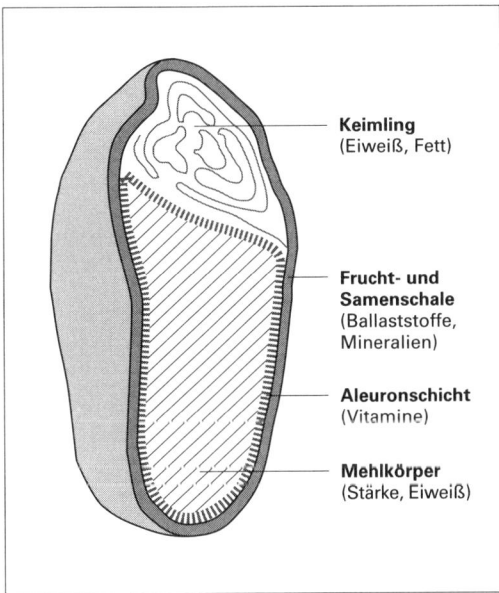

Keimling
(Eiweiß, Fett)

Frucht- und Samenschale
(Ballaststoffe, Mineralien)

Aleuronschicht
(Vitamine)

Mehlkörper
(Stärke, Eiweiß)

Querschnitt durch ein Getreidekorn

Weizen

Weizen gilt als das wichtigste Brotgetreide. In den Randschichten des Weizenkorns ist der Gehalt an Eiweiß und Vitaminen besonders hoch. Deshalb sind Weizen-Vollkornprodukte so wertvoll für die Ernährung.

Für die Backqualität von Weizenmehl ist der Klebergehalt ausschlaggebend. Kleber besteht aus verschiedenen Eiweißstoffen, die bei der Teigbereitung Wasser aufnehmen. Dadurch wird der Teig elastisch und bleibt beim Backen locker. Je höher der Klebergehalt eines Mehls ist, desto lockerer wird das Gebäck. Weizenkleber wird auch ver-

wendet für die Eiweißanreicherung von diätetischem Brot, zur Herstellung von Speisewürzen (gekörnte Brühe, Brühwürfel) und Klebstoffen.

Weizen wird verarbeitet zu Mehl, Grieß, Brot, Gebäck, Teigwaren und Nährmitteln. Außerdem dient Weizen zur Herstellung von Stärke, Malzersatz, Kaffee-Ersatz und Branntwein.

Bulgur

Bulgur ist geschroteter und gekochter Weizen. Er wird auch türkischer Reis genannt; verwendet wird er als Brei.

Kamut

Kamut ist eine alte Weizenart, deren Körner größer sind als die von herkömmlichem Weizen und die einen besonders hohen Eiweißgehalt haben. Kamut enthält wie alle Weizenarten Gluten.

Roggen

Roggen ist ebenfalls ein Brotgetreide. Er hat einen sehr hohen Mineralstoffgehalt. Roggen enthält wie Weizen Klebereiweiß; allerdings verhält sich Roggenkleber beim Backen anders, da er nur unter Einfluß von Säure quillt. Deshalb kann Roggenmehl nur mit Sauerteig zu Brot verarbeitet werden.

Hafer

Besonderes Kennzeichen von Hafer ist der relativ hohe Fettgehalt. Außerdem enthält Hafer hochwertiges Eiweiß und hat einen hohen Vitamin-B_1-Gehalt. Hafer enthält keinen Kleber und kann daher nur in Mehlmischungen zum Brotbacken verwendet werden.

Hafer ist leicht verdaulich und wirkt, zu Haferbrei verkocht, lindernd bei Magen-Darm-Erkrankungen. Er wird verwendet für Haferflocken, Hafermehl und Hafergrütze.

Gerste

Gerste enthält zwar Eiweiß, jedoch kein Klebereiweiß; sie wird daher nicht zum Brotbacken verwendet. Brot oder Gebäck mit Gerstenmehl würde nicht »aufgehen«. Gerste kann jedoch für flache Brote anderen Mehlsorten zugemischt werden.

Verwendet wird Gerste überwiegend zum Brauen von Bier, zur Herstellung von Graupen, Gerstenmehl und Gerstenflocken. Gerstenprodukte eignen sich gut für kernig-würzige Suppen und Breie.

Gerste ist ideal für Krankenkost: sie enthält viele Schleimstoffe, ist leicht verdaulich und beruhigt Magen und Darm. Gerste ist auch Rohstoff für Malzkaffee. Dazu wird Gerste gemälzt, d. h. zum Keimen gebracht und anschließend wärmebehandelt. Dabei bilden sich Farb- und Geschmacksstoffe.

Reis

Reis ist eiweiß- und fettarm, aber reich an Stärke. Er enthält Vitamin B_1 und B_2 sowie nennenswerte Mengen an Kalium. Reis wirkt entwässernd und ist leicht verdaulich. Deshalb wird er auch in der Krankenernährung eingesetzt.

Nach der Ernte wird Rohreis entspelzt. Das Reiskorn ist dann noch vom Silberhäutchen umgeben. In dieser Form wird Reis als Cargo- oder Braunreis auf dem Weltmarkt gehandelt.

REISANGEBOT NACH BEARBEITUNG

◻ *Braunreis (Naturreis)* ist der entspelzte Reis, der noch das Silberhäutchen und den Keimling enthält. Das Silberhäutchen enthält viele Mineralstoffe und Vitamine, der Keimling verhältnismäßig viel Fett. Braunreis ist deshalb nicht lange haltbar.

◻ *Weißreis* ist geschälter, geschliffener und polierter Reis ohne Silberhäutchen und Keimling. Aufgrund seines geringen Fettgehalts ist er lange lagerfähig. Allerdings gehen mit dem Entfernen von Silberhäutchen und Keimling wertvolle Inhaltsstoffe verloren.

Nach der Form unterscheidet man bei Braun- und Weißreis zwei Sorten:

◻ *Langkorn- oder Patnareis (Tafel-, Brühreis)* ist hart und glasig.
Er bleibt beim Kochen körnig und locker. Deshalb eignet er sich gut als Beilage, für Salate, als Suppeneinlage, für Reisrand, Risotto, Fisch-, Eier- und Gemüsegerichte.

◻ *Rundkornreis (Milchreis)* hat eine weiche, stumpfe Oberfläche.
Er wird während des Garens weich und klebrig. Daher wird er verwendet für Reisbrei, Aufläufe und Puddings.

Rundkornreis ist billiger als Langkornreis. Je nach Bruchanteil staffelt sich der Preis von Reis. Spitzenreis enthält weniger Bruchanteil als Standard- oder Haushaltsreis.

REISANGEBOT NACH AUFBEREITUNG

◻ *Parboiled Reis (Vollwertreis):* vor dem Entfernen des Silberhäutchens mit Wasserdampf und Druck behandelt. Dabei wandern die Vitamine und Mineralstoffe aus dem Häutchen zum größten Teil in das Korn. Parboiled Reis ist also vitamin- und mineralstoffreicher als normaler Weißreis. Die typische gelbliche Färbung verschwindet während des Kochens. Parboiled Reis ist besonders kochfest, quillt stark und ist ergiebig.

◻ *Schnellkochreis (Quick- und Minutenreis):* ist ein geschliffener, vorgegarter und wieder getrockneter Weißreis. Er braucht nicht gekocht zu werden, sondern nur einige Minuten in heißem Wasser ziehen. Diese Zeit- und Energieeinsparung muß allerdings mit einem höheren Preis bezahlt werden.

◻ *Kochbeutelreis:* Kochbeutelreis ist meist Langkornreis, der genau abgewogen in Kunststoffbeuteln verpackt ist, die beim Garen nicht entfernt werden müssen.

Wilder Reis

Wilder Reis ist eigentlich kein Reis, es handelt sich vielmehr um die Samen eines Grases. Wilder Reis schmeckt nußartig, hat ein intensives Aroma. Er wird als Beilage verwendet, häufig gemischt mit Weißreis, weil wilder Reis teuer ist. Weil wilder Reis etwas länger garen muß, gibt man ihn einige Minuten früher ins kochende Wasser. Wilder Reis ist für glutenfreie Ernährung geeignet.

Küchenpraxis

◻ Reis quillt beim Kochen etwa um das Dreifache seines Volumens auf. Durchschnittlich rechnet man 2,5 Tassen Wasser pro Tasse Reis.

◻ Braunreis ist besonders körnig, quillt aber weniger stark auf als Weißreis und benötigt die doppelte Zeit zum Garen, schmeckt jedoch sehr würzig und hat trotz der längeren Garzeit mehr Vitamine.

◻ Reis kann als Kochreis zubereitet werden. Dann wird er im Wasser gekocht; nach dem Garen wird das überschüssige Kochwasser abgegossen. Dabei gehen wertvolle Inhaltsstoffe verloren. Günstiger ist es, nur so viel Flüssigkeit zuzugeben, wie der Reis zum Quellen benötigt; das Abgießen von Wasser entfällt.

◻ Reicht die Flüssigkeit zum Reisgaren nicht, ist das ein Zeichen, daß zuviel verdampft ist, etwa durch einen schlecht schließenden Deckel, zu starke Wärmezufuhr oder zu häufiges Lüften des Deckels.

◻ Nutzen Sie die Restwärme der Elektroplatte, indem Sie den Reis kräftig ankochen und ihn auf der abgeschalteten Platte mit geschlossenem Deckel ausquellen lassen.

Mais

Der in der Bundesrepublik erzeugte Mais wird als Futtergetreide verwendet; Gemüsemais wird nur vereinzelt angebaut. In vielen Entwicklungsländern bildet Mais die Ernährungsgrundlage.

Bekannt sind bei uns die Maisprodukte Cornflakes, Popcorn und Maisgrieß (Polenta). Mais wird auch zu Stärke oder Maismehl verarbeitet. Maiskeime liefern wertvolles Öl. Zum Brotbacken wird Maismehl oder -schrot nur in südlichen Ländern verwendet. Maisbrot schmeckt süßlich, ist bröselig und trocknet schnell aus.

Für Gemüsemais wird eine süß schmeckende Maisart, der Zuckermais, verwendet. Die Kolben werden halbreif (milchreif) geerntet und frisch oder konserviert verkauft. Unreifer Mais wird in Essig eingelegt und als Bestandteil von »Mixed Pickles« angeboten.

Hirse

Hirse gilt als die Getreideart, die vom Menschen am frühesten kultiviert wurde. Bei uns wird Hirse kaum mehr angebaut; die Haupterzeugung stammt aus den Entwicklungsländern. Dort dient Hirse zum Teil als Ernährungsgrundlage. Auch bei uns war Hirse früher sehr bekannt und geschätzt. Inzwischen wird sie jedoch nur noch selten verzehrt; im Rahmen der Vollwertkost findet sie allmählich wieder Einzug in die Speisepläne, weil sie vitamin- und mineralstoffreich ist.

Mit anderen Mehlen gemischt, ergibt Hirsemehl besonders knuspriges Brot. Hirse enthält viel Stärke, deshalb wird daraus in geringen Mengen auch Alkohol gebrannt. Bei der Verarbeitung wird Hirse entspelzt und geschält. Die geschälten Hirsekörner werden zu Mehl, Grieß oder Flocken weiterverarbeitet. Zu kaufen gibt es Hirse als ganzes Korn oder in Form von Hirseflocken.

Hirse hat einen feinwürzigen Geschmack und kann gut als Beilage ähnlich wie Reis verwendet werden. Allerdings quillt sie viel mehr als Reis. Hirse wird auch für Suppen und Breie verwendet.

Dinkel

Dinkel gehört botanisch zur Weizenfamilie und wurde früher häufig angebaut. Seine Bedeutung nimmt seit einigen Jahren im Rahmen der Vollwerternährung wieder zu. Dinkel kann umweltfreundlich produziert werden, Beizen und Pflanzenschutzmittel sind nicht nötig. Dinkel braucht zudem auch wenig Stickstoffdünger. Dinkel liefert wertvolles, eiweißreiches Mehl mit hohem Klebergehalt.

Grünkern

Grünkern ist unreifer Dinkel. Dinkel wird halbreif geerntet und anschließend geröstet. Dadurch bekommt er das herzhafte, würzige Aroma. Zu kaufen gibt es Grünkern und Dinkel als ganzes Korn, Schrot, Grieß oder Mehl.

Küchenpraxis:

- Aus Dinkelmehl lassen sich besonders kernige Spätzle (schwäbische Nudelspezialität) herstellen. Auch zum Kuchenbacken ist Dinkelmehl gut geeignet; es zeichnet sich aus durch nußartigen Geschmack.
- Dinkelmehl bindet mehr Flüssigkeit als Weizenmehl; beim Backen mit Dinkelmehl daher mehr Flüssigkeit zugeben.
- Grünkernerzeugnisse sind feine Suppeneinlagen, lassen sich aber auch verwenden für Aufläufe und Bratlinge.
- Grünkern klebt beim Kochen leicht am Topfboden fest, daher muß von Anfang an kräftig gerührt werden.

Buchweizen

Buchweizen ist strenggenommen kein Getreide, ist aber in seiner Zusammensetzung dem Getreide ähnlich und läßt sich auch so verarbeiten. Buchweizen wird nach der Ernte geschält; zu kaufen gibt es ihn als ganzes Korn, Grütze, Flocken oder Mehl.

Buchweizen gibt den Gerichten einen kräftigen, nußartigen, leicht bitteren, aber angenehmen Geschmack. Ganze, geröstete Körner sind beliebt als Beilage. Grütze verwendet man für herzhafte Breie, Suppen und Aufläufe. Buchweizenmehl eignet sich gut zum Brotbacken in Mischung mit andern Mehlen. Aus Buchweizenmehl werden die bekannten »Blini« (Buchweizenpfannkuchen) zubereitet. Auch für Fladen und flache Kuchen kann Buchweizenmehl genommen werden.

Praktischer Hinweis:

- *Buchweizen soll vor der Verwendung heiß gewaschen werden. Dadurch entfernt man die äußere Schicht, deren Inhaltsstoffe Allergien auslösen können.*
- *Buchweizen enthält besonders wertvolles Eiweiß, viele lebenswichtige Spurenelemente und krankheitshemmende Antioxidantien.*

Quinoa

Quinoa ist botanisch gesehen kein Getreide, es sieht aus wie Hirse und wird verwendet in der

Einweich- und Garzeiten von Getreiden

Getreide	Verhältnis Getreide zu Garflüssigkeit	Einweichzeit (Stunden)	Garzeit (Minuten)	Nachquellzeit (Minuten)
Buchweizen, ganz	1 : 1,5–2	nein	5–15	10–20
Hirse, ganz	1 : 2–2,5	nein	5–15	10–20
Grünkern, ganz	1 : 2–2,5	mind. 3 Stunden	20–30	15–30
Dinkel, ganz	1 : 2–2,5	ca. 3 Stunden	30–45	30–45
Gerste, ganz	1 : 2–2,5	über Nacht	30–45	30–60
Roggen, ganz	1 : 2–2,5	über Nacht	30–45	30–60
Schrot	1 : 2–2,5	nein	5–10	10–20

pikanten und süßen Küche. Quinoa enthält viel Eiweiß, Kalium, Magnesium, Calcium, Eisen, Vitamin C und E. Kinder unter zwei Jahre sollten Quinoa nicht essen; die Samenschale enthält Giftstoffe, die bis zu diesem Lebensalter schädlich sein können.

Amaranth

Amaranth hat einen ähnlich nussigen Geschmack wie Quinoa. Es wird verwendet zum Backen von Flachbroten und für Müslimischungen. Es enthält hochwertiges Eiweiß, viel Calcium und Eisen.

Praktischer Hinweis:

- *Quinoa und Amaranth sind glutenfrei, sie können also in der Ernährung Zöliakie-Kranker eingesetzt werden.*
  Ansonsten ist die Verwendung von Quinoa und Amaranth zwar eine Bereicherung für den Speiseplan, allerdings ist es ökologisch nicht sehr sinnvoll, diese Körner aus fernen Ländern zu importieren. Das Angebot an hochwertigem Getreide ist bei uns mehr als ausreichend.
  Auch Buchweizen ist für glutenfreie Ernährung geeignet.

1.2. Getreideerzeugnisse

Mehl und Schrot

Bei der Herstellung von Mehl werden die Getreidekörner zunächst gründlich gereinigt und dann in mehreren Arbeitsgängen zerkleinert und gemahlen.
Je nach Feinheitsgrad unterscheidet man
- Schrot (am gröbsten)
- Grieß
- Dunst
- Mehl (am feinsten).

Unabhängig von der Feinheit ist der Ausmahlungsgrad. Er gibt an, welcher Anteil des Getreidekorns im Mahlerzeugnis enthalten ist.
Je höher der Ausmahlungsgrad ist, desto dunkler, eiweiß-, mineralstoff-, vitamin-, fett- und ballaststoffreicher ist das Mehl. Je niedriger der Ausmahlungsgrad ist, desto heller und stärkereicher ist das Mehl.
Der unterschiedliche Ausmahlungsgrad ist erkennbar an der Typenzahl des Mehles. Je höher die Typenzahl ist, desto höher ist der Ausmahlungsgrad.
Die Zahl gibt jeweils an, wieviel unverbrennbare Mineralstoffe (Asche) enthalten sind. Type 1800 bedeutet z. B., daß pro 100 g Backschrot etwa 1800 mg Asche enthalten sind.
Keine Typenbezeichnung haben Vollkornmehl und -schrot. Ihr Ausmahlungsgrad beträgt 100 %, d. h. sämtliche Bestandteile des Korns (Keimling, Schale, Mehlkörper) sind enthalten.

Mehltypen

Weizen	Roggen
Type 405 (Auszugsmehl)	Type 815
Type 550	Type 997
Type 630	Type 1150
Type 812	Type 1370
Type 1050	Type 1740
Type 1200	Type 1800
Type 1600	
Type 1700 (Backschrot)	

Die Farbe des Mehles hängt vom Ausmahlungsgrad ab. Hohe Ausmahlung ergibt dunkles Mehl, niedrige Ausmahlung ergibt helles Mehl. Auch die Getreideart hat einen Einfluß auf die Mehlfarbe: so ist Roggenmehl beispielsweise dunkler als Weizenmehl.
Hinsichtlich des Nährwertes von Mahlerzeugnissen aus konventionellem (herkömmlichem) und alternativem Anbau besteht kein Unterschied.

Die Backfähigkeit von Weizenmehl wird durch den Klebergehalt bestimmt. Kleber besteht aus verschiedenen Eiweißstoffen, die bei der Teigbereitung Wasser aufnehmen. Dadurch wird der Teig elastisch und bleibt beim Backen locker. Je höher der Klebergehalt eines Mehls ist, desto lockerer wird das Gebäck.

Sehr gute Backeigenschaften haben niedrig ausgemahlene Mehle, z. B. Type 405. Mehle mit höherer Typenzahl können aber auch zum Backen verwendet werden, evtl. gemischt mit Type 405.

Praktische Hinweise:

- *Selbstgebackene Brötchen schmecken ausgezeichnet mit hoch ausgemahlenen Mehlen, z. B. Type 1050 oder Type 1600.*
- *Blätterteig gelingt mit Type 550 am besten.*
- *Für Biskuit hat sich Auszugsmehl (Type 405) bewährt.*

Einkauf

Beim Einkauf von Mehl lohnen sich Preisvergleiche; teures Mehl ist nicht immer besser als billiges. Gutes Mehl erkennt man daran, daß es locker und griffig ist und einen frischen, aromatischen Geruch hat. Es kann kühl, luftig und trocken etwa ein Jahr gelagert werden.

Beim Kauf von Vollkornmehl muß unbedingt das Mindesthaltbarkeitsdatum beachtet werden, da diese Mehle durch den Fettgehalt (Keimling) schnell ranzig werden können. Frisch gemahlenes Vollkornmehl hält sich nur etwa zwei Wochen. Überlagertes Vollkornmehl schmeckt ranzig und bitter. Instantmehl wird aus Weizenmehl durch Wärmebehandlung hergestellt. Es läßt sich in kaltem Wasser anrühren, klumpt nicht, ist aber teurer als normales Mehl.

In Fertigmehlen sind wichtige Backzutaten schon beigemischt, z. B. Zucker, Backpulver, Milch- und Eipulver. Sie werden verwendet für Kuchen oder Kleingebäck. Fertigmehle bieten zwar Zeitersparnis, sind jedoch teuer.

Getreide und Getreideprodukte sollten in luftdurchlässigen Kartons oder Leinensäcken aufbewahrt werden, nicht in Kunststoffbehältern.

Getreide selber mahlen

Wer Getreide selber mahlen möchte, sollte dafür stets gereinigtes Getreide verwenden, damit gesundheitsschädliche Bestandteile, z. B. Mutterkorn, ausgesiebt sind.

Mutterkorn kann bei Weizen und Roggen vorkommen. Es entsteht durch einen Pilz an der Getreideähre. Statt des eigentlichen Korns entwickelt sich ein Korn von dunkler Farbe. Es enthält giftige Stoffe, die zu Erbrechen, Durchfall bis

hin zu schweren Vergiftungen und Herzkrämpfen führen können.

Mehl und Brot enthalten kaum Mutterkorn, lose gekauftes Getreide sollte jedoch sorgfältig aussortiert werden.

Getreide selber ankeimen

Das Einweichen von Getreidekörnern bzw. -schrot erhöht die Verdaulichkeit und verkürzt die Garzeit, jedoch sollte man zum Einweichen Sauermilcherzeugnisse verwenden und die Getreidekörner in den Kühlschrank stellen, weil dadurch die Keimvermehrung in Grenzen gehalten werden kann. Vor der Verwendung sollten die Keimlinge mit heißem Wasser überbraust werden. Schimmelige Getreidekeimlinge dürfen nicht verzehrt werden, sie sind gesundheitsschädlich.

Gekeimtes Getreide wird im Rahmen der Vollwerternährung vermehrt in Gemüse, Salat, als Brotbelag oder in Müsli gegessen.

Nährmittel

Nährmittel sind Getreide- und Stärkeerzeugnisse, die nicht zur Herstellung von Brot und Backwaren verwendet werden. Zu den Nährmitteln zählen Grieß, Grütze, Graupen, Flocken, Stärke und Teigwaren.

TEIGWAREN

Teigwaren (Nudeln) werden aus Weizengrieß oder -mehl, Roggen- oder Weizenvollkornmehl und Wasser hergestellt. Die zusätzliche Verwendung von Eiern verbessert die Qualität. Nach der Teigbereitung werden die Teigwaren getrocknet.

Je nach Zutaten werden verschiedene Qualitätsstufen angeboten. Eifreie Teigwaren enthalten keine Eier oder weniger Eier als bei Eierteigwaren vorgeschrieben.

Praktischer Hinweis:

- *Wer aus gesundheitlichen Gründen absolut eifreie Ware erkennen möchte, muß die Zutatenliste lesen. Sie gibt zuverlässige Auskunft, ob Hühnerei enthalten ist.*

Der Eigehalt von Eierteigwaren sinkt in folgender Reihenfolge:

- »*Hartgrieß-Teigwaren*« sind nur aus Hartweizengrieß hergestellt; sie behalten beim Garen ihre Form, schmecken kernig und würzig.
- »*Grießteigwaren*« sind hergestellt aus Weichweizengrieß oder Mischungen von Hart- und Weichweizengrieß, aber ohne Mehl. Sie behalten beim Garen ihre Form gut.

❑ »*Mehlteigwaren*« sind hergestellt aus Weizenmehl oder Mischungen von Weizenmehl mit Hart- oder Weichweizengrieß. Bei diesen Teigwaren muß die Kochzeit genau eingehalten werden, sonst werden sie klebrig und matschig.

❑ »*Teigwaren besonderer Art*« sind Teigwaren mit besonderen Zusätzen, z. B. Gemüse, Lezithin, Klebereiweiß. Bekannte Beispiele sind grüne und rote Nudeln mit Spinat- bzw. Tomatenzusätzen.

❑ *Instantnudeln* müssen nicht mehr gekocht werden; sie sind so vorbehandelt, daß sie nur noch mit heißem Wasser übergossen werden und einige Minuten ziehen müssen.

❑ *Glasnudeln* sind eigentlich keine Teigwaren, weil sie aus Stärkeprodukten hergestellt werden, z. B. Hülsenfrüchten.

Küchenpraxis:

❑ Teigwaren quellen beim Garen etwa auf das 2,5fache auf. Sie werden trocken in reichlich sprudelnd kochendes Wasser gegeben, damit sie ihre Form gut behalten. Danach werden sie sofort umgerührt, damit sie nicht zusammenkleben.

❑ Die Garzeit von Teigwaren ist unterschiedlich je nach Dicke. Sie sollten aber nicht zu weich gekocht werden, sonst verlieren sie Form und Geschmack. Am besten schmecken Teigwaren, wenn sie noch »Biß« haben, d. h. knapp gar sind.

❑ Vollkornnudeln haben eine etwas längere Garzeit als »normale« Nudeln.

❑ Nudeln kochen nicht so leicht über, wenn man dem Kochwasser einen Schuß Speiseöl zugibt.

Wer Probleme mit der »Dosierung« von Nudeln hat, hier Anhaltspunkte:

Verwendung	Menge an Trockenprodukt pro Person
Suppeneinlage	15 g
Vorspeise	50 g
Beilage	80 g
Hauptgericht	120 g

Einkauf

Gute Kochfestigkeit, reine Farbe und frischer, arteigener Geschmack und Geruch sind Merkmale guter Teigwaren. Damit der Verbraucher nicht irregeführt werden kann, ist es nicht erlaubt, Teigwaren in gelbeingefärbtes durchsichtiges Material zu verpacken. Bei Teigwaren sind Preisvergleiche bares Geld. Da sie gut lagerfähig sind, lohnen sich günstige Großeinkäufe.

GRIESS

Grieß stammt fast ausschließlich von Weizen. Das Weizenkorn wird weniger fein zerkleinert als bei Mehl oder Dunst; Schalen- und Mehlteile werden abgetrennt. Im Handel ist feiner, mittlerer und grober Grieß erhältlich.

❑ *Hartweizengrieß* wird zwar beim Kochen weich und locker, bleibt aber insgesamt schnittfest und zeichnet sich durch einen kernigen Geschmack aus. Er eignet sich zum Herstellen von Teigwaren, Knödeln, Suppeneinlagen, Nockerln und Aufläufen.

❑ *Weichweizengrieß* empfiehlt sich für Gerichte, die weicher gekocht und cremig sein sollen, z. B. Breie, Suppen, Puddings.

❑ *Fertiggrieß* braucht nur kurz aufgekocht oder mit Flüssigkeit angerührt werden. Vermischt mit anderen pulverisierten Zutaten, z. B. Milchpulver, Fruchtpulver, Kakao, wird er auch als Fertigbrei angeboten.

❑ *Kindergrieß* ist feinkörnig und enthält oft Geschmackszutaten sowie Vitamin- und Mineralstoffzusätze.

❑ *Maisgrieß* ist gelb und gröber als Weizengrieß. Er ist die Grundlage für »Polenta«, einen steifen Maisbrei, der in Scheiben geschnitten und gebraten wird. Aus Maisgrieß werden auch viele Knabberartikel hergestellt. Unter hohem Druck und bei hoher Temperatur wird der Grieß zu einer einheitlichen Masse verarbeitet und durch Düsen zu Ringen, Brezeln, Hütchen gepreßt. Durch Besprühen mit Speiseöl oder Aromen entstehen dann z. B. Erdnußflips.

GRAUPEN

Graupen werden meist aus Gerste, selten aus Weizen hergestellt. Die Getreidekörner werden entspelzt, mehrmals geschliffen und poliert. Dabei werden die Frucht- und Samenschale fast vollständig entfernt, das Korn wird mehr und mehr abgerundet, es entstehen Graupen. Je kleiner die Graupen sind, desto höher ist der Preis. Besonders kleine, rundgeschliffene Graupen werden als feine Perlgraupen, die größeren als Perlgraupen und grobe Graupen als Rollgerste bezeichnet.

Verwendet werden Graupen für Suppen und Süßspeisen und als Dickungsmittel (z. B. in Suppen). Sollen Graupen körnig bleiben, werden sie in die kochende Flüssigkeit eingerührt. Wenn sie breiig werden sollen, rührt man sie in kalte Flüssigkeit ein.

GRÜTZE

Grütze wird hergestellt durch grobes Schroten von geschältem Getreide, vor allem Hafer, Gerste, Grünkern, Buchweizen. Grütze gibt es in den Sorten fein, mittel und grob.

Aus Grütze werden Suppen und Breie zubereitet; man verwendet sie auch zum Andicken von Suppen. Hafergrütze ist Bestandteil der vor allem in Norddeutschland bekannten Grützwurst.

FLOCKEN

Flocken werden hergestellt aus Hafer, Mais und Gerste. Die ganzen Getreidekörner werden mit Dampf und Hitze behandelt und anschließend gequetscht. Aufgrund des Fettgehalts sind Flocken nur etwa ein halbes Jahr ohne Geschmacksveränderungen haltbar.

Haferflocken gibt es in verschiedenen Formen zu kaufen:

- *Großblattflocken* sind besonders kernig und grob, sie eignen sich daher gut für Müsli.
- *Kleinblattflocken* sind zart und können gut verwendet werden für Gebäck und Aufläufe sowie zum Binden von Gemüsegerichten und Hackfleisch.
- *Instantflocken* sind hergestellt aus Hafervollkornmehl. Sie lösen sich in Flüssigkeiten sofort auf. Verwendet werden sie in der Sportlerernährung und als Säuglings-Flaschennahrung. Zartes Gebäck gelingt mit Instantflocken ebenfalls, auch als Bindemittel für Suppen und Soßen eignen sie sich.

Flocken aus Mais werden als Cornflakes bezeichnet. Der Zusatz von Zucker und/oder Malzextrakt gibt ihnen die gelbbraune Farbe, durch Rösten entsteht der typische Geschmack. Cornflakes werden, gemischt mit Müsli oder Milch, gerne zum Frühstück gegessen.

STÄRKE

Man unterscheidet Reis-, Mais-, Weizen- und Kartoffelstärke. Stärke wird gewonnen durch Zerkleinern des Getreides bzw. der Kartoffeln und Auswaschen mit Wasser.

Stärke ist ein Kohlenhydrat und enthält weder Eiweiß, Fett noch Vitamine oder Mineralstoffe. Sie ist geruchlos und ohne Eigengeschmack.

In kaltem Wasser ist Stärke unlöslich; sie quillt bei Temperaturen von 60 bis 70 °C und wird deshalb auch zum Andicken von Suppen und Soßen verwendet. Im Vergleich zu Suppen, die mit Mehl angedickt wurden, sind stärkeangedickte Suppen und Soßen »glasig«.

Stärke wird auch verwendet für Gebäck, Flammeri, Cremes, Suppen, Soßen. Vorgefertigt gibt es Stärke als Pudding-, Soßen- oder Suppenpulver sowie als Tortenguß. Stärkemehl macht Gebäck sandig und feinporig.

Es gibt auch Instantprodukte, die nicht gekocht, sondern nur kalt angerührt werden müssen.

»Modifizierte Stärken« liest man häufig auf der Zutatenliste von abgepackten Lebensmitteln. Dahinter verbirgt sich Stärke, die chemisch oder physikalisch aufbereitet wurde und dann z. B. in kalter Flüssigkeit quellfähig ist.

Sago ist ein Stärkeerzeugnis aus Kartoffeln. Echter Sago stammt aus dem stärkereichen Mark der Sagopalme. In der Küche werden beide Arten verwendet als Suppeneinlage und Bindemittel für Süßspeisen.

Brot und Gebäck

Brot wird hergestellt aus Getreidemahlerzeugnissen wie Mehl und Schrot, Trinkwasser und Teiglockerungsmitteln. Es können zusätzlich in begrenzten Mengen andere Lebensmittel, z. B. Milch, Gewürze, Rosinen, Kleie usw. zugesetzt werden.

In der Bundesrepublik Deutschland werden rund 200 Brotsorten angeboten, die sich durch die verwendeten Rohstoffe, die Teigbereitung oder das Backverfahren unterscheiden.

Ausgewählte Brotsorten

Brotsorten	Lagerfähigkeit
Roggenanteil mind. 90%	
Roggenbrot	7–9 Tage
Roggenschrotbrot	
Roggenvollkornbrot	
Roggenanteil 50–89%	
Roggenmischbrot	5–6 Tage
Roggenschrotmischbrot	
Roggen-Weizen-Vollkornbrot	
Weizenanteil mind. 90%	
Weißbrot	1–2 Tage, Brötchen
Weizentoastbrot	(Semmeln) bis zu 1 Tag,
Weizenschrotbrot	Toastbrot 8 Tage
Weizenvollkornbrot	
Weizenanteil 50–89%	
Weizenmischbrot	3–5 Tage, je nach
Weizenschrotmischbrot	Roggenanteil
Weizen-Roggen-Vollkornbrot	

Spezialbrote

Von Spezialbroten spricht man bei

- Verwendung besonderer Zutaten, z. B. Buttermilch.
- Verwendung von anderen Getreidearten als Weizen und Roggen, z. B. Mehrkornbrote. Es werden Mehle, Schrote oder Flocken von Mais, Gerste, Hafer zugesetzt.
- besonderer Teigführung, z. B. Simonsbrot. Die Getreidekörner werden gequollen, feucht gequetscht und mit Sauerteig oder Hefe zu einem Teig angesetzt. Loosbrot ist ein Vollkornbrot aus Roggen ohne Sauerteiggärung.
- Anwendung besonderer Backverfahren, z. B. Knäckebrot, Pumpernickel, Knusperbrot.
- nährwertverminderten Broten: Brote, die im Nährstoffgehalt und/oder Brennwert verändert sind. Diese Veränderung muß deutlich gekennzeichnet sein. Es gibt eiweißangereichertes, koh-

lenhydratvermindertes, ballaststoffangereichertes und brennwertvermindertes Brot.

- Diätbroten: Brote, die bei einer bestimmten Diät eingesetzt werden und normales Brot ergänzen oder ersetzen, z. B. kochsalzarmes, glutenfreies Brot, Diabetikerbrot.

Einkauf und Lagerung

- Der Verbraucher hat ein Recht darauf, nur frisches Brot, d. h. am Einkaufstag gebackenes Brot zu erhalten. Ist dies nicht der Fall, muß es deutlich gekennzeichnet werden.
- Verpacktes Schnittbrot darf Konservierungsstoffe enthalten; die meisten Großbäckereien verzichten jedoch mittlerweile auf diese Zusätze, indem sie das fertige Brot nochmals erhitzen und dadurch Keime abtöten.
- Verpacktes Brot hält sich in der Originalverpackung am längsten.
- Unverpacktes Brot hält sich am besten in sauberen, trockenen Behältern, die gut schließen, aber luftdurchlässig sind (Brotkasten, Steinguttopf). Die Anschnittfläche des Brotes kann mit Wachspapier, Brotseide oder Klarsichtfolie vor dem Austrocknen geschützt werden.
- Im Kühlschrank sollte Brot nur ausnahmsweise gelagert werden, es wird bei niedrigen Temperaturen schnell altbacken. Verpacktes Toastbrot und Pumpernickel können im Kühlschrank aufbewahrt werden, weil sie ohnehin nicht schnell altbacken werden.
- Knäckebrot sollte trocken und getrennt von anderen Brotsorten gelagert werden, sonst nimmt es Feuchtigkeit auf und wird weich und zäh.
- Helle Brotsorten sind generell weniger lang haltbar als dunkle Sorten. Vollkornbrot hält sich lange frisch, Weizenbrot wird schnell altbacken. Mit steigendem Roggenmehlanteil erhöht sich die Haltbarkeit ebenfalls.
- Für längere Vorratshaltung von Brot ist Einfrieren gut geeignet. Dazu wird möglichst frisches Brot gut verpackt und schnell unter – 18 °C gefroren; so bleibt es mehrere Wochen lagerfähig. Aufgetaut wird es ohne Verpackung bei Zimmertemperatur, bei Zeitmangel im Mikrowellengerät oder Backofen.

Feine Backwaren

Feine Backwaren enthalten außer Mehl, Wasser und Teiglockerungsmitteln verfeinernde Zutaten, z. B. Butter und Zucker. Sie werden hergestellt durch Rösten, Trocknen oder Backen. Eingeteilt werden sie in Feinbackwaren und Dauerbackwaren.
Zu den feinen Backwaren gehören z. B. Baumkuchen, Bienenstich, Blätterteig, Florentiner, Stol-

len. Dauerbackwaren haben eine längere Haltbarkeit, weil sie in besonderer Weise gebacken oder getrocknet wurden. Zu den Dauerbackwaren zählen z. B. Kekse, Kräcker, Salzstangen, Zwieback, Waffeln, Makronen.
Trocken-rösche Dauerbackwaren sind in ungeöffneten Packungen meist etwa ein Jahr haltbar. Geöffnete Packungen in gut schließenden Dosen oder Gläsern aufbewahren. Fettreiche Dauerbackwaren, z. B. Elisenlebkuchen, sind nicht für lange Lagerung geeignet (etwa 3 Monate). Mürbgebäck ist zum Teil auch fettreich, es hält sich durchschnittlich ein halbes Jahr.

1.3. Gemüse und Pilze

Ernährungsphysiologie

Gemüse gehört zu den Lebensmitteln, die dem Körper wenig Energie, viel Wasser und Ballaststoffe, aber auch Vitamine und Mineralstoffe liefern. Gemüse enthält außerdem Aroma- und Würzstoffe, die die Verdauung fördern. Damit diese wertvollen Inhaltsstoffe nicht verlorengehen, sind richtiger Umgang, richtige Lagerung und Zubereitung wichtig.

Küchenpraxis:

- Gemüse möglichst frisch verarbeiten. Lange Lagerzeiten führen zu erheblichen Vitaminverlusten.
- Gemüse im ganzen und gründlich waschen. So können Schadstoffe entfernt werden, die sich an der Oberfläche befinden, z. B. Blei.
- Gemüse beim Putzen nicht in Wasser liegenlassen, große Vitaminverluste wären die Folge.
- Erst kurz vor der Verwendung zerkleinern.
- In möglichst wenig Wasser garen und das Kochwasser von nitratarmem Gemüse weiterverwenden.
- Garzeiten einhalten, nicht zu weich kochen. Mit »Biß« schmeckt Gemüse besser, und weniger Vitamine werden zerstört.
- Helle Gemüse (Blumenkohl, Sellerie) verfärben sich nicht, wenn dem Kochwasser etwas Zitronensaft oder Essig zugefügt wird.
- Gekochte Salate werden mit warmer Marinade angemacht und sollten genügend lange durchziehen.
- Für Rohkost das Gemüse besonders sauber waschen und putzen; hartes Gemüse sehr fein schneiden.
- Weißkohl oder Rotkohl nach dem Schneiden stampfen, dann wird er zarter und nimmt die Marinade besser an.

Hauptangebotszeiten inländischer Gemüsearten aus dem Freiland

Gemüseart	April	Mai	Juni	Juli	Aug.	Sept.	Okt.	Nov.	Dez.	Jan.	Feb.	März
Wurzelgemüse												
Gelbe Rüben (Möhren)			──	──	──	██	██	──				
Sellerie					──	──	██	██	──	──		
Meerrettich						──	██	██	──	──		
Rettich			──	██	██	██	──	──				
Radieschen	──	──	──	██	██	██	──	──				
Schwarzwurzeln							──	██	██	──	──	
Rote Rüben (Rote Bete)					──	──	██	██	──	──		
Blattgemüse												
Kopfsalat		──	██	██	██	──	──					
Endivien					──	██	██	──	──			
Feldsalat	──						──	──	──	──	██	██
Spinat	──	──	──	──			──	──				
Mangold			──	██	██	██	──	──				
Gartenkresse	──	──	──	──	──	──	──	──	──	──	──	──
Kohlgemüse												
Wirsing					──	██	██	██	──			
Blumenkohl			──	██	██	██	──	──				
Brokkoli			──	──	──	██	██	──				
Weißkraut			──	──	──	██	██	──	──			
Chinakohl			──	──	──	██	██	──	──			
Rosenkohl						──	██	██	██	──		
Grünkohl							──	██	██	──	──	
Rotkohl			──	██	██	██	──	──	──			
Stengel- und Sproßgemüse												
Kohlrabi		──	██	██	██	██	──	──				
Spargel	──	██	──									
Rhabarber	──	██	██	──								
Chicorée							──	──	──	──	──	──
Bleichsellerie					──	██	██	──	──			
Zwiebelgemüse												
Zwiebeln			──	──	──	██	██	██	──	──		
Lauch (Porree)				──	██	██	██	██	──	──	──	
Fenchel	──						──	──	──	──	──	──
Fruchtgemüse												
Gurken			──	██	██	██	──					
Tomaten			──	──	██	██	██	──				
Kürbisse			──	──	██	██	██	──				
Gemüsepaprika			──	──	██	██	──					
Zucchini			──	██	██	██	──					
Bohnen, grün			──	──	██	██	──					
Erbsen			──	██	██	──						

Großes Angebot/weniger großes Angebot

Einkauf

Gemüse gibt es bei uns zu jeder Jahreszeit in reichhaltigem Angebot. Wer Gemüse kauft, bekommt die beste Qualität für verhältnismäßig günstige Preise, wenn das Saisonangebot ausgenutzt wird. So erhält man im August z. B. bessere und billigere Tomaten als im Februar.

Preisvergleiche lohnen sich, Wochenmärkte und Kauf direkt beim Erzeuger sind meistens am günstigsten. Wer direkt beim Erzeuger einkaufen möchte, kann sich bei der zuständigen Gemeindeverwaltung über regelmäßig stattfindende Märkte informieren. Außerdem gibt es regionale Anbieterverzeichnisse, die über den Bauernverband, die Landwirtschaftskammern oder -ämter zu erhalten sind. Diese Produkte aus der Region sind allen anderen vorzuziehen; sie haben keine langen Transportwege hinter sich.

Beim Kauf ist auf Frische zu achten. Angewelktes Gemüse liefert mehr Abfälle bei der Zubereitung und hat schon viele seiner wertvollen Inhaltsstoffe verloren.

Frische läßt sich daran erkennen, daß das Gemüse fest ist. Gurken müssen sich beispielsweise fest anfühlen, nicht gummiartig und weich. Gelbe Rüben sind nicht mehr frisch, wenn sie biegsam und zäh sind. Blätter dürfen nicht welk und vergilbt herabhängen. Alle Pflanzenteile müssen ihre natürliche Farbe aufweisen. Brokkoli darf nicht gelblich verfärbt, die Schnittstellen von Spargel dürfen nicht bräunlich und ausgetrocknet sein.

Handelsklassen

Die in den sechziger Jahren eingeführten Handelsklassen für frisches Obst und Gemüse haben für den Verbraucher an Bedeutung verloren, weil es in den Geschäften ohnehin nur noch Waren der Handelsklasse I gab. Zum 1. Januar 2007 wurden die nationalen Handelsklassen abgeschafft. Abgelöst werden sie durch die Qualitätsnormen der EU. Diese Normen sind aber in erster Linie für den Handel wichtig; sie sind keine Einkaufshilfe für den Verbraucher.

IST »BIO« WIRKLICH GESÜNDER?

Der Anteil der Verbraucher, die bewußt »biologisch« erzeugte Lebensmittel kaufen, nimmt zu. Dabei stellt sich immer auch die Frage, ob diese Biolebensmittel tatsächlich besser sind. Mit den bisher üblichen Meßmethoden können keine gravierenden Unterschiede hinsichtlich Vitaminen, Mineralstoffen und Nährstoffen festgestellt werden. Allerdings sind Methoden in Erprobung, die auch andere Merkmale der Lebensmittel (z. B. sekundäre Pflanzenstoffe) messen und dann tatsächlich zu unterschiedlichen Ergebnissen kommen. Diese Meßmethoden stecken noch in den Kinderschuhen und sind entsprechend umstritten.

Ob man sich mit Bio-Produkten oder Lebensmitteln aus herkömmlicher Erzeugung gesünder oder ungesünder ernährt, ist eigentlich nicht entscheidend. Viel wichtiger ist ein insgesamt gesunder Lebensstil mit abwechslungsreicher Kost aus frischen Lebensmitteln. Nicht nebensächlich ist bei (Bio-)Produkten der Aspekt der Nachhaltigkeit (siehe auch Seite 21).

Lagerung

▫ Gemüse kühl, dunkel und bei hoher Luftfeuchtigkeit lagern. Am besten geeignet ist ein kühler Keller, kleine Mengen können auch im Gemüsefach des Kühlschranks aufbewahrt werden.

▫ Wurzelgemüse wie Sellerie, gelbe Rüben, aber auch Lauch kann in Sand oder Erde im Keller eingeschlagen werden. Es übersteht längere Lagerung gut.

▫ Blattgemüse (Salat, Spinat) und Kräuter sind nur kurzfristig lagerbar. Salat wird in Zeitungspapier gewickelt, Kräuter werden in ein feuchtes Tuch eingeschlagen oder in einem dichten Kunststoffbehälter aufbewahrt.

▫ Fruchtgemüse wie Zucchini und Gurken sind nur einige Tage im Kühlschrank haltbar.

▫ Gemüse und Obst sollen nicht zusammen gelagert werden. Sie beeinflussen sich gegenseitig negativ, die Lagerfähigkeit nimmt ab.

▫ Laub entzieht Möhren, Sellerie, Rettich, Radieschen, Kohlrabi usw. Feuchtigkeit beim Lagern. Deshalb wird es entfernt, wenn das Gemüse ein paar Tage im Kühlschrank liegen soll.

▫ Vor dem Einfrieren wird Gemüse blanchiert.

▫ Winterharte Gemüse wie Rosenkohl oder Grünkohl werden erst bei Bedarf geerntet.

Lohnt sich ein Gemüsegarten?

Auch wenn oft davon gesprochen wird, daß ein eigener Garten nur viel Arbeit mache und Gemüse ohnehin billig zugekauft werden könne, noch dazu das ganze Jahr frisch, ziehen viele Haushalte Gemüse und Obst selbst heran. Es gibt viele Gründe, einen eignen Gemüsegarten anzulegen:

▫ Gemüse kann frisch geerntet werden. Vitaminverluste, wie sie durch den Transport oder die Lagerung im Geschäft entstehen, brauchen Hobbygärtner nicht in Kauf zu nehmen.

▫ Gemüse kann so herangezogen werden, wie man es haben will, z. B. mit wenig Düngung oder Pflanzenschutz.

▫ Wer frisches Gemüse nur aus dem Garten holen muß, ißt erfahrungsgemäß mehr davon. Der Wert von Gemüse in der Ernährung ist unumstritten.

▫ Gerade Kräuter verlieren bei längerer Lagerung schnell an Aroma und Geschmack. Darüber hinaus sind sie auch verhältnismäßig teuer. Auch wer keinen Gemüsegarten besitzt, kann sich auf der Fensterbank oder dem Balkon einen kleinen Kräutergarten anlegen.

UNERWÜNSCHTE STOFFE IM GEMÜSE

Nitrat

Nitrat ist ein wichtiger Stoff im Stickstoffkreislauf der Natur. Zu hohe Mengen Nitrat in Lebensmitteln können gesundheitsschädlich sein, denn Nitrat wird durch Bakterien im Darm in das schädliche Nitrit umgewandelt. Nitrit behindert den Sauerstofftransport im Blut. Besonders gefährdet sind Säuglinge, sie bekommen Blausucht. Deshalb unterliegt die industriell hergestellte Säuglingsnahrung strengen Kontrollen und darf einen Höchstwert an Nitrat nicht überschreiten. Wer Säuglingsnahrung aus Gemüse vom eigenen Garten zubereitet, sollte sparsam mit Stickstoff düngen, denn hohe Stickstoffgaben erhöhen den Nitratgehalt im Gemüse.

Nitrat ist außerdem bedenklich, weil aus Nitrit und Aminen (Eiweißstoffe) im Körper krebserregende Nitrosamine gebildet werden können.

Nitrat reichert sich in den einzelnen Gemüsearten in ganz unterschiedlichen Mengen an. Gemüse aus Treibhausanbau hat höhere Nitratgehalte als Gemüse aus dem Freiland.

Der Verbraucher kann dem Nitrat also »aus dem Weg gehen«, indem er nitratreiche Gemüse nicht allzu häufig ißt und im eigenen Gemüsegarten sparsam mit Stickstoffdünger umgeht.

Praktische Hinweise:

- *Nitrat baut sich in der Pflanze im Laufe des Tages ab. Gemüse, das mittags geerntet wird, enthält weniger Nitrat als morgens geerntetes Gemüse.*
- *Durch die Zubereitung kann der Nitratgehalt verringert werden, indem man die äußeren Blätter, große Blattrippen, Stengel und Strünke entfernt.*
- *Beim Kochen oder Blanchieren geht ebenfalls ein großer Teil des Nitrats verloren; er geht ins Kochwasser über. Das Kochwasser von nitratreichem Gemüse sollte man also nicht weiterverwenden.*

- *Nitratreiche Speisen, z. B. Spinat, sollten nicht aufgewärmt werden, weil sich während des Abkühlens Bakterien vermehren, die Nitrit bilden.*

Oxalsäure

Manche Gemüsearten haben von Natur aus einen hohen Oxalsäuregehalt. Dieser kann durch übermäßiges Düngen erhöht sein. Besonders reich an Oxalsäure sind Rhabarber, Spinat und Sauerampfer.

Oxalsäure bildet mit dem Knochenbaustein Calcium das schwerlösliche Calcium-Oxalat, blockiert also den wertvollen Mineralstoff Calcium. Beispielsweise kommt der Calciumgehalt einer Quarkspeise dem Körper nur zum Teil zugute, wenn gleichzeitig Rhabarber beigemischt ist oder Rhabarberkompott dazu gegessen wird.

Praktischer Hinweis:

- *Oxalsäure vermittelt im Mund das Gefühl, die Zähne seien rauh. Das kann man gut beobachten beim Essen von Spinat oder Rhabarber.*

Solanin

In den unreifen bzw. grünen Teilen der Kartoffel ist das giftige Solanin enthalten. Es kommt vor allem in der Schale, aber auch in den Keimen vor. Besonders häufig findet man grüne Stellen bei Kartoffeln, die zu hell gelagert werden oder vor der Ernte nicht vollständig mit Erde bedeckt waren.

Beim Verzehr größerer Mengen solaninhaltiger Kartoffeln treten Vergiftungserscheinungen wie Mattigkeit, Kopf- und Leibschmerzen, Erbrechen und Durchfall auf.

Erhitzen reicht nicht aus, um das Solanin unschädlich zu machen. Grüne Teile und Keime müssen großzügig entfernt werden. Grüne Kartoffeln sollten Sie reklamieren; der Händler muß sie umtauschen.

Grüne Tomaten und unreife Auberginen enthalten ebenfalls Solanin und dürfen deshalb weder gekocht noch roh gegessen werden.

Nitratgehalt verschiedener Gemüsearten

Hoher Nitratgehalt	Mittlerer Nitratgehalt	Niedriger Nitratgehalt
Eissalat	Auberginen	Grüne Bohnen
Endivien	Blumenkohl	Frische Erbsen
Feldsalat	Gelbe Rüben (Möhren)	Gurken
Kopfsalat	Kohlrabi	Kartoffeln
Mangold (Stiel-)	Sellerie	Paprika
Radieschen	Zucchini	Rosenkohl
Rettich	Chinakohl	Tomaten
Rote Bete	Weißkohl	Zwiebeln
Spinat	Rotkohl	
Rucola	Wirsing	
	Grünkohl	

Schwefeldioxid

Schwefeldioxid ist einer der ältesten Konservierungsstoffe. Es hemmt das Wachstum von Bakterien, schützt die Lebensmittel vor Verderb und Verfärbung. Andererseits wirkt es schädlich, indem es Vitamin B_1 zerstört sowie Kopfschmerzen und Übelkeit verursachen kann. Um das gesundheitliche Risiko gering zu halten, regeln Rechtsvorschriften, welche Lebensmittel in welcher Menge geschwefelt werden dürfen. Um die Schwefelaufnahme so niedrig wie möglich zu halten, sind ungeschwefeltes Trockenobst und die Verarbeitung von frischer Ware vorzuziehen. Wenn geschwefeltes Trockenobst roh verzehrt wird, sollte es vorher heiß gewaschen werden.

Wurzelgemüse

Gelbe Rüben (Möhren)

Gelbe Rüben enthalten viel Carotin = Provitamin A, die Vorstufe von Vitamin A. Carotin kann vom Körper nur verwertet werden, wenn gleichzeitig Fett aufgenommen wird (z. B. mit der Marinade oder Soße).
Wegen ihrer leichten Verdaulichkeit eignen sich gelbe Rüben gut in der Krankenernährung. Sie sind vielseitig verwendbar als Rohkost, gekochter Salat, Gemüse, Suppengemüse, für Eintöpfe, frisch gepreßt als Saft.

Praktischer Hinweis:

- *Roh geriebene gelbe Rüben und zerkleinerter Sellerie werden schnell braun. Das läßt sich vermeiden, indem man einige Spritzer Zitronensaft oder Essig zugibt.*

Knollensellerie

Sellerie enthält viel Phosphor und Kalium, bekannt ist seine harntreibende Wirkung.
In der Küche wird sowohl die Knolle als auch das Laub verwendet. Beide Pflanzenteile sind wohlschmeckende Suppengemüse.
Aus Sellerie können feine rohe Salate (z. B. Waldorfsalat), gekochte Salate, gedämpfte oder panierte Beilagen hergestellt werden. Er kann tiefgefroren oder sterilisiert werden.

Topinambur

Topinambur enthält Inulin, ein Kohlenhydrat, das aus Fruchtzucker besteht und beim Stoffwechsel kein Insulin verbraucht. Deshalb ist dieses Gemüse ideal in der Diabetikerernährung.
Topinamburknollen werden als Beilage gedünstet, gebacken oder gebraten gegessen. Auch als Rohkost schmecken sie gut. Topinambur hat eine kurze Garzeit (5 – 10 Minuten). Die Schale kann mitgegessen werden.

Pastinaken

Pastinaken enthalten ätherische Öle und schmecken leicht süßlich. Sie ähneln in der Form den gelben Rüben, sind jedoch von gelblich-weißer Farbe. Sie enthalten mehr Vitamine und Mineralstoffe als gelbe Rüben.
Verwendet werden Pastinaken gegart als Beilage zu Fleisch, als Gewürz in Suppen und Soßen oder roh in Salaten.

Schwarzwurzeln

Schwarzwurzeln enthalten viel Eisen und Eiweiß. Wegen ihres hohen Gehalts an Schleimstoffen werden sie bei Magenkrankheiten gut vertragen. Sie sind leicht verdaulich und gut für die Diabetikerernährung.
Geschmacklich sind sie dem Spargel ähnlich, jedoch intensiver im Aroma.
Schwarzwurzeln werden ausschließlich gegart gegessen, man reicht sie als Beilage zu Fleisch oder bereitet sie als Auflauf zu.

Praktische Hinweise:

- *Beim Schälen von Schwarzwurzeln empfiehlt es sich, Handschuhe zu tragen, weil der Saft stark färbt. Am einfachsten lassen sich Schwarzwurzeln nach dem Kochen schälen.*
- *Damit geschälte oder geschabte Schwarzwurzeln weiß bleiben, wird dem Kochwasser Zitronensaft oder Essig beigefügt. Zusätzlich etwas Zucker im Kochwasser verstärkt den Geschmack dieses Gemüses.*
- *Beim Einkauf dicke und gerade Wurzeln wählen; sie lassen sich leichter schälen und werden gleichmäßig gar.*

Meerrettich (Kren)

Meerrettich enthält ätherische Öle, die die Verdauung fördern. Frischer Meerrettich hat ein sehr intensives Aroma, das sich jedoch schnell verflüchtigt, wenn er gerieben ist.
Verwendet wird Meerrettich als Soße, z. B. zu gekochtem Rindfleisch. Meerrettichsahne paßt gut zu geräuchertem Fisch. Auch als Zutat in Beizen wird Meerrettich gerne genommen.

Praktische Hinweise:

- *Dicke Wurzeln sind ergiebiger, weil weniger Abfall anfällt als bei dünnen Stangen.*
- *Braunwerden von geriebenem Meerrettich läßt sich vermeiden durch Zugabe von etwas Milch, Mehl, Zitronensaft oder Essig.*
- *Meerrettich sollte man nicht aufkochen lassen, weil das Aroma verlorengeht.*
- *Geriebener Meerrettich hält, in ein Schraubglas verpackt, einige Wochen im Gefriergerät.*

Rettich

Rettich enthält ätherische Öle, wirkt harntreibend und fördert die Produktion von Gallensaft. Milder Rettich ist gut verträglich, scharfe Sorten verursachen bei empfindlichen Personen Magenschmerzen.

Rettiche werden meist in Scheiben geschnitten und gesalzen zu Butterbrot gegessen, aber auch geraspelt oder gehobelt als Salat zubereitet. Wird Rettich etwa eine Viertelstunde vor dem Verzehr gesalzen, ist er zarter.

Radieschen

Radieschen enthalten wie Rettich ätherische Öle. Sie schmecken ganz frisch am besten; bereits nach wenigen Tagen werden sie biegsam und welk. Werden Radieschen nicht gleich nach der Ernte oder dem Einkauf gegessen, entfernt man das Laub, denn es entzieht den Radieschen die Feuchtigkeit und läßt sie schneller welken.

Rote Rüben (Rote Bete)

Rote Rüben enthalten B-Vitamine, Kalium, Phosphor und Schwefel. Eine blutreinigende Wirkung wird ihnen seit altersher nachgesagt.

Rote Rüben werden hauptsächlich als gekochter Salat zubereitet, sie schmecken aber auch gemischt mit anderen Gemüsen gut als Rohkost.

Praktische Hinweise:

- *Zum Kochen sollten nur unbeschädigte Rüben verwendet werden, denn aus angeschlagenen Rüben tritt viel Saft aus.*
- *Rote Rüben lassen sich nach dem Kochen leicht schalen, wenn sie kurz mit kaltem Wasser überbraust werden.*
- *Wer in der Küche auf Lebensmittelfarbe verzichten möchte, kann den Saft der roten Rüben gut zum Färben verwenden, z.B. von Puderzuckerglasur oder Marzipan.*
- *Beim Einkauf darauf achten, daß die Rüben nicht angeschlagen sind.*

Blattgemüse

Der Verbraucher hat eine riesige Auswahl an heimischen und importierten Salatsorten. Sie unterscheiden sich optisch und geschmacklich. Durchprobieren lohnt sich!

Kopfsalat

Kopfsalat gehört zu den vitaminärmsten Gemüsearten und sollte daher immer mit anderem Gemüse kombiniert werden, z.B. als gemischter Salat mit Möhren, Paprika oder Tomaten. Kopfsalat hat wenig Eigengeschmack und erfordert daher eine gut abgeschmeckte Marinade.

Frische erkennt man bei Kopfsalat am hellen, saftigen Anschnitt des Strunks. Feste, geschlossene Köpfe sind besonders ergiebig.

Bataviasalat

Bataviasalat hat einen intensiveren Geschmack als Kopfsalat, festere Blätter und hält sich länger frisch. Er eignet sich ebenfalls gut für Mischungen mit anderem Gemüse.

Eichblattsalat

Eichblattsalat hat einen zarten, frischen Geschmack und verträgt sich gut in Mischungen mit anderen Salaten.

Eissalat

Eissalat wird geschätzt wegen seiner knackigen Blätter. Bei Eissalat fällt wenig Abfall an, er läßt sich leicht putzen und hält sich im Kühlschrank etwa eine Woche.

Endivien

Endivien werden als Sommer- oder Winterendivien angeboten. Sommerendivien sind gröber und grüner als gebleichte Winterendivien. Beide Sorten haben einen leicht bitteren Geschmack.

Praktischer Hinweis:

- *Endivien können über längere Zeit im Keller gelagert werden, wenn sie mit der Wurzel ausgezogen wurden.*

Radicchio

Radicchio ist ein roter Kopfsalat mit kräftigen Blättern. Er schmeckt leicht bitter und wird gerne mit anderen Salaten oder Gemüse gemischt.

Romanasalat

Romanasalat kommt auch unter der Bezeichnung Römersalat oder Bindesalat in den Handel. Die Blätter sind gekraust und verhältnismäßig dick. Im Geschmack ist Romanasalat etwas kräftiger als Kopfsalat. Romanasalat schmeckt besonders gut mit kräftiger, pikanter Marinade.

Gartenkresse

Gartenkresse wird geschätzt wegen ihres hohen Vitamin-C-Gehaltes und ihres besonders würzigen Geschmacks. Sie wird verwendet zum Verfeinern von rohen und gekochten Salaten, Kräuterquark und Soßen.

Feldsalat

Feldsalat wird auch Rapunzel oder Ackersalat genannt. Er enthält viel Eisen. Seine Blätter haben einen feinwürzigen Geschmack. Feldsalat erfordert einen hohen Zeitaufwand beim Putzen.

Mangold

Mangold hat einen spinatähnlichen, kräftigen, leicht erdigen Geschmack. Er wird hauptsächlich als gegartes Gemüse gegessen.

Außer Blattmangold gibt es Stielmangold, von dem nur die Stiele verwendet werden; er wird ähnlich wie Spargel zubereitet.

Spinat

Spinat gilt als besonders gesundes Gemüse, weil er viel Eisen enthält. Der hohe Gehalt an Eisen trifft zwar zu, jedoch liegt das Eisen im Spinat in einer Form vor, die vom menschlichen Körper nur schlecht verwertet werden kann.

Spinat wird als Gemüse oder Suppe gegessen.

Praktischer Hinweis:

- *Spinat sollte nicht aufgewärmt oder lange warmgehalten werden, weil das enthaltene Nitrat in schädliches Nitrit umgewandelt wird.*

Salatrauke (Rucola)

Salatrauke ist eine wiederentdeckte alte Salatsorte. Die einzelnen, länglichen, gezahnten Blätter zeichnen sich aus durch einen extrem würzigen Geschmack. Sie kann ähnlich wie Kräuter auch im Balkonkasten gezogen werden.

Kohlgemüse

Wirsing

Wirsing enthält Vitamin A, B_1, B_2 und C sowie Kalium, Phosphor und Calcium. An der stark gewellten Oberfläche der Blätter können sich Schadstoffe aus der Luft ablagern. Deshalb ist gründliches Waschen besonders wichtig.

Wirsing ist ein Kohlgemüse mit zartem Geschmack und kurzer Garzeit. Zubereitet wird er als Gemüse, Suppe und in Eintöpfen.

Blumenkohl

Blumenkohl ist reich an Eisen, Kalium und Vitamin C. Er ist leicht verdaulich und eignet sich daher für Krankenkost.

Weil der Strunk viel Nitrat enthält, sollte er vor der Zubereitung herausgeschnitten werden.

Zubereitet wird Blumenkohl als roher oder gekochter Salat, Suppe, Gemüse, Auflauf.

Praktische Hinweise:

- *Vor der Zubereitung ist es ratsam, die Röschen kurze Zeit in Essig- oder Salzwasser zu legen, damit Raupen und andere Tierchen zum Vorschein kommen.*
- *Blumenkohl kocht weiß, wenn dem Kochwasser etwas Milch zugegeben wird.*

- *Röschen, die nicht reinweiß, sondern violett oder gelblich verfärbt sind, haben direkte Sonneneinstrahlung abbekommen. Normalerweise wird die Rose mit einem Blatt vor der Sonne geschützt. Farbveränderung ist ein reiner Schönheitsfehler, keine Geschmacksveränderung.*

Brokkoli

Brokkoli ist dem Blumenkohl ähnlich, jedoch grün und von intensiverem Geschmack. Brokkoli enthält außerdem erheblich mehr Vitamine und Mineralstoffe als Blumenkohl. Zubereitet wird Brokkoli als Gemüse, Suppe oder Auflauf.

Praktische Hinweise:

- *Wie Blumenkohl sollte man auch Brokkoli kurze Zeit in Essig- oder Salzwasser legen, damit Schädlinge zum Vorschein kommen.*
- *Die Röschen von Brokkoli garen gleichmäßig, wenn der Strunk kreuzweise eingeschnitten wird.*

Weißkohl (Weißkraut)

Weißkraut ist ein preiswertes und vielseitiges Gemüse. Es wird zubereitet als Salat, Gemüse, Suppe, geschmort, gedünstet bzw. Sauerkraut daraus bereitet.

Praktische Hinweise:

- *Der strenge Geruch von Kohl kann vermindert werden, wenn man dem Kochwasser etwas Zucker beigibt.*
- *Die blähende Wirkung von Kohl wird verringert durch Würzen mit Kümmel.*

Chinakohl

Chinakohl ist eines der wenigen Kohlgemüse, die nicht blähen. Er hat einen zarten, feinen Geschmack und besonders knackige Blattrippen. Zubereitet wird er hauptsächlich als Salat, auch gemischt mit Obst (Mandarinen, Orangen, Grapefruits). Als gegartes Gemüse kann Chinakohl ebenfalls zubereitet werden.

Praktischer Hinweis:

- *Beim Einkauf darauf achten, daß die Köpfe geschlossen und die Blattrippen durchsichtig weiß sind. Braune oder schwarze Blattrippen deuten darauf hin, daß der Chinakohl bereits gefroren war.*

Rosenkohl

Rosenkohl ist reich an Kalium, Phosphor, Eisen, Vitamin A, B_1, B_2, C. Er enthält zudem viel Eiweiß.

Rosenkohl schmeckt leicht bitter. Wenn er eine Frostnacht hinter sich hat, wird er süßlicher, zarter und leichter verdaulich. Frischer Rosenkohl hat feste, geschlossene Röschen.

Vom Strunk abgetrennte Röschen halten sich nur wenige Tage, sie werden schnell gelb und schmecken dumpf.

Praktische Hinweise:

- *Rosenkohl gart gleichmäßig, wenn die Unterseite der Röschen kreuzweise eingeschnitten wird.*
- *Den strengen Geruch kann man mildern, wenn dem Kochwasser etwas Zucker zugegeben wird.*

Rosenkohlröschen kreuzweise einschneiden

Grünkohl

Grünkohl enthält viel Eisen.

Er schmeckt am besten, wenn er bereits einmal gefroren war, denn dadurch verliert er Bitterstoffe.

Grünkohl muß wegen seiner stark gekräuselten Blätter gründlich gewaschen werden, damit abgelagerte Schadstoffe aus der Luft entfernt werden. Zubereitet wird Grünkohl als Gemüse mit herzhafter Einlage (geräucherte Würste, Kasseler, Pökelfleisch). In Norddeutschland wird aus Grünkohl das traditionelle Gericht »Grünkohl und Pinkel« zubereitet.

Rotkohl (Blaukraut)

Rotkohl gilt als typisches Wintergemüse. Es zählt zu den klassischen Beilagen zu gebratenem Wild und Geflügel. Auch als roher Salat wird Rotkohl geschätzt.

Praktischer Hinweis:

- *Wird Rotkohl als Gemüse zubereitet, den Essig erst gegen Ende der Garzeit zugeben. Wird der Essig gleich am Anfang zugegeben, behält der Kohl zwar seine rote Farbe besser, das Gemüse wird aber nicht so mild und braucht erheblich länger, bis es gar ist.*

Stengel- und Sproßgemüse

Kohlrabi

Man unterscheidet grünen und violetten Kohlrabi. Geschmacklich ist kein Unterschied; violetter bleibt etwas länger frisch und wird im Garten während der Sommermonate nicht so schnell holzig.

Kohlrabi schmeckt frisch und jung am besten; die Herzblätter werden zum Würzen verwendet. Zubereitet wird er als Suppe, Gemüse, für Eintopf und Aufläufe. Junge Kohlrabi schmecken auch roh sehr gut. Junger Kohlrabi wird nicht geschält, sondern die Schale mit einem spitzen Messer zur Wurzel hin abgezogen; älterer Kohlrabi wird geschält wie ein Apfel, weil die Schale sehr holzig ist.

Lange gelagerten Kohlrabi erkennt man an den vergilbten Herzblättern. Spät geernteter oder lange gelagerter Kohlrabi ist holzig. Da Kohlrabi auch nach der Ernte noch verholzen kann, empfiehlt sich baldiger Verbrauch.

Spargel

Spargel ist kalorienarm, enthält viel Vitamin B_1, B_2 und C sowie Kalium und Ballaststoffe. Spargel ist ein ideales Diabetikergemüse, weil er wenig Kohlenhydrate enthält (400 g entsprechen 1 Broteinheit). Spargel wirkt durch den hohen Kaliumgehalt entwässernd.

Spargel wird vorsichtig gegart, damit er nicht zu weich wird, sondern noch »Biß« hat. Zusammen mit Butter und frischen Kartoffeln gilt Spargel als Delikatesse. Besonders begehrt sind Spargelspitzen. Abschnitte und Schalen werden für Suppen und Soßen ausgekocht. Auch als Salat oder Gemüse wird Spargel zubereitet.

Frischer Spargel fühlt sich fest an und knackt bei leichtem Druck. Die Schnittstellen sind weiß und saftig. Wird Spargel nicht am Tag der Ernte oder des Einkaufs gegessen, schlägt man ihn in ein feuchtes Tuch und lagert ihn kühl.

Es gibt Grün- und Bleichspargel. Bleichspargel (weißer Spargel) wächst unterirdisch, Grünspargel oberirdisch. Grünspargel muß nicht oder nur am unteren Stielende geschält werden.

Praktische Hinweise:

- *Vor dem Schälen wird Spargel kalt abgespült, danach von oben nach unten geschält. Das Messer oder den Spargelschäler unterhalb des Köpfchens ansetzen; das untere Ende wird etwas stärker geschält, weil dort die holzige Schale dicker ist.*
- *Beim Schälen von Spargel nicht zu großzügig vorgehen, weil er teuer ist. Übertriebene Sparsamkeit ist aber auch nicht angebracht, sonst stören holzige Fäden beim Essen.*

- *Große Mengen Spargel lassen sich gut in der Fettauffangpfanne im Backrohr garen.*
- *Eine Prise Zucker und ein Stich Butter im Kochwasser verstärken den Eigengeschmack des Spargels.*

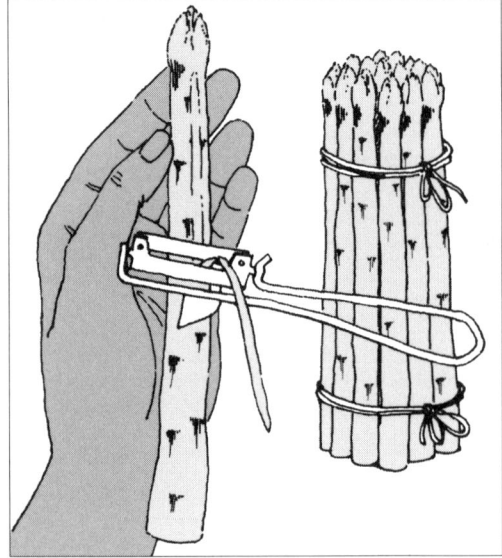

Spargel schälen

Fenchel

Fenchel hat einen typischen, anisartigen Geschmack und enthält viel Vitamin C.
Beim Einkauf ist darauf zu achten, daß die äußeren Knollenblätter fleischig und weiß sind. Die feinen inneren Blätter sollen noch frisch und grün sein.
Vor der Zubereitung werden die Wurzelscheibe abgeschnitten und braune Stellen entfernt. Holzige Stengel werden nicht verwendet, das feine Blattgrün kann als Würze oder Garnitur verwendet werden.
Fenchel wird roh oder gegart gegessen. Für Salat wird Fenchel in sehr dünne Scheiben geschnitten. Wird aus Fenchel warmes Gemüse zubereitet, reicht es, die Knolle zu vierteln oder zu halbieren. Fenchel schmeckt auch sehr gut überbacken mit Blauschimmelkäse.

Rhabarber

Rhabarber enthält viel Vitamin A und C sowie Oxalsäure. Er hat blutreinigende und verdauungsregulierende Wirkung. Rhabarberblätter sind giftig, sie dürfen nicht gegessen werden.
Am besten schmeckt rotstieliger, rotfleischiger Rhabarber, auch Himbeer-Rhabarber genannt. Geschmacklich gut ist auch rotstieliger, grünfleischiger Rhabarber. Grünstieliger, grünfleischiger Rhabarber ist verhältnismäßig sauer, denn er enthält viel Oxalsäure.

Verwendet wird Rhabarber als Kompott, als Saft, für Süßspeisen, in Konfitüren und als Kuchenbelag.

Praktische Hinweise:

- *Rhabarberkompott schmeckt milder, wenn man die geschnittenen Stücke vor dem Garen mit heißem Wasser übergießt.*
- *Junger, zarter Rhabarber wird nicht geschält.*
- *Rhabarber nicht in Aluminiumtöpfen kochen. Diese färben sich dunkel, und der Rhabarber bekommt einen unangenehmen Beigeschmack.*
- *Der herbe Geschmack von Kompott wird gemildert durch die Zugabe von frisch gepreßtem Orangensaft.*

Chicorée

Chicorée ist ein gebleichtes Gemüse. Bei zu langer Lagerung wird Chicorée bitter.
Verwendet wird Chicorée als Salat und für Aufläufe.

Stangensellerie

Stangensellerie hat einen schwächeren Geschmack als Knollensellerie, gesundes Laub kann mitverwendet werden.
Stangensellerie schmeckt gut als Gemüse, in gemischten Salaten oder auch gefüllt mit Käsecreme.

Zwiebelgemüse

Lauch

Lauch ist reich an B-Vitaminen und Vitamin C; außerdem enthält er Eisen und Calcium. Er wirkt entwässernd.
Lauch wird vielseitig zubereitet als Suppe, Gemüse, als Auflauf. Sommerlauch ist zarter als Winterlauch, jedoch nicht so gut lagerfähig.

Praktischer Hinweis:

- *Lauch sollte von der Wurzel zu den Blättern hin gespült werden, damit eingeschlossener Sand herausgewaschen wird. Dazu schneidet man die Stangen längs ein und biegt unter fließendem Wasser die Blätter leicht auseinander.*

Knoblauch

Knoblauch enthält ätherische Öle. Er gilt weniger als Gemüse, eher als Gewürz mit vielfältiger Heilwirkung. Er hilft bei Verdauungsstörungen, wie Blähungen oder chronischen Darminfektionen.
Knoblauch wird verwendet zum Würzen von Lammfleisch, Fleischteigen, Salaten und Soßen. Knoblauchfans lieben geschälte, in Öl eingelegte Zehen.

Zwiebeln

Zwiebeln enthalten die Vitamine A, B_1, B_2 und C sowie Calcium und Phosphor. Sie wirken antibakteriell und regen die Verdauung an.

Zwiebeln werden meist nur als Gewürz verwendet, sie lassen sich aber auch als selbständige Gerichte zubereiten: gefüllt, überbacken, als Salat, Suppe oder pikanter Blechkuchen.

Besonders mild, fast süßlich ist die große Gemüsezwiebel. Es gibt weiße und rote Sorten.

Schalotten sind eine kleine Zwiebelsorte, die besonders mild ist. Lauchzwiebeln (Frühlingszwiebeln) werden mit dem Laub gegessen. Sie werden auf Butterbrot gelegt oder unter Salate gemischt.

Praktische Hinweise:

- *Zwiebelringe werden besonders schön braun und kroß, wenn man sie beim Braten mit etwas Zucker bestreut.*
- *Angeschnittene Zwiebeln möglichst bald verbrauchen, denn sie entwickeln an der Luft einen unangenehmen Geschmack.*
- *Geschnittene Zwiebeln für kurzzeitiges Aufbewahren nicht in Kunststoffschüsseln geben, sondern Porzellan- oder Glasgeschirr verwenden. Es nimmt den Geruch nicht an.*
- *Zwiebeln müssen trocken und dunkel aufbewahrt werden. Die Keime von Zwiebeln kann man essen.*
- *Lagernde Zwiebeln regelmäßig überprüfen, denn angefaulte Zwiebeln übertragen die Fäulnisbakterien an die gesunden.*

Fruchtgemüse

Gurken

Gurken liefern wenig Vitamine und Mineralstoffe, jedoch viel Ballaststoffe und Wasser. Die Schale von Gurken kann mitgegessen werden. Zu bedenken ist aber, daß gekaufte Gurken meist mit Pflanzenschutzmitteln behandelt sind.

Gurken haben einen geringen Eigengeschmack, sind aber sehr erfrischend. Sie sollten möglichst frisch gegessen werden; zu lange gelagerte Gurken werden schwammig und schmecken dumpf. Schlangengurken haben wenig Kernhaus, dicke, kurze Gärtnergurken haben meist viel Kernhaus.

Praktische Hinweise:

- *Schälen sollte man Gurken von der Blüte zum Stiel, denn im Stengelansatz sitzen Bitterstoffe, die durch falsches Schälen auf die ganze Gurke übertragen und durch Waschen nicht mehr entfernt werden können.*
- *Gurken sollten nicht zusammen mit Tomaten gelagert werden, weil Tomaten ein Gas ausscheiden, das die Gurken schnell vergilben läßt.*

Tomaten

Tomaten enthalten Vitamin A und C, Pflanzeninhaltsstoffe sowie Kalium, Magnesium und Calcium. Tomaten sind so gesund, daß sie während der inländischen Saison am besten täglich gegessen werden sollten. Unreife Tomaten dürfen weder gekocht noch roh gegessen werden. Sie enthalten das gesundheitsschädliche Solanin (siehe auch S. 95).

Tomaten gibt es in verschiedenen Größen, Formen und Farben, von großen Fleischtomaten bis zu kleinen, gelben Cocktailtomaten. Die Größe sagt wenig aus über die Qualität, jedoch sind kleine Tomaten meistens aromatischer als große.

Verwendet werden Tomaten für Salate, Suppen, Soßen und gegrillt als Beilage.

Für die Vorratshaltung werden Tomaten zu Mark gekocht und eingefroren oder geschält sterilisiert.

Praktischer Hinweis:

- *Tomaten sollten nicht im Kühlschrank gelagert werden, sie verlieren bei Kälte ihr Aroma.*

Paprika

Gemüsepaprika enthält sehr viel Vitamin C. Die Kerne und inneren Scheidewände enthalten einen Stoff, der die Schleimhäute in Magen und Darm angreift. Sie sollten deshalb sorgfältig entfernt werden.

Es gibt grünen, gelben, orange und roten Paprika. Runzlige Haut deutet darauf hin, daß der Paprika bereits eine längere Lagerzeit hinter sich hat. Zum Einfrieren ist Paprika ungeeignet.

Paprika hält sich im Kühlschrank etwa eine Woche.

Praktischer Hinweis:

- *Paprika wird von vielen Menschen schlecht vertragen. Er ist bekömmlicher, wenn er ohne Haut gegessen wird. Das Schälen erweist sich allerdings in der Praxis als nicht sehr einfach. Am ehesten gelingt es noch mit Hilfe der Mikrowelle. Die Schale wird vor dem kurzzeitigen Erhitzen in der Mikrowelle eingestochen.*

Peperoni ist Gewürzpaprika, schmeckt sehr scharf und wird verwendet als Gewürz für Eintöpfe und Soßen, als Gewürz auf Pizza sowie als Sauerkonserve. Chillies sind besonders scharfe Peperoni.

Zucchini

Zucchini haben einen feinen, zarten Geschmack und schmecken jung am besten. Zucchini sind ausgesprochen vielfältig zu verwenden: als Cremesuppe, Gemüse, Auflauf, roh in gemischten Salaten oder geraspelt in Kuchen.

Größere Zucchini können mit Hackfleisch oder Getreide gefüllt und mit Käse überbacken werden.

Die Schale von Zucchini kann gegessen werden; man entfernt sie nur bei älteren, großen Früchten, denn sie haben eine harte Schale. Bei älteren Zucchini wird meist auch das Kernhaus entfernt, am schnellsten und einfachsten geht dies mit einem Löffel.

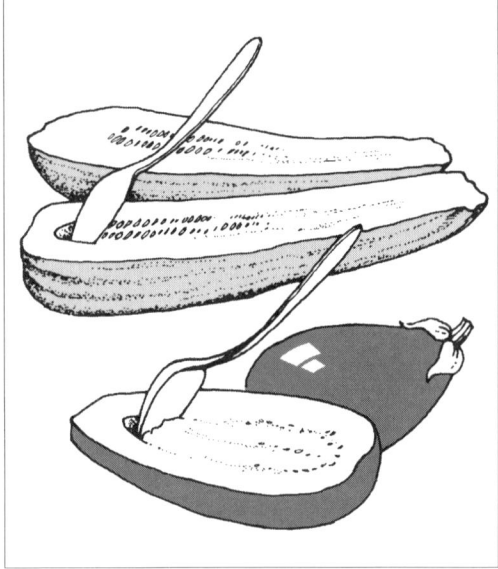

Aushöhlen von Zucchini und Aubergine

Praktischer Hinweis:

■ *Bei warmem Wetter sollten Zucchinipflanzen im eigenen Gemüsegarten täglich kontrolliert werden. Die Früchte wachsen sehr schnell und schmecken als kleine Zucchetti am besten.*

■ *Gelegentlich erwischt man eine bittere Zucchini; sie sollte nicht gegessen werden, weil sie Durchfall verursachen könnte.*

Kürbis

Kürbisse gibt es in vielen Sorten, manche davon zu reinen Dekorationszwecken (Zierkürbisse), die meisten jedoch sind eßbar. Man verwendet sie süßsauer eingelegt, für Suppen, als Gemüsebeilage oder delikate Beigabe zu Reis- und Nudelgerichten. Kürbisse sollten nicht gegessen werden, wenn sie bitter schmecken. Dann enthalten sie Cucurbitacin, einen Giftstoff, der Durchfall verursachen kann. Kürbisse kann man roh oder gegart einfrieren. Sorten mit dicker Schale kann man gekühlt mehrere Monate aufbewahren.

Aus einer speziellen Kürbissorte, dem Ölkürbis, nimmt man für den menschlichen Verzehr nur die Kerne, aus denen Kürbiskernöl gewonnen wird. Die Kerne bzw. das Öl enthalten viel Vitamin E; außerdem wirken die Inhaltsstoffe der Kerne vorbeugend gegen Blasen- und Prostataleiden.

Melonen

Melonen sind kalorienarm und schmecken angenehm süß. Sie sind gesund, weil sie beachtliche Mengen an Mineralstoffen enthalten.

Sie gelten als harntreibend, verdauungsfördernd und blutreinigend, sollten aber nicht in übergroßen Mengen verzehrt werden, sonst kann es zu Magen- und Darmstörungen kommen.

Melonen schmecken gekühlt am besten. Der Reifegrad von Melonen kann festgestellt werden durch kräftiges Klopfen mit dem Finger: Klingt es hohl, d. h. »singt« die Melone, ist sie reif.

Wassermelonen sind verhältnismäßig groß, haben eine dunkelgrüne Schale und ein kräftigrotes Fruchtfleisch. Die braunen Kerne kann man mitessen. Honigmelonen schmecken sehr süß; sie sind kleiner als Wassermelonen, haben eine gelbe Schale und hellgelbes Fruchtfleisch.

Netzmelonen haben eine netzähnliche Schale, das Fruchtfleisch ist hellorange gefärbt und schmeckt vollmundig süß.

Frische Erbsen

Erbsen sind kohlenhydrat- und eiweißreich. Sie sind schwer verdaulich und können Blähungen hervorrufen.

Erbsen werden unterteilt in Palerbsen, Markerbsen und Zuckererbsen. Zuckererbsen, auch Zuckerschoten genannt, werden mit der Hülse und den noch wenig entwickelten Samen als Gemüse gegessen. Markerbsen schmecken süßlich, Palerbsen mehlig. Angeboten werden beide Sorten als Konserven oder tiefgefroren.

Praktischer Hinweis:

■ *Erbsen sollten nicht roh gegessen werden. Sie enthalten wie grüne Bohnen das giftige Phasin.*

Grüne Bohnen

Bohnen enthalten viel Eiweiß, das jedoch leicht verderblich ist. Beim Einkochen ist deshalb darauf zu achten, daß die im Einkochbuch angegebene Zeit nicht unterschritten wird, sonst besteht die Gefahr, daß die Bohnen verderben. Es entstünde das lebensgefährliche Botulinusgift.

Bohnen enthalten Kalium, Eisen, Calcium, Magnesium, Vitamin A, B_1, B_2, C und reichlich Ballaststoffe. Bohnen gibt es in unterschiedlichen Sorten: Stangen-, Busch- und Prinzeßbohnen in grüner, gelber oder violetter Farbe.

Stangen- und Buschbohnen werden verwendet für Salate, Gemüse und Eintöpfe. Prinzeßbohnen sind besonders früh geerntete Bohnen; sie sind zart und werden als feine Gemüsebeilage gereicht. Sie haben einen höheren Nitratgehalt als »ausgewachsene« Bohnen.

Praktische Hinweise:

- *Bohnen, die zu spät geerntet wurden, sind fadig und haben keine so kräftige Farbe mehr.*
- *Rohe Bohnen enthalten das giftige Phasin, das durch Kochen zerstört wird. Deshalb sollten Bohnen nicht roh gegessen werden.*

Hülsenfrüchte

Hülsenfrüchte sind die reifen, getrockneten Samen von Erbsen, Bohnen und Linsen. Auch Sojabohnen und Erdnüsse gehören zu den Hülsenfrüchten.

Hülsenfrüchte enthalten viel Eiweiß, Kohlenhydrate und Ballaststoffe sowie Mineralstoffe und Vitamine.

Sie sind schwer verdaulich und wirken blähend. Wer Hülsenfrüchte nicht verträgt, sollte geschälte verwenden, diese sind bekömmlicher. Auch Kräuter und Gewürze verbessern die Bekömmlichkeit, z. B. Thymian, Fenchel, Muskat oder Knoblauch. Gleichmäßige, glatte, glänzende Oberfläche und dünne Schalen zeugen von guter Qualität. Überalterte, unausgereifte oder notreife Hülsenfrüchte sind grau und runzlig.

Praktische Hinweise:

- *Hülsenfrüchte sollten einen festen Platz im Speiseplan haben. Sie enthalten hochwertiges Eiweiß und beachtliche Mengen an Calcium, Phosphor, Eisen, Jod, Vitamin A, Vitamin B$_1$ und Vitamin B$_2$.*
- *Ungeschälte Erbsen und Bohnen sollten über Nacht eingeweicht werden, ebenso Linsen. Zum Garen verwendet man das Einweichwasser. Einweichen verkürzt die Garzeit.*
- *Hülsenfrüchte immer erst nach dem Garen salzen, sonst werden sie nicht weich.*
- *Hülsenfrüchte sind gut haltbar bei trockener, luftiger Lagerung (ungeschälte Hülsenfrüchte bis zu einem Jahr, geschälte bis zu einem halben Jahr).*

Erbsen

Erbsen werden in verschiedenen Größen, geschält oder als Splittererbsen angeboten. Vor der Zubereitung werden sie eingeweicht und zu Suppe oder Püree weiterverarbeitet. Bei geschälten Erbsen ist die dünne Schale über dem Samen abgeschliffen, die Erbsen sind dadurch leichter verdaulich und brauchen nicht eingeweicht zu werden.

Erbswurst ist eine Suppenkonserve, die aus Erbsmehl und Würzzutaten besteht. Sie muß nur aufgekocht werden.

Bohnen

Bohnen gibt es in verschiedenen Farben und Größen zu kaufen, die jedoch nichts über die Qualität aussagen. Weiße Bohnen werden beim Kochen schneller weich als rote Bohnen.

Verwendet werden Bohnenkerne für Salate und Eintöpfe.

Linsen

Linsen gibt es in verschiedenen Größen. Je kleiner sie sind, desto niedriger ist der Preis, weil der Schalenanteil hoch ist. Der Geschmack nimmt jedoch mit dem Schalenanteil zu.

Frische Linsen sind grün, später werden sie braun, ohne sich jedoch in Geschmack oder Kocheigenschaften zu verändern.

Sojabohnen

Sojabohnen haben einen hohen Fettgehalt und enthalten viel biologisch hochwertiges Eiweiß.

Sojabohnen werden weltweit hauptsächlich zu Öl verarbeitet. Sojaöl enthält hohe Anteile an mehrfach ungesättigten Fettsäuren (siehe Seite 64). Bei der Raffination des Sojaöls fällt Lecithin an, das in der Lebensmittelindustrie aufgrund seiner emulgierenden Eigenschaften vielfältig eingesetzt wird. Ein hoher Prozentsatz der weltweiten Sojaproduktion erfolgt mit gentechnisch veränderten Sojapflanzen. Daher ist davon auszugehen, daß auch die großen Mengen an Lecithin, die die Lebensmittelindustrie braucht, von gentechnisch veränderter Soja stammen, auch wenn das infolge der Kennzeichnungsregelung für den Verbraucher nicht ersichtlich ist.

Sojasamen: können zubereitet werden wie die einheimischen Hülsenfrüchte.

Sojamehl: schmeckt süßlich und wird hauptsächlich zum Backen verwendet. Da es viel Wasser bindet, sollte man mehr Flüssigkeit zugeben als bei anderen Mehlen. Sojamehl gibt es auch teilentfettet zu kaufen.

Tofu (Sojaquark): steht häufig auf dem Speiseplan von Vegetariern als wertvolle Eiweißquelle. Verwendet wird Tofu für Kuchen, Soßen und Aufläufe. Tofu hat wenig Eigengeschmack und läßt sich daher sehr vielfältig verwenden.

TVP (textured vegetable protein): wird aus dem nach der Ölgewinnung zurückbleibenden Sojaschrot hergestellt. Es entsteht eine fleischartige Masse, die als Fleischersatz verwendet wird.

Sojasoße: ist eine Würzsoße.

Miso (Sojapaste): dient als Suppeneinlage und zum Würzen von Gemüse, Fleisch und Fisch.

Sojabohnenkeimlinge: sind sehr vitamin- und mineralstoffreich. Sie schmecken gut in gemischten Salaten oder als Gemüse. Vor der Verwendung werden sie unter fließendem Wasser gewaschen.

Wildgemüse

Wildgemüse sind Gemüse, die »wild« wachsen. Sie werden teilweise auch im Garten kultiviert, z. B. Löwenzahn, Sauerampfer, Brunnenkresse. Häufig sind sie in Mineralstoff- und Vitamingehalt den herkömmlichen Kulturgemüsen weit überlegen. Sie haben meist intensiven Geschmack und viel Aroma, wirken daher appetitanregend. Nicht selten sind sie zugleich Heilpflanzen.

Verwendung von Wildgemüse

Als Gemüse	In Suppen	Für Salat
Wiesenkerbel	Großer Sauer-	Gänseblümchen
Bärenklau	ampfer	Löwenzahn
Großer Wiesenknopf	Franzosenkraut	Huflattich
Große Brennessel	Bärlauch	Wegmalve
Breitwegerich		Winterkresse
Spitzwegerich		Hirtentäschelkraut
Giersch		Vogelmiere
Guter Heinrich		Bärlauch

Wildgemüse sind aber nur dann zu empfehlen, wenn sie jung und an einem geeigneten Ort gesammelt werden. Von Straßenrändern, intensiv genutzten und folglich auch gedüngten Wiesen ist abzuraten. Geeignete Sammelstellen sind brachliegende Flächen, der eigene Garten und nichtkultiviertes Gelände. Dabei sollte man nicht alles wild »abgrasen«, sondern gezielt bestimmte Sorten pflücken. Vorsicht: Es gibt auch giftige Kräuter!

In der Küche werden Wildgemüse als Salat, Gemüse, zum Würzen von Soßen, Suppen und Quark oder als Brotbelag verwendet. Omeletts erhalten durch feingewiegte Wildgemüse einen würzigen Geschmack. Da manche Wildgemüse Bitterstoffe enthalten, empfiehlt es sich, verschiedene Arten (milde und bittere) zu mischen.

Wichtiger Hinweis:

- *Wildgemüsen, die im Wald geerntet werden, zum Beispiel Bärlauch, könnten Fuchsbandwurmeier anhaften. Wenn sie in den menschlichen Organismus gelangen, können sie zu schweren Erkrankungen führen. Unschädlich gemacht werden können die Eier nur, wenn die entsprechenden Lebensmittel über 90°C erhitzt werden. Falls Wildgemüse (sowie Pilze und Wildobst) roh gegessen werden, müssen sie daher besonders gründlich gewaschen werden. Einfrieren tötet die Fuchsbandwurmeier nicht ab.*

Exotische Gemüse

Als exotisch werden hier Gemüsearten aufgezählt, die bei uns kaum oder gar nicht angebaut werden, weil sie nur in sehr mildem Klima gedeihen.

Auberginen

Auberginen werden nicht roh gegessen, sondern zum Dünsten, Braten, Schmoren, in Aufläufen und Eintöpfen verwendet oder auch gefüllt mit Hackfleisch und Getreide.

Die Schale kann mitgegessen werden. Auberginen enthalten viel Ballaststoffe, sind also verdauungsfördernd.

Praktische Hinweise:

- *Die Bitterstoffe entzieht man, indem die Früchte in Scheiben geschnitten und kräftig gesalzen werden. Danach läßt man sie etwa eine halbe Stunde »weinen« und tupft die Flüssigkeit mit Küchenkrepp ab.*
- *Beim Einkauf darauf achten, daß die Schale nicht runzlig ist.*
- *Unreife Auberginen erkennt man daran, daß die Schale auf Druck nicht nachgibt.*
- *Bei kühler Lagerung halten sich Auberginen etwa eine Woche.*

Artischocken

Artischocken sind nur gekocht genießbar. Unter fließendem Wasser werden die Artischocken zunächst gewaschen, die unteren Blätter werden entfernt und der Stiel abgeschnitten. Danach werden die Artischocken in Salzwasser gekocht.

Gegarte Artischocken werden mit verschiedenen pikant abgeschmeckten Soßen serviert. Beim Essen werden die einzelnen Blätter herausgezogen und das fleischige Ende ausgesogen.

Bei Artischocken ist der Blütenboden am wertvollsten. Artischockenböden werden gefüllt, überbacken oder als Sauerkonserve verwendet. Sie gelten als Delikatesse. Rundköpfige Formen haben einen größeren Boden. Dunkel gefärbte Hüllblätter sind ein Zeichen dafür, daß die Ware nicht mehr frisch ist. Geöffnete Artischocken sind überreif.

Zuckermais

Zuckermais ist eine besondere Maissorte, deren Kolben in der Milchreife geerntet werden. Zuckermais sollte möglichst frisch gegessen werden, sonst schmeckt er nicht süßlich, sondern mehlig. Zuckermais wird ohne Blätter und Fäden in ungesalzenem Wasser gegart, anschließend erst gesalzen und als Vorspeise oder Beilage serviert.

Sollen die Körner weiterverarbeitet werden zu Salat oder Gemüse, werden sie mit dem Messer vom Kolben gestreift. Zuckermais kann tiefgefroren werden.

Paksoi

Paksoi ist ein Kohlgemüse, das geschmacklich dem Chinakohl ähnlich ist, jedoch würziger schmeckt. Von Paksoi werden hauptsächlich die Stiele als Gemüse oder Salat verwendet. Paksoi ist nicht lange haltbar.

Pilze

Alle Pilze zu beschreiben geht über den Rahmen dieses Buches hinaus. Deshalb soll in diesem Kapitel nur Allgemeines über Pilze und ihre Verarbeitung in der Küche behandelt werden.
Pilze sind sehr beliebt wegen ihres außerordentlich intensiven Aromas.
Wer selber auf die Suche nach Pilzen geht, sollte sich an einige Regeln halten:
- Pilze in Körben transportieren, weil sie sehr druckempfindlich sind.
- Pilze werden kurz über dem Boden abgeschnitten oder ganz vorsichtig aus dem Boden gedreht.
- So gut Pilze schmecken, so lebensgefährlich können sie sein. Anfänger sollten sich daher nur mit einem guten Pilzbuch auf die Suche machen, besser aber die »Beute« von einem erfahrenen Pilzkenner (Adresse ist bei der Gemeindeverwaltung zu erfragen) begutachten lassen.
- Lieber einen Pilz nicht verwenden, wenn man unsicher ist, ob er eßbar ist.

In der Küche werden die Pilze sortiert, gründlich geputzt und aufgeschnitten. Verwendet werden Pilze für Suppen, Soßen, Pilzragout, als Füllung, Salat oder gedünstet.
Wildpilze sind im Handel nicht nur frisch, sondern auch getrocknet und als Konserven zu haben.
Die meist preiswertere und in größeren Mengen verfügbare Alternative sind Kulturpilze (Champignons, Egerlinge, Austernpilze, Shiitake, Braunkappen). Kulturpilze enthalten keine bedenklichen Mengen an Schwermetallen.

Praktische Hinweise:

- *Pilze nicht roh essen!*
- *Pilze verderben rasch, deshalb möglichst frisch essen.*
- *Reste von Pilzmahlzeiten nicht aufwärmen, da Pilze leichtverderbliches Eiweiß enthalten.*
- *Pilze, die nicht sofort verbraucht werden, können konserviert werden, z. B. durch Trocknen, Einlegen in Essig, Einfrieren, Sterilisieren.*
- *Pilze unter fließendem Wasser waschen, damit sie sich nicht mit Wasser vollsaugen; sie verlieren sonst ihr Aroma.*

- *Pilze sind schwer verdaulich. Magenempfindliche Personen sollten sie deshalb nicht abends essen.*
- *Da Wildpilze viele Schwermetalle enthalten, sollen pro Woche nicht mehr als 1–2 Pilzmahlzeiten gegessen werden, auch dann, wenn viele Pilze gefunden werden.*
- *Die radioaktive Belastung von Wildpilzen ist ein nachhaltiges Überbleibsel des Reaktorunglücks in Tschernobyl. Die derzeitige Belastung ist regional und je nach Pilzart sehr unterschiedlich. Auch aus diesem Grund sollte man häufige Pilzmahlzeiten vermeiden.*

Gemüsedauerwaren

Zu den Gemüsedauerwaren gehören Gemüseerzeugnisse, die durch Hitze, Säuern, Salzen, Trocknen oder Tiefgefrieren haltbar gemacht wurden.

Gemüsekonserven

Das Gemüse wird über 100 °C erhitzt; Konservierungsstoffe sind erlaubt. Auf die Verzehrsformen »geschält«, »passiert«, »ganz« wird hingewiesen. Als Konserven werden viele Gemüsearten angeboten, z. B. Karotten, Erbsen, Spargel, Champignons, Bohnen, rote Rüben, Rotkraut, Mischgemüse.

Praktische Hinweise:

- *Beim Einkauf von Gemüsedauerwaren sollten Sie die Kennzeichnung genau lesen: Nettogewicht, Gemüseeinwaage*
- *Zusatzstoffe, z. B. geschwefelt, mit Konservierungsstoff*
- *Herkunft des Produkts (Hersteller, Abpacker)*
- *Tiefkühlgemüse sollten Sie nur aus eisfreien, nicht zu voll gepackten Truhen kaufen. Angetaute Ware erkennt man am Reif an der Packung, manchmal auch daran, daß der Inhalt der Ware nicht mehr lose, sondern zu einem Klumpen gefroren ist (z. B. Erbsen).*

Tiefgefrorenes Gemüse

Tiefgefrorenes Gemüse ist küchenfertig vorbereitet. Es bringt viel Zeitersparnis beim Kochen, ist allerdings nicht ganz billig. Insgesamt ist die Qualität von tiefgefrorenem Gemüse hinsichtlich seines Vitamingehalts sehr gut, besser als von lange gelagertem Gemüse oder Gemüse aus Konserven.

Trockengemüse

Angeboten werden vor allem Würzkräuter, Suppengrün, Zwiebeln, Pilze, Linsen, Erbsen, Bohnenkerne.

Sauerkonserven
Gemüseerzeugnisse werden durch Säuern mit Salz oder Essig haltbar gemacht, zum Teil sind sie zusätzlich erhitzt worden. Als Sauerkonserven gibt es Gurken, Mixed Pickles, Maiskölbchen, Peperoni, Sauerkraut, Kapern...

Gemüsesaft
Unverdünnter Saft aus vergorenem oder unvergorenem Gemüse, z. B. Tomatensaft, Karottensaft, Sauerkrautsaft.

Gemüsetrunk, Gemüsenektar
Gemüsetrunk ist verdünnter Gemüsesaft; der Anteil an Gemüsesaft und/oder Gemüsemark muß mindestens 40 % betragen, bei Rhabarber mindestens 25 %.

Lagerung
- Kühl, trocken, Gläser möglichst dunkel lagern. Vor Frost schützen, denn Konservendosen sind nicht frostbeständig.
- Konserven nicht länger als 2 Jahre, Gefriergemüse nicht länger als 1 Jahr lagern.
- Der Inhalt aufgetriebener Konservendosen (Bombagen) ist nicht mehr für den Verzehr geeignet, er ist verdorben. Das gleiche gilt für Gläser, die nicht mehr ordnungsgemäß mit einem Vakuum verschlossen sind.
- Eingedellte Dosen nicht kaufen. Die Dose könnte innen beschädigt und Metallspuren unter das Lebensmittel gemischt sein.
- Den Inhalt geöffneter Dosen umfüllen, weil sich von verzinkten Dosen bei Luftzutritt Zink lösen kann.

1.4. Kartoffeln

Ernährungsphysiologie

Kartoffeln sind ein preiswertes, gesundes Nahrungsmittel, das hochwertiges Eiweiß, viel Vitamin C, Eisen und Kalium enthält. Sie sind leicht verdaulich und daher gut geeignet für Krankenkost. Durch ihren hohen Gehalt an Kalium wirken sie entwässernd. Die günstige Nährstoffzusammensetzung macht sie gut verwendbar für die Ernährung bei Diabetes, Nierenkrankheiten, Gicht, Zöliakie, Bluthochdruck sowie bei leichter Vollkost und bei Abmagerungsdiäten.
Zu Unrecht ist die Kartoffel als Dickmacher verschrien: 100 g Kartoffeln enthalten nur 285 kJ (68 kcal). Dick machen also nicht die Kartoffeln, sondern die Zutaten bei verschiedenen Kartoffelgerichten: Fett, Sahne, Käse etc.

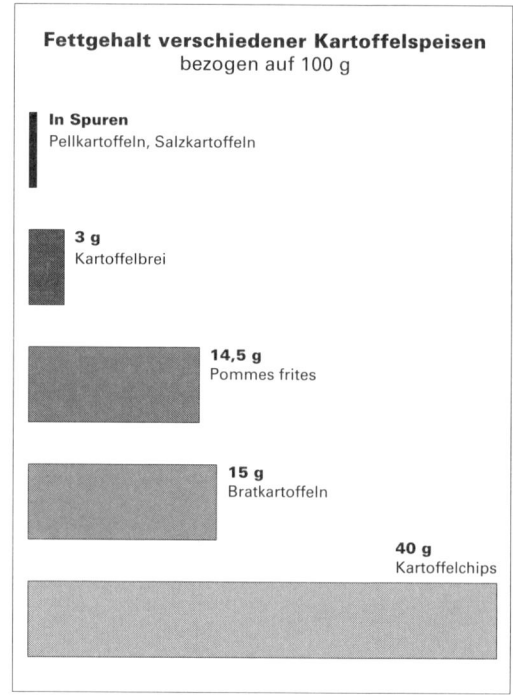

Fettgehalt verschiedener Kartoffelspeisen
bezogen auf 100 g

In Spuren
Pellkartoffeln, Salzkartoffeln

3 g
Kartoffelbrei

14,5 g
Pommes frites

15 g
Bratkartoffeln

40 g
Kartoffelchips

Küchenpraxis

- Kartoffeln möglichst mit der Schale garen, um die wertvollen Inhaltsstoffe zu erhalten.
- Frühkartoffeln haben eine zarte Schale, die mitgegessen werden kann.
- Salzkartoffeln in wenig Wasser garen.
- Langes Warmhalten vermeiden.
- Grüne Stellen großzügig wegschneiden, sie enthalten das giftige Solanin.
- Keime großzügig ausschneiden, sie enthalten ebenfalls Solanin.
- Braunwerden geriebener Kartoffeln läßt sich vermeiden, wenn man einige Tropfen Essig zugibt.

Kochtyp und Verwendung

Kochtyp	Verwendung
Festkochend	Kartoffelsalat, Salz-, Pell-, Bratkartoffeln.
Vorwiegend festkochend	Salz-, Pell-, Bratkartoffeln; die Schale springt beim Garen auf.
Mehlig-kochend	Kartoffelbrei, -puffer, -klöße, -suppen, -eintopf; die Schale springt beim Garen auf, die Kartoffeln sind locker und trocken.

Einkauf

Die verschiedenen Kartoffelsorten sind geschmacklich recht unterschiedlich. Die Sorten lassen sich unterscheiden nach dem Erntezeitpunkt und den Kocheigenschaften.

Frühkartoffeln gibt es bereits ab Juni. Frühe Sorten eignen sich nicht für längere Lagerung. Zum Einkellern werden hauptsächlich mittelfrühe und mittelspäte Sorten verwendet.

Kartoffeln reagieren sehr empfindlich auf falsche Behandlung bei Ernte und Transport. Deshalb sollte man beim Einkauf auf einige Merkmale achten:

- Abgepackte Kartoffeln enthalten u. a. eine Kennzeichnung nach Sorte und Kochtyp.
- Darauf achten, ob die Kartoffeln schon austreiben oder sonstige Mängel aufweisen, z. B. grüne Stellen.
- An der Tüte riechen; angefaulte Kartoffeln erkennt man deutlich am unangenehmen Geruch.
- Sind die Kartoffeln in der Verpackung feucht, kann dies ein Zeichen für Frostschäden sein, gefrorene Kartoffeln schmecken süßlich.
- Bei lose verkauften Kartoffeln nach Sorte und Kochtyp fragen. Vor größeren Einkäufen lohnt es sich, Probekäufe zu tätigen.
- Kartoffeln, die eingelagert werden sollen, müssen gesund, sauber und trocken sein.

Deutsche Speisekartoffelsorten und ihre Verwendbarkeit

Kochtyp	Sortenbezeichnung
festkochend	Forelle, Hansa, Linda, Exquisa, Nicola, Punika
vorwiegend festkochend	Regina, Selma, Sieglinde, Cilena Grata, Agria, Berber, Cinja, Gloria, Grandifolia, Hela, Leyla, Miriam, Palma, Quarta, Rikea, Rita, Solara, Ulla, Atica, Anni, Bettina, Christa, Desiree, Granola, Jetta, Roxy, Lyra, Rosara
mehligkochend	Adretta, Likaria, Aula, Irmgard

Lagerung

- Abgepackte Kartoffeln aus der Verpackung nehmen.
- Beim Einlagern die Sorten nicht mischen.
- Vorsichtig mit den Kartoffeln umgehen; nicht werfen, sie bekommen leicht weiche Stellen und graue Flecken.
- Für die Lagerung eignen sich kühle, trockene und dunkle Keller am besten. Die optimale Lagertemperatur liegt zwischen 4 und 6 °C. Bei höheren Temperaturen schrumpfen und keimen

die Kartoffeln schneller. Falls ein geeigneter Vorratsraum fehlt, ist es deshalb sinnvoller, kleine Mengen zu kaufen.

- Kartoffeln dürfen keinesfalls gefrieren, sonst schmecken sie süßlich und faulen schneller.
- Bei Lagerung in einem zu hellem Raum werden Kartoffeln grün, es entwickelt sich das schädliche Solanin.
- Der Raum, in dem Kartoffeln gelagert werden, sollte gut belüftbar sein, sonst keimen die Kartoffeln schneller.
- Kartoffeln nicht auf dem Boden, sondern auf einem Lattenrost oder in Holzkisten lagern.
- Keimende Kartoffeln jeweils für den Tagesbedarf entkeimen.

Kartoffelerzeugnisse

Speisekartoffeln werden zunehmend in verarbeiteter Form angeboten. Vorteile der verarbeiteten Produkte sind die große Vielfalt, aber auch die Zeitersparnis bei der Zubereitung. Allerdings hat dieser Service seinen Preis.

Naßkonserven

Sterilisierte Kartoffeln, die in Gläser oder Dosen abgefüllt sind, müssen nicht mehr gekocht, sondern meist nur noch erhitzt werden.

Tiefkühlerzeugnisse

- *Kartoffelklöße:* Sie werden meist »halb und halb« angeboten, d. h. sie bestehen je zur Hälfte aus gekochten und rohen Kartoffeln. Für die Zubereitung werden sie in kochendes Wasser gegeben.
- *Pommes frites:* Sie sind bereits vorfritiert und müssen nur noch ein zweites Mal in heißem Fett oder auf dem Backblech gebacken werden.
- *Kartoffelpuffer (Reiberdatschi):* Sie müssen ebenfalls nur noch kurz in heißem Fett gebacken werden.
- *Kartoffelkroketten:* Sie sind bereits vorgebacken und brauchen nur noch kurz in heißem Fett aufgebacken oder im Backofen erwärmt werden.

Trockenprodukte

- Kloßpulver (Knödelpulver, Kloßmehl): Es besteht aus getrockneten rohen oder gekochten Kartoffeln mit Geschmackszutaten. Das Pulver braucht nur noch in Wasser zu quellen. Aus dem Teig werden Klöße geformt, die man in heißem Wasser garziehen läßt.
- Kartoffelpüree: Es wird hergestellt aus rohen Kartoffeln, die schonend gekocht, zerkleinert und getrocknet werden. Zubereitet wird Kartoffelpüree durch Einrühren in heiße Milch. Geöffnete Packungen sollten bald verbraucht werden.

▫ Kartoffelstärke: Die Stärke wird aus den Kartoffeln durch starkes Zerkleinern und anschließendes Auswaschen mit Wasser gewonnen. Verwendet wird Kartoffelstärke zum Binden von Suppen und Soßen, als Tortenguß sowie zum Backen. Stärke macht Gebäck feinporig und sandig.

Kartoffelknabbergebäck

Knabbergebäck gibt es in den unterschiedlichsten Geschmacksrichtungen und Formen. Es ist meist in Fett gebacken und daher sehr kalorienreich. Der Inhalt geöffneter Packungen sollte bald verbraucht werden.

1.5. Obst

Ernährungsphysiologie

Obst liefert – mit Ausnahme von Schalenobst – wenig Energie, viel Wasser, Vitamine und Mineralstoffe.
Der Vitamingehalt hängt jedoch sehr von der Sorte ab. Obst enthält außerdem appetitanregende Fruchtsäuren und Aromastoffe. Die im Obst enthaltenen Kohlenhydrate können vom Körper schnell aufgenommen werden, weil sie als Traubenzucker oder Fruchtzucker vorliegen. Obst ist daher ein schneller Energiespender.
Pektine im Obst bewirken nicht nur, daß Säfte und Konfitüren gelieren, sondern nehmen auch giftige Zersetzungsprodukte der Darmbakterien auf. Das erklärt die heilende Wirkung eines roh geriebenen Apfels bei Durchfall.
Die Gerbstoffe im Obst wirken entzündungshemmend im Magen-Darm-Trakt. Die Zellulose aus Obst liefert Ballaststoffe und hat damit verdauungsfördernde Wirkung.
Obst kann auch schädliche Stoffe enthalten, z. B. Blei, wenn der Obstgarten in der Nähe einer vielbefahrenen Straße liegt. Auch Pflanzenschutzmittel, die während der Vegetationszeit angewendet werden, sind bei der Ernte noch zum Teil im Obst enthalten.
Da sich Schadstoffe hauptsächlich an der Oberfläche ablagern, sollte Obst vor dem Verzehr immer gründlich gewaschen werden, vor allem Obstarten mit behaarter Haut (Pfirsiche, Aprikosen). Auch Schälen vermindert den Schadstoffgehalt, allerdings gehen dabei auch viele wertvolle Inhaltsstoffe verloren, die z. B. beim Apfel direkt unter der Schale sitzen.
Zum Teil werden Obsterzeugnissen der besseren Haltbarkeit wegen verschiedene Zusatzstoffe zugegeben. Diese unterliegen strengen Kontrollen und müssen auf der Verpackung angegeben sein.

Vitamin-C-Gehalt verschiedener Apfelsorten

Apfelsorte	Vitamin C (mg) pro 100 g verzehrbarer Apfelanteil
Roter Berlepsch	23
Ontario	20
Goldparmäne	18
Boskoop	15
Jonagold	15
Elstar	10
Jonathan	9
Gloster	8
Granny Smith	8
Cox Orange	8
Gravensteiner	8
Golden Delicious	7

Küchenpraxis:

▫ Von gespritzten Zitrusfrüchten sollte die Schale nicht verwendet werden. Auch Schalen, die als »gewachst« gekennzeichnet sind, eignen sich nicht für den Verzehr. Unbehandelte Zitrusfrüchte sind durch den Zusatz »ungespritzt« gekennzeichnet.
▫ Faulstellen und Schimmelbefall müssen großzügig ausgeschnitten werden. Sie enthalten Giftstoffe. Wichtig ist dies nicht nur beim Rohverzehr, sondern auch bei Obst, das gegart oder konserviert wird.
▫ Obst verliert wertvolle Inhaltsstoffe, wenn es lange im Wasser liegt; deshalb Obst gründlich, aber kurz waschen, nicht wässern.
▫ Zerkleinertes Obst möglichst frisch essen oder weiterverwenden.
▫ Obst für Kompott in heißem Wasser zusetzen. Das fertige Kompott nicht bei Zimmertemperatur, sondern gut gekühlt aufbewahren.
▫ Vitamin-C-Verluste beim Zerkleinern kann man einschränken durch Zugabe von Zitronensaft. Außerdem wird empfindliches Obst (Birnen, Äpfel, Bananen) dann nicht braun.

Einkauf

Wichtig ist beim Einkauf von Obst, daß es ausgereift ist. Zu früh geerntetes Obst schmeckt wenig aromatisch und läßt sich nicht lange lagern. Bei vielen Früchten erkennt man am Duft, ob das Obst reif ist. Es verbreitet einen typischen, aromatischen Duft, z. B. Aprikosen, Pfirsiche, Äpfel und Birnen. Überreifes Obst hat häufig Faul- und Druckstellen. Die günstigsten Einkaufsmöglichkeiten sind während der Hauptangebotszeiten. Die Früchte kommen dann aus dem Inland, wurden ausgereift geerntet, haben kürzere Transportwege hinter sich und schmecken besser.

Lagerung

- Frischobst hält sich am besten in kühlen Kellerräumen mit hoher Luftfeuchtigkeit.
- Obst und Gemüse sollten nicht im selben Raum gelagert werden, sie beeinflussen sich negativ. So führen Äpfel z. B. dazu, daß Kartoffeln schneller keimen. Falls nur ein Vorratsraum zur Verfügung steht, das Obst locker in Kunststoffbeutel verpacken.
- Gelagertes Obst regelmäßig überprüfen: Faulende Früchte »stecken« die gesunden »an«.
- Bei größeren Einkäufen, z. B. Äpfel zum Einlagern, Obst zum Sterilisieren oder Einfrieren, lohnt es sich, direkt beim Erzeuger zu kaufen. Wer alternativ erzeugtes Obst kaufen will, orientiert sich am besten an den Warenzeichen für den Alternativen Anbau (siehe S. 22).
- Obst aus dem eigenen Garten nicht zu früh ernten. Die Lagerfähigkeit verschlechtert sich dadurch. Den richtigen Zeitpunkt erkennt man daran, daß sich die Früchte bei leichtem Drehen des Stiels vom Zweig lösen.
- Manche Obstsorten verlieren im Kühlschrank ihr Aroma, z. B. Zitronen und Mandarinen. Bananen gehören ebenfalls nicht in den Kühlschrank; sie werden dort schnell braun und weich.
- Weiches Obst, v. a. Beeren, eignet sich nur für sehr kurze Lagerung (1–2 Tage). Deshalb erst bei Bedarf pflücken oder kaufen.
- Schalenobst (Nüsse, Mandeln) kühl, trocken und in geschlossenen Gefäßen lagern. Nüsse werden sonst schnell ranzig. Nüsse aus dem eigenen Garten vor der Lagerung ausreichend trocknen, z. B. an der Sonne oder im Heizungskeller. Vorsicht: Bei zu großer Hitze werden die Nüsse schnell braun und bitter. Wichtig ist langsames Trocknen.
- Kleinere Mengen Obst können im Gemüsefach des Kühlschranks aufbewahrt werden. Hier verliert Obst jedoch sehr viel Feuchtigkeit. Das Austrocknen kann etwas vermindert werden durch Einpacken in Folie oder geschlossene Gefäße.
- In Kühlschränken mit Null-Grad-Zone (siehe S. 182) hält sich Obst bis zu 2 Wochen.

Kernobst

Äpfel

Es gibt zahlreiche Sorten. Sie unterscheiden sich in Erntezeitpunkt, Haltbarkeit, Kocheigenschaften und Geschmack.

Die Sommersorten, wie z. B. der Klarapfel, sind in erster Linie für den Frischverzehr geeignet, während säuerliche, späte Sorten wie der Boskoop gute Lager- und Kocheigenschaften haben.

Außer dem Frischverzehr finden Äpfel Verwendung für Kompott, Saft, Wein, Apfelkraut (Süssungsmittel), Apfelgelee, Trockenobst, als Kuchenbelag und in süßen Aufläufen.

Gelee wird aus unreifen Äpfeln (Fallobst) hergestellt, weil diese reich an Pektin sind und daher gut gelieren. Dabei ist zu beachten, daß die Äpfel gewaschen und grob zerkleinert werden, ohne Schale und Kernhaus zu entfernen.

Birnen

Birnen sind eine milde Kernobstart mit wenig Fruchtsäure und werden daher auch von magenempfindlichen Personen sehr gut vertragen.

Sie werden frisch gegessen oder sterilisiert. Sehr gut geeignet sind sie auch für Mehrfruchtmarmeladen.

Geschälte und zerkleinerte Birnen färben sich schnell braun; dies kann man durch Beträufeln mit Zitronensaft verhindern.

Für lange Lagerung eignen sich nur wenige Birnensorten. Die beste Lagertemperatur liegt bei 4 °C.

Quitten

Quitten werden meist verwendet für Gelee, Saft, Konfitüre, als Kompott oder Trockenobst.

Quittenprodukte haben einen frischen, angenehm säuerlichen Geschmack. Da sie viel Pektin enthalten, gelieren sie gut.

Beerenobst

Erdbeeren

Erdbeeren haben einen hohen Gehalt an Vitamin C und sind bekannt für ihren niedrigen Kaloriengehalt. Sie werden frisch gegessen und für Konfitüre, Saft, Kuchenbelag, Bowlen, Milchmixgetränke und Nachspeisen verwendet.

Besonders aromatisch schmecken kleine Erdbeeren und Walderdbeeren.

Himbeeren

Himbeeren enthalten viel Vitamin C und Calcium. Gartenhimbeeren schmecken aromatisch mild. Verwendet werden sie außer für den Rohverzehr zur Herstellung von Saft, Konfitüre, Gelee, als Kuchenbelag und für Nachspeisen.

Brombeeren

Brombeeren schmecken säuerlich. Der Geschmack ist nur dann gut, wenn die Früchte ausgereift, d. h. schwarz, sind. Sie werden verwendet zum Frischverzehr, zur Herstellung von Konfitüre, Gelee, Saft, als Kuchenbelag, für Nachspeisen und Fruchtsoßen.

Johannisbeeren

Johannisbeeren enthalten sehr viel Vitamin C. Rote und gelbe Johannisbeeren haben einen herb-

frischen Geschmack und eignen sich zum Frischverzehr, zur Herstellung von Saft, Konfitüre, Gelee
und als Kuchenbelag. Schütteljohannisbeeren eignen sich gut als Beilage zu Fleisch und Wild (als
Ersatz für Preiselbeeren).

Schwarze Johannisbeeren werden nicht roh
gegessen. Sie schmecken dafür um so besser,
wenn sie zu Saft oder Konfitüre verarbeitet sind.

Stachelbeeren

Es gibt gelbe und rote Stachelbeeren, die sich aber
geschmacklich kaum unterscheiden. Da Stachelbeeren verhältnismäßig fest sind, halten sie sich
einige Tage. Verwendet werden sie zum Frischverzehr, zur Herstellung von Saft, Kompott und
als Kuchenbelag.

Weintrauben

Trauben enthalten viele Mineralstoffe und Vitamine, aber auch viel Traubenzucker und haben
daher einen hohen Energiegehalt. Blaue und
weiße Trauben unterscheiden sich geschmacklich
kaum. Sie werden meist frisch gegessen, eignen
sich aber auch gut als Obstkuchenbelag und für
Nachspeisen und vor allem zum Herstellen von
Wein.

Preiselbeeren

Kulturpreiselbeeren sind größer und haben einen
milderen Geschmack als die Wildform.
Roh werden Preiselbeeren kaum gegessen, man
verwendet sie als Kompott zu Wild und Fleisch
oder als Konfitüre.

Heidelbeeren (Blaubeeren)

Heidelbeeren gibt es auch für die Kultur im Garten. Kulturheidelbeeren sind größer als wild-
wachsende, haben aber weniger Geschmack und
Aroma. Sie sind fester, das Fruchtfleisch ist rot.

Praktischer Hinweis:

- *Die Wildformen dieser beiden Beerenarten sollten nicht roh verzehrt werden, weil Eier des
Fuchsbandwurms daran haften könnten.*

Steinobst

Kirschen

Es gibt Süß- und Sauerkirschen. Süßkirschen enthalten Vitamin B_1, B_2, C, Sauerkirschen zusätzlich
Vitamin A. Beide Arten sind reich an Phosphor
und Eisen.
Sauerkirschen werden meist zu Kompott, Saft,
Gelee oder Konfitüre verarbeitet. Man verwendet
sie gegart oder sterilisiert für Nachspeisen und
als Kuchenbelag. Sauerkirschen, auch Weichseln
genannt, enthalten genausoviel Fruchtzucker wie

Süßkirschen, haben aber einen viel höheren
Fruchtsäureanteil.
Süßkirschen werden fast ausschließlich frisch
gegessen. Man kann sie auch als Kuchenbelag
verwenden. Zur Herstellung von Konfitüre sind
sie weniger geeignet, da sie schlecht gelieren.

Zwetschgen (Zwetschen)

Zwetschgen sind blau, haben ein gelbes Fruchtfleisch, der Stein reifer Zwetschgen läßt sich leicht
lösen. Man ißt sie frisch, als Konserven, Kompott,
Kuchenbelag, Konfitüre oder in Alkohol eingelegt.

Pflaumen

Pflaumen sind rundlicher als Zwetschgen, das
Fruchtfleisch ist weicher und wäßriger, häufig löst
sich der Stein schlecht. Pflaumen werden
hauptsächlich frisch gegessen. Als Kuchenbelag
eignen sie sich weniger gut, weil sie sehr viel Saft
abgeben.

Reneclauden

Reneclauden sind gelb, grün oder rot. Große,
runde Sorten eignen sich sehr gut zum Sterilisieren, schmecken aber auch frisch sehr gut.

Mirabellen

Mirabellen enthalten viel Vitamin C, Kalium und
Eisen.
Sie sind gelborange, schmecken sehr süß und aro-
matisch. Man ißt sie frisch oder als Kompott.
Mirabellen reifen nicht nach, wenn sie geerntet
sind.

Pfirsiche und Nektarinen

Frische Pfirsiche enthalten Calcium und Eisen,
Provitamin A (Vorstufe von Vitamin A), reichlich
Vitamin C und B-Vitamine.
Pfirsiche und Nektarinen unterscheiden sich nur
in der Haut. Pfirsiche sind behaart, Nektarinen
glatt und unbehaart.
Beide Früchte eignen sich sowohl zum Frischverzehr als auch zum Einmachen. Sie werden verwendet als Kuchenbelag, in Rumtopf und Getränken (Bowle, Mixgetränke) oder zu Konfitüre verarbeitet.

Praktischer Hinweis:

- *Die Haut von Aprikosen und Pfirsichen läßt
sich leicht abziehen, wenn sie zuvor kurz in
kochendes Wasser gelegt werden.*

Aprikosen

Aprikosen enthalten sehr viel Vitamin A und Calcium.
Sie sind weniger saftig als Pfirsiche, kleiner und
haben eine nur leicht behaarte Haut. Sie werden

frisch gegessen, als Kompott zubereitet oder konserviert. Aprikosen werden auch zu Konfitüre oder Trockenobst verarbeitet.

Schalenobst

Schalenobst ist sehr energiereich, weil es sehr viel Fett enthält. Es hat aber auch einen hohen Gehalt an biologisch hochwertigem Eiweiß und Mineralstoffen (Calcium, Phosphor, Magnesium, Eisen). Im Gegensatz zu anderem Obst enthält es wenig Wasser. An Vitaminen sind besonders Vitamin A und E sowie die B-Vitamine hervorzuheben.

Schalenobst wird schnell ranzig oder schimmelig, wenn es nicht dunkel, kühl und trocken gelagert wird. Nüsse sind (mit oder ohne Schale) bis zu 18 Monate in der Kühltruhe lagerfähig.

Praktische Hinweise:

- *Ranzige oder schimmelige Nüsse unbedingt wegwerfen. Sie können giftige Aflatoxine enthalten.*
- *Größe und Form spielen für den Geschmack der Nüsse keine Rolle. Wichtig ist aber, daß sie frisch sind: zu erkennen am Abpackdatum bzw. Mindesthaltbarkeitsdatum.*
- *Deutlich erkennbar ist das Alter von Nüssen an der Farbe: Je jünger eine Nuß ist, desto weißer ist ihr Fleisch. Je älter sie ist, desto gelblicher ist es.*
- *Gemahlene Nüsse schmecken intensiver, wenn sie erst kurz vor der Verwendung gemahlen werden. Es ist also nicht nur billiger, sondern auch geschmacklich besser, ganze Nüsse zu kaufen.*
- *Besonders harte Nüsse lassen sich leicht knacken, wenn sie gefroren sind.*

Mandeln

Mandeln gibt es mit oder ohne Schale bzw. Haut, gemahlen oder in verschiedenen Formen zerkleinert, z. B. gehackt, gestiftelt.

Bittere Mandeln enthalten einen gesundheitsschädlichen Stoff (Amygdalin). Schon zwei Bittermandeln können für kleine Kinder lebensgefährlich sein.

Mandeln werden hauptsächlich zum Backen verwendet.

Praktischer Hinweis:

- *Mandeln lassen sich leicht häuten, wenn man sie einige Minuten in heißes Wasser legt.*

Marzipan ist ein Erzeugnis aus feinstgeriebenen Mandeln, Puderzucker und Rosenwasser. Bei Persipan sind die Mandeln durch Aprikosenkerne ersetzt.

Walnüsse

Walnüsse wachsen auch in Deutschland, die meisten werden jedoch aus Mittelmeerländern und Kalifornien importiert.

Deutsche Walnüsse sind meist unbehandelt, importierte dagegen meist gewaschen, gebleicht und geschwefelt.

Walnüsse werden ebenfalls hauptsächlich zum Backen verwendet. Eine besondere Spezialität sind Schälnüsse. Das sind noch nicht ganz ausgereifte Walnüsse. Die dünne, bittere Schale um den Kern wird abgezogen, der geschälte Kern schmeckt mild-nussig.

Getrocknete Walnüsse haben einen typischen, würzigen Geschmack.

Haselnüsse

Haselnüsse schmecken milder als Walnüsse. Es gibt sie ganz, gemahlen oder in verschiedenen Formen zerkleinert, z. B. gehackt.

Verwendet werden sie hauptsächlich zum Backen.

Praktischer Hinweis:

- *Haselnüsse lassen sich leicht häuten, wenn man sie auf ein Blech legt und im Backofen einige Minuten röstet. Danach kann die Schale zwischen zwei Küchentüchern leicht abgerieben werden.*

Kastanien (Maroni)

Kastanien haben einen hohen Kaliumgehalt.

Sie haben einen leicht mehligen Geschmack, der an Kartoffeln erinnert. Maroni werden gegart und geschält zu Wein gegessen oder als Füllung für Fleisch verwendet bzw. als Suppe zubereitet. Maronipüree gilt als feine Beilage zu Fleisch.

Maroni kreuzweise einschneiden

Zum Garen werden die Maroni kreuzweise an der Spitze eingeschnitten und in den Backofen gelegt. Danach lassen sich Haut und Fäden leicht entfernen.

Pistazien

Pistazien sind hellgrün und haben einen feinen Nußgeschmack. Verwendet werden sie gesalzen und geröstet zum Knabbern oder aber auch in Speiseeis, Wurstwaren oder als Plätzchenverzierung.

Pekanüsse

Pekanüsse sehen ähnlich wie Walnüsse aus, schmecken aber milder. Sie werden fast ausschließlich als Knabberartikel verwendet.

Paranüsse

Paranüsse haben einen milden, süßlichen Geschmack. Sie werden ebenfalls fast nur als Knabberartikel verwendet.

Cashewnüsse

Cashewnüsse haben einen leicht süßlichen, angenehm milden Geschmack. Meist werden sie zum Knabbern angeboten. Die Haut um den Nußkern ist giftig, sie muß unbedingt entfernt werden.

Erdnüsse

Erdnüsse gehören eigentlich zu den Hülsenfrüchten. Angeboten werden sie mit oder ohne Schale, gesalzen und geröstet. Erdnüsse sind eine bedeutende Ölfrucht, aus der auch wertvolles Speiseöl und Erdnußbutter gewonnen werden.

Kokosnüsse

Kokosnüsse wachsen auf Kokospalmen. Sie werden selten frisch gegessen, weil das Mark faserig und trocken schmeckt. Kokosmilch schmeckt süßlich und wirkt erfrischend. Aus dem Fruchtfleisch werden Kokosfett und Kokosflocken gewonnen.

Wildfrüchte

Wildfrüchte sind eßbare Früchte von wildwachsenden Sträuchern, Bäumen und Hecken. Wildfrüchte haben hohe Gehalte an Vitaminen und Mineralstoffen. Sie schmecken sehr aromatisch und intensiver als die Kulturform, z. B. Walderdbeeren, Himbeeren, Heidelbeeren.
Ebereschen, Holunderbeeren, Himbeeren, Brombeeren und Heidelbeeren enthalten viel Eisen. Hagebutten und Sanddorn sind hervorragende Vitamin-C-Spender.

Wildfrüchte

Wildfrucht	Reifezeit	Küchenpraxis
Eberesche (Vogelbeeren)	Spätherbst	Nach den ersten Frösten sammeln. Verlieren Bitterstoffe, wenn sie über Nacht in Essigwasser eingelegt werden. Danach gut spülen. Reif sind die Früchte, wenn sie sich leicht vom Stengel lösen. Verwendung: Likör, Wein, Kompott, Konfitüre, wie Preiselbeeren zu Wild und Fleisch
Brombeeren	Spätsommer	Lösen sich erst dann leicht vom Strauch, wenn sie ganz reif sind. Verwendung: Frischverzehr, Konfitüre, Rumtopf, Kuchenbelag
Hagebutten	Herbst	Werden nach den ersten Frösten gepflückt. Sind roh nicht genießbar. Verwendung: Konfitüre, Tee, Hiffenmark
Heidelbeeren	Sommer	Kleiner, aber aromatischer als die Kulturform. Verwendung: Frischverzehr, Kompott, Kuchenbelag, Konfitüre, Nachspeise, Fruchtsoße
Himbeeren	Sommer	Sehr aromatisch. Verwendung: Frischverzehr, Kuchenbelag, Konfitüre, Gelee, Saft, Süßspeisen, Fruchtsoße
Holunder (Fliederbeeren)	Spätsommer	Dürfen nur gekocht gegessen werden! Roh führen sie zu Übelkeit, Erbrechen und Durchfall. Der Saft ist sehr Vitamin-C-reich und hilft gegen Erkältungskrankheiten. Holunder enthält viel Kalium, Magnesium, Phosphor und Eisen. Verwendung: Kompott, gemischte Konfitüren, Saft
Preiselbeeren	Spätsommer	Reif pflücken, weil sie nicht nachreifen. Verwendung: Kompott, Konfitüre, zu Wild und Fleisch
Sanddorn	Spätsommer	Beeren platzen beim Pflücken leicht. Sie sind reich an Vitamin C, A, E und B-Vitaminen. Verwendung: Saft, Konfitüre
Schlehen	Herbst	Werden nach den ersten Frösten gepflückt. Verwendung: In Essig und Zucker gekocht als Beilage zu Fleisch, Likör, Saft, Wein und Konfitüre
Walderdbeeren	Sommer	Sehr aromatisch. Verwendung: frisch essen

Praktische Hinweise:

- *Wildfrüchte sollten nicht in der Nähe stark befahrener Straßen gepflückt werden, da sich Schadstoffe der Autoabgase auf den Früchten ablagern. Grundsätzlich gilt beim Sammeln von Wildfrüchten: schonend mit den Pflanzen umgehen.*
- *Wildfrüchten, die in Bodennähe oder im Wald gesammelt werden, könnten Fuchsbandwurmeier anhaften. Solches Wildobst besonders gründlich waschen oder sicherheitshalber nur durcherhitzt verzehren (siehe auch Seite 104).*

Südfrüchte

Orangen

Orangen enthalten sehr viel Vitamin C. Sie werden das ganze Jahr über angeboten; die beste Qualität gibt es bei uns während der Wintermonate zu kaufen. Orangen werden immer reif geerntet, weil sie nicht nachreifen (gilt für alle Zitrusfrüchte!).
Helle Sorten mit orangerot-gelblichem Fruchtfleisch schmecken besonders süß. Blutorangen sind kleiner, saftiger und säuerlicher.

Praktischer Hinweis:

- *Zitrusfrüchte dürfen mit Pflanzenbehandlungsmitteln und Konservierungsmitteln sowie Wachs oberflächlich behandelt werden. Um beim Schälen möglichst wenig dieser Stoffe auf die Finger und damit auch auf das Fruchtfleisch zu übertragen, sollte man vor dem Schälen die Früchte mit heißem Wasser waschen.*

Mandarinen

Mandarinen sind im Vergleich zu Orangen kleiner und abgeflacht. Die Schale löst sich leicht.

Zitronen

Zitronen enthalten sehr viel Vitamin C. Zitronensaft wird zum Abschmecken verschiedenster Speisen verwendet.
Häufig wird er eingesetzt gegen das Braunwerden von Obst und Gemüse nach dem Schälen oder während des Garens.
Die Schale von unbehandelten Früchten wird als Gewürz in Kuchen und Getränken verwendet.

Praktische Hinweise:

- *Dünnschalige, saftreiche Sorten erkennt man an der glatten Schale.*
- *Zitronen sollten nicht im Kühlschrank gelagert werden, sie verlieren ihr Aroma.*

Limetten

Limetten sind kleiner als Zitronen und haben meist eine grüne Schale. Sie sind saurer als Zitronen und werden in Mixgetränken und zum Verzieren verwendet.

Grapefruits

Grapefruits haben eine gelbe Schale und sind größer als Orangen. Der Saft enthält sehr viel Vitamin C, schmeckt jedoch bitter. Sie schmecken am besten, wenn sie sich fest anfühlen, aber auf Druck nachgeben.
Pampelmusen sind größer, haben eine dickere Schale und weniger Aroma als Grapefruits.

Exotische Früchte

Frucht	Geschmack	Verwendung
Avocado	Nußartig, mild	Roh als Vorspeise, Brotaufstrich, in feinen Salaten. Harte Früchte bei Zimmertemperatur reifen lassen. Große Früchte sind günstiger als kleine. Rauhschalige Avocados sind von der gleichen Qualität wie glattschalige, jedoch billiger.
Cherimoya	Leicht süßlich	Obstsalat, Dessert
Guave	Aromareich, süß, saftig	Rohverzehr, Kompott, in Obstsalat, auf Obstkuchen
Kaki	Sehr süß und saftig, unreif sehr sauer, fast bitter	Rohverzehr, in Obstsalat, als Konfitüre, Quarkspeise
Kiwi	Mild, säuerlich	Rohverzehr, Kuchenbelag, in Getränken und Obstsalat
Kumquat (Zwergorange)	Würzig, süß bis säuerlich	Cocktailfrucht
Litchi	Himbeerähnlich	Rohverzehr, in Getränken
Mango	Süß, herb	Rohverzehr, in Quark oder Joghurt, als Saft, Kompott
Mispel	Aromatisch, erfrischend	Rohverzehr, Konservenware
Papaya	Ähnlich wie Honigmelone	Rohverzehr, Kompott, Kerne sind ungenießbar
Passionsfrucht (Maracuja)	Säuerlich, aromatisch	Rohverzehr, Fruchtsalat, Saft, Süßspeisen

Zuchtsorten und ihre Eigenschaften

Sorten	Eigenschaften
Satsumas	Früh reif, wenig Kerne, sehr süß, milder Geschmack
Tangerinen	Sehr klein, wenig Kerne, süßer Geschmack
Tangelos	Kreuzung zwischen Grapefruits und Tangerinen, etwa so groß wie Orangen, süß und kernlos
Clementinen	Kernlos, sehr süß und aromatisch

Bananen

Bananen gehören zu den energiereichsten Obstarten. Den besten Geschmack haben Bananen, wenn sie intensiv gelb sind. Grüne Bananen sind sehr fest und haben wenig Aroma. Geschätzt werden Bananen in der Ernährung von Kleinkindern sowie bei Magen-Darm-Störungen.

Praktischer Hinweis:

- *Bananen sollten nicht im Kühlschrank gelagert werden, sonst leiden Geschmack und Aussehen.*

Ananas

Ananas werden meist als Konservenware verzehrt. Frische Ananas schmecken angenehm säuerlich, allerdings fällt beim Schälen viel Abfall an (etwa 50 %).
Reife Ananas erkennt man daran, daß sich die Blätter leicht herausziehen lassen. Überlagerte Ananas haben Druckstellen und fühlen sich weich an.
Frische Ananas werden verzehrt als Nachtisch oder in Getränken (Bowle). Ananasstückchen schmecken auch gut zu mildem Hartkäse.
Konservenware wird meist als Kuchenbelag verwendet.

Praktischer Hinweis:

- *Alle Zitrusfrüchte sowie Ananas reifen nicht nach. Nur ausgereifte Früchte kaufen.*

1.6. Obsterzeugnisse

Trockenobst

Als Trockenobst werden Äpfel, Birnen, Pflaumen mit oder ohne Stein, Aprikosen, Rosinen, Feigen, Datteln, Ananas und Bananen angeboten.
Beim Trocknen wird dem Obst Wasser entzogen, deshalb ist Trockenobst verhältnismäßig mineralstoff-, energie- und ballaststoffreich.
Bei der industriellen Herstellung werden Trockenfrüchte zum Großteil geschwefelt. Das verlängert

die Haltbarkeit und verhindert, daß sich helles Obst verfärbt. Geschmacklich hat das Schwefeln keinen Einfluß. Wer geschwefelte Erzeugnisse kauft, sollte daran denken, daß sie bei vielen Menschen Beschwerden hervorrufen, z. B. Kopfschmerzen, Übelkeit. Kennzeichnungspflichtig sind geschwefelte Erzeugnisse ab einer Menge von 10 mg Schwefeldioxid pro kg Obsterzeugnis mit der Aufschrift »geschwefelt«.
Trockenobst kann auch selbst hergestellt werden, indem das Obst im Backofen bei niedriger Temperatur (etwa 80 °C) getrocknet wird. Wichtig ist dabei, die Backofentür einen Spalt weit offenzulassen, damit die verdampfende Flüssigkeit entweichen kann. Aufbewahrt werden Trockenfrüchte in verschließbaren Dosen oder Gläsern.
Qualitativ hochwertiges Trockenobst hat eine weiche Oberfläche und ist gut quellfähig. Manchmal hat Trockenobst einen hellen Überzug, z. B. Datteln oder Feigen. Der Grund dafür ist auskristallisierter Zucker an der Oberfläche.
Rosinen (Sammelbegriff) werden hergestellt aus Weinbeeren, die an der Luft getrocknet werden: Korinthen sind dunkel, kernlos, klein und haben einen intensiven Geschmack. Sultaninen sind hell, kernlos und relativ groß. Weniger wertvolle Sorten werden künstlich aufgehellt (gebleicht) und zur Konservierung geschwefelt.
Bei kühler, trockener Lagerung hält sich Trockenobst bis zu 2 Jahren und kann daher gut auf Vorrat eingekauft werden.

Kandierte Früchte

Kandierte Früchte werden hergestellt, indem man die ganzen Früchte, die Fruchtschale oder Wurzel in eine konzentrierte Zuckerlösung einlegt und anschließend trocknet.
Am bekanntesten sind Zitronat und Orangeat. Zitronat ist die kandierte Schale der Cidratfrucht, Orangeat die kandierte Schale der Bitterorange.
Zu den kandierten Früchten zählen auch Cocktailkirschen und kandierte Ananas.

Obstkonserven

In Gläsern oder Dosen wird Obst haltbar gemacht durch Pasteurisieren (Erhitzen über 80 °C) oder Sterilisieren (Erhitzen über 100 °C). Als Konservenware wird mittlerweile fast jede Obstsorte in verschiedenen Verarbeitungsformen angeboten, z. B. entsteint, geviertelt, ganz.
Obstkonserven dürfen Farbstoffe enthalten.
Obstkonserven sind 1 – 2 Jahre haltbar bei kühler, trockner Lagerung in einem dunklen Raum bei möglichst gleichbleibender Temperatur; Mindesthaltbarkeitsdaten beachten!

Praktische Hinweise:

- *Gewölbte Deckel (Bombagen) bei Obstkonserven sind ein Zeichen dafür, daß der Inhalt bereits verdorben ist. Solche Dosen nicht kaufen bzw. nicht mehr verwenden.*
- *Der Inhalt geöffneter Konservendosen sollte in Küchengeschirr umgefüllt werden, weil sonst die Gefahr besteht, daß von verzinkten Dosen bei Luftzutritt Zink in das Lebensmittel übergeht.*

Tiefgekühltes Obst

Tiefgekühlt wird hauptsächlich Beerenobst angeboten. Tiefgekühlte Obsterzeugnisse haben den Vorteil, daß sie nährstoffschonend konserviert sind. Außerdem bleiben Aussehen und Geschmack weitgehend erhalten. Rasches Schockgefrieren (bei –40 °C) verhindert, daß sich große Eiskristalle bilden, die die Zellen platzen lassen und dazu führen, daß beim Auftauen sehr viel Saft austritt. Wird das Obst gezuckert oder in Zuckerlösung eingelegt, muß dies auf der Packung vermerkt sein.
Tiefgekühltes Obst ist bis zu einem Jahr lagerfähig. Als Kuchenbelag wird Beerenobst im gefrorenen Zustand verwendet.

Konfitüren und Gelees

Konfitüren und Gelees bestehen aus Zucker und Obstpülpe. Als Zusatzstoffe sind Pektin, Geliersaft, Stärkesirup, Wein- und Milchsäure sowie Farb- und Konservierungsstoffe erlaubt.
Konfitüre wird in den Qualitätsstufen »Extra« und »Einfach« angeboten. »Extra«-Qualität enthält mehr Früchte als »einfache«. Hergestellt sind Konfitüren aus Zucker und Obstpülpe einer oder mehrerer Fruchtarten durch Einkochen.
Marmelade ist hergestellt aus Zucker und Erzeugnissen von Zitrusfrüchten (Pülpe, Saft, Fruchtfleisch). Zitrusfrüchte mit gewachster Schale dürfen nicht verarbeitet werden.
Gelee wird hergestellt aus Zucker und Obstsaft einer oder mehrerer Fruchtarten durch Einkochen. Angeboten werden die Qualitätsstufen »Extra« und »Einfach«. »Extra«-Qualität hat einen höheren Fruchtanteil.
Pflaumenmus (Zwetschgenmus) wird hergestellt durch Einkochen frischer oder getrockneter Pflaumen bzw. Zwetschgen unter Zusatz von Zucker und Geschmacksstoffen.
Obstkraut ist ein süßer Brotaufstrich, der aus dem abgepreßten und eingedickten Saft von gekochten Birnen und Äpfeln hergestellt wird.
Marmeladen, Konfitüren und Gelees enthalten mindestens 60 % Zucker (»lösliche Trockenmasse«).

Liegt der Zuckergehalt darunter, spricht man von Frucht- oder Brotaufstrich.

1.7. Süßungsmittel

Zucker

Ernährungsphysiologie

Zucker wird aus Zuckerrüben oder Zuckerrohr hergestellt.
Er ist ein schneller Energiespender, leicht verdaulich und geht sofort ins Blut über.
Zucker ist ein reines Kohlenhydrat, er enthält keine Vitamine oder Mineralstoffe und gilt deshalb als »leerer Energieträger«.
Zucker wird oft als Ursache für Übergewicht angesehen. An dessen Entstehung ist jedoch zu üppiges Essen insgesamt schuld.
Rohzucker ist nicht gesünder als raffinierter Weißzucker. Die in Rohzucker enthaltenen Mineralstoffe sind unbedeutend.

Verwendung

Süßungsmittel: für Backwaren, Süßspeisen; aber auch in pikanten Speisen, z. B. Salaten, rundet eine Prise Zucker den Geschmack ab. Je feiner der Zucker ist, desto leichter löst er sich.
Konservierungsmittel: für Konfitüren, Gelees, Obstsäfte. Durch hohe Zuckerkonzentrationen wird das Wachstum verderbniserregender Kleinstlebewesen gehemmt. Durch Zuckerzugabe bleiben bei Obst und Obsterzeugnissen Aroma, Geschmack und Farbe besser erhalten.
Farb- und Aromastoff: als Karamel (trocken erhitzter Zucker) in Süßspeisen und Glasuren. Durch das Karamelisieren verliert der Zucker seine Süßkraft. Zuckerkulör entsteht aus dunkel karamelisiertem Zucker; verwendet wird Zuckerkulör zum Färben von Lebensmitteln, z. B. von Brotrinde, als Zusatz in Soßenpulver.

Einkauf

Zucker kommt in zwei Qualitäten in den Handel: Weißzucker ist die einfache Qualität, Raffinade ist Zucker von höchster Qualität und Reinheit.
Außer diesen beiden Qualitätsstufen gibt es noch verschiedene andere Verarbeitungsformen von Zucker.

Lagerung

Bei trockener Lagerung ist Zucker fast unbegrenzt haltbar. Bei zu feuchter Lagerung verklumpt er, vor allem Puderzucker. Für längere Aufbewahrung von Zucker eignen sich gut schließende Gläser oder Dosen.

Honig

Honig wird von Bienen erzeugt; Ausgangsstoff ist Blütennektar. Honig hat eine geringere Süßkraft als Zucker, schmeckt jedoch angenehm aromatisch.

Honig besteht aus Traubenzucker, Fruchtzucker, Mehrfachzuckern und Wasser. Er enthält auch geringe Mengen an Vitaminen, Enzymen, Mineralstoffen, Säuren, Hormonen und Blütenpollen.

Honig ist leicht verdaulich und geht schnell ins Blut über, dient also als rascher Energiespender. Bei regelmäßigem Genuß, z. B. täglich 1 Eßlöffel, wird dem Honig eine blutreinigende und heilende Wirkung nachgesagt. Frischer Blütenhonig soll bei regelmäßigem Genuß gegen Pollenallergien helfen und aufgrund der enthaltenen sekundären Pflanzenstoffe die Abwehr gegen Krankheiten unterstützen.

Je nach Ausgangsstoffen werden verschiedene Honigarten unterschieden. Zu den Blütenhonigen gehören z. B. Linden-, Akazien-, Rapshonig. Blütenhonige haben einen milden Geschmack. Honigtauhonige sind dunkler als Blütenhonige und schmecken würziger, z. B. Tannenhonig, Fichtenhonig.

Einkauf
Als Honig darf nur reiner Bienenhonig ohne jegliche Zusätze bezeichnet werden. Honig von guter Qualität ist klar, zähfließend, hat einen guten Geschmack und keinen Fremdgeruch.

Honig von geringer Qualität kann trüb sein, fließt leicht und ist unregelmäßig kandiert.

Küchenpraxis

❑ Honig kann gut zum Backen verwendet werden. Gebäck mit Honig bleibt lange frisch (Weihnachtsgebäck). Teigen, in denen Zucker durch Honig ersetzt wird, muß weniger Flüssigkeit zugegeben werden.

❑ Metallgegenstände, z. B. Löffel, werden durch die im Honig enthaltenen Säuren angegriffen und verfälschen den Geschmack.

❑ Bei längerer Lagerung kristallisiert Honig aus und wird fest. Durch vorsichtiges Erwärmen im Wasserbad bei etwa 40 °C kann der Honig wieder verflüssigt werden. Durch höhere Erhitzung werden die wertvollen Inhaltsstoffe zerstört. Deshalb sollte man nach Möglichkeit Honig erst an die fertige Speise geben.

❑ Bei dunkler Lagerung hält sich Honig mehrere Monate. Das Honiggefäß sollte immer gut verschlossen sein, da Honig leicht Fremdgeruch annimmt und Feuchtigkeit anzieht.

❑ Honig kann man im Glas gut einfrieren. Er kristallisiert nicht aus.

Verarbeitungsformen von Zucker

Zuckerart	Eigenschaften und Verwendung
Puderzucker	Feingemahlener, staubähnlicher Zucker für Glasuren und zum Bestäuben von Gebäck und Süßspeisen.
Würfelzucker	Aus Raffinade (weißer Würfelzucker) oder Kandisfarin (brauner Würfelzucker) gepreßt.
Hagelzucker	Hagelkornähnlicher Zucker, der verwendet wird zum Bestreuen von Gebäck und Desserts.
Zuckerhut	In Kegelform gepreßte Raffinade, wird verwendet für Feuerzangenbowle und Punsch.
Einmachzucker	Grobkörnige Raffinade, die sich langsam auflöst und wenig schäumt, wird verwendet zur Herstellung von Konfitüren und Gelee.
Gelierzucker	Besteht aus Raffinade, die mit Obstpektinen und Zitronen- oder Weinsäure angereichert ist. Gelierzucker süßt und geliert zugleich in kürzester Zeit. Durch die kürzere Kochzeit bleiben beim Kochen von Konfitüre Farbe und Aroma der Früchte besser erhalten.
Kandis	Gibt es weiß und braun; beide entstehen durch langsames Kristallisieren von reinen Zuckerlösungen. Braunem Kandis wird karamelisierter Zucker zugegeben.
Kandisfarin	Brauner Zucker mit Karamelgeschmack; er wird aus braunem Kandissirup gewonnen und für Backwaren verwendet.
Vanillezucker	Mischung aus weißem Zucker und Mark von echter Vanille. Vanillezucker kann man selber herstellen, indem ein Stück Vanilleschote in ein geschlossenes Glas mit feinem Zucker gelegt wird. Der Zucker nimmt den Vanillegeschmack an.
Vanillinzucker	Mischung aus weißem Zucker und künstlich hergestelltem Vanillearoma.
Traubenzucker	Wird aus Stärke gewonnen und hat eine geringere Süßkraft als Zucker.
Milchzucker (tierisch)	Wird aus Milch gewonnen, wird in der Säuglings- und Kinderernährung verwendet sowie zur Regulierung der Verdauung. Milchzucker wirkt leicht abführend.

Invertzuckercreme (»Kunsthonig«)

»Kunsthonig« ist eine irreführende Bezeichnung für Invertzuckercreme. Sie ist ein Honigersatz, der aus Rüben- oder Rohrzucker besteht. Invertzuckercreme darf gefärbt und aromatisiert werden. Sie ist viel billiger als Honig und wird zum Backen, z. B. für Lebkuchen, verwendet.

Sirupe

Rübensirup

Rübensirup (Rübenkraut, Rübensaft, Zuckerkraut) besteht zu rund 60 % aus Zucker. Er hat einen verhältnismäßig hohen Gehalt an Mineralstoffen, vor allem Eisen. Verwendet wird er als süßer Brotaufstrich, aber auch zum Abschmecken von Soßen. Zum Backen ist er ebenfalls geeignet.

Ahornsirup

Ahornsirup wird vor allem aus den USA und Kanada importiert. Er stammt aus dem Ahornbaum und hat als fertiges Produkt ca. 60 % Zuckergehalt. Er ist je nach Erntezeitpunkt unterschiedlich intensiv gefärbt. Bei uns gibt es hauptsächlich den hellen Ahornsirup der Gradierung A zu kaufen. Der Grad C ist sehr dunkel und schmeckt aufdringlich süß. Wer ihn als Süßungsalternative zu Rübenzucker verwendet, sollte den hohen Transportaufwand von Ahornsirup nicht übersehen.

Zuckeraustauschstoffe

Zuckeraustauschstoffe sind natürliche Stoffe, die im Austausch gegen Zucker eingesetzt werden. Wichtig sind sie in der Ernährung von Diabetikern, weil Zuckerkranke keinen »normalen« Zucker verwenden sollen.
Zuckeraustauschstoffe werden vom Körper langsamer aufgenommen als Zucker und belasten daher den Blutzuckerspiegel weniger. Außerdem werden sie zum größten Teil ohne Insulin verwertet. Zuckeraustauschstoffe können leicht abführend wirken.
Die am häufigsten verwendeten Zuckeraustauschstoffe sind Fruktose und Sorbit. Xylit und Mannit werden hauptsächlich in der Lebensmittelverarbeitung eingesetzt. In den Handel kommen Zuckeraustauschstoffe unter verschiedenen Markennamen, z. B. Sionon, Schneekoppe.
Zuckeraustauschstoffe schmecken mit Ausnahme von Fruchtzucker weniger süß als Zucker, enthalten aber ähnlich viel Energie, d. h. sie müssen bei der Berechnung des Energiebedarfs bzw. der Broteinheiten mitgerechnet werden.
Sie eignen sich zum Kochen, Backen, Einfrieren und Einkochen von Speisen. Lagern lassen sich Zuckeraustauschstoffe am besten in fest schließenden Dosen oder Gläsern, weil sie wasseranziehend sind und an der Luft schnell verklumpen.

Stevia

Stevia ist ein Süßkraut aus Südamerika, das die Indios seit Jahrhunderten zum Süßen verwenden. Es hat etwa die zwanzigfache Süßkraft wie Zucker und ist praktisch kalorienfrei. In der EU ist Stevia bisher nicht zugelassen (Stand 2006); Versuche, die gesundheitliche Unbedenklichkeit nachzuweisen, laufen.

Süßstoffe

Süßstoffe sind künstlich hergestellte Ersatzprodukte für Zucker. Kennzeichnend ist, daß sie eine viel höhere Süßkraft (10–15fach) als Zucker haben und keine Energie liefern. Süßstoffe müssen daher vorsichtig dosiert werden.
Die bekanntesten Süßstoffe sind Cyclamat, Saccharin, Acesulfam und Aspartam. Zu kaufen gibt es diese Stoffe unter verschiedenen Markennamen, z. B. Assugrin, Ilgon, natreen. Süßstoffe gibt es in Tablettenform oder flüssig.
Häufig taucht die Frage auf, ob Süßstoffe gesundheitsschädlich sind. In den USA sind einige Süßstoffe verboten, weil sie in Tierversuchen schädliche Wirkung zeigten.

1.8. Pflanzliche Fette

Ernährungsphysiologie

Pflanzliche Fette werden durch Auspressen fettreicher Samen und Früchte gewonnen. Die meisten pflanzlichen Fette sind Öle, d. h. flüssige, wasserfreie Fette. Dazu gehören Sonnenblumenöl, Leinöl, Sojaöl, Olivenöl, Rapsöl, Baumwollsamenöl und Keimöle. Kokosfett ist ein festes Fett.
Pflanzliche Fette sind zum Teil gehärtet. Da gehärtete Fette wenig ungesättigte Fettsäuren enthalten, sind sie für die menschliche Ernährung nicht mehr so wertvoll. Unbehandelte Öle, z. B. Sonnenblumenöl und Keimöle, enthalten dagegen sehr viel ungesättigte Fettsäuren.
Pflanzenöle werden auf recht unterschiedliche Art gewonnen, entsprechend vielfältig ist das Angebot.
Natives Öl: Die Samen, aus denen das Öl gewonnen wird, dürfen weder vor noch während des Pressens erwärmt werden. Anschließend dürfen die Öle gefiltert, »gewaschen« oder zentrifugiert werden.
Nichtraffiniertes Öl hat eine Zwischenstellung, es darf nicht als natives Öl gekennzeichnet werden, weil Erwärmung vor dem Pressen erlaubt ist (um

die Ölausbeute zu erhöhen) und Behandlung mit Wasserdampf (um die Haltbarkeit zu verlängern). Sowohl natives als auch nichtraffiniertes Öl darf als »kaltgepreßt« oder »aus erster Pressung« bezeichnet werden, aber nur, wenn die Rohstoffe mit besonderer Sorgfalt ausgewählt sind und das Pressen ohne Wärmezufuhr und schonend erfolgt. Weil man kaltgepreßte Öle nicht nachträglich verbessern darf, aber beim vorgeschriebenen, rein mechanischen Pressen auch unerwünschte Bestandteile aus den Ölsaaten ins Öl gelangen können, variiert die Qualität des Öls mit der Qualität der Ausgangsstoffe. Beste Rohstoffe ergeben bestes Öl, weniger gutes Rohmaterial verschlechtert auch die Ölqualität. Der Verbraucher kann die unterschiedliche Qualität von kaltgepreßten Ölen erst beurteilen, wenn er sie gekauft bzw. probiert hat; eine detaillierte Qualitätskennzeichnung ist nicht vorgeschrieben.

Kaltgepreßte Öle riechen und schmecken charakteristisch nach den jeweiligen Ölsamen, auch die Farbe ist intensiv. Sie sollten nicht hoch erhitzt werden, sondern in erster Linie für die kalte Küche verwendet werden. Öle minderer Qualität beginnen bei Erhitzung zu rauchen, weil enthaltene freie Fettsäuren verbrennen.

Raffiniertes Öl: Die Samen, aus denen das Öl gewonnen wird, werden zerkleinert und unter Zufuhr von Wärme gepreßt, die Ölausbeute erhöht sich, aber auch die Anzahl und Menge unerwünschter Begleitstoffe. Diese werden durch verschiedene weitere Verfahren wieder entfernt, zum Beispiel Entschleimen, Entsäuern, Bleichen, Desodorieren. Raffinierte Öle sind geschmacksneutral und weniger farbintensiv. Sie sind hitzebeständiger als kaltgepreßte Öle und werden besonders dann verwendet, wenn hohe Temperatur erreicht werden sollen, zum Beispiel beim Fritieren.

Der Fettsäuregehalt von nativen, nichtraffinierten und raffinierten Ölen unterscheidet sich praktisch nicht, nur der Anteil an Transfettsäuren (siehe Seite 65) ist bei raffinierten Ölen etwas höher. Kaltgepreßte Öle enthalten aber mehr gesunde sekundäre Pflanzenstoffe, weil diese erst durch das Raffinieren verlorengehen.

Küchenpraxis

◻ Viele Pflanzenöle oder daraus hergestellte gehärtete Fette lassen sich meist hoch erhitzen. Sie eignen sich daher zum Fritieren und Anbraten von Lebensmitteln. Außerdem werden sie zum Kochen, Backen, Braten und für Salatmarinaden verwendet.

◻ Speisefette, vor allem Öle, verderben rasch. Deshalb sollten sie kühl, dunkel und gut verschlossen aufbewahrt werden. Öle halten ungeöffnet ein halbes bis 1 Jahr, geöffnet sollten sie nach 2 Monaten aufgebraucht sein.

Manche Öle, zum Beispiel Olivenöl, flocken bei Lagerung im Kühlschrank aus. Dieser Vorgang schadet dem Öl nicht, es wird wieder flüssig, sobald es längere Zeit bei Zimmertemperatur steht.

◻ Margarine wird im Kühlschrank gelagert.

◻ Plattenfette halten bei kühler Lagerung bis zu 2 Jahre.

Einkauf

◻ Speiseöle, die nach einer bestimmten Ölpflanze benannt sind, z. B. Sonnenblumenöl, dürfen nur aus dem reinen Öl dieser Pflanze bestehen. Bezeichnungen wie Tafel-, Salat- und Backöl können Mischungen sein. Mischungen von verschiedenen Ölen gibt es auch bei Markenölen. Hier ist jedoch gewährleistet, daß Geschmack und Qualität gleichbleibend sind.

◻ Plattenfette sind fest, z. B. Kokosfett; sie haben eine vergleichsweise gute Haltbarkeit (bis 2 Jahre), weil sie weniger empfindlich gegenüber Luftsauerstoff sind.

◻ Margarine besteht aus pflanzlichen Ölen, Wasser, Magermilch, Emulgatoren, Aroma- und Farbstoffen. Manchmal ist sie mit Vitaminen angereichert. Auch kochsalzarme Margarine und Margarine mit einem hohem Anteil an mehrfach ungesättigten Fettsäuren werden angeboten. Der Fettgehalt von Margarine darf nicht unter 80 % liegen. Verwendet wird Margarine als Brotaufstrich, zum Backen, Braten und Kochen. Wegen des hohen Wassergehalts läßt sich Margarine nicht hoch erhitzen. Dreiviertelfettmargarine enthält rund 60 % Fett, Halbfettmargarine rund 40 % Fett. Schmelzmargarine (Margarineschmalz) ist wasserfrei und wird zum Kochen und Braten verwendet; sie läßt sich ähnlich hoch erhitzen wie Butterschmalz.

2. TIERISCHE LEBENSMITTEL

2.1. Fleisch

Ernährungsphysiologie

Fleisch ist wegen seines hohen Gehalts an biologisch hochwertigem Eiweiß ein wertvoller Bestandteil unserer Ernährung. Fleisch trägt wesentlich bei zur Mineralstoffversorgung, vor allem mit Eisen. Das Eisen aus Fleisch kann vom Körper sehr gut verwertet werden. Auch Zink ist in bedeutenden Mengen in Fleisch enthalten. Bedeutung hat Fleisch auch als Vitaminlieferant. So enthält Schweinefleisch sehr viel Vitamin B_1. In Fleisch kommen auch Vitamin B_6 und B_{12} in nennenswerten Mengen vor.

Zuviel Fleisch wirkt sich jedoch ungünstig auf bestimmte Erkrankungen aus, z. B. Gicht oder Neigung zu Allergien.

Vogelgrippe, Schweinepest und BSE

Geflügelpest nennt man eine Tierseuche, die durch unterschiedliche Viren hervorgerufen werden kann. Eines dieser Viren, das H5N1-Virus, gilt als Auslöser der sogenannten »Vogelgrippe«, deren Erreger auch beim Menschen eine Grippeerkrankung auslösen kann. Das Risiko, sich mit diesem Erreger zu infizieren, ist um so höher, je enger der Kontakt mit infiziertem Geflügel ist.

Über eine Virusübertragung durch den Verzehr von nicht durchgegarten oder rohen Geflügelfleischprodukten und Eiern ist wenig bekannt. Weil das Virus nicht hitzeresistent ist, wird empfohlen, Geflügelfleisch und Eier grundsätzlich durcherhitzt zu essen. Man kann sich auch an den Regeln zur Vermeidung von Salmonellen-Infektionen orientieren:

– Verpackungsmaterial, zum Beispiel von aufgetautem Geflügel, sofort entsorgen.
– Auftauwasser von Geflügel weggießen.
– Oberflächen und Geräte, die mit rohen Geflügelprodukten in Kontakt gekommen sind, gründlich reinigen.
– Geflügelfleisch und -innereien durchgaren, das heißt bis zu einer Kerntemperatur von mindestens 70 °C, besser 90 °C, erhitzen. Diese Temperatur ist erreicht, wenn der austretende Saft nicht mehr rosa ist.
– Eier durcherhitzen, keine Gerichte mit rohen Eiern zubereiten, zum Beispiel Tiramisu, Mayonnaise; auf weichgekochte Frühstückseier verzichten; rohen Kuchenteig, der mit Eiern zubereitet ist, auch nicht in kleinen Mengen verzehren.
– Geflügelfleisch und Eier auch bei der Lagerung, zum Beispiel im Kühlschrank, nicht in Kontakt bringen mit Lebensmitteln, die nicht (mehr) erhitzt werden, zum Beispiel Salat.
  Kühlen und Gefrieren tötet den Erreger nicht ab.
– Sorgfältiges Händewaschen während der Nahrungszubereitung sowie nach dem Umgang mit möglicherweise kontaminierten Produkten.

Das Ausbrechen von Schweinepest hat dazu geführt, daß weniger Schweinefleisch gegessen wird. Die Vermutung, daß diese – beim Schwein tödliche – Krankheit auf den Menschen übergehen könnte, ist falsch. Selbst der Verzehr von Schweinen, die die Krankheit hatten, hat keine gesundheitsschädliche Wirkung. Fleisch von solchen Schweinen kommt aber ohnehin nicht in den Handel. Tierbestände, in denen die Seuche ausgebrochen ist, werden getötet, um eine weitere Ausbreitung zu verhindern.

Das Vertrauen der Verbraucher in die Qualität von Rindfleisch ist sehr zurückgegangen seit der Diskussion um BSE. BSE ist die Abkürzung für Bovine Spongiforme Enzephalopathie. Noch steht nicht fest, ob diese Rinderkrankheit auf den Menschen übergehen kann. Ähnliche Folgen wie BSE beim Rind hat die Creutzfeldt-Jakob-Krankheit beim Menschen. Die bisherigen wissenschaftlichen Erkenntnisse schließen eine generelle Gesundheitsgefährdung durch den BSE-Erreger für den Menschen eher aus.

Das Auftreten von BSE hat dazu geführt, daß nun bei Rindfleisch genaue Angaben zur Herkunft gemacht werden müssen. Die Etikettierungspflicht für Rindfleisch gilt für alle EU-Staaten und bezieht sich auf frisches, gekühltes und gefrorenes Rindfleisch einschließlich Hackfleisch. Verarbeitungserzeugnisse fallen nicht unter diese Pflicht, das heißt, daß beispielsweise in Fertiggerichten mit Rindfleisch die Herkunft nicht angegeben sein muß und meist auch nicht ist.

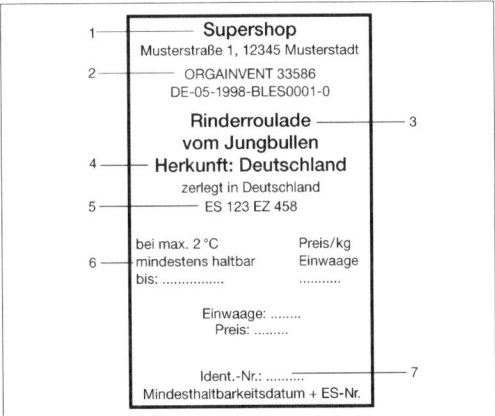

Etikett Rindfleisch

1. Name und Anschrift des Herstellers, des Verpackers oder eines im EG-Raum niedergelassenen Verkäufers.
2. Teilnehmernummer des Herstellers bei einem Prüfinstitut und dessen Zulassungsnummer.
3. Verkehrsbezeichnung, also Tierart oder die Bezeichnung des Teilstücks wie Rinderroulade oder Hähnchenbrustfilet.
4. Herkunftskennzeichnung, für Rindfleisch gesetzlich vorgeschrieben: »geboren in«, »gemästet in«, »geschlachtet in«, »zerlegt in«. Für Geflügel freiwillig: D/D/D bei Geflügel, das in Deutschland geschlüpft, in Deutschland aufgezogen und in Deutschland geschlachtet worden ist.
5. Zulassungsnummer des Schlacht- bzw. des Zerlegebetriebes.
6. Mindesthaltbarkeitsdatum mit Hinweis auf die Lagertemperatur bei Fleisch und Geflügel-Frostware, »verbrauchen bis …« mit Hinweis auf die Lagertemperatur bei Hackfleisch und Frischgeflügel.

7. Ident.-Nr. (bei Rindfleisch): Anhand dieser Nummer kann das Fleisch zum einzelnen Rind oder zu einer kleinen Gruppe von Rindern zurückverfolgt werden. Die genaue Identifizierung eines Tieres und damit die Herkunftsangabe werden durch ein umfangreiches Informationssystem gewährleistet. Direkt nach der Geburt erhalten die Kälber zwei identische Ohrmarken, auf denen die Herkunft des Tieres genau codiert ist. Nächste Säule der Herkunftssicherung ist der Rinderpaß. In einer zentralen Datenbank ist der Lebenslauf jedes Rindes in Deutschland gespeichert. Wenn dann das Tier geschlachtet wird, müssen Ohrmarken und Rinderpaß vorliegen, sonst darf der Schlachtbetrieb das Tier nicht annehmen. Nach Entfernen der Ohrmarke wird das Fleisch mit einer Schlachtnummer versehen, die eine Rückverfolgbarkeit jedes einzelnen Teilstücks, das in den Handel gelangt, ermöglicht.

Außer den unter Punkt 1 bis 7 genannten Angaben müssen auf dem Etikett natürlich auch die für alle Lebensmittel verpflichtenden Angaben vermerkt sein, zum Beispiel Menge und Preis.

Diese genaue Etikettierungsvorschrift bietet dem Verbraucher die Möglichkeit, beim Einkauf von Fleisch die Herkunft nachzuvollziehen, und erlaubt es, bei Lebensmittelskandalen die Verursacher zu finden. Außerdem kann der Verbraucher dadurch Fleisch gezielt einkaufen, zum Beispiel aus Deutschland, und so dazu beitragen, lange Tier- und Fleischtransporte zu verhindern.

Über die verpflichtende Kennzeichnung hinaus können auch freiwillige Angaben zur Rasse oder Tierart (Jungbulle, Färse etc.) gemacht werden.

Bei Geflügel gibt es bislang keine gesetzlichen Vorgaben zu Herkunftsangaben, auch nicht bei Fleisch anderer Tierarten (Stand 2006). Speziell bei Geflügel gibt es jedoch eine Reihe von Anbietern, die freiwillige, von unabhängiger Seite kontrollierte Herkunftsangaben machen.

Gesetzlich vorgeschrieben ist nur die Angabe der Zulassungsnummer des Schlacht- bzw. Zerlegebetriebs; sie ist mit dem Kennbuchstaben D gekennzeichnet, wenn der Betrieb in Deutschland liegt. Rückschlüsse über die Herkunft des Tiers können daraus nicht gezogen werden.

Wer aufgrund der BSE-Diskussion kein Fleisch mehr ißt, muß konsequenterweise auch auf Wurst verzichten, denn hier ist Fleisch in verarbeiteter Form enthalten. Woher dieses Fleisch stammt, ist kaum zu erfahren.

Obwohl Fleisch immer wieder in der Schußlinie der Kritik steht, ist nicht zu empfehlen, ganz auf Fleisch zu verzichten. Die Deutsche Gesellschaft für Ernährung empfiehlt, nicht öfter als zwei- bis dreimal wöchentlich Fleisch zu essen.

Einkauf

Nach dem Fleischbeschaugesetz muß das Fleisch von Rindern, Schweinen, Schafen, Ziegen und Pferden amtlich untersucht werden. Nur taugliches Fleisch mit dem runden Stempel kommt in den Handel.

Fleisch von Schweinen, auch Wildschweinen, unterliegt zusätzlich der Trichinenschau. Trichinen sind Würmer, die man mit bloßem Auge nicht sehen kann. Werden sie mit dem rohen Fleisch gegessen, dringen sie durch die Darmwand in den Körper und kapseln sich in einem Muskel ab. Der Körper will den Eindringling abwehren und reagiert mit Übelkeit, Muskelschmerzen bis hin zu Muskellähmung und Tod. Auf Rückstände (Antibiotika, Hormone, Arzneimittel) wird Fleisch stichprobenartig untersucht.

Formfleisch ist Fleisch, das aus kleinen Fleischstückchen durch Mischen und Pressen der Fleischreste »zusammengeklebt« wird. Bei Formfleisch kann die Herkunft nicht nachvollzogen werden, deshalb kann geringwertiges Fleisch verwendet werden.

Was ist PSE-Fleisch?

PSE ist die Abkürzung für Pale (= blaß), Soft (= weich), Exudative (= wäßrig). Diese drei Eigenschaften kennzeichnen PSE-Fleisch, es kommt bei Schweinefleisch vor.

Kennzeichnend für PSE-Fleisch ist nicht nur sein Äußeres, sondern auch das Verhalten bei der Zubereitung: es schrumpft erheblich und wird beim Garen trocken und zäh. PSE-Fleisch hat also einen geringen Genußwert, ist aber nicht ungesünder als anderes Fleisch.

Die Ursachen für den PSE-Charakter von Fleisch sind nicht genau geklärt. Einen großen Einfluß hat die Züchtung fettarmer, muskelfleischreicher Schweine. Aber auch die Schlachtbedingungen können sich negativ auf die Fleischqualität auswirken.

Was ist DFD-Fleisch?

DFD ist die Abkürzung für Dark (= dunkel), Firm (= fest), Dry (= trocken). Diese Eigenschaften kennzeichnen DFD-Fleisch; es kommt ebenfalls bei Schweinefleisch vor. Ein ähnlicher Qualitätsmangel kann bei Jungbullenfleisch vorkommen und wird dann als »dark cutting beef« bezeichnet. Da gute Fleischqualität nicht immer sichtbar ist, braucht man beim Einkauf von Fleisch viel Erfahrung oder gute Beratung.

Praktische Hinweise für den Einkauf:

- *Fleischfarbe: Fleisch von jungen Tieren ist kräftig rot, hat feine Fleischfasern, das Fett ist weiß. Gut abgehangenes, mürbes Rindfleisch ist dunk-*

ler als Schweinefleisch; es sollte jedoch nicht zu dunkel, fest und trocken sein.

- Marmoriertes Fleisch, d. h. Fleisch, das von Fett durchzogen ist, hat mehr Geschmack als mageres Fleisch und bleibt auch bei der Zubereitung saftiger.
- Gulasch wird in sehr unterschiedlicher Qualität und Preislage angeboten. Geschmacklich sind Ochsen- und Färsenfleisch sehr gut geeignet, auch Fleisch von jungen Kühen ergibt gutes Gulasch; Bullenfleisch schmeckt weniger gut. Natürlich ist auch auf den Fettanteil zu achten, er sollte nicht über 20% liegen.
- Bei verpacktem Frischfleisch auf das Abpack- und Mindesthaltbarkeitsdatum achten; keine beschädigten Packungen kaufen.
- Tiefgefrorenes Fleisch kritisch prüfen. Rauhreif an der Packung deutet darauf hin, daß das Fleisch bereits angetaut oder zu wenig kühl gelagert war. Nach dem Auftauen Fleisch möglichst schnell verbrauchen. Es sollte nicht nochmals eingefroren werden, weil die Qualität sehr darunter leidet.
- Sonderangebote kritisch prüfen, auch bei niedrigem Preis auf gute Qualität achten. Die Nachfrage nach Kurzbratstücken ist groß, deshalb ist Kochfleisch relativ preisgünstig. Mit etwas Geschick können daraus schmackhafte und vielseitige Gerichte hergestellt werden, die die Haushaltskasse entlasten.
- Preise von Fleisch kann man nur dann vergleichen, wenn man weiß, was folgende Abkürzungen bedeuten:
  - w. gew. = wie gewachsen, d. h. mit Knochen, Speck und Schwarte
  - o. Kn. = ohne Knochen
  - m. B. = mit Beilage. Zum knochenlosen Fleisch wird ein bestimmter Teil Knochen hinzugewogen.
  - Geschnetzeltes = kleine dünne Fleischstreifen, die sich zum Kurzbraten und für schnelle Schmorgerichte eignen.
- PSE-Fleisch erkennen und vermeiden: Sehr blasses und extrem mageres Fleisch ist nicht von bester Qualität. Bei abgepacktem Fleisch kann ausgetretener Fleischsaft ein Zeichen für PSE-Fleisch sein. Rücken- und Schinkenanteile haben am ehesten PSE-Eigenschaften; bei Schulter, Nacken und marmoriertem Fleisch ist die Gefahr gering.

Lagerung

Fleisch nach dem Einkauf aus der Verpackung nehmen und zugedeckt im Kühlschrank lagern. Rohes Fleisch hält sich gut gekühlt etwa 3 Tage. Hackfleisch sollte innerhalb von 12 Stunden verbraucht sein. Die Lagerdauer von Fleisch kann durch Einlegen in Beize erhöht werden. Fleisch nimmt Fremdgerüche an und sollte daher nicht zusammen mit stark riechenden Lebensmitteln gelagert werden.

Schweinefleisch wird möglichst frisch gegessen. Rindfleisch entwickelt durch Abhängen einen besseren Geschmack und wird zarter. Das Abhängen erfolgt ca. 14 Tage bei etwa 4 °C, entweder als Schlachthälfte, meist aber als Teilstück verpackt in Folie. Gut abgehangenes Fleisch ist dunkel, ein Fingerdruck bleibt einige Minuten sichtbar.

Küchenpraxis

- Fleisch ist ein leichtverderbliches Lebensmittel, mit dem entsprechend sorgfältig umgegangen werden sollte. Fleisch auf keinen Fall am Tag vor dem Verzehr anbraten, es bietet ideale Wachstumsbedingungen für viele Mikroorganismen.

Regeln für die Zubereitung von Fleisch

- Die unterschiedliche Zusammensetzung und damit auch Zartheit erfordert unterschiedliche Garmethoden einzelner Teilstücke.
  So werden z. B. Filets zum Kurzbraten, Bruststücke zum Kochen verwendet.
- Vor der Zubereitung wird Fleisch trockengetupft.
- Salzen fördert den Saftaustritt bei Fleisch. Wird das Salz jedoch mit der flachen Hand in das Fleisch kurz einmassiert, tritt kein Saft aus. Wenn das Salz einmassiert wird, können auch Schnitzel oder kleine Fleischstücke vor dem Garen gesalzen werden. Wenn bereits zerkleinertes Fleisch, z. B. für Gulasch oder Geschnetzeltes, schon Saft verloren hat, kann er in das Fleisch zurückmassiert werden durch kräftiges Durchkneten der Stücke mit dem ausgetretenen Fleischsaft.
- Klopfen von Fleisch sollte vermieden werden, es führt zu vermehrtem Saftaustritt und damit Geschmacksverlust. Lassen Sie sich Schnitzel, Rouladen etc. in der richtigen Stärke schneiden, nehmen Sie das Fleisch bereits eine halbe Stunde vor dem Braten aus dem Kühlschrank und braten Sie es nicht zu hoch und nicht zu lange; dann ist z. B. ein Schnitzel auch ohne Klopfen zart und vor allem saftig.
- Fettränder an flachen Fleischstücken, z. B. Steaks, Schnitzel, einschneiden, dann wölbt sich beim Anbraten das Fleisch nicht nach oben und bräunt gleichmäßig.
- Weniger zartes Fleisch wird mürbe, wenn es über Nacht oder einige Tage in Beize gelegt wird, z. B. Buttermilch- oder Essigbeize.
- Fleisch in heißem, jedoch nicht zu heißem Fett anbraten; dann tritt wenig Saft aus, der Geschmack ist gut, und die Fasern sind mürbe.

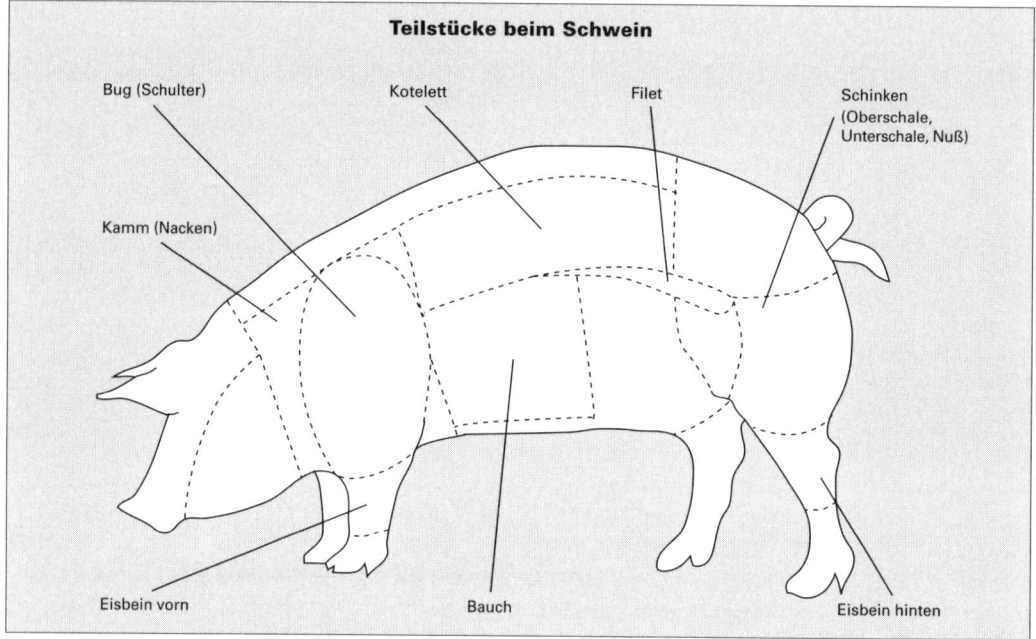

Teilstücke beim Schwein

Bug (Schulter)   Kotelett   Filet   Schinken (Oberschale, Unterschale, Nuß)

Kamm (Nacken)

Eisbein vorn   Bauch   Eisbein hinten

- Beim Wenden Fleischstücke nicht anstechen, so bleiben sie saftiger.
- Tiefgefrorenes Fleisch beim Auftauen aus der Verpackung nehmen, aber zudecken. Den ausgetretenen Saft weggießen.
- Garprobe: Bratenfleisch ist gar, wenn sich der Braten bei Druck fest anfühlt. Fühlt er sich weich an, ist er innen noch roh, gibt er federnd nach, ist er innen rosa. Am einfachsten ist die Garprobe mit einem Bratenthermometer. Bei einer Temperatur von 70–90 °C im Bratenkern ist das Stück gar.
- Garzeiten einhalten, zu langes Garen macht Fleisch zäh und trocken. Je nachdem, wie stark Fleisch durchgebraten ist, unterscheidet man
well done = durchgegart
medium = innen rosa (Filet, Steak)
englisch = innen roh (Roastbeef, Steak)
- Garen im Dampfdrucktopf verkürzt die Garzeit und schont daher die wertvollen Inhaltsstoffe; sinnvoll bei großen Fleischstücken.
- Fleisch zum Kochen kann in kaltem oder heißem Wasser zugesetzt werden.
- Hackfleisch ist vielseitig verwendbar und braucht nur kurz gebraten zu werden. Durch die starke

Zerkleinerung ist jedoch die Gefahr des Verderbs besonders groß. Deshalb auf ununterbrochene Kühlung achten (auch beim Fleischeinkauf), nach dem Einkauf sofort in den Kühlschrank legen und innerhalb von zwölf Stunden verwerten.
- Genausoleicht verderblich wie Hackfleisch sind frische Bratwürste, Hackepeter, Hackfleischbällchen usw.
- Braten nicht sofort nach dem Garen aufschneiden, sondern noch etwa 10 Minuten »ruhen« lassen. So bleibt das Bratenfleisch zart und saftig.

Tranchieren von Fleisch
Beim Tranchieren wird grundsätzlich gegen die Fleischfaser geschnitten. Immer ein scharfes Messer verwenden, damit sauber und zügig gearbeitet werden kann.
- Ist die Kruste eines Schinkens oder gebratenen Eisbeins so knusprig, daß man sie nicht schneiden kann, so wird sie abgelöst und gesondert in Portionsstücke aufgeteilt.
- Ist das Bratenstück zusammengebunden (Rollbraten), so sollten die Schnüre schon in der Küche gelöst werden.

Zubereitungsarten für Schweinefleisch

Grillen und Kurzbraten	Braten	Schmoren	Kochen
Filet (Lende)	Oberschale	Bug (Schulter)	Nacken
Kotelett (Rücken)	Unterschale	Bauch	Bauch
Nacken (Kamm)	Kamm	Haxe (Eisbein)	Eisbein (Haxe)
Schnitzel (Oberschale, Unterschale)	Bug	Brustspitze (Dicke Rippe)	Brustspitze (Dicke Rippe)
	Kotelettstrang		

- Bei Schinkenbraten empfiehlt es sich, über den Knochen eine Papiermanschette zu ziehen. Das sieht hübsch aus, und der Knochen läßt sich beim Tranchieren besser anfassen.
- Bei einem Rippenbraten, Kotelettstück oder Kasseler trennt man die Rippen vorher durch Einhacken so, daß sie sich beim Tranchieren leicht mit dem Messer abschneiden lassen.
- Nur so viele Bratenscheiben aufschneiden, wie ungefähr gegessen werden; kalter Braten bleibt im Stück saftiger.
- Geschnittenes Fleisch auf einer vorgewärmten Platte anrichten und mit wenig heißer Soße übergießen.

Schweinefleisch

Die Qualität von Schweinefleisch hängt ab von Alter, Rasse und Mastmethode.

DIE EINZELNEN TEILSTÜCKE

- Schinken (Schlegel, Keule) ist ein teures Fleischstück. Aus der Ober- und Unterschale werden Schnitzel geschnitten. Aus der Oberschale, Unterschale, Nuß und dem Schinkenspeckstück (Hüfte) kann ein magerer Schinkenbraten mit Fett und Schwarte geschnitten werden.
- Bug (Schulter) besteht aus der Dicken Schulter, dem Blatt und dem falschen Filet. Es ist ein typisches Stück für Schweine- und Rollbraten. Das durchwachsene, saftige und aromatische Fleisch eignet sich auch für herzhaftes Gulasch, als Geschnetzeltes und für andere Schmorgerichte.
- Nacken (Kamm) ist ein zartes, geschmacklich sehr gutes Teilstück mit dünnen Fetteinlagerungen. Es wird verwendet als Nackenbraten oder Nackenkotelett.
- Kotelettstück (Karbonade) ergibt Koteletts, wenn die Rippen ausgelöst sind, den Rollbraten oder Schweinesteaks. Kotelett ist übrigens nicht gleich Kotelett: Lummer-(Lenden-, Filet-)kotelett ist besonders mager und knochenarm. Stiel- (Mittel-) kotelett ist ebenfalls mager, hat aber einen höheren Knochenanteil. Halskoteletts sind größer, haben mehr Knochen; sie haben aber durch ihren höheren Fettanteil einen sehr guten Geschmack.
- Die Zartheit eines Koteletts hängt vom richtigen Zuschnitt ab: Die ideale Dicke beträgt 2 cm, dünnere Koteletts bleiben beim Garen nicht so saftig.
- Filet ist das teuerste Teilstück. Es ist feinfaserig und gut marmoriert. Verwendet wird es zum Kurzbraten, für Steaks oder im ganzen als Filetbraten. Auch als Fonduefleisch ist es sehr gut geeignet.
- Eisbein (Haxe) eignet sich zum Kochen und Braten. Die Gardauer ist verhältnismäßig lang.

- Schweinebauch (Bauchfleisch, Wammerl) ist besonders aromatisch wegen des hohen Fettgehalts. Er wird angeboten mit Schwarten und Knochen oder ohne Knochen. Zusammen mit den fünf vorderen Rippenpaaren ergibt der Schweinebauch die Dicke Rippe. Bauchfleisch eignet sich gut zum Braten, Kochen und Grillen.
- Für Sülze werden Ohren, Backe, Spitzbeine und Schwänzchen in kaltem Wasser zugesetzt. Schweinebacke hat einen sehr guten Geschmack und eignet sich bestens für Eintopfgerichte.

Rindfleisch

Bei Rindfleisch ist das Alter des Schlachttieres ein wichtiger qualitätsbestimmender Faktor. Etwa 70 % des Fleisches stammt von Jungrindern. Dieses Fleisch hat eine hell- bis mittelrote Farbe und »geht auf« beim Kochen und Braten, es scheint größer zu werden. Das Fett ist fast weiß, die Knorpel sind ebenfalls hell. Rindfleisch von älteren Tieren hat eine dunkelrote Farbe und ist etwas grobfaseriger. Je älter das Schlachttier, desto weniger zart ist das Fleisch.
Die Brat- und Geschmackseigenschaften von Rindfleisch sind um so besser, je ausgemästeter das Tier ist. Denn dieses Fleisch hat eine bestimmte Fetteinlagerung (Marmorierung) und einen Fettrand. Beide Merkmale stehen für gute Qualität. Rindfleisch wird in folgende Kategorien unterteilt:

- Färsenfleisch stammt von weiblichen Rindern, die noch nicht gekalbt haben, es ist zart und saftig. Färsen werden überwiegend extensiv gehalten, zum Teil auch auf der Weide.
- Kuhfleisch stammt von weiblichen Tieren, die bereits eines oder mehrere Kälber geboren haben, aber für die Milcherzeugung nicht mehr genutzt werden. Die Tiere sind also älter und das Fleisch ist grobfaseriger, aber im Geschmack gut.
- Bullenfleisch stammt ebenfalls von älteren Tieren, das Fleisch ist grobfaserig und wird meist für Wurstherstellung oder andere Verarbeitungsformen verwendet.
- Jungbullenfleisch stammt von relativ jungen Tieren, die im Alter von 16 bis 22 Monaten geschlachtet werden und in intensiver Stallmast herangezogen wurden. Das Fleisch ist zartfaserig mit wenig Fetteinlagerung im Muskel.
- Ochsenfleisch stammt von kastrierten männlichen Tieren. Infolge der Kastration wachsen die Tiere langsamer als Bullen, dadurch wird mehr Fett in den Muskel eingelagert. Die Folge ist, daß das Fleisch saftiger und aromatisch ist, mit einem angenehm festen Biß.
- Weideochsenfleisch ist besonders saftig, weil die Tiere bei Weidemast noch langsamer wachsen und sich mehr bewegen. Je höher der Fett-

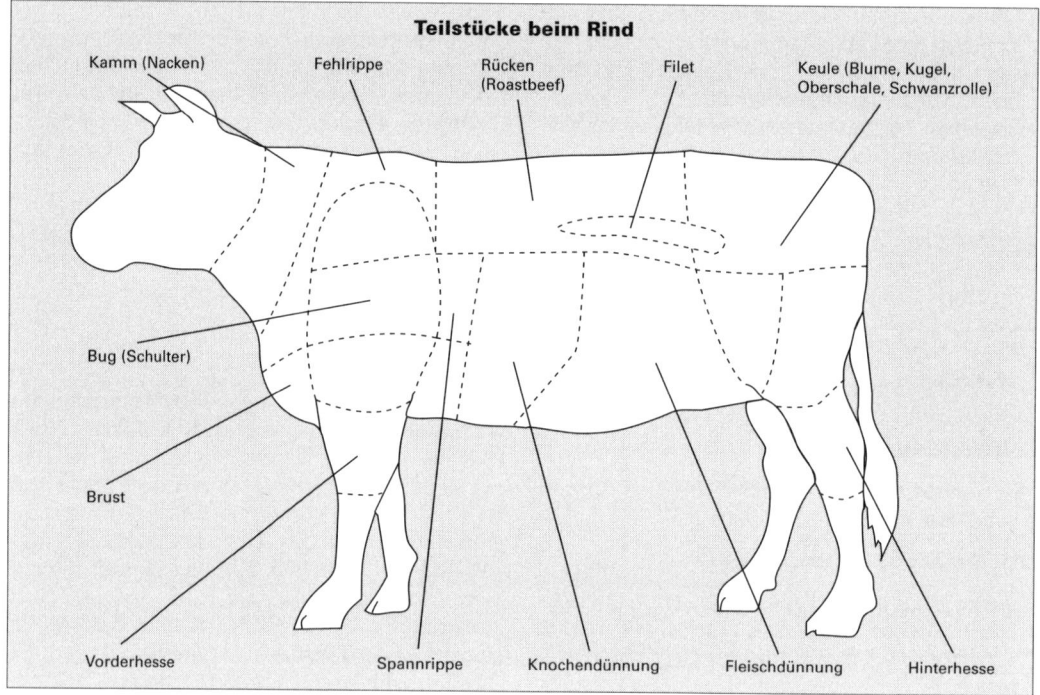

Teilstücke beim Rind

Kamm (Nacken) — Fehlrippe — Rücken (Roastbeef) — Filet — Keule (Blume, Kugel, Oberschale, Schwanzrolle)

Bug (Schulter)

Brust

Vorderhesse — Spannrippe — Knochendünnung — Fleischdünnung — Hinterhesse

anteil im Muskel ist, desto schmackhafter und saftiger ist das Fleisch. Mit höherem Fettanteil ist nicht das sichtbare Fett gemeint.

▫ Jungrindfleisch (Baby Beef) stammt von noch nicht ausgewachsenen Rindern unter 12 Monate, es ist eine Zwischenstufe zwischen Kalb- und Rindfleisch. Das Fleisch ist feinfaserig und zart. Die Mast erfolgt im Stall oder auf der Weide, zum Beispiel in Mutterkuhhaltung. Baby Beef wird von der Erzeugern meist direkt ab Hof vermarktet.

DIE EINZELNEN TEILSTÜCKE

▫ Keule besteht aus Oberschale, Unterschale (Schwanzstück), Kugel und Blume (Hüfte). Das Fleisch der Keule wird verwendet für Rouladen und zum Braten. Die Blume von jungen Tieren eignet sich für Kurzbratstücke (Steaks). Das Fleisch von der Unterschale und Hüfte gibt auch sehr gutes Kochfleisch, z. B. für die in Süddeutschland bekannte Spezialität »Tafelspitz«.

▫ Roastbeef (Rostbraten, Lendenbraten) gilt als der beste Teil des Rinderrückens. Es ist ein sehr mürbes Teilstück, das überwiegend als ganzer Braten verwendet wird, der schnell gar ist und sehr saftig bleibt. Auch von älteren Tieren eignet sich Roastbeef zum Kurzbraten.

▫ Filet (Lende) ist das zarteste und teuerste Teilstück. Das dickere Ende wird verwendet für Filetbraten, Steaks, Fondue, die dünne Spitze für Filetgulasch.

▫ Schulter (Bug) teilt sich in Dickes Bugstück, Schaufelstück und Falsches Filet. Der Dicke Bug ist bestes Bratenfleisch; Schaufelstück und Falsches Filet sind weniger zart, können aber ebenfalls zum Braten verwendet werden. Einlegen in Beize macht diese beiden Teilstücke mürbe; eine bekannte Zubereitungsart ist der Sauerbraten.

▫ Spannrippe (Quer-, Flachrippe) ist das Fleisch vom Brustkasten. Es ist mit Rippenknochen durchzogen und eignet sich gut zum Kochen.

Zubereitungsarten für Rindfleisch

Grillen und Kurzbraten	Braten	Schmoren	Kochen
Roastbeef	Roastbeef	Zungenstück (Kamm, Fehlrippe)	Schwanz
Filet	Filet		Dicker Bug
Oberschale	Oberschale (innere Rose)	Brust, Spannrippe	Spannrippe (Zwerch-rippe)
Kugel	Schwanzstück	Schaufelstück (Bug)	
Blume	Kugel (Sternrose)	Dünnung (Lappen)	
	Blume (Hüfte, Rosenspitz)	Hinterhesse (Waden)	
		Beinscheiben	

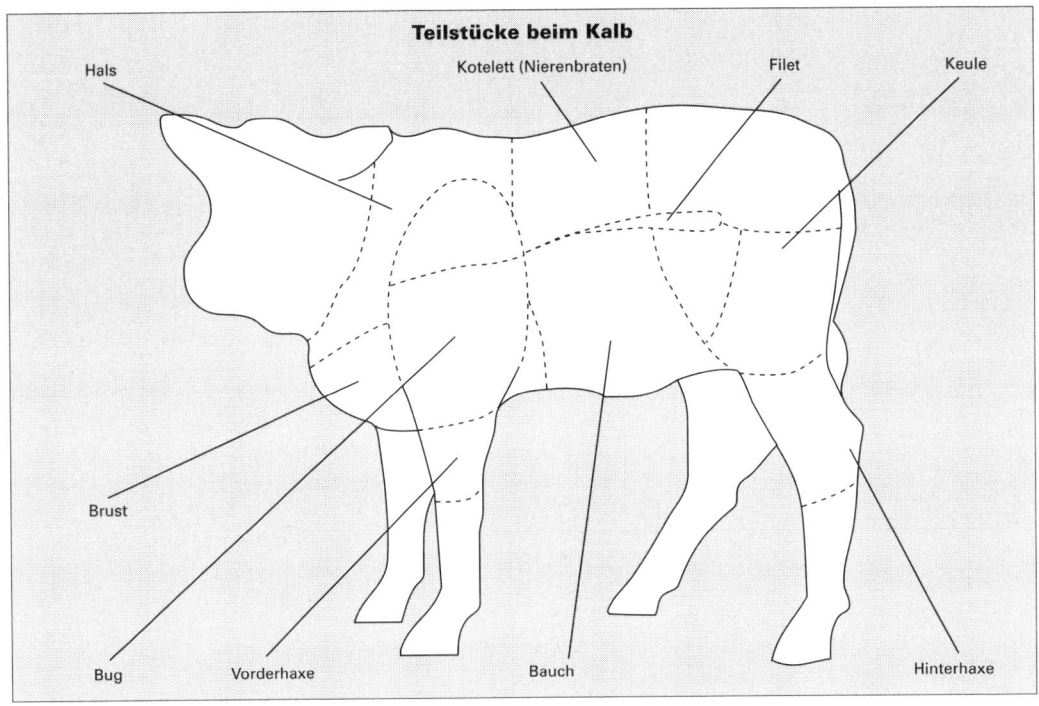

Teilstücke beim Kalb

Hals — Kotelett (Nierenbraten) — Filet — Keule

Brust

Bug — Vorderhaxe — Bauch — Hinterhaxe

- Hohe Rippe (Hochrippe) ist bestes Kochfleisch, weil es gut marmoriert ist und zarte Fasern hat. Bei jungen Tieren kann dieses Teilstück auch zum Braten verwendet werden.
- Brust ist ein kerniges, festes Kochfleisch mit Fetteinlagerungen. Der Brustkern enthält das Brustbein, die Nachbrust enthält weniger Knochen und ist meist magerer. Besonders geschätzt ist gepökelte Rinderbrust. Sie wird einige Tage in eine milde Pökelsalzlösung eingelegt und danach gekocht.
- Beinscheiben bestehen aus dem eingewachsenen Knochen und magerem Fleisch. Beinscheiben sind ein festes Kochfleisch, das eine sehr gute, kräftige Brühe ergibt. Von jüngeren Tieren eignet sich dieses Fleisch auch gut für kräftige Schmorgerichte.

Kalbfleisch

Kalbfleisch hat eine rosa bis hellrote Farbe; die Fleischfarbe hat nichts zu tun mit der Fleisch-qualität. Besonders helles Fleisch ist weder gesünder noch geschmacklich besser als dunkleres Kalbfleisch.

DIE TEILSTÜCKE BEIM KALB

- Keule (Schlegel) ist besonders hochwertig und besteht aus Oberschale, Blume (Hüfte) und Unterschale. Alle Teile der Keule eignen sich sehr gut für Schnitzel, kleinere Teile für Geschnetzeltes, flache Teile für Rollbraten.
- Rücken (Nacken, Kotelettstück) wird für Kalbskoteletts oder ausgelöst zum Braten verwendet.
- Filet ist das zarteste und teuerste Teilstück; es wird fast ausschließlich zum Kurzbraten für Steaks verwendet, die Filetspitze für Filetgulasch.
- Schulter (Bug) ist ein gutes Bratenstück. Teile der ausgelösten Schulter dienen als Geschnetzeltes, Ragout oder Frikassee.
- Brust mit Dünnung/Flanke ist ein guter Braten und kann auch gefüllt werden. Aus der Brust wird häufig auch Gulasch oder Frikassee angeboten, selbst kleine Kurzbratstücke können aus

Zubereitungsarten für Kalbfleisch

Grillen und Kurzbraten	Braten	Schmoren	Kochen
Filet	Oberschale	Nacken (Hals)	Nacken
Kotelett (Rücken)	Kugel	Brust	Brust
Haxe	Blume (Hüfte)	Bug (Schulter)	Dünnung
Oberschale	Rücken, Filet	Haxe	Haxe
Hüfte, Kugel	Brust		

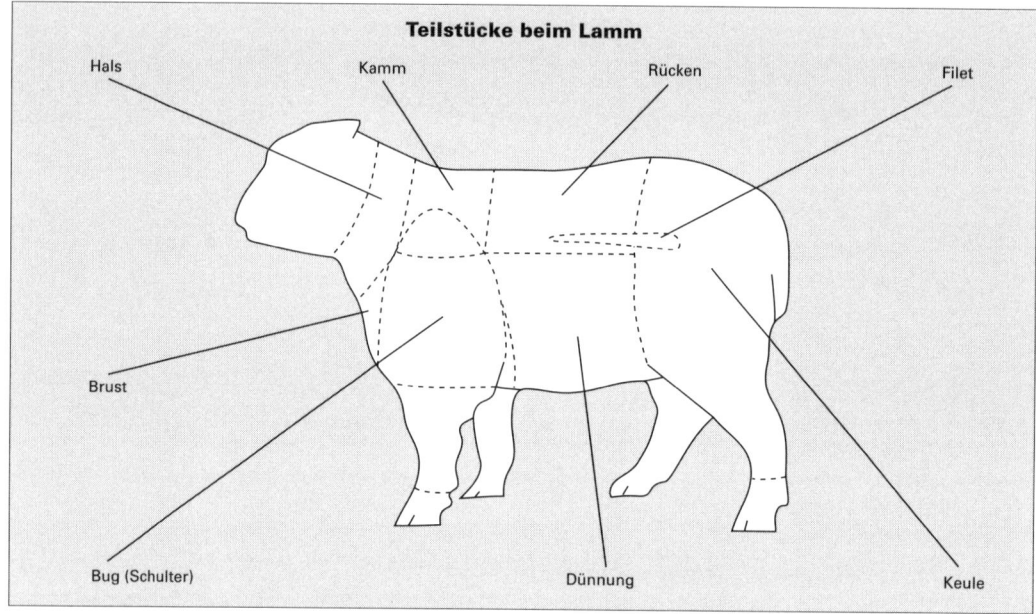

Teilstücke beim Lamm

Hals   Kamm   Rücken   Filet

Brust

Bug (Schulter)   Dünnung   Keule

der Brust geschnitten werden. Für Rollbraten wird meistens die Flanke verwendet.

□ Haxen haben kräftiges, mageres Fleisch und sind beliebte Braten. In Scheiben geschnittene Haxen werden für »Osso buco« verwendet.

Schaffleisch

Die Qualität von Schaffleisch hängt von Alter und Geschlecht des Tieres ab. Je jünger, desto zarter und wohlschmeckender ist das Fleisch.

Wie Rindfleisch sollte auch Schaffleisch einige Tage abhängen, damit es zart und mürbe wird. Schaffleisch sollte möglichst heiß gegessen werden, weil sonst der etwas aufdringliche Geschmack des Fetts sehr deutlich zum Tragen kommt.

Lammfleisch stammt von Tieren, die nicht älter als 12 Monate sind. Schaffleisch stammt von kastrierten männlichen (Hammelfleisch) und weiblichen Schafen, die älter als ein Jahr sind.

Praktische Hinweise:

■ *Beim Einfrieren von Lammfleisch ist zu beachten, daß fettarme Fleischpartien länger haltbar sind. Fettes Fleisch maximal 8 Monate in der Gefriertruhe, Fleisch mit weniger Fett 10 Monate lagern.*

■ *Bei der Zubereitung von Lammfleisch brauchen die Fettränder nicht abgeschnitten zu werden, weil sie dem Fleisch das typische Aroma geben und den Braten saftig machen.*

Geflügel

ERNÄHRUNGSPHYSIOLOGIE

Geflügelfleisch hat einen hohen Eiweißgehalt und enthält viele essentielle Aminosäuren (Eiweißbausteine, die der Körper nicht selbst aufbauen kann). Geflügelfleisch enthält bedeutende Mengen Mineralstoffe und Vitamine, v. a. B-Vitamine, Eisen und Phosphor.

Der Energiegehalt von Geflügelfleisch hängt ab vom Fettgehalt.

Mageres Geflügelfleisch, z. B. von Hähnchen oder Pute, ist bekömmlich und leicht verdaulich; es

Zubereitungsarten von Schaffleisch (Lamm, Hammel)

Grillen und Kurzbraten	Braten	Schmoren	Kochen
Scheiben von Keule (Schlegel)	Keule	Keule	Bug
Rücken (Chops)	Rücken	Bug	Brust
Brust	Brust	Brust	Dünnung
	Bug (Blatt, Schulter)	Dünnung	Hals
	Dünnung (Lappen, Bauch)	Kamm (Halskotelett)	
	Kamm (Halskotelett)	Hals	
	Hals		

kann daher sehr gut bei Diätkost verwendet werden. Ente und Gans gehören zu den schwerverdaulichen Geflügelfleischarten.

Praktische Hinweise für den Einkauf:

- *Geflügel, das in besonderen Haltungsformen gemästet wurde, ist entsprechend gekennzeichnet: extensive Bodenhaltung, Auslaufhaltung, bäuerliche Auslaufhaltung, bäuerliche Freilandhaltung.*
- *Beim Kauf von tiefgefrorenem Geflügel darauf achten, daß das Geflügel bei übervollen Truhen nicht oberhalb der Kühlmarkierung liegt, denn dann besteht die Gefahr, daß es bereits angetaut ist.*
- *Nur Geflügel mit unbeschädigter Verpackung kaufen.*
- *Schneebildung innerhalb der Verpackung, weiße oder bräunliche Verfärbungen deuten auf mindere Qualität hin oder sind Zeichen dafür, daß das Geflügel bereits angetaut war.*
- *Gefrorenes Geflügel auf dem Weg vom Geschäft nach Hause vor dem Antauen schützen durch Einschlagen in Zeitungspapier oder Isolierbeutel.*

Küchenpraxis

- Frisch geschlachtetes Geflügel sollte nicht am gleichen Tag verarbeitet oder gegart werden, damit es reift und zart wird. Es sollte nicht unverpackt zusammen mit anderen Lebensmitteln wie Salat oder Obst lagern. Bei Geflügelfleisch ist die Gefahr der Übertragung von Salmonellen besonders groß (siehe S. 178).
- Zum Aufbewahren und Bearbeiten von Geflügel möglichst Geschirr und Geräte verwenden, die sehr heiß gewaschen werden können, damit anhaftende Keime nicht auf andere Lebensmittel übertragen werden.
- Geflügel muß bei über 90 °C gut durchgaren, da Salmonellen erst dann absterben (Gar- bzw. Temperaturprobe: Bein läßt sich aus dem Gelenk lösen; Bratenthermometer). Wird das gegarte Fleisch kalt gegessen, sollte es sofort nach dem Garen abgekühlt und kühl aufbewahrt werden.
- Frischgeflügel einfrieren: Geflügel absolut dicht verpacken und dafür sorgen, daß es so schnell wie möglich durchgefroren wird. Nicht zuviel auf einmal einfrieren, sonst kann es sein, daß nach Tagen einzelne Stücke immer noch nicht durchgefroren sind. Bei größeren Mengen jeweils einen Teil im Vorgefrierfach einfrieren, in andere Fächer umpacken, dann den nächsten Teil schockgefrieren.

- Gefrorenes Geflügel wird zum Auftauen aus der Verpackung genommen und auf ein Sieb gelegt, damit die Auftauflüssigkeit abtropfen kann. Die Auftauflüssigkeit muß wegen der Gefahr einer Salmonelleninfektion weggeschüttet werden. Danach Spüle, Geschirr, Arbeitsfläche und Hände gründlich unter fließend heißem Wasser mit etwas Spülmittel waschen.
- Gefrorenes Geflügel im Kühlschrank oder bei Zimmertemperatur auftauen lassen. Auftauen im Backofen oder an der Heizung geht zwar schneller, das Fleisch schmeckt dann jedoch nicht mehr so gut.
- Geflügelteile oder beispielsweise Suppenhühner können auch gefroren bzw. angetaut verwendet werden.
- Aufgetautes oder angetautes Geflügel sofort verarbeiten, auf keinen Fall wieder einfrieren.
- Frisch geschlachtetes Geflügel etwa 1 Tag bei kühler Lagerung reifen lassen.

Vorbereiten von nicht küchenfertigem Geflügel
Nicht küchenfertiges Geflügel ist nicht gerupft und nicht ausgenommen.
Trocken gerupft wird Geflügel, dessen Federn verwendet werden.
Zum Naßrupfen wird das Tier vor dem Rupfen mit heißem Wasser (60 – 70 °C) überbrüht. Verbliebene Federkiele (Stoppeln) werden mit einem spitzen Messer herausgezogen, Flaumhaare werden über einer kleinen Flamme vorsichtig abgesengt.
Sowohl bei trockenem wie nassem Rupfen die Rupfrichtung beachten, d. h. in der Richtung rupfen, wie die Federn aus der Haut wachsen.
Mit einer Hand hält man das Geflügel, mit der andern werden jeweils nur kleine Büschel von Federn herausgezogen. Man beginnt am Bauch, dann rupft man den Rücken, den Schwanz, die Flügel und zum Schluß den Hals.
Trocken gerupftes Geflügel wird nach dem Rupfen mit Brühpech bestrichen und mit heißem Wasser wieder abgewaschen. Anschließend lassen sich die Stoppeln leicht entfernen. Eine andere Methode, die Stoppeln zu entfernen: grob gerupftes Tier schnell in heißes Wachs eintauchen, sofort in Behälter mit kaltem Wasser abkühlen. Mit dem Wachs zieht man anschließend die Stoppeln ab.
Zum Ausnehmen wird die Haut am Hals vorsichtig eingeschnitten und Kropf, Luft- und Speiseröhre herausgenommen. Anschließend wird der Darmausgang aufgeschnitten und bis zum Brustbein aufgeschnitten. Dann faßt man mit dem Zeige- und Mittelfinger hinter den Magen und zieht mit ihm die Eingeweide heraus. Vorsichtig vorgehen, damit auf keinen Fall die Galle ausläuft, sie macht das Fleisch bitter. Leber, Herz und Magen können verwendet werden; Därme, Lunge

und Galle gehören in den Abfall. Der Magen wird aufgeschnitten und die innere Haut samt Mageninhalt abgezogen.

Zum Schluß werden die Flügelspitzen abgehackt, ebenso die Füße und der Kopf. Bei Enten und Gänsen werden Kopf, Hals, Magen, Leber, Herz, Füße und Flügelteile (Geflügelklein) für Suppen, Soßen und Füllungen verwendet.

Regeln für die Zubereitung von Geflügel

Vorbereitetes Geflügel, ob frisch oder aufgetaut, vor der Zubereitung unter fließendem Wasser gründlich waschen, gut abtropfen lassen. Anschließend würzen, nur innen salzen.

Wenn Geflügel gefüllt wird, sollte man unbedingt darauf achten, daß der Bauch nicht zu prall gefüllt

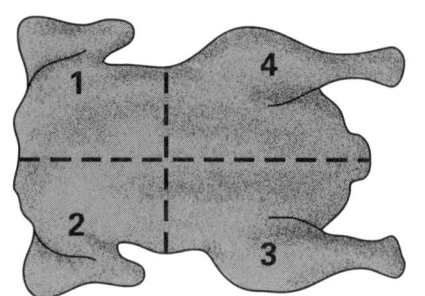

Tranchieren eines Hähnchens

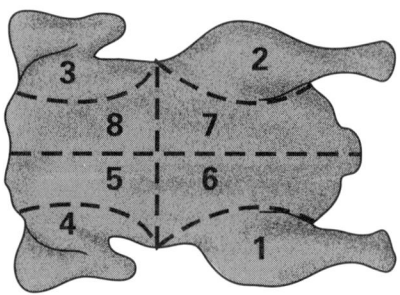

Tranchieren einer Ente

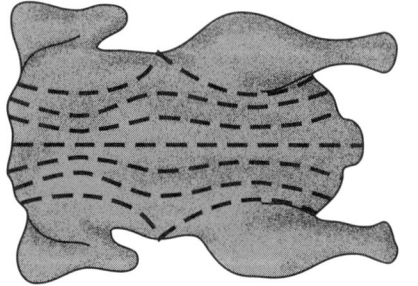

Tranchieren von großem Geflügel (Gans, Pute)

wird. Die Fülle dehnt sich aus und könnte dazu führen, daß das Geflügel aufplatzt.

Schwere, fleischreiche Tiere trocknen beim Braten weniger aus als kleine.

Dressieren von Geflügel

Vor dem Garen wird Geflügel dressiert, d. h. in die richtige Form gebracht, damit abstehende, dünne Teile wie Flügel nicht austrocknen. Die Flügel unter dem Rücken verschränken, die Schenkel fest zusammenbinden oder vor der Bürzeldrüse in die Haut stecken.

Tranchieren von Geflügel

Kleineres Geflügel (Hähnchen) halbieren und vierteln, mit der Innenseite nach unten servieren.

Großes Geflügel auf den Rücken legen, mit der Gabel an der Brust festhalten. Beine jeweils vom Rumpf wegbiegen, im Gelenk am Rumpf durchschneiden. Brust ablösen und in zentimeterbreite Streifen schneiden. Flügel jeweils am äußeren Bruststreifen lassen. Rücken abtrennen und in 3 oder 4 Teile teilen.

Wild und Wildgeflügel

Wildfleisch (Wildbret) stammt von jagdbaren Tieren, d. h. nicht als Haustieren gehaltenen Tieren: von Rehen, Hirschen, Hasen, Fasanen und Rebhühnern, seltener von sonstigem Wildgeflügel (Schnepfen, Enten) und Wildschwein.

In der Bundesrepublik Deutschland darf Wild nur zu bestimmten Zeiten gejagt werden. Deshalb ist das Angebot an frisch geschossenem, inländischem Wildfleisch auf diese Zeit beschränkt. Während der Schonzeiten wird tiefgefrorenes oder ausländisches Wildbret angeboten.

Ernährungsphysiologie

Wildfleisch ist dunkelrot bis braunrot, sehr eiweißreich und fettarm. Außerdem ist es zart, deshalb leicht verdaulich und bekömmlich und damit für Krankenkost geeignet. Geschätzt wird beim Wild der typische Geschmack. Wildbret enthält die Mineralstoffe Calcium, Phosphor und Eisen in nennenswerten Mengen, ebenso Vitamin B_1 und B_2.

Küchenpraxis

❑ Wild muß abhängen, damit es zart und aromatisch wird. Es sollte aber keinen Hautgout haben; dieser intensive Geruch deutet auf fortgeschrittene Fäulnis hin.

❑ Abgehangenes Wildfleisch kann tiefgefroren werden. Wegen des niedrigen Fettgehalts hält es sich (ungespickt) bis zu 12 Monate. Vor der

Verwendung wird tiefgefrorenes Wildbret aufgetaut, kleinere Stücke können auch angetaut weiterverarbeitet werden.

◻ Fleisch älterer Tiere wird durch Beizen (Essig-, Buttermilch-, Weinbeize) milder im Geschmack.

◻ Wildfett hat einen sehr intensiven Eigengeschmack und sollte daher vor dem Garen entfernt werden.

◻ Wildbret wird vor dem Zubereiten nicht gewaschen, sondern mit einem feuchten Lappen gründlich abgerieben, der eventuell in Essigwasser getränkt wurde.

Verwendung von Wildbret

Verwendung	Teilstück
Braten	Vor allem Fleisch junger Tiere: Rücken (Ziemer) oder Schlegel von Hase, Reh, Hirsch; Blatt von Reh und Hirsch; Wildgeflügel, Hase, Kaninchen
Schmoren, Dünsten	Bratenstücke von älteren Tieren: Bug von Reh und Hirsch für Gulasch; Herz von Reh und Hirsch, Wildgeflügel, Hase, Wildkaninchen
Grillen	Rücken vom Hasen; Steaks aus dem Rücken von Reh und Hirsch; Schnitzel aus der Keule von Reh und Hirsch; Rehleber
Ragout	Brust- und Bauchlappen, Hals, Kopf, Herz von Wildgeflügel, Hase, Wildkaninchen

Häuten von Wildbret

Wildbret, das gebraten werden soll, wird vorher gehäutet, d. h. die feine Haut über den Muskelfasern wird vorsichtig abgezogen.

Dazu mit einem spitzen, scharfen Messer vorsichtig zwischen Haut und Muskelfasern fahren. Haut mit einer Hand festhalten, mit der anderen Hand das Messer führen und die Haut schneiden.

Bardieren von Wildbret

Damit Wild beim Braten nicht austrocknet, Speckscheiben auflegen und sehr starke Brathitze vermeiden.

Gespickt wird mit einer Spicknadel. Dabei wird das Fleisch mit Speckstreifen durchzogen. Weniger Saft geht verloren, wenn nicht gespickt, sondern der Speck nur aufgelegt wird. Die Speckscheiben können festgebunden werden (bardieren). Kurz vor dem Ende der Garzeit die Speckscheiben abnehmen, damit der Braten noch bräunt.

Der Braten ist gar, zart und saftig, wenn er gerade durchgegart ist (Kerntemperatur von 80 °C), am besten festzustellen mit einem Bratenthermometer.

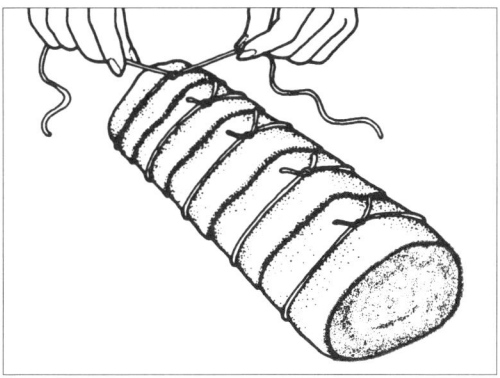

Bardieren von Fleisch

Tranchieren von Wildbret

◻ Rehrücken: An einer Seite der Wirbelsäule am Knochen entlangschneiden und mit einem weiteren Schnitt am unteren Knochen entlang das Filet ablösen. Fleisch quer oder schräg in gleichmäßige Scheiben schneiden.

◻ Keule: Die Keule wird so festgehalten, daß die Nuß oben liegt. Die Nuß ist der Muskel an der Innenseite der Keule zwischen oberstem Gelenk und Knie. Die Schale ist der Muskel an der äußeren Seite. Es wird senkrecht zur Faser geschnitten. Die Scheiben möglichst groß schneiden. Die Nuß wird vor der Schale geschnitten.

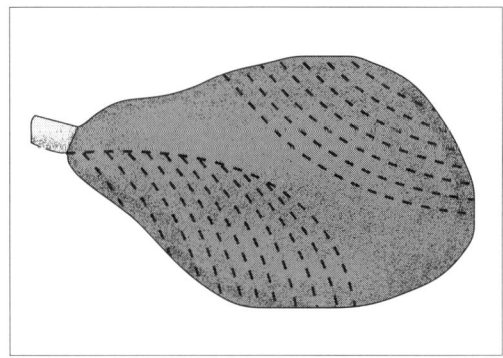

Tranchieren einer Keule

◻ Hase und Kaninchen: Rückenfilets an beiden Seiten ablösen und in Scheiben schneiden. Hinterläufe und Vorderläufe abtrennen. Dann das Gerippe umdrehen und die kleinen Innenfilets lösen.

Einkauf und Verwendung

◻ Reh: geschmacklich sehr gutes Fleisch, Rücken beste Qualität, danach Keule und Schulter.

◻ Hirsch: bis zum Alter von 2 Jahren zartes Fleisch, danach grobes und zähes Fleisch.

❑ Damwild: geschmacklich wie Rehfleisch, aber zarter.

❑ Schwarzwild (Wildschwein): Jungtiere haben sehr zartes und wohlschmeckendes Fleisch; ältere Tiere haben zähes Fleisch, das manchmal einen ausgeprägten Geschlechtsgeruch hat.

❑ Hase: bis zum Alter von 6 Monaten sehr zart.

❑ Kaninchen: kleiner als Hasen, zartes, leicht süßliches Fleisch.

❑ Rebhuhn: geschmacklich sehr gutes Fleisch, besonders zart von Jungtieren.

❑ Fasan: schmackhaftes, zartes Fleisch, kurze Gardauer (nur bei jungen Tieren).

❑ Wildtaube: Junge Tiere haben sehr zartes, gutes und besonders leicht verdauliches Fleisch, das in der Krankenkost gerne eingesetzt wird.

❑ Wildente: schmeckt häufig tranig. Der Geschmack kann gemildert werden durch Einlegen in Beize oder Salzwasser.

Praktische Hinweise:

▪ *Der Kauf von Wild ist Vertrauenssache. Fragen Sie nach dem Alter des Tieres. Hasen schmecken am besten mit 3 bis 6 Monaten.*

▪ *Je jünger das Tier, desto zarter ist das Fleisch von Reh, Hirsch und Wildschweinen.*

▪ *Fleisch älterer Tiere ist grobfaserig und schmeckt strenger.*

▪ *Junges Wildgeflügel erkennt man daran, daß die Ständer (Füße) noch hell sind.*

▪ *Wildfleisch nur durchgegart essen, niemals roh (z. B. als Carpaccio).*

Innereien

Zu den eßbaren Innereien von Haus- und Wildtieren gehören Herz, Lunge, Leber, Nieren, Bries, Zunge, Milz, Euter und Magen.

Ernährungsphysiologie

Innereien sind fettarm und enthalten zum Teil hohe Mengen an Mineralstoffen. So ist z. B. Schweineleber ein guter Lieferant für Eisen, ebenso Schweinenieren. Innereien leisten auch einen Beitrag für die Versorgung mit Vitamin A. Besonders Leber enthält sehr viel Vitamin A. Der Gehalt ist so hoch, daß Schwangeren empfohlen wird, in den ersten Schwangerschaftsmonaten keine Leber zu essen. Zu hohe Vitamin-A-Zufuhr könnte schädliche Auswirkungen auf den Embryo haben.

Allerdings ist bei Innereien der Gehalt an schädlichen Schwermetallen, z. B. Blei und Quecksilber, deutlich höher als im Muskelfleisch der Schlachttiere. Hirn enthält sehr viel Cholesterin. Bei erhöhtem Harnsäurespiegel (Gicht) sollte auf Innereien

nach Möglichkeit verzichtet werden, weil sie den Harnsäurespiegel im Blut deutlich erhöhen.

Innereien sollten aufgrund der hohen Schwermetallbelastung nicht öfter als einmal pro Monat gegessen werden.

Einkauf und Verwendung

❑ Zunge ist sehr mageres, festes Fleisch, das verhältnismäßig teuer ist. Zunge wird roh oder gepökelt angeboten. Verwendet wird sie gekocht als warmes Gericht mit Soße oder kalt dünn aufgeschnitten oder in Sülze.

❑ Leber schmeckt um so besser, je jünger das Schlachttier war. Diesen Unterschied schmeckt man am deutlichsten bei Rinderleber. Kalbsleber ist locker, hell, hat einen milden Geschmack und bleibt beim Braten saftig. Rinderleber ist braunrot und um so dunkler und weniger zart, je älter das Tier war. Schweineleber ist nicht glatt wie Rinder- oder Kalbsleber, sondern fein porös. Schafleber ist hell und sehr zart. Gefrorene Leber büßt durch die Lagerung Geschmack und Zartheit ein.
Verwendet wird Leber fast ausschließlich zum Kurzbraten, als Geschnetzeltes, gegrillt oder gebacken.

Praktische Hinweise:

▪ *Rinderleber, die einige Stunden vor der Zubereitung in Milch eingelegt wurde, verliert dadurch den leicht bitteren Geschmack und wird zarter.*

▪ *Leber darf erst nach dem Garen gesalzen werden, sonst wird sie hart.*

❑ Herz schmeckt um so besser, je jünger das Schlachttier war. Rinder- und Schweineherz sind qualitätsmäßig etwa gleich. Kalbsherz hat die beste Qualität, es hat einen feinen Geschmack und ist noch sehr zart. Verwendet wird Herz zum Schmoren oder in Scheiben geschnitten zum Kurzbraten.

❑ Hirn darf seit dem Auftreten von BSE nicht mehr in den Handel gelangen. Es gehört zum Risikomaterial und muß nach der Schlachtung entsorgt werden.

❑ Bries (Kalbsmilcher, Kalbsmilch): Es handelt sich um eine Drüse, die nur ein Kalb hat. Kalbsbries ist ähnlich zart wie Hirn, jedoch etwas fester. Bries gilt kurzgebraten als Delikatesse.

❑ Nieren von Schwein und Rind bzw. Kalb unterscheiden sich deutlich. Schweinenieren sind glatt und kleiner als Rindernieren, die Einkerbungen haben. Bei Kalbsnieren wird das umgebende Fett nicht ganz abgetrennt, Schweine- und Rindernieren werden vollständig entfettet.

Die inneren Harnwege und die weißen, zähen Häute werden herausgetrennt. Nieren werden zum Kurzbraten, Grillen oder Schmoren verwendet. Nieren sollten vor der Zubereitung 1–2 Stunden in kaltes Wasser gelegt werden, um den strengen Geschmack zu mildern.

2.2. Fleischerzeugnisse

Das Angebot an Wurstwaren ist fast unübersehbar groß. Meist wird Wurst aus Mischungen von Schweine-, Rind- und Kalbfleisch hergestellt. Bei Wurst aus anderem Fleisch muß die Tierart angegeben sein, z. B. Putenfleischwurst.
Wurstwaren enthalten zum Teil sehr viel »versteckte Fette«, haben also einen hohen Energiegehalt.
Eine gesetzliche Vorschrift, daß der Fettgehalt der Wurst angegeben werden muß, gibt es nicht. Jedoch wird Wurst häufig freiwillig gekennzeichnet; in der Metzgerei auf einer Informationstafel, bei verpackter Wurst auf dem Etikett.

Fettgehalt ausgewählter Wurstsorten

Wurstsorte	Fettgehalt in % (durchschnittlich)
Cervelatwurst	43
Plockwurst	50
Knackwurst	34
Mettwurst (Braunschweiger)	52
Deutsche Salami	50
Bierschinken	19
Fleischwurst	27
Mortadella	33
Göttinger (Blasenwurst)	40
Wiener Würstchen	21
Fleischkäse (Leberkäse)	23
Gelbwurst (Hirnwurst)	33
Leberwurst	41
Blutwurst	39

Schinken und Speck

Diese Produkte sind Fleischstücke meist vom Schwein, die durch Salzen, Pökeln oder Räuchern haltbar gemacht wurden.
Speck ist der Rückenspeck vom Schwein, der trocken oder feucht eingesalzen oder gepökelt und anschließend geräuchert wurde.
Durchwachsener Speck ist Bauchspeck mit etwas Muskelfleisch.

Schinken

Kochschinken werden in der Regel aus Schweinefleisch herstellt. Wenn dies nicht der Fall ist, wird auf die Tierart gesondert hingewiesen. Bei der Bezeichnung »Schinken« handelt es sich um Hinterschinken oder Keule. Schinken aus der Schulter wird als »Vorderschinken« oder »Schulterschinken« gekennzeichnet. Formschinken ist Schinken aus Fleischteilen, die zusammengesetzt wurden.
Kochschinken werden gepökelt, leicht geräuchert und gekocht.
Rohschinken stammen vorwiegend aus Teilstücken der Hinterkeule vom Schwein. Sie werden meist mit Nitritpökelsalz hergestellt. Nach einigen Wochen Pökelzeit werden sie anschließend geräuchert. Zum Rohschinken gehören:
Knochenschinken (Westfälischer, Hamburger, Schwarzwälder, Heideschinken) Holsteiner Katenschinken, Nußschinken, Schinkenspeck, Blasenschinken (Kammstücke), Kasseler Kamm, Kasseler (Kotelettstrang), Lachsschinken (Kotelettstrang), Schwarzgeräuchertes.

Praktische Hinweise:

- *Gekochter Schinken wird im Kühlschrank aufbewahrt und ist dort einige Tage haltbar.*
- *Geräucherter Schinken soll nicht für längere Zeit im Kühlschrank aufbewahrt werden; er beginnt zu schimmeln, weil die Luftfeuchtigkeit im Kühlschrank hoch ist. Maximale Lagerdauer sind hier 2 Wochen.*
- *Am besten hält sich geräucherter Schinken in einem luftigen, trockenen, unbeheizten Raum oder im Speiseschrank (bis zu einem halben Jahr). Steht kein geeigneter Raum zur Verfügung, kann der Schinken auch portionsweise eingefroren werden; je nach Fettgehalt hält er sich 4 bis 6 Monate.*

Rohwürste

Rohwürste werden aus zerkleinertem rohem Fleisch und Speck sowie Salzen, Zucker und Gewürzen hergestellt. Durch Säuern, Salzen, Trocknen und Räuchern werden sie konserviert. Auch wenn die Wurst fertig ist, ist das enthaltene Fleisch noch roh – wie beim rohen Schinken. Durch das lange Trocknen sind Rohwürste trotzdem lange lagerbar.
Man unterscheidet schnittfeste Rohwürste (Cervelatwurst, Salami, Plockwurst) und streichfähige Rohwürste (Teewurst, Mettwurst).
Charakteristisch für schnittfeste Rohwürste ist, daß sie lange getrocknet und gereift sein müssen. Während dieser Reifezeit entfaltet sich das Aroma, der Fleischsaft verdunstet; daraus ergibt sich die lange Haltbarkeit.

Praktischer Hinweis:

- *Rohwürste werden wie roher Schinken nicht im Kühlschrank, sondern in einem kühlen, gut gelüfteten Raum gelagert oder eingefroren (nicht über 2 Monate, sonst geht das Aroma verloren).*

Brühwürste

Brühwürste werden aus Fleisch, Speck, Salz und Gewürzen unter Verwendung von Wasser hergestellt. In speziellen Zerkleinerungs- und Mengmaschinen (Kutter) werden die Zutaten zu einer einheitlichen Masse, dem Brät, verarbeitet, anschließend in Därme gefüllt und gebrüht. Durch das Erhitzen wird die Wurst schnittfest. Viele Brühwürste enthalten Nitritpökelsalz und bleiben damit auch bei der Erhitzung rot. Brühwürste, denen kein Nitritpökelsalz zugesetzt wurde, sind nach der Erhitzung grau.

Brühwürste enthalten 20 bis 35 % Fett. Bekannte Arten: Fleischwurst, Leber- (Fleisch-) Käse, Bierschinken, Lyoner, Jagdwurst, Bockwürstchen, Knackwürstchen, Frankfurter Würstchen.

Praktischer Hinweis:

- *Brühwürste können einige Tage im Kühlschrank gelagert oder eingefroren (bis zu 2 Monate) werden.*

Kochwürste

Kochwürste werden überwiegend aus gebrühtem oder vorgekochtem Fleisch, Speck oder Innereien hergestellt. Nach dem Abfüllen in Därme oder Dosen werden sie nochmals gekocht und zum Teil auch geräuchert.

Kochwürste enthalten 15 bis 50 % Fett, besonders magere Kochwürste sind Sülzen und Aspikwaren mit 5 bis 15 % Fettgehalt.

Kochwürste sind auch bei kühler Lagerung nur wenige Tage haltbar.

Zu den Kochwürsten gehören Leberwurst, Blutwurst, Rotwurst, Zungenwurst, Sülzen, Aspikwaren, Sülzwürste (Pressack, Schwartenmagen, Corned beef).

2.3. Fisch

Ernährungsphysiologie

Fische sind ein wertvolles Lebensmittel. Sie enthalten hochwertiges Eiweiß und sind Hauptlieferanten für das Spurenelement Jod. Außerdem enthält Fisch bedeutende Mengen an Vitamin B_2, B_6, B_{12}, A und D, Eisen, Magnesium, Phosphor und Kalium sowie Selen. Fisch enthält nur in Spuren Kohlenhydrate, eignet sich also sehr gut für die Diabetikerernährung.

Fisch ist leicht verdaulich und bekömmlich, er eignet sich daher auch gut als Krankenkost. Der Fettgehalt der Fische ist unterschiedlich. So enthält z. B. Kabeljau nur in Spuren Fett, Aal dagegen 25 g Fett je 100 g. Zu den Magerfischen gehören Renke, Hecht, Forelle, Schleie, Kabeljau, Schellfisch, Scholle, Seelachs, Rotbarsch. Zu den Fettfischen gehören Aal, Hering, Makrele, Lachs, Sardinen, Thunfisch. Das Fett der Fische ist reich an Omega-3- und Omega-6-Fettsäuren, die Schutzwirkung gegen Herz-Kreislauf-Erkrankungen haben.

Aufgrund des hohen gesundheitlichen Wertes ist es empfehlenswert, einmal pro Woche Fisch zu essen. Dabei ist auch auf fettarme Zubereitung zu achten.

Einkauf

Generell ist beim Einkauf zwischen Seefischen und Süßwasserfischen zu unterscheiden.
- Seefische: Hering, Rotbarsch (Gold-), Sprotte, Kabeljau, Seelachs, Wittling, Seehecht, Schellfisch, Makrele, Thunfisch, Lachs, Sardinen, Seezunge, Steinbutt, Heilbutt, Scholle, Flunder.
- Süßwasserfische: Forelle, Karpfen, Schleie, Aal, Hecht, Zander, Barsch, Weißfische (Plötze, Rotfeder, Blei, Brachse, Döbel, Karausche), Felchen, Renke.
- Hinweise zum nachhaltigen Einkauf von Fisch Seite 23/24.

Küchenpraxis

- Fisch ist ein leichtverderbliches Lebensmittel, deshalb besonders sorgfältig und sauber damit umgehen. Frischfisch kann im Kühlschrank nicht länger als einen Tag aufbewahrt werden, für längere Lagerung eignet sich Tiefgefrieren.
- Frischfisch, der nicht am Einkaufstag verbraucht wird, abgedeckt an der kältesten Stelle (unter dem Verdampferfach) des Kühlschranks lagern. Die Verpackung entfernen.
- Gegarten Fisch und Reste von Fischmahlzeiten höchstens einen Tag im Kühlschrank aufbewahren.
- Tiefgefrorene Fische nur angetaut, nicht vollständig aufgetaut weiterverwenden. Angetauten Fisch nicht wieder einfrieren.

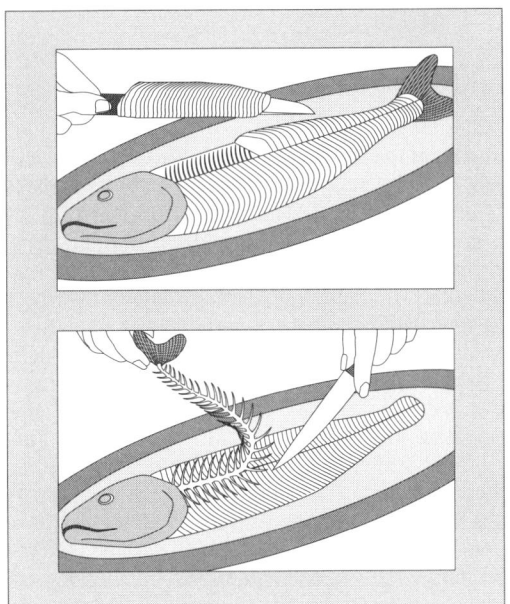

Tranchieren eines gegarten Fisches

- Bei geringsten Veränderungen in Geschmack und Geruch den Fisch oder die Fischerzeugnisse nicht mehr verwenden.
- Fisch, der »blau« zubereitet werden soll, nicht schuppen, sondern besonders vorsichtig damit umgehen. Denn nur eine unbeschädigte Schleimschicht bewirkt die blaue Farbe.
- Gefrorener Fisch wird nicht mehr »blau«.
- Die früher übliche 3-S-Regel für das Zubereiten von Fisch gilt nur noch bedingt. Das Säubern, also das Ausnehmen der Fische, übernimmt der Lieferant bzw. Händler; Säubern ist im Haushalt nur noch notwendig im Sinne von Abwaschen des ganzen Fischs oder der Filets unter fließendem Wasser – ähnlich wie beim Fleisch. Das Säuern (mit Zitronensaft) kommt aus einer Zeit, in der man wenig Kühlmöglichkeiten hatte und der Fisch teils schon von weitem zu riechen war. Man säuerte ihn, um diesen Geruch zu übertönen. Mit den heutigen Transport- und Kühlmöglichkeiten kommt Fisch so frisch an den Verbraucher, daß er so gut wie gar nicht »fischelt«, also riecht. Außerdem führt das Beträufeln mit Zitronensaft dazu, daß das zarte Fischfleisch fest und manchmal auch trocken wird, vor allem Filets. Salzen sollte man Fisch erst kurz vor dem Garen, damit möglichst wenig Saft austritt.

Entgräten eines rohen Fisches
Brustflossen abschneiden, an der Bauchseite bis zum Schwanz aufschneiden und den Fisch aufklappen. Bei Fischen mit dicken Gräten Fleisch mit einem Messer von den Gräten lösen. Bei Fischen mit kleinen Gräten Fleisch mit den Fingern ablösen. Am Rückgrat entlang Fleisch besonders vorsichtig lösen, damit man nicht die Rückenhaut durchschneidet. Rückgrat am Kopf abschneiden und anschließend zum Schwanz hin herausziehen.

Tranchieren eines gegarten Fisches
Haut an Bauch und Rücken einschneiden, danach vom Kopf zum Schwanz hin abziehen. Dann mit dem Fischmesser die Seitenlinie entlangfahren. Die obere Filethälfte in zwei Stücken von den Gräten lösen, ebenso die untere Filethälfte.
Die nun freiliegenden Gräten zusammen mit dem Rückgrat durch Hochziehen mit dem Schwanz entfernen. Der Kopf geht dabei auch mit ab. Vergessen Sie nicht, die Bäckchen herauszuholen, sie sind eine Delikatesse. Das verbleibende Fischfilet umdrehen und die Haut abziehen.

Schalen- und Krustentiere

Zu den Schalentieren gehören Muscheln, Austern und Schnecken.
Zu den Krustentieren gehören Garnelen, Krabben, Hummer, Langusten und Süßwasserkrebse.
Schalen- und Krustentiere sind eiweißreich, fettarm und leicht verdaulich.
Weil das Fleisch von Schalen- und Krustentieren sehr schnell verdirbt, sollte nur ganz frische Ware gegessen werden.
Krebse, Hummer, Muscheln und Schnecken werden lebend angeboten. Erst bei der Zubereitung kommen sie in kochendes Wasser und werden dadurch getötet. Mit Ausnahme der Auster werden alle Schalen- und Krustentiere gegart; Austern werden überwiegend roh gegessen.

Wichtiger Hinweis:

- *Die Schale von Austern und Muscheln muß fest geschlossen sein, sonst ist das Fleisch bereits verdorben und darf keinesfalls gegessen werden. Grundsätzlich sollte man Schalen- und Krustentiere im Fachgeschäft kaufen, dort hat man die beste Gewähr, frische Ware zu erhalten.*

Schalen- und Krustentiere gelten als Delikatessen und sind teuer. Krustentiere schmecken wie festes Fischfleisch und werden verwendet für gemischte Salate, Cocktails (Krabbencocktail) und für feine Gerichte. Schalentiere (z. B. Muscheln) werden gekocht und mit pikanten Soßen oder in südländischen Reis- und Nudelgerichten gegessen (z. B. Paella).
Es gibt Produkte, die großen Garnelen, Krebs- und Hummerfleisch täuschend ähnlich sehen. Sie sind

aber nur aus zerkleinertem, aufbereitetem und in Form gepreßtem Fischfleisch hergestellt (Surimi).

Fischerzeugnisse

Fischerzeugnisse sind Erzeugnisse aus See- oder Süßwasserfischen, die durch Trocknen, Salzen, Marinieren, Räuchern, Braten oder Kochen hergestellt sind. Bekannte Beispiele sind Brathering, Rollmops, Schillerlocken, Räucheraal.

- Getrocknete Fische sind Fische, die durch Trocknen haltbar gemacht wurden. Meist werden Magerfischarten verwendet. Getrocknete Fische sind bei uns kaum gefragt, sie werden hauptsächlich in südlichen oder weit nördlich gelegenen Ländern verzehrt.
- Räucherfische werden kalt oder heiß geräuchert, nachdem sie vorher in Salzlake eingelegt waren. Beispiele für heißgeräucherte Fische: Bückling (Hering), Räucherrollmops, Räuchersprotten, Räuchermakrelen, Schillerlocken (Dornhai), Räucheraal, Räucherforellen. Beispiele für kaltgeräucherte Fische: Lachsheringe, Räucherlachs, Delikateßheringe.
- Salzfische werden eingesalzen und dadurch haltbar gemacht. Der bekannteste Salzfisch ist der Salzhering, der in verschiedenen Formen angeboten wird: Matjeshering (mindestens 12 % Fettgehalt), Fetthering, Vollhering (mit Milch oder Rogen gefüllt).
- Weitere Erzeugnisse aus gesalzenen Fischen sind Sardellenfilets, Sardellenringe, Seelachs (Lachsersatz), Kaviar (Rogen verschiedener Fischarten). Echter Kaviar stammt von Störarten, die vorwiegend im Schwarzen Meer vorkommen. Kaviar ist eine sehr teure Delikatesse.
- Marinaden sind Fischerzeugnisse oder Fischteile, die durch Einlegen in eine Essig-Salz-Marinade mit Gewürzen haltbar gemacht wurden. Beispiele sind Bismarckhering, Rollmops, Gabelrollmops, Kronsild.
- Bratfischwaren sind Fische, die durch Braten, Backen oder Grillen gegart sind und meist als Konserven in den Handel kommen. Die meisten Bratfischwaren sind hergestellt aus Hering oder Makrelen.
- Kochfischwaren sind Fische, die gekocht oder gedämpft wurden und in Gelee eingelegt sind. Beispiele: Hering in Gelee, Rollmops in Gelee.
- Fischdauerwaren sind Halb- oder Vollkonserven von Fischen. Vollkonserven sind ungekühlt bis zu einem Jahr haltbar. Halbkonserven sind pasteurisiert und gut gekühlt einige Wochen haltbar. Geöffnete Fischkonserven sollten möglichst rasch verzehrt werden.

2.4. Milch

Ernährungsphysiologie

Milch ist ein besonders wertvolles Lebensmittel durch seinen hohen Gehalt an Eiweiß und Mineralstoffen. Das Eiweiß der Milch ist biologisch sehr hochwertig. Es ist arm an Purinen. Dies ist besonders wichtig für Menschen, die eine Neigung zu Gicht oder Nierensteinen haben. Das Milchfett ist leicht verdaulich, weil es fein verteilt ist und einen niedrigen Schmelzpunkt hat.

Milch enthält viele Vitamine, besonders reichlich Vitamin A, die Vorstufe von Vitamin A (Beta-Carotin), Vitamin D, E und K sowie B-Vitamine.

An Mineralstoffen enthält Milch vor allem Calcium und Phosphor sowie Kalium, Magnesium, Fluor und Jod. Ein halber Liter Milch deckt 80 % des täglichen Calciumbedarfs und 60 % des Phosphorbedarfs.

Kohlenhydrate liegen in der Milch in Form von Milchzucker vor. Er liefert Energie und fördert die Aufnahme von Calcium. Milchzucker hat leicht abführende Wirkung. Er ist der am leichtesten verderbliche Bestandteil der Milch. Durch Bakterien wird er vergoren, die Milch wird dann sauer.

BEARBEITUNG IN DER MOLKEREI

Weil Milch ein leichtverderbliches Lebensmittel ist, wird sie zum größten Teil in der Molkerei erhitzt und behandelt.

Durch die Erhitzung werden Bakterien und Krankheitserreger abgetötet, die Haltbarkeit erhöht sich. Der Vitamingehalt wird dabei geringer; bedeutend ist der Vitaminverlust jedoch nur bei Steril- und Kondensmilch. Durch die Erhitzung ändert sich auch die Eiweißzusammensetzung, die Milch wird leichter verdaulich, bekommt aber auch den typischen »Kochgeschmack«.

Pasteurisieren

Drei verschiedene Pasteurisierungsmethoden sind zugelassen: Kurzzeiterhitzung auf 72 bis 75 °C für 15 bis 30 Sekunden, Dauererhitzung auf 62 bis 65 °C für 30 Minuten, Hocherhitzung auf mindestens 85 °C für wenige Sekunden.

Ultrahocherhitzen

Bei diesem Verfahren wird die Milch für wenige Sekunden auf 135 bis 150 °C erhitzt. Ultrahocherhitzte Milch wird als H-Milch bezeichnet. Infolge der hohen Erhitzung hat sie geringere Nährstoffgehalte als pasteurisierte Milch.

Sterilisieren

Bei diesem Verfahren wird die Milch für 10 bis 20 Minuten auf 110 bis 120 °C erhitzt. Sterilmilch ist völlig keimfrei, verliert jedoch durch die lange Erhitzung sehr viele Vitamine und Eiweiß. Für die Säuglingsernährung ist sterilisierte Milch nicht geeignet.

Homogenisierung

Bei diesem Verfahren wird das Milchfett gleichmäßig in der Milch verteilt, so daß es sich nicht als Rahmschicht absetzen kann. Durch die feine Verteilung des Fettes werden die Verdaulichkeit und Bekömmlichkeit der Milch verbessert, außerdem schmeckt die Milch vollmundiger. Homogenisierte Milch hat keine schädlichen Einflüsse auf die menschliche Gesundheit.

Angebotsformen

- Rohmilch (Milch ab Hof) hat einen natürlichen Fettgehalt von etwa 4 %, sie wird nicht erhitzt und rahmt auf. Für Säuglinge und Schwangere sollte Rohmilch auf jeden Fall gekocht werden, weil in unbehandelter Milch Krankheitserreger enthalten sein können.
- Vorzugsmilch liegt im Fettgehalt meist über 3,5 %, sie ist nicht erhitzt oder behandelt. Die Erzeugerbetriebe unterliegen besonders strengen hygienischen Kontrollen. Abgefüllt wird Vorzugsmilch in der Molkerei und darf nie bei mehr als 8 °C gelagert werden. Rohmilch und Vorzugsmilch müssen innerhalb von 96 Stunden ab Gewinnung verbraucht werden.
- Vollmilch (Trinkmilch) wird pasteurisiert, häufig auch homogenisiert. Der Fettgehalt liegt bei 3,5 bis 3,8 %. Frische Vollmilch ist bis zu 4 Tage haltbar.
- Fettarme Milch (teilentrahmte Milch) wird pasteurisiert und homogenisiert. Der Fettgehalt liegt bei 1,5 bis 1,8 %. Sie ist etwa 4 Tage haltbar.
- Entrahmte Milch (Magermilch) hat einen Fettgehalt von höchstens 0,5 %, sie wird pasteurisiert und homogenisiert. Manchmal ist Magermilch eiweißangereichert. Sie ist etwa 4 Tage haltbar.
- H-Milch (Vollmilch) hat einen Fettgehalt von 3,5 %, wird ultrahocherhitzt und homogenisiert. Ungeöffnet ist sie mindestens 6 Wochen haltbar (Mindesthaltbarkeitsdatum beachten), geöffnet bis zu 5 Tage.
- H-Milch (teilentrahmt) hat einen Fettgehalt von 1,5 bis 1,8 %, wird ultrahocherhitzt, homogenisiert und manchmal eiweißangereichert. Ungeöffnet ist sie mindestens 6 Wochen haltbar, geöffnet bis zu 5 Tage. Die gleiche Behandlung und Haltbarkeit hat H-Magermilch mit einem Fettgehalt von höchstens 0,5 %.
- ESL-Milch (extra shelf-life) ist »extra länger frische«, hocherhitzte Milch (keine ultrahocherhitzte H-Milch). Sie ist im Kühlschrank ungeöffnet bis zu 3 Wochen haltbar. Eine einheitliche Kennzeichnung fehlt, man findet auf der Verpackung Formulierungen wie »extra langer Frischegenuß« oder »maxi Frische«.
- Sterilmilch wird sterilisiert und ist ungeöffnet bis zu 1 Jahr haltbar, geöffnet bis zu 5 Tage.
- Kondensmilch wird unter Wärmebehandlung eingedickt, anschließend in der Dose sterilisiert. Sie wird in verschiedenen Fettgehaltsstufen angeboten (15 %, 7,5 %, 1 %) Ungeöffnet ist sie etwa 1 Jahr haltbar, geöffnet bis zu 5 Tage.
- Milchpulver: Getrocknete Milch, der durch Erhitzen das Wasser entzogen ist.
- Laktosefreie Milch: Der Milchzucker (Laktose) ist bereits in seine Bestandteile Glucose und Galaktose zerlegt. Laktosefreie Milch ist daher auch für Menschen mit Laktose-Intoleranz verträglich.

Außer Kuhmilch werden in der menschlichen Ernährung auch Ziegen-, Schaf-, Büffel-, Stutenmilch, in geringen Mengen auch Esel-, Kamel- und Rentiermilch verwendet.

Küchenpraxis

- Milch verfeinert den Geschmack vieler Speisen. Sie kann auch zu scharf gewürzte Speisen mildern.
- Milch bringt in Gemüsegerichten den Eigengeschmack der Gemüse besser zur Geltung.
- Milch mildert den Eigengeschmack bestimmter Lebensmittel. So werden z. B. Rinderleber und Wildfleisch in Milch eingelegt, damit ihr Eigengeschmack abgeschwächt wird.
- Milch bildet keine Haut, wenn sie während des Erhitzens mit dem Schneebesen kräftig gerührt wird.
- Milch ist leicht verderblich, luft-, licht- und wärmeempfindlich. Deshalb sollte Milch
  - nicht lange offen herumstehen,
  - nicht bei Zimmertemperatur aufbewahrt werden,
  - nicht dem Tageslicht oder künstlichem Licht ausgesetzt werden, es entwickelt sich sonst der »Lichtgeschmack«,
  - nicht in der Nähe stark riechender Lebensmittel aufbewahrt werden, weil sie schnell Fremdgerüche annimmt.
- Ungeöffnete Steril- und H-Milch braucht nicht gekühlt zu werden. Pasteurisierte Milch muß kühl aufbewahrt werden. Geöffnete H-und Sterilmilch verderben ohne sichtbare Zeichen, sie schmecken jedoch bitter und riechen unangenehm. Derart überlagerte Milch sollte auf keinen Fall verzehrt werden.
- Milch eignet sich nicht zum Einfrieren, das Wasser gefriert aus, der Geschmack ändert sich.

2.5. Milcherzeugnisse

Sahne und Milchmischerzeugnisse

Sahne wird gewonnen durch Zentrifugieren der Milch. Dabei wird der Milch fast vollständig das Fett entzogen.

Kaffeesahne (Trinksahne, Sahne, Rahm) hat einen Fettgehalt von mindestens 10 %, Schlagsahne (Schlagrahm) muß mindestens 30 % Fett enthalten. Je höher der Fettgehalt, desto besser läßt sich Sahne schlagen.

Saure Sahne ist ein gesäuertes Milchprodukt. Süße Sahne, die sauer geworden ist, darf nicht als Saure Sahne verkauft werden.

Praktische Hinweise:

- *Sahne kann gut eingefroren werden, sie hält sich etwa 6 Monate.*
- *Am besten schlagen läßt sich Sahne, wenn sie gut gekühlt ist.*

Milchmischerzeugnisse werden hergestellt aus Milch mit unterschiedlichem Fettgehalt, der andere Lebensmittel zugesetzt sind, z. B. Obst, Zucker, Kakao, Aromastoffe, Alkohol. Beispiele sind Trinkschokolade, Kakao, Bananenmilch, Erdbeermilch.

Gesäuerte Milcherzeugnisse

Die Milchsäuerung beruht darauf, daß bestimmte Bakterien den Milchzucker zu Milchsäure umwandeln. Durch die Säure gerinnt das Milchei-

weiß. Gesäuerte Milchprodukte sind dickflüssig und schmecken säuerlich. Da heute die Milch hitzebehandelt und rasch gekühlt wird, sind nur noch wenige Milchsäurebakterien enthalten.

Praktischer Hinweis:

- *Zur Herstellung etwa von Dickmilch (saure Milch) im Haushalt reicht es nicht mehr, so wie früher die Rohmilch an einem warmen Ort stehenzulassen. Bedingt durch hohe Hygieneauflagen bei der Milchgewinnung, sind nur noch wenig Milchsäurebakterien enthalten. Die Milch wird nicht sauer, sondern verdirbt nach einigen Tagen. Wenn man einige Eßlöffel Buttermilch untermischt, bevor man die Milch stehenläßt, wird sie sauer und dick.*

Sauermilchprodukte werden hergestellt durch Zusetzen von Bakterienstämmen, die die Säuerung der Milch bewirken. Bei der Milchsäuerung entsteht D–linksdrehende und L–rechtsdrehende Milchsäure. Häufig wird damit geworben, daß bestimmte Sauermilchprodukte rechtsdrehende Milchsäure enthalten und diese besonders gesund sei. Richtig ist, daß sowohl die links- wie auch die rechtsdrehende Milchsäure vom Körper verwertet werden kann.

Praktischer Hinweis:

- *Alle Milchprodukte, sofern sie nicht aus H-Milch hergestellt sind, müssen gut gekühlt aufbewahrt werden. Geöffnete Packungen sind nur wenige Tage haltbar.*

Gesäuerte Milcherzeugnisse

Milchprodukte	Angebotsformen	Eigenschaften
Sauermilch	Sauermilch mit unterschiedlichem Fettgehalt, z. B. 3,5 %, 1,5 %, 0,5 %; Sauerrahm, saure Sahne, mindestens 10 % Fett; Crème fraîche, Schmand, mindestens 30 % Fett	Säuerlich, frischer Geschmack, verdauungsfördernd; Saure Sahne mit hohem Fettgehalt (Schmand, Crème fraîche) flockt beim Kochen nicht aus.
Joghurt	Joghurt mit unterschiedlichem Fettgehalt, mit oder ohne Früchte, Fruchtzubereitung oder Fruchtgeschmack	Fruchtjoghurterzeugnisse enthalten verhältnismäßig wenig Früchte und viel Zucker, sie sind teurer als Naturjoghurts.
Kefir-	Kefir in verschiedenen Fettgehaltsstufen	Frischer Geschmack, enthält etwas Alkohol; Kefir kann selbst hergestellt werden durch Zusetzen von Kefirknöllchen.
Buttermilch	Entsteht beim Buttern; reine Buttermilch, Buttermilch-Mischgetränke	Frischer Geschmack, fettarm, eiweiß- und mineralstoffreich, leichtverderblich, energiearm
Molke	Entsteht bei der Herstellung von Käse; in reiner Form angeboten oder als Mischung mit Milch, Säften, Aromastoffen	Frischer, säuerlicher Geschmack, enthält noch den Milchzucker, Mineralstoffe und B-Vitamine; in der Naturheilkunde geschätzt

Joghurt selbst herstellen

Joghurt läßt sich im Haushalt sehr einfach herstellen mit einem elektrischen Joghurtbereiter. Diese Anschaffung macht sich aber nur bezahlt, wenn in großen Familien täglich Joghurt gegessen wird.

Die Joghurtbereiter arbeiten nach folgendem Prinzip: Milch wird mit Joghurt oder Bakterienkulturen versetzt und danach im Gerät auf etwa 40 °C erwärmt. Der Reifungsvorgang des Joghurts dauert 4 bis 6 Stunden. Verwendet wird zweckmäßigerweise H-Milch, weil sie keine störenden Bakterien mehr enthält. Der der Milch beigefügte Joghurt muß möglichst frisch sein und den gleichen Fettgehalt haben wie die Milch; z. B. Vollmilch immer nur mit Vollmilchjoghurt mischen. Statt eines fertigen Naturjoghurts können auch Joghurtbakterien genommen werden, zu kaufen gibt es sie im Reformhaus.

Wichtig ist bei der Herstellung von Joghurt größte Sauberkeit, denn nur dann hat man die Gewähr, daß sich nur die Bakterien vermehren, die man im Joghurt haben will.

Wer keinen Joghurtbereiter kaufen will, kann Joghurt im Dampfgarer, Backofen oder auf der Heizung herstellen; dafür braucht man allerdings einige Erfahrung und Fingerspitzengefühl. Milch und Joghurt werden verrührt, die Milch sollte dabei etwa 40 °C warm sein. Zum Reifen füllt man die Mischung in geschlossene Gläser und stellt sie an die Heizung. Wichtig ist, daß die Temperatur gleichbleibend etwa 40 °C beträgt.

Aus selbsthergestelltem oder gekauftem Naturjoghurt läßt sich gut Fruchtjoghurt bereiten. Dieser hat den Vorteil, daß er tatsächlich viele Früchte enthält, keine Bindemittel und Farbstoffe und weniger Zucker als der gekaufte. Darüber hinaus ist er viel billiger.

Kefir selbst herstellen

Zur Herstellung von Kefir braucht man kein besonderes Gerät, nur Kefirknöllchen, die es im Reformhaus zu kaufen gibt.

1 Teelöffel Kefirknöllchen reicht aus, um in 24 Stunden 0,5 l Milch zu Kefir zu machen. Je höher die Temperatur, desto schneller ist der Kefir fertig. Der Topf, der zur Kefirbereitung verwendet wird, sollte immer gründlich gesäubert, die Knöllchen von Zeit zu Zeit mit klarem, kaltem Wasser gewaschen werden.

Kefirknöllchen vermehren sich schnell; erkennbar ist dies daran, daß eine bestimmte Menge Milch immer schneller sauer wird. Dann werden die großen Knöllchen ausgelesen. Sie bilden mit zunehmendem Alter auch Stoffe, die nicht gut schmecken. Kefirknöllchen können auch eingefroren werden.

Dickmilch selbst herstellen

Dickmilch kann hergestellt werden aus frischer Milch, der etwas Buttermilch oder etwas fertige Dickmilch zugegeben wird. Diese geimpfte Milch einige Tage bei Raumtemperatur stehenlassen, ohne sie zu bewegen.

Speiseeis

Speiseeis unterliegt der Speiseeis-Verordnung und damit genauen Bestimmungen bezüglich der charaktergebenden Zutaten:

◻ *Eiscreme* wird aus Zucker, Milch oder Magermilch, aus Sahne oder Butter hergestellt. Zugelassen sind nur frisches Obstfruchtfleisch und Obsterzeugnisse, außerdem natürliche Geschmacks- und Geruchsstoffe. Überzüge dürfen neben Schokolade auch aus Glasur (mit Pflanzenfett) bestehen. Eiscreme muß mindestens 10 % Milchfett enthalten (Fruchteiscreme mindestens 8 %).

◻ *Einfacheiscreme* unterschiedet sich von Eiscreme nur durch einen deutlich geringeren Gehalt an Milchfett von mindestens 3 %. Oft besteht der Fettanteil zu einem hohen Prozentsatz aus gehärteten, »ungesunden« Pflanzenfetten.

◻ *Fruchteis* besteht aus Zucker, Wasser, frischem Obst, Fruchtfleisch, Obstmark oder Obstsaft sowie aus natürlichen Geschmacks- und Geruchsstoffen. Der Obstanteil muß mindestens 20 % betragen (bei Zitroneneis mindestens 10 %). Eine Variante des Fruchteises ist das Sorbet mit einem Fruchtanteil von mindestens 25 %. Bei Sorbets aus Zitrusfrüchten und anderen sauren Früchten beträgt der Fruchtanteil mindestens 15 %. Für ein Sorbet werden Fruchtmark oder -püree, frische Früchte, Zucker, Zitronensaft und eventuell Likör beziehungsweise Obstwässer verarbeitet. Ein Sorbet muß während des Gefriervorgangs besonders häufig umgerührt werden.

◻ *Milchspeiseeis* zeichnet sich durch einen Milchanteil von mindestens 70 % aus.

◻ *Rahmeis* oder *Sahneeis* enthält mindestens 60 % Schlagsahne, außerdem Zucker sowie natürliche Geschmacks- und Geruchsstoffe.

◻ *Cremeeis* wird aus Eiern, Zucker, Milch und natürlichen Geschmacks- und Geruchsstoffen hergestellt. Bei Cremeeis werden mindestens 270 g Vollei oder 100 g Eidotter auf 1 l Milch verwendet. Eine Variante des Cremeeises ist das Parfait. In ihm sind vor allem Eigelbe und Sahne enthalten, die mit Zucker und verschiedenen Geschmackszutaten angereichert werden. Weil das Parfait so viele Eigelbe und Sahne enthält, braucht es während des Gefrierens nicht gerührt zu werden. Die Gefrierzeit selbst ist kurz.

□ *Kunstspeiseeis* braucht keine der genannten Mindestanforderungen hinsichtlich des Gehalts an Ei, Obst, Schlagsahne oder Milch zu erfüllen. Es darf künstliche Geschmacks- und Geruchsstoffe enthalten und mit – wenigen und ausdrücklich zugelassenen – künstlichen Farbstoffen gefärbt sein.

□ *Wassereis* ist keine eigentliche Eissorte. Es enthält einen Fettgehalt von weniger als 3 % und einen Trockenmassegehalt von mindestens 12 %, der von süßenden und / oder weiteren geschmackgebenden Zutaten stammt.

□ *Softeis* ist ebenfalls keine eigentliche Eissorte, sondern beschreibt lediglich eine besondere Form der Herstellung. Softeis ist ein durch Luft aufgeschäumtes Speiseeis, das unmittelbar, nachdem es den Gefrierapparat verlassen hat, verkauft wird. Seine Temperatur beträgt nur – 6 °C, die von industriell hergestelltem Speiseeis dagegen – 18 °C.
Bezeichnungen für ein Eis wie »Premium«, »Royal«, »Cremissimo« sind reine Werbeaussagen, sie sagen nichts über die Qualität aus. Ein Blick auf die Zutatenliste gibt genaue Auskunft.

Käse

Ernährungsphysiologie

Käse enthält nur geringe Mengen Kohlenhydrate. Der Fettgehalt ist unterschiedlich je nach Sorte. Der Eiweißgehalt ist um so höher, je geringer der Fettgehalt ist. Das Eiweiß von Käse ist biologisch hochwertig und kann sehr gut ergänzt werden durch Getreideprodukte (siehe auch S. 63: Eiweißergänzungswirkung). So ergänzen sich z. B. Käse und Brot sehr gut.

Herstellung und Angebot

Käse wird hergestellt aus Milch, der Milchsäurebakterien oder Labferment beigegeben wird, um sie »dickzulegen«. Das Eiweiß der Milch gerinnt und wird ausgefällt, Molke tritt aus. Edelpilzkäse und Schimmelpilzkäse werden zusätzlich bestimmte Pilzkulturen zugesetzt.
Danach wird der Käse je nach Sorte geformt und mit Ausnahme von Frischkäse zum Reifen gelagert. Während der Reifezeit entwickeln sich der typische Geschmack und Geruch der verschiedenen Käsesorten.
Käse wird in verschiedene Fettgehaltsstufen und Sorten eingeteilt.

Rohmilchkäse

Diese Käse werden aus roher, nur leicht erwärmter, aber nicht pasteurisierter Milch hergestellt. Die Milch muß besonders sorgfältig gewonnen werden, damit keine Fehlgärungen auftreten oder gar gesundheitsschädliche Keime enthalten sein könnten. Rohmilchkäse entwickeln während der Reifung eine Fülle von Aroma- und Geschmacksstoffen und sind daher als Spezialitäten geschätzt.

Fettgehaltsstufen von Käse

Fettgehaltsstufe	Fettgehalt i.Tr. (= in der Trockenmasse)
Doppelrahmstufe	85 – 60 %
Rahmstufe	mindestens 50 %
Vollfettstufe	mindestens 45 %
Fettstufe	mindestens 40 %
Dreiviertelfettstufe	mindestens 30 %
Halbfettstufe	mindestens 20 %
Viertelfettstufe	mindestens 10 %
Magerstufe	maximal 10 %

Standardsorten von Käse

Gruppe	Standardsorten	Eigenschaften
Hartkäse	Emmentaler	Fett i. Tr. 45 %; schnittfest, zart, geschmeidig; duftet und schmeckt mild und aromatisch; nußartiger Geschmack; je älter, desto intensiver
	Bergkäse	Fett i. Tr. mindestens 45 %; je älter, desto fester; mild- bis kräftig-würziger Geruch und Geschmack; nußartig
	Chester (Cheddar)	Fett i. Tr. mindestens 45 %; fest, aber nicht hart; mild-aromatisch; nicht so kernig wie Bergkäse oder Emmentaler
	Parmesan	Fett i. Tr. mindestens 70 %; mindestens 2 Jahre gereift, daher hart und würzig
Schnittkäse	Gouda	Fett i. Tr. 30 – 50 %: weich bis hart, geschmeidig; milder, zarter Geschmack und Geruch; je älter, desto würziger
	Edamer	Fett i. Tr. 30 – 50 %; weich, aber schnittfest; milder, reiner Geschmack; nicht säuerlich

Standardsorten von Käse (Fortsetzung)

Gruppe	Standardsorten	Eigenschaften
Schnittkäse (Fortsetzung)	Tilsiter	Fett i. Tr. 30–60 %; geschmeidig, schnittfest; leicht herber bis pikanter Geschmack und Geruch; leicht säuerlich, aber nicht sauer
	Wilstermarsch	Fett i. Tr. 45–53 %; geschmeidig, schnittfest; herber Geschmack, leicht säuerlich
Halbfeste Schnittkäse	Butterkäse	Fett i. Tr. 45–60 %; weich, elastisch, schnittfest; milder, fein-säuerlicher Geschmack und Geruch
	Steinbuscher	Fett i. Tr. 30–50 %; geschmeidig, schnittfest; angenehm milder bis leicht pikanter Geruch und Geschmack je nach Reifegrad
	Edelpilzkäse	Fett i. Tr. 45–60 %; leicht bröselig; würziger, scharfer Käse
	Weißlacker	Fett i. Tr. 45–50 %; halbfest, etwas brüchig; sehr pikanter bis scharfer Geruch und Geschmack
Weichkäse	Camembert	Fett i. Tr. 30–60 %; weich und elastisch; fester Kern, wenn noch nicht ganz ausgereift; milder, aromatischer Geschmack; je älter, desto pikanter
	Brie	Fett i. Tr. 45–60 %; weich und elastisch; milder, aromatischer Geschmack; je älter, desto pikanter
	Romadur	Fett i. Tr. 20–60 %; weich und elastisch; pikanter, würziger Geschmack
	Münsterkäse	Fett i. Tr. 45–50 %; geschmeidig, weich; mild, leicht pikant
	Limburger	Fett i. Tr. 20–50 %; weich; kräftig-würziger Geschmack
Frischkäse	Magerquark	Fett i. Tr. 0,2 %; mild, säuerlich
	Halbfetter Quark	Fett i. Tr. 20,5 %; mild, säuerlich
	Vollfetter Quark	Fett i. Tr. 40 %, mild, sahnig, säuerlich
	Schichtkäse	Fett i. Tr. 10 %, 20 %, 40 %; mild, säuerlich
	Cottage cheese (Hüttenkäse)	Fett i. Tr. 20 %; körnig, trocken; mild, wenig Eigengeschmack
	Rahmfrischkäse	Fett i. Tr. 50 %; glatt; mild, säuerlich
	Doppelrahmfrischkäse	Fett i. Tr. 60 %; glatt; mild, sahnig
	Mascarpone	Fett i. Tr. bis 85 %
Sauermilchkäse	Bauernhandkäse, Mainzer Handkäse, Korbkäse, Harzer, Olmützer Quargel	Fett i. Tr. maximal 10 %; hoher Eiweißgehalt, wenig Fett; elastisch; deftiger, pikanter Geschmack
Molkenkäse	Ricotta	Fett i. Tr. 45 % mild, sahnig
Schmelzkäse	Käse, der aus Hart-, Weich- oder Schnittkäse hergestellt wird	Fett i. Tr. 10–70 % streichfähig bis schnittfest; in verschiedenen Geschmacksrichtungen; enthält viel Salz

Was bedeutet Fett i. Tr.?

Auf der Verpackung ist der Fettgehalt des Käses angegeben, und zwar als »Fett i. Tr.«, also Fett in der Trockenmasse. Käse besteht aus Fett, Eiweiß, Kohlenhydraten, Mineralstoffen, Vitaminen und Wasser – je nach Sorte in unterschiedlichen Mengen. Alle Bestandteile zusammen nennt man Käsemasse. Zieht man den Wassergehalt von der Käsemasse ab, erhält man die Trockenmasse. Je nachdem, wieviel Wasser ein Käse enthält, schwankt auch die Trockenmasse und damit der absolute Fettgehalt. Wenn ein Weichkäse 45 % Fett i. Tr. hat, enthält er weniger Fett als ein Hartkäse der gleichen Fettgehaltsstufe, weil Weichkäse mehr Wasser enthält. Um den absoluten Fettgehalt eines Käses zu errechnen, kann man sich mit Faustzahlen behelfen, mit denen man die Fett-i.-Tr.-Zahl vervielfältigt:

Frischkäse   0,3
Weichkäse   0,5
Schnittkäse   0,6
Hartkäse   0,7

Rechenbeispiele:

100 g eines Camemberts (Weichkäse) mit 60 % Fett i. Tr. enthalten etwa 30 g Fett: 60 % x 0,5 = 30 %
100 g Quark (Frischkäse) mit 40 % Fett i. Tr. enthalten etwa 12 g Fett: 40 % x 0,3 = 12 %

Praktischer Hinweis:

- *Light- oder Leichtkäse darf maximal 32,5 % Fett i. Tr. haben. Speisequark mit der Bezeichnung »light« maximal 12,5 %.*

Da die verschiedenen Käsesorten unterschiedlichen Wassergehalt haben – Emmentaler enthält z. B. viel weniger Wasser als Quark oder Frischkäse – ist der absolute (tatsächliche) Fettgehalt von verschiedenen Käsesorten gleicher Fettgehaltsstufe unterschiedlich. So enthält z. B. Emmentaler der Doppelrahmstufe je 100 g mehr Fett als 100 g Frischkäse der Doppelrahmstufe.
Je nach Trockenmasse bzw. Wassergehalt werden die unterschiedlichen Käse in Gruppen und Standardsorten eingeteilt. Standardsorten müssen genau festgelegte Kriterien erfüllen, z. B. Fettgehalt.
Außer den Standardsorten gibt es noch »freie« Käsesorten mit sehr unterschiedlichen Bezeichnungen und Inhaltsstoffen. Bei »freien« Käsesorten handelt es sich um Eigenkreationen von milchverarbeitenden Unternehmen, deren Herstellung bzw. Inhaltsstoffe nicht genau definierten Kriterien entsprechen müssen.
Damit man die einzelnen Käsesorten unterscheiden kann, müssen auf der Verpackung die Standardsorte bzw. Käsegruppe und die Fettgehaltsstufe angegeben sein.

Praktische Hinweise:

- *Käse entwickelt seinen Geschmack besser, wenn er etwa eine Stunde vor dem Verzehr aus dem Kühlschrank genommen wird.*
- *Je wärmer Käse gelagert wird, desto schneller reift er. Durch kühle Lagerung kann also der Reifungsprozeß hinausgezögert werden.*
- *Vorsicht bei schimmeligem Käse! Kulturschimmel ist natürlich völlig unschädlich, aber bei zu langer oder warmer Lagerung können sich auch schädliche Schimmelpilze vermehren. Man erkennt diesen Verderb daran, daß der Käse untypisch scharf und unangenehm schmeckt und riecht. Besonders leicht schimmeln Frischkäse, Weich- und Schnittkäse. Da sie einen hohen Wassergehalt haben, besteht die Gefahr, daß die wasserlöslichen Giftstoffe den ganzen Käse durchziehen. Deshalb verschimmelten Käse wegwerfen, auch angeschimmelte Käsescheiben gehören in den Abfall. Ausgenommen sind nur Hartkäse wie Emmentaler oder Bergkäse. Hier genügt es, das befallene Stück großzügig abzuschneiden.*
- *Quark ist ein leichtverdaulicher und vielseitiger Eiweißlieferant. Ältere Menschen und Jeder, der zu Übergewicht neigt, sollten Magerquark bevorzugen.*
- *Käse ist ideale Beigabe zu Schnellgerichten, z. B. überbackenem Gemüse, Nudeln mit Käsesoße.*

Lagerung

Käse ist ein sehr empfindliches Lebensmittel, das kühl, dunkel und gut verpackt gelagert werden muß. Licht verändert den Geschmack von Käse.

- Abgepackter Käse hält sich am besten in der Originalverpackung.
- Frischkäse wird im Kühlschrank aufbewahrt. Die übrigen Käsesorten lagert man am besten in einer kühlen Speisekammer oder einem geeigneten Kellerraum bei etwa 12 °C.
- Damit der Käse nicht austrocknet und das Aroma behält, wird er locker in Folie verpackt (Käse muß atmen können) oder in ein salzwassergetränktes Leinentuch eingeschlagen. Dieses muß jedoch täglich gewechselt werden, damit sich kein Schimmel bilden kann.
- Je mehr Trockenmasse ein Käse hat, desto länger ist er haltbar. Lange haltbar ist auch Schmelzkäse.
- Käse »am Stück« hält sich besser als geschnittener Käse.
- Frisch geriebener Käse muß sofort verbraucht oder eingefroren werden. Getrockneter, feingeriebener Käse hält sich im Kühlschrank etwa 2 Wochen.
- Wärmebehandelte Käsesorten (auf der Packung vermerkt) sind besonders lange haltbar, man kann sich nach dem Mindesthaltbarkeitsdatum richten.

Milchersatzprodukte

Seit dem Europäischen Binnenmarkt werden Produkte angeboten, die Milch und Milcherzeugnissen zum Verwechseln ähneln. Ein Blick auf die Verpackung ist also doppelt wichtig. Diese Milchersatzprodukte (Milchimitate) werden teilweise oder ganz aus pflanzlichen Stoffen hergestellt, z. B. Soja, Sonnenblumenöl, Palmkernöl. Die Milchersatzprodukte sind im Geschäft meist bei den Milchprodukten plaziert und in der Aufmachung den »echten« Milchprodukten ebenfalls sehr ähnlich. Da bisher keine einheitlichen Namen – außer für Margarine und Mischfetterzeugnisse – vorgeschrieben sind, kann man diese Produkte auch nicht an ihrer Bezeichnung erkennen. Nur wer genau hinschaut, kann aus der Beschreibung ein Milchimitat erkennen, z. B. »Brotbelag aus Magermilch und pflanzlichem Fett« für ein Käseersatzprodukt.

Der Wert von Milchersatzprodukten in der Ernährung ist differenziert zu betrachten: Milchersatzprodukte haben einerseits vielfach höhere Gehalte an Vitamin A und E. Außerdem gibt es Produkte mit niedrigem Cholesteringehalt, ein Punkt, der für Menschen mit erhöhtem Cholesteringehalt von Bedeutung ist. Vorteile bringen Milchersatzprodukte vor allem Menschen mit einer Allergie gegen Milcheiweiß oder bei Milchzucker-Unverträglichkeit.

Im Vergleich zu Milch schneiden die Milchimitate schlechter ab bei der Wertigkeit des enthaltenen Eiweißes, dem Calciumgehalt und der Calciumverwertbarkeit, dem Gehalt an Vitamin B_2 und B_{12}. Wer purinarm essen sollte (Gicht), sollte be denken, daß Milchimitate auf der Basis von Soja einen hohen Puringehalt haben.

2.6. Eier

Ernährungsphysiologie

Eier enthalten biologisch hochwertiges Eiweiß, Fett ist nur im Eigelb als Lecithin und Cholesterin enthalten. Eier enthalten fast alle Vitamine (außer Vitamin C) in hohen Mengen; vor allem der Dotter ist sehr vitaminreich. Im Ei sind auch alle Mineralstoffe enthalten; mengenmäßig besonders hervorzuheben sind Phosphor, Eisen und Calcium.

Kohlenhydrate sind im Ei nur in Spuren vorhanden, deshalb eignen sich Eier sehr gut für die Ernährung von Diabetikern.

Die Nährstoffe des Eis können vom menschlichen Körper sehr gut verwertet werden, außerdem sind Eier leicht verdaulich und wegen des hohen Nährwertes gut geeignet für die Krankenernährung.

Lediglich hartgekochte und gebratene Eier sind schwerer verdaulich. Rohes Eiweiß kann vom Körper nicht verdaut werden, es wird ungenutzt ausgeschieden.

Die Farbe des Dotters sagt nichts aus über die Qualität eines Eies. Besonders gelber oder orangefarbener Dotter ist nicht gesünder als helles Eigelb. Die Farbe ist bedingt durch das Futter; so kann z. B. durch Zusatz von Paprika die Dotterfarbe beeinflußt werden.

Auch die Farbe der Eierschale sagt nichts über die Qualität von Eiern aus, sie ist bedingt durch die Rasse der Legehennen. Grünschalige Eier haben einen minimal niedrigeren Cholesteringehalt als weiße oder braunschalige.

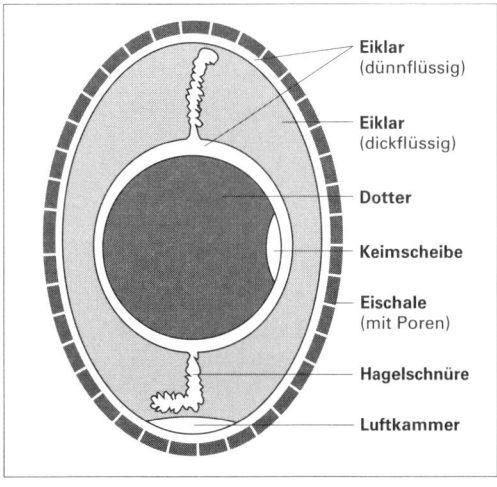

Querschnitt durch ein Ei

Eierkennzeichnung

Lose und verpackte Eier müssen gekennzeichnet sein mit Angaben zu Herkunft, Packstelle, Güteklasse, Gewichtsklasse, Mindesthaltbarkeit, Empfehlungen für eine geeignete Lagerung, Anzahl

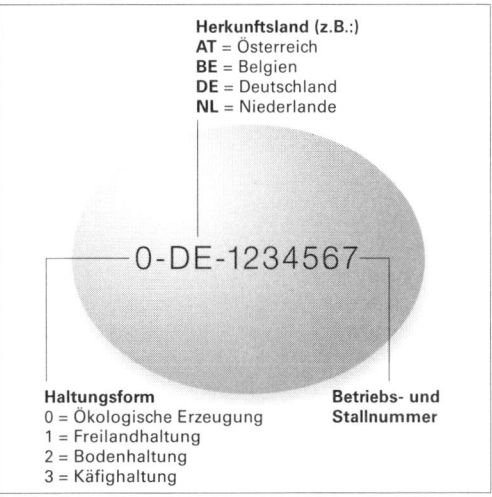

Eierstempel

der verpackten Eier. Die Erzeugercodierung gibt Auskunft über die Herkunft und die Haltungsform, aus der die Eier kommen, zum Beispiel Freilandhaltung, Käfighaltung. Darüber hinaus gibt es eine (freiwillige) Kennzeichnung über die regionale Herkunft, zum Beispiel »Eier aus Hessen«, »Dicke Münsterländer«.

Güteklassen muß der Verbraucher nicht beachten, weil ohnehin nur Güteklasse A angeboten wird, was gleichbedeutend ist mit »frisch«. Beim Gewicht unterscheidet man vier Klassen:
- ❏ Gewichtsklasse S: klein, unter 53 g
- ❏ Gewichtsklasse M: mittel, 53 g bis unter 63 g
- ❏ Gewichtsklasse L: groß, 63 g bis uner 73 g
- ❏ Gewichtsklasse XL: sehr groß, 73 g und darüber

Eier anderer Vogelarten

Auch Eier, die nicht von Hühnern stammen, können gegessen werden. Ihre Inhaltsstoffe entsprechen weitgehend denen der Hühnereier. Die Eier müssen so gekennzeichnet werden, daß ersichtlich ist, daß es sich nicht um Hühnereier handelt.

Gängig ist der Verzehr von Wachteleiern; sie sind besonders klein, die Schale gesprenkelt. Straußeneier wiegen 1 kg und mehr, die Kochzeit eines ganzen Straußeneis ist mit etwa 90 Minuten extrem lang, daher werden Straußeneier eher als Rührei oder als Zutat in Teigen verwendet. Enteneier sollten mindestens 10 Minuten gekocht werden.

Enteneier können Krankheitskeime enthalten, die nur bei längerer Erhitzung abgetötet werden. Sie können daher nicht verwendet werden für Schnellgerichte wie Omelett, Pfannkuchen, weiche Eier, Rühreier, Cremes, Soßen; also alle Gerichte, die nur kurz oder gar nicht erhitzt werden.

Frischeprobe

Beim Einkauf von Eiern ist immer auf die Frische zu achten; Aufschluß darüber geben das Abpack-

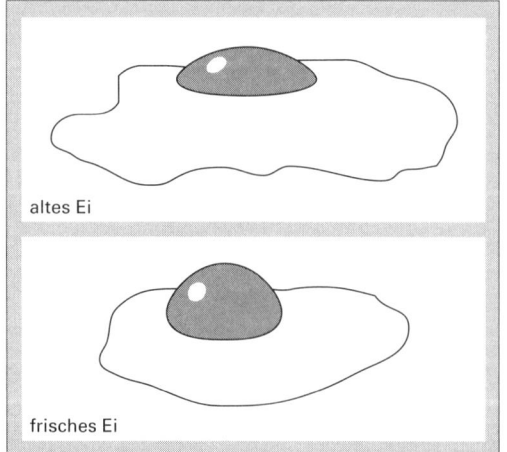

altes Ei

frisches Ei

Frischeprobe beim Ei

datum und die »Schüttelprobe«. Schüttelt man alte Eier, so schwappen sie hörbar, denn die Luftblase ist bereits deutlich größer als bei einem frischen Ei. Am aufgeschlagenen Ei erkennt man die Frische an der Dotterwölbung. Bei frischen Eiern ist der Dotter hoch gewölbt und von zähflüssigem Eiklar umgeben.

Bei älteren Eiern ist das Eiklar dünnflüssig und fließt beim Aufschlagen breit auseinander.

Praktischer Hinweis:

- *Gelegentlich sieht man bei aufgeschlagenen Eiern Blutflecken; die Ursache sind geplatzte Blutgefäße. Die Qualität des Eies ist dadurch nicht gemindert.*
- *Eier, deren Mindesthaltbarkeitsdatum abgelaufen ist, sind – je nach Dauer der Überlagerung – meist noch nicht verdorben. Sie sollten dann aber für Gerichte verwendet werden, bei denen das Ei durchgegart wird.*

Lagerung

- ❏ Eier getrennt von stark riechenden Lebensmitteln aufbewahren, durch die poröse Schale können Fremdgerüche auf das Ei übergehen.
- ❏ Kühl lagern (8–10 °C); ein kühler Keller oder Speisekammer sind dem Kühlschrank vorzuziehen. Gut gekühlt sind Eier 3–4 Wochen lagerfähig.
- ❏ Aufgeschlagene Eier können im Kühlschrank 2 Tage zugedeckt aufbewahrt werden. Wird Eigelb aufbewahrt, beträufelt man es mit etwas Wasser, damit die Oberfläche nicht austrocknet; bei Eiklar ist dies nicht notwendig.
- ❏ Eier können tiefgefroren werden, jedoch ohne Schale. Zum Einfrieren eines Eies Eigelb und Eiklar sorgfältig verrühren und eine Prise Salz oder Zucker zugeben; Friert man Eidotter ein, wird ebenfalls Salz oder Zucker untergerührt, damit das Eigelb bei der Verwendung nicht gerinnt. Eiklar kann ohne Zusatz eingefroren werden. Mögliche Lagerdauer: bis 3 Monate. Tiefgefrorene Eier nach dem Auftauen rasch verbrauchen.

Küchenpraxis

- ❏ Eier sind ein gutes Bindemittel für Flüssigkeit; so können z. B. eireiche Mehlspeisen und Teige weicher gehalten werden als Teige mit wenig Eiern. Auch bei Hackfleisch und Suppeneinlagen (z. B. Grießnockerl, Leberknödel) werden Eier als Bindemittel eingesetzt.
- ❏ Eier dienen als Lockerungsmittel bei Schaummassen. Die eingeschlagene Luft bewirkt ein lockeres Gefüge des Teiges. Häufig wird Eischnee als Lockerungsmittel verwendet. Ein

hoher Anteil an Eiklar macht Gebäck lockerer, jedoch trockener; ein hoher Anteil an Eigelb macht Teige fester und saftiger, sie werden nicht so schnell altbacken.

❑ Eier sind eine beliebte Verbesserungszutat in vielen Speisen, sie runden den Geschmack ab.

❑ Eier sind Grundzutat in vielen Schnellgerichten, z. B. Omelett.

❑ Eigelb wird zum Legieren von Suppen und Soßen verwendet. Dazu verrührt man das Eigelb mit etwas kalter Flüssigkeit und rührt es in die nicht mehr kochend heiße Suppe oder Soße ein. Danach darf nicht mehr aufgekocht werden, sonst flockt das Ei aus. Beabsichtigt man Fadenbildung, wird das Ei oder Eigelb in die kochend heiße Flüssigkeit eingerührt (z. B. bei Einlaufsuppe).

❑ Eiklar klärt trübe Flüssigkeiten, z. B. Brühe. Es schließt beim Gerinnen die Trübstoffe ein und kann abgeschöpft werden.

❑ Eiklar kann verwendet werden als Klebemittel beim Backen, z. B. wenn die beiden Hälften von Quarktaschen vor dem Backen zusammengeklebt werden, damit die Quarkmasse nicht ausläuft.

Praktische Hinweise:

■ *Eischnee gelingt nur dann sehr gut, wenn er in einem völlig fettfreien, trockenen Gefäß geschlagen wird. Spuren von Eigelb erschweren das Schlagen von Eischnee. Die Raumtemperatur sollte möglichst niedrig sein, denn eingeschlagene warme Luft verhindert, daß der Eischnee stabil bleibt. Bei Zugabe von etwas Zitronensaft oder Salz bleibt der Eischnee stabiler. Zucker wird – wenn erforderlich – erst zum Schluß langsam zugegeben; er bewirkt, daß der Eischnee länger fest bleibt. Geschlagen wird, bis der Schnee schnittfest ist. Danach wird er sofort verwendet und unter die kalte oder noch heiße Flüssigkeit oder Masse gehoben. Eischnee gerinnt nicht, wenn vor dem Unterheben einige Eßlöffel heiße Flüssigkeit unter den Eischnee gegeben werden. Eischnee nicht einrühren, sondern vorsichtig unterheben, sonst entweicht die eingeschlagene Luft wieder. Auch sollte man die Schneebesen nicht an der Schüssel abschlagen, denn dadurch klopft man ebenfalls die Luft aus dem Eischnee heraus. In lauwarmer Flüssigkeit »fällt« Eischnee sehr schnell »zusammen«.*

■ *Eiklar von Eiern, die nicht älter als 24 Stunden sind, läßt sich nicht zu Eischnee schlagen.*

■ *Sehr frische Eier, die hartgekocht werden, lassen sich schwer schälen. Hartgekochte Eier lassen sich leichter schälen, wenn sie nach dem Kochen mit kaltem Wasser »abgeschreckt« werden.*

■ *Beim Kochen von Eiern bildet sich manchmal eine grüngraue Schicht um den Dotter; das ist nicht gesundheitsschädlich. Dieser Schönheitsfehler kann vermieden werden, wenn die rohen Eier in kaltes Wasser gelegt werden und danach erst das Wasser zum Kochen gebracht wird.*

■ *Eier platzen beim Kochen nicht, wenn sie an der stumpfen Seite angestochen werden.*

■ *Spiegeleier sollten erst kurz vor dem Servieren gesalzen werden, sonst bilden sich Flecken auf dem Eigelb.*

■ *Bei der Herstellung von Mayonnaisen müssen alle Zutaten die gleiche Temperatur haben, sonst gerinnt das Ei.*

2.7. Tierische Fette

Butter

Butter ist ein leicht verdauliches Fett. Es ist bereits emulgiert und hat einen niedrigen Schmelzpunkt. Butter enthält die Vitamine A, D und E.

Butter besteht aus mindestens 82 % Fett und höchstens 16 % Wasser. Der Rest setzt sich zusammen aus Milchzucker, Eiweiß, Vitaminen und Mineralstoffen. Gesalzene Butter ist als solche gekennzeichnet und enthält 0,1 g Kochsalz je 100 g Butter.

Butter wird aus Sahne (Rahm) gewonnen. Wurde die Sahne vor dem Buttern mit Milchsäurebakterien gesäuert, entsteht Sauerrahmbutter, Süßrahmbutter wird aus nichtgesäuerter Sahne hergestellt. Für 1 kg Butter braucht man die Sahne von etwa 23 l Milch.

Weil die Kühe im Winter weniger Grünfutter fressen, ist Winterbutter heller. Blasse Winterbutter darf mit Beta-Carotin (Vorstufe von Vitamin A) gelb gefärbt werden.

Butter ist unter den Verkehrsbezeichnungen »Deutsche Markenbutter« und »Deutsche Molkereibutter« im Handel und unterliegt Güteklasseprüfungen.

Butterreinfett (Butterschmalz) entsteht durch Ausschmelzen von Butter. Es besteht zu 99 % aus Fett, ist also fast wasserfrei und eignet sich dadurch sehr gut zum Erhitzen. Da es weder spritzt noch bräunt, ist es ein sehr gutes Back- und Bratfett, das den Speisen einen sehr guten Geschmack gibt. Butterreinfett ist lange haltbar.

Halbfettbutter enthält ca. 40 % Fett. Sie eignet sich wegen des hohen Wassergehalts nicht zum Kochen und Backen und wird ausschließlich als energiearmer Brotaufstrich verwendet.

Dreiviertelfettbutter enthält ca. 60 % Fett, Joghurtbutter ca. 65 %, letztere ist gut streichfähig und läßt sich auch zum Backen verwenden.

Schlachtfette

Schlachtfette werden gewonnen durch Ausschmelzen (Auslassen) von Fettgewebe geschlachteter Tiere.

Schweinefett (Schweineschmalz) entsteht durch Ausschmelzen von Bauchwandfett, Gekrösefett, Netz- oder Bauchfett. Es ist weiß und streichfähig. Schweinefett enthält reichlich ungesättigte Fettsäuren und ist leicht verderblich.

Griebenschmalz besteht aus gewürztem oder ungewürztem Schweinefett und Grieben aus frischem Rückenspeck. Grieben entstehen beim Auslassen von Fett aus kleinen Muskelfleischanteilen im Fettgewebe.

Rindertalg ist das ausgeschmolzene Fett von Rindern, es ist sehr schwer verdaulich und hat einen hohen Schmelzpunkt. Es ist gelb und fest. Verwendet wird es in der Küche kaum, industriell wird daraus »Ziehmargarine« hergestellt, die Bedeutung im Bäckerhandwerk hat.

Gänsefett (Gänseschmalz) wird gewonnen durch Ausschmelzen des Brust- oder Eingeweidefettes von Gänsen. Es ist weich und gelb. Verwendet wird es als Brotaufstrich oder für bestimmte Speisen, z. B. Grünkohl.

Küchenpraxis

- Butter kann wegen des neutralen, feinen Geschmacks vielseitig verwendet werden, z. B. zum Backen und für Cremes.
- Wegen des hohen Wassergehalts eignet sie sich nicht für starke Erhitzung. Sie spritzt und die Eiweißanteile verbrennen.
- Harte Butter aus dem Kühlschrank kann schneller schaumig gerührt werden, wenn die Schüssel vorher heiß ausgespült wurde.
- Butter macht Gebäck besonders mürbe.
- Im Kühlschrank hält sich Butter etwa 3 Wochen. Butter eignet sich gut zum Einfrieren, sie sollte aber nicht länger als ein halbes Jahr eingefroren bleiben.
- Butterschmalz hält sich bei 10 – 15 °C etwa 2 Jahre (dunkel lagern!).
- Butterschmalz eignet sich sehr gut zum Fritieren und Braten, es läßt sich hocherhitzen und gibt den Speisen einen guten Geschmack.
- Fett ist leichter als Wasser und schwimmt an der Oberfläche. Fette Suppen oder Soßen können daher leicht entfettet werden, indem man die Fettschicht vorsichtig abschöpft, mit einem saugfähigen Küchentuch »abzieht« oder von der erkalteten Flüssigkeit abhebt.
- Schlachtfette kann man kühl und dunkel, verpackt und getrennt von stark riechenden Lebensmitteln, etwa 6 Monate lagern.

3. WÜRZMITTEL

Würzmittel sind Aromaträger, die Lebensmitteln einen bestimmten Geschmack verleihen oder deren Eigengeschmack verstärken.

Zu den Würzmitteln gehören Kräuter, Gewürze und Würzsoßen.

Ernährungsphysiologie

Würzmittel enthalten keine Energie, mit Ausnahme von Würzsoßen.

Kräuter und Gewürze verbessern den Geschmack von Speisen, wirken daher appetitfördernd. Die enthaltenen ätherischen Öle fördern die Verdauung. Bestimmte Gewürze, z. B. Kümmel, Majoran, verbessern die Bekömmlichkeit verschiedener Lebensmittel, z. B. Kohlarten. Kräuter und Gewürze helfen, beim Würzen Salz zu sparen.

Frische Küchenkräuter enthalten bedeutende Mengen an Vitaminen und Mineralstoffen. Damit diese wertvollen Stoffe nicht verlorengehen, werden frische Kräuter nicht mitgekocht, sondern erst kurz vor dem Servieren beigegeben.

Küchenpraxis

- Mild, aber sorgfältig würzen. Nur dann wird der Eigengeschmack der Speisen angenehm betont und nicht überdeckt. Zu scharfes Würzen macht durstig.
- Möglichst oft frische Küchenkräuter verwenden, sie sind gute Vitamin- und Mineralstoffspender. Frisch verwendet, haben sie das intensivste Aroma. Sie können aber auch tiefgefroren oder getrocknet verwendet werden.
- Gewürze schmecken frisch gemahlen am besten, daher keine großen Vorräte anschaffen.
- Manche Kräuter verlieren beim Tiefgefrieren an Geschmack, z. B. Majoran und Bohnenkraut. Basilikum, Dill, Estragon, Salbei und Thymian haben dagegen nach dem Einfrieren eine höhere Würzkraft. Fertiggerichte vor dem Einfrieren deshalb nur schwach würzen.
- Speisen sollten nach Möglichkeit nicht irgendwie gewürzt werden, sondern mit den für bestimmte Lebensmittel typischen Gewürzen, z. B. Kartoffelgerichte mit Majoran, Kohl mit Kümmel, Kalbfleisch mit Rosmarin, Schweinefleisch mit Knoblauch, Lammfleisch mit Thymian.
- Vorsicht! Muskatnuß ist in größeren Mengen giftig, für Kinder ist bereits eine Dosis von zwei Stück tödlich. Kindersicher aufbewahren!
- Cassia- oder China-Zimt enthält z. T. erhebliche Mengen an Cumarin. Dieser natürliche Aromastoff kann zu Leberschädigungen führen. Wer nicht auf Zimt verzichten möchte, sollte cumarinarmen Ceylon-Zimt (Kaneel) nehmen.

Lagerung

◦ Küchenkräuter bleiben nur kurze Zeit frisch. Wenn man sie nicht sofort nach der Ernte oder dem Einkauf verwendet, werden sie in ein Glas mit Wasser gestellt, oder man wickelt sie in ein feuchtes Küchentuch und lagert sie im Gemüsefach des Kühlschranks.

◦ Frische Kräuter aus dem eigenen Garten können eingefroren werden. Dazu hackt man die gewaschenen Kräuter und füllt sie in Dosen. Einige Gewürze halten ihr Aroma besser, wenn sie in Wasser eingefroren werden, z. B. Schnittlauch. Dazu gibt man die Kräuter mit Wasser in die Eiswürfelschale. Wenn sie gefroren sind, können sie in Dosen oder Tüten umgefüllt werden.

◦ Kräuter nicht länger als ein halbes Jahr einfrieren, danach verlieren sie zunehmend ihr Aroma und schmecken nach Heu.

◦ Getrocknete Kräuter und Gewürze dunkel, kühl und fest verschlossen aufbewahren, z. B. in Schraubgläsern, damit das Aroma nicht so schnell »ausraucht« oder auf andere Lebensmittel übergeht.

◦ Kräuter können auch in Essig oder Öl eingelegt werden. Dabei erhält sich nicht nur das Aroma der Kräuter, auch Essig oder Öl bekommen einen aromatischen Geschmack. Die Kräuter werden gewaschen, gut abgetropft, in Gläser gefüllt und dann mit gutem Öl oder Essig übergossen.

Kräuter selbst trocknen

Zum Trocknen werden Kräuter in Büscheln luftig aufgehängt oder die Blätter abgezupft und auf einem Tuch im Liegen getrocknet. Zum Trocknen sind luftige, schattige Plätze ideal, in der prallen Sonne verfliegen die Aromastoffe sehr schnell. Die Kräuter sind erst dann trocken, wenn sie sich zwischen den Fingern zerreiben lassen. Im Mikrowellengerät lassen sich kleine Kräutermengen in Minutenschnelle trocknen.

Gewürzmischungen, Gewürzzubereitungen

Gewürzmischungen sind Mischungen verschiedener Gewürze, die meist nach dem Verwendungszweck bezeichnet werden, z. B. Leberwurstgewürz, Lebkuchengewürz, Essiggurkengewürz, Brotgewürz, Fischgewürz.

Gewürzzubereitungen sind Mischungen von Gewürzen mit anderen geschmacksgebenden Stoffen, z. B. Salz, Glutamat, Zucker.

Eine bekannte Gewürzzubereitung ist Senf. Er macht fette Speisen bekömmlicher. Er wird verwendet für kalten Braten, Eier, Soßen, Marinaden. Je nach Geschmacksrichtung schmeckt er mild bis scharf. Senf sollte kühl und gut verschlossen gelagert werden.

Essig

Essig unterliegt der Essigverordnung und muß mindestens 5 % Säure enthalten, Weinessig mindestens 6 %. Es gibt verschiedenen Essigsorten:

◦ *Branntweinessig:* Grundlage ist verdünnter Branntwein, der aus Zuckerrüben, Getreide oder Kartoffeln gewonnen wird. Die Säure sticht relativ stark heraus. Sie kann bei Salatmarinaden durch Zugabe von Zucker harmonisiert werden. Branntweinessig wird auch als Tafelessig bezeichnet.

◦ *Weinessig* wird aus Rot- und Weißweinen gewonnen. Er schmeckt feiner und hat nicht die »spitze Säure« von Branntweinessig. Rotweinessig ist für alle Verwendungszwecke in der Küche einsetzbar. Zum Marinieren von Fleisch ist er besser geeignet als Branntweinessig, weil seine Säure in der Soße nicht so dominiert.

◦ *Essigessenz* enthält 25 % Essigsäure. Aromastoffe fehlen bei Essigessenz gänzlich. Essenz paßt gut für Sülzen, weil diese die scharfe Essignote durchaus vertragen.

◦ *Obstessig* wird häufig aus Äpfeln hergestellt. Er schmeckt und riecht fruchtig und mild. Seine Wirkung als Hausmittel gegen Magen-Darm-Beschwerden ist umstritten.

◦ *Sherryessig:* Grundstoff ist der bekannte spanische Likörwein Sherry. Dieser Essig schmeckt kräftig und je nach Qualität süßlich bis scharf. Verwendung findet er für Salatmarinaden, aber auch zum Abrunden von Soßen.

◦ *Kräuteressig:* der Grundstoff ist Wein- oder Branntweinessig, in den frische oder getrocknete Kräuter eingelegt werden, zum Beispiel Thymian, Estragon, Dill, gemischte Kräuter. Kräuteressig kann man auch selber machen: frische Kräuterzweige in einen milden Weinessig einlegen. Den Essig zügig verbrauchen, schmeckt gut in Marinaden für Blattsalate.

◦ *Balsamicoessig:* ist eine edle Essigspezialität. Er stammt ursprünglich aus der italienischen Region Emilia Romagna und wird aus spät gelesenen, zucker- und extraktreichen Weintrauben hergestellt. Die Besonderheit daran ist, daß er mindestens 12 Jahre in Holzfässern reift. Das teure Original hat die Bezeichnung »Aceto Balsamico Tradizionale di Modena« oder »Aceto Balsamico Tradizionale di Reggio Emilia«. Typischerweise wird er in 0,1-l-Fläschchen abgefüllt, die ab 50 Euro aufwärts kosten! Echter Balsamico schmeckt süßlich, kräftig und gehaltvoll. Er wird nicht nur zu Salat verwendet, sondern als besondere Note für Fisch- und Fleischgerichte, ja sogar Süßspeisen – aufgrund des Preises und der Intensität tropfenweise. Wer nicht genau hinschaut, meint, es sei das gleiche,

Gebräuchliche Gewürze und ihre Verwendung

Gewürz	Geschmack	Verwendung	Besonderheiten
Anis	Starker, aromatisch süßer Geschmack	Kuchen, Plätzchen, Likör, Tee	Besonders hohe Würzkraft in gemahlenem Zustand, verliert jedoch schnell das Aroma
Cayennepfeffer (Chilli)	Sehr scharf	Scharfe Soßen und Eintöpfe	Sehr vorsichtig dosieren
Curry	Scharf, süßlich	Reisgerichte, Soßen, Geflügel, Fleisch, Eintöpfe	Vorsichtig dosieren; Mischung aus verschiedenen Gewürzen, deshalb unterschiedliche Sorten
Fenchel	Mild, süßlich	Brot, Gebäck, Tee, Likör	Nicht verwechseln mit Gemüse-fenchel!
Ingwer	Scharf, brennend	Lebkuchen, Plätzchen, Gulasch, Reisgerichte, eingelegte Kürbisse und Birnen	Zum Würzen frische Wurzeln vorziehen; zum Einlegen getrockneten Ingwer verwenden
Kapern	Herb, leicht scharf	Ragouts, Frikassee, Soßen, Salate, Eiergerichte	Je kleiner, desto bessere Qualität; eingelegte Knospen des Kapernstrauches
Kardamom	Scharf, süßlich-würzig	Lebkuchen, Gewürzplätzchen und Kuchen	Sparsam verwenden, da intensives Aroma
Knoblauch	Süßlich, mild bis scharf	Fette Braten, Hammelfleisch, gegrilltes Fleisch, Eintöpfe, Salate	Nicht in heißem Fett anbraten, verliert beim Kochen an Aroma; vor der Verwendung mit etwas Salz zerdrücken
Koriander	Scharf, leicht bitter	Brot, Lebkuchen, Wildbeize	Sparsam verwenden
Kümmel	Süßlich	Brot, Käse, Quark, Schweine-braten, Hammelfleisch, Kartoffel- und Kohlgerichte, rote Bete, Irish Stew, Tee, Likör, salziges Gebäck	Gute Ware ist hellfarbig; gemahlener Kümmel ist besonders aromatisch; Körner in Speisen werden vermieden, wenn sie in einem Säckchen mitgekocht werden
Lorbeer	Aromatisch, leicht bitter	Beizen, Fischsud, Wildbraten, Ragouts, Sauerbraten, dunkle Soßen	Sparsam verwenden und mitkochen lassen, weil sich der Geschmack langsam entwickelt; gute Ware ist dunkelgrün
Muskat	Feinwürzig, leicht bitter	Lebkuchen, Kartoffelspeisen, Soßen, Fleischteig, Wirsing, Kohl	Äußerst sparsam verwenden, schmeckt leicht vor
Nelken	Scharf, süßlich, würzig	Gewürzkuchen und -plätzchen, Beizen, Wildgerichte, Rotkraut, Birnenkompott, Likör, Glühwein	Äußerst sparsam verwenden; gute Ware sinkt oder schwimmt mit dem Köpfchen nach oben
Paprika	Mild bis brennend scharf, je nach Sorte	Gulasch, Geflügel, Grillgerichte, Käse, Quarkspeisen, Gemüse, Soßen, Kartoffeln, Reis	Verbrennt beim Anbraten oder Backen sehr schnell und wird braun und bitter
Pfeffer	Brennend scharf; weißer Pfeffer ist milder als schwarzer	Körner für Beizen, Fischsud, Wild; gemahlen für fast alle pikanten Gerichte	Sparsam verwenden, vor allem bei Krankenkost
Piment (Nelkenpfeffer)	Würzig, ähnelt Zimt, Nelken und Muskat	Körner für Beizen, Fischsud, Ragouts, Wildbraten, Sauer-braten; gemahlen für Lebkuchen	Häufig in Würzmischungen
Safran	Mild, feines Aroma	Reisgerichte, Hammelfleisch	Stark färbend, sehr teuer
Senfkörner	Scharf bis stechend	Marinaden, Beizen, zum Einlegen von Gurken; gemahlen zur Herstellung von Senf	Nicht mitkochen
Vanille	Feines Aroma	Süßspeisen, süße Soßen, Gebäck, Vanillezucker	Wird als ganze Schote mitgekocht; für Teige wird die Schote aufgeritzt und das Mark herausgeschabt
Wacholder	Aromatisch, süßlich, leicht bitter	Wild, Beizen, Soßen, Sauerkraut, Fischsud	Ganz oder zerdrückt verwenden; zerdrückte Beeren nicht lange mitkochen, sie sind sehr intensiv
Zimt	Würzig süßlich bis scharf	Stangen für Kompott, Glühwein, Punsch, süße Soßen, Obst-speisen	Zimtstangen werden mitgekocht

Gebräuchliche Küchenkräuter und ihre Verwendung

Kraut	Geschmack	Verwendung	Besonderheiten
Basilikum	Aromatisch, frisch	Kräutersoßen, Hackfleisch, Gemüsegerichte, vor allem zu Tomaten	Nicht zu üppig verwenden
Beifuß	Würzig, etwas bitter	Schweinebraten, Gänsebraten, Beize	Sparsam verwenden
Bohnenkraut	Aromatisch, leicht herb	Bohnengerichte, Hülsenfrüchte, Schweinefleisch, Hammelfleisch	Sehr intensives Aroma, deshalb nur kurz mitkochen
Borretsch (Gurkenkraut)	Frisches Aroma	Quark, Salate, Kräutersoßen, Kräuterbutter	Nur frisch verwenden
Dill	Frisches Aroma, leicht süßlich	Helle Soßen, Salate, Kräutersoßen, Kräuterbutter, Fisch, Quark, zum Einlegen von Gurken	Nicht mitkochen, getrocknet nur noch wenig Aroma
Estragon	Würzig, anisartig	Kalbfleisch, Geflügel, Fisch, Eier, zum Einlegen in Essig	Sparsam verwenden, frisch oder getrocknet
Kerbel	Aromatisch	Suppen, Soßen, Salate, Quark, Kräuterbutter	Nicht mitkochen, frisch verwenden
Liebstöckel (Maggikraut)	Sellerieähnlich	Suppen, Eintöpfe, Fleisch- und Gemüsebrühe	Sehr sparsam verwenden, vor allem, wenn es mitgekocht wird
Majoran	Aromatisch, frisch	Kartoffelsuppe, Gemüsesuppe, Fleischteig, Eintöpfe, fette Braten	Frisch oder getrocknet verwenden
Oregano	Sehr würzig	Eintöpfe, Pizza, Tomatensoße	Sparsam verwenden
Petersilie	Aromatisch, frisch	Soßen, Kräuterbutter, für alle pikanten Gerichte, Suppen, Salate	Frisch oder tiefgefroren verwenden, reich an Vitamin C und Eisen
Pimpinelle	Aromatisch, frisch	Beizen, Fisch, Soßen, Marinaden, zum Einlegen in Essig	Frisch verwenden
Rosmarin	Mild, etwas herb, sehr intensiv	Kalbfleisch, Geflügel, Hammelfleisch, Wild, Ragouts	Frisch oder getrocknet verwenden
Salbei	Mild, würzig	Leber, Hammelfleisch, Fisch, Kalbfleisch	Sparsam verwenden, frisch oder getrocknet
Schnittlauch	Frisch, knoblauchartig	Soßen, Eierspeisen, Salate, Quark, Kräuterbutter, Suppen, Rohkost	Frisch verwenden, nicht mitkochen, reich an Eisen und Vitamin C
Thymian	Sehr würzig, etwas scharf	Fleisch-, Wild-, Kartoffelgerichte, Eintöpfe, Fisch, Tomatengerichte, Geflügel	Sparsam verwenden, frisch oder getrocknet
Zitronenmelisse	Erfrischendes Zitronenaroma	Fisch, Marinaden, Soßen, Kräuterbutter, Tee, Milchmixgetränke	Frisch verwenden

Gewürzsoßen und ihre Verwendung

Soße	Geschmack	Verwendung
Chillisoße	Sehr scharf, brennend	Zu scharfen Fleischgerichten
Cumberlandsoße	Milde, fruchtige Soße	Zu Wild und kaltem Fleisch, kann selbst hergestellt werden
Mangochutney	Scharf, süßsauer	Zu Rind-, Lammfleisch und Geflügel
Sojasoße	Aromatisch, würzig, süßlich	Für Reis-, Fleisch- und Fischgerichte
Tabascosoße	Sehr scharf	Nur tropfenweise verwenden für Soßen, Gulasch
Tomatenketchup	Würzig, aromatisch	Zu warmem oder kaltem Fleisch, Eierspeisen, Suppen, Soßen, gegrilltem Fleisch; Diabetiker sollten bedenken, daß Ketchup viel Zucker enthält

wenn auf dem Etikett »Aceto Balsamico di Modena« steht und der Zusatz »Tradizionale« fehlt. Doch dabei handelt es sich um höchst unterschiedliche Essigqualitäten mit ebenso unterschiedlichem Geschmack und Preis. Viele Balsamicos werden im Schnellverfahren hergestellt, die Farbe kommt oft von Farbstoffen und Zuckerkulör, beim Geschmack wird durch Aromen nachgeholfen. Es gibt aber auch bei den »nachgemachten« Balsamicos geschmacklich sehr gute Essige – Ausprobieren lohnt sich.

Essig sollte kühl und dunkel gelagert werden. Bei längerer Lagerung können Schlieren im Essig entstehen oder bröselige Schwebstoffe. Bei den Schlieren handelt es sich um eine sogenannte Essigmutter, die sich auch als leberförmige Gallerte ausbilden kann. Sie sieht zwar unappetitlich aus, ist aber kein Anzeichen von Verderb, man könnte damit sogar neuen Essig, zum Beispiel aus Apfelmost, ansetzen. Bröselige, feste Schwebstoffe können bei Weinessig entstehen, wenn extraktreicher Rotwein der Ausgangsstoff für den Essig war. Auch diese Stoffe sind kein Zeichen von Verderb. Nicht mehr verwendet werden sollte Essig, wenn er nicht mehr typisch schmeckt oder riecht.

Salz

Salz ist das am häufigsten verwendete Würzmittel. Es sollte sparsam gebraucht werden, weil das enthaltene Natrium Bluthochdruck fördern kann. Jodsalz enthält Jod und kann vorbeugend gegen Kropfbildung angewandt werden. Meersalz enthält nur unwesentlich mehr Mineralstoffe als anderes Salz. Diätsalz darf nur nach ärztlicher Beratung verwendet werden. Bei »Fleur de Sel« handelt es sich ebenfalls um Meersalz, das in »Salzgärten« durch Verdunsten von Meerwasser gewonnen wird. Es wird von Feinschmeckern geschätzt, hat aber im Vergleich zu herkömmlichem Salz einen stolzen Preis. Teuer sind auch die Trendprodukte Ursalz und Himalayasalz. Sie werden damit beworben, daß sie außer Natrium und Chlorid weitere wertvolle Mineralstoffe enthalten. Die Mengen sind allerdings so gering, daß sie bei den üblichen Salzverzehrsmengen keinen wesentlichen Beitrag zur Mineralstoffversorgung leisten können.

Salz ist unbegrenzt lagerfähig. Es sollte jedoch nicht feucht gelagert werden, da es die Feuchtigkeit anzieht und dann verklumpt.

Glutamat

Glutamat ist ein Geschmacksverstärker, d. h. es hebt den Eigengeschmack eines Lebensmittels besonders hervor. Es wird für Suppen und Soßen sowie in Würzsoßen verwendet. Glutamat kann bei empfindlichen Personen Allergien auslösen.

Sonstige Würzmittel

❑ Suppenwürze (Speisewürze) wird aus eiweißhaltigen, meist pflanzlichen Stoffen hergestellt und enthält zusätzlich meist Salz und Auszüge aus Gemüse oder Kräutern. Sparsam verwenden, Suppenwürze ist sehr ergiebig.

❑ Fleischbrühwürfel enthalten Fleischextrakt, Auszüge von Kräutern oder Gemüse, Salz und eventuell Fett.

❑ Gewürzsoßen werden in vielerlei Geschmacksrichtungen angeboten. Sie haben ein kräftiges Aroma und sollten daher sparsam verwendet werden. Meist enthalten sie viel Kochsalz.

Senf

Senf wird aus Senfsaat, Wasser, Essig, Salz, Gewürzen und evtl. Zucker hergestellt. Süßer Senf besteht aus gelber Senfsaat mit einem geringen Anteil an braunen (grünen, schwarzen) Körnern. Die Senfkörner werden geschrotet, mit den restlichen Zutaten versetzt, eingemaischt und erhitzt. Je länger erhitzt wird, desto mehr der scharfen Senföle verflüchtigen sich und desto milder wird der Senf. Bei scharfem Senf (Dijon-Senf) wird braune Senfsaat verwendet und die Maische nicht erhitzt. Die Samenschalen werden entfernt, übrig bleiben die Essenz und Senfgeschmack in seiner intensivsten Form. Für körnigen Senf werden ausschließlich ganze Senfkörner eingemaischt und so lange gerührt, bis aus der relativ wäßrigen Ausgangsmischung ein cremiger Senf wird. Ein Teil der Körner platzt dabei auf, ein Teil bleibt ganz und macht den besonderen Reiz dieser Senfsorte aus.

4. GETRÄNKE

4.1. Alkoholfreie Getränke

Mineralwässer und Erfrischungsgetränke

Ernährungsphysiologie

Mineralwässer sind gesunde Durstlöscher, die keine Energie liefern. Bei den Erfrischungsgetränken ist auf den Zuckergehalt zu achten. Fruchtnektare liefern zum Teil viel Energie. Koffeinhaltige Limonaden (Cola) sind für Kinder nicht zu empfehlen. Außerdem enthalten diese Limonaden viel Zucker und verderben den Appetit.

Natürliche Mineralwässer werden aus natürlichen oder künstlich erschlossenen Quellen gewonnen. Sie enthalten bestimmte Mengen an Mineralsalzen oder Kohlensäure und müssen am Quellort abgefüllt sein. Mineralwässer mit besonders hohem Kohlensäuregehalt werden als Säuerlinge bezeichnet. Wenn sie einen so hohen Kohlensäuregehalt haben, daß sie aus der Quelle sprudeln, gelten sie als Sprudel.

Quellwässer kommen ebenfalls aus natürlichen oder künstlich erschlossenen Quellen. Sie haben einen niedrigeren Gehalt an Mineralstoffen und Kohlensäure als natürliche Mineralwässer.

Tafelwässer bestehen aus Trinkwasser oder natürlichem Mineralwasser und erlaubten Zusätzen, z. B. Mineralsalzen und Kohlensäure.

Wichtiger Hinweis:

■ *Getränke sind bekömmlicher, wenn sie nicht zu heiß oder eiskalt getrunken werden.*

Zu den Erfrischungsgetränken gehören:

❏ *Fruchtsäfte:* Sie sind reine Säfte von frischen, reifen Früchten ohne Zusatz von Wasser oder Zucker. Manchmal sind natürliche Trübstoffe enthalten, die jedoch die Qualität nicht mindern. Fruchtsäfte mit der Kennzeichnung »aus Konzentrat« wurden aus Konzentrat rückverdünnt zu Saft.

❏ *Fruchtsaftgetränke:* Sie bestehen aus Fruchtsaft, Fruchtsaftgemischen und Wasser. Zucker darf enthalten sein. Der vorgeschriebene Fruchtsaftanteil schwankt von Fruchtart zu Fruchtart; so ist z. B. bei Zitrusfrüchten ein Fruchtsaftanteil von mindestens 6 % vorgeschrieben, bei Kernobst von mindestens 30 %.

❏ *Fruchtnektare:* Sie bestehen aus Fruchtsaft oder -mark, Wasser und Zucker. Der Gehalt an Fruchtsaft bzw. -mark schwankt je nach Fruchtart. Fruchtnektar darf ohne besondere Kennzeichnung bis zu 20 % zugesetzten Zucker enthalten.

❏ *Fruchtsirup:* Er besteht aus Fruchtsaft oder Früchten und bis zu 68 % Zucker. Sirup ist sehr süß und wird mit Wasser oder anderen Getränken verdünnt.

❏ *Limonaden:* Sie bestehen aus natürlichen Essenzen, Zucker, Genußsäuren (z. B. Zitronen-, Apfel-, Weinsäure) und Wasser. Kohlensäure darf zugesetzt werden. Sie können auch Fruchtsäfte enthalten.

❏ *Limonade:* Ihr darf Koffein (z. B. Cola, Spezi) oder Chinin (z. B. Bitter Lemon) zugesetzt werden. Dies muß jedoch gekennzeichnet werden. Diese Limonaden sollten nicht als Erfrischungsgetränke für Kinder dienen.

❏ *Brausen:* Sie sind kohlensäurehaltige Erfrischungsgetränke, die meist künstliche Süßstoffe, künstliche Farbstoffe und künstliche Aromastoffe enthalten.

❏ *Energy-Drinks:* Das sind Erfrischungsgetränke, die aufputschende Stoffe enthalten, zum Beispiel Koffein, Guarana, Taurin. In Maßen konsumiert schaden diese Getränke nicht, halten aber auch nicht, was sie versprechen. Energy-Drinks, bei denen die aufputschenden Inhaltsstoffe mit Alkohol kombiniert sind, können gesundheitliche Folgen haben, weil sie die Flüssigkeitsausscheidung erhöhen. Außerdem wird die Wirkung des Alkohols überdeckt, so daß es zu übermäßigem Konsum kommen kann.

Lagerung

❏ Tafelwässer sind unbegrenzt haltbar. Gekühlt schmecken sie besser.

❏ Erfrischungsgetränke sollten bei 4–15 °C dunkel gelagert werden, sie sind 4–6 Monate haltbar.

❏ Säfte von Zitrusfrüchten halten bis zu einem Jahr.

Tee

SCHWARZER TEE

Ernährungsphysiologie

Schwarzer Tee enthält Koffein und wirkt daher belebend. Er entwickelt seine anregende Wirkung jedoch langsamer als Kaffee, die Wirkung hält länger an und klingt langsamer ab. Koffein wird in den ersten beiden Minuten des »Ziehens« freigesetzt, die Gerbsäuren erst mit zunehmender Ziehdauer. Kurz gezogener Tee ist daher anregender als lang gezogener Tee. Tee enthält Kalium, Fluor und Vitamin B_1, dagegen keine Energie. Tee enthält Gerbsäuren, die beruhigend auf Magen und Darm wirken. Er wirkt bei Magen-Darm-Erkrankungen lindernd und hilft gegen Durchfall.

Anbaugebiete

Klassische Anbaugebiete von Tee sind Indien und Ceylon.

Assam ist das indische Hauptanbaugebiet. Es liefert herben, sehr kräftigen Tee. Assam-Tee ist Hauptbestandteil der »Ostfriesen-Mischung«.

Darjeeling ist ebenfalls ein indisches Anbaugebiet. Dort wird besonders feiner und aromatischer Tee gewonnen.

Ceylon-Tee liefert aromastarken, angenehm herben Tee. Besonders fein, aber wenig ergiebig ist »first flush«, d. h. der erste Trieb; »second flush«, der zweite Trieb, liefert schweren, dunklen Aufguß.

Indonesische Tees sind kräftig, herb und stark anregend.

Tee wird nach der Ernte getrocknet und fermentiert (Fermentation ist eine Art Gärung). Schwarztee ist fermentiert, grüner Tee wird nicht fermentiert, er enthält mehr Gerbstoffe und schmeckt daher herber. Oolong-Tee ist halbfermentiert und ist ebenfalls herber als Schwarztee.

Häufig werden die Teeblätter bei der Aufbereitung zerkleinert und gebrochen. Sie werden als »Broken

Tee« bezeichnet. Broken Tees sind ergiebiger und brauchen nicht so lange ziehen. Fannings sind kleiner als Broken-Stücke, sie werden für Tee in Aufgußbeuteln verwendet, ebenso Dunst, die kleinste Sortierung.

TEEMISCHUNGEN UND AROMATISIERTER TEE

Tee kommt hauptsächlich in Mischungen in den Handel. Dadurch ist ein etwa gleichbleibender Geschmack gewährleistet, außerdem werden die Mischungen auf unterschiedliche Wassereigenschaften abgestimmt. Für hartes Wasser eignen sich andere Teesorten als für weiches Wasser. Bekannte Teemischungen sind »Ostfriesen-Mischung« (ergibt kräftigen, dunklen Aufguß) und »Englische Mischung« (ergibt milden Aufguß).
Aromatisierte Tees werden hergestellt auf der Basis von Schwarztee, der mit Aromen versetzt ist oder getrocknete Früchte bzw. Blüten enthält. Bekannte aromatisierte Tees sind Jasmin-Tee, Rumtee, Vanilletee und Earlgrey-Tee. Sie sind manchmal so stark aromatisiert, daß der Geschmack des Schwarztees völlig überdeckt wird.

Küchenpraxis

Für die Zubereitung von Schwarztee sind einige Grundsätze zu beachten:
- Pro Tasse Tee nimmt man einen Aufgußbeutel oder einen Teelöffel voll Tee.
- Die Kanne wird vor dem Aufgießen heiß ausgespült.
- Der Tee wird in einem Sieb oder Teenetz aufgebrüht. Das altbekannte Tee-Ei sollte man nach Möglichkeit nicht verwenden, denn es ist viel zu klein, als daß sich das Aroma und der Geschmack des Tees entfalten könnte.
- Kochendes Wasser wird über den Tee gegossen, danach läßt man ihn zugedeckt etwa 5 Minuten ziehen. Lang gezogener Tee schmeckt bitter, kurz gezogener Tee belebt.
- Teekannen werden nur mit heißem Wasser ausgespült, sie sollen nicht mit Spülmittel gereinigt werden, damit der Geschmack des Aufgusses nicht verfälscht wird.
- Die Qualität des verwendeten Wassers beeinflußt den Geschmack des Aufgusses. Bei sehr kalkhaltigem (hartem) Wasser empfiehlt sich die Verwendung von kräftigen Teemischungen.
- Tee in Teebeuteln ist weniger ergiebig und meist teurer als loser Tee.
- Tee nie aufkochen, das Aroma und der Geschmack gehen dabei verloren.
- Tee wird trocken und dunkel in dicht schließenden Gläsern oder Dosen gelagert. Er ist etwa 3 Jahre lagerfähig.

Kräuter- und Früchtetees und ihre Wirkung

Teeart	Sammelgut	Wirkung
Anistee	Früchte (Samen)	Entblähend, verdauungsfördernd, erleichtert die Atmung
Baldriantee	Wurzel	Beruhigend, krampflösend, hilft bei Nervosität und Schlaflosigkeit
Brennessel	Blätter	Blutreinigend, entwässernd
Fencheltee	Früchte (Samen)	Entblähend, krampflösend, regt den Appetit an, erleichtert die Atmung
Hagebuttentee	Früchte	Harntreibend, lindert Reizzustände des Darms, hilft bei Entzündungen der Harnwege
Hibiscustee (Malventee)	Blüten	Schleimlösend, beliebt als erfrischendes Getränk
Holundertee	Blüten	Schweißtreibend, harntreibend, erleichtert die Atmung
Huflattichtee	Blüten	Schleimlösend, angenehmer Geschmack nach Honig
Johanniskrauttee	Blätter	Beruhigend, vor allem bei längerer Anwendung
Kamillentee	Blütenköpfe	Krampflösend, entblähend, entzündungshemmend, wirkt lindernd bei Magen-Darm-Erkrankungen
Lindenblütentee	Blüten	Schweißtreibend, fördert die Abwehrkräfte bei Erkältung und Grippe
Pfefferminztee	Blätter	Krampflösend, entblähend, kreislaufanregend, hilft bei Bauchschmerzen und Übelkeit
Salbeitee	Blätter	Wirkt desinfizierend und hilft daher bei Entzündungen im Hals- und Rachenraum; schwach dosiert wirkt er schweißtreibend, bei längerer Anwendung stärkerer Aufgüsse hilft er gegen nervöses Schwitzen

TEEÄHNLICHE ERZEUGNISSE

▫ Instanttee (Tee-Extrakt) ist in Wasser lösliches Pulver, das hergestellt wird aus konzentriertem Tee-Auszug.

▫ Matetee wird hergestellt aus den Blättern einer Stechpalmenart; er ist leicht grünlich und hat ein typisches Aroma.

KRÄUTER- UND FRÜCHTETEES

Kräuter- und Früchtetees kommen rein oder gemischt in den Handel. Man kann Kräuter für Tee auch selber sammeln. Allerdings sollte man sich dabei an einige Regeln halten:

▫ Am frühen Vormittag sammeln, nie in der prallen Mittags- oder Nachmittagshitze, das Aroma ist in dieser Zeit gering.

▫ Kräuter nicht bei Regen sammeln.

▫ Nicht am Straßenrand sammeln. Verschmutzungen und Rückstände von Autoabgasen sind bei diesen Pflanzen meist besonders hoch.

▫ Getrocknet werden die Kräuter bzw. Früchte nicht in der prallen Sonne, damit sich das Aroma nicht verflüchtigt. Geeignet ist ein luftiger, schattiger Platz. Die Kräuter werden auf Papier ausgebreitet und getrocknet. Danach füllt man sie in festschließende Gläser oder Dosen.

Kräuter- und Früchtetees werden wegen ihrer erfrischenden Wirkung geschätzt. Bekannt sind sie seit alters her als Hausmittel bei Alltagsbeschwerden.

Küchenpraxis

▫ Früchte- und Kräutertees werden mit kochendem Wasser aufgebrüht. Früchtetees brauchen länger, bis sie ihr Aroma entfalten; sie müssen daher länger ziehen.

▫ Kräutertees sollten nicht zu lange ziehen, sonst bekommen sie leicht einen bitteren, herben Geschmack.

▫ Loser Tee ist meist ergiebiger und von besserer Qualität als Tee in Aufgußbeuteln.

▫ Kalte Früchte- und Kräutertees sind an heißen Tagen eine beliebte Erfrischung, die vor allem bei Kindern den Durst nachhaltiger löschen als zuckerreiche Erfrischungsgetränke.

▫ Früchte- und Kräutertees dunkel und kühl in dicht schließenden Gläsern oder Dosen aufbewahren.

Kaffee

Kaffee ist ein beliebtes Genußmittel. Die Kaffeebohnen stammen vom Kaffeebaum. Der Rohkaffee wird verlesen und anschließend geröstet. Beim Rösten entwickeln sich die Geschmacks-

und Aromastoffe. Hauptlieferländer für Kaffee sind Süd- und Mittelamerika und Afrika. Aspekte zum sozialverträglichen bzw. nachhaltigen Einkauf von Kaffee siehe Seite 24.

Ernährungsphysiologie

Kaffee-Aufguß enthält keine Energie, dafür Koffein. Dieser Stoff wird schnell vom Körper aufgenommen, regt die Herz- und Nierentätigkeit an und steigert den Blutdruck. Kaffeegenuß kann daher zu Schlafstörungen, Durchfall, Schweißausbrüchen und starker Erregbarkeit führen. Die Wirkung von Koffein hält einige Stunden an. Koffeinunverträglichkeit kann sich unterschiedlich äußern: Kopf- und Magenschmerzen, Übelkeit, Erbrechen, Schwindelgefühl, jagender Puls, Unruhe.

Kaffee fördert die Produktion von Magensäure und sollte daher bei Magenerkrankungen, z. B. Magenschleimhautentzündung oder Magengeschwür, nicht getrunken werden. Er kann Sodbrennen hervorrufen.

Durch besondere Behandlungsverfahren kann Kaffee entkoffeiniert werden und ist dann auch für magenempfindliche Personen gut verträglich. Der Genußwert von Kaffee bleibt durch das Entkoffeinieren voll erhalten.

Kaffeeähnliche Erzeugnisse

▫ Löslicher Kaffee (Kaffee-Extrakt, Instantkaffee) wird hergestellt aus gemahlenem Kaffee, der mit heißem Wasser zu einem Extrakt aufbereitet und anschließend getrocknet wird. Besonders gut bleibt das Kaffee-Aroma erhalten, wenn der Extrakt gefriergetrocknet wird.

▫ Kaffee-Extrakt ist leicht löslich, auch in kaltem Wasser. Weil er die Luftfeuchtigkeit schnell anzieht und verklumpt, sollte er immer gut verschlossen aufbewahrt werden.

▫ Kaffee-Ersatzstoffe (Surrogate) werden aus Pflanzen hergestellt. Wichtige Rohstoffe sind Gerste, Weizen, Roggen, Zichorien und Feigen. Surrogate sind koffeinfreie, aber nach Kaffee schmeckende Getränke. Bekanntestes Beispiel ist Malzkaffee.

▫ Kaffeezusätze bestehen meist aus gerösteten Pflanzenteilen. Sie werden Kaffee beigegeben, um den Geschmack abzurunden und die Farbe zu vertiefen. Besonders häufig werden Kaffeezusätze in Österreich verwendet.

Küchenpraxis

▫ Kaffee trocken, kühl und nicht in der Nähe stark riechender Lebensmittel aufbewahren.

▫ Kaffee stets gut verschlossen halten, damit er nicht »ausraucht«, d. h. das Aroma verliert.

- Vakuumverpackter Kaffee läßt sich ungeöffnet mehrere Monate ohne Qualitätsverlust aufbewahren. Tiefgefroren hält sich vakuumverpackter Kaffee ein Jahr ohne Qualitätsverlust.
- Gemahlener Kaffee verliert besonders schnell das Aroma. Kaffeebohnen im Haushalt deshalb nicht auf Vorrat mahlen.
- Gemahlenen Kaffee nicht länger als 6 Monate lagern.
- Den Inhalt geöffneter Packungen möglichst schnell verbrauchen.
- Kaffee, der mit weichem Wasser zubereitet wird, schmeckt aromatischer als Aufgüsse mit hartem Wasser.
- Kaffee stets mit Wasser aufgießen, das kurz vor dem Sieden ist (92 – 95 °C).
- Kaffee stets heiß reichen.

Kakao

Kakao wird aus getrockneten und gerösteten Kakaobohnen hergestellt.

Ernährungsphysiologie
Kakao hat leicht anregende Wirkung, wird aber vor allem wegen seines Geschmacks geschätzt. Er enthält Eiweiß, Fett und Kohlenhydrate. Deshalb ist er ein energiereiches und sättigendes Lebensmittel.
Kakao kann Verstopfung fördern, vor allem, wenn er statt mit Milch mit Wasser angerührt wird.

Angebotsformen
- Schwach entölter Kakao enthält 20 % Fett, hat eine dunkle Farbe, milden Geschmack und volles Aroma. Er ist zwar teurer als stark entölter Kakao, jedoch viel ergiebiger.
- Stark entölter Kakao enthält deutlich unter 20 % Fett, ist heller und weniger ergiebig als schwach entölter. Allerdings löst er sich leichter. Stark entölter Kakao ist leichter verdaulich als schwach entölter.
- Schokoladenpulver enthält Zucker und mindestens 32 % Kakao.
- Haushaltsschokoladenpulver enthält Zucker und mindestens 25 % Kakao.
- Kakaohaltige Getränkepulver gibt es in verschiedenen Zusammensetzungen. Die jeweiligen Gehalte an Zucker und Kakao sind auf der Packung angegeben. Der Zuckergehalt ist meist sehr hoch. Sie sind leicht löslich.
- Kakaobutter ist das Fett der Kakaobohnen. Es wird extrahiert und zur Schokoladenherstellung verwendet.

Küchenpraxis

- Kakao zieht die Luftfeuchtigkeit an, verklumpt und ist dann nicht mehr so gut löslich. Deshalb Kakao immer in gut schließenden Dosen oder Gläsern aufbewahren.
- Kakao immer kühl und dunkel lagern. Das Fett kann sonst ranzig werden, der Kakao schmeckt dann bitter. Die durchschnittliche Haltbarkeit von Kakao beträgt etwa ein Jahr.

4.2. Alkoholhaltige Getränke

Alkohol entsteht bei der Gärung zuckerhaltiger Flüssigkeiten. Auch aus stärkehaltigen Rohstoffen, z. B. Getreide und Kartoffeln, kann durch Umwandlung der Stärke in Zucker Alkohol gewonnen werden.

Ernährungsphysiologie
Alkohol ist ein Genußmittel, das viel, jedoch »leere« Energie liefert. Er enthält keine wertvollen Inhaltsstoffe wie Vitamine, Mineralstoffe oder Eiweiß.

1 g Alkohol enthält 30 kJ (7,1 kcal)

Energiegehalt alkoholischer Getränke

Getränk	Energiegehalt
0,2 l Weißwein (mittlere Qualität)	586 kJ (140 kcal)
0,2 l Rotwein (leichte Qualität)	552 kJ (132 kcal)
0,2 l Rotwein (schwere Qualität)	654 kJ (156 kcal)
0,2 l Sekt	704 kJ (168 kcal)
0,5 l Vollbier, hell	985 kJ (235 kcal)
0,5 l Vollbier, dunkel	1005 kJ (240 kcal)
0,5 l Weißbier	985 kJ (235 kcal)
0,5 l Nährbier	1170 kJ (278 kcal)
0,02 l Weinbrand (= 2 cl)	204 kJ (50 kcal)
0,04 l Whisky (= 1 Doppelter)	420 kJ (100 kcal)

Durch seinen hohen Energiegehalt fördert Alkohol Übergewicht. In kleinen Mengen wirkt er appetitanregend. Deshalb wird vor dem Essen manchmal ein Aperitif (alkoholisches Getränk) gereicht. In großen Mengen mindert Alkohol den Appetit.

Alkohol steigert den Bedarf an Vitamin B$_1$. Er wirkt gefäßerweiternd und ruft daher ein Wärmegefühl hervor, das jedoch nicht lange anhält. Im Winter macht Alkohol nur für kurze Zeit warm. Nach dem Genuß alkoholhaltiger Getränke friert man noch mehr, weil durch die erweiterten Blutgefäße mehr Körperwärme abgegeben wird. Alkohol steigert den Blutdruck.

Alkohol wird vom Körper sehr schnell aufgenommen und macht zunächst lustig, führt aber dann meist rasch zu Müdigkeit. Kohlensäurehaltige Getränke (Sekt) und heiße Getränke (Punsch, Glühwein) wirken schneller als kalte Alkoholika.

Wichtiger Hinweis:

- *Alkohol wird in der Leber sehr langsam abgebaut: etwa 0,1 g pro Stunde und kg Körpergewicht. Kaffee oder reichliches Essen beschleunigen den Abbau von Alkohol nicht!*

Schädliche Wirkungen von Alkohol

Reichlicher und regelmäßiger Alkoholgenuß führt zu schweren gesundheitlichen Schäden (siehe auch S. 383):

- Verminderte geistige und körperliche Leistungsfähigkeit, verringerte Konzentrationsfähigkeit und Denkfähigkeit
- Störung des Gleichgewichtssinns
- Erbrechen
- Schädigungen von Leber und Nieren
- Herz- und Kreislaufstörungen
- Gehirnschäden
- Depressionen
- Große Alkoholmengen können zu Bewußtlosigkeit, Lähmung der Atmung und des Nervenzentrums, zu Herzstillstand und Tod führen.
- Trunksucht führt zum Verfall der Persönlichkeit. Die Lebenserwartung ist erheblich gemindert
- Alkoholgenuß ist den Erwachsenen vorbehalten. Bei Kindern führt er zu rascher Gewöhnung und Entwicklungsstörungen.
- Kuchen und Süßspeisen, die Alkohol enthalten, sind nichts für Kinder. Der Alkohol kann durch Fruchtsaft ersetzt werden.
- Entwöhnten Alkoholikern dürfen niemals Alkohol oder alkoholhaltige Speisen vorgesetzt werden. Bereits Spuren von Alkohol, z. B. in einer Soße, können den Betroffenen wieder rückfällig machen.

Wein

Wein wird hergestellt aus Trauben, die von Stielen befreit, zerquetscht (eingemaischt) und abgepreßt werden. Der Traubensaft (Most) wird in Gärbehälter abgefüllt und einer alkoholischen Gärung unterzogen. Dabei wird der in den Trauben bzw. im Most enthaltene Zucker zu Alkohol vergoren. Rotwein erhält seine Farbe durch den dunkleren Saft roter Rebsorten und auch dadurch, daß die Maische mit den Bälgen (Traubenschalen) vergoren wird. Dabei geht die Farbe der Schalen in den Wein über. Eigenschaften und Qualität der Weine sind durch verschiedene Faktoren bedingt: Anbaugebiet, Rebsorte, Witterung, Zeitpunkt der Lese, Gärung und Lagerung des Weines.

INHALTSSTOFFE

Alkohol

Je nach Jahrgang enthält Wein unterschiedlich viel Alkohol, in guten Jahren etwa 100 g pro Liter, in schlechten Jahren 55–80 g pro Liter. Alkoholreiche Weine werden als schwer, alkoholarme Weine als leicht bezeichnet. Der Alkoholgehalt ist abhängig vom Zuckergehalt der Trauben. Dieser wiederum hängt ab von der Witterung. Bei warmem, sonnigem Spätsommer- und Herbstwetter gibt es alkoholreichen, bei schlechtem Wetter alkoholarmen Wein. Der Zuckergehalt des Traubenmostes wird in Oechslegraden angegeben. Daraus errechnet sich der Alkoholgehalt. Um den Alkoholgehalt zu erhöhen, darf Land- und Qualitätsweinen Traubenmost zugegeben werden, wenn – bedingt durch schlechtes Wetter – der Zuckergehalt der Trauben sehr gering ist. Bei Qualitätsweinen mit Prädikat ist jegliche Anreicherung verboten. In sonnenarmen Jahren gibt es daher also verhältnismäßig leichte, d. h. alkoholärmere Qualitätsweine mit Prädikat, sonniges Wetter beschert schwerere Weine.

Säure

Der Säuregehalt von Wein schwankt je nach Witterung, Lage, Rebsorte und Alter des Weines. Junger Wein enthält mehr Säure als lange gelagerter, Wein von naßkalten Jahrgängen ist säurereicher als der von sonnigen Jahren. Wein darf gesäuert bzw. entsäuert werden, der Umfang ist jedoch genau vorgeschrieben.

Zucker

Zucker darf dem Most nur vor der Vergärung zugegeben werden, um den Alkoholgehalt zu erhöhen. Um liebliche oder süße Weine herzustellen, ist es erlaubt, deutschen Land- und Qualitätswein bestimmter Anbaugebiete nach dem Vergären mit Traubenmost der gleichen Rebsorte zu süßen. Weine werden gesüßt, damit der Geschmack harmonischer wird.

Von Natur aus sehr süß sind Beerenauslesen oder Trockenbeerenauslesen. Der Most enthält so viel Zucker, daß er nicht vollständig vergärt und als Restzucker im Wein bleibt.

Wieviel Süße ein Wein enthält, erkennt man an der Bezeichnung »trocken«, »halbtrocken«, »lieblich« oder »süß«. Trockene Weine haben einen geringen Restzuckergehalt, halbtrockene etwas mehr. Liebliche Weine haben weniger als 45 g pro Liter Wein, süße Weine enthalten mehr als 45 g Restzucker pro Liter Wein.
Auch das Deutsche Weinsiegel gibt Auskunft über die Geschmacksrichtung von Wein:
❏ Rotes Weinsiegel = liebliche Weine.
❏ Grünes Weinsiegel = halbtrockene Weine.
❏ Gelbes Weinsiegel = trockene Weine

Behandlungsstoffe
Erlaubt sind außer Zucker Hilfsstoffe, z. B. zum Klären, die vollständig abgefiltert werden. An löslichen und damit im Wein verbleibenden Stoffen sind erlaubt:
❏ Schweflige Säure (genaue Höchstwerte sind vorgeschrieben),
❏ Sorbinsäure (selten verwendet),
❏ Ascorbinsäure (selten verwendet),
❏ Wein- und Zitronensäure (in südlichen Weinbauzonen).

Aromastoffe
Die Duft- und Aromastoffe des Weines bestimmen die sogenannte Blume und das Bukett des Weines.

Bedeutende deutsche Rebsorten

Rebsorte	Eigenschaften des Weines
Müller-Thurgau	Wein mit geringem Säuregehalt und typischem Muskatgeschmack
Kerner	Spritziger, fruchtiger Wein
Riesling	Rassiger, edler Wein mit angenehmer Fruchtsäure und typischem Bukett
Ruländer	Alkoholreicher, vollmundiger Wein
Silvaner	Milder, würziger harmonischer Wein
Traminer	Würziger, vollmundiger, aromatischer Wein
Blauer Spätburgunder	Rotweinrebsorte; edler, alkoholreicher, feuriger Rotwein
Portugieser	Rotweinrebsorte; leichter, milder Rotwein

Die Angabe einer Rebsorte ist nur dann erlaubt, wenn der Wein zu mindestens 85 % von Trauben dieser Rebsorte stammt.

Deutsches Weinsiegel

GÜTEGRUPPEN FÜR DEUTSCHEN WEIN

Die Gütegruppen erleichtern dem Käufer die Auswahl. Bei jedem deutschen Wein muß die Gütegruppe auf dem Etikett angegeben sein. Es gibt zwei Gütegruppen:
❏ Tafelwein (Landwein),
❏ Qualitätswein b. A. (= bestimmter Anbaugebiete), dazu gehören Qualitätswein mit Prädikat und Qualitätswein.

Tafelwein
Deutscher Tafelwein ist ausschließlich aus Trauben hergestellt, die im Inland geerntet wurden. Er darf geographische Bezeichnungen tragen, ausgenommen sind aber die Bezeichnungen »bestimmter Anbaugebiete« und »Lagen«. Landwein ist Tafelwein guter Qualität. Er enthält etwas mehr Alkohol.

Qualitätswein
Qualitätswein oder Qualitätswein b. A. kann deutscher Wein nur dann genannt werden, wenn er amtlich geprüft wurde und mit einer Prüfungsnummer versehen ist. Die Prüfungsnummer wird zugeteilt, wenn der Wein von zugelassenen oder empfohlenen Rebsorten und einem der dreizehn festgelegten bestimmten Abbaugebiete stammt. Er muß einen festgelegten Mindestalkoholgehalt haben.
Qualitätswein mit Prädikat darf nur nach amtlicher Prüfung in Verbindung mit dem jeweiligen Prädikat und der Prüfungsnummer diese Bezeichnung tragen.
Für deutsche Weine gibt es folgende Prädikate:
❏ Kabinett (Normallese),
❏ Spätlese (späte Lese, vollreife Trauben),
❏ Auslese (vollreife Beeren, kranke und unreife sind aussortiert),
❏ Beerenauslese (edelfaule oder überreife Beeren),
❏ Trockenbeerenauslese (eingeschrumpfte, edelfaule Beeren),
❏ Eiswein (Trauben waren bei der Lese und Kelterung gefroren).

Angaben auf dem Etikett

Das Etikett ist die »Kennkarte« des Weines. Es informiert über

- Erzeuger
- Anbaugebiet
- Jahrgang (mindestens 85 % der Trauben müssen aus dem angegebenen Jahr stammen)
- Rebsorte
- Qualitätsstufe
- Geschmack
- Prüfungsnummer
- Volumen.

Wichtige Hinweise:

- *Die Angabe »Für Diabetiker geeignet« darf verwendet werden, wenn der Wein höchstens 4 g Glukose pro Liter enthält. Zusätzlich zum Glukosegehalt muß angegeben sein der Alkoholgehalt in Volumenprozent und der Brennwert in kJ oder kcal.*
- *Mittlerweile werden auch entalkoholisierte Weine angeboten.*
- *Wer Wein aus alternativem Anbau will, sollte auf das Warenzeichen des Bundesverbandes Ökologischer Weinbau achten (siehe S. 22).*

Wein sollte nach dem Transport einige Wochen liegen, denn geschüttelter Wein schmeckt unausgeglichen. Der beste Aufbewahrungsort für Wein ist ein kühler, luftiger Keller, der gleichmäßig temperiert ist (8–10 °C). Wein wird liegend aufbewahrt, damit der Korken nicht austrocknet. Korken können Fremdgerüche annehmen. Deshalb wird Wein nicht in der Nähe stark riechender Lebensmittel gelagert. Wein entwickelt seinen Geschmack nur dann voll, wenn er richtig temperiert ist:

- Weißwein etwa 12 °C.
- Rotwein etwa l6 °C.

Qualitativ schlechtere Weine schmecken besser, wenn sie kühler serviert werden. Gute Weine verlieren durch zu niedrige Temperatur. Weine, die zum Essen serviert werden, sind meist leichter als Weine, die nach dem Essen gereicht werden. Der richtige Wein zu jedem Essen:

- Zu Vorspeisen: leichte, spritzige Weine.
- Zu hellem Fleisch: milde pikante Weine.
- Zu dunklem Fleisch, Wild: kräftige Rotweine.
- Zu Fisch: leichter Weißwein.
- Zu Käse: kräftige Weiß- oder Rotweine.

Schaumwein und Sekt

Schaumweine sind Weine, die ein zweites Mal vergoren werden und die bei der Gärung entstandene Kohlensäure enthalten. Je nach Süßgrad des Schaumweines werden Geschmacksangaben von naturherb bis süß gemacht. Trockene Schaumweine sind bekömmlicher als süße.

Geschmacksbezeichnungen von Schaumwein

Geschmacksangabe	Restzucker/Liter
Naturherb, brut nature	unter 3 g
Extra herb, extra brut	bis 6 g
Herb, brut	bis 15 g
Sehr trocken, extra dry	12–20 g
Trocken, sec, dry	17–35 g
Halbtrocken, demi-sec, demi-doux, medium dry	33–50 g
Mild, süß, doux	mehr als 50 g

Qualitäten

- *Schaumwein:* Alkoholgehalt von mindestens 9,5 Vol.-% vorgeschrieben.
- *Qualitätsschaumwein oder Sekt:* Höherer Alkoholgehalt als Schaumwein; deutscher Sekt hat eine amtliche Prüfungsnummer.
- *Qualitätsschaumwein b. A.:* Wird hergestellt aus Qualitätswein bestimmter Anbaugebiete.

Die Qualität eines Schaumweines zeigt sich auch daran, wie lang er im Glas perlt. Gute Qualitäten perlen lange und haben feine Perlen.

Champagner ist französischer Sekt aus dem Gebiet Champagne, der nach dem traditionellen Flaschengärverfahren hergestellt wird.

Praktische Hinweise:

- *Sekt sollte möglichst kühl gelagert werden, aber nicht unter 0 °C.*
- *Flaschen mit Naturkorken sind liegend aufzubewahren. Sekt verläßt trinkfertig die Kellerei; nur Spitzenprodukte lassen sich länger lagern, alle anderen Sekte »verlieren«.*
- *Sekt sollten Sie gut gekühlt servieren (5–8 °C).*
- *Für Mixgetränke, z.B. Bowle, muß nicht die beste, teuerste Qualität verwendet werden. Der Schaumwein sollte jedoch trocken sein.*

Likörweine

Likörweine werden aus Wein oder Traubensaft unter Zusatz von Alkohol hergestellt. Sie haben einen hohen Alkoholgehalt von etwa 15–22 %. Bekannt sind Likörweine auch unter der Bezeichnung Dessert- oder Süßwein.

Meist schmecken Likörweine süß. Es gibt jedoch auch trockene Geschmacksrichtungen. Bekannte Likörweine sind Portwein und Sherry.

Weinhaltige Getränke

Weinhaltige Getränke werden hergestellt aus
Wein, Schaumwein oder Likörwein und Zusät-
zen, z. B. Früchten, Pflanzen, Eigelb, Sahne. Der
Weingehalt muß mindestens 50 % betragen. Der
Alkoholgehalt darf 20 Vol.-% nicht überschreiten.

Weinähnliche Getränke

Weinähnliche Getränke sind Obst- und Frucht-
weine, die aus frischem Obstsaft, z. B. von Beeren,
hergestellt sind. An der Bezeichnung erkennt
man, welcher Ausgangsstoff verwendet wurde,
z. B. Heidelbeerwein, Apfelwein, Erdbeerschaum-
wein.

Bier

Bier wird in Deutschland nach dem Reinheitsgebot
gebraut. Es darf nur aus Malz, Hopfen, Wasser und
Hefe hergestellt werden. Seit 1987 darf auch Bier
aus dem europäischen Ausland in Deutschland vertrieben werden, das nicht nach dem Reinheitsgebot
gebraut ist. Im Ausland sind verschiedene Zusatz-
stoffe in Bier erlaubt, z. B. ungemälzte Gerste, Mais,
Reis, Zucker, Wasserbehandlungsmittel.
Bedingt durch verschiedene erlaubte Zusatzstoffe können im Ausland erzeugte Biere wesent-
lich billiger verkauft werden als reines deutsches
Bier.
Unterschieden werden Biere unter anderem nach
ihrem Stammwürzegehalt. Das ist der gesamte
Extrakt aus Malz und Hopfen der unvergorenen
Würze. Je höher der Stammwürzegehalt eines
Bieres, desto stärker und voller schmeckt es. Die
Stammwürze wird in Gewichtsprozent angege-
ben. Vollbiere haben einen Stammwürzegehalt
von 11 – 16 %, Starkbiere von 16 % und mehr.
Der Alkoholgehalt liegt bei etwa 3,5 – 4,5 %, bei
Starkbier bis über 6 %.
Bier enthält B-Vitamine. Die enthaltenen Extrakt-
stoffe von Hopfen wirken beruhigend.

Bierarten

❑ Obergäriges Bier: Die Hefe sammelt sich nach
   der Gärung an der Oberfläche des Bieres an
   (z. B. Malzbier, Kölsch, Weißbier, Alt).
❑ Untergäriges Bier: Die Hefe setzt sich am Ende
   der Gärung am Boden des Gefäßes an (z. B. Pils,
   Export, Hell, Märzen, Dunkel, Doppelbock,
   Bock).

Biergattungen

Die Biergattungen unterscheiden sich nach ihrem
Stammwürzegehalt.
❑ Einfachbiere: Stammwürze bis 7 %

❑ Schankbiere: Stammwürze 7 – 11 %
❑ Vollbiere: Stammwürze 11 – 16 %
❑ Starkbiere: Stammwürze 16 % und mehr (Bock-
   bier 16 – 17,9 %, Doppelbockbier 18 % und mehr).

Biersorten

Beispiele für Biersorten sind Pilsener, Export, Alt,
Kölsch, Weizen. Sie unterscheiden sich im Ge-
schmack. So schmeckt z. B. Pilsener bitterer als
Weizenbier.
Alkoholfreies Bier darf bis zu 0,5 Vol.-% Alkohol
enthalten.
Alkoholarmes Bier darf bis zu 1,5 Vol.-% Alkohol
enthalten.
Leichtbier enthält weniger Alkohol und weniger
Energie (mindestens 40 % weniger). Es enthält
etwa 2,8 bis 3 Vol.-%.
Malztrunk (»Malzbier«) enthält maximal 0,5 Vol.-%
Alkohol.

Praktische Hinweise:

■ *Bier kühl und stehend lagern. Die Temperatur
  im Lagerraum sollte nicht schwanken, optimale
  Lagertemperatur: 5 – 7 °C. Bei Lagerung unter
  5 °C kann das Bier kältetrüb werden.*
■ *Bier nicht zu lange lagern. Die Haltbarkeit ist
  am Flaschenetikett angegeben.*
■ *Die richtige Trinktemperatur von Bier beträgt
  im Sommer 8 – 10 °C, im Winter 10 – 12 °C.*

Spirituosen

Spirituosen sind Getränke mit hohem Alkoholge-
halt.
Zu den Spirituosen gehören Branntweine, Liköre,
Punschextrakte und alkoholische Mischgetränke.
Der Alkoholgehalt muß aus der alkoholischen
Gärung und einem anschließendem Brennverfah-
ren stammen. Künstlich hergestellter Alkohol ist
als Zusatz nicht erlaubt.

Branntwein

Branntwein enthält mindestens 32 Vol.-% Alko-
hol. Verschiedene Rohstoffe sind erlaubt:
❑ Wein bei Weinbrand, Cognac, Armagnac
❑ Obst bei Kirschwasser, Zwetschgenwasser
❑ Rohrzucker bei Jamaika-Rum, echtem Rum
❑ Rübenzucker bei deutschem Rum
❑ Reis bei Arrak
❑ Getreide bei Korn, Gin, Whisky, Wodka
❑ Kartoffeln bei Klarem
❑ Pflanzenwurzeln bei Enzian
Weinbrand und Cognac werden mit Zimmertem-
peratur serviert, gute Obstbranntweine ebenfalls,
Korn und Kräuterschnäpse mit etwa 4 °C.

Liköre

Liköre sind hergestellt aus Branntwein oder künstlich hergestelltem Alkohol, Zucker und aromatischen Stoffen, z. B. Auszügen aus Pflanzen oder Früchten. Der Alkoholgehalt ist unterschiedlich hoch. Fruchtsaftliköre sind Kirschlikör (z. B. Maraschino) oder Brombeerlikör. Zu Fruchtaromalikör gehören Aprikosenlikör, Pflaumenlikör, Schlehenlikör. Kräuterliköre sind Pfefferminzlikör, Kümmellikör. Liköre werden mit 12 – 14 °C serviert.

Punschextrakte

Punschextrakte sind Spirituosen, die Zucker enthalten und mit Wasser verdünnt zur Bereitung von Punsch dienen, z. B. Christkindl-Punsch.

Alkoholhaltige Mischgetränke (Cocktails)

Cocktails sind Mischgetränke, die aus Spirituosen und Fruchtsaft, Essenzen, Wein usw. hergestellt sind. Je nach Mischungsverhältnis sind sie alkoholarm oder alkoholreich.

Mixgetränke werden gut gekühlt serviert. Die Wirkung alkoholhaltiger Mischgetränke wird leicht unterschätzt, weil sie meist sehr süffig schmecken.

Nahrungszubereitung, Vorratshaltung und Lebensmittelrecht

1. ZUBEREITEN VON LEBENSMITTELN

1.1. Aufstellen eines Speiseplans

Ein durchdachter Speiseplan gewährleistet eine gesunde, abwechslungsreiche Ernährung, erleichtert den Einkauf und spart Einkaufswege und -zeit.
Er wird für eine Woche festgelegt, längere Planung kann meist nicht eingehalten werden. Der Speiseplan sollte die Möglichkeit bieten, ihn bei Bedarf, z. B. bei günstigen Angeboten, kurzfristig zu ändern.
Beim Aufstellen eines Speiseplans ist folgendes zu beachten:

- Die tägliche Kost muß vollwertig sein, d. h. den Bedarf an Nährstoffen, Vitaminen und Mineralstoffen aller Familienmitglieder decken. Auch spezielle Kostformen für einzelne Familienmitglieder, z. B. leichte Vollkost, Ernährung bei hohem Harnsäurespiegel, müssen beachtet werden. Nicht nur die Hauptmahlzeiten planen, auch an die Zwischenmahlzeiten denken. Lieber bei den Hauptmahlzeiten einsparen, dafür Zwischenmahlzeiten einnehmen.
- Die Speisenzusammenstellung sollte vielseitig sein und auch Wünsche der Familienmitglieder berücksichtigen.
  Wird mittags z. B. eine Fleischmahlzeit gereicht, kann für das Abendessen Quark oder Suppe eingeplant werden. Besteht die Mittagsmahlzeit dagegen aus einem Gemüsegericht, wird abends gerne Wurst oder kalter Braten gegessen.
- Essenszeiten der Familienmitglieder beachten und je nach Familiensituation die Hauptmahlzeit auf den Mittag oder Abend verlegen.
- Den Arbeits- und Zeitaufwand für die Zubereitung der Speisen beachten. Bei großer Arbeitsbelastung keine aufwendigen Speisenfolgen einplanen. Auch an Sonn- und Feiertagen versuchen, wenig aufwendige bzw. vorbereitete Speisen (Tiefkühlkost, küchenfertige Produkte aus der eigenen Vorratshaltung) einzuplanen. An arbeitsreichen Tagen Lebensmittel mit wenig Vorbereitungsaufwand verwenden, z. B. statt Kartoffeln oder Klößen als Beilage Reis oder Nudeln.
- Kosten für die Lebensmittel bedenken, deshalb Speiseplan nach günstigen Sonderangeboten ausrichten. Notfalls den Plan kurzfristig ändern, wenn z. B. das »geplante« Fleisch sehr teuer ist und ein anderes Teilstück besonders günstig angeboten wird.

- Saisonangebote bei Gemüse und Obst ausnutzen.
- Die Kosten müssen nicht für jeden Tag berechnet werden, aber überschlagsmäßig sollte man die Ausgaben einplanen.
- Garmethoden abwechseln, z. B. Fleisch nicht immer nur braten, sondern auch dünsten, dämpfen oder kochen.
- Die richtigen Mengen einplanen, Reste möglichst bald aufbrauchen, z. B. zum Abendessen aufwärmen bzw. aufbacken oder – falls möglich – sofort portionsweise einfrieren.
- Lebensmittel aus dem Vorrat (tiefgefroren, sterilisiert) auf dem Speiseplan berücksichtigen. Sie bringen vor allem bei großer Arbeitsbelastung Zeitersparnis und sind gut geeignet für die »schnelle Küche«.
- Reichlich Gemüse, Salate und Obst einplanen, fettreiche und schwerverdauliche Speisen nicht jeden Tag vorsehen.
- Energieaufnahme ausgewogen auf den Tag verteilen.

Verteilung der Energiemenge über den Tag

Mahlzeit	Energieanteil
1. Frühstück	25–30 %
2. Frühstück	5–10 %
Mittagessen	30–35 %
Zwischenmahlzeit am Nachmittag	5–10 %
Abendessen	20–30 %

KEINE ZEIT ZUM KOCHEN?

Wer sich wenig Zeit zum Kochen nehmen kann oder will, findet in den Regalen und Kühltruhen der Supermärkte eine breite Palette an Fertigprodukten. Gegen gelegentliche Verwendung von Fertiggerichten ist nichts einzuwenden, doch wer selbst kocht, kann die Qualität der Zutaten selbst bestimmen, auf Aroma- und Zusatzstoffe verzichten und Fett, Salz und Zucker selbst dosieren. Im übrigen ist Kochen nicht immer mit hohem Zeitaufwand verbunden:

- Salzkartoffeln und Pellkartoffeln (im Dampfdrucktopf) sind in 20 Minuten gar; auch Nudeln und Reis sind in einer halben Stunde gekocht. In der Zwischenzeit sind frischer Salat geputzt, Tomaten, Gurke oder Paprika zerkleinert und Fisch sowie Kurzbratstücke von Fleisch fertig.

▫ Salatmarinade kann gut auf Vorrat zubereitet werden. Ob eine Vinaigrette oder ein Sahne- bzw. Joghurtdressing: Marinaden halten in einem Schraubglas im Kühlschrank einige Tage; vor dem Servieren noch einige frische Kräuter oder feingehackte Zwiebeln untermischen.
▫ Statt Fertigdesserts kann man Joghurt oder Quark mit frischen Früchten, Obstkompott oder Marmelade vermischen; auch Obstsalat ist schnell geschnipselt.
▫ Ein Vorrat an Grundnahrungsmitteln sollte immer vorhanden sein, ebenso Milch, Sahne, Joghurt, Quark, Eier.
▫ Legen Sie sich einen Vorrat an Tiefkühlgemüse zu; es schneidet in puncto Vitaminen besser ab als lange gelagertes »Frisch«-Gemüse. Auch Fischfilets, Kurzbratstücke von Lamm, Rind und Schwein sowie Geflügelfleisch sind ein Vorrat, aus dem sich schnell Gutes kochen läßt.
▫ Wenn Sie Fertiggerichte verwenden, werten Sie sie mit frischen Kräutern auf, servieren Sie selbstzubereiteten Salat oder Gemüse dazu.

Suppen und Eintöpfe lassen sich gut einfrieren, machen Sie bei Gelegenheit gleich mehr davon und portionieren Sie davon auch Einzelportionen.

Wer beim Kochen wenig Übung oder Ideen hat, sollte sich einen Kochkurs gönnen. Auch gute Kochbücher mit Schritt-für-Schritt-Anleitungen helfen weiter.

BEDARFSMENGEN

Ein durchdachter Speiseplan erleichtert den Einkauf. Wenn die Bedarfsmengen richtig veranschlagt werden, kauft man weder zuviel noch zuwenig.

Durchschnittliche Verzehrsmengen pro Person

Nahrungsmittel		Menge (roh)
Suppe	Vorspeise	0,25 l
	Hauptspeise	0,50 l
Fleisch	Braten mit Knochen	150–200 g
	Braten ohne Knochen	100–125 g
	Steak oder Schnitzel	100–150 g
	Hackfleischgerichte	75–100 g
Geflügel	Mit Knochen	200–250 g
	Frikassee, Schnitzel	125–150 g
Fisch	Ganzer Fisch mit Gräten	150–200 g
	Filet	125–150 g
Gemüse (geputzt)	Beilage	150–200 g
	Hauptgericht	200–250 g
	Rohkost, roher Salat	100–125 g
Kartoffeln	Beilage	200–250 g
	Hauptgericht	300–400 g
Teigwaren	Beilage	60–80 g
	Hauptgericht	75–100 g
	Suppeneinlage	15 g
Reis	Beilage	60–75 g
	Hauptgericht	75–100 g
	Suppeneinlage	10–15 g
	Süßspeise	50–60 g
Obst	Frisch, Nachspeise oder Imbiß	150–200 g
	Kompott	125–150 g
Nachspeisen	Joghurt	100–150 g
	Quark	100–125 g
	Pudding, Flammeri (fertig)	125–150 g

RESTEVERWERTUNG

Trotz guter Planung bleiben manchmal Reste. Sie werden bis zur Weiterverarbeitung gut gekühlt oder eingefroren.

Reste nur noch dann weiterverarbeiten, wenn sie noch keine Anzeichen von Verderb zeigen. Nicht mehr einwandfreie, überlagerte Lebensmittel zu verarbeiten ist falsche Sparsamkeit, die gesundheitsschädlich sein kann. Zudem kann eine einzige verdorbene Zutat ein ganzes Gericht verderben. Aus Resten lassen sich vollwertige und meist »schnelle« Gerichte zubereiten.

Resteverwertung in der Küche

Reste	Verwendung
Weißbrot, Brötchen	Hackfleischteig, Semmelknödel, Semmelschmarrn oder -auflauf, Suppeneinlage, Semmelbrösel (-mehl)
Brot	Brotsuppe, Kirschenmichel
Fleisch	Ragout, feine gemischte Salate, Aufläufe, Sülze, Reisgerichte
Wurst	In Aufläufen und Salaten, für Pizza, belegte Toastbrote
Käse	Zum Überbacken verschiedener Gerichte, Käsesuppe, Käsesoße, in gemischten Salaten
Gemüse	Gratins, Aufläufe, Suppeneinlage, in Sülzen und Salaten
Kartoffeln	Bratkartoffeln, Klöße, Süßspeisen aus Kartoffelteig, Kroketten, Aufläufe
Teigwaren, Reis	Suppeneinlage, Aufläufe
Klöße	In Scheiben geschnitten und gebacken

1.2. Der richtige Umgang mit Lebensmitteln

Der Wert der Lebensmittel für die Ernährung hängt nicht nur davon ab, wie »gesund« das Lebensmittel ist, sondern vor allem, wie es bei der Zubereitung bzw. Lagerung im Haushalt behandelt wird.

NÄHRSTOFFE SCHONEN

Beim Lagern, Waschen und Garen von Lebensmitteln können viele wertgebende Inhaltsstoffe verlorengehen. Dies wird vermieden, wenn folgende Grundsätze beachten werden:

◻ Lebensmittel möglichst frisch verwenden, lange Lagerzeiten vermeiden. Sehr lichtempfindlich ist Carotin (Vorstufe von Vitamin A), z. B. in gelben Rüben, Spinat, Aprikosen, Speiseöl. Durch lange Sauerstoffeinwirkung werden die Vitamine A und C zerstört.
◻ Gemüse und Obst unzerkleinert und kurz unter fließendem Wasser waschen, nicht im Wasser liegen lassen.
◻ Fleisch, Fisch und Geflügel ebenfalls unter fließendem Wasser waschen, anschließend trockentupfen.
◻ Schonende Garmethoden anwenden.
◻ Beim Garen möglichst wenig Wasser zugeben, überschüssiges Kochwasser wiederverwenden, z. B. zum Aufgießen von Soßen.
◻ Deckel schließen, damit möglichst wenig Luftsauerstoff in den Topf gelangt.
◻ Lebensmittel nicht zu lange garen. Je länger Hitze einwirkt, desto mehr leiden die Vitamine darunter; hitzeempfindlich sind vor allem Vitamin B_1 und C.
◻ Gegarte Speisen nicht warm halten, sondern möglichst schnell abkühlen und bei Bedarf erneut erwärmen. Dabei gehen weniger Nährstoffe verloren, außerdem können sich schädliche Bakterien nicht so schnell vermehren.

SCHADSTOFFE VERRINGERN

In unserer Nahrung kommen nicht nur erwünschte Stoffe vor, auch gesundheitsschädliche sind enthalten. Die Schadstoffe lassen sich vermindern, wenn man einige Grundsätze beachtet:

◻ Gemüse und Obst gründlich waschen.
◻ Gemüse und Obst, von dem man weiß, daß es mit Pflanzenschutzmitteln behandelt bzw. in der Nähe einer vielbefahrenen Straße geerntet wurde, schälen. Viele Schadstoffe reichern sich in, unter und auf der Schale an.
◻ Gemüse und Obst mit behaarter Oberfläche, z. B. Pfirsiche, Stachelbeeren, besonders gründlich waschen, ebenso Kräuter mit gekräuselter Oberfläche, z. B. Petersilie.
◻ Von geschlossenem Gemüse die äußeren Hüllblätter entfernen, z. B. bei Wirsing, Weißkohl, Chinakohl.
◻ Das Kochwasser von nitratreichem Gemüse nicht weiterverwenden.
◻ Gepökelte Fleisch- und Wurstwaren nicht hoch erhitzen, besonders dann, wenn sie in Kombination mit eiweißreichen Lebensmitteln, z. B. Käse, erhitzt werden.

HYGIENE IN DER KÜCHE

Sauberes Arbeiten in der Küche verringert das Wachstum von schädlichen Keimen und Bakterien und verzögert damit auch den Verderb von Lebensmitteln. Folgende Regeln sind zu beachten:

◻ Vor der Zubereitung von Lebensmitteln stets die Hände waschen, auch zwischendurch auf saubere Hände achten, vor allem, wenn Geflügel oder Fleisch zubereitet wird.
◻ Leichtverderbliche Lebensmittel wie Fleisch, Geflügel oder Fisch aus der Verpackung nehmen und kühl lagern. Die Verpackung vernichten, denn anhaftende Keime (z. B. Salmomellen) können auf andere Lebensmittel übergehen.
◻ Auftauwasser von Fleisch und Geflügel auf keinen Fall verwenden!
◻ Gemüse, Obst und andere Lebensmittel, die vor dem Verzehr nicht oder wenig erhitzt werden, nicht mit Lebensmitteln in Berührung bringen, die leicht salmonellenbehaftet sein können.
◻ Geräte, die zum Vorbereiten von Geflügel verwendet wurden, heiß und gründlich spülen, z. B. Messer, Arbeitsbrett.

Maße für Getränke

Getränk		Menge
Kaffee	1 Portion (2 Tassen)	2 gehäufte TL Kaffee, 0,25 l Wasser
Tee	1 Portion (2 Tassen, Gläser)	2 gestrichene TL Tee, 0,25 l Wasser
Kakao	1 Tasse	1 gestrichener TL Kakao, 0,2 l Milch
Wein	1 Flasche (0,75 l)	4 – 5 Gläser
Sekt	1 Flasche (0,75 l)	6 – 7 Gläser

Lagerort und Lagerzeit frischer Lebensmittel

Lebensmittel	Lagerort	Lagerzeit
Fleisch, Geflügel	Kühlschrank	2 Tage
Hackfleisch	Kühlschrank	12 Stunden
Rohe Bratwurst	Kühlschrank	1 Tag
Innereien	Kühlschrank	1 Tag
Brüh- und Kochwurst	Kühlschrank	4 Tage
Rohwurst	Kühle Speisekammer	Einige Wochen
Frischer Fisch	Kühlschrank	1 Tag
Geräucherter Fisch	Kühlschrank	2 – 4 Tage
Eier	Kühle Speisekammer	3 – 4 Wochen
Milch, Sahne	Kühlschrank	2 Tage
Butter	Kühlschrank	2 Wochen
Pflanzenöle	Kühle Speisekammer	6 – 12 Monate
Plattenfett	Kühle Speisekammer	12 Monate
Vollkornschrot/-mehl	Kühle Speisekammer	2 Wochen
Wurzelgemüse	Keller, Speisekammer	2 – 3 Wochen
Fruchtgemüse	Keller, Speisekammer	1 Woche
Salate	Keller, Speisekammer	2 – 3 Tage
Steinobst	Speisekammer	1 Woche
Beerenobst	Kühlschrank	1 Tag

❑ Holzschneidebretter regelmäßig gründlich reinigen. In den Ritzen können sich Keime gut vermehren und leicht auf Lebensmittel übertragen werden.
❑ Fleisch, besonders Geflügel und Wildbret, gut durchgaren, damit hitzeempfindliche Bakterien abgetötet werden.

LEBENSMITTEL RICHTIG LAGERN

Richtige Lagertemperaturen und -bedingungen verzögern den Verderb von Lebensmitteln. Sachgemäßes Lagern erfordert auch sorgfältige Verpackung.

ZUBEREITEN VON LEBENSMITTELN

Bei der Zubereitung von Speisen hält man sich meistens an bestimmte Rezepte. Je nach Erfahrung der Köchin können Rezepte auch abgewandelt werden. Beim Backen von Kuchen und Torten ist davon abzuraten, weil es meist auf das genaue Verhältnis der Zutaten ankommt, ob ein Kuchen gelingt oder nicht.
Rezepte gibt es in Hülle und Fülle, leider halten viele nicht, was z. B. eine Abbildung verspricht. Wer nicht genügend Erfahrung hat, Rezepte zu beurteilen, ob sie »klappen« oder nicht, ist mit einem guten Standardkochbuch am besten beraten.

MESSEN UND WIEGEN

Bei Gerichten, die exakte Mischungsverhältnisse erfordern, z. B. Kuchen und feine Cremes, ist genaues Abwiegen und Abmessen unerläßlich für das Gelingen. Bei einfacheren Gerichten erleichtert man sich die Arbeit, wenn mit Eßlöffel oder Teelöffel gemessen wird. Bei größeren Mengen den Meßbecher verwenden.

Faustzahlen für Gewichte

Lebensmittel	1 gestrichener TL entspricht	1 gestrichener EL entspricht
Flüssiges Fett, Öl	4 g	10 g
Mehl	4 g	10 g
Speisestärke	5 g	15 g
Salz	5 g	12 g
Zucker	5 g	15 g
Reis	5 g	15 g
5 mittelgroße Kartoffeln	entsprechen etwa 500 g	
5 mittelgroße Äpfel	etwa 500 g	
8 EL Flüssigkeit	etwa $1/8$ l	

1.3. Garmethoden

Die Wahl der Garmethode hängt vom Gargut ab. So eignet sich z. B. zähes Fleisch nur zum Kochen, zartes, junges Fleisch wird kurzgebraten oder gegrillt.

KOCHEN

Das Lebensmittel wird in reichlich Flüssigkeit bei 95–100 °C im geschlossenen Topf gegart. Der Großteil der Inhaltsstoffe des Gargutes geht in die Kochflüssigkeit über, ebenso die Geschmacksstoffe.

Grundsätzlich sollte die Flüssigkeitsmenge so knapp wie möglich gehalten werden.

Da beim Kochen die wertvollen Inhaltsstoffe ausgelaugt werden, sollte diese Garmethode nicht angewendet werden bei frischem Obst und Gemüse, weil die Nährstoffverluste besonders hoch sind.

Gekochte Lebensmittel sind leicht verdaulich, sie werden daher bevorzugt in der Krankenernährung eingesetzt. Als fettarme Zubereitungsart wird Kochen bei Abnahmediäten geschätzt.

Bei manchen Lebensmitteln ist das Auslaugen dagegen erwünscht, z. B. für eine kräftige Fleisch-, Knochen- oder Geflügelbrühe. Auch bei der Zubereitung von Sülze ist es wichtig, daß die Leimstoffe aus den Knochen und Knorpeln ausgekocht werden, damit die Sülze erstarrt.

Die Nährstoffverluste sind gering, wenn die gekochten Lebensmittel die Flüssigkeit vollständig aufsaugen, z. B. Grieß und Reis, die mit Milch zu einem Brei gekocht werden.

Praktische Hinweise:

- *Beim Garen von Salzkartoffeln nur so viel Wasser zugeben, wie die Kartoffeln aufsaugen. Das ist Erfahrungssache.*
- *Fleisch sollte nicht sprudelnd kochen, sondern nur ziehen (simmern).*
- *Im Dampfdrucktopf ist die Garzeit erheblich verkürzt, vor allem bei Lebensmitteln, die eine sehr lange Garzeit haben.*

GARZIEHEN

Beim Garziehen werden die Lebensmittel in kochendes Wasser gegeben, einmal kurz aufgekocht und dann knapp unter dem Siedepunkt gegart.

Anwendung: bei zarten, empfindlichen Lebensmitteln, die schnell garen und leicht zerfallen oder zerkochen würden, z. B. Klöße, Nockerl, feine Gemüse, Fisch, Kompott.

DÄMPFEN

Die Lebensmittel werden im heißen Wasserdampf gegart. Sie liegen dazu auf einem Siebeinsatz über dem kochenden Wasser.

Die Nährstoffe, Vitamine und Mineralstoffe sowie der Geschmack bleiben besser erhalten als beim Kochen. Dämpfen dauert allerdings länger als Kochen. Gedämpfte Lebensmittel sind leicht verdaulich. Dämpfen hilft als fettlose Zubereitungsart außerdem, Kalorien zu sparen.

Zum Dämpfen braucht man einen Topf, der fest verschließbar ist. Geeignet ist ein spezieller Dämpftopf, ein Kochtopf mit Siebeinsatz oder der Dampfdrucktopf mit Siebeinsatz. In einem speziellen Dampfgargerät lassen sich auch größere Mengen an Lebensmitteln garen bzw. regenerieren (siehe auch Seite 286).

Anwendung: Kartoffeln, Gemüse, Fisch.

DÜNSTEN

Beim Dünsten wird das Gargut im eigenen Saft gegart, falls nötig, wird wenig Flüssigkeit angegossen. Wichtig ist, daß der Kochtopf geschlossen bleibt, damit die Flüssigkeit nicht verdampft.

Dünsten ist eine schonende Garmethode, bei der Vitamine und Mineralstoffe weitgehend erhalten bleiben. Durch die geringe Fettzugabe und das milde Anbraten sind gedünstete Lebensmittel leicht verdaulich. Der Geschmack der Lebensmittel bleibt weitgehend erhalten, Fleisch, Fisch und Geflügel bleiben saftig und zart.

Gedünstet werden kann im »normalen« Kochtopf, im Dampfdrucktopf, im Mikrowellengerät oder auch in Brat- oder Alufolie.

Anwendung: Fleisch, Fisch, Geflügel, Gemüse.

BRATEN

Beim Braten wird das Lebensmittel rundherum braun. Gebraten wird meist im Backrohr, so daß die heiße Luft von allen Seiten einwirken kann.

Gebratenes hat durch das Anbraten und Bräunen einen sehr guten Geschmack, durch die rasche Krustenbildung bleibt Fleisch saftig. Gebratene Lebensmittel sind wegen der Röststoffe, die beim Anbraten entstehen, schwer verdaulich.

Beim Braten in der Pfanne wird das Bratenstück rundherum in heißem Fett gut angebräunt, danach aufgegossen und bei geschlossenem Topf durchgegart. Braten in der Pfanne ist geeignet für kleine Bratenstücke. Es entspricht eigentlich mehr einem Schmoren.

Besonders saftig und leicht verdaulich ist Fleisch, vor allem Geflügel, das im Tontopf (»Römertopf«) gebraten wird. Der Tontopf wird vor der Verwendung gewässert, das Lebensmittel kann ohne Fettzugabe gegart werden. Saft und Aroma bleiben sehr gut erhalten.

Praktische Hinweise:

- *Bratenstücke beim Wenden nicht anstechen, damit der Fleischsaft nicht austritt. Backschaufeln dazu verwenden.*
- *Die Garprobe nicht mit einer Gabel machen, damit der Fleischsaft nicht austritt, sondern mit einem Löffel. Durchgebratenes, gares Fleisch gibt auf Druck nicht mehr nach. Braten, die innen noch rosa oder blutig sind, geben auf Druck nach.*
- *Ob ein Braten gar ist, erkennt man auch an der Farbe des Fleischsaftes: farblos oder grau bei garem Fleisch, hellrot bei fast durchgebratenem Fleisch, rot und blutig bei wenig gebratenem Fleisch, z. B. Roastbeef.*
- *Eine weitere Methode, den Garzeitpunkt festzustellen, ist ein Bratenthermometer. Es gibt die Temperatur im Inneren des Bratens an.*

KURZBRATEN

Das Fleisch wird in heißem Fett gebraten. Die entstehenden Röststoffe verbessern den Geschmack, machen das Gebratene aber schwer verdaulich.
Anwendung: bei sehr zartem Fleisch, z. B. Filetscheiben, Steaks, Roastbeef.

SCHMOREN

Beim Schmoren wird in heißem Fett scharf angebraten, anschließend wenig Flüssigkeit aufgegossen. Schmorgerichte haben durch die Röststoffe vom Anbraten einen herzhaften, aromatischen Geschmack; allerdings sind sie schwer verdaulich.
Anwendung: Gulasch, Rouladen, Schmorbraten in der Pfanne.

GRILLEN

Beim Grillen garen die Lebensmittel durch Strahlungshitze auf dem Rost oder am Spieß. Durch die starke Hitze bildet sich um das Grillgut sofort eine Kruste. Saft und Aroma bleiben erhalten.
Weil die Gardauer sehr kurz ist, eignen sich Grillgerichte gut für die »schnelle Küche«. Zudem bereitet Grillen nur einen geringen Arbeitsaufwand. Gegrilltes Fleisch ist leicht verdaulich und bekömmlich, weil es fettlos gegart werden kann. Es eignet sich bei Krankenkost und Abnahmediäten. Besonders bekömmlich ist Gegrilltes, wenn es in Alufolie eingeschlagen wird. Die Grilldauer verlängert sich dann allerdings.

Anwendung: zartes Fleisch, nichtgepökelte Wurstwaren, zartes Geflügel, Fische, Gemüse (Tomaten, Zwiebeln, Zucchini, Champignons), sogar Obst (Bananen, Pfirsiche).

Praktische Hinweise:

- *Garprobe: Bei Gemüse und Obst erkennt man an der äußeren Beschaffenheit, wenn es gar ist. Fisch ist gar, wenn er auf Druck nicht mehr nachgibt und das Fleisch milchig weiß ist. Fleisch wird mit der »Druckprobe« geprüft: Gibt es auf Druck nach, ist es innen rot, gibt es federnd nach, ist es rosa, gibt es nicht nach, ist es durchgegart.*
- *Magere Grilladen (Lebensmittel, die gegrillt werden) werden mit Öl oder Fett bepinselt, damit sie nicht austrocknen. Der Rost wird ebenfalls geölt, damit das Grillgut nicht festbrät.*
- *Dünne Grilladen werden nahe am Grill gegart; dicke werden nur zu Beginn nahe am Grillheizkörper angebräunt, zum Fertiggaren etwas tiefer eingeschoben, damit die Kruste nicht verbrennt.*
- *Gesalzen wird Grillfleisch erst in garem Zustand, damit der Saft erhalten bleibt. Gegrilltes nicht lange warmhalten, es wird trocken und zäh.*
- *Lebensmittel, die am Spieß gegrillt werden (Bratenstücke, Geflügel, Spießchen) gleichmäßig und nicht zu dicht aufstecken. Geflügel unbedingt dressieren, damit die abstehenden Teile nicht austrocknen und verbrennen.*
- *Mariniertes Fleisch vor dem Auflegen trockentupfen.*
- *Beim Grillen über Holzkohlen darauf achten, daß das Fett nicht auf die glühenden Kohlen tropft, z. B. indem der Rost mit Alufolie abgedeckt wird. Das tropfende Fett verbrennt, es lagern sich gesundheitsschädliche Stoffe auf dem Grillgut an (Benzpyren).*
- *Lebensmittel erst auf den Rost legen, wenn die Kohlen bereits durchgeglüht sind, dann legt sich weniger Rauch auf das Grillgut.*

BACKEN

Beim Backen werden Lebensmittel in heißer Luft im Backrohr bei Temperaturen zwischen 150 und 250 °C gegart. Bei Teigen gerinnen (koagulieren) bei diesen Temperaturen die Eiweißstoffe und bilden das Gerüst für das Gebäck. Am Rand bildet sich eine mehr oder weniger dicke Kruste mit besonders gutem Geschmack, die schnelles Austrocknen des Gebäcks verhindert.
Anwendung: Kuchen, Gebäck, Kleingebäck, Aufläufe.

Backtriebmittel

Damit Teige luftig werden und »aufgehen«, braucht man Backtriebmittel:

- Backpulver ist ein künstlich hergestelltes Teiglockerungsmittel, das aus Natron (Natriumhydrogencarbonat), Säuren und Stärke besteht. Sobald Flüssigkeit dazukommt, treibt die Säure Kohlendioxid aus dem Natron und lockert so den Teig. Sobald dem Teig das Backpulver zugesetzt wurde, sollte er daher zügig in den Backofen. Manche Menschen reagieren auf Backpulver allergisch, in dem Phosphate als Säuren eingesetzt werden. Sie können auf Backpulver ausweichen, in dem statt Phosphaten Weinsteinsäure enthalten ist (erhältlich im Bioladen).

- Hirschhornsalz (Ammoniumcarbonat) und Pottasche (Kaliumcarbonat) werden überwiegend in der Weihnachtsbäckerei für schwere Honigteige verwendet. Bei Kontakt mit Flüssigkeit und in der Hitze des Backofens entsteht Kohlendioxid, bei Hirschhornsalz auch noch stechend riechendes Ammoniak. Sowohl Pottasche als auch Hirschhornsalz werden heute chemisch hergestellt, nicht mehr wie früher (von daher die Bezeichnungen) aus Holzasche bzw. Horn von Huftieren.

- Hefe ist ein natürliches, »lebendes« Triebmittel, bestehend aus Hefepilzen. Sie vermehren sich bei rund 30 °C am besten, brauchen dafür aber Nahrung in Form von Kohlenhydraten (Zucker, Mehl) und Flüssigkeit. Die Kohlenhydrate werden vergoren zu Kohlendioxid und geringen Mengen Alkohol. Das Kohlendioxid bläht den Teig auf, der Alkohol verflüchtigt sich. Frische Hefe muß im Kühlschrank gelagert werden und kann auch eingefroren werden. Trockenhefe hält sich bei Zimmertemperatur bis zu einem Jahr.

- Sauerteig ist ebenfalls ein natürliches Lockerungsmittel aus Hefen und Bakterien. Zusammen mit Kohlenhydraten (Mehl) und Flüssigkeit kommt es zur Gärung, bei der Milchsäure und Alkohol entstehen. Die Säure gibt dem Gebäck das charakteristische Aroma. Sauerteig wird überwiegend für Produkte aus Roggenmehl verwendet. Zu kaufen gibt es ihn flüssig oder als Pulver. Sauerteig kann auch selbst angesetzt werden.

- Backferment besteht aus einer Mischung aus Getreide, Hülsenfrüchten und Honig und kann als Ersatz für Hefe und Sauerteig eingesetzt werden. Bei der Gärung dieses Triebmittels entsteht Milchsäure, die den Teig lockert.

Praktische Hinweise:

- *Je flacher das Gebäck, desto mehr Hitze wird zugeführt.*
- *Bei sehr schweren, zutatenreichen Teigen wird langsamer gebacken, jedoch auch nicht zu langsam, damit der Teig, bevor er das Gerüst bildet, nicht »zusammenfällt«.*
- *Gebäck und Aufläufe fallen nach dem Backen nicht so leicht zusammen, wenn sie nicht sofort aus dem Backrohr genommen werden, sondern im warmen Rohr noch etwas ruhen. Das kann man besonders gut bei Käsekuchen beobachten.*

FRITIEREN

Beim Fritieren werden Lebensmittel schwimmend in heißem Fett gegart.

Zum Fritieren wird das Gargut meist mit Backteig oder Panade umhüllt und dann in heißes Fett gegeben. Durch die hohen Temperaturen ist die Garzeit sehr kurz, das Gargut bleibt saftig, bräunt, und die Röststoffe entwickeln einen guten Geschmack. Wichtig ist die Temperatur des Fettes. Grundsätzlich werden nur Fette verwendet, die einen hohen Rauchpunkt haben, d. h. sich hoch erhitzen lassen, ohne zu verbrennen. Dann bildet sich rasch eine gleichmäßige Kruste, die das Lebensmittel vor dem Austrocknen schützt. Das Fett darf nicht zu heiß sein, sonst verbrennt das Gargut an der Oberfläche schnell und ist innen noch nicht gar. Die Temperatur darf aber auch nicht zu niedrig sein, sonst saugt sich das Gargut voll Fett.

Ob Fritierfett bereits genügend heiß ist, kann man mit einem einfachen Trick feststellen: Hält man den Stiel eines hölzernen Kochlöffels in das Fett, steigen daran Bläschen hoch.

Auf keinen Fall darf das Fett erhitzt werden, bis es raucht. Sonst entwickeln sich schädliche Stoffe, außerdem würde das eingelegte Gargut verbrennen.

Anwendung: kleine Fleisch- und Geflügelstücke, Fondue, Wiener Schnitzel, Fisch, Schmalzgebäck.

Praktische Hinweise:

- *Lebensmittel, die fritiert werden, gut abtropfen lassen bzw. trockentupfen. Je mehr Wasser anhaftet, desto mehr spritzt das heiße Fett. Vorsicht beim Fritieren von Leber: Durch den hohen Wassergehalt spritzt das heiße Fett. Am besten Deckel auflegen.*
- *Gargut vorsichtig einlegen (mit Gabel oder Backschaufel), Verbrennungsgefahr! Fertige Lebensmittel mit der Schaumkelle herausheben, Fett gut abtropfen lassen.*
- *Wenn mit aufgelegtem Deckel fritiert wird, z. B. Berliner Pfannkuchen, Deckel waagerecht abheben, damit der entweichende Wasserdampf nicht ins heiße Fett tropft.*
- *Fritierfett nicht öfter als 2–3mal verwenden, auf keinen Fall, wenn es bereits dunkel gefärbt ist und beim Erwärmen einen deutlich fischigen*

Geruch hat. Merkmale von verdorbenem Fritierfett sind auch stechend scharfer Geruch beim Erwärmen, bläulicher Rauch, braune, trübe Farbe oder starkes Schäumen, wenn das Bratgut eingelegt wird.

- *Verdorbenes, altes Fett nicht mit frischem mischen, denn dann verdirbt auch das frische Fett.*
- *Verdorbenes bzw. übriggebliebenes Fett nicht in den Ausguß schütten. Das Fett wird beim Abkühlen fest und verstopft den Abfluß. Altes Fett im Topf abkühlen lassen und nach dem Erstarren in die Müll- oder Biotonne geben.*
- *Vorsicht: Heißes Fett kann schwerste Verbrennungen hervorrufen.*
- *Zum Abkühlen das Fett auf keinen Fall auf den Boden stellen. Allzu leicht wird es umgestoßen und verursacht gefährliche Brandwunden.*

PFANNENRÜHREN

Bei mäßiger Wärmezufuhr wird das Gargut gleichmäßig angebraten und nur kurz gegart. Gemüse und Fleisch bleiben saftig und aromatisch und haben »Biß«, d. h. sie sind nicht ganz weich gegart. Typisch ist das Pfannenrühren für das Garen im Wok.
Anwendung: für zartes, in feine Streifen geschnittenes Fleisch und Gemüse.

GAREN IN ALUMINIUMFOLIE

Garen in Folie kann man im Backrohr, in kochendem Wasser, auf der Kochplatte, im heißen Dampf oder unter dem Grill bzw. auf dem Grillrost. Es hat den Vorteil, daß der Saft des Gargutes nicht verdampft. Das Lebensmittel gart im eigenen Saft. Es fällt wenig Geschirr an, der Herd wird kaum verschmutzt, und das Gericht kann in der Folie serviert werden. Allerdings wird durch die längere Garzeit mehr Energie verbraucht, und es fällt Müll an.
Foliengegarte Lebensmittel sind besonders leicht verdaulich, und der arteigene Geschmack und das Aroma bleiben bestens erhalten. Zudem ist Alufolie so dicht, daß Geruch und Geschmack des verpackten Lebensmittels nicht übertragen werden.
Anwendung: Gemüse, Obst, Kartoffeln, portioniertes Fleisch und Geflügel, Fisch.

Praktische Hinweise:

- *Zum Foliengaren dickere Folien verwenden, dünne reißen sehr leicht ein.*
- *Folie nicht zu knapp abreißen, damit das Gargut locker eingeschlagen werden kann.*
- *Gargut in die Mitte der Folie legen. Nicht mehr als zwei Portionen auf jedes Folienstück legen.*

- *Beim Garen im Backrohr Päckchen in den gut vorgeheizten (250 °C) Herd geben. Wegen des hohen Energieaufwandes sollte man nur größere Mengen im Backrohr garen.*

GAREN IM BRATBEUTEL (BRATSCHLAUCH)

Garen im Bratbeutel ist ebenfalls eine sehr nähr- und geschmacksstoffschonende Zubereitungsart. Im Bratbeutel gegarte Speisen sind leicht verdaulich und sehr aromatisch. Da sie im eigenen Saft garen, sind sie sehr fettarm. Zudem wird Küchendunst vermieden, der Backofen bleibt sauber.
Anwendung: Fleisch, Geflügel, Gemüse, Fisch, Eintöpfe, Kartoffeln.

Praktische Hinweise:

- *Beschreibung der jeweiligen Bratfolie genau beachten.*
- *Achtung: Backrohr nicht heißer einstellen als angegeben. Bei höheren Temperaturen schmilzt der Beutel und legt sich als Schicht auf das Lebensmittel! Normalerweise sollte eine Temperatur von 200 °C oder Gasstufe III nicht überschritten werden. Bratbeutel auf keinen Fall unter den eingeschalteten Grill legen.*
- *Gargut in den Bratbeutel einlegen, Beutel mit beigelegtem Clip locker verschließen. Beutel groß genug bemessen.*
- *Bratbeutel an der Oberseite einige Male einstechen, damit Wasserdampf entweichen kann und der Beutel nicht platzt.*
- *Beutel auf den Rost im kalten Backrohr legen, nicht in einen Topf; die Temperatur am Topfboden wird zu hoch, der Beutel würde schmelzen.*
- *Der Bratbeutel darf die Backofenwand nicht berühren, sonst schmilzt er.*
- *Nach Belieben den Beutel gegen Ende der Garzeit aufschneiden und das Gargut leicht bräunen lassen.*
- *Im Bratbeutel gegarte Lebensmittel zum Einfrieren mit dem Beutel in Gefriertüte geben und bei Bedarf im Bratbeutel wieder erhitzen.*

GAREN IM DAMPFDRUCKTOPF

Dampfdrucktöpfe und -pfannen sind hermetisch verschließbare Töpfe mit Ventilen. Beim Druckgaren sind die Garzeiten deutlich kürzer (um 50 bis 75 %), da bei hohem Druck höhere Temperaturen im Topf erreicht werden.
Durch die Zeitersparnis kann auch eine Energieeinsparung von bis zu 50 % erreicht werden. Besonders vorteilhaft ist der Einsatz eines Dampfdrucktopfes bei Lebensmitteln mit langer Garzeit.

Durch die kurze Erhitzungsdauer bleiben Geschmack und Aroma der Speisen sehr gut erhalten. Die Nährstoff- und Vitamingehalte druckgegarter Lebensmittel sind nicht wesentlich anders als bei herkömmlichen Garmethoden.
Anwendung: Fleisch, Geflügel, Kartoffeln, Gemüse, Eintöpfe, Hülsenfrüchte.

Praktische Hinweise:

- *Die Gebrauchsanweisung genau beachten.*
- *Garzeiten, wie sie in der Anleitung angegeben sind, genau einhalten. Daran denken, daß die Speisen im heißen Topf auch neben der Herdplatte nachgaren.*
- *Bevor der Deckel geschlossen wird, den Topfrand sauber abwischen, so daß er fettfrei ist. Nur dann schließt der Gummi dicht ab.*
- *Lebensmittel nur dann gemeinsam garen, wenn sie etwa gleiche Garzeiten haben.*
- *Dampfdrucktopf nie mit Gewalt öffnen.*
- *Der Geschmack von Gemüse bleibt sehr gut erhalten, wenn es auf dem Siebeinsatz gegart wird.*

GAREN IM MIKROWELLENGERÄT

Das Garen im Mikrowellengerät hat viele Vorteile:
- Fettloses Garen ist möglich.
- Nur wenig Wasser ist notwendig.
- Sehr kurze Garzeiten bei kleinen Portionen.
- Nährstoff- und vitaminschonende Garmethode.
- Eigengeschmack und Farbe der Lebensmittel bleiben erhalten.

Einsatz des Mikrowellengerätes beim Garen

Gut geeignete Speisen	Weniger gut geeignete Speisen
Gerichte, bei denen Krustenbildung nicht unbedingt erforderlich oder gewünscht ist	Gerichte, bei denen Krustenbildung erwünscht ist
Gemüsegerichte und Eintöpfe	Pfannengerichte wie panierte Schnitzel, Bratwürste, Omeletts
Fischgerichte	Backwaren
Hackfleisch, Frikassee, Geschnetzeltes	Eier in der Schale
Suppen, Soßen	
Puddings, Süßspeisen, Kompott	

Die Garzeit einzelner Speisen in der Mikrowelle ist sehr unterschiedlich. Sie hängt z.T. von der Leistung des Gerätes ab. Hersteller- bzw. Rezeptangaben sind zu beachten, allmählich sammelt man auch Erfahrungswerte. Grundsätzlich sollte die Garzeit knapp eingestellt werden, weil bereits bei kurzem »Überziehen« der Garzeit die Lebensmittel zerkochen. Erhöht man die Menge, gilt die Faustregel: doppelte Menge – doppelte Garzeit.

Praktische Hinweise:

- *Lebensmittel mit fester Haut oder Schale vor dem Garen mehrmals einstechen, damit sie nicht aufplatzen.*
- *Flache Speisen garen schneller als dicke, deshalb z. B. Aufläufe gleichmäßig in der Form verteilen.*
- *Die Wärme verteilt sich gleichmäßiger, wenn die Speisen gelegentlich umgerührt werden.*
- *Speisen, die abgedeckt werden, garen schneller und gleichmäßiger.*

1.4. Geräte für die Nahrungszubereitung

Töpfe

Wer Töpfe kaufen will, hat es nicht leicht. Das Angebot ist fast unübersehbar, und die Preisunterschiede sind groß. Das erste Merkmal, nämlich die Größe des Topfes, muß die Hausfrau selber wissen. Weite, große Töpfe verwendet man zum Kochen von Konfitüre oder auch zum Ziehenlassen von Klößen. Hohe Töpfe werden für die Zubereitung von Gemüse oder gekochtem Fleisch verwendet, kleine Töpfe für Soßen oder kleine Portionen. Ob die Anschaffung von speziellen Töpfen, z. B. Spargeltopf, Fischtopf, Pastatopf (mit Siebeinsatz) sinnvoll ist, ergibt sich aus den jeweiligen Eßgewohnheiten.
Da Töpfe häufig verwendet werden und eine lange Lebensdauer haben sollen, lohnt es sich, vor dem Kauf genau zu überlegen, aus welchem Material der Topf sein soll und welche Eigenschaften dieses Material hat.

TOPFMATERIAL

Edelstahl
- Hochwertiger Stahl, der durch Zusatz von Chrom, Mangan oder Nickel rostfrei ist.
- Fast unbegrenzt haltbar, stoß-, schlag- und säurefest.
- Leicht zu reinigen. Spülmittellauge oder schäumende Schwämmchen garantieren eine glänzende Oberfläche. Edelstahlgeschirr ohne Dekor ist spülmaschinenfest. Kalkablagerungen auf Edelstahl können problemlos mit heißer Essiglösung abgerieben werden.

❑ Die Wärmeleitfähigkeit ist verhältnismäßig schlecht. Zur besseren Wärmeverteilung haben deshalb Edelstahltöpfe meist einen Sandwich- oder Kompensboden.

❑ Hoher Anschaffungspreis, aber auch sehr lange Nutzungsdauer.

❑ Edelstahltöpfe können auch im Backofen verwendet werden, allerdings müssen sie dann hitzebeständige Griffe und Deckelknöpfe haben.

❑ Nur dann für Induktionskochplatten geeignet, wenn der Topf einen magnetischen Boden hat; das ist leicht zu testen: ein Magnet bleibt haften.

Emaillierter Stahl

❑ Email kann durch falsche Pflege Schadstellen bekommen oder abplatzen. Dann kann sich Rost ansetzen, und die Speisen brennen leicht an.

❑ Besonders haltbar ist schwarzes Emailgeschirr mit kobaltblauer Innenglasur. Helle Emailfarben und buntes Dekor sind weniger gut haltbar. Dunkle Innenglasur bringt gute Bratergebnisse.

❑ Der Kochtopfrand muß gut verarbeitet sein, sonst platzt an diesen Stellen das Email schnell ab. Stoßsicher ist ein aufgeklemmter Metallring. Dieser hat aber den Nachteil, daß sich Wasser und Speisereste zwischen Topfrand und Ring absetzen können. Sehr haltbar ist ein fugenlos verchromter Rand.

❑ Gute Wärmeleitfähigkeit, die Töpfe werden schnell warm und halten die Wärme sehr gut.

❑ Glatte Oberfläche, deshalb leicht zu pflegen.

❑ Emaillierte Griffe nehmen die Wärme sehr schnell auf, vorteilhaft sind daher backofenfeste Kunststoffgriffe.

❑ Geeignet für Induktionskochplatten.

❑ Töpfe mit nichtemailliertem Boden nach dem Spülen sofort aus der Spülmaschine nehmen, damit sich kein Rost ansetzt.

❑ Sehr beständig gegen Temperaturschwankungen, z. B. wenn in einen heißen Topf kaltes Wasser gegossen wird.

Silargan

Silargan ist eine Glaskeramikoberfläche auf einem Kern aus Stahl; beides ist miteinander verschmolzen. Die Oberfläche ist sehr glatt und daher gut zu reinigen. Durch die harte Oberfläche ist das Material sehr widerstandsfähig, auch gegen mechanische Einflüsse. Kochtöpfe aus diesem Material können auch auf Induktionskochplatten verwendet werden.

Gußeisen

❑ Sehr schwer.

❑ Lange haltbar, aber nicht schlagfest.

❑ Unbehandelt ist es rostanfällig, mit einer Emaillierung ist es leicht zu pflegen.

❑ Sehr gute Wärmeverteilung und Wärmespeicherung, deshalb gut geeignet zum Schmoren und Braten.

❑ Nicht in der Spülmaschine reinigen, sondern mit Spülmittellauge, damit ein leichter Fettfilm zurückbleibt. So rostet der Topf nicht. Emailliertes Gußeisengeschirr eignet sich auch zum Spülen in der Maschine.

❑ Nachtrocknen von gußeisernen Töpfen im Backrohr verhindert, daß sich an schwer zugänglichen Stellen Rost bildet.

❑ Teuer.

❑ Geeignet für Induktionsherde.

Aluminium

❑ Geringes Gewicht.

❑ Sehr gute Wärmeleitfähigkeit.

❑ Auf die Dauer bewähren sich nur Töpfe aus dickem Material mit verstärktem Boden. Dünne Töpfe verbeulen schnell.

❑ Unbeschichtetes Aluminiumgeschirr läuft leicht graufleckig an. Eloxiertes Aluminium ist leichter zu pflegen, darf aber nicht gescheuert werden.

❑ Aluminiumtöpfe, die dunkel angelaufen sind, werden durch Auskochen mit Essigwasser wieder hell.

Kupfer

❑ Sehr gute Wärmeleitfähigkeit.

❑ Kupfer reagiert mit Säuren aus Lebensmitteln, deshalb müssen Kupfertöpfe innen geschützt sein, z. B. mit einer Schicht aus Edelstahl oder Nickel.

❑ Kupfer läuft sehr schnell an. Dann sieht man an der glänzenden Oberfläche Fingerabdrücke und Wassertropfen. Deshalb sind Kupfertöpfe aufwendig in der Pflege.

❑ Sehr teuer.

Feuerfestes Glas-, Keramik- und Porzellangeschirr

❑ Schlechte Wärmeleitfähigkeit.

❑ Sehr empfindlich gegenüber Temperaturschwankungen, vor allem von heiß nach kalt. So springen Glasformen leicht, wenn z. B. mit kaltem Wasser aufgegossen wird.

❑ Gut geeignet zum Garen im Backrohr oder im Mikrowellengerät.

❑ Kein eigenes Serviergeschirr notwendig, dadurch bleiben die gegarten Lebensmittel länger heiß.

❑ Speisen brennen leichter an als in Metalltöpfen.

Beschichtetes Kochgeschirr

Beschichtetes Kochgeschirr ist mit einer Antihaftschicht ausgestattet (Polytetrafluoräthylen = PTFE). Dieses Material wird auf Aluminium, Edelstahl oder angerauhtes Emaillgeschirr aufgetragen. In den Handel kommt beschichtetes Geschirr unter verschiedenen Markennamen, z. B. »Teflon«, »Hostaflen«, »Silverstone«.

❏ Speisen brennen nicht an.
❏ Es kann fettlos gegart werden.
❏ Pfannen und Töpfe sind leicht zu reinigen.
❏ Die Beschichtung ist sehr empfindlich, wenn mit harten, scharfen Gegenständen hantiert wird. Deshalb sind Messer, Metallschaber und Bratenwender sowie Gabeln ungeeignet. Plastikschaber und Holzlöffel können der Beschichtung nichts anhaben.
❏ Vorsicht beim Spülen. Nicht mit Metallreibern, harten Bürsten, Scheuerpulver oder Stahlwolle arbeiten, sondern mit Spülmittellauge und weicher Bürste.
❏ Vor der ersten Benutzung unbedingt gut spülen und anschließend mit wenig Öl auspinseln.

Wichtiger Hinweis:

■ *Immer wieder taucht die Frage auf, ob Antihaftbeschichtungen gesundheitsschädlich sind. Nur bei Überhitzung können giftige Dämpfe entstehen. Zu Überhitzung kann es kommen, wenn das Gargeschirr leer erhitzt wird oder nur zum Teil von Gargut bedeckt ist. Auch beschädigte, verkratzte Pfannen und Töpfe sollten nicht mehr verwendet werden, da sich kleine Partikel der Beschichtung ablösen könnten. Die Antihaftwirkung ist bei einem verkratzten Topfboden ohnehin nicht mehr gegeben.*

TOPFBÖDEN

Für wirtschaftliches, energiesparendes Garen ist der Topfboden ausschlaggebend. Beim Kauf eines Topfes lohnt es sich, auf die Qualität des Topfbodens zu achten. Ein höherer Preis macht sich im täglichen Gebrauch schnell bezahlt, weil Energiekosten gespart werden können. Gute Topfböden leiten auch die Wärme gut, verbeulen nicht und haben am Boden eine ganz leichte Innenwölbung.

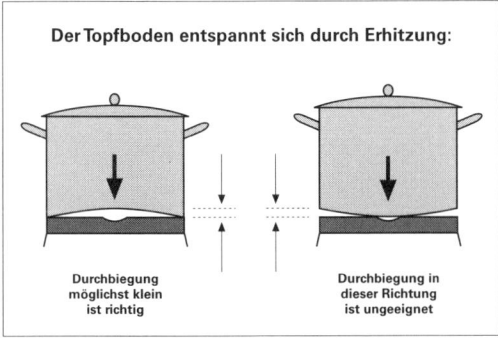

Wölbung von Topfböden

Bodenbeschaffenheit

Die Energie aus der Herdplatte kann nur dann optimal auf den Topfboden übergehen, wenn dieser eben auf der Platte aufliegt. Das kann er nur, wenn der Topfboden im kalten Zustand leicht nach innen gewölbt ist, denn während des Erwärmens dehnt sich das Metall aus, der Boden wölbt sich nach unten.

Die Ausdehnung des Kochtopfes darf jedoch nicht überschätzt werden; die Innenwölbung darf z. B. bei einem Topf mit 20 cm Durchmesser maximal 1 mm betragen. Diese Wölbung ist mit bloßem Auge nicht feststellbar, sondern nur an einer geraden Kante oder einem Lineal.

Besonders wichtig ist die Beschaffenheit des Bodens bei Elektro- und Glaskeramikplatten. Aber auch bei Gas ist ein ebener Topfboden erwünscht, damit z. B. erhitztes Fett nicht in der Topfmitte zusammenläuft und ungleichmäßig bräunt.

Bodendicke

Für die Haltbarkeit eines Topfes ist die Bodendicke entscheidend.

Böden mit einer Dicke von weniger als 1,5 mm sind ungeeignet, weil sich bei Hitzeeinwirkung der Boden schnell verziehen kann.

Gute Töpfe haben eine Bodendicke von 2 bis 4 mm. Wichtiger Anhaltspunkt beim Topfkauf ist das DIN-Zeichen. Es gibt an, daß der Boden DIN-geprüft ist. Fehlt das Zeichen, muß man sich auf das Augenmaß verlassen und die Dicke des Bodens schätzen (Gewicht des Topfes!).

Sandwich- oder Kompensböden

Sandwichböden gibt es bei Edelstahltöpfen; sie sind aus verschiedenen Schichten aufgebaut.

Sinn dieser Schichten ist es, die schlechte Wärmeleitfähigkeit und vor allem Wärmeverteilung von Edelstahl zu verbessern. Kupfer und Aluminium leiten die Wärme sehr gut und verteilen sie auch gleichmäßig über den Topfboden, so kann gleichmäßig erhitzt werden.

Dies ist besonders wichtig beim Braten, Dünsten, Schmoren. Werden Lebensmittel gekocht, fällt die ungleichmäßige Wärmeverteilung nicht auf. Deshalb ist ein Sandwichboden bei einem Wasserkessel überflüssig.

Sandwichböden haben den großen Vorteil, daß mit diesen Töpfen wasserarm gegart werden kann, d. h. kein Wasser zugegeben werden muß. Der Topf wird leer erhitzt, das Gargut tropfnaß in den heißen Topf gegeben, sofort zugedeckt mit einem dicht schließenden Deckel und die Energiezufuhr gedrosselt. Das Gargut legt sich nicht an, wenn während der Garzeit der Deckel nicht geöffnet wird und kein Wasserdampf entweichen kann.

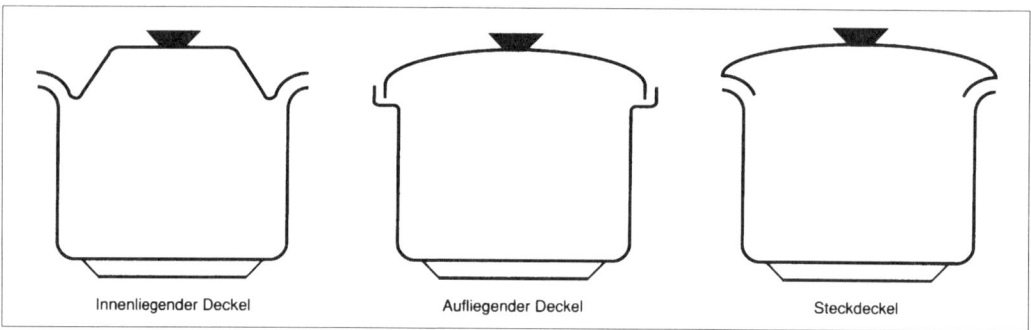

Innenliegender Deckel   Aufliegender Deckel   Steckdeckel

Deckelvarianten

Praktische Hinweise:

- *Sandwichböden helfen, Energie zu sparen, weil sie dicker sind als »normale« Böden und die Hitze gut speichern.*
- *Mit dem Vorteil des wasserarmen Garens werben vor allem Hersteller sehr teurer Edelstahltöpfe. Diese teuren Töpfe sind nicht notwendig, auch in billigeren kann wasserarm gegart werden; entscheidend ist die richtige Vorgehensweise.*

Größe des Topfbodens

Der Topfboden sollte so groß sein wie die Kochplatte oder etwas größer, keinesfalls aber kleiner. Bei zu kleinen Töpfen geht die Energie verloren, außerdem leidet der ungenutzte Kochplattenrand (bei herkömmlichen Kochplatten).

Bei der Angabe des Topfdurchmessers ist darauf zu achten, daß es sich um den Durchmesser des Bodens handelt und nicht um den Außendurchmesser des Topfes am oberen Rand.

TOPFDECKEL

Deckel müssen gut schließen, damit möglichst wenig Wasserdampf entweicht, wenig Energie verlorengeht und der Garvorgang nicht unnötig verzögert wird.

Aufliegende Deckel sind glatt und daher leicht zu reinigen, allerdings schließen sie nicht immer dicht ab.

Innenliegende Deckel klappern beim Kochen leicht. In der Rinne, in der der Deckel liegt, sammelt sich Kondenswasser.

Einsteckdeckel (Zargendeckel) schließen gut. Für wasserarmes Garen sind sie notwendig, weil sie bei richtiger Energiezufuhr keinen Wasserdampf entweichen lassen.

Praktischer Hinweis:

- *Glasdeckel haben den Vorteil, daß das Gargut beobachtet werden kann, ohne den Deckel zu lüften. Sie sind jedoch verhältnismäßig teuer und nicht bruchsicher.*

SCHÜTTRAND

Ein scharfkantiger Schüttrand sorgt dafür, daß Flüssigkeiten sauber abgegossen werden können, ohne am Topf entlangzulaufen.

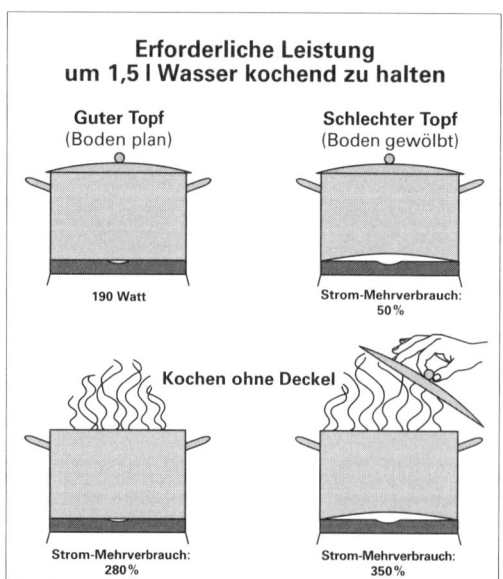

Erforderliche Leistung um 1,5 l Wasser kochend zu halten

Guter Topf (Boden plan) — 190 Watt

Schlechter Topf (Boden gewölbt) — Strom-Mehrverbrauch: 50%

Kochen ohne Deckel

Strom-Mehrverbrauch: 280%

Strom-Mehrverbrauch: 350%

Richtige Töpfe sparen Strom

Topf mit Schüttrand

GRIFFE

Griffe (ebenso der Deckelknopf) sollten nicht wärmeleitend, hitzebeständig und spülmaschinengeeignet sein. Holzgriffe werden zwar nicht heiß, vertragen jedoch weder Backofen noch Spülmaschine auf die Dauer. Kunststoffgriffe sind oft den hohen Temperaturen im Backrohr nicht gewachsen, deshalb immer auf den Zusatz »backofenfest« achten! Edelstahlgriffe sind gut geeignet, weil sie die Wärme schlecht leiten und Hitze vertragen.

Wichtig ist bei den Griffen auch die richtige Größe, damit der Topf sicher gehalten werden kann. Günstig ist auch ein Fingerschutz, damit man mit den Fingern den heißen Topf nicht berührt.

Praktisch sind auswechselbare Griffe; die Schrauben sollten aber an der Innenseite des Topfes nicht sichtbar sein und außen so weit in den Griff versenkt sein, daß man mit den Fingern nicht die heißen Schrauben berühren kann. Keine Befestigungsprobleme gibt es bei Gußeisentöpfen, weil hier Griffe und Topf aus einem Stück sind.

Pfannen

Bei Pfannen gelten im wesentlichen die gleichen Kriterien wie bei Kochtöpfen. Ein passender Deckel zur Pfanne ist praktisch, weil sie dann vielseitiger eingesetzt werden kann. Der Deckel sollte hochgewölbt sein bzw. ein Dampfabzugsloch haben, damit kondensierender Dampf seitlich ablaufen bzw. entweichen kann.

Wie viele Töpfe und Pfannen sind notwendig?

Diese Frage läßt sich nicht pauschal beantworten. Die Zahl und Größe der Töpfe hängt hauptsächlich ab von der Zahl der Haushaltsmitglieder, den Eßgewohnheiten und der Art des vorhandenen Herdes (Induktionskochplatten, Mikrowelle, Gas).

Vorschlag für die Kochtopfausstattung eines 4-Personen-Haushaltes

Topfart	Inhalt in Liter
Mindestbedarf	
1 Stieltopf	1,5
1 Fleischtopf	3
1 Suppentopf	5
1 Nudeltopf	3,5
1 Gemüsetopf	2
1 Topf	2,5
1 Bräter	–
2 Pfannen	–
1 Milchtopf	1,5
Gute Ausstattung zusätzlich:	
1 Fleischtopf	6
1 Gemüsetopf	9
1 Schnellkochtopf	5

Dampfdrucktöpfe

Bei Dampfdrucktöpfen scheiden sich die Geister der Hausfrauen. Die einen loben ihn in höchsten Tönen, den anderen ist er nicht geheuer.

Vorteile:
◻ Energieersparnis bis zu 50 % (v. a. bei Speisen mit langer Garzeit)
◻ Zeitersparnis
◻ Wenig Kochdünste in der Küche

Nachteile:
◻ Hoher Anschaffungspreis
◻ Kochzeiten müssen sehr genau eingehalten werden.
◻ Aufwendige Reinigung des Topfes
◻ Beobachtung des Gargutes nicht möglich; neue Dampfdrucktöpfe haben einen Deckel mit Sichtfenster. Eine Beobachtung des Garvorgangs ist trotzdem schwierig, weil es von innen mit Feuchtigkeit und Dampf beschlagen ist.

Angst braucht man vor dem Dampfdrucktopf nicht zu haben, denn verschiedene Sicherheitseinrichtungen verhindern, daß gefährlicher Überdruck im Topf entsteht. Auch bei unsachgemäßem Hantieren sind Unfälle ausgeschlossen. Wer auf Nummer Sicher gehen will, sollte beim Kauf auf das DIN-Zeichen achten; es bietet die Gewähr, daß der Topf auf seine Sicherheit hin überprüft wurde.

Ob man sich einen Topf aus Aluminium, Edelstahl oder emailliertem Stahl kauft, ist eine Geschmacksfrage. Edelstahltöpfe sind unverwüstlich, Aluminiumtöpfe sind leicht, laufen aber schnell an, bei emaillierten Stahltöpfen besteht die Gefahr, daß das Email abplatzt.

Die Größe des Topfes ist nicht nebensächlich, gerade bei einem kleinen Haushalt kann ein zu großer Dampfdrucktopf die Energieeinsparung deutlich vermindern.

Praktische Hinweise:

■ *Manche Dampfdrucktöpfe lassen sich schwer öffnen und schließen; diesen Mechanismus kann man schon beim Kauf prüfen.*
■ *Gebrauchsanweisung beachten.*
■ *Topf nie ganz füllen, aufkochendes Gargut könnte die Ventile verstopfen.*
■ *Nicht zuwenig Flüssigkeit in den Topf geben, z. B. beim Dämpfen, sonst kann sich weder Dampf noch Druck bilden.*
■ *Vor dem Schließen des Topfes den Rand sauber abwischen und abtrocknen. Verunreinigungen führen dazu, daß der Gummiring nicht mehr dicht schließt und Dampf entweichen kann.*
■ *Dampfdrucktopf nie mit Gewalt öffnen!*

- *Dichtungsring und Ventil mit heißem, klarem Wasser spülen und luftig aufbewahren.*
- *Mit einem Zusatzdeckel kann der Dampfdrucktopf auch für »normales« Kochen verwendet werden; der hohe Anschaffungspreis lohnt sich dann eher.*

Tontopf

Das Garen im Tontopf ist sehr alt. Da die Lebensmittel im Tontopf sehr schonend gegart werden, ist diese Zubereitungsart in den letzten Jahren wieder beliebter geworden.

Der Topf besteht aus unglasiertem Ton, er wird vor dem Garen in Wasser gelegt. Die angesaugte Flüssigkeit wird während des Garens abgegeben und schützt so das Gargut vor dem Austrocknen. Im Tontopf kann nur im Backrohr gegart werden. Geeignet sind fast alle Gerichte, z. B. Fisch, Fleisch, Geflügel, Eintöpfe, auch Süßspeisen.

Er hat den Vorteil, daß man darin ohne Fett und zusätzliches Wasser, also auch ohne Aufgießen und Beobachten des Bratens die Lebensmittel im eigenen Saft garen kann. So bleibt der typische Geschmack erhalten, und die Speisen sind bekömmlich.

Günstig ist auch, daß bei der Verwendung des Tontopfes das Backrohr nicht verschmutzt; allerdings ist die Garzeit etwas länger und der Energieverbrauch höher als beim herkömmlichen Braten.

Praktische Hinweise:

- *Vor dem Gebrauch die ganze Form in Wasser legen.*
- *Den Tontopf in das kalte Backrohr stellen, erst dann den Ofen einheizen.*
- *Nur im geschlossenen Topf garen. Soll sich eine Kruste bilden, etwa 15 Minuten vor Ende der Garzeit den Deckel abnehmen.*
- *Tontopf nur mit heißem Wasser reinigen, Spülmittel könnte sich nachteilig auf den Geschmack der Speisen auswirken.*

Backformen

Das Angebot an Backformen ist sehr vielfältig, von der Form wie vom Material. Nicht jede Backform ist für jeden Herd und jede Teigart geeignet. Siehe Tabelle unten auf dieser Seite.

Kleine Küchengeräte

Bei Geräten, die täglich gebraucht werden, sollte die gute Qualität, nicht der Preis im Vordergrund stehen. Weitere Kriterien sind die Form und Handhabung. Sie müssen gut in der Hand liegen und leicht zu handhaben sein. An scharfen Kanten und Ecken kann man sich leicht verletzen. Wichtig ist auch, daß sich das Gerät leicht reinigen läßt.

Material und Eigenschaften von Backformen

Material	Eigenschaften
Schwarzblech	Gute Backeigenschaften. Sehr gut geeignet für Elektroherde, aber auch Gasherde. Gebäck bräunt gut und gleichmäßig.
Weißblech	Billiger als Schwarzblech, jedoch nicht gut geeignet für Elektroherde. Da ein Teil der Hitze wieder abgestrahlt wird, bräunt der Kuchen vor allem an der Unterseite schlecht. Weißblechformen sind gut geeignet für Gasherde.
Aluminium	Matte Aluminiumformen nehmen die Hitze gut auf und geben sie rasch weiter. Gebäck bräunt gleichmäßig. Für Elektro- und Gasherde geeignet. Ähnlich verhalten sich aluminiumbeschichtete Formen.
Verzinntes Kupfer	Hervorragende Backeigenschaften in allen Herden, jedoch sehr teuer und aufwendig zu pflegen.
Steingut	Für alle Herde geeignet. Gute Backeigenschaften, jedoch längere Backdauer. Steingutformen nehmen die Hitze langsam auf und geben sie langsam ab, deshalb Nachwärme der Form ausnutzen. Besonders gut für schwere, fettreiche Hefe- und Rührteige.
Tonformen	Ähnliche Eigenschaften wie Steingut, jedoch mehr für Brot und Hefeteig geeignet als für süße Teigarten. Vor Verwendung die Form einige Minuten in Wasser legen.
Alu-Einwegformen	Für alle Herdarten geeignet, aber Backzeit etwas länger. Arbeitssparend, ermöglichen es, aus einer Teigmenge mehrere kleine Kuchen zu backen. Auf die Dauer teuer und nicht umweltfreundlich.
Beschichtete Formen	Sehr gute Backeigenschaften, allerdings hoher Anschaffungspreis. Beschichtung verkratzt leicht.
Silikon	Gute Backeigenschaften. Für alle Herde und Teigarten geeignet, auch für die Mikrowelle; platzsparend; gut zu reinigen; nicht schnittfest, also nur für Gebäcke verwenden, die aus der Form gestürzt werden; relativ teuer; keine Rückstandsbelastung.

GEFLÜGELSCHEREN

Geflügelscheren gibt es in sehr unterschiedlichen Qualitäten und Preisen. Im wesentlichen gibt es drei Herstellungsarten:

▫ geschmiedet aus Scherenstahl, vernickelt oder verchromt, manchmal mit Horn- oder Edelholzgriffen,

▫ geschmiedet aus rostfreiem Stahl oder einer Spezialstahllegierung,

▫ gestanzt aus rostfreiem Klingenstahl mit Kunststoffgriffen.

Am teuersten sind Scheren, die aus rostfreiem Stahl geschmiedet sind. Jedoch gibt es auch bei den anderen Arten gute Qualitäten, die dann aber auch nicht billig sind.

Ganz allgemein ist einem größeren Werkzeug immer der Vorzug zu geben, weil es am kraftsparendsten eingesetzt werden kann.

Wer eine Geflügelschere kauft, sollte nicht nur auf den Preis achten, sondern auch die einzelnen Teile der Schere genau unter die Lupe nehmen:

▫ Eine Schneide sollte gezähnt sein, das erleichtert das Schneiden.

▫ Ein Knochenbrecher ist unverzichtbar. Das ist die Mulde an einer Schneide, nahe am Gelenk.

▫ Die Feder sollte herausnehmbar sein. Das erleichtert das Reinigen. Ausgeleierte Federn können ersetzt werden. Modelle, bei denen man die Feder nicht sieht, müssen zum Federwechsel zum Hersteller eingeschickt werden.

▫ Scheren, deren Hälften zusammengeschraubt sind, sind besser als genietete.

▫ Die Griffe sollten hinten offen sein.

▫ Die Sperre stört weniger, wenn sie nicht an den Griffenden sitzt, sondern in der Nähe des Gelenks.

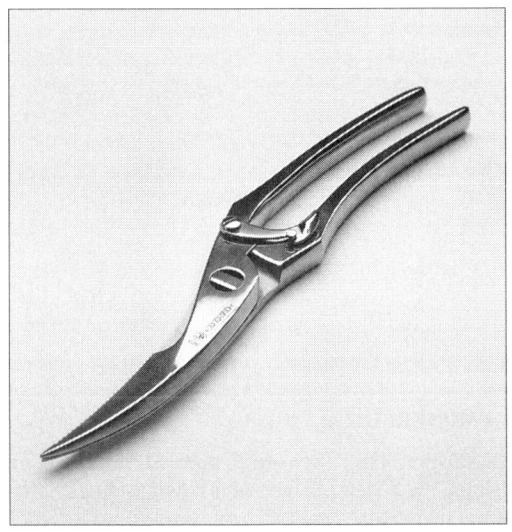

Geflügelschere

▫ Geflügelschere beim Kauf testen, ob sie gut in der Hand liegt.

▫ Kunststoffgriffe sollten angerauht sein und einen Fingerschutz haben, denn mit nassen oder fettigen Händen rutscht man auf Kunststoff leicht ab.

▫ Bei billigen Scheren mit Kunststoffgriffen kann es vorkommen, daß das Metall nur einige Zentimeter in den Griff hineinragt. Dann kann der Griff bei großem Kraftaufwand abbrechen.

SCHNEIDBRETTER

Schneidbretter sind ideale Brutstätten für Keime, weil die feinen Ritzen, die durch das Schneiden entstehen, nur unvollständig gereinigt werden können. Besonders problematisch sind Schneidbretter aus Holz, weil ihre Oberfläche verhältnismäßig weich ist und daher schnell zerklüftet. Wählen Sie Bretter aus Kiefer, Eiche und Lärche. Diese Hölzer haben keimhemmende Wirkung, d. h., Bakterien sterben zum Teil ab.

Holzbretter haben außerdem den Nachteil, daß sie nicht spülmaschinengeeignet sind. Bei langem Liegen in Wasser quellen sie auf. Außerdem nehmen sie den Geschmack von Lebensmitteln leicht und dauerhaft an, z. B. von Zwiebeln. Auch Gemüsesaft dringt schnell ein und verfärbt die Oberfläche.

Kunststoffbretter haben eine härtere Oberfläche und sind glatt. Sie nehmen keine Feuchtigkeit auf, können aber ebenfalls zerkratzt oder zerschnitten werden, sind jedoch im Gegensatz zu Holz nicht antibakteriell. Kunststoffbretter sind spülmaschinengeeignet.

Marmorbretter bieten Keimen keine Nistplätze, allerdings nimmt die harte Oberfläche Messern die Schärfe. Zudem sind Marmorbretter schwer und zerbrechlich.

Praktische Hinweise:

■ *Damit Schneidbretter während des Gebrauchs nicht wegrutschen, feuchten Lappen unterlegen oder Bretter mit Gumminoppen kaufen.*

■ *Günstig bei Schneidbrettern ist eine Saftrille.*

FLEISCHGABELN

Sie sollten möglichst groß und zweizinkig sein. Große Gabeln liegen besser und sicherer in der Hand und erleichtern das Festhalten des Fleischstückes.

SCHÄLER

Es gibt sie in unterschiedlichen Ausführungen. In der Handhabung sind Pendelschäler sehr gut, allerdings schälen sie etwas dicker als Schäler mit feststehender Klinge. Diese haben auch den Vorteil, daß die Spitze gut ausgearbeitet ist, z. B. zum Ausstechen von Augen aus Kartoffeln. Für Linkshänder gibt es übrigens extra Schäler.

MESSBECHER

Es gibt sie in sehr unterschiedlichen Ausführungen. Durchsichtige Meßbecher sind zwar leicht und billig, sie zerbrechen jedoch schnell und vertragen keine Hitze, wenn sie z. B. versehentlich auf den heißen Herd gestellt werden. Meßbecher aus lackiertem Stahlblech vertragen Stoß und Wärme, die Lackierung löst sich jedoch mit der Zeit. Es kann sich Rost ansetzen. Teuer, aber unverwüstlich und sehr hygienisch sind Meßbecher aus Edelstahl. Sie haben lediglich den Nachteil, daß die Einteilung manchmal schwer abzulesen ist.

MESSER

Sorgfältige Auswahl qualitativ hochwertiger Messer macht sich bezahlt. Der oberste Grundsatz lautet: für jeden Zweck das richtige Messer.
Daran erkennt man ein gutes Messer:
- Die Klinge ist sorgfältig geschliffen und verjüngt sich vom Rücken zur Schneide hin.
- Der Rücken ist verhältnismäßig stark. Messer mit schwachem Rücken brechen leicht ab.
- Die Klinge ist gut gehärtet, wenn sie sich nicht dauerhaft verbiegen läßt. Sie federt elastisch in die Ausgangsstellung zurück.
- Die Klinge ist durchgehend aus rostfreiem Stahl, also auch im Griff.
- Das Messer liegt gut in der Hand.
- Der Griff muß so geformt sein, daß ein Abrutschen der Hand zur Klinge hin vermieden wird.
- Griff und Klinge gehen fugenlos ineinander über. So können sich Lebensmittelreste nicht festsetzen.

Messer mit Abrutschschutz

Folgende Messer gehören in jeden Haushalt:
- Sägemesser zum Schneiden von Brot und Tomaten.
- Wellenschliffmesser (Buntmesser) für weiche Lebensmittel, vor allem gekochte Gemüse, z. B. Möhren, Sellerie.
- Kleine Messer mit guter Spitze, z. B. zum Schälen von gekochten Kartoffeln oder zum Putzen von Gemüse.

Verschiedene Messer samt Wetzstahl

- Großes Kochmesser zum Schneiden von rohem Fleisch, vor allem aber zum Hacken und Zerkleinern von Zwiebeln, Kräutern und Gewürzen.
- Tranchiermesser: es hat eine schmale, glatte Klinge mit einer Länge von mindestens 25 cm.

Praktischer Hinweis:

- *Im Gegensatz zum Eßbesteck kommt es auch bei hochwertigen Küchenmessern vor, daß sie Rost ansetzen, wenn sie in der Spülmaschine gereinigt werden. Es handelt sich um Flugrost von anderen Gegenständen. Messerschmiedemeister raten, gute Messer von Hand zu spülen. Die großen Temperaturschwankungen in der Maschine schaden dem Klingenstahl und lassen die Messerklingen stumpf werden.*

KOCHLÖFFEL

Kochlöffel braucht man in der Küche in unterschiedlichen Größen, kleine jedoch öfter als große. Obwohl Kochlöffel billig sind, lohnt es sich, auf das Material zu achten. Ahornholz eignet sich gut, es splittert nicht und ist sehr hart.
Weil mit einem Kochlöffel auch die Ecken eines Topfes erreicht werden müssen, sollte er nicht rund, sondern eine Spitze ausgeformt sein.

BRATENWENDER

Bratenwender, die aus zwei Teilen bestehen und federnd zusammengefügt werden können, sind sehr praktisch, weil sie zugleich als Zange dienen können. Für beschichtete Pfannen braucht man Wender aus Holz oder solche mit einer Kante aus Kunststoff.

GEMÜSEREIBEN

Gemüsereiben sollen eine gute Standfestigkeit haben, die Schlitze sollen scharfkantig sein. Scharfe Kanten erleichtern das Reiben und verhindern, daß durch hohen Druck viel Saft austritt.

Der Bördelrand soll geschlossen sein, damit sich Speisereste nicht festsetzen können.

Flache Einzelreiben sind zwar leicht zu reinigen, haben aber keine gute Standfestigkeit. Kombinationen verschiedener Reiben in Kastenform haben einen guten Stand, sind jedoch schwieriger zu reinigen und brauchen mehr Platz.

SCHNEEBESEN

Ein Schneebesen soll leicht sein und aus nichtrostendem Stahl bestehen. Damit die Drahtschlaufen nicht durch gegenseitige Berührung schnell abreißen, sollen sie an der Spitze nicht aufeinanderliegen.

Günstig ist es, einen Schneebesen mit dünneren Schlaufen für Süßspeisen zu haben und einen mit stabileren Schlaufen für Soßen und Kartoffelbrei.

TEIGSCHABER UND TEIGKARTEN

Schaber sollen aus elastischem, aber nicht zu weichem Material bestehen, damit sie sich der Schüsselform gut anpassen.

Teigkarten müssen hart und widerstandsfähig sein. Sie sollen scharfe Kanten haben, damit bei Bedarf Teig auch abgestochen werden kann.

KORKENZIEHER

Glockenkorkenzieher sind einfach zu bedienen. Bei Hebelkorkenziehern ist darauf zu achten, daß die Spitze senkrecht nach unten geht; sie läßt sich leichter in den Korken drehen und verbiegt sich bei Zug nicht.

DOSENÖFFNER

Dosenöffner gibt es in verschiedenen Modellen. Wichtig sind einfache Bedienung und stabile Ausführung.

Elektrisch betriebene Dosenöffner sind eine teure Anschaffung, die zudem Energie verbraucht!

GURKENHOBEL

Hobel aus Holz sind zwar teurer als Plastikhobel, aber für größere Haushalte besser geeignet, weil sie robuster sind. Kunststoffhobel sind leicht und gut zu reinigen, die Messer sollten herausnehmbar sein. Bei Holzhobeln sollen die Messer verstellbar sein, damit sie je nach Lebensmittel eingestellt werden können. Messer aus rostfreiem Stahl sind eine lohnende Anschaffung, weil sie nachgeschärft werden können.

NUSSMÜHLE

Für das Reiben von Schokolade oder Nüssen von Hand gibt es Trommel- oder Scheibenreiben. Sie sollen unbedingt rostfrei sein. Zu achten ist auch auf eine genügend große Einfüllöffnung und einen gut geformten Handgriff. Der Zwischenraum von der Tischkante zur Unterkante der Reibe soll nicht zu klein sein, damit auch Schüsseln eingestellt werden können.

Nach dem Reinigen die einzelnen Teile gut trocknen lassen und dann erst zusammensetzen.

NUDELHOLZ

Beim Nudelholz ist wichtig, daß es gut in der Hand liegt. Beim Kauf testen! Die Achse des Nudelholzes soll nicht feststehend sein. So kann länger ermüdungsfrei gearbeitet werden. Beim Kauf testen, ob das Nudelholz gut läuft. Es gibt Nudelhölzer mit Kugellager; sie laufen gut, sind stabil, allerdings teuer.

KÜCHENKLEINGERÄTE

Es gibt viele Küchenkleingeräte, deren Anschaffung man sich genau überlegen sollte: Melonenkugel-Ausstecher, Limonadenlöffel, Spaghettimaß, Caipirinha-Stößel, Utensilienköcher, Zestenreißer sind nur Beispiele aus der großen Palette, die von Jahr zu Jahr umfangreicher wird. Je nach Koch- und Eßgewohnheiten können manche Teile die Arbeit tatsächlich erleichtern und sinnvoll sein. Wenn sie aber nutzlos in der Schublade liegen, nehmen sie nur Platz weg und sind die Anschaffungskosten nicht wert.

2. VORRATSHALTUNG

2.1. Zweck

Vorratshaltung diente früher dazu, für den Notfall Lebensmittel parat zu haben, d. h. in Notzeiten nicht verhungern zu müssen. Heute hat diese Art von Vorratshaltung untergeordnete Bedeutung. Zwar werden alle Lebensmittel das ganze Jahr über angeboten, trotzdem hat Vorratshaltung nach wie vor Vorteile:

Richtige Vorratshaltung hilft, Zeit zu sparen
- Durch große Einkäufe spart man Zeit und Kraft.
- Vorgekochte Gerichte sind schnell aufgetaut oder erwärmt.
- Sterilisierte Lebensmittel sind bereits küchenfertig zubereitet.

▫ Bei Verwendung von Lebensmitteln aus der Vorratshaltung kann die Zeit rationeller eingeteilt werden, z. B. Vorräte in ruhigen Zeiten anlegen und bei Spitzenbelastung verwenden.

Richtige Vorratshaltung hilft, Geld zu sparen
▫ Saisonangebote können ausgenutzt werden, z. B. bei Obst und Gemüse.
▫ Produkte aus dem eigenen Garten stehen das ganze Jahr zur Verfügung.
▫ Sonderangebote, z. B. bei Fleisch, können genutzt werden.

Vorratshaltung ist zwar im Sinne von Haushaltsmanagement wichtig, wird aber durch die räumlichen Verhältnisse in Wohnungen schwieriger, in größerem Umfang teilweise unmöglich. Oft ist der Kühlschrank die einzige Lagermöglichkeit für frische Lebensmittel. Wer selbst ein Haus baut, sollte darauf achten, daß entsprechende Keller- und Vorratsräume eingeplant werden.

Trotzdem soll im folgenden Kapitel die Vorratshaltung umfangreich abgehandelt werden, weil es auch Haushalte gibt, die die Möglichkeit haben, Vorräte anzulegen.

2.2. Umfang

Vorratshaltung ist nur dann wirtschaftlich, wenn nicht zuwenig bevorratet wird, aber auch nicht zuviel, so daß Lebensmittel verderben.

Der richtige Umfang kann ermittelt werden anhand einiger Stichpunkte:
▫ Grundnahrungsmittel sind die Grundlage der Vorratshaltung, z. B. Mehl, Grieß, Reis, Nudeln. Sie werden regelmäßig in der Küche verwendet und zubereitet. Luxusnahrungmittel lohnen sich für Vorratshaltung nicht, sie werden bei Bedarf gekauft.
▫ Je nach Ernährungsgewohnheiten variiert der Umfang der bevorrateten Nahrungsmittel: Werden in einer Familie Kartoffeln und Nudeln sehr gerne gegessen, ist der Vorrat an Reis verhältnismäßig klein. Ähnlich ist es bei den unterschiedlichen Konfitüren oder Säften sowie tiefgefrorenem Gemüse bzw. Fleisch.
▫ Speisen nur in dem Umfang vorkochen und einfrieren, in dem sie innerhalb der Lagerdauer verwendet werden, z. B. Mittagsmahlzeiten für Schulkinder, Kuchen und Gebäck für überraschenden Besuch.
▫ Bei günstigen Sonderangeboten die Haltbarkeit des Produktes beachten. Nur so viel bevorraten, wie innerhalb des Haltbarkeitszeitraums gegessen werden kann.

GRUNDVORRAT

Als »eiserne Reserve« sollte immer ein bestimmter Bestand an Lebensmitteln vorrätig sein. Der Vorrat sollte in Form von Trockenprodukten oder Konserven angelegt werden, da das Gefriergerät ausfallen kann.

Für Säuglinge und Kranke, die eine besondere Diät brauchen, müssen Sondervorräte angelegt werden.

Die Bundesregierung geht davon aus, daß die Bevölkerung im Katastrophenfall zwei Wochen von eigenen Vorräten leben kann! Ein Grundvorrat sollte aber nicht nur für den Katastrophenfall vorhanden sein. Es spart vor allem Zeit und Geld und schont die Umwelt, wenn man nicht wegen einiger Zutaten mit dem Auto zum Einkaufen fahren muß. Grundzutaten fürs Kochen und Backen sollten immer vorhanden sein: zum Beispiel Mehl, Reis, Nudeln, Semmelbrösel, Grieß, Backpulver, Trockenhefe, Salz, Zucker, häufig gebrauchte Gewürze, Speiseöl, Essig, Sahne, Butter, Milch.

2.3. Wirtschaftlichkeit

Wirtschaftlich, d. h. zeit- und geldsparend, ist Vorratshaltung nur, wenn fertig gekaufte Produkte nicht billiger sind als die selbst hergestellten. Die eigene Lagerung muß weniger kosten als der Preisvorteil bei günstigen Angeboten ausmacht.

Die Wirtschaftlichkeit der Vorratshaltung wird beeinflußt durch verschiedene Faktoren:
▫ Art der Vorratshaltung: Nur sachgerechte Vorratshaltung ist wirtschaftlich, weil dadurch die Verluste während der Lagerung gering sind.
▫ Arbeitsbelastung der Hausfrau: Eine Hausfrau, die arbeitsmäßig voll ausgelastet oder überlastet ist, wird den Vorrat beschränken auf Trockenvorräte, gekaufte Konserven und Tiefkühlkost. Selber einfrieren, trocknen, sterilisieren usw. ist für sie vom Zeitaufwand her nicht sinnvoll.
▫ Vorhandene Räume und Geräte: Vorratshaltung kann um so wirtschaftlicher sein, je idealer die räumlichen Voraussetzungen dafür sind. So brauchen z. B. Gefriergeräte in einem kühlen Raum deutlich weniger Energie als in einem warmen. Gelagertes Obst verliert in einem kühlen Raum weniger Gewicht und Inhaltsstoffe als in einem warmen.
▫ Je mehr die vorhandenen Geräte ausgenutzt werden, z. B. Kühltruhe, Entsafter, Sterilisiergerät, desto niedriger sind die Kosten je kg Lagergut. So entfällt je kg Gefrierkost viel weniger an Abschreibung, wenn das Gerät immer voll oder fast voll ist. Auch beim Entsafter und anderen Geräten sinken die anteiligen Abschreibungskosten mit jedem Einsatz.

❑ Verpackung: Wegwerfverpackung, z. B. Folien, kommen auf Dauer teurer als Behälter, die öfter verwendet werden können. Auch die Müllmenge sollte bedacht werden.

❑ Vorratsgut: Hochwertige Vorratsgüter bringen mehr Geldersparnis als billige Güter. Tiefgefrorene Erdbeeren oder Himbeeren haben einen höheren Preis als Apfelmus, das problemlos auch sterilisiert werden kann und bei dieser Konservierungsart weniger Kosten verursacht.

Praktische Hinweise:

■ *Zugekaufte Güter, die bevorratet werden, sollen auf jeden Fall preisgünstig sein. Teure Güter lohnen sich nicht für längere Vorratshaltung, da bei der Lagerung auch Verluste auftreten. Sie können bei kleineren Käufen vermieden werden. Außerdem verteuert sich das Produkt durch die Kosten für die Vorratshaltung, z. B. Energiekosten, Kosten für die Verpackung.*

■ *Bei Obst und Gemüse für die Einlagerung nach der Lagerfähigkeit auswählen; Sorten beachten!*

■ *Bei Produkten aus dem eigenen Garten ist es zweckmäßig, verschiedene Methoden der Vorratshaltung anzuwenden. So kann z. B. ein Teil des Lauchs in Erde eingeschlagen werden, vor allem für den Verbrauch während der Herbstmonate. Diese Bevorratung ist kostengünstig und erfordert einen nur geringen Zeitaufwand.*

■ *Die Kosten für konservierte Vorräte lassen sich berechnen. Bei allem Denken an die Wirtschaftlichkeit sollte jedoch nicht vergessen werden, daß bei Selbsteingemachtem der individuelle Geschmack berücksichtigt werden kann.*

GEFLÜGEL- BZW. KLEINTIERHALTUNG

Sie lohnt sich für den eigenen Vorrat und Verbrauch nur, wenn
❑ die Hausfrau arbeitsmäßig nicht überlastet wird bzw. andere Familienmitglieder diese Aufgabe übernehmen,
❑ entsprechende Stallungen bereits vorhanden sind oder mit nur geringem Aufwand verändert werden können,
❑ in der Familie gerne Geflügel oder Kaninchenfleisch gegessen wird.

Beim Kauf der Küken vorausschauen: Küken so kaufen, daß die Tiere nicht in Zeiten mit hoher Arbeitsbelastung geschlachtet werden müssen.
Den Schlachttag nicht unvorbereitet auf sich zukommen lassen: Vorkochen und darauf achten, daß das Gefriergerät nicht voll ist.

2.4. Lebensmittelverderb

Veränderungen im Lebensmittel während der Lagerung

Lebensmittel behalten während der Lagerung nicht alle ihre Eigenschaften, sondern verändern sich. Sachgerechte Lagerung verzögert diese Veränderungen.

Einfluß von Licht und Sauerstoff
Fette und Öle werden ranzig, sie zersetzen sich durch Lichteinwirkung. Der Geschmack mancher Lebensmittel ändert sich, z. B. Milch. Lichtempfindliche Vitamine, z. B. Vitamin C, werden zerstört.
Gegenmaßnahme: Möglichst dunkel lagern.

Feuchtigkeit
Trockene Lebensmittel verklumpen, z. B. Zucker, oder quellen, z. B. Knäckebrot.
Gegenmaßnahme: Trocken lagern bzw. dicht verschlossen in Gläsern oder Dosen.

Feuchtigkeitsabgabe
Lebensmittel trocknen aus, z. B. Gebäck, Obst und Gemüse. Besonders viel Feuchtigkeit verdunstet im Kühlschrank oder bei hohen Lagertemperaturen.
Gegenmaßnahme: kühl lagern, Lebensmittel gut verpacken, damit Feuchtigkeit nicht verdunsten kann.

Fremdgeruch
Geruchsempfindliche Lebensmittel, z. B. Milchprodukte, nehmen Fremdgerüche an.
Gegenmaßnahme: Lebensmittel gut verpacken, in dichte Behälter füllen.

Aromaverlust
Lebensmittel mit intensivem Aroma verlieren ihren Duft, z. B. Kaffee, Tee, Gewürze.
Gegenmaßnahme: Lebensmittel gut verpacken, in dichte Behälter füllen.

Temperatur
Bei zu hoher Lagertemperatur welken Lebensmittel, z. B. Gemüse; bei zu niedriger Temperatur können ebenfalls Schäden auftreten, z. B. bei Kartoffeln und Bananen. Manche Lebensmittel verlieren Aroma und Geschmack, z. B. Tomaten und Käse.

Verderb von Lebensmitteln

Der Verderb von Lebensmitteln wird verursacht durch Mikroorganismen (Kleinstlebewesen, Keime): Bakterien, Schimmelpilze, Hefen, die sich im Lebensmittel vermehren und Vergiftungen,

Fäulnis, Gärung, Ranzigwerden oder Verschimmeln hervorrufen.

Jedes Lebensmittel enthält zwar Keime, diese vermehren sich aber erst, wenn sie günstige Wachstumsbedingungen im Lebensmittel vorfinden:

- Das Lebensmittel muß Wasser enthalten, sonst können sich die Keime nicht entwickeln. Diese Eigenschaft der Keime wird ausgenutzt bei der Konservierung durch Trocknen, aber auch beim Einfrieren.
- Der Säuregrad des Lebensmittels bestimmt die Aktivität der Verderbniserreger mit: In schwach sauren Lebensmitteln vermehren sich die meisten Keime sehr gut, z. B. in Fleisch, Milch, Fisch, Bohnen, Geflügel. In sehr sauren Lebensmitteln entwickeln sich Mikroorganismen nur selten, z. B. Zitronen, Rhabarber, Beerenobst.
- Die Temperatur, bei der das Lebensmittel gelagert wird, hat den größten Einfluß auf das Wachstum der Keime. Viele für die menschliche Gesundheit schädliche Keime vermehren sich bei mittleren Temperaturen zwischen 15 und 40 °C. Diesen Temperaturbereich findet man oft beim Warmhalten von Speisen. Keime können sich sehr schnell vermehren, deshalb Warmhalten immer vermeiden. Die Speisen rasch abkühlen und bei Bedarf wieder erhitzen. Bei hohen Temperaturen werden viele Mikroorganismen abgetötet. Mehrere Minuten langes Kochen tötet die meisten Keime oder zerstört deren Gifte. Nur Aflatoxine (Gift der Schimmelpilze) werden erst bei 121 °C und 30-minütiger Erhitzung unschädlich. Da im Haushalt diese Temperaturen nicht erreicht werden, sind schimmelige Speisen unbedingt wegzuwerfen.
- Luftsauerstoff brauchen viele Keime ebenfalls zur Vermehrung. Es gibt aber auch Verderbniserreger, die ohne Sauerstoffe aktiv sind. Daher können sich auch in Konservendosen oder vakuumverpackten Lebensmitteln Keime vermehren.

VERDERBNISERREGER

Bakterien vermehren sich durch Teilung und können so innerhalb kürzester Zeit ein Lebensmittel verderben. Gesundheitsschädlich sind entweder die Bakterien selbst, z. B. Salmonellen, oder die Stoffwechselprodukte, die die Bakterien bilden, z. B. Botulinusgift.

Besonders gut und häufig entwickeln sich Bakterien in eiweißreichen Lebensmitteln mit hohem Wassergehalt, z. B. in Fleisch.

Salmonellen

Insgesamt haben Salmonellenerkrankungen in den letzten Jahren zugenommen. Zurückzuführen ist das auf unsachgemäßen Umgang mit Lebensmitteln. Von Salmonellen sind besonders häufig folgende Lebensmittel befallen: Geflügel und Geflügelerzeugnisse, Fleisch- und Wurstwaren, Innereien, Hackfleischerzeugnisse, Salate, vor allem Kartoffel- und Geflügelsalat mit Mayonnaise, Speisen mit rohen Eiern.

Gegen Salmonellen kann man vorbeugen:
- Lebensmittel gut kühlen.
- Fleisch gut durchgaren (Kerntemperatur von mindestens 70 °C, Geflügel 90 °C), das Fleisch von Geflügel sollte auch am Knochen nicht mehr rot sein.
- Gegarte Speisen nicht warmhalten, rasch abkühlen.
- Hygiene in der Küche: Hände während des Kochens mit Seife waschen, Geschirrtücher und Spüllappen regelmäßig auswechseln, Holzschneidebretter gründlich reinigen.
- Auftauflüssigkeit bei Geflügel wegschütten.
- Speisen, die in der Mikrowelle erhitzt werden, gut durcherhitzen. Bei dieser Erwärmung können Bereiche des Lebensmittels noch kalt sein, während andere Stellen bereits heiß sind. Genügend Ruhezeit für die gleichmäßige Temperaturverteilung abwarten bzw. langsam erhitzen.

Abgetötet werden Bakterien z. T. durch Erhitzen der befallenen Lebensmittel. Salmonellenbefallene Lebensmittel müssen beispielsweise mindestens 10 Minuten bei 70 °C erhitzt werden.

Wirkung von Salmonellen im Körper: Erbrechen, Fieber, Durchfall, Krämpfe, Todesfälle sind bekannt.

Botulinusgift

Eine sehr gefährliche Lebensmittelvergiftung kann durch Bakterien ausgelöst werden, die Botulinusgifte bilden. Glücklicherweise sind diese Vergiftungen recht selten. Betroffen sind hauptsächlich eiweißhaltige Konserven wie Erbsen und Bohnen, aber auch Tomaten, Spargel, Spinat, Sellerie und Kohl sowie vakuumverpackte Räucherfischarten. Das Gift kann bei haushaltsüblichen Temperaturen nicht vernichtet werden.

Wirkung im Körper: Die ersten Anzeichen einer Vergiftung beginnen etwa 8 bis 12 Stunden nach der Nahrungsaufnahme mit Übelkeit, Doppelsehen und Erbrechen. Später kann es zu Funktionsstörungenn innerer Organe, Schluck- und Sprachstörungen und durch Atemlähmungen bis zum Tod kommen.

Woran erkennt man den Befall von Lebensmitteln mit Botulinusgiften?
- Am Lebensmittel selbst erkennt man nichts, es riecht und schmeckt nicht anders als ein gesundes Lebensmittel.

❏ Befallene Konserven haben einen gewölbten Deckel (Bombage), weil im Inneren eine Gasentwicklung stattfindet.
❏ Bei Glaskonserven ist der Deckel nicht mehr fest bzw. beim Öffnen zischt Gas heraus. Diese Lebensmittel müssen auf jeden Fall weggeworfen werden.
❏ Besonders gefährdet sind hausgemachte Konserven, z. B. eingemachte Bohnen, Fleisch- und Wurstkonserven; hier muß besonders auf Veränderungen geachtet werden.
❏ Räucherfischwaren, die vakuumverpackt sind, bei maximal 7 °C lagern; Kühlkette beachten, zügig verbrauchen.

Fäulnis

Fäulnis wird ebenfalls durch Bakterien verursacht. Sie zersetzen vor allem Eiweiß, dabei entstehen übelriechende Gase. In Fäulnis übergegangene Lebensmittel dürfen nicht mehr gegessen werden. Wirkung im Körper: Erbrechen, Durchfall, Fieber, Krämpfe, Lähmungen.

Hefen

Bei den Hefen gibt es schädliche und nützliche Arten. Die nützlichen sind bei der Teigherstellung, Bierherstellung oder bei der Reifung von Rohwürsten erwünscht. Schädliche, sogenannte »wilde« Hefen verderben Lebensmittel, z. B. die Kahmhefe auf Sauerkonserven, sichtbar an der weißen, dicken »Kahmhaut« an der Oberfläche der geöffneten Konserven.
Hefen vergären in kohlenhydratreichen Lebensmitteln bei günstigen Bedingungen (Wärme, Feuchtigkeit) Zucker. Durch die Tätigkeit der wilden Hefen wird der Geschmack der Lebensmittel unangenehm verändert, gesundheitsschädlich sind vergorene Lebensmittel nicht. Hefen wachsen häufig auf Obst und Gemüse bzw. Konserven.

Schimmelpilze

Auch bei den Schimmelpilzen gibt es »gute« und »böse«. Die erwünschten und unschädlichen Schimmelpilzarten werden Lebensmitteln eingeimpft, z. B. Schimmel an Weichkäse.
Wildwachsenden Schimmel erkennt man häufig als weißlich-grünlichen Belag.
Ungewollt wachsende Schimmelpilze sind gefährlich, weil sie Giftstoffe bilden. Sie wachsen auf fast allen Lebensmitteln, bevorzugt aber auf Obst und Gemüse, häufig auch auf Brot.
Aflatoxine: Sie gehören zu den gefährlichsten Giften von Schimmelpilzen. Der Laie kann die unterschiedlichen Schimmelarten und deren Giftigkeit nicht unterscheiden, daher Vorsicht bei verschimmelten Lebensmitteln! Aflatoxine werden durch haushaltsmäßiges Erhitzen nicht abgetötet.

Aflatoxingefährdet sind Nüsse, Tomaten, Paprika und Gemüsesäfte. Feuchtigkeit und Wärme unterstützen das Wachstum von Schimmelpilzen.
Aflatoxine können Krebserkrankungen auslösen. Außerdem schädigen sie die Leber und das Nervensystem und führen zu Wachstumsstörungen. Da Aflatoxine wasserlöslich sind, können weiche, wäßrige Lebensmittel nicht mehr gegessen werden, auch wenn die Schimmelpilze abgenommen werden. Verschimmelt sind häufig auch Nüsse, Mandeln, Brot und Getreideprodukte. Auch bei diesen Lebensmitteln ist Vorsicht geboten, da sich die unsichtbaren Ausläufer des Schimmels nicht nur an der Oberfläche des Lebensmittels befinden. Abschneiden, z. B. bei Brotrinde oder Obst, reicht daher nicht aus. Das Lebensmittel muß weggeworfen werden. Aflatoxine sind übrigens auch für Tiere schädlich!
Bei Marmelade, die aus gleichen Mengen Zucker und Obst hergestellt ist, reicht es, die Schimmelschicht großzügig abzuheben und den Rest möglichst schnell zu verbrauchen. Auch Hartkäse kann man noch essen, wenn die verschimmelten Stellen großzügig abgeschnitten werden. Das sind aber die beiden Ausnahmen.

Praktische Hinweise:

■ *Sauberes Arbeiten verhindert starken Keimbefall. Spüllappen, Schwämme und Bürsten zum Spülen sind wahre Brutstätten von Bakterien und Keimen, wenn sie nicht regelmäßig gereinigt werden.*
■ *Sämtliche Geräte (Messer, Schneidbretter) können Keime übertragen. Daher alle Gerätschaften gründlich mit heißem Wasser oder Spülmittellösung waschen, besonders wenn Lebensmittel damit vorbereitet werden, die nicht erhitzt werden (Salate).*
■ *Warmhalten oder langsames Abkühlen von Speisen vermeiden.*
■ *Lebensmittel möglichst kühl lagern.*
■ *Verdorbene und verschimmelte Lebensmittel nicht mehr essen.*
■ *Mülleimer regelmäßig leeren, denn auch hier können sich bei Zimmertemperatur Keime schnell vermehren und auf gesunde Lebensmittel übertragen werden.*
■ *Küche regelmäßig gründlich reinigen.*
■ *Speisen, die mit Milch, Sahne oder Eiern zubereitet wurden, schnell verbrauchen.*

2.5. Vorratsschädlinge

Vorratsschädlinge sind in Form von Eiern oder Larven manchmal schon beim Einkauf in den Lebensmitteln vorhanden, zum größten Teil wachsen sie aber erst während der Lagerung. Sie verunreinigen durch Fraßspuren, Kot, Gespinste oder abgeworfene Häute die Lebensmittel. Auch wenn sie oft nicht gesundheitsschädlich sind, sind sie ekelerregend. Die Lebensmittel können nicht mehr gegessen werden.

Die meisten Schädlinge kann man im Haushalt selbst bekämpfen durch biologische und chemische Methoden. Vor der Anwendung chemischer Schädlingsbekämpfungsmittel in größerem Umfang bzw. in Wohn- und Schlafräumen sei gewarnt. Es ist besser, einen Fachmann zu Rate zu ziehen. Adressen erhalten Sie beim Gesundheitsamt oder beim Deutschen Schädlingsbekämpfungsverband (Jägerstr. 26, 45127 Essen; www.dsvonline.de). Da professionelle Schädlingsbekämpfung meist sehr aufwendig und nicht ganz billig ist, sollte man

Vorratsschädlinge

Schädling	Vorkommen	Bekämpfung
Ameisen	In eiweißreichen und süßen Lebensmitteln	Biologisch: Ameisenstraßen mit dem Staubsauger einsaugen, mehrmals wiederholen; Staubsauger im Freien gründlich reinigen. Zitronenscheiben, Wacholderbeeren, Lavendelblüten, Farnkraut, Backpulver auf den Laufstraßen auslegen. Schwamm in Zuckerlösung tauchen, auslegen, danach in heißes Wasser legen. Chemisch: mit Puder oder Spray, das an den Laufstraßen aufgetragen wird. Bei Verdacht auf Pharao-Ameisen sofort Fachmann (Branchenbuch »Kammerjäger«) verständigen.
Mehlmilben	In Mehl und Getreide, erkennbar an der feinen Staubschicht – feine Milbengänge im Mehl, Mehl schmeckt bitter, gesundheitsschädlich	Befallene Vorräte wegwerfen, Vorratsschrank gründlich säubern und austrocknen; auf niedrige Luftfeuchtigkeit achten.
Mehlmotten (Getreide-, Kakao-, Korn-, Obstmotte)	In Mehl, Getreide, Backwaren, Bohnen, Trockenobst	Befallene Vorräte wegwerfen, Vorratsschrank gründlich säubern, Lebensmittel gut verschlossen aufbewahren.
Küchenschabe	Allesfresser, überträgt Krankheitskeime und Fäulniserreger	Biologisch: Backpulver und Borax zu gleichen Teilen mischen und ausstreuen; ausstreuen pyrethrumhaltiger Mittel; Essen nicht offen stehenlassen; Chemisch: Pulver in Fugen und Mauerrisse streuen
Fliegen	Allesfresser, übertragen Krankheitskeime und Fäulniserreger; legen Eier, aus denen Maden schlüpfen, die die Lebensmittel fressen	Biologisch: Fliegenpatsche, Fliegengitter, Klebestreifen Chemisch: Spray, getränkte Papiere (nur in Ausnahmefällen in der Küche verwenden)
Asseln	In pflanzlichen Produkten	Sind zugleich Nützlinge, die meist nur in Kellern oder feuchten Räumen vorkommen
Kornkäfer, Maiskäfer Reiskäfer	Fressen Getreidekörner leer, Getreide wird warm	Befallene Vorräte wegwerfen, Vorratsschrank gründlich säubern
Mehlkäfer	In Mehl, Mehlprodukten, Backpulver	Befallene Vorräte wegwerfen, Vorratsschrank gründlich säubern
Brotkäfer Bohnenkäfer Getreidekapuziner	In Getreideprodukten, Bohnen, Backwaren, Mahlprodukten, Kaffeebohnen, Tee, Kräutern, Nährmitteln, Trockenpilzen	Befallene Vorräte wegwerfen, Vorratsschrank gründlich säubern, Vorräte in fest verschließbaren Gefäßen aufbewahren
Speckkäfer Schinkenkäfer	In Schinken, Rauchwaren, Käse, Schokolade, Trockenfrüchten	Befallene Stellen großzügig ausschneiden, Köder auslegen und Käfer vernichten, Lagerort gründlich reinigen und einige Monate keine gefährdeten Lebensmittel dort lagern, Lebensmittel gut abgeschlossen halten, regelmäßige Kontrolle
Messingkäfer Diebskäfer	In Getreide, Haferflocken, Grieß, Mehl, Zucker	Befallene Vorräte wegwerfen, Lagerort gründlich reinigen und begasen mit chemischen Mitteln, damit auch die Eier in den Bodenritzen getötet werden
Mäuse Ratten	Allesfresser, übertragen Krankheiten	Fallen aufstellen, Giftköder nur dann verwenden, wenn keine Kinder oder Haustiere sie finden können

von vorne herein versuchen, Schädlingen keine Unterschlupfmöglichkeiten zu bieten.

Wer chemische Schädlingsbekämpfungsmittel anwendet, sollte unbedingt die Warnhinweise beachten und in jedem Fall sehr gewissenhaft damit umgehen. Schließlich töten die Mittel nicht nur unerwünschte Organismen, sondern können auch für den Menschen gesundheitsschädlich sein.

SCHUTZ VOR SCHÄDLINGEN

Vor Voratsschädlingen schützt am meisten Sauberkeit und Ordnung im Vorratsschrank.
- Vorratsräume so einrichten, daß wenig Ritzen und Nischen vorhanden sind.
- Vorratsräume kühl, luftig und trocken halten. Fenster mit Fliegendraht versehen.
- Schränke und Regale regelmäßig reinigen. Kein Einlegepapier verwenden, darunter können sich Schädlinge unbemerkt einnisten. Regale wählen, die leicht zu reinigen sind (glatte Oberfläche).
- Vorräte regelmäßig kontrollieren.
- Fußböden und Arbeitsflächen regelmäßig reinigen, auch alle schwer zugänglichen Ecken.

2.6. Frischlagern von Lebensmitteln

Die Lagerung von Lebensmitteln ist um so besser, je mehr die wertvollen Inhaltsstoffe des Lagergutes (Vitamine, Mineralstoffe) erhalten bleiben, je weniger sich Geschmack und Aussehen der Lebensmittel verändern und je weniger Lebensmittel verderben.

Durchdachte Frischlagerung bringt Zeitersparnis, weil größere Einkäufe gemacht werden können. Nur sehr leicht verderbliche Lebensmittel, z. B. Fleisch, Milch, Brötchen, müssen täglich eingekauft werden.

Wer Lebensmittel über längere Zeit lagern will, braucht geeignete Vorratsräume. Für Trockenprodukte und Konserven reicht ein Speiseschrank oder eine kleine Speisekammer. In kühlen Kellerräumen werden Obst, Gemüse und Getränke gelagert.

AUFBEWAHRUNGSORT

Vorratsraum

Eine gute Vorratskammer ist dunkel, gut belüftbar und kühl. Dort können nicht nur Trockenvorräte und Konserven gelagert werden, sie bietet auch Platz für eine Kühltruhe, Kühlschrank etc. Wichtig ist, daß die Fenster mit Fliegengitter versehen sind.

Küche

Die Küche als Vorratsraum ist nur ein Notbehelf. Die Temperaturen sind zu hoch, die Küchen-

dämpfe führen zum Verklumpen der Trockenvorräte. In der Küche werden Lebensmittel nur kurzfristig gelagert.

Keller

Kühle Kellerräume sind für die Vorratshaltung von Obst und Gemüse gut geeignet. Erdkeller, bei denen der Boden aus gestampfter Erde ist, sind ideale Vorratsräume für Lagergüter, die dunkel, kühl und bei hoher Luftfeuchtigkeit aufbewahrt werden müssen, z. B. Gemüse, Kartoffeln. Ein guter Keller ist gut belüftbar, so daß warme Luft entweichen und kühle Luft einfallen kann. Mit der warmen Luft entweichen auch Stoffwechselprodukte von Lagergütern, z. B. Äpfeln, die in hoher Konzentration die Lagerzeit verkürzen würden. Zugluft und Frost zeichnen keinen guten Keller aus; die Zugluft führt zu schnellem Austrocknen des Lagergutes, gefrorenes Lagergut verfault schnell.

In warmen Kellern können Birnen, Äpfel und Wurzelgemüse gelagert werden, wenn sie in Polyethylenbeutel verpackt werden. Diese Beutel fassen 5 – 10 kg, man kann sie in Haushaltsgeschäften kaufen. Das Lagergut wird offen einige Tage in den Lagerraum gelegt, danach gut verschlossen. Beschlägt der Beutel nach einiger Zeit mit Feuchtigkeit, führt dies nicht zum Verderb. Es darf sich jedoch kein Wasser im Beutel sammeln, damit die Früchte nicht verfaulen. Nach 2 bis 3 Wochen mit einer Nadel mehrere Löcher in die Beutel stechen.

Praktische Hinweise:

- *Gelbe Rüben lassen sich sehr gut in Kunststoffeimern mit Deckel lagern. Die trockenen Rüben werden von grobem Schmutz befreit, aber nicht gewaschen. Bewährt hat sich diese Methode auch mit einem großen Steingutbehälter. Falls kein Deckel vorhanden ist, eine dicke Schicht Papier auflegen und zubinden.*
- *Wurzelgemüse (rote Bete, Sellerie, gelbe Rüben) können auch in Sand eingeschlagen werden. Dafür eine große Kiste mit etwas feuchtem (nicht nassem) Sand füllen, Gemüse daraufgeben, darüber Sand, dann wieder Gemüse. Zum Schluß mit Sand abdecken. Speziell für gelbe Rüben ist aber die o. g. Methode erfolgreicher.*
- *Weiß-, Rot- und Wirsingkohl wird am Strunk kopfüber aufgehängt oder in Regalen gelagert. Die äußeren, braunen Blätter vorher entfernen.*

Dachkammer

Wer keine geeignete Vorratskammer oder keinen Keller hat, kann ausweichen auf eine kühle Dachkammer. Hier lassen sich Obst und Gemüse lagern. Es ist jedoch zu beachten, daß die Temperaturschwankungen manchmal sehr groß sind, daher sollte eine Isolierschicht (z. B. Wolldecken, Bläschenfolie) über dem Lagergut liegen.

Garten, Erdmiete
Gemüse kann im Garten oder in einer Erdmiete überwintert werden. Diese Methode eignet sich sehr gut für Wurzelgemüse und Lauch.

Balkon, Terrasse, Garage
Wer Balkon, Terasse oder leerstehende Garagen als Vorratsräume nutzt, sollte gegen Frost vorsorgen durch entsprechendes Verpacken, z. B. in isolierte Kisten. Isolationskisten gibt es fertig zu kaufen. Man kann sie aber auch selber herstellen, indem man eine Holzkiste mit Styropor auskleidet und einige Lüftungsschlitze einschneidet. Die befüllte Kiste wird an einer schattigen Stelle aufgestellt und erst geschlossen, wenn das Füllgut Außentemperatur hat. Den Inhalt regelmäßig kontrollieren.

Kühlschrank
Der Kühlschrank eignet sich zur Aufbewahrung leichtverderblicher Lebensmittel und bereits gegarter Speisen. Auch andere Lebensmittel können darin gelagert werden, allerdings trocknen sie im Kühlschrank schnell aus. Grundsätzlich sollen alle Lebensmittel, die im Kühlschrank aufbewahrt werden, abgedeckt oder eingepackt werden, damit die Feuchtigkeit nicht verlorengeht und Gerüche nicht übertragen werden. Obst und Gemüse werden in gelochte Frischhaltebeutel verpackt und im Gemüsefach gelagert.
Einige Lebensmittel gehören nicht in den Kühlschrank, weil sie ihr Aroma verlieren: Bananen, Zitrusfrüchte, Tomaten, Birnen, Ananas. Der Geruch von Zwiebeln und Knoblauch überträgt sich auf andere Lebensmittel.
Der Kühlschrank ist in vielen Haushalten die einzige Lagermöglichkeit für frische Lebensmittel. Entsprechend haben die Hersteller das Angebot an diese Gegebenheit angepaßt. Sie bieten zum einen große Kühlschränke an, zum anderen gibt es Innenräume mit Temperaturzonen, die auf verschiedene Lebensmittel zugeschnitten sind:
▫ Den normalen Kühlschrankbereich mit 3 bis 8 °C. Hier werden Getränke, Milch, Milchprodukte, fertig gegarte Speisen, Eier aufbewahrt.
▫ Die Null-Grad-Zone, bei manchen Geräten noch unterteilt in »Null-Grad-trocken« und »Null-Grad-taufrisch«. Im trockenen Nullerbereich mit Temperaturen knapp über dem Gefrierpunkt und etwa 50 % Luftfeuchtigkeit können Fleisch, Geflügel, Fisch, Wurst und Käse (gut verpackt)

gelagert werden. In der taufrischen Nullerzone mit einer Luftfeuchtigkeit um die 90 % bleiben Salate, Obst und Gemüse knackig frisch. Bei Praxisversuchen hat sich herausgestellt, daß die Nullerzonen die Haltbarkeit frischer Lebensmittel deutlich verbessern.

KONTROLLE DES VORRATS
Sorgfältige Pflege und regelmäßige Kontrolle des Vorrats vermindern Verderb und Verluste.
▫ Thermometer im Vorratsraum anbringen, eventuell sogar ein Hygrometer (Feuchtigkeitsmesser).
▫ Vorratsplan konsequent ergänzen bzw. entnommene Ware ausstreichen.
▫ Faulendes Gemüse und Obst aussortieren, bevor sie gesundes »anstecken«.
▫ Neue Vorräte immer nach hinten ins Regal bzw. in den Vorratsschrank stellen, erst die ältere Ware verbrauchen.
▫ Vorräte regelmäßig auf Schädlingsbefall kontrollieren, befallene Ware sofort entfernen und den Vorratsraum gründlich reinigen.
▫ Mindesthaltbarkeitsdatum bei verpacktem Lagergut kontrollieren und Lebensmittel, die bald »ablaufen«, verwenden.
▫ Horden, Gefäße, Regale etc. von Zeit zu Zeit gründlich reinigen und trocknen lassen.
▫ Vorratsräume jährlich gründlich säubern und mit Kalk weißen, dadurch wird die Vermehrung von Mikroorganismen verhindert.
▫ Konserven von Zeit zu Zeit prüfen.

2.7. Konservieren von Lebensmitteln
Konservieren hat das Ziel, die Haltbarkeit von Lebensmitteln zu verlängern, indem das Wachstum von Mikroorganismen eingeschränkt oder verhindert wird. Zudem sollen die Inhaltsstoffe der konservierten Lebensmittel möglichst vollständig erhalten bleiben.

KONSERVIERUNGSMETHODEN
Es gibt physikalische und chemische Konservierungsmethoden. Zu den pyhsikalischen gehören z. B. Trocknen und Gefrieren, zu den chemischen Methoden das Einlegen in Öl und Räuchern.
Konservierungsstoffe hemmen die Entwicklung von verderbniserregenden Mikroorganismen.
Zu den Konservierungsmitteln im weiteren Sinne zählen Salz, Essig, Zucker, Alkohol, Öl usw. Konservierungsstoffe im engeren Sinn sind weitgehend chemisch hergestellte Stoffe, z. B. Sorbinsäure, Benzoesäure, Ameisensäure, Nitrat, Schwefeldioxid, Propionsäure.

Chemisch hergestellte Konservierungsmittel werden im Haushalt nur selten benutzt, z. B. Einmachhilfe, »Gurkendoktor«.

Jede Konservierungsmethode hat ihre Vorteile. Für welche man sich entscheidet, hängt von verschiedenen Faktoren ab:

- Art des Lebensmittels: Birnen eignen sich z. B. sehr gut zum Sterilisieren, Erdbeeren zum Einfrieren.
- Arbeitszeit: Verhältnismäßig »schnelle« Konservierungsmethoden sind Einfrieren, Einsalzen, Einlegen in Öl.
- Erhaltung der Inhaltsstoffe: Beim sachgemäßen Einfrieren oder der Zubereitung von Gärgemüse gehen z. B. weniger Inhaltsstoffe verloren als beim Trocknen.
- Kostenaufwand: Er ist um so geringer, je weniger Energie und Hilfsmittel für das Konservieren eines bestimmten Lebensmittels benötigt werden, z. B. Lufttrocknen von Kräutern. Der Kostenaufwand schnellt jedoch in die Höhe, wenn z. B. für das Trocknen ein Dörrapparat angeschafft wird.

Einfrieren

Gefrieren ist eine Konservierungsmethode, bei der durch sehr tiefe Temperaturen das Wachstum von Mikroorganismen sowie die Zersetzung des Lebensmittels durch eigene Inhaltsstoffe, z. B. Enzyme gehemmt werden.

Vorsicht: Die Mikroorganismen werden nicht abgetötet, daher beim Auftauen sorgfältig vorgehen und Kühlgut sofort verwenden.

Tiefgefrieren bedeutet Lagern bei Temperaturen von maximal – 18 °C. Kühlen nennt man den Temperaturbereich von + 15 bis + 4 °C, Tiefkühlen den Bereich von + 5 bis 0 °C.

ERNÄHRUNGSPHYSIOLOGIE

Beim Einfrieren verändern sich die Inhaltsstoffe der Lebensmittel kaum, die Vitamine bleiben fast vollständig erhalten. Nur die Beschaffenheit von Lebensmitteln ändert sich, besonders bei Obst. Es ist nach dem Auftauen matschig und verliert Flüssigkeit. Diese Veränderung ist darauf zurückzuführen, daß die Eiskristalle die Zellwände zerschneiden, wodurch beim Auftauen Saft austreten kann.

WIRTSCHAFTLICHKEIT

Wie wirtschaftlich das Einfrieren von Lebensmitteln ist, kann nicht pauschal gesagt werden. Der jeweilige Aufwand müßte für jedes Lebensmittel gesondert berechnet werden. Es gibt jedoch einige Faustregeln, die das Einfrieren wirtschaftlicher machen:

- Nur so viele Gefriergeräte anschaffen, wie durchschnittlich gebraucht werden. Werden maximale Vorratsmengen angenommen, steht das Gerät zu oft leer bzw. halbleer. Dann erhöhen sich die Abschreibungs- und Energiekosten je kg Lagergut.
- Nur hochwertige Güter einfrieren.
- Werden größere Mengen auf einmal vorbereitet und eingefroren, vermindert sich der Zeitaufwand je kg Lagergut.

GRUNDREGELN FÜR DAS EINFRIEREN

- Nur frische, einwandfreie Ware mit guten Gefriereigenschaften verwenden. Ungeeignet sind z. B. Salat, Weintrauben, Frischkostsalate.
- Die Lebensmittel sorgfältig vorbereiten, z. B. blanchieren.
- Vorschriftsmäßig verpacken, d. h. keine zu großen Pakete machen, die Luft möglichst vollständig aus der Verpackung streifen.
- Die Lebensmittel möglichst schnell einfrieren. Die Ware an die kälteste Stelle im Gefriergerät legen (Vorgefrierfach, Außenwände im Gerät).
- Werden größere Mengen, z. B. bei der Hausschlachtung, eingefroren, bereits einen Tag vor dem Einlegen das Gerät auf »super«-Stellung schalten.
- Schnelles Einfrieren hat den Vorteil, daß kleine Eiskristalle entstehen, die die Zellwände nicht zerstören. Dadurch tritt beim Auftauen weniger Saft aus.

Bildung von Eiskristallen bei schnellem Einfrieren (links), bei langsamem Einfrieren (rechts)

GEFRIERGUT RICHTIG VERPACKEN

Sorgfältiges Verpacken verhindert Qualitätsverluste durch Austrocknen und Geruchsübertragungen. Typisches Anzeichen für mangelhafte Verpackung ist Gefrierbrand (Frostbrand). Er ist erkennbar an den weißen oder bräunlichen, meist runden Flecken auf dem Gefriergut. Durch Austrocknen wurde das Zellgewebe geschädigt, die befallene Stelle nimmt beim Zubereiten keine Flüssigkeit auf und bleibt zäh und trocken.

Verpackungsmaterialien

Geeignetes Verpackungsmaterial ist meist gekennzeichnet mit dem Hinweis »gefriergeeignet«. Ungeeignet sind Plastiktüten, die für Kleidung, Spielwaren usw. verwendet wurden, Packpapier, Pergamentpapier, Cellophantüten (z. B. von Teigwaren). Wiederverwendet werden können alle unbeschädigten Verpackungen. Sie werden sorgfältig gewaschen und getrocknet. Lediglich die Verpackung von Geflügel, Fleisch und Fisch sollte weggeworfen werden.

Praktische Hinweise:

- *Behälter bis etwa 2 cm unter den Rand füllen, Deckel fest aufdrücken.*
- *Stapelbare und eckige Behälter kaufen, sie sparen Platz.*
- *Aus Folie oder Beutel Luft herausstreifen oder -saugen (mit Strohhalm oder Vakuumpumpe des Folienschweißgerätes).*
- *Möglichst rechteckige Pakete machen, dann sind sie besser stapelbar, im Gefriergerät wird der Raum besser genutzt.*
- *Pakete gut verschließen mit Gummiringen oder kältefesten Klebebändern. Metallstreifen sind nicht sehr günstig zum Verschließen von Gefrierbeuteln. Die Enden durchstoßen leicht andere Beutel und führen dann zum Austrocknen des Gefrierguts.*

Beschriften des Gefrierguts

Sorgfältiges Beschriften des Lagergutes bringt Übersicht in das Gefriergerät und verhindert, daß Lebensmittel überlagert werden.
Verwendet werden kältebeständige Etiketten oder beschriftbare Klebebänder. Man kann auch mit einem feuchtigkeitsbeständigen Fettstift die Folien oder Beutel direkt beschriften.
Auf das Paket kommen folgende Angaben:
- Inhalt, z. B. Gulasch
- Menge, z. B. 2 Portionen
- Zusätze, z. B. Zucker bei Obst
- Vorbehandlung, z. B. fertig gegart
- Verpackungsdatum

Sehr nützlich ist zusätzlich eine Vorratsliste, die in der Nähe des Gefriergerätes aufgehängt wird und am besten eine Kopie davon an dem Arbeitsplatz, an dem der Speiseplan erstellt wird. Wird Gefriergut entnommen, streicht man es aus der Liste.

Vorratsliste für Gefriergut

Fleisch	Schweineschnitzel, 31.5. 4 Stück: III 2 Stück: I ~~Kaninchenrücken, 2.6.~~
Fisch	Forellen, 23.4. 2 Stück: I
Innereien	Kaninchenleber, 2.6. II
Gemüse	Bohnen, 30.6. II Pilze, 7.8. III
Obst	Heidelbeeren, 20.6. I
Kuchen	Nußkuchen, 1.3. 2 Stück: II 3 Stück: I
Eigene fertige Speisen	Gulaschsuppe, 11.4. II ~~Sauerbraten, 9.6.~~ Fleischbrühe, 12.7.
Fertigprodukte	Pizza, 4.6. I Pizza, 8.8. II
Sonstiges z.B. Brot	Baguette, 31.7. Butter, 8.8. II

Beim Verbrauch jeweils einen Strich oder das Produkt ausstreichen!

Auftauen von Gefriergut

- Im Kühlschrank: Das Auftauen dauert etwas länger als bei Zimmertemperatur, aber die Keimvermehrung ist gehemmt. Angewendet bei dickeren Fleischstücken, Geflügel und Fisch (falls die Lebensmittel nicht unaufgetaut gegart werden).
- Bei Zimmertemperatur: Größere Stücke tauen über Nacht auf, kleineres Gefriergut in einigen Stunden. Auftauen bei Zimmertemperatur ist für Brot und Kuchen zu empfehlen; bei Fleisch, Gemüse und Obst sind die Vitaminverluste durch die lange Auftaudauer sehr hoch, außerdem kommt es zu starker Keimvermehrung.
- Im Backofen: bei schwach eingestellter Unter- und Oberhitze oder mit Heißluft (50 °C). Gut geeignet für kleinere Backwaren. Verpackung nicht entfernen, sonst Gefahr des Austrocknens. Brot trocknet stark aus, Obst und Gemüse verlieren sehr viel Saft.

❑ Im Mikrowellengerät: Herstellerangaben beachten, sehr kurze Auftauzeiten.

❑ Im kalten Wasser: nur bei geschlossener Verpackung, etwas schnelleres Auftauen als bei Zimmertemperatur.

❑ Im heißen Fett: küchenfertige Lebensmittel, die fritiert werden, z. B. Kroketten.

Nicht aufgetaut werden Gemüse und Toastscheiben. Generell gehen neuere Untersuchungsergebnisse in die Richtung, daß kürzere Auftauzeiten zu bevorzugen sind, Keime haben weniger Zeit, sich zu vermehren, Aussehen und Struktur von Obst und Gemüse bleiben besser erhalten.

Praktische Hinweise:

- *Beim Auftauen im Kühlschrank oder bei Zimmertemperatur Verpackung entfernen und auf Teller oder in Schüssel legen. Lebensmittel zudecken.*

- *Geflügel auf ein Sieb legen, damit die Auftauflüssigkeit abtropfen kann; Auftauflüssigkeit nicht verwenden.*

- *Auftauflüssigkeit von Obst und Gemüse verwenden.*

EINFRIEREN VON FLEISCH, GEFLÜGEL, WILD

Fleisch, Geflügel und Wildbret sollte erst eingefroren werden, wenn es gereift ist. Nicht abgehangenes oder gereiftes Fleisch zieht sich beim Auftauen schlagartig zusammen und wird zäh und trocken.

Dauer der Fleischreifung

Fleischart	Dauer bei Lagerung im Kühlraum (1–3 °C)
Schweinefleisch	1 Tag
Rindfleisch	8–14 Tage
Kalbfleisch	2 Tage
Lammfleisch	5–8 Tage
Wildbret	6–8 Tage
Geflügel	Bis zu 1 Tag (Pute 15 Stunden, Hähnchen 5 Stunden)

Die Werte der Tabelle Fleischreifung gelten für Fleisch, das selber geschlachtet wurde. Bei Großeinkäufen in Metzgereien kann man davon ausgehen, daß das Fleisch bereits abgehangen ist; vorsichtshalber danach fragen!

Praktische Hinweise:

- *Mageres Fleisch kann man bis zu 12 Monate einfrieren, fettes Fleisch etwa 6 Monate.*

- *Fleisch mit Knochen, falls möglich, entbeinen, damit weniger Gefrierraum benötigt wird. Abstehende Knochen (z. B. bei Koteletts) mit Per-*

gamentpapier umwickeln, damit sie die Verpackung nicht durchstoßen.

- *Zwischen Einzelportionen, z. B. Schnitzel, Koteletts, Folien- oder Pergamentpapierblätter legen, sie verhindern das Zusammenfrieren.*

- *Portionen nicht größer machen, als bei einer Mahlzeit gebraucht wird. Nicht mehr als 2,5 kg große Pakete machen, sonst dauert das Einfrieren bzw. Auftauen sehr lange.*

- *Hackfleisch nur ganz frisch und nicht länger als 3 Monate einfrieren.*

- *Kleine Fleischteile wie Schnitzel oder geschnittenes Gulaschfleisch angetaut weiterverwenden, ebenso Fischfilets und Bratwürste.*

- *Von Hackfleisch flache Pakete machen und nicht mehr als etwa 500 g pro Packung, damit das Auftauen schneller geht. Nach Möglichkeit angetaut weiterverwenden.*

- *Fleisch bzw. Innereien, die gekocht werden sollen, können gefroren zugesetzt werden.*

- *Knochenbrühe portionsweise einfrieren in entsprechenden Behältern; für einzelne Portionen im Eiswürfelfach vorgefrieren, in gefrorenem Zustand in Beutel umfüllen.*

- *Geflügel kann auch gefüllt eingefroren werden; dann verkürzt sich die Lagerzeit auf etwa 2 Monate.*

- *Innereien von Geflügel separat verpacken und in die Bauchhöhle stecken oder extra einfrieren.*

- *Geflügelteile einzeln einfrieren, nach dem Einfrieren jeweils benötigte Menge in einen Beutel zusammenpacken.*

- *Wurstwaren eignen sich grundsätzlich zum Einfrieren. Aufgrund ihres meist hohen Fettgehalts ist die Lagerzeit jedoch viel kürzer als bei Fleisch (ca. 2 Monate). Rohwürste und roher Schinken halten sich bei sachgemäßer Lagerung in einer kühlen Vorratskammer übrigens länger als im Gefriergerät.*

EINFRIEREN VON MILCHPRODUKTEN UND EIERN

Diese Lebensmittel werden üblicherweise nur bei besonderen Angeboten kurzfristig eingefroren.

Praktische Hinweise:

- *Milch eignet sich nicht gut zum Einfrieren; am besten geeignet ist fettarme, homogenisierte Milch.*

- *Joghurt und Dickmilch flocken aus, ebenso saure Sahne.*

- *Sahne kann gut eingefroren werden. Sie läßt sich leichter schlagen, wenn sie langsam (im Kühlschrank) aufgetaut wird. Aufgetaute Sahne flockt in Kaffee oder Tee aus.*

- *Geschlagene Sahne wird zum Einfrieren in Rosetten auf ein Blech gespritzt und kann unaufgetaut verwendet werden.*
- *Butter wird zum Einfrieren in Alufolie verpackt.*
- *Hartkäse kann eingefroren werden, die Qualität läßt jedoch nach.*
- *Quark kann ohne Qualitätsminderungen eingefroren werden.*
- *Milch- und Milchprodukte nicht länger als 6 Monate einfrieren.*
- *Kefirknöllchen können bis zu 9 Monate gefroren bleiben, ohne ihre Aktivität einzubüßen.*
- *Eier werden zum Einfrieren aufgeschlagen. Eiweiß kann ohne weitere Zusätze eingefroren werden, bei Eigelb oder verrührten Eiern etwas Salz oder Zucker zugeben, damit die Eimasse nicht eindickt.*

EINFRIEREN VON GEMÜSE

Einfrieren eignet sich sehr gut als Konservierungsmethode für Gemüse. Vitamine und Geschmack bleiben weitgehend erhalten.

Nicht gefriergeeignet sind nur wenige Gemüsearten: Blattsalate, Rettiche, Radieschen, Kresse, rohe Zwiebeln, roher Knoblauch, ganze Tomaten. Sie werden frisch gegessen.

Gut gefriergeeignet sind: grüne Bohnen, Blumenkohl, Brokkoli, Erbsen, Möhren, Rosenkohl, Schwarzwurzeln, Kohlrabi, Spinat, Mangold, Grünkohl, Spargel, Zuckermais (ganz oder Körner), Tomaten als Mark bzw. zubereitet, Suppengemüse sowie Kräuter.

Bei einigen Gemüsearten ist es wirtschaftlicher, sie nicht im Gefriergerät, sondern im Keller oder im Sandeinschlag zu lagern: Kohlarten, gelbe Rüben (Möhren), Zwiebeln, Schwarzwurzeln, Lauch, Sellerie.

Viele Gemüsearten müssen vor dem Einfrieren blanchiert werden.

Blanchieren von Gemüse

Blanchieren ist ein kurzzeitiges Erhitzen des Gemüses in Wasser, Wasserdampf oder im Mikrowellengerät und anschließendes sehr rasches Abkühlen.

Blanchieren trägt wesentlich dazu bei, die Qualität von Gemüse während des Gefrierens zu erhalten. Durch die Erhitzung wird die Aktivität der Enzyme, die in den Lebensmitteln enthalten sind, verringert. Dadurch wird die Verderblichkeit herabgesetzt. Blanchiertes Gemüse verliert während der Lagerung viel weniger Vitamine (besonders Vitamin C) als roh eingefrorenes. Außerdem vertieft Blanchieren die Farbtöne von Gemüse, z. B. bei Bohnen, Erbsen, und es trägt dazu bei, daß das Aroma erhalten bleibt. Auch einige Schadstoffe werden durch das Blanchieren verringert (Nitrat, Oxalsäure, Bitterstoffe).

So wird blanchiert:

Höchstens 1 kg geputztes, zerkleinertes Gemüse auf einmal in reichlich kochendes Wasser geben, gut durchschwenken und je nach vorgeschriebener Blanchierzeit im heißen Wasser lassen. Zeit genau einhalten! Danach Gemüse abseihen und sofort in reichlich eiskaltes Wasser geben. Nach dem Abkühlen gut abtropfen lassen und in Beutel verpacken.

Praktisch ist ein Blanchierkorb, er wird mit dem Gemüse in das kochende Wasser bzw. in das Eiswasser gehängt. Das Kochwasser kann wieder verwendet werden (Energieersparnis). Das Eiswasser muß für jede Portion erneuert werden, damit rasches Abkühlen gewährleistet ist.

Im Wasserdampf kann ebenfalls blanchiert werden, dazu kann der Dampfentsafter verwendet werden. Die Blanchierzeit verlängert sich auf 3–5 Minuten. Abgekühlt wird wie beim Blanchieren mit Wasser.

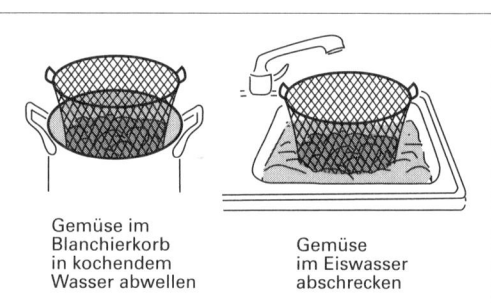

Gemüse im Blanchierkorb in kochendem Wasser abwellen

Gemüse im Eiswasser abschrecken

Blanchieren von Gemüse im Blanchierkorb

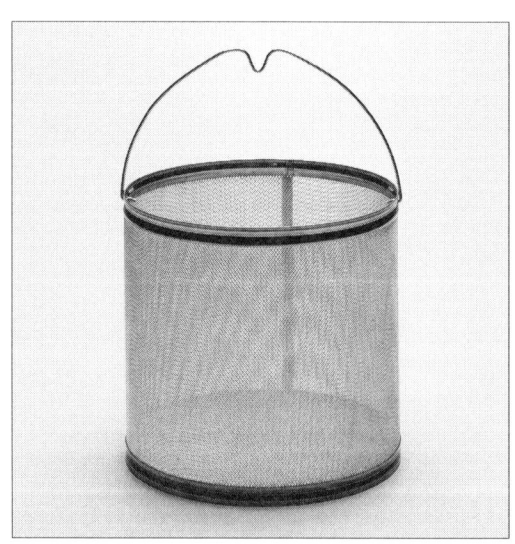

Blanchierkorb

Praktische Hinweise:

- *Gemüse sorgfältig waschen, putzen und zerkleinern.*
- *Bei hellem Gemüse, z. B. Blumenkohl, Sellerie, dem Blanchierwasser etwas Zitronensaft zugeben, das verhindert Braunwerden.*
- *Gut abgetropftes Gemüse portionsweise verpacken. Pakete flach und rechteckig formen, damit der Gefrierraum gut genutzt werden kann. Gemüsepackungen nicht größer als 1 kg machen.*
- *Gefrorenes Gemüse wird unaufgetaut oder nur leicht angetaut weiterverarbeitet.*
- *Küchenkräuter sauber waschen, abtropfen lassen, fein schneiden und in aromadichte Behälter füllen. Bewährt hat es sich, Kräuter im Eiswürfelbehälter einzufrieren und danach in Beutel umzufüllen.*
- *»Rollgefrieren« eignet sich für Erbsen und zerkleinertes Gemüse, z. B. Brechbohnen, gewürfelte gelbe Rüben. Bei dieser Methode wird das Gefriergut in eine Schüssel mit Deckel gefüllt, die Schüssel nur etwa 1/3 füllen. Während des Gefrierens wird etwa alle 30 Minuten der Schüsselinhalt kräftig geschüttelt; dadurch wird verhindert, daß das Gemüse zusammenfriert. Nach dem vollständigen Frieren kann das Gemüse in Beutel umgefüllt werden und das Gefriergut genau dem Bedarf entsprechend entnommen werden. Diese Methode ist auch gut geeignet für Beerenobst. Nachteil: sehr arbeitsaufwendig, vor allem, wenn das Gerät im Keller steht.*

EINFRIEREN VON OBST

Einfrieren ist für viele Obstsorten eine gut geeignete Konservierungsart. Die Vitamin-C-Verluste sind bei Gefrierlagerung besonders niedrig.
Obst wird überwiegend roh gefroren. Äpfel, Birnen, Pfirsiche und Aprikosen werden in Stücke geschnitten, blanchiert und in Zuckerlösung eingefroren. Blanchieren ist auch bei Mirabellen zu empfehlen. Danach wird blanchiertes Obst in Zuckerlösung eingefroren.
Ohne Zuckerzusatz wird Obst gefroren, das für Marmeladenherstellung, als Kuchenbelag, zum Mitbacken in Kuchen oder Aufläufen oder für Diabetiker eingefroren wird.
Ansonsten ist Zuckerzusatz zu empfehlen, weil dadurch Geschmack, Farbe und Form besser erhalten werden.

Praktische Hinweise:

- *Die Packungen sollten nicht schwerer als 1 kg sein. Sonst dauert das Auftauen sehr lang, es tritt mehr Saft aus.*
- *Keine Metallbehälter verwenden; die Obstsäure könnte das Metall angreifen, der Geschmack des Obstes verändert sich.*
- *Beerenobst für Kuchenbelag auf Blechen vorfrieren und erst dann in Beutel füllen.*
- *Kleine Mengen gefrorenes Obst können im Mikrowellengerät sehr schnell zu Konfitüre verarbeitet werden. Geschmack, Vitamine und Farbe bleiben sehr gut erhalten.*

EINFRIEREN VON BACKWAREN

Zum Einfrieren eignen sich Brot, Brötchen, die meisten Kuchen, Torten und Kleingebäck.
Ungeeignet sind Baisers und Makronen, sie werden zäh. Buttercremefüllungen, die mit Pudding hergestellt wurden, werden wäßrig, Zuckerglasuren und Puderzucker werden fleckig. Obstkuchen mit Guß wird ebenfalls fleckig und unansehnlich.
Backwaren behalten ihre Qualität sehr gut, wenn sie ganz frisch eingefroren werden und rasch auftauen. Gebäck kann gut im Heißluftherd aufgetaut werden. Brot wird am besten bei Zimmertemperatur aufgetaut. Tortenböden werden angetaut, belegt und mit Guß überzogen.

Praktische Hinweise:

- *Backwaren gut verpacken, sie trocknen im Gefriergerät sehr schnell aus.*
- *Garnierte Torten unverpackt einige Stunden gefrieren, erst dann verpacken; dann wird die Verzierung nicht zerstört.*

EINFRIEREN VON FERTIGGERICHTEN

Einfrieren von Fertiggerichten bringt große Zeit- und Energieersparnis. Die Lagerzeit von 3 Monaten sollte nicht überschritten werden.
Zum Einfrieren eignen sich:
- Klare und gebundene Suppen, Suppeneinlagen (z. B. Pfannkuchenstreifen)
- Fleischgerichte, besonders Gerichte mit Soße
- Aufläufe mit Reis und Teigwaren
- Klöße, Kartoffelkroketten
- Süßspeisen, z. B. Quarkcreme.
Nicht gut geeignet sind Gerichte mit Kartoffeln und Leber, hartgekochten Eiern und Sahnesoßen.

Praktische Hinweise:

- *Gut gefriergeeignetes Fett verwenden. Butter, Margarine, Öl. Nicht lange lagerbar sind Speisen, die mit Schweineschmalz, Speck oder Erdnußbutter zubereitet sind.*
- *Vorsichtig würzen: Manche Gewürze verändern beim Gefrieren ihren Geschmack, z. B. Bohnen-*

*kraut, Muskat, Majoran, Dill, Paprika, Knob-
lauch, Zwiebeln, Pfeffer, Basilikum, Curry.*
- *Soßen erst nach dem Auftauen mit Ei, Sahne
  oder Milch verfeinern.*
- *Garzeit der Gerichte knapp bemessen, dann
  sind die aufgetauten Speisen nicht zu weich.*
- *Speisen nach dem Auftauen durchkochen!
  Wichtig ist das auch bei Verwendung des Mikro-
  wellengeräts. Es können sich nichterhitzte
  »Inseln« bilden, in denen Bakterien nicht aus-
  reichend erhitzt und abgetötet werden.*
- *Aufgetaute oder angetaute Fertiggerichte nicht
  wieder einfrieren.*
- *Fleischgerichte mit Soße einfrieren.*
- *Auftauen im Wasserbad oder im Kochtopf mit
  wenig Flüssigkeit. Auch im Backofen oder Mi-
  krowellengerät kann aufgetaut werden.*
- *Speisen nach dem Erwärmen sofort verzehren.*

Sterilisieren und Pasteurisieren

Sterilisieren und Pasteurisieren sind Konservierungsmethoden, bei denen durch Erhitzen verderbniserregende Mikroorganismen und Enzyme
zerstört werden. Durch Luftabschluß wird verhindert, daß erneut Keime das Lebensmittel verderben könnten.
Die beiden Verfahren unterscheiden sich durch
die Höhe der angewandten Temperaturen. Pasteurisiert wird bei Temperaturen zwischen 75 und
100 °C, sterilisiert bei bis zu 130 °C. Demnach
wird beim Einkochen (Einwecken, Einmachen)
im Haushalt eigentlich pasteurisiert, im Sprachgebrauch hat sich jedoch die Bezeichnung sterilisieren eingebürgert.
Zwar ist Sterilisieren oft mit mehr Arbeitsaufwand
verbunden als beispielsweise Einfrieren. Sterilisierte Produkte haben jedoch den Vorteil, daß sie
fast verzehrsfertig sind und daher bei Arbeitsspitzen gut verwendet werden können.

VERÄNDERUNGEN IM LEBENSMITTEL

Durch die Hitzeeinwirkung verändern sich Nährstoffe und Genußwert der Lebensmittel. Folgende
Veränderungen sind zu bedenken:
- Einige Eiweißstoffe werden durch die Erhitzung
  leichter verdaulich, andere dagegen ausgelaugt
  oder zerstört.
- Das Wasserbindungsvermögen von Eiweißstoffen
  nimmt ab, dadurch kann Fleisch zäh werden.
- Kohlenhydrate werden leichter verdaulich, da
  Stärke quillt und Zucker gespalten werden.
- Die Vitaminverluste sind z. T. sehr groß. Sie sind
  um so geringer, je schneller das Lagergut verarbeitet wird und je dunkler und kühler die steri-
  lisierten Lebensmittel gelagert werden.

HILFSMITTEL ZUM STERILISIEREN UND PASTEURISIEREN

- *Gläser:* Rillen-, Flach- oder Massivrandgläser. Der
  Rand darf nicht angeschlagen sein, sonst kann
  Luft eindringen, das sterilisierte Lebensmittel verdirbt. Beim Neukauf Rundrandgläser wählen; bei
  diesen Gläsern ist der Deckel nach innen gewölbt. Dadurch ist der »Kopfraum« – das ist der
  Zwischenraum zwischen Deckel und Füllgut –
  sehr gering; es wird wenig Luft eingeschlossen,
  die oberste Schicht des Füllgutes verfärbt sich
  nicht, der Geschmack bleibt unverändert.
  Schraubdeckelgläser können ebenfalls sehr gut
  zum Pasteurisieren verwendet werden, meist
  muß der Deckel nach mehrmaligem Gebrauch
  ausgewechselt werden.
- *Dosen:* Dosen sind sehr gut geeignet zum Pasteurisieren von Fleisch und Wurstwaren, weil das
  Fett nicht durch Licht verändert werden kann.
  Obst und Gemüse können nur in Dosen eingemacht werden, die beschichtet sind, damit die
  Säure das Dosenmaterial nicht angreift.
  Dosen haben den Vorteil, daß sie gut stapelbar
  sind, unzerbrechlich und große Mengen auf einmal in einem Kessel erhitzt werden können.
- *Flaschen:* Flaschen werden für Säfte verwendet.
  Als Verschluß dienen Gummikappen; auch Flaschen mit Schraubdeckeln können sehr gut verwendet werden.
- *Gummiringe:* Gummiringe halten nur dann gut,
  wenn sie elastisch sind. Mit zunehmendem
  Alter werden sie brüchig und schließen das Ein-
  machglas nicht mehr dicht ab, der Inhalt verdirbt. Es wäre falsche Sparsamkeit, bei Gummiringen zu geizen.
- *Klammern:* Federklammern passen fast auf alle
  Gläser, für das Einkochen im Mikrowellengerät
  gibt es Kunststoffklammern.
- Einfüllring und Trichter erleichtern das Abfüllen
  und verhindern, daß der Rand des Glases oder
  der Flasche betropft wird.

Praktische Hinweise:

- *Gläser, Dosen oder Flaschen gründlich reinigen,
  mit klarem Wasser nachspülen und abtropfen
  lassen, nicht abtrocknen.*
- *Gummiringe in klarem Wasser 5 Minuten aus-
  kochen.*
- *Beim Einfüllen von heißem Einmachgut Gläser
  auf feuchtes Tuch stellen, dann springen sie
  nicht so leicht.*
- *Bis etwa 2 cm unter den Rand einfüllen, beim
  Einmachen von Wurst Behälter nur zu 2/3 füllen.*
- *Für jeden Einkochvorgang jeweils gleich große
  Gläser verwenden.*

- *Bevor der Gummi aufgelegt wird, Glasrand sauber abwischen.*
- *Deckel auflegen und Klammern aufschieben. Bei Verwendung von Schraubgläsern sind keine Klammern notwendig.*
- *Falls kein Einmachtopf verwendet wird, gefälteltes Geschirrtuch auf den Topfboden legen; die Gläser dürfen den Topfboden nicht berühren.*
- *Die Einkochzeit wird gerechnet ab dem Zeitpunkt, bei dem die vorgeschriebene Temperatur erreicht ist.*
- *Nach der jeweiligen Sterilisierzeit die Gläser aus dem Einmachtopf oder Herd nehmen. Zum Auskühlen mit einem Tuch bedecken. Zugluft vermeiden.*
- *Klammern nach einem Tag abnehmen und prüfen, ob die Deckel halten.*
- *Einmachgut regelmäßig kontrollieren. Gläser, die nach dem Einkochen schon aufgehen, können ein zweites Mal sterilisiert oder sofort verbraucht werden. Öffnen sich Gläser erst nach einigen Tagen oder Wochen, ist Vorsicht geboten, der Inhalt des Glases könnte verdorben sein, z. B. mit dem gefährlichen Botulinusgift.*

DIE WAHL DER METHODE

Je nach Vorratsumfang und vorhandenen Geräten kann zwischen folgenden Einkochmethoden gewählt werden:
- Einmachtopf mit Deckel, Thermometer und Siebeinsatz
- Einkochautomat (Anschaffung lohnt sich nur bei Haushalten, die viel einmachen)
- Backofen
- Mikrowellengerät (eignet sich v. a. für kleine Mengen)
- Schnellkochtopf (eignet sich für kleine Mengen).

Einmachtopf

Im Wasserbad des Einmachtopfes können Fleisch, Fleischwaren, Gemüse und Obst sterilisiert werden. Es dürfen nur so viele Gläser eingestellt werden, daß sie sich gegenseitig nicht berühren (sie könnten beim Erwärmen springen).
Kaltes oder lauwarmes Wasser wird bis zu der Höhe der Flüssigkeit in den Gläsern aufgefüllt. Gläser nicht in heißes Wasser stellen. Der Inhalt der Gläser wird dann nicht gleichmäßig erwärmt, der Kern des Einmachgutes wird zu kurz erhitzt und verdirbt!
Gleich große Gläser gemeinsam sterilisieren, ebenso nur gleiches Einmachgut, dann sind die Erhitzungszeiten ebenfalls gleich.

Einkochautomat

Einkochautomaten sind spezielle Geräte zum Einkochen mit eigenem Stromanschluß und Thermostat. Die Methode ist die gleiche wie beim Einkochen im Einkochtopf. Die Anschaffung lohnt sich nur bei großen Familien, in denen viel eingekocht wird.

Backofen

Beim Sterilisieren im Backofen sind die Herstellerangaben zu beachten. Gut geeignet ist dieses Verfahren für Obst und Gemüse, weniger gut für Fleisch und Fleischwaren, weil während der langen Erhitzung die Gummiringe brüchig werden. Im Backofen werden nur Gläser sterilisiert. Gläser in die halb mit Wasser gefüllte Fettauffangpfanne stellen (unterste Schiebeleiste), sie dürfen sich nicht berühren und müssen Abstand von der Backofenwand haben. Backofen nicht vorheizen. Im Heißluftherd können je nach Gläsergröße auch zwei Lagen übereinander eingemacht werden.

Dampfdrucktopf

Einkochen im Schnellkochtopf eignet sich vor allem für kleine Mengen, auch für nur 1 Glas! Der Topf wird 1 cm hoch mit kaltem Wasser gefüllt, die Gläser auf den gelochten Einsatz gestellt. Die Sterilisierzeiten gelten ab dem Steigen des Ventils. Topf darf nicht abgedampft werden oder mit kaltem Wasser abgekühlt, die Gläser würden springen. Bei Zimmertemperatur abkühlen lassen, Topf erst öffnen, wenn das Ventil gesunken ist. Herstellerangaben beachten!

Mikrowellengerät

Einkochen im Mikrowellengerät ist nur für kleine Mengen zu empfehlen, sonst ist der Energieaufwand sehr hoch. Zudem müssen spezielle Kunststoffklammern angeschafft werden. Herstellerangaben beachten!

EINMACHEN VON FLEISCH UND FLEISCHWAREN

Fleisch wird heutzutage kaum noch sterilisiert, es wird überwiegend durch Einfrieren haltbar gemacht. Häufig angewandt wird dagegen das Einmachen von Wurstwaren, vor allem in bäuerlichen Haushalten, in denen noch eine Hausschlachtung erfolgt.

Praktische Hinweise:

- *Dosen können übereinander, von Wasser bedeckt, in den Einkochtopf gesetzt werden. Bei Gläsern wird bis zum Rand der Aufgußflüssigkeit im Glas Wasser aufgefüllt.*

- *Wasser im Einkochtopf langsam erhitzen, damit auch der Kern des Sterilisierguts erhitzt wird; Einmachzeit genau einhalten.*
- *Dosen in kaltem Wasser abkühlen. Steigen Luftbläschen auf, ist dies ein Zeichen dafür, daß die Dose nicht dicht ist. Der Inhalt wird möglichst bald verbraucht, er ist für lange Lagerung nicht geeignet.*

EINMACHEN VON GEMÜSE

Sterilisieren von Gemüse wird besonders bei Arten angewendet, die später als Salat verwendet werden (Bohnen, Sellerie, rote Bete). Bei Gemüsen, die als warme Beilage gedacht sind, ist Einfrieren besser geeignet (Kohlrabi, Möhren, Erbsen, Fenchel).

Praktische Hinweise:

- *Gemüse, das sterilisiert wird, muß nicht unbedingt blanchiert werden. Es ist jedoch zweckmäßig, weil das Gemüse dann nicht mehr so sperrig ist und mehr davon ins Einmachgefäß paßt. Außerdem werden Enzyme unwirksam gemacht, die den Verderb des Lebensmittels begünstigen.*
- *Blanchiert wird wie beim Einfrieren. Das Blanchierwasser nicht als Aufgußflüssigkeit verwenden, es würde dem Gemüse einen bitteren Geschmack geben.*
- *Säurebeständige Dosen verwenden!*
- *Als Aufgußflüssigkeit wird Salzwasser verwendet (10 g Salz pro Liter Wasser). Bei hellen Gemüsearten wird etwas Zitronensaft zugegeben. Bei Sauerkonserven wie Essiggurken, Paprika, Silberzwiebeln wird der Sud mit verschiedenen Gewürzen und Essig abgeschmeckt.*

EINMACHEN VON OBST

Für Obst ist Sterilisieren die ideale Konservierungsmethode. Die Früchte behalten Geschmack und Aroma sehr gut.

Praktische Hinweise:

- *Nur Obst bester Qualität verwenden.*
- *Je nach späterer Verwendung kann mit Zuckerlösung, aber auch reinem Wasser aufgegossen werden. Die Farbe bleibt besser erhalten, wenn Zuckerlösung verwendet wird.*
- *Bei hellem Obst, z.B. Birnen, etwas Zitronensaft in den Sud geben, die Säure verhindert Braunwerden.*
- *Glas bis etwa 2 cm unter dem Rand auffüllen.*

HERSTELLEN VON SÄFTEN

Obstsäfte lassen sich mit verschiedenen Methoden bereiten. Gemüsesäfte verderben rasch und werden daher meist frisch hergestellt.

Praktische Hinweise:

- *Damit die Säfte gut schmecken und lange haltbar sind, nur einwandfreies Obst, das nicht überlagert ist oder gar schon Faulstellen hat, verwenden.*
- *Steinobst wird entstielt, meist zerkleinert und entsteint.*
- *Kernobst wird nur zerkleinert.*
- *Beerenobst wird nur entstielt, wenn die Rückstände verwertet werden. Auch bei Holunder sollten die Stiele entfernt werden, weil sie dem Saft einen bitteren Geschmack geben.*
- *Klare Fruchtsäfte sind weder geschmacklich besser noch gesünder als trübe Säfte. Der hohe Arbeitsaufwand des Filterns lohnt sich daher im Haushalt nicht.*
- *Besonders gut schmecken Mischungen verschiedener Obstsorten bzw. Säfte, z.B. Apfel-Birnen-Saft im Verhältnis 3:1, Apfel-Holunder-Saft im Verhältnis 1:1, rote und schwarze Johannisbeeren im Verhältnis 1:1, Johannisbeeren und Kirschen im Verhältnis 1:1.*

Dampfentsafter

Beim Dampfentsaften erhält man Säfte mit sehr gutem Geschmack und hohem Vitamingehalt, zudem ist die Ausbeute gut. Diese Art der Saftbereitung ist für den Haushalt gut geeignet, weil der Arbeitsaufwand niedrig ist.
Besonders gut geeignet ist diese Methode für Beerenobst. Steinobst sollte nur dann dampfentsaftet werden, wenn der Rückstand weiterverwendet wird (z. B. zur Herstellung von Konfitüre). Bei Kernobst ist die Ausbeute im Dampfentsafter nicht sehr groß.
Dampfentsafter bestehen aus einem Fruchtsieb, in das das Obst eingefüllt wird. Das Sieb sitzt auf einem Saftbehälter, darunter befindet sich ein Topf, der mit Wasser gefüllt wird. Beim Erhitzen dringt der Wasserdampf in das Fruchtsieb und bringt die Früchte zum Platzen, der Fruchtsaft läuft aus.
Die Beeren waschen, zerkleinern und zuckern. Blätter und Stiele müssen nicht entfernt werden, wenn der Rückstand nicht weiterverwendet wird. Nach dem Einzuckern wird nicht sofort entsaftet, damit die Saftausbeute größer ist. Das Obst kann jedoch auch ohne Zuckerzusatz entsaftet werden. Zum Entsaften wird der Kochtopf mit Wasser gefüllt und rasch erhitzt. Während des Entsaftens nach Möglichkeit keinen Saft abfüllen, damit die Konzentration nicht abnimmt. Vor dem Abfüllen

werden die Flaschen mit heißem, klarem Wasser saubergewaschen. Eingefüllt wird bis an den Flaschenrand. Schaum, der sich beim Abfüllen bildet, wird abgegossen. Zum Schluß wird die Flasche mit einer Gummikappe verschlossen.

Dampfdrucktopf
Im Dampfdrucktopf wird nach der gleichen Methode wie beim Dampfentsafter gearbeitet. Die Früchte liegen im gelochten Einsatz, darunter fängt der nichtgelochte Einsatz den Saft auf, und am Boden des Topfes befindet sich Wasser. Entsaften im Dampfdrucktopf kann nur für kleine Mengen empfohlen werden.

Fruchtpressen
Durch das starke Zerkleinern (Quetschen) der Früchte ist die Saftausbeute sehr gut. Allerdings werden bei manchen Pressen Mark und Saft nicht getrennt. Dann muß das Gemisch einige Stunden stehen, damit sich das Mark an der Oberfläche absetzen und der Saft abgegossen werden kann. Der Saft wird anschließend einige Minuten gekocht und heiß in Flaschen abgefüllt. Besonders häufig werden Fruchtpressen für das Entsaften (Keltern) von Äpfeln und Birnen verwendet.

Saftzentrifuge
Das Herstellen von Säften mit der Saftzentrifuge eignet sich vor allem für kleinere Mengen zum Sofortverbrauch. Bei längerer Lagerung können sich zentrifugierte Säfte geschmacklich verändern. Wichtig ist daher bei einer Saftzentrifuge nicht, daß große Mengen an Obst oder Gemüse in einem Arbeitsgang verarbeitet werden können, sondern daß sie leicht zu handhaben ist.

Saftgewinnung durch Kochen
Bei dieser Methode wird das Obst mit etwas Wasser kurz aufgekocht, anschließend kühl gestellt und anderntags auf ein Tuch zum Abtropfen gegeben. Je weniger der Fruchtbrei ausgedrückt wird, desto klarer ist der Saft. Der Saft wird einige Minuten aufgekocht und anschließend in Flaschen abgefüllt und mit Gummikappen verschlossen. Die Rückstände enthalten meist noch viel Saft und Geschmack und sollten daher z. B. für Kompott weiterverwendet werden.

Roher Saft
Die Gewinnung von rohem Saft ist die einfachste Methode, jedoch auch die am wenigsten ergiebige. Am besten geeignet ist die Herstellung von rohem Saft bei Beeren. Sie werden zerdrückt und auf ein Mull- oder Leinentuch gegeben, das an einem umgedrehten Hocker oder Stuhl befestigt wird.

Der Saft tropft über Nacht ab und wird anschließend haltbar gemacht durch Erhitzen oder Einfrieren. Erhitzen ist nicht nötig, wenn das Obst mit Weinstein- oder Zitronensäure (erhältlich in der Drogerie oder Apotheke) versetzt wird. Dazu wird das Weinstein- oder Zitronensäurepulver in Wasser aufgelöst und über die Früchte gegossen. Nach einem Tag wird entsaftet. Danach wird der Saft gezuckert (so lange rühren, bis sich der Zucker vollständig gelöst hat), in Flaschen gefüllt und mit Mulläppchen verschlossen.

Trocknen

Trocknen ist eine der ältesten Konservierungsmethoden. Angewendet wird dieses Verfahren heutzutage hauptsächlich für Obst, Gemüse, Pilze und Kräuter. Beim Trocknen wird der Lebensmittelverderb verhindert, indem dem Lebensmittel Wasser entzogen wird. Wasserentzug verhindert, daß sich Mikroorganismen auf dem Lebensmittel vermehren.

ERNÄHRUNGSPHYSIOLOGIE

Getrocknete Lebensmittel enthalten die Nährstoffe in konzentrierter Form. Eiweiß, Kohlenhydrate und Fett bleiben vollständig erhalten, bei Eiweiß tritt sogar eine Verbesserung der Verdaulichkeit ein. Der im Verhältnis zum Gewicht hohe Kohlenhydrat-(Zucker-)gehalt bewirkt, daß Trockenobst die Verdauung anregt. Vitamine bleiben nur zum Teil erhalten. Das hitzeempfindliche Vitamin C geht fast völlig verloren, Carotin (Vorstufe von Vitamin A) bleibt dagegen gut erhalten. Vitamin B_1 wird teilweise zerstört, wenn die Trockenprodukte geschwefelt werden, auch bei normaler Trocknung bleibt es nur zum Teil erhalten. Geschwefelt werden Trockenprodukte bei industrieller Herstellung, damit sie die Farbe nicht verändern. Weil geschwefelte Lebensmittel häufig Unverträglichkeiten hervorrufen, sollte man davon im Haushalt absehen. Farbveränderungen können zum Teil auch vermieden werden, wenn die Schnittflächen von hellem oder empfindlichem Trockengut mit Zitronensaft oder Salzwasser beträufelt werden.

WIRTSCHAFTLICHKEIT

Trocknen wird heutzutage als Konservierungsmethode nur noch bei Kräutern und Pilzen angewendet. Gemüse und vor allem Obst werden nur noch getrocknet zur Herstellung von Spezialitäten, z. B. Früchtebrot, oder als »gesunde Nascherei«.

Der Grund dafür dürfte im hohen Zeit-, aber besonders auch Energieaufwand liegen, der beim Trocknen von Obst und Gemüse anfällt.

Kräuter und Pilze dagegen können mit geringem Aufwand an der Luft getrocknet werden.

Trocknen von Obst oder Gemüse im Backofen dauert sehr lange und ist sehr energieaufwendig. Ein elektrischer Dörrapparat lohnt sich nur, wenn jedes Jahr große Mengen getrocknet werden; der Energieverbrauch ist verhältnismäßig gering.

Sehr gut und schnell kann in der Mikrowelle getrocknet werden, empfehlenswert vor allem für kleine Mengen, z. B. Kräuter.

Praktische Hinweise:

- *Trocknen von Lebensmitteln sollte nicht länger als vier Tage dauern, deshalb nicht unter Temperaturen von 30 °C trocknen. Dauert der Trockenvorgang zu lang, können sich Schimmel und Fäulnisbakterien bilden.*
- *Während des Trocknens muß genügend Luft von allen Seiten an die Lebensmittel gelangen. Deshalb Trockengut locker aufhängen oder mehrmals wenden, sonst kann sich Schimmel bilden.*
- *Am leichtesten kann die Luft an das Trockengut gelangen, wenn es auf Rosten oder Gittern liegt (Kuchengitter, Backofengitter). Das Trockengut fällt nicht durch oder klebt an, wenn die Gitter mit einem dünnen Tuch bespannt werden.*
- *Trockengut nur in einer Schicht auf den Rost legen.*
- *Beim Trocknen im Freien Papier oder dünnes Tuch auf das Trockengut legen als Schutz gegen Ungeziefer und Staub.*
- *Nicht in praller Sonne trocknen, vor allem Kräuter verlieren dabei ihr Aroma. Ideal ist ein schattiger, luftiger Platz.*
- *Im Backofen anfangs bei 50 °C, gegen Ende der Trocknungszeit bei 70 °C trocknen. Die Tür des Backofens einen Spalt offenlassen, (z. B. durch Einklemmen eines Kochlöffels), damit die Feuchtigkeit entweichen kann.*
- *Kräuter und Gemüse sind trocken, wenn sie rascheln bzw. knusprig sind. Obst wird beim Trocknen ledrig, beim Aufschneiden dürfen keine Wassertropfen am Schnitt austreten.*
- *Aufbewahrt wird Trockengut in fest verschließbaren Dosen oder Gläsern an einem kühlen, dunklen Ort.*

TROCKNEN VERSCHIEDENER LEBENSMITTEL

- *Äpfel:* Säuerliche Sorten sind besonders gut geeignet, geschält oder ungeschält verarbeiten. Blüte und Kernhaus entfernen, in Spalten oder Ringe schneiden (etwa 1 cm dick), vor dem Trocknen mit Zitronensaft beträufeln, damit sie sich nicht verfärben. Apfelschalen können ebenfalls getrocknet und dann zu Tee verwendet werden.
- *Aprikosen:* verfärben sich leicht. Werden sie vor dem Trocknen in Zuckerwasser blanchiert, halten sie die Farbe besser. Selbstgetrocknete Aprikosen sind dunkler als gekaufte und schmecken weniger gut.
- *Hagebutten:* Stiel und Blütenansatz werden entfernt. Falls daraus Kompott bereitet werden soll, auch die Kerne herausnehmen. Für Tee brauchen Hagebutten nicht entkernt zu werden.
- *Zwetschgen:* Zwetschgen werden meist mit Stein getrocknet. Der Stiel wird erst entfernt, wenn die Früchte bereits etwas angetrocknet sind. Nicht bei zu hohen Temperaturen trocknen, sonst platzt die Haut auf, und der Saft entweicht.
- *Nüsse und Kerne:* An einem luftigen Ort trocknen, da sich bei hoher Luftfeuchtigkeit leicht Schimmel bildet. Nicht bei Temperaturen über 35 °C trocknen, damit das enthaltene Fett nicht ranzig wird.
- *Gemüse:* Gemüse vor dem Trocknen waschen, zerkleinern und kurz blanchieren. Danach bei Temperaturen unter 60 °C trocknen, bis es knusprig und hart ist. Am häufigsten wird Suppengrün getrocknet.
- *Pilze:* sauber putzen und in Scheiben schneiden. Wichtig ist auch, eine Temperatur von 40 °C nicht zu überschreiten (im Backofen) und nicht in praller Sonne zu trocknen.
- *Kräuter:* Kräuter werden vormittags geschnitten, wenn der Tau bereits abgetrocknet ist. Nicht in der Mittagshitze schneiden, das Aroma ist dann sehr schwach. Die Kräuter entweder in Büscheln aufhängen und danach entblättern und verpacken oder liegend trocknen. In der Mikrowelle sind Kräuter in Minutenschnelle getrocknet, sie behalten außerdem die Farbe sehr gut. Getrocknete Kräuter in gut verschließbaren Behältern dunkel aufbewahren.

Einzuckern und Einlegen in Alkohol

Zucker ist zwar Nährstoff für Mikroorganismen, in zu hohen Konzentrationen vermindert er aber das verfügbare Wasser im Lebensmittel und verschlechtert dadurch die Lebensbedingungen für Keime.

Produkte, deren Zuckergehalt über 55 % liegt, sind haltbar, ohne zu schimmeln oder zu vergären. Bei niedrigerem Zuckergehalt muß zusätzlich sterilisiert oder getrocknet oder aber Gelier- oder Konservierungsmittel zugesetzt werden.

Die wohl bekannteste Anwendung der Konservierung mit Zucker ist das Herstellen von Konfitüren,

Marmeladen, Gelees, Sirup, Mus, Obstpasten und kandierten Früchten.

ERNÄHRUNGSPHYSIOLOGIE

Zucker liefert viel Energie und macht in hohen Konzentrationen das Lebensmittel unangenehm süß. Deshalb werden heutzutage zunehmend Konfitüren mit Hilfe von Geliermitteln gekocht, damit die Zuckermenge verringert werden kann. Geliermittel bewirken zudem eine Verkürzung der Kochzeit, so daß Vitamine besser erhalten bleiben.
Da mit zunehmender Lagerzeit Vitamin- und Aromaverlust steigen, ist es ratsam, jeweils nur kleinere Mengen an Konfitüre herzustellen und die übrigen Früchte inzwischen einzufrieren. So können auch gemischte Konfitüren aus Früchten mit unterschiedlicher Erntezeit hergestellt werden.

WIRTSCHAFTLICHKEIT

Zwar gibt es Konfitüren schon sehr günstig zu kaufen. Nach wie vor werden aber selbstgemachte Konfitüren wegen des guten Geschmacks sehr geschätzt. Dieser Wert sollte nicht vernachlässigt werden.
Feste Kosten, z. B. für einen Kochtopf, fallen meist nicht an, weil ein passender Topf in jedem Haushalt vorhanden ist. Kosten werden verursacht durch den Zukauf von Obst. Für die Herstellung von Konfitüren lohnt es sich, in Obstplantagen selbst zu pflücken oder einzukaufen, falls die Früchte nicht aus dem eigenen Garten kommen.
Sehr aromatische Konfitüren in kleiner Menge lassen sich schnell im Mikrowellengerät herstellen. Die Früchte werden dafür am besten in entsprechenden Mengen eingefroren, bei Bedarf aufgetaut und zu Konfitüre verkocht.

Praktische Hinweise:

- *Sauber arbeiten, zu hohe Keimbelastung kann dazu führen, daß die Konfitüre im Glas zu gären beginnt.*
- *Kochzeiten genau einhalten, damit Schimmelpilzsporen abgetötet werden.*
- *Die Erhitzungsdauer für Konfitüren und Gelees hängt vom Pektingehalt der verwendeten Früchte ab. Im allgemeinen werden Konfitüren, die mit Haushaltszucker (ohne Geliermittel) zubereitet werden, 30 Minuten, Gelees 15 Minuten gekocht; wird der Gelierpunkt überschritten, wird das Gelee sirupartig. Bei Verwendung von Gelierhilfen nach Gebrauchsanweisung arbeiten.*
- *Konfitüre geliert am besten in einem weiten Topf, da viel Feuchtigkeit verdampfen kann. Der Topf*

sollte nach Möglichkeit auch hoch sein, denn Obst-Zucker-Mischungen kochen leicht über.
- *Vor dem Einfüllen der Konfitüren Gelierprobe machen: einen Tropfen auf einen trockenen Porzellanteller geben. Es wurde lange genug erhitzt, wenn sich in kurzer Zeit ein Häutchen bildet und der Rand des Tropfens auch bei Schräghalten des Tellers nicht verläuft.*
- *Die Größe der Gläser richtet sich nach dem Verbrauch, meist sind aber kleine Gläser praktischer, da der Inhalt schneller verbraucht und damit der Verderb gering gehalten wird. Außerdem kann die Konfitürensorte öfter gewechselt werden.*
- *Gläser mit Twist-off-Deckel (Schraubdeckel) sind besonders praktisch, weil sie bei heiß eingefüllter Konfitüre sehr gut halten. Außerdem trocknet die Marmelade nicht ein, was z. B. bei Verwendung von Einmachzellophan der Fall sein kann. Zu empfehlen sind auch Gläser mit Schnappverschluß und Gummiring.*
- *Wird Einmachcellophan verwendet, zieht man das je nach Glas zugeschnittene Stück durch Wasser, wobei eine Seite des Cellophans trocken bleiben soll. Mit der trockenen Seite zum Glas wird das Cellophan über das Glas gespannt; so legt sich die Folie eng an den Glasrand, es kann keine Luft eindringen.*
- *Bei Verwendung von Cellophan kann direkt auf die Konfitüre ein zugeschnittenes Cellophanblättchen gelegt werden, das mit einigen Tropfen hochprozentigem Alkohol beträufelt wird. Dadurch kann Schimmelbildung zusätzlich verhindert werden.*
- *Vor dem Abfüllen der Marmelade Schaum abschöpfen. Wird der Schaum nicht abgeschöpft, bildet sich leicht Schimmel, oder es setzen Gärprozesse ein.*
- *Stark schäumende Konfitüren (z. B. Erdbeerkonfitüre) 1 Minute länger kochen. Eine Verlängerung der Kochzeit um 1 Minute ist auch zu empfehlen in verregneten Sommern, weil dann der Zuckergehalt der Früchte niedriger ist.*
- *Vor dem Einfüllen Gläser sauber mit klarem Wasser ausspülen und abtropfen lassen, nicht austrocknen. Glas auf feuchtes Tuch stellen, damit es nicht springt.*
- *Konfitüre, die nach dem Abkühlen nicht fest geworden ist, kann ein zweites Mal erhitzt werden. Nach Möglichkeit sollte sie jedoch für Fruchtsoßen oder Mixgetränke verwendet werden, um die Vitamine nicht völlig zu zerstören.*
- *Gelee nach dem Einfüllen einige Tage nicht bewegen, damit es fest werden kann.*
- *Verschimmelte Konfitüren mit einem Frucht-Zucker-Verhältnis von 1:1 können noch verzehrt werden, wenn die Schimmelschicht großzügig abgehoben wird.*

GELIERHILFEN

Gelierhilfen tragen dazu bei, daß Konfitüren in Minutenschnelle gelieren und dadurch Aroma, Farbe und Vitamine besser behalten.
Verwendet werden Pektin, Johannisbrotkernmehl und Agar-Agar. Die jeweilige Gebrauchsanweisung muß beachtet werden.

Pektin
Pektin wird häufig in flüssiger Form zugegeben. Gelierzucker bewirkt das gleiche; er ist einfach und sicher in der Anwendung, während des Kochens muß gerührt werden. Gelierpulver löst sich nur schlecht in gezuckerten Früchten, deshalb die Früchte erst mit dem Pulver vermischen, erhitzen und erst nach dem Aufkochen den Zucker zugeben.

Gelierpulver 2:1 und 3:1
Enthält nicht nur spezielle Pektine, sondern auch Konservierungsmittel, damit trotz des niedrigen Zuckergehalts die Konfitüre haltbar ist. Diese Gelierpulver haben den Vorteil, daß durch den niedrigeren Zuckergehalt auch der Energiegehalt niedriger ist, außerdem kommt das Fruchtaroma besser zur Geltung.

Johannisbrotkernmehl, Agar-Agar
Für zuckerlose oder zuckerarme Konfitüren gibt es spezielle Apfelpektine. Der Umgang mit Johannisbrotkernmehl und Agar-Agar als Geliermittel erfordert etwas Erfahrung und genaues Einhalten von Temperatur und Erhitzungszeit.

ZUBEREITUNGEN

Obstmus besteht aus Obstmark, das durch langes Kochen eingedickt wird. Verwendet werden häufig sehr reife, zuckerreiche Obstsorten (z. B. Zwetschen, Birnen). Durch die lange Erhitzung gehen viele Vitamine verloren, auch das Aroma kann sich leicht verändern. Das wohl bekannteste Beispiel für Obstmus ist Zwetschgenmus.
- »Obstkraut« ist eingedickter Obstsaft, dem kein Zucker zugesetzt wurde.
- Sirup ist eingedickter Obstsaft mit hohem Zuckergehalt.
- Obstpaste ist dick eingekochte Konfitüre mit hohem Zuckergehalt.

- Kandierte Früchte werden durch Kochen oder Einlegen der Früchte in Zuckersirup und anschließendes mehrmaliges Nachzuckern und Trocknen hergestellt.
- Einlegen in Zucker und Alkohol wird im Haushalt vor allem für die Herstellung von Spezialitäten angewendet, z. B. Rumtopf. Je höherprozentig der Alkohol, desto geringer die Wahrscheinlichkeit des Verderbs. Früchte in Alkohol werden verwendet für Soßen über Eis, zum Aufgießen mit Getränken, z. B. Sekt. Wegen des hohen Alkoholgehalts sind sie für Kinder nicht geeignet

Praktische Hinweise zum Rumtopf:

- *Folgende Früchte eignen sich gut zum Einlegen in Alkohol: Kirschen mit Stein, Erdbeeren (vor allem kleine, feste Früchte), Birnen (geschält und in Stücke geschnitten), Aprikosen (enthäutet und in Stücke geschnitten), Himbeeren (nicht waschen, nur verlesen), frische Ananas und grüne Walnüsse.*
- *Die Früchte können in Etappen, je nach Reifezeit, in den Topf geschichtet werden. Für die erste »Lage« Früchte und Zucker im Verhältnis 1:1 mischen und mit mindestens 54%igem Rum übergießen. Niedrigerer Alkoholgehalt kann dazu führen, daß die Mischung zu gären beginnt. Höherer Alkoholgehalt führt dazu, daß die Früchte hart werden.*
- *Die entsprechend der Erntezeit folgenden Fruchtschichten im Verhältnis 2:1 mit Zucker mischen und ebenfalls wieder mit Rum bedecken.*
- *Die Früchte müssen vollständig mit Alkohol bedeckt sein; falls sie an der Oberfläche schwimmen, passenden Teller auflegen.*

Einsalzen/Pökeln

Einsalzen bewirkt, daß den Mikroorganismen das frei verfügbare Wasser als Lebensgrundlage entzogen wird. Die meisten krankheitserregenden Keime sind salzempfindlich, es gibt aber auch salzliebende Bakterien, z. B. Milchsäurebakterien und Hefen.
Kochsalz wird deshalb häufig zugegeben, um andere Konservierungsmittel zu unterstützen.

Gelierfähigkeit von Obstsorten

Gut	Mittel	Schlecht
Äpfel, Stachelbeeren,	Rote Johannisbeeren,	Erdbeeren,
schwarze Johannisbeeren,	Brombeeren, Himbeeren,	Kirschen, Trauben,
Quitten, Preiselbeeren,	Pfirsiche, Heidelbeeren,	weiße Johannisbeeren,
Pflaumen	Holunder, Ebereschen	Tomaten, Kürbis

ERNÄHRUNGSPHYSIOLOGIE

Lebensmittel, die durch Einsalzen haltbar gemacht wurden, haben einen sehr hohen Salzgehalt, auch wenn sie vor der Verwendung in Wasser eingelegt werden.

Durch Einreiben oder Einlegen in Salz tritt aus dem Lebensmittel meist Flüssigkeit aus, wodurch das Lebensmittel trocken und fest wird. Dabei werden wasserlösliche Vitamine und Mineralstoffe ausgeschwemmt.

Häufig wird das Einsalzen von Fleisch mit Pökeln kombiniert. Zum Pökeln wird dem Salz meist Nitritpökelsalz beigemischt. Pökelsalz bewirkt, daß die Fleisch- und Wurstwaren auch beim Erhitzen rot bleiben, einen guten Geschmack haben und länger haltbar sind.

Praktische Hinweise:

- *Salzen oder Pökeln kann naß oder trocken erfolgen, d. h. mit oder ohne Zusatz von Lake.*
- *Salzen oder Pökeln von Fleisch allein reicht nicht aus, um es haltbar zu machen, deshalb wird im Anschluß daran meist geräuchert. Gepökeltes oder eingesalzenes Fleisch kann aber auch tiefgefroren werden und dann z. B. als »Surfleisch« zubereitet werden.*
- *Die Fleischstücke dürfen nicht zu lange in der Lake liegen, sie werden sonst zu salzig oder trocken.*
- *Während des Pökelns Gefäß mit dem Fleisch kühl stellen und vor Fliegen schützen.*

Räuchern

Räuchern verlängert die Haltbarkeit von gesalzenen oder gepökelten Fleischwaren. Rauch allein genügt nicht, um ein Lebensmittel haltbar zu machen.

Besonders geschätzt ist bei geräucherten Fleischwaren der aromatische, würzige Geschmack.

Rauch enthält verschiedene Bestandteile, z. B. Ruß, Teer, von denen manche gesundheitsschädlich sind, z. B. Benzpyrene. Der Gehalt an gesundheitsschädlichen Stoffen ist um so größer, je höher die Temperatur ist, bei der geräuchert wird.

Praktische Hinweise:

- *Die geschmacklich besten Produkte entstehen bei Kalträucherung. Bei dieser Methode wird unter 20 °C verhältnismäßig lang geräuchert, die Produkte sind sehr gut haltbar.*
- *Ein sehr guter Geschmack entwickelt sich auch, wenn stundenweise – z. B. nachts – nicht geräuchert wird.*

- *In den Randschichten der Räucherprodukte ist der Anteil an schädlichen Stoffen besonders hoch, deshalb ist es empfehlenswert, die Randschicht nicht zu essen.*
- *Über Naturdärme können schädliche Stoffe leichter in geräucherte Wurstwaren gelangen; deshalb möglichst Kunstdärme verwenden.*
- *Fleisch und Wurst nicht zu lange räuchern, es wird hart und zäh.*
- *Räucherwaren luftig aufbewahren, am besten in einer kühlen Speisekammer. Im Kühlschrank verschimmeln Räucherwaren wegen der hohen Luftfeuchtigkeit. Verschimmelte Räucherwaren nicht mehr essen.*

Säuern

Durch Zugabe von Essig in hohen Konzentrationen sind viele Mikroorganismen nicht mehr lebensfähig. Da beim Konservieren mit Essig meist keine sehr hohen Konzentrationen verwendet werden, damit der Geschmack der Lebensmittel nicht leidet, werden zusätzlich andere Konservierungsarten eingesetzt, z. B. Sterilisieren, Salzen, Zuckern oder Zugabe von Konservierungsmitteln (z. B. »Gurkendoktor«).

ERNÄHRUNGSPHYSIOLOGIE

Da Essigsäure bei den Stoffwechselvorgängen im menschlichen Körper gebildet wird, ist sie ein völlig natürlicher Konservierungsstoff, der keinen Höchstmengengrenzen unterliegt.

Der Energiegehalt fast aller Sauerkonserven ist gering, es sei denn, es wurde zusätzlich viel Zucker zugegeben.

Der Vitaminverlust durch Säuerung ist unterschiedlich. Vitamin C geht in vielen gesäuerten Produkten zum Großteil verloren, in Sauerkraut dagegen ist der Vitamin-C-Gehalt sehr hoch.

Auch Vitamin B_1 und Carotin (Vorstufe von Vitamin A) gehen zum Großteil verloren. Mineralstoffe werden im Sud ausgelaugt.

Praktische Hinweise:

- *Gefäße aus Steingut, Glas, Emaille oder lackierte Dosen sind gut geeignet.*
- *Gefäße und Geräte aus Aluminium, Kupfer und Messing werden von Essig angegriffen und sollten daher nicht verwendet werden.*
- *Essig kann selbst hergestellt werden, z. B. aus Wein, der offen an der Luft bei Wärme stehengelassen wird, bis er sauer ist. Danach durch einen Filter laufen lassen.*

Milchsäuregärung

Bei der Milchsäuregärung werden Lebensmittel, vor allem Gemüse, durch die Produktion von Milchsäure aus den Kohlenhydraten gesäuert, die im Lebensmittel vorhanden sind. Diese Umwandlung von Kohlenhydraten in Säure bewirken Bakterien. Dieses Konservierungverfahren wird meist kombiniert mit Salz, damit sich Hefen und Schimmelpilze nicht vermehren können.

Angewendet wird dieses Verfahren hauptsächlich bei Gemüse: Weißkraut, Gurken, Bohnen, Rüben, gelben Rüben (Möhren), Paprika, Pilzen.

ERNÄHRUNGSPHYSIOLOGIE

Die Nährwertverluste von milchsauer vergorenem Gemüse im Vergleich zu Frischware sind gering, wenn auch der ausgetretene Saft verwendet wird. Das im Gemüse enthaltene Eiweiß wird leichter verdaulich, zudem nimmt die blähende Wirkung mancher Gemüse ab, z. B. bei Kohl.

Zwar wird in manchen Lebensmitteln durch das Vergären das Vitamin C zerstört, in Sauerkraut bleibt es dagegen sehr gut erhalten. So galt es früher als wichtigster Vitamin-C-Lieferant während der Wintermonate: 250 g Sauerkraut decken den täglichen Vitamin-C-Bedarf!

Der Energiegehalt von milchsauer vergorenem Gemüse ist verhältnismäßig gering.

Praktische Hinweise:

- *Steinguttöpfe sind sehr gut geeignet zum Vergären von Gemüse. Holzfässer haben den Nachteil, daß sie schwer zu reinigen sind.*
- *Steht eine Neuanschaffung eines Steinguttopfes an, empfiehlt es sich, einen sogenannten »Kuhltopf« zu kaufen. Dieser Topf hat am oberen Rand eine Rille, in die Wasser gefüllt werden kann und in die der Deckel eingelegt wird. Dadurch ist vollkommener Luftabschluß gewährleistet, das Lagergut muß weniger gesalzen werden und verdirbt nicht so schnell.*
- *Alte Fässer ohne Wasserrinne werden mit einem Tuch abgedeckt. Darüber wird ein passender Holzdeckel gelegt, der mit einem Granitstein beschwert wird.*
- *Das Gemüse wird mit scharfen Messern bzw. Hobeln zerkleinert. Stumpfe Schneiden führen dazu, daß mehr Saft austreten kann und das Gemüse nicht mehr so saftig schmeckt.*
- *Das Gärgut wird zusammen mit den Gewürzen bzw. Salz fest eingestampft, damit möglichst wenig Luft zwischen dem Gemüse eingeschlossen wird und sich keine Bakterien vermehren können.*

- *Sauberes Arbeiten ist wichtig, sonst gelangen Fäulnisbakterien in das Gärgut und verderben es. Fäulnisbakterien können sich auch vermehren, wenn Gärgemüse zu lange gelagert wird. Die übliche Lagerdauer beträgt etwa 4 Monate bei sorgfältiger Pflege.*
- *4–6 Wochen nach dem »Einstampfen« ist das Gemüse verzehrsfertig.*
- *Nicht zu viel Salz zugeben, es macht das Gemüse hart.*

PFLEGE UND ENTNAHME DES GÄRGUTES

Am einfachsten zu handhaben ist der »Kuhltopf«. Da er Luftabschluß bietet, braucht das Gärgut nicht gepflegt zu werden; es muß bei Bedarf nur entnommen werden.

Bei allen übrigen Gärbehältern muß die Lake über dem beschwerten Holzbrett stehen. Während des Gärens wird die Lake einmal abgeschöpft und der Behälterrand sauber mit klarem Wasser geputzt. Riecht die Lake noch frisch, kann sie wieder verwendet werden, andernfalls gießt man Salzwasser über das Gärgut.

Bildet sich ein hellgrauer Belag an der Oberfläche, muß dieser bei Gärgemüse jeden Tag entfernt werden, bei Sauerkraut genügt ein Abnehmen etwa jede Woche. Dazu werden Tuch, Stein und Brett abgenommen, die Lake abgeschöpft und die oberste Schicht entfernt. Nachdem Tuch, Stein, Deckel und Gefäßrand sauber mit klarem Wasser gewaschen wurden, wieder auf das Gemüse legen und mit Salzwasser übergießen.

Beim Entnehmen die oberste Gemüseschicht nicht verwenden. So lange schichtweise Gemüse entnehmen, bis gutes, aromatisch riechendes Gärgut kommt. Gärgut immer gleichmäßig abtragen, damit die Oberfläche möglichst klein ist und wenig Sauerstoff an das Gemüse gelangen kann.

Alkoholische Gärung

Die alkoholische Gärung wird im Haushalt bei der Herstellung von Wein und Most angewendet.

Das Prinzip der alkoholischen Gärung ist einfach: Aus Trauben- oder Fruchtzucker bilden Hefezellen Alkohol und Kohlendioxid. Der Alkohol bleibt im Getränk, das Kohlendioxid entweicht während der Gärung (sichtbar an den aufsteigenden Bläschen).

Der Alkoholgehalt eines Getränkes hängt davon ab, wieviel vergärbaren Zucker es enthält (Oechslegrade). Ist der Zuckergehalt zu niedrig, muß nachgezuckert werden, denn bei zu niedrigem Alkoholgehalt ist der Wein nicht haltbar.

Praktische Hinweise:

- *Die Bereitung von Wein im Haushalt erfordert große Sorgfalt.*
- *Alle Zutaten werden, wie im Rezept angegeben, in den Gärballon gegeben; diesen nur etwa zu ⅔ füllen, denn anfangs bildet sich meist Schaum.*
- *Kernobstmost wird bei 15–18 °C vergoren, Beerenmoste bei 20–22 °C. Temperaturschwankungen nach Möglichkeit vermeiden.*
- *Die Verwendung von Reinzuchthefen und Nährsalztabletten (in Drogerien erhältlich) ist anzuraten.*

Einlegen in Öl, Wasserglas, Kalkwasser

Einlegen in Öl

In Öl werden vorzugsweise Kräuter und Gemüse eingelegt. Zwar lösen sich die fettlöslichen Vitamine in Öl, doch dieses wird ohnehin mitverwendet, da es auch Geschmacksstoffe des Eingelegten annimmt. Ein Vorteil dieser Konservierungsmethode ist die gute Geschmackserhaltung. Verwendet werden Öle mit wenig Eigengeschmack, z. B. Sonnenblumenöl, und absolut frische Zutaten.

Praktische Hinweise:

- *Geräte und Gefäße sehr sauber waschen, mit klarem Wasser nachspülen.*
- *Bei der Verarbeitung auf absolute Sauberkeit achten, sonst beginnt das Gemüse zu gären.*
- *Gemüse blanchieren oder bißfest garen, sehr gut abtropfen lassen und so viel Öl darübergießen, daß das Gemüse vollständig bedeckt ist und auch keine Luftblasen mehr im Glas sind.*
- *Kräuter und Gewürze trocken in das Öl einlegen.*
- *Gefäße kühl und dunkel lagern.*

Einlegen in Wasserglas

Wasserglas wird zum Konservieren (»Einlegen«) von Eiern verwendet. Dazu sollten nur ganz frische Eier genommen werden. Bestandteile der Wasserglaslösung gehen nicht in das Ei über.

Praktische Hinweise:

- *1 Teil Wasserglas (Natriumsilikat aus der Drogerie) mit 10 Teilen Wasser verdünnen.*
- *Sauberes Gefäß (sehr gut eignen sich weite Steinguttöpfe) bereitstellen, die (nicht gewaschenen) Eier einlegen und mit der Wasserglaslösung vorsichtig bedecken. Gefäß abdecken.*
- *Nicht mehr als 5 Schichten Eier übereinanderlegen. Die Haltbarkeit beträgt etwa 4 Monate.*

Einlegen in Kalkwasser

Kalkwasser wird ebenfalls ausschließlich für die Konservierung von frischen Eiern verwendet. Diese Methode hat im Vergleich zu Wasserglas den Nachteil, daß die Schale zum Platzen neigt. Auf 25 Eier werden etwa 150 g Kalk (kein Branntkalk) mit 2 Litern Wasser vermischt.

3. LEBENSMITTELRECHT

3.1. Lebensmittelüberwachung

Die amtliche Lebensmittelüberwachung schützt den Verbraucher vor gesundheitsschädlichen Lebensmitteln und vor Irreführung und Täuschung beim Einkauf.

Je nach Bundesland sind für die Lebensmittelüberwachung unterschiedliche Behörden zuständig: Kreisverwaltungen, Polizeibehörden, Ordnungsämter der Städte, Bezirksämter, Landratsämter.

An der Lebensmittelüberwachung kann sich auch der Verbraucher beteiligen, indem er z. B. Produkte, die verdorben sind oder verdorben aussehen, zu den Untersuchungsbehörden schickt oder sie davon benachrichtigt. Die eingeschickten Produkte werden meistens kostenlos untersucht. Vorsichtshalber sollte man vorher danach fragen. Viele Beschwerden lassen sich ohne Einschaltung der Lebensmittelüberwachung regeln. Ist beispielsweise der gekaufte Joghurt verdorben, nimmt ihn der Händler zurück – auch bei sorgfältiger Pflege des Warenbestandes kann so etwas vorkommen.

Die wissenschaftlichen Untersuchungen an den einzelnen beanstandeten Lebensmitteln werden durchgeführt von Landesuntersuchungsämtern, Veterinäruntersuchungsämtern, medizinischen Untersuchungsämtern und staatlich-chemischen Untersuchungsämtern.

Grundlage für die Lebensmittelüberwachung ist das Lebensmittel- und Bedarfsgegenständegesetz (LMBG).

Die wichtigsten Inhalte des LMBG :

- Es dürfen keine gesundheitsschädlichen Lebensmittel hergestellt oder in Verkehr gebracht werden.
- Der Verbraucher darf nicht getäuscht oder irregeführt werden, z. B. durch entsprechende Kennzeichnung oder Aufmachung.
- Gesundheitsbezogene Werbung ist verboten. Es darf also beispielsweise auf der Verpackung nicht damit geworben werden, daß das Lebensmittel bestimmte Krankheiten verhindert, lindert oder gar heilt.

❑ Erlaubte Zusatzstoffe, d. h. Zusatzstoffe, die nach wissenschaftlichen Erkenntnissen zu keiner Gesundheitsschädigung führen, sind aufgeführt.

❑ Für die einzelnen Lebensmittelgruppen sind zahlreiche Einzelverordnungen vorgeschrieben, z. B. für Fleisch: Futtermittelverordnung, Tierseuchengesetz, Fleisch-Hygiene-Gesetz.

❑ Lebensmittel-Kennzeichnungs-Verordnung: Sie regelt die Kennzeichnung von verpackten Lebensmitteln, z. B. Mengenangabe, Mindesthaltbarkeitsdatum.

Ergänzt wird das LMBG durch zahlreiche Zusatzverordnungen, z. B. Fleisch-Verordnung, Pflanzenschutz-Höchstmengen-Verordnung, Fertigpackungs-Verordnung.

NATIONALES RECHT UND EUROPÄISCHER BINNENMARKT

Seit Inkrafttreten des Europäischen Binnenmarkts dürfen in Deutschland auch Waren verkauft werden, die nicht nach nationalem Recht hergestellt wurden. Lebensmittel aus anderen EU-Ländern, die nach den dort geltenden Bestimmungen hergestellt wurden, sind in der gesamten Europäischen Union frei verkehrsfähig. Es darf also beispielsweise eine Wurst, die bestimmte Zusatzstoffe enthält, die bei uns nicht zugelassen sind, nach Deutschland exportiert und auch verkauft werden. Fazit für den Verbraucher: noch genauer auf das Etikett und die Kennzeichnung achten.

Beschränkungen des freien Warenverkehrs sind nur bei zwingenden Erfordernissen, z. B. Gesundheitsschutz, Verbraucherschutz, zulässig. Diese zwingenden Erfordernisse sind sehr hoch angesetzt. Eingetreten ist dies z. B. bei Rindfleisch aus England in Zusammenhang mit BSE.

PRODUKTHAFTUNG

Nach dem Produkthaftungsgesetz haften Hersteller und Importeure (in seltenen Fällen auch Lieferanten) für Schäden, die durch fehlerhafte Produkte verursacht werden. Der geschädigte Verbraucher kann ohne Beweispflicht Ansprüche geltend machen. Der Hersteller muß nachweisen, daß sein Produkt den Schaden nicht verursacht haben kann.

WIE WIRD KONTROLLIERT?

Amtliche Lebensmittelkontrolleure ziehen Stichproben, die in Untersuchungsämtern wissenschaftlich geprüft werden.

Die Stichproben werden untersucht auf Rückstände, also Reste oder Abbauprodukte von Stof-

fen, die z. B. bei der Produktion angewandt werden, z. B. Pflanzenschutzmittel.

Geprüft werden die Lebensmittel auch auf Verderb, z. B. auf Keime und Bakterien, die Krankheiten auslösen (Salmonellen, schädliche Schimmelpilze).

Der Prüfung unterliegen auch die Zusatzstoffe in Lebensmitteln und Verunreinigungen, z. B. Stoffe, die aus der Verpackung in das Lebensmittel übergehen.

Für alle diese Stoffe sind Höchstmengen oder Richtwerte festgelegt. Die Höchstmengen sind so niedrig angesetzt, daß zwischen der Schwelle zur Schädlichkeit und den erlaubten Mengen eine große Sicherheitszone eingebaut ist, so daß Schädigungen nach aktuellem Wissensstand ausgeschlossen sind.

3.2. Lebensmittelkennzeichnung

Gemäß der Lebensmittel-Kennzeichnungs-Verordnung ist eine einheitliche Kennzeichnung für verpackte Lebensmittel vorgeschrieben:

❑ Verkehrsbezeichnung,

❑ Menge,

❑ Name und Anschrift des Herstellers, Verpackers oder Verkäufers,

❑ Mindesthaltbarkeitsdatum,

❑ Zutatenverzeichnis,

❑ Los- oder Chargennummer.

Für alle Lebensmittel ist die Preisangabe auf der Packung vorgeschrieben. Erlaubt ist auch eine gut sichtbare Preistafel, z. B. in Metzgereien. Bei »krummen« Packungsgewichten ist zusätzlich der Kilopreis auf der Packung anzugeben.

Lose Ware muß nicht so umfassend gekennzeichnet sein. Zusatzstoffe und Preis sind auf einem Schild neben der Ware zu finden.

Bei verschiedenen Lebensmitteln sind zusätzliche Angaben vorgeschrieben, z. B. bei Milch der Fettgehalt.

Freiwillige Angaben des Herstellers sind z. B. Nährwertgehalt, Energiegehalt, Teilstück bei Fleisch, Fettgehalt von Wurst.

Verkehrsbezeichnung

Die Verkehrsbezeichnung gibt Auskunft über die Art des Lebensmittels. Zum Teil sind die Bezeichnungen durch gesetzliche Bestimmungen festgelegt, z. B. Deutsche Markenbutter. Die übrigen Lebensmittel müssen so benannt sein, daß der Verbraucher auf Anhieb weiß, um welches Lebensmittel es sich handelt. Phantasienamen, unter denen sich der Verbraucher nichts Bestimmtes vorstellen kann, sind nicht erlaubt, z. B. Mitternachtssuppe, Feriensalat, Leckermäulchensaft.

Solche oft sehr werbewirksamen Phantasienamen dürfen nur dann auf der Verpackung stehen, wenn zusätzlich das Lebensmittel verständlich beschrieben ist, z. B. als Bohnensuppe mit Fleisch, Gemüsesalat mit Mayonnaise, Johannisbeersaft.

Mengenbezeichnung

Die Mengenbezeichnung muß genaue Auskunft über die Menge des in einer Verpackung enthaltenen Lebensmittels geben. Die Größe der Verpackung sagt nicht immer aus, wieviel Inhalt sie hat. Vage und ungenaue Mengenangaben sind nicht erlaubt, z. B. bei Trockensuppe »Inhalt ergibt 4 Teller«.
Bei Flüssigkeiten muß die Menge in Millilitern ($1/1000$ l) oder Litern angegeben werden. Bei festen Lebensmitteln muß das Gewicht in Gramm oder Kilogramm angegeben sein. Manchmal kann die Menge auch in Stück angegeben sein, z. B. bei verpacktem Obst oder Gemüse.
Keine Mengenangabe ist vorgeschrieben bei sehr geringen Mengen bzw. Gewichten unter 50 g. Beispiele: abgepackter Würfelzucker, Süßigkeiten.
Das Abtropfgewicht muß angegeben sein bei festen Lebensmitteln, die in einer Aufgußflüssigkeit liegen, z. B. sterilisierte Essiggurken.

Mindesthaltbarkeitsdatum

Das Mindesthaltbarkeitsdatum gibt an, bis zu welchem Zeitpunkt das Lebensmittel bei geeigneter Lagerung (z. B. bei bestimmten Temperaturen) seine wesentlichen Eigenschaften, z. B. Geruch, Geschmack, Farbe, nicht wesentlich verändert.
Nach Ablauf des Mindesthaltbarkeitsdatums können die Lebensmittel in der Regel noch gegessen werden. Auch verkauft werden darf das Produkt noch, d. h. daß es sich beim Einkauf lohnt, das Mindesthaltbarkeitsdatum zu beachten.
Bei kurzfristiger Überlagerung ist das Lebensmittel meist noch genießbar, bei längerer Überziehung sollte man am Lebensmittel riechen und es vorsichtig versuchen, bevor man es zubereitet oder weiterverarbeitet.
Nicht überschritten werden sollte das Mindesthaltbarkeitsdatum, wenn eine Verpackung die Aufschrift trägt »Verbrauchen bis spätestens … « oder »Aufgetaut sofort verbrauchen«, wie dies meist bei leichtverderblichen Waren wie Hackfleisch der Fall ist.
Kein Mindesthaltbarkeitsdatum ist vorgeschrieben bei: frischem Obst und Gemüse sowie Kartoffeln, bei Getränken mit mindestens 10 Vol. % Alkohol, Salz (Ausnahme: jodiertes Salz), Zucker, bestimmten Zuckerwaren, Backwaren, die ohnehin innerhalb von 24 Stunden verkauft werden (Bröt-

chen, Brot), und bei Lebensmitteln, die von der Kennzeichnungspflicht ausgenommen sind, z. B. bestimmte Kakaoerzeugnisse.

Zutatenverzeichnis

Wer über die Zusammensetzung eines Lebensmittels Bescheid wissen will, z. B. weil er bestimmte Stoffe nicht verträgt oder ganz einfach wissen will, was er ißt, muß die Zutatenliste lesen.
Wie bei einem Rezept sind die Zutaten aufgezählt, die Reihenfolge gibt an, in welchen Mengenanteilen die einzelnen Zutaten enthalten sind: An erster Stelle steht die Zutat, die gewichtsmäßig den höchsten Anteil hat, an letzter Stelle steht die Zutat, die gewichtsmäßig in der geringsten Menge enthalten ist.
Kein Zutatenverzeichnis müssen enthalten: besonders kleine Packungen, z. B. portionierte Konfitüre; frisches Obst, frisches Gemüse und Kartoffeln; alkoholische Getränke mit mehr als 1,2 Vol. % sowie Erzeugnisse aus nur einer Zutat, z. B. Weizenmehl. Besteht eine Zutat wiederum aus mehreren Zutaten, z. B. Nudeln in einer Suppe, muß deren Zusammensetzung angegeben sein.

BEZEICHNUNG DER ZUTATEN

Die Zutaten müssen mit ihrer Verkehrsbezeichnung, z. B. pflanzliches Öl, aufgeführt werden. Erlaubt sind bei manchen Zutaten auch Sammelnamen, z. B. Speisepilze, Geflügelfleisch. Es muß also nicht genau die Pilzart angegeben sein oder das Geflügel, z. B. Hähnchen, Pute.

Lebensmittelzusatzstoffe

Zusatzstoffe werden Lebensmitteln zugesetzt, um ihre Verarbeitung zu vereinfachen, ihre Haltbarkeit zu verlängern, ihre Beschaffenheit zu beeinflussen oder sonstige Eigenschaften des Lebensmittels zu verändern. Beispiele: Farbstoffe, Emulgatoren, Konservierungsstoffe.
Jeder Zusatzstoff, der eingesetzt wird, muß gesetzlich zugelassen sein, d. h. auf seine gesundheitliche Unbedenklichkeit geprüft sein, und Höchstwerte müssen festgelegt werden.
Trotz genauer Prüfung kann es vorkommen, daß Zusatzstoffe nicht vertragen werden und beispielsweise Allergien auslösen. Das ist für den Gesetzgeber kein Grund, diese Zusatzstoffe zu verbieten. Den Überblick über die Gesamtheit der einzelnen Zusatzstoffe zu haben ist für den Verbraucher praktisch nicht möglich. Einige Hundert sind derzeit (Stand 2006) in der EU zugelassen, und es werden mit der Zunahme von hochverarbeiteten Lebensmitteln immer mehr.

Nicht angegeben werden müssen Zusatzstoffe dann, wenn sie nur einer bestimmten Zutat, zum Beispiel in einem Fertigprodukt, zugesetzt sind oder im fertigen Lebensmittel keine technologische Wirkung mehr haben. Beispiel: Pökelsalz des Schinkens in einer Tiefkühlpizza muß nicht auf der Zutatenliste angegeben sein.

Wer Zusatzstoffe vermeiden will, sollte Verzehr von Fertig- und Halbfertigprodukten einschränken und unverarbeitete Lebensmittel essen bzw. Speisen selbst zubereiten. Man sollte sich auch einmal die Mühe machen, den täglichen Speiseplan daraufhin zu überprüfen, wie oft man Zusatzstoffe zu sich nimmt, zum Beispiel in aufgebackenem Frühstücksgebäck, Fertiggerichten, Salaten von der »Frischebar« beim Metzger oder im Imbiß um die Ecke, in Knabbereien wie Chips und Flips, in Softdrinks, Süßwaren, Fruchtjoghurt etc.

Wer nicht auf Fertigprodukte verzichten kann oder will, aber die Zufuhr von Zusatzstoffen verringern möchte, kann auf ökologische Produkte ausweichen. Sie kommen zwar auch nicht ganz ohne Zusatzstoff aus, verwenden aber nur rund 10 % der zugelassenen Stoffe. Manche Anbauverbände unterwerfen sich zum Teil noch strengeren Richtlinien, zum Beispiel Bioland und Demeter. Diskutiert wird auch, ob Erkrankungen wie Hyperkinetisches Syndrom, Asthma, Allergien, Hautreizungen mit der Aufnahme von Zusatzstoffen zu tun haben.

KENNZEICHNUNG DER ZUSATZSTOFFE

Die Zusatzstoffe sind zusammengefaßt in folgende Klassen:

Antioxidationsmittel

Sie schützen vor dem Verderb durch den Sauerstoff der Luft. Zu den natürlichen Antioxidationsmitteln gehören Ascorbinsäure (Vitamin C) und Tocopherole (Vitamin E).

Backtriebmittel

Im Haushalt werden sie als Backpulver bezeichnet. Sie erzeugen in Backwaren Gasbläschen und machen sie dadurch locker. Bekannte Backtriebmittel sind Weinstein und Hirschhornsalz, siehe auch Seite 165.

Emulgatoren

Sie ermöglichen es, daß Zutaten von Lebensmitteln, die sich normalerweise nicht oder nicht dauerhaft mischen lassen, gemischt werden können. Bekannte natürliche Emulgatoren sind Lecithine, z. B. aus Eigelb oder Ölsamen. Es gibt auch künstlich hergestellte Emulgatoren.

Farbstoffe

Sie dienen dazu, Lebensmittel äußerlich attraktiver zu machen. Die meisten Farbstoffe sind künstlich hergestellt. Als natürliche Färbemittel werden z. B. Säfte verwendet.

Geliermittel

Sie werden flüssigen Lebensmitteln zugesetzt, die sämig oder fest werden sollen, z. B. Desserts, Soßen.

Geschmacksverstärker

Sie haben selbst wenig Geschmack, betonen oder verstärken aber den Eigengeschmack der Lebensmittel. Bekanntes Beispiel ist Glutaminsäure, die gewonnen wird aus Meerespflanzen oder Zuckerrüben.

Konservierungsstoffe

Sie hemmen das Wachstum von verderbniserregenden Mikroorganismen und sind meist künstlich hergestellt.

Künstliche Süßstoffe

Sie haben meist eine sehr hohe Süßkraft und enthalten keine Energie.

Mehlbehandlungsmittel

Sie verbessern die Backeigenschaften von Mehl, vor allem von Weizenmehl. Ascorbinsäure (Vitamin C) und bestimmte Eiweißbausteine sind Mehlbehandlungsmittel.

Modifizierte Stärke

Dabei handelt es sich um chemisch veränderte Stärke, die sich besonders leicht in Wasser löst. Sie gewährleistet, daß sich zum Beispiel bei gekochtem Pudding kein Wasser an der Oberfläche absetzt.

Schaumverhüter

Sie verhindern starke Schaumbildung bei der Herstellung von Lebensmitteln, z. B. Konfitüre. Bekannte Schaumverhüter sind Öle und Fette.

Schmelzsalze

Sie ermöglichen einwandfreies Schmelzen von Käse ohne Absonderung einzelner Milchbestandteile, z. B. Molke.

Säuerungsmittel

Sie werden Lebensmitteln zugesetzt, um sie sauer zu machen. Bekannte Säuerungsmittel sind Wein-, Essig- und Zitronensäure, aber auch künstlich hergestellte säuernde Stoffe.

Säureregulatoren

Sie regeln den Säuregrad eines Lebensmittels und geben ihm dadurch eine harmonische Säure.

Stabilisatoren

Sie verhindern das Entmischen von Stoffen und werden z. B. für Desserts verwendet. Zu den Stabilisatoren gehören Emulgatoren, Geliermittel, Verdickungsmittel und Phosphate.

Trennmittel

Sie verhindern das Zusammenkleben von Lebensmitteln, z. B. Bonbons. Sie verhindern z. B. auch, daß Salz verklumpt, und verbessern die Rieselfähigkeit.

Überzugsmittel

Sie schützen Lebensmittel vor dem Austrocknen oder vor Aromaverlust. Verwendet werden Wachse und Harze. Angewendet werden sie z. B. bei Zitrusfrüchten und Käse und müssen gekennzeichnet werden: »Schale nicht zum Verzehr geeignet«.

Verdickungsmittel

Sie führen wie Geliermittel dazu, daß flüssige Lebensmittel eine cremige bis feste Beschaffenheit bekommen. Es gibt natürliche (z. B. Johannisbrotkernmehl) und künstliche Verdickungsmittel.

Gentechnik-Kennzeichnung

Gentechnisch veränderte Lebensmittel dürfen nicht ohne Kennzeichnung angeboten und verkauft werden. Kennzeichnungspflichtig sind Lebensmittel und Zutaten,

- ❑ wenn sie ein gentechnisch veränderter Organismus (GVO) sind, zum Beispiel Tomate, Kartoffel, Fleisch von einem gentechnisch veränderten Tier,
- ❑ wenn sie gentechnisch veränderte Organismen enthalten, zum Beispiel Joghurt mit gentechnisch veränderten Bakterien,
- ❑ wenn sie aus gentechnisch veränderten Organismen hergestellt sind, zum Beispiel Speiseöl aus gentechnisch verändertem Soja oder Raps, Lecithin aus gentechnisch veränderten Sojabohnen.

Auf dem Etikett findet man dann die Formulierung »gentechnisch verändert« oder »aus gentechnisch verändertem … hergestellt«. Es müssen nicht nur verpackte, sondern auch lose Waren gekennzeichnet sein, auch Essen in Kantinen oder Restaurants.

Es gibt aber auch Anwendungen von Gentechnik, die nicht kennzeichnungspflichtig sind; dazu gehören zum Beispiel Fleisch, Milch oder Eier von Tieren, die mit gentechnisch verändertem Futter gefüttert wurden. Nicht gekennzeichnet werden müssen auch Zusatzstoffe, die mit Hilfe gentechnisch veränderter Organismen hergestellt sind, d. h. der GVO kommt nicht im fertigen Lebensmittel vor, lediglich dessen (gereinigtes) Ausscheidungsprodukt; Beispiele: der Farbstoff Riboflavin oder der Geschmacksverstärker Glutamat. Nicht unter die Kennzeichnungspflicht fallen auch Enzyme und andere technische Hilfsstoffe. Beispiel: Labferment für die Käseherstellung; auf der Verpackung muß nicht angegeben sein, ob das Enzym traditionell aus dem Kälbermagen stammt oder mit Hilfe gentechnisch veränderter Organismen gewonnen wurde.

IN WELCHEN LEBENSMITTELN KÖNNTE GENTECHNIK STECKEN?

Aufgrund der Kennzeichnungsbestimmungen wird klar, daß Gentechnik – für den Verbraucher unerkannt – in vielen Lebensmitteln vorkommen kann. Fast unausweichlich ist Gentechnik in Produkten mit Zutaten, die aus Soja gewonnen sind, denn weltweit werden überwiegend gentechnisch veränderte Sojasorten angebaut. Soja ist Ausgangsstoff für Lecithin, das wiederum zum Beispiel in Schokolade und Fertiggebäck enthalten ist.

Der Geschmacksverstärker Glutamat kommt ebenfalls in vielen Produkten vor, zum Beispiel in Knabbergebäck und Fertiggerichten. Wenn auf dem Zutatenverzeichnis von Süßigkeiten »Glukosesirup« auftaucht, kann dieser mit Hilfe eines gentechnisch veränderten Enzyms hergestellt sein.

GESUNDHEITSGEFAHREN DURCH GENTECHNIK?

Wie sich gentechnisch veränderte Lebensmittel auf Wohlbefinden und Gesundheit des Menschen auswirken, darüber gibt es keine Langzeiterfahrungen, weil diese Technologie noch nicht lange angewendet wird. Wer sichergehen will, muß genau aufs Etikett schauen. Das Risiko, gentechnisch veränderte Lebensmittel zu sich zu nehmen, die nicht unter die Kennzeichnungspflicht fallen, kann man am ehesten umgehen durch Verzicht auf hochverarbeitete Produkte. Alternative: selber kochen und backen aus Grundnahrungsmitteln, denn Stoffe wie Glutamat oder Lecithin sind in der eigenen Küche nicht notwendig.

Neuartige Lebensmittel – Novel food

Wie in allen Bereichen, so gibt es auch bei Lebensmitteln immer wieder ganz neue, bisher in Europa unbekannte Produkte. Das waren vor Jahrhunderten Kakao, Kartoffeln oder Kaffee. Heute sind es nicht nur »weitgereiste« Pflanzen(teile), sondern infolge der rasanten technologischen Entwicklung Produkte oder einzelne Zutaten, die durch chemische oder physikalische Methoden als neuartig zu bezeichnen sind. Solche neuartigen Lebensmittel müssen ein Zulassungsverfahren durchlaufen, bevor sie bei uns angeboten oder verkauft werden dürfen. Diese Novel-Food-Verordnung ist seit 1997 in Kraft und verlangt einen Nachweis darüber, daß der Verzehr des neuartigen Lebensmittels gesundheitlich unbedenklich ist.

Als neuartig gelten
❏ Lebensmittel, die auf dem europäischen Markt bisher unbekannt waren.
❏ Produkte oder Zutaten aus Chemikalien oder Ausgangsstoffen, die bisher nicht für die menschliche Ernährung verwendet wurden, zum Beispiel Fettersatzstoffe oder Füllstoffe.
❏ bisher in der EU unbekannte exotische Früchte oder tierische Produkte.
❏ Zutaten aus in der EU unbekannten Pflanzen oder Pflanzenteilen, zum Beispiel die süßschmeckenden Blätter der südamerikanischen Stevia-Pflanze.
❏ neue Lebensmittel aus Algen oder Mikroorganismen.
❏ Lebensmittel, bei denen neuartige Herstellungsverfahren angewandt wurden, zum Beispiel neue Konservierungsmethoden.

Allergenkennzeichnung

Einige Lebensmittelbestandteile lösen überdurchschnittlich oft Allergien aus. Diese 12 Bestandteile müssen seit November 2005 auf dem Etikett oder der Zutatenliste eines Lebensmittels erkennbar sein, auch wenn sie nur in kleinsten Mengen vorkommen: Glutenhaltiges Getreide (Weizen, Roggen, Gerste, Hafer, Dinkel, Kamut), Krebstiere, Eier, Fisch, Erdnüsse, Soja, Milch (einschließlich Laktose), Schalenfrüchte (Nüsse und Mandeln), Sellerie, Senf, Sesam, Schwefeldioxid und Sulfite (ab 10 mg/kg oder l).
Der Hinweis auf allergene Stoffe kann im Produktnamen erkenntlich sein, zum Beispiel Milchschokolade, in der Zutatenliste aufgeführt sein, zum Beispiel Lecithin aus Soja oder durch einen zusätzlichen Hinweis kenntlich gemacht sein, zum Beispiel »enthält Sulfite« bei Wein. Die Allergenkennzeichnung gilt in allen EU-Ländern.
Beim Herstellungsprozeß können unbeabsichtigt trotzdem allergene Stoffe in das Lebensmittel gelangen, einige Hersteller weisen darauf hin mit »Kann Spuren von … enthalten«; eine derartige Kennzeichnung ist jedoch nicht Pflicht.

Bestrahlung von Lebensmitteln

Lebensmittelbestrahlung ist in Deutschland nicht zugelassen, und es dürfen auch keine bestrahlten Lebensmittel importiert werden. Ausnahme: Gewürze und getrocknete Kräuter. Sie müssen mit der Aufschrift »bestrahlt« oder »mit ionisierenden Strahlen behandelt« gekennzeichnet sein, auch wenn das Gewürz nur als Zutat enthalten ist, zum Beispiel in einem Fertiggericht.
In anderen Ländern der EU ist Bestrahlung von Lebensmitteln in größerem Umfang erlaubt, zum Beispiel in Frankreich auch für Zwiebeln, Knoblauch und Trockenfrüchte, in England auch für Fische, Krebse und Muscheln. Gleich ist in allen EU-Ländern die Pflicht zur Kennzeichnung.

3.3. Schadstoffe in Lebensmitteln

Lebensmittel enthalten leider nicht nur erwünschte Stoffe, sondern auch schädliche Substanzen, die man zwar meist nicht sehen oder schmecken kann, die aber unserer Gesundheit schaden können. Durch verschiedene Gesetze und Verordnungen wird gewährleistet, daß nur Lebensmittel in den Handel kommen, die bestimmte, unschädliche Höchstmengen an Rückständen nicht überschreiten.
Schadstoffe in Lebensmitteln können verschiedene Ursachen haben:
❏ Sie können natürlich vorkommen.
❏ Sie können bei der Zubereitung und Lagerung von Lebensmitteln im Haushalt entstehen, z. B. Benzpyren, Acrylamid, Solanin.
❏ Umweltverschmutzung, z. B. Schwermetalle, Schadstoffe aus der Luft, radioaktive Verstrahlung durch den Reaktorunfall in Tschernobyl.
❏ Rückstände aus der Produktion, z. B. Pflanzenbehandlungsmittel.
❏ Rückstände aus der Verarbeitung, z. B. Weichmacher, Schwefeldioxid.
Allen Schadstoffen kann man nicht entgehen, aber die Aufnahme kann gering gehalten werden durch abwechslungsreiche Kost sowie richtige Behandlung von Lebensmitteln im Haushalt.

Natürlich vorkommende Schadstoffe

Bei natürlich vorkommenden Schadstoffen greifen keine staatlich verordneten Höchstmengen, dieses Wissen muß sich der Verbraucher selbst aneignen und entsprechend damit umgehen.
Extremes Beispiel für natürlich vorkommende Schadstoffe sind tödliche Gifte, wie sie im Knollenblätterpilz vorkommen. Ein hochwirksames Gift enthalten auch rohe Holunderbeeren. So gesund

sie im gekochten Zustand sind, so schwere Gesundheitsschäden kann die enthaltene Blausäure der rohen Beeren hervorrufen. Ein weiteres Beispiel sind bittere Mandeln, sie sollten auf keinen Fall verzehrt werden; auch Bittermandelöl sollte nicht selbst hergestellt und nur in kleinsten Mengen verwendet werden. In rohen grünen Bohnen ist Phasin enthalten, ein Stoff, der die roten Blutkörperchen zerstört. Bohnen also nur gegart essen.

Schadstoffe durch Zubereitung und Lagerung

Bei falscher oder zu langer Lagerung von Lebensmitteln kommt es zum Verderb. Verderbniserregende Bakterien oder Schimmelpilze bzw. deren Gifte können die Gesundheit erheblich beeinträchtigen. Botulismus (siehe auch S. 102, 178, 189) durch unsachgemäßes Sterilisieren von Fleischprodukten und Gemüse kommt zwar selten vor, ist aber bei Auftreten zu einem hohen Prozentsatz tödlich. Krebserregende Wirkung haben die Gifte von Schimmelpilzen.

Bei der Lagerung können sich auch ohne Verderb Stoffe bilden, die ungesund sind, zum Beispiel Solanin. Es entsteht in Kartoffeln, wenn sie zu hell gelagert werden, und verfärbt deren Oberfläche grün. Grüne Kartoffeln nicht essen, das Gift wird auch durch Hitze nicht zerstört.

Bei der Zubereitung von Lebensmitteln können ebenfalls Schadstoffe entstehen. PAK (polyzyklische aromatische Kohlenwasserstoffe), zum Beispiel Benzpyren, entstehen beim Räuchern und Grillen von Fleisch und Fisch. Wenn Fett in die Glut tropft, entstehen PAK und legen sich mit dem Rauch auf das Grillgut. PAK stehen im Verdacht, krebserregend zu wirken. Vorbeugung: Grillkohle durchglühen lassen, bevor das Grillgut aufgelegt wird, kein fettes Fleisch verwenden, Marinade abtupfen, bevor das Grillgut auf den Rost gelegt wird.

Krebserregendes Acrylamid entsteht beim Backen, Braten, Rösten und Fritieren von kohlenhydratreichen Lebensmitteln, zum Beispiel Pommes frites, Bratkartoffeln, Brot. Die Entstehung von Acrylamid kann im Haushalt verringert werden, wenn nicht scharf und zu lange angebraten bzw. gebräunt wird, getreu dem Motto »Vergolden statt verkohlen«.

Schadstoffe durch Umweltverschmutzung

Die häufigsten Schadstoffe durch Umweltverschmutzung (Industrie- und Autoabgase) sind Blei, Cadmium, Quecksilber und chlorierte Kohlenwasserstoffe. Alle diese Stoffe wirken krebserregend oder führen zu Vergiftungen.

Blei wird ins Knochenmark eingelagert, stört die Blutbildung und schädigt das Nervensystem. Cadmium führt zu Leber- und Nierenschäden sowie zu Schäden an der Schilddrüse.

Quecksilber ist in hohem Maße krebserregend, ebenso Chlorkohlenwasserstoffe.

Durch richtige Behandlung im Haushalt können die Schadstoffe zum Teil entfernt werden:

- Obst und Gemüse gründlich waschen, da sich Schadstoffe häufig unter oder in der Schale befinden.
- Gemüse mit stark gekräuselter Oberfläche, z. B. Petersilie, Endivien, Grünkohl, besonders sorgfältig waschen.
- Obst mit behaarter Oberfläche ebenfalls gründlich waschen, z. B. Pfirsiche, Stachelbeeren, Erdbeeren sowie Beerenobst.
- Bei Gemüse, vor allem bei Salaten und Kohl, die äußeren Hüllblätter nicht verwenden.
- Wildfrüchte und Wildgemüse nicht in der Nähe stark befahrener Straßen sammeln.
- Schwermetalle, besonders Blei, können sich auch aus Keramikgeschirr lösen, das man in südlichen Ländern kaufen kann. Deshalb dieses Geschirr nicht für die Zubereitung von Lebensmitteln verwenden.
- Zinn und Blei aus Konservendosen können in das Lebensmittel übergehen, wenn die Dosen geöffnet sind. Deshalb konservierte Lebensmittel zur weiteren Aufbewahrung in Küchengeschirr umfüllen.
- Schwermetalle aus dem Futter sammeln sich bei Tieren hauptsächlich in den Nieren und der Leber an. Innereien deshalb nicht öfter als einmal monatlich essen. Vom Verzehr von Wildinnereien ist abzuraten. Leber von älteren Tieren enthält mehr Schwermetalle als Leber von jungen Tieren. Nieren sollten nicht öfter als maximal alle 4 Wochen auf dem Speiseplan stehen.
- Schwermetalle (vor allem Cadmium) sammeln sich auch in hohen Konzentrationen in Pilzen an. Die radioaktive Belastung ist bei Wildpilzen teilweise sehr hoch. Es ist deshalb zu empfehlen, nicht mehr als zwei Pilzmahlzeiten pro Woche zu verzehren. Kulturpilze können unbedenklich gegessen werden.
- Auch in Fischen reichern sich Schadstoffe an, z. B. Quecksilber. Am höchsten belastet sind Fische aus stark verschmutzten Küstengewässern und Flüssen. Haie, weißer Heilbutt und Thunfisch gehören zu den Fischarten mit den höchsten Belastungen.
- Wenig belastet sind Fische aus dem Süßwasser, aber auch Meeresfische wie Kabeljau und Schellfisch.

Rückstände aus der Produktion

Bei der Produktion können vielfältige Stoffe in ein Lebensmittel übergehen oder sich dort bilden. Durch richtige Behandlung im Haushalt und Sachkenntnis kann die Belastung vermindert werden:

◻ Pflanzenschutzmittel an der Oberfläche von Obst und Gemüse können durch gründliches Waschen oder Schälen entfernt werden. Im eigenen Garten möglichst sparsam mit Pflanzenschutzmitteln umgehen oder ganz verzichten.

◻ Bei starker Stickstoffdüngung nimmt die Pflanze Nitrat auf, das im Körper in schädliches Nitrit umgewandelt wird. Nitrat reichert sich nicht in allen Gemüsearten gleich stark an. Man sollte im eigenen Gemüsegarten auf starke Stickstoffdüngung verzichten, so daß die Nitratgehalte niedrig gehalten werden können.

◻ Nitrat geht zum Teil auch in das Trinkwasser über. Zwar sind Grenzwerte für Nitrat vorgeschrieben (50 mg pro Liter), doch sollten in der Säuglingsernährung 10 mg pro Liter nicht überschritten werden. Liegt der Nitratgehalt darüber, ist es empfehlenswert, für die Säuglingsernährung auf Mineralwasser auszuweichen. Insgesamt sollte der Nitratgehalt von Trinkwasser beim Erwachsenen nicht überbewertet werden: Nur 10 % der Nitrataufnahme gehen über das Trinkwasser, der Rest über die Nahrung.

Schadstoffe aus der Verarbeitung

Auch bei der Verarbeitung können Schadstoffe in ein Lebensmittel eingebracht werden. Bekannte Beispiele: Nitritpökelsalz und Benzpyren.

Nitritpökelsalz wird bestimmten Wurstsorten, Schinken und Fleischstücken zugegeben, damit sie eine schöne rote Farbe bekommen, der Geschmack verbessert und die Haltbarkeit verlängert wird. Nitrit ist ein Stoff, der in höheren Konzentrationen im Körper giftig wirkt. Da aber der Nitritgehalt in Pökelsalz genau vorgeschrieben ist, kann durch gepökelte Fleisch- und Wurstwaren keine Nitritvergiftung auftreten.

In gepökeltem Fleisch und in Wurstwaren können jedoch Nitrosamine entstehen; das sind Verbindungen von Nitrit mit Eiweißstoffen, die als krebserregend gelten. Da die Nitrosaminbildung in gepökelten Fleischwaren bei hoher Erhitzung zunimmt, sollten diese Produkte nicht gegrillt oder gebraten werden. Gekochter Schinken sollte nicht mit Käse überbacken werden, denn dabei kommt es zu besonders hoher Nitrosaminbildung, z. B. bei »Toast Hawaii«. Bratwürste, Rostbratwürste, Grillwürste und Weißwürste dürfen nicht mit Nitritpökelsalz behandelt werden.

Benzpyren ist ein Stoff, der oft genannt wird im Zusammenhang mit geräuchertem Schinken oder gegrillten Fleisch- und Wurstwaren. Dieser krebserregende Stoff entsteht, wenn Fett in heiße Glut tropft, z. B. beim Grillen. Der aufsteigende Rauch enthält das Benzpyren und legt sich auf die Räucher- oder Grillwaren. Schwarzgeräucherte (heißgeräucherte) Produkte sollten daher nur selten gegessen werden (auf jeden Fall die schwarze äußere Schicht wegschneiden). Magenkrebserkrankungen sind in den letzten Jahrzehnten unter anderem deshalb stark zurückgegangen, weil deutlich weniger geräuchertes Fleisch gegessen wird.

Praktische Hinweise:

- *Vergiftung bzw. Erkrankung mit Salmonellen kann vermieden werden, wenn Fleisch und Geflügel sorgfältig behandelt werden, z. B. Auftauwasser wegschütten, Arbeitsflächen und -geräte gründlich reinigen. Wichtig ist auch, Geflügel und Hackfleisch durchzugaren.*
- *Speisen nicht warmhalten, sondern abkühlen und erneut erhitzen. Bei Warmhaltetemperaturen vermehren sich verderbniserregende Bakterien besonders schnell.*
- *Empfindliche eihaltige Lebensmittel wie Mayonnaise immer gut kühlen und mit Mayonnaise zubereitete Speisen möglichst frisch essen.*

SCHWEFELDIOXID

Es ist einer der ältesten Konservierungsstoffe, er kann Kopfschmerzen und Übelkeit verursachen. Schwefeldioxid hemmt das Wachstum von Bakterien, schützt die Lebensmittel vor Verderb und Verfärbung. Um das gesundheitliche Risiko gering zu halten, regeln Rechtsvorschriften, welche Lebensmittel in welcher Menge geschwefelt werden dürfen. Lebensmittel, die mehr als 10 mg Schwefeldioxid pro Kilogramm oder Liter enthalten, müssen als »geschwefelt« gekennzeichnet sein mit der entsprechenden Angabe der E-Nummer auf der Verpackung. Typisch ist die Schwefelung von Trockenobst.

WEICHMACHER (PHTHALATE)

Diese Stoffe werden eingesetzt, um Kunststoffe »weich« zu machen, also weniger spröde. Bei einigen Weichmachern wurde krebserregende Wirkung nachgewiesen.

Weichmacher können aus der Verpackung auf Lebensmittel übergehen, zum Beispiel aus Verpackungsfolien oder Schraubdeckelverschlüssen.

Ernährungsrisiken

Befragt man Verbraucher und Wissenschaftler danach, was die Gesundheit am meisten schädigt, wird deutlich, daß die Risiken sehr unterschiedlich eingeordnet werden.

Ernährungsrisiken aus der Sicht der Wissenschaft:

1. Falsche Ernährung, z. B. zu kalorienreich, zu viel Alkohol, zu viel Salz
2. Krankmachende Mikroorganismen, z. B. Salmonellen
3. Natürliche Giftstoffe, z. B. Schimmelpilzgifte.
4. Xenobiotika, z. B. Blei, Cadmium, Dioxine, Pflanzenschutzmittel
5. Zusatzstoffe, z. B. Konservierungsmittel.

Ernährungsrisiken aus der Sicht der Verbraucher:

1. Xenobiotika
2. Zusatzstoffe
3. Ernährungsverhalten
4. Krankmachende Keime
5. Natürliche Giftstoffe.

Wohnen und Familie

Wohnen ist ein sehr wichtiges Bedürfnis des Menschen; es bedeutet, ein Refugium zu haben, in dem man sich geborgen fühlt. Das Heim ist dazu da, sich zu entspannen und neue Kräfte zu sammmeln. Um in einem Haus oder einer Wohnung Wohlbehagen zu schaffen, bedarf es einiger Überlegungen und sorgfältiger Planung. In Mietwohnungen kann man vielfach nur durch die Auswahl einer bestimmten Wohnung Einfluß auf bestimmte Räume und deren Ausstattung nehmen. In einer eigenen Wohnung oder einem eigenen Haus sind die Möglichkeiten dagegen sehr vielfältig. Das folgende Kapitel gibt allgemeine Hinweise dafür, die individuell bewertet werden müssen.

1. RÄUME

Der Raumbedarf hängt ab von der Haushaltsgröße (Zahl der Mitglieder), den Ansprüchen und dem Alter der Haushaltsmitglieder sowie den finanziellen Möglichkeiten.

Richtwerte für Raumgrößen

Raum	ca. m²
Wohnzimmer	20 – 35
– mit Eßplatz	– 40
Eßplatz	10 – 15
Arbeitszimmer (Büro)	6 – 8
Schlafzimmer	
– 2 Betten	12 – 20
– 1 Bett	8 – 14
Sitzplatz im Freien	10 – 12
Küche	7 – 12
– mit Eßplatz	15 – 20
Hausarbeitsraum	8 – 10
Bad	5 – 8
Dusche	3 – 5
WC	ca. 2
Speisekammer	2 – 3
Vorratsräume	10

1.1. Raumgruppen

Es lassen sich folgende Raumgruppen unterscheiden:
❑ Wohnbereich
❑ Schlafbereich
❑ evtl. Wirtschaftsbereich

Wohnbereich

Der Wohnbereich umfaßt die Räume, in denen die Freizeit verbracht wird, Gäste und Besucher empfangen werden, gespielt, evtl. gegessen wird und die Kinder betreut werden. Der Raum sollte nicht zu klein sein. Sonne und Wärme sind erwünscht, günstige Himmelsrichtungen sind Süden und Westen. Beliebt ist ein angegliederter Freisitz im Garten. Der Freisitz sollte überdacht sein und Platz für Stühle und einen Tisch bieten. Dann kann nicht nur im Freien gegessen werden, sondern auch Hausarbeiten kann man hier erledigen (Ausbürsten und Ausbessern von Kleidung, Bastelarbeiten).
Der Eßplatz kann in einem gesonderten Raum untergebracht sein, möglichst mit direkter Verbindung zu Küche und Wohnraum. Häufiger ist jedoch ein Eßplatz als Teil der Küche oder des Wohnraumes. Die Verbindung von Eßplatz und Wohnraum oder Küche hat den Vorteil, daß Kinder hier unter der Aufsicht der Mutter Platz zum Spielen und für die Hausaufgaben haben.
Dem Wohnbereich angegliedert sollte ein Arbeitszimmer sein, bei Platzmangel reicht auch eine ruhige Ecke im Wohnraum.

Schlafbereich

Schlafzimmer liegen am besten nach Osten, im Elternschlafzimmer sollte Platz für ein Kinderbett sein. Die Kinderzimmer können auch nach Süden oder Westen liegen, denn Kinder halten sich erfahrungsgemäß auch tagsüber gerne in ihrem eigenen kleinen Reich auf. Nach Möglichkeit sollte jedes Kind sein eigenes Zimmer haben.
Dem Schlafbereich sollten ein WC und ein ausreichend großes Bad zugeordnet sein.

Wirtschaftsbereich

Zum Wirtschaftsbereich gehören Küche, Vorratsräume und Hausarbeitsraum. Die Wirtschaftsräume sollten nach arbeitswirtschaftlichen Gesichtspunkten eingerichtet werden, günstige Lage sind Norden oder Osten. Von der Küche aus sollte der Hauseingang überblickt werden können.

Der Vorratsraum (Speisekammer) sollte in Küchennähe sein, so spart man Wege und Zeit. Direkter Zugang von der Küche aus ist zwar bequem, meist ist der Raum dann jedoch nicht sehr kühl. Günstig ist ein Fenster zum Belüften oder eine gute Lüftung. Je nach Haushaltsgröße und Umfang der Vorratshaltung ist ein weiterer Vorratsraum, z. B. für Trockenvorräte, Konserven etc. notwendig bzw. ein kühler, feuchter Kellerraum für Kartoffeln, Gemüse, Obst. Im allgemeinen sind jedoch zwei Vorratsräume ausreichend.

Im Hausarbeitsraum wird gebügelt, Kleidung ausgebessert, genäht, gebastelt. Waschmaschine und Wäschetrockner haben hier ihren Platz, die Schmutzwäsche wird hier aufbewahrt, ein Spülbecken sollte zur Verfügung stehen für Handwäsche und andere Reinigungsarbeiten. Praktisch sind im Wirtschaftsraum Ablagemöglichkeiten für Arbeitskleidung und -schuhe und ein Ordnungsschrank für Putzmittel und -geräte etc. Günstig ist ein Zugang ins Freie.

Alle Wirtschaftsräume sollten einander zugeordnet sein, damit lange Wege vermieden werden.

1.2. Raumgrößen

Die einzelnen Raumgrößen hängen von der Größe des Hauses ab.

Um die richtigen Verhältnisse der einzelnen Raumgruppen einzuhalten, gibt es einige Anhaltspunkte für die Raumgrößen.

Der Grundriß eines Hauses sollte jedoch nicht nur nach der Größe der einzelnen Räume beurteilt werden, es sollten auch andere Gegebenheiten beachtet werden:

- Flure sollten nicht zu eng und verwinkelt sein, sie sollten durch Fenster erhellt werden. In engen Fluren können Möbel nur schwer transportiert werden, außerdem ist keine wohnliche Gestaltung des Flures möglich. Die Verkehrsflächen sollen jedoch auch nicht zu großzügig sein, damit nicht zu viel Platz verlorengeht, der in den anderen Räumen gebraucht wird.
- Die Räume sollten gute Proportionen haben, also nicht zu lang oder zu schmal sein.
- Lage und Zuordnung der Räume sollten aufeinander abgestimmt sein.
- Genügend Stellfläche in den einzelnen Räumen für die Möbel und ausreichende Bewegungsflächen müssen berücksichtigt werden.
- Alle Räume sollten vom Flur aus zu erreichen sein.
- Genügend sanitäre Einrichtungen müssen vorhanden sein, ab 5 Personen ist ein zweites Bad zu empfehlen.

- Die Räume sollen gut möblierbar sein, die Anordnung der Türen und Fenster ist hier wichtig.
- Darauf achten, daß die Nutzung verändert werden kann, daß z. B. ein Raum im Erdgeschoß geeignet ist, im Alter als Schlafraum genutzt zu werden. Nicht erst im Alter kann Treppensteigen zum Problem werden bzw. Pflegebedürftigkeit eintreten. Beim Neubau eines Hauses daran denken und Schwellen vermeiden.

2. AUSSTATTUNG DER WOHNUNG

2.1. Fußböden

Bei Fußböden werden Unterbau und Belag unterschieden:

- Der Unterbau muß einen guten Wärme- und Schallschutz gewährleisten (Beratung beim Fachmann).
- Der Belag sollte abriebfest, trittweich, trittschalldämmend, fußwarm, unempfindlich gegen haushaltsübliche Säuren, Laugen (vor allem Putzmittel), Fette und gegen Punktbelastung sein. Er muß sich mit wenig Aufwand reinigen und pflegen lassen und langlebig sein.

Für den Pflegeaufwand entscheidend ist die Oberfläche des Belages. Glatte Oberflächen, z. B. Linoleum, Fliesen, lassen sich leichter reinigen als rauhe Flächen, z. B. rauhe Steinböden. Schwierig zu reinigen sind auch manche Keramikböden, die zwar eine glatte Oberfläche haben, aber häufig auch Vertiefungen, in denen sich Schmutz festsetzt, der von Zeit zu Zeit mit hohem Kraftaufwand abgebürstet werden muß. Abzuraten ist von hochglänzenden Fußbodenbelägen. Auch kleinste Verschmutzungen sind darauf sichtbar, der Pflegeaufwand ist sehr hoch. Je nach Helligkeit und Stärke der Maserung sind Steinböden verhältnismäßig pflegeleicht, weil der Schmutz nicht auf den ersten Blick sichtbar ist, z. B. geschliffener Granit. Im Hinblick auf die Reinigung ist auch wichtig, wie beständig der Belag gegen Säuren und Laugen ist, die in Reinigungsmitteln enthalten sind. Informationen darüber gibt der Hersteller des Bodenbelages.

Farbe und Musterung des Belages bestimmen die Wirkung im Raum, stark gemusterte Böden (z. B. Teppichböden) machen einen Raum unruhig. Weniger auffällig, aber nicht langweilig ist die Maserung von Holz und Natursteinplatten. Starke Musterungen erschweren die Möblierung, matte Töne mit leichter Maserung sind neutraler. Günstig für die Pflege ist es auch, gleichartige Räume, z. B. Wirtschaftsraum und Vorratsraum, mit dem gleichen Belag zu versehen.

Die Elastizität des Bodenbelages ist in erster Linie wichtig in Räumen, in denen gearbeitet wird. Harte, nichtfedernde Beläge machen fußmüde; weiche, trittelastische Beläge sind angenehmer. Weniger wichtig ist diese Eigenschaft für Wohn- und Schlafräume; hier ist vor allem daran zu denken, daß der Belag fußwarm ist.

Praktische Hinweise:

- *Nicht mehr als zwei verschiedene Fußbodenmaterialien in einem Stockwerk verwenden.*
- *Bei der Auswahl von Fußböden daran denken, daß der Belag lange halten soll, keine hohen Pflegeansprüche stellt und zur Gesamtgestaltung des Wohnhauses paßt.*

Steinböden

Steinböden haben eine lange Lebensdauer, sind beständig gegen Wasser, formstabil und feuersicher.

NATURSTEINPLATTEN

Die gebräuchlichsten Natursteine, die als Bodenbelag verwendet werden, sind Granit, Marmor, Schiefer, Kalksandstein (Solnhofener Platten). Steinböden sind strapazierfähig, abriebfest, stoßunempfindlich und pflegeleicht, allerdings fußkalt und nicht trittschalldämmend. Verwendet werden Natursteinböden in Eingangsbereich, Flur und Wohnräumen. In der Küche haben sie den Nachteil, daß sie hart sind und daher längeres Stehen auf ihnen schnell ermüdet. Bei Verwendung in Wohnräumen nimmt eine Fußbodenheizung die Fußkälte von Naturstein. Natursteinplatten können hochglänzend bis matt sein, je nachdem ob die Oberfläche poliert, geschliffen oder sägerauh ist. Natursteinplatten haben mehr oder weniger lebhafte Oberflächenmusterung, Schmutz ist darauf kaum sichtbar. Je nach Oberflächenbehandlung ist Naturstein mehr oder minder porös, so daß zum Beispiel Kaffee, Rotwein, Säfte oder andere farbintensive Flüssigkeiten Flecken und Verfärbungen hinterlassen, wenn sie nicht sofort aufgewischt werden. Pflege von Naturstein: Bei Trockenreinigung den Bürstvorsatz des Staubsaugers ausfahren. Für die feuchte Reinigung keine Reiniger verwenden, die Essig, Zitronensäure oder andere Säuren enthalten, weil Naturstein nicht säurebeständig ist.

KERAMISCHE BODENBELÄGE

Keramische Bodenbeläge sind unempfindlich gegen mechanische Beanspruchung und Feuchtigkeit, leicht zu reinigen und lange haltbar. Allerdings sind sie fußkalt und hart, und Trittschall überträgt sich. Sie sind als Bodenbelag gut geeignet für Flur, Bad, Vorrats- und Kellerräume. Wegen ihrer Härte sind sie in Küche und Hauswirtschaftsraum nur bedingt geeignet. Eine Fußbodenheizung kann die Kälte der Fliesen, zum Beispiel bei Verwendung in Wohnräumen, zwar abfangen; sobald die Heizung nicht läuft, wirkt ein Fliesenboden jedoch unbehaglich, weil er dem Fuß Wärme entzieht.
Wichtig für die Wahl der Fliesen sind Abriebfestigkeit und Rutschhemmung. Die Rutschhemmung wird nach 5 Klassen bewertet: von R 9 für geringe Ansprüche bis R 13 für hohe Rutschhemmung. Auch die Abriebfestigkeit wird in 5 Klassen – von 1 bis 5 – eingeteilt. Die Abriebklassen 4 und 5 für hohe Beanspruchung sind sinnvoll in Eingangsbereich und Flur.
Pflege von keramischen Belägen: für die Trockenreinigung den Borstenkranz der Staubsaugerdüse ausfahren. Bei stärkerer Verschmutzung werden sie feucht bis naß gewischt mit einem Zusatz von Neutral- oder Allesreiniger.

Terrazzo und Terrakotta

Terrazzoböden werden an Ort und Stelle hergestellt. Sie bestehen aus Kalk oder Zement und verschiedenen Beimengungen, so daß unterschiedlichste Farben möglich sind. Es gibt sie auch als Platten, die verlegt werden. Die Oberfläche wird geschliffen oder ausgewaschen.
Terrazzoböden sind strapazierfähig, feuerfest und leicht zu pflegen.
Terrakottaböden werden als Fliesen verlegt. Sie bestehen aus gebranntem Ton und haben Farben von gelbbraun bis rot. Das Material ist porös und nimmt daher Flüssigkeiten auf. Wenn schwere, spitze Gegenstände auf Terrakottafliesen fallen, können diese brechen oder Teile davon abbröckeln. Die Oberfläche wird meist mit Wachs behandelt, damit sie pflegeleichter wird und nicht so leicht Flecken bekommt. Mit längerem Gebrauch bekommen Terrakottafliesen eine schöne Patina.
Pflege und Reinigung: Die Oberfläche ist nicht versiegelt und nimmt daher Verunreinigungen auf, wenn sie nicht sofort weggewischt werden. Wenn der Boden mit Wachs behandelt wurde, läßt er sich gut wischen.

Holzböden

Holzfußböden sind fußwarm, trittelastisch und verbreiten eine behagliche Atmosphäre. Wegen ihrer vergleichsweise weichen Oberfläche sind sie aber empfindlich gegen punktförmige Belastung (Stöckelschuhe, Möbelfüße) und verkratzen durch Steinchen, Sand und Straßenschmutz. Holzfußböden werden hauptsächlich in Wohn- und Schlafräumen verlegt; massive Bretter bzw. Parkett aus Harthölzern (Eiche, Buche) eignen sich aber auch für Küche und Flur bzw. Eingangsbereich.

Dielenböden können aus Weich- oder Harthölzern bestehen, zum Beispiel Tanne, Fichte, Kiefer, Lärche, Eiche. Sie werden als Bretter von 2 bis 3 cm Stärke verlegt. In der Länge kann variiert werden zwischen fortlaufend verlegten, kürzeren Stücken oder Brettern, die die volle Raumbreite bzw. -länge haben. Dielenböden sind um so robuster, je härter das verwendete Holz ist und je weniger die Oberfläche behandelt ist. Im Gegensatz zu oberflächenversiegeltem Parkett gleichen sie Kratzer mit der Zeit aus und bekommen eine gleichmäßige »Patina«, die keine Strapazen übelnimmt. Anfangs sind unversiegelte Holzböden schwer zu wischen, weil die Oberfläche rauh ist und viel Wasser aufnimmt. Mit längerem Gebrauch wird die Oberfläche glatter und bekommt einen angenehmen Glanz.

Parkett gibt es als Massivholzparkett oder Fertigparkett. Verwendet werden Harthölzer wie Buche, Ahorn, Eiche. Massivholzparkett besteht durch und durch aus der jeweiligen Holzart. Es kann mehrmals abgeschliffen werden, wenn die Oberfläche unansehnlich geworden ist. Massives Parkett ist in der Anschaffung zwar teuer, hält aber durchaus mehrere Generationen.

Fertigparkett hat nur an der Oberfläche eine Schicht aus dem jeweiligen Holz, nach dem es benannt ist. Darunter sind Spanplatten und mehrlagiges Weichholz. Die Holzauflage sollte bei Fertigparkett mindestens 4 mm dick sein, damit man es bei stark strapazierter Oberfläche abschleifen kann.

Parkett kann versiegelt oder geölt werden. Versiegelte Böden sind glatt, glänzend und lassen sich leicht wischen. Geölte bzw. gewachste Oberflächen haben einen matten Glanz, der die Holzart betont.

Pflege von Holzfußböden: Trockenreinigung mit ausgefahrenem Bürstvorsatz des Staubsaugers bzw. Kehren. Bei der Naßreinigung muß man vorsichtig vorgehen, weil Holz Feuchtigkeit aufnimmt, aufquillt und es dadurch zu Verwerfungen kommen kann. Nur »nebelfeucht« wischen, das heißt den Lappen so gut auswringen, daß der Boden nach etwa 2 Minuten wieder trocken ist. Dem Wischwasser etwas Allesreiniger beigeben; versiegeltes Parkett etwa dreimal jährlich mit einem speziellen Parkettpflegemittel (gut verdünnt!) behandeln.

Praktischer Hinweis:

- *Die Oberfläche von Holzböden wird meistens behandelt, damit sie pflegeleichter ist. Versiegelung ist nur sinnvoll bei harten Hölzern. Weiche Hölzer bekommen trotzdem Druckstellen, beispielsweise durch Stuhlbeine oder Stöckelschuhe. Siegellacke auf formaldehydgebundener Kunstharzbasis oder Polyurethanharzlacke sind für den Anwender in hohem Maße gesundheitsgefährdend. Bei der Anwendung unbedingt gut lüften. Besser in puncto Gesundheit sind wasserlösliche Lacke. Feuchtigkeitsabweisend wird die Oberfläche auch durch Wachsen oder Ölen, also mit natürlichen Behandlungsmitteln. Bei gewachsten Holzoberflächen sind Flecken deutlich sichtbar, es muß oft Wachs aufgetragen und poliert werden.*

Wichtiger Hinweis:

- *Wählen Sie keine Tropenhölzer. Das Abholzen der Regenwälder trägt zu Klimaveränderungen bei.*

Linoleum

Linoleum ist beliebt wegen seiner zahlreichen guten Eigenschaften: fußwarm, elastisch, lösungsmittelunempfindlich, haltbar, pflegeleicht und kostengünstig. Verwendet wird es hauptsächlich in Schlafräumen und Kinderzimmern. Es ist für alle Räume außer Naßräumen geeignet. Die Angebotspalette von Linoleumböden ist in den letzten Jahren sehr ausgeweitet werden. Frische Farben und Dekors sind dazugekommen, entsprechend ist auch die Nachfrage gestiegen.

Linoleum besteht aus pflanzlichen Rohstoffen, es riecht anfangs intensiv. Der Geruch ist weniger intensiv, wenn die Oberfläche versiegelt ist, dann läßt sich Linoleum auch leichter wischen. Linoleum verträgt kein Fett und keine hohe Luftfeuchtigkeit.

Kork

Korkfußböden kann man als Korkfliese oder als Korkfertigfußboden (Korkfertigparkett) verlegen. Kork ist angenehm fußwarm, trittschalldämmend und weich im Auftritt. Daher ist er gut geeignet für Kinderzimmer, Wohnräume und Hobbyräume. Kork ist ein Naturprodukt und kann ähnlich wie ein Holzfußboden bei Sonneneinstrahlung, zum Beispiel am Fenster, seine Farbe verändern. Auch unter Möbeln oder Teppichen bleibt das Material dunkler als dort, wo er frei liegt.

Kork ist weich, daher muß die Oberfläche behandelt werden, damit sie strapazierfähig ist. Er wird nach dem Verlegen mit Lack versiegelt oder gewachst bzw. geölt. Wachsen und Ölen ist eher für Räume gedacht, die nicht mit Straßenschuhen begangen werden, zum Beispiel Schlafzimmer.
Für Feuchträume wie Bad und Keller ist Kork nur bedingt geeignet, da er bei längerer Feuchtigkeitseinwirkung aufquillt. Falls man Kork in der Küche verlegt, sollte er auf jeden Fall versiegelt sein, denn Fleckenbildung auf unbehandeltem Kork ist in der Küche nicht zu vermeiden. In Räumen mit Fußbodenheizung ist Kork ebenfalls nicht die erste Wahl, da Kork isolierend wirkt.
Beim Kauf von Kork auf das Kork-Logo achten; es garantiert eine bestimmte Stärke und Dichte der Platten, und nur dann ist dieses von Natur aus weiche, poröse Material als Fußboden ausreichend strapazierfähig.

Kork-Logo

Pflege von Korkfußböden: gewachste Oberflächen mit dem Staubsauger absaugen, mit Lack versiegelte Korkflächen nebelfeucht wischen.
Wenn ein Korkbelag unansehnlich geworden ist, kann er abgeschliffen werden; dafür einen Fachmann zu Rate ziehen.

Kunststoffbeläge

PVC (Polyvinylchlorid) ist ein Kunststoffbelag, billig, pflegeleicht und strapazierfähig. Er ist unempfindlich gegen Feuchtigkeit und fußelastisch und daher gut geeignet für Feuchträume, Wirtschaftsräume und Küche. Aber: Diese Beläge sind problematisch in der Entsorgung. Bei ihrer Verbrennung wird hochgiftiges Dioxin frei. Außerdem enthalten PVC-Böden gesundheitsschädliche Weichmacher, die in den Raum abgegeben werden können.
Als Alternative gibt es chlorfreie Kunststoffbeläge, die auch ohne Weichmacher und Schwermetalle auskommen, zum Beispiel Polyethylen (PE).
Pflege von Kunststoffböden: Für die Trockenreinigung kehren oder absaugen. Beim Wischen etwas Allzweckreiniger ins Wischwasser geben.

Wichtiger Hinweis:

- *Wer sich für einen Bodenbelag entscheidet, sollte auch an die Entsorgung denken. PVC-Bodenbeläge verrotten nicht, bei der Verbrennung entstehen Salzsäure und Dioxine.*

Laminatböden

Laminat ist ein Imitat, meist von Parkett, gelegentlich auch Naturstein oder Fliesen. Seine Oberfläche ist eine fotografische Kopie dieser Bodenbeläge und sieht Holz und Stein daher auf den ersten Blick zum Verwechseln ähnlich. Darunter sind Spanplatten oder Schichtholz. Laminat ist druckfest und in der Anschaffung günstig, außerdem kann es gut für Altbausanierung verwendet werden, weil es eine geringe Aufbauhöhe hat. Laminat ist aber auch »laut«, gute Trittschalldämmung ist unerläßlich. Es ist verhältnismäßig fußkalt und anfällig für elektrostatische Aufladung.
Verwendet wird Laminat in allen Räumen, wobei es für Feuchträume nur bedingt geeignet ist, weil es – wie Parkett – aufquellen und sich verwerfen kann. Für den Eingangsbereich ist es ebenfalls nur bedingt geeignet, weil es durch Straßenschmutz leicht verkratzt; im Gegensatz zu Parkett kann die Oberfläche nicht abgeschliffen werden. Für Verwendung in stark strapazierten Räumen sollte man Laminat der höchsten Beanspruchungsklasse wählen.
Pflege von Laminatböden: kehren oder mit dem Staubsauger mit ausgefahrenem Bürstenkranz saugen. Bei der Feuchtreinigung Lappen gut auswringen, weil die Feuchtigkeit in Fugen eindringt und zu Verwerfungen führen kann. Dem Wischwasser wenig Allzweckreiniger beimischen. Laminat ist unempfindlich gegenüber haushaltsüblichen Säuren und Laugen.

Textile Bodenbeläge (Teppichböden)

Siehe Seite 337.

2.2. Fenster und Türen

Fenster

Durch die Fenster kommen Licht und Luft in das Haus. Die Größe der Fenster hängt ab vom Stil des Hauses, von der Lage zu benachbarten Häusern, Bäumen, Aussicht usw. Grundsätzlich sollten möglichst wenige unterschiedliche Fensterformate an einem Haus vorkommen. Je höher der Fensteranteil an einem Haus ist, desto höher sind die Heizkosten, es sei denn, es handelt sich um ein Passivhaus. Bei Passivhäusern nutzt man große Fenster-flächen zur Energiegewinnung durch die Sonnen-einstrahlung. Um die Wärmeverluste durch die Fenster gering zu halten, ist gute Wärmedämmung wichtig.

FENSTERKONSTRUKTIONEN

- *Einfachfenster* gibt es heute nur noch mit Iso-lierverglasung, Einfachverglasung isoliert zu-wenig. Isolierverglasung besteht aus zwei Glas-scheiben, deren Zwischenraum luftdicht abge-schlossen ist.
- *Kastenfenster* haben einen mehrere Zentimeter breiten Zwischenraum zwischen zwei Einfach-fenstern. Kastenfenster gibt es fast ausschließ-lich bei Altbauten.

MATERIALIEN FÜR FENSTER

- *Holzfenster* können nach Maß angefertigt werden. Sie sehen schön aus, müssen aber regelmäßig gestrichen werden, damit sie lange haltbar sind. Lange Haltbarkeit haben Fenster aus Lärche. Holz hat einen sehr guten Wärmedämmwert, es geht also wenig Wärme verloren.
- *Metallfenster* sind mit einem nichtrostenden Belag überzogen, verzinkt oder gestrichen. Be-sonders häufig werden Aluminiumfenster einge-baut, sie gelten als extrem beständig, werden aber mit der Zeit grau.
- *Kunststofffenster* sind witterungsbeständig, feuch-tigkeitsunempfindlich und müssen nicht gestri-chen werden. Weiße Kunststofffenster vergilben mit der Zeit. Sie erfordern auch einen hohen Reinigungsaufwand, weil Ablagerungen, z. B. Ruß, darauf verschmieren.

Türen

Außentüren müssen witterungsbeständig, fugen-dicht und möglichst wartungsfrei sein. Sie werden aus Metall, Glas und Harthölzern hergestellt. Bei der Auswahl von Material und Gestaltung den Baustil des Hauses berücksichtigen, z. B. keine Metall-Glas-Tür für ein Haus mit aufwendiger Holzkonstruktion.
Bei Außentüren sollte die Wärmedämmung nicht vernachlässigt werden. Glastüren sollten eine Iso-lierverglasung haben, doppelwandige Türen eine wärmedämmende Mittelschicht. Wärme geht ver-loren, wenn die Tür nicht dicht schließt, deshalb eine elastische Schwellendichtung anbringen.
Innentüren gibt es aus Holz, Metall, Glas, Kunst-stoff sowie verschiedenen Materialkombinationen. Glastüren oder Holztüren mit Glaseinsatz bieten die Möglichkeit, Licht in dunkle Flure zu bringen,

allerdings ist bei Glastüren die Unfallgefahr höher. Um Stolpern zu verhindern, Stufen und Tür-schwellen vermeiden. Die Art der Türen (Material und optische Gestaltung) der Gesamtkonzeption des Hauses anpassen. Türen zu Windfang, Keller, Dachboden, Treppenhaus abdichten (s. o.), um nicht unnötig Wärme zu verlieren.

2.3. Wandbekleidung

Wandbekleidungen haben den Zweck, Wände leichter zu pflegen, z. B. in Naßräumen. Hier wer-den die Wände gefliest oder mit einem feuchtig-keitsbeständigen Anstrich versehen.
In Wohnräumen werden die Wände manchmal verkleidet, um damit eine bestimmte Raumwir-kung zu erzielen, z. B. Holzvertäfelung. Wichtig ist eine gute Hinterlüftung, damit die Luft zirku-lieren kann und sich keine Feuchtigkeit staut.
Die wohl häufigste Art der Wandbekleidung ist das Tapezieren, es ist jedoch aufwendiger als ein-faches Streichen der Wände. Tapeten werden aus unterschiedlichen Materialien hergestellt: Papier, Kunststoff, Metall, Glasfaser, Naturfasern. Wer auf Nummer Sicher gehen will, was Wohngifte an-geht, sollte Papier- oder einschichtige Rauhfaser-tapeten kaufen, die ohne Kunstharzkleber ver-arbeitet worden sind bzw. auf das RAL-Gütezei-chen achten. Verwenden Sie keine Spezialkleister, sondern nur Kleister aus Methylcellulose ohne Konservierungsstoffe. Zum Ablösen von Tapeten Wasser, dem evtl. etwas Spülmittel zugesetzt wurde, verwenden. Die Tapeten nehmen die Feuchtigkeit besser auf, wenn sie eingeritzt wer-den. Auf Tapetenlöser nach Möglichkeit verzich-ten, sie belasten das Abwasser.
Sehr elegant kann die Bespannung einer Wand mit Stoff, z. B. Seide, sein.

2.4. Wintergarten

Eine Rahmenkonstruktion aus Holz, Metall oder Kunststoff und viel Glas – so gesehen erscheint ein Wintergarten als relativ einfache Konstruktion. Trotzdem steckt noch einiges mehr dahinter. Vor allem ist eine gute Planung wichtig, wenn er seine verschiedenen möglichen Funktionen erfüllen soll. Ein Wintergarten oder Glasanbau ist der Übergang zwischen Wohnraum und Freiluft. Er bringt Licht, nach dem der menschliche Körper im Winter förm-lich lechzt, ist bei Sonnenschein auch in der kalten Jahreszeit ein angenehmer Aufenthaltsraum, bietet Pflanzen einen Lebensraum, die normales Klima nicht verkraften, und dient zur Energiegewinnung (»passive Solarenergie-Nutzung«).

Das Funktionsprinzip von Glasbauten ist folgendes: Kurzwellige Sonnenstrahlen dringen durch die Verglasung in den Raum, treffen dort auf Boden, Wände und Gegenstände, werden in Wärmeenergie umgewandelt und als langwellige Wärmestrahlung wieder an den Raum abgegeben. Was im Winter und in der Übergangszeit als höchst angenehm und aus energetischer Sicht sehr effektiv ist, macht den Wintergarten im Sommer zum Brutkasten, falls er nicht gut beschattet und be- und entlüftet werden kann. Großdimensionierte Entlüftungsöffnungen müssen an der höchsten Stelle des Glasbaus eingebaut sein, die Beschattung ist an der Glasaußenseite am wirkungsvollsten. Beschattung ist mit Rollos, großen Sonnensegeln, aber auch mit Laubbäumen möglich, die im Winter, wenn sie das Laub abgeworfen haben, die Sonnenstrahlen durchlassen.

Aufwendige Verschattungen für das Dach eines Glasanbaus entfallen, wenn ein festes Dach gewählt wird. Bei der tiefstehenden Sonne im Winter spielen sich Licht- und Energiegewinnung ohnehin hauptsächlich über die verglasten Wände ab. Für nachträglich angebaute Wintergärten braucht man normalerweise eine Baugenehmigung, weil sie als Wohnraum gelten. Unter Umständen läßt sich die Genehmigungspflicht umgehen, wenn man den Anbau als »Anlehn-Gewächshaus« konzipiert und deklariert.

2.5. Gestaltungselemente

Farben und Muster

Farben können einen Raum sehr verändern, zum Positiven wie Negativen. Manche Farben machen einen Raum kühl, andere tauchen ihn in ein warmes Licht. Viele Farben, bunt gemischt, machen einen Raum unruhig. Die Farbgebung wirkt sich auf die Stimmung des in dem Raum lebenden Menschen aus, deshalb ist größter Wert auf eine sorgfältige Farbzusammenstellung, vor allem in Wohnräumen, zu legen.

Die Farbgestaltung eines Raumes geht aus von den Möbeln, der Farbe von Decken und Wänden sowie der textilen Ausstattung (Teppiche, Vorhänge, Möbelbezugsstoffe, Kissen).

FARBWIRKUNG

❑ Gelb ist die hellste Farbe; sie wirkt leicht, fröhlich, beschwingt. Je heller der Ton, desto mehr strahlt das Gelb; wird es dunkler, verliert es an Leuchtkraft. Gelb ist gut geeignet für Räume an der Nordseite des Hauses, weil sie es hell und freundlich macht.

❑ Orange ist eine sehr ausdrucksvolle, aktive Farbe, die warm wirkt. Vor zu viel Orange in einem Raum muß allerdings gewarnt werden, es macht unruhig und kann einen ohnehin lichtdurchfluteten Raum zum »Brennen« bringen. Außerdem erscheint ein üppig orange ausgestatteter Raum kleiner, als er tatsächlich ist. Gut geeignet ist diese Farbe, um bestimmte Einrichtungsgegenstände zur Wirkung zu bringen – natürlich nur, wenn Orange zu den übrigen verwendeten Farben paßt.

❑ Rot ist eine sehr warme Farbe, es drückt Kraft und Energie aus und zählt zu den aktiven Farben. Je heller der Ton, desto fröhlicher wirkt es, je dunkler, desto »würdiger«. Bei Verwendung von Rot ist sehr auf den Ton zu achten: Dunkles Rot kann auch großflächig gut wirken, kräftige helle Rottöne »überschreien« alles andere und sind daher nur sparsam zu verwenden, z. B. für Blumen, Kerzen, Kissen, Lampe. Rot sollte sehr sparsam verwendet werden, es kann auf die Dauer aggressiv machen.

❑ Grün gilt als die ruhigste Farbe. Gelbgrün wirkt lebendig und leicht, Blaugrün kühl. Grün ist eine ideale Farbe für Ruheräume.

❑ Blau wirkt ernst, fern und kühl; es gibt dem Gegenstand Tiefe. Die Wirkung hängt ab von Farbmischung und -tiefe. Wände in hellem Blau treten zurück und lassen einen Raum kühl wirken; dunkles Blau wirkt dagegen schwer und ernst.

❑ Braun ist eine warme Farbe und macht einen Raum gemütlich. Dunkle Räume werden durch Brauntöne düster. Zu viele Brauntöne ohne kräftige Farbtupfer dazwischen können langweilig wirken.

❑ Schwarz schluckt das Licht, helle Farben wirken in Kombination mit Schwarz besonders intensiv. Geschickt und sparsam eingesetzt, kann Schwarz einem Raum eine besondere Note geben.

❑ Grau paßt sich anderen Farben sehr gut an und läßt diese sehr gut wirken. Allein wirkt es kühl und langweilig, kann aber mit kräftigen Farben effektvoll kombiniert werden.

❑ Weiß macht einen Raum hell, freundlich und läßt ihn größer erscheinen.

FARBWAHL

Welche Farben in einem Raum verwendet werden, hängt vom Geschmack des einzelnen ab. Grundsätzlich aber nicht mehr als 4 Farbtöne verwenden, damit die einzelnen Gegenstände (Bilder, schöne Möbel) noch wirken können und der Raum nicht zu unruhig wirkt.

Die Intensität eines Farbtones kann genutzt werden, um den Raum optisch zu verändern; so wirkt

z. B. ein Raum höher, wenn die Decke in hellem Ton gestrichen wird, während der Fußboden bewußt dunkler gehalten ist.

MUSTER

Das Bild eines Raumes kann wesentlich beeinflußt werden durch die Verwendung von Mustern oder aber bewußt gewählte Einfarbigkeit. Grundsätzlich sind gemusterte Tapeten, Teppiche, Vorhänge etc. mit Vorsicht auszuwählen. Muster sind nicht nur der Mode unterworfen, selbst wenn es noch modern ist, kann es passieren, daß man sich schnell daran stört. Besonders zurückhaltend ist mit großflächigen Mustern umzugehen, alle anderen Einrichtungsgegenstände müssen darauf abgestimmt werden. Großgemusterte Tapeten machen einen Raum kleiner und unruhig, Bilder wirken nicht, ebenso Möbel oder beispielsweise ein schöner Teppich.

Scheuen Sie sich aber nicht, einen Blickfang zu schaffen, z. B. ein besonderer Teppich oder ein auffälliges Sofa oder ein Schrank mit bunten Elementen. Wichtig dabei: bei einem Blickfang belassen, sonst wirkt die Einrichtung unruhig. Wer mit Fingerspitzengefühl und vor allem mit genügend Überlegung einen Einrichtungegenstand nach dem anderen auswählt, wird lange Freude daran haben.

Muster können wie Farben zur optischen Veränderung eines Raumes beitragen. So lassen senkrecht gestreifte Tapeten oder auch senkrecht aufgebrachte Holzverkleidungsbretter einen Raum höher erscheinen als quergestreifte Muster.

Beleuchtung

Licht ist ausschlaggebend für die Stimmung in einem Raum. Tageslicht ist immer die angenehmste Art der Beleuchtung, auf künstliche Lichtquellen kann jedoch nicht verzichtet werden. Ein hell ausgeleuchteter Raum lädt meist weniger zum gemütlichen Sitzen ein, als einer mit etwas gedämpftem, aber trotzdem hellem Licht.

Bei künstlichem Licht wird unterschieden zwischen direkter und indirekter Beleuchtung. Bei der direkten Beleuchtung fällt Licht von einer Decken- oder Stehlampe direkt auf eine bestimmte Stelle.

Bei indirekter Beleuchtung werden Decke oder Wände angestrahlt; das Licht fällt zurück und beleuchtet den Raum gleichmäßig mit angenehm gedämpftem, warmem Licht.

In einem Raum sollten mehrere Lichtquellen vorhanden sein. Beim Betreten des Raumes wird eine Allgemeinbeleuchtung eingeschaltet, nach Bedarf andere Lampen zugeschaltet, z. B. am Schreibtisch, am Spiegel, am Lesesessel. Die Allgemein-

beleuchtung ist meist eine Deckenleuchte, auch indirekte Beleuchtung ist als Allgemeinbeleuchtung gut geeignet.

Einzelne Leuchten (Stehlampe) dagegen können durch ihre Formgebung als Gestaltungselemente eingesetzt werden. Sind sie schlicht gehalten, z. B. einfache Strahler, haben sie meist die Aufgabe, besonders schöne Einrichtungsgegenstände, z. B. Schrank, Bilder, zu betonen.

Praktischer Hinweis:

- *Beim Kauf von Leuchten ist darauf zu achten, ob die Glühbirnen problemlos ausgewechselt werden können und die Lampe leicht gereinigt werden kann.*

Materialien

Wie bei den Farben gilt auch hier der Grundsatz: Nicht zu viele verschiedene Materialien verwenden. Die verschiedenen Materialien haben ebenfalls eine ganz spezifische Wirkung im Raum. Holz und Naturfasern wirken warm und angenehm; Metall, Glas und Kunststoff können vornehm und ausgefallen wirken, auf jeden Fall aber kühler.

Vorhänge

Fenster sind dazu da, um Licht und Luft in einen Raum zu bringen. Allzu offener Einblick für den Nachbarn oder Vorbeigehenden ist allerdings meist nicht erwünscht; es werden Vorhänge und Gardinen aufgehängt. Natürlich ist auch die Wahl der Vorhänge Geschmackssache und kann wenig kritisiert werden, denn jeder sollte sich so einrichten, wie er sich wohlfühlt. Die Auswahl sollte aber auf die Gesamtkonzeption der Raumausstattung abgestimmt sein. Verzichtet man jedoch auf Stores oder Scheibengardinen, kann die Landschaft oder der Garten in den Raum einbezogen werden. Wer keinen schönen Ausblick hat, wird ihn gerne mit Stores kaschieren.

Passend zum Material der Vorhänge bzw. Stores und der Möbel sollten die Vorhangstangen ausgesucht werden. Bei Stangen aus Holz, Messing oder Schmiedeeisen werden die einzelnen Ringe ohne Probleme aufgeschoben. Anstrengender ist das Aufhängen von Vorhängen bei Schienen, die in die Decke eingelassen sind.

Vorhänge bieten nicht nur Schutz vor neugierigen Blicken, sondern auch vor starker Sonneneinstrahlung. Bodenlange Vorhänge mit Gardinen wirken wuchtig und schwer, Scheibengardinen dagegen wirken verspielt. Platzsparend und unauffällig sind Stoffrollos (gerafft oder gerollt), z. B. in Küche und Kinderzimmer.

Möbel

Bei der Anschaffung von Möbeln ist auf gute Verarbeitung zu achten, dann haben sie eine lange Lebensdauer und lohnen den Preis. In großen Möbelgeschäften ist die Auswahl oft unübersehbar groß, und schnell wird etwas gekauft, was zu Hause aufgestellt enttäuscht. In einer großen Einrichtungshalle wirken vor allem Polstermöbel viel kleiner, als sie in Wirklichkeit sind. Also von Spontankäufen absehen, die Maße genau aufschreiben und daheim überlegen, ob die Möbel überhaupt Platz haben.

Schöne Möbel haben ausgewogene Proportionen. Zu vermeiden sind Möbel, die aus Tropenhölzern hergestellt sind, sie können nur durch die Zerstörung der Regenwälder hergestellt werden. Weitere Hinweise zum nachhaltigen Einkauf von Möbeln Seite 24. Zeitlos und trotzdem schön wirken Möbel mit klaren Formen und Linien ohne viele Schnörkel, bei denen das Material wirkt. Nicht vergessen werden sollten alte Möbelstücke. Es muß ja nicht ein ganzer Raum oder gar das ganze Haus mit Antiquitäten ausgestattet sein, einzelne Stücke können durchaus mit modernen Möbeln – mit etwas Fingerspitzengefühl – kombiniert werden.

Für Möbel aus Spanplatten dürfen nur noch Platten der Emissionsklasse E1 verwendet werden. Achten Sie vor allem bei Kindermöbeln auf niedrige Emissionsklassen. Vorsicht bei sehr billigen Möbeln!

Vollholzmöbel sind zwar teuer im Vergleich zu Möbeln aus Spanplatten, allerdings sind sie wesentlich haltbarer, sind auch nach vielen Umzügen nicht defekt und geben keine Wohngifte ab.

Eine Orientierungshilfe beim Kauf von Möbeln bietet das RAL-Gütezeichen, das sogenannte »goldene M«. Möbel mit diesem Zeichen sind auf Haltbarkeit, Materialgüte, Langlebigkeit, Sicherheit und Gesundheitsverträglichkeit geprüft.

Goldenes M

Praktische Hinweise:

- *Sehen Sie sich Möbel vor dem Kauf genau an, probieren Sie sie aus, z. B. Sitzmöbel, Schubladen.*
- *Stabile Möbelbeschläge (Scharniere, Schlösser) sind wichtig; Kunststoffbeschläge halten großen Beanspruchungen nicht stand.*
- *Hinterfragen Sie Werbeaussagen wie »aufwendig«, »hochwertig« und begutachten Sie das verwendete Material und die Verarbeitung kritisch.*
- *Qualitativ hochwertige Möbel mit hoher Gebrauchstauglichkeit sind mit dem RAL-Gütezeichen ausgezeichnet.*

Möbel mit klaren, beständigen Formen

3. EINRICHTUNG EINZELNER RÄUME

Wer Räume planen und einrichten will, braucht die Maße für die einzelnen Einrichtungsgegenstände. Ein Teil der Möbel hat genormte Größen, z. B. Küchenmöbel. Wohnmöbel sind nicht genormt. Anhand von Durchschnittswerten und gängigen Größen kann jedoch eine Einrichtung leichter geplant werden. Am leichtesten fällt dies, wenn Möbel maßstabgerecht verkleinert werden, auf farbiges Papier oder Karton gezeichnet und ausgeschnitten werden; sie können dann in dem ebenfalls maßstabgetreu aufgezeichneten Raum nach Belieben verschoben werden. Diese Mühe sollte man sich vor dem Möbelkauf auf jeden Fall machen, um nicht hinterher mit Kompromissen wohnen zu müssen.

3.1. Wohnraum

Maße für Einrichtungsgegenstände

Bei der Einrichtung von Räumen müssen Normbzw. Durchschnittsmaße, Sondergrößen und Bewegungsflächen berücksichtigt werden. Im folgenden die wichtigsten Maße für die Wohnräume.

- Stuhl: 50 × 60 cm, mindestens 15 cm Bewegungsraum, d. h. an einem Tisch mit 120 cm (130 cm) Länge stehen an einer Seite 2 Stühle.
- Tisch: Die Breite beträgt meist 80 cm (besser 90 oder 100 cm), die Länge ist unterschiedlich, z. B. 150, 180 cm.
- Der Bewegungsraum zwischen Tisch und Wand sollte mindestens 80 cm betragen. Günstiger wäre ein größerer Abstand, wenn ein Schrank oder eine Anrichte seitlich neben dem Tisch steht, damit problemlos Geschirr etc. entnommen werden kann, wenn der Tisch besetzt ist.

Für die Einrichtung eines Wohnraumes Ratschläge zu geben ist schwierig, da gerade im Wohnbereich die Auswahl der Ausstattung sehr vom persönlichen Geschmack abhängt, den man jedem lassen sollte. Die folgenden Anregungen sollen also nicht als Vorschrift verstanden werden.

Der Wohnraum ist in manchen Familien kein Aufenthaltsraum, sondern ein Raum zum Vorzeigen, zum Repräsentieren. In solchen Wohnzimmern, die gar keine sind, kann man sich kaum wohlfühlen, weil die Einrichtung nicht danach ausgewählt ist, was gemütlich, praktisch und angemessen ist, sondern rein nach optischen Gesichtspunkten. Oberster Grundsatz sollte daher sein: Der Raum muß als Familienraum von allen gerne genutzt werden.

Möbel

Die Einrichtung sollte unempfindlich, robust und leicht zu reinigen sein. Die Auswahl der Möbel sollte sich an Qualität und guter Verarbeitung orientieren. Gerade bei Möbeln ist gute Qualität meist teuer, doch das sollte kein Grund dafür sein, Billiges zu kaufen, das im Gebrauch weniger praktisch und schneller abgewohnt ist.

Praktische Hinweise:

- *Wohnräume müssen nicht von vornherein perfekt und mit allen Gegenständen ausgestattet sein, die man gerne hätte. Gemütlichere Räume entstehen meist, wenn die Einrichtung mit der Zeit »wächst«, d. h. nach und nach mit ausgesuchten Möbeln vervollständigt wird.*
- *In einer kinderreichen Familie kann es angebracht sein, das Wohnzimmer erst dann nach den eigenen Wünschen und weniger nach der Zweckmäßigkeit einzurichten, wenn die Kinder »aus dem Gröbsten raus sind«.*

Gemütliche Atmosphäre schaffen alte Möbel. Wo die alten Möbel nicht ausreichen, sich damit einzurichten, kann man sie mit Fingerspitzengefühl durch neue ergänzen. Wer sich weniger gerne mit Altem umgibt, kann natürlich auch ganz neu wohnen; generell ist beim Möbelkauf auf klare Formen zu achten. Ausgefallene, verschnörkelte Möbelstücke lassen sich meist schwer mit anderen kombinieren.

Wichtig ist bei der Einrichtung von Räumen generell, sie nicht zu voll zu packen. Es muß genügend Freiraum sein zum Bewegen, für die Kinder zum Spielen. Knapp eingerichtete Räume wirken großzügiger und strahlen eine angenehm »befreiende« Atmosphäre aus.

SITZMÖBEL

Sitzmöbel vor dem Kauf »probesitzen«, auf eine körpergerechte Form achten.

Auf die Dauer sitzt man am besten und angenehmsten in Möbeln mit fester Polsterung. Zu starke Rückwärtsneigung und tiefe Sitzfläche erschweren vor allem älteren Menschen das Aufstehen. Die Sitzfläche soll hinten etwas tiefer sein als an den Kniekehlen.

Armlehnen dürfen nicht zu hoch oder zu tief sein, damit die Arme im Sitzen locker aufliegen.

Auf Strapazierfähigkeit des Bezugsstoffes achten, schlechte Qualität ist schnell abgewetzt und wird unansehnlich. Stoffe in Naturfarben sind weniger empfindlich als einfarbige Stoffe. In der Farb- und Musterauswahl nach den übrigen Einrichtungsgegenständen richten: Wenn diese z. B. gedeckt und unauffällig sind, kann durch eine bunt gemusterte, farblich passende Sitzecke ein interessanter Kontrast gesetzt werden.

Falls die Sitzmöbel ein Holzgestell haben, den Tisch im gleichen Holz wählen. Sitzmöbel nicht zu groß und wuchtig wählen.

SCHRÄNKE

Schrankwände sind vielfach beliebt, weil viele Dinge darin Platz haben, aber auch, weil sie in Mode sind. Weniger wuchtig und nicht so erdrückend wirken kleinere Schränke. Wer lieber einen großen Schrank hat, sollte darauf achten, daß nicht zu viele offene Fächer vorgesehen sind, sie müssen oft abgestaubt werden und können weniger nach praktischen als optischen Gesichtspunkten genutzt werden.

Bilder

Auch bei Bildern ist der persönliche Geschmack entscheidend. Die Wirkung von Bildern kann erheblich verstärkt werden durch das richtige Aufhängen:
- Nicht zu hoch aufhängen, in Augenhöhe wirken die Bilder am besten.
- Große Bilder nicht über zierlichen, kleinen Möbelstücken aufhängen, sondern z. B. über einer wuchtigen Truhe.
- Große Bilder brauchen viel Wandfläche, um wirken zu können; nicht mehrere große Bilder an eine Wand bzw. in einen Raum hängen.
- Kleine Bilder (z. B. Fotos) verschiedener Größe können nebeneinander gruppiert werden, Ober- und Unterkante sollten eine Linie bilden. Kleine Bilder nicht zu hoch hängen.
- Bilderrahmen auf die übrige Einrichtung abstimmen, klare Formen wählen, Schnörkel und ausgefallene Formen nehmen dem Bild die Wirkung.
- Bilder auf einen ruhigen Hintergrund hängen; bei stark gemusterter Wand einen großen Rahmen mit breitem Passepartout wählen.

Sonstige Einrichtungsgegenstände

Die Ausstattung mit reinen Ziergegenständen ist Geschmackssache; generell lieber weniger, aber ausgesuchte Gegenstände aufstellen.

Meist wird auch der Fernseher im Wohnzimmer aufgestellt; am besten wird das »Prachtstück« in Ruhezeiten in einem Schrank versteckt. Beim Aufstellen darauf achten, daß zur Sitzgruppe ein genügend großer Abstand besteht.

3.2. Eßzimmer/Eßplatz

Der Eßplatz kann in Küche, Diele oder Wohnraum vorgesehen sein, manchmal steht auch ein eigener Raum zur Verfügung. In jedem Fall darf die Entfernung zur Küche nicht zu weit sein. Der Eßplatz in der Küche oder im Wohnraum kann durch ein raumhohes Regal abgetrennt werden, es bietet zugleich Platz für Geschirr, Besteck, Servietten, Gläser etc.

Der Fußboden im Eßbereich sollte wischbar sein, Teppichböden sind nicht zu empfehlen. Holz- und Steinfußböden wirken gemütlicher und sind fußwärmer, wenn im Sitzbereich ein Teppich liegt (der unproblematisch zu reinigen ist). Als Beleuchtung für den Eßplatz ist eine höhenverstellbare Pendelleuchte praktisch; sie sollte so tief hängen, daß Blendung vermieden wird.

Praktische Hinweise:

- *Wenn Küche und Eßplatz in einem Raum bzw. nicht durch eine Tür getrennt sind, sollte eine Dunstabzugshaube eingerichtet werden, um Geruchsbelästigung zu vermeiden.*
- *In der Größe sollte der Eßplatz so angelegt sein, daß auch Gäste bewirtet werden können. Ohne große Umstellarbeiten sollte der Tisch ausgezogen werden können.*

ESSTISCH

Pro Person müssen 65 cm Platz zur Verfügung stehen, um genügend Ellenbogenfreiheit zu haben. Die Tischgröße so wählen, daß auch Gäste bewirtet werden können und nicht an getrennten Tischen oder gar in verschiedenen Zimmern gegessen werden muß. Günstig sind Tische zum Ausziehen oder Ausklappen. Der Mehrpreis für stabile Verarbeitung macht sich schnell bezahlt! Für größere Einladungen kann ein gleich hoher Tisch angeschoben werden.

Tischplatten aus Naturholz sind zwar etwas schwieriger zu reinigen als Kunststoffplatten, sie sehen jedoch schöner aus und verziehen sich nicht oder schmelzen, wenn heiße Schüsseln oder Töpfe darauf abgestellt werden. Damit dunkle Hölzer nicht fleckig werden, eine dicke Moltonauflage unter die Tischdecke legen bzw. ausreichend dicke Untersetzer verwenden.

Bewährtes Material für Tischplatten: unbehandeltes Ahorn.

Tische gibt es in den Normgrößen 130 × 80, 180 × 80 cm oder in jeder beliebigen Breite und Länge bei Maßanfertigung. Tischbeine stören beim Sitzen nicht; falls Zargen vorhanden sind, auf genügend Beinfreiheit achten.

Tisch mit Ahornplatte

Ein runder Tisch beansprucht mehr Fläche als eckige Tische, am wenigsten Platz wird benötigt mit einem rechteckigen Tisch und einer Eckbank.

STÜHLE

Die Stühle müssen aufrechtes Sitzen ermöglichen und im Bereich der Lendenwirbelsäule gut abstützen; beim Kauf ausgiebige »Sitzprobe« machen. Solide Verarbeitung ist bei den Stühlen genausowichtig wie beim Tisch. Pro Stuhl muß eine Stellfläche von 50 × 60 cm eingeplant werden, auf genügend Bewegungsfreiheit ist zu achten. Von der Wand muß der Abstand des Stuhles mindestens 30 cm betragen; steht ein Schrank oder eine Anrichte hinter den Stühlen, muß so viel Platz frei bleiben, daß sich Türen und Schubladen öffnen lassen, ohne den Sitzenden zum Aufstehen bitten zu müssen.

Um den Eßplatz bei Bedarf erweitern zu können, sind einige Reservestühle vorzusehen; falls sie nicht reichen, können Klappstühle zugestellt werden. Bezüge oder Polster müssen leicht abzunehmen und problemlos zu reinigen sein. Eine Eckbank am Eßplatz ist platzsparend und wirkt gemütlich. Trueneckbänke bieten darüber hinaus Platz für allerlei Gegenstände, z.B. Kinderspielzeug; es ist jedoch darauf zu achten, daß die Truhe nicht zu tief ist, damit die Beinfreiheit nicht eingeschränkt ist.

3.3. Schlafzimmer

Schlafzimmer werden im Gegensatz zu Kinderzimmern fast ausschließlich fürs Schlafen genutzt, das Elternschlafzimmer gelegentlich auch als ungestörter Ort für Schreibarbeiten. Grundsätzlich sollten Schlafzimmer ruhig liegen, d.h. nicht auf der Straßenseite.

Elternschlafzimmer werden auch heute noch oft im größten und sonnigsten Zimmer im ersten Stock eingerichtet, obwohl diese Vorteile durch ein Kinderzimmer viel mehr genutzt werden würden, denn Kinder halten sich auch tagsüber öfter in ihren Zimmern auf.

Elternschlafzimmer auf der Nordseite haben darüber hinaus den Vorteil, daß sie im Sommer angenehm kühl bleiben.

Schlafzimmer für Gäste sollten zweckmäßig, aber nicht zu nüchtern eingerichtet sein. Ein bequemer Sessel und ein Tischchen mit Lampe werden gerne genutzt, um einen Brief zu schreiben oder sich einmal ungestört mit einem Buch zurückzuziehen.

Ein Teppichboden als Fußbodenbelag ist zwar angenehm warm. Problematisch wird es aber, wenn der Raum längere Zeit für die Krankenpflege genutzt werden muß oder Hausstauballergie auftritt. Günstiger sind lose Teppiche auf einem Holzfußboden. Farben und Muster in Schlafzimmern sollten harmonisch und beruhigend wirken.

Möblierung

Durch die obligatorische Einrichtung des Schlafzimmers mit Doppelbett, Kleiderschrank und Nachtschränkchen kann die Aufstellung der Möbel wenig variiert werden. Wichtig ist in jedem Fall genügend Bewegungsfläche vor dem Schrank sowie zwischen Wand und Bett, um auch unter den Betten leicht wischen oder staubsaugen zu können. Die Bewegungsfläche kann erweitert werden durch Einbauschränke und Schiebetüren statt Flügeltüren bzw. einen begehbaren Kleiderschrank. Praktisch und sinnvoll ist eine Vorrichtung zum Aufhängen getragener, aber nicht schmutziger Kleidung.

BETTEN

Das Ehebett sollte aus zwei Einzelbetten bestehen, die bei Bedarf auch einzeln aufgestellt bzw. auseinandergerückt werden können, z.B. bei Krankheit. Ein gutes Bett ist nicht zu schwer, leicht auseinanderzunehmen und einfach zu reinigen. Ausreichende Länge des Bettes ist wichtig für erholsamen Schlaf: Körpergröße plus 30 cm ist ideal. Auch die Breite ist wichtig: Ein Einzelbett sollte mindestens 95 cm breit sein, in Doppelbetten sollte mindestens 90 cm Platz für jeden Schläfer sein. Die üblichen Standardmaße von 1 × 2 m reichen also aus für Menschen unter 1,80 m Körpergröße. Allerdings sind längere Betten (2,10 oder 2,40 m) meist wesentlich teurer, ebenso die passenden Matratzen. Ein erholsamer Schlaf sollte den Mehrpreis wert sein.

Die Betthöhe ist für den Schläfer unwichtig, nicht jedoch für den, der das Bett macht oder jemanden pflegen muß: 45 cm ist eine gute Höhe, bei älte-

ren und pflegebedürftigen Menschen sind 55 cm noch besser. (Matratzen siehe S. 340)
Zu jedem Bett gehören eine Ablagemöglichkeit für Bücher, Wecker etc. sowie eine blendfreie Leselampe. Die Leselampe sollte keinen zu großen Lichtkegel werfen, damit der nebenan Schlafende nicht gestört wird. Zusätzlich ist eine Allgemeinbeleuchtung notwendig, die auch vom Bett aus bedient werden kann.

Beleuchtung zum Lesen im Bett

SCHRÄNKE

Bei Kleider- und Wäscheschränken auf sinnvolle Inneneinteilung achten. Verstellbare Böden, Kleiderstangen, Schubladen und Züge ermöglichen eine gute und übersichtliche Nutzung. Übersichtlich sind begehbare Kleiderschränke.
Ablagemöglichkeit für Kleider, Kleiderhaken oder -ständer, Spiegel und Sitzgelegenheit vorsehen. Wer keine freie Wandfläche für einen großen Spiegel hat, kann einen einfachen Spiegel auch an der Innenseite einer Schranktüre befestigen.

VORHÄNGE

Bei der Auswahl der Vorhänge überlegen, ob sie verdunkeln müssen oder nicht. Farbe und Material sind der persönlichen Stilrichtung überlassen, wobei die Gestaltungsgrundregeln nicht vergessen werden sollten.
Im übrigen kann der Schlafraum nach Belieben mit Bildern und Raumschmuck ausgestattet werden, sparsame Dekoration vermindert den Pflege- und Reinigungsaufwand; daran denken, daß der Schlafbereich durch das Bettenmachen verstaubt.

3.4. Kinderzimmer

Kinderzimmer werden viel zu oft mit wenig Überlegung eingerichtet; nicht selten sind sie ein besserer Abstellraum für unmodern gewordene oder nicht mehr benötigte Möbel. Damit sich Kinder in ihrem Zimmer wohlfühlen, muß zwar die Einrichtung nicht nagelneu und perfekt, aber auf jeden Fall sorgfältig überlegt sein.
Zu berücksichtigen ist das Alter des Kindes. Kleinkinder nutzen das Kinderzimmer kaum allein, sie wollen und brauchen die Nähe zur Mutter und zu Erwachsenen wie den anderen Kindern. Je älter das Kind wird, desto häufiger will es sich in seine eigenen vier Wände zurückziehen.
Generell sollten Kinderzimmer sonnig, gut zu lüften und gut beheizbar sein. Ideal ist Fußbodenheizung, weil Kinder und Jugendliche gerne am Boden liegen oder sitzen zum Spielen oder Musikhören. Pro Kind sollte die Raumgröße nicht unter 9 m² liegen. Nach Möglichkeit jedem Kind ein eigenes Zimmer einrichten. Wichtig ist das vor allem, wenn die Kinder älter werden. In alten Häusern sind oft nur sehr große Räume vorhanden, die dann von mehreren Kindern geteilt werden müssen. Mit etwas Überlegung lassen sich aus einem großen Raum zwei kleine Zimmer machen. Falls dies nicht möglich ist, durch ein Regal oder einen Schrank oder durch größere Pflanzen jedem Kind einen eigenen Platz schaffen, in dem es ungestört spielen und lernen kann.

Einrichtung

Bei der Möblierung von Kinderzimmern darauf achten, daß möglichst viel Bewegungsraum bleibt. Falls sich zwei Kinder einen Raum teilen müssen, für zwei getrennte Bereiche, zumindest getrennte Arbeitsplätze, sorgen, damit sie sich nicht gegenseitig stören.
Die Einrichtungsgegenstände von Kinderzimmern sollten generell robust und gut verarbeitet sein. Sicherheit ist vor allem bei Kleinkindern oberstes Gebot. Fenstersperre, Steckdosenschutz, Nachtlicht, Schutzgitter, Teppichgleitschutz gehören dazu. Kindgerechte Möbel sind der Körpergröße des Kindes angepaßt, haben keine scharfen Ecken und Kanten und »wachsen« zum Teil sogar mit durch entsprechende Verstellmöglichkeiten.
Die Art der Möbel hängt vom Alter des Kindes ab. Für Kleinkinder gehören Kinderbett, Kommode, Wickelbrett, Laufstall und Regal für Spielsachen zur Einrichtung. Ein Teenager will ein Zimmer haben, in das er auch einmal einen Freund einladen kann.

BETT

Kleinkinder brauchen ein Bett mit Gitterstäben. Günstig ist es, wenn einzelne Stäbe herausnehmbar sind, damit das Kind selbständig ins Bett gehen bzw. aufstehen kann. Ein Kindergartenkind braucht das Gitter meist nicht mehr, es kann bei guten Betten abgenommen werden. Das Bett eines Schulkindes hat die Maße eines Erwachsenenbettes. Beliebt sind Betten, die tagsüber zu einem Sofa umfunktioniert werden können. Stock- oder Etagenbetten sparen zwar Platz, gehören aber keineswegs zu den idealen Lösungen. Praktisch ist bei Platzmangel jedoch ein hochgestelltes Bett, darunter bleibt Platz für Musikgeräte, ein Regal etc. Bei der Auswahl ist auf gute Verarbeitung und Stabilität zu achten. Eine gute Matratze ist für Kinder genausowichtig wie für Erwachsene (siehe Seite 340).

SCHREIBPLATZ

Schulkinder und Jugendliche brauchen zusätzlich einen Arbeitsplatz für Schularbeiten. Der Schreibplatz kann aus einer unter dem Fenster angebrachten Platte oder einem speziellen Tisch bestehen, die der Körpergröße des Kindes angepaßt sein müssen. Optimal ist ein guter, höhenverstellbarer Schreibtisch, der »mitwächst«. Die richtige Höhe hat er, wenn die Unterarme beim aufrechten Sitzen flach auf der Tischplatte aufliegen (den Mechanismus im Geschäft ausprobieren). Dazu gehört natürlich ein höhenverstellbarer Stuhl mit leicht nach hinten geneigter Sitzfläche und verstellbarer Rückenstütze. Eine blendfreie, verstellbare Lampe gehört ebenfalls zum Arbeitsplatz. Das Licht sollte nicht von vorne, sondern von der Seite kommen, bei Rechtshändern von links, bei Linkshändern von rechts.

SCHRÄNKE UND REGALE

Weitere Einrichtungsgegenstände sind ein Kleiderschrank und eine Kommode für Spielsachen etc. Bücher sind am besten in einem Regal untergebracht. Kleinkinder lernen früh, ihre Sachen aufzuräumen, wenn einfache Ordnungseinrichtungen vorhanden sind, z. B. Kisten oder große stabile Schachteln.

GESTALTUNG DES ZIMMERS

Kinder und Jugendliche gestalten ihr Zimmer gerne selber; die Ausstattung mit Zeichnungen, Plakaten und Bildern sollte dem Kind überlassen bleiben. Tapeten, Vorhänge, Rollos, Bettwäsche sollten Kinder und Jugendliche mitaussuchen dürfen.

Die Wände sollten mit wischfester Farbe gestrichen sein. Bunt gemusterte Tapeten sind zwar unempfindlich, können kleine Kinder jedoch beunruhigen.
Der Bodenbelag sollte glatt, leicht zu reinigen und fußwarm sein. Holz und Linoleum sind daher geeignet, ebenso Kork.

3.5. Küche

In der Küche verbringt die Hausfrau täglich viel Zeit. Sinnvolle Planung des vorhandenen Raumes erleichtert nicht nur die Arbeit, sondern fördert auch die Freude an der Küchenarbeit.
Ob man die Küche als abgeschlossenen Raum einrichtet oder in den Wohnbereich integriert, hängt vom Platzangebot und von persönlichen Vorlieben ab. Beide Küchenformen haben Vor- und Nachteile, die von jedem individuell beurteilt werden.
Die integrierte Küche hat folgende Vorteile:
- Der Raum wirkt großzügig, man fühlt sich nicht »eingesperrt« und hat dadurch mehr Lust, sich hinter den Herd zu stellen.
- Koch oder Köchin sind in das Geschehen im Eß- bzw. Wohnraum integriert und können nebenher die Kinder beaufsichtigen, sich mit Gästen unterhalten etc.
- Kochen und Kommunikation können eine Einheit und so zu einem wichtigen Bestandteil des Familienlebens werden.
Sie hat allerdings den Nachteil, daß man sie im Gegensatz zur separaten Küche nicht einfach zumachen kann. Deren Vorteile sind daher:
- Küchengerüche ziehen nicht durch die ganze Wohnung.
- Geräusche (z. B. laufende Küchenmaschinen, lauter Dunstabzug) stören die Unterhaltung nicht.
- Köchin bzw. Koch können ungestört und unbeobachtet arbeiten.
- Die Küche kann, wenn man zum Beispiel Gäste aufwendig bewirtet hat, zunächst unaufgeräumt bleiben, ohne daß die Unordnung die Gemütlichkeit am Tisch stört.
- Die Küche muß nicht ständig in einem vorzeigbaren Zustand sein.
Auch Kompromißlösungen sind möglich, indem man etwa den Küchenteil optisch vom Eßbereich trennt, zum Beispiel durch einen raumhohen Schrank, der zwar eine Unterhaltung zuläßt, aber die Sicht auf die Küche versperrt. Je nach Raumangebot ist auch die Einrichtung eines Eßplatzes in einer separaten Küche bedenkenswert, der u. a. kurze Servierwege ermöglicht. Gut überlegen sollte man sich, ob eine Eßtheke die geeignete Abtren-

nung zur Küche ist. Man sitzt sich beim Essen nicht gegenüber, sondern nebeneinander mit voller Blickrichtung zur Küche.

Küchenkauf

Um sich in der Fülle des Angebotes an Kücheneinrichtungen zurechtzufinden, ist es notwendig,

❑ zu wissen, was man haben will,

❑ sich dann bei verschiedenen Anbietern zu informieren,

❑ diese Angebote in Ruhe zu durchdenken (am besten mit der Familie) und

❑ erst dann zu entscheiden.

Elektrogeräte sind im Elektrofachhandel manchmal billiger als im Möbelhaus oder Küchenfachgeschäft; erkundigen Sie sich nach dem Preis der einzelnen Geräte.

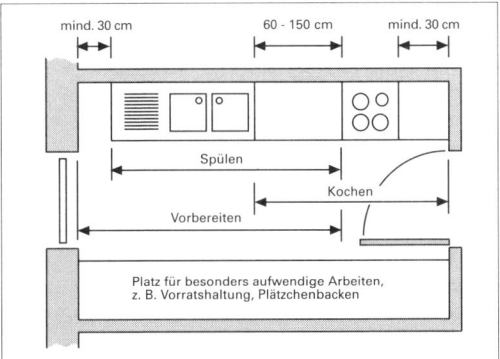

Platzbedarf bei verschiedenen Arbeiten

Praktische Hinweise:

■ *Fragen Sie vor der Planung, ob der Kostenvoranschlag kostenlos ist. Nicht nur die Preise vergleichen, sondern auch die Leistungen des Händlers. Niedrige Preise oder Rabatte gehen oft auf Kosten des Service (Ausmessen der Küche, Planung und Erstellen eines Angebotes, Montage, Kundendienst, Anlieferung der Möbel).*

■ *Der Kauf im Fachgeschäft lohnt sich allemal. Eine komplette Kücheneinrichtung selbständig zu planen und zu montieren, kann teuer kommen. Man sollte es lieber Fachleuten überlassen.*

Arbeitswirtschaftliche Grundsätze zur Küchenplanung

❑ Funktionalität hat beim Einrichten einer Küche oberste Priorität.

❑ Von rechts nach links arbeiten, also den Herd rechts von der Spüle; dadurch werden die Arbeitsabläufe flüssiger. Für Linkshänder von links nach rechts planen.

❑ Vor dem Einbau der Küche genügend Steckdosen anbringen lassen (nach Plan); bei hochtechnisierten Küchen darauf achten, daß Stromkreise und Absicherungen ausreichend dimensioniert sind.

❑ An beiden Seiten von Herd und Spüle Arbeitsfläche einplanen: seitlich bis zu Wand oder Hochschrank mindestens 30 cm, zwischen Herd und Spüle mindestens 60 cm.

❑ Herd und Spüle möglichst an der gleichen Seite der Küchenzeile aufstellen, weil dann nicht so oft Flüssigkeiten auf den Boden tröpfeln.

❑ Die Arbeitsplatte sollte nicht bündig mit den Küchenunterschränken abschließen. Das erleichtert das Reinigen bzw. Abwischen von Resten.

❑ Nur bei einem Untertritt (bei den Küchenunterschränken) von etwa 5 cm kann man nahe am Arbeitsbereich, gerade und damit rückenschonend stehen.

❑ Die Höhe der Arbeitsplatte sollte an der Person ausgerichtet sein, die hauptsächlich in der Küche arbeitet (siehe Seite 56). Wenn man gerne zu zweit kocht und der Platz vorhanden ist, Arbeitsflächen in unterschiedlichen Höhen einplanen. Das läßt sich ohne unschöne und für die Reinigung unpraktische »Stufen« leicht in einer zweizeiligen Küche umsetzen, indem man unterschiedliche Höhen der Zeilen wählt. Idealerweise ist die Zeile, in der sich die Spüle befindet, der höhere Bereich. Der Boden des Spülbeckens ist abgesenkt und dadurch ohnehin oft Grund für ermüdendes »Buckeln« beim Spülen. Umgekehrt ist es sinnvoll, das Kochfeld eher abgesenkt zu planen, denn die Oberkante der Töpfe ist sozusagen die Arbeitshöhe.

❑ Spülmaschine und Backofen nach Möglichkeit erhöht einbauen. Das schont den Rücken – nicht erst im höheren Lebensalter.

❑ Ein erhöht eingebauter Kühlschrank ist absolut empfehlenswert, nicht nur um ihn ohne Bücken zu füllen und etwas herauszuholen, sondern vor allem, um ihn bequem reinigen zu können. Vor allem für ältere und körperlich eingeschränkte Personen wird das Reinigen (auf Knien oder dauergebückt) zur Qual, so daß es zu lange aufgeschoben wird mit entsprechenden Einbußen an Hygiene und damit letztlich der Gefahr, daß sich krankmachende Keime verbreiten können.

❑ Sitzarbeitsplatz mit herausziehbarem Arbeitsbrett (in etwa 70 cm Höhe) einrichten. Günstig ist ein doppelt herausziehbares Arbeitsbrett, weil man daran seitlich und in guter Arbeitshöhe sitzt und mehr Abstellfläche hat als bei einfachen Ausziehbrettern. Ein ergonomisch gestalteter Drehstuhl ist als Ergänzung notwendig.

▫ Für gute Beleuchtung Lampen so anbringen, daß sie nicht blenden oder man im eigenen Schatten arbeiten muß. Günstig sind Lichtblenden an der Unterseite der Oberschränke zusätzlich zur Allgemeinbeleuchtung.

▫ Nach Möglichkeit Spüle mit zwei Becken einbauen: ein großes Becken, in dem auch Kuchenbleche oder große Töpfe ohne Verrenkungen gespült werden können. Ein zweites großes Becken ist nicht notwendig, ein kleines Restebecken dagegen sehr sinnvoll.

▫ Alle laufend benötigten Gegenstände in einer Höhe einräumen, die ohne Bücken oder Strecken erreichbar ist. Geschirr, Töpfe, Schütten, Kochzutaten etc. so einräumen, daß lange Wege vermieden werden, z. B. Kaffee, Filter, Kaffeemühle und Kaffeemaschine griffbereit zuordnen.

▫ Offene Regale, in denen vom Kochbuch bis zur Bratpfanne alles aufbewahrt wird, bieten zwar jederzeit Zugriff, haben aber den Nachteil, daß sich Küchendünste auf alle Flächen und Geräte legen. Was hinter geschlossenen Türen verstaut ist, verstaubt bzw. verschmutzt nicht.

▫ In die Arbeitsplatte eingelassene Geräte, z. B. Waage, Friteuse, nehmen Arbeitsfläche weg und schaffen Ritzen und Fugen, die schwer zu reinigen sind.

▫ Glastüren an Küchenober- und -unterschränken sind ein optischer Gag, aber nicht unbedingt praktisch: Was im jeweiligen Schrank untergebracht ist, muß man nicht bereits von außen sehen. Der Durchblick zwingt zum dekorativen – aber nicht unbedingt praktischen – Einräumen der Schränke.

GRUNDFORMEN VON KÜCHEN

▫ *Einzeilig:* für kleine Familien und schmale Räume. Eine einzeilige Küche sollte nicht zu lang gezogen sein, damit die Wege nicht zu lang werden.

▫ *Zweizeilig:* Teure Eckmöbel entfallen, der Zugang zu Fenster und Heizung ist nicht behindert. Statt eines Fensters ist eine Glastüre praktisch als Zugang zum Garten. Wichtig: Für eine zweizeilige Küche muß der Raum mindestens 220 cm breit sein, damit genügend Bewegungsfläche bleibt (2 mal 60 cm Schranktiefe plus 1 m Bewegungsraum). Falls der Raum zwischen den Schränken mehr als 1,80 m beträgt, sollte die Raummitte auch genutzt werden, z. B. in Form einer Halbinsel. Solche Inseln haben den Vorteil, daß auch mehrere Personen gut daran arbeiten können. Oft dienen sie gleichzeitig als optische Abtrennung zum Eßbereich.

▫ *Insellösungen* erfordern einen großen Raum, denn sie sind nur sinnvoll, wenn rund um die

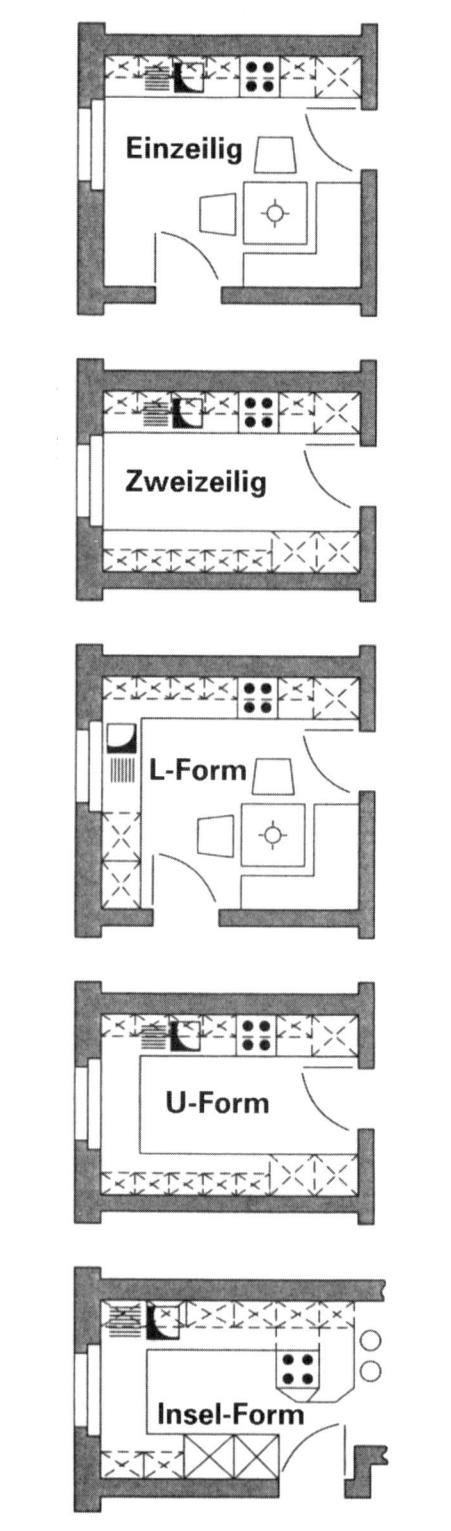

Grundformen von Küchen

Insel genügend Bewegungsfläche bleibt. Wer selbst ein Haus baut, muß die Installation von Wasserzu- und ablauf sowie Stromanschluß entsprechend planen, denn sie müssen unter dem Fußboden verlegt werden.

❑ *L-Form:* Diese Anordnung ist arbeitswirtschaftlich günstig, wenn der Raum nicht zu groß ist. Bei großen Räumen entstehen lange Wege. Praktisch ist die große, durchgehende Arbeitsfläche. In L-Küchen kann gut ein Eßplatz integriert werden.

❑ *U-Form:* Teure Eckelemente sind nicht unbedingt notwendig, die Ecken können auch als Stauraum für selten gebrauchte Gegenstände dienen. Bei der U-Küche ist der Zugang zum Fenster erschwert. Damit die warme Luft vom Heizkörper abziehen kann, muß die Arbeitsplatte Schlitze haben, das Ventil muß leicht erreichbar sein. Die U-Form kommt nur in Frage, wenn der Raum mindestens 2.70 m breit ist.

»Halbinsel« als Kochzentrum

Maße zur Küchenplanung

Bevor man sich für die Grundform entscheidet, muß der Raum genau ausgemessen werden, denn Küchenmöbel sind in der Tiefe genormt: 60 cm bei Unterschränken, 35 cm bei Oberschränken. Herde, Kühlschränke, Spülmaschinen haben ein einheitliches Maß von 60 cm Breite. Schmalere Ausführungen sind jedoch auch erhältlich und müssen entsprechend eingeplant werden. Herde gibt es auch breiter als 60 cm.

Die Höhe der Küchenunterschränke sollte auf die Körpergröße der Person abgestimmt sein, die hauptsächlich in der Küche arbeitet. Wenn die Arbeitsfläche zu hoch ist, kommt es zu Verspannungen im Schulter- und Armbereich. Wenn sie

zu niedrig ist, schmerzt nach längerem Arbeiten der Rücken. Als Maß für die richtige Arbeitshöhe kann folgende Faustformel gelten: Der Abstand zwischen angewinkeltem Unteram und Arbeitsfläche sollte etwa 15 cm betragen.

Während bis vor einigen Jahren Einbauküchen Standard waren, gibt es mittlerweile auch ein großes Angebot an Modulküchen. Dabei werden einzelne Elemente miteinander kombiniert und nebeneinander aufgestellt, so wie es der Raum erlaubt. Großer Vorteil der Modulküchen ist, daß man mit geringerem Aufwand umziehen kann als bei eingebauten Küchenmöbeln. Ein weiterer Vorteil ist, daß man die Ausstattung nach und nach ergänzen kann und damit auch die (meist hohe) Anschaffungssumme für eine Küche nicht in einem berappen muß.

Zu beachten sind natürlich trotzdem die Elektro- und Wasseranschlüsse sowie die Höhen und Tiefen der Arbeitsflächen. Ein Nachteil ist, daß durch die nebeneinandergestellten Elemente Schmutzritzen und -spalten entstehen. Weil die geschlossene Sockelblende – wie bei Einbauküchen üblich – entfällt, entstehen zwischen den einzelnen Möbelfüßen Schmutznischen, die den Reinigungsaufwand ebenfalls erheblich erhöhen.

Küchenblöcke werden von Möbelhäusern oft zu Billigstpreisen verkauft. Praktische Details oder hochwertige Verarbeitung findet man bei solchen Angeboten meist nicht. Sie können aber für Haushalte, in denen wenig gekocht wird, durchaus eine Alternative zu einer ungenutzten, teuren Vorzeigeküche sein.

Praktischer Hinweis:

■ *Breite und Höhe der Unter- und Oberschränke variieren je nach Hersteller. Die Hersteller haben verschiedene Rastermaße für ihre Möbel, z. B. 5–10-cm-Schritt, so daß sich die Einrichtung auf jeden Raum maßschneidern läßt. Fehlt trotzdem eine bestimmte Breite, werden auch Sonderanfertigungen gemacht, die jedoch unverhältnismäßig teuer sind und deshalb vermieden werden sollten.*

Küchenmöbel

Wie alle anderen Gegenstände sind auch Küchenmöbel der Mode unterworfen. Manche Hausfrauen wählen wahre Prunkküchen aus, die optisch zwar beeindrucken, aber im täglichen Gebrauch zusätzlich Arbeit schaffen, z. B. durch unzählige Kanten und Bögen. Bei der Auswahl der Küche sollte jedoch die Zweckmäßigkeit im Vordergrund stehen; das Innenleben ist wichtig, nicht das Äußere.

Praktische Hinweise:

- *Schubladen sind in der Küche ebenfalls ein Verschleißteil; beim Kauf testen, ob sie sich leicht herausziehen lassen (Teleskopschienen) und eine Auszugssicherung haben.*
- *Bei Eckschränken darauf achten, daß man sich die Finger nicht einklemmen kann.*

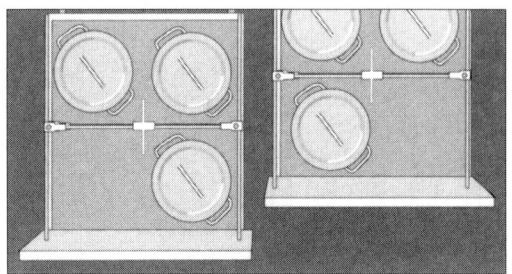

Vorteilhafter Vollauszug (links) im Vergleich zu Normalauszug (rechts)

Fronten

Die Oberfläche (Front) kann aus Kunststoff oder Holz sein; Holz (massiv oder furniert) ist verhältnismäßig teuer. Am unempfindlichsten sind matte, glatte Fronten ohne Profil. Flächen ohne Leisten etc. lassen sich leicht reinigen, an Verzierungen lagern sich Staub und Fett ab. Welche Farbe gewählt wird, hängt vom persönlichen Geschmack ab. Sehr gute Gebrauchstauglichkeit und Haltbarkeit haben glatte Schranktüren aus Massivholz. Bei genauem Vergleich ist Schreinerware oft nicht teurer als Möbel »von der Stange«.

Bei den Schränken ist auf günstige Griffe, z.B. Bügelgriffe, zu achten. Scharfe Kanten führen leicht zu Verletzungen; die Scharniere, Türschlösser und Kanten müssen solide verarbeitet sein, weil sie stark beansprucht werden.

Inneneinteilung

Bezahlt macht sich auch eine gut geplante Inneneinteilung der Schränke: Zusätzliche Körbe, Roste, Fächer, Behälter, Schütten etc. erleichtern es, Ordnung und Übersicht zu halten. Günstig ist z.B. ein offenes Regal für Holzschneidebretter, sie sind sofort griffbereit und luftig aufbewahrt. Ein schmaler Unterschrank ist praktisch für Kuchenbleche, Gitter und Tabletts.

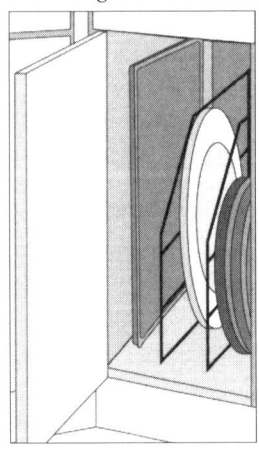

Schmaler Unterschrank für Tabletts

Auszüge

Auszüge setzen sich als Ordnungseinrichtungen immer mehr durch, sie haben ein großes Fassungsvermögen. Vorteilhaft sind auch die bessere Übersicht und der leichtere Zugriff. Frontauszüge funktionieren wie eine Schublade, d.h. Frontblende und Auszug sind miteinander verbunden. Beim Innenauszug wird erst die Schranktür geöffnet, dann die einzelnen Züge herausgezogen. Vor-

aussetzung für solche Konstruktionen ist ein stabiler Korpus der Schränke, was natürlich einen höheren Preis bedingt. Trotz des Mehrpreises sind Auszüge Einlegeböden vorzuziehen. Frontauszüge, die höher sind als Unterschränke, sind unpraktisch, weil viel Kraft aufgewendet werden muß, um sie herauszuziehen; sie sind auch sehr teuer.

Schmale, hohe Auszüge sind ebenfalls nicht sinnvoll, weil der Platz darin nur wenig Variationsmöglichkeit bietet.

Rolloschränke sind teuer in der Anschaffung, aber praktisch. Dahinter sind Küchengeräte wie Kaffeemaschine, Küchenmaschine etc. staubfrei und griffbereit untergebracht und brauchen bei Verwendung nur nach vorne gezogen zu werden. Tiefe des Rolloschranks ausmessen, ob genug Platz darin ist.

Schubladeneinsätze schaffen Übersicht und Ordnung, und sie werden bei Küchen als Zubehör angeboten, allerdings zu hohen Preisen. Preisgünstiger ist es meist, sich Einsätze in Haushaltswarengeschäften zu kaufen.

Arbeitsplatten, Arbeitsflächen

Hitze-, säure- und laugenbeständig, schnittfest, kratzfest und leicht zu reinigen – das sind die Anforderungen an Arbeitsflächen in der Küche. Die Beständigkeit der einzelnen Materialien ist unterschiedlich, generell sollte man aber auf eine glatte Oberfläche achten; geriffelte Flächen sind schwer sauberzuhalten. Man sollte außerdem darauf achten, daß möglichst wenig Stoßkanten entstehen, weil sich an solchen Stellen Schmutz ablagern oder Feuchtigkeit eindringen kann. Ein Schwallrand verhindert, daß verschüttete Flüssigkeiten auf den Boden tropfen.

Die Arbeitsplatte sollte nicht bündig mit den Küchenunterschränken abschneiden, sondern einige Zentimeter darüber hinausragen. Dann kann man Schmutz, Abfälle etc. in einen unter den Vorsprung geschobenen Behälter wischen.

Kunststoffbeschichtete Holzwerkstoffplatten: Kunststoffbeschichtete Arbeitsplatten sind in vielen Farben und Designs erhältlich, leicht zu reinigen und praktisch unverwüstlich. Es kann direkt darauf gearbeitet werden. In der Anschaffung sind sie relativ preisgünstig.

Granit: Arbeitsplatten aus Naturstein sind ein Blickfang in jeder Küche. Je nach Färbung des Steins können sie gut auf Material und Farbe der Küchenmöbel abgestimmt werden. Die Anschaffung ist verhältnismäßig teuer, die Preise sind allerdings so unterschiedlich, daß sich Vergleiche lohnen. Granit ist schwer, daher muß auf entsprechend stabile Möbelkorpusse geachtet werden. Granit ist robust, es kann direkt darauf gearbeitet werden. Er verträgt Hitze und ist leicht zu reinigen. Weil Stein hart ist, gehen Gläser oder feines Geschirr zu Bruch, wenn sie darauf umfallen. Ein weiterer Nachteil ist, daß Stein dem Körper Wärme entzieht, was bei längerem Arbeiten auf der Platte an den Unterarmen bzw. bei längerem Kontakt mit der Platte beim Davorstehen unangenehm sein kann.

Marmor: Marmor hat im wesentlichen die gleichen Eigenschaften wie Granit, ist aber säureempfindlich und saugfähiger, d. h. farbige Flüssigkeiten wie Obstsäfte oder Rotwein ziehen in den Stein ein und können nicht mehr entfernt werden.

Vollholz: Arbeitsplatten aus Vollholz werden meist aus Buche, Ahorn oder Eiche angeboten. Insgesamt sind sie robust, und es läßt sich gut darauf arbeiten, z. B. Teige ausrollen etc. Man muß aber mögen, daß Holzflächen nicht immer tadellos aussehen: sie sind nicht schnittfest, färbende Flüssigkeiten und Fettflecken ziehen ein und werden erst nach und nach vom Holz aufgesaugt, kurzum, die Platte bekommt eine gewisse Patina. Man kann aber von Zeit zu Zeit die Oberfläche gründlich schrubben oder abschleifen und neu mit Öl einlassen oder gleich unbehandelt lassen.

Wenn Hirnholz verwendet wird, ist die Holzplatte besonders robust, allerdings auch teuer. Meist werden Hirnholzplatten nur für einzelne Elemente verwendet, zum Beispiel für mobile Schneideblöcke.

Edelstahl: Edelstahl ist unverwüstlich, hitzebeständig, beständig gegen Säuren und Laugen und durch die glatte Oberfläche hygienisch, aber teuer. Auch wenn man bei längerem Gebrauch Kratzer und kleine Dellen darauf nicht vermeiden kann – es sind nur kleine Schönheitsfehler. Wer immer eine Vorzeigeküche haben will, sollte sich keine hochglänzende Edelstahlarbeitsfläche zulegen, denn jeder Fettspritzer und Wassertropfen sind darauf zu sehen, und der Reinigungsaufwand ist hoch.

Corian: Corian ist ein pflegeleichtes, robustes Material, das aus Harzen gegossen wird. Es läßt sich fugenlos verlegen, auch im Spülenbereich, wo-

durch Schmutzfugen vermieden werden können. In der Anschaffung ist Corian allerdings teuer.

Glas: Glas gibt es in unterschiedlichsten Farben, es läßt sich gut reinigen, allerdings sieht man darauf auch jeden Fettspritzer und jedes Brösel. In der Anschaffung sind Glasarbeitsplatten teuer.

Keramikfliesen: Sie sind als Arbeitsfläche nicht ideal. Zum einen können sie zerbrechen, wenn ein harter Gegenstand darauf fällt, zum Beispiel ein schwerer Topf mit der Kante. Zum anderen sind die Fugen schwer sauberzuhalten.

Ordnungseinrichtungen

Platz ist in einer Küche nie zuviel, deshalb ist die oberste Devise, den vorhandenen Platz optimal zu nutzen. Hier einige Beispiele dafür:

Nachträglicher Einbau von verschiedenen Nischenkonstruktionen, z. B. Stange oder Aufhängevorrichtungen, Nischenschrank mit Rolladentüre, ist auch in alten Küchen möglich. Nicht zu empfehlen sind Karussells für Eckschränke; sie sind teuer, schwer zu reinigen und nehmen Stauraum weg. Besser sind Fachböden; sie sind nicht nur billiger, sondern auch leicht zu reinigen, und der Platz kann besser ausgenutzt werden, z. B. für selten benötigte Gegenstände.

Küchenspüle

Die Spüle ist ein zentraler Punkt in der Küche und muß einiges aushalten: Temperatursprünge, wenn Heißes abgegossen und abgeschreckt wird, färbende Obstrückstände, Sandkörnchen und Schmutz, der am ungeputzten Gemüse hängt. Robust sind eigentlich alle Materialien, die von Küchenherstellern für Spülen verwendet werden, jeder Werkstoff hat jedoch seine Vor- und Nachteile.

Edelstahl hält Hitze und Kälte sowie Temperatursprünge aus, es ist stoßfest und unempfindlich gegenüber färbenden und säurehaltigen Speisen. Je nach Ausführung (hochglanz oder matt) ist er pflegeaufwendig, weil man jeden Fingerabdruck und Wasser- bzw. Kalkflecken sieht, auch Kratzspuren sind sichtbar. Die glatte Oberfläche läßt sich jedoch insgesamt gut sauberhalten. Bei Bedarf kann sie mit milder Scheuermilch bzw. einem Spezialpflegemittel auf Hochglanz gebracht werden.

Keramik hat eine glatte Oberfläche und läßt sich gut sauberhalten. Zum Reinigen reicht Spülmittel, bei hartnäckigen Verschmutzungen Scheuermilch. Keramik verträgt alle haushaltsüblichen Säuren und Laugen. Nachteile sind, daß Keramikspülen teuer sind und je nach Dichte des Materials nur bedingt stoß- und kratzfest. Ein Nachteil ist außerdem, daß Keramikspülen auf die Arbeitsfläche aufgesetzt werden, so daß Schmutzkanten und -ränder entstehen.

Vom Einbau her ist darauf zu achten, daß an der Küchenspüle möglichst wenige Schmutzecken entstehen. Am besten gelingt das, wenn die Spüle an der Unterseite der Arbeitsplatte befestigt wird. Bei aufgesetzten Spülen sind Schmutzrillen nicht vermeidbar.

Abfall

Mülltrennung ist großzuschreiben! Das ist keine Modeerscheinung, sondern ein Muß für jeden, der umweltbewußt mit dem Müll umgehen will. In vielen Küchenausrüstungen ist ein Mülleimer dabei, besser sind Müllbehälter, die von vornherein die Trennung von kompostierbarem und nichtkompostierbarem Abfall ermöglichen.

Praktisch sind zwei Müllbehälter, die hintereinander in einen Auszug eingebaut sind. Bei einem zweitürigen Unterschrank bietet sich die Möglichkeit an, zwei Schwenkeimer anzubringen. Günstig ist auch ein Abwurf für organischen Abfall an der Spüle.

Nachträglicher Einbau ist möglich. Wenn genügend Platz da ist, kann auch zusätzlich ein Eimer für den organischen Abfall dazugestellt werden. Wer ohnehin eine neue Spüle braucht, sollte ein Modell mit Abwurf wählen.

Trennsysteme sind dann unpraktisch, wenn sie durch mehrfache Unterteilung zu jeweils kleinen Einzelbehältern führen und beispielsweise nur noch Platz für wenige Dosen oder Flaschen ist. Nicht nur die Einteilung des Trennsystems ist von Bedeutung, sondern auch ihre Abdeckung. Abdeckungen, die nicht automatisch beim Türöffnen aufgehen, sind unsinnig, weil sie viele Handgriffe mit meist angeschmutzten Händen erfordern. Besonders praktisch dagegen ist, wenn sich die Tür oder Klappe, hinter der sich die Müllbehälter befinden, durch Körperdruck, z. B. mit Hüfte oder Knie, öffnen lassen. So kann man vermeiden, daß mit nassen, schmutzigen Händen die Griffleiste bedient werden muß.

Wände und Boden

Weil beim Kochen Dämpfe entstehen, sollten Decke und freie Wandflächen mit einem atmungsaktiven Anstrich versehen werden. Als Wandverkleidung zwischen Unter- und Oberschränken sind glatte Flächen ideal. Die herkömmlichen kleinen Fliesen sind unpraktisch, weil die Fugen dazwischen schwer sauberzuhalten sind. Günstig sind Glasplatten, sie brauchen nicht die Dicke wie die teuren Arbeitsplatten aus Glas und sind daher in der Anschaffung preiswert. Auch Kunststoffplatten oder abwaschbare Lackanstriche sind pflegeleicht und können bei entsprechender Farbwahl der Küche eine

interessante optische Note geben. Steinplatten – passend zur Arbeitsfläche – sind ebenfalls glatt und leicht zu reinigen, aber in der Anschaffung teuer. Edelstahl sieht professionell aus und ist auch gut sauberzuhalten, allerdings ist der Reinigungsaufwand enorm, weil man jeden Fettspritzer darauf sieht und es mit Abwischen ohne Nachpolieren nicht getan ist. Nach Möglichkeit sollte man darauf achten, daß die Wandverkleidung so auf die Arbeitsplatte gesetzt wird, daß nur eine elastische Fugenabdichtung, aber keine Wandabschlußleiste notwendig ist, denn diese ist schwer sauberzuhalten.

Als Fußbodenbelag eignen sich Natursteinplatten und Keramikfliesen, weil sie leicht zu reinigen sind, allerdings sind sie hart und fußkalt. Trittelastisch dagegen sind Linoleum, PVC, Holzdielenböden, versiegelter Kork. In jedem Fall sollte man darauf achten, daß der Boden eine leichte Struktur bzw. Maserung hat, damit sich der Reinigungsaufwand in Grenzen hält.

Planungsfehler vermeiden

- Auf beiden Seiten der Türen mindestens 60 cm Wandfläche bis zur Ecke, sonst ragen die 60 cm tiefen Möbel in die Tür.
- Die Fensterbrüstung muß so hoch sein wie die Unterschränke.
- Falls die Spüle vor der Fensterbank steht, auf ausreichend hoch liegende Fensterbrüstung achten, damit die Wasserarmatur das Öffnen des Fensters nicht behindert.
- Türen von Schränken und Geräten sollten sich immer zur Arbeitsfläche hin öffnen lassen, dadurch kann bequem gearbeitet werden.
- Auf genügend Abstand zwischen Ober- und Unterschränken achten. Er beträgt normalerweise mindestens 50 cm, an Herd und Spüle ist ein größerer Abstand günstig.
- Auf beiden Seiten des Herds genügend freie Flächen einplanen.
- Hohe Oberschränke, die bis zur Decke reichen, bieten viel Stauraum, außerdem kann sich kein Schmutz ablagern. Damit der Stauraum auch genutzt wird, in der Küche Platz für einen Tritthocker oder eine kleine Trittleiter vorsehen.

Kindersicherheit

Kinder halten sich gerne in der Küche auf. Die Gefahren für sie sollten entschärft werden:
- Ein Schutzgitter oder eine klappbare Reling an der Kochmulde verhindert, daß kleine Kinder die Stiele von Töpfen oder Pfannen greifen können. Solche Sperren können auch nachträglich montiert werden.

◻ Spülmittel und Putzmittel sind kein Spielzeug, sie sollten kindersicher in einem abschließbaren Putzmittelkorb untergebracht bzw. der entsprechende Schrank sollte abschließbar sein.

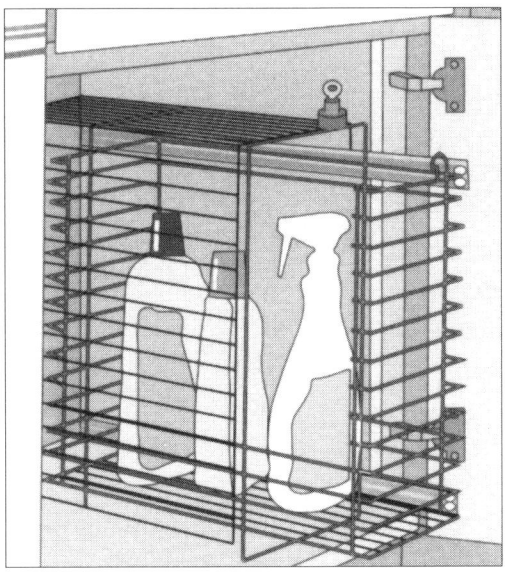

Absperrbarer Putzmittelkorb

◻ Elektrische Kleingeräte, z. B. Kaffeemaschine, Toaster, sollten für Kinder unerreichbar sein, z. B. hinter einem Nischenschrank mit Rollo.
◻ Kinder ziehen gerne Schubladen heraus. Wenn darin Messer und ähnlich gefährliche Geräte liegen, sollte die Schublade durch eine seitliche Sperre verriegelt sein.
◻ Wenn der Backofen in einen Hochschrank eingebaut ist, können sich kleine Kinder an der heißen Backofenscheibe die Finger nicht verbrennen.

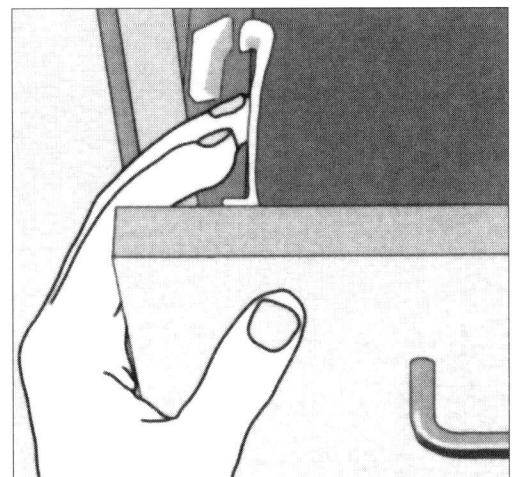

Schubladensperre

3.6. Vorratsräume

Vorratsräume sind besonders im ländlichen Haushalt wichtig, weil eine umfangreiche Vorratshaltung betrieben wird. Da unterschiedliche Lebensmittel mit speziellen Temperatur- und Feuchtigkeitsansprüchen bevorratet werden, sollten mehrere Vorratsräume zur Verfügung stehen.

Vorratsräume sollten durch ein Fenster lüftbar, kühl und trocken sein, Nord- oder Ostseite sind günstig. Die Fenster sind mit einem Fliegengitter zu versehen. Bei der Einrichtung von Vorratsräumen die Türbreiten an den Abmessungen der Geräte, z. B. Gefriertruhe, orientieren.

Kellerräume, Speisekammer

Günstig sind zwei getrennte Kellerräume: Ein Raum mit einer Temperatur zwischen + 4 °C und + 12 °C und einer Luftfeuchtigkeit nicht über 80 % ist ideal für Frischvorräte, z. B. Kartoffeln, Wurzelgemüse, Kohlgemüse. Hier können auch Säfte, Wein, Konserven, Marmeladen aufbewahrt werden.

Ein zweiter Raum sollte für die Lagerung von Trockenvorräten, z. B. Mehl, Zucker und Konserven, zur Verfügung stehen.

Ideal ist dieser Vorratsraum auch als Stellplatz für Kühl- und Gefriergeräte. Die Temperatur sollte auch hier nicht über 12 °C liegen, die Luftfeuchtigkeit möglichst niedrig sein (unter 70 % relativer Luftfeuchte).

Zweckmäßig ist auch eine Speisekammer in der Nähe der Küche. Dort werden Lebensmittel gelagert, die bald oder oft gebraucht werden. Oft finden hier auch Küchengeräte oder Geschirr Platz, die nur selten benötigt werden, z. B. Einkochautomat, Entsafter, große Tiegel und Pfannen. Direkter Zugang von der Küche aus ist ungünstig, weil Wärme und Dämpfe eindringen können.

AUSSTATTUNG

Wände und Decken von Vorratsräumen sollten atmungsaktiv gestrichen sein. Der billigste Anstrich ist Kalk, der überdies auch desinfiziert. Als Bodenbelag ist gestampfter Lehm für Frischvorräte ideal vom Raumklima her, ansonsten reichen Plattenbeläge oder Zementestrich aus.

Auf gute Allgemeinbeleuchtung achten!

■ **Hinweis:** Die Zeichnungen auf den Seiten 220 bis 225 sind dem »Ratgeber Küche«, Auflage 2002, entnommen. Die erneuerte Auflage mit vielen Tips zum Küchenkauf kann gegen Einsendung von 5 Euro sowie einen frankierten DIN-A4-Rückumschlag bei der AMK Service GmbH, Postfach 240364, 68173 Mannheim, angefordert werden.

Vorratsbehälter wie Obst- und Kartoffelhorden, Körbe müssen ausreichend vorhanden sein. Ein großes Regal ermöglicht übersichtliches Einordnen (nicht tiefer als 40 cm!). Alle Einrichtungsgegenstände einschließlich Regal sollten transportierbar sein, damit sie einmal im Jahr im Freien gereinigt und getrocknet werden können. Zwischen den Regalen genügend Bewegungsfläche einplanen.

In den meisten neuen Häusern sind Keller warm und trocken und damit nicht für Vorratshaltung geeignet. Wer neu baut, sollte einen Vorratskeller bewußt planen:

- Lage nach Osten oder Norden
- Größe mindestens 4 m²
- Be- und Entlüftung

3.7. Wirtschaftsräume

Ein Wirtschaftsraum ist gerade in städtischen Haushalten wegen beengter Wohnverhältnisse und hoher Mieten Mangelware. Wer ein eigenes Haus baut, sollte einen Wirtschaftsraum unbedingt einplanen. Grundsätzlich sollten alle Wirtschaftsräume einander zugeordnet sein, um lange Wege zu vermeiden. Wirtschaftsräume müssen beheizbar und gut lüftbar sein.

Auf ausreichende Beleuchtung ist zu achten, denn schwache Beleuchtung führt rasch zu Ermüdung. Günstig sind Leuchtstofflampen, zusätzlich können verstellbare Leuchten für den jeweiligen Arbeitsplatz notwendig sein, z. B. Klemmleuchten.

Naßarbeitsraum

Folgende Einrichtungsgegenstände gehören in den Naßbereich:

- Ein tiefgesetzter Schmutzwasserausguß (65 cm).
- Zwei Waschbecken, z. B. eine ausgediente Küchenspüle für Handwäsche oder andere Reinigungsarbeiten.

Sortierer für Schmutzwäsche

- Aufhängevorrichtungen für tropfende Wäsche, evtl. Wäscheständer.
- Waschmaschine und evtl. Trockner und Schleuder.
- Behälter für Schmutzwäsche. In größeren Haushalten mehrere Körbe aufstellen, dann kann die Wäsche schon vorsortiert werden.
- Schränke für Wasch- und Reinigungsmittel, Besen und andere Reinigungsgeräte sowie Eimer und Wannen bzw. Körbe. Auch Schuhputzzeug ist im Arbeitsraum gut untergebracht.
- Ein Tisch, z. B. zum Umtopfen von Pflanzen, Herrichten von Blumenschmuck, Schuhputzen.
- Schrank für saubere Arbeitskleidung.
- Aufhängevorrichtung für getragene Arbeitskleidung.
- Schuhrost für Stiefel und Arbeitsschuhe oder Schuhschrank.

Regale und Schränke sollten aus strapazierfähigem Material bestehen, das sich leicht reinigen läßt, z. B. aus kunststoffbeschichteten Platten. Auf genügend Bewegungsraum achten, z. B. vor Schränken und der Waschmaschine.

Der Boden muß wasserundurchlässig und darüber hinaus rutschsicher sein. Dauerhaft sind Steinfußböden; geriffelte Steinplatten sind zwar rutschsicherer als glatte, sie lassen sich jedoch schwer sauberhalten. In der Mitte des Raumes ist ein Gully vorzusehen.

Wände und Decken müssen ebenfalls vor Feuchtigkeitsschäden geschützt werden. Falls die Wände nicht gefliest sind, oberhalb einer Fliesenhöhe von 1,60 m mit einem feuchtigkeitsaufnehmenden Anstrich versehen.

Wer keinen Platz für zwei Wirtschaftsräume hat, wird den Naßarbeitsraum in das Bad verlagern.

Trockenarbeitsraum

Im Trockenarbeitsraum wird Wäsche gebügelt und gelegt bzw. ausgebessert und genäht. Manchmal ist auch ein Schreibplatz vorgesehen. Für die elektrischen Geräte (Nähmaschine, Bügeleisen, Bügelmaschine) sind genügend Steckdosen einzuplanen.

AUSSTATTUNG

An Einrichtungsgegenständen sind notwendig:

- Ein Tisch zum Legen der Wäsche, Zuschneiden von Stoff etc.: 150 × 80 cm
- Schränke für die Geräte, z. B. Bügeleisen, Bügelbrett, Ärmelbrett, Vasen, Schnüre, Werkzeug, Putzmittel, Lappen
- Schlüsselbrett
- Spiegel
- Schuhschrank
- Sitzgelegenheit
- Ausreichende Beleuchtung.

3.8. Bad und WC

Ein gut ausgestattetes Badezimmer ist kein Luxus. Das Bad ist nicht nur für die Körperpflege gedacht, sondern auch Raum zum Entspannen, z. B. bei einem heißen Bad. Im Verhältnis zur Größe ist das Bad ein kostspielig eingerichteter Raum, sorgfältige Planung sollte daher selbstverständlich sein.

Planung

Günstig ist eine Zuordnung des Sanitärbereiches zu Elternschlafzimmer und Kinderzimmern.
In großen Familien sind zwei WCs notwendig, von denen eines im Eingangsbereich auch als Gäste-WC gedacht sein kann. Ab 5 Personen sind auch zwei getrennte Waschbereiche wünschenswert, z. B. zwei Bäder oder Bad und getrennte Dusche mit Waschbecken.
Damit die Bewegungsflächen nicht zu klein werden, sollte man sich an folgende Mindestgrößen halten:
❏ Bad 5–8 m²
❏ Dusche mit WC 3–5 m²
❏ WC 1,5–2 m²
Kleiner sollten Sanitärräume nicht geplant werden. Dann können die Reinigungsarbeiten bequem ausgeführt werden, und auch ältere oder unbeweglichere Leute fühlen sich darin noch wohl und nicht beengt.

PLANUNGSREGELN

❏ Badewanne und Dusche sollen so angeordnet sein, daß sie beim Öffnen des Fensters nicht von Zugluft berührt sind.
❏ Sanitärräume müssen gut lüftbar sein, damit der Wasserdampf entweichen kann. Die Fenster müssen gut zugänglich sein.
❏ Türen sollten jederzeit von außen zu öffnen sein, z. B. mit einer Münze (bei entsprechendem Türbeschlag möglich).
❏ Türen dürfen keine Einrichtungteile berühren und auch nicht gegen die Wandfliesen schlagen, Stopper im Fußboden vorsehen.
❏ Sanitärräume müssen heizbar sein, besonders angenehm ist Fußbodenheizung.
❏ Steckdosen sollten mit Schutzdeckel bzw. Kindersicherung ausgestattet und von der Badewanne oder der Dusche aus nicht erreichbar sein.
❏ Eine helle Allgemeinbeleuchtung ist wichtig.

Sanitärausstattung

WASCHBECKEN

Waschbecken gibt es in zahlreichen Größen. Im Bad sollte es mindestens so groß sein, daß man mit angewinkelten Unterarmen bis zu den Ellenbogen eintauchen kann. Das Waschbecken im WC kann kleiner sein, da hier nur die Hände gewaschen werden.
Von der Form her sind geschwungene Beckenformen am einfachsten zu reinigen, es bilden sich keine Schmutzecken. Doppelwaschtische sind zwar platzsparend, aber nicht praktisch, weil bei gleichzeitiger Benutzung der beiden Becken gegenseitige Behinderung unumgänglich ist. Darüber hinaus sind sie teurer als zwei einzelne Waschbecken. Praktisch sind Ablageflächen rechts und links vom Beckenrand.
Waschbecken mit Standfuß in der Mitte verkleiden den Abfluß, aber es bilden sich Schmutzecken. Praktischer sind sogenannte Halbsäulen. Sie verkleiden den Abfluß, reichen aber nicht bis zum Fußboden.
Waschbecken werden wie Bade- und Duschwannen in verschiedenen Farben angeboten. Die Farbwahl hängt von Modetrends ab, an auffälligen Farben sieht man sich mit der Zeit ab. Zu empfehlen sind nach wie vor weiße Sanitärteile, sie kosten wesentlich weniger als die farbigen und unterliegen weniger den Modetrends. Weiße Sanitärteile sind auch sehr pflegeleicht, weil Kalkflecken nicht zu sehen sind, vor allem, wenn matte Oberflächen gewählt werden.

BADEWANNE, DUSCHWANNE

Zwar weisen Mediziner immer wieder darauf hin, daß Duschen für die Haut weniger strapazierend ist als Baden, trotzdem steht in fast jedem Badezimmer eine Badewanne. Sie wird oft weniger für die Reinigung des Körpers verwendet als zur Gesundheitspflege. Ein heißes Bad entspannt und kann evtl. eine drohende Erkältung abwenden.
Der Preis für eine Badewanne hängt von Material, Größe und Farbe ab. Badewannen werden aus Gußeisen, Stahlblech oder Kunststoff hergestellt. Gußeisenwannen kosten mehr, das schwere Material hält aber das Badewasser länger warm. Zudem haben Gußeisenwannen meist eine stärkere Emailleschicht, die auch gegen Kratzer und Stöße widerstandfähiger ist. Stahlwannen sind billiger, leiten aber die Wasserwärme schnell ab. Die gleichen Ausführungen gibt es bei Duschwannen.
Kunststoffwannen (Acryl) halten die Wärme gut, sind relativ rutschig, aber leicht zu reinigen, jedoch teuer.

Wichtiger Hinweis:

■ *Stahl- und Gußwannen müssen an die Erdungsleitung angeschlossen werden.*

Badewannen gibt es in verschiedenen Größen; der Wasserverbrauch ist am geringsten bei Wannen mit körpergerechter Form. Günstig für ältere Menschen und Kinder ist eine Badeduschwanne. Sie ist verhältnismäßig niedrig; rutschsichere Stoppunkte am Boden, Griffbrücke, Sitzbank und Fußstütze bieten viel Sicherheit. Für ältere Personen wird oft auch eine Sitzbadewanne empfohlen, hier kann jedoch der Einstieg genauso problematisch sein wie bei einer normalen Badewanne.

Als Ablagen an der Badewanne sind breite Ränder oder gemauerte, mit Fliesen verkleidete Sockel zwischen Wannenrand und Wand praktisch.

Wichtig, nicht nur für ältere Menschen, ist ein Griff in richtiger Höhe und Richtung.

DUSCHE

Bequem zum Duschen und Füßewaschen sind Duschwannen mit einer Höhe von 28–35 cm und einer klappbaren Sitzgelegenheit, die an der Wand befestigt ist. Eine Dusche sollte nach Möglichkeit von drei festen Wänden umgeben sein. Als Spritzschutz für die vierte Seite werden häufig Kunststoffvorhänge verwendet. Sie sollten nach dem Duschen auseinandergezogen werden, damit sich kein Schimmel bildet. Vorhänge aus Frottee sehen zwar schön aus, saugen sich aber während des Duschens voll. Der Spritzschutz kann auch aus Glas bestehen. Am häufigsten werden falt- oder schiebbare Kunststoffabtrennungen eingebaut. Diese haben aber den Nachteil, daß der Bereich um die Führungsschiene nur mit großem Aufwand saubergehalten werden kann. Beim Kauf darauf achten, daß möglichst wenig Schmutzecken entstehen können.

WC

Klosettypen

- *Flachspülbecken:* Es ermöglicht die Harn- und Stuhlkontrolle (wichtig bei Krankheit). Nachteilig ist die Geruchsbelästigung. Flachspülbecken gibt es als Wand- und Bodenmodell.
- *Tiefspül-WC:* Diese Form ist nahezu geruchfrei und verschmutzt nur wenig. Möglich ist Boden- und Wandanschluß.
- *Absaug-WC:* Dieses System arbeitet mit einem starken Sog, der den Inhalt der Schüssel in das Abflußrohr zieht. Absaug-WCs funktionieren am besten mit Bodenmontage. Mehr als bei anderen Modelle muß beim Absaug-WC darauf geachtet werden, daß keine Abfälle ins WC geworfen werden.

Empfehlenswert sind WCs, die an der Wand befestigt werden, weil darunter leicht gewischt werden kann.

Spülungen

Wassersparend sind Druckspülungen. Sie funktionieren im Erdgeschoß besser als in Obergeschossen, weil hier der Druck nachläßt. Der Wasserdruck muß vom Fachmann richtig eingestellt werden, sonst können »Schläge« auftreten, die zu Rohrbruch führen können. Der Vorteil von Druckspülungen liegt darin, daß die Wassermenge problemlos variiert werden kann. Wasser wird ohne Unterbrechung oder Wartezeit geliefert, die Anschaffung ist preiswert.

Leiser als Druckspülungen arbeiten Kastenspülungen. Die neuen Modelle werden in die Wand eingebaut, so daß die Stellfläche für das WC gering gehalten werden kann. Neue Kastenspülungen haben Drucktastenregelung, so daß für das »kleine Geschäft« weniger Wasser durchgespült werden muß.

BIDET

Das Bidet wird auch Sitzwaschbecken genannt, es erleichtert die Pflege des Intimbereiches. Es kann auch zum Füßewaschen oder als Waschbecken für kleine Kinder benutzt werden. Bidets werden in ihrer Zweckmäßigkeit insgesamt unterschätzt.

ARMATUREN

Armaturen (vom Fachmann auch Batterie genannt) gibt es in sehr unterschiedlichen Ausführungen. Je nach Design und Material variieren auch die Preise.

Einhebelmischbatterien sind längst Standard geworden. Mit einem Hebel kann in kürzester Zeit die gewünschte Wassertemperatur eingestellt werden; dabei werden Wasser und Energie gespart. Bei älteren Armaturen muß die Wassertemperatur mit zwei Knebeln reguliert werden. Thermomischbatterien halten eine eingestellte Temperatur (zwischen 25 und 60 °C) konstant, sinnvoll ist dies z. B. in der Dusche.

Angeboten werden auch Armaturen mit Knopfbedienung; der Knopf muß jeweils herausgezogen werden, was kleinen Kindern und Älteren Schwierigkeiten bereiten kann.

Armaturen werden zum Großteil verchromt angeboten, zum Teil sogar versilbert oder vergoldet, was natürlich einen entsprechenden Aufpreis bedingt. Auch in verschiedenen Farben (lackiert) gibt es Armaturen. Früher wurden hauptsächlich hochglänzende Armaturen eingebaut, heute greift man vermehrt zu matten Oberflächen, weil sie pflegeleichter sind.

Badezimmermöbel

Badezimmermöbel werden von den meisten Herstellern als fertige Kombinationen mit verschiedenen Schränken und Spiegeln angeboten. Diese verhältnismäßig teuren Möbel können im Bad leicht ersetzt werden durch billigere, aber praktische Einzelteile, mit denen die Stellfläche meist lückenlos genutzt werden kann. Es bieten sich offene Regale, einzelne flache Kästen, Körbe in verschiedenen Größen, verschiedene Haken und Bügel für Handtücher und Kleidung, Spiegel mit Ablage, Seifenschale, Abfallbehälter an. Als Einrichtungsgegenstände sind Möbel mit Kunststoffüberzug, aus Metall oder Holz besonders geeignet.

Seifenschalen, Zahnglashalter, Zahnpastabehälter, Halterungen für Handbürstchen und ähnliches Zusatzzubehör, das an die Wand geschraubt wird, ist nicht empfehlenswert. Es lagern sich Kalk und Schmutz darauf ab, die Teile sind zum Reinigen meist nicht abnehmbar; Ausnahme: Seifenschalen. Eine einfache Ablage aus Porzellan ist wesentlich einfacher zu reinigen als dieser Schnickschnack. Wichtig sind gute Allgemeinbeleuchtung sowie blendfreie Leuchten am Spiegel.

Wände und Böden

Die Wände in Bad und WC sollten im Spritzbereich (150 cm Höhe bei Bad und WC, 180 cm Höhe in der Dusche) wasserfest sein. Dafür eignen sich Fliesen oder ein abwaschbarer Anstrich. Höher als über den Spritzbereich hinaus zu fliesen ist unnötig. Freie Wandflächen und die Decke müssen nicht wasserabweisend gestrichen sein, besser sind wasseraufnehmende Flächen. Sie saugen den Wasserdampf auf und geben ihn langsam wieder ab. Aus diesem Grund eignet sich auch Holz als Verkleidung, z. B. für die Decke oder die Wände. Eine Holzverkleidung muß natürlich gut hinterlüftet sein, um Schimmelbildung zu vermeiden.

FLIESEN

Bei der Auswahl der Fliesen ist Sorgfalt angebracht. Hochglänzende Fliesen sind wegen des hohen Reinigungsaufwandes nicht zu empfehlen. Ungünstig sind aber auch rauhe oder gefurchte Oberflächen. Sie sind zwar unempfindlicher, aber die Reinigung ist ebenfalls mit hohem Kraft- und Zeitaufwand verbunden. Ideal sind auch matte Oberflächen.

Bei der Auswahl des Fliesenmusters sollten für kleine Räume keine großen Muster gewählt werden; auch von großformatigen Fliesen sollte abgesehen werden. Kleine Fliesenformate haben den Vorteil, daß Schmutz darauf weniger auffällt, in einem großen Bad eignen sie sich aber nur als Bodenbelag. Zu vermeiden sind kräftige, dunkle Farben, sie sind sehr pflegeaufwendig. Als Bodenbelag sind weiße Fliesen weniger geeignet; hier sind Fliesen mit einer leichten Oberflächenstruktur empfehlenswert, weil sie schmutzunempfindlich sind.

Farbige und bunt gemusterte Fliesen bestechen im Geschäft zwar durch ihr modernes Design, man sollte jedoch nicht übersehen, daß es sich auch hierbei um Modeerscheinungen handelt, die jedoch nach einigen Jahren nicht wieder ausgetauscht werden können. Einfarbige, helle Fliesen müssen nicht langweilig sein. Mit entsprechenden Vorhängen, Handtüchern, Lampen etc. kommen auch in ein weißes Bad Farbe und Abwechslung, die verhältnismäßig billig sind.

Praktische Hinweise:

- *Auch die Fliesenform ist zu beachten: Mit rechteckigen Fliesen, die quer verlegt werden, wirkt das Bad niedriger, sind sie hochformatig verlegt, wirkt es höher.*
- *Bad und WC müssen nicht an allen Wänden gefliest sein! Fliesen sind nur am Waschbecken, in der Dusche und an der Badewanne sinnvoll.*

BODEN

Als Fußbodenbelag im Sanitärbereich eignen sich Fliesen, aber auch verschweißter PVC-Belag oder rutschsicherer Gumminoppenbelag. Wer nicht auf kaltem Boden stehen will, sollte einen waschbaren Teppich auflegen oder eine Fußbodenheizung einbauen.

Praktisch, weil schmutzunempfindlich, sind Natursteinplatten. Wichtig sind jedoch möglichst schmale Fugen, weil sich in Fugen Schmutz hält, der aufwendig entfernt werden muß.

4. WOHNEN IM ALTER

Mit zunehmendem Alter verändern sich die Ansprüche an eine Wohnung. Ältere Menschen sind nicht mehr so beweglich, haben nicht mehr so viel Kraft, auch die Sinneswahrnehmungen lassen nach. Diese Alterserscheinungen sollten bei Auswahl und Ausstattung einer Wohnung beachtet werden. Gute Beleuchtung, rutschsichere Bodenbeläge und der Beweglichkeit angepaßte Möbel sind nur Beispiele dafür, was in einer Wohnung älterer Menschen an Bedeutung zunimmt.

Insgesamt sollte die Wohnung nicht zu groß sein, damit die Wege kurz sind und die Reinigung noch machbar ist. Wichtig ist, daß die Räume hell und luftig und nicht zu dicht möbliert sind.

WOHNRAUM

- Nicht zu viele Möbel aufstellen, das erleichtert das Reinigen des Fußbodens.
- Die Sitzmöbel sollten nicht zu tief und weich sein, feste Polster erleichtern das Aufstehen.
- Armlehnen an den Sitzmöbeln erleichtern ebenfalls das Aufstehen.
- Möbel mit Rollen können leicht verschoben werden.
- Die Möbel sollten stabil sein und eine gute Standfestigkeit haben.
- Neben dem Ruhesessel oder Lehnstuhl eine blendfreie Leuchte vorsehen sowie ein Tischchen für Lesematerial, Brille etc.
- Ausreichend Stauraum vorsehen.

SCHLAFRAUM

Alte Menschen nutzen den Schlafraum häufiger (Mittagsschlaf) als noch Berufstätige, deshalb sollte er behaglich eingerichtet sein. Eine Größe von 15–20 m² dürfte ausreichend sein als Stellfläche für 2 Betten und einen Kleiderschrank. Zwischen den einzelnen Möbelstücken mindestens 80 cm Bewegungsraum zum Putzen einhalten. Wer für das Schlafzimmer neue Möbel anschafft, sollte daran denken, daß zwei einzelne Betten praktischer sind als ein meist fest verbundenes »Ehebett«. Im Krankheits- und Pflegefall können die Betten auseinandergerückt werden, das Bett des Pflegebedürftigen ist von beiden Seiten zugänglich.

Praktische Hinweise:

- Praktisch ist auch eine Höhe des Bettes von mindestens 45, besser noch 55 cm, weil sich ältere Menschen schwertun, von einer tiefen Sitz- bzw. Liegefläche aufzustehen.
- Ein verstellbarer Lattenrost wird von vielen Älteren ebenfalls gerne angenommen, weil die Beine hochgelagert werden können bzw. das Kopfteil nach Belieben variiert werden kann.

SANITÄRBEREICH

Ältere Menschen sind nicht mehr so beweglich wie junge und rutschen auf nassem Boden leicht aus. Deshalb:
- Einen rutschsicheren Bodenbelag wählen.
- Eine Matte mit Stoppunkten in Badewanne und Duschwanne geben Halt.

- Haltegriffe in Dusche und Badewanne geben Sicherheit.
- Stehen unter der Dusche ist für manche Menschen beschwerlich, deshalb Sitzmöglichkeit vorsehen.
- In die Duschwanne zu steigen fällt leichter als in die Badewanne, deshalb bei knappem Raum besser eine Dusche einbauen.
- Toilette nicht zu tief montieren, das erleichtert das Aufstehen.
- Haltegriffe neben der Toilette erleichtern ebenfalls das Aufstehen.
- Toilette nicht zu eng, z. B. zwischen Badewanne und Waschbecken, einplanen, genügend Bewegungsfreiheit macht sicherer.
- Toilette an der Wand befestigen, dann kann der Boden ohne Mühe gewischt werden.
- Das Waschbecken sollte auch im Sitzen benützt werden können, keinen Unterbauschrank einbauen.
- Stabile Handtuchhalter wählen, die bei Bedarf auch als Stütze benutzt werden können.
- Einhebelarmaturen vorsehen.

Handtuchhalter als Stützgriff

Allgemeine Gestaltungshinweise

- Die Fußböden in der Wohnung älterer Menschen sollten unempfindlich, leicht zu reinigen, trittsicher und fußwarm sein. Holz, Linoleum, Kork, PVC, Teppichböden erfüllen diese Anforderungen. Teppichböden haben den Nachteil, daß sie zwar bei leichter Verschmutzung leicht zu reinigen (staubsaugen) sind, bei stärkerer Verschmutzung (z. B. Flecken durch verschüttete Flüssigkeiten) schwer sauberzuhalten sind. Die Auswahl der Bodenbeläge sollte mitbestimmt werden durch die Verwendung des Raumes, durch die vorhandenen Möbel und die Gesamtgestaltung. Lose liegende Teppiche sind in Wohnungen für ältere Menschen nicht angebracht, weil man darauf leicht ausrutscht.
- Alle Räume müssen gut beheizbar sein.
- Türschwellen vermeiden, Stolpergefahr!
- An den Treppen einen beidseitigen Handlauf anbringen.

❏ Lichtschalter mit eingebauter Leuchte werden auch im Dunkeln gefunden, genügend Lampen einplanen, ältere Menschen sehen nicht mehr so gut und stolpern leicht.

Praktischer Hinweis:

■ *Ein Haus oder eine Wohnung auf seniorengerechte Bedürfnisse umzugestalten erfordert gute Planung und die Berücksichtigung vieler Details. Beratung und Information gibt es von vielen Stellen, z. B. bei Wohnberatungsstellen der Kommunen oder der Wohlfahrtsverbände, bei Altenhilfeorganisationen, ambulanten Pflegediensten. Überregionale Anlaufstelle ist die Bundesarbeitsgemeinschaft Wohnungsanpassung e.V., Mühlenstraße 48, 13187 Berlin, www.wohnungsanpassung.de*

5. HAUSREINIGUNG

5.1. Reinigungs- und Pflegemittel

Reinigungsmittel

Die Anzahl der Reinigungsmittel ist in den letzten Jahren mit der Zahl der unterschiedlichen Materialien im Haushalt erheblich gestiegen. Gleich vorweg sei gesagt, daß diese große Palette an Mitteln nicht benötigt wird.

Reinigungsmittel entfernen Schmutz und eventuelle Pflegemittelschichten.

❏ Reiniger mit Lösungsmittel werden angewandt bei wasserunlöslichen Verschmutzungen, z. B. Farb- und Lackresten, Klebstoff, Harz, Ölen, Wachsen.

❏ Reiniger ohne Lösungsmittel, auch als Allzweckreiniger im Handel, enthalten zum Teil Scheuermittel. Sie sind universell einsetzbar von der Fußbodenreinigung bis zum Fensterputzen. Sie sind eine preiswerte und umweltschonende Alternative zur Palette der Spezialreinigungsmittel. Sie werden in verdünnter Lösung angewendet, Nachwischen ist nicht nötig.

Für hartnäckige Verschmutzungen sind Scheuermittel notwendig, wobei auf empfindlichen Oberflächen nicht Scheuerpulver, sondern flüssiges Scheuermittel verwendet werden sollte; es enthält feingemahlenen Marmorsand, der weniger kratzt.

NEUTRALSEIFE

Neutralseife ist ein beliebtes Reinigungsmittel. Es handelt sich dabei um keine Seife, sondern ein Tensid (siehe S. 351).

Damit ist Neutralseife im Gegensatz zur Seife unempfindlich gegenüber der Wasserhärte, Neutralseife kann daher in geringeren Mengen angewendet werden als Schmierseife. Neutralseife ist ein Allzweckreiniger, der für Fenster, Geschirr, Fußboden und Arbeitsflächen gleichermaßen geeignet ist. Empfindliche Materialien brauchen evtl. zusätzliche Pflege.

Neutralseife wird auch zur Textilreinigung verwendet. Sie ist geeignet für Baumwolle und Feinwäsche, nicht aber für Wolle, weil die Rückfettung fehlt. Bewährt hat sich der Einsatz von Neutralseife bei der Vorwäsche in der Waschmaschine sowie zum Einweichen stark verschmutzter Wäsche.

SCHMIERSEIFE

Bei Verwendung von Schmierseife wird ein Teil sofort von den Härtebildnern des Wassers zu Kalkseife gebunden. Von Schmierseife muß deshalb so viel genommen werden, daß die Reinigungslösung noch schäumt.

Bei Steinfußböden bleibt nach der Behandlung mit Schmierseife ein schützender Film von Kalkseife zurück. Dies ist bei Neutralseife nicht der Fall, sie pflegt nicht gleichzeitig.

Praktische Hinweise:

■ *Schmierseife kann nicht zur Reinigung von Spiegeln und Fensterscheiben verwendet werden, weil ein leichter Fettfilm zurückbleibt.*

■ *Pastöse Schmierseife bereitet manchmal Probleme, weil sie sich in Wasser schwer auflösen läßt. Abhilfe schafft Anrühren mit einem Schneebesen in wenig heißem Wasser bzw. die Verwendung von flüssiger Schmierseife.*

SPEZIALMITTEL

Zu den Spezialmitteln gehören Rohrreiniger, Backofenreiniger, Sanitärreiniger, Metallreiniger, Fensterreiniger.

❏ Sanitärreiniger sind stark ätzend, sie dürfen beim Gebrauch nicht auf Schleimhäute oder in die Augen gebracht werden. Der Einsatz von Sanitärreinigern erübrigt sich, wenn regelmäßig mit Allzweckreiniger, bei stärkeren Verschmutzungen mit flüssigem Scheuermittel gereinigt wird. Ältere Kalkablagerungen können mit Essigessenz oder Zitronensäure entfernt werden. Diese Mittel sind weniger gesundheitsgefährdend, umweltschonender und billiger.

❏ Auf Rohrreiniger sollte ebenfalls verzichtet werden. Sie sind stark ätzend und können die Leitungsrohre angreifen. Eine umweltbewußte

Alternative ist die herkömmliche Saugglocke oder heißes Wasser mit Spülmittel.

□ Fensterreiniger sind im Privathaushalt meist ebenfalls überflüssig, Allzweckreiniger tut hier gleiche Dienste. Zur Vor- und Nachbehandlung klares Wasser mit etwas Spiritus verwenden.

□ Teure Backofenreiniger können ersetzt werden durch Scheuerpulver oder verseifte Stahlwolle.

Für die Reinigung verschiedener Metalle, z. B. Silber, Zinn, Kupfer, gibt es ebenfalls Spezialputzmittel. Sie sind verhältnismäßig teuer und enthalten Lösungsmittel. Ein guter Ersatz dafür ist Schlämmkreide oder »Wiener Kalk«.

DESINFEKTIONSMITTEL

Desinfektion ist im Privathaushalt normalerweise nicht nötig. Völlige Keimfreiheit kann ohnehin nicht erreicht werden, und die haushaltsspezifischen Keime und Bakterien stellen keine Gefahr für die Gesundheit dar. Desinfektion ist allerdings notwendig bei schweren ansteckenden Krankheiten, z. B. Gelbsucht, Tuberkulose, der Arzt weist darauf hin. In diesem Fall genau an die Gebrauchsanweisung des Mittels halten und alles desinfizieren, was mit dem Kranken in Berührung kommt. Auch an Gegenstände denken, die weniger beachtet werden, z. B. Schreibzeug, Spielsachen, Bücher.

Praktische Hinweise:

■ *Im umweltbewußten Haushalt reichen Allzweckreiniger, Schlämmkreide, Scheuermittel, Essigessenz und Spiritus als Reinigungsmittel aus.*

■ *Kristalline Zitronensäure ist ein hervorragendes Mittel zum Putzen von Waschbecken, Bad und Armaturen. Sie beseitigt auch ältere Kalkablagerungen ohne Kraftaufwand. Reine Zitronensäure bzw. das Salz gibt es in Drogerien zu kaufen.*

■ *Gleichgültig welches Reinigungsmittel verwendet wird, Dosierungsanweisung beachten; Überdosierung belastet nicht nur den Geldbeutel, sondern in erster Linie die Umwelt!*

Pflegemittel

Pflegemittel schützen die Oberfläche und verbessern das Aussehen. Lösungsmittelfreie Pflegemittel werden beispielsweise unter der Bezeichnung Selbstglanzemulsion verkauft. Zu den lösungsmittelhaltigen Pflegemitteln gehören Bohnerwachse und Wachsfluate; auf beide kann im Haushalt verzichtet werden.

Spezielle Pflegemittel werden für Möbel angeboten, jeder Holzfachmann und Schreiner rät jedoch vom Gebrauch solcher Mittel ab. Es genügt, die Möbel abzustauben oder leicht feucht abzuwischen.

Außer speziellen Pflege- und Reinigungsmitteln gibt es kombinierte Mittel. Die nachfolgend aufgeführten kombinierten Reinigungs- und Pflegemittel sind lösungsmittelfrei:

□ Wischglanzmittel – hauptsächlich für die Pflege

□ Wischwachse – für Reinigung und Pflege gleichermaßen

□ Wischpflegemittel – hauptsächlich für die Reinigung

Es gibt auch lösungsmittelhaltige Kombinationsmittel, z. B. Cleaner. Auf all diese Mittel kann im Privathaushalt verzichtet werden.

5.2. Geräte und Hilfsmittel

Zum wichtigsten Gerät in der Hausreinigung ist in den letzten Jahrzehnten der Staubsauger geworden (siehe S. 299). Obwohl textile Fußbodenbeläge zunehmen, haben Schrubber und Putzlappen nicht ausgedient, auch Besen und verschiedene Bürsten werden nach wie vor benötigt.

Besen, Bürsten

Bei Besen und Bürsten liegen die Unterschiede im Einzugsmaterial, das pflanzlicher oder tierischer Herkunft sein kann, aber auch aus synthetischen Fasern bestehen kann.

Tierische Fasern sind elastisch und sehr haltbar, was sich im Preis niederschlägt. Die Biegsamkeit und Anschmiegsamkeit der Borsten verhindern, daß zum Beispiel beim Kehren viel Staub aufgewirbelt wird. Roßhaar wird für exklusive Besen und Bürsten verwendet, Schweineborsten für Flaschenbürsten, Handbürsten, Bohnerbürsten.

Pflanzliche Fasern glänzen nicht und sind auch nicht elastisch. Sie werden für Wasch- und Schuhbürsten verwendet oder auch für Schrubber und Straßenkehrbesen.

Synthetisches Material ist elastisch, aber nicht so biegsam wie tierische Fasern.

Tücher, Schwämme

Echte Schwämme werden nur für die Körperpflege verwendet, für Reinigungsarbeiten gibt es Schwämme aus Zellstoff. Sie sind sehr haltbar und saugfähig, zum Teil sind sie auf einer Seite mit einer schleifenden Auflage versehen, die bei hartnäckiger Verschmutzung eingesetzt wird. Auch Schwammtücher werden aus Zellstoff hergestellt und sind vielseitig einsetzbar.

Für die Reinigung des Fußbodens sind Baumwollappen empfehlenswert, sie saugen gut und sind waschbar. Oftmals werden alte Handtücher, Bettlaken etc. als Lappen eingesetzt, um Geld zu sparen. Damit diese Sparsamkeit nicht zu Lasten der Arbeitszeit geht, sollten alte Tücher aber je nach Faserart verwendet werden: saugfähige Baumwolle für die Naßreinigung, Leinen oder dünne Baumwolle zum Polieren und Nachreiben. Zu achten ist bei Lappen – ob gekauft oder aus der Restekiste –, daß sie gut waschbar bzw. kochecht sind.

Spezielle Putztücher aus Mikrofasern haben einen hohen Preis, sind aber für manche Einsatzzwecke durchaus sinnvoll. Die Fasern, aus denen die Tücher bestehen, sind extrem fein und entwickeln eine »Saugkraft«, die den Schmutz anzieht und festhält. Nach kräftigem Ausschütteln im Freien bzw. Auswaschen in Putzlauge ist das Tuch wieder aufnahmebereit. Bei richtiger Anwendung ist streifenfreies Putzen von Glas und glänzenden Oberflächen möglich, außerdem fusseln die Tücher nicht. Wie andere Putztücher müssen auch die aus Mikrofaser nach der Benutzung in der Waschmaschine gereinigt werden, damit ihre Anwendung hygienisch bleibt.

Wichtiger Hinweis:

- *Die schleifende Auflage von Schwämmen hinterläßt bei Töpfen, Feinkeramik, Kunststoff und Emaille (vor allem bei Badewannen und Waschbecken) feinste Spuren, die mit der Zeit aufrauhen. Das Material wird matt, und unerwünschte Kalkablagerungen bekommen einen idealen Untergrund.*

Spezialgeräte

Von Schrubber und Lappen auf ein Wischsystem für die Pflege und Reinigung des Fußbodens zu wechseln ist sinnvoll, wenn regelmäßig größere Flächen zu reinigen sind. Für kleine Flächen lohnen sich die langen Rüstzeiten nicht. Außerdem ist es sinnvoll, zum Wischer eine Presse zu kaufen, was wiederum mehr Platz erfordert. Im Vergleich zu herkömmlichen Schrubbern haben Wischsysteme den Vorteil, daß sie ein Gelenk haben, das die Führung unter Möbelstücken oder an engen Stellen wesentlich erleichtert und außerdem auf den Flächen kräftesparendes Schleifenfahren ermöglicht. So kann man schneller putzen, aber auch losen Schmutz gut mit dem Mop mitnehmen. Bei eingetretenem Schmutz ist der Schrubber dem Wischmop überlegen.

Praktische Hinweise für den Kauf eines Wischsystems:

- *Eine an die Körpergröße angepaßte Stiellänge ist wichtig für rückenschonendes Arbeiten. Der Stiel sollte so lang sein, daß er bis zur Schulter reicht. Sinnvoll ist also ein verstellbarer Stiel, bei dem man die benötigte Länge fest verankern kann.*
- *Einfädeln und Einrasten des Mops ohne Bücken.*
- *Gute Schmutzaufnahmefähigkeit des Mops. Enge, dichte Schlingen nehmen mehr Schmutz auf als lose Schlingen oder Fransen. Gut aufnahmefähig sind auch dichte, kurze Fransen, wie sie etwa bei manchen doppelseitig verwendbaren Mops angeboten werden.*
- *Richtige Mopbreite: 40 cm sind ideal; auch bei großen Reinigungsflächen sind breitere Wischgeräte nicht sinnvoll, weil sie nicht zu einer höheren Flächenleistung führen, aber die körperliche Belastung erhöhen. Schmalere Mops sind nicht sinnvoll, weil sie weniger Schmutz aufnehmen und öfter ausgepreßt werden müssen.*
- *An die häufigste Schmutzart angepaßtes Mopmaterial: Baumwolle für fest haftenden Schmutz,*

Reinigung von Hilfsmitteln zur Hausreinigung

Gegenstände	Arbeitsweise
Besen und Bürsten (aus pflanzlichem, tierischem, synthetischem Material)	Staub und Flusen mit dem Besenkamm entfernen, in warmer Feinwaschmittel- oder Schmierseifenlösung rasch durchwaschen und kurz in klarem Wasser spülen; hängend oder seitlich liegend aufbewahren; Feuchtigkeit darf nicht in den Bürstenkörper einziehen, gut trocknen an einem luftigen Ort.
Bürstenkörper	Mit klarem Wasser reinigen, gut trocknen lassen, mit wenig Wachs einwachsen.
Fensterleder	In warmer Feinwaschmittellauge gründlich auswaschen, in klarem Wasser sehr gut nachspülen; luftig, aber nicht in der prallen Sonne trocknen.
Baumwollappen	Putzlappen nach Gebrauch in frischer, warmer Lauge auswaschen, trocknen; gelegentlich in der Waschmaschine bei 60 °C mitwaschen (Flusensieb kontrollieren!)
Schwämme und Tücher aus synthetischem Material	Nach Gebrauch in frischer Waschmittellösung auswaschen, trocknen; gelegentlich in der Waschmaschine bei 60 °C mitwaschen.
Echte Schwämme	Sie sind für die Hausreinigung zu schade und zu teuer. Für die Körperpflege sind sie zu empfehlen. Nach Gebrauch in klarem Wasser auswaschen, gut ausdrücken und hängend an einem luftigen Ort trocknen.

zum Beispiel im Eingangsbereich, der mit Straßenschuhen begangen wird, Baumwoll-Polyester-Mischgewebe für schwach verschmutzte, staubige Böden.

- *Eine Presse mit möglichst wendigem Fahrgestell und hochgestelltem Eimer, damit man sich beim Pressen nicht bücken muß. Auf stabile Verarbeitung der Presse achten. Ohne Presse kommt man auf die Dauer nicht aus. Mit der Hand lassen sich die teils doch recht wulstigen Mops schlecht ausdrücken, so daß relativ naß gewischt wird, was Parkettböden nicht gut bekommt. Außerdem dauert es lange, bis der Boden wieder trocken ist.*

Pflege von Geräten und Hilfsmitteln

Nach jedem Gebrauch werden Geräte und Hilfsmittel gereinigt. Schrubber an einem luftigen Ort trocknen lassen, Besen von Fusseln und Haaren befreien und im Freien ausstauben und aufhängen oder im Liegen trocknen, wobei der Besen frei liegen soll. Lappen gründlich in klarem Wasser auswaschen und trocknen, bei Bedarf in der Waschmaschine waschen. Besen und Bürsten von Zeit zu Zeit ebenfalls naß reinigen.

Praktische Hinweise für den Einkauf:

- *Geräte in die Hand nehmen und prüfen, ob sie gut in der Hand liegen.*
- *Schrubber und Besen sollten eine Arbeitsbreite von mindestens 25 cm haben. Der Stiel von Besen und Schrubber sollte nicht zu lang oder zu kurz sein; ideal ist die Länge, wenn der Stiel bis Nase oder Mund reicht*
- *Putzlappen und -tücher müssen waschbar sein.*

5.3. Raumpflege

Bei der Hausreinigung unterscheidet man
- Unterhaltsreinigung und
- Grundreinigung.

Die Unterhaltsreinigung wird täglich bis wöchentlich durchgeführt, manche Arbeiten seltener, z. B. Fensterputzen, die Grundreinigung ein- bis zweimal jährlich.

Unterhaltsreinigung

Der Aufwand hängt ab vom Nutzungs- und Verschmutzungsgrad der Räume sowie den Ansprüchen, die an die Sauberkeit gestellt werden. Regelmäßige Reinigung ist in vielbenutzen Räumen wichtig für das Wohlbefinden. Der Zeitaufwand für Reinigungsarbeiten sollte jedoch über-

dacht werden, denn laut Statistik wird der größte Teil der Zeit dafür verwendet.

AUFRÄUMEN

Aufräumen gehört zur täglichen Arbeit. Es sollte so gehandhabt werden, daß nicht nur die Hausfrau sich um Ordnung kümmert, sondern alle Haushaltsmitglieder dabei helfen und z. B. Aschenbecher ausleeren, Zeitungen ordnen, Kissen aufschütteln, Reste, Flaschen, Geschirr aufräumen. Auch in den jeweiligen Schlafzimmern sollten die Familienmitglieder selbständig Ordnung halten. Kinder schon früh dazu anhalten, ihre Spielsachen aufzuräumen. Übertrieben wäre es jedoch, von Kindern zu verlangen, täglich ihr Zimmer akkurat aufzuräumen, das behindert den Spieldrang der Kinder. Schulkinder können ihren Schreibplatz selbständig aufräumen und morgens auch die Bettdecke zurückschlagen, vielleicht auch ihr Bett selber machen.

Zum Aufräumen gehört auch das Lüften der Räume. Schlecht gelüftete Räume bekommen einen dumpfen, unangenehmen Geruch und können feucht werden. Wichtig im Bad und in Schlafräumen!

ABSTAUBEN, ABWISCHEN

Abstauben ist 1–2mal wöchentlich notwendig in vielbegangenen Räumen, z. B. im Wohnzimmer. Zum Staubwischen weiche, saubere Tücher verwenden, die hinterher gewaschen werden. Kunststoffoberflächen lassen sich am einfachsten mit einem feuchten Haushaltsvlies abstauben, dem Wasser kann etwas Spülmittel zugesetzt werden, vor allem, wenn Fensterbretter, Heizkörper, Lampen und Fliesen abgewischt werden. Holz wird mit einem trockenen Tuch abgestaubt.

Arbeitsgrundsätze

Systematisches Arbeiten spart Zeit und verhindert, daß einzelne Stücke vergessen werden:
- Von oben nach unten arbeiten.
- An der Türe beginnen und entgegen dem Uhrzeigersinn alle Einrichtungsgegenstände abwischen.
- Ruhige, gleichmäßige Bewegungen machen. Dies ist vor allem beim trockenen Staubwischen wichtig, damit der Staub nicht nur aufgewirbelt wird.
- Staub- und Wischtücher oft waschen.

BODENREINIGUNG

Nichttextile Bodenbeläge

Für die Feuchtreinigung von nichttextilen Böden gibt es lösungmittelfreie und -haltige Reinigungsmittel. Lösungsmittelhaltige Mittel dürfen nicht bei allen Bodenbelägen angewendet werden. Richtig gereinigt werden kann ein Boden also nur, wenn das Material bekannt ist. Bei Holz und Stein ist dies nicht schwierig, bei Belägen aus Kunststoff können Zweifel auftauchen.

Praktische Hinweise:

- *Schon beim Einkauf den Händler oder Hersteller fragen, wie das Material gereinigt und gepflegt werden soll, ob es empfindlich ist gegen Behandlung mit Wasser, Säuren, Laugen oder Lösungsmittel.*
- *Allzweckreiniger sind meist ph-neutral, das heißt, sie sind weder sauer noch alkalisch. »pH-neutral« ist auf der Flasche vermerkt; solche Mittel sind also für alle Materialien geeignet. Beispiele für Lösungsmittel im Haushalt: Spiritus, Terpentinersatz. Lösungsmittel sollten die Ausnahme beim Reinigen von Oberflächen sein; sie sind nur punktuell notwendig, beispielsweise wenn Lackreste entfernt werden müssen.*

Trockene Reinigung nichttextiler Böden (Stein, Kunststoff) kann mit dem Staubsauger erfolgen oder mit dem Besen. Beim Kehren in ruhigen Bewegungen arbeiten, zunächst von den Ecken oder dem Rand zur Raummitte hin kehren, dann von sich weg in Richtung zur Türe hin.

Beim Feuchtwischen (z. B. mit Sooger) in Schlangenlinien systematisch vor sich her wischen, Gerät nicht vom Boden aufheben. Genauso vorgehen, wenn Pflegemittel aufgebracht werden sollen, z. B. Wachs, Emulsionen.

Bei der Naßreinigung wird der Fußboden mit dem Schrubber oder dem Scheuertuch naß gereinigt. In aufrechter Haltung den Raum Stück für Stück naß reinigen und anschließend mit gut ausgewrungenem Scheuertuch trocknen. Am Raumende anfangen, zur Türe hin arbeiten. Bei sehr verschmutzten Räumen Wischwasser wechseln.

Textile Bodenbeläge

Trockene Reinigung der Teppiche wird hauptsächlich mit dem Staubsauger durchgeführt. Dabei die Düse langsam über den Belag führen, damit Schmutz und Staub aufgenommen werden können. Die Fläche in Abschnitten nach Reichweite der Arme, möglichst ohne Bücken, systematisch absaugen. Lose Teppiche absaugen oder im Freien auf der Rückseite ausklopfen, anschließend die Vorderseite abbürsten. Sehr wirkungsvoll lassen sich einzelne Teppiche im Winter reinigen. Sie werden mit der Oberseite nach unten in den Schnee gelegt und kräftig geklopft.

Wer zum Staubsauger einen Bürstvorsatz besitzt, sollte ihn bei Langflor-, Berber- und handgeknüpften Orientteppichen sowie bei wollener Auslegeware nicht für jede Reinigung benutzen, sondern nur etwa alle 4 Wochen. Die übliche Auslegeware aus Polyamid hält eine häufige Behandlung mit dem Bürstvorsatz sehr gut aus; überhaupt nicht vertragen wird der Bürstvorsatz von Flokati-Teppichen.

Bewegliche Teppiche können auch chemisch gereinigt werden, der Umwelt zuliebe nicht zu oft! Kleinere Flickenteppiche können in der Waschmaschine gewaschen werden. Große waschbare Teppiche können im Freien mit Feinwaschmittellauge abgebürstet werden, anschließend gründlich mit klarem Wasser nachspülen und im Freien zum Trocknen aufhängen; Naßreinigung von Teppichen im Sommer durchführen, weil sie bei hohen Temperaturen schneller trocknen.

Teppichböden werden nur selten feucht gereinigt. Flächige Feuchtreinigung durch Shampoonieren sollte nach Möglichkeit lange hinausgezögert werden, weil hinterher die Teppiche schneller anschmutzen (siehe auch S. 339).

Für die Reinigung von Teppichböden werden zahlreiche Reinigungsmittel angeboten: in Sprayform, als Schaumreiniger oder Pulverreiniger. Sprays sind im Einsatz verhältnismäßig teuer. Sie werden hauptsächlich bei sehr empfindlichen Belägen oder Polstern angewendet. Reinigungsmittel für Teppiche möglichst schnell und gleichmäßig auftragen, nach der angegebenen Einwirkzeit gründlich absaugen, Teppich erst wieder begehen, wenn er ganz trocken ist.

Die Reinigung von Teppichböden steckt noch in den Kinderschuhen, daher Teppichböden nur in Räumen verlegen, wo sie wenig angeschmutzt werden.

Praktische Hinweise:

- *Flecken sollten sofort entfernt werden, denn sie können in angetrocknetem Zustand nicht mehr oder nur mit hohem Aufwand wieder entfernt werden. Flecken mit lauwarmer Feinwaschmittellauge auswaschen, anschließend mit klarem Wasser nachbehandeln und mit einem saugfähigen Tuch trocknen. Den Fleck immer von außen nach innen behandeln, damit er nicht größer wird.*
- *Spezielle Fleckenmittel bringen meist wenig Erfolg, sie sind teuer und meist lösemittelhaltig. Bei der Anwendung ist darauf zu achten, daß die entweichenden Dämpfe nicht eingeatmet werden und der Raum gründlich gelüftet wird.*

Reinigen von Bodenbelägen

Gegenstände	Reinigungs- und Pflegemittel	Geräte/ Hilfsmittel	Bemerkungen
Teppiche			
Teppich, geknüpft (Orient, Berber)	Feinwaschmittellauge	Staubsauger, Teppichbürste Teppichklopfer	Saugen, ausbürsten, leicht klopfen, wertvolle Teppiche nur mit niedriger Saugleistung. Feinwaschmittellauge mit einer Bürste vorsichtig auftragen (nicht durchnässen!), mit klarem Wasser nachbürsten; Stück für Stück so bearbeiten, gut trocknen. Mit der Oberseite in den Schnee legen, klopfen, gut trocknen lassen; dabei nicht durchnässen.
Teppich, gewebt (Flickenteppich, Schafwollteppich, Flokati) Maschinenteppich (Bouclé, Velours)	Feinwaschmittellauge	Staubsauger, Teppichbürste, Teppichklopfer	Wie geknüpfte Teppiche. Bei Wolle Feinwaschmittellauge verwenden. Baumwollteppiche und Flokati sind meist waschbar.
Textile Bodenbeläge			
Schlinge, Velours, Nadelfilz, -vlies	Essigwasser, Feinwaschmittelschaum, handelsübliche Teppichreinigungsmittel, Fleckenmittel	Staubsauger, Schwamm	Saugen, Universaldüse bei allen Teppichbodenarten. Je nach Beanspruchung 1–2mal wöchentlich Bürstsauger oder Turbodüse einsetzen, lose verlegte Teppiche können auch mit einem Klopfbürstsauger bearbeitet werden. Teppichboden bei einer Reinigung nie durchfeuchten, Untergewebematerial beachten. Vorsichtig anwenden. Während des Trocknens darf der Boden nicht begangen werden.
		Pulverreinigungsgerät, Shampooniergerät, Sprühextraktionsgerät	Mit dem Sprühextraktionsgerät werden die besten Ergebnisse erzielt; für Teppichboden aus Jute, Wolle und Baumwolle ist das Shampooniergerät besser, weil mit weniger Wasser gearbeitet wird.
Nichttextile Bodenbeläge			
Unbehandeltes Holz; Hirnholzpflaster	Schmierseife, Allzweckreiniger	Besen, Schrubber, Wischtuch	Kehren, Feuchtreinigung mit Schmierseife.
Holz, Hirnholz; Parkett, versiegelt	Schmierseifenwasser, Allzweckreiniger	Schrubber, Wischtuch, Mop	Nebelfeucht reinigen.
Steinboden	Schmierseife, Allzweckreiniger	Schrubber, Wischtuch	Schmierseife wirkt rückfettend auf Stein, gibt matten Glanz. Vorsicht: Marmor ist nicht säurebeständig!
Linoleum	Schmierseife, lösungsmittelhaltiges Reinigungsmittel	Schrubber, Wischtuch	
Kunststoff mit Kunstharz, Kunststoff/PVC	Schmierseife, Allzweckreiniger, Wischwachs, Wischpflegemittel	Schrubber, Wischtuch	Es darf meist kein lösungsmittelhaltiger Reiniger verwendet werden. (Beim Kauf nach Pflegeeigenschaften fragen.) Anwendung von Wischwachsen führt zu »Laufstraßen« und aufwendig zu entfernenden Rückständen an wenig begangenen Stellen.
Kork, unbeschichtet	Allzweckreiniger	Staubsauger, Besen, Schrubber, Wischtuch	Trocken gut zu reinigen; nur feucht wischen, Wischtuch gut auswringen, damit die Korkfliesen wenig Wasser aufnehmen; abschnittsweise arbeiten; Flecken mit Reinigungslauge behandeln. (Schwierig zu reinigen, daher nur in Räumen mit geringem Verschmutzungsgrad verlegen.)
Kork, beschichtet	Allzweckreiniger	Besen, Schrubber, Wischtuch	Feucht wischen, gut nachtrocknen; meist unproblematisch zu reinigen, je nach Beschichtungsart (beim Kauf nachfragen).
Laminatböden	Allzweckreiniger	Besen, Schrubber, Wischtuch	Feucht wischen, unproblematisch zu reinigen.

Arbeitsgrundsätze

▫ Vor Beginn der Arbeit alle Geräte herrichten, z. B. Besen, Kehrrichtschaufel, Staubsauger, Staubtücher, Schrubber, Wischwasser.
▫ Alle beweglichen, kleinen Einrichtungsgegenstände hochstellen, damit sie beim Wischen nicht stören, z. B. Papierkorb, Stehlampe, kleine Teppiche, Hocker, Stühle.
▫ Zimmer erst nach dem Trocknen des Fußbodens wieder einräumen.
▫ Während der Reinigung Zimmer lüften.
▫ Ecken auch bei der Unterhaltsreinigung nicht vernachlässigen.
▫ Bei Teppichböden Schmutz und Flecken sofort entfernen, auf glatten Böden Feuchtigkeit auftrocknen; wichtig bei Holzfußböden.
▫ Der Reinigungsaufwand kann verringert werden, wenn alle Haushaltsmitglieder schmutzige Schuhe vor dem Haus bzw. im Flur ausziehen oder die Schuhe sorgfältig an ausgelegten Matten abstreifen.

FENSTERPUTZEN

Wie oft Fenster geputzt werden müssen, hängt hauptsächlich von der Lage des Hauses ab. An vielbefahrenen Straßen ist es häufiger erforderlich als in ruhigen Einzellagen. Die Häufigkeit der Fensterreinigung hängt meist auch von der Arbeitsbelastung der Hausfrau ab. Bevor jedoch die Fenster zu oft geputzt werden, sollte überlegt werden, ob diese Zeit nicht sinnvoller eingesetzt werden könnte, z. B. in der Kinder- oder Altenbetreuung.

Zum Fensterputzen trittsichere Staffelei bereitstellen sowie alle anderen Utensilien: warmes Wasser mit Reinigungsmittel, Haushaltsvlies oder anderen Lappen, fusselfreie Tücher zum Polieren oder Fensterleder oder Gummiabzieher, Handbesen zum Entfernen von Spinnweben. Spezielle Fensterreinigungsmittel sind nicht notwendig. Es reicht, dem Wasser etwas Allzweckreiniger oder Spülmittel zuzusetzen. Damit können Rahmen, Fensterbretter und Fensterscheiben abgewischt werden.

Zuerst Rahmen reinigen, dann die Fensterscheiben. Das Glas wird anschließend sofort getrocknet. Zeitungspapier zum Polieren von Fensterscheiben kann Kratzer hinterlassen. Sehr gut sind Abzieher mit Gummilippe. Sie ersparen kraftaufwendiges Polieren und trocknen die Scheiben streifenfrei. Beim Kauf darauf achten, daß die Breite den Fenstern entspricht (wichtig bei Sprossenfenstern).

Mikrofasertücher haben das Fensterputzen revolutioniert. Dank ihres hohen Schmutzaufnahme- und -haltevermögens erleichtern sie die Reinigung und das Polieren.

Arbeitsgrundsätze:

▫ Fenster, Fensterläden, Jalousien abkehren, evtl. abwischen.
▫ Vorhangstangen abwischen.
▫ Fensterrahmen und Fensterbretter von innen und außen naß abwischen.
▫ Fensterglas innen und außen reinigen.
▫ Scheiben in Schlangenlinien von oben nach unten systematisch reinigen bzw. polieren.
▫ Fensterleder bzw. Lappen zum Nachreiben keilförmig falten, dadurch werden auch Ecken erreicht. Viel schneller und mit weniger Kraftaufwand können die Scheiben mit einem Abzieher mit Gummilippe getrocknet werden.
▫ Wenn die Sonne auf das Fenster scheint, nicht putzen. Das Wasser verdunstet dann sehr schnell, die Scheiben werden nicht blank.

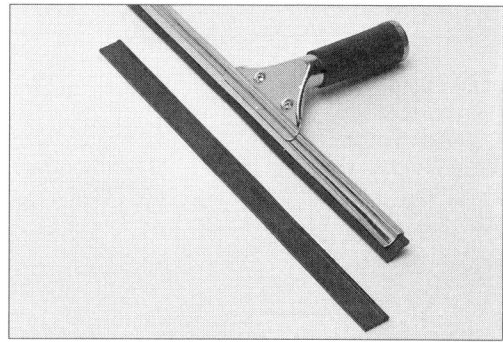

Abzieher mit Gummilippe

REINIGEN VON TÜREN

Die Reinigung hängt ab vom Material der Türe: Glastüren oder Türen mit Glasfüllung werden geputzt wie Fenster, lackierte Türen und Kunststofftüren sowie furnierte Türen mit Reinigungsmittellösung feucht abgewischt und nachgetrocknet. Den oberen Falz der Türzarge und der Füllungen nicht vergessen, denn hier legt sich der meiste Staub ab. Die Türbeschläge werden je nach Material abgewischt und trockengerieben bzw. speziell behandelt.

WEITERE ARBEITEN IN EINZELNEN RÄUMEN

Wohnzimmer

▫ Zimmerpflanzen regelmäßig gießen, trockene Blätter entfernen.
▫ Das Wasser von Schnittblumen wechseln (nicht zu oft, dann halten sie länger).
▫ Blumenübertöpfe abwischen.
▫ Fensterbretter abwischen.
▫ Aus Kachelofen, Kamin oder Einzelofen Asche entfernen und neues Heizmaterial einlegen.

Eßzimmer

❑ Tischdecke täglich ausschütteln oder mit Tischbesen abkehren.

Schlafzimmer

❑ Betten machen (Bettlaken spannen, Kopfkissen aufschütteln, Oberbett aufschütteln und je nach Größe halb falten). Tagesdecken sehen schön aus, sind aber in reinen Schlafräumen nicht notwendig und bedeuten einen zusätzlichen Arbeitsaufwand.

❑ Bettwäsche regelmäßig wechseln.

❑ Über den Mittelteil der Matratze Bettuch oder Moltontuch quer spannen, um die Matratze zu schonen.

❑ Hin und wieder (ca. alle drei Monate) Bettzeug am Balkon oder Fenster lüften; bei trockener Witterung und bewölktem Himmel ideal, in praller Sonne trocknen die Federn aus und brechen.

Kinderzimmer

❑ Betten machen.

❑ Spielsachen mit den Kindern aufräumen, das Kinderzimmer muß aber nicht täglich akkurat aufgeräumt sein, das behindert den Spieldrang der Kinder.

Sanitärräume

❑ Waschbecken und WC täglich reinigen. Meist genügt ein Allzweckreiniger, bei hartnäckigen Verschmutzungen flüssige Scheuermittel oder Essig verwenden. Essig oder Zitronensäure jedoch nicht bei säureempfindlichen Natursteinen oder Aluminiumschienen der Duschabtrennung verwenden.

❑ Dusche und Badewanne wöchentlich reinigen.

❑ Zum Reinigen des WCs gesonderten Lappen verwenden.

❑ Armaturen und Fliesen nach dem Reinigen trockenreiben, ebenso Spiegel und Ablagen.

❑ Der Reinigungsaufwand kann verringert werden, wenn jedes Haushaltsmitglied sich bemüht, Waschbecken, Dusche, Badewanne, WC so zu hinterlassen, daß es auch der nächste gerne benutzt.

Hausarbeitsraum

❑ Arbeitsflächen, Waschbecken wöchentlich bzw. nach Bedarf reinigen.

❑ Geräte und Putzmittel nach jedem Gebrauch ordentlich aufräumen.

❑ Defekte Geräte zur Reparatur bringen.

Vorratsräume

❑ Täglich oder dauernd lüften.

❑ Vorräte nur in sauberem Zustand in die Regale legen.

Küche

❑ Die Arbeitsflächen werden täglich naß abgewischt und nachgetrocknet. Wöchentlich auch in Ecken und Ritzen mit einer Bürste säubern, ebenso rauhe Arbeitsflächen.

❑ Griffe, Griffleisten, Schranktüren nach Bedarf mit heißer Spülmittellösung abwaschen und nachtrocknen.

❑ Herd nach jedem Gebrauch reinigen, Backofen bei Bedarf. Die Verschmutzung des Herdes kann in Grenzen gehalten werden, wenn bereits beim Kochen aufgepaßt wird: Milch, Nudel- oder Kloßwasser nicht überkochen lassen, bei Pfannengerichten flaches Sieb auflegen, um Fettspritzer zu vermeiden.

❑ Dunstabzugshaube wöchentlich mit heißer Spülmittellösung abwischen, Fettfilter wechseln oder reinigen.

❑ Spülbecken bei Bedarf mit flüssigem Scheuermittel ausreiben, nachspülen und trocknen, Kalkflecken mit in Essig getauchter Watte über Nacht einweichen oder Zitronensäure verwenden.

❑ Kühlschrank monatlich reinigen mit Spülmittellösung, anschließend mit Essigwasser nachwischen und gut austrocknen. Verschüttete Flüssigkeiten sofort aufwischen.

❑ Gewürzstreuer, Essig- und Ölflaschen, die offen im Regal stehen, wöchentlich abwischen.

Grundreinigung

Die Grundreinigung der einzelnen Räume wird 1–2mal jährlich durchgeführt. Dabei wird nicht nur geputzt, sondern auch neu geordnet bzw. Unbrauchbares aussortiert. Um eine Arbeitsüberlastung zu vermeiden, werden die einzelnen Räume nicht gleichzeitig gereinigt, sondern im Laufe von einer oder zwei Wochen; Arbeitsplan anlegen (siehe auch S. 49).

Um die Arbeit übersichtlicher zu machen, werden zunächst alle leicht beweglichen Einrichtungsgegenstände gereinigt und aus dem Raum entfernt, z. B. Bilder, Stehlampen, Nachtschränkchen, Stühle, Sessel, Teppiche. Fenster, Heizkörper und Türen werden geputzt, die Wände abgesaugt oder abgekehrt.

SCHRÄNKE

Bei der Grundreinigung werden die Schränke ausgeräumt und die Einlegeböden, Seiten- und Rückwände mit Reinigungslösung ausgewischt, gut nachgetrocknet. Bis zum Einräumen bleibt der Schrank offenstehen, um gründlich austrocknen und auslüften zu können. Außen wird der Schrank feucht abgewischt und gut nachgetrocknet; Rückseite und Oberseite nicht vergessen. Die

Rückseite des Schranks wird mit einem schmalen, langen Spezialbesen abgekehrt. Die Schubladen entleeren und ebenfalls auswischen und trocknen lassen. Der Inhalt der Schränke wird neu geordnet und Überflüssiges aussortiert.

Schrankbesen

ZIMMERPFLANZEN

Zimmerpflanzen werden bei Bedarf in der Badewanne überbraust. Gut tut ihnen auch ein Tag im Freien bei warmem Regenwetter. Welke Blätter und Blüten werden entfernt, die Übertöpfe gereinigt. Bei Bedarf wird umgetopft.

BÖDEN

Böden werden gereinigt wie oben bei der Unterhaltsreinigung beschrieben, besonders sorgfältig werden Ecken und Nischen geputzt. Wenig begangene Stellen von Kunststoff- oder Steinböden, die regelmäßig mit Selbstglanzemulsionen behandelt werden, bei Bedarf schrubben. Diese kraftraubende Arbeit fällt seltener an, wenn diese Stellen nicht mit solchen Mitteln behandelt werden.

ARBEITEN IN DEN EINZELNEN RÄUMEN

Schlafzimmer
Kleider- und Wäscheschrank ausräumen und gründlich reinigen. Selten getragene Kleidungsstücke im Freien auslüften, dabei gehen eventuell vorhandene Motteneier zugrunde. Sie vertragen kein Tageslicht. Nicht mehr getragene Kleidung aussortieren und verschenken oder für Altkleidersammlungen spenden. Wäsche neu ordnen.

Bettwäsche abziehen, Matratzenschoner und Tagesdecke ebenfalls waschen, Wolldecken können bei Bedarf auch gewaschen werden, zumindest aber gelüftet. Die Matratzen werden abgebürstet oder gründlich abgesaugt und zum Lüften ins Freie gestellt, Kopfkissen und Oberbett ebenfalls gelüftet. Bettgestell und Lattenrost mit Reinigungslösung abwischen und nachtrocknen.
Gardinen werden gewaschen, Spiegel geputzt, Nachtschränkchen und andere Kleinmöbel ebenfalls gereinigt.
Nach der Fußbodenreinigung werden alle Möbel wieder an ihren Platz gestellt und bei Bedarf noch gelüftet.

Kinderzimmer
Im Kinderzimmer wird ähnlich vorgegangen wie im Schlafzimmer; waschbares Spielzeug wird mit Spülmittellösung abgewaschen und getrocknet. Kleine Kinder können bei der Reinigung ihres »Reiches« mithelfen, indem sie ihre Spielsachen aufräumen. Größere Kinder können bereits mithelfen, ihre Wäsche zu ordnen. Nicht mehr passende Kinderkleidung wird aussortiert.

Wohnzimmer
Die Grundreinigung des Wohnzimmers beansprucht meist besonders viel Zeit, weil hier die meisten Einrichtungsgegenstände und Schmuckgegenstände gereinigt werden müssen. Ziergegenstände mit Reinigungslösung abwischen bzw. speziell reinigen (siehe S. 243), Schränke ausräumen, Polstermöbel absaugen oder abbürsten, falls möglich, die Bezüge waschen. Bücherregal ausräumen, Bücher und Nippsachen abstauben und wieder einordnen, Vorhänge und Gardinen waschen, Fenster putzen.

Sanitärräume
Die Grundreinigung der Sanitärräume unterscheidet sich kaum von der Unterhaltsreinigung. Zusätzlich werden Vorhänge und Teppiche gewaschen. Die gesamte Fliesenfläche wird Stück für Stück mit warmer Reinigungslösung abgewaschen und trockengerieben. Graue Fugen mit Scheuermittel und harter Bürste reinigen. Ablagen und Schränke ausräumen, feucht auswischen, nachtrocknen, Inhalt neu ordnen. Spiegel, Türen und Fenster putzen. Zahngläser spülen und trocknen, Zahnbürsten bei Bedarf erneuern.
Waschbecken, Duschbecken, Badewanne mit Allzweckreiniger, bei stärkeren Verschmutzungen mit Scheuermilch reinigen, nachspülen, trockenreiben; die Unterseite des Waschbeckens nicht vergessen. Kalkablagerungen an Sanitäreinrichtungen, zum Beispiel an Überlauf und Abfluß, mit essiggetränkter Watte über Nacht einweichen.

Duschvorhänge aus Plastik abnehmen und in der Badewanne mit Scheuermittel abbürsten, mit klarem Wasser nachspülen, trocknen lassen. Schadhafte oder verschimmelte Duschvorhänge ersetzen.

Essig und Zitronensäure wirken gut gegen Kalkablagerungen, aber nicht auf Naturstein und Aluminiumrahmen, weil diese nicht säurebeständig sind. Schimmelpilze in Fugen mit einer Paste aus Backpulver und Wasser behandeln, einwirken lassen, danach abbürsten. Bei hartnäckigen Fällen spezielle Antischimmelmittel verwenden, dabei jedoch vorsichtig hantieren, denn das enthaltene Chlor reizt Atemwege, Haut und Augen. Schutzhandschuhe tragen und gut lüften. Schimmelpilzbefallene Silikonfugen entfernen und erneuern. Schimmel läßt sich, wenn er erst einmal aufgetreten ist, meist nicht mehr dauerhaft entfernen. Das beste Gegenmittel ist gründliches Lüften: stoßlüften, indem Fenster nach dem Duschen oder Baden ganz geöffnet werden. Dauerlüften durch ein gekipptes Fenster ist ungünstig, weil dadurch Wände und Decke auskühlen und der Wasserdampf darauf kondensiert.

Küche

Küchenschränke ausräumen, auswischen nachtrocknen (von oben nach unten arbeiten), Verunreinigungen durch Topfböden mit Scheuermittel entfernen. Gläser, Geschirr, Arbeitsgeräte wieder sorgfältig und übersichtlich einordnen, bei Bedarf Töpfe, Arbeitsgeräte, Pfannen gründlich reinigen, Unbrauchbares oder Schadhaftes aussortieren. Schränke außen mit warmer Reinigungslösung abwischen und nachtrocknen. Arbeitsplatte völlig abräumen und v. a. in den Ecken gründlich säubern. Fliesen ebenfalls abwaschen und nachtrocknen. Fest an der Wand installierte Geräte, z. B. Waage, verschiedene elektrische Kleingeräte nicht vergessen.

Kühlschrank ausschalten, ausräumen, eingetrocknete Reste wegwerfen, Roste, Einlegeböden und Schublade herausnehmen und reinigen. Seitenwände, Roste und Schubladen mit Reinigungslösung auswischen, mit Essigwasser nachwischen (bindet Gerüche) und gut austrocknen.

Übrige Küchengeräte, z. B. Herd, Spülmaschine, Mikrowellengeräte, Dunstabzug, bedürfen keiner besonderen Reinigung. Die Spüle mit Scheuermittel ausreiben, Kalkflecken mit Essig einweichen. Ziergegenstände, Gewürzborde, Regale mit Kochbüchern etc. feucht abwischen.

Hausarbeitsraum

Waschbecken reinigen, Fliesen abwaschen und gründlich nachtrocknen, Schränke und Regale ausräumen, auswischen und Inhalt neu einord-

nen. Geräte, wie Waschmaschine und Trockner, feucht abwischen und nachtrocknen, evtl. Flusensieb der Waschmaschine reinigen. Schmutzwäschebehälter feucht auswischen und gründlich austrocknen lassen, Wäschekorb im Freien trocknen lassen. Walzenbezug der Bügelmaschine waschen. Besen, Bürsten in lauwarmer Waschmittellauge waschen und an der Luft trocknen lassen, Rohholzstiele mit Scheuermittel schrubben. Schaufel, Eimer, Wannen etc. mit Reinigungslösung abwaschen und nachtrocknen. Eingetrocknete Putzmittel und leere Behälter wegwerfen.

Vorratsräume

Regale ausräumen, Inhalt überprüfen, Verdorbenes aussortieren, Vorräte wieder ordentlich sortieren, ältere Vorräte für den alsbaldigen Verbrauch nach vorne stellen. Gefriergeräte bei Bedarf abtauen. In Kellerräumen einmal jährlich Regal ausräumen und im Freien abwaschen und lüften – sonnigen Tag wählen. Um das Einnisten von Ungeziefer zu unterbinden, etwa alle 2 Jahre kalken. Fußboden je nach Belag schrubben oder mit grobem Besen kehren.

Dachboden jährlich reinigen: Wände abkehren, Boden entrümpeln, kehren und naß wischen, gründlich lüften.

Treppen, Flure, Garderobe

Fenster putzen, Vorhänge waschen, Ziergegenstände reinigen, Garderobenschrank ausräumen, auswischen und Inhalt neu ordnen. Spiegel, Lampen, Schirmständer abwischen.

6. REINIGUNG VON GEBRAUCHS-GEGENSTÄNDEN

6.1. Geschirr

In vielen Haushalten wird das Geschirr mit der Maschine gespült, große Töpfe oder andere sperrige Geschirrteile werden jedoch meist mit der Hand gespült.

Geschirrspülen von Hand

Am schnellsten läßt sich Geschirr an einer Zwei-Becken-Spüle reinigen, weil hier ohne großen Aufwand nachgespült werden kann. Rechtshänder sollten grundsätzlich von rechts nach links arbeiten.

Reinigung und Pflege von Werkstoffen und Gebrauchsgegenständen im Haushalt

Werkstoff/ Gegenstände	Reinigungs- und Pflegemittel	Geräte/ Hilfsmittel	Bemerkungen
Keramik			
Tonwaren, glasiert	Mildes Spülmittel + heißes Wasser, Schlämmkreidebrei	Tuch, Schwamm oder Bürste	Meist spülmaschinenfest. Keine Scheuermittel verwenden, da sie den Glanz der Glasur beeinträchtigen. Bei Teerändern Spülmittel konzentriert auf ein Tuch oder einen Schwamm geben.
Tonwaren, unglasiert	Heißes Wasser	Bürste	Kein Spülmittel und Scheuermittel verwenden, weil sie in das Material einziehen.
Porzellan	Spülmittel + heißes Wasser, flüssiges Scheuermittel, Essig-Salz-Lösung	Tuch, Schwamm oder Bürste	Meist spülmaschinenfest. Kalkablagerungen mit Essig-Salz-Lösung entfernen.
Glas	Spülmittel + heißes Wasser, Spiritus, Essig-Salz-Lösung	Fusselfreie Tücher (Leinen oder Mikrofaser)	Meist spülmaschinenfest; Kalkablagerungen mit Essig-Salz-Lösung entfernen.
Metalle			
Weißblech, Schwarzblech	Spülmittel + heißes Wasser,	Weiche Bürste, Tuch	Gut einweichen, nicht kratzen, abgenutzte Stellen können rosten, gut trocknen. Stärkere Verschmutzungen gut einweichen.
Gußeisen	Spülmittel + heißes Wasser	Weiche Bürste, Tuch	Nicht kratzen, nicht in der Maschine spülen, gut trocknen (Rostgefahr!).
Emaillierter Stahl	Spülmittel + heißes Wasser, mildes Reinigungsmittel, flüssiges Scheuermittel, Essig-Salz-Lösung	Weiche Bürste, Tuch	Nicht kratzen, stoßempfindlich, bei hartnäckigen Verschmutzungen einweichen. Kochgeschirr mit abgeblätterter Emaille nicht mehr benützen. Kalkablagerungen mit Essig-Salz-Lösung entfernen.
Verchromter Stahl	Spülmittel + heißes Wasser, mildes Reinigungsmittel, Schlämmkreidebrei	Weiche Bürste, Tuch	
Edelstahl, rostfreier Stahl	Spülmittel + heißes Wasser oder mildes Reinigungsmittel, verseifte Stahlwolle (nur für Topfböden)	Weiche Bürste, Tuch	Nicht kratzen. Nach einer Grundreinigung die Gegenstände gründlich nachspülen, polieren. Keine scheuernden Reinigungsmittel. Kalkablagerungen mit essiggetränkter Watte lösen; Töpfe mit Essigwasser auskochen.
Aluminium, unbehandelt	Spülmittel + heißes Wasser, Schlämmkreidebrei, verseifte Stahlwolle	Bürste, Tuch	Nicht in die Spülmaschine geben, da Fleckenbildung. Wird im Laufe der Zeit unansehnlich.
Aluminium, eloxiert	Spülmittel + heißes Wasser, Schlämmkreidebrei	Weiche Bürste, Tuch	Oberfläche vorsichtig behandeln, Schutzschicht nutzt sich ab.
Kupfer, innen verzinnt	Spülmittel + heißes Wasser, Salz	Weiche Tücher	Nicht kratzen, trocken polieren. Mit Salz ausreiben, spülen, gut trocknen. Grünspan ist giftig!
Kupfer und Messing, unbehandelt	Spülmittel + heißes Wasser, Wiener Kalk	Weiche Tücher	Oberfläche vorsichtig behandeln, gut trocknen, nachpolieren (Mattglanz).
Zinn	Spülmittel + heißes Wasser, Zinnkraut (Ackerschachtelhalm), Schlämmkreidebrei oder Wiener Kalkbrei	Weiche Tücher	Oberfläche vorsichtig behandeln. Zinnkraut einweichen und Oberfläche damit abreiben, nachpolieren (Mattglanz). Zinn keinen starken Temperaturschwankungen aussetzen; vor Feuchtigkeit schützen (Zinnfraßgefahr).
Gold (Schmuck)	Schmierseifenwasser	Weiche Bürste	Nachspülen und nachpolieren. Bei Steinen Reinigung durch den Fachmann!

Reinigung und Pflege von Werkstoffen und Gebrauchsgegenständen (Fortsetzung)

Werkstoff/ Gegenstände	Reinigungs- und Pflegemittel	Geräte/ Hilfsmittel	Bemerkungen
Metalle (Fortsetzung)			
Silber (Schmuck)	Schlämmkreidebrei, Silberputzmittel, kontaktgalvanisches Verfahren (in eine Kunststoffschüssel Alu-Folie mit glänzender Seite nach oben legen, heißes Wasser einfüllen und ca. 2 EL Salz zugeben; Silber einlegen)	Weiche Tücher	Nachspülen und nachpolieren. Bei Steinen Reinigung durch den Fachmann!
Silber (Besteck und Geschirr)	Spülmittel + heißes Wasser, Schlämmkreidebrei, Silberputzmittel, kontaktgalvanisches Verfahren	Weiche Tücher	Spülen und polieren. Kontaktgalvanisches Verfahren gut anzuwenden bei Gabeln, nicht bei künstlich oxidierten Verzierungen.
Kunststoffe	Spülmittel + heißes Wasser, mildes Reinigungsmittel, Schmierseife	Weiche Bürste, Tuch	Oft spülmaschinenfest, bei geringer Hitzebeständigkeit treten Verformungen auf. Keine kratzenden und scharfen Mittel und Gegenstände bei der Reinigung verwenden. Verfärbungen mit Speiseöl abreiben.
Leder			
Schuhe (Glattleder)	Außen: handwarmes Wasser, Schuhcreme, Lederfett. Innen: handwarmes Wasser mit Essig	Bürste, Cremebürste, Lappen, Polierbürste	Pflegemittel nur auf gut gereinigtes und trockenes Leder auftragen, nicht zuviel und zu oft, da Leder luftdurchlässig bleiben muß. Zunge, Schuhbändel und Absatzfront nicht vergessen. Grobe Verschmutzungen abbürsten, mit Wasser abwaschen. Lebensdauer erhöht sich deutlich, wenn sofort nach jedem Tragen Schuhspanner eingeklemmt werden. Stiefel nur hängend oder liegend aufbewahren. Vor dem ersten Tragen behandeln. Nicht an einer Heizquelle oder in der Sonne trocknen.
Schuhe (Rauhleder)	Feines Sandpapier, Feinwaschmittelschaum, Wildlederspray	Wildlederbürste, Wildlederreinigungstuch, Schaumstoffschwamm	Leder immer wieder aufrauhen, wasserabweisendes Spray verwenden. Schneeränder mit Feinwaschmittellauge abwaschen.
Lackschuhe	Lackpflegemittel, Milch oder Öl	Weiche Bürste, weiche Tücher	Trocken reinigen, polieren, regelmäßig eincremen, da Lack spröde wird.
Lederhandschuhe, Lederhosen	Feinwaschmittellösung, Spülwasser mit Glycerin (1 TL/1 l), Ledermilch	Weiche Bürste, weiche Tücher	Textilkennzeichnung prüfen, ob Handschuhe bzw. Hose waschbar. Handschuhe überziehen, sanft reiben, spülen, nachspülen im Glycerinbad (rückfettend!). Auslegen auf Tuch. Hauchdünn Ledermilch auftragen.
Koffer, Mappen, Schulranzen	Feuchtes Tuch, farblose Ledermilch	Weiche Bürste	Pflegemittel nur auf trockenes Leder dünn und gleichmäßig auftragen.
Feine Taschen	Ledermilch	Tuch, weiche Bürste	Entstauben, mit Pflegemitteln behandeln.
Lederbekleidung (Glattleder)	Feuchtes Tuch, Ledermilch	Weiche Bürste, Poliertuch	Entstauben, Pflegemittel dünn und gleichmäßig nur auf trockenes Leder auftragen. Durch Nachreiben überschüssiges Mittel entfernen.
Lederbekleidung (Rauhleder)	Spray	Kleiderbürste, Spezialreinigungsbürste	Vor dem ersten Tragen imprägnieren (gut auslüften!), mit und gegen den Strich bürsten. Mäntel und Jacken mit Schal oder Tuch tragen (Speckrand!)
Lederimitationen	Feinwaschmittellösung	Weiche Bürste, Tuch	Pflegekennzeichnung beachten, meist maschinenwaschbar.

Reinigung und Pflege von Werkstoffen und Gebrauchsgegenständen (Fortsetzung)

Werkstoff/ Gegenstände	Reinigungs- und Pflegemittel	Geräte/ Hilfsmittel	Bemerkungen
Felle (Rauchwaren)			
Felle und Pelze	Mottenschutz	–	Entstauben, aufschütteln. Trocknen, kühl und dunkel aufbewahren, im Sommer in einem Nessel- oder Leinensack bei ausreichend Platz im Schrank oder Aufbewahrung beim Fachmann (mit Versicherung). Spezialreinigung im Fachgeschäft.
Holz/Möbel			
Rohholz	Spülmittel + warmes Wasser, mildes Reinigungsmittel, Scheuerpulver, feine Stahlwolle oder Sandpapier	Bürste	Mit Reinigungslösung behandeln, langsam an der Luft trocknen lassen (nicht an einer Wärmequelle oder in der Sonne). Flecken mit Scheuerpulver und Bürste entfernen. Luftig aufbewahren.
Holz, lasiert oder mattiert	Feuchtes Tuch	Staubtuch	Abstauben. Nicht mit Bürsten oder rauhen Gegenständen bearbeiten, nachtrocknen.
Holz, geschliffen; Schleiflack	Feuchtes Tuch, milde Reinigungslösung	Weiche Tücher	Abstauben, Oberfläche schonend behandeln, nachtrocknen.
Holz, gebeizt oder gewachst	Trocken-feuchtes Tuch, milde, warme Kernseifenlösung, Möbelwachs	Weiche Tücher	Abstauben, abreiben, nicht naß reinigen. Mit der Maserung arbeiten, in großen Zeitabständen dünn wachsen.
Polstermöbel			
Vollpolstermöbel	Warmes Wasser mit Feinwaschmittel	Staubsauger Polsterdüse, weiche Bürste Shampoonier- gerät	Mit niedriger Saugstufe saugen. Flecken sofort mit Feinwaschmittellösung behandeln; nicht reiben, damit es zu keiner Farbaufhellung kommt. Mit trockenem Tuch überschüssige Feuchtigkeit aufnehmen. Manche Bezüge lassen sich abziehen und können gewaschen oder chemisch gereinigt werden.
Ledermöbel (Nappaleder)	Feuchtes Tuch, evtl. milde Feinwaschmittellösung, Ledermilch	Staubtuch	Entstauben, abreiben, nicht durchfeuchten, gut trocknen lassen. Pflegemittel dünn und gleichmäßig auftragen.
Ledermöbel (Veloursleder)	Feuchter Schwamm	Kleiderbürste, Staubsauger mit weicher Bürste	Nicht zu stark reiben, mit und gegen den Strich arbeiten.

Tabelle entnommen aus: Die Hauswirtschaft, Warenkunde und Verbraucherwissen, BLV Verlagsgesellschaft München.

Arbeitsgrundsätze

◻ Vor dem Spülen werden Essensreste entfernt, das Geschirr gestapelt, Besteck in ein Gefäß gegeben.

◻ Angetrocknete Verschmutzungen werden eingeweicht. Bei überwiegend fetthaltigen Verschmutzungen heißes Wasser verwenden, bei eiweiß- und kohlenhydrathaltigen Essensresten kaltes Wasser.

◻ Geschirr nach dem Verschmutzungsgrad spülen, erst Gläser und Porzellan, dann Besteck und Töpfe; bei Bedarf Spülwasser wechseln.

◻ Spülwasser hat eine Temperatur zwischen 50 und 60 °C. Spülmittel erst zugeben, wenn das Wasser eingelaufen ist, damit sich weniger Schaum entwickelt.

◻ Geschirr stapelweise ins Spülwasser einsetzen, im zweiten Becken mit heißem, klarem Wasser nachspülen und stapelweise auf die Abtropffläche stellen.

◻ Beim Spülen, vor allem von stark verschmutztem Geschirr, nicht »frei« arbeiten, sondern das Geschirr am Boden des Spülbeckens aufsetzen, so kann mit mehr Druck und ermüdungsfreier gearbeitet werden.

◻ Geschirr mit sauberem, saugfähigem Tuch trocknen. Sehr saugfähig sind Geschirrtücher aus Baumwolle; Halbleinentücher (Kette Leinen, Schuß Baumwolle) sind ebenfalls saugfähig und sehr haltbar.

◻ Gläser werden mit Leinentüchern getrocknet, damit keine Fussel auf dem Glas bleiben und es schön blank wird.

◻ Nach dem Spülen Bürsten und Lappen auswaschen und zum Trocknen aufhängen.

Geschirrspülen mit der Maschine

Beim maschinellen Geschirrspülen übernimmt das Gerät den Großteil der Arbeit.

Arbeitsgrundsätze

- Geschirr so in die Körbe einordnen, daß es nicht gegeneinanderschlagen kann, Geschirr von hinten nach vorne einräumen.
- Besteck mischen, damit es sich nicht ineinanderlegen kann.
- Falls schmutziges Geschirr in der Spülmaschine ist, das Gerät schließen, dann trocknen die Essensreste weniger an, bzw. zwischendurch kalt vorspülen.
- Vor dem Einschalten Spülmittel zugeben und kontrollieren, ob die Sprüharme frei beweglich sind.
- Nach Ablauf des Programms Geschirr ausräumen und prüfen, ob es sauber ist. Wenn Teile nicht sauber geworden sind, nicht mehr in die Spülmaschine geben, sondern von Hand spülen. Durch die hohen Temperaturen beim Trocknen backen Verunreinigungen so fest, daß sie in der Maschine nicht mehr sauber werden.
- Besteck muß u. U. nachpoliert werden. Auf jeden Fall muß es sofort nach Ablauf des Programms aus der Maschine genommen werden, damit es keine Wasserflecken bekommt.
- Holzbretter und Holzgriffe vertragen das Maschinenspülen auf Dauer nicht.
- Unterkorb nach dem Spülen zuerst ausräumen.
- Wenn oft das Kurzprogramm läuft, gelegentlich das Intensivprogramm (65 °C) wählen, damit es nicht zu übelriechenden Fett- und Kalkablagerungen kommt. Dann braucht man auch keine Spülmaschinenpflegemittel oder -deos.

6.2. Gegenstände aus verschiedenen Materialien

Im Haushalt gibt es viele Gebrauchs- und Schmuckgegenstände aus den verschiedensten Materialien. Um ihren Wert und ihre Gebrauchstauglichkeit zu erhalten, müssen sie regelmäßig gereinigt werden. Weil jedes Material andere Eigenschaften hat, z. B. Wasser-, Säuren-, Laugenbeständigkeit, muß auch die Reinigung und Pflege darauf abgestimmt sein. Siehe Tabelle Seite 243.

7. WERKSTOFFE IM HAUSHALT

7.1. Keramik

Unter Keramik versteht man alle Gegenstände, die aus tonmineralhaltigen Rohstoffen erzeugt und gebrannt werden. Sie teilen sich in Grobkeramik und Feinkeramik.

Grobkeramik

Zur Grobkeramik gehören Ziegel, Tonrohre, Klinker, Schamotteziegel usw. Soweit Grobkeramik als Bodenbelag verwendet wird, ist dies im Kapitel Fußböden (Seite 208 f.) abgehandelt.

Feinkeramik

Zur Feinkeramik gehören Irdenwaren, Steingut, Steinzeug, Porzellan. Porzellan ist das edelste Erzeugnis der Feinkeramik, es kann von den übrigen Arten unterschieden werden durch seine Lichtdurchlässigkeit. Außerdem darf es keine Fehler haben, ein Stück muß wie das andere geformt sein. Unebenheiten, rauhe Stellen oder Verformungen werden als 2. Wahl angeboten.

GLASUREN

Die meisten feinkeramischen Waren sind glasiert, um ihre Haltbarkeit zu verbessern und die Gebrauchstauglichkeit zu erhöhen. Nach dem Brand werden die Scherben oder Stücke glasiert. Man unterscheidet Unter-, In- und Aufglasur. Die jeweilige Glasur bedingt die Pflegeeigenschaft.

Unterglasur
Bei dieser Glasur liegt das Dekor, also die Malerei, unter der Glasur. Mit Unterglasur wird nicht nur das Dekor aufgetragen, sondern bei Porzellan auch der Hersteller (auf der Unterseite).

Inglasur
Das Dekor wird auf das fertige weißglasierte Material aufgetragen. Das Stück wird nochmals gebrannt, dabei sinkt die Farbe in die Glasur ein und verbindet sich damit.

Tonkeramische Werkstoffe

Grob		Fein	
Porös	Dicht	Porös	Dicht
Mauerziegel	Klinker	Irdengut	Steinzeug
Tonrohre	Spaltplatten	Steingut	Bodenfliesen
			Porzellan

Feinkeramikarten

Art	Besonderheiten	Verwendung
Töpferware, Irdenware, Hafnerware	Meist braun, Scherben porös, kleine Schönheitsfehler gehören zum typischen Erscheinungsbild	Blumentöpfe, »Römertopf«, Vasen, Schalen »hochgebrannte« Irdenware ist dauerhaft dicht; »niedriggebrannte« nimmt Wasser auf und ist daher auch nicht frostbeständig.
Majolika	Feiner als Töpferware, deckende Glasuren mit kräftigen Farbmustern	Ziergeschirr
Fayence	Scherben wird mit weißer Glasur versehen, darauf Malereien, die in der Glasur liegen	Ziergeschirr
Delfter Ware	Typisch sind die Handmalereien in Kobaltblau	Ziergeschirr
Steingut	Poröser Scherben, dicker als Porzellan und nicht durchscheinend	Tischgeschirr, Küchengeschirr, Ziergeschirr, Wandkacheln, Fliesen, sanitäre Einrichtungen
Steinzeug, Feinsteinzeug	Klang wie Porzellan, der weißlich-licht-durchlässige Scherben ist dicht gebrannt, auch ohne Glasur wasserundurchlässig	Schüsseln, Krüge, Maßkrüge, Geschirr, Vasen, Einmachtöpfe. Steinzeuggeschirr nicht auf die heiße Kochplatte stellen; es verträgt auch keine Temperatursprünge (z. B. Gargut im heißen Topf nicht mit kalter Flüssigkeit aufgießen).
Porzellan	Lichtdurchscheinend, sehr dicht	Geschirr, Ziergegenstände

Praktischer Hinweis:

■ *Geschirre mit Unter- und Inglasur sind in der Qualität gleichwertig. Sie sind spülmaschinenfest und halten chemischen und mechanischen Angriffen stand, z. B. Schneiden, Säuren, Laugen.*

Aufglasur

Nach dem Glasieren und dem Brennen der Glasur wird das Dekor aufgetragen und einem Schmelzbrand unterzogen; dieser ist jedoch nicht so heiß wie bei In- oder Unterglasur. Die Muster liegen auf der Oberfläche und sind als Unebenheiten zu spüren.

Praktischer Hinweis:

■ *Geschirr mit Aufglasur ist nicht spülmaschinenfest und hält auch anderen mechanischen Beanspruchungen nicht stand, z. B. Schneiden, Kratzen.*

Blei in der Glasur?

Wer Keramik außerhalb der EU einkauft, sollte daran denken, daß dieses Geschirr an die darin zubereiteten Lebensmittel Blei abgeben kann, das aus Glasur oder Farbe stammt. Blei wird in vielen Glasuren verwendet. Wichtig ist, daß die Glasur völlig dicht ist und Blei nicht durchdringen kann. Es gibt eine Vorschrift, wonach Keramikgeschirr gekennzeichnet sein muß mit dem Hinweis »Für Lebensmittel« oder einem Hinweis auf die Verwendung, z. B. Trinkbecher. Auch bestimmte Symbole, z. B. stilisiertes Glas oder Gabel, sind erlaubt. Diese Vorschrift gilt für alle Länder der Europäischen Union.

Hitzebeständigkeit

Keramikware kann auf die Herdplatte gestellt werden, wenn sie langsam erwärmt wird. Empfindlich ist das Material nur gegen hohe Temperaturunterschiede. Töpferware sollte nicht auf eine offene Flamme (Gas) gestellt werden, durch die ungleichmäßige Erwärmung können Spannungen auftreten, die zum Bruch führen.

Praktische Hinweise für den Kauf von Feinkeramik:

■ *Das Geschirr soll von der Form her nicht zu auffällig sein, modische Formen sind kurzlebig.*
■ *Auffällige Verzierungen sind häufig ebenfalls der Mode unterworfen, außerdem sollten dann nur einfarbige Tischdecken verwendet werden, damit die Tafel nicht zu unruhig wirkt.*
■ *Henkel und Griffe müssen gut greifbar sein, Kannendeckel sollen beim Eingießen nicht herausfallen.*
■ *Geschirr sollte gut stapelbar sein, so braucht es weniger Platz und kann schneller transportiert werden.*
■ *In Haushalten mit einer Spülmaschine sollte spülmaschinenfestes Geschirr gekauft werden, fehlt eine entsprechende Kennzeichnung, Dekor prüfen, Unebenheiten deuten auf Aufglasur hin. Je härter das Material, desto besser ist seine Eignung für die Spülmaschine. Am härtesten ist Porzellan, dann nimmt die Härte von Steinzeug über Steingut bis zu Tonware immer mehr ab.*
■ *Nicht günstig für die Spülmaschine ist Geschirr mit gewölbtem Boden, in der Spülmaschine sammelt sich darin Wasser.*

7.2. Holz

Holz ist ein sehr beliebter Werkstoff, vor allem für die Innenausstattung der Räume. Holz ist einfach zu bearbeiten, hat gute Wärme- und Schalldämmung, ist elastisch, sehr haltbar und in Maserung und Farbe sehr vielseitig.

Holz kann Feuchtigkeit aufnehmen und wieder abgeben, wirkt also feuchtigkeitsregulierend. Die Farbe von Holz verändert sich im Laufe der Zeit durch Sonneneinstrahlung, es »dunkelt nach«. Eine wesentliche Eigenschaft des Holzes ist seine Lebendigkeit, es »arbeitet«.

Holzarten

Früher wurden vorwiegend einheimische Hölzer für die Herstellung von Möbeln verwendet. Mit zunehmender Industrialisierung wurden auch aus anderen Ländern Hölzer eingeführt, z. B. Mahagoni, Teak, Palisander. In den letzten Jahren geht der Trend wieder mehr in Richtung der einheimischen Gehölzarten, nicht nur weil diese Maserungen und Holzfarben besser in unsere Gegend passen, sondern auch, weil die Gefahr besteht, daß tropische Regenwälder abgeholzt werden und solche Eingriffe das Gleichgewicht der Natur stören.

Verbindliche Standards für umweltverträgliche Forstwirtschaft sind bei Produkten mit dem FSC-Siegel gegeben (siehe Seite 24).

Verarbeitung von Holz

MASSIVHOLZ

Holz wird für Möbel selten unverarbeitet verwendet. Massivholzmöbel sind zwar sehr dauerhaft, aber teuer. Wer Massivholzmöbel kauft, sollte unbedingt auf materialgerechte und solide Verarbeitung achten, denn Vollholz »verzieht« sich bei Temperatur- und Feuchtigkeitsänderungen, wenn nicht nur Kernholz, sondern auch Splintholz verwendet wurde.

FURNIER

Furnier wird hergestellt durch Sägen, Schneiden oder Schälen eines Baumstammes, entsprechend werden Säge-, Messer- und Schälfurnier unterschieden. Die dünnen Furnierblätter werden zu großen Flächen zusammengesetzt und auf einen Untergrund, z. B. Spanplatten, aufgebracht. Je dünner das Furnier, desto leichter kann es mit der Zeit austrocknen und abspringen. Die Dicke des Furniers kann der Laie beim Einkauf leider nicht feststellen.

SPERRHOLZ

Sperrholz besteht aus Holzplatten, die rechtwinklig aufeinandergeleimt werden. Dadurch verhindern sie gegenseitig, daß sich die Platten verziehen.

SPANPLATTEN

Spanplatten werden aus Abfallholz hergestellt, das zerkleinert wird (Späne) und mit Bindemitteln und weiteren Zusätzen (z. B. Pilzschutzmittel, Farbe, Feuerschutzmittel) vermischt und gepreßt wird. Dementsprechend preisgünstig sind daraus hergestellte Möbel. Das Bindemittel, das hierbei verwendet wird, enthält Formaldehyd, einen Stoff, der im Verdacht steht, Krebs zu erregen.

Spanplatten werden vielfältig eingesetzt, vor allem für Türblätter, teilweise werden sie auch mit Kunststoff beschichtet und für Möbel verwendet. Diese beschichteten Spanplatten bieten den Vorteil verschiedenster Farben, außerdem verziehen sich Spanplatten nicht. Leider kann die Qualität der Spanplatten und Beschichtung vom Laien nicht festgestellt werden.

Praktische Hinweise:

- *Wer Möbel aus Spanplatten kauft oder Spanplatten für Eigenbau in Wohnräumen, sollte unbedingt nach der Emissionsklasse fragen. Für den Innenbereich sollten nur Platten der Klasse 1 verwendet werden, Möbel dürfen nur mit Platten der Klasse 1 hergestellt sein. Abzuraten ist vom Kauf von Platten der Emissionsklassen E2 und E3 sowie von Platten, die nicht klassifiziert sind. Wesentlich geringer ist das Gesundheitsrisiko, wenn sich Heimwerker und Bastler für Tischlerplatten (Sperrholzplatten) entscheiden. Vereinzelt gibt es auch Holzwerkstoffplatten, die mit Bindemitteln aus Holzinhaltsstoffen hergestellt sind.*
- *Spanplatten sind nicht so stabil wie Stäbchenplatten oder Massivholz und deshalb für Einlegeböden weniger geeignet. Schrauben für Scharnier usw. sollten genügend lang sein, damit das Material nicht ausbricht.*

HOLZFASERPLATTEN

Diese Platten werden ebenfalls aus Abfallholz hergestellt, das zerkleinert, mit Bindemitteln versehen und unter Druck und Hitze zusammengepreßt wird. Holzfaserplatten gibt es in unterschiedlichen Härten.

Oberflächenbehandlung

Die Oberfläche von Hölzern wird behandelt, um sie farblich zu verändern oder mit einer Schutzschicht zu versehen.

Gebräuchliche einheimische Hölzer für Möbel und Innenausbau

Art	Erkennungsmerkmale	Verwendungszweck	Hinweise
Ahorn	Sehr hell, fest, robust, kaum Struktur erkennbar	Besonders Küchenarbeitsplatten, Tischplatten, Haushaltswaren	Ohne Oberflächenbehandlung Scheuern mit Putzmitteln möglich, hohe Abriebfestigkeit
Birke	Hell, fest, Maserung sehr unterschiedlich von ruhig bis sehr lebendig	Möbel, Vertäfelungen, Sperr-holz, Haushaltswaren, Sport-geräte, Musikinstrumente, Zellstoff	Nach Behandlung oft Ersatz für Nußbaum, Kirsche, Mahagoni
Buche	Hellrot, dicht, gleichmäßig, fest, fein, kaum Struktur	Biegeholzmöbel, Möbel, Boden, Konstruktionen, Haushaltswaren	Nach Behandlung oft Ersatz für Mahagoni
Eiche	Bräunlich, sehr fest, gradfaserig	Türstöcke, Türen, Treppen, Decken, Wandverkleidungen, Boden, Möbel, Sitzmöbel	»Gebeizte Eiche«, »gekalkte Eiche«, »geräucherte Eiche«, Mooreiche
Esche	Weißlich bis gelblich oder rötlich, fest, unregelmäßig, grob, großporig	Möbel, auch stark beanspruchte Möbel, Vertäfelungen, Parkett, Treppen, Konstruktionen, Gestelle, Leitern, Biegeformteile	Esche eignet sich gut zum Beizen, verfärbt sich gelblich, fest, schwindet kaum
Fichte	Weißlich, gelblich, weich, zäh, z. T. ebenmäßig	Tür- und Fensterstöcke, Türen und Fenster, Decken, Wand-verkleidungen, Möbel	Harzhaltig, Oberfläche kann gebürstet oder sandgestrahlt werden
Kiefer (Föhre)	Rötlich bis braunrot, gradfaserig, feinnervig	Tür- und Fensterstöcke, Möbel, Boden-, Wand-verkleidungen, Sitzmöbel	Harzhaltiger als Fichte
Kirschbaum	Rötlich bis rotbraun, gleich-mäßig fein und fest gewachsen	Möbel	Häufig alte Möbel, dunkelt nach
Lärche	Ziegelrot bis dunkelrot zäh, fest, gleichmäßig ausdrucksvoll	Fensterstöcke, Decken-, Wandverkleidung, Boden, Möbel	verfärbt sich warmrötlich, sehr witterungsbeständig
Nußbaum	Graubraun mit dunklen Streifen (bis rotbraun), feinnervig, fest	Türstocke, Türen, Möbel	Alte Möbel, Wurzelmaserung
Palisander	Schokoladenbraun bis rötlich mit schwarzen Streifen, dicht, fest	Wandverkleidung, Möbel	Zarter Rosengeruch
Rüster (Ulme)	Hell- bis dunkelbraun, zäh, fest, meist gleichmäßig	Möbel	Starke Farbveränderungen
Tanne	Rötlichweiß über gelblich-weiß bis fast weiß – etwas fahl, oft mit grauviolettem oder bläulichem Schimmer, deutliche Struktur, grad-faserig, etwas spröde	Möbel, Verkleidungen, Türen, Fenster, Masten, Schindeln, Spanwaren, Fußböden	Wird leicht mit Fichte verwechselt, jedoch weniger astig und weniger Harz, härter als Fichte
Zirbelkiefer	Rötlich bis braunrot, feinnervig	Wandverkleidung, Möbel	Feste, eingewachsene dunkle Äste;

Die Holzstruktur kommt am besten zur Geltung, wenn das Holz nur gehobelt ist. Schleifen trübt die Maserung etwas, glättet aber die Oberfläche. Verschmutzungen können durch vorsichtiges Abreiben mit feinem Schmirgelpapier entfernt werden. Sandstrahlen wird bevorzugt bei Fichte und Tanne angewendet, es unterstreicht die Mase-rung, ähnlich wirkt Bürsten des Holzes. Behand-lung des Holzes mit Beizen oder Bleichen sollte man vermeiden. Es bedeutet eine chemische Behandlung des Holzes, das danach evtl. Wohn-gifte ausgasen kann.

SCHUTZANSTRICHE

Wachs

Das Wachsen von Möbeln muß wohlüberlegt sein, denn gewachste Möbel lassen sich nicht umbehandeln. Zwar erscheint die Oberfläche gewachster Möbel sehr natürlich, der zarte Glanz von Bienenwachs bleibt aber nur bestehen, solange die Oberfläche nicht naß wird. Gewachste Möbel nicht feucht abwischen. Eingedrungener Schmutz läßt sich nur schwer entfernen. Verschmutzte Stellen mit Spülmittellauge abreiben, gut nachtrocknen und polieren, bei Bedarf wieder eine dünne Wachsschicht auftragen. Gewachste Oberflächen werden glatter und damit schmutzabweisender, wenn sie mit einer Polierbürste oder einem Tuch poliert werden.

Lackieren

Lacke aus natürlichen Harzen, z. B. Schellack, werden heutzutage nur noch für alte Möbel verwendet. In der Hauptsache werden Nitro-Zellulose-Lacke verwendet. Säurehärtender Lack hat eine kratz- und schlagfeste Oberfäche, die auch lösungsmittel- und alkoholbeständig ist. Diese Lacke werden zum Versiegeln von Böden und Türen eingesetzt. Polyesterlacke machen die Oberflächen sehr hart, aber schlagempfindlich. Lackierte Flächen sind pflegeleicht, Verschmutzungen bleiben an der Oberfläche und können feucht abgewischt werden.

Weiche Hölzer sollten nicht versiegelt werden, denn der Siegellack kann nicht verhindern, daß Spuren von Stühlen oder Absätzen entstehen.

Mattieren

Mattierte Flächen sind sehr wasserempfindlich, sie dürfen nur trocken abgerieben werden, Flecken und Kratzer mit feiner Stahlwolle abreiben und vorsichtig mattieren, z. B. mit Wachszellulose, Schellack.

Polieren

Beim Polieren wird die Oberfläche des Holzes glatt. Der Überzug ist jedoch elastisch. Polierte Hölzer nur trocken abreiben.

Lasieren

Die Schutzschicht ist sehr dünn, bereits bei kleinen Kratzern ist die Holzfarbe wieder sichtbar. Lasuren platzen nicht ab wie Lacke, sondern verwittern mit der Zeit, müssen auch nicht abgeschliffen werden vor einem neuen Auftrag. Holzschutzlasuren werden üblicherweise für Holzfenster und Balkongeländer verwendet. Die schützende Wirkung ist umstritten.

Praktische Hinweise:

- *Holzschutzmittel enthalten Gifte, in Innenräumen sollte man darauf verzichten.*
- *Verzichten Sie auf größere Holzflächen in Naßräumen; sie müssen meist behandelt werden, damit sich kein Schimmel ansetzt.*

- *Möbel, Holzdecken und Wandverkleidungen dürfen nicht mit Holzschutzmitteln behandelt werden. Das ist auch nicht notwendig.*
- *Sämtliche Mittel, die Sie zum Behandeln (z. B. Lasieren, Einlassen) von Holz verwenden, sollten wasserlöslich sein und keine »Biozide« enthalten; auf das RAL-Gütezeichen achten.*
- *Viele Mittel enthalten die Aufschrift »Frei von Lindan« oder »Frei von PCP«. Denken Sie daran, daß auch andere Schadstoffe enthalten sein können.*

KRANK DURCH HOLZSCHUTZMITTEL?

Wirkstoffe, die das Holz schützen sollen, sind schwer abbaubar und können sich in der Raumluft anreichern. Allen voran ist hier der Wirkstoff Pentachlorphenol (PCP) eingesetzt, er schützt vor Schimmelbildung. Es sind Fälle bekannt, wo Menschen, die über längere Zeit in behandelten Häusern oder Wohnungen gelebt haben, schwerkrank geworden sind. Bestimmte Symptome können auf Schädigung durch Holzschutzmittel hinweisen: Kopfschmerzen, Mattigkeit, Übelkeit, Erbrechen, Bindehautreizungen, Schweißausbrüche, Ekzeme, Durchfall, Leberstörungen, Schlafstörungen, Konzentrationsstörungen.

Wer sich über Schäden, die durch Holzschutzmittel entstehen können, genauer informieren möchte, kann sich an die Interessensgemeinschaft der Holzschutzmittel-Geschädigten e.V., Im heiteren Tal 19, 57250 Nepten, www.ihg-ev.de, wenden.

Als Ersatz für das hochgiftige PCP wird neuerdings vielfach Permethrin für den Holzschutz verwendet. Ob dieser Stoff, der dem natürlichen Insektengift von Chrysanthemen nachempfunden ist, tatsächlich nicht gesundheitsschädlich ist, ist noch nicht genau bekannt. Wer sich über Holzschutzmittel genauer informieren will, bekommt Auskunft bei der Bundesforschungsanstalt für Forst- und Holzwirtschaft, Institut für Holzbiologie und Holzschutz, Leuschnerstraße 91, 21031 Hamburg.

7.3. Metalle

Eisen

Eisen wird im Haushalt als Weiß- und Schwarzblech, Gußeisen und verzinktes Eisen verwendet.

Weißblech

Weißblech ist dünnes, verzinntes Eisenblech. Es wird hauptsächlich für Kuchenformen und -bleche eingesetzt, auch Puddingformen und Konservendosen. Gegenstände aus Weißblech sind leicht. Stellen, an denen sich das Zinn gelöst hat, rosten leicht. Weißblech ist preisgünstig, für Backformen nur bei Gasbacköfen zu empfehlen

Schwarzblech

Schwarzblech ist dünnes, lackiertes Eisenblech. Es wird fast ausschließlich zur Herstellung von Kuchenformen und -blechen verwendet und bringt im Vergleich zu Weißblech viel bessere Backergebnisse. Schwarzblech sollte vorsichtig gereinigt werden, um den dünnen Schutzfilm nicht zu zerstören. Angebrannte Speisen lösen sich leicht, wenn sie einige Zeit eingeweicht werden.

Verzinktes Eisen

Verzinktes Eisen wird im Haushalt wegen des hohen Gewichtes kaum noch verwendet. Erkennbar ist verzinktes Eisen am typischen »Eisblumenmuster«.

Gußeisen

Gußeisen ist gegossenes Eisen, es wird verwendet für Töpfe und Pfannen. Gußeisen ist schwer, hat aber den Vorteil, daß es die Hitze gleichmäßig aufnimmt und lange hält. Gußeiserne Töpfe sind verhältnismäßig teuer.

Stahl

Stahl ist legiertes Eisen oder reines Eisen, das sich schmieden und walzen läßt. Es ist widerstandsfähiger gegen Stoß und Druck und elastischer als Eisen, jedoch rostanfällig.

Emaillierter Stahl

Emaille ist eine glasharte Schutzschicht, die auf Stahlblech aufgebrannt wird. Emaille hat eine sehr glatte Oberfläche und läßt sich leicht reinigen. Emaille ist jedoch nicht widerstandsfähig gegen Stoß, sie blättert ab, die freigelegte Stelle kann rosten. Geschirr mit abgeplatztem Emaille sollte nicht mehr zum Kochen verwendet werden. Die dunklen Emaillefarben schwarz und dunkelblau sind haltbarer als die hellen. Kochgeschirr aus emailliertem Stahl ist vergleichsweise günstig, aber nur bei vorsichtiger Handhabung dauerhaft.

Verchromter Stahl

Dieser Stahl wird hauptsächlich für Armaturen verwendet. Die Chromschicht ist verhältnismäßig dünn und wird leicht abgekratzt, an diesen Stellen können die Gegenstände rosten.

Rostfreier Edelstahl

Dieses Material ist aus Stahl und verschiedenen Beimengungen hergestellt, z. B. Chrom, Nickel, Mangan. Es hat den Vorteil, daß die Gegenstände durch und durch aus diesem Material hergestellt

sind, also durch keine Kratzer ein rostender Kern freigelegt werden kann. Edelstahl ist sehr dauerhaft und vielseitig einsetzbar, zudem ist er leicht zu reinigen. Edelstahl besitzt eine schlechte Wärmeleitfähigkeit, Töpfe brauchen daher einen zusätzlichen Unterboden aus wärmeleitfähigem Metall, z. B. Kupfer (Sandwichboden).

Chromstahl ist besonders hart und wird für Messerklingen, Schlagmesser an Küchenmaschinen, Messer an Allesschneidern verwendet. Chrom-Nickel-Stahl wird zur Herstellung von Spülen, zum Auskleiden von Haushaltsgeräten, z. B. Spülmaschine, und für Besteck und Töpfe eingesetzt. Chrom-Mangan-Stahl hat einen schönen Silberglanz und wird für Bestecke und Ziergegenstände verwendet.

Aluminium

Aluminium ist sehr leicht, es wird für Kochgeschirre (Gasherde) und Alufolie verwendet. Die Herstellung von Aluminium ist sehr energieaufwendig, deshalb sollte sparsam damit umgegangen werden. Töpfe aus Aluminium sind leicht, billig und leiten die Wärme gut. Sie werden allerdings mit dem Gebrauch grau und fleckig. Dieser Belag ist zwar nicht gesundheitsgefährdend, aber unansehnlich. Die Vitamin-C-Verluste sind übrigens in Aluminiumgeschirr nicht größer als in anderen Kochtöpfen.

Eloxiertes Aluminium verfärbt sich nicht, die aufgetragene Schutzschicht verlängert die Haltbarkeit; angewendet wird dies bevorzugt bei Dampfdrucktöpfen, um ihr Gewicht niedrig zu halten.

Kupfer

Im Haushalt kommt Kupfer meist als Ziergegenstand vor, in letzter Zeit sind Pfannen aus Kupfer wieder in Mode gekommen, sie sind innen verzinnt. Kupfer hat eine sehr gute Wärmeleitfähigkeit, daraus hergestelltes Kochgeschirr ist jedoch sehr teuer und pflegeaufwendig.

Zinn

Zinn wird ebenfalls fast nur für Ziergegenstände verwendet, eigentlich zu Unrecht, denn Zinn lebt durch häufigen Gebrauch erst. Gegenstände, die das Gütezeichen für Zinngeräte tragen, können als Servier- und Eßgeschirr verwendet werden. Zinn kann in der Spülmaschine gereinigt werden.

Edelmetalle

Edelmetalle sind korrosionsbeständig. Aus Gold wird in erster Linie Schmuck hergestellt. Meist wird Gold legiert. Der Goldgehalt wird in Tausendstel der Legierung oder Karat angegeben.

1000 Teile Feingold	= 24 Karat
750 Teile Feingold	= 18 Karat
585 Teile Feingold	= 14 Karat
333 Teile Feingold	= 8 Karat

Dubleegold ist eine dünne Goldschicht auf einem Silber- oder Kupferkern, es ist entsprechend billiger. Silber wird nicht nur für Schmuck, sondern auch für Bestecke verwendet. Es gibt echt silbernes und versilbertes Besteck (siehe S. 254).

7.4. Kunststoffe

Kunststoff ist eine Sammelbezeichnung für Materialien, die in aufwendigen Verfahren aus natürlichen Stoffen, z. B. Zellulose, Stärke, Kohle, Erdöl oder Kalk, hergestellt werden. Da Kunststoffe in einem bestimmten Herstellungsstadium verformbar (plastisch) sind, werden sie auch als Plaste, umgangssprachlich Plastik, bezeichnet.

EIGENSCHAFTEN

❑ Geringes Gewicht.
❑ Preisgünstig.
❑ Sehr fest bzw. elastisch.
❑ In verschiedenen Farben herstellbar.
❑ Isolieren gut gegen Wärme, Kälte, Elektrizität.
❑ Geruchs- und geschmacksfrei.
❑ Rauhen bei starker mechanischer Bearbeitung schnell auf und verschmutzen dann schnell; deshalb Geschirr aus Kunststoff nicht mit kratzenden Bürsten oder Schwämmen bearbeiten.
❑ Nehmen intensive Gerüche an, z. B. Zwiebel, Knoblauch.
❑ Schmelzen bei hohen Temperaturen.
❑ Belasten die Umwelt, weil bei der Herstellung viel Energie verbraucht wird und Kunststoff im Müll nicht abbaubar ist. Sparsamer Umgang damit sollte daher selbstverständlich sein.

Praktischer Hinweis für den Einkauf:

▪ *Beim Einkauf von Kunststoff fällt die Wahl oft schwer, weil die Qualität nicht sofort sichtbar ist. Gut beraten ist, wer Gegenstände kauft, die als »lebensmittelecht« ausgezeichnet sind. Damit ist gewährleistet, daß die Artikel den gesetzlichen Vorgaben (LMBG) entsprechen. Das Zeichen »Für Lebensmittel« weist darauf hin, daß der entsprechende Artikel zur Aufbewahrung von Lebensmitteln geeignet ist. Bei guten Markenartikeln findet sich darüber hinaus der Hinweis »Spülmaschinenfest«.*

Zeichen für Haushaltsgegenstände aus Kunststoff

7.5. Leder und Felle (Rauchwaren)

Leder wird hergestellt aus gegerbter Tierhaut. Dicke Häute werden z. T. gespalten; die obere Schicht ergibt das Volleder, die unteren Schichten werden als Spaltleder bezeichnet, sie sind weniger hochwertig.

LEDERFARBEN

❑ Bei der Anilinfärbung wird das Leder durch und durch gefärbt, die Anilinfarben sind durchscheinend und verdecken die natürliche Struktur des Leders nicht, die Farbe kann nicht abgescheuert werden.
❑ Eine weitere Möglichkeit ist das Spritzen mit Pigmentfarben. Hierbei wird das Leder mit einer deckenden und schützenden Farbschicht versehen, wodurch ein gleichmäßiges Aussehen erzielt wird.
❑ Die dritte Art ist die Semi-Anilin-Färbung, die eine Kombination aus Anilin-und Spritzfärbung ist. Diese Färbung ist unempfindlich.

LEDERARTEN

❑ *Nappa- oder Narbenleder:* Es wird die Haarseite der Tierhaut verwendet, das Leder ist weich und glatt.
❑ *Veloursleder:* Die Rückenseite des Leders wird geschliffen und erhält eine samtige bis rauhe Oberfläche. Wildleder gehört zum Veloursleder.
❑ *Nubukleder:* Die Haarseite der Tierhaut wird aufgerauht und geschliffen, es ist empfindlicher als Veloursleder.

Verwendung von Leder

Leder wird für Schuhe, Taschen, Koffer, Handschuhe, Möbel und Bekleidung verwendet. Für Schuhe ist Leder ein unübertroffen gutes Material. Es nimmt Feuchtigkeit auf und reguliert die Temperatur im Schuh, es schützt gegen Feuchtigkeit und Kälte. Um diese positiven Eigenschaften zu

Gütezeichen für Leder

entfalten, ist es jedoch wichtig, daß nicht nur das Obermaterial des Schuhes Leder ist, sondern daß der Schuh auch mit Leder gefüttert ist.

Lederkoffer sind teuer und weniger strapazierfähig als Kunststofftaschen.

Oberbekleidung aus feinem, dünnem Leder ist sehr empfindlich. Enttäuscht sind viele Besitzer, wenn sie ihr »gutes Stück« aus der chemischen Reinigung abholen, dort verzieht es sich nicht selten und wird kleiner. Unverwüstlich und strapazierfähig sind dagegen Stücke aus festem Leder, z. B. Lederhosen, Arbeitsschuhe.

Wer sich mit Ledermöbeln einrichten will, sollte unbedingt auf gute Qualität achten, denn nur gute Ware behält lange ihr schönes Aussehen. Gut beraten ist man im Fachgeschäft.

Lederimitationen

Lederimitate bestehen aus einem Gewebe mit Kunststoffbeschichtung. Den Gestaltungsmöglichkeiten, der Optik und dem Griff sind dabei keine Grenzen gesetzt, und dem Laien fällt es daher oft schwer, das Naturprodukt Leder von Lederimitaten zu unterscheiden. Eine Hilfestellung bietet das Textilkennzeichnungsgesetz, denn diesem unterliegen auch Lederimitate. Sie sind unter verschiedenen Namen im Handel, z. B. Alcantara, Skin Royal. Wenn sie aus mindestens 80 % textilem Material bestehen, müssen sie entsprechend gekennzeichnet sein.

Hochwertige Lederimitate zeichnen sich durch einen hohen Tragekomfort aus, sie sind leichter zu pflegen als Leder, meist sind sie sogar waschbar. Die Wäsche erfolgt mit der Hand oder im Schonwaschgang mit einem Feinwaschmittel ohne optischen Aufheller (Pflegehinweise beachten). Gedämpft oder gebügelt wird von der linken Seite, um Glanz- und Druckstellen zu vermeiden.

Praktische Hinweise:

- *Vorsicht: Lederimitate sind hitzeempfindlich, bei zu heißer Bügeleiseneinstellung oder Funkenflug von Zigaretten kann das Material schmelzen.*

- *Schwierig zu entfernen sind Flecken. Fleckentferner dürfen nicht verwendet werden. Chemische Reinigung bringt meist bessere Ergebnisse als bei echten Lederwaren, die mit Maß- und Formveränderungen reagieren können.*

Felle (Rauchwaren)

Die Haltbarkeit von Fellen hängt von der Güte der Felle, der Verarbeitung und der Benutzung ab. Wer einen Pelz kaufen will, ist am besten beraten im Fachgeschäft. Für die Aufbewahrung gilt, daß Felle genügend Platz brauchen, sie dürfen also nicht im Kleiderschrank eingeengt sein. Günstig ist eine Hülle aus dünnem Baumwollstoff, Kunststoffolien sind ungeeignet. Den Sommer »überlebt« der Pelz am besten beim Kürschner. Pelze nicht in einen Koffer packen, sondern am Kleiderbügel hängend transportieren. Naß gewordene Pelze ausschütteln und luftig zum Trocknen aufhängen.

7.6. Glas

Eigenschaften

Glas hat eine glatte Oberfläche, die jedoch verkratzt werden kann. Es ist säuren- und laugenbeständig, aber empfindlich gegen Temperaturwechsel. Feuerfestes Glas verträgt zwar hohe Temperaturen, springt aber leicht, wenn die Temperatur schnell gesenkt wird, z. B. durch Aufgießen mit kaltem Wasser.

Praktische Hinweise für den Einkauf:

- *Einfache Trinkgläser müssen nicht von bester, teuerster Qualität sein. Gläser für den täglichen Gebrauch können auch aus preiswertem Preßglas hergestellt sein, das außerdem spülmaschinengeeignet ist im Gegensatz zu den meisten Bleikristallgläsern.*
- *Sehr dünne Stiele und bis zum Rand geschliffene Gläser zerbrechen leicht.*
- *Einfache, klare Formen passen zu vielen Geschirrarten.*
- *Vor dem Kauf von Gläsern die Gebrauchstauglichkeit beachten, z. B. ob der obere Rand nicht zu eng ist, um bequem daraus zu trinken, Standfestigkeit prüfen.*

8. TISCHKULTUR

8.1. Besteck

Material

EDELSTAHL

Edelstahlbestecke sind beständig gegen Korrosion, sie werden durch die üblichen Speisesäuren nicht angegriffen und sind für den täglichen Gebrauch ideal. Bei Besteck aus Chromstahl besteht die Gefahr, daß es Rost ansetzt. Edelstahlbesteck ist preisgünstig und in vielen modischen und klassischen Formen erhältlich.

Heftbestecke haben eine Klinge aus Edelstahl oder Chromstahl und einen Griff aus Holz, Kunststoff oder Keramik. Beim Kauf ist auf solide Verarbeitung zu achten. Die Klinge bzw. Löffel und Gabel müssen fest im Griff sitzen, die Ränder dürfen nicht scharf sein, polierte Oberflächen müssen gleichmäßig glänzen. Besteck mit Holzgriff hat den Nachteil, daß es meist nicht in der Spülmaschine gespült werden kann. Auf entsprechende Kennzeichnung achten.

SILBERBESTECK

100prozentiges Feinsilber gibt es bei Gebrauchsgegenständen wie Besteck nicht, es wäre zu weich und würde sich rasch abnutzen. Deshalb werden Legierungen aus Kupfer und Silber verwendet, Gegenstände daraus werden als »echtsilbern« bezeichnet. Der Anteil des chemisch reinen Silbers bei der Legierung wird Feingehalt genannt. Die gebräuchlichste Mischung ist 800er Silber, es besteht aus 800 Teilen Silber und 200 Teilen Kupfer, manchmal ist auch Besteck mit 835 oder 925 Teilen Silber zu sehen. Erkennbar ist »echtsilbernes« Besteck am Stempel 800.

Versilbertes Besteck ist wesentlich billiger als echtsilbernes. Das Grundmaterial ist Alpaka, eine

Zeitloses Besteck

Legierung aus Kupfer, Nickel und Zink, auch Neusilber genannt. Manchmal besteht die Unterlage auch aus Edelstahl. Das fertige Besteck wird mit einer dünnen Feinsilberschicht überzogen. Die eingeschlagene Zahl 90 bedeutet, daß für 12 Gabeln und 12 Löffel 90 g Feinsilber aufgelegt wurden. Der Stempel 150 gibt an, daß für die gleiche Menge Besteck 150 g Silber aufgetragen wurden. Erst ab einer Auflage von 150 g und mehr darf von Massiv-Versilberung gesprochen werden.

Echtsilbernes und versilbertes Besteck sind rein äußerlich nicht zu unterscheiden, nur durch die Stempel zu erkennen.

GOLD

Besteck mit Goldauflage ist sehr teuer. Meist wird nur ein Dekor aus Gold aufgetragen, z.T. ist das Besteck ganz vergoldet. Das Basismaterial ist dann Chrom-Nickel-Stahl oder Echtsilber.

Aussehen und Menge

Bestecke gibt es in sehr unterschiedlichen Mustern. Zu den klassischen Mustern für edle Bestecke gehören die Spaten, Chippendale, Augsburger Faden. Sie lassen sich gut mit modern gestaltetem wie klassisch geformtem Geschirr kombinieren. Für welches Muster man sich entscheidet, ist Geschmackssache; auf jeden Fall sollte man sich bemühen, Geschirr und Besteck in der Form aufeinander abzustimmen, z.B. zu »rustikalem« Geschirr einfache Muster oder Besteck mit Holzgriff. Zu zartem Porzellan dagegen passen Heftbestecke weniger gut.

Welches Besteck wofür?

Von den einzelnen Besteckserien werden meist sehr viele Besteckteile angeboten. Vor dem Kauf genau überlegen, was benötigt wird. Eine umfangreichere Grundausstattung mit genügend Gabeln, Messern und Löffeln bringt mehr Nutzen als beispielsweise spezielle Eislöffel, Obstmesser, Obstgabeln oder Hummergabeln. Bei der Auswahl der Besteckteile die Essensgewohnheiten der Familie bedenken.

Wieviel Besteck?

Die Anzahl der benötigten Bestecke wird oft unterschätzt. Die Zahl der Haushaltsmitglieder muß ebenso berücksichtigt werden wie die Gewohnheit, Gäste zu bewirten. Wer eine Spülmaschine hat, braucht ebenfalls mehr Besteck. Schon ein 4-Personen-Haushalt kann mit einem 24teiligen Besteck (je 6 Gabeln, Löffel, Messer, Dessertlöffel) kaum auskommen. Wird ein Geschirrspüler verwendet, ist für 3 Mahlzeiten am Tag bereits das

Besteck für 12 Personen notwendig. Gespart werden darf auch nicht am Vorlegebesteck (Salatbesteck, Fleischgabeln, Beilagenlöffel, Soßenschöpfer, Suppenschöpfer).

8.2. Gläser

Noch mehr als beim Besteck werden bei Gläsern täglicher Gebrauch und besondere Anlässe unterschieden. Für den täglichen Gebrauch, vor allem in Haushalten mit Kindern, eignen sich schlichte Preßgläser sehr gut. Sie sind preisgünstig, unempfindlich und lassen sich gut in der Spülmaschine reinigen. Gläser mit Dekor kosten meist mehr und sind nicht spülmaschinenfest, das Muster löst sich mit der Zeit ab.

Für besondere Anlässe sind meist mundgeblasene Gläser vorhanden, mit oder ohne Schliff. Mundgeblasene Gläser sind empfindlicher als Preßglas, in der Spülmaschine zerbrechen sie leicht, wenn sie aneinanderschlagen.

Gläser gibt es in sehr vielen verschiedenen Mustern. Einfache, schlichte Formen passen zu den meisten Geschirren und Bestecken. Aufwendig geschliffene Gläser sind meist teurer und empfindlicher. Zu achten ist auf gute Standfestigkeit, der Stiel von Weingläsern sollte nicht zu dünn sein, er bricht sonst sehr leicht ab. Gute Weingläser verjüngen sich oben, damit die Blume des Weines sich entwickeln kann.

Die Anzahl an Gläsern, die benötigt wird, hängt wiederum von der Zahl der Haushaltsmitglieder ab und der Gewohnheit, Gäste zu bewirten. Beim Kauf von »guten« Gläsern Markenware bevorzugen, sie kann viele Jahre nachgekauft werden.

Ideal geformtes Weinglas

Arten von Gläsern

Wie beim Besteck gibt es auch bei Gläsern für verschiedene Getränke verschiedene Gläser. Erfahrungsgemäß wird nicht die gesamte Band-

Formschöne Gläser

breite benötigt, sondern nur Weißwein- und Rotweingläser, Saft- oder Wassergläser, Sektgläser, Stamper, evtl. Likörgläser.

8.3. Geschirr

Wie bei Gläsern und Besteck gibt es auch bei Geschirr sehr viele unterschiedliche Muster. Welches gewählt wird, ist Geschmackssache. Weißes Geschirr hat den Vorteil, daß es sehr vielfältig gedeckt werden kann, mit farbigen und gemusterten Servietten und Tischdecken, Kerzen, buntem Blumenschmuck. Es ist neutraler als farbig gemustertes Geschirr. Goldrandgeschirr wirkt sehr vornehm, hat aber den Nachteil, daß es nicht für die Mikrowelle geeignet ist.

Bei der Menge des Geschirrs die Zahl der Haushaltsmitglieder berücksichtigen, ebenso, ob oft Gäste bewirtet werden. Das sogenannte »gute« Geschirr, das bei besonderen Anlässen genommen wird, schaffen sich junge Haushalte meist nicht mehr an. Zum einen ist es eine Geldfrage, zum anderen sinnvoller, mit einem Geschirr wirklich ausreichend ausgestattet zu sein – auch wenn Gäste kommen. Der festliche Rahmen kann durch entsprechende Tischdekoration geschaffen werden.

Geschirrteile

Von den einzelnen Services gibt es viele Geschirrteile. Bevor man sich zum Kauf von Unnötigem verleiten läßt, überlegen, ob diese Ausgabe nicht sinnvoller angelegt werden kann. Ein Teeservice muß meist nicht in so großem Umfang vorhanden sein wie ein Kaffeegeschirr, auch Mokkatassen müssen erfahrungsgemäß nicht in großer Anzahl vorhanden sein. Außerdem kann es ganz reizvoll sein, Mokkatassen mit einem anderen Dekor zu wählen. Wie bei der Auswahl von Besteck und Gläsern sollte man sich auch hier nach den Essensgewohnheiten der Familie richten.

Praktische Hinweise für den Einkauf:

- *Ein einfaches, zeitloses, stabiles Geschirr kann für Alltags- wie Festtagszwecke gleichermaßen verwendet werden; besser nur ein Geschirr kaufen, davon aber ausreichend viele Teile, z. B. auch an Gästebewirtung denken.*
- *Wer lieber ein »gutes« und ein Alltagsgeschirr hat, kann günstige Restposten gut als Alltagsgeschirr verwenden, dann ist auch der Schaden nicht so groß, wenn ein Teil zerschlagen wird; Bei einer großen Familie nicht zuwenig davon kaufen, damit nicht zu oft »gestückelt« werden muß, d. h. mit anderem Geschirr kombiniert, wenn Geschirrteile zu Bruch gehen.*
- *In Haushalten mit Spülmaschine nur Geschirr mit dem Hinweis »Spülmaschinenfest« oder »Spülmaschinengeeignet« kaufen. Aufglasur ist nicht spülmaschinenfest, man erkennt sie an den erhabenen Stellen.*
- *Falls eine Spülmaschine vorhanden ist, auch beim »guten Geschirr« darauf achten, daß die Böden von Tassen etc. nicht tief gewölbt sind, darin bleibt nämlich das Wasser stehen.*
- *Der Einkauf im Fachgeschäft lohnt sich, trotzdem nach der Nachkaufgarantie fragen.*
- *Passende Schüsseln und Platten in verschiedenen Größen gleich dazukaufen, Sauciere nicht vergessen.*
- *Bei Kaffeegeschirr pro 6 Personen eine Zuckerdose und ein Sahnekännchen einplanen.*
- *Mehr als eine Kaffeekanne wird selten benötigt, denn es kann auch die Kanne der Kaffeemaschine benutzt werden. Gerne benutzt wird ein passendes Stövchen. Günstig sind auch Thermoskannen, weil der Kaffee heiß bleibt. Es gibt sie in gefälligen Formen zu kaufen, Spitzenmodelle mit versilberter oder verchromter Oberfläche sind optisch reizvoll, allerdings sehr teuer und halten die Wärme auch nicht länger als »normale« Thermoskannen.*
- *Geschirr, Besteck und Gläser in Ruhe und nicht unüberlegt kaufen. Prospekte mit nach Hause nehmen und in aller Ruhe durchsehen und die Preise vergleichen.*

8.4. Tisch decken

Den Tisch ordentlich zu decken sollte an jedem Tag selbstverständlich sein – auch wenn kein Besuch erwartet wird. Der Arbeitsaufwand dafür ist gering. Ein schön gedeckter Tisch ist einladender, schafft eine angenehme Atmosphäre und hebt nicht zuletzt die Künste und Mühe der Köchin hervor.
Oft ist das gemeinsame Essen während der Woche die einzige Gelegenheit, mit der ganzen Familie zusammenzusein und zu sprechen; in einer gepflegten Atmosphäre spricht man lieber miteinander.

ALLGEMEINE REGELN

- Eine Moltondecke, die genau in den Maßen der Tischfläche zugeschnitten ist, liegt auf, damit Besteck und Geschirr nicht so laut klappern und die Tischdecke nicht verrutscht. Außerdem wird durch die Auflage die Tischoberfläche vor Hitzeeinwirkung geschützt.
- Passende Tischdecke oder Tischsets auflegen. Manchmal werden auch Tischsets auf die Tischdecke gelegt, um diese zu schonen.
- Der Stoffüberfall der Tischdecke muß gleichmäßig sein, er beträgt etwa 20 cm.
- Tischdecke und Geschirr aufeinander abstimmen, zu »rustikalem« Geschirr paßt eine Leinentischdecke oder gemusterte Baumwolltischdecke, zum »guten Geschirr« wird meist Damast aufgelegt.
- Benötigtes Geschirr auf einem Tablett bereitstellen, damit unnötige Wege vermieden werden.
- Geschirr wird so aufgelegt, daß sich jeweils zwei Personen gegenübersitzen, also nicht versetzt.
- Die Teller werden so eingestellt, daß sie fingerbreit von der Tischkante entfernt sind oder mit der Tischkante abschließen.
- Gläser bzw. Tassen werden rechts oben neben den Teller gestellt, Salatteller stehen links oben neben dem Teller.
- Besteck liegt gerade neben dem Teller, rechts das Messer mit der Klinge zum Teller, außerhalb der Löffel. Die Gabel liegt links vom Teller, Dessertlöffelchen und/oder Dessertgabel liegen oberhalb des Tellers.
- Beim Kaffeegedeck steht die Tasse rechts oben neben dem Teller, mit dem Henkel nach rechts, der Löffel liegt auf dem Untertellers, parallel zum Henkel.

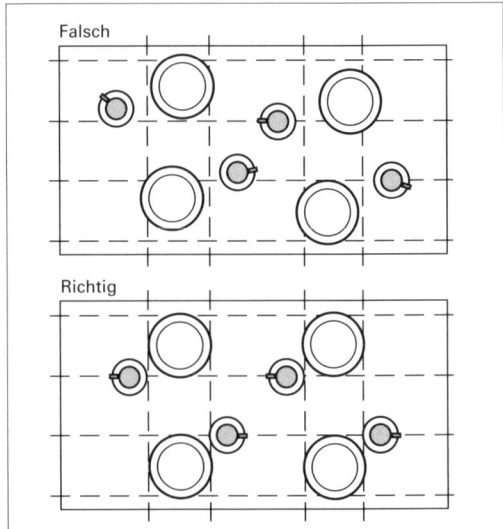

Geschirr richtig eindecken

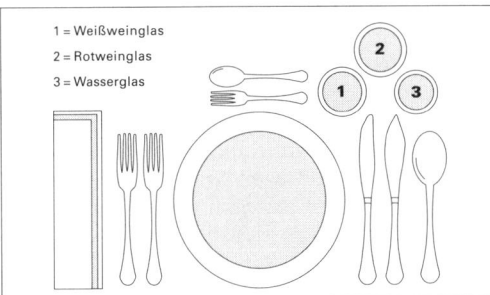

1 = Weißweinglas
2 = Rotweinglas
3 = Wasserglas

Gedeck für ein 4gängiges Menü (Suppe, Fisch, Fleisch, Nachtisch, Weißwein zum Fisch, Rotwein zum Fleisch)

❏ Die Serviette liegt links neben oder auf dem Teller.

❏ Vorlegebesteck liegt am Tischende.

❏ Untersetzer oder Warmhalteplatten bereitstellen, ebenso Zahnstocher, Salz, Pfeffer, Korkenzieher, Flaschenöffner.

FESTTAGSTISCH

Bei festlich gedeckten Tischen ist der Aufwand etwas höher, einige zusätzliche Regeln sind zu beachten:

❏ Die Tischdecke passend zum Geschirr wählen: Bei weißem Geschirr ist die Auswahl groß, bei gemustertem Geschirr die Farbe wiederholen, manchmal paßt auch ein anderer Ton.

❏ Mitteldecken sind quadratisch und werden »übereck« auf den Tisch gelegt, sie sind nicht unbedingt nötig, können aber sehr gut wirken.

❏ Servietten können vielfältig gefaltet und dekorativ aufgestellt werden. Gefaltete Servietten sollten sich mit einem Zug entfalten lassen. Besonders gut lassen sich leicht gestärkte und sorgfältig gebügelte Stoffservietten falten.

❏ Die Teller in gleichmäßigen Abständen und gegenüberliegend decken, pro Gast sollten mindestens 65 cm Platz gerechnet werden. Runde Tische sind etwas platzsparender, weil man sich hier gegenseitig weniger behindert.

❏ Angelaufenes Besteck wird poliert.

❏ Bei einfacher Menüfolge mit Suppe, Hauptgericht und Nachspeise wird das Besteck wie oben beschrieben aufgelegt. Werden mehr Gänge serviert, liegt das Besteck in der Reihenfolge, wie es gebraucht wird, von außen nach innen. Das Besteck, das als erstes gebraucht wird, liegt ganz außen.

❏ Gläser stehen rechts oben neben dem Teller. Das Glas, das zuerst benutzt wird, steht dem Teller am nächsten.

TISCHSCHMUCK

Beim Schmücken der Tafel sind der Phantasie keine Grenzen gesetzt; der Tischschmuck sollte jedoch nicht zu üppig sein.

❏ *Kerzen:* Die Farbe sollte auf das Geschirr abgestimmt sein, ebenso der Halter. Kerzen schaffen eine angenehme Atmosphäre; grelles künstliches Licht direkt am Tisch sollte vermieden werden.

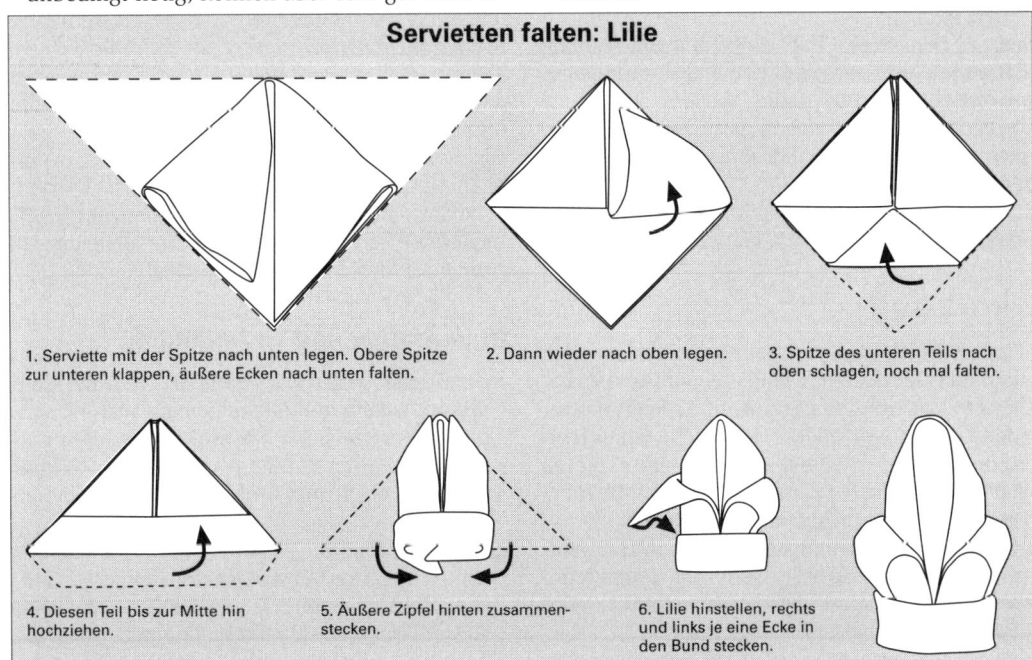

Servietten falten: Lilie

1. Serviette mit der Spitze nach unten legen. Obere Spitze zur unteren klappen, äußere Ecken nach unten falten.

2. Dann wieder nach oben legen.

3. Spitze des unteren Teils nach oben schlagen, noch mal falten.

4. Diesen Teil bis zur Mitte hin hochziehen.

5. Äußere Zipfel hinten zusammenstecken.

6. Lilie hinstellen, rechts und links je eine Ecke in den Bund stecken.

Falten von Serviettentaschen

▫ *Blumen:* Der Blumenschmuck darf nicht zu hoch sein, damit sich Gegenübersitzende ungehindert unterhalten können. Keine stark duftenden Blumen verwenden, trockene Blätter entfernen, passendes Grün dazustecken. Außer Blumen können auch Gräser und Blätter allein oder kombiniert mit Wildfrüchten sehr dekorativ aussehen.

▫ *Sonstiger Tischschmuck:* Tischkarten werden aufgestellt, wenn die Gäste in einer bestimmten Tischordnung sitzen sollen. Sehr schön können auch dezente Tischbänder wirken, je nach Anlaß auch Glitzersand, Sternchen, Luftschlangen etc.

8.5. Servieren

Bei kleineren Einladungen bietet die Hausfrau von ihrem Platz aus die Speisen an, Getränke werden vom Hausherrn eingeschenkt. Die Gläser werden bei Bier und nichtalkoholischen Getränken gefüllt. Bei Wein wird nur knapp halb gefüllt, vor allem bei großen Gläsern. Die Flasche wird nicht am Glas aufgesetzt und mit einer leichten Drehung weggenommen, damit kein Tropfen auf die Tischdecke fällt. Beim Einschenken von Bier wird das Glas vom Tisch genommen und eingeschenkt. Die Getränke werden von rechts eingeschenkt bzw. eingestellt. Beim Eingießen von Getränken im Uhrzeigersinn um den Tisch gehen.

Kaffee und Tee werden von der Hausfrau eingegossen; mit der rechten Hand wird die Untertasse mit der Tasse gehalten, mit der linken Hand eingeschenkt.

Beim Abräumen des Tisches werden erst Kannen, Platten und Schüsseln mit den Speisen weggetragen, anschließend die Teller.

Werden die Teller zwischen den Gängen gewechselt, werden erst die Teller eingedeckt, anschließend die Speisen.

Bei größeren Festlichkeiten wird den Gästen einzeln serviert nach den allgemein gültigen Servierregeln.

SERVIERREGELN

▫ Speisen (Fleisch, Soße, Beilagen, Salat) werden von links angeboten. Die Platte nahe an den Teller des Gastes führen und nicht zu hoch halten, den daneben sitzenden Gast nicht behindern. Entgegen den Uhrzeigersinn vorwärts gehen, beim ranghöchsten Gast mit dem Servieren beginnen (Er sitzt rechts vom Hausherrn).

▫ Schüsseln und Platten auf der flachen Hand tragen, besser mit einer Serviette fest umgreifen.

▫ Von rechts werden gefüllte Suppenteller oder Speiseteller eingestellt.

▫ Von rechts werden nicht mehr benötigtes Geschirr und Besteck abgeräumt.

9. FESTE UND FEIERN

Feste stärken das Familienleben, daran sollte in den Familien öfter gedacht werden – nicht nur von der Hausfrau. Feste zu organisieren ist ein zusätzlicher Arbeitsaufwand, der von allen Familienmitgliedern getragen werden sollte, dann macht auch das Feiern noch mehr Freude. Feste werden in manchen Familien nur mit Gästen gefeiert, warum nicht einmal ein Fest nur mit der Familie?

Es ist nun nicht damit getan, Feste zu feiern, wie sie fallen, ein gelungenes Fest will vorbereitet sein, und auch der Zeitpunkt des Feierns muß passen. In einer arbeitsreichen Zeit wird beispielsweise kaum genügend Ruhe sein, ein Fest zu organisieren. Damit ein Fest auch eines wird und in Erinnerung bleibt, sind ein ganz bestimmter Rahmen und ein bestimmtes Gepräge notwendig. Dann werden so schöne Feste wie Weihnachten und Ostern zur beliebten Familientradition ebenso wie Geburtstage oder andere Freudentage der Familienmitglieder.

Was im einzelnen an Bräuchen, Zeremonien und lukullischen Gepflogenheiten geboten wird, ist letztlich nicht so wichtig. Wichtig ist, daß es sich um nicht alltägliche, feierliche Stunden handelt, an die man später gerne zurückdenkt. Der Sinn eines Festes kann es nicht sein, daß aufgetischt wird, daß sich »die Balken biegen«, und eine abgehetzte Hausfrau am Tisch sitzt.

Die Arbeitsaufteilung sollte nach den Fähigkeiten der einzelnen Familienmitglieder erfolgen: Kleine Kinder übernehmen gerne das Schmücken des Tisches, evtl. angeleitet von älteren Geschwistern oder den Eltern; Teenager können in der Küche mithelfen bzw. Getränke besorgen.

Die Bereitschaft zu feiern wird gestärkt, wenn nicht nur bestimmte Geburtstage gefeiert werden, sondern jedes Familienmitglied bedacht wird. Auch die Älteren und kleine Kinder stehen gerne einmal im Mittelpunkt eines Festes.

Organisation und Vorbereitung

▫ Überlegen Sie bereits einige Wochen vor dem Fest, in welchem Rahmen gefeiert werden soll, z. B. wie viele Gäste Sie einladen wollen und wo sie bewirtet werden. Evtl. müssen Zimmer ausgeräumt, Stühle und Geschirr ausgeliehen werden.

▫ Überlegen Sie genau, was es zu essen geben soll. Ein warmes Festessen mit mehreren Gängen erfordert besonders genaue Planung. Bevor Sie am Festtag ins Schlittern kommen, bitten Sie besser eine gute Bekannte, Ihnen bei der Vorbereitung zu helfen. Wählen Sie Speisenfolgen aus, die Sie bereits einmal zubereitet haben. Das bewahrt vor unliebsamen Überraschungen. Wer kein mehrgängiges Menü servieren will, kann mit einem sorgfältig zusammengestellten kalten Buffet auch »Staat machen«.

◻ In vielen Orten gibt es Organisationen, die hauswirtschaftliche Dienstleistungen anbieten, z.B. auch Partyservice. Bevor Sie den Partyservice beauftragen, informieren Sie sich genau über die Qualität der angebotenen Speisen und machen sie ein »Probeessen«.

◻ Schreiben Sie die benötigten Lebensmittel, Getränke, Dekorationsartikel usw. auf und besorgen Sie haltbare Zutaten möglichst frühzeitig.

◻ Denken Sie daran, daß genügend alkoholfreie Getränke im Haus sind für Kinder, Autofahrer und Gäste, die wenig Alkohol trinken.

◻ Stellen Sie einige Tage vor dem großen Fest einen genauen Zeitplan auf, damit keine Pannen auftreten.

◻ Gläser und Geschirr am Vortag bereitstellen, ebenso Tischdecken, Servietten, Kerzen usw.; Fehlendes kann dann noch ohne Hetze organisiert werden.

◻ Denken Sie daran, einen Tisch und Vasen für mitgebrachte Geschenke und Blumen bereitzustellen. Überlegen Sie auch, wo die Garderobe der Gäste Platz hat.

◻ Halten Sie Filme für Fotos bereit, damit Sie die Stimmung einfangen können. Falls Sie ein Gästebuch haben, legen Sie es bereit.

◻ Musik macht ein Fest erst zum Fest. Falls Sie Live-Musik haben wollen, denken Sie daran, rechtzeitig jemanden zu engagieren.

TAUFE

Die Taufe wird meist im kleineren Rahmen gefeiert, und auf eine besonders festliche Stimmung wird großer Wert gelegt. Decken Sie den Tisch besonders sorgfältig. Pastellfarben (für Kerzen, Servietten, Blumen usw.) passen zu diesem Anlaß sehr gut. Sie müssen sich nicht an die herkömmlichen Farben Rosa und Hellblau halten, auch zartes Grün oder Gelb sieht hübsch und dezent aus.

Praktische Hinweise:

■ *Halten Sie neben den üblichen Getränken auch Sekt bereit – auch wenn sich die Gäste nur zum Kaffeetrinken treffen –, denn sicher trinken sie gerne auf den neuen Erdenbürger.*

■ *Häufig spielt der Täufling bei »seinem« Fest eine Nebenrolle, weil er sich kaum bemerkbar machen kann. Um so mehr wird er sich freuen, wenn er sich in späteren Jahren auf Fotos bewundern*

kann und auch Bilder von der Tauffeier gemacht werden. Vielleicht bitten Sie die Gäste, in das neu angelegte Familienalbum für das Kind einen Wunsch für sein Leben zu schreiben.

GEBURTSTAG

Am Familientisch und bei einer Einladung zum Essen können Sie den Platz für das Geburtstagskind besonder schön decken, z.B. mit einer Blumengirlande, so daß sich der Platz von den anderen abhebt. Der Gefeierte sitzt in der Mitte der Tafel, denn er ist ja auch Mittelpunkt des Festes. Warten Sie mit seiner Lieblingsspeise auf, z.B. mit seinem liebsten Dessert oder Kuchen.

Über eine gelungene Tischrede freuen sich alle Geburtstagskinder und sicher auch die Gäste – vorausgesetzt, sie ist originell und nicht zu langatmig. Aber auch über ein Gedicht – gleichgültig, ob jüngere oder ältere Geburtstagskinder gefeiert werden –, evtl. vorgetragen von einem Kind, freut sich die ganze Gesellschaft. Wenn mehrere Kinder dabei sind, können sie vielleicht ein kleines Ständchen einstudieren, z.B. ein schönes Geburtstagslied oder auch ein einfaches Kinderlied.

Kindergeburtstag

Kindergeburtstage haben ihren Schwerpunkt in der Gestaltung dieses Festes. Man will möglichst allen Kindern mit einer gemeinsam verlebten Feier Freude bereiten.

Praktische Hinweise:

■ *Füttern Sie die kleinen Gäste nicht nur mit Süßigkeiten. Obst, Nüsse oder auch rohe Gemüsestücke mit verschiedenen Soßen sind eine gute Alternative.*

■ *Gestalten Sie Tischkarten für die Kinder, die sie mit nach Hause nehmen können, z.B. Bananenschiffchen, Tiere aus Obst.*

■ *Denken Sie an Spiele für die Kinder, z.B. Sackhüpfen, Flohhüpfen, Brettspiele, Ballspiele. Vielleicht beherrschen Sie kleine Zaubertricks, damit können Sie alle Kinder begeistern. Kinder verkleiden sich gerne, dazu brauchen sie keine vollständigen Kostüme. Alte Bettlaken, Tücher, Decken, Hüte usw. regen die Phantasie der Kinder an und machen mehr Spaß als Fertiges.*

SOMMERFEST

Sommerfeste sind »lockere« Einladungen, mit Schwung und Frohsinn soll gefeiert werden. Damit für das leibliche Wohl die Hausfrau nicht allein sorgen muß, sollte sie sich für die Vorbereitung ruhig trauen, gut bekannte Gäste um Mithilfe zu bitten. Am besten eignet sich dafür die Zubereitung kalter Speisen, z. B. verschiedene Salate, Kuchen und Nachspeisen. Sprechen Sie aber vorher ab, wer was mitbringt, damit es keine Überschneidungen gibt.

Praktische Hinweise:

- *Lampions, Fackeln, Kerzen, bunte Glühbirnen eignen sich gut als Beleuchtung. Damit die Gäste richtig in Schwung kommen, können Sie evtl. eine Tanzbühne aufstellen oder einen Platz auf der Terrasse dafür freihalten.*
- *Jeder Gast freut sich darüber, wenn er von einem Fest etwas mit nach Hause nehmen kann, z. B. eine Bastelei oder ein »Gemälde« eines Kindes. Eine besonders schöne Überraschung wäre ein Los, das jeder beim Kommen ziehen und dann im Laufe des Abends einlösen kann.*
- *Gesellschaftsspiele wie Eierlauf, Sackhüpfen, Hindernislauf mit verbundenen Augen kommen nicht nur bei Kindern an. Noch lustiger wird das Fest, wenn auch die Erwachsenen mitmachen.*

- *Bei Festen im Freien ist genügend Platz für ein Theaterstück. Lustig sind alle Komödienklassiker. Besonders gelungen sind oft frei erfundene Stücke. Dazu braucht man allerdings Phantasie, Zeit zum Einstudieren und schauspielerisches Talent.*

WEIHNACHTEN, OSTERN, PFINGSTEN, ERNTEDANK

Diese Feste werden in den einzelnen Familien und Gegenden unterschiedlich gefeiert. Da gerade in unserer Zeit viele individuelle Feste das ganze Jahr über gefeiert werden, wäre es schön, die traditionellen Feste gemäß den alten Bräuchen zu feiern.

So geht altes Brauchtum nicht völlig verloren, und die Feste sind mit einer besonderen Stimmung verbunden. Falls in Ihrer Familie wenig über alte Traditionen bekannt ist, fragen Sie ältere Menschen danach. Sie freuen sich, wenn nicht alles, was alt ist, über Bord geworfen wird.

Technik im Haushalt

1. WIRTSCHAFTLICHKEIT UND EINKAUF

1.1. Arbeitswirtschaftliche Überlegungen

Der Kauf eines Haushaltsgerätes erfordert Überlegung und sorgfältige Planung, spontane Käufe reuen oft.

Vor dem Kauf eines Haushaltsgerätes sollte immer die Überlegung stehen, ob das Gerät notwendig ist bzw. ob es sinnvoll eingesetzt und ausgelastet werden kann. Die Anschaffung eines noch so preisgünstigen Einkochautomaten hat z. B. nur dann Sinn, wenn im Haushalt Vorratshaltung in größerem Umfang betrieben wird. Bei anderen Geräten wird dagegen nicht zu überlegen sein, ob das Gerät gekauft, sondern welches Gerät mit welcher Ausstattung gewählt wird. Ist beispielsweise ein Elektroherd fällig, muß überlegt werden, ob mit oder ohne Grilleinrichtung, Bratautomatik, Zeitschaltuhr etc.

Mit einem Haushaltsgerät sollen Zeit und Kraft eingespart werden. Welcher Technisierungsgrad angestrebt wird, hängt von verschiedenen Faktoren ab:

- Zahl der Haushaltsmitglieder: Je größer der Haushalt, desto höher muß der Technisierungsgrad sein, um die Hausfrau zu entlasten. Vorausgesetzt wird hierbei jedoch, daß die Hausarbeit überwiegend von der Hausfrau allein durchgeführt wird.
- Arbeitskräfte und Arbeitsteilung: Je weniger Arbeitskräfte zur Verfügung stehen, desto eher können Haushaltsgeräte ausgelastet und sinnvoll sein.
- Einstellung zur Technik: Eine Hausfrau, die der Technik mit Skepsis gegenübersteht und nicht gerne mit Geräten arbeitet, wird diese selten benutzen. Dann ist ein hoher Technisierungsgrad ist wenig sinnvoll.
- Schwierigkeit, Zeitbedarf und Beliebtheit einzelner Arbeiten: Raspeln oder Reiben größerer Mengen Gemüse führt eine Küchenmaschine mit entsprechendem Zubehör erheblich schneller und meist auch besser aus, als dies per Hand geschehen kann.
- Manche Arbeiten können vergeben werden, z. B. Mangeln von Bettwäsche und Tischwäsche. Eine Bügelmaschine kann dadurch evtl. überflüssig sein.
- Für eine Maschine, die angeschafft werden soll, muß auch der richtige Platz zur Verfügung stehen. Geräte, die ungünstig stehen bzw. jedesmal hergeholt werden müssen, werden kaum genutzt.
- Zu prüfen ist auch die technische Seite: Reichen die vorhandenen Strom-, Wasser- und Gasleitungen aus? Falls Zweifel bestehen, den Fachmann fragen.
- Grundlegende ergonomische Kriterien sind auch bei der Wahl von Haushaltsgeräten wichtig, ganz besonders in Haushalten mit Senioren oder Menschen mit eingeschränkten Bewegungsabläufen. Auch wenn es einen gewissen finanziellen und baulichen Aufwand bedeutet, lohnt es sich, Großgeräte wie Backofen, Spülmaschine, Kühlschrank erhöht einzubauen. Das erleichtert die Bedienung und Reinigung und ermöglicht rückenschonende Körperhaltung. Auch auf Details ist zu achten: gut lesbare, kontrastreiche bzw. gut beleuchtete Beschriftung, eindeutige Symbole und Zuordnung der Funktionen, Einhandbedienung, geringer Reinigungsaufwand.

1.2. Finanzielle Überlegungen

Hausgeräte kosten nicht nur in der Anschaffung Geld, sie müssen auch instandgehalten werden und brauchen im Betrieb Energie, Wasser usw. Vor dem Kauf eines Gerätes ist daher zu berechnen, wieviel Geld es den Haushalt kostet (Kostenkalkulation). Natürlich ist auch zu überlegen, ob das Gerät gebraucht wird (siehe arbeitswirtschaftliche Überlegungen), denn Geräte, die ungenutzt herumstehen, sind totes Kapital.

Für eine Berechnung müssen verschiedene Daten ermittelt werden:

- Anschaffungspreis einschließlich Installationskosten, Umbauarbeiten usw.
- Nutzungsdauer in Jahren
- Instandhaltungskosten
- Verbrauchswerte für Strom, Wasser, Waschmittel usw.

Die Kosten für Energie und Hilfsmittel lassen sich kaum beeinflussen, wohl aber die Instandhaltungskosten durch sachgemäßen Gebrauch und richtige Pflege. Es geht ins Geld, wenn bei jedem Gerät die Luxusausführung gewählt wird.

Kostenberechnung für Haushaltsgeräte

Die Gesamtkosten ergeben sich aus den Kapital- und den Betriebskosten. Um einen Haushalt unter wirtschaftlichen Gesichtspunkten zu technisieren, sollte ein Technisierungsplan aufgestellt werden.

Beispiel für die Kosten einer Hausgeräte-Ausstattung

Hausgeräte	Einfachklasse €	Mittelklasse €	Luxusklasse €
Elektroherd	300,-	800,-	4000,-
Mikrowellengerät	40,-	150,-	500,-
Geschirrspüler	250,-	800,-	1700,-
Kühlschrank (120 l, mit Gefrierfach)	300,-	350,-	550,-
Gefrierschrank (190 l)	300,-	650,-	900,-
Handrührgerät	20,-	50,-	80,-
Küchenmaschine	90,-	350,-	600,-
Waschmaschine	350,-	800,-	2500,-
Dampfbügeleisen	20,-	50,-	100,-
Bodenstaubsauger	100,-	250,-	500,-
Kapitalbedarf	**1770,-**	**4250,-**	**11430,-**
Bei weiterer Technisierung zusätzlich:			
Dampfgarer	700,-	1000,-	4000,-
Dampfbügelstation	120,-	200,-	500,-
Kaffeevollautomat	300,-	800,-	2000,-
Nähmaschine	100,-	350,-	1000,-
Abluft-Wäschetrockner	200,-	400,-	700,-
Kleingeräte nach Wahl	300,-	500,-	2000,-
Kapitalbedarf bei überdurchschnittlicher Technisierung	**3490,-**	**7500,-**	**21630,-**

Darin schreibt die Hausfrau auf, in welcher Reihenfolge welche Geräte notwendig bzw. erwünscht sind und welche finanzielle Belastung damit verbunden ist.

KAPITALKOSTEN

Die Kapitalkosten ergeben sich aus dem Anschaffungspreis und der Nutzungsdauer. Daraus können die Abnutzungskosten berechnet werden (Abschreibung):

$$\text{Abschreibung} = \text{Anschaffungspreis} / \text{Nutzungsdauer}$$

Die Abschreibung gibt also an, um wieviel sich der Wert des Gerätes pro Jahr verringert bzw. welche Summe jährlich gespart werden muß, um nach Ablauf der voraussichtlichen Nutzungsdauer ein neues Gerät anschaffen zu können.
Außerdem kommen zu den Kapitalkosten die Zinsen, wenn die Geräte durch ein Darlehen finanziert werden bzw. der Zinsverlust, wenn sie vom Ersparten gekauft werden.
Die Kapitalkosten sind fix, d. h. sie ändern sich während der Nutzungsdauer eines Gerätes nicht. Die Kapitalkosten pro Spülgang der Geschirrspülmaschine beispielsweise sind also um so höher, je seltener die Maschine in Betrieb gesetzt wird.
Beispiel: Bei zweimaligem Spülen pro Tag liegen die Kapitalkosten bei 0,20 € (nur ein Beispielspreis), wird nur einmal täglich gespült sind sie doppelt so hoch: 0,40 €. Wer also meint, sparen zu müssen, indem das Gerät möglichst selten benutzt wird, steigert die Kosten pro Spülgang.

Die Überlegung, ein Gerät zwar zu kaufen, es aber dann nur selten zu benutzen, um zu sparen, ist also unsinnig.

Durchschnittliche Nutzungsdauer und Instandhaltungskosten pro Jahr für verschiedene Haushaltsgeräte

Gerät	Nutzungsdauer in Jahren	Instandhaltungskosten (in % des Anschaffungspreises)
Elektroherd	15	3
Gasherd	15	3
Küchenmaschine	10	4
Kleingeräte	10	4
Kompressorkühlschrank	10	3
Gefriergeräte	10	3
Waschmaschine	10	2
Wäschetrockner	10	2
Waschtrockner	10	5
Bügeleisen	10	2
Bügelmaschine	10	2
Geschirrspülmaschine	10	4
Staubsauger	10	4
Dunstabzugshaube	15	3
Nähmaschine	20	2
Wäscheschleuder	10	5

BETRIEBSKOSTEN

Betriebskosten entstehen, sobald die Maschine in Betrieb genommen wird:

❑ Instandhaltung (2–4 % des Anschaffungspreises, z. B. für Reparaturen)
❑ Betriebsstoffe (z. B. Staubsaugerbeutel)
❑ Energie (z. B. Elektrizität, Öl)
❑ Hilfsstoffe (z. B. Wasser, Waschmittel, Reinigungsmittel)

Die Betriebskosten werden berechnet, indem die Verbrauchswerte (Energie, Hilfsstoffe, Betriebsstoffe) mit dem Preis pro Einheit multipliziert werden. Beispiel: 1 kWh Strom kostet 0,20 €, dann kostet die Energie für einen Spülgang bei einem Verbrauchswert von 1,9 kWh 0,38 €.

Diese Berechnung ist nur ein Beispiel. Sie muß für jeden Fall gesondert berechnet werden, da Anschaffungspreis, Nutzungshäufigkeit, Kosten für Hilfsmittel, Energie etc. schwanken.

Vor dem Kauf eines Gerätes ist auch zu überlegen, wieviel Geld gespart werden kann, wenn die entsprechende Arbeit ohne Technik ausgeführt wird, z. B. Geschirrspülen und Gemüsereiben von Hand, Trocknen auf der Leine.

1.3. Kaufentscheidung

Information

Der erste Schritt für eine richtige Kaufentscheidung ist, gute Informationen einzuholen. Gut heißt in diesem Fall objektiv. Fachzeitschriften und Testzeitschriften bieten ausführliche Informationen. Information bietet natürlich auch der Fachverkäufer. Hier sollte jedoch nicht übersehen werden, daß er verkaufen will und daher nicht in jedem Fall objektiv berät. Nicht wegfallen sollte auch die Information aus den Firmenprospekten. Sie enthalten die genauen Angaben über Verbrauchswerte usw., also Grundlagen für die Kostenkalkulation. Allerdings muß bei den Prospekten zwischen Werbeaussagen und sachlicher Information unterschieden werden.

Wer ein neues Gerät kauft, befragt Bekannte, die schon damit ausgerüstet sind. So kann man zwar grundsätzliche Gebrauchseigenschaften des Gerätes erfahren, die Ratschläge sind jedoch nur selten von einem auf den anderen Haushalt übertragbar. Entscheidend für den Kauf ist es, die Bedürfnisse für den Haushalt genau zu hinterfragen und danach auszuwählen.

Vor dem Kauf ist nochmals genau zu überdenken, welche Extras wirklich notwendig sind. Beim Herd oder Wäschetrockner klaffen die Preise für unterschiedliche Ausstattungen weit auseinander. Entscheidend sollte aber nicht nur der Kaufpreis sein. Die meisten Großgeräte halten viele Jahre, die Verbrauchswerte dürfen daher nicht vernachlässigt werden. Zwar lohnt es sich nicht, alte Geräte in den Müll zu geben, weil sie im Vergleich zu neuen viel mehr Energie und Hilfsmittel brauchen. Bei einer Neuanschaffung sollte aber auf niedrige Verbrauchswerte geachtet werden – nicht nur des Geldbeutels, sondern auch der Umwelt wegen.

Beim Kauf auch die Umweltfreundlichkeit des Gerätes beachten. Geräte, die nicht repariert werden können, weil z. B. das Gehäuse verschweißt ist, sind nicht gerade umweltfreundlich.

Planung

Nach der Information kommt die Überlegung, welches der auf dem Markt angebotenen Geräte für den Haushalt optimal paßt bzw. welche Ausstattungsmerkmale für den Haushalt wichtig sind. Dazu legt man am besten eine Checkliste an, in der alle Ausstattungsmerkmale, die möglich sind, aufgeführt werden. Anschließend kommt die Entscheidung, welche Merkmale das Gerät tatsäch-

Kostenkalkulation für eine Spülmaschine
(60 cm breit, 12 Maßgedecke)*

Allgemeine Kosten

Anschaffungspreis	800,– €
Nutzungsdauer	10 Jahre
Instandhaltung pro Jahr	5 % des Anschaffungspreises
Installation	70,– €
Nutzungsdauer der Installation	20 Jahre
Kapitalbedarf	870,– €

Feste Kosten pro Jahr

Abschreibung Spülmaschine	80,00 €
Instandhaltung	40,00 €
Abschreibung Installation	3,50 €
Feste Kosten gesamt	123,50 €

Veränderliche Kosten

(Normalprogramm, 65 °C)	Verbrauch	Kosten
Wasser (m³)	0,018	0,05 €
Strom (kWh)	1,6	0,32 €
Reiniger (l)	0,02	0,10 €
Klarspüler (l)	0,003	0,02 €
Salz (kg)	0,03	0,01 €
Veränderliche Kosten je Spülgang		0,50 €

Wenn täglich einmal gespült wird, ergeben sich pro Jahr 365 × 0,50 € = 182,50 € veränderliche Kosten.
Ein Spülgang kostet demnach (feste und veränderliche Kosten) 0,84 €.

* Beispielsrechnung, auf geltende Preise und Gebühren umzurechnen

lich haben soll. Wird z.B. ein Schnellwaschprogramm oder die Dampfeinsprühung im Backofen wirklich gebraucht? Am leichtesten läßt sich dies beantworten, wenn die täglichen Arbeiten und Gewohnheiten im Haushalt durchdacht bzw. eine Zeitlang bewußt beobachtet werden.

Außer der Ausstattung ist zu beachten, welche Veränderungen des Haushalts in absehbarer Zeit eintreten werden. Wichtig ist auch die Frage des Kundendienstes. So ist es günstig, nicht mehr als drei oder vier verschiedene Hersteller für die verschiedenen Hausgeräte zu haben.

Kauf

Wo gekauft wird, hängt in erster Linie vom Preis ab. Preisvergleiche lohnen sich bei jedem Gerät, doch sollte man immer auch Kundendienstkosten einkalkulieren. Wer beim Händler im Ort kauft, muß später keine hohen Anfahrtskosten bezahlen. Besonders günstig werden oft Auslaufmodelle angeboten. Ein Kauf ist nur anzuraten, wenn sich die neuen Geräte nur im Äußeren unterscheiden. Sind sie technisch verändert worden, ist meist die Beschaffung von Ersatzteilen bzw. die Reparatur schwierig und teuer.

Wichtiger Hinweis:

- *Vom Kauf an der Haustüre oder bei Kaffeefahrten ist abzuraten. Bei Messen nur dann kaufen, wenn es sich nicht um eine spontane Entscheidung handelt, sondern der Gebrauchswert besonders hoch ist, der Preisvorteil gegeben und die Frage des Kundendienstes geklärt ist. Nachteil bei Messekauf: Es ist kein Vergleich möglich, geschickte Verkäufer begeistern durch sensationelle Vorführungen. Nehmen Sie das Gerät selbst in die Hand, versuchen Sie, es zu bedienen bzw. zu zerlegen, z.B. die Filterbeutel des Staubsaugers zu wechseln. Nur so läßt sich die Handhabung prüfen.*

Kennzeichnung von Geräten

Beim Kauf ist es auch wichtig, Herstellerinformationen auf dem Typenschild oder der Produktinformation richtig lesen zu können.

TYPENSCHILD

Auf dem Typenschild sind angegeben:
- Hersteller
- Type und Gerätenummer (wichtig bei Anforderung von Ersatzteilen oder Kundendienst)
- Spannung: 220 V für Wechselstrom (Zeichen für Wechselstrom)

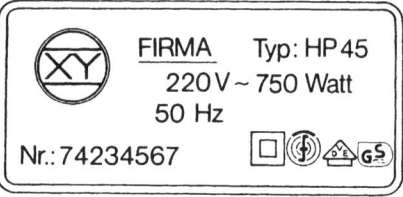

Typenschild

- 380 V für Drehstrom (Zeichen für Drehstrom)
- Frequenz, Hz
- Stromstärke, A, oder
- Anschlußwert (Nennleistung): Diese Zahl gibt an, welche elektrische Leistung das Gerät hat, d.h. wieviel Strom (in kWh) das Gerät pro Stunde Betriebszeit verbraucht. Daraus läßt sich berechnen, wie hoch die Stromleitung abgesichert sein muß bzw. wann ein eigener Stromkreis erforderlich ist. Die meisten Geräte müssen mit 16 Ampere abgesichert sein.

Absicherung = Leistung / Spannung

Da die Spannung auf »normalen« Steckdosen 220 V beträgt, können an einen Stromkreis Geräte mit insgesamt ca. 3 500 W Anschlußwert »gehängt« werden.

Die Kurzbetriebszeit gibt an, wie lange (Minuten) das Gerät ohne Schaden betrieben werden darf, z.B. Handrührgerät KB 10 Minuten.

SCHUTZ- UND PRÜFZEICHEN

Schutz- und Prüfzeichen geben die Sicherheit, daß das Gerät den Bestimmungen des Gerätesicherheitsgesetzes entspricht. Die Prüfungen werden durchgeführt von verschiedenen Stellen, z.B. Verband deutscher Elektrotechniker (VDE), Deutscher Verein des Gas- und Wasserfaches (DVGW). An der linken oberen Seite des GS-Zeichens wird die Prüfstelle angegeben.

Auf folgende Zeichen ist besonders zu achten:
- *Funkentstört*
- *Schutzisolierung:* Geräte mit Kunststoffgehäuse tragen dieses Zeichen. Kunststoffgehäuse leiten den elektrischen Strom nicht, wenn ein Defekt im Gerät auftritt. Diese Geräte dürfen mit einem Euro-Flachstecker an das Stromnetz angeschlossen werden.
- *Schutzleiteranschluß:* Erforderlich bei Geräten mit Metallgehäuse. Er leitet eventuell auftretenden Fehlstrom gefahrlos ab.
- *Feuchtigkeitsschutz:* Tropfwassergeschützt, spritzwassergeschützt, regengeschützt. Dieser Schutz verhindert, daß Feuchtigkeit auf die stromführenden Teile gelangt, was einen Kurzschluß zur Folge haben könnte.

Schutz- und Prüfzeichen

Produktinformation

Ein Aufkleber oder Anhänger, der bisher bei Waschmaschinen, Wäschetrocknern, Mikrowellengeräten, Kühl- und Gefriergeräten, Elektroherden und Geschirrspülern üblich ist. Darauf infor-

Produktinformation

miert der Hersteller über Verbrauchswerte auf einen Blick, so daß ein schneller Vergleich verschiedener Geräte möglich ist. Der Blick auf dieses Schild ist wichtiger als die Beurteilung des Designs des Gerätes, denn es gibt Aufschluß über die Kosten, die das Gerät im Einsatz verursacht.

2. HEIZUNG

Im Durchschnitt gehen etwa drei Viertel und mehr des Gesamtenergieverbrauchs in einem Haushalt auf das Konto Heizung. Entsprechend groß sind hier auch die Einsparmöglichkeiten, sowohl bei der Heiztechnik als auch durch Wärmedämmaßnahmen und Heizgewohnheiten (siehe Seite 421).

Welche Heizungsart bei der Modernisierung oder beim Neubau eines Hauses gewählt wird, hängt vor allem von den jeweiligen örtlichen Verhältnissen ab. Dort, wo zum Beispiel der Anschluß an eine Fernwärmeversorgung möglich ist, sollte das auch genutzt werden. Und wenn die Anschlußmöglichkeit an eine Erdgasleitung besteht, ist das eine Alternative.

Ein wichtiger Punkt bei der Planung einer Heizungsanlage ist neben der Heizungsart die richtige Größe der Anlage. Sie wird aus dem Wärmebedarf des Hauses ermittelt. Bei Neubauten ist eine solche Wärmebedarfsberechnung zwingend vorgeschrieben. Die Wärmedämmfähigkeit der Außenmauern, Fenster, Decken und des Dachs, natürlich die Größe und die Lage des Hauses sowie Klimabedingungen sind für den Wärmebedarf entscheidend. Diesem Wärmebedarf sollten der Wärmeerzeuger und die Heizkörper exakt angepaßt sein. Ganz grob kann man davon ausgehen, daß ältere Häuser ohne besondere wärmedämmtechnische Bauweise in der kältesten Jahreszeit eine Energiezufuhr von etwa 100 W pro Quadratmeter Wohnfläche brauchen, manche auch mehr. Neuere Häuser, bei denen auf wärmedämmende Bauweise schon mehr Wert gelegt wurde, kommen mit etwa 60 bis 80 W pro Quadratmeter aus, bei hochwärmegedämmter Bauweise sind es noch weniger. Bei einem älteren Haus mit 150 m² Wohnfläche muß der Heizkessel demnach bei dieser überschlägigen Rechnung 150 mal 100 W leisten, um es beheizen zu können. Das wären rund 15 kW. Ist der vorhandene Heizkessel viel größer, dann ist er überdimensioniert, und das bedeutet einen zu schlechten Wirkungsgrad.

Bei älteren Zentralheizungsanlagen, die eingebaut wurden, als Brennstoffe noch extrem billig waren, wurden die Heizkessel noch sehr großzügig dimensioniert. Es kann deshalb lohnend sein, ältere Kessel gegen einen neuen, moderneren mit kleinerer Leistung auszutauschen, selbst wenn der alte Kessel noch gut in Schuß ist. Moderne Öl- und Gasheizanlagen bringen es auf Wirkungsgrade von über 90 % und mehr, ältere Heizkessel manchmal nur auf gut 60 %.

Eine Wärmebedarfsberechnung sollte auch beim Umbau eines Hauses oder bei einer Heizungsmodernisierung die Basis sein. Man sollte sie von einem Fachmann (Heizungsbaufirma oder Ingenieurbüro) durchführen lassen.

2.1. Energieträger

Als Energieträger bieten sich die herkömmlichen Brennstoffe Heizöl, Erdgas, Flüssiggas, Kohle und Holz sowie der elektrische Strom an. Ins Blickfeld rücken als Energiequellen in letzter Zeit Sonnen-, Wasser- und Erdwärme sowie speziell in der Landwirtschaft die Abwärme von Ställen und Biogas. Die Auswahl des Energieträgers hängt mit der Verfügbarkeit, den baulichen Voraussetzungen, dem Preis und dem Arbeitsaufwand zusammen. Zum Teil kann das allerdings nur eine Momentaufnahme sein, denn wie sich die Energiepreise in Zukunft entwickeln werden, läßt sich nicht vorhersagen, zumal Deutschland bei der Öl- und Erdgasversorgung auf Einfuhren angewiesen ist. Holz ist dagegen reichlich verfügbar, und Strom ist praktisch ständig vorhanden, aber relativ teuer. Feste Brennstoffe sowie Öl und Flüssiggas erfordern Lagerraum. Bei Fernwärmeanschluß und bei Erdgas sowie bei einer Elektroheizung entfällt er. Wird mit Holz geheizt, muß darauf geachtet werden, daß der Arbeitsaufwand für das Schüren in Grenzen gehalten wird. Wer bei der Auswahl des Brennstoffs auch den Aspekt Umweltschutz beachten will, wird sich zum Beispiel für Erdöl nur schwer entscheiden können. Bei den sogenannten Alternativenergien kommt für die Hausbeheizung in erster Linie die Wärmerückgewinnungstechnik in Frage. Solaranlagen eignen sich gut zur Brauchwassererwärmung, werden mittlerweile aber auch immer öfter zur Heizungsunterstützung eingesetzt.

HEIZÖL

Der große Vorzug von Heizöl ist, daß es sich mit geringem technischem Aufwand verbrennen läßt. Es wird üblicherweise als leichtes Heizöl (Heizöl EL) eingesetzt. Lagern läßt es sich in Stahl-, Kunststoff- oder Betontanks, die entweder in speziellen Heizöllagerräumen stehen oder in den Erdboden eingebaut werden. Einwandige Stahltanks dürfen nur in Räumen aufgestellt werden und

müssen in einer dichten Wanne stehen, die bei einem Leck das auslaufende Öl aufnehmen kann. Doppelwandige Stahltanks brauchen keine Auffangwanne. Sie können auch unterirdisch eingebaut werden. Für den nachträglichen Einbau in Räumen bieten sich vor allem Lagertanks aus Kunststoff an. Sie müssen jedoch mit einer gemauerten und abgedichteten Wanne umgeben werden, damit bei Undichtigkeiten kein Öl in den Boden versickern kann. Bei einem Fassungsvermögen bis zu 5000 l können Heizöllagertanks sogar im gleichen Raum mit dem Heizkessel aufgestellt werden, nur muß zwischen Feuerstätte und Tank ein Mindestabstand von einem Meter eingehalten werden.

GAS

Für Gasheizungen bietet sich entweder Erd- oder Flüssiggas an, auf Bauernhöfen unter Umständen auch Biogas. Erdgas ist ein besonders praktischer Brennstoff, weil es über einen Hausanschluß direkt aus dem Versorgungsnetz kommt, das allerdings nicht flächendeckend für das ganze Land existiert. Heizen mit Erdgas hat den Vorteil, daß kein Lagerraum benötigt wird und daß es umweltschonend verbrennt. Flüssiggas ist dort die Alternative, wo ein Erdgasanschluß (noch) nicht möglich ist. Es wird unter hohem Druck verflüssigt und dadurch leichter transport- und lagerfähig. Wenn es aus dem Lagertank, der außerhalb des Hauses unter- oder oberirdisch aufgestellt wird, entnommen wird und sich ausdehnen kann, wird es wieder gasförmig. Die gasbefeuerten Brenngeräte können deshalb sowohl mit Erdgas wie auch mit Flüssiggas betrieben werden.

KOHLE

Verwendet werden hauptsächlich Stein- und Braunkohlenbriketts sowie Koks. In Einzelöfen wird Kohle wegen des Arbeitsaufwands und der Lagerhaltung nur noch selten verheizt. Am häufigsten findet man Kohleöfen noch in nichtrenovierten Altbauten, vor allem in Räumen, die selten geheizt werden. Allerdings gibt es sogar Zentralheizungsanlagen, die auf den Brennstoff Kohle ausgelegt sind. Die Kohlen werden von einem geschlossenen LKW angeliefert und in Rohren in einen Vorratsbunker befördert, aus dem sie automatisch mit Rohrkettenförderern zum Spezialheizkessel transportiert werden. So ist das System staubfrei. Vorwiegend wird Kohle heute aber in großen Kraftwerken zur Erzeugung von elektrischem Strom verwendet. Strom ist also nicht unbedingt die saubere Energie, für die ihn der

Verbraucher oft hält. Für die Umwelt bedeuten Kohlekraftwerke einen enormen Ausstoß an Schwefeldioxid und Stickoxiden.

ELEKTRISCHER STROM

Strom gilt nicht nur als saubere, sondern auch als bequeme Energie, weil weder Kaminanschluß, Heizraum, Lagerraum, Wartung noch Bedienungsaufwand notwendig sind. Dieser Luxus ist allerdings sehr teuer. Strom wird im Kraftwerk mit sehr großen Energieverlusten erzeugt und ist daher eigentlich zum Verheizen zu schade. Zwar wird ein Teil des Stroms aus Primärenergieträgern erzeugt, die völlig rauchgasfrei sind (Wasserkraft, Kernenergie), doch taucht hier das Problem auf, wie sicher zum Beispiel Kernkraftwerke sind oder wo der Atommüll gelagert wird.

HOLZ

Holz wird als Scheitholz oder in Form von Hackschnitzeln als Brennstoff verwendet. Ein weiterer Holzbrennstoff, der besonders bei einer Heizungsmodernisierung in Frage kommt, sind Holzpellets. Holz darf nur in lufttrockenem Zustand verheizt werden. Je feuchter das Holz ist, desto niedriger der Brennwert, desto mehr Stickoxide werden frei. Holz zu verheizen kommt nicht nur in Frage, wenn man eigenen Wald hat. Selbst wenn man es kaufen muß, ist es ein relativ preiswerter Brennstoff, der mit Öl oder Gas konkurrieren kann, obwohl die Holzbergung, der Transport und das Trocknen ziemlich aufwendig sind. 2 kg Holzpellets entsprechen einem Heizwert von etwa 1 l Heizöl. Die modernsten und umweltfreundlichsten Holzheiztechniken sind Hackschnitzel-, Pellets- und Scheitholz-Zentralheizkessel. Bei Hackschnitzelheizungen und bei Holzpelletsheizungen ist die Brennstoffzufuhr automatisiert, so daß bis auf das Entsorgen der wenigen anfallenden Asche kaum Handarbeit anfällt. Die Pellets sind kleine zylindrische Holzpreßlinge von 6 mm Durchmesser. Sie werden aus Sägemehl und anderem Abfallholz hergestellt und entweder als Sackware abgepackt oder per Silofahrzeug angeliefert und mit einer Schlauchleitung in den Lagerbehälter im Haus eingeblasen. Für Holz-Einzelöfen eignen sich neben Scheitholz auch gepreßte Holzbriketts sowie Pellets, die aus einem im Ofen integrierten Vorratsbehälter automatisch nachgeführt werden.

2.2. Heizungssysteme

Ein Wohnhaus kann mit Einzelöfen oder mit einer Zentralheizung geheizt werden. Oft sind beide Heizungssysteme kombiniert, wodurch sich unter Umständen die Energiekosten senken lassen.

Einzelofenheizung

Die Einzelofenheizung hat den Vorteil, daß die Wärme dort erzeugt wird, wo sie gebraucht wird, und daß sie dem Wärmebedarf angepaßt werden kann. Der Nachteil der Einzelofenheizung ist der verminderte Komfort.

KACHELOFEN

Besondere Bedeutung als Einzelofen hat der Kachelofen, der in letzter Zeit wieder an Beliebtheit gewonnen hat. Geschätzt werden das gute Raumklima durch eine Kachelofenheizung und die raumgestalterische Wirkung des Kachelofens. Während der Übergangszeit kann ein Kachelofen die Zentralheizung ersetzen.

Vor dem Einbau des Kachelofens sind einige Punkte zu beachten: Ist ein passender Schornstein für den Anschluß vorhanden? Hält die Deckenkonstruktion das große Gewicht aus? Welche Lagermöglichkeiten für Holz sind vorhanden? Kachelöfen gibt es als Grundöfen (Speicheröfen) oder als Warmluftöfen.

Beim Grundofen ist die Feuerung gemauert. Der Ofen hat viel Speichermasse, und die Wärme wird langsam abgegeben. Beim Warmluftofen wird ein meist gußeiserner Heizeinsatz aufgestellt, der mit einer Kachelummantelung oder mit einer Ziegel ummauerung versehen wird. Grundöfen heizen einen Raum zunächst wesentlich langsamer auf als Warmluftöfen. Ein schwerer Grundofen kann aber auch nach dem Erlöschen des Feuers den Raum noch lange temperieren. Beim Warmluftofen steht Wärme dagegen schneller zur Verfügung; er läßt sich auch gut regeln.

Ein Grund- wie auch ein Warmluftofen kann mit der Zentralheizung gekoppelt werden, indem durch besondere Technik im Kachelofen zusätzlich Heizwasser miterwärmt wird. Mehrere Räume können mit einem Kachelofen erwärmt werden, wenn über Luftkanäle die Wärme umgeleitet wird. Stören kann dabei die starke Schallübertragung von Raum zu Raum. Kleinere Häuser können mit einem Luftkanalsystem allerdings vollständig geheizt werden.

KAMINOFEN

Eine preiswerte Alternative zum Kachelofen ist der Kaminofen, der fix und fertig aufgestellt wird.

Kaminöfen haben ein Metallgehäuse mit ausschamottiertem Feuerungsraum. Die Tür zum Feuerungsraum ist meistens verglast; so läßt sich das Feuer beobachten. Specksteinöfen sind eine Art Kachelofen. Mit ihrer Verkleidung aus Platten eines besonderes Steins speichern sie Wärme länger als normale Kaminöfen. Sie sind aber wesentlich teurer. Solche Einzelöfen sind gut geeignet, um vor allem in der Übergangszeit die Aufenthaltsräume zu temperieren. Eine Sonderform ist, wie bei den wasserführenden Kachelöfeneinsätzen, die Einspeisung von erwärmtem Wasser ins Zentralheizungsnetz.

ÖL- UND GASEINZELOFEN

Öleinzelöfen sind noch immer häufig anzutreffen. Es gibt sie auch nach wie vor neu zu kaufen. Der Tank ist entweder direkt in den Ofen integriert und muß von Hand mit der Ölkanne befüllt werden, oder es gibt eine zentrale Versorgung mit einer Pumpe vom großen Heizöltank über Leitungen zu jedem einzelnen Ofen. Gaseinzelöfen findet man am häufigsten in älteren Wohnhäusern in größeren Städten, wo sie an das Stadtgasnetz angeschlossen sind. Falls Räume damit ausgestattet sind, ist auf genügend Luftzufuhr zu achten.

NACHTSTROM-SPEICHEROFEN

Eine Dauerheizung mit Strom ist wegen der hohen Betriebskosten sehr teuer; die Anschaffungs- und Wartungskosten sind dagegen gering. Nachtstrom-Speicheröfen werden mit preiswerterem Nachtstrom aufgeheizt und geben die Wärme tagsüber langsam ab. Speicheröfen sind mit wärmespeicherndem Material ausgestattet und haben eine gute Isolierung. Eingesetzt werden vorwiegend Geräte mit einem Ventilator, der die Luft über den warmen Speicherkern führt und in den Raum ausbläst. Das Ein- und Aussschalten des Ventilators wird über ein Thermostat gesteuert. Ältere Elektrospeicheröfen enthalten häufig Asbestmaterialien. Solche alten Öfen sollten möglichst bald ausgetauscht werden. Viele Stromversorger geben sogar einen Zuschuß, wenn diese alten gegen neue Geräte ausgetauscht werden. Heizen mit Nachtstrom ist günstig für einzelne Räume, zum Beispiel in Altbauten, die nicht mit einer Zentralheizung ausgestattet sind. Ein anderes Heizsystem mit elektrischem Strom ist die Elektro-Fußbodenheizung. Für sie trifft aber besonders zu, daß sie aus Kostengründen kaum in Frage kommt.

OFFENER KAMIN

Der klassische offene Kamin hat mehr dekorative als wärmende Wirkung. Sein Wirkungsgrad ist sehr schlecht, das heißt, es geht viel Wärme ungenutzt verloren. Aber die Ofenhersteller haben sich auch hier eine Verbesserung einfallen lassen: den Kamin-Heizeinsatz aus Metall. Er hat eine große Glassichtscheibe. Durch diese geschlossene Bauweise erhöht sich der Wirkungsgrad wesentlich. Wichtig ist, daß ein eigener Kamin vorhanden ist.

Zentralheizung

Eine Zentralheizung versorgt von einem Heizraum oder vom sonstigen Aufstellungsort des Wärmeerzeugers aus das ganze Haus mit Wärme, indem warmes Wasser durch ein Leitungssystem zu den Heizkörpern in den einzelnen Räumen geführt wird. Das Heizwasser wird in einem Heizkessel oder in einem Durchlauferhitzer erwärmt. Das in den Räumen abgekühlte Wasser fließt zum Heizgerät zurück und wird wieder erwärmt. Für die Heizungsverteilung werden heute üblicherweise Zweirohrsysteme verwendet. Bei dieser Technik wird das Wasser zum und vom Heizkörper jeweils in einem eigenen Rohrsystem geführt. Einrohrheizungen sind noch teilweise in älteren Gebäuden vorhanden oder werden bei Altbausanierungen ab und zu eingebaut. Weil sich bei ihnen das abgekühlte Wasser mit dem warmen vermischt, müssen die aufeinanderfolgenden Heizkörper bei gleichem Wärmebedarf ständig größer werden.

2.3. Wärmeerzeugung

Im Heizkessel wird der Brennstoff verbrannt. Die dabei entstehende Wärme wird über wasserführende Heizflächen an das Heizwasser abgegeben. Eingesetzt werden heute praktisch nur noch Spezialheizkessel. Sie sind optimal auf eine Brennstoffart, zum Beispiel Öl oder Gas, eingestellt und haben einen hohen Wirkungsgrad. Umstell- oder Wechselbrandkessel findet man noch in alten Heizanlagen. Diese Kessel können entweder mit Öl beziehungsweise Gas oder mit festen Brennstoffen beheizt werden. Wechselbrandkessel werden inzwischen jedoch nicht mehr eingebaut, weil sie nicht auf einen bestimmten Brennstoff abgestimmt sind und daher einen niedrigen Wirkungsgrad haben. Will man abwechselnd mit Öl beziehungsweise Gas und festen Brennstoffen heizen, dann empfiehlt sich der Einbau eines Kessels mit zwei voneinander getrennten Brennräumen oder von zwei direkt voneinander getrennten Kesseln.

Hochtemperatur-Heizkessel

Öl- und Gasheizkessel wurden früher üblicherweise im Hochtemperaturbereich mit Vorlauftemperaturen zwischen 65 und 90 °C betrieben. Diese Heizungen sind inzwischen nur noch in älteren Häusern zu finden. Aus Gründen der Energieersparnis werden heute überwiegend Niedertemperatursysteme eingebaut. Der Wirkungsgrad solcher älterer Anlagen läßt sich unter Umständen durch den Einbau kleinerer Düsen in den Brenner, durch den kompletten Austausch des alten Brenners gegen einen neuen, durch die Verbesserung der Kesselwärmedämmung, durch den Einbau von Abgasklappen und Steuergeräten und durch neue Mischersysteme verbessern. Die Kesseltemperaturen allerdings lassen sich nicht in jedem Fall ohne weiteres stärker absenken, ohne daß der Heizkessel dadurch Schaden nimmt. Das gleiche gilt für das Absenken der Abgastemperaturen, um die Abgasverluste zu verringern. Höhere Abgastemperaturen als 160 °C sind zwar unnötige Verluste, aber zu geringe Temperaturen unter 120 °C erhöhen die Versottungsgefahr im Schornstein oder machen Verbesserungen am Schornstein erforderlich.

Niedertemperatur-Heizkessel

Niedertemperatur-Heizkessel sind zum Standard geworden. Vorlauftemperatur und Temperatur des Kesselwassers liegen auf alle Fälle unter 75 °C. Überwiegend arbeiten die Niedertemperatur-Heizungen mit Vorlauftemperaturen von 55 und Rücklauftemperaturen von 45 °C, bei Fußbodenheizungen mit 50–40 °C. Bei der gleitenden Regelung der Kesselwassertemperatur kann das Wasser direkt aus dem Heizkessel in den Vorlauf des Heizkreislaufs eingespeist werden, ohne daß noch Zumischung von kälterem Wasser notwendig wird, um die gewünschte Vorlauftemperatur zu erreichen. Durch Steuerungen, wie zum Beispiel durch Außentemperaturfühler, wird der Kessel ständig geregelt und seine Heizwassertemperatur dem aktuellen Bedarf angepaßt. Möglich ist aber auch das andere System, bei dem der Kessel gleichmäßig Wasser mit einer vorgegebenen Temperatur liefert, das dann in einem Mischer auf den gerade erforderlichen Wert gebracht wird. Bei der Heizkesselgröße werden heute nicht mehr wie früher hohe Sicherheitszuschläge aufgerechnet. Der Kessel wird vielmehr so ausgelegt, daß er an den wenigen ganz kalten Tagen im Jahr gerade in der Lage ist, die notwendige Wärme zu erzeugen. Niedertemperatur-Heizungen haben den Vorteil, daß sie sich gut mit alternativen Heizsysteme koppeln lassen, weil zum Beispiel Solarkollektoren oder Wärmepumpen ebenfalls Wasser im Temperaturbereich von etwa 50 °C liefern. Weiterentwicklungen in der Heizkesseltechnik sind Tiefsttemperatur- und Brennwertkessel sowie Kessel-Brenner-Einheiten (Units). Speziell die Brennwerttechnik ist aber relativ teuer und erfordert besondere Schornsteine.

BRENNWERTKESSEL

Bei Brennwertkesseln wird die Abgastemperatur so stark gesenkt, daß der im Abgas enthaltene Wasserdampf noch im Heizkessel kondensiert. Die dabei freiwerdende Wärme wird ebenfalls genutzt. Auf diese Weise entstehen sehr hohe Wirkungsgrade von etwa 100 %. Problematisch ist dabei allerdings, daß die abgekühlten Abgase nicht mehr genügend eigenen Auftrieb haben und deswegen mit einem Ventilator oder durch Druck, der im Kessel erzeugt wird, durch den Schornstein ins Freie ausgeblasen werden müssen. Weil die Abgase im Schornstein weiter abkühlen, bildet sich auch dort Kondenswasser. Nur besondere Schornsteinkonstruktionen sind dieser Belastung auf Dauer gewachsen.

KESSEL-BRENNER-EINHEITEN

Im Gegensatz zu herkömmlichen Heizkesseln, bei denen der Öl- oder der Gebläsebrenner angeflanscht ist, haben sogenannten Kessel-Brenner-Einheiten hinter einem kompakten Gehäuse sämtliche Bestandteile einschließlich Heizungsregler, Umwälzpumpe und Ausdehnungsgefäß eingebaut. Alle Bauteile sind aufeinander abgestimmt, und der Kessel erfordert relativ wenig Installationsaufwand.

GAS-SPEZIALHEIZKESSEL

Die Gasheiztechnik bietet wesentlich mehr Alternativen als die Ölheiztechnik. Zum Beispiel gibt es neben dem herkömmlichen Heizkessel sogenannte Gasspezialheizkessel. Das sind Geräte, die keinen Gebläsebrenner, sondern nur einen geräuscharmen atmosphärischen Brenner haben. Für sie ist deshalb nicht unbedingt ein extra Heizraum erforderlich, sondern sie können im Flur in einer Nische oder sogar in der Küche aufgestellt werden. Die Gasspezialkessel arbeiten ebenfalls im Niedertemperaturbereich und können auch die Brauchwassererwärmung übernehmen. Entscheidend ist aber die ausreichende Luftzufuhr. Entweder muß die Luft von mehreren Räumen zur Gasbrennstelle strömen können, oder es muß eine Verbindung zur Außenluft vorhanden sein. Unter Umständen brauchen Gasspezialheizkessel nicht einmal einen Kaminanschluß. Die Abgase können durch Öffnungen in der Außenwand abgeführt werden.

GAS-UMLAUFWASSER-HEIZER

Eine weitere Möglichkeit einer Gaszentralheizung sind Gas-Umlaufwasser-Heizungen. Diese Wandthermen sind so kompakt und leise, daß sie in jeder kleineren Ecke, im Flur, im Bad oder in der Küche eingebaut werden können. Bei Außenwandmontage können sie eventuell ohne Kamin betrieben werden. Es gibt sie mit Heizleistungen bis zu etwa 25 kW. In Kombithermen wird neben dem Heizwasser auch das Brauchwasser im Durchlaufprinzip erhitzt.

Zentralheizungsherd

Der Zentralheizungsherd war und ist noch immer besonders in landwirtschaftlichen Haushalten beliebt. Es handelt sich um einen größeren Kochherd, der mit Holz beheizt wird und in dem zusätzlich ein Wasserheizregister eingebaut ist. Mit dem darin erhitzten Wasser kann die Zentralheizung unterstützt oder unter Umständen ganz ersetzt werden. Der Zentralheizungsherd kommt in Frage, wenn regelmäßig für mehrere Personen gekocht wird und entsprechendes Holz zur Verfügung steht. Nachteile sind, daß es im Aufstellungsraum sehr warm wird, daß laufend nachgeschürt werden muß, weil die Feuerung klein ist, und daß Schmutz anfällt.

Wärmepumpe

Eine Wärmepumpe entzieht dem Grundwasser, der Umgebungsluft oder dem Erdreich Wärme. Die Wärmegewinnung mittels dieses Systems gehört also zu den umweltfreundlichen und energiesparenden Heizmöglichkeiten. Betrieben wird die Wärmepumpe mit Strom oder Gas. Verbreitet sind allerdings nur die Elektro-Wärmepumpen. In landwirtschaftlichen Betrieben kann bei der Milchkühlung als Abfallprodukt Wärme zurückgewonnen werden. Bei neuen Häusern, die mit einer sogenannten kontrollierten Be- und Entlüftung ausgestattet werden (z. B. Passivhäuser), wird die in der Abluft enthaltene Wärme mittels Wärmetauscher bzw. Wärmepumpe zurückgewonnen. Die Wirtschaftlichkeit von Wärmepumpen ist umstritten. Zur Beheizung eines Wohnhauses sind sie nur sinnvoll, wenn das Heizsystem auf Niedertemperatur ausgelegt ist oder wenn ohne Vergrößerung der Heizkörper der Wärmebedarf gedeckt werden kann.

2.4. Wärmeabgabe

Die Wärme wird an den Raum über den Ofen direkt, zum Beispiel beim Kachelofen durch Warmluft, oder über Heizkörper (bei der Zentralheizung)

abgegeben. Je niedriger die Temperatur des Vorlaufwassers ist, desto größer müssen die Heizkörper sein, um den Wärmebedarf zu decken. Die Größe der Heizkörper berechnet der Heizungsbauer; er kann auch sagen, ob vorhandene Heizkörper beim Einbau eines neuen Niedertemperaturkessels ausreichen. Besonders großflächig wird die Wärme über eine Fußbodenheizung abgegeben.

Heizkörper

Heizkörper geben die Wärme durch Strahlung und Luft (Konvektion) ab. Als besonders angenehm wird Strahlungwärme empfunden. Heizkörper können grob eingeteilt werden in Radiatoren und Konvektoren.

RADIATOREN

Am häufigsten eingesetzt werden Radiatoren. Das sind Glieder- oder Plattenheizkörper, die etwa zwei Drittel der Wärme durch Konvektion, das restliche Drittel durch Strahlung abgeben. Im Gegensatz zu den früher gebräuchlichen Gliederheizkörpern aus Guß und später aus Stahl sind die heute überwiegend gebräuchlichen Plattenheizkörper aus Stahlblech wesentlich schmaler und deshalb raumsparend. Sie brauchen nicht mehr in Heizkörpernischen gestellt zu werden, weil sie vor der Wand nur wenige Zentimeter auftragen. Normalerweise werden Heizkörper an der Außenwand unter Fenstern aufgestellt. Wenn eine möglichst kurze Leitungsführung erreicht werden soll, können sie auch an einer anderen Stelle plaziert werden. Voraussetzung dafür aber ist, daß die Fenster ausreichend wärmedämmend, also zumindest isolierverglast sind. Ein Vorteil, wenn Heizkörper nicht unter dem Fenster stehen, ist außerdem, daß die Vorhänge die Wärmeabgabe nicht behindern können.

KONVEKTOREN

Wie ihr Name schon sagt, verteilen Konvektoren die Heizwärme fast hundertprozentig über Luftumwälzung (Konvektion). Die Konvektoren sind mit Wärmeleitblechen aus Aluminium besetzte Heizrohre, die mit einem Gehäuse verkleidet sind. So entsteht eine Kaminwirkung: Die Luft zieht durch und wird erwärmt. Konvektoren wärmen den Raum schneller auf als Plattenheizkörper und können Temperaturänderungen schneller angepaßt werden, weil sie nicht so träge sind. Der Nachteil ist, daß sie viel Staub aufwirbeln, was zu Reizungen der Nasen- und Schleimhaut führen kann (wichtig für Hausstauballergiker!). Sie werden heute kaum mehr verwendet.

FUSSBODENHEIZUNG

Bei der Warmwasser-Fußbodenheizung dienen Kunststoff- oder Kupferrohrschlangen als Heizkörper. Durch die große Fläche kann und soll die Vorlauftemperatur noch niedriger sein als bei Heizkörpern (unter 50 °C). Die Fußbodenoberflächentemperatur sollte 22 °C, maximal 26 °C erreichen. Höhere Temperaturen beeinträchtigen die Behaglichkeit und können die Durchblutung der Beine verschlechtern. Eine Möglichkeit, um die Fußbodentemperatur niedrig zu halten, ist, diejenigen Bereiche, auf denen man sich besonders viel aufhält, mit weniger Heizschlangen auszulegen, den weniger stark begangenen Rand dagegen enger. Für Tage, an denen es besonders kalt ist, sollte ein Zusatzheizkörper eingebaut sein, der den Wärmebedarf deckt, ohne daß die Fußbodenoberfläche unverhältnismäßig hoch erwärmt werden muß. Auch ein zweiter Heizkreislauf am Zimmerrand mit höheren Vorlauftemperaturen kann hier nützlich sein. Eine exakte Wärmebedarfsberechnung ist bei einer Fußbodenheizung noch wichtiger als bei allen anderen Systemen. Die Regelung einer Bodenheizung ist weniger exakt möglich als bei anderen Systemen, vor allem arbeitet sie relativ schwerfällig. Dadurch ist zum Beispiel schnelles Aufheizen von Räumen nicht und die Anpassung an schnell wechselnde Außentemperaturen, zum Beispiel bei Mittagssonne im Winter, nur schwer möglich. Für neue Fußbodenheizungen ist eine Regelmöglichkeit jeweils im Raum vorgeschrieben. Fußbodenheizungen kommen vor allem für Neubauten in Frage. Die wasserführenden Rohrschlangen werden bei sogenannten Naßsystemen direkt in Estrich eingebettet, bei Trockensystemen werden sie in den Vertiefungen von speziellen Dämmstoffplatten verlegt. Erst über den Dämmplatten und den Rohren wird dabei die Estrichschicht betoniert. Eine Folie trennt Estrich und Heizsystem voneinander. Gut geeignet für die Altbausanierung sind sogenannte Klimaböden. Das sind flächige, wasserdurchflossene Kunststoffplatten, die bei der Montage miteinander verbunden werden. Bei diesen Systemen kann zum Teil auf einen Estrich verzichtet werden. Sie sind allerdings teuer, und es fehlt ihnen auch das Speichervermögen eines Estrichs. Für Fußbodenheizungen eignen sich gut Bodenbeläge aus Naturstein oder Keramik. Aber auch Holz- und Parkettböden sowie Teppichware können verwendet werden. Die Beläge sind gekennzeichnet, ob sie sich für Fußbodenheizungen eignen.

WANDHEIZUNG

Ein weiteres Wärmeverteilungssystem ist in den letzten Jahren stärker im Kommen: die Wandheizung. Sie funktioniert ähnlich wie eine Fußbodenheizung und wird mit sehr niedrigen Vorlauftemperaturen betrieben. Sie hat den Vorteil, daß sie wesentlich weniger Staub aufwirbelt als zum Beispiel eine Fußbodenheizung. Baubiologen schätzen die Wandheizung, weil sie einen hohen Wärmestrahlungsanteil hat und sich bei niedrigeren Raumtemperaturen ein Behaglichkeitsgefühl einstellt als bei herkömmlichen Heizsystemen. Bei der Wandheizung gibt es unterschiedliche Systeme, zum Beispiel können Kupfer- oder Kunststoffrohre unter Putz an der Wand verlegt werden, oder man verkleidet die Wand mit speziellen Gipskartonplatten, in die die heizwasserführenden Rohrschlangen bereits herstellungsseitig eingelassen sind.

2.5. Heizungsregelung

Für neue Heizungen ist eine Mindest-Regelungstechnik vorgeschrieben. Zum Beispiel müssen in allen Räumen mit mehr als acht Quadratmetern Grundfläche, in denen Heizkörper stehen, Thermostatventile vorhanden sein. Außerdem muß die Vorlauftemperatur-Verstellung zentral gesteuert werden können. Mindestanforderungen gibt es auch für den Heizungsumbau. Wenn der Heizkessel ausgetauscht wird, muß wenigstens eine zentrale, von Hand regelbare Vorlauftemperatursteuerung eingebaut werden. Wenn mehr als die Hälfte des Rohrnetzes oder der Heizflächen erneuert werden, müssen Thermostatventile an die Heizkörper. Erst eine exakt bedarfsangepaßte Wärmeproduktion des Heizkessels und die richtige Wärmeabgabe in die Räume machen einen sparsamen Heizungsbetrieb möglich.

Der Bedarf an Wärme schwankt je nach Witterung und Zahl der Personen, die sich in einem Raum aufhalten. Auch die eingeschaltete Beleuchtung sorgt für etwas Wärmezufuhr. Nicht zu vergessen ist auch, daß das individuelle Wärmebedürfnis unterschiedlich ist. Überschüssige Wärme darf jedenfalls nicht zum Fenster hinaus gelüftet werden. Vielmehr muß die Heizung möglichst schnell an veränderten Wärmebedarf angepaßt werden können.

Die einfachste Art der Heizungsregulierung ist die zentrale Steuerung der Vorlauftemperatur. Der Raumthermostat galt lange als die komfortabelste Lösung, um die Vorlauftemperatur automatisch an die gewünschte Raumtemperatur anzugleichen. Bei neuen Heizungsanlagen werten sogenannte Zentralgeräte verschiedene Eingabedaten aus, zum Beispiel die Temperatur, die der Außentemperaturfühler meldet. Zum Zentralgerät gehört auch eine Zeitschaltuhr, mit der sich eine automatische Absenkung der Vorlauftemperaturen in der Nacht oder bei Abwesenheit vorbestimmen läßt. Heizkörper-Thermostatventile regeln je nach eingestelltem gewünschtem Wert die Temperatur in jedem Raum einzeln, indem sie die Durchflußmenge des Heizwassers im Heizkörper erhöhen oder drosseln. Sie gleichen auch geringeren Wärmebedarf aus, wenn zum Beispiel die Wintersonne einen Raum von außen aufheizt.

Wichtig bei Thermostatventilen sind der richtige Einbau durch den Heizungsmonteur und die exakte Bedienung. Sie müssen vor allem so angebracht sein, daß sie wirklich die Raumtemperatur und nicht die Stauwärme hinter einem Vorhang oder einem Möbelstück messen.

Alternative sind Heizkörperthermostate mit Fernfühler. Der Fernfühler wird an anderer Stelle als das Ventil montiert, wo er nicht von Vorhängen oder ähnlichem verdeckt wird. Praktisch sind Thermostatventile auch, weil sie verhindern, daß das Heizsystem einfriert. Bei sehr tiefen Temperaturen öffnet sich das Ventil automatisch.

In der Steuerungstechnik haben natürlich auch der Computer und ausgeklügelte Elektronik Einzug gehalten. So gibt es z. B. die Möglichkeit der Fernüberwachung und Steuerung der Heizung über Funktelefon.

3. WARMWASSER-VERSORGUNG

30 bis 50 l warmes Wasser mit 55 °C sind der mittlere Rechenwert für den Tagesverbrauch einer Person im Haushalt. So, wie bei einer Heizungsplanung der Wärmebedarf die Basis darstellt, sind diese Zahlen die Grundlage bei einer eventuellen Erneuerung des Warmwassersystems. Der mit Kohle oder Holz beheizte Badeofen gehört allmählich der Vergangenheit an. Zum Komfortverständnis gehört, daß man überall und immer direkt warmes Wasser aus der Leitung bekommt.

Versorgungsarten

Bei der Warmwasserversorgung unterscheidet man drei verschiedene Arten:
Einzelversorgung, Gruppenversorgung, Zentralversorgung.
Bei der Einzelversorgung liefert jeweils ein Gerät für eine Entnahmestelle warmes Wasser, zum Beispiel ein kleiner Boiler in der Küche für die Spüle. Solche Einzelgeräte lassen sich dem jeweiligen Bedarf gut anpassen. Großer Vorteil, vor allem in

Altbauten, ist, daß sich der Installationsaufwand in Grenzen hält, weil die Entfernung zur Entnahmestelle kurz ist. Jedoch sind die Warmwasserbereitungskosten mit solchen Einzelgeräten relativ hoch.

Bei der Gruppenversorgung werden mehrere Zapfstellen, die nicht weit voneinander entfernt liegen, von einem Gerät aus versorgt. Verbrauchsstellen, die weiter entfernt liegen, werden wiederum mit Einzelgeräten versorgt. Bei der Zentralversorgung liefert ein Warmwasserbereiter das Warmwasser für alle Entnahmestellen.

WARMWASSER VOM HEIZKESSEL

Die Kombination Brauchwasserbereitung und Heizung mit einem Heizkessel stand lange im Ruf, unwirtschaftlich zu sein. Das traf vor allem im Sommerbetrieb zu, wenn ein großer Heizkessel nur für die Warmwasserbereitung anlaufen mußte. Bei modernen öl- und gasbefeuerten Niedertemperatur-Heizkesseln sind aber die Verluste so stark gedrosselt, daß es unwirtschaftlich wäre, das Warmwasser im Sommer mit einem zusätzlichen getrennten System zu erwärmen, es sei denn, mit einer Solaranlage. Bei Öl- oder Gasheizkesseln gibt es entweder die Möglichkeit, das Wasser im Kessel aufzuwärmen und in einem nebenstehenden Speicher bereitzuhalten, oder der Kessel hat bereits einen eingebauten Brauchwasserspeicher. Die Temperatur des gespeicherten Wassers sollte nicht höher als 60 °C sein.

DURCHLAUFERHITZER

Sogenannte Durchlauferhitzer gibt es sowohl als Kleinstgeräte für eine Verbrauchsstelle als auch als Gerät für die zentrale Warmwasserversorgung. Die Geräte heizen entweder mit Strom oder mit Gas im Durchlaufverfahren immer nur so viel warmes Wasser auf, wie gerade gebraucht wird. Die Geräte selbst sind zwar relativ klein (sofern nicht bei Sonderausführungen, den sogenannten Durchlaufspeichern, auch noch ein gewisses Vorratsvolumen da ist), sie brauchen aber eine sehr hohe Leistung, um das Wasser so schnell aufheizen zu können. Bei Elektrogeräten liegt der Anschlußwert bei etwa 20 kW, was einen Drehstromanschluß erforderlich macht.

Auch die laufenden Kosten für die Warmwasserbereitung sind bei solchen Elektro-Durchlauferhitzern sehr hoch. Die Anschaffungspreise für die Geräte selbst sind dagegen günstig. Umgekehrt verhält es sich mit Gas-Durchlauferhitzern. Hier sind die Geräte wesentlich teurer als Elektro-Durchlauferhitzer, und es ist außerdem ein Abgasanschluß erforderlich, die Energiekosten selbst dagegen sind wesentlich niedriger als bei Elektrogeräten.

WARMWASSERSPEICHER

Kochendwassergerät

Kleine Kochendwassergeräte sind nicht wärmegedämmt. In ihnen werden kleine Wassermengen elektrisch aufgeheizt. Es sind sogenannte offene Speicher, das heißt, sie stehen nicht unter dem Wasserleitungsdruck. Sie sind nur für eine Zapfstelle ausgelegt, zum Beispiel für die Spüle in der Küche. Das Kochendwassergerät muß von Zeit zu Zeit entkalkt werden, zum Beispiel mit Essigwasser.

Offener Warmwasserspeicher

Im Gegensatz zu den ungedämmten kleinen Boilern wird in Warmwasserspeichern das Wasser auf Vorrat bereitgehalten. Es gibt sie in diversen Größen von 5 bis etwa 100 l. Da es sich ebenfalls um offene Systeme handelt, die nicht unter Druck stehen, kann ebenfalls nur eine Zapfstelle versorgt werden. Allerdings eignen sich diese Geräte bei größeren Speicherinhalten auch für die Dusche oder für das Bad. Nachtstromanschluß ist möglich.

Geschlossener Warmwasserspeicher

Im Aussehen unterscheiden sich offene und geschlossene Elektro-Warmwasserspeicher kaum. Ein großer Unterschied ist, daß der geschlossene Speicher ein Druckspeicher ist und deshalb mehrere Verbrauchsstellen versorgen kann. Er gilt damit als Gerät für eine zentrale Warmwassererwärmung. Es gibt sie als Wandgeräte und ab etwa 200 l Speichervolumen auch als Standgeräte. Um Betriebskosten zu sparen, ist auch bei ihnen zu überlegen, ob nicht die Nutzung des Nachtstromtarifs sinnvoll ist. Warmwasserspeicher werden auch als Gasgeräte angeboten. Der Speicher wird in diesem Fall direkt von einem Gasbrenner aufgeheizt.

WÄRMEPUMPEN UND SOLARANLAGEN

Die Leistung von Solarkollektoren ist in den letzten Jahren stark verbessert worden, so daß bereits wenige Quadratmeter Kollektorfläche ausreichen, um für einen Normalhaushalt im Sommer genügend warmes Wasser liefern zu können. Je teurer Heizöl und Gas werden, desto schneller rechnet sich die Anschaffung einer Solaranlage. Zudem gibt es immer wieder Förderprogramme für den Einbau von Sonnenkollektoren, bei denen man die preisgünstigeren Flachkollektoren und die leistungsfähigeren, dafür wesentlich teureren Vakuum-Röhrenkollektoren unterscheidet. Auf alle Fälle leistet eine Solaranlage einen wesentlichen Beitrag

zur Schonung der Umwelt und der Energiereserven. Für die reine Brauchwasserbereitung rechnet man eine Kollektorfläche von 1,2 bis 1,5 m² pro Person im Haushalt. Die Kollektoren sollten natürlich möglichst stark zur Sonne gewandt, d. h. nach Süden ausgerichtet sein. Zum System »solare Brauchwassererwärmung« gehört auch ein passender Brauchwasserspeicher. Unter Umständen läßt sich das von der Sonne erwärmte Wasser auch für die Wasch- und die Spülmaschine nutzen. Kleine Brauchwasser-Wärmepumpen, die mit Strom betrieben werden, stehen meistens im Keller und entziehen dort der Raumluft Wärme, mit der dann das Wasser erwärmt wird.

4. BELEUCHTUNG

Die Auswahl der richtigen Lampe – fachlich richtig ist der Begriff Leuchte – fällt meist nicht leicht. Neben der »Schönheit« muß eine Lampe auch zweckmäßig sein, die Nutzung des Raumes muß berücksichtigt werden (siehe S. 207).

Glühbirnen

Die Glühbirne macht ihrem Namen alle Ehre: Nur 5 % der verbrauchten Energie werden Licht umgewandelt, der Rest in Wärme. Das Licht von Glühbirnen wirkt warm, die Lebensdauer liegt bei etwa 1000 Stunden. Glühlampen mit Reflexschicht (verspiegelt) lenken das Licht um und erzeugen verschieden breite Lichtkegel, je nach Beschichtung.

Leuchtstofflampen

Die Lichtausbeute liegt bei 20 %, eine Leuchtstofflampe wird daher auch nicht so heiß wie die Glühbirne. Die hohe Lebensdauer von 6000 bis 8000 Stunden wird durch häufiges Ein- und Ausschalten deutlich verkürzt (das trifft nicht mehr zu für neue Ausführungen mit elektronischen Vorschaltgeräten). Leuchtstofflampen gibt es mit verschiedenen Lichttönen, z. B. tageslichtweiß, neutralweiß, warmweiß.

Wichtiger Hinweis:

- *Leuchtstofflampen enthalten Quecksilber und müssen daher zum Sondermüll.*

Kompaktleuchtstofflampen

Diese Lampen sind besser bekannt als Energiesparlampen. Sie sind noch immer teuer in der Anschaffung, benötigen aber für die gleiche Lichtleistung 70–80 % weniger Strom als herkömmliche Glühbirnen und halten 5–6mal so lange. Manche Hersteller werben sogar mit einer Haltbarkeit von 10 000 Stunden. Kompaktleuchtstofflampen gibt es in unterschiedlichen Ausführungen: mit Schraubsockel, in den das erforderliche Vorschaltgerät (Starter) eingebaut ist. Diese Ausführungen lassen sich in jede Glühlampenfassung einschrauben. Eine 75-W-Glühbirne läßt sich so einfach durch eine 15-W-Kompaktleuchtstofflampe ersetzen.

Mit Stecksockel (preisgünstiger): Das Vorschaltgerät ist dann entweder in die Leuchte oder in einen gesonderten Adapter eingebaut. Auf Dauer ist diese Version billiger, weil das Vorschaltgerät nicht mit jeder kaputten Lampe weggeworfen wird und nicht mit jeder neuen Lampe mitgekauft werden muß.

Unterschiede gibt es im Vorschaltgerät: Induktive Starter (erkennbar am hohen Gewicht) sollten mindestens 2 Stunden durchbrennen, sonst sind sie nicht wirtschaftlich. Elektronische Starter vertragen auch häufiges Ein- und Ausschalten; erkennbar sind sie am flackerfreien Betrieb und dem geringen Gewicht.

Halogenglühlampen

Halogenglühlampen bringen helleres Licht, das aber weißer und nüchterner wirkt als das von normalen Glühbirnen. Sie eignen sich gut für die Beleuchtung einzelner Gegenstände: Die Farben des angestrahlten Gegenstandes werden nahezu originalgetreu wiedergegeben. Halogenlicht läßt sich dimmen, allerdings sollte nicht allzu oft davon Gebrauch gemacht werden, weil die Haltbarkeit dadurch leidet.

Der Energieverbrauch von Halogenlampen ist übrigens nicht wesentlich niedriger als der von Glühbirnen. Sie sind also keine Energiesparer. Es gibt Halogenlampen, die mit normaler Netzspannung (220 V) leuchten und in jede normale Fassung geschraubt werden können (Hochvolt-Ausführungen).

Häufiger sind die Niedervolt-Ausführungen, die weniger Spannung brauchen; sie wird durch einen Transformator gedrosselt. Niedervolt-Halogenlampen sind teuer in der Anschaffung, sie brauchen aber weniger Strom bei hoher Lichtausbeute. Es gibt Modelle mit Reflektor, die das Licht ganz gezielt bündeln. Wer wärmeempfindliche Gegenstände, z. B. Pflanzen, anleuchten will, sollte sich für einen Kaltlichtreflektor entscheiden.

Praktische Hinweise:

- *Halogenleuchten möglichst nicht mit bloßen Händen anfassen, denn der Handschweiß auf*

dem Glaskolben verkürzt die Lebensdauer und mindert die Leuchtstärke.
- *Häufiges Ein- und Ausschalten setzt die Lebensdauer ebenfalls herab.*

Welche Beleuchtung für welchen Raum?

- *Wohnräume:* Nicht vollkommen ausleuchten, Licht braucht auch Schatten, damit Behaglichkeit entstehen kann. Ohne Kontraste ermüdet das Auge schneller. Als angenehm und interessant wird es empfunden, wenn die einzelnen Bereiche des Wohnraumes gesondert ausgeleuchtet werden.
- *Arbeitsplatz:* Das Licht sollte direkt von oben oder schräg von oben bzw. von der Seite (bei Rechtshändern von links) kommen. Blendende Lichtreflexe auf der Arbeitsfläche und Schatten durch den eigenen Körper vermeiden.
- *Eßplatz:* Blendung vermeiden. Gut kann dies gelöst werden durch eine höhenverstellbare Pendellampe. Der Lichtkegel kann nach Belieben vergrößert und verkleinert werden.
- *Lesen, Handarbeiten:* Günstig ist eine direkte, verstellbare Lichtquelle, z. B. Stehlampe, Klemmlampe. Das Licht kommt von links hinten. Um den Hell-Dunkel-Kontrast zu mildern, sollte im Raum noch eine weitere Lampe brennen.
- *Fernsehen:* Ideal ist indirekte Beleuchtung. Blendung und Lichtreflexion auf dem Bildschirm werden vermieden.

Lichtschalter

Lichtschalter gibt es nicht nur in hellem oder dunklem Kunststoff, sondern auch in vielen anderen Farben, passend z. B. zu Fliesen oder Einrichtungsgegenständen. Auch Kunststoff mit Metallüberzug kann man wählen, ebenso Schalter aus Holz, z. B. Eiche. Die Helligkeit des Lichts kann reguliert werden, wenn ein sogenannter Dimmer in den Schalter eingebaut ist.

Praktischer Hinweis:

- *Lichtschalter sollten mit einer Leuchtdiode versehen sein, damit auch Kinder, ältere Menschen und Gäste den Schalter schnell finden.*

5. GERÄTE UND MASCHINEN FÜR DIE NAHRUNGSZUBEREITUNG

5.1. Elektroherde

Bauarten

Standherd

Das Standgerät ist freistehend und wird zwischen die Küchenmöbel gestellt. Es besteht aus einer Kochmulde mit den Kochstellen und dem Backofen und ist umgeben von einem emaillierten Gehäuse. Standgeräte sind billiger als Ein- und Unterbaugeräte.

Unterbauherd

Der Unterbauherd ist gebaut wie der Standherd, aber ohne Kochstellen. Er paßt unter eine durchgehende Arbeitsplatte, in die die passende Einbaukochmulde eingelassen wird.

Einbauherd

Der Einbauherd benötigt einen Umbauschrank und wird mit einer Einbaukochmulde kombiniert. Backofen und Kochmulde können getrennt sein. Die Einbaukochmulde, in die die Kochstellen eingelassen sind, gibt es in verschiedenen Ausführungen, z. B. aus Edelstahl oder emailliertem Stahl. Die Kochstellen hatten früher genormte Durchmesser, inzwischen variieren sie von Hersteller zu Hersteller. Manche Hersteller bieten auch eckige Kochplatten an (z. B. für Bräter). Ein Einbaukochfeld besteht aus stoßfester Glaskeramik, die temperaturwechselbeständig ist. Die einzelnen Kochzonen sind erkennbar am eingelassenen Dekor. Ein Einbaubackofen wird in Arbeitshöhe in einen Hochschrank eingebaut. Er bietet den Vorteil, daß man sich nicht bücken muß, sondern in Augenhöhe arbeiten kann und z. B. für Kinder keine Verbrennungsgefahr besteht.

Kleinherd

Kleinherde haben ein Backrohr und zwei Kochplatten. Sie sind für Kleinhaushalte und Ferienwohnungen gedacht.

Praktischer Hinweis:

- *Vollherde, also alle Herde außer Kleinherden, brauchen einen eigenen Drehstromanschluß. Der Anschlußwert liegt bei 10 kW.*

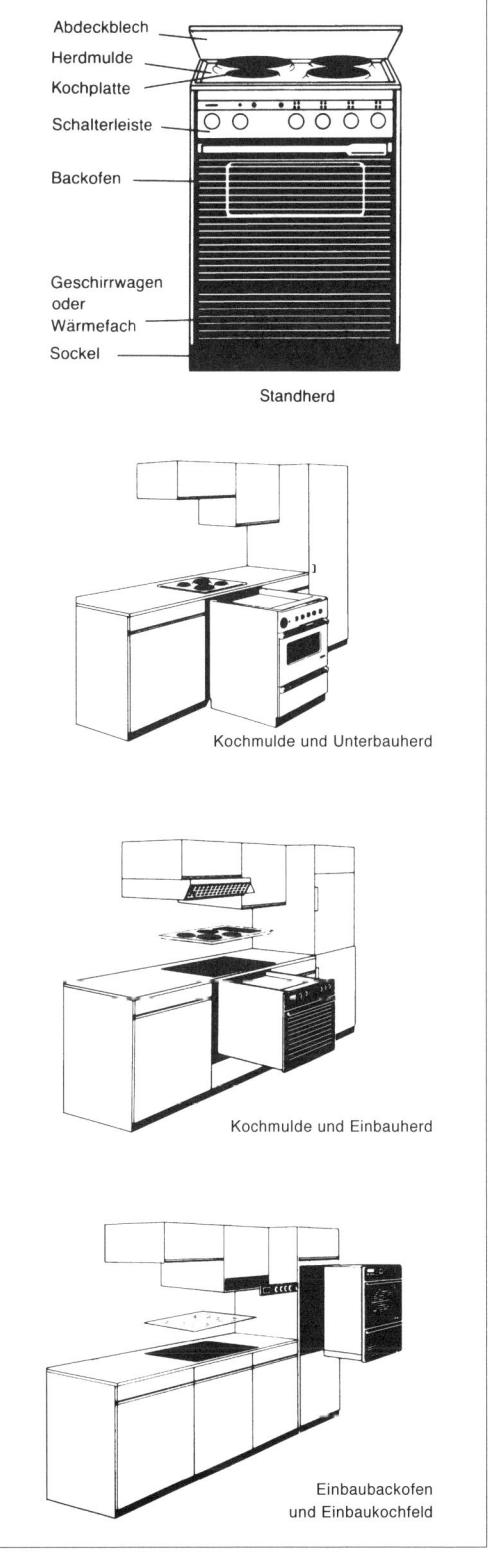

Standherd

Kochmulde und Unterbauherd

Kochmulde und Einbauherd

Einbaubackofen und Einbaukochfeld

Die verschiedenen Herdbauarten

KOCHSTELLEN

Kochstellen werden unterschieden in die herkömmlichen Kochplatten und die Kochzonen beim Glaskeramikfeld.

Kochplatten

Kochplatten bestehen aus Gußeisen, auf deren Unterseite sich die Heizleiter befinden, die in eine keramische Masse eingelassen sind. Die Mulde in der Mitte der Kochplatten ist nicht beheizt. Der Überfallrand aus Stahl verhindert, daß Feuchtigkeit unter die Platte dringen kann.

Glaskeramikfeld

Die Kochzonen, gekennzeichnet durch Dekor, können unterschiedlich beheizt sein: mit Strahlungsheizkörper, Halogenbeheizung oder Induktion.

◻ *Strahlungsheizkörper:* Die Heizleiter unter der Glasplatte geben durch Strahlung Wärme ab. Die Heizkörper scheinen während des Betriebes rotglühend durch das Glas. Es gibt sie auch in Zweikreis-Ausführungen. Die Kochzone läßt sich mit kleinem oder größerem Durchmesser betreiben, je nach Topfgröße. »Bräterzonen« haben noch einen oder zwei halbrunde Kreise, die zugeschaltet werden können, wenn mit einem Bräter hantiert wird.

◻ *Halogenbeheizung:* Sie wird mittels eines Wolframdrahtes, der in einem Quarzrohr liegt, erreicht. Beim Betrieb des Strahlers ist erst eine helle, dann immer dunkler werdende Lichtfarbe zu erkennen. Kochstellen mit Halogenbeheizung werden schneller heiß (ca. 1 Minute) und reagieren schneller, sie sparen also Energie ein. Allerdings sind sie in der Anschaffung teurer.

◻ *Induktion:* Die Wärme wird unmittelbar im Topfboden durch elektromagnetische Wechselfelder erzeugt. Der heiße Topf gibt dann die Wärme an die Speisen weiter. Die Kochplatte wird nicht heiß. Diese neue Technik funktioniert aber nur mit Töpfen aus emailliertem Eisen oder Gußeisen, sogenannten ferromagnetischen (magnetisierbaren) Materialien. Weil die Wärme im Topfboden entsteht und nicht in der Kochplatte, kann sehr gut reguliert werden, ähnlich schnell wie bei Gas. Es gibt keine Nachwärme, andererseits auch keine langen Aufheizzeiten. Es geht bei kurzen Garzeiten weniger Energie verloren als bei einer herkömmlichen Elektrokochplatte. Allerdings sind Induktionskochstellen bisher noch sehr teuer. Sie werden ausschließlich bei Glaskeramik-Kochfeldern angeboten.

Praktischer Hinweis:

■ *Ob ein Topf für das Kochen auf der Induktionskochplatte geeignet ist, kann einfach überprüft werden: Haftet ein Magnet dauerhaft am Topf- oder Pfannenboden, kann er verwendet werden.*

Glaskeramik-Kochfelder (Ceran-Kochmulden) haben die herkömmlichen Kochplatten fast vollständig abgelöst. Sie bieten zahlreiche Vorteile: Falls das Kochfeld nicht beheizt wird, kann es als Arbeitsfläche dienen. Es ist weitgehend stoß- und kratzfest. Ein Topf kann also ruhig einmal aus der Hand fallen, ohne daß die Platte bricht, sofern er nicht gerade mit der Kante auftrifft. Empfindlich ist Glaskeramik gegen punktförmige Stöße, wenn z. B. aus dem Oberschrank ein massiver Salzstreuer herunterfällt. Auf dem Keramikfeld kann auch mit dem Messer geschnitten werden, abgesehen davon, daß die Messerschärfe darunter leidet. Kratzer auf der Keramikplatte gibt es allerdings leicht, wenn z. B. vom Gemüseputzen Sand auf der Platte liegt und ein schwerer Topf darübergezogen wird. Energieverbrauch und Zeitbedarf sind wie bei den herkömmlichen Kochstellen, auch Normal-, Blitz- und Automatikkochstellen sind wie bei herkömmlichen Kochmulden erhältlich.

Die Pflege ist verhältnismäßig einfach, am besten Verschmutzungen sofort mit warmer Spülmittellauge abwischen. Grobe und festanhaftende Verschmutzungen mit einem Rasierklingenschaber entfernen. Kalk- und Wasserränder, Fettspritzer und metallisch schillernde Verfärbungen mit wenig Spezialputzmittel entfernen. Reinigungsmittelrückstände mit klarem Wasser vollständig abwischen, sie könnten beim Wiederaufheizen ätzend wirken.

Keinesfalls kratzende oder aggressive Reinigungsmittel verwenden wie Backofenspray oder Scheuersand.

Praktische Hinweise:

■ *Von der heißen Kochzone sollte man alles fernhalten, was anschmelzen könnte, z. B. Kunststoff, Alufolie, besonders Zucker und zuckerhaltige Speisen. Ist versehentlich doch etwas auf der Kochzone angeschmolzen, sofort (im heißen Zustand) mit dem Rasierklingenschaber entfernen, um Oberflächenbeschädigungen zu vermeiden.*

■ *Vor dem Anheizen der Kochzonen darauf achten, daß das Kochfeld ganz sauber ist. Am sichersten geht man bei der Reinigung, wenn die Pflegeanleitung des Herstellers beachtet wird.*

■ *Grundsätzlich nur Töpfe und Pfannen mit sauberem, trockenem Boden auf die Kochplatte set-*

zen. Töpfe mit scharfen Rändern und Graten können beim Verschieben kratzen oder scheuern. Das gilt besonders bei Kochgeschirr aus Gußeisen oder anderem Geschirr mit rauhen Rändern.

Steuerung der Kochstellen

Bei herkömmlichen Kochplatten und Kochzonen beim Glaskeramikfeld unterscheidet man Normal-, Blitz- und Automatikkochstellen.

◻ *Normal- und Blitzkochstellen:* Sie unterscheiden sich durch die Leistung. Blitzkochstellen haben eine um 500 W höhere Leistung als Normalkochstellen. Dadurch heizen sie besonders schnell auf, ansonsten arbeiten sie wie Normalkochstellen. Blitzkochplatten sind erkennbar an einem roten Punkt in der Mitte der Kochstelle.

◻ *Automatikkochstellen:* Sie bieten den Vorteil, daß die Hausfrau nach dem Ankochen nicht selbst zurückschalten muß. Das Umschalten von der hohen Leistung zum Ankochen auf geringe Leistung zum Fortkochen entfällt. Dieser Vorgang kann zeit- oder temperaturgeregelt sein. Bei der temperaturgeregelten Automatik-Kochplatte wird die Temperatur am Topfboden gefühlt und die Platte zum gleichmäßigen Fortkochen selbsttätig aus- und eingeschaltet. Bei Zeitsteuerung taktet die Heizung je nach der eingestellten Leistungsstufe (Zeit).

Kochen auf dem Elektroherd geht einfach und problemlos. Ein großer Nachteil elektrisch beheizter Kochstellen sind die lange Aufheizzeit und die Nachwärme. Energiesparen erfordert also viel Erfahrung und etwas Fingerspitzengefühl; nur dann kann die Nachwärme genutzt werden.

BACKOFEN

Nach der Art der Wärmeübertragung werden unterschieden: Backofen mit Ober- und Unterhitze, Backofen mit Umluft (Heißluft), Backofen mit Ober-, Unterhitze und Heißluft, Backofen mit Mikrowellenteil oder Dampfgarfunktion.

Backofen mit Unter- und Oberhitze

Die Beheizung erfolgt mit Heizleitern in der Backofendecke und am Backofenboden. Es können Temperaturen zwischen 30 und 275 °C eingestellt werden. Die Wärmeübertragung erfolgt durch Strahlung und Konvektion (angewärmte Luft), daher kann nur eine Ebene beschickt werden. Die Höhe des Einschubs richtet sich nach der Höhe des Gargutes. Flaches Gargut wird hoch eingeschoben, z. B. Plätzchen in der 2. Schiebeleiste, Napfkuchen oder Braten in der 1. Schiebeleiste. Wann im Backofen die gewünschte Temperatur erreicht ist, wird durch Erlöschen der roten Betriebsanzeige deutlich.

Getrenntes Zuschalten von Ober- und Unterhitze ist praktisch, muß aber nicht sein. Man kann auch die Einschubhöhe entsprechend ändern.

Backofen mit Umluft

Die Beheizung erfolgt von der Backofenrückseite aus durch einen ringförmigen Heizleiter, in dessen Mitte sich ein Ventilator befindet. Es gibt auch Modelle ohne Ringheizkörper, hier wird die Hitze durch Ober- und Unterhitze erzeugt und durch einen Ventilator umgewälzt. Die Temperaturregelung erfolgt im Bereich zwischen 50 und 200 °C bis 250 °C. Durch die Luftbewegung kann die Hitze gleichmäßig in das Gargut eindringen, niedrigere Temperaturen bringen die gleiche Garleistung wie hohe Temperaturen bei Ober- und Unterhitze. Die jeweils einzustellende Temperatur liegt etwa 20 °C unter dem Wert für Backöfen mit Unter- und Oberhitze.

Vorteile des Heißluftherdes:

◻ Infolge der gleichmäßigen Luftbewegung ist die Wärmeverteilung sehr gut. Es können mehrere Ebenen gleichzeitig beschickt werden. Eine Geschmacksübertragung findet nicht statt.

◻ Vorheizen ist nicht nötig.

◻ Gefriergut kann schnell aufgetaut werden.

◻ Braten bleiben saftiger. Die Bräunung ist nicht so intensiv wie beim Herd mit Ober- und Unterhitze. 200 °C sollte auch ein Heißluft-Backofen bringen, damit zum Schluß gebräunt werden kann.

◻ Durch die niedrigeren Backofentemperaturen brennen sich Verschmutzungen weniger ein.

Backofen mit kombinierter Wärmeübertragung

Die meisten Herde werden mit kombinierter Ausstattung angeboten, d. h. der Backofen ist umschaltbar von Ober- und Unterhitze auf Heißluft. Luxusmodelle bieten zusätzlich ein Mikrowellenteil an. Diese Geräte sind sehr teuer, ein gesondertes Mikrowellengerät ist eher zu empfehlen. Ein kombinierter Mikrowellenherd hat den Vorteil, daß gleichzeitig die Backofenfunktionen und die Mikrowelle angewendet werden können, es kann also sehr schnell gegart und gleichzeitig gebräunt werden. Günstig ist dies vor allem bei Braten, hier bringt die Mikrowelle einen Zeitgewinn von bis zu 50 % und eine Energieeinsparung von etwa 20 %. Ein Vorteil ist natürlich auch der geringe Platzbedarf. Nicht anzuraten ist die Kombination von Herd und Mikrowelle für magere Braten, sie bräunen nicht gut und trocknen aus. Beim Backen bringt die Zuschaltung der Mikrowelle nur bessere Ergebnisse bei dicken, saftreichen Gebäcken, z. B. Apfelstrudel oder Aufläufen. Mehlreiche Teige (Rührteig, Hefeteig) gelingen mit der herkömmlichen Methode besser.

Einbauhöhe

Bei Herd-Sets sind Backofen und Kochmulde in einem Gerät untergebracht. Solche Modelle sind im Verhältnis zu den gebotenen Programmen preisgünstig. Allerdings spricht die Ergonomie für den erhöhten Einbau des Backrohrs, also getrennt von den Kochplatten. Man muß sich weder für die Bedienung und Reinigung des Geräts noch für die Beobachtung des Garguts bücken. Bei erhöhtem Einbau sollte man aber unbedingt auf die optimale Einbauhöhe achten. Nicht zu hoch einbauen, damit man Bleche oder einen Bratentopf bequem begutachten bzw. einschieben und entnehmen kann. Besonders wichtig ist das bei Herden mit Backwagen, wenn die Bleche nach oben weggenommen werden müssen. Auch bei herkömmlichen Klapptüren muß über die Backofentür hinweg hantiert werden! Stellen Sie sich in Küchenabteilungen von Möbelhäusern vor tatsächlich eingebaute Herde und ahmen Sie nach, in welcher Höhe Sie einen schweren Topf noch wirklich gut und sicher handhaben können. Einfacher ist die Bedienung von erhöhten Backrohren, wenn der Türanschlag seitlich ist oder die Backofentür beim Öffnen unter die Backofenmuffel gleitet.

Praktischer Hinweis:

- *Beim ersten Aufheizen eines Backofens entstehen Dämpfe, die stechend riechen. Sie können gesundheitsschädlich sein, daher gründlich lüften! Den Backofen eine gute halbe Stunde bei voller Leistung leer aufheizen; Hersteller-Angaben beachten!*

Zusatzausstattung

- *Grilleinrichtung:* Sie kann fest eingebaut sein oder nachträglich eingesteckt werden (Anschlußwert 2 000 bis 2 800 W). Manche Modelle bieten die Möglichkeit, bei kleineren Mengen nur einen Teil der gesamten Grillfläche zuzuschalten. Grillrost und Dreheinrichtung sorgen für gleichmäßige Bräunung des Gargutes. In Backöfen mit kombinierter Ausstattung ist Umluftgrillen möglich. Dabei sind Ventilator und Grillheizkörper gleichzeitig oder abwechselnd eingeschaltet, eine Drehvorrichtung ist daher überflüssig. Die Bezeichnung »Infrarotgrill« sagt lediglich aus, daß der Grillheizkörper im Betrieb rotglühend wird.
- *Programmierung:* Herde mit vielen Programmen erfordern viel Übung. Überdenken Sie Ihre Koch- und Eßgewohnheiten. Werden tatsächlich 20 Programme und mehr genutzt, oder ist das teurer, verwirrender Schnickschnack? Praktisch ist jedoch eine Zeitschaltuhr. Damit schaltet sich der Backofen automatisch ein und aus. Gutgekühlte Speisen können in solche Herde auch

mal einige Stunden vor der Mahlzeit eingeschoben werden. Fraglich sind dagegen Bratautomatik-Programme. Sie wählen bei eingestelltem Gewicht und Art des Bratens selbständig die Temperaturen und Zeitdauer zum Anbraten und Weitergaren. Man stellt zum Beispiel 2,3 kg Roastbeef oder 900 g Hähnchen ein, den Rest erledigt das Gerät von selbst. Ob nun das Rindfleisch zäh oder zart ist, das Hähnchen aus Schnellmast oder Freilandhaltung ist, bleibt eine Fehlerquelle für das Bratergebnis. Garmethoden kann man standardisieren, das Gargut nicht.

- *Temperaturregelung:* Wer häufig Brot, Pizza oder andere pikante Sachen bäckt, wird es schätzen, wenn hohe Temperaturen (bis 300 °C) eingestellt werden können. Meistens können solche Herde auch bei besonders niedrigen Temperaturen (30 °C) betrieben und aufs Grad genau eingestellt werden. Dann kann man Hefeteig darin gehen lassen oder Joghurt bereiten. Bei Geräten mit Schnellaufheizung werden auch hohe Temperaturen innerhalb weniger Minuten erreicht, zum Beispiel zum Aufbacken von Tiefkühlpizza oder fertigem Kleingebäck. Wie wichtig dieser Zeitvorteil ist, sei dahingestellt. Für manche Geräte gibt es Pizzasteine als Zubehör. Sie müssen bei hohen Temperaturen aufgeheizt werden und erfüllen ihre Funktion jeweils nur für einen Backvorgang – eine energieaufwendige und für mehrere Portionen unpraktische Vorrichtung.
- *Bratenthermometer:* Ein spießförmiges Thermometer wird in das Fleisch gesteckt. Bei Erreichen der eingestellten Temperatur schaltet der Herd automatisch ab.
- *Dampfgareinrichtung:* Zur Ober- und Unterhitze kommt ein Dampferzeuger, der die Speisen in Wasserdampf hüllt. Bei dieser Methode sollen weniger Inhaltsstoffe verlorengehen, z. B. bei Gemüse und Fleisch. Günstig ist die Dampfeinrichtung beim Brotbacken.

Backofenreinigung

Das Reinigen des Backofens ist eine unbeliebte und kraftraubende Tätigkeit. Deshalb werden die meisten neuen Herde (bis auf einige Standherde) mit einer spezielle Selbstreinigung angeboten. Unterschieden werden katalytische und pyrolytische Selbstreinigung.

- *Katalytische Reinigung:* Die Backofenseitenwände sind mit Spezialblechen ausgekleidet. Die Bleche sind mit einer Spezialemaille beschichtet, die Katalysatoren enthält. Die Katalysatoren bewirken eine Umwandlung der Fettverschmutzungen, diese verbrennen und werden als Staub ausgewischt. Zuckerverschmutzungen bleiben unverändert, sie müssen vorsichtig entfernt werden. Die Emailleschicht ist rauh und darf nicht mit

Scheuermitteln oder kratzenden Bürsten oder Schwämmen bearbeitet werden. Nach längerem Gebrauch wird die Emailleschicht von Verschmutzungen zugedeckt und kann nicht mehr wirken, dann müssen die Bleche ausgewechselt werden.

❑ *Pyrolytische Reinigung:* Der Backofen wird in einem gesonderten Programm auf etwa 500 °C aufgeheizt. Die Verschmutzungen verschwelen und können als Asche ausgewischt werden. Der Reinigungsvorgang dauert etwa 3 Stunden, dabei werden etwa 5 kWh Strom verbraucht. Pyrolytische Selbstreinigung wird nur bei Luxusherden angeboten. Sie verteuert das Gerät, weil verschiedene technische Zusatzeinrichtungen notwendig sind. Pyrolyse ist für Ofenputz-Muffel erste Wahl. Allerdings muß man ertragen können, daß der Herd zwischen den einzelnen Reinigungsgängen nicht immer in vorzeigbarem Zustand ist. Den Reinigungsgang schaltet man – je nach Häufigkeit der Nutzung – aller paar Wochen oder Monate ein, um nicht unnötig viel Energie zu verbrauchen.

❑ *Clean-Emaille:* Eine sehr glatte, daher leicht zu reinigende Emaillierung; auch unter den Bezeichnungen Antihaft-Emaille oder Öko-Emaille im Handel.

Praktische Hinweise:

■ *Bei Backöfen ohne besondere Reinigungstechnik Fettspritzer und Verschmutzungen nach jeder Benutzung mit Spülmittellauge abwischen. Dann sind aggressive Reiniger nicht notwendig.*

■ *Bei Modellen mit Pyrolyse sollte der Reinigungsvorgang wegen der dabei entstehenden Dämpfe nur betrieben werden, wenn sich niemand im Raum aufhält. Das geht am besten in separaten Küchen, die auch gut gelüftet werden können.*

Praktische Hinweise für den Kauf eines Elektroherdes:

■ *Ein neuer Herd ist eine Anschaffung, bei der sich ein Vergleich der verschiedenen Modelle lohnt. Die Preisunterschiede sind enorm: ab rund 500 Euro bis einige tausend Euro. Letztendlich ist für die Auswahl aber nicht allein der Preis entscheidend, sondern das Modell sollte vor allem auf die Koch- und Eßgewohnheiten zugeschnitten sein.*

■ *Wer möglichst preisgünstig einkaufen will, sollte ein Herd-Set wählen. Das sind die Modelle, bei denen Kochfeld und Backrohr eine Einheit bilden, also nicht getrennt voneinander eingebaut sind.*

■ *Ein erhöht eingebautes Backrohr entlastet den Rücken beim Bedienen und Reinigen, außer-*

dem können sich Kinder nicht an der heißen Backofentür verbrennen.

■ *Die Reinigung der heutigen Herde ist im Vergleich zu ihren Vorfahren einfacher geworden. Achten Sie aber auf eine vollverglaste Innenseite der Tür, damit keine Rillen und Schmutzecken die Reinigung erschweren. Backöfen, die mit Spezial-Emaille ausgekleidet sind, die besonders hart und glatt ist, lassen sich verhältnismäßig einfach reinigen. Die Seitenbleche mit katalytischer Reinigung verlieren daher an Bedeutung und auch ein wenig die pyrolytische Selbstreinigung, die ohnehin nur bei Luxusmodellen angeboten wird.*

■ *Auf gute Beleuchtung des Backofeninnenraums (von der Seite) achten, damit beim Backen auf mehreren Ebenen der Bräunungsgrad ohne Öffnen der Tür begutachtet werden kann.*

■ *Modelle mit vielen Programmen nur dann wählen, wenn sie auch genutzt werden, zum Beispiel Schnellaufheizung oder Bratautomatik-Programme.*

■ *Viele Hersteller verlangen einen Aufschlag für Teleskopauszüge, sie sind aber ihr Geld wert. Bleche und Roste können kippsicher herausgezogen werden, und man kann mit beiden Händen am Gargut hantieren. Bei herkömmlichen Schiebeleisten muß eine Hand das Blech halten – immer mit der Gefahr, daß man sich dabei verbrennt oder das Ganze kippt.*

■ *Ein Backwagen gibt einen guten Überblick über das Gargut. Wirklich praktisch ist er aber nicht, denn wenn man auf mehreren Ebenen bäckt, muß man erst die oberen Bleche aushängen, bis man ans untere gelangt – mehr Handgriffe, mehr Verbrennungsgefahr.*

■ *Genügend Backbleche gleich beim Herdkauf besorgen, manchmal ist Nachkaufen schwierig.*

■ *Wer einen großen Haushalt hat oder oft Gäste bewirtet, liebäugelt vielleicht mit einem überbreiten Backrohr (70 cm). Doch diese Anschaffung ist teuer und hat hohe Energiekosten zur Folge, die nur dann sinnvoll eingesetzt sind, wenn wirklich das Backrohr vollgepackt ist, zum Beispiel mit mehreren Braten, Broten oder Kuchen. Praktischer sind stattdessen zwei Backrohre, die es als Doppelbacköfen gibt. Diese Variante ist energiesparender, weil die Backrohre nach Bedarf auch einzeln, aber auch mit unterschiedlicher Beheizungsart und/oder Temperatur genutzt werden können.*

■ *Glaskeramik-Kochfelder sind inzwischen Standard. Große qualitative Unterschiede gibt es nicht. Beim Kauf können daher Preis, Ausstattung der Felder und Design im Vordergrund stehen. Praktisch sind Zweikreis- oder Bräterzonen.*

- *Versenkbare Schalterleisten sind als Kindersicherung empfehlenswerter als Schalterleisten, die auf der Kochfeld-Ebene angebracht sind. Sie können bei Verwendung größerer Töpfe stören, zudem entstehen Schmutzecken.*
- *Wenn der neue Herd im Haus ist, sollte man sich umgehend die Gebrauchsanweisung vornehmen und sich von Anfang an intensiv einarbeiten. Neue Koch- und Backmethoden sollten zügig ausprobiert und angewendet werden, damit man das Können des neuen Geräts zeit- und energiesparend einsetzen kann. Als Gedächtnisstütze ist es hilfreich, sich ein Notizheft zurechtzulegen und bei den jeweiligen Gerichten Temperatur, Einschubhöhe, Beheizungsart sowie Brat- und Backergebnis zu notieren, bis man den Ofen aus dem Effeff beherrscht.*

5.2. Gasherde

Gasherde haben immer noch den Ruf, altmodisch zu sein – zu Unrecht, denn sie bieten den gleichen Komfort wie Elektroherde. Gasherde haben darüber hinaus den Vorteil, daß die Hitze sofort zur Verfügung steht, stufenlos regulierbar ist und keine Nachwärme entsteht. Allerdings steht ein Anschluß an das Gasnetz nicht überall zur Verfügung, Ausweichmöglichkeit ist Flüssiggas. Zu beachten ist bei Gasherden, daß der seitliche Mindestabstand zum nächsten Hochschrank mindestens 30 cm beträgt. Die Dunstabzugshaube sollte mindestens 90 cm über den Kochstellen hängen.

Bauarten

Wie bei Elektroherden gibt es auch bei Gasherden Stand-, Einbau- und Unterbaugeräte. Die Brenner der Kochmulde und des Backofens werden mit Gas beheizt. Es besteht die Möglichkeit, einen Elektrobackofen mit einer Gaskochmulde zu kombinieren. Für Beleuchtung, Zündung und Ventilator ist ohnehin Stromanschluß notwendig.

Praktische Hinweise:

- *Gasherde dürfen nur vom Fachmann angeschlossen werden.*
- *Wie bei Elektroherden gilt: einen neuen Backofen mindestens eine halbe Stunde leer aufheizen, damit schädliche Dämpfe entweichen.*

KOCHMULDE

Die Kochmulde ist mit 4 – 6 Brennern ausgestattet, die verschiedene Leistungen bieten. Auch Gaskochstellen können so geregelt sein wie Automatikkochplatten beim Elektroherd, d. h. nach dem Ankochen schaltet der Herd automatisch auf die Fortkochstufe zurück. Die Kochstellen können mit einer Glaskeramikplatte abgedeckt sein. Durch das Glaskeramikkochfeld wird der Vorteil der sofortigen Hitzezufuhr bzw. -wegnahme verzögert.

Die Zündung des Gases erfolgt nur noch bei sehr alten Herden von Hand, alle neuen Geräte haben eine Zündeinrichtung. Auch eine Zündsicherung ist bei jedem Gerät vorgesehen, dadurch wird das Ausströmen von unverbranntem Gas verhindert. Gaskochstellen bieten nicht nur den Vorteil, daß die Hitzezufuhr genau und schnell reguliert werden kann, sie sind auch leicht zu reinigen. Meist sind die Brennerdeckel mit selbstreinigendem Material beschichtet. Ein weiterer großer Vorteil: Jedes Geschirr kann verwendet werden, auch nicht ganz ebene oder verbeulte Töpfe.

BACKOFEN

Der Backofen wird beheizt durch einen Ringheizkörper. Zündung und Zündsicherung funktionieren wie bei den Brennern. Die Temperatur ist in Stufen von 1 – 8 regelbar.
Umluftbetrieb, Zeitschaltautomatik und Grillheizkörper sind beim Gasbackofen möglich, Luxusherde sind damit ausgestattet.

Praktische Hinweise für den Kauf eines Gasherdes:

- *Bevor Sonderausstattung gekauft wird, genau überlegen, ob diese auch genutzt wird.*
- *Eine aushängbare Backofentür erleichtert die Reinigung.*
- *Beim Backen und Braten ist der Elektrobackofen dem Gasbackofen überlegen. Durch die fehlende Oberhitze bei Gasbacköfen ohne Umluft bräunen flache Kuchen ungleichmäßiger als im Elektrobackofen.*

Holzherd

Der Holzherd spielt heutzutage als reiner Kochherd eine untergeordnete Rolle. Am häufigsten zu finden ist er noch in ländlichen Haushalten. Gleichzeitig dient der Holzherd als Raumheizung. Er muß von Zeit zu Zeit gekehrt, d. h. entrußt werden. Die Herdplatte täglich reinigen, Verschmutzungen brennen sehr stark ein und können nur schwer entfernt werden. Als Reinigungsmittel sind Scheuerpulver, Scheuersand, verseifte Stahlwolle empfehlenswert.

5.3. Mikrowellengeräte

Funktionsweise

Im Gegensatz zu den gewohnten Garmethoden, bei denen die Wärme dem Lebensmittel von außen zugeführt wird, z. B. durch Wasser oder Fett, entsteht im Mikrowellengerät die Wärme im Lebensmittel selbst. Ausgelöst wird dieser Vorgang durch die Mikrowellen. Das sind elektromagnetische Wellen, die die kleinsten Speisenbestandteile (Moleküle) in Schwingung bringen, so daß sie sich aneinander reiben. Durch diese Reibung wird Wärme erzeugt. Garraum und Geschirr werden lediglich durch die Wärmeabgabe der erhitzten Speisen erwärmt. Sobald die Tür des Gerätes geöffnet wird, schaltet es sich ab.

Die Mikrowellen werden im Gerät vom Magnetron erzeugt und über eine Antenne in den Garraum eingeleitet. Damit sich die Wellen im Gerät gleichmäßig verteilen, werden sie zusätzlich über einen Wellenrührer (Wobbler) geführt. Für eine gleichmäßige Verteilung der Mikrowellen im Gargut kann auch ein Drehteller eingebaut sein.

Eigenschaften der Mikrowellen

- Mikrowellen werden von Metallen reflektiert (zurückgeworfen). Lebensmittel, die sich in geschlossenen Metallgefäßen befinden, z. B. Edelstahltopf, werden nicht erwärmt. Deshalb kann im Mikrowellengerät kein Metallgeschirr verwendet werden. Auch Geschirr mit Metalldekor (Goldrand) ist ungeeignet, es kann zerspringen.
- Mikrowellen durchdringen Glas, Keramik, Papier, Pappe, Kunststoff und Porzellan fast verlustlos. Geschirr aus diesen Materialien kann daher in der Mikrowelle gut verwendet werden.
- Mikrowellen werden von Lebensmitteln aufgenommen (absorbiert) und in Wärme umgewandelt. Wie schnell sich ein Lebensmittel erwärmt, hängt von Art (Fleisch, Gemüse) und Zustand (gefroren, zimmerwarm) ab. Am schnellsten und gleichmäßigsten erwärmen sich Lebensmittel mit einem hohen Wasser-, Fett- und Zuckergehalt. Bei flüssigen oder breiigen Speisen hilft kurzes Umrühren, um sie gleichmäßig zu erhitzen.
- Besonders bei Fertiggerichten fällt auf, daß Mikrowellen in der Speise kalte und heiße Stellen erzeugen, deshalb: Lieber bei geringerer Leistung länger erwärmen. Die kalten Stellen können problematisch sein bei Lebensmitteln, die gleichmäßig erhitzt bzw. durchgegart werden müssen, um Krankheitskeime abzutöten, z. B. Salmonellen.

Weil sich auch Flüssigkeiten ungleichmäßig erhitzen, ist es notwendig, einen Glasstab in den Behälter zu stellen. Dadurch wird die sogenannte Siedepunktsverzögerung vermieden, die dazu führt, daß kochende Flüssigkeiten plötzlich übersprudeln. Vor dem Trinken von Flüssigkeiten unbedingt umrühren. Wichtig ist das vor allem auch, wenn das Fläschchen für das Baby in der Mikrowelle erwärmt wird.

Vorteile des Mikrowellengerätes

- Schonende Zubereitung: Durch die kurzen Garzeiten werden die hitzeempfindlichen und wasserlöslichen Vitamine geschont. Die Speisen können im eigenen Saft oder mit nur sehr wenig Wasser gegart werden, sie werden nicht ausgelaugt und behalten ihren typischen Geschmack. Starkes Salzen oder Würzen kann entfallen, ebenso Fettzugabe. Die Bereitung von Diätkost ist problemlos, es bilden sich keine unerwünschten Röststoffe.
- Zubereitung im Serviergeschirr ist möglich.
- Einfache Bedienung: Das Gerät schaltet sich automatisch ab, auch Kinder und ältere Menschen können gut damit umgehen.
- Einfache Pflege: Da der Garraum kalt bleibt, kann nichts einbrennen.
- Zeit- und Energieersparnis.

Sicherheit der Mikrowellengeräte

Mikrowellengeräte werden strengen Sicherheitskontrollen unterzogen und sind so gebaut, daß die Mikrowellen nur bei geschlossenem Garraum erzeugt werden. Sicherheit gewährleisten das VDE- und GS-Zeichen (siehe S. 265). Die dennoch austretende sogenannte Leckstrahlmenge ist bereits in 5 cm Entfernung vom Gerät so gering, daß eine Gefährdung ausgeschlossen werden kann. Es sollte jedoch darauf geachtet werden, daß Kinder nicht mit der Nasenspitze an der Garraumtür die Vorgänge im Inneren beobachten. Die Geräte sind so konstruiert, daß sich die Leckstrahlrate bei sachgemäßem Gebrauch während der Lebensdauer der Geräte nicht verschlechtert.

Die Qualität der Lebensmittel wird durch Garen mit Mikrowellen nicht beeinträchtigt. Es bleibt keine Strahlung in den Speisen zurück. Es gibt bisher auch keine Beweise, daß die Erhitzung durch Mikrowellen die Lebensmittel negativ verändert. Die Behauptung, beim Erhitzen von Milch würden sich giftige Eiweißstoffe bilden, konnte nicht bewiesen werden. Wer Mikrowellengeräten trotz aller Unbedenklichkeitsnachweise der Wissenschaft nicht »traut«, sollte im eigenen Haushalt darauf verzichten.

Anschluß

Der Anschlußwert von Mikrowellengeräten liegt bei 1000 bis 2000 W. Etwa die Hälfte davon wird benötigt für die Erzeugung der Mikrowellen, die übrige Leistung steht für das Garen der Lebensmittel zur Verfügung.

Mikrowellengeräte können an jede Schutzkontaktsteckdose angeschlossen werden, die mit mindestens 10, besser 16 A abgesichert ist. Kombinationsgeräte (Mikrowelle plus herkömmliche Beheizungsarten) benötigen eine Absicherung von 16 A. Es sollte darauf geachtet werden, daß nicht zu viele Geräte an diesem Stromkreis hängen, um Überlastung zu verhindern.

AUSSTATTUNG VON MIKROWELLENGERÄTEN

Zur Grundausstattung gehören Leistungswahl und Zeitwahl.

Leistungswahl

Beim Einsatz von Mikrowellengeräten ist es wichtig, die Leistung des Gerätes zu regulieren, denn Mikrowellen durchdringen das Lebensmittel nicht gleichmäßig, sondern garen von außen nach innen. Für das Auftauen eines Lebensmittels oder Garen eines dicken Bratenstückes muß z. B. die Leistung reduziert werden, damit nicht die äußeren Schichten schon gar sind, während der Kern noch gefroren ist. Die Leistung kann je nach Bauart des Gerätes stufenlos (10–100 %) oder mit Stufen- bzw. Leistungswahlschaltern geregelt werden. Die Mikrowelle gart zwar schnell, aber diese Schnelligkeit darf nicht übertrieben werden, damit genügend Zeit zur Verfügung steht, daß sich die Temperatur im Lebensmittel gleichmäßig verteilt. Wird ein Mikrowellengerät nicht nur zum Erwärmen, sondern auch zum Kochen verwendet, sollten mindestens 4 Leistungsstufen vorhanden sein:
❏ 2 Auftaustufen (niedrige Stufe für empfindliche Speisen wie Sahnetorten, Gebäck, Brot, Butter, Beeren; höhere Stufe für Fleisch)
❏ Fortkochstufe
❏ Garstufe.

Zeitwahl

Mit dem Zeitschalter wird die Gardauer eingegeben. Nach Ablauf der eingegebenen Zeit schaltet sich das Gerät automatisch ab. Auch bei der Zeitwahl kann zwischen mechanischen und elektronischen Anzeigen gewählt werden. Die elektronische Zeiteinstellung erfolgt sekundengenau in Verbindung mit einer Digitalanzeige. Die mechanischen Zeitschalter sind sehr leicht zu bedienen (vor allem auch von Kindern und älteren Menschen). Diese Geräte sind billiger.

Sonderausstattung

Als Sonderausstattung werden angeboten: Temperaturwahl, Programmwahl, Automatikprogramm, Rost, Bräunungselement. Dieses Sonderzubehör schlägt sich natürlich im Preis nieder.

Einsatzbereiche des Mikrowellengerätes

Das Mikrowellengerät (Sologerät) ist kein Ersatz für einen Herd, sondern nur ein Zusatzgerät. Es ist geeignet zum Auftauen, Erwärmen, Garen, Schmelzen und Trocknen von Lebensmitteln. Zeit und Energie können allerdings nur bei kleinen Portionen gespart werden.
❏ *Auftauen:* Im Mikrowellengerät kann sehr schnell und schonend aufgetaut werden. So benötigt ein Hähnchen von etwa 1000 g bei Raumtemperatur eine Auftauzeit von etwa 8 Stunden, im Mikrowellengerät mit der Auftaustufe (180–240 W) 30–40 Minuten.
❏ *Erwärmen und Garen:* Doppelte Menge braucht fast die doppelte Zeit. Je größer also die Portion, desto geringer sind Zeit- und Energievorteil. Beispiel: 250 g Kartoffeln garen in 7 Minuten, 500 g brauchen fast doppelt so lange.

Am rationellsten, zeit- und energiesparendsten gart ein Mikrowellengerät bei kleinen Mengen für eine oder zwei Personen. Bei Gerichten für drei Personen ist bei vielen Lebensmitteln die herkömmliche Kochplatte genausoschnell, ab vier Personen sogar günstiger.

Einige Lebensmittel können nur mit Einschränkungen im Mikrowellengerät gegart werden:
❏ Die Gerichte bekommen keine knusprigbraune Haut. Backen im herkömmlichen Sinn oder Überkrusten ist nur bei Kombinationsgeräten (Mikrowelle kombiniert mit Ober- und Unterhitze, Grill oder Heißluft) möglich.
❏ Manche Gerichte sollten grundsätzlich auf herkömmliche Art zubereitet werden: alle Pfannengerichte (Schnitzel, Kotelett, Bratwürste, Pfannkuchen), viele Backwaren (Kuchen, Brot), fritierte Speisen (Pommes frites, Kroketten), alle Lebensmittel mit fester Schale (Würstchen, Eier). Gemüse und Obst mit harter Schale, z. B. Kartoffeln, Paprika, Tomaten, vor dem Garen mehrmals mit einer Gabel anstechen, dann platzen sie nicht auf.
❏ Ungleichmäßig dicke Teile, z. B. Fische, Gemüse oder Hähnchenschenkel, immer sternförmig in die Schüssel legen, dann werden alle Teile zur selben Zeit gar.

Reinigung und Pflege

Das Mikrowellengerät ist leicht sauberzuhalten. Spritzer brennen nicht fest. Der Garraum muß lediglich hin und wieder mit etwas Spülmittellauge ausgewischt werden, ebenso die Garraumtür und die Dichtungen. Keine Scheuermittel oder kratzende Schwämme verwenden!

Falls stark riechende Lebensmittel gegart wurden, verschwindet der Geruch schnell, wenn eine Tasse Zitronenwasser 1 – 2 Minuten gekocht wird. Gleichzeitig lösen sich Verkrustungen an der Garraumwand.

Geschirr für die Mikrowelle

Geeignet sind alle Geschirre, die nicht oder nur wenig von der Mikrowelle erhitzt werden. Um das festzustellen, wendet man den Geschirrtest an: Leeres Gefäß in das Gerät stellen und etwa 30 Sekunden volle Leistung einstellen. Bleibt das Geschirr kalt oder handwarm, ist es geeignet. Ausnahme: Steingut kann heiß werden. Runde Formen sind besser geeignet als ovale oder eckige (außer das Gerät hat keinen Drehteller). Größere flache Formen sind günstiger als kleinere hohe. Für das Mikrowellengerät muß also kein gesondertes Geschirr angeschafft werden.

Glas

Die Mikrowellen durchdringen Glas ungehindert, und die Gerichte erhalten die volle Mikrowellenenergie. Außerdem kann der Garvorgang genau beobachtet und die Speisen können im Kochgeschirr serviert werden. Ungeeignet sind Bleikristall, aber auch sehr feines Glasgeschirr oder Gläser sowie Glasschalen mit einem gerändelten Rand und Metalldekor. Sie können durch die Wärme des Lebensmittels platzen. Auch bei Glasgeschirr, das einen Sprung hat, besteht diese Gefahr.

Porzellan

Geschirr aus Porzellan ist gut geeignet. Ausnahme ist Geschirr mit einer Metallauflage, z. B. Gold- oder Silberrand, oder sehr dünnes Porzellan.

Glas- und Vitrokeramik

Dieses Geschirr wird im Handel als mikrowellengeeignet angeboten. Es läßt sich besonders vielseitig einsetzen, denn es verträgt auch die Temperaturen auf dem Herd, im Backofen und Gefriergerät, außerdem ist es spülmaschinenfest. Das Material speichert Wärme sehr gut.

Keramik, Steingut, Ton

Diese Materialien sind ebenfalls sehr gut geeignet. Es ist darauf zu achten, daß die Gefäße keine großen unglasierten Flächen (z. B. Boden) oder Risse in der Glasur haben. Das Geschirr nimmt sonst beim Spülen Feuchtigkeit auf und erwärmt sich dann im Mikrowellengerät sehr stark. Bemaltes Steingut ist geeignet, wenn das Dekor unter der Glasur sitzt; es sollte als mikrowellengeeignet gekennzeichnet sein.

Der Tontopf (»Römertopf«) ist nur bedingt geeignet. Er nimmt sehr viel Wärme auf und kann platzen.

Papier, Pappe, Pergament

Diese Materialien sind nur für kurze Garzeiten zu empfehlen. Sie sind aber gut geeignet als Abdeckung, wenn z. B. Frühstücksspeck gebraten wird oder Kräuter getrocknet werden.

Kunststoffe

- Kunststoffgeschirr muß Temperaturen von mindestens 140 °C aushalten, damit es sich nicht verformt. Es gibt spezielles Kunststoffgeschirr für die Mikrowelle. Es ist kältebeständig bis –40 °C und hitzebeständig bis 140 oder 210 °C. Damit kann in einem Gefäß gegart, tiefgefroren, wieder erwärmt und gegebenenfalls serviert werden. Allerdings sollte auf Kunststoff nicht geschnitten werden.
- Kunststoffgeschirr, das als spülmaschinenfest gekennzeichnet ist, eignet sich auch für die Mikrowelle. Kunststoffgeschirr ohne Kennzeichnung ist meist nur zum Auftauen verwendbar.
- Tiefkühldosen ohne weitere Angaben (z. B. hitzebeständig) eignen sich nur zum kurzfristigen Erwärmen auf Eßtemperatur.
- Kunststoffgeschirr aus Melamin und Ornamin (angegeben) eignet sich nicht, weil es Energie aufnimmt und heiß wird.
- Brat- oder Kochbeutel aus Kunststoff können zum Erwärmen und Garen verwendet werden. Sie müssen jedoch vorher eingestochen werden, damit der Dampf austreten kann. Nicht mit Metallklipsen verschließen.
- Zum Abdecken der Speisen während des Garens kann man statt Folie auch einen Teller nehmen.

Metall

Metallgeschirr, Alufolie und Besteck gehören nicht in die Mikrowelle. An Metallen prallen die Mikrowellen ab, gelangen zum Magnetron zurück und können es beschädigen.
Ausnahmen: Beim Auftauen von ungleichmäßigen Fleischstücken (Geflügel, Fisch) können die flacheren Teile mit einem kleinen Stück Alufolie abgedeckt werden, damit sie nicht durchgaren. Die Folie wird nach der halben Auftauzeit entfernt. Wichtig ist jedoch, daß die Folie mindestens 2 cm von den Garraumwänden entfernt und der abgedeckte Teil verhältnismäßig klein ist, damit die Wellen nicht abgeschirmt werden.

- Fertiggerichte in Aluschälchen können nach dem Entfernen des Deckels auch in der Schale erwärmt werden. Allerdings dauert das Erwärmen dann länger, weil die Mikrowellen nur von oben an das Gargut gelangen.

❑ Metallspieße und Rouladennadeln können verwendet werden, wenn die Fleischstücke sehr viel größer sind als die Metallteile.

Bräunungsgeschirr
Mit diesem speziellen Geschirr kann eine Bräunung erzielt werden. Es wird vor der Verwendung bei voller Leistung aufgeheizt, dabei werden Temperaturen bis zu 330 °C erreicht. Wird nun Gargut daraufgelegt, bräunt es, beim Wenden reicht die Wärme allerdings für die 2. Seite nur bedingt. Die Speisen müssen vollständig aufgetaut sein, bevor sie auf das Bräunungsgeschirr gelegt werden, denn Eiskristalle verhindern die Bräunung. Der Einsatz des Bräunungsgeschirrs sollte auf Ausnahmen beschränkt werden, weil der Energieverbrauch sehr hoch ist. Eine wesentlich günstigere Methode besteht darin, Fleisch z. B. in der Pfanne anzubraten und in der Mikrowelle fertigzugaren. Außerdem erhalten Fleischstücke mit einer Garzeit von mehr als 20 Minuten auch im Mikrowellengerät eine gewisse Bräunung.

Wann ist der Kauf eines Mikrowellen-Sologerätes sinnvoll?

Ein Mikrowellengerät mag praktisch sein, wird aber nicht in jedem Haushalt benötigt. Vor dem Kauf sollte man sich kritisch fragen, ob diese Anschaffung sinnvoll ist:
❑ Günstig ist das Gerät in Haushalten mit unterschiedlichen Essenszeiten, z. B. wenn Schulkinder zu versorgen sind. Das Gericht kann gleich portioniert auf dem Teller angerichtet und abgedeckt so lange im Kühlschrank aufbewahrt werden, bis es benötigt wird. Ständiges Aufwärmen oder Warmstellen entfällt.
❑ Zeitsparend ist das Gerät in Haushalten mit »Sondermahlzeiten« für einzelne Familienmitglieder, z. B. Diätkost, Babykost.

Mikrowellengerät

❑ Günstig ist das Gerät auch in einem Ein- oder Zweipersonenhaushalt, in dem es darauf ankommt, kleine Gerichte schnell und energiesparend zuzubereiten. In diesem Fall ist es besonders rentabel, für mehrere Tage vorzukochen, einzufrieren und portionsweise zu erwärmen.
❑ Vorteilhaft ist die Mikrowelle, wenn oft vorgekochte, eingefrorene Mahlzeiten erwärmt werden.

Falls Sie sich für den Kauf eines Mikrowellengerätes entscheiden, helfen folgende Tips für die richtige Auswahl:
❑ Die Bauart: Wandgeräte benötigen keinen Stellplatz und sind daher günstig für Haushalte mit wenig Stellfläche. Tischgeräte werden auf die Arbeitsplatte gestellt, für Kleinhaushalte sind sie auch mit einer Kochstelle zu haben. Beim Kauf die Maße berücksichtigen. Einbaugeräte können in einen Küchenhochschrank eingebaut werden, das ist ebenfalls eine platzsparende Alternative. Integrierte Geräte bieten Mikrowelle und herkömmliche Beheizungsarten in einem Gerät (Backofen oder Kombinationsgerät).
❑ Die Garleistung sollte nicht unter 500 W liegen. Erfahrungsgemäß wird die Mikrowelle mehr zum Auftauen und Erwärmen genutzt, dafür reichen 500 W. Wenn mit der Mikrowelle häufig richtig gekocht wird, kann ein leistungsstärkeres Gerät sinnvoll sein.
❑ Bedienung: Das Gerät sollte einfach zu bedienen sein, damit auch Kinder und alte Menschen damit umgehen können.
❑ Verwendung: Wird ein Mikrowellengerät hauptsächlich angeschafft, um damit aufzutauen oder kleine Mahlzeiten zu erwärmen, reicht ein einfaches Gerät ohne Zusatzeinrichtungen aus.

Mikrowellen-Kombinationsgeräte

Ein Solo-Mikrowellengerät hat seine Grenzen bei der Zubereitung von Speisen. Es bildet sich keine Kruste, Backen und Braten gelingen also nur bedingt. Diesen Mangel gleichen Kombinationsgeräte aus. Mikrowelle und herkömmliche Beheizungsarten (Heißluft, Ober- und Unterhitze, Grill) sind hier miteinander kombiniert. So kann z. B. ein Braten erst mit Mikrowelle gegart werden, anschließend Ober- und Unterhitze zugeschaltet werden, um ihn zu bräunen.

VORTEILE UND NACHTEILE VON KOMBINATIONSGERÄTEN

❑ Kürzere Back-, Brat- oder Grillzeiten (50–60 % weniger).
❑ Bräunung der Speisen.
❑ Verhältnismäßig hoher Preis.

❑ Der Garraum kann nur für einen Vorgang genutzt werden. Zwei Sologeräte können dagegen parallel eingesetzt werden, z. B. Braten im konventionellen Backrohr, Gemüse garen in der Mikrowelle.

❑ Magere Braten (Kalb, Rind) gelingen besser im Herd ohne zusätzliche Mikrowelle.

❑ Erschwerte Reinigung: Da der Garraum heiß wird, brennen Verschmutzungen ein. Bei Geräten mit fest eingebautem Grill nimmt im Laufe der Zeit die Deckenverschmutzung zu, eine einwandfreie Funktion der Mikrowelle wird dann nicht mehr erreicht. Längere Garzeiten und erhöhter Stromverbrauch sind die Folge.

❑ Mit Kombinationsgeräten kann zwar gebraten und gebacken werden, manche Gerichte gelingen jedoch auf herkömmliche Art viel besser: Biskuitteig, Gebäck aus Eiweißmasse (Baiser, Makronen), Vollkornbrot, Soufflé, Kleingebäck (Weihnachtsplätzchen), gegrillte Leber, Bratwürste, Steaks.

❑ Kombinationsgeräte liefern gute Ergebnisse beim Backen von dickeren, saftreichen Gebäcken (Quarktorte, Apfelstrudel) oder bei Aufläufen (Nudelauflauf, Quarkauflauf). Alle mehlreichen Teige (Hefe-, Rühr-, Brandteig), die Zeit zum Quellen und Verkleistern brauchen, gelingen besser mit herkömmlichen Methoden.

❑ In Ein- oder Zweipersonenhaushalten sowie in Ferienwohnungen kann das Kombinationsgerät den Herd ersetzen.

5.4. Grillgeräte

Gegrillt werden kann sowohl im Elektro- und Gasbackofen, der mit einem Grillheizkörper ausgestattet ist, als auch in separaten Tischgrillgeräten.

Grillen im Backofen

Im Backofen ist der Grillheizkörper fest eingebaut oder einsteckbar. Einsteckgrills haben den Vorteil, daß die Backenofendecke gut gereinigt werden kann. Sie haben einen Anschlußwert von 2000 bis 2800 W. Als Zubehör zu Grillheizkörpern gibt es Grillroste und Drehgrillvorrichtungen, damit z. B. Hähnchen oder Rollbraten gleichmäßig garen und bräunen. Bei Herden mit Umluftgrill ist die Drehvorrichtung nicht notwendig, weil die heiße Luft durch das Gebläse verteilt wird. Der Grillheizkörper verbraucht viel Energie. Deshalb ist es praktisch, wenn es je nach Menge des Grillguts in zwei Teilen zugeschaltet werden kann. Früher war es bei fast allen Herden notwendig, beim Grillen die Backofentür einen Spalt zu öffnen, um eine

Überhitzung zu vermeiden. Das ist bei den neuen Herden (Elektro wie Gas) nicht mehr notwendig und spart daher viel Energie.

Tischgrillgeräte

Tischgrillgeräte arbeiten als Strahlungs-, Heißluft- oder Kontaktgrillgeräte. Sie können zwar transportiert werden (z. B. ins Eßzimmer), brauchen aber zusätzlichen Stellplatz. Nachteilig ist bei Tischgrillgeräten auch, daß sie z. T. sehr heiß werden und Verschmutzungen stark einbrennen.

STRAHLUNGSGRILL

Beim Strahlungsgrill werden die Speisen durch die abstrahlende Hitze eines Grillheizkörpers gegrillt. Sie haben einen Anschlußwert von 1000 bis 1800 W, die Leistung kann in Stufen geschaltet werden (meist drei Stufen).

Bei manchen Strahlungsgrills kann die Garraumtür ganz verschlossen werden. Zusätzlich ist eine Unterhitze eingebaut, so daß in diesen Geräten auch gebacken werden kann (Backgrill). Ein Backgrill ist besonders geeignet für Ein- oder Zweipersonenhaushalte, in denen selten gebacken wird.

Bei der Auswahl eines Strahlungsgrills darf nicht vergessen werden, daß das Gerät nach jedem Gebrauch gereinigt werden muß. Edelstahl als Garraumauskleidung oder für die Außenverkleidung sieht zwar schön aus, ist aber äußerst pflegeaufwendig. Viel leichter reinigen lassen sich emaillierte Oberflächen. Um eine bessere Reflexion der Hitze zu erreichen, können die Innenwände mit Alufolie ausgekleidet werden, dies erleichtert zudem die Reinigung.

Katalytisch beschichtete Innenwände (siehe S. 278) brauchen nicht gereinigt zu werden, allerdings sind solche Geräte auch teurer. Diese Anschaffung ist dann zu empfehlen, wenn sehr oft gegrillt wird.

KONTAKTGRILL

Kontaktgrills haben zwei beheizte Flächen, zwischen denen das Grillgut durch den Kontakt mit den Heizflächen gegart wird. Gegrillt werden können flache Grilladen (Steaks, Hackfleisch, Würstchen). Teilweise sind Kontaktgrills aufklappbar, so daß die Grillfläche vergrößert wird. Allerdings muß dann das Grillgut gewendet werden.

Die Platten von Kontaktgrills sind meist beschichtet, um die Reinigung zu erleichtern. Günstig sind herausnehmbare Platten.

Kontaktgrills lassen sich umrüsten, z. B. zu Waffeleisen oder Raclettegerät. Der Anschlußwert beträgt etwa 2000 W.

5.5. Dampfgargeräte

Diese Technik, die in Großhaushalten bereits seit langem genutzt wird, zieht nun auch in private Haushalte ein: Lebensmittel liegen auf gelochten Blechen bzw. in gelochten Behältern und werden durch Wasserdampf gegart. Diese Zubereitungs-methode hat viele Vorteile:

- ◻ Es gehen kaum wertvolle Nährstoffe verloren, wenn punktgenau gegart wird.
- ◻ Es kann Fett eingespart bzw. ganz auf Fettzu-gabe verzichtet werden, weil die Speisen nicht anbrennen können.
- ◻ Die Lebensmittel sind bekömmlich, weil es nicht zur Bräunung kommt.
- ◻ Geschmack und Aussehen von Gemüse bleiben erhalten.
- ◻ Empfindliche Lebensmittel wie Fisch bleiben zart, behalten den Eigengeschmack und trock-nen nicht aus.
- ◻ Mageres Fleisch bleibt schön saftig; Dämpfen bei Niedrigtemperatur führt zu perfekten Ergeb-nissen.
- ◻ In Kombinationsgeräten (Dampf plus her-kömmliche Beheizungsarten) werden Brot und Gebäck besonders locker und bekommen eine schöne Kruste.
- ◻ Fertige Speisen können gut aufgewärmt bzw. regeneriert werden, was etwa bei Gästebewir-tung praktisch ist.
- ◻ Je nach Gerätemodell kann ohne jegliche Auf-sicht und ohne Aufgießen etc. gegart werden, da beim Garen im Dampf keine Gefahr des An- oder Verbrennens von Speisen besteht.

Bauarten

Dampfgargeräte gibt es in verschiedenen Aus-führungen:

Tischgeräte sind steckerfertig und werden einfach auf die Arbeitsfläche gestellt. Das für die Dampf-erzeugung benötigte Wasser wird in einen Tank gefüllt. Der Dampf wird durch Heizelemente erzeugt oder indem das Wasser auf eine heiße Platte tropft.

Einbaugeräte sind meist erhöht eingebaut. Man-che Modelle arbeiten mit Druck, ähnlich einem Dampfdrucktopf. Das Wasser für den Dampf wird in einen Tank gefüllt, es gibt aber auch Geräte mit festem Wasseranschluß. Viele Geräte bieten die Möglichkeit, auf zwei Ebenen zu garen. Für das punktgenaue Garen im Druckgerät ist viel Erfahrung notwendig, denn schon eine halbe Minute zuviel Garzeit macht aus dem knackigen Gemüse Mus.

Kombinierte Dampf-Backöfen, das heißt Back-öfen, die zum Dampfgaren noch Heißluft oder alle anderen herkömmlichen Beheizungsarten noch die Möglichkeit des Dampfgarens bieten. Auch hier gibt es Modelle mit Wasserbehälter oder mit Wasseranschluß (ein Wasserablauf muß dann ebenfalls vorhanden sein).

Praktische Hinweise:

- ▪ *Bevor ein Dampfgarer angeschafft wird, sollte überlegt werden, ob gedämpfte Lebensmittel tatsächlich dem Geschmack der Familie ent-sprechen bzw. die Bereitschaft da ist, sich umzustellen. Will die Familie auf leichtere Kost umsteigen, oder sind hauptsächlich Schmorge-richte und Braten mit guter Bräunung gefragt?*
- ▪ *Ein bereits vorhandener Dampfdrucktopf bzw. ein Dämpfeinsatz in einem größeren Kochtopf reicht für kleine Mengen aus. Ein Zusatzgerät kostet Geld und nimmt Platz weg.*
- ▪ *Der Garraum des Dampfgargeräts sollte nach Möglichkeit voll genutzt werden, um die Ener-gie effektiv zu nutzen.*
- ▪ *Die (teuren) »Alleskönner« erfordern die Be-reitschaft, sich intensiv in die Benutzung des Geräts einzuarbeiten und sich auf eine neue Garmethode umzustellen. Nur dann werden die vielen Funktionen im Alltag auch genutzt.*
- ▪ *Ein Dampfgarer (ohne Zusatzfunktionen) kann einen Backofen nicht ersetzen, nur ergänzen! Wenn die Anschaffung eines Backofens ansteht, kann ein Kombinationsgerät dieses Problem lösen.*
- ▪ *Bei Geräten mit Festwasseranschluß und not-wendigem Wasserabfluß den Installationsauf-wand beachten. Üblicherweise ist in Küchen kein zweiter Wasserzu- und -ablauf vorhanden.*

Reinigung

- ◻ Garraum nach der Benutzung auswischen bzw. austrocknen, Restwasser entleeren.
- ◻ Kalkflecken sind umständlich zu beseitigen, wenn sich die Einschubleisten nicht abnehmen oder Heizschlangen nicht abklappen lassen; beim Kauf auf entsprechende Bauweise achten.
- ◻ Bei stark kalkhaltigem Wasser darauf achten, daß sich die Dampfdüsen nicht zusetzen.

5.6. Küchenmaschinen

Bei den Küchenmaschinen werden Stand- und Kompaktküchenmaschinen sowie Handrührgeräte unterschieden. Kombiniert mit verschiedenem Zubehör erleichtern sie viele Arbeiten, z. B. Kne-ten, Rühren, Schnitzeln, Mixen, Raspeln, Reiben. Mit dem Einsatz einer Küchenmaschine werden nicht nur Kraft und Zeit gespart, meist wird auch ein besseres Arbeitsergebnis erzielt als bei entsprechender Handarbeit.

Standküchenmaschinen

Die Standküchenmaschine besteht aus einem Motorblock mit 2–4 Antriebswellen, die verschiedene Drehgeschwindigkeiten haben. Ein Antrieb hat hohe Drehzahlen für den Gebrauch von Mixer und Saftzentrifuge. Die Antriebswelle für den niedrigen Drehbereich ist z. B. zum Schlagen von Sahne, Rühren und Kneten von Teig.
Standküchenmaschinen haben einen Anschlußwert von 300–850 W. Die Leistung kann reguliert werden durch Stufenschalter oder elektronische, stufenlose Schaltung. Stufenlose Schaltung hat den Vorteil, daß auch bei höherer Belastung die Drehzahl gleich bleibt.

GRUNDAUSSTATTUNG

Zur Grundausstattung gehören Rühr- und Knetwerkzeuge mit Schüssel, manchmal auch der Mixer. Beim Kauf auf das Fassungsvermögen der Rührschüssel achten. Es schwankt von 750 g bis zu 6 kg. Für kleinere Haushalte sind große Schüsseln nicht notwendig.
Knethaken sind zum Bereiten von schweren Teigen vorgesehen: Hefeteig, Mürbteig, Brandteig.
Rührbesen werden zum Rühren von leichteren Kuchenteigen (Backpulverteig, Eischwerteig) verwendet. Viele Küchenmaschinen haben bei der Grundausstattung zusätzlich einen Schneebesen. Er hat mehr und feinere Schlaufen als der Rühr-

Standküchenmaschine mit Schnitzelwerk

besen und wird verwendet zum Schlagen von Sahne, Eischnee oder Biskuit.
Der Mixer dient zum Zerkleinern, Pürieren, Emulgieren (Mayonnaise) kleiner Mengen. Auch kleine Mengen Nüsse oder Mandeln können mit dem Mixer gemahlen werden, allerdings sind die Nüsse nicht so gleichmäßig gemahlen wie bei einer speziellen Reibe.

Praktische Hinweise für den Gebrauch eines Mixers:

- *Große Mengen portionsweise nacheinander pürieren.*
- *Lebensmittel immer auf das laufende Messer geben; erst die trockenen Zutaten, dann die feuchten.*
- *Schlagwerk des Mixers sofort nach Gebrauch spülen, angetrocknete Speisereste lassen sich nur schwer entfernen. Die Verletzungsgefahr an den scharfen Messern ist sehr groß.*

ZUSATZAUSSTATTUNG

Zwar bringt die Standküchenmaschine schon allein durch die Verwendung von Knethaken und Rührbesen Kraft- und Zeitersparnis. Die Vielseitigkeit zeigt sich jedoch erst beim Einsatz verschiedener Zubehörteile. Die wichtigsten sind:
- Reib-, Schneid- und Schnitzelwerk: zum Reiben, Schneiden und Raspeln von Gemüse, Obst, Käse, Nüssen. Besonders lohnend ist der Einsatz bei großen Mengen. Kleine Mengen sollten besser mit der Hand geschnitten werden, weil der Zeitgewinn durch das Spülen der einzelnen Teile erheblich geschmälert wird. Meist werden vier Zerkleinerungsscheiben angeboten. Im allgemeinen gilt: feine Scheiben für harte Lebensmittel und Gemüse oder Obst, das roh gegessen wird, die groben Arbeitsscheiben für weiche Lebensmittel oder Gemüse und Obst, das gegart wird.
- Mixer, soweit er nicht zur Grundausstattung gehört.
- Fleischwolf zum Zerkleinern von Fleisch, je nach Leistung des Motors die genormte Größe 5 oder 7 wählen. Zum Fleischwolf gibt es meist auch noch eine Reihe von Vorsätzen (Fruchtpresse, Spritzgebäckvorsatz, Nudelmaschine, Wurststopfer, Nußreibe).
- Saftzentrifuge für die Herstellung von frischen Obst- und Gemüsesäften. Die Rückstände bleiben in der Trommel und müssen entfernt werden. Geräte mit automatischem Auswurf eignen sich besonders für das Entsaften größerer Mengen.
Als weitere Zubehörteile werden auch Zitruspresse und Getreidemühle angeboten. Vor dem Kauf sollte man jedoch gründlich überlegen, ob sich diese

Anschaffung lohnt bzw. ob diese Teile oft in Gebrauch genommen werden.

Nach der Verwendung von Zubehör die einzelnen Teile sofort mit klarem Wasser abspülen, um Verfärbungen zu vermeiden. Außerdem lassen sich angetrocknete Speisereste meist nur schwer entfernen, weil das Zubehör viele Kanten und Ritzen hat.

Zubehörteile dürfen nur bei ausgeschaltetem Gerät eingesetzt oder abgenommen werden. Darauf achten, daß die Werkzeuge richtig einrasten.

Praktische Hinweise für den Kauf einer Standküchenmaschine:

- *Für einen Haushalt, in dem viele Lebensmittel frisch verarbeitet werden und selten auf Fertigprodukte zurückgegriffen wird, eignet sich eine Standküchenmaschine. Ebenso, wenn häufig Brot und Kuchen gebacken werden. Standküchenmaschinen sind teuer, leisten aber viel.*
- *Bei umfangreicher Vorratshaltung ist ebenfalls eine Standküchenmaschine zu empfehlen.*
- *Die Größe der Rührschüssel und die Arbeitsleistung des Motors nach der Größe des Haushalts auswählen.*
- *Durch das Eigengewicht der Maschine erhöht sich die Standfestigkeit. Bei leichteren Maschinen werden Vibrationen durch Gumminoppen abgefangen.*
- *Günstigen Standort für die Küchenmaschine in der Küche einplanen, damit sie immer griffbereit ist und entsprechend häufig genutzt wird.*
- *Nicht alle Zusatzgeräte sind notwendig, nicht benötigtes Zubehör kostet Geld und braucht Platz. Vor dem Kauf überlegen, ob das Gerät häufig vermißt wird bzw. ob eine Ernährungsumstellung beabsichtigt ist, z. B. mit mehr Rohkost, frischen Säften oder Vollkorngebäck.*
- *Fleischwolf und Getreidemühle sowie das Kneten von Brotteig erfordern ein Gerät mit hoher Leistung.*
- *Bei Zubehörteilen auf die Größe des Einfüllstutzens achten. Es gibt welche, bei denen z. B. eine Gurke längs halbiert werden muß oder keine Tomate hineinpaßt. Das Zubehör sollte sich mit wenigen Handgriffen an- und abbauen lassen.*
- *Vor Kauf von Zusatzgeräten überlegen, ob nicht ein gesondertes Gerät günstiger wäre, denn das Aufsetzen von Zubehör ist oft zeitaufwendig. Zudem sind Einzelgeräte, z. B. Getreidemühlen, als Einzelgeräte oft leistungsfähiger. Diese Überlegung ist aber nur dann wichtig, wenn ein Zusatzgerät besonders häufig gebraucht wird.*
- *Die Zubehörteile sollten spülmaschinengeeignet sein.*

Kompaktküchenmaschine

Kompaktküchenmaschinen (Foodprozessoren) sind kleine Küchenmaschinen, die einen geringen Platzbedarf haben, nur wenig Zubehör brauchen und trotzdem viele Funktionen der Standküchenmaschine (für kleine Mengen!) übernehmen. Der Anschlußwert beträgt 300 bis 600 W, die Umdrehungszahlen sind sehr hoch, so daß z. B. Hacken oder Raspeln sehr schnell geht.

Die Kompaktküchenmaschine besteht aus einem Motorblock mit einer Antriebswelle. Die unterschiedlichen Drehgeschwindigkeiten werden meist stufenlos geregelt.

Kompaktküchenmaschine

GRUNDAUSSTATTUNG

Zur Grundausstattung gehören ein Messer, Knethaken, Schneid- und Reibscheiben und meist auch ein Schneebesen. Im Gegensatz zur Standküchenmaschine können bei der Kompaktküchenmaschine Teige mit dem Messer geschlagen werden. Das Messer eignet sich natürlich auch zum Hacken (Kräuter, Zwiebeln), Pürieren und Zerkleinern. Da das Messer rasch rotiert, geht das Pürieren sehr schnell. Zum Schlagen von Sahne oder feinen Teigen wird der Schneebesen eingesetzt. Die Zubereitung von Schaummassen und Teigen dauert mit Kompaktküchenmaschinen länger als mit Handrührgeräten oder Standküchenmaschinen.Schneid- und Reibescheiben können z. B. für Salate, Pommes frites, Käse, Schokolade, Nüsse verwendet werden.

ZUSATZAUSSTATTUNG

Kompaktküchenmaschinen sind in den letzten Jahren sehr beliebt geworden, deshalb gibt es auch mehr Zubehör, z. B. Passierstab, Schnitzelwerk, Schnellmixstab. Wenn Selbstgebackenes öfters nicht nur in kleinen Mengen (bis 300 g

Mehl) gemacht wird, lohnt sich die Anschaffung einer Maschine, die auch 500 bis 1000 g Mehl plus Zutaten locker schafft.

Praktische Hinweise für den Kauf einer Kompaktküchenmaschine:

- *Kompaktküchenmaschinen eignen sich für kleine Haushalte.*
- *Kompaktküchenmaschinen sind vorwiegend zum Zerkleinern und Schneiden zu empfehlen. Sie nehmen also auch Arbeiten ab, die die Standküchenmaschine nicht schafft, z.B. Hacken von Kräutern, Zwiebeln, Nüssen.*
- *Kompaktküchenmaschinen sind wie Standküchenmaschinen im Betrieb sehr laut.*
- *Die Kompaktküchenmaschine ermöglicht schnelles Arbeiten. z.B. kann Gurkensalat mit Mayonnaisedressing in einem Arbeitsgang zubereitet werden, allerdings muß die Reihenfolge, in der die Zutaten zugegeben werden, vorher genau überlegt werden.*
- *Die Zubehörteile sind schnell zu montieren.*
- *Die Messer sollten nachschleifbar sein. Falls dies nicht möglich ist, das stumpfe Messer jeweils für harte Lebensmittel verwenden, z.B. Nüsse, Schokolade.*
- *Wer noch nie mit einer Kompaktküchenmaschine gearbeitet hat, braucht eine gute Anleitung. Sie sollte griffbereit aufbewahrt werden.*
- *Das Zubehör sollte spülmaschinengeeignet sein.*

Handrührgerät

Handrührgeräte können nur in kleinen Haushalten eine Küchenmaschine ersetzen. Das Handrührgerät nimmt wenig Platz weg und ist schnell einsatzbereit. Meist wird es als Zweitgerät für kleine Mengen oder bestimmte Aufgaben (Sahneschlagen) eingesetzt.
Der Anschlußwert beträgt 120 bis 220 W, die Leistung kann in 3 bis 4 Stufen oder stufenlos geregelt werden. Handrührgeräte haben eine Doppelantriebsstelle für zwei Knethaken oder Schneebesen. Zum Teil sind sie auch mit einem zweiten Antrieb versehen, an den ein Mixer oder Passierstab angeschlossen werden kann.
Das Handrührgerät muß während der Benutzung gehalten werden. Diese Beweglichkeit hat aber auch Vorteile, es kann z.B. auch problemlos in einem Topf auf dem Herd eingesetzt werden.

GRUNDAUSSTATTUNG

Zur Grundausstattung gehören je zwei Knethaken und Schneebesen und meist eine Wandhalterung. Von der Wandhalterung sollte nach Möglichkeit

Handrührgerät mit Mixstab

Gebrauch gemacht werden, damit das Gerät griffbereit am Arbeitsplatz untergebracht ist.

ZUBEHÖRTEILE

Die Anzahl an Zubehörteilen schwankt je nach Hersteller, meist werden sie nur für teure Geräte angeboten:
- Schneid- oder Schnitzelvorsatz mit verschiedenen Schneid- und Reibscheiben.
- Passierstab zum Durchrühren gegarter Lebensmittel (kleine Mengen).
- Spezialbecher oder -schüsseln, in denen gerührt und zerkleinert werden kann.
- Mixstab und Pürierbecher mit Spritzschutzdeckel. Dieser Schnellmixstab ist sehr praktisch und kann auch empfohlen werden, wenn das Handrührgerät als Zusatzgerät für die Küchenmaschine dient, besonders, wenn öfters kleine Mengen gemixt werden.
- Ständer mit Rührschüssel, die es ermöglichen, das Gerät beim Kneten und Rühren alleine arbeiten zu lassen.
Weitere Zubehörteile sind Dosenöffner, Mixer.

Praktische Hinweise für den Kauf eines Handrührgerätes:

- *Auf Kurzbetriebszeiten achten (KB), denn manche Geräte dürfen nur bestimmte Zeit laufen, z.B. 4 oder 10 Minuten. Die Kurzbetriebszeit ist auf dem Typenschild angegeben, abgekürzt mit KB oder KZ. Die Zahl dahinter gibt die maximale Betriebsdauer in Minuten an.*

- *Beim Kauf testen, ob das Gerät gut in der Hand liegt. Die Form des Gerätes und die Lage von Einschaltknopf und Auswurftaste sind ausschlaggebend für die Handlichkeit.*
- *Die maximale Mehlmenge ist oft nicht angegeben: Sie beträgt meist 500 g, sicherheitshalber danach fragen.*
- *Quirle aus Flachband sind nicht so gut zum Schlagen von Sahne oder Eiweiß geeignet, Schnee und Sahne werden nicht ganz steif bzw. dürfen nur gut gekühlt erst bei niedrigeren, dann bei hohen Touren geschlagen werden.*
- *Wer häufig Hefeteig kneten will, sollte sich für ein leistungsstarkes Gerät mit stabilen Knethaken entscheiden.*
- *Als Zusatzgerät zu einer Standküchenmaschine reicht meist ein einfaches und billiges Gerät. Wer allerdings gute Handhabung bevorzugt, sollte sich für ein teures Gerät entscheiden.*

Pflege von Küchenmaschinen

Küchenmaschinen brauchen wenig Pflege, die Motoren sind wartungsfrei. Das Gehäuse sollte nach Gebrauch feucht abgewischt werden, damit Lebensmittelreste nicht antrocknen. Wichtig ist es, die Lüftungsschlitze frei von Speiseresten zu halten, ebenso die Antriebsöffnungen. Motor- und Getriebeteile dürfen nicht ins Spülwasser. Messer des Fleischwolfes von Zeit zu Zeit schleifen lassen, stumpfe Messer verlangen dem Motor sehr viel Leistung ab.

5.7. Kleingeräte

Das Angebot an elektrischen Kleingeräten ist sehr groß. Vor dem Kauf sollte man sich kritisch fragen, ob das Gerät wirklich notwendig ist und oft benutzt wird. Gerade bei kleinen Geräten ist die Versuchung, sie zu kaufen, oft besonders groß, weil der Preis scheinbar nicht ins Gewicht fällt. Vor dem Kauf sollten folgende Überlegungen stehen:
❏ Wie oft wird das Gerät eingesetzt?
❏ Wo wird es aufbewahrt?
❏ Wie ist das Arbeitsergebnis?
❏ Entspricht das Gerät der Haushaltsgröße?
❏ Ist es einfach in der Handhabung?
❏ Ist es sicher im Gebrauch?
❏ Wieviel Spülarbeit fällt an?
❏ Werden alle Zusatzteile benötigt?

Elektromesser

Elektromesser haben im Griff einen Motor. Geschnitten wird mit zwei parallelliegenden, gezahnten Messern, die sich bei laufendem Motor gegeneinander bewegen. Während des Schneidens muß der Einschaltknopf gedrückt werden; das Schneiden gleichmäßiger Scheiben erfordert Übung. Man nimmt ein Elektromesser hauptsächlich bei weichen Lebensmitteln, z. B. Torten. Auch gegartes Fleisch läßt sich gut damit schneiden. Harte Lebensmittel oder solche mit einer harten Kruste, z. B. Brot, lassen sich schwer scheiden, außerdem rutscht man mit dem Messer leicht ab, Verletzungsgefahr! Zum Schneiden gefrorener Lebensmittel gibt es Spezialmesser. Gefrorenes läßt sich zwar schneiden, günstiger ist es jedoch, die Lebensmittel antauen zu lassen. Spitze Messer sind günstig zum Schneiden von Kuchen und Geflügel.

Praktische Hinweise:

- *Werden Lebensmittel mit dem Elektromesser geschnitten, darauf achten, daß sie auf einer Platte ohne Rand liegen. Ein nach oben gezogener Rand stört beim Schneiden und kann abbrechen.*
- *Bei Geräten mit Netzanschluß darauf achten, daß nicht ins Kabel geschnitten wird. Elektromesser, die per Akku betrieben werden, haben dieses Problem nicht. Allerdings haben sie keine so hohe Leistung und versagen dann, wenn größere Mengen geschnitten werden sollen.*
- *Die Verletzungsgefahr ist groß, wenn das Gerät unbeabsichtigt noch auf kleiner Stufe eingeschaltet ist.*

Zitruspresse

Zitruspressen gibt es mit Saftauffangbehälter oder Auslaufvorrichtung. Die Presse wird über einen Druckschalter im Preßkegel eingeschaltet: Sobald die halbierte Frucht auf den Kegel gedrückt wird, läuft der Motor, der Kegel dreht sich. Die Saftausbeute beträgt 65 bis 80 %.

Elektrische Zitruspresse

Praktische Hinweise:

- *Beim Kauf darauf achten, daß von der Grapefruit bis zur Zitrone jede Frucht am Kegel ausgepreßt werden kann.*
- *Eine elektrisch betriebene Zitruspresse ist nur zu empfehlen, wenn täglich frische Zitrussäfte getrunken werden.*

Eierkocher

Eierkocher gibt es in verschiedenen Größen. Die Eier werden im Dampf gegart, die Gardauer wird bestimmt durch die Menge des eingefüllten Wassers. Sobald das Wasser verdampft ist, meldet ein Signalton, daß die Eier den gewünschten Garzustand haben (weich, mittelhart, hart). Da der Eierkocher weniger Energie braucht, um die gleiche Anzahl Eier zu kochen, als auf herkömmliche Art, kann ein Eierkocher im großen Haushalt durchaus angebracht sein.

Eierkocher

Waffeleisen

Waffeleisen funktionieren wie ein Kontaktgrill, d. h. zwei Heizflächen werden gegeneinandergepreßt, dazwischen wird der Teig gebacken. Der Reinigungsaufwand ist gering, weil die Heizflächen beschichtet sind. Ein Waffeleisen leistet gute Dienste bei überraschendem Besuch, denn Waffeln sind schnell gebacken und werden gerne gegessen. Auch in Haushalten mit mehreren Kindern werden Waffeleisen erfahrungsgemäß häufig benutzt.

Wasserkocher

Ein Wasserkocher funktioniert wie ein Tauchsieder. Eine isolierte Heizschlange erwärmt das Wasser. Im Wasserkocher werden kleine Mengen Wasser wesentlich energiesparender erwärmt als auf der Kochplatte.

Kaffeemaschine

Manche Kaffeemaschinen haben statt einer Warmhalteplatte eine Thermoskanne. Diese Geräte sind allerdings verhältnismäßig teuer. Mehr bezahlen muß man auch für eine Maschine mit Goldfilter. Dieser vergoldete Filter muß nach Gebrauch nur entleert und ausgespült werden, Filterpapier ist nicht nötig. Die Kaffeemaschine kann auch benutzt werden, um Tee aufzubrühen. Beim Kauf ist nicht allein der Preis ausschlaggebend, auch billige können gut brühen.

Herkömmliche Kaffeemaschinen haben Konkurrenz bekommen durch Kaffeemaschinen, mit denen man (zusätzlich) Espresso brühen kann. Es gibt verschiedene Modelle:

Bei *Vollautomaten* kann man die Kaffeestärke und -menge programmieren. Bei Knopfdruck werden dann jeweils die Kaffeebohnen portionsweise gemahlen und heißes Wasser unter Druck durch das Kaffeemehl gepreßt. Das verbrauchte Kaffeemehl fällt automatisch in einen Bunker, ohne Wartezeit bzw. weitere Wartung kann die nächste Tasse aufgebrüht werden.

Siebträgergeräte pressen ebenfalls mit Druck heißes Wasser durch das Kaffeemehl. Der gemahlene Kaffee muß jedoch pro Tasse in den Siebträger gefüllt und dieser eingesetzt sowie nach jeder Tasse entleert werden.

Bei *Maschinen nach dem »Nespresso«-Prinzip* wird pro Kaffeeportion ein Pad oder eine Kapsel mit Kaffeemehl eingesetzt, das nach dem Aufbrühen meist automatisch in einem Behälter landet. Die Kapseln bzw. Pads sind nicht nur teuer, man produziert auch Müll.

Espresso-Maschinen sind eine teuere Anschaffung, bei der man genau überlegen sollte, wie oft Kaffee getrunken wird. Außerdem nehmen die Geräte viel Platz weg. In größeren Haushalten bzw. für die Gästebewirtung muß man auch

Wasserkocher

bedenken, daß die Tassen einzeln aufgebrüht werden; von einem gemütlichen Kaffeetrinken kann man kaum reden, wenn ständig jemand für Nachschub sorgen muß.

Die Geräte müssen regelmäßig gewartet, das heißt gereinigt und entkalkt werden.

Preisgünstige und platzsparende Alternative sind die herkömmlichen Espresso-Kannen, die auf der Kochplatte erhitzt werden. Wer nur gelegentlich eine Tasse Espresso trinken will, ist damit gut bedient.

Joghurtgerät

Ein Joghurtgerät besteht aus einem Wasserbehälter, einem Einsatz, in den die Gläser mit geimpfter Milch gesetzt werden, und einem Deckel. Das Gerät hält eine Temperatur von 40 °C konstant für die gewünschte Zeit. Lohnend ist die Anschaffung, wenn in einem Haushalt oft und gerne Joghurt gegessen wird. (Joghurtbereitung im Haushalt siehe S. 137)

Joghurtbereiter

Friteuse

Das Fassungsvermögen beträgt 1–4 l Öl, Überhitzen des Fettes ist nicht möglich. Es kann bei geschlossenem Deckel, der mit Fettfilter ausgestattet ist, fritiert werden. Die Geruchsentwicklung ist daher nicht so stark. Die Bedienung ist bei den einzelnen Geräten sehr unterschiedlich.

Praktische Hinweise:

- *Friteusen, bei denen der Deckel nur aufgesetzt werden kann, wenn am Fritierkorb der Griff abgenommen wird, sind unpraktisch. Günstiger sind Geräte, bei denen der Filterdeckel mit einem Drehknopf verriegelt und gleichzeitig der Fritierkorb ins Fett abgesenkt wird. Beim Entriegeln hebt sich automatisch der Korb aus dem Fett – ohne Spritzer.*

- *Fritiergeräte auf eine kipp- und rutschsichere Unterlage stellen. Wenn das Fett heiß ist, das Gerät nicht mehr bewegen, das heiße Fett könnte herausschwappen.*

- *Vor dem Kauf einer Friteuse ist zu überlegen, ob nicht fettärmeren Garmethoden der Vorzug gegeben wird.*

Folienschweißgerät

Mit einem Folienschweißgerät kann Polyäthylenfolie zusammengeschweißt werden. Je nach Folienstärke ist die Temperatur des Schweißdrahtes einstellbar. Die Folie muß falten- und fettfrei in das Gerät eingelegt werden. Folienschweißgeräte werden vielfach mit Vakuumpumpe angeboten.

Folienschweißgerät

Saftzentrifuge

Die Saftzentrifuge gibt es mit und ohne Tresterauswurf. Zentrifugen ohne Auswurf müssen zwischendurch entleert werden, sind also eher zu empfehlen, wenn nur kleine Mengen entsaftet werden. Geräte mit Tresterauswurf können auch große Mengen Saft ohne Entleeren pressen, allerdings ist die Ausbeute geringer. Beide Gerätearten sollten sofort nach dem Gebrauch gereinigt werden, angetrocknete Reste lassen sich aus den zahlreichen Kanten und Öffnungen nur mit Mühe entfernen. Spülen mit klarem Wasser reicht. Lohnend ist eine Saftzentrifuge nur, wenn oft frischgepreßte Säfte getrunken werden.

Praktischer Hinweis:

- *Verfärbungen an Kunststoffteilen können mühelos durch Einreiben mit Öl entfernt werden.*

Toaster

Automatiktoaster werfen das Brot entsprechend dem eingestellten Bräunungsgrad aus. Bei vielen

Toastern wird während des Betriebes das Gehäuse sehr heiß, einige Modelle sind isoliert. Ein Aufsatz zum Aufbacken von Brötchen kann bei fast allen Modellen nachgekauft werden.

Allesschneider

Allesschneider sind elektrisch angetriebene Rundmesser (glatt oder mit Wellenschliff). Mit einem Schlitten werden die Lebensmittel an die Schneide gedrückt, die Scheibendicke läßt sich beliebig einstellen. Geschnitten werden können alle Lebensmittel. Sehr gut eignet er sich für Käse, Wurst, Schinken, Braten und Brot. Gefrorene Lebensmittel können nicht geschnitten werden. Ein Allesschneider ist eine Anschaffung, die sich in größeren Haushalten durchaus lohnt. Beim Kauf darauf achten, daß die Messer nachgeschliffen werden können.

Waage

Beim Kauf einer Küchenwaage darauf achten, daß die Skala bequem und genau abzulesen ist. Auf die Höchstlast achten, vor allem in einem größeren Haushalt. Prüfen, ob sich der Nullpunkt einfach einstellen läßt.

Einkochautomat

Ein Einkochautomat ist ein Einkochtopf mit eingebauter Heizung. Temperatur und Zeit können eingestellt werden. Das Fassungsvermögen beträgt meist 7 Gläser (je 2 l). Praktisch ist ein Einkochautomat deshalb, weil die Temperatur ohne weitere Kontrolle gehalten wird. Manche Geräte schalten sich nach Ablauf der eingestellten Einkochzeit automatisch ab. Zu empfehlen ist ein Einkochautomat für Haushalte, in denen viel eingekocht wird.

Getreidemühle

Getreidemühlen werden unterschieden nach ihrer Bauform, dem Mahlsystem und dem Material des Mahlwerkes.

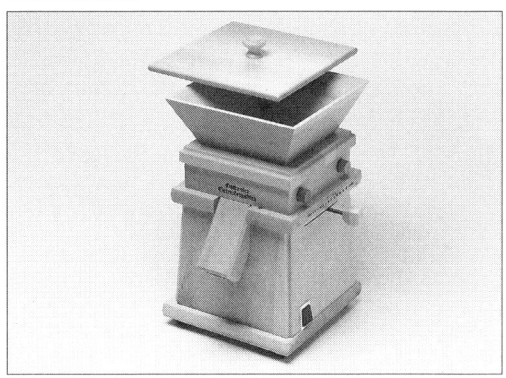

Getreidemühle

BAUFORMEN

Angeboten werden Komplettgeräte, deren Mahlwerk fest mit dem Motor verbunden ist sowie Küchenmaschinen oder Motorblöcke mit Mahlvorsätzen. Komplettgeräte sind zu empfehlen für Haushalte, in denen sehr viel gemahlen wird, also für das tägliche Müsli, Brot etc. Ein Küchenmaschinenvorsatz ist für Haushalte geeignet, die etwa einmal wöchentlich Getreide mahlen. Die Zeit zum Umrüsten des Gerätes ist verhältnismäßig lang. Ein Motorblock mit Mahlvorsatz ist für Haushalte gedacht, die sehr selten mahlen.

MAHLSYSTEME

Scheibenmahlwerk
Die Mahlscheiben sind horizontal oder vertikal angeordnet; eine Mahlscheibe steht fest, die andere

Überblick über die Eigenschaften der häufigsten Getreidemühlen

Material des Mahlwerkes	Stahl	Stein	Keramik
Eigenschaften	Hochwertiges, gehärtetes Stahl-Kegelmahlwerk, hohe Abriebfestigkeit	Ausschließlich aus natürlich vorkommenden Materialien, fein kristalliner Urgesteinschmirgel, mit gebranntem Magnesitgestein gebunden, selbstnachschärfend	Bio-Keramik-Mahlwerk aus natürlicher Tonerde, bei fast 2 000 °C gebrannt, rein, edel und hygienisch, kein Abrieb
Mahlgut	Alle Getreide (zum Teil Mais), Ölsaaten, Gewürze, Hülsenfrüchte	Alle Getreide (außer Mais), Hülsenfrüchte	Alle Getreide (zum Teil Mais), Ölsaaten, Gewürze, Hülsenfrüchte
Mehlkonsistenz	Grießig, schrotartig	Flockig, weich, volumenreich, Hülsenfrüchte können schmieren	Leicht flockig
Handhabung	Stufenlose Einhandbedienung	Stufenlose Einhandbedienung	Stufenlose Einhandbedienung

dreht sich. Scheibenmahlwerke sind meist aus Stein (Naturstein, z. B. Granit) oder Kunstkorund (z. B. Basalt mit Magnesiteinlagerungen).

Kegelmahlwerk

Das Mahlwerk ist in einen Kegelring eingesetzt; der Kegelring ist feststehend, der Mahlkegel dreht sich. Kegelmahlwerke sind aus Stahl, Stein oder Keramik. Die Einstellung des Feinheitsgrades ist bei Kegelmahlwerken einfacher und in mehr Abstufungen möglich.

Flachkegelmahlwerk

Flachkegelmahlwerke sind eine Kombination aus Kegel- und Scheibenmahlwerken.

MATERIAL DES MAHLWERKES

Das Mahlwerk einer Getreidemühle wird aus Stahl, Keramik oder Stein hergestellt. Jedes Material hat Vor-, aber auch Nachteile. So mahlen Stein- und Keramikmahlwerke alle Getreidearten zu schön flockigem Mehl, allerdings können mit Steinmahlwerken Ölsaaten nicht gemahlen werden. Stahlmahlwerke sind unverwüstlich, sie mahlen weniger fein und sind daher zum Mahlen von Getreide für feine Teige, z. B. Bisquit, weniger geeignet. Abhilfe kann geschaffen werden, wenn zweimal gemahlen wird oder die groben Teile herausgesiebt werden.

MAHLLEISTUNG

Die Mahlleistung pro Minute ist ein sehr wichtiges Kriterium bei einer Getreidemühle. Der Anschlußwert von Getreidemühlen liegt zwischen 150 und 900 W. Je höher der Anschlußwert ist, desto höher ist die Mahlleistung pro Minute.

Praktische Hinweise für den Kauf einer Getreidemühle:

- *Je häufiger die Mühle benutzt wird, desto höher sollte der Anschlußwert sein, damit der Mahlvorgang bei großen Mengen nicht so lang dauert.*
- *Auf Kurzbetriebszeiten achten, d. h. daß nach einer bestimmten Betriebsdauer, z. B. 10 Minuten, das Gerät ausgeschaltet werden muß.*
- *Das Material des Mahlwerkes danach auswählen, was hauptsächlich gemahlen wird, z. B. Getreide, Ölsaaten, Gewürze.*
- *Wichtig ist Bedienungsfreundlichkeit. Diese ist gegeben bei Einhandeinstellung des Mahlwerks. Die Mahlwerkseinstellung sollte leicht und schnell verändert werden können und ohne Probleme wieder in die Ausgangsstellung zurückgebracht werden können. Das ist bei Einstellung*

mit Skaleneinteilung möglich. Günstig sind auch Mühlen, die während des Betriebes eingestellt werden können.
- *Die Geräuschentwicklung der Getreidemühlen ist unterschiedlich groß, beim Kauf darauf achten.*
- *Vor dem Kauf überlegen, ob mit der Mühle vorzugsweise Schrot oder Mehl hergestellt werden soll. Die bessere und flockigere Qualität für Mehl bringen Steinmahlwerke. Wer häufiger Schrot herstellen will, ist mit einem Stahl- oder Keramikmahlwerk besser beraten.*
- *Ob Scheiben- oder Kegelmahlwerk ist unwichtig, der Preis hängt vom Material ab. Stein und Keramikmahlwerke sind sehr teuer.*

PFLEGE

Eine Reinigung der Getreidemühle ist normalerweise nicht nötig, wurde jedoch sehr weiches oder feuchtes Getreide vermahlen oder Ölsaaten, die Mühle nicht mit Wasser, sondern mit einer trockenen Bürste reinigen. Wird in unregelmäßigen Abständen gemahlen, die Mühle nach dem Mahlen reinigen, denn die Mehlreste werden ranzig.

6. GERÄTE FÜR DIE VORRATSHALTUNG

6.1. Kühlgeräte

Funktionsweise

Die Kühlwirkung beruht darauf, daß dem zu kühlenden Lebensmittel die Wärme entzogen und abgeführt wird. Dies geschieht über den Kühlkreislauf. Am Verdampfer, der kältesten Stelle des Kühlgerätes, wird Wärme aus dem Kühlschrank entzogen, und am Kondensator (außen am Kühlgerät) wird diese Wärme wieder abgegeben.
Ein Kühlschrank funktioniert nach dem Absorber- oder Kompressorsystem, wobei das Kompressorsystem weitaus am häufigsten angewendet wird. Absorberkühlschränke werden nur selten eingesetzt, z. B. in Wohnwagen oder Hotelzimmern. Sie können sowohl mit Strom als auch Gas betrieben werden. Absorbergeräte laufen außerdem völlig geräuschlos, allerdings sind der Energieverbrauch und die Reparaturanfälligkeit höher.
Seit einigen Jahren gibt es Kühlschränke, die für die Dämmung und beim Kältemittel ohne den Ozonkiller FCKW (Fluorchlorkohlenwasserstoff) und ohne FKW (Fluorkohlenwasserstoff) auskommen. Sie verbrauchen nicht mehr Strom als ihre Vorgänger.

Bauarten

Kühlschränke gibt es als Tischgeräte, Einbaugeräte und Unterbaugeräte. Der Türanschlag ist
rechts oder links wählbar. Bei manchen Geräten
kann er auch selbst gewechselt werden. Unter-
und Einbaugeräte sind dekorfähig oder integrierbar (mit Frontfläche passend zur Kücheneinrichtung). Die Größe des Kühlschranks richtet sich
nach der Größe des Haushalts. Etwa 120 bis 160 l
Nutzinhalt sind für einen Zweipersonenhaushalt
ausreichend, für jede weitere Person sind 60 l
anzusetzen.

Technische Ausstattung

Kühlschränke gibt es in sehr vielen verschiedenen
Ausführungen, vom einfachen Kühlschrank bis
zum Luxus-Kühlcenter. Außer unterschiedlichen
Rosten, Platten, Körben oder Behältern und
Fächern kann gewählt werden zwischen Geräten
mit und ohne Sterne- bzw. »Kellerfach«.

KÜHLSCHRÄNKE OHNE STERNEFACH

Kühlschränke ohne Sterne-(Verdampfer-)fach sind
nur zum Kühlen geeignet. Sie haben eine Innentemperatur von mindestens 2 °C. Die Vorteile eines
solchen Gerätes sind geringe Energiekosten, da
keine Minustemperaturen erreicht werden müssen
sowie ein großer Kühlraum, weil der Verdampfer
platzsparend in der Rückwand eingebaut ist.

KÜHLSCHRÄNKE MIT STERNEFACH

Kühlschränke mit Sternefach sind je nach Kälteleistung mit einem bis vier Sternen gekennzeichnet. Das Fach ist vom Kühlraum durch eine
Klappe oder Tür getrennt. Die Zahl der Sterne
wird vom Hersteller nicht willkürlich festgelegt,
sondern entspricht Normen:
　　* – 6 °C, Speiseeis oder Eiswürfel können her-
　　gestellt, Gefrierkost kann etwa 1 – 3 Tage aufbe-
　　wahrt werden.
　　** – 12 °C, Gefrierkost hält sich etwa 2 – 3 Wo-
　　chen.
　　*** – 18 °C, langfristige Lagerung von Ge-
　　frierkost bis zu drei Monaten ist möglich.
　　**** – 18 °C, sowohl zum langfristigen
　　Lagern als auch zum aktiven Einfrieren kleiner
　　Mengen geeignet.
Ein Kühlschrank mit Sternefach ist zu empfehlen
für Haushalte ohne zusätzliches Gefriergerät. Der
Anschlußwert für Kühlschränke ohne Sternefach
beträgt etwa 90–240 W, mit Sternefach 145–265 W.
Angeschlossen werden Kühlgeräte an eine normale Schutzkontaktsteckdose.

MEHRZONEN-KÜHLSCHRÄNKE

Bei diesen Geräten hat man außer der herkömm-
lichen Kühlzone weitere Temperaturzonen. Im
Kaltlagerfach (Nuller-, Vitasafe-, Biofresh-Zone)
bei 0–3 °C halten Obst, Gemüse, Salate, Wurst,
Fleisch und Milchprodukte deutlich länger als bei
den herkömmlichen 6–8 °C. Manche Geräte bie-
ten die Kaltlagerfächer zusätzlich mit unter-
schiedlicher Feuchtigkeit an. Der »trockene«
Bereich mit etwa 50 % Luftfeuchte ist für Fleisch,
Wurst und Milchprodukte gedacht, der feuchte
Bereich mit etwa 90 % Feuchte für Obst und
Gemüse.

Integrierbares Mehrzonen-Kühlgerät

Temperaturverteilung im Kühlschrank

Im Kühlschrank herrschen verschiedene Temperaturen. Nahe am Verdampfer ist es am kältesten, in
der Tür am wärmsten. Entsprechend haben die
einzelnen Lebensmittel ihren Platz im Kühlschrank: frischer Fisch, Fleisch und Fleischwaren
nahe am Verdampfer oder auf der Glasplatte (kalte

Luft sinkt ab), Eier, Butter, Getränke in der Tür, Obst und Gemüse im Gemüsefach.

ABTAUVORRICHTUNG

Auf dem Verdampfer bildet sich durch das Eindringen warmer Luft beim Öffnen des Kühlschranks oder durch eingestellte warme und feuchte Speisen eine Reifschicht, die den Energieverbrauch des Gerätes deutlich erhöht. Bereits 2 mm Reif bedingen einen Mehrverbrauch an Energie um etwa 15 %.
Kühlschränke, die nicht automatisch oder teilautomatisch abgetaut werden, gibt es kaum noch zu kaufen. Allerdings sind in vielen Haushalten noch alte Geräte im Einsatz. Sobald sich eine Reifschicht auf dem Verdampfer gebildet hat, sollte der Kühlschrank abgetaut werden durch Ausschalten. Die Lebensmittel werden entnommen, das Gerät nach dem Abtauen feucht ausgewischt und anschließend gut getrocknet.
Bei teilautomatischer Abtauvorrichtung wird das Abtauen über einen Schalter von Hand eingeleitet. Das Tauwasser sammelt sich in einer Schale, die geleert werden muß. Sobald der Verdampfer abgetaut ist, schaltet sich das Gerät von selbst wieder ein. Bei Kühlschränken mit automatischer Abtauvorrichtung herrscht an der Verdampferplatte nur etwa 0 °C. Es bildet sich nur wenig Reif, der bei jedem Ausschalten des Kompressors taut. Das Tauwasser läuft durch eine Rinne nach außen und verdampft. Kühlschränke mit automatischer Abtauvorrichtung werden auch Kühlautomaten genannt.

Pflege und Wartung

□ Kühlgerät nicht neben Herd oder Heizung stellen, warme Umgebungsluft erhöht den Energieverbrauch.
□ Falls es sich um keinen Kühlautomaten handelt, Kühlschrank regelmäßig abtauen.
□ Nur abgekühlte, abgedeckte Speisen in den Kühlschrank stellen, Feuchtigkeit begünstigt den Reifansatz.
□ Kühltemperatur richtig einstellen. Normalerweise genügen + 7 °C, das spart 15 % Energiekosten gegenüber einer Temperatur von + 5 °C.
□ Kühlschranktür nur kurz und möglichst selten öffnen, es dringt warme Luft ein.
□ Kondensator an der Rückseite mindestens einmal jährlich mit einem Staubsauger oder Pinsel entstauben. Bei abgedeckten Kondensatoren entfällt diese Reinigung.
□ Im Kühlschrank tummeln sich schnell viele Keime, deshalb sollte er monatlich gereinigt werden. Spülmittellösung reicht. Zum Nachwischen dem Wasser etwas Essig oder Zitronensäure zu-

setzen, das nimmt Gerüche. Anschließend mit einem sauberen Tuch gut trockenwischen. Geräte mit antibakterieller Ausrüstung verleiten dazu, die Kühlschrankreinigung hinauszuzögern, was die Gefahr von Bakterienübertragungen erhöht. Untersuchungen haben ergeben, daß in vielen Haushalten der Kühlschrank zu den Orten mit der höchsten Keimbelastung gehört!
□ Lüftungsschlitze freihalten.

Praktische Hinweise für den Kauf eines Kühlgeräts:

- *Die Größe entsprechend der Haushaltsgröße wählen. Ein halbgefüllter Kühlschrank verbraucht fast genausoviel Energie wie ein gefüllter.*
- *Ein Gerät mit Sternefach ist nur zu empfehlen für Haushalte ohne zusätzliches Gefriergerät. Steht jedoch das Gefriergerät beispielsweise im Keller, so spart sich die Hausfrau viel Zeit und Wege, wenn der Kühlschrank in der Küche auch ein Sternefach hat, z. B. für tiefgefrorene Kräuter, Eiswürfel.*
- *Kühlgeräte mit Kellerfach sind gedacht für Haushalte ohne kühlen Lagerraum.*
- *Vollautomatische Abtauvorrichtung spart Zeit und Energie.*
- *Gute Isolierung senkt den Energieverbrauch.*
- *Ältere Geräte brauchen zwar mehr Strom als neue; es lohnt sich jedoch nicht, deshalb ein neues Gerät zu kaufen, solange das alte noch funktionstüchtig ist.*
- *Verbrauchswert (auf der Produktinformation) beachten und die einzelnen Geräte vergleichen. Die neuen Geräte erfüllen zum Großteil die Anforderungen an die Energieeffizienzklasse A, obwohl sie im Verbrauch höchst unterschiedlich sind – daher auch auf die Verbrauchswerte achten!*
- *Preisvergleiche lohnen sich, denn die Technik ist ausgereift. Ein deutlicher Mehrpreis ist oft allein durch einige Roste mehr bedingt.*
- *Einlegeböden aus Kunststoff oder Glas sind praktischer als Roste, auch kleine Behälter können dann nicht umfallen. Wichtig ist auf jeden Fall eine variable Einteilung.*
- *Kühl-Gefrier-Kombinationen sind sinnvoll in Haushalten, wo der Platz für zwei separate Geräte fehlt. Die Kombinationen gibt es in Turmform, das heißt Kühlschrank und Gefrierteil liegen übereinander, oder als Side-by-side-Modelle, bei denen die beiden Teile nebeneinander liegen. Oft sind diese zweitürigen Schrankmodelle mit eingebautem Eisbereiter ausgestattet, eine Anschaffung, die wohlüberlegt sein muß, denn diese Geräte sind teuer und verbrauchen viel Energie.*

6.2. Gefriergeräte

Funktionsweise

Gefriergeräte kühlen nach dem gleichen Prinzip wie Kompressorkühlschränke. Durch ein engeres Rohrsystem wird die höhere Kälteleistung erzielt. Der Anschlußwert beträgt 80 bis 180 W. Große Bedeutung hat das Gefriervermögen eines Gerätes. Es ist auf der Produktinformation oder in der Gebrauchsanweisung angegeben. Das Gefriervermögen gibt an, welche Menge in kg innerhalb von 24 Stunden eingefroren werden kann (5–15 kg pro 100 l Nutzinhalt). Diese Menge auf keinen Fall überschreiten. Wird z. B. die Truhe halb mit frischem Fleisch gefüllt, kann es passieren, daß nach einigen Tagen die in der Mitte liegenden Stücke noch nicht gefroren sind und verderben, bevor sie tiefgefroren sind.

Bauarten

GEFRIERSCHRANK

Als Unterbau-, Einbau- oder Standgerät erhältlich, dekorfähig und in die Kücheneinrichtung integrierbar. Wechselbarer Türanschlag ist meist möglich. Ein Gefrierschrank hat den Vorteil, daß er wenig Stellfläche benötigt und eine übersichtliche Inneneinteilung mit Fächern und Schubladen bzw. Schubkörben hat. Allerdings sind Gefrierschränke teurer als Gefriertruhen.

KÜHL GEFRIER-KOMBINATION

Bei diesen Geräten sind Kühlschrank und Gefrierschrank in einem Gehäuse untergebracht. Auf Modelle mit zwei Kompressoren ist zu achten, weil dann der Energieverbrauch nicht so hoch ist. Kühl-Gefrier-Kombinationen sind empfehlenswert für Haushalte mit wenig Stellfläche oder nur geringer Vorratshaltung.

GEFRIERTRUHE

Gefriertruhen sind Standgeräte, die von oben befüllt werden. Sie benötigen eine größere Stellfläche als Gefrierschränke. Das Gefriergut kann nicht so übersichtlich eingeschichtet werden, und die Reinigung ist kraftaufwendiger. Gefriertruhen haben durch die einfache Einteilung ein größeres Fassungsvermögen.

Größe des Gefriergeräts

Gefrierschränke gibt es von 50 bis etwa 540 l Inhalt, Gefriertruhen von 150 bis etwa 560 l Inhalt und Kühl-Gefrier-Kombinationen von 90 bis etwa 150 l Inhalt. Unterschieden werden müssen Brutto- und Nutzinhalt. Das Volumen des gesamten gekühlten Innenraums ergibt den Bruttoinhalt. Der Nutz- oder Nettoinhalt errechnet sich aus dem Bruttoinhalt abzüglich des Raumbedarfs für Körbe und andere Innenausstattung sowie des Raums oberhalb der Stapelmarke (bei Gefriertruhen, die dürfen nicht ganz voll gepackt werden). Als Richtwerte für den Nutzinhalt gelten für Gefriertruhen 93–97 % des Bruttoinhalts, für Gefrierschränke 80–88 % (durch die größere Anzahl an Unterteilungen). Der Nutzinhalt in l ist nicht gleichbedeutend mit dem Gewicht des Gefriergutes in kg. Pro 100 l Nutzinhalt können etwa 60 kg gemischtes Gefriergut eingelagert werden.
Je nach Umfang der Vorratshaltung muß unterschiedlich viel Gefrierraum pro Person in einem Haushalt gerechnet werden: bei ausgeprägter Vorratshaltung 100 l Nutzinhalt pro Person. Bei geringer Vorratswirtschaft 50 l Nutzinhalt pro Person.

Technische Ausstattung

SUPER-SCHALTUNG

Schnelles Durchfrieren der eingelagerten Lebensmittel ist ausschlaggebend für die Lebensmittelqualität nach dem Auftauen. Fast alle Geräte haben daher eine Super-Schaltung (Dauerbetrieb), die von Hand betätigt werden muß. Wird die Taste »super« gedrückt, leuchtet eine gelbe Kontrollampe, das Kühlaggregat arbeitet ohne Unterbrechung. Dadurch werden Temperaturen unter −18 °C erreicht, der Gefriervorgang wird beschleunigt und verhindert, daß bereits Gefrorenes auf über −18 °C erwärmt wird.

Praktische Hinweise:

- *Wenn größere Mengen eingefroren werden, schon einige Stunden vorher auf »super« schalten, damit eine gewisse Kältereserve vorhanden ist.*
- *Zum Einfrieren sollten die Lebensmittel generell nur an die kälteste Stelle im Gerät gelegt werden, das ist das Vorgefrierfach. Die Verdampferröhren sitzen hier sehr eng (Temperaturen bis −30°C). In modernen Gefrierschränken kann in jedem Fach/Schublade eingefroren werden.*
- *Außer der gelben »Super«-Leuchte sind an Gefriergeräten auch eine rote und grüne Kontrollampe angebracht. Die grüne zeigt an, daß das Gerät in Betrieb ist. Die rote Lampe leuchtet auf, wenn die Innentemperatur unzulässig hoch ansteigt infolge einer Betriebsstörung. Viele Geräte haben zusätzlich ein akustisches Signal.*

ABTAUVORRICHTUNG

Geräte mit No-Frost-Technik (Umluftkühlung) sind sehr wartungsfreundlich, das Abtauen entfällt. Bei diesen Geräten wird die gekühlte Luft von einem Ventilator ständig umgewälzt. Die Temperaturverteilung im gesamten Innenraum ist sehr gleichmäßig, an den Lebensmitteln bildet sich kein Reif. Allerdings sind diese Geräte in der Anschaffung teurer und haben einen höheren Stromverbrauch. Es gibt Geräte mit Umluftkühlung, bei denen unbenutzte Schubladen ausgeschaltet werden können. Von dieser teuren Ausstattung wird erfahrungsgemäß nur selten Gebrauch gemacht. Beide Techniken werden nur für Gefrierschränke angeboten.

Wartung und Pflege

❑ Warme Luft dringt bei jedem Öffnen in das Gerät ein. Die in der Luft enthaltene Feuchtigkeit schlägt sich an den Wänden nieder und gefriert, es entsteht eine Reifschicht. Durch Reifansatz erhöht sich der Stromverbrauch erheblich: bei einer Dicke von 1 cm um 75 %. Ein günstiger Zeitpunkt zum Abtauen ist bei geringer Füllung des Gerätes. Das Gefriergut herausnehmen und mit Zeitungspapier und Decken zudecken, damit die Kälte möglichst gut gehalten wird. Das Gerät ausstecken, mehrere Liter heißes Wasser in einem weiten Gefäß hineinstellen, Deckel schließen. Das nach ein paar Minuten angetaute Eis abschaben, Innenraum mit Spülmittellauge auswischen, mit Essigwasser nachwischen und trocknen. Gefriergut einlegen und Gerät wieder einschalten.

❑ Auch Geräte, die nicht abgetaut werden müssen (No-Frost-System) regelmäßig reinigen.

❑ Dichtungsgummi fettfrei halten und von Zeit zu Zeit mit Talkumpuder einreiben, dadurch verlängert sich die Haltbarkeit.

❑ Offenen Kondensator an der Rückseite jährlich einmal mit dem Staubsauger oder einer Bürste entstauben.

❑ Gefriergerät nicht neben Heizung oder Herd aufstellen, nach Möglichkeit in einem unbeheizten Raum.

❑ Gefriergut nur abgekühlt und gut verpackt einschichten.

Praktische Hinweise für den Kauf eines Gefriergerätes:

▪ *Die Größe des Gerätes hängt ab von der Anzahl der Verpflegungspersonen, vom Umfang der Vorratshaltung und den Kochgewohnheiten. Zu beachten ist auch, wieviel Platz für ein Gerät zur Verfügung steht.*

▪ *Kein zu großes Gerät kaufen, damit die Betriebskosten je kg Gefriergut nicht unnötig hoch sind. Beim Kauf des Gerätes nicht von »Spitzeneinlagerungen« ausgehen, sondern von der durchschnittlich vorhandenen Menge an Gefriergut das ganze Jahr über.*

▪ *Gefriertruhen brauchen mehr Platz als Gefrierschränke, sind aber nicht so teuer. Vor dem Kauf die Maße der Türe aufschreiben, damit das Gerät ohne Probleme in den Aufstellraum gebracht werden kann.*

▪ *Gut isolierte Geräte sind zwar meist teurer, sie haben aber ein höheres Gefriervermögen. Die Temperatur wird bei Stromausfall länger gehalten und der Energieverbrauch ist nicht so hoch. Es gibt »Öko-« und »Spartruhen«, die wesentlich weniger Strom verbrauchen als normale Geräte; allerdings gibt es bisher keine Norm, ab wann ein Gerät als sparsam bezeichnet werden darf.*

▪ *Da bei Gefrier- und Kühlgeräten die Technik ausgereift ist, ist geringer Energieverbrauch Qualitätsmerkmal Nummer 1.*

Energieverbrauch pro Monat bei verschieden isolierten Gefriergeräten

Gerät	Nutzinhalt	Verbrauch
Gefrierschränke		
Normal wärmegedämmt	100 l	30 – 32 kWh
	230 l	48 – 50 kWh
Verstärkt wärmegedämmt	100 l	20 – 22 kWh
	230 l	27 – 29 kWh
Gefriertruhen		
Normal wärmegedämmt	180 l	28 – 30 kWh
	300 l	37 – 39 kWh
Verstärkt wärmegedämmt	180 l	15 – 17 kWh
	300 l	21 – 23 kWh

6.3. Geräte für die Bereitung von Vorräten

Dörrapparat

Dieses elektrische Gerät wird verwendet zum Trocknen größerer Mengen von Obst, Gemüse, Kräutern oder Pilzen. Die Anschaffung ist nur zu empfehlen, wenn sehr viele Lebensmittel getrocknet werden und diese aus dem eigenen Garten stammen.

Dampfentsafter

Entsafter bestehen aus drei Teilen: einem Topf zum Erhitzen von Wasser, darüber der Aufsatz und darin ein Sieb für das Obst, das entsaftet werden soll. Ein Entsafter ist zu empfehlen, wenn in der Familie gern selbstgemachte Säfte getrunken werden bzw. regelmäßig Gelee hergestellt wird. Es kann zwischen emaillierten und Entsaftern aus Aluminium gewählt werden. Emaillierte Geräte sind schwerer, aber formbeständiger; Entsafter aus Aluminium sind leicht, sie verbeulen jedoch leicht.

Einkochautomat

Einkochautomaten sind elektrische Geräte zum Sterilisieren. Einkochtemperatur und -zeit werden je nach Einstellung automatisch geregelt. Außerdem können diese Geräte zum Erhitzen oder Warmhalten größerer Mengen heißer Getränke, (z. B. Punsch) oder Suppen verwendet werden, z. B. wenn viele Gäste bewirtet werden müssen. Der Einkochautomat ist zu empfehlen für Haushalte, in denen viele sterilisierte Vorräte angelegt werden.

7. MASCHINEN UND GERÄTE FÜR DIE HAUSPFLEGE

7.1. Bodenpflegegeräte

Der Staubsauger wird hauptsächlich zum Reinigen von Teppichen und Teppichböden verwendet, aber auch für Möbel, Vorhänge, Textiltapeten und glatte Fußböden. Shampoonier-, Pulverreinigungs- und Sprühextraktionsgeräte sind für die Grundreinigung von Teppichen. Sie werden bei Bedarf von speziellen Firmen ausgeliehen.
Bohnergeräte sind Spezialgeräte zur Pflege von glatten Fußböden. Scheibenbürsten oder Polierscheiben erzeugen die bohnernde oder polierende Wirkung.

FUNKTIONSWEISE

Boden- und Handstaubsauger
Ein schnellaufendes Gebläse wird durch einen Motor angetrieben, wodurch die Luft aus dem Staubsaugergehäuse gedrückt wird. Dadurch entsteht im Gehäuse ein Unterdruck, so daß über den Saugschlauch Luft mit hoher Geschwindigkeit in das Gehäuse gesaugt wird, die den darin enthaltenen Schmutz mitnimmt. Der Luftstrom wird durch ein Filtersystem geleitet, in dem der Schmutz zurückgehalten wird. Die »entstaubte« Luft entweicht über das Gebläse wieder nach außen.
Wichtig für den Gebrauch von Staubsaugern ist gleichmäßiges und langsames Schieben. Die Arbeitsgeschwindigkeit sollte bei einem halben Meter pro Sekunde liegen. Je länger die Düse auf dem Teppich bleibt, desto sauberer wird er.

Bürstsauger
Sie arbeiten nach der Staubfallmethode. Hierbei wird der Staub durch Bürsten gelockert und aufgenommen und durch das gleich dahinter liegende Gebläse durch das Staubrohr hochgeblasen. Der Staub fällt in den Filter.

Geräte für die Naßreinigung
Das sind Spezialmaschinen, mit denen Reinigungsmittel in den Bodenbelag eingearbeitet werden und/oder mit dem aufgenommenen Schmutz wieder entfernt werden.

BAUARTEN

Bodenstaubsauger
Das Gehäuse des Motorblocks hat Schlitten- oder Kesselform und läuft auf Rollen, Rädern oder Kufen während des Saugens auf dem Boden. Der Saugschlauch ist am Gehäuse eingesteckt. Bodenstaubsauger haben einen Anschlußwert zwischen 700 und 1100 W.

Handstaubsauger
Der Motor mit dem Gebläse liegt nicht auf dem Boden, sondern wird an einem Rohr in der Hand gehalten. Der Anschlußwert beträgt zwischen 400 und 700 W.

Bürstsauger und Klopfbürstsauger
Der Motor liegt auf dem Boden und ist mit einem Rohr mit dem Griff verbunden, an dem er geführt wird. Der Anschlußwert liegt zwischen 350 und 550 W.

Zentral-Staubsauganlage
Bei einer zentralen Staubsauganlage wird das Sauggerät im Keller, in der Garage oder einem anderen Nebenraum fest eingebaut. Vom Gerät weg führen Absaugleitungen in den Wänden zu den einzelnen Räumen. Dort wird dann der Saugschlauch mit Rohr und Düse an einer Vakuumsteckdose angeschlossen. Die Steckdosen werden so installiert, daß mit dem 5 – 10 m langen Schlauch alle Stellen der Wohnung erreicht werden können. Der Umgang mit dem langen Schlauch ist gewöhnungsbedürftig. Interessant sind zentrale Staubsauganlagen für Neubauten oder Gebäude, die grundlegend renoviert werden. Dem nicht mit einem herkömmlichen Staubsauger vergleichbaren, hohen Preis stehen überlegenswerte Vorteile gegenüber:
❑ Man braucht keine teuren Einweg-Filter; der Filter im Gerät muß nur alle paar Monate entleert werden.
❑ Nur geringe Staubaufwirbelung – eine Überlegung nicht nur für Stauballergiker.

❑ Das Saugen geht wesentlich leiser vonstatten, weil das Zentralgerät mit Motor in einem Nebenraum untergebracht ist.

❑ Das Absaugen von Treppenstufen ist deutlich einfacher als mit einem herkömmlichen Staubsauger.

Shampooniergerät

Dieses Spezialgerät wird an einem Stiel über den Boden geführt. Es hat einen Flüssigkeitsbehälter für das Shampooniermittel. Bürstenscheiben oder Bürstenwalzen erzeugen den Reinigungsschaum.

Pulverreinigungsgerät

Es ist ebenfalls ein Spezialgerät, das an einem Stiel über den Boden geführt wird. Dabei wird Reinigungspulver mittels Bürsten in den Teppich eingearbeitet. Damit können auch feuchtigkeitsempfindliche Bodenbeläge (Wolle, Jute) gereinigt werden. Nach der Reinigung ist die Trocknungszeit nicht so lang, weil mit weniger Wasser gearbeitet wird als bei Shampooniergeräten.

Sprühextraktionsgerät

Mit diesem Spezialgerät wird Reinigungslösung auf den Teppich aufgetragen und im gleichen Arbeitsgang abgesaugt. Mit dem Sprühextraktionsgerät werden die besten Ergebnisse bei der Reinigung von Teppichböden erzielt.

Autostaubsauger

Dieses kleine Handgerät wird über die Autobatterie betrieben.

Kleinstaubsauger

Hierbei handelt es sich um ein Handgerät mit Netzstecker oder aufladbarem Akku.

Mehrzwecksauger

Sie sind aufgebaut wie Bodenstaubsauger in Kesselform und können außer trockenem Staub auch Flüssigkeiten aufsaugen. Sie werden inzwischen in Ausführungen angeboten, die das Wischen von Böden ersetzen durch eine Art »feuchtes Saugen«. Normales Staubsaugen erledigt der normale Staubsauger besser als der Mehrzwecksauger. Es also empfehlenswert, zwei Geräte zu haben, auch wenn die Werbung verspricht, daß die Multifunktionsgeräte beides perfekt können.

AUSSTATTUNG

Filter

Die meisten Staubfilter sind aus Papier hergestellt. Sie werden, sobald sie voll sind, weggeworfen. Einige Geräte haben zusätzlich einen Stofffilter. Dieser wird nach jedem Papierfilterwechsel kräf-

tig ausgeschüttelt, aber nicht gewaschen. Er würde verfilzen, die Luftdurchlässigkeit darunter leiden.

Staubsaugerbeutel sind teuer. Wer diese hohen Folgekosten vermeiden will, kann auf Staubsauger ausweichen, die ohne Filtertüten auskommen. Allerdings kosten diese Geräte mehr als herkömmliche und amortisieren sich nur bei häufigem Einsatz relativ schnell. Geräte ohne Filtertüten arbeiten nach unterschiedlichen Systemen, die nicht unbedingt uneingeschränkt praktisch sind:

❑ Eine feinporige Synthetik-Box filtert die angesaugte, staubige Luft und wird, sobald sie voll ist, entleert und ausgewaschen. Eine Anzeige weist darauf hin, wann Motorfilter und Allergikerfilter ausgewaschen werden müssen.

❑ Bei der »Zyklontechnik« wird die über die Düse angesaugte Luft durch einen Zylinder, den »Zyklon«, geleitet. Darin wird die Luft so stark beschleunigt, daß die Schmutzpartikel an die Seitenwände des Behälters prallen und nach unten fallen. Das funktioniert gut, ist allerdings ziemlich laut. Der Behälter muß geleert werden, sobald eine bestimmte Markierung erreicht ist – eine staubige Angelegenheit, die nichts für Stauballergiker ist. Nach etwa dem gleichen Prinzip arbeiten Geräte mit »Dualfiltration«. Sie können mit Filterbeutel oder einer Box betrieben werden.

Wasserfiltersauger dienen nicht dem Aufsaugen von Flüssigkeiten, sondern ein Wassertank ersetzt bei diesen Geräten die Filtertüte. Die staubbeladene Luft wird durch den Wassertank geleitet, der Staub bleibt im Wasser hängen. Die Saugleistung ist gut, aber die Handhabung etwas umständlich. Außerdem muß man aufpassen, daß das Gerät nicht kippt, sonst landet das Schmutzwasser auf dem Teppich. Der Schmutzwasserbehälter muß nach jedem Einsatz geleert und getrocknet werden, damit sich kein Schimmel ansetzt.

Praktische Hinweise:

■ *Die Filterbezeichnungen sind sehr unterschiedlich und phantasievoll. Meist sind mehrlagige Papierbeutel, elektrostatische Vlieseinlage und Motorschuztfilter kombiniert. So ergibt sich vier- oder fünffache Hygienefilterung bis zur S-Klasse-Filterung. Hygienisch saubere Räume ohne jeglichen Staub gibt es trotzdem nicht. Wer an Hausstauballergie leidet, sollte auf Teppiche und Teppichböden verzichten, denn wischbare Bodenbeläge sind der beste Milbenschutz.*

■ *Das Fassungsvermögen der Filter ist unterschiedlich. Zum jeweiligen Gerät sollte immer nur der passende Filter gekauft werden. Wie voll der Staubbeutel ist, wird meist mittels einer*

Staubfüllanzeige optisch sichtbar. Ein voller Staubbeutel wäre auch ohne Staubfüllanzeige erkennbar, denn die Saugleistung nimmt bei vollem Beutel ab.

- *Benutzte, volle Filter nicht leeren und wiederverwenden.*

Saugleistungsregulierung

Die Saugleistung eines Staubsaugers kann der Beschaffenheit des Bodenbelages angepaßt werden. Empfindliche Teppiche und Vorhänge werden beispielsweise bei viel niedrigerer Saugleistung gereinigt als Teppichböden. Die Regulierung kann elektronisch in Stufen oder stufenlos sowie elektronisch automatisch erfolgen. Bei elektronisch automatischer Leistungsregulierung paßt sich die Saugleistung dem voller werdenden Filter an bzw. den unterschiedlichen Teppicharten: bei empfindlichen Teppichen (aus Naturfasern, Wolle, Seide) niedrige Leistung, bei strapazierfähigen hohe Leistung. Bei den anderen Geräten kann die Saugleistung von Hand stufenlos oder in Stufen eingestellt werden. Bei manchen Geräten kann die Saugleistung verringert werden durch Zuführen von Nebenluft in das Saugrohr durch einen Luftschieber.

Kombi- oder Universaldüse,
Polster- und Fugendüse

Zur Grundausstattung gehören bei fast allen Modellen drei Düsen. Die Kombidüse dient zum Reinigen von Böden. Für glatte Böden wird der Borstenkranz ausgestellt, für Teppiche wird er versenkt. Ein Dreh- und Kippgelenk erleichtert das Saugen um und unter den Möbeln. Praktisch sind die flachen Kombidüsen von Bodenstaubsaugern, weil man damit unter den meisten Möbeln problemlos saugen kann. Nicht so einfach gelingt dies oft bei Hand- und Bürstsaugern.

Zum Aufnehmen von Fäden und Fusseln hat die Düse einen Fadenheber in der Nähe der Ansaugöffnung. Wichtig ist, daß die Luftkanäle bis zum Rand der Düse reichen, damit auch Schmutz und Staub direkt an Wänden oder Möbeln gut aufgesaugt werden können. Die Fugendüse ist vorgesehen zum Reinigen von Fugen und Ritzen, die Polsterdüse für Möbel, Matratzen, aber auch Kleider und Gardinen.

Sonderzubehör

Als Sonderzubehör werden Heizkörperbürste, Möbelbürste und ein Bürstvorsatz angeboten. Der Bürstvorsatz lockert durch eine Walzenbürste auch tiefer sitzenden Schmutz und richtet den Flor von Teppichen auf. Diese rotierende Bürste beansprucht den Teppich allerdings mehr als die glatte Kombibürste; empfindliche Teppiche, z. B.

Seidenteppiche, daher nicht zu oft bürsten. Nicht geeignet ist eine rotierende Bürste für Wollteppiche. Der Bürstvorsatz kann auch elektrisch betrieben sein, Voraussetzung dafür ist eine Steckdose am Grundgerät.

Je nach Hersteller werden noch weitere Zubehörteile bzw. Sonderausstattungen angeboten, die meist einen höheren Preis des Gerätes bedingen: Teleskop- und Verlängerungsrohre, automatische Kabelaufwicklung, Zubehörfach im Gerät, Saugpinsel, Möbelschutzleiste.

Wartung und Pflege

- *Filter rechtzeitig wechseln, nur die in der Gebrauchsanweisung angegebenen Filter benutzen.*
- *Stoffilter nicht waschen, sondern nur ausklopfen.*
- *Fadenheber erneuern, wenn der Flor abgerieben und verklebt ist.*
- *Haare und Fäden, die sich um die Bürste gewickelt haben, aufschneiden und entfernen.*
- *Beschädigten Saugschlauch reparieren bzw. auswechseln.*
- *Weitere spezielle Pflegehinweise enthält die Gebrauchsanweisung.*

Praktische Hinweise für den Kauf von Boden- und Handstaubsaugern:

- *Bodenstaubsauger sind empfehlenswert für große Wohnungen mit großflächigen Teppichen oder Teppichböden (ab ca. 30–35 m²), da das Gewicht des Gerätes für den Benutzer kaum spürbar ist. Besonders günstig ist dies auch für das Absaugen von Polstern und Vorhängen etc.*
- *Die Filter von Bodengeräten haben ein großes Fassungsvermögen.*
- *Bei Handstaubsaugern auf das Gewicht achten. Sie haben kleinere Filter und sind in der Handhabung nicht so praktisch, zudem arbeiten sie langsamer als Bodengeräte. Sie sind gut geeignet für kleine Wohnungen. Sie sind schnell einsetzbar und brauchen wenig Stellfläche.*
- *Beide Geräte sind mit Zubehör vielseitig einsetzbar, auf einfaches Umrüsten und problemlosen Filterwechsel achten, im Geschäft selbst ausprobieren.*
- *Auf gute Randabsaugung achten, die Saugschlitze müssen bis zum Rand gehen.*
- *Die Rollen des Gehäuses sollen so beschaffen sein, daß sie auch über Leisten problemlos laufen (im Geschäft ausprobieren!).*
- *Ein Kippgelenk an der Düse erleichtert das Saugen unter Möbelstücken.*
- *Ein Teleskoprohr ermöglicht die optimale Anpassung an die Körpergröße des Benutzers; Modelle mit Noppenverstellung leiern nicht aus.*

- Sollen regelmäßig auch Treppen abgesaugt werden, ist darauf zu achten, daß der Kabelanschluß auf der Oberseite des Gerätes liegt, damit das Gerät kippsicher steht.
- Die Qualität eines Staubsaugers liegt im Staubaufnahme- und -rückhaltevermögen. Entscheidend ist dafür nicht die Wattzahl des Anschlußwerts (was dem Stromverbrauch entspricht), sondern die Saugleistung und Leistungsaufnahme (in Watt) an der Düse. Für ein gutes Saugvermögen muß die Gesamtkonstruktion des Geräts stimmen, Düsenform, Saugrohr und Luftführung müssen optimal aufeinander abgestimmt sein. Im Fachhandel wird man Ihnen solche Fragen beantworten.

Praktische Hinweise für den Kauf eines Bürstsaugers:

- Diese Geräte sind gut geeignet für große Teppichflächen (Nadelfilz, Velours) aus synthetischem Material.
- Die Walzenbürste ist je nach Florhöhe verstellbar.
- Sehr gute Reinigungswirkung, allerdings wird der Belag auch stärker strapaziert.
- Klopfbürstsauger reinigen lose verlegte Teppiche durch gleichzeitiges Klopfen, Bürsten und Saugen. Sie haben keine bessere Reinigungswirkung als Bürstsauger, bei fest verklebten Teppichböden wird die Klopfwirkung aufgehoben.
- Bürstsauger sind nicht sehr handlich, vor allem wenn unter oder zwischen Möbeln gesaugt werden soll. Mit dem Sonderzubehör kann er diese Arbeiten erledigen,allerdings ist dies zeitaufwendiger, weil umgerüstet werden muß.
- Wie bei anderen Geräten auch auf Handhabung, Filterwechsel, Gewicht und Randabsaugung achten.

Praktische Hinweise für den Kauf von Shampoonier-, Pulverreinigungs- und Sprühextraktionsgeräten:

- Die Anschaffung lohnt sich für einen normalen Haushalt nicht. Diese Geräte können im Teppichfachgeschäft oder in der Drogerie ausgeliehen werden. Eine Grundreinigung mit diesen Geräten soll möglichst lange hinausgeschoben werden, weil die Teppiche hinterher schneller verschmutzen.
- Bei Teppichen aus Naturfasern (Jute, Baumwolle) mit Shampooniergeräten vorsichtig vorgehen. Es wird bei dieser Methode mit viel Feuchtigkeit gearbeitet, die Teppiche könnten eingehen oder sich verziehen oder auch verschimmeln.

DAMPFREINIGUNGSGERÄTE

Seit einigen Jahren werden Dampfreinigungsgeräte als vielseitige Haushaltshelfer angeboten.

Funktionsweise

Dampfreinigungsgeräte sehen aus wie Bodenstaubsauger, doch dort, wo beim Staubsauger der Beutel sitzt, haben Dampfreinigungsgeräte einen Kessel, in dem Wasser erhitzt wird, bis es verdampft. Mit einem Druck von etwa 3 Bar kommt der Dampf durch die Düse und soll dadurch eine besonders gute Reinigungswirkung haben, z. B. bei hartnäckigen Verschmutzungen, Kalkablagerungen in Fugen, zum Ablösen von Tapeten.
Der Anschlußwert beträgt zwischen etwa 1,5 und 2 kW.

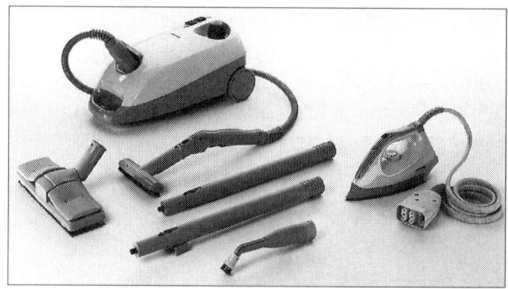

Dampfreinigungsgerät mit Zusatzzubehör

Ausstattung

Dampfreiniger werden mit unterschiedlichem Zubehör angeboten. Zur Grundausstattung sollten eine große und eine kleine Bürste für Böden und Polster gehören sowie eine Dampfdruckdüse für punktuelles Arbeiten und ein Fensterreinigungsaufsatz.
Bei manchen Geräten ist der Anschluß an ein Bügeleisen möglich, so daß man eine Dampfstation hat.

Praktischer Hinweis:

- Nicht alle Oberflächen und Materialien halten auf die Dauer die Behandlung mit heißem Dampf aus.

Praktische Hinweise für den Kauf eines Dampfreinigers:

- Die Preisspannen sind sehr groß; es lohnt sich, genau zu überlegen, welche Anforderungen das Gerät erfüllen soll.
- Insgesamt haben die Geräte bisher bei Prüfungen nicht so gut abgeschnitten, daß ihre Anschaffung uneingeschränkt empfohlen werden könnte. Hartnäckige Verschmutzungen werden nicht so mühelos gereinigt, wie die Werbung das verspricht.

- *Verhältnismäßig gut arbeiten die Geräte auf gefliesten Fußböden oder Fußböden aus Kunststoff. Stark verschmutzte Teppichböden werden auch mit dem Dampfreiniger nicht wesentlich schöner.*
- *Geräte, bei denen man ein Bügeleisen anschließen kann, sind teurer. Das Bügeln funktioniert gut, kommt allerdings durch den hohen Anschaffungspreis sehr teuer. Mit dem Gerät lassen sich auch Kleidungsstücke, die nicht gewaschen werden dürfen, auffrischen.*
- *Auf Sicherheits- und Prüfzeichen achten.*

7.2. Geschirrspülmaschinen

Funktionsweise

Das verschmutzte Geschirr wird in Körbe eingeordnet. Rotierende Sprüharme verteilen das aufgeheizte Wasser auf das Geschirr, die Verschmutzungen werden abgespült. Im unteren Korb ist der Sprühdruck größer als im oberen. Bevor das Spülwasser abgepumpt wird, läuft es durch ein Sieb, das grobe Speisereste zurückhält. Getrocknet wird das Geschirr durch die Eigenwärme, manche Geräte sind auch mit einer Zusatzheizung und einem Venilator ausgerüstet.

Es wird ein Spezialreinigungsmittel verwendet, das vor dem Einschalten des Geräts in einen Behälter gefüllt wird, der sich während des Spülvorganges automatisch öffnet. Dem letzten Spülwasser wird Klarspülmittel, ebenfalls automatisch, zugesetzt, damit das Geschirr schnell und gleichmäßig trocknet. Das Klarspülmittel befindet sich in einem Vorratsbehälter, der von Zeit zu Zeit aufgefüllt werden muß.

Nach jedem Spülen – ob maschinell oder mit der Hand – verbleiben Spülmittelrückstände auf dem Geschirr. Die Menge ist jedoch gesundheitlich unbedenklich.

Bauarten

Geschirrspülmaschinen werden als Stand-, Unterbau- und Einbaugeräte angeboten. Einbaumodelle können auch in einen Oberschrank eingebaut werden. Die Breite der Standardgeräte beträgt 60 cm, es gibt auch schmalere Geräte.

Ein Spülzentrum besteht aus einer unterbaufähigen Geschirrspülmaschine, Spülenunterschrank und einem Spülbecken. Unter die Abtropffläche ist die Spülmaschine eingebaut. Die Breite beträgt 100–110 cm.

Spülmaschinen haben einen Anschlußwert von etwa 3 kW. Wasserzufluß und -abfluß sind erforderlich. Neue Maschinen sind mit einer Sicherung ausgestattet, die das Überlaufen von Wasser ver-

Höhenverstellbarer Oberkorb einer Spülmaschine

hindert. Heißwasseranschluß ist möglich, vom Standpunkt der Energieeinsparung auch sinnvoll. Die Größe einer Spülmaschine wird weniger von den Außenmaßen bestimmt, sondern von dem innen zur Verfügung stehenden Platz. Kleine Maschinen bieten Platz für 4–6 Maßgedecke, Standardgeräte für 12 Maßgedecke.

Das gehört zum Maßgedeck:
- 1 Suppenteller
- 1 flacher Teller
- 1 Dessertteller
- 1 Untertasse
- 1 Tasse
- 1 Trinkglas
- 1 Eßbesteck (5 Teile)

Außer den Maßgedecken ist bei jeder Maschinenfüllung Platz für einen Satz Serviergeschirr:
- 1 ovale Platte
- 1 große runde Schüssel
- 1 kleine runde Schüssel
- 1 runde Schale
- 1 Servierbesteck

Diese Geschirrmenge entspricht etwa dem täglichen Geschirranfall eines 4–5-Personen-Haushaltes.

Ausstattung

GESCHIRRKÖRBE

Die Geschirrkörbe sind unterschiedlich ausgestattet. Bei der Standardausführung haben im oberen Korb Geschirrteile bis zu einer Höhe von 18 bis 20 cm Platz, im unteren Korb bis zu 32 cm. Teure Geräte haben einen höhenverstellbaren Oberkorb, manche Geräte sind auch mit einer hochklappbaren Tassenetage und herausnehmbaren Einsätzen im Unterkorb ausgerüstet. Der obere Korb kann auch schräg sein, so haben hohe Geschirrteile, z. B. Suppenteller und hohe Gläser, in beiden Körben Platz. Der Besteckkorb kann bei allen Modellen entnommen werden.

PROGRAMME

Auch Spülmaschinen gibt es in Standard- und Luxusausführungen. Standardausführungen haben weniger Programme und Schalterknebel zur Bedienung. Teure Luxusausführungen bieten eine vielfältige Programmwahl und Sensortasten als Bedienungselemente. Sie sind zusätzlich schallisoliert und daher im Betrieb leiser. Neue Modelle haben eine Wasserführung, die ebenfalls den Betriebslärm senkt.
Zu den Grundprogrammen gehören Normal-, Spar- und Starkprogramm. Das Spar- oder Feinprogramm arbeitet mit einer verringerten Temperatur (max. 55 °C) und weniger Spülgängen, verbraucht daher weniger Wasser und Energie. Es wird eingeschaltet bei schwach verschmutztem Geschirr, z. B. Kaffeegeschirr, oder empfindlichem Geschirr, z. B. Gläsern. Das Normal- oder Universalprogramm spült mit einer Temperatur von maximal 65 °C. Es wird angewendet bei normal verschmutztem Geschirr, das z. T. etwas angetrocknet ist.

Die richtige Nutzung einer Geschirrspülmaschine

❏ Grobe Speisereste entfernen, Vorspülen von Hand ist überflüssig bzw. erhöht den Wasserverbrauch enorm.
❏ Das Fassungsvermögen ausnutzen, die Maschine nur voll beladen einschalten.
❏ Wenn das Geschirr in der Maschine gesammelt wird, das Vorspülprogramm einschalten. Grobe Anschmutzungen werden dabei entfernt und das Geschirr angefeuchtet, Speisereste können nicht antrocknen.
❏ Wenn nach dem Spülgang noch Schmutzreste am Geschirr haften, von Hand abwaschen. Denn der Schmutz geht auch bei nochmaligem Spülen in der Maschine nicht ab.
❏ Nur spülmaschinengeeignetes Geschirr einordnen. Ungeeignet sind Gegenstände aus Holz, mit Holz- oder Horngriffen, Geschirr aus Aluminium, Kupfer, Zinn und wertvolle Silberteile. Kunststoffteile können dann in der Maschine gespült werden, wenn sie hitzebeständig sind und sich beim Trocknen nicht verformen. Vorsicht ist auch bei wertvollen Gläsern und Geschirr mit Aufglasur-Dekor geboten (siehe S. 246).
❏ Vor dem Einschalten prüfen, ob die Sprüharme frei beweglich sind.

❏ Regelmäßig Regeneriersalz nachfüllen sowie Türdichtungsgummi reinigen. Spülmittel nur sparsam verwenden, es ist stark ätzend.
❏ Empfindliches Geschirr nicht im unteren Korb einordnen, weil hier der Sprühdruck besonders groß ist.
❏ Restesieb nach jedem Spülgang entleeren.
❏ Töpfe nehmen viel Platz weg und werden oft nicht sauber. Sie werden besser von Hand gespült.
❏ Im Vergleich zu handgespültem Geschirr wird in der Maschine hygienischer gewaschen, weil die Temperaturen höher sind und keine keimbehafteten Lappen und Bürsten verwendet werden.
❏ Bleikristall wird in der Spülmaschine oft milchig, je nach Spülmittel.
❏ Besteck im Besteckkorb nicht sortieren, sondern mischen.
❏ Sparprogramm so oft wie möglich wählen, denn die Stromersparnis beträgt rund 15 %, wenn bei 55 statt mit 65 °C gespült wird.

Praktische Hinweise für den Kauf einer Geschirrspülmaschine:

• *Verbrauchswerte auf der Produktinformation genau lesen.*
• *Die herkömmlichen Standardprogramme reichen aus. Zahlreiche Programme werden erfahrungsgemäß nur selten genutzt, verteuern jedoch ein Gerät.*
• *Die Höhenverstellung des oberen Geschirrkorbes wird ebenfalls selten genutzt, kostet aber zusätzlich.*
• *Sprühdruckregulierung wird ebenfalls selten genutzt.*

7.3. Dunstabzugshauben

Beim Kochen entstehen Dämpfe und Düfte, die entweder durch natürliche Lüftung beseitigt werden (Fenster, Türen) oder aber durch eine Dunstabzugshaube. Dunstabzugshauben sind direkt über dem Herd angebracht und verhindern, daß sich Küchendämpfe in andere Räume »schleichen« oder sich als unangenehmer Fett-Wasser-Film auf den Boden und die Kücheneinrichtung legen.

Funktionsweise

Dunstabzugshauben »saugen« die Dämpfe, die beim Kochen entstehen, ab, indem durch einen elektrisch betriebenen Lüfter ein Unterdruck erzeugt wird. In der Abzugshaube befinden sich Filter, die die Fettbestandteile der Dämpfe aufsaugen. Die gereinigte Luft wird entweder ins Freie

(Abluftsystem) oder zurück in die Küche (Umluftsystem) geleitet.

ABLUFTSYSTEM

Beim Abluftgerät wird die warme, feuchte Luft ins Freie geleitet, die Fettbestandteile bleiben im Filter zurück. Der Luftkanal kann bei gerader Führung bis zu 5 m lang sein, falls er eine Biegung hat, 2,50 bis 3 m, bei 2 Biegungen höchstens 1 m. Das Abluftrohr kann ins Freie oder in einen Abluftschacht münden, Einleiten in den Kamin ist nicht erlaubt. Das Rohr ins Freie sollte eine kleine Neigung nach unten haben, damit Kondenswasser ablaufen kann. Eine Rückschlagklappe hält Windstöße ab, ein Gitter verhindert das Eindringen von Tieren und Schmutz.

UMLUFTSYSTEM

Beim Umluftgerät wird die Luft über einen geruchsbindenden Filter geführt und wieder in die Küche zurückgeleitet. Feuchtigkeit und Wärme wandern also wieder zurück, es entsteht sogar zusätzlich Wärme durch die Beleuchtung und den Motor.

Bauarten

Dunstabzugshauben werden als Ein- oder Unterbaugeräte und frei aufgehängt in verschiedenen Breiten angeboten.

Montiert werden die Geräte beim Elektroherd 45 bis 65 cm, bei Gaskochfeldern mindestens 65 cm, bei offenen Gaskochstellen mindestens 90 cm über den Kochstellen. Dieser Mindestabstand sollte möglichst nicht überschritten werden, denn je größer die Entfernung, desto geringer ist die Wirkung. Günstig sind möglichst breite Hauben, weil sie viel Luft filtern können.

Unterbau-Dunstabzugshauben werden unter einem entsprechenden Oberschrank angebracht, manche Geräte werden während des Betriebs nach vorne ausgezogen. Einbaugeräte werden in einen Umbauschrank fest eingebaut oder haben die Größe einen Oberschrankes mit einer Dekorplatte, die während des Betriebes nach vorne geschwenkt wird. Zwischenbaugeräte werden zwischen zwei Oberschränken montiert.

Lüfterbausteine werden in eine Esse oder Hutte eingebaut sowie über Kochinseln, wenn der Herd frei im Raum steht.

Luftwechsel

Beim Einschalten des Ventilators wird Luft angesaugt, die Luftfördermenge wird gemessen in m³ pro Stunde. Sie wird stufenlos (elektronisch) oder in Stufen geregelt. Diese Luftleistung ist bei Abluftgeräten höher als bei Umluftgeräten, in jedem Fall ist sie in der Gebrauchsanweisung angegeben. Die Stärke des Ventilators und damit die Höhe der Luftfördermenge muß auf die Größe der Küche abgestimmt werden. Empfohlen wird eine acht- bis zehnfache Luftumwälzung pro Stunde. Vor dem Kauf sollte bereits ausgerechnet werden, welche Luftfördermenge der Ventilator haben muß, damit die Abzugshaube mit den entstehenden Dämpfen fertig wird. Dies läßt sich anhand folgender Formel bestimmen:

$$\text{Grundfläche} \times \text{Höhe} = \text{Raumvolumen}$$
$$\text{Raumvolumen} \times \text{Luftwechsel je Stunde}$$
$$= \text{Luftfördermenge (m}^3 \text{ je Stde.)}$$

Beispiel:

15 m² × 3 m = 45 m³ Raumvolumen; 45 × 8 = 360. Dazu kommen 50% zur Überwindung des Unterdrucks 360 + 180 = 540, d.h. in einer Küche von 15 m² wird bei dem empfohlenen achtfachen Luftwechsel ein Gerät benötigt, das 540 m³ Luft in der Stunde umwälzt.

ABLUFT UND ZULUFT

Die Dunstabzugshaube arbeitet nur dann optimal, wenn ein dauernder Luftaustausch möglich ist. Die Luft, die beim Abluftbetrieb nach außen gefördert wird, muß in gleicher Menge auch zugeführt werden. Durch den Abluftbetrieb entsteht in der Küche ein leichter Unterdruck, durch den frische Luft angesaugt wird. Es wäre aber falsch, eine Tür zu öffnen, weil sich dann der Unterdruck und damit die Küchenluft auch auf die anderen Räume ausbreiten kann.

Wartung und Pflege

▫ Einwegfilter aus Vlies gibt es nur noch bei preisgünstigen, meist nachträglich montierten Unterbaugeräten. Standard sind Fettfilter aus Metall oder Kunststoff, die in der Spülmaschine gereinigt werden können. Etwa einmal im Monat sollte der Filter in die Spülmaschine.

▫ Kohlefilter sitzen über dem Fettfilter und sind dafür da, Gerüche aus der Luft aufzunehmen. Sie müssen alle sechs bis zwölf Monate ausgetauscht werden und führen zu hohen Folgekosten, weil sie relativ teuer sind. Geruchsfilter, die in der Spülmaschine gereinigt werden können, müssen nur alle paar Jahre ersetzt werden.

▫ Das Innere der Dunstabzugshaube gelegentlich reinigen, denn Fettablagerungen erhöhen die Brandgefahr.

▫ Unter der Dunstabzugshaube nicht mit offenem Feuer arbeiten, zum Beispiel flambieren. Die Fettablagerungen im Filter könnten Feuer fangen.

❑ Beim Gebrauch das Gerät anfangs auf volle Leistung schalten, während des Kochens auf mittlere Stufe. Nach dem Kochen noch einige Minuten laufen lassen.

Dunstabzugshaube für eine Kochinsel

Praktische Hinweise für den Kauf einer Dunstabzugshaube:

- *Abluftgeräte haben eine höhere Luftförderleistung. Fast alle Modelle können auf Umluftbetrieb umgestellt werden.*
- *Nach Möglichkeit ein Abluftgerät einbauen, denn es führt auch die Feuchtigkeit ab. Allerdings geht im Winter auch Wärme verloren.*
- *Dunstabzugshauben sind um so wirksamer, je breiter sie sind.*
- *In Küchen mit Kohle- oder Ölöfen dürfen Dunstabzugshauben während des Heizens nicht in Betrieb genommen werden, weil die Gefahr besteht, daß Rauch und Abgase in den Raum gezogen werden.*
- *Dunstabzugshauben können auch nachträglich eingebaut werden.*
- *Ausladende, durchgestylte Dunstabzugshauben, die frei im Raum angebracht sind, bestechen durch ihr Design. Hochglänzender Edelstahl und Glas erfordern aber einen hohen Reinigungsaufwand.*
- *Weil Filter regelmäßig ausgewechselt werden müssen, nach dem Preis der Filter fragen.*
- *Vliesfilter und Kunststoff-Labyrinthfilter »schlucken« mehr Fett als Metall- und Flauschfilter.*
- *Vor dem Einbau einer Abzugshaube den Kaminkehrermeister fragen, wenn eine Gasetagenheizung, Öl- oder Kohleofen oder Gasdurchlauferhitzer im Raum sind.*
- *Vor dem Kauf Hörprobe machen, manche Geräte haben ein sehr lautes Laufgeräusch.*

8. MASCHINEN UND GERÄTE FÜR DIE WÄSCHEPFLEGE

8.1. Waschmaschine

Funktionsweise

Die Schmutzwäsche wird in die Trommel gegeben, die sich nach dem Einschalten mit Wasser füllt, gleichzeitig wird das Waschmittel aus der Kammer gespült. Die Trommel ist gelocht, so daß die Waschlauge zu- und abfließen kann. Die Rippen sind dazu da, die Wäsche mitzunehmen. Durch das Drehen der Trommel wird die Wäsche bewegt, der Schmutz ausgespült.

Wie hoch das Wasser in der Trommel steht, hängt ab vom eingestellten Programm. Pflegeleichte Wäsche wird mit viel, Koch- und Buntwäsche mit weniger Wasser gewaschen. Je höher der Wasserstand, desto weniger wird die Wäsche beansprucht. Wichtig ist dies bei pflegeleichten Materialien, die wenig oder gar nicht gebügelt werden. Nach Ablauf des Wasch- und Spülvorgangs wird die Lauge abgepumpt und die Wäsche – je nach gewähltem Programm – geschleudert, d. h. bei hoher Umdrehungszahl der Trommel wird die Feuchtigkeit aus der Wäsche gepreßt.

Bauarten

Bei den Bauarten unterscheidet man Frontlader und Toplader. Frontlader werden von vorne befüllt, Toplader von oben. Toplader gibt es nur als Standgeräte, nicht als Unterbau- bzw. Einbaugeräte. Sie sind auch in platzsparenden Abmessungen (65 cm Breite) zu haben und werden in

Toplader

Haushalten mit engen Platzverhältnissen bevorzugt. Zum Be- und Entladen muß man sich nicht bücken. Frontlader haben meist weniger Fassungsvermögen. Neuere technische Finessen waren bei Topladern viele Jahre nicht im Angebot. Neue Geräte können auch diesbezüglich mithalten.

Praktischer Hinweis:

■ *Wer seinen Toplader auf Rollen stellt, kann ihn bei Platzmangel z.B. unter eine Arbeitsplatte rollen.*

Frontlader gibt es als Stand-, Einbau- und Unterbaugerät. Es handelt sich aber nicht um ein klassisches Einbaugerät, weil der Sockel nicht ausgetauscht werden kann. Zu empfehlen sind Stand- und Unterbaugeräte, weil sie eine bessere Standfestigkeit haben.

WASCHVOLLAUTOMAT, WASCHAUTOMAT, WASCHKOMBINATION

Waschvollautomaten sind Geräte, bei denen vom Wassereinlauf bis zum Schleudern alle Vorgänge automatisch ablaufen. Waschmaschinen, bei denen Schleudern gesondert geschaltet werden muß, bezeichnet man als Waschautomaten. Ein Waschautomat mit nebengebauter Schleuder heißt Waschkombination.

Das Fassungsvermögen von Waschmaschinen liegt bei 4,5 bis 5 kg trockener Wäsche.

Waschmaschinen haben Anschlußwerte zwischen 2,5 und 3,5 kW. Sie benötigen einen eigenen Stromkreis. Es gibt auch Maschinen für Drehstromanschluß (Kraftstrom). Diese sind nicht steckerfertig, d.h. sie müssen von einem Fachmann angeschlossen werden.

Praktische Hinweise:

■ *Es besteht die Möglichkeit des Warmwasser- und Kaltwasseranschlusses. Warmwasseranschluß ist nur sinnvoll bei einer günstigen Warmwasserversorgung, z.B. mittels einer Solaranlage oder Wärmepumpe. Wichtig sind auch kurze Leitungen. Mit einem entsprechenden Zulauf könnte man die Waschmaschine auch an das normale Warmwassernetz anschließen.*
■ *Durch den Warmwasserzulauf von Anfang an wird die Bleichwirkung von »normalen« Vollwaschmitteln verringert. Bei bestimmten Verschmutzungen, z.B. Blut-, Eiweiß- und Fettflecken ist es sinnvoll, Waschmittel nach dem Baukastensystem zu verwenden.*

Waschen – aber wie?

Beim Waschen wirken vier Faktoren: Wasser, Chemie (Waschmittel), Temperatur und Zeit, dargestellt am sogenannten Waschkreis.

Die Forderung nach möglichst umweltfreundlichem Waschen hat dazu geführt, daß Waschmaschinen mit immer weniger Wasser auskommen. Lag der Wasserverbrauch für eine Trommel Kochwäsche vor 10 Jahren noch bei 100 l, erledigt die neue Waschmaschinengeneration das mit 60 l und weniger. Um trotzdem das gleiche Waschergebnis zu erzielen, muß mindestens ein anderer Faktor des Waschkreises erhöht werden, z.B. die Zeit und/oder die Chemie. Da die Waschmittelhersteller unter ähnlichem Ökologiezwang stehen wie die Waschmaschinenhersteller, scheidet jedoch aus, daß die verminderte Waschwirkung durch aggressivere Waschmittel ausgeglichen wird. Viele neue Waschmaschinen arbeiten daher mit deutlich längeren Waschzeiten, was sich wiederum positiv auf die neue Waschmittelgeneration auswirkt. Denn Mega-Konzentrate brauchen mehr Zeit, bis sie gelöst sind.

WASCHPROGRAMME

Je nach Preisklasse der Waschmaschine gibt es unterschiedlich viele Waschprogramme. Teure Geräte bieten mehr Variationsmöglichkeiten. Welche Programme für welche Textilien angewendet werden, siehe Seite 347.

Grundprogramm (Normalprogramm):
Für Koch- und Buntwäsche, gängige Temperatur 60 °C. Die Wäsche wird automatisch geschleudert. Füllmenge: 5 kg. Die früher übliche Kochwäsche sollte aus Gründen der Energieersparnis nur ausnahmsweise gewählt werden, z.B. wenn ein Haushaltsmitglied eine ansteckende Krankheit hat. Ansonsten reichen 60 °C völlig aus, sowohl im Hinblick auf Keimbelastung als auch auf das Reinigungsergebnis.

Pflegeleichtprogramm:
Für Blusen, Hemden, Socken. Gängige Temperatur: 30 °C. Füllmenge: bis 2,5 kg (ca. 7 Blusen oder Hemden). Geringere Trommelbewegung. Die Wäsche wird bei niedrigeren Umdrehungen geschleudert, damit sie weniger verknittert, evtl. Spülstoptaste drücken.

Feinwaschprogramm:
Für besonders empfindliche Textilien, z.B. Gardinen. Übliche Temperatur: 30 °C. Geringe Trommelbewegung, Kurz- bzw. Anschleudern und Spülstop.

Temperatur und Programmart werden gesondert bedient. Außerdem gibt es noch unterschiedliche Zusatztasten:

❏ *E-Programm:* gibt es bei neuen Maschinen kaum noch. Es wurde bei niedrigerer Temperatur gewaschen und damit Energie gespart. Wenn gleichzeitig auch noch die Waschzeit verkürzt wurde, war das Waschergebnis manchmal unbefriedigend.

❏ *1/2-Sparprogramm, Mengenautomatik:* Von diesem Programm wird Gebrauch gemacht, wenn nur eine kleine Wäschemenge vorhanden ist. Damit können etwa 10 % Wasser, 15 % Strom, 25 % Waschmittel und 15 % Zeit gespart werden.

❏ Die Mengenautomatik hat die 1/2-Taste bei neuen Geräten abgelöst. Sie tastet die Wäschemenge ab und reagiert automatisch mit verringerter Wassermenge. Trotz diese Verbesserung ist es günstiger, die Maschine nur voll beladen zu betreiben.

❏ Das Abtasten und automatische Regeln der Wassermenge steuert die »Fuzzy logic«. Sensoren erkennen die Sauggeschwindigkeit und Saugfähigkeit der Wäsche, die notwendige Wassermenge wird daraus errechnet und auf die Wäschemenge abgestimmt – ohne daß der Benutzer dabei mitdenken und von sich aus die Wassermenge verringern muß. Besser: Mitdenken und erst waschen, wenn die Maschine voll beladen betrieben werden kann.

❏ *Wollprogramm:* Bei diesem Programm wird mit hohem Wasserstand und geringer Trommelbewegung, also besonders schonend, gewaschen. Wichtig: Die vom Hersteller angegebene geringe Füllmenge einhalten, damit die Wolle nicht verfilzt.

❏ *Spülstop:* Wird diese Taste gedrückt, bleibt die Wäsche im letzten Spülwasser liegen. Davon wird v. a. bei Wollsachen oder empfindlicher Feinwäsche Gebrauch gemacht, die sich beim Schleudern verziehen würde. Das Wasser kann abgepumpt und die Wäsche tropfnaß aufgehängt oder in Handtüchern ausgedrückt und im Liegen getrocknet werden.

❏ *Kurzprogramm:* Durch eine Zusatztaste können die einzelnen Programme verkürzt werden. Sie liefern nur bei kaum verschmutzter Wäsche gute Ergebnisse. Wenn man sich damit auseinandergesetzt hat, warum sich die Waschzeiten bei neuen Maschinen eher verlängern, ist kaum zu verstehen, warum von den Hausfrauen wieder vermehrt Kurzprogramme gewünscht werden.

❏ *Vorwaschgang:* Vorwäsche muß bei neuen Maschinen gesondert zugeschaltet bzw. angewählt werden. Das kann bei stark verschmutzter Wäsche notwendig sein. Vorwäsche läuft bei 40 °C bzw. im kalten Wasser ab. Sinnvoller sind meist Einweichprogramme: Dem eigentlichen Waschprogramm wird eine ein- bzw. zweistündige Einweichzeit in der Trommel bei hohem Wasserstand und geringer Trommelbewegung vorgeschaltet. Das Einweichwasser wird später zum Waschen verwendet.

❏ *Wasserplus-Taste:* Früher wurden empfindliche Textilien bei hohem Wasserstand gewaschen. Diese Möglichkeit wünschen sich viele Hausfrauen auch bei den neuen, wassersparenden Maschinen. Mit der Wasserplus-Taste ist es möglich, den Wasserstand zu erhöhen oder einen zusätzlichen Spülgang zuzuschalten. Doch damit sind die niedrigen Vebrauchswerte mit einem Knopfdruck aufgehoben. Diese Taste zu drücken ist nur selten angebracht, z. B. wenn feine Stores gewaschen werden oder wenn Familienmitglieder eine sehr empfindliche Haut haben (Waschmittelrückstände).

Elektronische Regelung

Waschmaschinen mit elektronischer Regelung werden über Berührungs- oder Folientaster bedient. Wäscheart und Temperatur werden eingegeben, die Maschine sucht selber das optimale Programm, z. B. bei Feinwäsche nur leichtes Schleudern. Der Verschmutzungsgrad und die Wäschemenge können ebenfalls eingegeben werden. Die elektronische Regelung ermöglicht optimale Abstimmung des Waschprogramms auf die Wäsche. Fehlbedienung ist ausgeschlossen, weil die elektronischen Bauteile keine unlogischen Befehle annehmen, z. B. Feinwäsche bei 90 °C zu waschen.

Schleudern

Die Schleuderdrehzahl der einzelnen Waschmaschinen ist unterschiedlich. Sie schwankt zwischen 600 und 1600 Umdrehungen pro Minute. Einzelschleudern haben bis zu 2 800 Umdrehungen pro Minute. Bei einer niedrigen Umdrehungszahl wird das Wasser mit geringerer Wucht aus der Wäsche gepreßt, es bleibt mehr Feuchtigkeit in der Wäsche, die sogenannte Restfeuchte ist höher.

Wichtig ist die Schleuderdrehzahl, wenn die Wäsche anschließend im Trockner getrocknet wird. Je höher die Schleuderdrehzahl, desto weniger Feuchtigkeit bleibt in der Wäsche und desto kürzer ist der Trockengang. Falls maschinell getrocknet wird, sollte die Umdrehungszahl mindestens bei 800, besser 1000 Umdrehungen liegen. Bei höherer Drehzahl der Schleuder wird nur unwesentlich mehr Strom verbraucht als bei geringer, die kürzere Trockenzeit holt dies jedoch mehrfach herein. Eine Drehzahl über 1200 Umdrehungen ist nicht empfehlenswert, denn es wird nicht wesentlich mehr Wasser aus der Wäsche herausgepreßt. Die Maschinen müssen jedoch viel stabiler gebaut sein, was sich in deutlich höheren Preisen ausdrückt. Falls nicht in maschinell getrocknet wird, ist eine hohe Schleuderdrehzahl nicht erforderlich.

Bei neuen Maschinen kann die Schleuderdrehzahl auch bei Kochwäsche verringert werden. Das wird z. B. dann gemacht, wenn die Wäsche im Freien getrocknet wird. Die hohe Restfeuchte erfordert dann keinen Energieaufwand, aber die Wäsche ist weniger verknittert und muß nur wenig gebügelt werden. Stufenschleudern wird bei Fein- und Pflegeleichtwäsche eingeschaltet, damit die Wäsche weniger verknittert und sich nicht verzieht. Beim Stufenschleudern wird die Wäsche in mehreren Phasen geschleudert und zwischendurch immer wieder aufgelockert. Das Programm Kurzschleudern wird gewählt, wenn Wäsche nur angeschleudert werden soll, z. B. Gardinen. Elektronische Unwuchtsensoren sind von Vorteil, wenn größere Wäschestücke geschleudert werden, z. B. Teppiche. Dabei entsteht meist eine größere Unwucht, und »normale« Maschinen schalten ab. Maschinen mit Unwuchtsensoren dagegen verringern nur die Drehzahl.

Wartung und Pflege

❑ Wasserhahn nach dem Waschen zudrehen. Das verlängert die Haltbarkeit und Funktion der Ventile und des Schlauchs.

❑ Flusensieb ab und zu kontrollieren und reinigen, um einen einwandfreien Ablauf des Wassers zu gewährleisten. Wo das Flusensieb sitzt, ist in der Gebrauchsanweisung angegeben.

❑ Bei Waschmaschinen ohne Flusensieb die Laugenpumpe regelmäßig reinigen. Wie es gemacht wird, steht in der Gebrauchsanweisung.

❑ Waschmittelkammern von Zeit zu Zeit von Rückständen säubern, damit diese nicht verkrusten.

❑ Zu- und Ablaufschlauch regelmäßig kontrollieren.

❑ Bullauge nicht schließen, wenn die Maschine nicht in Betrieb ist. Dann können sich keine unangenehmen Gerüche in der Maschine entwickeln, und der Türgummi hält länger.

❑ Wassereinlaufsieb gelegentlich säubern. Dazu Wasserzulaufschlauch abschrauben, Sieb herausziehen und ausspülen. Beim Wiedereinschrauben auf einwandfreien Sitz der Dichtungen achten.

Praktische Hinweise für den Kauf einer Waschmaschine:

■ *Der Preis einer Waschmaschine hängt ab von Programmvielfalt, Schleuderleistung und Steuereinrichtungen. Vor dem Kauf kritisch überlegen, welche Ausrüstung tatsächlich benötigt*

wird. Grund-, Pflegeleicht- und Feinprogramm sowie Wollprogramm reichen aus. Zusatztasten müssen hinterfragt werden nach den jeweiligen Haushaltsverhältnissen. Beispiel: Ein Einweichprogramm kann sinnvoll sein, wenn regelmäßig schmutzige Arbeitskleidung anfällt.

■ *Ob ein Stand- oder Unterbaugerät gekauft wird, hängt vom Aufstellungsort ab. Steht das Gerät in der Waschküche, reicht ein Standgerät. In der Küche wird man sich für ein Unterbaugerät mit passender Dekorplatte entscheiden.*

■ *Ob ein Top- oder Frontlader angeschafft wird, hängt ebenfalls vom Aufstellungsort ab. Toplader können auch in einer Nische aufgestellt werden, weil sie keinen Platz nach vorne zum Öffnen brauchen, sondern nur in der Höhe.*

■ *Neuere Maschinen tragen das Öko-Label. Davon können Energieverbrauch, Waschwirkung und Wasserverbrauch abgelesen werden.*

■ *Wählen Sie ein Gerät, das einfach und übersichtlich zu bedienen ist, dann wird Fehlbedienung vermieden, und es können auch weniger geübte Haushaltsmitglieder damit umgehen.*

8.2. Wäscheschleuder

Eigene Geräte zum Schleudern von Wäsche werden heutzutage kaum noch gekauft. Sie sind noch in Landhaushalten vorhanden aus der Zeit, in der noch mit der Hand gewaschen wurde oder nur eine Waschmaschine ohne Schleuder vorhanden war. Wäscheschleudern haben sehr hohe Umdrehungszahlen zwischen 1400 und 2800 Umdrehungen pro Minute.

In großen Haushalten mit hohem Wäscheanfall ist es auch heute noch eine Überlegung wert, sich eine Wäscheschleuder anzuschaffen. Waschmaschinen mit hohen Schleuderdrehzahlen sind sehr teuer, billiger kommt die Kombination einer Schleuder mit einer Waschmaschine, die nur niedrige Drehzahlen hat. So kann bei Bedarf nachgeschleudert werden. Natürlich muß genügend Platz zur Verfügung stehen. Beachtet werden sollte auch, daß bei den hohen Drehzahlen in der Schleuder die Wäsche sehr strapaziert wird.

8.3. Wäschetrockner

Wäschetrockner sind nicht nur dann praktisch, wenn nicht genügend Trocknungsplatz zur Verfügung steht, man spart auch Arbeit, weil die Wäsche nicht aufgehängt werden muß und z. T. nicht mehr gebügelt werden muß. Sie wird im Trockner angenehm flauschig und glatt, die durch das Trocknen auf der Leine entstehende »Trockenstarre« entfällt.

Außerdem ist man mit einem Wäschetrockner nicht mehr vom Wetter abhängig, es wird weniger Wäsche benötigt, weil sie schnell wieder zur Verfügung steht. Neben dem Anschaffungspreis muß man von vornherein die hohen Betriebskosten einkalkulieren.

Funktionsweise

Während des Trocknens wird die feuchte Wäsche in der Trommel bewegt und zugleich aufgelockert. Durch Zufuhr von warmer Luft wird die Feuchtigkeit der Wäsche zum Verdampfen gebracht. Die feuchte Warmluft wird in den Raum oder ins Freie abgeführt oder auch abgekühlt, wodurch die enthaltene Feuchtigkeit kondensiert.
Die Trommel eines Wäschetrockners ist etwa 2,5mal so groß wie die einer Waschmaschine, damit die Wäsche möglichst locker liegt und die Feuchtigkeit rasch verdunsten kann.

Bauarten

Wäschetrockner gibt es als Standgerät, das von oben oder von der Seite befüllt wird, als Unterbaugerät oder auch in Kombination mit einer Waschmaschine als sogenannte Wasch-Trocken-Säule. Wäschetrockner sind ca. 60 cm breit, 82–85 cm hoch und etwa 60 cm tief.
Das Fassungsvermögen von Wäschetrocknern liegt bei 4,5–5 kg Trockenwäsche, der Anschlußwert liegt zwischen 2,2 und 3,3 kW.
Wäschetrockner arbeiten nach verschiedenen Methoden. Unterschieden werden Abluft- und Kondensationstrockner sowie Waschtrockner.

Ablufttrockner

Die Raumluft wird durch einen Ventilator angesaugt, über Heizschlangen geführt und dadurch erwärmt. Die warme Luft streicht über die feuchte Wäsche und nimmt die Feuchtigkeit auf. Die warme, feuchte Luft wird anschließend an den Raum abgegeben. Besser ist es, die angefeuchtete Warmluft durch einen Schlauch ins Freie zu führen (durch die Wand, ein Fenster oder einen Lüftungskamin). Ablufttrockner sind billiger als Kondensationstrockner.

Kondensationstrockner

Die warme, feuchte Luft wird durch einen luftgekühlten Kondensator geführt. Der in der Luft enthaltene Wasserdampf wird abgekühlt und dadurch wieder flüssig. Das entstehende Kondenswasser wird in einem Behälter gesammelt, der nach dem Trockenvorgang geleert werden muß. Es gibt auch Geräte, bei denen das Kondensationswasser abläuft.
Beim Kondensationstrockner dauert das Trocknen länger als beim Ablufttrockner, vor allem, wenn der Raum warm ist. Steht nämlich zum Kühlen des Kondensators warme Luft zur Verfügung, kann der Wasserdampf nur schwer verflüssigt werden, die Trocknerluft ist nur wenig entfeuchtet und kann daher nur wenig Feuchtigkeit aus der Wäsche aufnehmen. Der Trocknungsvorgang dauert dann sehr lang. Gründliches Lüften ist daher auch beim Kondensationstrockner wichtig.
Nach dem Prinzip des Kondensationstrockners gibt es auch Schranktrockner. Die einzelnen Wäschestücke werden in diesen »Trockenschrank« gehängt. Sie brauchen mehr Platz als Trommeltrockner und sind in der Anschaffung teurer, brauchen aber deutlich weniger Energie (rund 40 % weniger als herkömmliche Trommeltrocker). Da die Wäschestücke ohne Bewegung getrocknet werden, eignet sich das Gerät auch gut für empfindliche Kleidungsstücke. Nachteile: das Trockenergebnis ist nicht gleichmäßig; die innen hängenden Teile sind feuchter als die am Rand hängenden. Außerdem ist die Beschickung umständlich und zeitraubend, weil jedes Kleidungsstück auf einen Bügel gehängt werden muß.

Waschtrockner

Waschtrockner sind Waschvollautomaten, mit denen nach dem Kondensationsprinzip die Wäsche auch getrocknet werden kann. Es kann jedoch nur die Hälfte der gewaschenen Wäsche in einem Trockengang getrocknet werden, weil die Trommel etwa 2,5mal kleiner ist als die eines separaten Trockners. Die Wäsche wird getrocknet durch Kontakt mit der angewärmten Trommel und Strahlungswärme von Heizschlangen. Manche Geräte haben auch einen Ventilator, der bewirkt, daß die Wäsche schneller trocknet.

Restfeuchte und Trockendauer bei verschiedenen Schleuderdrehzahlen

Schleuderdrehzahl pro Minute	Restfeuchte einer Trommelfüllung	Trocknen auf der Leine	Trocknen im elektrischen Wäschetrockner (Ablufttrockner)
500	100 % = 4,5 l	etwa 8 Stunden	knapp 2 Stunden
800	etwa 70 % = 3,2 l	etwa 7 Stunden	knapp 1 1/2 Stunden
1200	etwa 55 % = 2,5 l	etwa 5 Stunden	etwa 1 Stunde
2800 (Wäscheschleuder)	etwa 45 % = 2,0 l	etwa 4 5tunden	etwa 55 Minuten

Es gibt Waschtrockner, die mit Thermoschleuder arbeiten. Die Wäsche wird nach dem Stufenschleudern angewärmt und nochmals geschleudert. Die Restfeuchte ist dadurch etwa 10 % geringer als bei normalem Schleudern. Die Trocknungszeit ist dadurch kürzer, der Trocknungsvorgang billiger. Waschtrockner sind nur für sehr kleine Wohnungen zu empfehlen, weil die Stellfläche nicht durch ein zusätzliches Gerät verkleinert wird. Interessant sind diese Geräte in Kleinhaushalten und wenn nur selten im Trockner getrocknet wird. Die Verbrauchswerte für Strom sind jedoch höher als bei den beiden oben genannten Trocknerarten. Verhältnismäßig sparsam kann man auch diese Geräte betreiben, wenn statt »schranktrocken« die Stellung »bügelfeucht« gewählt wird. Durch die geringe Trommelgröße dauert der Trocknungsvorgang sehr lang, eine Waschmaschinenfüllung muß in zwei Arbeitsgängen getrocknet werden.

Steuerung

Der Trockenvorgang kann zeitgesteuert oder feuchtigkeitsgesteuert (elektronisch) sein.

Praktische Hinweise:

- *Da eine Waschmaschinenladung nasser Wäsche ohnehin nicht auf einmal im Waschtrockner getrocknet werden kann, sortieren Sie die Wäsche, und geben Sie Teile, die ungefähr gleich lang zum Trocknen brauchen, miteinander in den Trockner.*
- *Damit ein Wäschetrockner kostengünstig, das heißt energiesparend eingesetzt werden kann, muß der Aufstellort stimmen. Wenn der Raum warm ist, enthält die Luft, vor allem im Badezimmer, bereits mehr Feuchtigkeit als kühle Luft und kann daher nicht mehr so viel Feuchte aus der Wäsche aufnehmen, der Trocknungsprozeß dauert länger. Bei einem Kondensationstrockner muß zudem der Wärmetauscher gekühlt werden, was mit warmer Umgebungsluft länger dauert als mit kühler.*
- *Wenn ein Kondenstrockner in einem zu kalten Raum steht, besteht die Gefahr, daß die warme Abluft an den kalten Wänden kondensiert und sich Schimmel bildet.*

Zeitsteuerung

Bei der Zeitsteuerung wird durch eine Uhr eine bestimmte Trocknungszeit vorgegeben. In diese Zeit eingeschlossen ist die Abkühlzeit, in der die Luft nicht mehr angewärmt wird. Die Wäsche kühlt ab und knittert nicht so sehr, wenn sie nicht sofort nach Ablauf des Trocknungsvorgangs ent-

nommen wird. Je nach Gewebeart wird die Temperatur variiert, bei empfindlichen Chemiefasern wird z. B. mit niedrigerer Temperatur getrocknet als bei Baumwolle.

Feuchtigkeitssteuerung

Die elektronische Steuerung ist sehr genau. Durch Fühler wird die Feuchtigkeit der Wäsche abgetastet. Der gewünschte Trocknungsgrad kann eingestellt werden, z. B. »schranktrocken«, »bügelfeucht«. Das Gerät schaltet sich automatisch ab, wenn dieser Wäschezustand erreicht ist. Angezeigt wird dies durch einen Summton. Sehr teure Wäschetrockner arbeiten mit einer Doppelelektronik, die ein besonders genaues Trockenergebnis bringt. Diese Sonderausrüstung kostet zwar mehr, sie verhindert aber Übertrocknen der Wäsche.

Wartung und Pflege

- Flusensieb nach jedem Trocknungsvorgang reinigen.
- Kondenswasserbehälter leeren.

Wäscheverschleiß durch maschinelles Trocknen?

Betrachtet man nach dem Ablauf eines Trockenvorgangs das Flusensieb, kann man erschrecken. Erstaunlich viele Flusen haben sich darin gefangen. Nun wäre es aber falsch, diesen Verschleiß allein dem Wäschetrockner zuzuschreiben, denn nur 10 % der gefangenen Flusen sind durch das maschinelle Trocknen abgerieben worden. 50 % entstehen durch das Waschen und 40 % durch das Tragen der Wäsche.

Zum Wäscheverschleiß gehört auch das Einlaufen der Wäsche. Einlaufen wird durch den Trockner begünstigt bei Trikotware und anderen Baumwolltextilien. In erster Linie fällt diese unerwünschte Wirkung des Trockners bei Unterwäsche auf. Es ist daher ratsam, Unterwäsche 1–2 Nummern größer zu kaufen, wenn sie maschinell getrocknet wird. Manche Textilien enthalten bei den Pflegehinweisen auch Symbole für maschinelles Trocknen.

Praktische Hinweise für den Kauf eines Wäschetrockners:

- *Anlufttrockner arbeiten schneller als Kondensationstrockner, allerdings ist ein Anluftschlauch notwendig.*
- *Waschtrockner sind keine idealen Trockner, weil sie viel Zeit und viel Strom brauchen, können aber für Haushalte mit wenig Platz durchaus sinnvoll sein.*

- *Als Aufstellungsort sollte der Raum gewählt werden, in dem die Waschmaschine steht, damit die nasse Wäsche nicht transportiert werden muß.*
- *Eine Wasch-Trocken-Säule spart Platz, allerdings muß die nasse Wäsche nach oben gehoben werden.*
- *Die Schleuderdrehzahl der Waschmaschine sollte möglichst hoch sein (mindestens 1000 Umdrehungen/Minute, besser noch 1200 Umdrehungen/Minute), denn Schleudern kostet weniger Energie als Trocknen. Schleuderdrehzahlen über 1200 Umdrehungen verringern die Restfeuchte der Wäsche nur noch unwesentlich, die Geräte sind aber in der Anschaffung erheblich teurer. Außerdem verkürzen hohe Drehzahlen die durchschnittliche Lebensdauer von Waschmaschinen.*
- *Wenn der Trockner häufig läuft, lohnt sich ein Gerät mit Wärmepumpe.*
- *Wäschetrockner, die mit Gas betrieben werden, brauchen deutlich weniger Energie als Trockner mit Wärmepumpe. Der Mehrpreis ist bei regelmäßigem Trocknereinsatz schnell hereingebracht, allerdings muß der Haushalt einen Anschluß an das Gasnetz haben.*

8.4. Bügelgeräte

Ein Bügeleisen ist in fast jedem Haushalt vorhanden, eine Bügelmaschine dagegen selten. In großen Haushalten sind Bügelmaschinen häufiger zu finden, weil mehr Wäsche anfällt. Wichtig ist, daß die Bügelmaschine in einem Raum untergebracht ist, der auch als Bügelzimmer dient.

Bügeleisen

FUNKTIONSWEISE

Über der Bügelsohle sind Heizstäbe in eine Keramikmasse eingelassen, die die Wärme abgeben. Die eingestellte Temperatur wird mit Reglern gesteuert, die den Stromkreis unterbrechen bzw. schließen. Kühlen die Heizstäbe zu sehr ab, wird der Stromkreis geschlossen, erkennbar an dem Lämpchen im Griff.

REGLERBÜGELEISEN

Die Heizleistung beträgt 100 bis 1200 W. Ein Temperaturregler hält die vorgewählte Bügeltemperatur ein. Ein Vorteil des Reglerbügeleisens ist das geringe Gewicht (850 – 1100 g), allerdings muß dafür fester angedrückt werden, um gleich glatt zu bügeln.

DAMPFBÜGELEISEN

Dampfbügeleisen können wie »normale« Bügeleisen verwendet werden. Sie haben eine Zusatzeinrichtung für Dampfentwicklung. Der Tank ist abnehmbar oder fest. Er wird mit Wasser gefüllt, das tropfenweise in eine Dampfkammer fließt. Der entstehende Dampf verläßt die Kammer durch die Öffnungen an der Bügelsohle. Ob destilliertes oder Leitungswasser eingefüllt werden soll, ist in der Gebrauchsanweisung nachzulesen.

An der Griffspitze kann zusätzlich eine Sprühvorrichtung eingebaut sein, damit kann die Wäsche mit dem kalten Wasser aus dem Tank besprüht werden, z. B. wenn Falten eingebügelt werden.

Manche Geräte haben eine Dampfstoßeinrichtung. Damit können stärkere Dampfstöße erzeugt werden, z. B. zum Bügeln dicker Stoffe und Nähte.

Die Dampfautomatik verhindert, daß Wasser in die Dampfkammer eintritt, wenn nur bei geringer Temperatur gebügelt wird. Dadurch wird verhindert, daß unverdampftes Wasser auf die Bügelwäsche tropft.

Teure Modelle bieten auch die Möglichkeit, Kleidung aufzufrischen, indem das Bügeleisen senkrecht am hängenden Kleidungsstück entlanggeführt wird.

Wichtiger Hinweis:

- *Nach dem Bügeln den Tank immer leeren und das Bügeleisen nochmals kurz aufheizen.*

DAMPFBÜGELSTATIONEN

Für das Bügeln mit Dampf gibt es außer dem herkömmlichen Dampfbügeleisen folgende Möglichkeiten.

- Dampfbügeleisen mit separatem Wassertank
- Dampfbügeleisen mit separatem Dampfdruckerzeuger
- Bügelstationen mit separatem Dampferzeuger
- Kombination von Dampfreiniger mit Bügeleisen.

Dampfbügeleisen mit extra Wassertank haben den Vorteil, daß die Füllmenge größer ist als bei den herkömmlichen Geräten. Während des Bügelns wird das Wasser in kleinen Mengen zum Bügeleisen gepumpt, und dort wird wie im herkömmlichen Gerät der Dampf erzeugt. Die Geräte sind sehr schnell einsatzbereit.

Dampfbügeleisen mit externem Dampfdruckerzeuger arbeiten mit Druckdampf. Sie sind zum Großteil mit einem kleinen Boiler ausgestattet. Während der Aufheizzeit kommt das Wasser zum Kochen, es bildet sich ein Druck. Mit diesem Überdruck gelangt der Dampf über einen Verbindungsschlauch in das Bügeleisen und tritt per Knopfdruck aus. Meist wird das Gerät mit einem

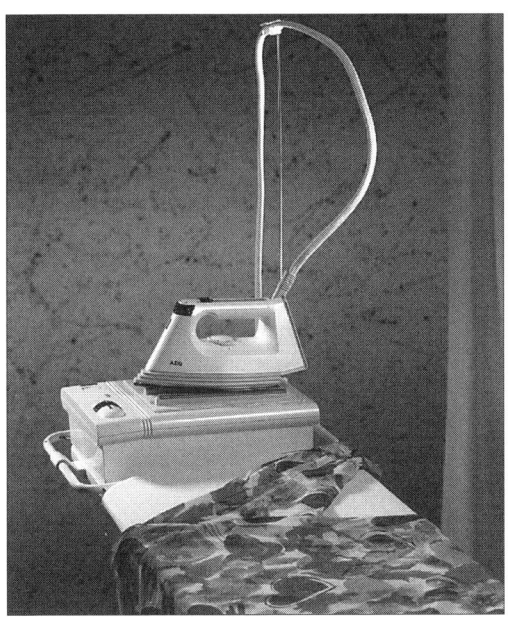

Dampfbügelstation

passenden Bügelbrett angeboten. Vorteil des Geräts ist die gute Dampferzeugung mit großen Dampfmengen. Nachteil ist die recht lange Wartezeit, bis sich der Dampfdruck aufgebaut hat. Ist mehr Wäsche zu bügeln, als eine Boilerfüllung Dampf erzeugt, kann bei den meisten Geräten erst dann Wasser zum erneuten Aufheizen eingefüllt werden, wenn der Überdruck abgebaut ist.

Bügelstationen mit externem Dampferzeuger arbeiten drucklos. Bei diesen Geräten wird Wasser in kleinen Mengen durch einen Dampfgenerator gepumpt. Nach kurzer Wartezeit entwickelt sich Dampf, der zum Bügeleisen geleitet wird. Vorteil: Es kann während des Bügelns Wasser nachgefüllt werden. Nachteil: Die Dampfqualität ist nicht so gut wie bei Geräten, die Dampfdruck erzeugen.

Kombination mit einem Bügeleisen wird vielfach als Zusatzausstattung bei Dampfreinigern angeboten. Die Dampfreiniger arbeiten ebenfalls nach dem Boilersystem, nur teilweise mit mehr Druck und größerem Wassertank. Daraus ergeben sich lange Aufheizzeiten. Zusätzlich gibt es passende Bügeltische samt Absaugung und Beheizung. Solche Geräte kommen dann richtig teuer. Vor einem Kauf sollte man Kosten und Nutzen genau abwägen, zumal die Dampfreiniger in ihrer eigentlichen Funktion noch in den Kinderschuhen stecken.

Praktischer Hinweis:

■ *Während des Bügelns bzw. danach den Raum gut lüften, damit die feuchte Luft nicht zu Kondenswasser- bzw. Schimmelbildung führt.*

Bügelmaschine

FUNKTIONSWEISE

Bügelmaschinen haben eine drehbar gelagerte Bügelwalze, die von einem Motor angetrieben wird, und eine beheizbare Bügelmulde oder -wange. Die Walze ist mit einer Matte aus Kunststoff, Stahlwolle oder Filz umwickelt, darüber wird ein waschbarer Leinen- oder Baumwollbezug gezogen.

BAUARTEN

Bügelmaschinen gibt es als Stand-, Klapp- oder Schrankmodell. Das Klappmodell ist platzsparend, das Schrankmodell ist umbaut von einem Schrank und hat daher die Optik eines Möbelstücks.

Die Walze kann einseitig oder beidseitig gelagert sein. Beidseitige Lagerung bringt größere Stabilität. Einseitige Lagerung ist günstig, wenn häufig Oberbekleidung damit gebügelt wird, weil sie seitlich eingelegt werden kann. Einseitig gelagerte Maschinen bügeln u. U. nach einiger Zeit nicht mehr gleichmäßig, dann vom Kundendienst die Walze nachziehen lassen.

TECHNISCHE AUSSTATTUNG

Bügelmaschinen haben einen Anschlußwert zwischen 2,1 und 3,1 kW, die Walzenbreite beträgt meist 85 cm, selten 65 cm. Durch die größere Fläche können mit der Bügelmaschine v. a. glatte Teile schneller gebügelt werden als mit der Hand. Allerdings sind Übung und etwas Geschick notwendig. Gebügelt wird im Sitzen, dies sollte jedoch auch beim Bügeln mit dem Reglerbügeleisen selbstverständlich sein.

Die Drehgeschwindigkeit liegt zwischen 3 und 7 Umdrehungen pro Minute. Sie kann bei den meisten Geräten stufenlos verstellt werden, per Drehknopf oder Pedal. Mit dem Pedal kann kurzzeitig auch gepreßt werden, d. h. die Bügelwange liegt an der Wäsche, ohne sich weiterzubewegen. Die Beheizung der Bügelwange erfolgt durch zwei Heizschlangen, die unabhängig voneinander eingestellt werden können. So reicht es z. B. beim Bügeln von Taschen- oder Geschirrtüchern, nur eine Seite der Wange zu heizen. Falls eine gesonderte Schaltung nicht möglich ist, die Wäscheteile abwechselnd am linken und rechten Ende der Walze bügeln, damit der Bezug nicht angesengt wird. Die Wäschestücke werden beim Bügeln zwischen Bügelmulde und Bügelwalze eingeführt. Die Maschine sollte einen Walzenfreilauf besitzen, d. h. die Bügelwange kann zum Einlegen des Wäschestückes von Hand gedreht werden. Das Anlegebrett erleichtert das Einführen glatter Wäschestücke, zum Bügeln von Blusen etc. wird es abgenommen.

Die Heizwange wird mittels eines Pedals oder Trittbrettes angehoben bzw. gesenkt. Ein Trittbrett ist günstiger als ein Pedal, weil ermüdungsfreier gearbeitet werden kann. Ein Fingerschutz verhindert Verbrennungen. Jedes Gerät ist auch mit einer Sicherungseinrichtung versehen, die verhindert, daß das eingelegte Wäschestück versengt, wenn während des Betriebes der Strom ausfällt und die heiße Wange nicht mehr gehoben werden kann.

SONDERAUSSTATTUNG

Feuchtigkeitsabhängige Steuerung: Über elektronische Bauteile wird der Feuchtigkeitsgrad der Wäsche abgetastet und die Walzengeschwindigkeit automatisch darauf abgestellt. Bei sehr feuchten Stücken läuft die Maschine dann z. B. langsamer.

Anfeuchten der Wäschestücke: Diese Vorrichtung ist kombiniert mit dem Anlegebrett. Eine feingeriffelte Walze taucht in einen Wasserbehälter und wird angefeuchtet. Die über die Walze laufende Wäsche saugt diese Feuchtigkeit auf.

Dampfentwicklung: Im Bügeltisch ist ein beheizter Wasserbehälter. Der entstehende Dampf wird in die Bügelmulde geleitet und auf die Wäsche gedampft.

Wartung und Pflege

- ❑ Beim Regler- und Dampfbügeleisen die Sohle sauberhalten.
- ❑ Dampfbügeleisen entkalken, Gebrauchsanweisung beachten.
- ❑ Tank des Dampfbügeleisens nach jedem Gebrauch leeren.
- ❑ Walzenbezug der Bügelmaschine von Zeit zu Zeit waschen.
- ❑ Bewicklung der Walze erneuern lassen, wenn sie nicht mehr elastisch ist.

Praktische Hinweise für den Kauf von Bügelgeräten:

- *Bügelmaschinen bringen enorme Zeitvorteile. Im Vergleich zum Bügeln per Reglerbügeleisen kann 3 – 4mal schneller gebügelt werden (glatte Teile), Übung ist allerdings erforderlich.*
- *Besonders praktisch ist die Bügelmaschine für das Bügeln großer, glatter Wäschestücke (Bettwäsche, Tischwäsche, Geschirr- und Taschentücher).*
- *Der Stapelraum zwischen Heizwange und Bügeltisch darf nicht zu klein sein, damit auch*

größere Wäschestücke gebügelt werden können, ohne daß sie zusammengedrückt werden.
- *Offene Walzenenden erleichtern das Bügeln von Oberbekleidung.*
- *Sonderzubehör wie Dampfeinrichtung verteuert das Gerät. Ein besseres Bügelergebnis wird erzielt, wenn die Wäsche sorgfältig von Hand eingesprengt ist.*
- *Ein durchgehendes Trittbrett ist leichter zu bedienen als ein kleines Pedal.*
- *Walzengeschwindigkeitsregulierung ist vorteilhaft, weil die Bügelgeschwindigkeit der Wäsche angepaßt werden kann, z. B. sehr feuchte oder schwierig zu bügelnde Wäsche.*
- *Bügeleisen ohne Kabel haben keine störende Zuleitung. Das Gerät wird auf einem Aufheizsockel immer wieder aufgeheizt. Nachteilig ist dieses System bei großen Wäschestücken, weil Wartezeiten durch das Aufheizen entstehen.*
- *Elektronische Geräte »denken« mit; wenn das Bügeleisen länger als eine halbe Minute waagerecht steht, schaltet es sich automatisch ab und meldet dies durch einen Pfeifton.*

9. NÄHMASCHINEN

Nähmaschinen gibt es in sehr unterschiedlichen Ausführungen und Preisklassen. Für welche man sich beim Kauf entscheidet, hängt davon ab, wieviel und was hauptsächlich genäht wird.

Ausstattung und Zubehör

Standard sind heute sogenannte Koffermaschinen, das heißt, die Maschine kann platzsparend untergebracht und gut transportiert werden. Eine Kunststoffhülle oder ein kofferähnlicher Deckel schützen das Gerät vor Staub. Im Gegensatz zu früher gängigen Flachbettmaschinen haben heutige Nähmaschinen einen Freiarm, über den man den Stoff ziehen kann, um damit beispielsweise Ärmel oder Hosenbeine zu nähen oder auszubessern. Wenn eine größere Arbeitsfläche notwendig ist, kann ein Anschiebe- oder Schwenktisch beigeschoben bzw. aufgeklappt werden.

Ausstattung und Zubehör variieren je nach Preis der Maschine. Von Nähcomputern mit einigen hundert Programmen und Stickfunktionen bis hin zu einfachen Geräten reicht die Palette. Ob die einzelnen Stiche mit Tipptasten oder per Drehknopf angewählt werden, ist unwesentlich, wichtig ist, daß man gut damit zurechtkommt. Das kann man vor dem Kauf testen, wenn man im Fachhandel einkauft. Außerdem werden die Grundgriffe gezeigt wie Füßchenwechsel, Einfädeln, Spulenwechsel. Von den Nähstichen sind außer Gerad- und Zickzackstichen, die ohnehin jede Maschine hat, Blindstich und Overlockstich zum Säumen und Versäubern von elastischen Stoffen empfehlenswert. Eine große Palette an Zierstichen verteuert die Geräte und wird nur von begeisterten Hobbynäherinnen tatsächlich genutzt.

Unabhängig davon, ob die Maschine hauptsächlich zum Ausbessern oder Anfertigen von Kleidung verwendet wird, sollte man auf hohen Stoffdurchlaß achten, damit auch doppelte Nähte von stabilen Stoffen, zum Beispiel Jeans, problemlos durchlaufen. Der Stoffdurchlaß ist der Abstand zwischen Näharm und Nähfüßchen. Empfehlenswert ist auch ein doppelter Stofftransport. Er sorgt dafür, daß dünne und rutschende Stoffe wie Seide oder Kunstfaserstoffe sich beim Nähen nicht kräuseln und unten und oben liegender Stoff gleichmäßig transportiert werden. Die Vorteile eines elektronischen Anlassers zeigen sich bei dicken Stoffen: die Maschine näht ohne Probleme (und ohne Stocken und Brummen) auch langsam, so daß man die Naht exakt führen kann. Praktisch sind auch spezielle Füßchen zum Einnähen von Reißverschlüssen oder für Rollversäuberung von dünnen Stoffen.

Wartung und Pflege

Eine Nähmaschine braucht wenig Pflege. Hin und wieder sollte sie entstaubt werden, d.h. alle erreichbaren Maschinenteile mit einem trockenen Pinsel reinigen. Bei längerem Nichtgebrauch abdecken! Die in der Gebrauchsanweisung angegebenen Ölpunkte schwach ölen, überschüssiges Öl abtupfen und zunächst mit einem Probelappen langsam nähen.

Praktische Hinweise:

- *Eine Nähmaschine ist ein langlebiges Gerät, das man in Ruhe auswählen sollte. Im Fachgeschäft bekommt man Beratung und auch die Möglichkeit, verschiedene Modelle auszuprobieren.*

- *Teure Modelle mit vielen Funktionen lohnen sich nur, wenn genügend Zeit und Freude fürs Schneidern da ist. Genau überlegen sollte man auch, welches Extrazubehör sinnvoll ist.*

- *Die Gebrauchsanleitung sollte übersichtlich und leicht verständlich sein. Gerade wer selten näht, sollte die Anleitung griffbereit am oder im Gerät aufbewahren.*

- *Wie bei anderen Geräten gilt auch bei Nähmaschinen: griffbereit unterbringen, um die Rüstzeiten zu minimieren.*

- *Wer noch nie oder nur selten an einer Nähmaschine gearbeitet hat oder einen Nähcomputer kauft, sollte einen Nähkurs belegen. Nur dann beherrscht man das Gerät so weit, daß es im Alltag auch eingesetzt wird. Raffinessen eines Geräts beherrscht man ohnehin erst durch häufigen Einsatz.*

Bekleidung, Wäsche, Heimtextilien

1. TEXTILKUNDE

1.1. Naturfasern

Naturfasern sind pflanzlicher oder tierischer Herkunft und haben meist sehr gute Trageeigenschaften.

Baumwolle

Baumwolle wird gewonnen aus den Samenhaaren der Baumwollpflanze. Je länger die Fasern sind, um so feiner wird das Gewebe. Baumwolle von sehr guter Qualität ist »Mako«-Baumwolle. Bei gekämmter Baumwolle sind kurze Fasern und Unreinheiten aussortiert. Ergebnis ist ein sauberes und glattes Garn. Kennzeichen für gute Qualität ist auch das »internationale Baumwollzeichen«.

Eigenschaften von Baumwolle

- Gute Feuchtigkeitsaufnahme; Baumwolle kann ungefähr 20 % seines Gewichtes an Wasser aufnehmen, ohne sich naß anzufühlen. Wegen der hohen Saugfähigkeit ist Baumwolle sehr hautfreundlich.
- Hohe Naßfestigkeit, d. h. kann in nassem Zustand stark beansprucht werden, ohne zu reißen, z. B. Schleudern bei hohen Umdrehungszahlen.
- Kochfest
- Reißfest
- Lädt sich nicht elektrostatisch auf.
- Verschmutzt schnell durch die rauhe Oberfläche. Bei entsprechender Verarbeitung kann Baumwolle auch schmutzabweisend sein.
- Gute Hautverträglichkeit, »kratzt und beißt« nicht, wie z. B. Wolle. Bei Baumwolle kommen auch nur selten Allergien vor (wenn, dann durch eine bestimmte Ausrüstung bedingt), deshalb

eignet sie sich hervorragend für Babybekleidung, Windeln, Unterwäsche, Bettwäsche, Verbandsmaterial.

Baumwolle hat sehr gute Trageeigenschaften, weil sie saugfähig und luftdurchlässig ist. Weil die Baumwollfasern nur schwach gekräuselt sind, wärmen Baumwolltextilien allerdings nicht so gut wie Wolle.
Die hohe Naßfestigkeit und Temperaturbeständigkeit bedingen die guten Wascheigenschaften der Baumwolle. Zudem läßt sich Baumwolle sehr leicht färben. Baumwolle läuft allerdings beim ersten Waschen etwas ein, auf jeden Fall verkleinern sich Baumwollwäschestücke im Wäschetrockner (eine Nummer größer kaufen!).
Baumwolle knittert zwar leicht und ist daher schwer zu bügeln, kann jedoch durch besondere Behandlung knitterarm gemacht werden und ist dann entsprechend gekennzeichnet, z. B. »bügelfrei«, »wash & wear«. Besondere Festigkeit und edlen Glanz erhalten Baumwollgewebe, wenn sie mercerisiert werden. Da reine Baumwollgewebe nicht pflegeleicht sind, werden häufig Mischungen mit synthetischen Fasern hergestellt. Diese Baumwollmischgewebe knittern wenig und sind sehr strapazierfähig.

Verwendung von Baumwolle

- Bettwäsche, Leibwäsche, Nachtwäsche
- Tisch-, Küchenwäsche
- Frottierwaren (Handtücher, Kinderkleidung, Waschlappen)
- Oberbekleidung (Hemden, Blusen, Kleider, oft gemischte Gewebe)
- Arbeitskleidung (meist gemischtes Gewebe)
- Vorhänge
- Einlagen

Naturfasern

Pflanzlich (Zellulose)			Tierisch (Eiweiß)	
Samenfasern	Bast- oder Stengelfasern	Hartfasern	Wollen/Haare	Naturseiden
Baumwolle	Flachs oder	Sisal	Schafwolle	Echte Seide oder
Kapok	Leinen	Manila	Ziegenhaare	Maulbeerseide
Akon	Hanf	Kokos	(Mohair-, Kaschmir- und	Wilde Seide
	Ramie	Alfagras	Tibetwollen)	
	Sunn		Schafkamelwollen (Lama)	
	Kenaf		Kamelhaar und -wolle	
			Angora(kanin)wolle	
			Roßhaar	

Leinen

Leinen wird aus Flachs gewonnen. Hinsichtlich der Qualität wird Reinleinen (100 % Leinen) und Halbleinen (mindestens 40 % Leinen) unterschieden. Halbleinen ist durch den Baumwollanteil saugfähiger und billiger.

Eigenschaften von Leinen
- Gute Feuchtigkeitsaufnahme
- Hohe Naßfestigkeit
- Sehr reißfest
- Kochfest, hitzebeständig
- Glatte Oberfläche, aber typische Garnunregelmäßigkeiten
- Edler Glanz
- Lädt sich nicht elektrostatisch auf
- Knittert leicht
- Fusselt nicht

Leinen ist sehr strapazierfähig, es ist hitzebeständig und durch die glatte Oberfläche schmutzabweisend. Bei Oberbekleidung aus Leinen werden Luftdurchlässigkeit und die kühlende Wirkung besonders geschätzt.

Praktischer Hinweis:

- *Der typische Leinencharakter durch die Garnunregelmäßigkeiten wird manchmal nachgeahmt mit anderen Fasern. Daher beim Kauf die Zusammensetzung des Gewebes beachten und sich nicht vom äußeren Schein täuschen lassen oder von Bezeichnungen wie »Leinenlook«, »Leinencharakter«.*

Verwendung von Leinen

Leinen ist verhältnismäßig teuer. Es wurde viele Jahre wenig verwendet und getragen, erst in den letzten Jahren wird Oberbekleidung aus Leinen neu entdeckt.
- Oberbekleidung, v. a. Sommerkleidung und Trachten
- Tischwäsche
- Geschirrtücher
- Dekorationsstoffe

Hanf

Hanf wird von der Hanfpflanze gewonnen. Stoffe aus Hanf sind leinenähnlich, sehr reißfest und saugfähig.

Ramie

Ramie wird von einer brennesselähnlichen Pflanze (»Chinagras«) gewonnen. Diese Fasern sind ebenfalls leinenähnlich, reißfest und ergeben, gemischt mit anderen Fasern, schöne Glanz- und Struktureffekte.

Sisal

Aus Sisalagaven wird der Sisalhanf gewonnen. Sisalgewebe sind sehr derb und grob. Verwendet werden sie für Säcke, manchmal auch als Wandbespannung oder für Fußböden.

Wolle

Als Wolle werden nur die Haare vom Fell des Schafes bezeichnet; stammen die Fasern von anderen Tieren, muß die Tierart in Verbindung mit -wolle oder -haar genannt werden, z. B. Kamelhaar, Angorawolle.

Eigenschaften von Wolle
- Sehr elastisch
- Gute Feuchtigkeitsaufnahme
- Gutes Warmhaltevermögen
- Filzneigung
- Hitzeempfindlichkeit
- Empfindlich gegen mechanische Beanspruchung, z. B. durchgescheuerte Ärmel, Vorsicht auch beim Waschen (nicht rubbeln oder wringen).
- Knitterarm, Oberbekleidung guter Qualität hängt sich aus:

Durch besondere Ausrüstung können Textilien aus Wolle strapazierfähiger gemacht werden. Die Bezeichnung »waschmaschinenfest« oder »superwash« gewährleistet, daß Wollkleidung mit dem Schonprogramm in der Waschmaschine gewaschen werden darf. »Cool wool« ist die Bezeich-

REINE SCHURWOLLE

SCHURWOLLE MIT BEIMISCHUNG

Wollsiegel und Siegel für Schurwolle mit Beimischung

nung für besonders leichte Bekleidungsstoffe in Wollsiegel-Qualität.

Da Wolle in sehr unterschiedlichen Qualitäten angeboten wird, lohnt es sich, die Kennzeichnung genau zu beachten. Reine Schurwolle ist die beste Qualität, sie wurde aus Fasern vom gesunden Schaf (oder anderen feinen Tierhaaren bzw. Gemischen mit Schafwolle) gewonnen und ist erstmals verarbeitet.

Reine Wolle ist qualitativ nicht so gut, dahinter können sich Textilien aus Reißwolle verbergen. Reißwolle war bereits verarbeitet, wurde maschinell zerrissen und daraus neue Wolle gesponnen. Reine Schurwolle wird manchmal mit anderen Fasern gemischt, z. B. um die Strapazierfähigkeit zu erhöhen; solche Textilien werden mit dem Combi-Wollsiegel gekennzeichnet. Diese Fasergemische enthalten mindestens 60 % Schurwolle. Die genaue Zusammensetzung ist angegeben.

Verwendung von Wolle

- Oberbekleidung (Maschenware und Gewebe) z. B. Strickwaren, Kostüme, Anzüge, Strümpfe
- Decken
- Teppiche
- Bettwaren

Verschiedene Wollarten

- Lambswool ist die Wolle von der ersten Schur des Schafes.
- Kamelhaar gibt es in unterschiedlichen Qualitäten. Die feinen Haare des zweihöckerigen Kamels werden für hochwertige Decken und Oberbekleidung verwendet, die grobe Wolle des einhöckerigen Dromedars für Teppiche.
- Lama- und Alpakahaar stammt von kleinen Kamelen; es kann viele Farben haben, von braun, schwarz bis grau und weiß. Besonders fein und teuer ist das weiße Haar von Baby-Lamas. Verwendet wird Lama- und Alpakahaar für Decken, Bettenfüllungen und Oberbekleidung.
- Mohairhaar ist sehr feines, langes Haar der Mohairziege. Besonders hochwertig ist auch hier das Haar der jungen Tiere (Kid-Mohair). Verwendet wird Mohair ebenfalls für Oberbekleidung und Decken.
- Kaschmirwolle stammt von der Kaschmirziege und zählt zu den teuersten Wollarten. Verwendet wird Kaschmir für hochwertige Oberbekleidung, Betten und Decken. Textilien aus Kaschmir sind sehr leicht und anschmiegsam.
- Angorahaar stammt vom Angorakaninchen. Die Haare sind sehr fein, die Textilien sehr leicht und warm, allerdings sehr empfindlich, z. B. beim Waschen. Verwendet wird Angorawolle für hochwertige Strickwaren und Rheumaunterwäsche.

- »Cashgora« ist kein Begriff, der im Textilkennzeichnungsgesetz genannt ist. Die Fasern stammen von einer neugezüchteten Tierart, einer Kreuzung zwischen Mohairziege und Kaschmirziege.

Motten: Feinde der Wolle

Motten sind gefürchteter Feind aller Wollsachen. Nur durch absolute Sorgfalt kann man sich dagegen schützen: Nur saubere Kleidung in den Schrank hängen. Kleidung, die nicht mehr getragen wird, aussortieren, Motten lieben »Schrankleichen«. Oberbekleidung, die nicht gewaschen werden kann, z. B. Winterjacken und -mäntel, gründlich ausbürsten und lüften, zwischendurch gelegentlich ins Freie hängen.

Kleiderschrank zweimal jährlich ausräumen, reinigen und gut trocknen lassen. Wollsachen in die Sonne hängen, denn durch Sonnenlicht sterben eventuell vorhandene Motteneier ab.

Natürliche Duftstoffe, zum Beispiel Zedernholz, Lavendel, getrocknete Blätter vom Walnußbaum, können Motten fernhalten, aber nicht bekämpfen, wenn schon ein Befall da ist. Diese natürlichen Mittel sind in jedem Fall der chemischen Keule vorzuziehen, weil viele Mottenschutzmittel bedenkliche Inhaltsstoffe haben.

Alle diese Mittel haben ohnehin nur vorbeugende Wirkung. Sobald Mottenbefall aufgetreten ist, hilft nur noch das Beseitigen des befallenen Stücks. Alle anderen Wolltextilien aus dem Schrank holen, in die Sonne hängen oder in Tüten verpacken und tiefgefrieren – durch diese Maßnahmen werden die Motteneier zerstört. Klebefallen oder Lockfallen haben in erster Linie den Zweck, daß man beobachten kann, ob Motten vorhanden sind. Bei manchen Fallen wird das Männchen getötet, bevor es das Weibchen befruchten kann.

Seide

Seide stammt von Seidenspinnerraupen. Naturseide kann man erkennen an dem Zeichen für reine Seide, auch das Textilkennzeichnungsetikett gibt darüber Auskunft.

Seide ist sehr teuer. Man unterscheidet Wildseide und Zuchtseide. Zuchtseide (Maulbeerseide) ist sehr gleichmäßig und fein. Daraus werden Seidenstoffe wie Crêpe de Chine, Crêpe Georgette, Crêpe Satin hergestellt. Wildseide (Tussahseide) stammt von wildlebenden Seidenspinnerraupen, sie ist gröber und hat typische Garnverdickungen. Bouretteseide ist aus Bruchstücken von Seidenfäden hergestellt, sie hat einen unregelmäßige, noppige Struktur.

Eigenschaften von Seide

- ❏ Sehr feinfädig und leicht
- ❏ Sehr reißfest
- ❏ Elastisch
- ❏ Gute Feuchtigkeitsaufnahme
- ❏ Schöner Glanz
- ❏ Hitzeempfindlich, verträgt auch trockene Hitze (Bügeln) nicht, daher bei niedrigen Temperaturen waschen und feucht bügeln
- ❏ Empfindlich gegen Alkalien und Licht
- ❏ Wärmt bei Kälte und kühlt bei Hitze, wirkt also temperaturausgleichend.

Verwendung von Seide

- ❏ Hochwertige Oberbekleidung (Hemden, Kleider, Blusen)
- ❏ Tücher, Schals, Krawatten
- ❏ Hochwertige Gewebe, z. B. Samt, Brokat, Damast
- ❏ Hochwertige Unterwäsche

Praktischer Hinweis:

- *Die Preisspanne bei Seidenkleidung ist sehr groß. Billige Ware ist meist schlecht verarbeitet und nicht strapazierfähig. Gute, hochwertig eingefärbte Seidenstoffe sind dagegen von gleichbleibender Schönheit.*

Brennprobe bei Naturfasern

Fasern können eindeutig identifiziert werden mit der Brennprobe. Dazu reichen einige kleine Fäden des Gewebes aus (z. B. aus dem Saum), die verbrannt werden. Baumwolle und Leinen verbrennen vollständig und riechen nach verbranntem Papier, Wolle und Seide riechen nach verbrannten Haaren und hinterlassen krümelige Asche.

1.2. Chemiefasern

Chemiefasern werden aus sehr unterschiedlichen Ausgangsstoffen und mit verschiedenen Methoden hergestellt. Daraus ergeben sich die jeweiligen Eigenschaften der Textilien.

Chemiefasern

Pflanzlich (Zellulose)	Synthetisch
Viskosefasern	Polyester (Trevira, Diolen)
Acetatfasern	Polyamid (Tactel, Dorix)
Triacetatfasern	Polyacryl (Dralon, Dolan)
	Elastan (Lycra)

Synthetische Chemiefasern

Synthetische Chemiefasern werden hergestellt aus Kohle, Erdöl, Kalk, Luft und Wasser. Durch ver-

Synthetische Chemiefasern

Faser	Eigenschaften	Verwendung
Polyamid – Antron – Tactel – Dorix – Supplex – Cantrece	Reißfest, elastisch, leicht, scheuerfest, knitterarm, schnell trocknend, wasserabweisend, weiße Textilien neigen zum Vergilben	Strumpfwaren, Unterwäsche, Miederwaren, Futterstoffe, Badebekleidung, Anoraks, Schirmbespannung, Hemden, Teppichböden; in Mischungen mit Wolle, um diese pflegeleichter und strapazierfähiger zu machen
Polyacryl – Dralon – Dolan – Dunova	Bauschig, lufthaltig, wärmend, leicht, licht- und wetterbeständig, knitterarm, geringe Feuchtigkeitsaufnahme; Pillingbildung (Knötchen) typisch	Strickwaren, Strümpfe, Schlafdecken, Möbelbezüge, Markisen, Gardinen, Vorhänge
Polyester – Trevira – Diolen – Dacron – Hollofil – Comforel	Scheuerfest, reißfest, elastisch, licht- und wetterbeständig, schnell trocknend, knitterarm, formbeständig, strapazierfähig	Gardinen, Oberbekleidung, Futterstoffe, Füllmaterial für Steppdecken, Schlafsäcke, Kissen; in Mischungen mit Baumwolle in Oberbekleidung, Unterwäsche, mit Wolle in Oberbekleidung
Polyurethan – Elasthan – Dorlastan – Lycra	Wasser- und windabweisend, empfindlich gegen mechanische Beanspruchung, Schweiß und Licht; Beschichtungen lösen sich dann ab; elastisch, sehr dehnbar, widerstandsfähiger als Gummi gegen Hitze, Öle und Licht	Lederimitate (z. B. Alcantara), modische Kleidung (Lacklook), Sportkleidung, wetterfeste Oberbekleidung Miederwaren, elastische Sportkleidung, Badebekleidung, Stützstrümpfe, Bandagen
Polypropylen	Nimmt keine Feuchtigkeit auf, sehr leicht, isoliert sehr gut	Wetterfeste Oberbekleidung
Polyvinylchlorid (PVC) – Rhovyl – Thermovyl	Knitterarm, keine Feuchtigkeitsaufnahme, wärmeempfindlich, isoliert sehr gut gegen Kälte	Gesundheitswäsche, Kunstpelz, Lederimitationen, Möbelbezugsstoffe, Dekorationsstoffe, Beschichtungsmaterial für Regenkleidung

Natürliche Chemiefasern

Faser	Eigenschaften	Verwendung
Viskose – Enka – Viscose – Danufil	Saugfähig wie Baumwolle, aber nicht so scheuerfest, wollartig, hitzeempfindlich, schlechte Naßfestigkeit, deshalb sanft schleudern, knitteranfällig, weich, fließend, glänzend oder matt	Oberbekleidung, Futterstoffe, Vorhänge, Tischdecken, Teppichböden, Wäsche, Vorhänge, Mischfasern für Teppiche, Samt, Plüsch
Modalfaser	Kochfest, baumwollähnlich, naßfest, weich, »verbesserte Viskose«	Tisch-, Bett-, Nachtwäsche, Oberbekleidung, Frottierwaren, Vorhänge
Acetatfaser – Rhodia – Arnel	elastisch, leicht, hitzeempfindlich, knitterarm, pflegeleicht, schnell trocknend, Triacetat besonders pflegeleicht, geringe Feuchtigkeitsaufnahme	Futterstoffe, Oberbekleidung, Krawatten, Schals, Plüsch, Samt

schiedene Bearbeitungsverfahren entstehen daraus Fäden, die zu Garnen oder Geweben verwendet werden. Markenchemiefasern haben einen eingetragenen Namen, z. B. Dralon.

Natürliche Chemiefasern

Natürliche Chemiefasern werden aus Zellulose gewonnen, also pflanzlichen Fasern oder tierischem Eiweiß (Milch). Die Herstellung von Fasern aus tierischem Material lohnt sich nicht, der Aufwand ist sehr hoch. Zellulose, z. B. aus Abfallholz, dagegen ist ein preisgünstiges Grundmaterial für Fasern. Sie wird in einem chemischen Verfahren behandelt, bis sie textile Eigenschaften hat.
Je nach Herstellungsverfahren werden Viskosefasern und Acetatfasern unterschieden. Je nach Herstellungsart werden die Fasern als glatter Faden verarbeitet, z. B. Endlosgarne, oder sie werden in kurze Stücke geschnitten und anschließend wieder versponnen, z. B. Spinnfasergarne.

Fasermischungen

Fasermischungen werden aus verschiedenen Natur- und Chemiefasern hergestellt, um die guten und praktischen Eigenschaften der einzelnen Fasern zu kombinieren, z. B. das Wärmevermögen der Wolle mit der Strapazierfähigkeit von Chemiefasern.

Welches Mischungsverhältnis vorliegt, kann man aus dem Kennzeichnungsetikett ablesen.

Brennprobe bei Chemiefasern

Chemiefasern riechen beim Verbrennen nach geschmolzenem Kunststoff. Sie brennen nicht mit einer Flamme ab, sondern schmelzen. Acetat und Triacetat riechen beim Verbrennen nach Essig; Modal und Viskose brennen wie Papier.

1.3. Garne

Garne sind Einzel- oder Endlosfasern, die durch Spinnen miteinander verbunden werden. Endlosfasern sind z. B. Seidenfäden oder auch lange Chemiefasern, sie werden auch als Filamentgarn bezeichnet. Einzel- oder Stapelfasern sind kurze Fäden, z. B. Fasern von Wolle.
Je nach Behandlung, Herstellung und Weiterverarbeitung des jeweiligen Garnes ergeben sich die Eigenschaften der daraus hergestellten Textilien.

Garnarten

Damit Garne Festigkeit bekommen, werden sie beim Spinnen gedreht. Je stärker der Faden gedreht wird (Touren pro m), desto fester und glatter wird das Garn.

Gebräuchliche Fasermischungen

Mischungskomponenten	Mischungsanteile (%)	Verwendung
Polyester/Baumwolle	65/35	Popelinemäntel, Hemden, Blusen, Arbeitskleidung, Freizeitkleidung, Sommerpullover, Tischwäsche
Polyester/Baumwolle	50/50	Hemden, T-Shirts, Bettwäsche, Frottierware, Cordhosen
Polyester/Viskose	70/30	Kostüme, Herrenhosen, Anzüge, Mäntel, Sportsakkos, Möbelbezugsstoffe, Matratzenbezüge
Polyester/Wolle	55/45	Röcke, Hosen, Anzüge, Herrenhosen, Kostüme, Mäntel
Polyester/Polyacryl	50/50, 60/40	Freizeitkleidung, Pullover, Kleider, Kinderkleidung
Polyacryl/Wolle	70/30	Jersey, Pullover, Socken
Polyacryl/Viskose	55/45, 70/30	Pullis, Jersey, Tischwäsche, Möbelbezugsstoffe, rustikale Dekorstoffe

❑ Geschleifte Garne sind wenig gedreht, weiche Garne, die nicht sehr reißfest sind, z. B. Dochtwolle, Heftgarn.

❑ Wenig gedrehte Garne sind reißfester als geschleifte Garne. Sie haben eine faserige, wärmende Oberfläche, z. B. Velours, Flanell, Strichloden. Stoffe aus wenig gedrehten Garnen beulen sehr leicht.

❑ Normal gedrehte Garne (Twill) werden verwendet für Blusen und Kleider, sie haben eine gute Reißfestigkeit und genügend Wärmevermögen.

❑ Stark gedrehte Garne sind sehr hart und glatt. Sie haben eine hohe Reißfestigkeit, durch die glatte Oberfläche jedoch ein geringes Wärmevermögen. Verwendet werden sie z. B. für Gabardine-Anzüge.

❑ Überdrehte Garne (Kreppgarne) werden unter Spannung verarbeitet und verdrehen sich ineinander. Sie haben keine hohe Reißfestigkeit und ein geringes Wärmevermögen, z. B. Georgette, Kreppstoffe, Seersucker.

❑ Zwirn wird aus mindestens zwei Garnfäden zusammengedreht, er ist besonders reißfest und stabil.

Garnfeinheiten

Die Feinheitsbezeichnung von Garnen kann erfolgen in Längennumerierung oder Gewichtsnumerierung.
Bei der Längennumerierung wird angegeben, wieviel Meter eines Fadens 1 Gramm wiegen. Die Einheit heißt Nm, das ist die Abkürzung für metrische Nummer. Üblich ist diese Bezeichnung bei Leinen und Baumwollgarnen.

Beispiel:

Nm 40 bedeutet, daß ein Faden von 40 m Länge 1 g wiegt. Nm 100 bedeutet, daß ein Faden von 100 m 1 g wiegt. Der Faden von Nm 100 ist also feiner als der Nm 40. Handfaden zum Stopfen hat z. B. Nm 12, Maschinengarn Nm 60 oder mehr.

Die Gewichtsnumerierung geht aus von 9000 m eines Garnes. Die Einheit heißt den, das ist die Abkürzung für titer denier. Üblich ist diese Bezeichnung v. a. bei Seide und Chemiefasern.

Beispiel:

Ein Faden mit der Bezeichnung 1 den wiegt bei einer Länge von 9000 m 1 g. Ein Faden mit der Bezeichnung 15 den wiegt bei einer Länge von 9000 m 15 g. Mit der Höhe der Nummer wird die Faser stärker.

Auch nach dem Gewicht sind Garne eingeteilt, ihre Stärke wird in tex angegeben. Dabei wird Bezug genommen auf 1000 m des jeweiligen Garnes. Weil 1000 m eines Garnes sehr wenig wiegen,

wird meist in dezitex gerechnet, d. h. mit Bezug auf 10 000 m Garn.

Beispiel:

10 000 m eines Garnes mit der Bezeichnung 45 dtex wiegen 45 g. 10 000 m eines Garnes mit der Bezeichnung 80 dtex wiegen 80 g. Hohe Nummern bedeuten also zunehmende Garnstärke. Bei Feinstrumpfhosen ist die Garnstärke ablesbar, eine Strumpfhose mit 22 dtex ist dünner als eine mit 28 dtex.

Mikrofasern sind, wie der Name schon sagt, extrem feine Fasern. Von den Naturfasern bekommt man bei Seide die feinste Faser mit minimal 1 dtex, d. h. daß 1 Gramm des Seidenfadens 10 000 m lang ist. In der Chemiefaser-Industrie wurde diese Feinheit unterboten mit Fasern aus Polyester, Polyamid oder Polyacryl, deren Feinheit bei minimal 0,5 dtex liegt. Die Feinheit der Faser erklärt die hohe Isolationsfähigkeit (durch Lufteinschluß), weil für die Gewebe extrem viele feinste Fäden versponnen werden. Ein weiterer Effekt ist die hohe kapillare Saugkraft der Fasern, so daß sie Körperfeuchtigkeit gut aufnehmen (Unterwäsche). Im trockenen Zustand ziehen sie Staub wie ein Magnet an und halten ihn fest, was beispielsweise bei Reinigungstüchern genutzt wird.

Garntypen

❑ *Glatte Garne:* Sie werden eingeteilt in kurzstapelige und langstapelige Garne. Kurzstapelige Garne sind hergestellt aus kurzen Fasern, die nicht alle parallel zum Faden liegen, sondern auch quer. Dadurch sind diese Garne weich, flauschig und wärmend. Sie werden auch als Streichgarne bezeichnet. Verwendet werden sie z. B. für Flanell, Biber-Betttücher, Decken.

❑ *Glatte langstapelige Garne* bestehen aus langen Fasern, die parallel zum Faden versponnen werden. Diese Garne sind fester und gleichmäßiger. Sie werden als Kammgarne bezeichnet, aus denen hochwertige Oberbekleidung und feine Strickwaren hergestellt werden. Kammgarne haben eine glattere Oberfläche als Streichgarne, schmutzen daher nicht so schnell an und sind strapazierfähiger.

EFFEKTGARNE

Das sind Garne, die durch verschiedene Behandlungsverfahren an der Oberfläche verändert sind. Bei den Effektgarnen unterscheidet man folgende Gruppen:

❑ *Garne mit Feinheitsschwankungen:* Natürliche Schwankungen liegen bei Wildseide und Leinen vor. Künstlich kann die Feinheit bei Chemiefasern verändert werden, z. B. durch unterschiedlich starkes Verstrecken beim Spinnen.

□ *Flammengarne:* Feinheitsschwankungen durch eingesponnene Fasern von etwa 2 cm Länge, meist in anderer Farbe.

□ *Knoten- oder Noppengarne:* Farblich passende Noppen werden eingesponnen, die Noppen können entfernt werden.

□ *Melangen:* Fasern verschiedener Farben werden miteinander versponnen, z. B. Loden (schwarz, weiß, grün), manchmal Flanell.

□ *Texturierte Garne:* Von texturierten Garnen spricht man nur bei Chemiefasern. Chemiefasern sind unbehandelt glatt, unelastisch und daher wenig wärmend und saugend. Durch Kräuselung können Chemiefasern mit diesen Eigenschaften ausgestattet werden; Handelsnamen sind Helanca, Diolen loft, Trevira 2000.

1.4. Gewebe

Gewebe werden genauer als Flächengebilde benannt, weil damit nicht nur Stoffe, sondern auch Maschenware und Verbundwaren, z. B. Teppiche, gemeint sind. Gewebe sind Flächengebilde, bei denen zwei Fadensysteme rechtwinklig miteinander verkreuzt sind. Sie werden hergestellt mit Hilfe von Webstühlen.

Die Fäden in Längsrichtung heißen Kette; die Kette ist in den Webstuhl gespannt. Die durchkreuzenden Fäden heißen Schuß. Je nach der Art, wie sich die Fäden kreuzen, unterscheidet man verschiedene Bindungen.

In den Bindungspunkten kreuzen sich Kette und Schuß immer wieder nach einem bestimmten Muster. Die Wiederholung des Musters nennt man Rapport. Zeichnet man den Rapport auf Papier, spricht man von einer Patrone (kleinste Muster-

einheit). Der Kettfaden, der an der rechten Stoffseite oben liegt, wird als schwarzes Kästchen dargestellt, der Schußfaden, der an der rechten Stoffseite sichtbar oben liegt, erscheint in der Patrone als weißes Kästchen.

Die Grundbindungen

LEINENBINDUNG

Die Leinenbindung ist die einfachste Art der Bindung, der Kettfaden kreuzt einen Schußfaden. Rechte und linke Stoffseite ergeben das gleiche Bild. Stoffe in Leinenbindung sind sehr strapazierfähig, weil die Bindungspunkte sehr dicht liegen. Das Gewebe kann sich nicht verschieben und ist daher gegen Scheuern sehr beständig.

Stoffe mit Leinenbindung sind oft hart, fest und dünn. Durch weitere Behandlung, z. B. Walken, können sie flauschiger gemacht werden.

Stoffe mit Leinenbindung: Flanell, Nessel, Futtertaft, Batist.

Wird Wolle in Leinenbindung gewoben, spricht man von Tuchbindung, bei Seide von Taftbindung, bei Baumwolle von Kattunbindung.

KÖPERBINDUNG

Bei der Köperbindung liegen die Bindungspunkte nicht direkt übereinander, sie verschieben sich in Diagonalrichtung. Man sagt, sie haben einen »Grat«. Der Grat kann verschieden verlaufen: von links unten nach rechts oben oder umgekehrt, er kann auch innerhalb des Stoffes wechseln, z. B. bei Fischgrat.

Im Vergleich zu Geweben mit Leinenbindung sind Köperstoffe weicher und lockerer. Bei der Köperbindung kann jedoch die Fadendichte vergrößert werden, so daß sehr dichte und strapazierfähige Stoffe entstehen.

Stoffe mit Köperbindung: Jeans, Gabardine, Futterstoffe, Arbeitsanzüge. Bekannte mehrfarbige Stoffe in Köperbindung sind »Pepita« und »Glencheck«.

ATLASBINDUNG (SATINBINDUNG)

Bei der Atlasbindung stoßen die Bindungspunkte nicht aneinander. Durch die geringe Anzahl der Bindungspunkte erscheint das Gewebe glänzend und glatt. Je weiter die Bindungspunkte auseinanderliegen, desto dichter und tester wird der Stoff.

Stoffe mit Atlasbindung haben eine ausgeprägte Vorder- und Rückseite. Stoffe mit Atlasbindung: Duchesse, Jaquardware, dichte Inletts, Miederstoffe, Strichvelours für Jacken, Satin, Damast.

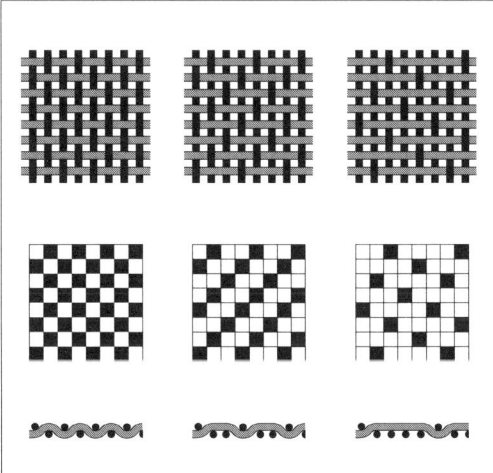

Leinwand-, Köper- und Atlasbindung (v. l. n. r.)

Florgewebe

Florgewebe sind Gewebe mit Noppen, Schlingen oder einem Schnittflor an der Oberfläche, z. B. Frottierwaren, Cord, Samt, Plüsch, Fellimitationen.

Damit ein Flor entstehen kann, müssen mehr als zwei Fäden miteinander versponnen werden.

Maschenware

Maschenware sind Stoffe, bei denen Garne durch Verschlingen oder Verstricken verbunden werden. Maschenware wird eingeteilt in Wirkwaren und Strickwaren, sie sind jedoch schwer zu unterscheiden. Weil beide Arten die gleichen Eigenschaften haben, kann man sich auf die Bezeichnung Maschenware beschränken.

Besonders geschätzt wird an Maschenwaren die hohe Elastizität. Bekanntes Beispiel für Maschenware ist Jersey. Verwendet wird Maschenware z. B. für Sportbekleidung, Unterwäsche, Sweatshirts, T-Shirts. Maschenware knittert wenig und läßt sich leicht pflegen.

Sonstige textile Flächengebilde

Dazu gehören Stoffe, die weder durch Weben noch Stricken hergestellt werden, z. B. Vliesstoffe (Putz-, Poliertücher, Einlagestoffe, Einwegtischwäsche) und Nadelflor- oder Tuftingwaren (in ein Grundgewebe werden Schlingen eingearbeitet, die z. T. aufgeschnitten werden).

Zu sonstigen textilen Flächengebilden gehören auch die modernen Stoffe wie Goretex, Sympatex, helsapor. Diese Stoffe sind aus mehreren Schichten aufgebaut und sind nach außen wasserabweisend, die Körperfeuchtigkeit von innen lassen sie durch. Dieses »Wunder« hat seine Grenzen: Auch in »atmungsaktiver« Kleidung schwitzt man. Zwischen Innenfutter und Obermaterial befindet sich eine dünne Schicht, eine Membran, durch die Wassertropfen nicht von außen nach innen dringen können, wohl aber der Wasserdampf von innen nach außen. Diese Stoffe verhindern also, daß Regen die Kleidung durchnäßt, ermöglichen aber andererseits den Abtransport für den Wasserdampf, der durch das Schwitzen entsteht, die Haut bleibt trocken und warm.

Bei diesen Stoffen ist ein enormer Preisunterschied festzustellen. Der Grund dafür ist die Qualität des Oberstoffes und die Verarbeitung der drei Schichten. Bei hochwertiger Kleidung werden die Nähte nicht genäht, sondern verschweißt, weil durch den Nadelstich Feuchtigkeit von außen eindringen könnte.

Zu empfehlen sind Kleidungsstücke aus diesen Stoffen, wenn oft im Freien, auch bei schlechtem Wetter, gearbeitet werden muß. Gang und gäbe sind diese Materialien bei Sportkleidung.

Mikrofasern sind der Sammelbegriff für besonders feine Chemiefasern (feiner als Seide). Im Handel sind sie unter Markenbezeichnungen wie Trevira Finesse, Belseta, Tactel. Wetterfeste Oberbekleidung aus Mikrofasern ist sehr dicht und durch Imprägnierung wasserabweisend, aber nicht absolut wasserdicht. Mikrofaser-Fleece wird für extrem leichte, gut wärmende Sweatshirts und Jacken verwendet, es ist elastisch und pflegeleicht.

Praktischer Hinweis:

■ *Damit das »Goretex-System« jedoch richtig funktionieren kann und die Haut tatsächlich trocken bleibt, sollte auch Unterwäsche getragen werden, die die Körperfeuchtigkeit nach außen abgibt, z. B. aus Dunova. Baumwollene Unterwäsche saugt den Schweiß auf und hält die Feuchtigkeit fest, dann kann auch die teuerste Membrane in der Oberbekleidung eine Erkältung nicht verhindern.*

PFLEGE

Goretex etc. kann bei 40 °C (Pflegeleichtprogramm, hoher Laugenstand, Kurzschleudern) gewaschen werden. Niemals einen Weichspüler verwenden, er könnte die Membrane verkleben. Wichtig ist gründliches Spülen nach dem Waschen, damit das Waschmittel restlos entfernt wird.

Nach dem Waschen den Oberstoff neu imprägnieren, damit er wasserabweisend ist; entsprechende Mittel gibt es in der Drogerie (siehe auch S. 348).

1.5. Ausrüstung und Veredelung von Textilien

Durch verschiedene Bearbeitungsverfahren sollen der Gebrauchswert und das Aussehen von Stoffen verbessert werden. Die Veredelungsvorgänge können an der Faser, am Garn oder am Gewebe ausgeführt werden.

Die wichtigsten Veredelungsarten bei Textilien:

❑ *Felisol:* Hinweis auf licht-, wasch- und wetterbeständige Färbung. Für die Praxis bedeutet dies, daß neue Kleidungsstücke bei der ersten Wäsche nicht »ausbluten«, d. h. Farbe verlieren und dadurch blasser werden, bzw. andere Kleidungsstücke verfärben. Früher bezeichnete man solche Textilien als »indanthrengefärbt«.

❑ *Mercerisieren:* Baumwollgarne oder -gewebe werden mit Laugen behandelt und bekommen dadurch einen schönen, waschbeständigen Glanz. Gleichzeitig wird die Festigkeit erhöht. Bett- und Tischwäsche wird mercerisiert, ebenso Unterwäsche, Nähgarne und feine Blusen- und Hemdenstoffe.

◻ *Sanfor:* Textilien, die dieses Zeichen tragen, bieten die Gewähr, daß sie sich beim Waschen und Trocknen nicht ausdehnen oder schrumpfen. Wichtig ist diese Eigenschaft bei Kleidung und Bettwäsche.

◻ *Sanfor set:* Dieses Zeichen bietet zusätzlich die Gewähr, daß die Ware knitterarm und formbeständig ist.

◻ *Scotchgard:* Textilien mit diesem Zeichen haben eine Fleckschutzausrüstung. Die Oberfläche ist so behandelt, daß Flüssigkeiten und fetthaltige Verschmutzungen nicht eindringen können. Die Verschmutzung perlt an der Oberfläche des Textils und kann mit einem saugfähigen Tuch weggesaugt werden ohne daß das Textil verschmutzt. Das Tuch darf nur vorsichtig aufgelegt werden, nicht reiben! Scotchgard-Ausrüstung gibt es bei Tischdecken, Teppichen, Polsterstoffen, Oberbekleidung, Lederbekleidung. Diese Ausrüstung ist nicht dauerhaft waschbeständig. Die gleiche Wirkung wie Scotchgard hat Oleophobol- und Zepel-Ausrüstung.

◻ *Eulan:* Dieses Zeichen gewährleistet, daß Textilien nicht von Motten geschädigt werden. Die Ausrüstung ist waschbeständig und wird auch durch chemische Reinigung nicht zerstört. Mottenfraßgefährdet sind Wolle, Pelze, Federn und Haare, daher ist die Eulan-Ausrüstung bei diesen Textilien von Vorteil. Die gleiche Wirkung hat die Ausrüstung »Mitin«.

◻ *Sanitized, Hygitex, Actifresh, Sanigard:* sind Ausrüstungen, die desodorierend und antimikrobiell wirken. Zersetzung des Schweißes wird verhindert und dadurch der unangenehme Geruch. Außerdem wird das Wachstum von Bakterien vermindert. Vorteilhaft ist diese Ausrüstung v. a. bei Textilien, die selten oder nie gereinigt werden, z. B. Matratzen, Möbelbezugsstoffe, Decken, Federbetten, Teppiche.

◻ *Antifilz-Ausrüstung:* Für Textilien aus Wolle von Bedeutung, sie verhindert, daß Wolle beim Waschen verfilzt. Mit dieser Ausrüstung kann Wolle im Schonwaschgang in der Maschine gewaschen werden. Vorteilhaft, da Wollkleidung sehr aufwendig von Hand zu waschen und v. a. zu trocknen ist. »Superwash«-Kennzeichnung deutet darauf hin, daß dieses wollene Kleidungsstück waschmaschinenfest ist und im Feinwaschgang bis 30 °C gewaschen werden kann.

◻ *Knitterarm-Ausrüstungen:* Diese Behandlung ist erwünscht bei Baumwolle und Leinen, sowie bei Viskosefasern. Stoffe aus Chemiefasern oder Wolle knittern ohnehin kaum. Knitterarm-Ausrüstungen sind meist hitzeempfindlich, v. a. beim Bügeln (an die Pflegeanleitung halten); durch zu heißes Bügeln kann die Ausrüstung verlorengehen. Auch Textilien mit selbstglättender Wirkung gehören zu dieser Gruppe. Übliche Bezeichnungen: wash & wear, rapid iron, non iron, minicare, cottonova, Super cotton. Durch die Knitterarm-Ausrüstung werden z. T. formaldehydhaltige Harze in die Faser eingelagert, was zu Hautreizungen und Allergien führen kann. Ebenfalls durch Behandlung mit Kunstharzen wird der gegenteilige Effekt erzielt, nämlich sehr starkes Knittern. Solche Textilien tragen meist die Bezeichnung »crinkle« oder »crash«.

◻ *Antistatische Ausrüstung:* Besonders wichtig ist diese Ausrüstung bei Teppichen und Teppichböden. Nicht antistatisch ausgerüstete Teppiche aus bestimmten Chemiefasern laden sich durch die Bewegung elektrisch auf und entladen sich durch einen »Schlag« beim Benützer oder empfindlichen Geräten (Computer). Beim Kauf auf das entsprechende Siegel achten (siehe auch S. 338).

◻ *Antipilling-, Antipicking-, Antisnagging-Ausrüstung:* Sie verhindert, daß sich kleine Knötchen auf der Oberfläche von Textilien aus Chemiefasern bilden.

◻ *Stone-wash, Moon-wash, Diamond-wash:* Diese Behandlung wird hauptsächlich bei Jeanskleidung vorgenommen, damit sie nicht neu, sondern getragen aussieht. Das Kleidungsstück wird durch diese Behandlung vorgeschädigt und verschlissen.

◻ *Sandwash (gewaschene Seide):* Durch mechanisches Aufrauhen werden Seidenstoffe an der Oberfläche geschädigt. Dadurch verliert die Seide ihren natürlichen Glanz und wirkt matt und stumpf.

Chemie in der Kleidung?

Um eine bessere Gebrauchstauglichkeit zu erhalten, werden Textilien chemisch behandelt. Zunehmende Hautallergien sollen teilweise darauf zurückzuführen sein. Inwieweit dies zutrifft, ist umstritten. In der Kritik sind vor allem Formaldehydrückstände, Farbstoffe, Triclosan, Pentachlorphenol (PCP) und Pestizidrückstände (aus der Erzeugung z. B. von Baumwolle). Im Rahmen dieser Diskussion geht es in recht unterschiedlicher Betrachtungsweise um Ökologie in Textilien. Den Bereich der Auswirkungen auf die menschliche Gesundheit betrifft die Öko-Tex-Standard 100. Textilien, die mit diesem Emblem ausgezeichnet sind, überschreiten Grenzwerte gesundheitsschädlicher Stoffe nicht. Dieses Siegel bietet eine gewisse Ori-

ARBEITSGEMEINSCHAFT PFLEGEKENNZEICHEN FÜR TEXTILIEN IN DER BUNDESREPUBLIK DEUTSCHLAND

Frankfurter Straße 10-14 • 65760 Eschborn • Telefon (06196) 966-261 • Telefax (06196) 4 21 70

Symbole für die Pflegebehandlung von Textilien

Stand: Juli 2006   © by Arbeitsgemeinschaft Pflegekennzeichen

WASCHEN (Waschbottich)	95	95	60	60	40	40	40	30	30	30		
	Normal-wasch-gang	Schon-wasch-gang	Normal-wasch-gang	Schon-wasch-gang	Normal-wasch-gang	Schon-wasch-gang	Spezial-schon-wasch-gang	Normal-wasch-gang	Schon-wasch-gang	Spezial-schon-wasch-gang	Hand-wäsche	nicht waschen

Die **Zahlen** im Waschbottich entsprechen den **maximalen Waschtemperaturen**, die nicht überschritten werden dürfen. – Der **Balken** unterhalb des Waschbottichs verlangt nach einer (mechanisch) **milderen Behandlung** (Schonwaschgang). Er kennzeichnet Waschzyklen, die sich zum Beispiel für pflegeleichte und mechanisch empfindliche Artikel eignen. Der **doppelte Balken** kennzeichnet Waschzyklen mit weiter minimierter Mechanik, z.B. für Wolle.

BLEICHEN (Dreieck)			
	Chlor- und Sauerstoffbleiche zulässig	nur Sauerstoffbleiche zulässig/ keine Chlorbleiche	nicht bleichen

TUMBLER-TROCKNUNG (Trockentrommel)			
	Trocknen mit normaler thermischer Beanspruchung	Trocknen mit reduzierter thermischer Beanspruchung	Trocknen im Tumbler nicht möglich

Die Punkte kennzeichnen die Trocknungsstufe der Tumbler (Wäschetrockner).

BÜGELN (Bügeleisen)				
	heiß bügeln	mäßig heiß bügeln	nicht heiß bügeln Vorsicht beim Bügeln mit Dampf	nicht bügeln

Die Punkte kennzeichnen die Temperaturbereiche der Reglerbügeleisen.

PROFESSIONELLE TEXTILPFLEGE (Reinigungs-trommel)	(P)	(P)	(F)	(F)	
					keine Chemisch-reinigung möglich

Die **Buchstaben** sind für den Chemischreiniger bestimmt. Sie geben einen Hinweis auf die in Frage kommenden **Lösemittel**.
Der **Balken** unterhalb des Kreises verlangt bei der Reinigung nach einer **Beschränkung** der mechanischen Beanspruchung, der Feuchtigkeitszugabe und/oder der Temperatur.

	(W)	(W)	(W)		
					keine Nassreinigung möglich

Dieses Symbol kann Artikel kennzeichnen, die im **Nassreinigungsverfahren** behandelt werden können.
Es wird als zweite Zeile **unter dem Symbol für die Chemischreinigung** angebracht.
Die **Balken** unterhalb des Kreises verlangen bei der Nassreinigung nach einer **Beschränkung** der mechanischen Beanspruchung (siehe Waschen).

entierung. Allerdings ist damit allein das Thema Ökologie in Zusammenhang mit Textilien nicht erschöpft: Wie kann oder muß ein Textil entsorgt werden? Wie wurde die verwendete Baumwolle erzeugt? Siehe auch S. 25.

Öko-Tex-Standard

Praktischer Hinweis:

- *Wer zu Allergien neigt oder eine empfindliche Haut hat, sollte körpernah getragene Kleidung, z. B. Unterwäsche, Leggins, sowie Bettwäsche vor dem ersten Tragen waschen.*

1.6. Kennzeichnung von Textilien

Kennzeichnung von Textilien ist vorgeschrieben, damit der Verbraucher unter der Fülle angebotener Textilien unterscheiden und auswählen kann.

Rohstoffkennzeichnung

Das Textilkennzeichnungs-Gesetz schreibt vor, die für ein Textil verwendeten Fasern anzugeben, bei Fasermischungen müssen die einzelnen Anteile angegeben werden. Das Gesetz gilt für alle Textilerzeugnisse, die zu mindestens 80 % ihres Gewichtes aus textilen Rohstoffen hergestellt sind. Dazu gehören z. B. auch Campingartikel, Matratzen, Teppiche. Bestimmte Bezeichnungen, z. B. Wolle, dürfen Textilien nur tragen, wenn sie die vorgeschriebenen Anforderungen erfüllen. Bei Textilien aus einem Rohstoff sind verschiedene Bezeichnungen erlaubt, z. B. 100 % Baumwolle, reine Baumwolle.

Fasermischungen:

Bei Mischungen, die eine Faser zu mindestens 85 % enthalten, muß diese Faser angegeben sein, z. B. 90 % Baumwolle, 90 % Baumwolle mit Leinen, Baumwolle 85 % Mindestanteil.
Werden von keiner verwendeten Faser 85 % erreicht, müssen von mindestens zwei enthaltenen Faserarten die Prozente angegeben sein, die rest-

lichen Fasern mit oder ohne Prozentangabe in absteigender Reihenfolge.

Beispiel:

65% Baumwolle		65% Baumwolle
25% Polyester	oder	25% Polyester
10% Leinen		Leinen

Liegt eine Faser unter 10 % Gewichtsanteil, kann sie als »sonstige Fasern« bezeichnet werden.

Beispiel:

80% Baumwolle		80% Baumwolle
8% Polyamid	oder	20% sonstige Fasern
8% Leinen		
4% Seide		

MEHRTEILIGE KLEIDUNGSSTÜCKE, METERWARE

Besteht ein Kleidungsstück aus mehreren Teilen, z. B. Rock und Bluse, muß jedes Stück gesondert gekennzeichnet sein, das gleiche gilt für das Hauptfutter.
Auch Meterware muß gekennzeichnet sein. Es ist zweckmäßig, sich die Zusammensetzung bzw. Pflegehinweise beim Kauf zu notieren bzw. auf dem Kassenzettel vermerken zu lassen.

Gütezeichen

Zu den Gütezeichen gehören z. B. Wollsiegel (s. o.). Bei Textilien, die mit Gütezeichen versehen sind, hat der Verbraucher die Gewähr für gleichbleibend hohe Qualität, die von unabhängigen Gremien überwacht wird.

Warenzeichen

Warenzeichen lassen die Hersteller bestimmter Textilien beim Patentamt eintragen. Sie dienen dazu, die eigene Ware von anderen Herstellern abzugrenzen. Auch hier ist ein bestimmter Qualitätsstandard damit verbunden, für den der Name des Herstellers bürgt, z. B. Schießer, Calida. Warenzeichen sind auch bei Fasern üblich, z. B. Trevira, Diolen.

Pflegekennzeichnung

Pflegekennzeichnung ist nicht vorgeschrieben, sie wird jedoch von fast allen Herstellern durchgeführt, weil dadurch falsche Behandlung der Textilien vermieden wird und damit Unzufriedenheit des Kunden mit dem Produkt.
Pflegekennzeichen geben die Gewähr, daß bei angegebener Behandlung das Kleidungsstück keinen Schaden nimmt, sie garantieren jedoch nicht, daß alle Verschmutzungen behoben werden. Mildere

Behandlung ist jederzeit möglich, intensivere dagegen nicht, z. B. höhere Waschtemperatur.

Praktischer Hinweis:

- *Beim Einkauf sollte man darauf achten, daß in die Textilien Pflegehinweise eingenäht sind. Durch die Vielzahl der Gewebe kann der Laie die einzelnen Textilarten mit ihren Pflegeansprüchen nicht mehr unterscheiden, und eine einzige falsche Behandlung kann ein Kleidungsstück unbrauchbar machen.*

Pflegekennzeichen sind beim Einkauf auch deshalb von Wichtigkeit, weil bereits zu diesem Zeitpunkt überblickt werden kann, was das Kleidungsstück »an Arbeit mitbringt«. So ist es z. B. wenig zweckmäßig, Kinderpullover zu kaufen, die nur per Handwäsche gereinigt werden können. Auch eine Bluse kann teuer kommen, wenn in den Pflegehinweisen vermerkt ist, daß sie nur chemisch gereinigt, aber nicht gewaschen werden kann. Vor allem bei modischen Artikeln ist auf die Pflegekennzeichnung zu achten. So gab es vor einigen Jahren Plüschjacken, die weder gewaschen noch chemisch gereinigt werden durften, ein teurer Wegwerfartikel also.

2. BEKLEIDUNG

2.1. Oberbekleidung

Kleidung wird heutzutage hauptsächlich – mit Ausnahme von Arbeitskleidung – nach modischen Gesichtspunkten ausgewählt. Mode ist ein heikles Thema, denn über den Geschmack läßt sich bekanntlich nicht streiten, aber nicht alles, was gerade modern ist, steht jedem. Nicht der letzte Modeschrei ist es, der einen Menschen chic und schön macht, sondern typgerechte Kleidung. Und nicht immer ist es das modernste oder teuerste Kleidungsstück, das einem am besten steht. Wer unsicher ist beim Kleiderkauf, sollte sich einen guten Freund mitnehmen, der ehrlich seine Meinung sagt, auch wenn die Verkäuferin anderer Meinung ist.

Kleidung wirkt durch die Trägerin: Jemand, der klein ist und kräftige Hüften hat, kann beispielsweise kaum den Stil eines Großen, Schlanken übernehmen. Unpassende Kleidung betont die Nachteile der Figur, passende Kleidung verdeckt sie. Nicht immer ist die Mode ihren oft hohen Preis wert, manchmal werden billige Stoffe verwendet mit schlechten Trage- und Pflegeeigenschaften. Man ist also gut beraten, sich nicht nur

vom äußeren Schein beeindrucken zu lassen, sondern die Waren genau zu prüfen und Pflegekennzeichen und Rohstoffzusammensetzung zu beachten. Im Eifer es Einkaufs werden manchmal Verarbeitungsfehler, z. B. aufgeplatzte Nähte oder Webfehler, nicht entdeckt; in solchen Fällen sollte man die Ware reklamieren (siehe auch S. 42).

Vor allem bei langlebigen, teuren Anschaffungen, z. B. Mantel, Kostüm, sollte man die Ware genau auf die Verarbeitung hin überprüfen, z. B. Schnittkantenversäuberung, Futter, Tascheneingriffe. Natürlich ist auch die richtige Größe wichtig; es hat wenig Sinn, sich in ein Kleid zu pressen, nur weil es in der passenden Größe nicht mehr lieferbar ist. Wer für andere Kleidung kauft, z. B. als Geschenk, sollte sich ein Umtauschrecht bestätigen lassen. Hinweise zum nachhaltigen Einkauf von Textilien siehe S. 25.

Wichtiger Hinweis:

- *Lassen Sie sich nichts von der Verkäuferin aufschwatzen, was Ihnen nicht gefällt. Sie werden wenig Freude an dem Kleidungsstück haben und ärgern sich über das »hinausgeworfene« Geld.*

Material

Hinsichtlich des Materials von Oberbekleidung lassen sich keine pauschalen Empfehlungen geben. Sehr gute Trageeigenschaften haben Naturfaserstoffe, aber auch manche Gewebe aus Chemiefasern sind angenehm zu tragen. Naturfaserstoffe haben den Vorteil, daß sie saugfähig, luftdurchlässig und gut hautverträglich sind. So ist eine Baumwollbluse an einem heißen Sommertag angenehmer auf der Haut als ein Kleidungsstück aus feuchtigkeitsabweisendem Perlon.

Synthetische Gewebe haben den Vorteil, daß sie pflegeleicht sind. Gut beraten ist man mit hochwertigen Mischgeweben, z. B. Baumwolle mit Polyester, knitterarm ausgerüsteter Baumwolle, texturiertem Polyamid (z. B. Helanca, Nyltest). Diese Stoffe vereinen die Vorteile von Kunstfasern und Naturfasern.

KINDERKLEIDUNG

Bequem, strapazierfähig und leicht zu pflegen – das sind die Anforderungen, die gute Kinderkleidung erfüllt. Wichtig ist bei Kinderkleidung eine gute Paßform, die genügend Bewegungsfreiheit zuläßt und an Armen, Beinen oder Kragen nicht zu eng geschnitten ist. Dann sind die Kleidungsstücke nicht nur bequem, sondern auch leicht an- und auszuziehen. Ältere Kinder sollen ihre Kleidung selbst an- und ausziehen können.

Kinder entwachsen ihrer Kleidung schnell, daher lohnt es sich nicht, teure Stücke zu kaufen, die nach einigen Monaten schon ungenutzt im Schrank hängen. Vorteilhaft ist Kinderkleidung, deren Säume und Nähte großzügige Zugaben haben, so können die Kleider wenigstens einige Monate »mitwachsen«.
Die Größen für Kinderkleidung werden bemessen an der Körpergröße des Kindes.
Kinder mögen es nicht, wenn sie schön angezogen werden und auf ihre Kleider aufpassen müssen. Andererseits haben sie aber schon ihren eigenen Geschmack, den man nicht immer übergehen sollte. Empfindlich reagieren die »lieben Kleinen« v. a., wenn sie wie Kleinkinder angezogen werden, denn sie fühlen sich meist schon viel größer, als sie sind. Schnitt und Farbe der Kleidung sollten also dem Alter des Kindes angepaßt sein. Daran denken, daß Kinderkleidung oft gewaschen und gebügelt werden muß; Rüschen, Spitzen und Schleifchen sehen zwar niedlich aus, verschlingen aber beim Bügeln viel Zeit.

Material
Köperstoffe, z. B. Jeans und Cordgewebe aus Baumwolle, sind angenehm zu tragen und halten viele Rutschpartien auf den Knien aus. Besonders pflegeleicht sind Kleidungsstücke aus Chemiefasergemischen, z. B. Polyester mit Polyacryl oder Mischungen aus Baumwolle und Polyester. Diese Materialien sind problemlos in der Maschine zu waschen; Kinderkleidung (z. B. Pullover), die mit der Hand gewaschen werden muß, sollte vermieden werden. Maschenware ist bei Kinderkleidung sehr beliebt, sie ist elastisch, knittert wenig und ist leicht zu pflegen.

2.2. Arbeitskleidung

Das Material für Arbeitskleidung sollte strapazierfähig und gut zu reinigen sein. Beliebt sind Baumwollstoffe, z. B. Jeans, weil sie saugfähig und daher angenehm zu tragen sind, v. a. wenn man schwitzt. Allerdings sind reine Baumwollstoffe nicht pflegeleicht, und weil strapazierfähige Stoffe für Arbeitskleidung sehr dicht gewebt sind, auch schwer.
Leichter und mit wenig Aufwand zu pflegen sind stabile Mischgewebe aus Polyester und Baumwolle. Diese Arbeitskleidung ist meist auch etwas billiger als reine Naturfaserstoffe. Sie hat allerdings den Nachteil, daß sie den Schweiß nicht so gut aufnimmt und bei einem Brandunfall der Chemiefaseranteil schmilzt und an der Haut klebt.
Nicht zu empfehlen sind Gewebe aus wenig luftdurchlässigen und feuchtigkeitsabweisenden

Chemiefasern, z. B. Polyamid. Früher waren etwa Schürzen aus Nylon gefragt; sie sind zwar leicht und pflegeleicht, aber sehr wärmeempfindlich, z. B. bei Berührung mit heißen Gegenständen schmelzen sie. Außerdem sind diese Gewebe nicht saugfähig und wenig luftdurchlässig, so daß man leicht schwitzt.

Praktische Hinweise:

- *Als Arbeitskleidung ungeeignet sind ausgediente »Sonntagskleider«, sie sind weder strapazierfähig noch bequem oder gut waschbar.*
- *Bei Arbeitskleidung, vor allem für Arbeiten an Maschinen, ist auch darauf zu achten, daß sie nicht zu weit ist oder lange, lose Bänder hat, die sich in Maschinen und Geräten verfangen könnten.*
- *Arbeitskleidung muß in der Größe so sein, daß sie weder bei Überkopfarbeiten noch beim Bücken einengt, die Bewegungsfreiheit darf nicht eingeschränkt sein.*
- *Praktisch sind Taschen für verschiedene Gebrauchsgegenstände, z. B. Schlüssel, Notizblock, Meterstab.*

2.3. Unterwäsche

Baumwolle ist als Material für Unterwäsche nach wie vor Nummer 1. Maschenware aus Baumwolle ist elastisch, pflegeleicht, kochecht und formbeständig. Sie wird von der Haut besonders gut vertragen.
Bei Unterwäsche ist es besonders wichtig, daß das Material Feuchtigkeit gut aufnimmt, damit Schweiß und andere Absonderungen der Haut rasch abtransportiert werden. Durch das rasche Aufsaugen von Schweiß entsteht keine Verdunstungskälte auf der Haut, man hat nicht das Gefühl zu frösteln.
Unterwäsche wird auch aus Mischungen von Baumwolle und Polyester oder auch Elasthanfasern hergestellt. Diese Ware ist besonders formbeständig, trocknet schnell, ist aber weniger saugfähig als reine Baumwolle.
Unterwäsche aus reiner Seide ist wieder im Kommen. Seidenunterwäsche trägt sich außerordentlich angenehm, weil Seide bei Kälte wärmt, bei Hitze kühlt. Allerdings ist reinseidene Wäsche sehr teuer und muß meist von Hand gewaschen werden.
Für Rheumaunterwäsche werden Mischungen aus Angora und Schurwolle oder Angora und Polyester verwendet. Diese Wäsche wärmt außerordentlich gut, muß aber ebenfalls meist mit der Hand gewaschen werden. Beim Kauf darauf achten, ob sie das Wollprogramm der Waschmaschine verträgt!

Sportunterwäsche muß vielfachen Ansprüchen gerecht werden, sie muß saugfähig sein, leicht und sehr elastisch. Als Materialien werden verwendet: Polypropylen, Polyacryl oder Mischungen dieser Fasern mit Baumwolle. Besonders beliebt ist die Polyacrylfaser Dunova. Dunova ist durch winzig kleine Hohlräume in der Lage, viel Feuchtigkeit aufzunehmen, die Faser gibt die Feuchtigkeit aber auch sehr schnell ab, trocknet also rasch. Dunova läuft zudem nicht ein, filzt nicht und ist sehr leicht und weich.
Bei den Materialien für Sportunterwäsche nutzt man die rasche Feuchtigkeitsabgabe der Chemiefasern; die Feuchtigkeit wird aufgesaugt von der Kleidung aus Baumwolle oder Wolle, die über der Unterwäsche getragen wird. Diese saugfähige Unterwäsche ist auch die ideale Kombination zu Oberbekleidung aus Goretex usw.
Bei der Unterwäsche auf gute Verarbeitung achten. Angenehm und dauerhaft sind gestrickte Säume oder aufgenähte Zierkanten bei Unterhemden. Umgeschlagene oder gekettelte Säume leiern schnell aus und halten nicht so warm. Bei langärmeliger Winterunterwäsche auf die Ärmelabschlüsse achten. Auch hier ist ein angestricktes Bündchen am besten, umgeschlagene Kanten leiern schnell aus.

Praktischer Hinweis:

- *Wer meint, Weichspüler verwenden zu müssen, sollte wenigstens bei Unterwäsche darauf verzichten, weil die Saugfähigkeit sehr darunter leidet.*

2.4. Strümpfe und Schuhe

Strümpfe

Strümpfe werden aus sehr unterschiedlichen Materialien hergestellt. Qualität und Preis hängen ab von der Feinheit und Gleichmäßigkeit des Garnes. Mercerisierte Baumwolle, Wollkammgarne und feine Zwirne aus Baumwolle und Wolle sind am teuersten.
Sehr strapazierfähig sind Strümpfe aus Mischungen von Wolle mit Polyester und Polyamid. Sie filzen beim Waschen nicht, trocknen schnell und sind widerstandsfähiger gegen Reibung, bekommen also nicht so schnell Löcher wie Strümpfe aus reiner Wolle.
Grobe Strümpfe für Sport, z. B. Bergsteigen, sollten aus maschinenwaschbarer Wolle bzw. Polyamid-Woll-Gemisch bestehen.
Feinstrumpfhosen werden hergestellt aus Polyamid-Helanca. Sie werden in verschiedenen Garnstärken angeboten, je höher die dtex-Zahl ist,

desto dicker ist das verwendete Garn und damit die Haltbarkeit.
Die Paßform von Strümpfen, Socken und Strumpfhosen hängt ab von der Beinform, Gestaltung der Ferse und dem Schnitt. Zwickel an Ferse und Zehen erhöhen die Haltbarkeit und Paßform.

Praktischer Hinweis:

- *Feinstrumpfhosen ziehen schnell Fäden und bekommen dann Laufmaschen. Wer rauhe, rissige Hände hat, sollte sie daher mit dünnen Handschuhen anziehen.*

Schuhe

Nach einer Umfrage des Deutschen Schuhinstitutes klagen viele Menschen über Fußbeschwerden; dazu gehören Senk-, Spreiz- oder Plattfuß, Verformungen der Fußballen, eingewachsene Nägel und Hornhaut, die sich bei längerem Stehen oder Gehen schmerzhaft bemerkbar machen. Schuld daran ist häufig zu enges Schuhwerk.
Die Beschwerden betreffen aber nicht nur die Füße, sondern den ganzen Körper: Durchblutungsstörungen der Beine, Kreislaufstörungen, Rückenschmerzen, Schmerzen in den Knien.
Daher beim Schuhkauf vor allem auf gute Paßform achten.
Wer bereits Beschwerden hat, kann mit Einlagen Schmerzen lindern und Fuß und Wirbelsäule entlasten. Einlagen garantieren ein individuelles Fußbett und werden vom Orthopäden verschrieben. Zwar muß man sich anfangs etwas an den »Fremdkörper« im Schuh gewöhnen, aber mit der Zeit lernt man die Vorteile zu schätzen.
Sind die Füße zwar nicht verformt, schmerzen aber trotzdem schnell, helfen Schuhe mit Fußbett, Gelenkstütze oder Luftpolsterung ab. Solche »Gesundheitsschuhe« sind allen zu empfehlen, die viel auf den Beinen sind.

Praktischer Hinweis:

- *Als Arbeitsschuhe nicht »ausrangierte« Sonntagsschuhe verwenden, sondern feste Schuhe mit guter Paßform kaufen. Sparsamkeit rächt sich hier bitter!*

Achten Sie beim Kauf von Schuhen auf das Material. Wer leicht schwitzt, sollte darauf achten, daß auch das Innenmaterial Leder ist.

Welche Absätze?

Schuhe mit hohen Absätzen führen auf die Dauer zu einer unnatürlichen Körperhaltung, Wirbelsäule und Knie werden übermäßig belastet. Durch hohe Absätze wird außerdem der Vorfuß sehr stark belastet. Ganz flache Schuhe wirken ebenfalls ermüdend, ideal ist ein Schuh mit leichtem Absatz.

Folgende Punkte sollten beim Schuhkauf beachtet werden:

◻ Schuhe müssen weit und lang genug sein.
◻ Schuhe müssen im Gehen und Stehen bequem sein.
◻ Beide Schuhe anprobieren, meist sind die Füße etwas unterschiedlich.

Kinderschuhe

Bei Kindern ist die Auswahl gut passender Schuhe doppelt wichtig: Erstens schmerzt ein zu enger Schuh, und zweitens können bei Kindern durch falsches Schuhwerk bleibende Schäden angerichtet werden. Bei jedem Schuhkauf folgende Punkte beachten:

◻ Bänder oder der Klettverschluß müssen den Schuh so fest halten, daß er nicht vom Fuß rutschen kann bzw. mit dem Fuß festgehalten werden muß und so zu Verkrampfung führt.
◻ Die Sohle soll biegsam und rutschfest sein.
◻ Die Schuhspitze muß so breit sein, daß sie nicht auf die Zehennägel drückt.
◻ Wenigstens das Obermaterial sollte aus Leder sein.
◻ Der Schuh sollte etwas länger (etwa 1 cm) sein als der Fuß, denn mit jedem Schritt macht der Fuß einen Schub nach vorne.
◻ Harte Nähte oder Ziersstiche auf dem Oberleder können zu schmerzhaften Druckstellen führen.

Um die richtige Größe für Kinderschuhe zu finden, sollte man die Füße mit dem WMS-Fußmeßgerät messen lassen (Weiten-Maß-System), was in vielen Schuhgeschäften bereits möglich ist. Wie wichtig richtige Schuhgröße ist, zeigte sich bei einer Untersuchung vor einigen Jahren: Jedes zweite Kind trägt zu kleine Schuhe, viele sogar um drei oder vier Nummern zu klein!

Wichtiger Hinweis:

■ *Wenn Sie Schuhe von älteren Kindern an jüngere weiterreichen, darauf achten, daß die Schuhe wirklich gut passen. Auf die Auskunft der Kinder, ob der Schuh noch paßt, kann man sich nicht immer verlassen. Sie geben häufig eine falsche Antwort, weil etwa bis zum 12. Lebensjahr das Fußskelett noch sehr anpassungsfähig ist. Der Fuß weicht in die Breite aus, und der Schuh scheint zu passen.*

Schuhpflege

Schuhe werden stark strapaziert und müssen daher sorgfältig gepflegt werden:

◻ Schuhe häufig wechseln, damit sie wieder austrocknen können. Die Form behalten sie am besten, wenn sofort nach dem Ausziehen ein passender Schuhspanner eingespannt wird – eine Anschaffung und Mühe, die sich vor allem bei hochwertigen Lederschuhen absolut lohnt!
◻ Falls die Schuhe durchnäßt sind, langsam trocknen, keinesfalls an der Heizung. Schuhe mit Zeitungspapier ausstopfen.
◻ Beim Putzen zunächst groben Schmutz mit einer Bürste entfernen, notfalls mit etwas Wasser, vor dem Auftragen der Schuhcreme jedoch vollständig abtrocknen lassen.
◻ Salz-, Schnee- oder Schweißränder mit klarem, warmem Wasser und einer weichen Bürste entfernen, vor der Weiterbehandlung trocknen lassen.
◻ Schuhcreme mit einem Bürstchen auftragen, dann kommt man auch gut in die Ritzen zwischen Sohle und Obermaterial. Creme trocknen lassen, dann mit einer weichen Bürste oder einem Tuch polieren.

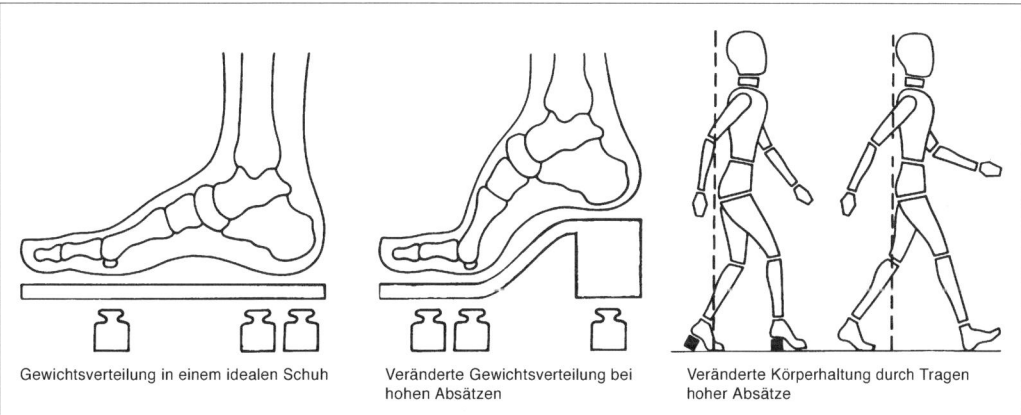

Gewichtsverteilung in einem idealen Schuh

Veränderte Gewichtsverteilung bei hohen Absätzen

Veränderte Körperhaltung durch Tragen hoher Absätze

Veränderung der Fuß- und Körperhaltung durch falsches Schuhwerk

- Rauh- oder Velourslederschuhe (»Wildleder«) sorgfältig ausbürsten, dann gelegentlich mit Imprägnierspray behandeln. Vorsicht: nur im Freien, Spray nicht einatmen, frisch imprägnierte Schuhe im Freien gut auslüften.
- Schuhe aus Lackleder regelmäßig mit Lederpflege einreiben, damit es elastisch bleibt und nicht bricht; Schuhspanner sind bei Lackschuhen besonders wichtig, denn an Lederfalten bricht die Oberfläche besonders leicht.

3. BETTWÄSCHE

Bettwäsche wird in großer Auswahl angeboten; so unterschiedlich wie die Qualitäten sind auch die Preise dafür. Grundsätzlich läßt sich bei Bettwäsche sagen, daß ein hoher Preis meist gute Qualität bietet.

Wie bei Leibwäsche ist es auch bei Bettwäsche wichtig, daß das verwendete Material saugfähig ist. Baumwolle bietet diese Eigenschaft, Mischungen mit Chemiefasern erhöhen die Haltbarkeit. Reines Leinen und Halbleinen sind bei Bettwäsche nur noch selten zu finden, während Baumwolle (z. T. Mischungen von Chemiefasern mit Baumwolle) dominiert. Speziell für den Sommer gibt es jedoch nichts Besseres als reinleinene Bettwäsche: saugfähig, kühlend und hautfreundlich.

Zurückgegangen ist auch der Anteil reinweißer Bettwäsche, immer mehr werden farbige Stoffe bevorzugt.

Bettwäschequalitäten

- *Haustuch* ist ein grobfädiger, gebleichter, kräftiger Wäschestoff mit Leinenbindung. Er wird überwiegend für Bettücher verwendet, da er sehr strapazierfähig ist. Besonders empfehlenswert sind Bettücher mit verstärkter Mitte.
- *Zwirntuch* ist ebenfalls sehr haltbar, häufig aus mercerisierter Baumwolle.
- *Kretonne* ist ein gröberes Gewebe in unterschiedlicher Fadendichte, je nach Fadendichte sehr haltbar. Gute Qualität erkennt man am höheren Preis.
- *Linon* ist ein glatter, feinfädiger Baumwollstoff, der auf der rechten Seite appretiert ist und glänzt. Gute Qualitäten sind mercerisiert und haben einen waschbeständigen Glanz. Billige Ware verliert nach einigen Wäschen den Glanz.
- *Popeline* ist ein festes und sehr dichtes Gewebe mit guter Qualität.
- *Batist* ist eine leichte, feinfädige Baumwollware, die oft bedruckt angeboten wird, häufig auch mercerisiert. Die beste Qualität hat Schweizer Batist, auch Makobatist ist hochwertig.

- *Satin* ist ein mercerisiertes Gewebe in Atlasbindung. Es fühlt sich sehr weich an und hat eine glänzende Oberfläche.
- *Damast* ist ein in sich gemustertes Gewebe. Man unterscheidet preiswerten Baumwolldamast aus nichtgekämmtem Garn, der nur selten mercerisiert ist. Dieser Damast wird nach einigen Wäschen lappig und fusselt. Hochwertig ist Makodamast, er hat eine vorgeschriebene Mindestfaserdichte; die höchste Qualität hat Brokatdamast. Damaste werden aus Baumwolle hergestellt oder aus gekämmter Makobaumwolle.
- *Biberbettwäsche* ist sehr beliebt, weil sie gut wärmt. Da sie angerauht ist, verschmutzt Biberbettwäsche schnell und wird daher überwiegend farbig angeboten. Billige Biberbettwäsche enthält häufig Viskose; diese Beimischung verringert die Scheuerfestigkeit.

PFLEGELEICHTE BETTWÄSCHE

Pflegeleicht ausgerüstet sind meist Spannbetttücher. Gute Qualitäten von Spannbetttüchern sind sanforisiert und tragen das »Sanfor«-Zeichen, d. h. sie laufen nicht mehr als 1 % ein und dehnen sich auch nicht mehr als um 1 %. Zu beachten ist hierbei, daß der Einsprung bei maschinellem Trocknen mit 3 – 7 % erheblich größer ist.

Knitterarm sind auch Baumwollmischungen mit Modalfasern (im Verhältnis 1:1) und Baumwoll-Polyester-Mischungen (im Verhältnis 1:1 oder 65:35 %). Diese Bettwäsche ist durch den hohen Anteil an Chemiefasern sehr haltbar.

Frottierwäsche

Sie ist pflegeleicht und knitterarm. Es gibt sie aus reiner Baumwolle und Mischgeweben, z. B. Baumwolle und Chemiefasern im Verhältnis 75:25 % oder 46:54 %. Billige Ware ist dünner gewebt, leichter und daher weniger strapazierfähig. Durch die Schlingen ist Frottierwäsche sehr saugfähig, hautmassierend und wärmend; zudem ist diese Wäsche absolut bügelfrei.

Jersey

Jersey ist sehr aufwendig in der Herstellung und ist daher teurer als Frottierwäsche. Da gekämmte, hochwertige Baumwollgarne verwendet werden, ist sie besonders hochwertig. Spannbetttücher aus Jersey sind sehr elastisch und formstabil. Hochwertige Jerseybettwäsche fühlt sich seidig an und schafft ein sehr angenehmes Bettklima. Sie muß nach dem Waschen und Trocknen nicht gebügelt werden. Wichtig für Allergiker: vor der ersten Verwendung waschen. Die verwendete Baumwolle ist meist chemisch behandelt.

Seersucker

Diese Gewebe bestehen aus reiner Baumwolle. Die Oberfläche ist unruhig und borkenartig, dadurch fallen Knitter nicht auf. Diese Bettwäsche sollte nicht oder nur schwach gebügelt werden, damit sie den kreppartigen Charakter nicht verliert.

Pflege von Bettwäsche

Generell sollte man beim Waschen von Bettwäsche auf die Pflegehinweise des Herstellers achten. Weiße Bettwäsche ist am einfachsten zu pflegen, weil sie kochecht ist. Bunte Wäsche, v. a. dunkle Farben, sollten die ersten paar Male gesondert gewaschen werden, weil sie ausbluten. Nicht verwenden sollte man für farbige Wäsche Waschmittel mit optischen Aufhellern oder Bleichmitteln. Pflegeleicht ausgerüstete Baumwolle oder Mischgewebe nur mit verringerter Maschinenfüllung (1,5 kg Wäsche für 4,5-kg-Maschine) und bei hohem Laugenstand bei 60 °C waschen, danach anschleudern und sofort aufhängen.

Praktische Hinweise für den Einkauf:

- *Auf das Material achten (steht auf der Packung), Ware genau prüfen.*
- *Dichte Gewebe sind zwar teurer, halten aber länger als locker gewebte Ware. Gute Baumwolle wird nicht lappig, rauht nicht so schnell auf und knittert weniger als billige, meist minderwertige Qualitäten. Reibt man an einer Stelle die Appretur weg und hält den Stoff ans Licht, kann man die Gewebedichte erkennen.*
- *Wäsche mit Chemiefaserbeimischung ist haltbarer, pflegeleichter und oft auch billiger als Wäsche aus Naturfasern. Allerdings ist sie nicht so hautfreundlich.*
- *Einsprung beachten: Beim Trocknen im Wäschetrockner schrumpft Bettwäsche um mindestens 10 %. Beim Kauf schon daran denken, sonst wird die Wäsche nach dem ersten Trockengang zu kurz. Ausgenommen ist Wäsche mit der Kennzeichnung »Sanfor«. Bei besonders hochwertiger und teurer Bettwäsche ist der Einsprung bereits berechnet. Mißt man z. B. einen Bezug nach, der auf der Verpackung mit 200 Zentimetern beschrieben war, weist gute Neuware eine tatsächliche Länge von 220 Zentimetern auf.*
- *Bei Bettlaken lohnt sich der Preis für Laken mit verstärkter Mitte, dies ist auf der Verpackung angegeben.*
- *Spannbettücher gibt es in Frottier-, Jersey- und Biberqualität. Wichtig ist, daß sie elastisch sind.*
- *Bei Spannbettüchern daran denken, daß sie einen hohen Kraftaufwand beim Wechseln erfordern. Auch wenn sie nicht täglich neu ge-*

spannt werden müssen, sollten sich ältere Menschen oder Menschen mit eingeschränkter Bewegungsfreiheit (z. B. Bandscheibenschäden) den Kauf gründlich überlegen.
- *Bettwäsche kauft man nicht mehr für das ganze Leben. Mehr als je zwei Garnituren aus Baumwolle und Biber oder Frottier reichen für den Anfang. Diesen Grundstock kann man erweitern, wenn vorteilhafte Neuentwicklungen auf den Markt kommen.*
- *Cuvertbezüge für Steppdecken sind für unruhige Schläfer nicht geeignet, günstiger sind Bezüge, die mit Bändern oder Knöpfen befestigt werden.*

4. HAUSHALTSWÄSCHE

4.1. Geschirrtücher

Beim Kauf von Geschirrtüchern ist wichtig, nicht nur auf den Preis und die Qualität zu achten, sondern auch auf die Größe. Es gibt unterschiedliche Größen bis zu einer Breite von 80 cm.

MATERIAL

Geschirrtücher sind aus Leinen, Halbleinen und Baumwolle, sehr preisgünstige Ware auch mit einem Anteil an Viskose. Leinen eignet sich sehr gut zum Polieren von Gläsern, da es nicht fusselt und gut saugt. Baumwolle saugt sehr gut, fusselt aber und ist nicht so lange haltbar. Frottiertücher sind als Geschirrtücher nicht empfehlenswert, weil sie sehr fusseln.
Geschirrtücher dürfen nicht zu dicht gewebt sein, sonst saugen sie schlecht. Auf jeden Fall sollten sie kochecht sein, auch farbige Ware. Geschirrtücher nicht mit Weichspüler behandeln, weil die Saugfähigkeit darunter leidet.

Küchenhandtücher

Küchenhandtücher brauchen nicht so groß zu sein wie normale Handtücher, weil sie ohnehin täglich gewechselt werden. Gängig sind die Größen 50 × 70 und 50 × 80 cm. Wer das Handtuch nicht täglich wechselt, bietet Keimen und Bakterien eine ideale Brutstätte.
Ein Handtuch in der Küche ist ein absolutes Muß. Es ist unhygienisch, sich an Geschirrtüchern oder der Schürze zwischendurch die Hände zu trocknen.

MATERIAL

Gebrauchshandtücher für die Küche sind meist aus Baumwolle oder Halbleinen. Bewährt haben sich Grubenhandtücher und Gerstenkornhandtücher. Auch leichte Frottierwaren werden als Küchenhandtücher angeboten.

4.2. Handtücher für die Körperpflege

Frottierhandtücher für die Körperpflege, Badetücher und Waschhandschuhe werden in sehr verschiedenen Preislagen und Qualitäten angeboten. Daher sind hier der Augenschein und die »Handprobe« die beste Methode, gute Ware zu erkennen. Meist merkt man schon am Griff, ob es sich um strapazierfähige, feste Ware handelt. Je feinfädiger, höher und dichter der Flor ist, desto besser die Qualität.

Gute Ware hat einen beidseitigen Flor und auf beiden Seiten das gleiche Muster (Duobel). Buntgewebte und gemusterte Handtücher sind teurer als bedruckte oder einfarbige.

Das normale Maß für Frottierhandtücher ist 50 x 100 cm, Gästehandtücher haben 30 x 50 cm. Badehandtücher gibt es in unterschiedlichsten Größen; man sollte keine zu großen wählen, weil sie beim Waschen schwierig zu handhaben sind.

Praktische Hinweise:

- *Die Qualität läßt sich also am besten in einem Geschäft beurteilen. Bei Katalogbestellungen muß man auf die Beschreibung vertrauen, in diesem Fall fährt man am besten, wenn nicht die billigste Ware ausgesucht wird.*
- *Wer neue Handtücher kauft, sollte sie auf die Farbe der Badfliesen abstimmen.*

FROTTIERQUALITÄTEN

Frottierwaren sind auf speziellen Webstühlen oder Maschinen hergestellt. Die Schlingen werden erst während der Herstellung gebildet, und sie sind leicht herausziehbar. Wirkfrottier ist sehr saugfähig und hat einen leichten Massageeffekt. Frottee ist ein Schlingengarn, das auf einem normalen Webstuhl verarbeitet wird. Die Schlingen sind also bereits im Garn vorhanden. Frottee ist daher weniger anfällig gegen Fädenziehen, hat aber einen kürzeren Flor.

- *Walkfrottier* hat hohe, umkippende Schlingen und fühlt sich besonders weich und flauschig an, er ist sehr saugfähig. Durch Walken, eine mechanische Behandlung im feuchten Zustand werden die Schlingen weich gemacht.
- *Zwirnfrottier* hat einen aufrecht stehenden Schlingenflor, das Garn ist gezwirnt, die Ware fühlt sich fest und körnig an, sie massiert die Haut. Sehr haltbare Qualität.
- *Velours-Frottier* hat einen kurzen, samtweichen, dichtgewebten Flor, dessen Schlingen aufge-

schnitten sind. Velours-Frottier ist verhältnismäßig teuer, aber sehr leicht zu pflegen. Er ist vor allem zu empfehlen bei Morgenmänteln, weil sie eine weiche, wärmende Oberfläche haben und beim Waschen und Trocknen ihr schönes Aussehen behalten.

PFLEGE VON FROTTIERWAREN

- Keinen Weichspüler verwenden, er vermindert die Saugfähigkeit der Handtücher.
- Nicht an der Heizung oder in praller Sonne trocknen, Frottierwaren werden sonst starr. Angenehm weich werden Frottierwaren im Wäschetrockner.
- Frottierwaren sollen nicht gebügelt werden. Durch kräftiges Ausstreichen werden sie glatt und behalten ihre Saugfähigkeit, weil die Schlingen nicht plattgedrückt werden.
- Gezogene Fäden nicht herausziehen, sondern kurz abschneiden.
- Fransen an Frottiertüchern sind nach dem Trocknen meist struppig und verklebt. Sie werden wieder weich und schön, wenn das Handtuch kurz über den Fransen zusammengefaßt und diese einige Male an der Tischkante kräftig ausgeschlagen werden.
- Frottierhandtücher gibt es auch mit verschiedenen Applikationen und Stickereien. Gute Hersteller achten darauf, daß das Waschverhalten der Verzierungen das gleiche ist wie das des Handtuchs.

4.3. Tischwäsche

Tischwäsche gibt es in abgepaßter Form oder als Meterware.

Je nach Tischgröße sind unterschiedliche Maße erforderlich.

Mitteldecken können für runde und rechteckige Tische über einer passenden Tafeldecke verwendet werden. Sie sind quadratisch in den Maßen 80 × 80 oder 90 × 90 cm.

Servietten gibt es in den Größen 30 × 30 bis 50 × 50 cm. Sie werden meist passend zur Tafeldecke gekauft.

Tischsets (Platzdeckchen) sind sehr praktisch und beleben in ihren verschiedenen Mustern den »Alltagstisch«. Die Tischdecke wird weniger schnell verschmutzt. Beim Kauf von Sets auf die Pflegehinweise achten: Sie sind nur zweckmäßig, wenn sie pflegeleicht sind.

Praktischer Hinweis:

- *Beim Kauf von Tischdecken Länge und Breite der Tischplatte abmessen und jeweils 40 bis 50 cm zugeben, denn die Decke sollte am Tisch 20 bis*

25 cm herabhängen. Beispiel: Tischmaß 80 × 140, Tischdeckenmaß 120 × 180 oder 130 × 200 cm.

MATERIAL

Leinen, Halbleinen und Baumwolle sind bei Tischwäsche die klassischen Stoffe. Im Bereich der Gebrauchsdecken, z. B. Gartentischdecken, setzt sich pflegeleichte Synthetikware durch.

Tafeltücher sind meist aus Baumwolle in Atlasbindung oder als Damast. Weiße und pastellfarbene Töne sind vorherrschend. Oft werden Tafeltücher pflegeleicht ausgerüstet mit Fleckschutz, z. B. Scotchgard. Diese Zusatzeigenschaften müssen aber teuer bezahlt werden und waschen sich nach 5 bis 10 Wäschen heraus.

Gebrauchsdecken werden oft aus Polyacrylnitril hergestellt. Sie sind pflegeleicht, können aber nur bei 40 °C gewaschen werden; hartnäckige Verschmutzungen, z. B. Teeflecken, sind deshalb schwer zu entfernen. Helle Farben sind daher bei diesen Tischdecken nicht lange schön; zweckmäßiger sind dunklere Farben oder gemusterte Stoffe.

Faservliesdecken nehmen auch im privaten Bereich zu, z. B. als Gartentischdecken. Sie können bis 60 °C gewaschen werden und sind pflegeleicht.

5. HEIMTEXTILIEN

5.1. Gardinen, Vorhänge, Möbelstoffe

Gardinen

Bei den Gardinen überwiegen synthetische Fasern. Sie sind preisgünstig, pflegeleicht, lichtecht und lichtbeständig; nur Polyamidgardinen vergilben mit der Zeit. Die Musterung reicht von groben, großgemusterten, bestickten Gardinen bis hin zu einfachen Feingardinen. Grobe Stores sind blickdicht, allerdings schlucken sie viel Tageslicht. Gemusterte, farbige Gardinen müssen sehr sorgfältig mit der Einrichtung abgestimmt werden. Bei Feingardinen dagegen ist man nicht gebunden.

Praktischer Hinweis:

■ *Beim Gardinenkauf den Saum mitberechnen und je nach Dichte, Kräuselung bzw. Faltung die benötigten Meter berechnen.*

PFLEGE VON GARDINEN

Nicht nur die Länge und Breite des Materials sind zu beachten, sondern auch das Gewicht. Wichtig ist das für das Waschen der Gardinen, denn ab

einer bestimmten Größe bzw. Gewicht passen sie nicht mehr in die Waschmaschine. Man rechnet für eine Trommelfüllung (4,5 kg Volumen) nicht mehr als 1–1,5 kg Gardinen, damit sie sauber werden und nicht zu sehr verknittern. Bei großen Fenstern ist es daher ratsam, die Gardine in zwei Teilen zu nähen, damit sie ohne Probleme in der Waschmaschine gewaschen werden können.

- ▫ Gardinen nicht zu sehr anschmutzen lassen, damit sie beim Waschen wieder ganz sauber werden.
- ▫ Erst kurz vor dem Waschen abnehmen, damit sie nicht verknittern.
- ▫ Rollringe locker in ein Taschentuch oder Geschirrtuch binden, dann müssen sie beim Waschen nicht entfernt werden.
- ▫ Spezialwaschmittel verwenden, bei 30–40 °C waschen.
- ▫ Anschleudern und sofort aufhängen, Trocknen auf der Wäscheleine ist nicht notwendig, feine Stores bekämen außerdem einen Bug.

Materialbedarf für Gardinen

Materialbedarf pro Fensterbreite	Gardinenart
3fach	Glatte Marquisette, Florentinertüll, feiner, ungemusterter Tüll
2fach	Grobe Gardinen, stark gemusterte Gardinen

Vorhänge

Die Angebotspalette an Materialien und Mustern ist fast unüberschaubar groß. Besonders pflegeleicht sind Vorhänge aus synthetischen Fasern. Baumwolle, Leinen, Seide wirken sehr dezent und passen zu jeder Einrichtung, allerdings sind diese Materialien pflegeaufwendiger.

Was die Auswahl der Muster anbelangt, entscheidet der persönliche Geschmack. Vorsicht ist jedoch bei kräftigen Farben und auffallenden Mustern geboten, sie müssen auf die Ausstattung des Raumes besonders sorgfältig abgestimmt werden.

Praktischer Hinweis:

■ *Falls die Zusammensetzung und Pflegehinweise nicht in der Kante eingewebt sind, beim Kauf Rohstoffangabe und Pflegehinweise bestätigen lassen.*

Möbelbezugsstoffe

Oberstes Qualitätskriterium ist die Strapazierfähigkeit. Fragen Sie beim Kauf danach. Vielfach können Möbelbezüge abgenommen werden für die Reinigung. Erfahrungsgemäß ist die erste Wäsche erst fällig, wenn die Händlergarantie schon abgelaufen ist. Reklamationen, weil der Stoff beispielsweise eingesprungen ist und nun nicht mehr über die Polster paßt, sind dann nicht mehr möglich. Wählen Sie lieber einen Stoff, bei dem kleine Verschmutzungen nicht sichtbar sind.

PFLEGE VON MÖBELSTOFFEN

Regelmäßig mit dem Staubsauger (Polsterdüse) absaugen, mit feuchtem Leder auffrischen. Flecken sofort behandeln: Mit Feinwaschmittel-lauge vorsichtig abwaschen und mit klarem Wasser nachbehandeln. Mit trockenem Tuch die Nässe aufnehmen. Insgesamt mehr tupfen als reiben, damit die Farbe nicht aufhellt.

Praktischer Hinweis:

- *Jeanshosen sind »Gift« für Möbelbezugsstoffe. Die harte Oberfläche, feste Doppelnähte und aufgesetzte Taschen scheuern enorm.*

5.2. Teppiche

Von Hand hergestellte Teppiche

ORIENT- ODER PERSERTEPPICHE

Diese Teppiche haben eine lange Tradition. Das klassische Knüpfmaterial ist Schafschurwolle, manchmal auch das Haar von Kamelen, bei chinesischen Teppichen Seide. Die Wolle wird grob oder fein versponnen und geknüpft. Früher wurde sie mit Naturfarben angefärbt, heutzutage ist die Wolle meist anilingefärbt. Orientteppiche stechen durch ihre intensiven Farben hervor. Je nach Herkunft werden unterschiedliche Knoten geknüpft, was die Haltbarkeit aber wenig beeinflußt. Außer vom Material hängen die Haltbarkeit, Festigkeit und Farbintensität von der Anzahl der Knoten pro Quadratmeter ab.
Sehr wertvolle Teppiche haben eine Million Knoten und mehr pro Quadratmeter. Orientteppiche kommen überwiegend aus Persien, aber auch aus Anatolien, dem Kaukasus, Zentralasien und China. Vielfach werden die Muster auch in Balkanländern kopiert, dies ist jedoch vermerkt (in seriösen Fachgeschäften). Bekannte Herkunftsbezeichnungen sind Hamadan, Schiras, Bachtiari, Täbris, Kirman, Sinneh, Keschan.

Praktische Hinweise:

- *Besonders wertvoll sind alte Teppiche, Ausbesserungen muß man hierbei in Kauf nehmen. Morsche Teppiche sind wertlos, man erkennt*

sie am Knacken, wenn man die Rückseite zusammendrückt.
- *Grundsätzlich im Fachgeschäft einkaufen. Diese Teppiche stellen nicht nur einen besonderen Raumschmuck dar, sondern können gleichzeitig als Geldanlage dienen. Der Kauf hochwertiger Teppiche ist auch Vertrauenssache, deshalb lieber nicht bei »fliegenden Händlern« einkaufen.*
- *Das Echtheitszertifikat sollte Auskunft geben über Herkunft, Knotenzahl, Alter des Teppichs, verwendete Farben (natürlich oder synthetisch), verwendetes Material.*

BERBERTEPPICHE

Sie sind dicker und weicher als Orientteppiche. Sie haben auch eine viel niedrigere Knotenzahl, die sich zwischen etwa 120 000 und 250 000 pro Quadratmeter bewegt. Berber werden überwiegend aus Naturwolle angeboten, die Farbtöne sind helle bis dunkle Brauntöne, schwarz und grau, an Mustern herrschen strenge, geometrische Formen vor.
Echte Berberteppiche werden von den nordafrikanischen Berberstämmen hergestellt, nachgemachte Berberteppiche stammen aus den Balkanländern und sind bei seriösen Teppichhändlern entsprechend gekennzeichnet, z. B. »Berber aus Ungarn«. Bei den importierten Berberteppichen darf nur Schurwolle verwendet werden, eine Mindestknotenzahl ist vorgeschrieben, ebenso die Ausrüstung mit einem Mottenschutzmittel.

SONSTIGE VON HAND HERGESTELLTE TEPPICHE

- Flokatis sind gewebte Teppiche aus Griechenland, die nach dem Weben verfilzt werden, so daß lange Zotteln entstehen.
- Kelims sind ebenfalls gewebte, dünne Teppiche, einst Decken der Nomaden. Die Muster sind sehr vielfältig in bunten Farben.
- Handgetuftete Teppiche werden mit einer Nähmaschine hergestellt, die von Hand geführt wird. Auf ein Grundgewebe werden mit einer Spezialnadel Schlingen genäht, die später aufgeschnitten werden können
- Fleckerlteppiche (Flickenteppiche) werden gewebt aus einer losen, groben Kette und Gewebestreifen, die aus alten Textilien geschnitten und zusammengenäht wurden. Fleckerlteppiche sind um so stabiler, je dichter sie gewebt sind. Wichtig ist auch das Material der Kette, synthetische Fasern sind am geeignetsten, sie sind sehr reißfest, am besten ist 12–16fach verzwirntes Garn.
- Schafwollteppiche werden ebenfalls gewebt aus einer gezwirnten Kette und einem groben, naturfarbenen Wollgarn.

Teppiche und Kinderarbeit

Viele hochwertige Teppiche, vor allem Seidenteppiche, werden in den Herkunftsländern durch illegale Kinderarbeit hergestellt. Die Kinder müssen unter unmenschlichen Bedingungen viele Stunden täglich für einen Hungerlohn Teppiche knüpfen. Auch die Erwachsenen bekommen zum Großteil nur einen minimalen Lohn für lange Arbeitstage. Sie sind jedoch auf die Arbeit in der Teppichknüpferei angewiesen und können von sich aus keine besseren Arbeitsbedingungen durchdrücken.

Wer keinen Teppich kaufen will, der unter solchen Bedingungen geknüpft wurde, sollte auf das Rugmark-Zeichen achten. Das Label garantiert, daß der Teppich ohne illegale Kinderarbeit hergestellt und den Knüpfern die gesetzlichen Mindestlöhne bezahlt wurden (siehe auch Seite 24).

Maschinell hergestellte Teppiche

Maschinell werden sehr unterschiedliche Teppiche hergestellt, die für den Laien schwer unterscheidbar sind. Den richtigen Griff macht man mit Teppichen, die mit dem Wollsiegel ausgezeichnet sind. Sie müssen ein bestimmtes Gewicht an Schurwolle pro Quadratmeter aufweisen. Die goldene Plombe erhalten Teppiche, die besonders komfortabel sind, sie dürfen nur aus Schurwolle oder Naturseide bzw. aus Mischungen dieser beiden Fasern bestehen.

Textile Bodenbeläge

Textile Bodenbeläge werden auch als Auslegewaren oder Meterware bezeichnet, sie werden üblicherweise auf der gesamten Fläche eines Raumes ausgelegt bzw. verklebt. Teppichböden können direkt auf den Estrich verlegt werden oder auf einen bereits vorhandenen Bodenbelag, z. B. Stein, Kunststoff. Teppichböden sind trittelastisch und fußwarm, sie werden in sehr unterschiedlichen Qualitäten, Farben und Musterungen angeboten.

Wer einen Teppichboden als Belag wählt, sollte sich im klaren sein, daß ein Bodenbelag, der zu wischen ist, wesentlich hygienischer ist. Allein der oberflächliche Staub kann vom Staubsauger aufgenommen werden, tiefsitzenden Schmutz kann auch ein guter Staubsauger nicht herausholen, von Flecken ganz zu schweigen.

MATERIALIEN

Der Flor ist die obere oder Laufschicht des Teppichbodens.

Folgende Materialien werden für den Flor verwendet, die Faserart muß gekennzeichnet sein:

- *Polyamid:* reiß- und scheuerfest, sehr elastisch, pflegeleicht, preiswert. Aus Polyamid werden auch die sogenannten »Sauberfasern« hergestellt, das sind Fasern, die schmutzabweisend sind.
- *Polyacryl:* nicht so scheuerfest, aber angenehm weich, wollähnlich, pflegeleicht.
- *Polyester:* scheuerfest, pflegeleicht, teuer, daher Verwendung als Komfortteppich.
- *Wolle:* nicht scheuerfest, feuchtigkeitsempfindlich, nimmt Schmutz nicht leicht an, ist allerdings mottengefährdet.
- *Kokos, Sisal:* sehr strapazierfähig, aber feuchtigkeitsempfindlich, feste Verklebung notwendig.
- *Baumwolle:* teuer, nicht scheuerfest, feuchtigkeitsempfindlich, nicht elastisch.

Je nach Verarbeitung werden Teppiche in Schlingen- und Schnittflor eingeteilt. Bei den Schlingen besteht die Oberseite aus geschlossenen Garn- oder Faserschlingen, die nicht aufgeschnitten sind. Diese Teppiche sind sehr unempfindlich und strapazierfähig. Beim Schnittflor (Velours) sind, wie der Name schon sagt, die Schlingen aufgeschnitten, was zu einer samtartigen Oberfläche führt. Diese Oberfläche ist nicht so strapazierfähig, und wegen der glatten Oberfläche sieht man den Schmutz relativ schnell. Außerdem gibt es die sogenannte Schnittschlinge oder Cut Loop, eine Kombination aus beiden.

Die Nutzschicht der Teppichböden besteht heute zu etwa 90 % aus synthetischen Fasern wie Polyamid oder Polyacryl. Naturfasern wie Wolle, Kokos oder Sisal führen eher ein Nischendasein. Kunstfaserteppiche können nur wenig Feuchtigkeit aufnehmen und laden sich daher schnell elektrostatisch auf. Dies führt wiederum zu einer stärkeren Schmutzanziehung. Deshalb werden die meisten Teppiche antistatisch ausgerüstet, indem dem Polmaterial feinste Stahl-, Kupfer- oder Karbonfasern beigemischt werden. Zusätzlich werden synthetische Teppiche mit einer Antischmutz-Ausrüstung angeboten.

Bei einer Naturfaser wie Wolle ist dies nicht nötig. Wolle verfügt über eine natürliche Fettschicht, die schmutzabweisend wirkt. Darüber hinaus kann Wolle bis zu einem Drittel ihres Eigengewichtes an Wasser aufnehmen, ohne sich feucht anzufühlen. Das sorgt für ein angenehmes Raumklima. Wolle ist antistatisch, wirkt dämmend und ist elastisch und dehnbar, das heißt Druckstellen in Teppichböden verschwinden schnell. Voraussetzung ist allerdings, daß genügend Polmaterial verwendet wurde. Bei reiner Schurwolle sollten es mindestens 950 g/m² sein. Um Teppiche aus tierischen Fasern vor dem Fraß von Motten- und Käferlarven zu schützen, werden viele dieser Teppiche mit einem Mottenschutzmittel behandelt. Über die gesundheitlichen Auswirkungen von Mottenmitteln wie Permethrin gibt es unterschiedliche Beurteilungen. Fest steht, daß Mottenschutzausrüstung nicht notwendig ist, wenn der Teppichboden regelmäßig und sorgfältig gepflegt wird.

Kokos und Sisal sind pflanzliche Fasern und können wie Wolle Feuchtigkeit aufnehmen. Weil sich die Fasern bei starker Nässe verziehen, sollte der Teppich vollständig verklebt werden. Beide Fasern sind sehr strapazierfähig. Weil sie hart und fettfrei sind, haftet kaum Schmutz an ihnen. Das Absaugen mit einem Bürststaubsauger genügt, da der Schmutz lose zwischen dem Flor liegt.

Nicht kennzeichnungspflichtig ist das Trägermaterial, also der Rücken eines Teppichbodens. Es gibt Textil- und Schaumrücken. Textilrücken sind z. B. Gewebe aus Jute oder Chemiefasern. Sie dämmen schlechter gegen Trittschall als Schaumrücken, dieser Nachteil kann aber durch eine Unterlage aus Wollfilz ausgeglichen werden. Schaumrücken bieten weicheren Tritt, die Wahrscheinlichkeit, daß aus ihnen Schad- und Geruchsstoffe austreten, ist allerdings höher als bei Textilrücken.

Der Flor (Nutzschicht) wird in das Trägermaterial eingenäht und mit Kleber fixiert. Meist handelt es sich dabei um synthetisches Latex, es wird aber teilweise auch PVC als Kleber eingesetzt.

Teppichböden riechen, wenn sie neu sind. Nach etwa sechs Wochen sollte sich der Neugeruch aber verflüchtigt haben. Wer auf Nummer Sicher gehen will, sollte einen Teppichboden auswählen, der mit dem »roten T«, dem Teppichsiegel, gekennzeichnet ist.

FARBE UND MUSTERUNG

Gemusterte Teppiche sind schmutzunempfindlicher, allerdings müssen sie sorgfältig mit den übrigen Einrichtungsgegenständen abgestimmt werden. Melierte Teppiche sind unempfindlich, pflegeaufwendig dagegen sind sehr dunkle und sehr helle einfarbige Teppiche.

KENNZEICHNUNG

Teppichsiegel

Kennzeichnungspflicht besteht lediglich für das Material der Lauffläche, dieses Kriterium reicht allerdings nicht aus für den Kauf. Wertvolle Hilfe bietet das Teppichsiegel, es wird von der Europäischen Teppichgemeinschaft e.V. (ETG) vergeben und garantiert die Prüfung durch eine neutrale Stelle.

Das Teppichsiegel enthält Informationen über den Strapazierwert und den Komfortwert des Bodenbelages. Der Strapazierwert wird in folgende Gruppen eingeteilt:

Teppichsiegel

- *Gering:* für geringe bis mittlere Beanspruchung, z. B. Schlafzimmer, Gästezimmer.
- *Normal, gering:* mittlere bis stärkere Beanspruchung, z. B. Wohn-, Eß-, Kinderzimmer, Diele, Flur, Küche bei normaler Familiengröße.
- *Stark, normal, gering:* für Zimmer mit stärkster Beanspruchung, z. B. bei großen Familien.
- *Extrem, stark, normal, gering:* nur für gewerbliche Nutzung des Raumes notwendig.

Der Komfortwert hat die Stufen einfach, gut, hoch, luxuriös. Er enthält Angaben über die Teppichtiefe, das Teppichgefühl; die Einstufung erfolgt nach einer festgelegten Norm, je höher der Komfortwert, desto wertvoller und teurer ist der Teppichboden.

Das Teppichsiegel enthält zusätzlich Angaben über die Zusatzeignung der Nutzschicht:

- *Stuhlrollengeeignet:* für Zimmer mit Sitzmöbeln mit Rollen und starker Beanspruchung notwen-

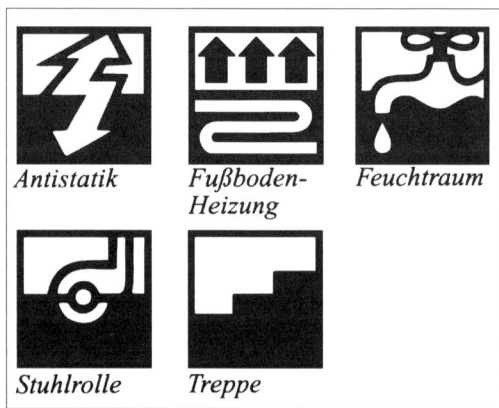

Antistatik   **Fußboden-Heizung**   **Feuchtraum**

Stuhlrolle   **Treppe**

Eignungssymbole für Teppichböden

dig, nur bei vollflächiger Verklebung gewähr-leistet.

- ❏ *Treppengeeignet:* erforderlich bei starker Bean-spruchung.
- ❏ *Naßraumgeeignet:* für Beläge in Bad oder WC.
- ❏ *Antistatisch:* Die spürbare elektrostatische Auf-ladung wird verhindert.
- ❏ *Für Fußbodenheizung geeignet:* Wichtig ist hier-für ganzflächige Verklebung.

Wollsiegel

Eine weitere Kennzeichnungsmöglichkeit bezieht sich auf Wollteppichböden Sie sind mit dem Woll-siegel ausgezeichnet. Beim Kauf eines wollenen Teppichbodens sollte man sich für einen mög-lichst dichten Flor entscheiden, er erhöht die Stra-pazierfähigkeit. Die Symbole und Sterne sind gute Orientierungspunkte.

PFLEGE

Die Naßreinigung von Teppichböden steckt noch in den Kinderschuhen, deshalb sollte darauf geachtet werden, daß die Böden möglichst wenig ange-schmutzt werden. Es empfiehlt sich, eine wir-kungsvolle Schmutzabfangzone zu schaffen mit Grobschmutzabstreifern oder speziellen Matten und Läufern im Eingangsbereich. Sind tatsächlich Flecken auf dem Teppichboden, diese möglichst sofort mit Feinwaschmittellauge entfernen. Be-handelte Stellen erst wieder begehen, wenn sie ganz abgetrocknet sind. Flächige Feuchtreinigung möglichst lange hinausschieben, weil der Tep-pichboden hinterher schneller anschmutzt. Je feuchter die Methode der Reinigung, z. B. Sham-poonieren, desto eher braucht man einen Fach-mann. Denn zu feuchte Reinigung kann den Teppich wellen.

Reinigung mit Pulver oder Trockenschaum läßt sich auch vom Laien gut selbst ausführen. Diese Methoden können zum Beispiel bei Laufstraßen angewendet werden, aber auch ganzflächig. Der Boden muß vorher gründlich abgesaugt werden. Das Pulver, das aus einem Granulat wie Cellulose oder einem Kunststoff besteht und mit einem Rei-nigungsmittel ummantelt ist, wird auf den Boden aufgestreut und mit einer Bürste eingearbeitet. Diese Bürste sollte man sich vorher im Fachhandel besorgen. Das Pulver saugt den Schmutz auf und kann nach einer gewissen Einwirkungszeit wie-der abgesaugt werden. Diese Methode ist aller-dings nur für kurzflorige Teppiche geeignet, da das Pulver bei hochfloriger Ware nicht mehr ganz abgesaugt werden kann. Für langflorige Ware ist Trockenschaum besser geeignet. Bei der Auswahl der Produkte sollte man unbedingt die Ge-brauchsanweisung beachten, denn es gibt zum

Beispiel Trockenschaum, der speziell für Wolltep-piche entwickelt wurde. Empfehlenswert ist die Verwendung von Markenprodukten aus dem Fach-handel.

Etwas aufwendiger ist die Sprühextraktion. Dabei wird aus einem Tank unter Druck eine mit Wasser verdünnte Reinigungslösung auf den Boden ge-sprüht. Im gleichen Arbeitsgang wird das Wasser mit dem Schmutz wieder aufgesaugt und in den Schmutzwassertank geleitet. Um das Reinigungs-mittel vollständig aus dem Teppichboden zu ent-fernen, sollte man anschließend mit dem Sprühex-traktionsgerät nur mit klarem Wasser spülen. So-bald der Boden vollständig getrocknet ist, den Tep-pich nochmals gründlich saugen, um alle Schmutz-rückstände zu entfernen. Sprühextraktionsgeräte kann man ausleihen, und meist wird das dazu-gehörige Reinigungsmittel gleich mitgeliefert. Es sollte unbedingt das Zeichen »Geprüfte Qualität« entweder vom TÜV oder vom TFI (Deutsches Tep-pichforschungsinstitut Aachen) tragen. Billige Rei-nigungsmittel führen zu einer schnelleren Wie-deranschmutzung und bieten deshalb keinen Preis-vorteil.

Schmutzabweisend sind die sogenannten Sauber-fasern, sie besitzen einen leichten Schutzfilm, der die Faseraußenfläche glättet. Der trockene Schmutz liegt nur noch locker zwischen den Fasern, Flüs-sigkeiten können nicht mehr so schnell in den Faserkern eindringen. Die Wirkung der Sauber-fasern sollte aber besonders im Hinblick auf feuchte Verunreinigungen nicht überschätzt wer-den: Bei längerer Einwirkzeit kann Feuchtigkeit auch Sauberfasern angreifen, deshalb z. B. ver-schüttete Flüssigkeiten sofort mit einem sauberen Tuch aufsaugen.

5.3. Polster und Matratzen

Polster

Zwei Arten der Polsterung sind zu unterscheiden:
- ❏ Elastischer Federkern mit verschiedenartigen Polsterungen umhüllt,
- ❏ Schaumstoffe verschiedener Dichte und Elasti-zität.

Federkernpolsterungen sind sehr dauerhaft, bei Schaumstoffen gibt es große Qualitätsunterschiede: Je dichter das Material »geschnitten« ist, so der Fachausdruck, desto dauerhafter ist es, desto we-niger gibt es auf dauernden Druck nach, z. B. durch langes Sitzen. Ein Maß dafür ist das Raum-gewicht. Je höher es ist, desto elastischer und halt-barer ist der Schaumstoff. Erkennbar ist es an der Angabe RG, z. B. RG 40 = 40 kg Schaumstoff pro Kubikmeter Polster.

Billige Polstermöbel werden mit losen Kissen angeboten, diese sind meist mit zerschnittenen Schaumstoffresten gefüllt. Solche Polster sind nicht formbeständig, sie müssen nach Gebrauch aufgeschüttelt werden und sollten als Auflagekissen verwendet werden.
Lose Polsterteile sind leichter zu pflegen als befestigte Polster.

Matratzen

Die Matratze ist die Grundlage für einen gesunden Schlaf. Die meisten Matratzen sind aber keine Anschaffung fürs Leben, sondern auf eine Nutzung von etwa 15 Jahren ausgelegt. Gute Lattenroste halten z. T. länger. Die früher üblichen dreigeteilten Matratzen sind meist nicht körpergerecht. Ausschlaggebend für eine gute Matratze ist die richtige Unterstützung des Körpers.

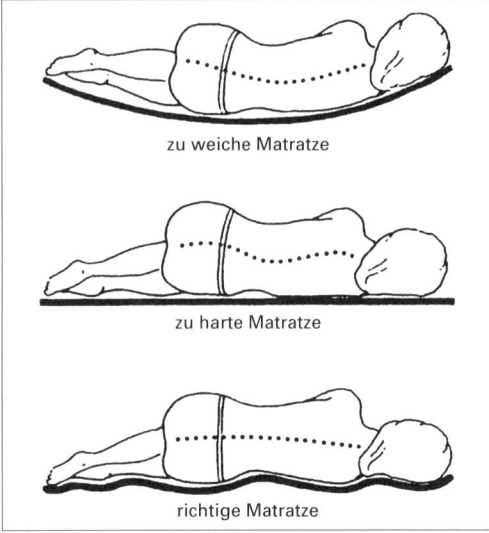

zu weiche Matratze

zu harte Matratze

richtige Matratze

Voraussetzung für gesunden Schlaf

Man unterscheidet zwischen Federkernmatratzen, die mit unterschiedlichen Materialien abgepolstert sein können, Schaumstoffmatratzen (aus Synthesematerialien oder aus Naturlatex) und Vollpolstermatratzen, bei denen das gesamte Matratzeninnere mit einem Polstermaterial gefüllt ist (von Wolle bis zum wertvollen Roßschweifhaar).

FEDERKERNMATRATZE

Federkernmatratzen bestehen aus einzelnen, miteinander verbundenen Federn oder einem endlosen Drahtgeflecht, das von verschiedenen Polstermaterialien umhüllt ist.
Einen besonders hohen Federungskomfort haben Taschenfedern. Hierbei sind einzelne Federn miteinander durch Stoff oder Metallklammern zu-

sätzlich verbunden. Diese Matratzen sind verhältnismäßig teuer, jedoch sehr punktelastisch, d. h. es geben jeweils nur die Federn nach, auf denen man liegt. In der Hüfte ist das Gewicht größer; dort geben die Federn mehr nach als um die Taille. Ebenfalls sehr gut in der Gebrauchstauglichkeit sind Matratzen mit Endlosfederkern. Viele kleine, dünne Federn sind hier miteinander verflochten. Solche Matratzen schmiegen sich dem Körper gut an. Oft sind Hüft- und Schulterbereich verstärkt, um das höhere Gewicht entsprechend abzufedern.
Bandscheibenmatratzen bestehen aus Federn, die aus verstärkten, dickeren Drähten hergestellt sind oder in der Mitte mit stärkeren Federn versehen sind.
Bonell- oder Taillenfederkernmatratzen sind verhältnismäßig billig. Sie bestehen aus einzelnen, stärkeren Federn. Je mehr Federn, desto höher die Qualität – auf Matratzen mit RAL-Gütezeichen achten.

SCHAUMSTOFFMATRATZE

Da es bei Schaumstoffmatratzen große Qualitätsunterschiede gibt, ist es ratsam, auf das RAL-Gütezeichen zu achten; es schützt vor minderwertiger Qualität.
Die Belastbarkeit und Formbeständigkeit hängen ab vom Luftanteil des Schaumstoffes und werden durch das Raumgewicht gekennzeichnet. Das Raumgewicht (RG) ist das Gewicht in Kilogramm pro Kubikmeter Schaumstoff. Je höher das Raumgewicht ist, desto höher sind Haltbarkeit und Elastizität einer Matratze. Über die Härte der Matratze sagt das Raumgewicht nichts aus. Besonders hohes RG wird für Menschen mit Bandscheibenschäden angeraten; spezielle Bandscheibenmatratzen gibt es auch als Schaumstoffmatratzen.

SCHAUMGUMMIMATRATZE

Schaumgummimatratzen bestehen meist aus einer Mischung von natürlichem und synthetischem Gummi. Sie sind teurer und schwerer als Schaumstoffmatratzen und weniger luftdurchlässig. Sie sind sehr elastisch. Da sie die Wärme sehr gut halten, sind sie für stark schwitzende Schläfer nur geeignet, wenn die Matratze eine textile Auflage hat. Wärmebedürftige Schläfer fühlen sich dagegen auf der Schaumgummimatratze wohl.

MATRATZEN AUS NATURMATERIALIEN

Matratzen aus reinem Naturlatex, also nicht nur mit bestimmten Anteilen, geben dank ihrer Elastizität und hohen Formstabilität ideale Körperunterstützung. Sie sind antistatisch, metallfrei und geräuschlos und sorgen für ein ausgezeichnetes Schlafklima.

Roßschweifhaar hat die höchste Sprungkraft und Elastizität aller für eine Polsterung geeigneten Naturmaterialien. Es isoliert hervorragend, ist enorm luftdurchlässig und feuchtigkeitsaufnahmefähig. Es erzeugt das wohl beste Schlafklima und hält nahezu ewig. Matratzen aus diesem Material sind ohne weiteres 80 Jahre nutzbar.

Matratzen in diesen Qualitäten sind kaum im Handel zu finden; sie werden im anspruchsvollen Versandhandel geführt (www.manufactum.de).

Praktische Hinweise:

- *Menschen, die im Schlaf leicht schwitzen, sollten sich für eine Federkernmatratze mit Roßhaarpolsterung entscheiden oder eine reine Roßhaarmatratze wählen (auf das RAL-Gütezeichen achten).*
- *Matratzen aus Naturmaterial (Stroh, Kokos, Kapok, Roßschweifhaar) gelegentlich wenden und lüften.*

WASSERBETTEN

Wasserbetten liegen in einem Rahmen und einem Folienbecken. Es gibt sie in unterschiedlichen Ausführungen. »Freeflow-Betten« haben keine wellenberuhigten Kammern. Seekrank wird man davon nicht, allerdings sollten Menschen mit Rückenproblemen vorher den Orthopäden fragen. Es gibt auch mittel- oder starkberuhigte Modelle mit entsprechenden Kammern.

Die Bezeichnungen »hard side« und »soft side« beziehen sich auf den Bettrahmen. »Hard side«-Betten haben einen Holzrahmen. Die harte Kante kann Probleme beim Aufstehen bereiten. Bei »soft side«-Betten ist seitliches Sitzen und Aufstehen angenehmer. Bei Wasserbetten empfiehlt sich in jedem Fall vorheriges Probeliegen im eigenen Schlafzimmer.

Das Wasser wird durch eine Heizung auf angenehme Temperaturen erwärmt. Es muß halbjährlich ein antibakteriell wirksames Mittel zugesetzt werden. Alle paar Jahr muß das Wasser gewechselt werden. Das relativ hohe Gewicht der Wasserbetten ist kein Problem, es ist vergleichbar mit schweren Haushaltgeräten, z. B. Waschmaschine.

MATRATZENUNTERFEDERUNG

Eine Matratze braucht eine gute Unterfederung, auf die sie gelegt wird. Eingelegte Bretter sind nicht zu empfehlen, sie geben auf Druck nicht nach, die Matratze kann sich nicht an den Körper anpassen. Manchmal sind alte Spiralfederrahmen vorhanden,

sie sind überholt. Metallfederung ist allenfalls für ein Gästebett akzeptabel, weil es nicht über einen längeren Zeitraum genutzt wird. Falls eine Metallfederung gewählt wird, sollte keine Schaumstoffmatratze aufgelegt werden, sie biegt sich durch.

Zu kaufen gibt es fast nur noch Holzlattenroste. Die einzelnen Latten sollten nicht mehr als 5 cm auseinander liegen. Holzlattenroste gibt es in unterschiedlichen Ausführungen. Die einfachen Modelle sind nicht verstellbar (Kopf- und Fußteil fest), sie eignen sich gut für Federkernmatratzen. Federkernmatratzen mit Endlosfedern sind elastischer, sie sind auch für verstellbare Lattenroste geeignet. Ein verstärktes Mittelteil ist angebracht bei Bandscheibengeschädigten und Schwergewichtigen. Besonders hochwertig sind Lattenroste, bei denen jede Latte auf einem Kunststoffgelenk liegt. Dieser Lattenrost paßt sich dem Körperdruck an und entlastet dadurch die Wirbelsäule, ist also für Personen mit Bandscheibenschäden gut geeignet. Wichtig ist, daß einzelne Latten bzw. Trägerelemente auswechselbar sind, wenn etwas zu Bruch geht oder nicht mehr nach oben gewölbt, also »durchgelegen« ist.

Elektrisch verstellbare Lattenroste werden zu unterschiedlichsten Preisen angeboten. Empfehlenswert ist auf jeden Fall, die Technik im Geschäft auszuprobieren. Meist ist eine Kombination mit einer punktelastischen Schaumstoff- oder Latexmatratze besser als mit einer Federkernmatratze. Oft werden elektrisch verstellbare Lattenroste zusammen mit einer Matratze als »Schlafsystem« angeboten; diese sind nicht unbedingt besser als einzeln zusammengestellte Teile.

DRELL UND FEINPOLSTERUNG

Als Drell wird die sichtbare Matratzenumhüllung bezeichnet. Sie sollte abnehmbar sein, weil sie dann gereinigt werden kann. Pflegekennzeichnung beachten, ob gewaschen werden kann oder chemisch gereinigt werden muß!

Bei Federkernmatratzen ist die Polsterung der Teil der Matratze zwischen Federkern und Drell. Sie besteht meist aus mehreren Schichten. Sind Kokos, Sisal oder Roßhaar verarbeitet, ist die Matratze verhältnismäßig schwer. Roßhaar nimmt die Feuchtigkeit gut auf und leitet sie gut weiter, ist also ideal für stark schwitzende Schläfer. Allerdings nur, wenn die Roßhaarschicht nicht von mehreren Schichten überdeckt ist, sondern sich nahe am Schläfer befindet.

Gut wärmend sind Schurwoll- und Kamelhaarauflagen, die jedoch teuer sind. Baumwolle und Naturseide wärmen weniger, vielfach werden sie nur auf einer Matratzenseite verwendet. Diese Matratzen sind zu wenden, sie haben dann eine wärmere

Winterseite und eine kühlere Sommerseite. Wer Wert legt auf eine warme Winterseite, sollte sich lieber eine separate Auflage kaufen.

Am häufigsten wird (meist synthetischer) Latex oder Schaumstoff zur Polsterung verwendet.

MATRATZENAUFLAGEN

Matratzenauflagen gibt es aus verschiedenen Materialien: Warm und saugfähig sind Schafwollauflagen. Sie bessern auch den Liegekomfort billiger Matratzen sehr gut auf. Sie sind angenehm für sehr wärmebedürftige Schläfer, gleichzeitig aber auch für Menschen, die im Schlaf sehr schwitzen. Wolle nimmt den Schweiß gut auf. Baumwollauflagen nehmen Schweiß etwas schlechter auf, sind jedoch gut waschbar. Auflagen erschweren zwar das Bettenmachen, können allerdings problemlos gewaschen bzw. gereinigt und gelüftet werden im Gegensatz zu verschwitzten Matratzen.

Praktische Hinweise:

- *Matratzenschoner liegen zwischen Matratze und Unterfedererung. Sie schützen die Matratze gegenüber der Unterfederung, verhindern das Verrutschen der Matratze und isolieren gegen die kalte Luft von unten. Sie sollten luftdurchlässig sein.*
- *Damit die Matratze gleichmäßig beansprucht wird, alle drei Monate drehen; falls sie keine »Sommer-« und »Winterseite« hat, auch wenden.*

Praktische Hinweise für den Einkauf:

- *Matratzen mit Bandstahlrahmen können nicht auf einen verstellbaren Lattenrost gelegt werden. Normale (nicht verstellbare) Lattenroste eignen sich für alle Matratzen. Flexibel gelagerte Federleisten sind in erster Linie in Kombination mit Schaumstoff- oder Latexmatratzen zu empfehlen, weil diese die Bewegung besser übertragen.*
- *Für Allergiker sind reine Schaumstoffmatratzen zu empfehlen*
- *Futons kommen ursprünglich aus Japan. Es sind Bettrollen, d. h. rollbare Schlafunterlagen, die zum Schlafen auf Reissstrohmatten gelegt werden. Geschätzt wird, daß sie überwiegend aus Naturfasern (Baumwolle) bestehen. Futonunterlagen sind für stark schwitzende Schläfer weniger geeignet. Je dicker der Futon ist, desto komfortabler liegt man darauf und desto mehr wird die Wirbelsäule gestützt.*
- *Bedingt durch die »Öko-Welle« werden heutzutage auch wieder mit pflanzlichem Material gefüllte Matratzen angeboten. Die Strohkernmatratze für »Hartschläfer« das richtige, sie*

staubt allerdings, verbröselt und neigt zur »Kuhlenbildung«. Außerdem gibt es Matratzen mit Kokosfaserfüllung. Sie werden empfohlen bei Tierhaarallergie. Das ist auch bei Matratzen mit Kapokfüllung der Fall. Kapokmatratzen sind aus pflanzlichem Material, das sehr warm hält und kuscheliger ist als Kokosfaser.

- *Die Bezeichnungen »hart« und »weich« sind nicht standardisiert, d. h. sie schwanken je nach Hersteller. Andererseits empfindet jeder Mensch die Härte einer Matratze anders. Ein Anhaltspunkt sind die von manchen Herstellern angegebenen »Gewichtsklassen«.*
- *Probieren Sie verstellbare Lattenroste im Geschäft aus, damit sie auch zu Hause klarkommen.*
- *Verhältnismäßig teuer sind sogenannte Schlaf- oder Bettsysteme. Hier werden Matratze und Unterfederung im Paket verkauft mit dem Argument, daß beides aufeinander abgestimmt ist. Das kann man und sollte man auch mit einzelnen Teilen erreichen – bei niedrigerem Preis. Allerdings braucht man gute Beratung, um die richtige Unterfederung zur Matratze zu finden.*
- *Matratzen sind teuer und sollten daher mit Sorgfalt, in aller Ruhe und mit guter Beratung ausgewählt werden. Probeliegen ist sinnvoll. Bleiben Sie aber mindestens 10 Minuten liegen, am besten nicht nach einem anstrengenden Einkaufsbummel, denn da tut jede Matratze gut. Manche Firmen bieten Probelieferung an. Die Fracht muß meist nicht bezahlt werden. Nach einer Woche kann man recht gut beurteilen, ob die Matratze paßt.*

5.4. Bettwaren

Nur in qualitativ hochwertigen Bettwaren kann man tief und erholsam schlafen. Bettwaren müssen während der Nacht die Feuchtigkeit aufnehmen, die der Schläfer abgibt, das sind pro Nacht immerhin durchschnittlich 0,2 bis 0,5 l. Andererseits muß die Zudecke den Schläfer wärmen, darf aber nicht zu wärmedicht sein, damit der Schlafende nicht zu schwitzen beginnt.

Federbetten

Das Federbett ist die am häufigsten verbreitete Art der Bettenausstattung. Allerdings gibt es auch bei Federn Qualitätsunterschiede.

ARTEN VON FEDERN

- *Die Gänsefeder ist stumpf und rund, sie ist stark gebogen und in der Form gedrungen. Am unteren Teil hat sie oft einen reichen Flaum.*

Entenfeder, Gänsefeder, Daune (von oben nach unten)

- *Die Entenfeder* ist ebenfalls stark gebogen, sie läuft spitz oder strahlenförmig zu, sie ist kleiner als die Gänsefeder und hat weniger Flaum.
- *Daunen* sehen aus wie zarte Schneeflocken; sie haben einen Kern, von dem aus feine Verästelungen ausgehen, die sehr viel Luft und damit auch Wärme speichern können.

Gebrauchswert

Die Entenfeder steht der Gänsefeder kaum nach. Eine gewichtsmäßig gleiche Bettfüllung enthält bei den Entenfedern mehr Federn, weil diese kleiner sind. Gänse- und Entenfedern können auch gemischt werden.

Daunen haben eine sehr hohe Bauschkraft, daher ist ein geringeres Füllgewicht pro Bett notwendig als bei Federn. Daunengefüllte Zudecken sind deshalb sehr leicht. Allerdings sind Daunen viel teurer als Federn.

Kopfkissen werden gewichtsmäßig stark belastet. Deshalb ist es ratsam, dafür kräftige Federn zu verwenden, die sich nach der Belastung schnell wieder aufrichten.

QUALITÄTEN

Die Farbe der Federn sagt nichts aus über die Qualität, braune oder graue Federn sind also genauso gut wie weiße. Die Größe der Federn sagt mehr über die Qualität aus: Bei größeren Federn ist der Flaum verhältnismäßig kleiner als bei kleinen Federn.

Besonders hochwertig, aber beinahe unbezahlbar teuer sind Eiderdaunen. Sie sind sehr lufthaltig, besonders leicht und wärmend. »Originalfedern« müssen von Gänsen und Enten stammen, sie dürfen vorher noch nicht gebraucht worden sein.

Federngefüllte Bettwaren wurden früher in verschiedene Qualitäten eingeteilt, z. B. Halbdaune, Dreivierteldaune. Diese Kennzeichnung ist überholt, meist wird exakt angegeben, wieviel Prozent der Füllung Daunen und Federn sind. Weil für den Verbraucher die Angaben auf dem Etikett

Traumpaß

nicht überprüfbar sind und viel qualitativ schlechte Billigware sowie mit tierquälerischen Methoden gewonnene Ware auf dem Markt ist, gibt es den »Traumpaß«. Das Label dürfen nur Hersteller benutzen, die bestimmte Qualitätsanforderungen erfüllen: es müssen neue Federn und Daunen verwendet werden, die von Wassergeflügel stammen.

Daunen- und Federbetten sind auch für Hausstauballergiker geeignet, wenn die Bettwaren täglich aufgeschüttelt und regelmäßig gewaschen werden. Wer sich am »Nomite-Zeichen« orientiert, bekommt Produkte, die speziell auf Allergiker ausgerichtet sind.

FÜLLGEWICHTE UND FÜLLUNGSART

Die Füllgewichte der Betten sind in den letzten Jahren geringer geworden. Zu prall gefüllte Betten liegen beim Schlafen nicht am Körper an und wärmen daher wenig.

Federbetten unterscheiden sich nicht nur durch die Menge der Federn, sondern auch durch die Art der Federnverteilung in der Zudecke. Sie werden entweder lose in das Inlett gefüllt oder durch verschiedene Nähte verteilt:

Ballonbett
Beim Ballonbett werden die Federn wie in einen Sack in das Inlett gefüllt. Die Federn bzw. Daunen verrutschen darin, allerdings lassen sie sich genauso mühelos dorthin befördern, wo man sie im Schlaf haben möchte. Auch aufschütteln lassen sich die Ballonbetten bestens, und wenn eine Reinigung fällig ist, muß das Inlett nicht erneuert werden.

Daunen-Einziehdecke
Bei dieser Zudecke werden Karos abgesteppt, in denen die Füllung enthalten ist. Die Decke kann im ganzen gereinigt werden, abgebrochene Federn und Schmutzteilchen werden dabei nicht entfernt. Falls eine Federnreinigung erwünscht ist, werden die einzelnen Kassetten angeritzt, das Inlett ist dann nicht mehr verwendbar. Günstiger sind Decken, bei denen die einzelnen Karos in zwei oder drei Kammern eingeteilt sind. Die einzelnen Karos einer Kammer sind nicht ganz abgesteppt, so daß bei einer Reinigung der Federn nur die zwei bzw. drei Kammern geöffnet werden müssen.

Kassettendecke
Einzelne Kassetten sind durch eingepaßte Stege abgetrennt. Jede Kassette wird einzeln gefüllt.

Karo step
Die Bezeichnung für dieses Flachbett ist ein Markenname. Schmale Bänder, die abwechselnd in Längs- und Querrichtung eingenäht werden, sorgen dafür, daß die Füllung nicht verrutscht.

Praktischer Hinweis:
- *Das Kopfkissen sollte nicht zu weich sein, damit es die Schulterhöhe beim Liegen ausgleicht und den Kopf entsprechend abstützen kann. Auf ein Kopfkissen sollten auch Personen nicht verzichten, die gerne flach schlafen.*

INLETT

Entscheidend für die Qualität eines Federbetts sind nicht nur die verwendeten Federn oder Daunen, sondern auch die Hülle, nämlich das Inlett. Das Inlett muß daunen- und federndicht, aber luftdurchlässig sein. Für dieses Gewebe wird beste Baumwolle verwendet; sie ist in der Lage, nachts die Feuchtigkeit des Schlafenden aufzunehmen und tagsüber wieder abzugeben. Dieser natürli-

che Luftaustausch sorgt für ein angenehmes, trockenes Schlafklima ohne Wärmestau.

Praktischer Hinweis:
- *Daunendichte Gewebe aus Deutschland genießen international großes Ansehen aufgrund ihrer hohen Qualität. Es lohnt sich also, beim Kauf von Federbetten auch auf die Kennzeichnung des Inletts zu achten.*

DIE GRÖSSE DER ZUDECKE

Die Größe der Zudecke hängt von der Körpergröße ab. Bei ausgestreckt liegendem Körper sollen Hals und Füße zugedeckt sein. Das Federbett soll dabei am Fußende satt aufliegen, so daß das »Wärmenest« abgeschlossen ist. Das Federbett muß auch breit genug sein, damit keine kalte Luft eindringt, wenn sich der Schlafende umdreht.
Zu kaufen gibt es folgende Normgrößen:
- Standardgröße 135 (155) × 200 cm (bis 175 cm Körpergröße)
- Komfortgröße 155 (135) × 220 cm.

DIE PFLEGE VON FEDERBETTEN

Wer Federbetten gewissenhaft pflegt, hat lange Freude daran. Sie erfordern zwar wenig Aufwand, aber folgende Punkte sollten beachtet werden:
- Täglich aufschütteln, das lockert die Füllung und schafft neue Lufträume.
- Nur bei trockener Witterung lüften. Dann wird die aufgenommene Feuchtigkeit abgegeben.
- Nicht in der prallen Sonne lüften und nicht in die Nähe von Heizgeräten legen. Hitze entzieht den Federn die zelleigene Feuchtigkeit und macht sie spröde und unelastisch. Auch das Inlett wird in der Sonne über Gebühr strapaziert.
- Nicht klopfen oder absaugen.
- Das Reinigen der Federbetten sollte man dem Fachmann überlassen. Alle 2 – 5 Jahre sollten Kopfkissen, alle 5 – 8 Jahre die Zudecken gereinigt werden.
- Federbett nicht in einer Plastikhülle aufbewahren. Besser ist ein alter Bettbezug, damit Luft durchstreichen kann.

REINIGEN VON FEDERBETTEN

Das Reinigen von Federbetten bieten Spezialfirmen an. Bei der Reinigung öffnen sich Federn oder Daunen wieder und erhalten ihre ursprüngliche Füllkraft und Elastizität zurück. Man kann zwischen drei verschiedenen Verfahren auswählen:

Federreinigung

Hier wird die Füllung aus dem Inlett genommen, Staubteile und Federbruchstücke aussortiert. Daran schließt sich eine Dampfbehandlung an. Es können noch Mottenschutzmittel und Duftstoffe zugesetzt werden. Danach werden die Federn getrocknet und im Windstrom nochmals aussortiert. Ein Bett, das mit dieser Methode gereinigt wurde, ist wieder leicht und wärmt sehr gut.

Federwäsche

Die Federn werden ebenfalls aus dem Inlett genommen, Staub und Federbruchstücke entfernt. Daran schließt sich eine schonende Federwäsche an. Das Verfahren ist aufwendiger als die Federreinigung, es entfernt aber den Schmutz sehr gründlich und löst auch Federklumpen, die durch Schweiß verklebt sind.
Der Federverlust ist bei dieser Wäsche geringer, so daß weniger neue Federn zugekauft werden müssen. Insgesamt ist das Ergebnis nicht ganz so gut wie bei der Federreinigung.

Waschen ganzer Federbetten

Bei dieser Methode bleiben die Federn im Inlett. Da bei diesem Verfahren Staub- und Bruchteile nicht aussortiert werden, kann es nur als Notlösung angesehen werden. Außerdem leidet bei diesem Verfahren das Inlett.

Fasergefüllte Betten

Außer federn- und daunengefüllten Betten gibt es eine große Auswahl an verschiedenen Woll-, Seiden- oder Kunstfaserfüllungen. Wolle kann viel Feuchtigkeit aufnehmen und ist daher für Menschen, die im Schlaf stark schwitzen, gut geeignet. Für wärmebedürftige Schläfer ist sie nicht so gut geeignet, weil sie weniger gut isoliert als Daunen. Damit eine Wollzudecke im Winter gut wärmt, muß sie verhältnismäßig dick sein und ist dann auch schwer. Als Kopfkissen ist Wolle gut geeignet, weil die Wollfaserbällchen eine gute Stützkraft haben. Eine empfehlenswerte Füllung für Sommerbetten ist Wildseide, weil sie kühlende Wirkung hat. Kombiniert mit Bettwäsche aus qualitativ hochwertigem reinen Leinen schafft sie ein Bettklima, in dem man auch bei hohen Sommertemperaturen noch gut schlafen kann.
Bettfüllungen aus Chemiefasern sind immer dann praktisch, wenn sie waschbar sein sollen, z. B. für Allergiker, Kinder, bettlägerige, inkontinente Menschen. Bei Wärmeisolation und niedrigem Gewicht können moderne Hohlfasern mit Daunen mithalten, deutlich schlechter schneiden sie aber bei der Feuchtigkeitsaufnahme ab und sind deshalb nicht so günstig für stark Schwitzende.

Felle

Schafwollfelle gehören nicht zu den klassischen Bettausstattungen, schaffen aber durch ihr Feuchtigkeitsaufnahmevermögen ein angenehmes Bettklima, das sich vor allem in der Kranken- und Altenpflege (Dekubitus-Prophylaxe) bewährt hat. In Frage kommen jedoch nur Felle mit medizinischer Gerbung, Harzgerbung oder Relugan-Gerbung – optisch erkennbar an der gelblichen Farbe. Alaungegerbte Felle sind nicht waschbar und daher nicht geeignet.

Fasergefüllte Bettwaren

Füllung	Wärmevermögen	Beschaffenheit	Eigenschaften	Reinigung
Wolle Kamelhaar Kaschmir Angora	für Winter und Sommer geeignet	Schwerer als Daunen, weniger locker; Ausnahme ist Kaschmir	Sehr gut geeignet für Menschen, die nachts stark schwitzen; Schurwolle und Angora besonders für Rheumatiker geeignet	Chemisch; häufiges Reinigen mindert jedoch die Qualität, deshalb diese Zudecken möglichst oft lüften
Wildseide	Temperaturausgleichend, gut geeignet als Sommerbett	Leicht, geschmeidig, anschmiegsam	Angenehm luftig, nicht gut entbastete Qualität kann Allergien hervorrufen	Häufig lüften; chemisch reinigen
Polyester	Für Sommer und Winter geeignet	Sehr unterschiedliche Qualitäten; beste Qualitäten sind aus Spezialfasern mit Hohlräumen; diese sind genauso weich, leicht und anschmiegsam wie Daunen	Lassen sich gut aufschütteln, sehr preiswert, wenig Staubentwicklung, daher gut geeignet für Asthmatiker und Allergiker	Waschbar, daher praktisch für Kinderbetten, nach Möglichkeit chemisch reinigen lassen. Große Betten passen meist nicht in die normale Waschmaschine und müssen in gewerbliche Wäschereien gebracht werden, was auch nicht ganz billig ist.

Das Baby bzw. der Kranke liegt direkt auf dem Fell, nur ohne Überzug kann es seine positive Wirkung voll entfalten. Aus diesem Grund müssen Felle, die als Bettwaren benutzt werden, auch gut zu pflegen sein. Sie sollten täglich gelüftet und ausgeschüttelt werden. Flecken und kleinere Verschmutzungen werden mit Feinwaschmittellauge entfernt, für die gründlichere Reinigung kommen medizinisch und pflanzlich gegerbte Felle in die Waschmaschine (Wollwaschgang, 30 °C, normal schleudern) oder werden mit wenig Schmierseife, Wollwaschmittel oder Shampoo von Hand gewaschen. Fell gut mit klarem Wasser spülen und liegend trocknen, gelegentlich kräftig kneten, damit das Leder geschmeidig bleibt.

5.5. Decken

Decken gibt es in sehr unterschiedlichen Ausführungen zu kaufen. Sie unterscheiden sich im verwendeten Material. Viele der angebotenen Decken sind aus Polyacrylfasern hergestellt. Diese Decken sind sehr leicht, pflegeleicht und wärmen gut.

Reine Polyesterdecken werden für die Babyausstattung angeboten, diese sind kochecht. Mischungen aus Acrylfasern und Polyester sind angenehm im Gebrauch, sie liegen allerdings im gehobenen Preisbereich. Gewarnt sei vor Billigstartikeln; sie sind auf der Haut unangenehm und laden sich schnell elektrostatisch auf.

Decken gibt es auch aus Naturfasern. Wolldecken aus Schafschurwolle sind schwerer als solche aus Kunstfasern. Sie sollten häufig gelüftet werden; gereinigt werden sollten sie vom Fachmann, damit das Volumen erhalten bleibt.

Decken aus Lama und Alpaka sind sehr hochwertig und daher auch verhältnismäßig teuer, sie müssen chemisch gereinigt werden. Kamelhaardecken gibt es in unterschiedlichen Ausführungen, je nach der Art der verwendeten Haare sind die Decken stachelig und hart oder weich und geschmeidig. Je nach Qualität gibt es hier große Qualitätsunterschiede.

6. TEXTILPFLEGE

Sorgfältige Pflege von Textilien lohnt sich. Übertreiben sollte man die Pflege aber auch nicht, denn gerade beim Waschen wird viel von der Faser abgerieben, der Stoff wird mit der Zeit lappig und verliert den Glanz bzw. seine Ausrüstung. Manchmal reicht es, getragene Kleidung ausgiebig zu lüften oder auszubürsten. Das schont nicht nur die Wäsche, sondern spart auch Arbeit und Kraft. Mit

dem Verzicht auf Waschmittel leistet man zudem einen wichtigen Beitrag zum Umweltschutz.

ALLGEMEINE PFLEGEHINWEISE

- ❏ Wäsche nicht zu stark verschmutzen lassen, Flecken oder hartnäckigen Schmutz möglichst sofort auswaschen.
- ❏ Stark verschmutzte Teile, z. B. Kragen von Arbeitshemden, vorbehandeln, z. B. mit Neutralseife oder flüssigem Waschmittel.
- ❏ Schmutzige Wäsche luftig lagern, z. B. in einem Korb oder Texilbeutel.
- ❏ Nasse Schmutzwäsche, die nicht sofort gewaschen wird, trocknen, sonst kann sie im Wäschekorb Dämmflecken bekommen, die nicht mehr beseitigt werden können.
- ❏ Farbige neue Textilien bei der ersten Wäsche getrennt waschen, sie könnten ausbluten und andere Textilien verfärben.
- ❏ Farbige neue Textilien im nassen Zustand nicht lange liegenlassen, die Farbe könnte sich ungleichmäßig verteilen oder andere Kleidungsstücke anfärben.

6.1. Waschen

Waschen verschiedener Textilien

Die einzelnen Textilarten verlangen unterschiedliche Behandlung beim Waschen. Auf jeden Fall ist das Pflegekennzeichen zu beachten. Mildere Reinigungsverfahren dürfen in jedem Fall angewendet werden, aber keine intensiveren, sonst kann das Kleidungsstück Schaden nehmen, z. B. schrumpfen. Die Bedeutung der einzelnen Pflegekennzeichen siehe S. 326.

FEINWÄSCHE

Wolle

Reine Wolle ist hinsichtlich der Reinigung etwas heikel und aufwendig. Allerdings sitzt bei Wolle der Schmutz an der Oberfläche. Die Faser hält den Schmutz nicht fest, so daß gelegentliches kräftiges Ausschütteln oder Ausbürsten häufiges Waschen überflüssig macht.

Wollene Kleidung will sich gelegentlich an feuchter Luft erholen. Die Fasern nehmen dabei Feuchtigkeit auf und stellen sich wieder auf, gleichzeitig verschwinden Gerüche, z. B. von Tabak, außerdem glätten sich Falten. Nach so einer Erholung sehen z. B. ein Wollmantel oder eine Strickjacke wieder frisch aus, ohne gewaschen worden zu sein. Gewaschen werden dürfen wollene Textilien nur, wenn sie einen entsprechenden Pflegehinweis

Pflegeempfehlungen für die wichtigsten Stoffarten

Stoffart	Pflegeempfehlungen
Baumwolle	Ist in der Pflegeanleitung auf dem Etikett nichts Gegenteiliges vermerkt, kochbar in der Waschmaschine bei 95 °C. Bei weißer Baumwollwäsche Vollwaschmittel mit optischem Aufheller verwenden. Bei hartnäckigen Flecken empfiehlt sich auch Kochen im Waschkessel bei 100 °C. Für bunte Baumwollteile Mehrtemperatur- bzw. Feinwaschmittel wählen. Nur in Ausnahmefällen bei 95 °C waschen, normalerweise reicht eine Temperatur von 60 °C. Bügelwäsche nicht zu trocken werden lassen. Am besten angefeuchtet mit Dampfbügeleisen, Einstellung »Baumwolle«, oder Bügelmaschine bügeln.
Leinen	Weißes Leinen ist kochfest in der Waschmaschine. Vollwaschmittel verwenden. Möglichst feucht mit Dampfbügeleisen, Einstellung »Leinen«, bügeln. Dunkle Stücke von links bügeln, sie bekommen leicht Glanzstellen, beim Waschen auf Pflegeanleitung achten. Leinen hat hohe Saugkraft, daher immer mit hohem Laugenstand waschen, sonst wird es schnell »schütter«.
Halbleinen	Kochfest in der Waschmaschine bei 95 °C. Vollwaschmittel mit optischem Aufheller bei weißen und hellen Teilen verwenden, Buntwaschmittel bei farbigen Teilen wählen. Bügeln in feuchtem Zustand mit Dampfbügeleisen, Einstellung »Leinen«, oder Bügelmaschine.
Wolle	Wollstrickwaren von Hand in höchstens lauwarmem Wasser mit Woll- bzw. Feinwaschmittel waschen, nicht wringen. In Badetuch ausdrücken. Vorsichtig in Form ziehen und auf frischem Handtuch, nicht in Heizungsnähe, trocknen lassen. Waschmaschinenfest und filzfrei ausgerüstete Wolle kann in der Waschmaschine bei 30 °C (Schonwaschgang) mit Feinwaschmittel gewaschen werden. Nur kurzschleudern. Auf der Leine oder liegend trocknen lassen. Niemals in den Trockner stecken! Immer spezielles Wollwaschmittel verwenden.
Seide	Seide chemisch reinigen lassen oder mit der Hand in mehr kaltem als lauwarmem Wasser vorsichtig durchwaschen. Wenig Feinwaschmittel nehmen. Nicht wringen. Von links bügeln, dabei Reglerbügeleisen auf »Seide« stellen. Seidenstücke nicht einsprengen, gibt Wasserflecken.
Viskose	Hinweis auf dem Etikett beachten. Viskose kann mit Feinwaschmittel bei 40–60 °C in der Waschmaschine gewaschen werden. Nur kurzschleudern, besser tropfnaß aufhängen. Feucht von links bügeln, Einstellung des Bügeleisens auf »Seide«.
Polyacryl (z. B. Dralon, Orlon)	Waschbar bei 30–40 °C in der Waschmaschine. Schongang mit Feinwaschmittel, hoher Laugenstand. Kurzschleudern. Strickwaren auf einem Kleiderbügel trocknen lassen. Bügeln höchstens bei Einstellung »Wolle«, nicht dämpfen oder mit den Dampfdüsen des Bügeleisens in Berührung kommen lassen; Material verformt sich sonst. Falten unter einem Tuch bügeln.
Dunova	Lauwarme Handwäsche, Maschinenwäsche bei 30 °C. Schongang mit wenig Feinwaschmittel, hoher Laugenstand. Kurzschleudern. Kein Weichspüler (!), da die Faser dann weniger Feuchtigkeit aufnimmt. Nicht im Trockner trocknen.
Polyester (z. B. Diolen, Trevira)	Waschbar bei 30–40 °C in der Waschmaschine. Schongang mit Feinwaschmittel, bei stark verschmutzten Gardinen empfiehlt sich Vorwäsche. Kurzschleudern. Kleidung auf einem Kleiderbügel trocknen lassen, Gardinen feucht wieder aufhängen. Oberbekleidung bügeln bei Einstellung »Synthetik«, wenig Dampf möglich.
Polyamid (z. B. Nylon, Perlon, Antron)	Maschinenwäsche bei 30–40 °C. Schongang mit Feinwaschmittel, hoher Laugenstand. Kurzschleudern. Bügeln bei Einstellung »Synthetik«
Polychlorid (z. B. Rhovyl, Thermovyl)	Material schrumpft ab 60 °C, deshalb lauwarme Handwäsche oder Maschinenwäsche bei 30–40 °C. Schongang mit Feinwaschmittel, hoher Laugenstand. Kurzschleudern. Material ist nur bedingt reinigungs- und lösungsmittelbeständig.
Polyester/Viskose Polyester/Baumwolle	Maschinenwäsche bei höchstens 60 °C, Feinwaschmittel, hoher Laugenstand. Geringe Maschinenfüllung (etwa 2,5 kg Trockenwäsche für eine 4,5-kg-Waschmaschine). Kurzschleudern bei Leinentrocknung, Ausschleudern bei Trocknen im Wäschetrockner. Nicht übertrocknen, sonst Bildung von Knitterfalten. Bügeln bei Einstellung bis »Baumwolle«.
Polyacryl/Wolle	Pflegeanleitung auf Etikett beachten! In der Regel läßt sich Kleidung mit diesen Mischungen auch in der Waschmaschine bei 30–40 °C waschen. Schonwäsche mit Feinwaschmittel, kurzschleudern. Bügeln bei Einstellung »Wolle«. Vorsicht mit Dampfbügeleisen bei Mischungen mit Polyacryl.
Elasthan (z. B. Lycra)	Lauwarme Handwäsche mit Fein- oder Spezialwaschmittel für Stützstrümpfe. Bei Oberbekleidung eingenähtes Etikett beachten.
Polyesther/Polyurethan (z. B. Alcantara und andere Veloursleder-imitate)	Pflegeanleitung auf dem Etikett beachten. Meist waschbar. Lauwarme Handwäsche oder Waschmaschine bei 30 °C mit Feinwaschmittel, hoher Laugenstand. Kurzschleudern oder anschleudern. Kleidungsstücke auf einem Kleiderbügel trocknen lassen. Nur unter einem Bügeltuch bügeln. Stoff darf nicht direkt mit der Bügeleisensohle in Berührung kommen.

haben. Auch wenn die Waschmaschine lockt, die wenigsten Wollgewebe lassen sich diese Behandlung gefallen, es sei denn, es ist ausdrücklich der Zusatz »waschmaschinenfest« im Pflegeetikett vermerkt. Beim Kauf einer Waschmaschine darauf achten, daß sie ein Vollwaschprogramm hat; damit spart man sich die Handwäsche.

❑ *Waschmittel:* Wollwaschmittel, Feinwaschmittel, sehr gut geeignet ist Haarshampoo.

Seide

Kleidung aus Seide enthält meist den Hinweis auf chemische Reinigung. Es gibt jedoch immer häufiger seidene Oberbekleidung bzw. Unterwäsche, die mit der Hand gewaschen werden kann. Da Seide ein sehr empfindliches Gewebe ist, muß sehr vorsichtig damit umgegangen werden. Wichtig ist, Waschmittelrückstände sehr sorgfältig auszuspülen (mehrmals in klarem Wasser), sonst wird die Seide brüchig.

Zum Trocknen das Wäschestück in ein Handtuch einrollen und ausdrücken. Nur leicht antrocknen lassen oder naß von links trockenbügeln.

❑ *Waschmittel:* Feinwaschmittel ohne Enzyme (Wollwaschmittel).

Funktionskleidung

Funktionskleidung gibt es unter verschiedenen Handelsbezeichnungen, z. B. Goretex, Sympatex, Texapore, Powertex, Softshell. Funktionskleidung hält von außen und innen trocken: von außen durch eine wasser- und windabweisende Beschichtung, z. B. Teflon, von innen durch eingearbeitete Hohlräume, die den Schweiß nach außen leiten, bzw. durch die Verwendung von Mikrofasern. Die meisten dieser Textilien lassen sich in der Waschmaschine waschen, Pflegeetikett beachten! In jedem Fall die Maschine nur zur Hälfte füllen bzw. mit erhöhtem Wasserstand waschen, damit die Fasern nicht zu sehr aneinanderreiben. Auf keinen Fall Weichspüler zugeben, weil dadurch die wasserabweisende Wirkung verlorengeht und die Membran verkleben kann. Waschmittel sparsam dosieren, nicht oder nur kurz anschleudern und hängend an der Luft trocknen; manche Materialien vertragen auch den Wäschetrockner.

Nach einigen Wäschen, spätestens aber, wenn Wasser an der Oberfläche nicht mehr in Perlen abtropft, sollte das Kleidungsstück neu imprägniert werden. Dafür gibt es Sprays, Imprägnierschäume oder flüssige Produkte, die durch Einwaschen gleichmäßig aufgetragen werden. Sprays ausschließlich im Freien anwenden und nicht einatmen, weil die enthaltenen Stoffe Bronchien und Lunge schädigen können. Praktischer in der Anwendung sind daher flüssige Mittel; sie werden nach dem Trocknen des Kleidungsstücks durch Bügeln (Pflegeetikett beachten!) fixiert.

Kleine Beschädigungen der Oberfläche können mit einem speziellen Kleber »geflickt« werden, größere Schäden sollte man vom Fachmann reparieren lassen bzw. zum Hersteller einschicken.

HEISSWÄSCHE

Heißwäsche (Baumwolle, Leinen, Mischgewebe, Chemiefasern) macht den überwiegenden Teil der Wäsche aus. Unterwäsche, Handtücher, Bettwäsche, Geschirrtücher werden bei 60 °C gewaschen. Die früher übliche Kochwäsche für diese Textilien sollte aus Gründen der Energieersparnis weitgehend entfallen. Die modernen Waschmittel schaffen den Schmutz auch bei 60 °C. Hinsichtlich der Keimabtötung bestehen keinerlei Bedenken. Kochwäsche ist nur in Ausnahmefällen nötig, wenn z. B. ein Familienmitglied eine ansteckende Krankheit hat. Gelegentliche Kochwäsche kann auch notwendig sein, wenn die Waschmaschine nicht die Möglichkeit bietet, die Waschdauer zu verlängern. Das kann bei den modernen Waschmitteln notwendig sein, sie sind weniger gut löslich als die herkömmlichen und brauchen daher länger, bis sie wirksam werden (siehe auch S. 350 f.).

❑ *Waschmittel:* Spezialwaschmittel für 60-Grad-Wäsche, Vollwaschmittel.

Waschverfahren

Beim Wäschewaschen stehen zwei Verfahren zur Auswahl:

❑ Waschen mit der Maschine
❑ Waschen mit der Hand

Der größte Teil der Wäsche wird mit der Maschine gewaschen, nur besonders empfindliche und wertvolle Stücke wäscht man mit der Hand.

Praktischer Hinweis:

■ *Da Handwäsche zusätzlichen Arbeitsaufwand bedeutet, ist es zweckmäßig, bereits beim Kauf von Textilien auf die Pflegehinweise zu achten und nicht maschinenwaschbare Kleidung zu vermeiden.*

WASCHEN MIT DER MASCHINE

Beim Waschen mit der Maschine sind einige Vorarbeiten zu verrichten. Am wichtigsten ist das Sortieren, denn nur Wäschestücke mit gleichen Pflegeeigenschaften können zusammen in einem Waschgang gewaschen werden. Sortiert wird entsprechend den Pflegehinweisen, also nach 30-, 60- und 95-Grad-Wäsche.

Um Farbveränderungen zu vermeiden, sollte die Wäsche nicht nur nach Temperaturverträglichkeit und Verschmutzungsgrad sortiert werden, sondern auch nach der Farbe. Weiße oder helle Wäsche, egal bei welcher Waschtemperatur, sollte nicht zusammen mit bunter oder dunkler Wäsche gewaschen werden, z. B. weiße Tischwäsche nicht mit dunklen Frottierhandtüchern. Die weiße Wäsche vergraut sonst schneller. Auch bei Feinwäsche ist darauf zu achten, helle Wäschestücke gesondert zu waschen.

Praktischer Hinweis:

■ *Auch wenn beim Sortieren sorgfältig vorgegangen wurde, kann es passieren, daß sich die Wäsche verfärbt, wenn z. B. ein farbiger Socken zwischen die weiße 60-Grad-Wäsche geraten ist. In diesem Falle kann die Verfärbung rückgängig gemacht werden mit einem Entfärber, den es in Drogerien zu kaufen gibt. Entfärber sollten jedoch nur dann verwendet werden, wenn sehr wertvolle Kleidungsstücke verfärbt wurden, da diese Mittel die Umwelt stark belasten und ohnehin nicht bei allen Geweben entfärbend wirken. Nach Möglichkeit nicht in der Waschmaschine entfärben.*

Außer dem Sortieren sind vor dem Füllen der Waschmaschine noch einige Vorarbeiten zu verrichten:
- Taschen entleeren, bei Bedarf ausbürsten.
- Ärmel entrollen.
- Reißverschlüsse zuziehen.
- Lange Bänder, z. B. von Schürzen, verknoten.
- Stark verschmutzte Stellen mit Neutralseife vorbehandeln.
- Ecken von Bettwäsche ausbürsten.
- Schulterpolster von Kleidern oder Blusen heraustrennen.
- Taschentücher, Bettwäsche, Tischwäsche entfalten.
- Ringe von grobmaschigen Stores in ein Taschentuch einbinden.
- Jeans und andere feste Gewebe auf links drehen. Dadurch verhindert man, daß an den geknickten Stellen durch die Reibung an der Trommel Knickstreifen entstehen.

Füllen der Maschine
Normale Haushaltswaschmaschinen haben meist eine Füllmenge von 4–5 kg bei Koch- und Buntwäsche und 2–2,5 kg bei pflegeleichter Wäsche. Das Fassungsvermögen der jeweiligen Maschine ist übrigens in der Bedienungsanleitung angegeben. Damit die Wäsche sauber wird und nicht knittert, darf also die Maschine nicht vollgestopft werden, bis kein Taschentuch mehr in der Trommel Platz hat.

Natürlich muß die Wäsche vor dem Beladen der Maschine nicht abgewogen werden, es gibt Faustregeln für die richtige Füllmenge:
- Bei Kochwäsche soll eine Handbreit frei sein zwischen Wäsche und Trommel.
- Bei Feinwäsche soll die Trommel nur gut halb gefüllt sein.

Natürlich gelten diese Regeln nur, wenn die Wäsche normal locker eingeschichtet und nicht nach jeder Lage festgedrückt wird.

Wird die Wäsche nicht sauber, ist dies ein Zeichen dafür, daß zuviel Wäsche in der Maschine war und der Schmutz mit der Lauge nicht abtransportiert werden konnte, sondern sich wieder auf der Wäsche ablagert. Es bilden sich sogenannte »Fettläuse«. Diese können auch entstehen, wenn zuwenig Waschmittel verwendet wurde.

Bedienen der Maschine
Jede Waschmaschine ist anders zu bedienen, es ist daher wichtig, die Gebrauchsanleitung genau zu studieren. Weil hin und wieder Pannen auftreten, ist es zweckmäßig, die Anleitung nicht in irgendeiner Schublade aufzuheben, sondern in eine Plastikhülle zu stecken und über der Maschine aufzuhängen. So ist die Gebrauchsanleitung immer zur Hand.

Die einzelnen Schritte beim Bedienen einer Waschmaschine:
- Beladen der Maschine (Fassungsvermögen beachten)
- Maschine schließen
- Stromanschluß prüfen
- Wasserhahn öffnen
- Programm wählen
- Waschmittel einfüllen

Die Dauer einzelner Waschprogramme ist unterschiedlich lang und hängt auch von der jeweiligen Maschine ab. Damit die Wäsche nach dem Waschen bzw. Schleudern nicht unnötig lange zusammengedrückt bleibt, Kurzzeitwecker stellen.

Nacharbeiten
Nach Ablauf des Waschprogrammes sind noch einige Tätigkeiten zu verrichten:
- Nach Schon- bzw. Feinwaschgang Wasser abpumpen bzw. Wäsche anschleudern oder Intervall-Schleudern
- Maschine ausschalten
- Wasserhahn schließen
- Maschine entleeren
- Türe der Maschine offenlassen.

WASCHEN MIT DER HAND

Der größte Teil der Textilien kann zwar mit der Maschine gewaschen werden, aber einige Stücke gibt es in jedem Haushalt, die nur mit der Hand gewaschen werden dürfen. In der Hauptsache sind dies Kleidungsstücke aus Wolle, Seide oder empfindlichen Chemiefasern.

Arbeitsschritte
- Wäsche sortieren nach Farbe
- Nichtwaschbare Knöpfe abtrennen
- Waschanleitung der einzelnen Stücke genau beachten (z. B. Zusatz »von links waschen«)
- Stark verschmutzte Teile mit Neutralseife vorbehandeln
- Arbeitsplatz vorbereiten (Wannen, Waschmittel, Kleiderbügel, Tücher)

Waschvorgang
- Reichlich Wasser verwenden, denn nur dann kann der Schmutz aus dem Gewebe gespült werden.
- Waschmittel richtig dosieren und sorgfältig im Wasser auflösen.
- Stark verschmutzte Textilien mit Vorwäsche, leicht verschmutzte Wäsche nur in einer Lauge waschen.
- Erst alle hellen, dann die dunklen Stücke waschen, bei starker Verschmutzung bzw. wenn Farbe ausgeblutet ist, das Wasser wechseln.
- Gewebe nicht reiben, sondern nur kräftig durchdrücken.
- Stark verschmutzte Wäsche einige Zeit einweichen. Weiße Wäsche nicht einweichen, sie vergraut dadurch schneller.
- Wäsche gründlich nachspülen bei gleicher Temperatur (3–4 Spülgänge).
- Wäsche nicht auswringen, sondern ausdrücken, evtl. in der Maschine anschleudern und zum Trocknen auslegen oder auf Bügel hängen.

Praktische Hinweise:
- *Wolle nicht wringen, denn sie ist in nassem Zustand nicht reißfest. Danach auf Frottiertuch legen, aufrollen und kräftig ausdrücken.*
- *Beim Waschen von Wolle nur wenig Waschmittel verwenden und gut nachspülen, sonst verfilzt die Wolle oder löst sich teilweise auf. Spezielles Wollwaschmittel oder Feinwaschmittel verwenden.*
- *Wollsachen liegend auf einem Frottiertuch trocknen Bei dieser Methode besteht keine Gefahr, daß sich das Wäschestück verformt.*
- *Seide in kaltem bis lauwarmem Wasser ausdrücken, nur sehr wenig Waschmittel zugeben und gründlich nachspülen. Seide niemals im Wasser liegenlassen, dem letzten Spülwasser einen Schuß Essig zugeben. Wird zuviel Waschmittel verwendet oder nicht gut nachgespült, lösen sich die Fasern zum Teil auf, die Seide wird brüchig.*
- *Gibt es in einem Haushalt viel seidene Wäsche, lohnt sich die Anschaffung eines speziellen Seidenwaschmittels.*
- *Zum Trocknen wird Seide in ein Handtuch eingerollt und ausgedrückt, niemals wringen. Nur leicht antrocknen lassen oder naß von links trockenbügeln.*

Waschmittel

Waschmittel sind notwendig, um den Wäscheschmutz zu zersetzen und ihn in der Waschlauge zu lösen. Das Angebot an Waschmitteln ist sehr groß, die Unterschiede im Preis ebenfalls. Eines haben alle Waschmittel gemeinsam: Sie enthalten Stoffe, die die Umwelt belasten. Im Sinne der Umwelt und des eigenen Geldbeutels ist es oberstes Gebot, Waschmittel nicht überzudosieren.

DOSIERUNG VON WASCHMITTELN

Die Dosierung von Waschmitteln hängt weitgehend von der Härte des Wassers und vom Verschmutzungsgrad der Wäsche ab. Wird überdosiert, bleibt Waschmittel auf den Textilien zurück, die Farben verblassen, die Textilien werden strapaziert. Aber auch Unterdosierung bleibt nicht ohne Folgen, auf den Textilien bleiben Schmutz und Kalkrückstände zurück, ebenso auf den Heizstäben der Maschine.
Die Wasserhärte beeinflußt den Waschmittelverbrauch sehr: Je härter das Wasser, desto mehr Waschmittel ist notwendig, denn die Stoffe im Wasser, die die Härte verursachen (Härtebildner), haben Auswirkungen auf den Waschprozeß:
- Sie binden einen Teil des Waschmittels an sich und machen es reinigungsunwirksam.
- Nicht abgebundene Härtebildner lagern sich in Maschinenteilen, vor allem den Heizschlangen, ab und erhöhen der Verschleiß von Waschmaschinen.
- Nicht abgebundene Härtebildner lagern sich in den Textilien ab, verringern die Saugfähigkeit des Gewebes und beschleunigen den Verschleiß.

Wird richtig dosiert, können diese Nachteile ausgeglichen werden.
Damit der Verbraucher weiß, welche Waschmittelmenge beim jeweiligen Härtegrad notwendig ist, muß der Hersteller die Waschmittelmenge in Abhängigkeit von der Wasserhärte auf der Verpackung angeben.
Den Härtegrad des Wassers kann man beim zuständigen Wasserversorgungsunternehmen bzw. bei der Gemeindeverwaltung erfragen. Eingeteilt wird die Härte des Wassers in vier Bereiche.

Härtebereich			Härtegrad
I	=	weich	unter 7 ° d
II	=	mittel	7 – 14 ° d
III	=	hart	14 – 21 ° d
IV	=	sehr hart	über 21 ° d

(° d = Grad deutsche Härte)

Das Ausmaß der Härte ist abhängig von der Herkunft des Wassers. Gebiete mit Urgestein als Untergrund (z. B. Schwarzwald, Bayerischer Wald) haben verhältnismäßig weiches Wasser, Gebiete mit kalk- und gipshaltigem Untergrund haben verhältnismäßig hartes Wasser.

Praktischer Hinweis:

- *Auf der Verpackung des Waschmittels ist die Ergiebigkeit angegeben. Sie ermöglicht einen Preisvergleich.*

WICHTIGE INHALTSSTOFFE VON WASCHMITTELN

Tenside

Tenside setzen die Oberflächenspannung des Wassers herab, sie machen das Wasser »geschmeidiger«, so daß es das Gewebe gut benetzen und selbst in kleinste Hohlräume eindringen kann. Wasser allein kann bestimmte Schmutzarten nicht beseitigen (z. B. Fett). Auch beim Lösen des Schmutzes helfen die Tenside.

Eine weitere wichtige Aufgabe der Tenside ist es, den abgelösten Schmutz im Wasser zu halten, damit er sich nicht wieder über die saubere Wäsche legt. Tenside lösen und tragen den Schmutz. Während es noch vor einigen Jahren ausschließlich Tenside auf Erdölbasis gab, sind mittlerweile Tenside aus nachwachsenden Rohstoffen (z. B. Sonnenblumenöl, Rapsöl) in den Waschmitteln enthalten. Sie sind biologisch abbaubar.

Phosphatersatzstoffe

Phosphate sind nicht mehr in den Waschmitteln enthalten. Sie hatten eine enorm umweltbelastende Wirkung und wurden daher abgelöst von anderen Substanzen, z. B. Zeolith A, Sasil. Phosphatersatzstoffe unterstützen die Waschwirkung der Tenside, indem sie den abgelösten Schmutz fein verteilen. Außerdem binden sie die Härtebildner des Wasser an sich.

Bleichmittel

Bleichmittel sind überwiegend in Vollwaschmitteln enthalten. Mit ihrer Hilfe können Obst-, Gemüse-, Rotwein- und andere hartnäckige Verschmutzungen entfernt bzw. gebleicht werden. Die Bleichwirkung mancher Mittel setzt jedoch erst bei Temperaturen ab etwa 60 °C ein, so daß sogenannte Bleichmittelaktivatoren notwendig sind (TAED). Sie bewirken, daß Bleichmittel schon bei niedrigen Temperaturen wirksam sind. So kann beispielsweise die Forderung, die Kochwäsche durch 60-Grad-Wäsche zu ersetzen, erfüllt werden, ohne daß das Waschergebnis schlechter wird.

Damit die Bleichmittelaktivatoren optimal wirken können, muß jedoch die Waschzeit verlängert sein. Diese Anforderung erfüllen neue Waschmaschinen. Der Trend geht bei Waschmaschinen wieder in Richtung längerer Waschzeiten – abgestimmt auf die modernen Waschmittel (siehe auch S. 307).

Weißtöner (optische Aufheller)

Weißtöner machen die Wäsche nicht weißer, als sie ist, sie erscheint dem Auge nur weißer. Normalerweise ist Wäsche nach dem Waschen und Trocknen naturweiß, d. h. mit einem leichten Gelbstich. Dieser Stich ist jedoch nicht erwünscht, deshalb werden dem Waschmittel Stoffe zugegeben, die das unsichtbare Ultraviolettlicht in sichtbares »Blaulicht« umwandeln. Das Textil erscheint dadurch weißer.

Weißtöner können nur wirken, wenn sie bereits während des Waschens auf das Textil aufziehen. Eine gute Wirkung haben sie bei Zellulosefasern und Polyamid, auch bei niedrigen Temperaturen. Pflegeleichte weiße Wäsche wird also schon bei 30 °C strahlend weiß.

Optische Aufheller sind allerdings nur wenig lichtbeständig. Bei längerer Sonneneinstrahlung vergilben sie. Deshalb sollte Wäsche im Schatten trocknen und danach abgenommen werden.

Enzyme

Enzyme sind Stoffe, die vor allem eiweiß- und kohlenhydrathaltige Verschmutzungen abbauen, wie Blut, Milch, Kakao, Eigelb. Diese Verschmutzungen sind erfahrungsgemäß sehr hartnäckig, besonders wenn sie bereits seit einiger Zeit im Gewebe haften.

Besonders wichtig sind Enzyme beim Waschen von pflegeleichten Textilien, die empfindlich sind gegen hohe Temperaturen und starke Mechanik (Reiben, Bürsten). Nicht geeignet sind enzymhaltige Waschmittel jedoch für Wolle und Seide.

Enzyme wirken am besten bei niedrigen Temperaturen und langer Waschzeit, möglichst mit Einweichzeit. Auch darauf sind neue Waschmaschinen zunehmend eingestellt, z. B. mit speziellen Einweichprogrammen.

Duftstoffe

Duftstoffe »parfümieren« die Wäsche und erwecken so den Gedanken, die Wäsche sei besonders sauber.

ARTEN VON WASCHMITTELN

Die richtige Wahl des Waschmittels ist nicht einfach, und es gibt auch nicht »das beste« Waschmittel. Je nach Waschmaschine und jeweiligen Eigenschaften des Waschmittels muß entschieden werden. Um sich in dem Wirrwarr des Angebots zurechtzufinden, muß man zunächst die Arten der Waschmittel unterscheiden:

- Herkömmliche Großpakete, sogenannte konventionelle Waschmittel
- Kompakte Waschmittel
- Konzentrierte Waschmittel (Konzentrate), erkennbar an Zusatzbezeichnungen wie » Ultra«, »Supra«, »Micro«.

Insgesamt schneiden die kompakten Waschmittel in ihrer Waschwirkung am besten ab, wobei jedoch einzelne Wascheigenschaften unterschieden werden müssen.

Um in eine Kilopackung eines kompakten oder konzentrierten Waschmittels die gleiche oder eine bessere Waschkraft zu packen, wie sie in den großen Jumbo-Paketen war, wurde das »Innenleben« der Waschmittel geändert; die kompakten enthalten weniger Wasser als die herkömmlichen. Das erkennt der Verbraucher daran, daß der Inhalt eines geöffneten Pakets nicht mehr so schnell verklumpt, wie das bei den früheren Waschmitteln der Fall war. Verzichtet wurde auch auf Füllstoffe, die für die Rieselfähigkeit des Waschmittels früher notwendig waren. Niedriger ist in den kleineren Paketen auch der Gehalt an Bleichmitteln (bei Vollwaschmitteln). Die Verbesserung der Waschleistung bei gleichzeitiger Verdichtung des Waschmittels ist vor allem auf die Auswahl und Kombination der Tenside zurückzuführen. Die kompakten und konzentrierten Waschmittel enthalten andere, wirksamere Tenside als herkömmliche Waschmittel.

Die Veränderungen in der Zusammensetzung der Waschmittel hat sich also grundlegend geändert, gleichzeitig aber auch die Technik bei den Waschmaschinen. Die neuen Waschmaschinen kommen mit immer weniger Wasser aus (siehe auch S. 307). Wenn nun nicht beides kombiniert gesehen wird, kann das Waschergebnis recht unterschiedlich ausfallen. Die stark konzentrierten Waschmittel brauchen länger, um sich aufzulösen und zu wirken, vor allem, wenn sie mit einer Hülle versehen sind (Kügelchen). Eigentlich bräuchten sie eine große Wassermenge, wie sie in »alten« Waschmaschinen noch gegeben war, nicht aber in neueren Geräten.

Dieser Nachteil kann mit einer längeren Waschzeit ausgeglichen werden, z. B. bei einer 60-Grad-Wäsche. Neuere Waschmaschinen arbeiten zum Teil auch schon wieder mit längeren Waschzeiten. Bei Waschversuchen eines Vollwaschmittels kamen folgende Ergebnisse heraus:

- Das Kompaktwaschmittel wäscht wesentlich sauberer (d. h. die Schmutzrückstände sind geringer) als das herkömmliche Waschmittel.
- Das Kompaktwaschmittel ist in der Waschwirkung auch den Konzentraten überlegen.
- Die Ablagerungen auf der Wäsche durch die Wasserhärte sind auf herkömmlichen Waschmitteln am geringsten, danach kommen die kompakten und dann die konzentrierten Waschmittel auf gleicher Stufe. Die Ablagerungen von Härtebildnern spielen deshalb eine Rolle, weil sie durch ihre scharfen Kanten die Fasern schädigen und den Verschleiß der Kleidung beschleunigen.
- Die Bleichwirkung ist bei den herkömmlichen Vollwaschmitteln am größten, dann kommen die kompakten, dann die konzentrierten Waschmittel. Die verminderte Bleichwirkung könnte bei weißen Textilien dazu führen, daß sie mit der Zeit ergrauen.

Für die Praxis heißt das: Bei der Wahl des Waschmittels muß überlegt werden, welche Ansprüche man an das Waschergebnis stellt. Wer saubere Wäsche haben will, einen Beitrag zum Umweltschutz leisten möchte und keine Riesenpakete schleppen will, muß kompakte oder konzentrierte Waschmittel wählen – und entsprechend der Packungsaufschrift dosieren, denn sonst ist der Effekt dahin. Wer dagegen das »weißeste Weiß« wünscht, wird bei Vollwaschmitteln die herkömmlichen Produkte wählen.

Praktische Hinweise:

- *Weil jedes Waschmittel andere Vorzüge und Stärken hat, erzielt man das beste Waschergebnis, wenn gelegentlich die Marke gewechselt wird.*
- *Weiße oder helle Wäsche verliert bei längerer Anwendung von Flüssigwaschmitteln aufgrund des Mangels an »Sauerstoffbleiche« mit der Zeit an Weißgrad. Flüssige Waschmittel eignen sich aber gut zur Vorbehandlung von besonders verschmutzten Stellen.*
- *Wollwaschmittel enthalten keine Enzyme und eignen sich daher auch für Seide.*
- *Enthärter sind nur notwendig beim Waschen im Baukastensystem (siehe unten) und bei extrem hartem Wasser (über 30 Grad deutscher Härte). Die handelsüblichen Waschmittel enthalten bei richtiger Dosierung genügend Wasserenthärter bis einschließlich Härtebereich 3.*

❑ *Baukastensystem:* Es werden drei Waschkomponenten miteinander kombiniert: Grundbaustein (Basiswaschmittel), Enthärter und Bleichmittel. Der Grundbaustein reicht aus bei weichem Wasser und wenig verschmutzter Wäsche, Enthärter ist zusätzlich notwendig bei härterem Leitungswasser, das Bleichmittel wird zugegeben bei stärker verschmutzter, verfleckter Wäsche.

❑ *Vollwaschmittel, Hauptwaschmittel:* Sie können bei allen Waschtemperaturen für alle Gewebe eingesetzt werden mit Ausnahme von Wolle.

❑ *Buntwaschmittel (Colorwaschmittel):* Sie sind für die gesamte farbige Wäsche geeignet, sie enthalten zwar keine Bleichmittel, aber meist optische Aufheller zur Auffrischung der Farben, so daß Farbveränderungen nach häufigem Waschen eintreten können.

❑ *Feinwaschmittel:* Sie sind gedacht für besonders empfindliche Wäsche, z. B. Seide, Wolle. Sie können für Hand- und Maschinenwäsche eingesetzt werden.

❑ *Gardinenwaschmittel:* Sie werden verwendet für weiße Gewebe aus Chemiefasern. Sie enthalten Tenside, optische Aufheller und Schmutzträger, die auf synthetische Fasern ausgerichtet sind. Gardinenwaschmittel hellen vor allem Fasern aus Polyamid und Polyester auf, verzögern die Vergilbung und beseitigen Farbumschläge. Diese Mittel können bei Hand- und Maschinenwäsche eingesetzt werden.

❑ *Flüssigwaschmittel:* Optische Aufheller, Enzyme und ein hoher Anteil an Tensiden bewirken gute Reinigungswirkung bei Arbeitskleidung (Schmierflecken).

❑ *Einweichmittel:* Sie werden eingesetzt bei stark verschmutzter Berufskleidung. Diese Mittel lösen Mineralölverschmutzungen sehr gut.

❑ *»Biologische Waschmittel«:* Sogenannte biologische oder alternative Waschmittel kamen mit dem steigenden Umweltbewußtsein der Verbraucher auf den Markt. Diese Waschmittel sind überwiegend auf Seifenbasis hergestellt oder bestehen gar aus reinen Seifennadeln. Waschversuche ergaben, daß Biowaschmittel auf Seifenbasis nur mit geringen Mengen an Fettschmutz fertig werden. Bei stark verschmutzter Wäsche, z. B. speckigen Hemdkragen, können die Biowaschmittel nicht mit den herkömmlichen mithalten.

Wer meint, mit Biowaschmitteln besonders sparsam umgehen zu müssen, wird mit dem Waschergebnis nicht zufrieden sein, es legen sich »Fettläuse« auf die Wäsche. Wer der Umwelt zuliebe auf Biowaschmittel ausweicht, muß auf jeden Fall ausreichend dosieren. Das ist jedoch mindestens die dreifache Menge Seife im Vergleich zu den Tensiden in herkömmlichen Waschmitteln. Weil die Umwelt nicht nur durch die Art, sondern auch die Menge an Waschmitteln belastet wird, ist also auch Seife nicht gerade umweltfreundlich. Biowaschmittel gibt es auch auf der Basis von Molke. Allerdings ist auch bei diesen Mitteln die Reinigungswirkung geringer als bei herkömmlichen Mitteln.

Praktischer Hinweis:

■ *Aus der Sicht des Umweltschutzes ist es nicht zu empfehlen, Vollwaschmittel für alle Waschverfahren und Waschtemperaturen zu verwenden. Besser ist es, Vollwaschmittel, Buntwaschmittel und Feinwaschmittel je nach Wäscheart zu verwenden, denn jedes Waschmittel hat eine spezielle Zusammensetzung. Wird nur Vollwaschmittel verwendet, gehen z. B. bei Feinwäsche manche Inhaltsstoffe ungenutzt ins Abwasser. Bequemlichkeit sollte also kein Grund sein, Vollwaschmittel für alle Temperaturbereiche zu verwenden.*

WASCHHILFSMITTEL

Vorbehandlungsmittel: Sie werden verwendet, wenn Textilien an bestimmten Stellen besonders verschmutzt sind, z. B. an Kragen und Manschetten. Diese Waschpasten läßt man kurze Zeit vor dem Waschen einwirken, sie bestehen aus Tensiden und Lösungsmitteln.

Waschpasten werden auch als Reisewaschmittel angeboten.

Waschkraftverstarker (Booster): Sie werden bei einseitiger starker Verschmutzung angewendet, zum Beispiel bei Arbeitskleidung oder auch bei Kinderkleidung mit speziellen Flecken wie Kakao. Waschkraftverstärker gibt es als Spray, Pulver, in flüssiger Form oder als Tabs. Sie werden grundsätzlich in Kombination mit einem Waschmittel angewendet. Je nach Zusammensetzung sollen sie die Bleichwirkung des Waschmittels ergänzen oder die Fett- bzw. Eiweißentfernung verbessern. Ein Blick auf die Verpackung zeigt, welcher Waschkraftverstärker für welchen Zweck eingesetzt werden soll: Pulverförmige Produkte enthalten meist eine größere Menge an Natriumpercarbonat und haben daher einen bleichenden Effekt. Flüssige Waschverstärker enthalten Tenside, meist auch Enzyme, so daß sie auf Fett- und Eiweißverschmutzungen spezialisiert sind. Waschkraftverstärker enthalten also die gleichen Inhaltsstoffe wie Waschmittel; sie sind sozusagen eine Portion Chemie mehr, die wirklich nur bei verfleckter oder sehr schmutziger Wäsche notwendig ist.

Praktische Hinweise:

- *Mit pulverförmigen Waschkraftverstärkern kann man zwischendurch den Weißgrad der Wäsche erhöhen. Das Pulver wird in die Waschmittelkammer gegeben und entfaltet bei 60°C seine ganze Wirkung, so daß getrost auf 90-Grad-Wäsche verzichtet werden kann.*
- *Vorbehandlung von Flecken: einige Zeit einwirken lassen, dann die vorbehandelten Teile zur übrigen Wäsche in die Maschine geben. Preisgünstiger und in der Wirkung genauso gut ist flüssiges Waschmittel.*
- *Aufgrund der höheren Konzentration an waschaktiven Substanzen muß mit Waschverstärkern besonders sorgfältig umgegangen werden; die Produkte sind mit entsprechenden Warnhinweisen versehen. Dosierungsanleitung beachten, den Kontakt mit Augen und Haut vermeiden, pulverförmige Waschverstärker nicht einatmen.*
- *Pulverförmige Waschverstärker (wie Waschmittel) kühl und trocken lagern, da die Wirkung der bleichenden Bestandteile bei Feuchtigkeit und Wärme »verpufft«.*

Nachbehandlungsmittel: Am bedeutendsten sind in dieser Gruppe die Weichspüler. Sie werden als Mittel gegen die Trockenstarre eingesetzt, die durch die Mechanik in der Maschine und die trockene Luft in Trockenräumen hervorgerufen wird.
Weichspüler ziehen während des Spülens auf die Wäsche auf und machen sie weich und geschmeidig. Weichgespülte Textilien sind weniger saugfähig, daher sollten sie bei Handtüchern und Unterwäsche nicht eingesetzt werden. Zudem können sie bei empfindlichen Menschen zu Hautreizungen und Ekzemen führen.

Praktischer Hinweis:

- *Weichspüler sind nicht notwendig und belasten daher unnötig die Abwässer. Der Umwelt zuliebe sollte daher generell auf Weichspüler verzichtet werden.*

Stärken, Steifen, Appreturen: Diese Mittel geben den Textilien eine feste, steife Oberfläche. Stärken sind Produkte aus Kartoffeln, Mais, Reis oder Weizen. Sie sind wasserlöslich und verteilen sich auf der Oberfläche der Fasern.
Steifen bestehen aus Kunstharzen oder Kunststoffen, die meist als Spray verwendet werden. Diese Mittel sind waschbeständiger als Stärken.
Feinappreturen sind wasserlösliche Stärkeprodukte, die eine nur geringe Versteifungswirkung haben. Der Griff von Textilien, die mit Feinappre-

tur behandelt wurden, ist voll. Anwendung: bei Vorhängen und Tischwäsche.
Waschverstärkertücher gibt es als Zusatz zum Waschmittel, sie enthalten Bleichmittelaktivatoren und Tenside. Aus der Sicht des Umweltschutzes sind sie abzulehnen.

AUFBEWAHREN VON WASCHMITTELN

Waschmittel ziehen Feuchtigkeit an, daher trocken lagern. Besteht keine Möglichkeit dazu, das Waschmittelpaket in einen Kunststoffbeutel einschlagen. Nicht zuviel Waschmittel auf Vorrat kaufen, ihre Wirkung nimmt mit der Lagerdauer ab, vor allem wenn sie in feuchten Räumen offen gelagert werden. Verklumptes Waschmittel läßt sich nicht gut dosieren und löst sich in der Lauge nur langsam auf, außerdem ist der Rückstand im Paket groß.

Tips zum umweltbewußten Waschen
- Wasserhärte in Verbindung mit der Dosierempfehlung der Hersteller beachten.
- Das Waschmittel entsprechend der Faserart wählen. Kompaktwaschmitteln und Baukasten-Waschmitteln den Vorzug vor herkömmlichen Waschmitteln geben.
- Füllvermögen der Waschmaschine ausnutzen.
- Leicht verschmutzte Wäsche bei niedrigeren Temperaturen waschen.
- Auf Vorwäsche nach Möglichkeit verzichten; nur bei stark verschmutzter Wäsche zu wählen.
- Einzelne Flecken entfernen, ohne das ganze Kleidungsstück zu waschen.
- Manchmal reicht es, ein Kleidungsstück zu lüften; es muß nicht nach jedem Tragen gewaschen werden.

6.2. Trocknen von Wäsche

Wäsche kann wie folgt getrocknet werden:
- Lufttrocknen im Freien oder im Haus (z. B. Heizungsraum)
- Trocknen im elektrischen Wäschetrockner.

Beide Methoden haben ihre Vor- und Nachteile. Ein Wäschetrockner macht unabhängig vom Wetter und spart Zeit und Arbeit. Immerhin dauert es 11 Minuten, 4 kg nasse Wäsche aufzuhängen und abzunehmen, aber nur 1 Minute, sie in den Wäschetrockner zu geben und wieder herauszuholen. Allerdings bringt diese Arbeitsersparnis Kosten mit sich.

Lufttrocknen

Die Wäsche wird an der Leine, auf einem Trockengestell oder einer Wäschespinne aufgehängt. Im Schatten trocknen, denn pralle Sonneneinstrahlung kann bei bestimmten Kunstfasern zum Vergilben führen. Leine und Klammern müssen sauber sein. Klammern bleiben sauber und sind griffbereit in einer Klammernschürze oder einem Beutel. Die Leine wird vor dem Wäscheaufhängen mit einem feuchten Lappen abgewischt.

AUFHÄNGEN DER WÄSCHE

Der Korb mit der nassen Wäsche wird auf einen Stuhl oder Hocker gestellt, denn tiefes Bücken ist sehr kraftraubend.
Die Wäschestücke werden an den Aufhängestellen angefaßt und kräftig ausgeschlagen, dadurch glätten sich Falten, eingerollte Säume oder verdrehte Ärmel. Bänder werden ausgestreift, alle Wäschestücke in Form gezogen. Doppelte Wäschestücke, z. B. Unterwäsche, werden nach rechts gedreht.

Praktische Hinweise:

- *Verziehen der Wäsche wird vermieden, wenn die einzelnen Stücke an Nähten, Bund oder Trägern glatt aufgehängt werden.*
- *Hemden und Blusen neben den Schulternähten anklammern, so trocknen Manschetten und Kragen schneller. Die Bügelarbeit wird jedoch am meisten erleichtert, wenn Hemden und Blusen auf Bügeln trocknen.*
- *T-Shirts und andere Kleidungsstücke, die sich leicht verziehen, ebenfalls auf Bügel hängen.*
- *Taschentücher verziehen sich, wenn sie nur an einer Ecke hängen, besser in voller Breite über die Leine legen.*
- *Bei Unterwäsche den Gummi nicht dehnen, sondern locker aufhängen.*
- *Bettwäsche so aufhängen, daß die Knopfleiste seitlich ist, so kann die Luft besser durchstreichen.*
- *Gleiche Wäschestücke nebeneinanderhängen, das spart beim Abnehmen, Falten und Bügeln viel Zeit.*
- *Wird die Wäsche auf dem Dachboden oder im Heizungsraum getrocknet, die Fenster öffnen, dadurch wird die feuchte Luft schneller ausgetauscht, die Wäsche trocknet schneller.*
- *Falls eine Bügelmaschine zur Verfügung steht, schon beim Abnehmen die Wäsche in Hand- und Maschinenbügelwäsche aufteilen. Wäsche, die mit der Maschine gebügelt wird, so in den Korb legen, daß sie ohne weiteren Aufwand beim Bügeln aus dem Korb geholt werden kann, z. B. Tischdecken längs falten und wie eine Ziehharmonika in den Korb legen.*
- *Hemden und Blusen, die zu trocken sind zum Bügeln, über Nacht ins Freie hängen, sie nehmen wieder Feuchtigkeit auf und lassen sich dann leichter bügeln.*

- *Wäsche, die zu trocken wurde, gleichmäßig einsprengen, großzügig falten und übereinanderlegen, das Wäschepaket in ein großes Tuch einschlagen und einige Stunden »durchziehen« lassen.*
- *Kleidungsstücke aus Seide nicht einsprengen, sie bekommen Wasserflecken. Zu trockene Stücke nochmals in klarem Wasser durchspülen, in einem Handtuch ausdrücken, leicht antrocknen lassen oder sofort trockenbügeln.*
- *Mangelwäsche feucht abnehmen oder sorgfältig einsprengen, ordentlich zusammenlegen, in eine nicht zu kleine Wanne legen. Damit die Wäsche nicht austrocknet oder verstaubt, den Korb mit einem dichten Tuch oder einer Folie abdecken.*

ABNEHMEN DER WÄSCHE

Beim Abnehmen der Wäsche kann man zwar keine Fehler machen, aber mit etwas Überlegung viele Handgriffe beim Falten und Bügeln sparen. Bügelwäsche sollte in bügelfeuchtem Zustand abgenommem, glatt zusammengelegt und nach gleichartigen Wäschestücken sortiert werden. Wäsche, die nicht gebügelt wird, an der Leine vollständig trocknen lassen, anschließend sofort falten und aufräumen.

Trocknen im Wäschetrockner

Das Trocknen im Wäschetrockner ist empfehlenswert bei schlechten Trocknungsmöglichkeiten. Vor allem in ländlichen Haushalten steht ein Garten zur Verfügung, in dem die Wäsche aufgehängt werden kann, für die Wintermonate sind jedoch nicht alle Haushalte mit geeigneten Trocknungsräumen ausgestattet.
Zu empfehlen ist ein Trockner auch dann, wenn kleine Kinder im Haushalt sind. Kinderkleidung bzw. Kinderbettwäsche müssen oft gewaschen werden und schnell wieder zur Verfügung stehen. Außerdem ist Kinderkleidung oft pflegeleicht ausgerüstet und muß nach dem Trocknen im Wäschetrockner oft nicht mehr gebügelt werden.

Praktische Hinweise:

- *Zu beachten ist, daß Unterwäsche im Trockner etwas einläuft; falls man im Trockner trocknet, Unterwäsche also immer eine Konfektionsnummer größer kaufen.*
- *Wäsche sorgfältig nach gewünschtem Trockengrad sortieren; gelangt z. B. eine Tischdecke unter Frottiertücher, die schranktrocken getrocknet werden, bekommt man die Knitter nur durch erneutes Anfeuchten der Bügelwäsche heraus.*

- *Wäsche aus dem Trockner ist sehr weich und flauschig und muß zum Teil nicht mehr gebügelt werden.*

6.3. Bügeln von Wäsche

Beim Bügeln wird durch Hitze, Druck und Feuchtigkeit (Dampf) das Textil geglättet. Durch das Bügeln wird die Oberfläche von Textilien glänzend und schmutzabweisend.

WAS MUSS NICHT GEBÜGELT WERDEN?

Unterwäsche und Frottierwaren brauchen nicht gebügelt zu werden. Frottiertücher werden mit der Zeit brettig und hart, wenn sie immer gebügelt werden. Unterwäsche schmiegt sich ungebügelt der Haut besser an und bleibt saugfähiger. Zudem bleibt der Hausfrau viel Zeit und Arbeit erspart, wenn möglichst viel Wäsche nur gefaltet wird. Übrigens sieht auch ungebügelte, aber sauber gelegte Wäsche im Schrank ordentlich aus.
Kleidung aus Maschenware (Pullover, Westen, Socken, Sportanzüge) müssen ebenfalls nicht gebügelt werden.
Wer Zeit, Kraft und Energie sparen will, bügelt nur solche Textilien, die wirklich gebügelt werden müssen.

Bügeln von Hand

Wie bei allen Arbeiten ist es auch beim Bügeln wichtig, alle notwendigen Geräte und Hilfsmittel vor Arbeitsbeginn zurechtzulegen, so daß zügig gearbeitet werden kann.
Folgende Hilfsmittel sind erforderlich:

- Bügeleisen
- Evtl. destilliertes Wasser für Dampfbügeleisen
- Bügelbrett oder Tisch mit Bügelauflage; ein Bügelbrett ist günstiger als ein Tisch. Bügeln auf einem Tisch ist arbeits- und zeitaufwendig. Die Bügelfläche soll mindestens 150 × 35 cm groß sein. Der Bezug des Bügelbretts soll glatt, ohne Naht und waschbar sein.
- Arbeitsstuhl mit verstellbarer Rückenlehne, höhenverstellbar
- Ablagefläche bzw. Wäscheständer für gebügelte Wäsche
- Korb mit ungebügelter Wäsche
- Wäscheeinsprenger
- Ärmelbügelbrett
- Dämpftuch
- Kleiderbügel
- Schere, falls abstehende Fäden abzuschneiden sind.

DER BÜGELPLATZ

Zweckmäßige Anordnung der Hilfsmittel beim Bügeln erleichtert die Arbeit. Der Bügelplatz muß gut beleuchtet und nahe einer Steckdose sein, damit nicht durch Verlängerungskabel eine zusätzliche Unfallquelle geschaffen wird.
Wichtig ist auch die Anordnung der Geräte.
Im Sitzen bügeln! Leider gibt es immer noch viele Frauen, die meinen, die Arbeit würde im Stehen schneller von der Hand gehen als im Sitzen. Das mag stimmen, wenn nur schnell ein Kleidungsstück gebügelt werden muß, nicht aber, wenn ein Korb voll Bügelwäsche ansteht.
Im Sitzen ermüdet man weniger schnell als beim Stehen, zudem tut man den Füßen etwas Gutes, die ohnehin den ganzen Tag im Einsatz sind.

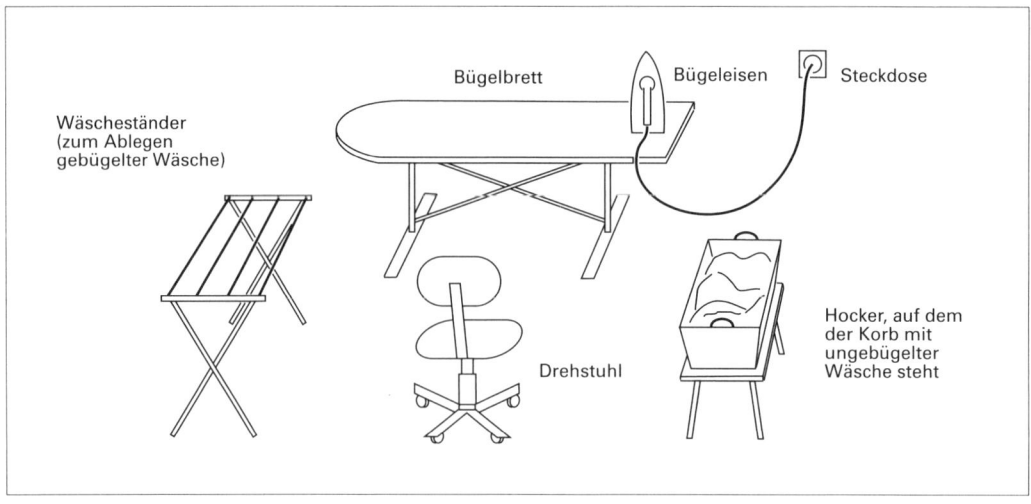

Optimale Anordnung des Arbeitsplatzes beim Bügeln

Wer's nicht glauben will, sollte es wenigstens einmal versuchen. Natürlich wird das Arbeiten im Sitzen anfangs ungewohnt und umständlich sein, aber man gewöhnt sich sehr schnell daran.

Praktische Hinweise:

■ *Damit das Bügeln im Sitzen klappt, ist auf die richtige Höhe von Stuhl und Bügelbrett zu achten. Die Höhe ist richtig, wenn die angewinkelten Unterarme nicht ganz auf dem Brett aufliegen.*

■ *Wäsche bügelfeucht abnehmen oder vor dem Bügeln sorgfältig einsprengen, am besten über Nacht »durchziehen« lassen.*

■ *Reinleinene Tischdecken sind schwer zu bügeln. Die Arbeit ist leichter und das Bügelergebnis besser, wenn nach dem Waschen nicht geschleudert oder nur leicht angeschleudert wird, wenn das Tuch in bügelfeuchtem Zustand abgenommen und beim Bügeln Sprühstärke verwendet wird. Die Sprühstärke macht die Oberfläche glatt und wirkt schmutzabweisend.*

ARBEITSGRUNDSÄTZE

❑ Zuerst alle Textilien bügeln, die nur eine geringe Temperatur vertragen.

❑ Wäschestück glatt auflegen, damit größere Flächen ohne Absetzen des Bügeleisens geglättet werden können.

❑ Bügeleisen langsam und gleichmäßig über den Stoff führen.

❑ Von rechts bügeln, Stickereien und Spitzen werden von links nachgebügelt, damit sie sich vom Stoff abheben.

❑ Die doppelten Teile (Kragen, Manschetten, Knopfleisten) erst links, dann von rechts bügeln.

❑ Zunächst die kleinen und doppelten Teile bügeln, dann die großen Flächen.

❑ Empfindliche Textilien (z. B. aus Seide oder Wolle) von links bügeln oder von rechts über einem feuchten Tuch.

❑ Erst alle weghängenden Teile bügeln (Ärmel, Bänder).

❑ Wäsche von sich weg bügeln, damit bereits gebügelte Wäsche nicht wieder verdrückt wird.

❑ Wäsche bügeln, bis sie ganz trocken ist, sonst ziehen sich die Nähte wieder zusammen, Nähte sauber bügeln.

❑ Gleichartige Wäsche hintereinander bügeln (»Fließbandarbeit« spart Zeit).

❑ Gebügelte Stücke über einen Wäscheständer legen, damit die Wäsche auskühlen und ausdampfen kann. Hosen, Röcke, Blusen, Hemden und Kleider sofort auf Bügel hängen.

Bügeln mit der Maschine

Bügeln mit der Maschine erfordert Übung, um sauber und schnell bügeln zu können. Außer der Geschicklichkeit ist auch hier auf sinnvolle Anordnung der Arbeitsgeräte und Hilfsmittel zu achten. Gut geeignet als Ablage für gebügelte Wäsche ist das Bügelbrett.

Wichtige Vorarbeit beim Bügeln mit der Maschine ist zweckmäßiges Falten großer Wäschestücke. Bett- und Tischwäsche werden in Ziehharmonikafalten gelegt, damit ohne Unterbrechung gebügelt werden kann.

ARBEITSGRUNDSÄTZE

❑ Glatte Wäscheteile gleichmäßig gerade und faltenlos in die Maschine laufen lassen.

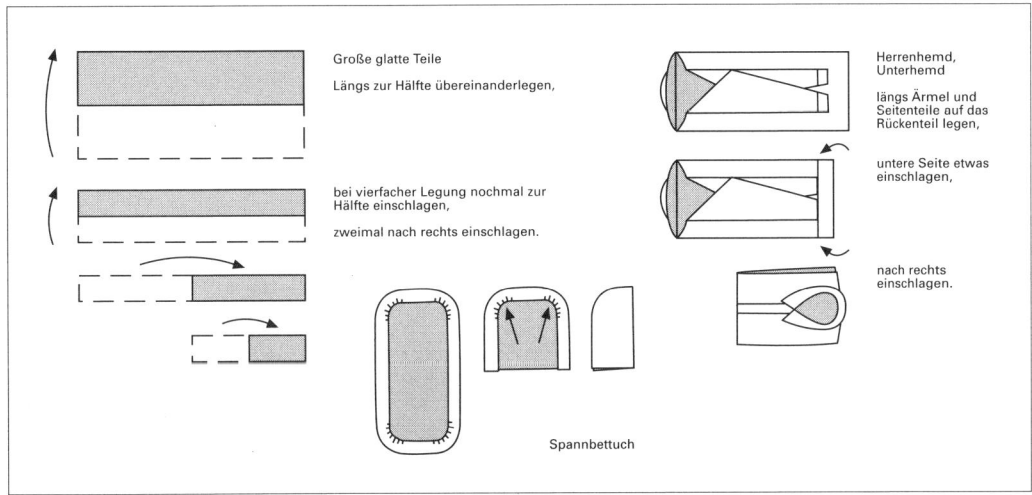

Falten verschiedener Wäschestücke

- Große Wäschestücke (z. B. Bettücher) entweder sauber längsfalten und doppelt einlaufen lassen oder erst die Mittelbahn bügeln, das Wäschestück der Länge nach falten und anschließend die Seitenteile bügeln.
- Knopfleisten, z. B. von Bettwäsche, schließen und zuerst bügeln. Vorsicht, Plastikknöpfe halten manchmal die Hitze nicht aus und schmelzen, daher an der Knopfleiste die Wange nie anpressen.
- Falls die beiden Bügelwangen nicht gesondert ausgeschaltet werden können, kleine Bügelteile, z. B. Taschentücher, nebeneinander bügeln, damit die Walzenbespannung nicht einseitig verbrennt.
- Für das Bügeln geformter Teile (z. B. Hemden) ist viel Übung erforderlich. Es ist ratsam, mit Kleidungsstücken zu üben, die nicht ganz exakt gebügelt sein müssen (z. B. Arbeitskleidung).

FALTEN DER WÄSCHE

Wäsche wird erst gelegt, wenn bereits alle oder zumindest mehrere Stücke gebügelt sind. So spart man Zeit und Stromkosten, wenn gleiche Arbeiten zur gleichen Zeit ausgeführt werden.

Wäschestücke nach der Größe der vorhandenen Schränke falten und so legen, daß möglichst wenig Knicke entstehen.

Gleiche Wäschestücke immer im gleichen Ablauf falten, damit die Wäsche im Schrank einheitlich gestapelt werden kann.

Quadratische Stücke werden ein-, zwei- oder viermal gefaltet, Stickereien (z. B. Monogramme) liegen oben stets in der gleichen Ecke, ebenso Aufhänger, z. B. von Handtüchern oder Geschirrtüchern.

Nacharbeiten

Bügelplatz aufräumen, Bügeleisen auskühlen lassen und aufräumen. Bügelmaschine auskühlen lassen, abdecken.

Bügelbrett und übrige Hilfsmittel aufräumen.

Wäsche vor dem Einräumen in die Schränke gut ausdampfen bzw. austrocknen lassen, feuchte Wäsche bekommt im Schrank Stockflecken.

6.4. Entfernen von Flecken

Flecken in der Kleidung bereiten heutzutage keine so großen Probleme mehr wie zu Großmutters Zeiten, weil die modernen Waschmittel mit den meisten Schmutzarten fertigwerden. Trotzdem müssen bestimmte Anschmutzungen auch heute noch mit der Hand entfernt werden. Außerdem leiden Textil und Umwelt, wenn nur wegen eines Fleckens ein eben gewaschenes Kleidungsstück gleich wieder in die Waschmaschine wandert.

Wegen eines einzigen Fleckens muß nicht gleich das ganze Kleidungsstück gewaschen werden, allerdings sollten beim Entfernen von Flecken einige Punkte beachtet werden:

- Flecken möglichst sofort behandeln, denn alte, eingetrocknete Verschmutzungen lassen sich nicht mehr oder nur mit viel Mühe wieder entfernen.
- Falls nicht bemerkt wurde, wodurch die Kleidung verschmutzt wurde, die Fleckentfernung lieber dem Fachmann in der chemischen Reinigung überlassen. In diesem Fall den Flecken aber nicht vorbehandeln, sonst übernimmt der Reinigungsbetrieb keine Gewähr für den Reinigungserfolg.
- Sehr hochwertige Kleidungsstücke oder Kleidung mit dem Pflegehinweis »Chemisch reinigen« lieber reinigen lassen, das bewahrt vor unschönen Überraschungen.
- Fleckentfernungsmittel an einer unsichtbaren Stelle des Textils testen und prüfen, ob das Material und die Farbe eine entsprechende Behandlung vertragen. Sonst kann es passieren, daß der Schmutzfleck zwar herausgelöst ist, an seiner Stelle jedoch eine gebleichte Stelle zu erkennen ist.
- Chemische Fleckentferner enthalten meist gesundheitsschädliche Lösungsmittel, die an der Luft verdampfen. Deshalb im Freien oder vor geöffnetem Fenster anwenden. Diese Mittel sind meist auch feuergefährlich, deshalb nicht in der Nähe eines offenen Feuers (Kerze, Zigarette) arbeiten.
- Fleckentferner nach Gebrauch sofort verschließen und an einem für Kinder unzugänglichen Ort aufbewahren. Stets auf gut lesbare Beschriftung achten, damit Verwechslungen vermieden werden.

ENTFERNEN EINES FLECKENS

Verschmutzte Stelle auf ein sauberes, saugfähiges Tuch legen. Lappen oder Schwämmchen mit dem Fleckenmittel tränken und damit den Flecken in kreisenden Bewegungen austupfen. Dabei von außen nach innen arbeiten, damit der Fleck nicht größer wird. Den Flecken vom Rand nach innen zu bearbeiten hat zudem den Vorteil, daß nach dem Trocknen kein Rand entsteht.

Zum Schluß die bearbeitete Stelle mit klarem Wasser nachreiben bzw. -tupfen, bis die Reste des Fleckenmittels entfernt sind, erkennbar ist dies daran, daß die Stelle nicht mehr schäumt, wenn man mit dem Lappen vorsichtig reibt. Mit einem sauberen Tuch trockentupfen.

Praktischer Hinweis:

■ *Manchmal bleiben nach dem Entfernen eines Fleckens häßliche Ränder. Das kann man verhindern, indem der Flecken von außen nach innen behandelt wird. Zurückgebliebene Ränder werden dick mit Kartoffelmehl bestreut; das Mehl wird nach etwa einer halben Stunde abgeschüttelt.*

Am einfachsten sind Flecken zu entfernen, wenn man die Zusammensetzung kennt:

❏ Fett ist in Schokolade, im Tintenstift, in Speiseflecken enthalten. Alkohol und Spiritus lösen Fett und sind daher zum Reinigen gut geeignet.

❏ Obst, Fruchtsaft und Tinte sollten immer mit einer Säure behandelt werden, z. B. Zitronensäure.

❏ Milch, Kartoffelstärke und Salz können bestimmte Flecken »aufsaugen«, wenn sie auf den frischen Flecken getupft bzw. gestreut werden.

»Scharfe« Fleckenmittel können leicht durch milde Schmutzlöser ersetzt werden, sie sind meist billiger und schaden der Umwelt weniger. Zu diesen scharfen Mitteln gehören Chlorwasser (Eau de Javelle), Terpentin, Kleesalz, Petroleum, Salmiak (nicht zu verwechseln mit dem harmlosen Salmiakgeist. Salmiak ist wegen seines Chlorgehalts gefährlich). Bevor man zu diesen Mitteln greift, das Kleidungsstück lieber waschen.

Milde Fleckentfernung

Fleckenart	Entfernung
Milch, Joghurt	In lauwarmem Wasser ausspülen, bei empfindlichen Textilien mit verdünntem Salmiakgeist behandeln.
Bier, Likör	In lauwarmem Wasser ausspülen, bei empfindlichen Textilien verdünnten Spiritus verwenden.
Kaffee, Tee, Kakao	Mit Seife oder Feinwaschmittel einseifen, oder in Sodalösung einweichen; danach in der Waschmaschine waschen.
Obst, Fruchtsaft	Einweichen in Sodalösung oder mit etwas Klarspüler aus der Geschirrspülmaschine behandeln, danach waschen.
Stockflecken	In Buttermilch oder Essigwasser einweichen, dann in Seifenlauge waschen, oder mit Gallseife behandeln, dann waschen.
Rostflecken	In Milch oder Molke einweichen, auswaschen und nachspülen. Oder mit Salz bestreuen und mit verdünntem Zitronensaft einweichen, danach auswaschen.
Blut	Sofort in kaltem Wasser einweichen, niemals warmes oder heißes Wasser verwenden, anschließend normal waschen.
Tinte, Tusche	Mit Salz bestreuen, mit Gallseife, heißem Zitronensaft oder Essig behandeln, mit Seifenlauge auswaschen.
Tintenstift	Mit Spiritus behandeln.
Kugelschreiber	Essig und Spiritus zu gleichen Teilen mischen und den Fleck damit behandeln. Bei weißen Textilien statt Essig Zitronensaft verwenden. Fleckreste mit Gallseife entfernen.
Autoschmiere, Teer, Schuhcreme	Mit Butter oder Speiseöl betupfen, anschließend mit Feinwaschmittel auswaschen.
Klebstoff, Harz	Mit Reinigungsbenzin vorsichtig abtupfen (nicht bei Textilien aus Acetatfasern), anschließend waschen.
Deodorant	Mit Reinigungsbenzin behandeln, anschließend waschen.
Lippenstift, Parfum	Mit Alkohol, Reinigungsbenzin oder Gallseife behandeln, danach waschen.
Marmelade, Punsch, Rotwein, Tomatensaft, Paprikasoße	In Sodalösung einweichen, mit Gallseife Fleckreste entfernen, waschen.
Wachs	Abkühlen lassen, dann abheben, Reste mit Fliespapier ausbügeln, danach waschen.
Grasflecken	Empfindliche Stoffe mit Spiritus oder Gallseife behandeln ansonsten mit sehr heißem Wasser. Ältere Flecken mit Zitronensaft vorbehandeln und dann waschen.
Eigelb	In lauwarmer Feinwaschmittel-Lösung einweichen, waschen.
Butter, Speiseöl, Hautcreme, Salbe	Vorsichtig mit verdünntem Salmiakgeist betupfen, mit Gallseife behandeln, waschen.
Nagellack	Mit Reinigungsbenzin behandeln (nicht bei Textilien aus Acetatfasern), waschen.

Meist genügt lauwarmes Wasser zum Entfernen frischer Flecken. Falls es nicht ausreicht, zu einem milden Mittel greifen, z. B. Spülmittel, Zitronensäure, Essig, Kernseife, Gallseife, Salmiakgeist. Fast alle Flecken lassen sich mit Gallseife entfernen.

Chemische Reinigung

Vor allem modische Kleidungstücke sind es, die oft nicht gewaschen werden können, sondern nur chemisch gereinigt. In der chemischen Reinigung wird nicht nur mit Wasser, sondern meist mit organischen Lösungsmitteln gearbeitet. Dadurch behalten die Fasern die Eigenschaften wie im trockenen Zustand, die Kleidung verliert ihre Form nicht.

Reinigungsbetriebe bieten in der Regel Vollreinigung und Sparreinigung an. Die Sparreinigung wird auch als Kleiderbad bezeichnet. Ein Kleiderbad ist zwar billiger, hartnäckige Flecken werden aber nicht beseitigt, es wird auch nicht mit der Hand gebügelt. Ein Kleiderbad reicht aus für wenig verschmutzte Kleidung. Verfleckte oder sehr schmutzige Kleidung braucht eine Vollreinigung.

Bevor man ein Kleidungsstück zur Reinigung gibt, Taschen leeren und evtl. Knöpfe oder Schließen abtrennen, mit Leder überzogene Mantelschließen vertragen z. B. die chemische Reinigung nicht, sie lösen sich ab oder fransen aus.

Chemisches Reinigen kostet verhältnismäßig viel Geld; ein billiges Kleidungsstück, das nicht gewaschen werden kann, kommt im Laufe der Zeit also auch sehr teuer. Bei manchen Stücken, z. B. Mänteln, Anzügen, Kostümen, ist dies unvermeidbar, aber diese werden ohnehin nur 1–2mal jährlich gereinigt. Ungünstig sind dagegen Kleider oder gar Blusen, die chemisch gereinigt werden müssen.

Ein weiterer Grund, schon beim Kauf auf die Pflegehinweise zu achten, ist der, daß auch bei chemischer Reinigung Fehler unterlaufen können, die Kleidung ruinieren können. (Rechte des Verbrauchers siehe S. 40 ff.)

Grundsätze zur Kleiderpflege

Wenn Kleidung sauber und ordentlich aussehen und lange halten soll, braucht sie gute Pflege. Dazu gehören nicht nur Waschen und Reinigen:

- Gut waschbare Schutzkleidung (Schürze, Kittel, Schutzanzug) tragen.
- Getragene saubere Kleidung auf Bügel hängen und auslüften, möglichst an frischer Luft.
- Flecken möglichst frisch entfernen.
- Schadhafte Stellen sofort ausbessern (Knöpfe annähen, Säume aufnähen, geplatzte Nähte nachnähen, Reißverschluß auswechseln).

- Taschen und Hosenaufschläge von Zeit zu Zeit ausbürsten, am besten im Freien, damit sich der Staub nicht wieder auf die Kleidung legt.
- Ausbürsten von Hosen, Röcken, Jacken, Mänteln etc. mit etwas Essig gibt ihnen wieder ein frisches, gepflegtes Aussehen. Dazu Kleiderbürste mit etwas Essigwasser benetzen und Kleidung mit leichtem Druck bürsten.
- Kleidungsstücke aufdämpfen, wenn sich Falten nicht mehr aushängen. Nur saubere Kleidung aufdämpfen, Flecken können nachträglich nur mit viel Mühe entfernt werden, weil der Schmutz durch die Hitzeeinwirkung verändert wird.
- Beim Aufdämpfen vorsichtig arbeiten, damit sich Nähte nicht durchdrücken und keine glänzenden Stellen entstehen, Dämpftuch verwenden.
- Teile, die aufgedämpft werden sollen, glatt auf das Bügelbrett legen, darüber das feuchte Dämpftuch oder ausgewrungenes Baumwolltuch. Das Bügeleisen mit sanftem Druck aufsetzen, bis das Tuch trocken ist; das Bügeleisen nicht bewegen, sonst verrutscht das Textil, es entstehen Falten. Nach dem Aufdämpfen das Kleidungsstück auf einen Bügel hängen und auslüften lassen.
- Spezielle Sommer- bzw. Winterkleidung nur sauber gewaschen oder gereinigt im Schrank verstauen. Motten fühlen sich nämlich vor allem in ungewaschener Kleidung wohl. Kleider, die sauber sind und vor dem Winterschlaf bzw. der Sommerruhe nicht gewaschen werden, ausgiebig im Freien lüften. Motten sind nämlich überaus lichtempfindlich und überstehen so eine Lüftungsprozedur nicht.
- Statt der altmodischen, stark riechenden Mottenkugeln gibt es heute geruchlose Mottenpapiere. Aber auch diese sind keineswegs unproblematisch, weil sie chemische Schädlingsbekämpfungsmittel enthalten. Wer nicht nur seinem teuren Wollmantel, sondern auch der Umwelt etwas Gutes tun will, schneidet Waldmeisterblätter oder Blätter des Walnußbaumes klein und hängt sie in Säckchen in den Schrank. Auch intensiver Duft hält Motten fern: Lavendelsäckchen, duftende Seife, Zedernholz, das gelegentlich aufgerauht wird.
- Pelze bringt man zum Kürschner oder schlägt sie kräftig aus, lüftet sie und deckt sie mit einem großen Leinenbeutel ab, der z. B. aus altem Bettzeug genäht wurde.
- Polyamidfasern neigen zu »Pilling«-Bildung, d. h. es bilden sich kleine Knötchen an der Oberfläche. Betroffen sind v. a. Stellen, die stark beansprucht werden, z. B. Tascheneingriffe, Ärmel. Diese Knötchen mit einem speziellen Rasierer oder mit einer kleinen Schere abschneiden. Abzupfen hilft nur kurze Zeit, weil man

dabei wieder Fasern aus dem Gewebe zieht, die sich zu Knötchen drehen.

Rationalisierung der Wäschepflege

Wäschepflege ist ein großer »Brocken« bei der Hausarbeit. Man kann den Aufwand nur in Grenzen halten, wenn man rationell vorgeht:

❑ Praktisch sind Vorrichtungen, mit deren Hilfe man die Wäsche gleich vorab sortieren kann, z. B. in Buntwäsche 60 °C, weiße Wäsche 60 °C, Feinwäsche hell, Feinwäsche dunkel, Arbeitskleidung. Eine »Endkontrolle« beim Befüllen der Waschmaschine gibt die Sicherheit, daß nichts verfärbt oder bei falscher Temperatur gewaschen wird.

❑ Alle Haushaltsmitglieder dazu anhalten, Socken auf rechts zu drehen, Reißverschlüsse zu schließen, Knopfleisten zu öffnen, Hosen- und Hemdtaschen auszuräumen. Das sind viele Handgriffe, die den einzelnen kaum aufhalten, in der Summe schon.

❑ Stark verschmutzte (Arbeits-)Kleidung einweichen: bei vielen Maschinen läßt sich das eingestellte Waschprogramm unterbrechen, so daß die nasse Wäsche nicht aus dem Einweichbottich in die Waschmaschine gezerrt werden muß.

❑ Sparen Sie Kraft beim Wäscheaufhängen: Recken und Bücken sind anstrengend. Die Wäscheleine nicht zu hoch hängen, den Korb mit der nassen Wäsche auf einen Hocker stellen, damit man sich nicht so tief bücken muß.

❑ Üben Sie das Bügeln im Sitzen, um die Beine zu entlasten. Damit Rücken- und Schulterbereich entlastet sind, ist die richtige Sitzhöhe wichtig, der Unterarm muß leicht nach unten hängen. Ein höhenverstellbarer Drehstuhl samt verstellbarem Bügelbrett ermöglichen die richtige Sitzhöhe.

❑ Große Wäscheteile wie Bettwäsche oder Tischdecken bügeln sich im Stehen leichter – falls man keine Bügelmaschine hat.

❑ Die Wäschespinne bzw. -leine in der Nähe des Hauses spart weite Wege. Ein überdachter Trockenplatz macht witterungsunabhängig. Ein oder zwei Flügelwäscheständer zusätzlich zur Leine sind praktisch für Kleinteile.

❑ Wäsche dann waschen, wenn man sich auch Zeit fürs Bügeln nehmen kann. Leicht feucht abgenommene Wäsche läßt sich mit wesentlich geringerem Kraftaufwand bügeln, und das Bügelergebnis ist perfekt im Verhältnis zu strohtrockener Wäsche. Auch wenn es Dampfbügeleisen und -stationen gibt: Was an Feuchtigkeit nicht aus der Wäsche getrocknet wurde, muß anschließend nicht energieaufwendig wieder hineingepumpt werden!

❑ Bei gutem Trockenwetter die Wäsche nur anschleudern oder bei niedriger Umdrehungszahl schleudern, sie knittert weniger und braucht dann gar nicht gebügelt zu werden bzw. läßt sich wesentlich leichter bügeln, zum Beispiel Leinen.

❑ So wenig wie möglich bügeln. Handtücher, Waschlappen, Unterwäsche, auch pflegeleichte Oberbekleidung braucht man nach dem Trocknen nur auszustreifen und zu falten. Wichtig: Sorgfältig aufhängen und die Wäscheklammern nicht an Stellen befestigen, die nachher sofort auffallen, z. B. an der Schulter.

❑ Blusen und Hemden zum Trocknen auf passende Kunststoffbügel hängen, den obersten Knopf schließen, dann müssen anschließend oft nur Kragen und Manschetten gebügelt werden.

❑ Bügeln von Bettwäsche kann man sich sparen, wenn sie an guten Trockentagen gewaschen und anschließend gleich wieder angezogen wird. Beim Kauf von Bettwäsche an den Pflegeaufwand denken; Jersey-Bettwäsche oder Seersucker-Bettwäsche muß nicht gebügelt werden.

❑ Richten Sie sich für den Sommer einen Platz zum Falten der Wäsche im Freien ein. Dort fühlt man sich nicht nur wohler, auch Flusen und Staub bleiben draußen. Gestalten Sie den Bügelplatz so, daß der Blick ins Freie oder auf ein schönes Bild fällt. Auch Musik oder interessante Wortbeiträge im Radio machen die Bügelarbeit angenehmer. Fernsehen verlängert dagegen die Bügelzeit.

❑ Waschen Sie nur Kleidung, die tatsächlich verschwitzt oder verschmutzt ist. Ordentlich auf einen Bügel aufgehängt und gelüftet, kann vieles ein zweites oder drittes Mal getragen werden. Gerade bei Wollsachen reicht oft gründliches Auslüften. Getragene Wäsche sollte jedoch nicht in den Kleiderschrank zurückgehängt, sondern an einer Vorrichtung im Raum aufgehängt werden.

❑ Am falschen Ende spart, wer das Waschen von Spüllappen und Geschirrtüchern hinauszögert. Sie sollten alle paar Tage gewechselt werden, ebenso Handtücher.

❑ Ein gut eingerichteter Hauswirtschaftsraum erleichtert die Wäschepflege enorm (siehe S. 228).

7. NÄHPRAXIS

7.1. *Lohnt sich das Selbernähen?*

Kleidungsstücke selbst zu nähen ist nicht von vornherein günstiger, als sie fertig zu kaufen. Die Entscheidung, ob selbst genäht wird, hängt von mehreren Faktoren ab. Wichtig sind aber einige Grundkenntnisse, damit Ausbesserungsarbeiten ausgeführt werden können.

Welche Nähkenntnisse sind vorhanden?

Wer nicht nähen kann und es nur deshalb lernen möchte, weil damit Geld gespart werden kann, sollte lieber die Finger davon lassen. Wer nämlich keine Freude am Nähen mitbringt, wird sich immer schwertun und nicht den gewünschten Erfolg haben. Stoff und Material kosten aber auch Geld, und wenn daraus kein tragbares Kleidungsstück entsteht, ist der Spareffekt dahin.
Wer gerne nähen lernen möchte, sollte einen Nähkurs machen. Nähkurse werden von verschiedenen Vereinen angeboten, z. B. Frauenbund, Volkshochschule; auch Firmen, die Nähmaschinen verkaufen, bieten Kurse an.
Wer sich das Nähen selbst beibringen möchte, sollte langsam und mit einfachen Dingen anfangen, denn es ist auch bei den Näherinnen kein Meister vom Himmel gefallen. Wer mit einfachen Näharbeiten anfängt, z. B. Tischdecke, Kissen, einfache Schürze, hat Erfolg und kann seine Kenntnisse nach und nach ausbauen. Auch wenn manche Nähanleitung in Zeitschriften sich einfach und problemlos anhört, steckt der Teufel meist im Detail, und gerade die Details machen eine saubere Näharbeit aus.

Wieviel Zeit steht zur Verfügung?

Nähen verschlingt Zeit. Näharbeiten sollten also nur dann angefangen werden, wenn neben den täglich anfallenden Arbeiten genügend Zeit zur Verfügung steht. Denn es ist nichts damit gewonnen, Kleidung selber zu nähen und andere Bereiche des Haushalts, z. B. Kinderbetreuung, zu vernachlässigen. Entschließt man sich, ein bestimmtes Kleidungsstück zu nähen, muß natürlich auch die Zeit etwas geplant werden, damit nicht die Sommerbluse im Herbst erst fertig ist.

Kostenvergleich
Material – Konfektionsware

Wer vom Nähfieber gepackt ist, sollte nicht in den Fehler verfallen, generell keine Kleidung mehr zu kaufen. Manchmal werden z. B. Kinder- und Arbeitskleidung sehr günstig angeboten. Dann lohnt sich die Selbstanfertigung meist nicht einmal mit einem günstigen Stoff aus dem Sonderangebot, abgesehen von der Arbeitszeit. Die Materialkosten sollten auf jeden Fall unter dem Kaufpreis guter Konfektionsware liegen.

Arbeitsplatzgestaltung

Wie bei anderen Tätigkeiten, ist auch beim Nähen der Arbeitsplatz sinnvoll zu gestalten. Dann ermüdet man nicht so leicht, und das Nähen geht schneller von der Hand. Ideal ist ein eigener Raum, in dem eine gesonderte Nähecke eingerichtet ist. Das Nähen macht mehr Freude, wenn die Arbeit auch einmal unterbrochen werden kann, ohne sofort alle Utensilien aufräumen zu müssen.
- Nähmaschine, Bügelplatz und Arbeitstisch sollten einander zugeordnet sein.
- Die Nähmaschine nah an ein Fenster stellen, so daß das Tageslicht von vorne oder von der linken Seite einfallen kann.
- Bei Tageslicht näht es sich am leichtesten. Zusätzlich wird eine schwenkbare, blendfreie Lampe benötigt.
- Der Stuhl sollte höhenverstellbar sein.
- Hilfsmittel und Nähzubehör (Schere, Nadeln, Maßband) sollten griffbereit liegen.

7.2. *Die wichtigsten Arbeitsgeräte*

Arbeits- und Hilfsmittel für den Hobbyschneider werden in großer Vielfalt angeboten; nicht alles, was es zu kaufen gibt, braucht man wirklich. Für die grundlegenden Ausbesserungsarbeiten gibt es jedoch einige Geräte, die in jedem Haushalt vorhanden sein sollten.

Nähmaschine

Nähmaschinen gibt es in großer Auswahl. Wer nicht übermäßig viel näht, kommt mit einem einfachen Gerät aus. Hobbyschneiderinnen suchen sich meist eine Maschine mit vielen Funktionen. Da es bei Nähmaschinen große Preisunterschiede gibt, sollte man schon beim Kauf überlegen, wieviel Geduld und Geschick man fürs Nähen hat, denn eine teure Maschine lohnt sich nur, wenn sie auch häufig eingesetzt wird (siehe S. 314).

Scheren, Pfeiltrenner

Benötigt werden eine große Schneiderschere zum Zuschneiden und eine kleine Haushaltsschere für alle anderen Arbeiten, z. B. Fäden abschneiden, Papier zuschneiden.

Bei der Schneiderschere lohnt es sich, auf Qualität zu achten, die Schere soll nachgeschliffen werden können und aus nichtrostendem Edelstahl hergestellt sein. Beim Kauf in die Hand nehmen, um zu testen, ob der Griff zur Hand paßt. Die Schere soll schwer sein und eine lange Schneide haben, damit auch dicke Stoffe mühelos und sauber geschnitten werden können.

Mit der Schneiderschere kein Papier schneiden, sie wird sonst schnell stumpf.

Eine Zackenschere ist nicht unbedingt notwendig, sie ist aber praktisch beim Versäubern.

Der Pfeiltrenner wird benutzt zum Aufschneiden von Knopflöchern, zum Abtrennen von Knöpfen und zum Auftrennen von Nähten. Vorsicht ist angesagt beim Umgang mit dem Trenner, er ist sehr scharf und schneidet schnell ungewollte Löcher in den Stoff.

Metermaß

Das Bandmaß sollte an beiden Enden mit Metall verstärkt sein, das erhöht die Haltbarkeit; ein kleines Loch an einem Ende ermöglicht es, das Maß als Zirkel zu verwenden.

Das Lineal (Handmaß) wird verwendet zum Abmessen kleiner Stoffteile, z. B. Schrägstreifen.

Nadeln

Nähnadeln gibt es in verschiedener Stärke. Je niedriger die Zahl, desto feiner ist die Nadel. Für dünne, leichte Stoffe werden feine Nähnadeln verwendet, für dicke schwere Stoffe dicke Nadeln, weil mit der Stoffdicke auch die Garnstärke zunimmt.

Da nicht alles mit der Maschine genäht werden kann, braucht man auch einige Nähnadeln verschiedener Größe und einen Fingerhut, der auf den rechten mittleren Finger paßt. Mit dem Fingerhut wird die Nadel samt Faden durch den Stoff gedrückt.

Stecknadeln sind beim Nähen ebenfalls unentbehrlich. Ideal sind lange Nadeln mit flachem, kleinem Kopf aus Metall. Stecknadeln mit farbigem Kunststoffkopf findet man zwar leichter, wenn sie auf den Boden fallen, der Kopf schmilzt aber beim Bügeln leicht und ist unter dem Füßchen der Nähmaschine im Weg.

Nähgarn

Das Nähgarn wird in Stärke und Farbe nach dem jeweiligen Stoff ausgewählt:
❑ Baumwollgarn für Baumwoll- und Leinenstoffe
❑ Nähseide für Seidenstoffe
❑ Synthetikgarn für Chemiefasern

Es ist nicht gleichgültig, welches Garn für welchen Stoff verwendet wird, Synthetikgarn verträgt z. B. die hohen Waschtemperaturen von Leinen nicht. Grundsätzlich ist Synthetikgarn strapazierfähiger und verschleißt weniger schnell als Garn aus Baumwolle. Robust sind auch mercerisierte Baumwollgarne.

Heftgarn wird verwendet zum Heften (Reihen), es reißt sehr schnell und kann daher leicht entfernt werden. Knopflochgarn ist ein spezielles Garn zum Nähen von Knopflöchern, es ist stark gedreht und fest.

7.3. Die wichtigsten Nähtechniken

Nähte

Zwar werden lange Nähte meist mit der Maschine gemacht, für kleine Stücke muß dennoch häufig mit der Hand genäht werden. Dafür ist die mit Steppstichen (Rückstichen) ausgeführte Naht die haltbarste von Hand genähte Naht. Man arbeitet von rechts nach links. Angewendet wird der Steppstich beim Ausbessern von Nähten und beim Einnähen von Reißverschlüssen von Hand.

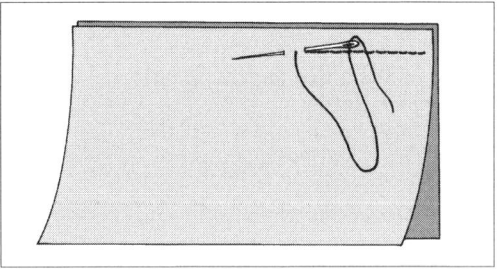

Steppstich

EINFACHE NAHT

Bei der einfachen Naht ist die Nahtzugabe offen und muß noch versäubert werden.

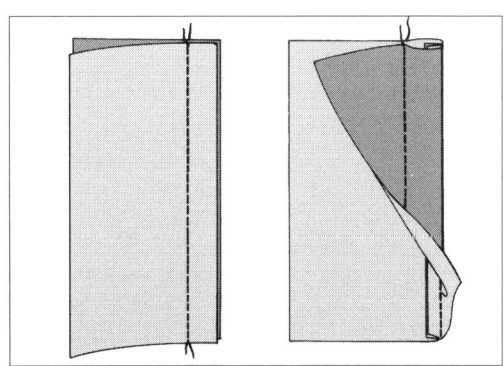

Einfache Naht und doppelte Naht

Arbeitsweise
1. Stoffteile rechts auf rechts aufeinanderlegen und zusammenstecken, anschließend heften.
2. Entlang den Heftstichen steppen.
3. Naht auseinanderbügeln, Heftfaden herausziehen.
Anwendung: bei sehr dicken Stoffen, sie kann aber auch bei allen anderen Stoffen verwendet werden.

DOPPELTE NAHT

Doppelnähte sind besonders haltbar. Sie werden angewendet bei Nähten, die sehr fest sein müssen oder bei dünnen Stoffen, damit sie nicht ausreißen.
Die Rechts-Links-Naht wird auch französische Naht genannt. Sie ist sehr strapazierfähig und muß nicht versäubert werden, da die Schnittkanten innerhalb der beiden Nähte liegen.

Arbeitsschritte:
1. Stoffteile links auf links aufeinanderlegen, stecken, heften, auf der rechten Stoffseite steppen.
2. Die Nahtzugabe etwas zurückschneiden, Naht ausbügeln.
3. Stoffteile rechts auf rechts umklappen und auf der linken Stoffseite entlang der innen fühlbaren Nahtzugabe eine zweite Naht steppen.
Anwendung: Ungefütterte Jacken, Blusen und Kleider aus dünnen Stoffen, Beutel, Arbeitskleidung, Bettwäsche.

Säume

Säume werden von Hand oder mit der Nähmaschine genäht. Handsäume haben den Vorteil, daß sie bei sauberer Arbeit von rechts nicht zu sehen sind. Allerdings sind sie nicht sehr haltbar. Maschinensäume sind schnell genäht und strapazierfähig, aber man sieht sie auf der rechten Stoffseite, vor allem bei einfarbigen Stoffen. Egal, ob mit der Maschine oder von Hand genäht, Säume müssen exakt und ordentlich sein, sonst wirft der Stoff Falten.

DER HANDGENÄHTE SAUM

Beim Handsaum wird meist der hohle Saumstich verwendet. Er wird verdeckt genäht und ist weder von innen noch von außen zu sehen. Dazu wird die Umbruchkante mit dem Daumen etwa einen halben Zentimeter umgeschlagen; mit der Nadel wird dann – von rechts nach links – vom Oberstoff und von der umgeschlagenen Kante jeweils ein Faden gegriffen. Den Faden nur locker anziehen, damit sich der Saum auf der rechten Seite nicht abzeichnet.

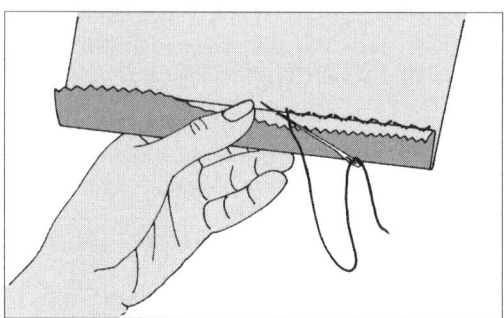

Hohler Saumstich

DER MASCHINENGENÄHTE SAUM

Wird ein Saum mit der Maschine genäht, verwendet man dazu eine einfache Steppnaht, die natürlich auf der rechten Stoffseite sichtbar ist. Der Saum wird daher nur gesteppt, wenn er ganz knapp an der Kante genäht wird (z. B. bei einfarbigen Stoffen). Bei buntgemustertem Stoff kann der Saum auch breiter abgesteppt werden, weil diese Naht weniger auffällt als bei einfarbigem Stoff.
Die meisten Maschinen haben einen sogenannten Blindstich. Mit diesem Stich ist es möglich, ähnlich wie beim hohlen Saumstich mit der Hand einen unsichtbaren Saum zu nähen.

VERSCHIEDENE SÄUME

Eingeschlagener Saum
Bei diesem Saum wird der Stoff zweimal eingeschlagen. Die Kante zunächst nur um etwa 5 mm umschlagen und bügeln. Danach in gewünschter Breite umschlagen, bügeln, stecken und heften. Zum Schluß mit der Hand oder Maschine den Saum nähen.

Offenkantiger Saum
Bei diesem Saum wird die Kante nur einmal umgeschlagen, die versäuberte Kante ist sichtbar. Den Saum in der gewünschten Breite umschlagen

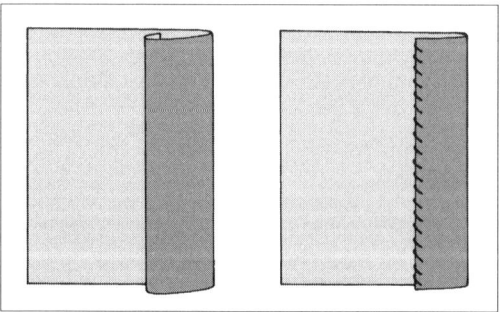

Eingeschlagener und offenkantiger Saum

und bügeln, die Kante versäubern, Saum mit der Hand oder Maschine festnähen.

Falscher Saum

Wenn der Stoff nicht reicht (z. B. beim Verlängern) oder zu dick ist, näht man einen »falschen« Saum aus einem anderen Stoff. Dieser Besatzstreifen wird rechts auf rechts an die Saumkante angelegt und schmal aufgesteppt. Er wird nach innen geschlagen, gebügelt, gesteckt, einen halben Zentimeter umgeschlagen und von Hand bzw. mit dem Blindstich der Maschine angenäht.

TRICKS BEIM SÄUMEN

◻ *Nähte im Saum:* Damit sich Nahtzugaben im Saum nicht nach außen abzeichnen, schneidet man die Zugaben knapp zu.

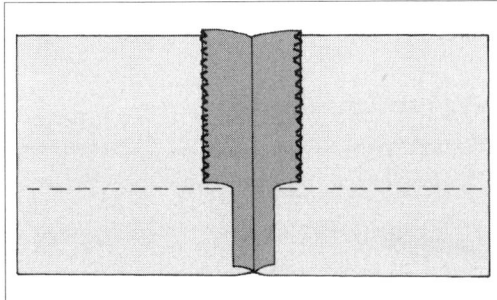

Naht im Saum

◻ *Der Saum an einer genähten Falte:* Der Saumumschlag wird mit in die Naht eingefaßt, d. h. erst wird der Saum fertig gearbeitet und dann die Nähte geschlossen. Damit die Nahtränder nicht zu sehen sind, die Ecken etwas abschrägen und mit der Hand hohl gegeneinandernähen (von außen nicht sichtbar).

◻ *Der Saum an Ecken:* Endet der Saum an einer Verschlußkante oder einem Schlitz, so näht man erst den Saum und schlägt den Besatz darüber.

◻ *Der Saum an einer Rundung:* Bei runden Säumen darf der Einschlag nicht zu breit sein, sonst

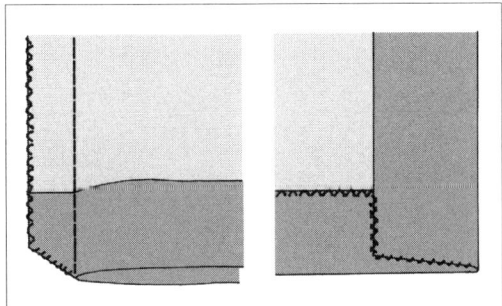

Saum an einer Falte, Saum an einem Umschlag

wirft der Stoff Falten. Je stärker die Rundung, desto schmaler sollte der Saum sein, denn die Mehrweite muß eingehalten werden.

VERSÄUBERN

Innen soll ein Kleidungsstück genauso sauber aussehen wie außen, daran erkennt man eine sorgfältige Schneiderin. Alle Nahtränder müssen daher versäubert werden. Es gibt mehrere Möglichkeiten.

Versäubern mit Handstichen:

Mit der Hand werden kurze Nähte versäubert, Ausbesserungen gemacht oder Ecken versäubert, die für die Nähmaschine nicht zugänglich sind.

◻ *Überwendlichstich:* Die Stoffkante wird von vorne nach hinten umstochen, dabei wird von links nach rechts gearbeitet.

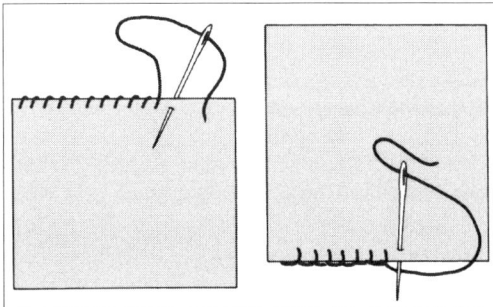

Überwendlichstich, Schlingenstich

◻ *Schlingenstich:* Mit der Nadel in den Stoff einstechen und zwischen Stoff und Fadenschlinge herausziehen. Es wird ebenfalls von links nach recht gearbeitet.

Versäubern mit der Nähmaschine

Sehr schnell und einfach lassen sich Kanten mit dem Zickzackstich versäubern. Die Stichbreite und -dichte richtet sich nach der Stoffqualität. Je feiner der Stoff, desto enger und breiter wird der Zickzackstich eingestellt.

Die Fadenspannung darf nicht zu straff sein, sonst zieht sich die Kante zusammen und liegt nicht mehr flach.

Versäubern mit der Zackenschere

Die Zackenschere eignet sich zum Versäubern fest gewebter Stoffe, die nicht fransen, z. B. Filz, Jersey. Die Nahtränder werden mit der Zackenschere gleichmäßig abgeschnitten.

Schrägstreifen

Schrägstreifen sind dehnbar, weil sie schräg zum Fadenlauf zugeschnitten werden. Sie passen sich

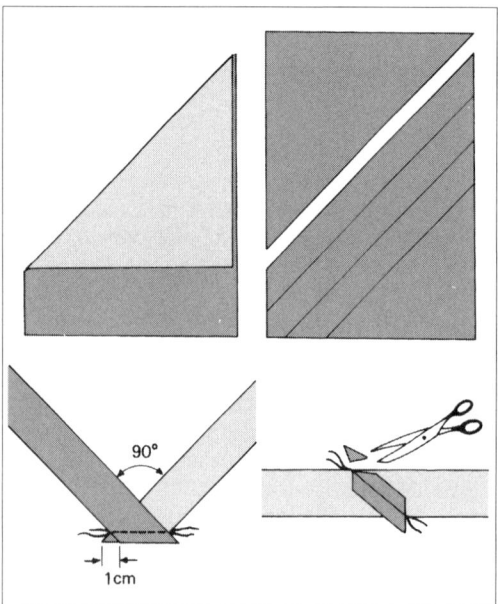

Schrägstreifen zuschneiden und zusammennähen

Ecken und Rundungen an und werden deshalb zum Versäubern verwendet.

Praktische Hinweise:

- *Schrägstreifen kann man als Meterware kaufen in verschiedenen Breiten, Farben und aus verschiedenen Materialien. Gekaufte Schrägbänder sparen Zeit, bedeuten aber zusätzliche Kosten.*
- *Schrägstreifen, die aus andersfarbigen Stoffen angesetzt werden, können als Verzierung dienen.*

HERSTELLUNG VON SCHRÄGSTREIFEN

Arbeitsschritte
1. Den Stoff genau im rechten Winkel umschlagen und diese Umbruchkante bügeln oder mit dem Fingernagel markieren.
2. Parallel zur Schnittkante Schrägstreifen in gewünschter Breite abmessen und mit der Schneiderkreide und dem Lineal anzeichnen.
3. Die einzelnen Streifen abschneiden.

Schrägstreifen werden aus Stoffresten geschnitten und haben daher nur selten die benötigte Länge, sie müssen angesetzt werden:
1. Zwei Schrägstreifen rechts auf rechts übereinanderlegen.
2. Die Kanten um etwa einen Zentimeter verschieben, so daß zwei Kreuzungspunkte entstehen. Von Kreuzungspunkt zu Kreuzungspunkt steppen.
3. Die Naht ausbügeln und die überstehenden Ecken kantengleich abschneiden.

SCHRÄGSTREIFENVERSÄUBERUNG

Arbeitsschritte:
1. Schrägstreifen und Stoff rechts auf rechts aufeinanderlegen, etwa einen halben Zentimeter breit absteppen.
2. Schrägstreifen umklappen und niederbügeln.
3. Stoff wenden, die äußere, lose Schrägstreifenkante etwa einen halben Zentimeter umschlagen und diesen Saum bügeln.
4. Den Schrägstreifen feststecken und heften.
5. Schrägstreifen mit der Hand (mit Saumstichen) annähen oder mit der Nähmaschine.

Grundsätzlich wird bei Rundungen genauso gearbeitet wie bei geraden Kanten. Damit sich der Schrägstreifen der Rundung anpaßt, muß er entsprechend gedehnt bzw. eingehalten werden. Er wird auf die entsprechende Rundung, z. B. Halsausschnitt, gelegt und in Form gebügelt: am äußeren Rand etwas dehnen, an der Innenseite leicht einhalten. Dabei dürfen keine Falten entstehen.

Praktischer Hinweis:

- *Schrägstreifen lassen sich leicht in die benötigte Form bügeln, wenn sie angefeuchtet werden.*

Knopfloch

Knopflöcher werden heutzutage meist mit der Maschine genäht. Nur bei sehr dicken Stoffen oder bei sehr genauer Näharbeit werden sie mit der Hand gearbeitet.

Die Größe eines Knopflochs richtet sich nach dem Durchmesser des Knopfes, zusätzlich werden 2 bis 5 mm für die Verarbeitung zugegeben.

Knopflöcher werden meist waagerecht genäht, weil dann die Knöpfe beim Tragen nicht so leicht herausrutschen. Ein waagerechtes Knopfloch beginnt etwa 2 mm vor der eingezeichneten Mittellinie (im Schnitt angegeben), damit der Knopf später genau in der Mitte sitzt.

Bei Damenkleidung liegt die Knopflochleiste rechts, es wird von rechts nach links geknöpft, bei Herrenkleidung genau umgekehrt.

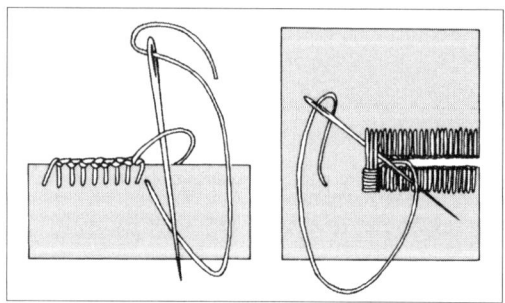

Knopflochstich und festgeschürzter Riegel

MASCHINENKNOPFLOCH

Knopflöcher sind mit der Maschine schnell genäht, allerdings erfordert auch ein Maschinenknopfloch einige Übung. Bei Maschinen mit Knopfloch-Automatik sind Knopflöcher sehr einfach zu nähen, die Arbeitsweise ist in der Bedienungsanleitung enthalten. Auch bei Knopfloch-Halbautomatik informiert die Bedienungsanleitung.

HANDKNOPFLOCH

Knopflöcher, die mit der Hand genäht werden, sind sehr haltbar, erfordern aber auch einen hohen Zeitaufwand und viel Sorgfalt.

Arbeitsweise:
1. Größe des Knopfloches mit der Schneiderkreide anzeichnen und aufschneiden.
2. Mit Überwendlichstichen (siehe S. 365) werden die Schnittkanten umstochen, damit sie nicht ausfransen.
3. Das Knopfloch wird von links nach rechts gearbeitet, man beginnt an der unteren Kante. Knopflochstich: etwa 2 mm unterhalb der Kante von links einstechen und den Faden bis auf eine kleine Schlinge (an der oberen Kante) durchziehen. Durch diese Schlinge wird die Nadel noch einmal geführt, wiederum von hinten nach vorne. Anschließend die Schlinge fest anziehen in Richtung zum Körper. So bilden sich kleine, feste Knötchen, die dicht auf der Kante sitzen.
4. Am Ende der ersten Raupe drei Stiche der doppelten Länge als Riegel sticken und diese ebenfalls mit Knopflochstichen umstechen (festgeschürzter Riegel).
5. Das Knopfloch drehen und die zweite Raupe sowie den zweiten Riegel gegengleich nähen, Faden mit einigen kleinen Stichen nah an der Raupe vernähen.

Annähen von Knöpfen

Einfach und zeitsparend lassen sich Knöpfe mit der Nähmaschine annähen, die Bedienungsanleitung gibt genaue Auskunft darüber.
Knöpfe sollten immer auf doppelten Stoff angenäht werden. Ist das nicht möglich, ein kleines Stück Stoff unterlegen oder einen Unterknopf mitnähen.

KNÖPFE MIT STIEL ANNÄHEN

Damit sich Knöpfe leichter auf- und zuknöpfen lassen, werden sie mit einem »Stiel« angenäht. Der Stiel entsteht, indem man den Knopf etwas vom Stoff weghält oder ein Streichholz auf den

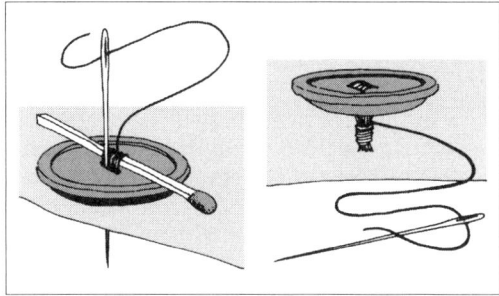

Knopf mit Stiel, Stiel nähen

Knopf legt, das nach dem Annähen herausgezogen wird. Diese »hohen« Stiche werden dann mit dem Faden fest umwickelt und der Faden auf der linken Stoffseite vernäht.

Reißverschluß einsetzen

Es gehört zu den häufigsten Näharbeiten, einen defekten Reißverschluß auszuwechseln. Je nachdem in welcher Technik er eingenäht war, muß er auch wieder eingesetzt werden.

BEIDSEITIG VERDECKTER REISSVERSCHLUSS

Arbeitsschritte: von Hand genäht.
1. Die Nahtzugaben, unter denen der Reißverschluß eingearbeitet werden soll, bügeln. Die Kanten werden besonders exakt, wenn zunächst die ganze Schlitzlänge bzw. Naht mit Heftstichen geschlossen, gebügelt und danach der Heftfaden wieder herausgezogen wird.
2. Den geschlossenen Reißverschluß unter die Naht legen, stecken und heften.
3. Reißverschluß mit Steppstich annähen, die Enden gut vernähen.

Arbeitsschritte: mit der Maschine genäht
1. Reißverschluß wie oben beschrieben einheften und mit dem Reißverschlußfüßchen der Nähmaschine steppen. Dabei den Reißverschluß etwa zur Hälfte öffnen. Auf der rechten Stoffseite steppen, links oben beginnen.
2. Am Schieber des Reißverschlusses die Nadel im Stoff steckenlassen, Füßchen hochheben, den Reißverschluß zuziehen und danach weiterstreppen bis zur Endklammer.
3. Die Nadel im Stoff stecken lassen und die Näharbeit um 90 Grad drehen, vorsichtig quer über den Reißverschluß nähen.
4. Die zweite Seite gegengleich nähen.

EINSEITIG VERDECKTER REISSVERSCHLUSS

Arbeitsschritte

1. Für den Untertritt von der linken gebügelten Bruchkante (bei Herrenbekleidung umgekehrt) etwa 1 cm von der Nahtzugabe so vorschieben, daß die neue Bruchkante auf dem rechten Umbruch liegt.
2. Den Reißverschluß so unter diese neue Bruchkannte bzw. den Untertritt legen, daß die Zähnchenreihe gerade noch zu sehen ist.
3. Reißverschluß und Untertritt stecken, heften und nähen.
4. Reißverschluß schließen und den Übertritt so darüberlegen, daß die Bruchkante genau auf der ursprünglichen Nahtmarkierung liegt. Der Reißverschluß ist nun vollständig verdeckt.
5. Reißverschluß und Übertritt stecken, heften und nähen.

Wenn die Nähmaschine nicht richtig spurt

Wie alle anderen Maschinen kann auch eine Nähmaschine hin und wieder Störungen haben. Meist lassen sich kleine Pannen schnell beheben, wenn nicht, hilft der Fachmann weiter.

7.4. Textilien ausbessern

Bei den meisten Wäschestücken lohnt es sich, Schadstellen auszubessern. Ist dagegen ein Kleidungsstück bereits oft geflickt, alt und verwaschen, wird es aussortiert, das Ausbessern lohnt sich nicht mehr.

Ausbessern von Wäsche ist sehr arbeitsaufwendig, wenn es mit der Hand ausgeführt wird. Daher nach Möglichkeit mit der Maschine arbeiten. Die Arbeit kann zusätzlich vereinfacht werden, indem z. B. fertig gekaufte Stoffteile aufgebügelt oder aufgenäht werden (Herzen, Ovale, verschiedene Formen aus Stoff oder Leder).

Vorarbeiten:

- Schadhafte Wäschestücke sortieren nach Gewebestärke, Farbe und Größe der Schadstellen.
- Flickstoff passend auswählen in Farbe, Muster, Webart und Stärke, neuen Flickstoff vorher waschen.
- Stopfgarn ebenfalls entsprechend der Farbe und Stärke des Wäschestückes wählen.

Beim Aufsetzen oder Einsetzen von Flicken auf Fadenlauf und Musterung achten; je schmaler die Nähte, desto schöner die Ausbesserungsarbeit!

Häufige Störungen bei Nähmaschinen

Ursache	Abhilfe
Maschine läuft schwer	
Die Maschine ist durch falsches Öl verharzt und verklebt.	Die Maschine gründlich reinigen bzw. reinigen lassen, zum Ölen nur Nähmaschinenöl verwenden.
Fadenreste befinden sich in der Greiferbahn.	Fadenreste entfernen und einen Tropfen Öl in die Greiferbahn geben.
Stoff wird schlecht transportiert	
Der Transporteur steht zu tief.	Den Transporteur höher stellen.
Nähstaub hat sich zwischen den Zahnreihen abgesetzt.	Die Stichplatte abschrauben und die Zähne mit einem Pinsel säubern.
Der Faden reißt	
Die Nadel ist nicht richtig eingesetzt.	Die Nadel richtig einsetzen.
Die Nadel ist verbogen oder stumpf.	Eine neue Nadel einsetzen.
Die Fadenspannung ist nicht richtig eingestellt.	Die Fadenspannung überprüfen und bei Bedarf ändern.
Der Faden ist nicht richtig eingefädelt.	Richtig einfädeln.
Das Garn ist knotig.	Neues Garn verwenden.
Die Naht ist ungleichmäßig	
Die Fadenspannung ist verstellt	Ober- und Unterfadenspannung kontrollieren.
Der Unterfaden ist nicht gleichmäßig aufgespult.	Unterfaden genau der Anleitung entsprechend aufspulen.
Die Nadel bricht ab	
Die Nadel ist krumm.	Eine neue Nadel einsetzen.
Das Garn ist im Verhältnis zur Nadel zu dick.	Nadel und Faden aufeinander abstimmen.
Die Spulenkapsel ist nicht richtig eingesetzt.	Die Spulenkapsel beim Einsetzen bis zum Anschlag einschieben.
Durch Ziehen oder Schieben des Stoffes wird die Nadel gebogen und trifft auf die Stichplatte.	Den Stoff nur leicht führen.

Stopfen

STOPFEN MIT DER NÄHMASCHINE

Stopfen mit der Nähmaschine ist grundsätzlich mit jeder Maschine möglich, erfordert jedoch Übung. Teure Kleidungsstücke nur dann mit der Maschine stopfen, wenn man viel Übung hat, ansonsten das gute Stück besser in einer Kunststopferei reparieren lassen.
Mit der Maschine werden hauptsächlich Bett-, Tisch-, Küchen- und Unterwäsche sowie Arbeitskleidung gestopft.

Arbeitsweise:

1. Stopffuß (laut Bedienungsanleitung) einsetzen. Fadenspannung an einem Probeflecken testen, bei zu straffer Spannung zieht sich das Gewebe zusammen.
2. Beschädigte Stelle fadengerade in den Stopfrahmen spannen.
3. Den Stoff gleichmäßig und langsam führen. Da der Transporteur versenkt ist, muß die Nährichtung selbst bestimmt werden.
4. Über die Schadstelle hinausstopfen, jeweils in Rundungen in die Gegenrichtung umdrehen. An der linken Seite der Schadstelle mit dem Stopfen beginnen, nach einigen Stichen die Anfangsfäden abschneiden, damit sie nicht in die Stoffbahn gelangen.

Praktische Hinweise:

- *Schadstelle nicht zu dicht stopfen, damit sie nicht hart wird.*
- *Dünne, fast durchgebrochene Stoffstellen mit dem gleichen oder etwas dünnerem Material unterlegen und überstopfen, dabei in das unbeschädigte Material hineinstopfen.*

- *Bei großen Schadstellen erst in großen Bögen stopfen, danach dichter. Unterlegen von dünnem, farblich passendem Stoff spart Zeit.*
- *Bei Wirkwaren diagonal zum Fadenlauf stopfen, damit die Stelle dehnbar bleibt.*

STOPFEN VON HAND

Von Hand werden meist Kleidungsstücke aus Maschenware, z. B. Pullover, Westen, Socken, Unterwäsche, gestopft.

Arbeitsschritte:

1. Schadhafte Stelle über ein Stopfei legen.
2. Gleichmäßig nebeneinander Fäden über das Loch spannen, die Einstichstellen liegen im unbeschädigten Stoff. Fäden nicht zu fest ziehen.
3. Rechtwinkelig zu den Spannfäden im gleichmäßigen Über- und Unterführen das Loch zunähen.

Flicken

DER ZICKZACKFLICKEN

Der Zickzackflicken wird angewendet bei Wäsche, Kinder- und Arbeitskleidung. Er ist leicht und schnell zu nähen, allerdings ist er deutlich erkennbar, wodurch jedoch, z. B. bei Kinderkleidung, lustige Effekte erzielt werden können.

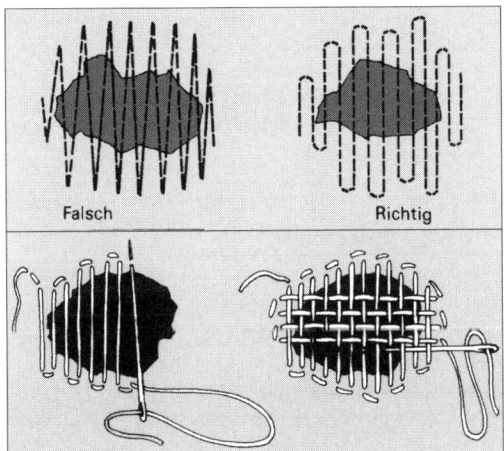

Stopfen mit der Maschine und von Hand

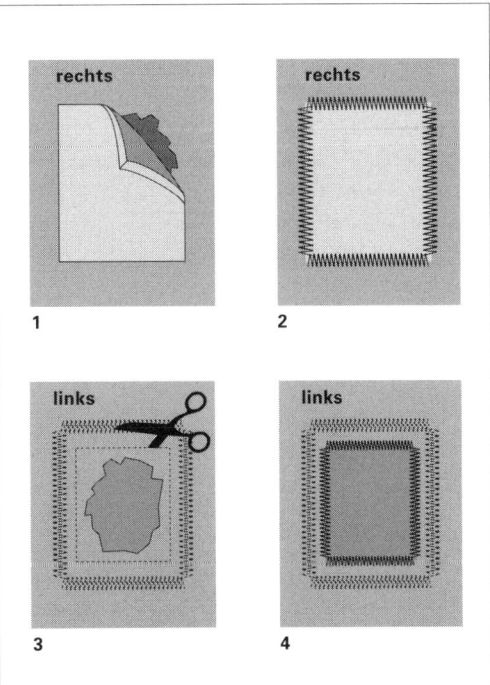

Arbeitsschritte beim Zickzackflicken

Arbeitsweise:

1. Die schadhafte Stelle anzeichnen, den Flicken fadengerade zuschneiden mit 1,5 bis 2 cm Nahtzugabe an jeder Seite.
2. Flicken auf der rechten Seite aufstecken und mit kleinem, weitem Zickzackstich annähen.
3. Den inneren Rand nahe der inneren Zickzacklinie mit kleinem Geradstich festnähen.
4. Schadhafte Stelle auf der linken Seite am Geradstich entlang ausschneiden.
5. Auf der rechten Seite mit großem, etwas engerem Zickzackstich übernähen.

DER AUFGESETZTE FLICKEN

Der aufgesetzte Flicken ist ebenfalls einfach zu arbeiten und wird auch bei Arbeits-, Kinderkleidung sowie Wäsche angewendet.

Arbeitsweise:

1. Flickstoff fadengerade zuschneiden mit rundherum 2 cm Nahtzugabe.
2. Flicken rundherum etwa 0,5 cm einbücken und auf der linken Seite des Wäschestücks aufstecken und schmalkantig steppen.
3. Die schadhafte Stelle 1,5 cm vor der Stepplinie auf der rechten Seite ausschneiden, die Ecken 0,5 cm schräg einschneiden.
4. Die Schnittkanten 0,5 cm einbücken, stecken und wieder schmalkantig annähen.

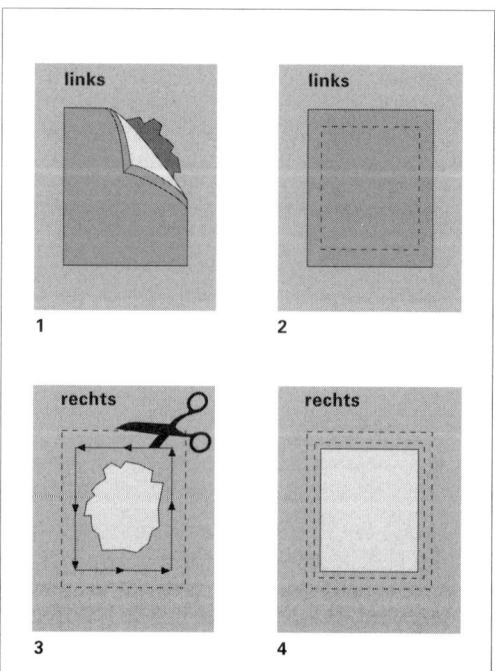

Arbeitsschritte beim aufgesetzten Flicken

DER EINGESETZTE FLICKEN

Der eingesetzte Flicken ist arbeitsaufwendig, er wird deshalb fast nur bei neuwertigen Kleidungsstücken gemacht; für Verschleißschäden ist er zu aufwendig.

Arbeitsweise:

1. Schadhafte Stelle anzeichnen und fadengerade ausschneiden.
2. Den Flicken mit 2 cm Nahtzugabe zuschneiden.
3. Flicken so in den Ausschnitt stecken, daß auf der linken Seite etwa 1 cm vorsteht, 0,5 cm tief einnähen. In den Ecken Nadel steckenlassen, Nähfuß hochstellen und den Stoff bis in die Ecke einschneiden.
4. Den Flicken zur anderen Seite durchziehen, dabei Nahtzugabe gleichmäßig vorstehen lassen. Auf den Fadenlauf achten und weiternähen.
5. Danach Naht ausstreifen und als flache Doppelnaht niedernähen.

Ausbessern von Bettwäsche

Bettwäsche wird selten geflickt, sondern meist umgenäht. Aus einem dünnen Bettlaken kann z. B. ein Kissenbezug genäht werden, der verschlissene Teil des Lakens wird abgeschnitten.
Eine ebenfalls bewährte Methode ist das Austauschen der Webkante und Mitte des Bettuches. Dazu wird das Laken in der Mitte längs durchgeschnitten und die äußeren Webkanten als neue Mitte zusammengenäht, am besten mit einer nicht zu schmalen Kappnaht.

Ausbessern von Oberbekleidung

- *Ärmel:* Manschetten an Arbeitshemden verstürzen, Ärmel verkürzen oder ganz austrennen, so wird z. B. aus einer langärmligen Bluse eine kurzärmelige, wenn die Ellenbogen durchgewetzt sind
- *Kragen:* verstürzen oder neu ansetzen.
- *Löcher, Triangel:* Flicken einsetzen (s. o.) oder Applikation aufnähen.

Motive applizieren

Applizieren nennt man das Aufnähen von Motiven aus passenden Stoffresten auf ein Wäschestück, z. B. Kinderkleider, Schürzen, Kissenbezüge, Tischdecken.
Grundsätzlich läßt sich jeder Stoff applizieren, wenn er nicht leicht ausfranst. Am einfachsten zu verarbeiten sind glatte, dichte Gewebe, Filz und Leder. Vor dem Applizieren jedoch an die

Waschbarkeit denken: nur einen Stoff applizieren, der die gleichen Pflegeeigenschaften hat wie das Kleidungsstück.

Arbeitschritte:
1. Motiv ohne Nahtzugabe ausschneiden.
2. Auf die vorgesehene Stelle des Wäschestückes heften.
3. Motiv mit weitem Zickzackstich aufnähen.
4. Zweite Naht mit engem, breitem Zickzackstich nähen.

7.5. Ändern von Kleidungsstücken

Kleidung muß nicht gleich in den Lumpensack wandern, wenn sie nicht mehr paßt. Mit etwas Mühe läßt sie sich der veränderten Figur anpassen. Besonders häufig wird Kinderkleidung umgeändert, sie wächst mit.

Länge und Weite verändern

ERWEITERN VON KLEIDUNG

Die Seitennähte werden aufgetrennt und die Nahtzugabe verkleinert. Ist nicht genügend Nahtzugabe vorhanden, farblich passenden Stoff einsetzen. Vorher muß die alte Naht sorgfältig ausgebügelt werden.
Da eingesetzter Stoff meist sehr auffällig ist, kann z. B. auch durch einen Schlitz ein Kleidungsstück erweitert werden.

ENGERMACHEN VON KLEIDUNG

Verkleinern läßt sich ein Kleidungsstück leichter als erweitern.
Es gibt verschiedene Möglichkeiten:
- Seitennähte auftrennen und Nahtzugabe verbreitern.
- Abnäher vergrößern.
- Knöpfe versetzen.
- Überschüssige Weite eines Kleides mit Gürtel zusammenhalten.

VERLÄNGERN VON KLEIDUNG

Die übliche Methode ist das Auslassen des Saumes. Falls auch diese Länge noch nicht reicht, falschen Saum ansetzen (siehe S. 365) oder Borten, Spitzen, Rüschen ansetzen, z. B. bei Kinderkleidung.

KÜRZEN VON KLEIDUNG

Am einfachsten wird ein Kleidungsstück gekürzt, indem der Saum aufgetrennt, der Stoff entspre-

chend abgeschnitten und ein neuer Saum umgeschlagen wird. Bei Röcken kann der überschüssige Stoff auch am Bund weggenommen werden. Dazu wird der Bund abgetrennt und vom Rock die entsprechende Stoffbreite abgeschnitten.

Ändern von Kinderkleidung

Es ist nicht ganz billig, Kinder einzukleiden, denn Kinder wachsen schnell aus ihren Kleidungsstücken raus. Mit etwas Phantasie und kleinen Nähtricks kann aber aus zu kurzen Kleidchen oder Hosen noch ein durchaus tragbares Kleidungsstück werden. Manche Kleidungsstücke, z. B. wenn sie von älteren Geschwistern »vererbt« sind, müssen auch modernisiert werden, denn ein Kind leidet sehr unter unmoderner Kleidung.
Der Zeitaufwand für das Ändern lohnt sich allerdings nur bei hochwertiger, nicht abgetragener Qualität.
Hier einige Möglichkeiten für das »Auffrischen« von Kinderkleidung:

APPLIKATIONEN

Applizieren ist eine verhältnismäßig einfache Möglichkeit, Kleidern ein neues Aussehen zu geben. Es werden bunte oder auch einfarbige Stoffrestchen auf das Kleidungsstück genäht. Damit können das Kleidchen und die Hose nicht nur verschönert werden, sondern auch schadhafte Stellen geschickt zugedeckt werden.
Applikationen gibt es fertig zu kaufen, man kann sie aber auch leicht selber machen. Motive finden Sie in Kindermalbüchern. An Material sind farblich passende Stoffreste und aufbügelbare Vlieseline notwendig.

Applikationen als Verzierung

Arbeitsschritte:

1. Auf Papier ein Motiv, z. B. ein Apfel, zeichnen und ausschneiden.
2. Das Motiv auf die Vlieseline übertragen und auf den Stoffrest aufbügeln, anschließend die Konturen des Motives nochmals nachschneiden.
3. Motiv auf die vorgesehene Stelle in großen Heftstichen aufnähen.
4. Den Rand mit weiten, dann mit engen Zickzackstichen mit der Nähmaschine annähen. Sorgfältig vorgehen, damit die Applikation keine Wellen schlägt!

NIETEN

Nieten sind ebenfalls eine einfache, aber wirkungsvolle Methode, Kinderkleidung aufzufrischen. Es gibt sie in großer Auswahl zu kaufen, zum Aufbügeln oder Einsplinten. Sehr beliebt sind bei Kindern auch Motivknöpfe, mit wenig Aufwand sind sie schnell ausgewechselt; Motivknöpfe sind allerdings meist nicht ganz billig.

ZU KURZE HOSEN

Aus »Hochwasserhosen« können im Handumdrehen kurze oder halblange Shorts, Bermudas oder Kniebundhosen genäht werden. Schneiden Sie dazu die Hosen in gewünschter Länge mit Nahtzugabe ab. Für einen normalen Saum werden die Schnittkanten versäubert, um etwa 2 cm umgeschlagen, geheftet und schmalkantig abgesteppt. Soll die Hose mit einem Aufschlag versehen werden, die versäuberten Schnittkanten 6 cm auf die linke Stoffseite umschlagen, heften und schmalkantig steppen. Nun die unteren Bruchkanten 3 cm nach außen schlagen (Stepplinie darf nicht mehr sichtbar sein) und heften. Den Aufschlag links und rechts an den Seitennähten mit einigen Handstichen verdeckt festnähen.
Für Kniebundhosen die Hose unterhalb des Knies abschneiden, die überschüssige Weite in Fältchen legen und die äußere Seitennaht etwa 10 cm auftrennen. Die Nahtzugabe auf der Rückseite schmalkantig beidseitig des Schlitzes festnähen. Aus dem abgeschnittenen Hosenbeinstoff ein Bündchen schneiden (Länge: Beinweite plus 2 cm Untertritt plus 2 cm Nahtzugabe).

ZU KURZE KLEIDER

Von einem zu kurzen Kinderkleid läßt sich das Oberteil abtrennen. Der Rock wird mit einem Rockbund oder Gummizug versehen und paßt nun ein weiteres Jahr. Soll die Taille des Kleides verlängert werden, ein farblich passendes Stoffband in gewünschter Breite einsetzen.

Bund, Bündchen

ELASTISCHER BUND

Ein elastischer Bund ist bequem und reduziert überschüssige Stoffweite automatisch ohne Einhalten bzw. Kräuseln. Häufig wird ein elastischer Bund bei Freizeit- und Kinderkleidung eingenäht.

Arbeitsschritte:

1. Bundkante versäubern und wie einen eingeschlagenen Saum aufsteppen, einige Zentimeter offenlassen, einschlagen.
2. Durch diese freie Stelle ein Gummiband ziehen, die Enden des eingezogenen Gummibandes fest zusammennähen.
3. Die Öffnung mit einigen Handstichen schließen.

FESTER BUND

Ein festsitzender Bund wird mit einer Einlage (als Bundeinlage fertig im Handel) genäht, damit er beim Tragen seine Form behält.
Hosen und Röcke sind fast immer mit einem festen Bund versehen.

Arbeitschritte:

1. Bund in doppelter Breite nach dem Schnitt zuschneiden.
2. Bundeinlage auf die linke Stoffseite bügeln.
3. Verstärkten Bund rechts auf rechts an das Kleidungsstück nähen, dabei am Ende Über- bzw. Untertritt nicht vergessen.
4. Bund nach oben bügeln und nach innen umschlagen.
5. Saum der offenen Kante umbügeln.
6. Bund innen mit Handstichen festnähen oder von der rechten Seite in der ersten Naht nähen, so daß der Bund innen gefaßt wird.
7. Über- und Untertritt mit Handstichen zusammennähen.

Gummiband zusammennähen

Praktischer Hinweis:

- *Bei sehr dicken Stoffen ist es ratsam, den Bund nicht doppelt zuzuschneiden, damit er nicht so aufträgt. Er wird einfach mit Nahtzugabe zugeschnitten, mit Einlage verstärkt und mit Futterstoff versäubert. Das Futter kann verstürzt werden oder nahtbreit eingeschlagen und mit Handstichen angenäht werden.*

Schlitz

Gerade beim Nähen von Kinderkleidung, z. B. beim »Vererben« von Kleidungsstücken an die Kleineren, ist es oft zweckmäßig, Schlitze oder Blenden einzuarbeiten. Neben ihrem neuen Zweck können sie ebenso – bei entsprechender Verarbeitung und Stoffauswahl – auch als Verzierung dienen.

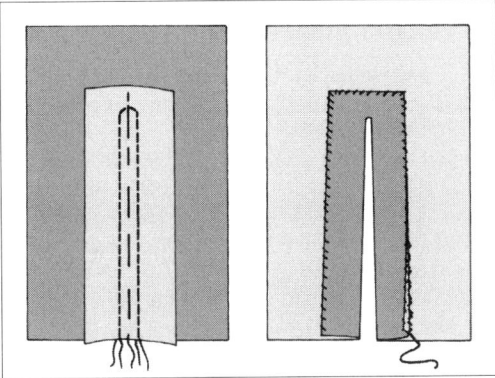

Links: Schlitzlinie umsteppen
Rechts: Besatz wenden und hohl annähen

VERSTÜRZTER SCHLITZ

Beim verstürzten Schlitz wird ein Stoffbelag aufgenäht. Er kann nach innen oder außen verstürzt werden. Dieser Schlitz wird häufig in Ärmel und Halsausschnitte von leichten Kleidungsstücken eingearbeitet.

Arbeitsschritte

1. Besatz zuschneiden und Mittellinie einbügeln.
2. Am Kleidungsstück den Schlitz ebenfalls einbügeln. Den Besatz mit der rechten Seite auf die rechte Seite des Kleidungsstückes legen.
3. Mit etwa 3–5 mm Abstand zur eingebügelten Schlitzlinie an beiden Seiten entlangsteppen, am Ende des Schlitzes eine Spitze steppen.
4. Schlitz einschneiden.
5. Besatz nach links wenden, bügeln, darauf achten, daß die Naht genau im Bruch liegt.
6. Besatz mit der Hand hohl annähen oder mit der Maschine feststeppen.

VERDECKTER, EINFACHER ÄRMELSCHLITZ

Dieser Schlitz wird an Ärmeln von Blusen, Kleidern und Hemden gemacht. Er ist sehr fest und kann sich nicht verziehen.

Arbeitsschritte

1. Die im Schnitt markierte Schlitzlinie einschneiden.
2. Einen Besatzstreifen von etwa 3 cm Breite und doppelter Schlitzlänge zuschneiden.
3. Den Schlitz so weit auseinanderziehen, daß er fast eine gerade Linie bildet. Den Besatz rechts auf rechts auflegen und schmalkantig aufsteppen. Wichtig: An der Spitze des Schlitzes möglichst nah an die Stoffkante nähen, also wenig Nahtzugabe abstehen lassen. Um ein Ausfransen an dieser Stelle zu vermeiden, näht man hier zweimal, das heißt in enger Stichstellung vorwärts, rückwärts und wieder vorwärts.
4. An der Schlitzspitze die Nadel im Stoff steckenlassen, das Füßchen heben und die Stoffalte nach oben legen, Füßchen wieder senken und Besatzstreifen vollständig ansteppen.
5. Nahtrand an der Schlitzspitze vorsichtig bis knapp an die Naht einschneiden, Naht ausbügeln und den Besatz wenden.
6. Besatzstreifen etwa 5 mm einschlagen und mit der Maschine oder von Hand annähen.
7. Damit sich der Schlitz nicht nach außen drehen kann, wird das Schlitzende schräg abgesteppt.

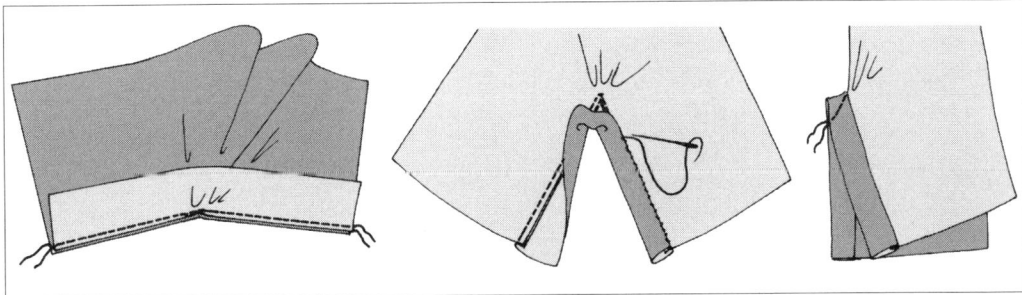

Besatz schmalkantig aufnähen

Blenden

Sollen bei einem Kleidungsstück z. B. Ärmel und Kragen entfernt werden, können Arm- und Halsausschnitt mit einer Blende haltbar versäubert werden. Blenden müssen im gleichen Fadenlauf wie die zu versäubernden Teile zugeschnitten werden. Auch wenn es verlockend ist, dürfen Blenden nicht aus einem Stoffrest zugeschnitten werden, bei dem der Fadenlauf nicht beachtet werden kann, sonst verzieht sich die Blende beim Aufnähen.

Praktischer Hinweis:

- *Nach innen verstürzte Blenden heißen Formblenden; nach außen verstürzte Blenden, für die ein abweichender Stoff sehr geeignet sein kann, sind Zierblenden. Zierblenden bekommen einen schöneren Halt, wenn sie mit Vlieseline unterlegt sind.*

BLENDENVERARBEITUNG AN RUNDEN KANTEN

Arbeitsschritte

1. Die Blende rechts auf rechts heften und etwa ½ cm von der Kante entfernt aufsteppen.
2. Aus der Nahtzugabe kleine Ecken vorsichtig herausschneiden, dabei die Naht nicht aufschneiden.
3. Die Blende verstürzen. Die Kante sorgfältig heften.

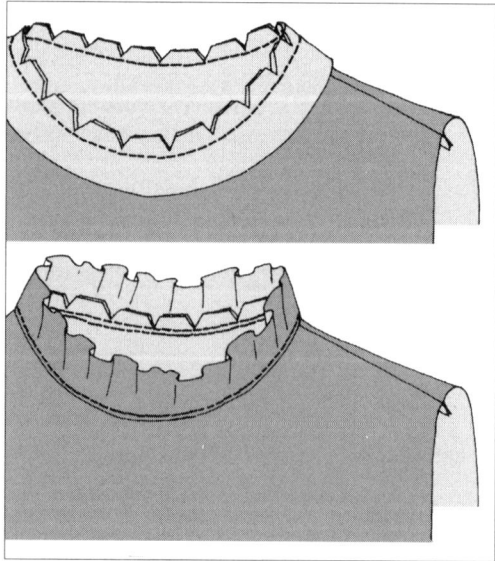

Oben: Aus der Nahtzugabe Ecken ausschneiden
Unten: Besatz vor dem Verstürzen auf den Nahtrand steppen

Dient die Blende zum Versäubern, wird auf die linke Stoffseite verstürzt und die Kante versäubert. Die Blende wird hohl angenäht. Eine Zierblende wird nach außen verstürzt, die Kante schmal eingeschlagen, gesteckt, geheftet und gebügelt und erst dann schmalkantig abgesteppt. So können sich keine Falten bilden.

Praktische Hinweise:

- *Besonders genau wird eine verstürzte Kante, wenn die Blende vor dem Wenden auf die doppelte Kante gesteppt wird.*
- *Eine Blende, die als Versäuberung dient, ist von der rechten Seite unsichtbar, wenn beim Verstürzen und anschließenden Feststecken die Naht um etwa 2 mm hinter den Bruch geschoben wird. Dann erst bügeln.*

BLENDENVERARBEITUNG AN ECKEN UND SPITZEN

Die Arbeitsweise ist die gleiche wie bei Rundungen. Besondere Sorgfalt ist auf die Ausarbeitung der Spitzen zu legen.
Die Blende wird kurz vor der Spitze mit möglichst kleiner Stichlänge aufgesteppt. Die Naht wird dadurch fester und kann nicht so leicht ausreißen. Direkt an der Spitze einen oder zwei kleine Stiche quer steppen, dann wirft die Spitze keine Falten. Nach dem Anstecken an den Ecken bzw. Spitzen die Nahtzugabe etwas ausschneiden, damit sie sich besser legen läßt.

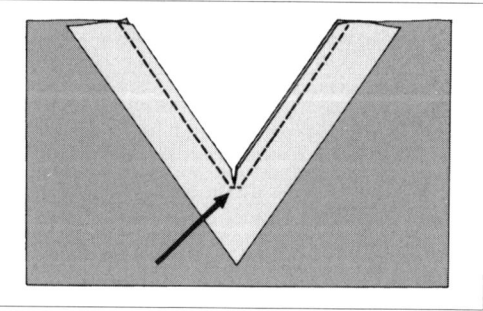

Spitze einer Blende

Gesundheitspflege

1. GESUNDHEIT ERHALTEN

1.1. Lebensweise

Die Lebensweise hat einen enormen Einfluß auf die Gesunderhaltung des Körpers. Nicht nur organische Leiden lassen sich oft auf ungesunde Lebensweise zurückführen, sondern auch die meisten seelischen Erkrankungen. Gesunde Lebensweise heißt nun nicht, daß man sich nicht mehr des Lebens freuen darf, weil bekanntlich so vieles, was Spaß macht, ungesund ist, z. B. Süßigkeiten und Bequemlichkeit. Zum gesunden Leben gehören ganz einfache Dinge im Alltag.

Ernährung

Das A und O einer richtigen Ernährung ist Ausgewogenheit aller Nährstoffe, Vitamine und Mineralstoffe. Diese Forderung läßt sich mit abwechslungsreicher Mischkost erfüllen. Das heißt, es gibt kein Nahrungsmittel, das man nicht essen darf, wichtig ist nur: nicht zuviel davon!

Ein weiterer Schwerpunkt richtiger Ernährung ist regelmäßiges Essen. Dabei sollte man dem Körper nicht zuviel auf einmal zumuten, 6 kleine Mahlzeiten tun dem Körper wohler als 3 große. Dabei ist als Mahlzeit auch das 2. Frühstück oder die Vesper am Nachmittag anzurechnen, auch wenn man nur eine Kleinigkeit ißt.

Das häufigste Problem in unserer Ernährung ist Überernährung mit der Folge von Übergewicht. Übergewicht ist nicht nur eine Frage der »Schönheit«, sondern vor allem der Gesundheit. Viele Krankheiten können durch zu hohes Körpergewicht verursacht werden, z. B. Diabetes, Stoffwechselstörungen, Gelenkerkrankungen.

Schlaf

Regelmäßiger und ausreichender Schlaf ist wichtig für die Erhaltung der körperlichen und geistigen Leistungsfähigkeit. Es gibt allerdings keine »Schlafnorm«. Jeder Mensch hat ein anderes Schlafbedürfnis. Als grobe Faustzahlen gelten 6 bis 8 Stunden täglich für den Erwachsenen. Kinder brauchen mehr Schlaf, ältere Menschen weniger.

Bewegung

Ausreichende Bewegung hält fit, fördert das Wohlbefinden und ist gut für die schlanke Linie. Ausgleichsübungen und Gymnastik sind nicht überflüssig, sondern selbst für Menschen empfehlenswert, die den ganzen Tag »auf den Beinen« sind. Sie brauchen ja nicht zur Sportskanone zu werden, aber ein paar Minuten täglich sollten Sie für die gezielte körperliche Ertüchtigung übrig haben. Fangen Sie aber langsam an und zwingen Sie sich nicht zu extremen Leistungen. Und noch ein Grundsatz: Lieber kürzer, aber regelmäßig als unregelmäßig und lange.

Also, keine Müdigkeit vortäuschen und keine Ausreden einfallen lassen, warum gerade heute wieder keine Zeit ist für ein paar Übungen! Wer nichts von Gymnastik hält, kann auch spazierengehen.

Es ist eine alte Weisheit, daß ein täglicher Fußmarsch von einer Stunde der Gesundheit sehr zuträglich ist. Wichtig ist dabei, nichts mit sich zu tragen und ein flottes Tempo einzuhalten.

Regelmäßigkeit ohne Streß

Ein Leben zu führen, das viel Regelmäßigkeit enthält, ist keineswegs langweilig, denn nicht alles läßt sich im voraus planen. Man sollte auch nie zum Sklaven gewisser Gewohnheiten werden. Allerdings strukturieren immer wiederkehrende »Programmpunkte« den Alltag, lassen Ruhe einkehren und verhindern Streß.

Hetze und Streß zu vermeiden, ist der wohl am häufigsten gegebene Ratschlag von Ärzten, und er soll auch hier wiederholt werden. Kaum eine andere »Untugend« im Leben schwächt den Kör-

Wirkung von Bewegung und Sport

So helfen Bewegung und Sport	
unserem Körper	unserer Psyche
– machen fit	– helfen aus dem Alltagstrott heraus
– halten länger jung	– bauen Streß ab
– erleichtern das Halten des Körpergewichts	– verhindern Depressionen
– verhindern Beschwerden und Krankheiten	– geben Selbstvertrauen und Tatkraft

per so wie Streß. Es ist zwar unvermeidlich, daß an manchen Tagen die körperliche wie seelische Belastung besonders hoch ist, aber niemand sollte es sich nehmen lassen, mittags wenigstens eine halbe Stunde auszuruhen und abzuschalten. Diese kleine Pause gibt übrigens viel mehr Kraft, als sie Zeit nimmt. Gönnen Sie sich wenigstens einmal im Jahr einige Tage Urlaub.

Vorsorgeuntersuchungen

Vorsorgeuntersuchungen werden noch immer viel zu selten in Anspruch genommen. Einmal jährlich sollten jede Frau und jeder Mann zur Krebsvorsorge gehen. Die Untersuchungen sind nicht schmerzhaft, schwerwiegende Krankheiten können im Keim erstickt werden.
Zum Vorsorgeprogramm für Erwachsene zählen:
❑ Schwangerenvorsorge-Untersuchungen: Sie sind von großer Bedeutung für die Gesundheit von Mutter und Kind.
❑ Untersuchungen zur Früherkennung von Krebserkrankungen, die für Frauen und Männer angeboten werden.
❑ Schutzimpfungen, Einstellungs-, Vorsorge- und Überwachungsuntersuchungen aus arbeitsmedizinischer Sicht.

1.2. Unfallverhütung

Täglich sterben viele Menschen an Unfällen. Dabei sind vor allem auch Kinder betroffen. Die meisten Unfälle – mit welchem Ausgang auch immer – könnten vermieden werden, wenn Vorschriften beachtet werden würden. Oft werden die Vorschriften der Berufsgenossenschaften als überzogen, ja überflüssig erachtet. Bei genauerer Betrachtung, leider auch manchmal erst, wenn es schon zu spät ist, liegen die Ursachen für strenge Vorschriften auf der Hand.
Nicht alle Unfälle können durch Vorschriften verhindert werden. So können für Kinder z. B. hochprozentiger Essig, heiße Flüssigkeiten, Putzmittel, Medikamente und Plastiktüten zur Verletzungs- oder schlimmstenfalls zur Todesfalle werden. Sorgfalt heißt also die wichtigste Vorsorgemaßnahme.
Wer Verantwortungsbewußtsein hat, hält die Vorschriften ein, sieht Gefahrensituationen realistisch und verharmlost sie nicht.
Da nicht alle Unfälle vermeidbar sind, ist es wichtig, die Grundbegriffe der Ersten Hilfe zu beherrschen und lebensrettende Telefonnummern griffbereit zu haben, z. B. Giftnotruf, nächster Arzt, Notruf.

Die wichtigsten Telefonnummern für den Ernstfall

Polizei	**110**
Feuerwehr	**112**
Rettungswagen/Notarztwagen	**112**

Zu rufen bei Unfällen mit verletzten Personen sowie bei lebensbedrohenden Krankheiten

Ärztlicher Notdienst
Akute Notfälle, wenn der Hausarzt nicht zu erreichen ist. Es gibt nur noch für Bayern eine einheitliche Telefonnummer: 01805/191212.
In allen anderen Bundesländern die Nummer dem örtlichen Telefonbuch entnehmen und zusammen mit anderen wichtigen Nummern griffbereit halten, z. B. Pinnwand neben dem Telefon.

Apotheken-Notdienst
Aktuelle Liste im Internet unter www.apotheken.de; telefonisch erhält man Auskunft unter der bundeseinheitlichen Nummer 01805/938888. Beachten Sie vor Feiertagen die Hinweise in der örtlichen Tagespresse.

Gift-Notrufzentralen in Deutschland
24-Stunden-Dienst

Berlin		030/1940
	und	030/4505353 55
Bonn		0228/2873211
Erfurt		0361/730730
Freiburg		076/19240
Göttingen		0551/19240
Homburg		06841/19240
Mainz		06131/19240
München		089/19240
Nürnberg		0911/3982451

Unfallursachen erkennen und beseitigen

Die häufigsten Unfallursachen sind:
❑ Stürze
❑ Verbrennungen und Verbrühungen
❑ Vergiftungen
❑ Haustiere, z. B. Hundebiß, Sturz vom Pferd
❑ Tod durch Ertrinken
❑ Ersticken
❑ Tod durch Stromschlag

Stürze

Teppiche und Fußboden
Rutschhemmende Matten oder Gitter machen Läufer, Fußabstreifer und Teppiche trittsicher. Darauf achten, daß Teppichränder fest verklebt oder mit Schienen befestigt sind.
Schadhafte Stellen im Fußboden möglichst schnell reparieren. Verschüttetes Wasser, Öl, Abfälle etc. sofort aufwischen; Rutschgefahr!

Treppen
Beschädigte Treppenstufen sind Stolperstellen. Sofort reparieren oder entfernen. Treppen ausreichend beleuchten, die Lichtschalter sollten auch im Dunkeln erkennbar sein, z. B. durch Signallämpchen. Automatische Lichtschaltuhren so einstellen, daß auch alte Menschen und Kinder ohne Eile ins oberste Stockwerk gelangen.
Treppen nach Möglichkeit nicht bohnern. Unbedingt einen Handlauf anbringen, der im Notfall Halt gibt.

Bad und Dusche
Im Bad ist die Gefahr des Ausrutschens besonders groß, deshalb Griffe über der Badewanne bzw. Duschwanne montieren. Rutschhemmende Matten vor und in der Wanne verhindern Stürze.

Stühle
Die Stuhlbeine müssen fest sein, besonders bei Klappstühlen öfters kontrollieren.
Mit Stühlen nicht kippeln; besonders beliebt ist diese gefährliche Unsitte bei Kindern. Ein Sturz hintenüber kann das Genick brechen.

Kabel und Schnüre
Kabel und Verlängerungen können leicht zu Stolperfallen werden, deshalb nach Möglichkeit immer am Rand des Raumes verlegen bzw. nach der Verwendung sofort wieder aufräumen.

Leitern
Wer eine Leiter kauft, sollte auf Qualität Wert legen. Das GS-Zeichen (Geprüfte Sicherheit) gibt die Gewähr für unfallsichere Geräte.
Eine Leiter steht nur sicher, wenn sie richtig aufgestellt wird. Nicht über Leitern hinauslehnen und nicht auf andere Standflächen übertreten, z. B. Fensterbrett.
Leitern mit schadhaften Sprossen oder Trittbrettern fachgerecht reparieren oder wegwerfen.
Anlegeleitern im richtigen Winkel anlegen. Bei zu steiler Stellung kippt die Leiter nach hinten um, bei zu flacher Stellung rutscht der Leiterfuß weg. Anlegeleitern auf festen Untergrund stellen, so daß die Leiter nicht wegrutschen kann.

Wer meint, bei Arbeiten in der Höhe, z. B. beim Fensterputzen, auf eine Leiter verzichten zu können, riskiert seine Gesundheit. Aufeinandergestellte Tische, Stühle und Hocker sind häufig die Ursache für schwere Stürze.

Eine stabile Leiter schützt vor Stürzen

Praktischer Hinweis:

■ *Die Fenster möglichst nur von der Rauminnenseite und vom Fußboden aus putzen. Niemals auf das äußere Fensterbrett treten. Falls die Fenster nicht vom Fußboden aus geputzt werden können, immer nur Leitern mit Sicherheitszeichen verwenden.*

Schnee und Eis
Nicht nur ältere, unbeweglichere Menschen rutschen auf glatten Straßen aus. Deshalb rechtzeitig räumen und streuen! Hausbesitzer, die nicht dafür sorgen, daß der Gehweg vor dem Haus geräumt ist, müssen im Schadensfall haften.

Stürze bei Kindern
Gesunde Kinder und Babys haben einen ständigen Bewegungsdrang, deshalb Kleinkinder nie unbeaufsichtigt auf dem Wickeltisch liegen lassen.
Bei Balkonen und Brüstungen auf kindersichere Geländer achten. Senkrechte Stäbe dürfen maximal 8 cm Abstand haben und sollten mindestens 1 m hoch sein, damit die Kinder nicht durch die Stäbe

fallen oder hochklettern können. Hocker und Stühle nicht auf dem Balkon stehenlassen, weil Kinder damit über das Geländer steigen können.

Unfälle mit elektrischem Strom

Elektrischen Strom sieht und hört man nicht, aber er kann sehr gefährlich werden. Schon ein 0,3 Sekunden dauernder Schlag aus einer Steckdose kann zum Tod führen. Gegen Elektrounfälle gibt es Vorsichtsmaßnahmen: nur Geräte mit Sicherheitszeichen verwenden.

Geräte, die mit diesem Zeichen versehen sind, wurden von einer Prüfstelle genau geprüft. Achten Sie daher beim Kauf von Maschinen und Geräten, sei es für Haushalt, Freizeit, Beruf oder Hobby, auf dieses Zeichen.

Dieses Zeichen besagt, daß ein Baumuster des Gerätes vom Technischen Überwachungsverein geprüft wurde.

Dieses Zeichen garantiert, daß das Gerät den Sicherheitsbestimmungen des Verbandes Deutscher Elektrotechniker entspricht.

Das Gerät wurde vom Deutschen Verein des Gas- und Wasserfaches geprüft.

Schutzisolierung. Dieses Zeichen besagt, daß das entsprechende Gerät zusätzlich isoliert wurde. Es ist vorgeschrieben für alle Geräte, die mit Haut oder Haaren von Menschen oder Tieren in Berührung kommen, z. B. Fön, Rasierer.

Schutzleiter
An den Schutzkontakt-Steckdosen finden sich zwei Metallkontakte. Über diese verbindet der grüngelbe Schutzleiter im Inneren der Steckdose die metallischen Gehäuse von nichtschutzisolierten Geräten, z. B. Bügeleisen.
Der Schutzleiter leitet bei Gefahr den Strom ab und löst bei Kurzschluß die Sicherung aus. Deshalb dürfen Schutzkontakte nicht verbogen oder abgebrochen sein.

Fehlerstrom-Schutzschaltung
(FI-Schaltung)
Sie schaltet bei Gefahr innerhalb von 0,1 Sekunde ab. Dadurch kann man vor einem tödlichen Stromschlag bewahrt werden.

Sicherungen
Sicherungen zu »flicken« oder zu »überbrücken« ist nicht nur verboten, sondern auch gefährlich. Die Sicherung kann dadurch ihre Aufgabe nicht mehr erfüllen, nämlich bei Gefahr den Stromkreis zu unterbrechen. Deshalb defekte Sicherungen wegwerfen und niemals stärkere Sicherungen als vorgeschrieben verwenden.

Elektrische Leitungen
Überflüssige elektrische Leitungen nicht einfach von der Decke hängen lassen, sondern mit einer Schutzklemme versehen.
Bevor Sie einen Nagel in die Wand schlagen, prüfen, ob dort keine elektrische Leitung verläuft. Als Richtlinie gilt: Leitungen verlaufen 30 bis 40 cm unter der Decke in der Wand bzw. über dem Fußboden, außerdem senkrecht und waagerecht von Schaltern, Steckdosen und Abzweigungsdosen. In Küchen verlaufen Leitungen oft auch 105 cm über dem Boden.

Kabel und Stecker
Mit defekten Kabeln und Steckern riskiert man nicht nur einen Kurzschluß oder Brand, sondern beim Berühren auch sein Leben.
Defekte Kabel oder auch Maschinen nicht selbst reparieren oder mit Isolierband zu flicken versuchen, sondern nur vom Fachmann instand setzen lassen. In Haushalten mit kleinen Kindern alle Steckdosen mit Einsätzen sichern oder Spezialsteckdosen montieren lassen. Kinder stochern gerne mit spitzen Gegenständen in der Steckdose, der Stromschlag kann tödlich sein.

Elektrizität und Wasser
Bei Nässe wird Strom besonders gefährlich, weil Wasser elektrischen Strom sehr gut leitet.
Nicht in der Badewanne mit dem Fön die Haare trocknen. Wer im Bad nicht auf Musik verzichten will, sollte das Radio nur in sicherem Abstand

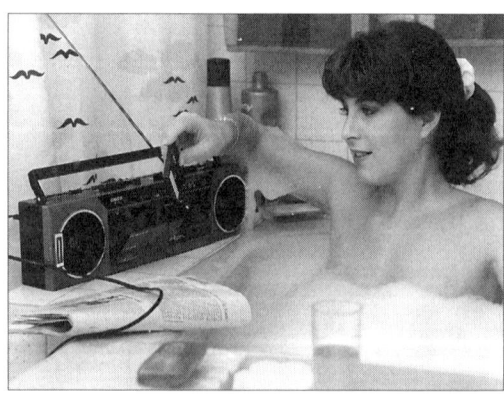

Keine Elektrogeräte an der Badewanne!

von der Badewanne oder dem Waschbecken aufstellen, um nicht in die Versuchung zu geraten, das Gerät von der Wanne aus und mit nassen Händen zu bedienen. Eine Berührung kann einen tödlichen Stromschlag zur Folge haben.
Telefonieren in der Badewanne mag bequem sein, es ist aber leichtsinnig. Es kann zu Spannungen kommen, die beim Kontakt mit Wasser lebensgefährlich sind.
Elektrische Geräte nicht reinigen, wenn sie laufen oder angesteckt sind, z. B. Handrührgerät.

Schnittverletzungen

Allesschneider
Gleichgültig ob sie elektrisch oder von Hand betrieben werden, müssen sie mit Schlitten, Restehalter und Fingerschutz ausgerüstet sein. Diese Ausrüstung ist keinesfalls überflüssig, sondern sollte unbedingt benützt werden. Gute Standfestigkeit ist auch wichtig, deshalb sollten die Geräte Saugfüße und eine Schraubklemme haben.
Zum Reinigen oder Wechseln der Messer Netzstecker ziehen. Die Maschinen dürfen angeschlossen niemals für Kinder erreichbar sein.

Scheren
Scheren nicht achtlos liegenlassen, wenn Kinder im Haus sind. Scheren sind keine Ersatzwerkzeuge, z. B. für Schraubenzieher. Allzuleicht rutscht man damit ab und verletzt sich.
Scheren nicht in die Tasche stecken. Man vergißt man sie leicht und kann sich dann z. B. beim Bücken verletzen.

Rasierklingen
Rasierklingen werden manchmal zweckentfremdet, z. B. zum Abkratzen von Farbe. Hinterher nicht in der Kramschublade liegen lassen. Kinder spielen gerne damit und können sich lebensgefährliche Schnittwunden beibringen.

Dosenöffner
Öffner verwenden, die gut schneiden, so daß man nicht damit abrutscht. Wichtig ist auch, daß der Öffner glatte Schnittränder macht. Beim Neukauf auf das Sicherheitszeichen achten. Abgeschnittende Deckel sofort wegwerfen, nicht herumliegen lassen.

Messer
Messer nicht achtlos liegenlassen, wenn Kinder im Haus sind.
Beim Kauf eines Messers darauf achten, daß es gut in der Hand liegt und gut geführt werden kann.
Stumpfe Messer können gefährlicher sein als scharfe, weil man leicht damit abrutscht.

Elektrische Küchengeräte
Niemals in laufende Küchengeräte greifen, z. B. Saftzentrifuge, Mixer. Bei Schnitzelwerken, Fleischwolf etc. Nachfüllstutzen benutzen, nicht mit der Hand nachhelfen.

Scherben
Scherben gibt es in jedem Haushalt. Wichtig ist, daß sie sofort beseitigt werden, und zwar mit Schaufel und Handfeger bzw. auf Teppichen mit dem Staubsauger. Lappen sind zum Beseitigen von Scherben ungeeignet, weil die Splitter im Gewebe hängenbleiben und beim nächsten Griff Schnittwunden verursachen können.

Nadeln
Mit Nadeln kann man sich gefährlich verletzen. Deshalb z. B. beim Abstecken von Kleidung die Nadeln niemals in den Mund nehmen, sondern auf ein Nadelkissen stecken. Verschluckte Nadeln verursachen schwerste innere Verletzungen.

Verbrennungen

Brandunfälle sind sehr häufig. Viele davon ließen sich mit etwas Sorgfalt verhindern.
Kinder zündeln gern, deshalb Streichhölzer und Feuerzeug sicher verwahren.

Kerzen
Brennende Kerzen nicht unbeaufsichtigt lassen, schon durch einen Luftzug können sie umfallen und einen Brand verursachen. Weihnachtsbäume standsicher aufstellen und darauf achten, daß keine anderen Gegenstände in der Nähe in Brand gesetzt werden können, z. B. Vorhänge.

Bügeleisen
Auch moderne Bügeleisen bieten keine Gewähr gegen Brandgefahr. Deshalb Bügeleisen nur auf feuerbeständigen Unterlagen oder aufrecht abstellen. Wenn man das Zimmer verläßt, das Eisen ausstecken.

Lampen
Keine stärkeren Glühbirnen als erlaubt einschrauben. Die Bespannung des Schirmes muß so groß sein, daß sie sich nicht erhitzen und zu brennen beginnen kann.

Öfen und Kamine
Ofenrohre müssen genügend Abstand zu brennbaren Materialien, z. B. Möbeln, Tapeten, haben. Ölöfen nur in abgekühltem Zustand in Betrieb setzen und kein Öl verschütten. Bei Kohleöfen ist ein Ofenblech vorgeschrieben, das herausfallende Glut auffängt.

Neben dem Ofen kein Heizmaterial lagern. Auch Wäsche nicht direkt an Öfen oder Kaminen zum Trocknen aufhängen.

Zigaretten

Rauchen im Bett ist gefährlich. Wer mit der brennenden Zigarette einschläft, riskiert sein Leben. Niemals brennende Zigarettenkippen aus dem Auto werfen: Waldbrandgefahr!
Glimmende Zigarettenkippen nicht in den Abfalleimer werfen.

Brennbare Flüssigkeiten

Leichtentzündliche Stoffe wie Benzin, Lösungs- und Reinigungsmittel von Wärmequellen fernhalten, also die Flasche mit dem Spiritus nicht neben den eingeschalteten Herd stellen.
Auf keinen Fall leichtbrennbare Flüssigkeiten zum Anzünden der Holzkohle beim Grillen verwenden. Manche Stoffe sind auch explosiv, deshalb nur im Freien oder am offenen Fenster damit umgehen, nicht rauchen!
Spraydosen stehen unter Druck und dürfen nicht über 50 °C erhitzt werden, sonst besteht Explosionsgefahr. Spraydosen nicht im Auto liegenlassen, bei Sonneneinstrahlung können im Auto Temperaturen von bis zu 70 °C entstehen! Nur völlig leere Dosen wegwerfen.

Giftig　　　Gesundheits-　　　Ätzend
　　　　　schädlich

Explosions-　　　Leicht　　　Brandfördernd
gefährlich　　　entzündlich

Gefahrensymbole für gefährliche, leichtentzündliche und giftige Stoffe

Praktische Hinweise:

- *Feuerlöscher gut sichtbar und zugänglich anbringen und regelmäßig auf seine Funktionstüchtigkeit hin überprüfen lassen.*
- *Kleine Brände lassen sich meist mit einer Decke oder einem Kissen ersticken. Haben z. B. Kleider Feuer gefangen, den Brand mit einer übergeworfenen Decke ersticken.*

- *Im Ernstfall Fenster und Türen geschlossen halten, damit das Feuer durch den zusätzlichen Sauerstoff nicht noch mehr angefacht wird.*
- *Beim Erhitzen von Fett die Küche nicht verlassen, denn Fett brennt schnell. Es gibt hohe Stichflammen, die an Möbeln oder Gardinen weitere Nahrung finden. Bei einem Fettbrand niemals mit Wasser zu löschen versuchen, sondern das Feuer mit einem Deckel ersticken.*
- *Wenn es nicht gelingt, ein Feuer oder einen Schwelbrand innerhalb weniger Minuten selbst zu löschen, sofort die Feuerwehr alarmieren.*
- *Rauchmelder warnen durch ein akustisches Signal, wenn sich in einem Raum Rauch entwickelt. Diese einfachen Geräte können Leben retten, weil es bei einem (Schwel-)Brand innerhalb weniger Minuten zu einer Rauchvergiftung kommen kann.*

Verbrühungen

Verbrühungen kommen vor allem bei Kindern vor. Heiße Backofenfenster sind ebenso eine Gefahr wie Griffe von Pfannen und Töpfen mit heißem Inhalt. Deshalb Griffe und Stiele immer zur Seite drehen.
Dampfdrucktöpfe nur nach Gebrauchsanweisung bedienen.
Heiße Flüssigkeiten zum Abkühlen nicht auf den Boden stellen. Badewasser gemischt zulaufen lassen, nicht erst das heiße Wasser, dann das kalte. Kinder können sich darin böse Verbrennungen zuziehen.

Vergiftungen

Besonders gefährdet sind Kinder in den ersten fünf Lebensjahren. Ein kindersicherer Ort für Medikamente, Schädlingsbekämpfungsmittel oder Putzmittel sollte daher selbstverständlich sein. Hat ein Kind trotz aller Vorsicht etwas Verdächtiges verschluckt, nicht lange selbst herumdoktern, sondern sofort zum Arzt oder die nächste Gift-Notrufzentrale anrufen. Verlockend sind für Kinder auch buntgefärbte Lampenöle – sie sollten unbedingt kindersicher aufbewahrt werden.
Auch Erwachsene sind nicht gefeit vor Vergiftungen, unbedingt die Gefahrensymbole beachten.
Wer mit giftigen Stoffen umgeht, sollte dies im Freien oder vor offenem Fenster tun bzw. nach getaner Arbeit gründlich lüften.
Mit Schutzhandschuhen arbeiten.

Medikamente

Bunte Dragees und süße Säfte sind bei Kindern beliebt. Ob es sich dabei um Süßigkeiten oder Medikamente handelt, können sie nicht unterscheiden. Deshalb Medikamente unbedingt für Kinder unzugänglich aufbewahren.

Alte Medikamente nicht achtlos in den Müll werfen, Kinder entdecken sie auch dort.

Zigaretten und Alkohol
Für Kleinkinder ist das Verzehren einer Zigarettenkippe lebensgefährlich. Auch größere Kinder können durch Nikotin schwere Vergiftungen erleiden. Alkohol ist für Kinder ebenfalls Gift. Zigaretten und Alkohol so aufbewahren, daß sie für Kinder unerreichbar sind. Aschenbecher immer leeren und Gläser mit Resten von alkoholischen Getränken sofort aufräumen.

Putzmittel
Vergiftungsunfälle mit Putzmitteln haben bei Kindern wie Erwachsenen oft als Ursache, daß die Mittel in Saft- oder Limonadenflaschen aufbewahrt und dann verwechselt werden. Deshalb giftige, ätzende oder ungenießbare Stoffe nur in Originalflaschen mit dem Warnetikett aufbewahren. Niemals in Flaschen oder Behälter umfüllen, die Ähnlichkeit haben mit Trinkgefäßen.

Haushaltsreiniger, Spülmittel, flüssige Waschmittel, Imprägniersprays, Insektenvernichtungsmittel, Fleckenwasser gehören in einen Schrank, der für Kinder nicht zugänglich ist. Spülmittel für die Spülmaschine sind in Form von Tabs oft einzeln verpackt. Kleinkinder halten sie für verpackte Süßigkeiten.

Verstopfte Rohrleitungen nicht mit Abflußreinigern bearbeiten. Diese Reiniger sind stark ätzend, außerdem wird ein sehr giftiges Gas frei. Versuchen Sie besser die Reinigung mit der Saugglocke.

Körperpflegemittel
Für Kinder können auch Körperpflegemittel zum Verhängnis werden. Kleinkinder probieren alles erst mit dem Mund, selbst wenn sie bei den Eltern sehen, daß das Shampoo nur zum Haarewaschen verwendet wird. Beim Verschlucken von Shampoo oder Badezusätzen besteht wegen der Schaumbildung Erstickungsgefahr. Auch Seifen, Cremes, Schminke und Nagellack können zu Verätzungen führen. Der Inhalt von Spraydosen kann für Augen und Atmungsorgane gefährlich werden.

Lebensmittel
Vergiftungen mit verdorbenen Speisen sind z. T. lebensgefährlich. Deshalb empfindliche Lebensmittel wie Fleisch und Fisch immer gut kühlen und nicht zu lange aufbewahren.

Pilze nur dann essen, wenn ganz sicher ist, daß sie genießbar sind. Im Zweifelsfalle lieber wegwerfen.

Einige Gewürze können für Kinder gefährlich werden, wenn sie in zu großen Mengen verzehrt werden: Muskatnuß, bittere Mandeln, Essigessenz.

Giftpflanzen
Die kindliche Neugier ist grenzenlos und hört auch nicht auf bei giftigen Beeren, selbst wenn sie scheußlich schmecken. Wer kleine Kinder hat, sollte auf folgende Pflanzen im Garten verzichten: Aronstab, Christrose, Bilsenkraut, Eibe, Eisenhut, Goldregen, Herbstzeitlose, Fingerhut, Schierling, Pfaffenhütchen, Seidelbast, Maiglöckchen, Oleander.

1.3. Umwelteinflüsse
Ungünstige Einflüsse der Umwelt können krank machen. Die wichtigsten Umweltfaktoren, denen der Mensch ausgeliefert ist, sind Wasser, Luft, Lärm, Strahlung und Klima.

Wasser
Wasser braucht der Mensch zum Leben. Deshalb ist es so wichtig, das Wasser möglichst wenig zu belasten. Reines Wasser ohne jegliche chemische Substanzen, die durch Umweltverschmutzung bedingt sind, gibt es fast nicht mehr. Phosphate, Nitrat, chlorierte Kohlenwasserstoffe sind nur einige Stoffe, die das Trinkwasser verschmutzen und der Gesundheit schaden können.

Leider hat der Verbraucher nicht die Möglichkeit, sich sein Trinkwasser auszusuchen, er muß nehmen, was aus der Leitung kommt. Indirekt hat er aber viel Einfluß auf die Wasserqualität, wenn er Umweltschutz in seinem Haushalt und in der Natur aktiv betreibt und die Haltung ablegt, einer allein könne ohnehin nichts ausrichten.

Luft
Luftverunreinigungen schaden der Gesundheit des Menschen erheblich. Vor allem die Luft in und um Ballungszentren ist schlecht, d. h. mit Schadstoffen angereichert. Dazu gehören Kohlenmonoxid, Blei, Stickoxide, Schwefeldioxid aus Industrieanlagen, Autoabgasen und Heizungen.

Natürlich kann der einzelne sich die Luft, die er atmen möchte, nur insofern aussuchen, als er aufs Land ziehen kann, wo die Luft noch verhältnismäßig sauber ist. Im Alltag gibt es jedoch zahlreiche Situationen, in denen man schadstoffbelastete Luft vermeiden kann:

- Insektenvernichtungsmittel, ob Sprays oder Streifen, geben einen Wirkstoff ab, der nicht nur den Insekten schadet, sondern auch der menschlichen Gesundheit. Verzichten Sie deshalb auf solche Mittel. Wirksam und unschädlich ist der Insektenklebestreifen oder auch die Fliegenpatsche.

❑ Lacke enthalten Stoffe, die leicht verdampfen und vom Anwender eingeatmet werden. Deshalb beim Hantieren mit Lacken, Farben und Klebstoffen gut lüften bzw. die Arbeit im Freien ausführen. Umweltfreundliche Lacke sind meist auch für die Gesundheit des Anwenders ungefährlich.

❑ Möbel sind oft aus Spanplatten hergestellt, die Formaldehyd freisetzen. Inzwischen ist für den Möbelbau zwar nur noch die niedrigste Emissionsklasse (E1) erlaubt, wer auch diese Belastung vermeiden will, sollte Vollholzmöbel wählen.

❑ Beim Tanken entweichen aus dem leeren Tank ebenfalls schädliche Gase, deshalb vor dem Tanken Autofenster und -türen schließen und sich nicht neben den Einfüllstutzen stellen.

Lärm

Der Mensch ist häufig starker Lärmbelastung ausgesetzt. Verursacher sind Maschinen (auch Küchengeräte), Kraftfahrzeuge, Radios, Flugzeuge.

Dauernde Lärmbelastung führt nicht nur dazu, daß der Mensch mit der Zeit schlechter hört, sondern beeinträchtigt den gesamten Gesundheitszustand. Schlafstörungen, Gereiztheit, Unruhe, Kreislaufbeschwerden und Stoffwechselstörungen können die Folge sein.

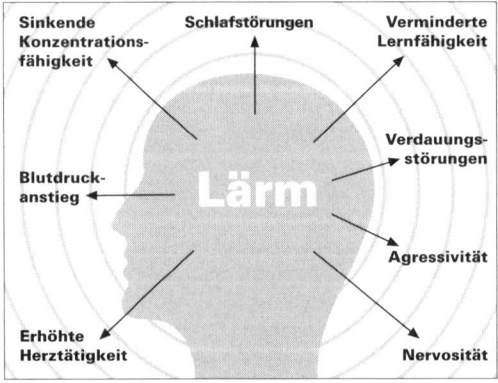

Lärm und seine Auswirkungen

Gemessen wird die Intensität von Lärm in Dezibel (dB/A). Die Schwelle zur Lärmschwerhörigkeit liegt bei 80 dB/A, d. h. ab dieser Lautstärke wird das Gehör geschädigt. Ist dieser Lärm nur kurzzeitig, also einige Sekunden, können sich die Organe des Gehörs wieder erholen, dauert Lärm jedoch lang an, wird das Gehör unwiederbringlich geschädigt.

Lärmintensität verschiedener Geräusche

0 dB(A)*	Hörschwelle
10–20 dB(A)	Flüstern
50–60 dB(A)	Normale Unterhaltung
70–80 dB(A)	Verkehr, Staubsauger, Rasenmäher
ab 80 dB(A)	Kritische Grenze für Gehörschäden
90 db(A)	Preßlufthammer
100–110 dB(A)	Diskothek, Fluglärm in der Nähe, laufende Motorsäge
ab 130 dB(A)	Schmerzschwelle

* dB = Dezibel
 A = Spezielle Methode zur Messung der Lautstärke.

Strahlung

Bestimmte Strahlungen können der Gesundheit schaden, z. B. Anteile des Sonnenlichts. Sie verbrennen die Haut und können bei übertriebenem »Sonnenanbeten« auf die Dauer zu Hautkrebs führen.

Unter dem Begriff Strahlung werden aber häufig radioaktive Strahlen zusammengefaßt, die ausgehen von radioaktiven Abfällen und Kernwaffenversuchen. Sicher unvergeßliches Beispiel für die Gefährlichkeit radioaktiver Strahlung war der Reaktorunfall von Tschernobyl im Frühjahr 1986. Es gibt aber auch natürliche radioaktive Strahlung, die aus der Erde und dem Weltall stammt.

Radioaktive Strahlung sieht und spürt man nicht, sie hinterläßt aber am Körper deutliche Spuren: Haut, Augen, Keimdrüsen werden geschädigt, Leukämie (Blutkrebs) und andere Krebsarten können die Folge sein. Gefürchtet ist auch die Wirkung auf die Erbanlagen. Sie können verändert werden, was zu Mißbildungen bei Kindern führt.

Nicht gerade unschädlich sind auch Röntgenstrahlen. Sie werden in der Medizin eingesetzt, um Krankheiten zu erkennen und erfüllen hier auch einen nützlichen Zweck. Wer zu häufiges »Durchleuchten« vermeiden möchte, sollte sich bei seiner Krankenkasse einen Röntgenpaß besorgen. In diesen werden alle Röntgenuntersuchungen eingetragen und unnötige Mehrfachbelastungen vermieden.

Mikrowellengeräte stellen keine Gesundheitsgefährdung dar. Die Speisen nehmen weder die Strahlung auf, noch können gefährliche Strahlen nach außen dringen.

Klima

Das Klima scheint ein Lebensfaktor zu sein, auf den der Mensch keinen Einfluß hat. Ganz so ist es leider nicht, verschiedene Eingriffe in die Natur können sehr wohl das Klima beeinflussen.

Trauriges Beispiel ist das Ozonloch, verursacht durch die Verwendung von Fluorchlorkohlenwasserstoffen (FCKW). Ozon ist ein Gas, das die Erde umgibt und vor schädlichen Anteilen des Sonnenlichts schützt. Wenn diese schützende Schicht geschädigt ist, können die schädlichen Strahlen ungehindert an die menschliche Haut gelangen und z. B. Krebs hervorrufen.

Klimaveränderungen werden auch durch Eingriffe in die Landschaft verursacht. Durch das Abholzen riesiger Waldbestände in den Tropen und Subtropen kann nach heutigen Erkenntnissen eine völlige Klimaverschiebung eingeleitet werden. Falls die Prognosen der Wissenschaftler eintreffen, wird Europa in einigen Jahrzehnten ein wärmeres Klima mit geringeren Niederschlägen haben.

1.4. Einfluß von Genußgiften und Drogen

Genußgifte und Drogen sind Stoffe, die angenehm anregen, in großen Mengen jedoch dem Körper sehr schaden bzw. eine Abhängigkeit hervorrufen. Alkohol, Koffein und Nikotin werden als Genußgifte oder Genußmittel bezeichnet, sie gehören aber auch zu den Drogen. Als Drogen werden im landläufigen Sprachgebrauch Rauschmittel wie Haschisch, LSD, Opium und Heroin bezeichnet. Strenggenommen kann jedes Lebensmittel wie ein Gift auf den Körper wirken, d. h. ihm schaden, wenn eine bestimmte, gesunde Menge überschritten wird. Die eigentlichen Genußgifte, Alkohol, Nikotin und Koffein und die Drogen, wirken jedoch schon in verhältnismäßig geringen Mengen schädigend und können zu Abhängigkeit führen.

ABHÄNGIGKEIT

Die Abhängigkeit von einem bestimmten Stoff kann seelisch oder körperlich sein. Bei seelischer Abhängigkeit ist der Betroffene unzufrieden und unausgeglichen, wenn er den Stoff nicht zu sich nimmt. Bei körperlicher Abhängigkeit reagiert der Körper mit sogenannten Entzugserscheinungen, das sind quälende Krankheitssymptome wie Kopfschmerzen, Krämpfe, Schüttelfrost bis hin zu Halluzinationen (Wahnvorstellungen).

Alkohol

Ein Gläschen in Ehren kann niemand verwehren – stimmt! Alkohol wirkt in geringen Mengen anregend auf Kreislauf, Verdauungsorgane und Atemzentrum. Die Haut wird stärker durchblutet und rot, der Blutdruck steigt an.

Als angenehm wird empfunden, daß die seelische Anspannung nachläßt, Hemmungen werden abgebaut, der Alltag tritt in den Hintergrund, die Stimmung steigt.

WIRKUNG VON ALKOHOL

Je mehr Alkohol jedoch getrunken wird, desto häufiger treten die negativen Auswirkungen auf: Aus der anfänglichen Fröhlichkeit wird Depressivität und Traurigkeit, die Reaktionsfähigkeit wird stark herabgesetzt (Vorsicht Autofahrer!), Dinge werden gemacht, an die man sich in nüchternem Zustand nicht mehr erinnern kann. Schwindel, Übelkeit bis hin zu Bewußtlosigkeit bei völliger Trunkenheit sind weitere Folgen.

Bei regelmäßigem Alkoholmißbrauch sind Magenschleimhautreizungen sehr häufig, außerdem wird die Leber stark belastet. Leberzersetzung (Leberzirrhose) tritt bereits dann auf, wenn mehr als 80 g Alkohol pro Tag »genossen« werden. Das entspricht etwa 2 l Bier oder 1 l Wein. Gefährlich ist auch die Kombination von Alkohol und Medikamenten. Die Wirkung sowohl des Alkohols als auch des Medikamentes kann erheblich verstärkt werden.

Wirkung von Alkohol im Organismus

Blutalkohol-Konzentration	Erscheinungen
0,3 – 0,6 ‰	Erste Gangstörungen, Redseligkeit, Euphorie
0,8 ‰	Gesichtsfeld leicht eingeschränkt, Reaktionszeit verlangsamt, leichte Sprechstörungen, Schwips
1,4 ‰	Rauschzustand, Enthemmung
2,0 ‰	Trunkenheit, Bewußtsein stark eingetrübt, Torkeln, Erinnerungsvermögen aufgehoben
4,0 – 5,0 ‰	Tödlichkeitsgrenze, Atemstillstand

Folgen von Alkoholmißbrauch:

- Leberschäden
- Herzschäden
- Muskelerkrankungen
- Nervenerkrankungen
- Bluthochdruck, Durchblutungsstörungen
- Bildung von Thromben (Blutpfropfen, die sich lösen und eine lebensgefährliche Embolie auslösen können)
- Entzündungen der Schleimhäute, der Harnwege, der Nieren
- Anfälligkeit für Infektionen, Stoffwechselstörungen, Blutarmut
- Zerrüttung bzw. Verlust der zwischenmenschlichen Beziehungen

Alkohol und Schwangerschaft

Alkohol sollte während der Schwangerschaft tabu sein. Er kann fatale Auswirkungen auf das Baby haben: Frühgeburt, Untergewicht, Wachstumsstörungen, körperliche und geistige Entwicklungsstörungen, Mißbildungen.

Macht Alkohol warm?

Alkohol wird im Winter bei niedrigen Temperaturen fälschlicherweise manchmal als Mittel zum Aufwärmen getrunken. Zwar scheint sich der Körper zunächst aufzuwärmen, weil die Haut angenehm warm und durchblutet wird. Infolge der stärkeren Durchblutung gibt der Körper jedoch sehr viel Wärme an die Umgebung ab. Durch die erhöhte Wärmeabgabe über die Haut kann es bei längerem Aufenthalt im Freien zu Unterkühlung und Erfrierungen kommen.
Heiße alkoholhaltige Getränke »wirken« übrigens schneller als kalter Alkohol. Verstärkt wird die Wirkung von Alkohol auch durch Zucker.

Alkohol und Verkehrstüchtigkeit

Wie schnell wird Alkohol abgebaut? Diese Frage stellen sich viele Autofahrer. Der Abbau ist abhängig von der Zeitspanne, in der der Alkohol getrunken wurde, von der Menge, vom Körpergewicht und vom Geschlecht. Frauen brauchen länger, bis sie eine bestimmte Menge Alkohol abgebaut haben, als Männer. Grober Anhaltspunkt für den Abbau von Alkohol: pro Stunde 0,1 Promille.
Alkohol vermindert die Reaktionsfähigkeit erheblich, er führt zu Sinnestäuschungen, die Wahrnehmung ist verringert.
Diese Reaktionsveränderungen treten beileibe nicht erst auf, wenn die magische 0,5-Promille-Grenze überschritten wird. Deshalb muß bei Verwicklung in einen Verkehrsunfall mit Strafe gerechnet werden, selbst wenn der Alkoholgehalt der Blutes nur 0,3 oder 0,4 Promille beträgt.

Alkoholismus

Man spricht von Alkoholismus, wenn jemand regelmäßig und viel Alkohol trinkt. Alkoholismus ist deshalb so gefährlich und häufig, weil er schleichend beginnt und die Abhängigkeit erst spät erkannt wird. Wie viele Alkoholkranke es in Deutschland gibt, weiß niemand genau. Schätzungen gehen davon aus, daß es jeder achte ist. Wer diese Sucht vermeiden möchte, sollte von Zeit zu Zeit seine Trinkgewohnheiten überdenken.

Behandlung von Alkoholismus

Für alkoholabhängige Personen ist das einzige Mittel die absolute Enthaltsamkeit. Bereits eine Schnapspraline oder ein Stück geistvoll getränkter Kuchen kann einen Rückfall auslösen. Daher daran denken, wenn gefährdete Personen eingeladen sind, Kuchen und Nachspeisen sowie Soßen ohne Alkohol zubereiten. Bereits Spuren von Alkohol führen zu einem unstillbaren Verlangen danach. Alkoholismus ist eine Krankheit, die ärztlich behandelt werden muß, Medikamente und Entziehungskuren können helfen. Am wirkungsvollsten sind Kontakte mit verständnisvollen Menschen, die neue Interessen vermitteln können. Auch manche Organisationen kirchlicher oder sozialer Einrichtungen bieten wirkungsvolle Hilfe an, z. B. Selbsthilfegruppen »Anonyme Alkoholiker«. In solchen Gruppen sprechen Betroffene über ihre Krankheit und versuchen sie so zu bewältigen.

Wichtige Hinweise:

- *Trinkgewohnheiten überdenken.*
- *Niemanden zu Alkoholgenuß drängen, z. B. bei Festen, Einladungen.*
- *Bei Einladungen auch alkoholfreie Getränke anbieten.*
- *Kinder nicht an den Geschmack von Alkohol gewöhnen. Nachspeisen, Kuchen, Soßen, die laut Rezept Alkohol enthalten, mit Fruchtsäften oder Gewürzen aromatisieren, Alkohol weglassen.*
- *Jugendliche über Gefahren des Alkoholmißbrauchs aufklären und die Werbung für alkoholische Getränke kritisch ansprechen. Das gute Beispiel der Eltern nützt übrigens mehr als dauernde Ermahnungen.*
- *Ärger, Streß, Niedergeschlagenheit nicht mit Alkohol »wegspülen«.*

Nikotin

Rauchen ist die häufigste Form der Abhängigkeit von einem Genußgift. Der Hauptwirkstoff von Tabak ist Nikotin, ein starkes Pflanzengift.

WIRKUNG VON NIKOTIN

Die gesundheitsschädlichen Wirkungen von Nikotin sind am deutlichsten erkennbar beim ersten Rauchversuch. Es treten die typischen Anzeichen einer Nikotinvergiftung auf:
- Übelkeit
- Schweißausbruch
- Herzklopfen
- Schwindelgefühl
- Durchfall

Eine Nikotinvergiftung können beim Nichtraucher bereits etwa 4 mg (Tausendstelgramm), beim Raucher etwa 10 mg hervorrufen. Eine Zigarette enthält 1 – 1,5 mg Nikotin, es wird durch die Hitze aus dem Tabak freigesetzt und geht zu etwa 30 % in den Rauch über.

Nikotin regt die Herztätigkeit an und wirkt steigernd auf die Stimmung. Diese Wirkung wird vom Raucher gewünscht, er gerät schnell in eine seelische Abhängigkeit und kann diese nur sehr schwer überwinden. Außer der anregenden Wirkung treten jedoch mit der Zeit Lähmung der Nervenzellen und Verengung der Blutgefäße auf. Durchblutungsstörungen von Herz und Gehirn sind die Folge. Auch das »Raucherbein« ist eine typische Folge. Durch die mangelhafte Versorgung des Muskels mit sauerstoffreichem Blut kommt es zur Ansammlung von schädlichen Stoffwechselprodukten, das Bein muß schlimmstenfalls amputiert werden. Plötzlich auftretender Schmerz beim Gehen deutet auf akuten Sauerstoffmangel hin.

Nikotin erhöht die Aktivität der Schilddrüse und damit den Grundumsatz.

Außer Nikotin entsteht beim Rauchen auch Tabakteer. Tabakteer legt sich auf die Wände der Atmungsorgane und verursacht so Hustenreiz (Raucherhusten).

Durch die Teerablagerung nimmt die Elastizität der Lungenbläschen ab. Sie können sich beim Ausatmen nicht mehr zusammenziehen (Blähungen). Selbst kleine Anstrengungen führen dann schon zu Atemnot. Durch den ständigen Gewebereiz kann es zu Lungenkrebs kommen.

Ein weiterer schädlicher Stoff, der beim Rauchen entsteht, ist das Kohlenmonoxid. Es führt zu Sauerstoffmangel im Muskel und in den Organen, was häufig Herz-Kreislauf-Erkrankungen zur Folge hat.

Rauchen und Schwangerschaft

Rauchen während der Schwangerschaft führt dazu, daß auch das Baby Nikotin und Kohlenmonoxid aufnimmt. Folgen sind verzögerte Kindesentwicklung im Mutterleib, Untergewicht, Fehl-, Frühgeburt, höhere Tumoranfälligkeit des Kindes.

Wie kann man sich das Rauchen abgewöhnen?

Nur wenige Raucher schaffen es, ihre Sucht von einem auf den anderen Tag abzulegen. Hier einige Vorschläge für langsames Entwöhnen:

◻ Die Zahl der Zigaretten pro Tag immer mehr einschränken
◻ Zigaretten jeweils nur zur Hälfte rauchen
◻ Weniger Lungenzüge machen
◻ Verlangen nach einer Zigarette überbrücken mit Kaugummi, Obst etc.
◻ Nicht in Gegenwart von Nichtrauchern rauchen.

Koffein

Koffein ist in Kaffee, Schwarztee und Colagetränken enthalten. Dieser Stoff wirkt anregend, erhöht den Blutdruck und bewirkt eine kurzfristige Leistungssteigerung, weil die Energiereserven des Körpers

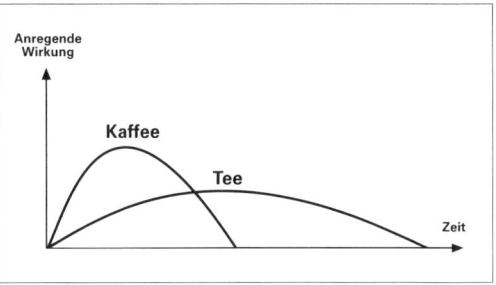

Wirkung von Kaffee und Schwarztee

mobilisiert werden. Durch Koffein werden auch die Verdauung und die Tätigkeit der Nieren angeregt.

Kaffee und Schwarztee unterscheiden sich in ihrer Wirkung. Die im Schwarztee enthaltenen Gerbsäuren verzögern die Wirkung des Koffeins, die anregende Wirkung von Tee hält also länger an, tritt jedoch nicht so stark auf.

Die Wirkung von Cola entspricht der von Kaffee. Koffeinhaltige Getränke sind für Kinder nicht geeignet.

Große Koffeinmengen können zu akuten Vergiftungen führen mit starken Erregungszuständen, Schlaflosigkeit, Muskelzittern, Schweißausbruch, Herzklopfen, Angstzuständen.

Rauschmittel

Rauschmittel oder Drogen sind Stoffe, die die Grenzen des normalen Bewußtseins sprengen und Rauschzustände hervorrufen. Es gibt verschiedene Arten von Drogen. Allen ist ihnen gemeinsam, daß sie schnell zu körperlicher Abhängigkeit, stetigem Verfall des Körpers und der Persönlichkeit führen.

Drogen werden in verschiedenen Formen aufgenommen: geraucht, geschnupft, in Tropfenform auf Zucker, direkt in die Blutbahnen gespritzt.

Besonders gefährdet sind Jugendliche. Die Neugierde, manchmal auch der Druck der Freundesgruppe oder das Ausbrechenwollen aus der Welt, in der sie leben, sind die häufigsten Gründe, sich Drogen zu beschaffen. Erfahrungsgemäß sind Jugendliche mit einem intakten Elternhaus, in dem über Probleme der Heranwachsenden verständnisvoll gesprochen wird, am wenigsten gefährdet. Ein geordnetes Elternhaus ist aber nicht die Gewähr dafür, daß Kinder nicht in die Drogenszene abrutschen.

ERKENNEN VON DROGENEINNAHME

Seelische Anzeichen:

◻ ungewöhnlich nervös, fahrig, gespannt, getrieben, »überdreht«

❑ grundlos unzufrieden, mißgestimmt, reizbar, pessimistisch, resigniert, dann aber wieder unerwartet kontaktfreudig, grundlos optimistisch, grenzenlos glücklich

❑ rasch erschöpft, schwunglos, vergeßlich, unaufmerksam, gedankenlos

❑ täglich wechselnde Leistungsfähigkeit mit stetigem Abfall

❑ Trugwahrnehmungen, d. h. der Betroffene sieht, hört, schmeckt und fühlt Dinge, die nicht vorhanden sind.

Körperliche Anzeichen:

❑ glasiger Blick, eingefallenes Gesicht, tiefliegende Augenhöhlen, graue, blasse oder bläulich verfärbte Haut, Rötung der Augenbindehaut

❑ ständig laufende Nase (ohne Erkältung und Schnupfen), Klage über trockenen Mund, gerötetes und geschwollenes Gaumenzäpfchen

❑ Appetitlosigkeit, unregelmäßige Nahrungsaufnahme, Widerwillen gegen manche Lebensmittel, zunehmender Appetit auf leichte und vor allem kohlenhydratreiche Kost, z. B. Pudding, Bonbons, Kuchen, Schokolade, gesüßte Säfte

❑ Erhöhte Licht-, Lärm-, Schmerzempfindlichkeit.

Verräterische Utensilien

Ahnungslose Eltern wissen oft nicht, daß bestimmte Gegenstände auf den Umgang mit Drogen hinweisen. Dazu gehören:

❑ Silberpapierfetzen, in denen der »Stoff« verpackt war, gefaltete Papier-, Zellophan- und Stanniolbriefchen

❑ Gepreßte oder verkrümelte Klümpchen von roter, grüner oder schwarzer Farbe, getrocknete und zerriebene Blüten und Blätter

❑ Zuckerwürfel, Löschblatt- und Filzstückchen, blaue oder rote Sternchen

❑ Tabletten aller Art

❑ Spritzenbestecke, Injektionsnadeln, blutige Papiertaschentücher.

Wenn solche Gegenstände häufig im Zimmer herumliegen, ist Drogenmißbrauch sehr wahrscheinlich. Panikartige Reaktionen und Vorhaltungen an den Jugendlichen helfen jedoch nicht weiter. Wichtig ist ein vertrauensvolles Gespräch. Häufig sind Eltern ratlos, wenn sie entdecken, daß eines ihrer Kinder Drogen nimmt. Auskunft und Hilfe geben anonyme staatliche Beratungsstellen, im örtlichen Telefonbuch zu finden unter dem Stichwort »psychosoziale Beratung«.

ECSTASY

Diese »Partydroge« wird bei Jugendlichen immer beliebter. Die Tabletten haben eine enorm aufputschende Wirkung und bauen gleichzeitig Hemmungen und Ängste ab. Weil Ecstasy nicht körperlich abhängig macht, wird seine Wirkung von den Jugendlichen unterschätzt. Der Gebrauch ist mit Risiken für Psyche und Körper verbunden: Gehirnschädigungen, Nierenschäden, akute Nebenwirkungen bis hin zum Kollaps. Die Droge wird chemisch hergestellt, sie ist in Deutschland verboten. Es ist allerdings überhaupt kein Problem für Jugendliche, an diese Droge heranzukommen.

2. ERSTE HILFE

Bei schweren Unfällen muß in jedem Fall ärztliche Hilfe angefordert werden. Bis der Arzt eintrifft, kann auch vom Laien geholfen werden. Zwar sind einige Griffe jedem bekannt, dennoch lohnt sich die Teilnahme an einem Erste-Hilfe-Kurs, den man sogar von Zeit zu Zeit wiederholen sollte. Im Ernstfall ruhig und besonnen handeln.

Augenverletzungen

Beide Augen mit keimfreiem Verband ohne Druck abdecken, dann sofort zum Arzt gehen.
Fremdkörper im Auge vorsichtig mit einem sauberen Tuchzipfel abtupfen, dabei immer zur Nase hin wischen. Nicht reiben! Augen schließen, damit der Fremdkörper durch die Augenflüssigkeit ausgeschwemmt werden kann. Festsitzende Fremdkörper nicht selbst entfernen, sondern sofort zum Augenarzt gehen.

Beule, Bluterguß

Eisbeutel oder kalte, nasse Tücher als Kompressen auflegen. Spezielle Salben gibt es in der Apotheke.

Bewußtlosigkeit, Ohnmacht

Den Betroffenen in stabile Seitenlage bringen. Kopf zum Boden drehen und Mund öffnen, damit der Bewußtlose nicht an Erbrochenem erstickt. Notruf!

Brandwunden

❑ Bei Verbrühungen die verbrannten Stellen sofort unter fließend kaltes Wasser halten, bis der Schmerz nachläßt. Danach evtl. Kleidungsstücke vorsichtig entfernen, Wunde mit sterilem Verband abdecken.

❑ Verbrennungen nicht verbinden. Bei größeren Verbrennungen keine Puder, Salben oder andere Hausmittel auftragen, sondern zum Arzt gehen.

Bißwunden

Wunde verbinden und sofort zum Arzt gehen. Stammt die Bißwunde von einem tollwutverdäch-

Stabile Seitenlage

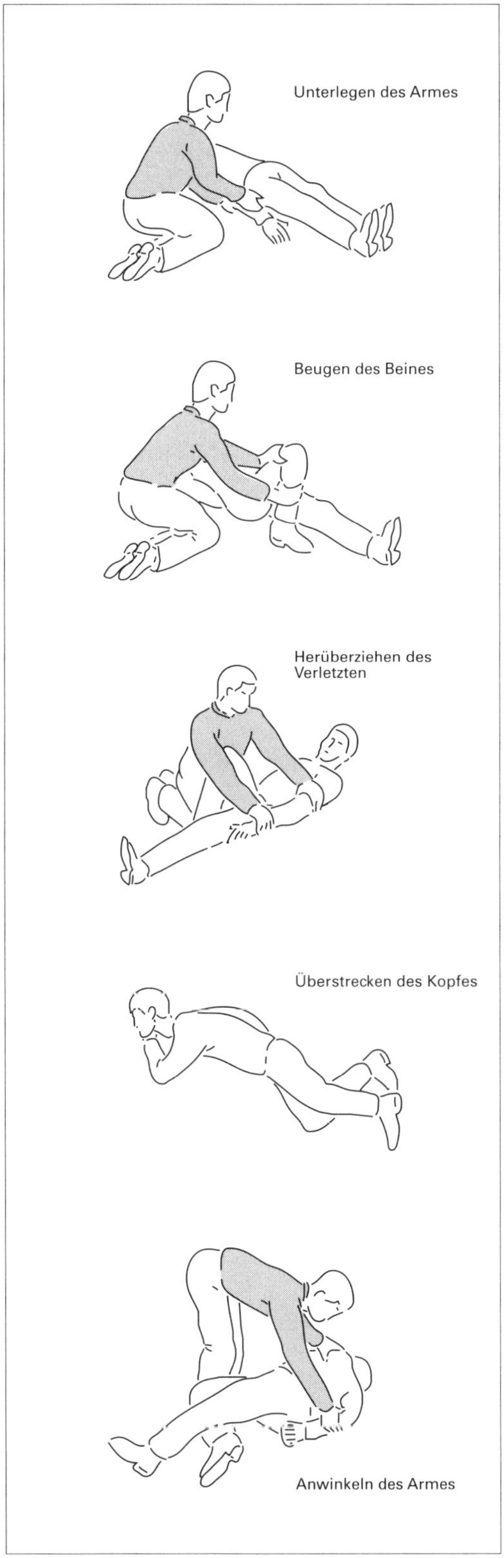

Unterlegen des Armes

Beugen des Beines

Herüberziehen des Verletzten

Überstrecken des Kopfes

Anwinkeln des Armes

Stabile Seitenlage

tigen Tier, die Wunde sofort mit Seifenlösung reinigen, mit Wasser ausspülen und anschließend mit hochprozentigem Alkohol desinfizieren. Die Wunde steril abdecken und sofort zum Arzt gehen.

Blutungen

- Wenn die Schlagader verletzt ist, ist das ausströmende Blut hellrot, die Blutung pulsend. Keimfreien Verband auf die Wunde pressen. Beine und Arme hochlagern. Herzwärts von der Wunde die Schlagader abdrücken. Druckverband anlegen, aber nicht abbinden! Notruf!
- Dunkelrot fließendes Blut stammt von Venen. Druckverband anlegen und sofort zum Arzt gehen.
- Blutungen im Körper sind erkennbar an blasser werdender Hautfarbe. Notruf!
- Blutungen aus Mund und Ohren können auf schwere Schädelverletzungen hindeuten. Notruf!
- Bei Nasenbluten hinsetzen, den Oberkörper nach vorne beugen, kalte Umschläge auf Stirn und Nacken legen. Nasenflügel einige Minuten zusammenpressen. Wenn die Blutung nicht steht, zum Arzt gehen.

Wichtiger Hinweis:

- *Bei allen schweren Blutungen auf Anzeichen von Schock achten.*

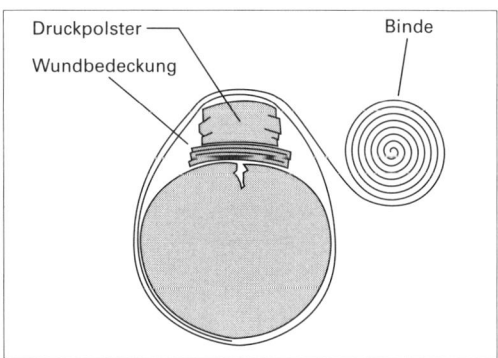

Druckverband anlegen

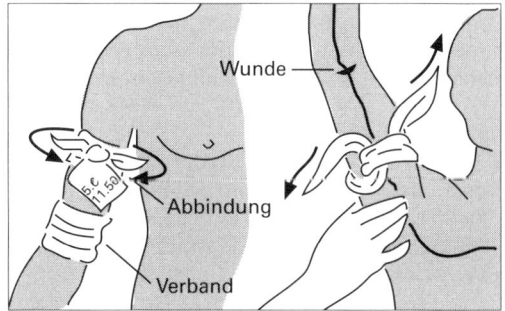

Schlagader abbinden (links) und abdrücken (rechts)

Elektrischer Schlag

Solange der Verunglückte mit dem Strom noch in Berührung ist, darf er auf keinen Fall angefaßt werden. Sofort Strom abschalten durch Herausdrehen der Sicherungen. Falls dies nicht möglich ist, für Eigenisolierung sorgen, z. B. auf ein trockenes Brett stellen und den Betroffenen aus dem Stromkreis reißen.

Den Verunglückten hinlegen, zudecken und bei Atemstillstand Atem spenden. Notruf!

Erfrierungen

Nicht rubbeln, massieren oder mit trockener oder strahlender Wärme behandeln. Zu schnelle Erwärmung belastet den Kreislauf. Günstig ist eine sofortige Erwärmung durch körpereigene Wärmeübertragung von Haut zu Haut. Auch im Wasserbad, dessen Temperatur von 10 auf 40 °C langsam erhöht wird, können erfrorene Gliedmaßen erwärmt werden.

Heiße, gezuckerte Getränke verabreichen, auf keinen Fall Alkohol.

Erstickungsanfall

Verschluckte Bonbons oder große Bissen, die in der Speiseröhre steckenbleiben, können lebensbedrohend sein. Kinder an den Beinen hochheben, kräftig schütteln und leichte Schläge zwischen die Schulterblätter geben. Bei Erwachsenen den Oberkörper tief nach vorne beugen und mit der flachen Hand ebenfalls kräftig zwischen die Schulterblätter klopfen.

Ist der Betroffene bewußtlos, den Erstickenden auf den Bauch legen und kräftig auf den Rücken klopfen. Notruf!

Ertrinken

Nach der Rettung den Betroffenen sofort künstlich beatmen. Wenn der Betroffene noch atmet, in Seitenlage bringen und zudecken. Notruf!

Hitzschlag, Sonnenstich

Ein Hitzschlag entsteht durch einen Wärmestau im Körper. Äußere Anzeichen sind rote Haut, die jedoch nicht schwitzt, und Bewußtlosigkeit.

Den Betroffenen sofort an einen kühlen Ort oder in den Schatten legen, Kleidung öffnen, Luft zufächeln, nasse, kalte Tücher auflegen. Notruf!

Insektenstiche

- Stachel, falls noch vorhanden, herausziehen und die Stichstelle mit Salmiakgeist oder juckreizstillender Salbe betupfen. Feuchte, kalte Umschläge verhindern das Anschwellen.
- Bei einem Stich im Mund oder Rachen sofort den Arzt aufsuchen. In der Zwischenzeit kalte Umschläge um den Hals machen, Eis lutschen.
- Bei allergischen Reaktionen auf das Insektengift (z. B. plötzliches starkes Anschwellen nicht betroffener Körperteile, Hitzewallungen und Ausschlag, starke Hautrötung auch nicht betroffener Körperteile) sofort zum Arzt!

Knochenbrüche

Ein Knochenbruch ist von außen erkennbar durch Schwellung und Schmerzen, besonders wenn die betroffene Gliedmaße bewegt wird.

Das gebrochene Glied ruhigstellen, z. B. durch untergeschobene Kissen. Notruf!

Krämpfe

- Krampfartige Zustände mit Fieber müssen sofort ärztlich behandelt werden.
- Schreikrämpfe bei Kindern sind eine Trotzreaktion, bei der keine erhöhte Temperatur auftritt. Das Kind schreit heftig, macht sich steif, kann blau werden und nicht mehr ansprechbar sein. Mit lauwarmem Wasser bespritzen oder einen leichten Klaps geben. Danach ruhig und freundlich mit dem Kind reden.
- Bei Wadenkrämpfen das Bein nicht entlasten, sondern fest auftreten. Bei Zehenkrämpfen die Zehen nach oben drücken.

Prellungen, Zerrungen, Quetschungen

Sofort durch kalte Umschläge kühlen, nach dem Abklingen der Schwellung elastischen Verband anlegen. Verletztes Glied erst belasten, wenn es schmerzfrei ist.

Bei Verletzungen am Kopf, großen Blutergüssen und anhaltenden Schmerzen zum Arzt gehen.

Schock

Unfälle, Verletzungen und starke Schmerzen können lebensbedrohliche Schockzustände zur Folge haben. Anzeichen sind blaßgraue Haut, kalter Schweiß, Frieren, schneller, schwer tastbarer Puls, Unruhe.

Den Verletzten flach hinlegen, Beine anheben und hochlagern, Körper zudecken und den Betroffenen nicht allein lassen und ihm beruhigend zureden. Notruf!

Verätzungen

- Sofort die Haut freilegen und unter fließendem Wasser spülen.
- Bei Augenverletzungen das Auge öffnen und aus geringer Höhe in die inneren Augenwinkel Wasser fließen lassen.
- Wenn ätzende Flüssigkeit verschluckt wurde, in kleinen Schlucken viel Wasser trinken. Es verdünnt die Säure. Nicht zum Erbrechen reizen. Notruf!

Ruhigstellen eines Arms

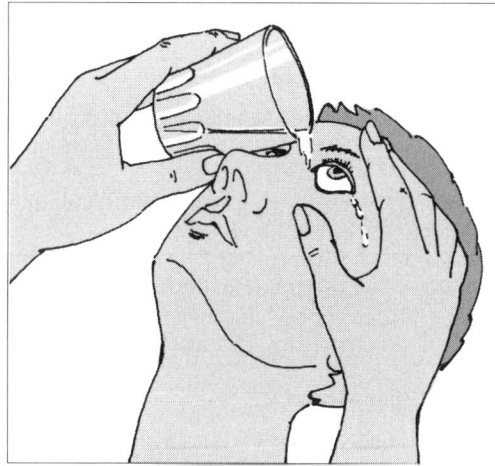

Verätzungen im Auge ausspülen

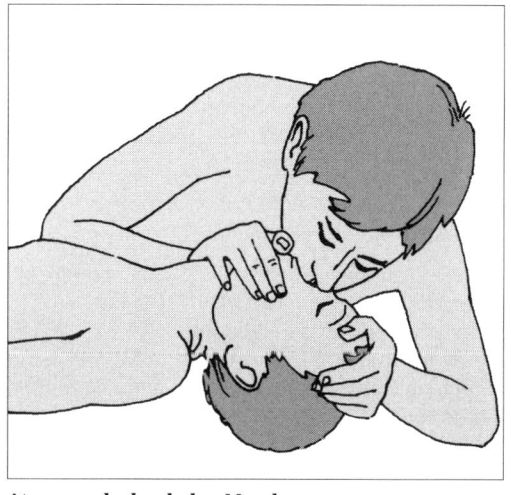

Atemspende durch den Mund

Vergiftungen

- Atemgifte sind ausströmendes Gas und Lösungsmitteldämpfe, Kohlenmonoxid aus Auspuffanlagen oder in Silos. Anzeichen von Vergiftung sind Kopfschmerzen, Schwindelgefühl, Bewußtlosigkeit, Atemlähmung. Den Vergifteten an die frische Luft bringen, stabile Seitenlage, bei Atemstillstand künstlich beatmen. Notruf!
- Bei Vergiftung in Silos durch Kohlenmonoxid niemals versuchen, den Betroffenen allein zu retten! Notruf!
- Bei Vergiftungen durch Magen- und Darmgifte den Vergifteten ruhighalten, falls notwendig Atem spenden. Nicht zum Brechen reizen und nichts zu trinken geben! Auf keinen Fall Milch zu trinken geben! Notruf und gleichzeitig Gift-Notrufzentrale verständigen!

Wiederbelebung

Herz- und Atemstillstand können durch Pulsfühlen bzw. Abhören von Atemgeräuschen vor Mund oder Nase festgestellt werden.

- Bei Atemstillstand sofort mit Beatmung beginnen: den Kopf nach hinten überstrecken, den Unterkiefer gegen Oberkiefer drücken und mit dem Daumen die Lippen verschließen. Atemluft über die Nase einblasen und nach dem eigenen Rhythmus beatmen.
- Bei Herzstillstand müssen Atemspende und Herzmassage gleichzeitig durchgeführt werden. In Erste-Hilfe-Kursen wird diese Maßnahme gezeigt. Sie sollte aber nur in äußersten Notfällen gebraucht werden, denn unnötig oder falsch ausgeführte Herzmassage kann lebensbedrohlich sein.

Wunden

- Wunde freilegen, keimfrei verbinden. Die Wunde nicht berühren oder zu reinigen versuchen, nicht mit Puder oder Salben behandeln.
- Tiefe Wunden, z. B. durch Schnittverletzung, mit Verband oder Pflaster fest zusammenziehen, damit die Wundspalte nicht auseinanderklafft. Bei großen Wunden sofort zum Arzt.
- Schürfwunden mit klarem Wasser oder Kamillentee reinigen und mit einem Pflaster oder Verband abdecken.

3. DIE HAUSAPOTHEKE

Eine Hausapotheke gehört in jede Wohnung, denn für Erste-Hilfe-Maßnahmen, kleinere Wehwehchen und Krankheiten braucht man entsprechende Ausrüstung.

Empfehlenswerte Ausstattung einer Hausapotheke

Verbandsmaterial

2 Verbandspäckchen
Mehrere Mullbinden in verschiedener Breite
Verbandsmull
Mehrere Zellstoff-Mullkompressen
Mehrere elastische Binden in unterschiedlicher Breite
Heftpflaster
Wundschnellverband in verschiedener Breite
Brandbinde (in Dose aufbewahrt)
1 Dreieckstuch mit Sicherheitsnadeln
Verbandsklammern

Hilfsmittel

Fieberthermometer
Lederfingerling
Augenklappe
Schere
Pinzette
Wärmflasche
Gummiunterlagetuch

Arzneimittel

Essigsaure Tonerde
Wundpuder
Desinfektionsmittel (Alkohol)
Kohletabletten
Kopfschmerztabletten
Wundsalbe
Zugsalbe
Kühlende Salbe, z. B. bei Stichen und Juckreiz
Halstabletten
Hustensaft
Verschiedene Tees mit medizinischer Wirkung,
z. B. Fencheltee, Kamillentee, Brusttee
Beruhigungsmittel (Baldrian)
Salbe zur Durchblutungsförderung bei Verstauchungen
Individuelle Medikamente

DER RICHTIGE PLATZ

Die Hausapotheke gehört an einen Platz, den Kinder nicht erreichen können. Am besten ist ein gut verschließbarer Wandschrank. Den Schlüssel so aufbewahren, daß er von Kindern nicht erreicht werden kann, im Ernstfall muß er aber griffbereit sein.
Der beste Ort für Medikamente ist ein kühler Raum, z. B. das Schlafzimmer. Badezimmer und Küche sind ungeeignet, weil dort zu große Temperaturschwankungen auftreten und die Luft sehr feucht ist.

REGELMÄSSIGE KONTROLLE

▫ Denken Sie daran, wenn Sie etwas entnehmen, die Hausapotheke bald wieder aufzufüllen.
▫ Binden und Kompressen, deren Verpackung beschädigt ist, sind nicht mehr steril. Sie können nur noch als äußerer Verband benutzt werden.
▫ Arzneimittel sind nicht unbegrenzt haltbar. Achten Sie auf das aufgedruckte Mindesthaltbarkeitsdatum.
▫ Bröckelige Tabletten und Dragees, eingetrocknete Salben und Cremes, trübe Tropfen sollten in jedem Fall ausgesondert werden.
▫ Medikamente, die von einer Krankheit »übriggeblieben« sind und vom Arzt verordnet wurden (mit der Aufschrift »verschreibungspflichtig«), nicht mehr verwenden oder in eigener Regie anderen Familienmitgliedern verordnen, auch wenn das Haltbarkeitsdatum noch nicht überschritten ist. Nicht mehr benötigte Medikamente am besten in die Apotheke zurückbringen.

BEIPACKZETTEL LESEN

Beipackzettel von Medikamenten sind dazu da, daß sie aufmerksam gelesen werden. Auch nach dem Lesen die Gebrauchsinformation nicht wegwerfen, selbst wenn man meint, Dosierung und Nebenwirkungen ein für allemal zu kennen.
Leider sind die Angaben auf Beipackzetteln nicht immer für den Laien verständlich. Wenn irgendwelche Angaben unklar sind, sollte man sich nicht scheuen, den Arzt oder Apotheker zu fragen.

Wichtiger Hinweis:

■ *Medikamente niemals zusammen mit Alkohol einnehmen, schon kleine Mengen können die Wirkung der Arznei verstärken oder verringern.*

WAS GEHÖRT IN DIE HAUSAPOTHEKE?

Die Hausapotheke sollte kein Sammelsurium übriggebliebener oder zufällig angeschaffter Medikamente und Hilfsmittel sein, sondern übersichtlich geordnet und sinnvoll ausgestattet sein.

Hausmittel

Wenn in diesem Abschnitt von Hausmitteln die Rede ist, ist vorauszuschicken, daß damit nicht schwere Krankheiten gelindert oder gar geheilt werden können. Kleinen Unpäßlichkeiten kann jedoch mit Hausmitteln abgeholfen werden, ohne daß man gleich einen Arzt braucht. Die Wirkung sollte nicht überschätzt werden. Bei länger andauernden Beschwerden ist der Gang zum Arzt trotzdem nötig.

GRIPPALER INFEKT, ERKÄLTUNG

Eine echte Grippe kann und soll nicht mit Hausmitteln kuriert werden. Krankheitserscheinungen, die landläufig als Grippe bezeichnet werden, sind meist lediglich eine Erkältung, die mit Halsschmerzen, Schnupfen und Husten einhergeht. Anzeichen für eine Grippe dagegen sind Kopf- und Gliederschmerzen, Fieber, das länger als drei Tage dauert, z.T. begleitet von Gleichgewichts-

störungen. In diesem Fall müssen Sie unbedingt zum Arzt.

Vorbeugen ist besser als heilen, deshalb in Grippezeiten größere Menschenansammlungen meiden, den Körper abhärten, z. B. durch morgendliche Wechselduschen, viel Bewegung an frischer Luft und Vitamin-C-reiche Ernährung. Kam es trotzdem zu einer Ansteckung, helfen folgende Mittel:

Kopfdampfbäder: heißen Dampf etwa 10 Minuten einatmen. Dazu ein käufliches Inhalatorgerät ver-

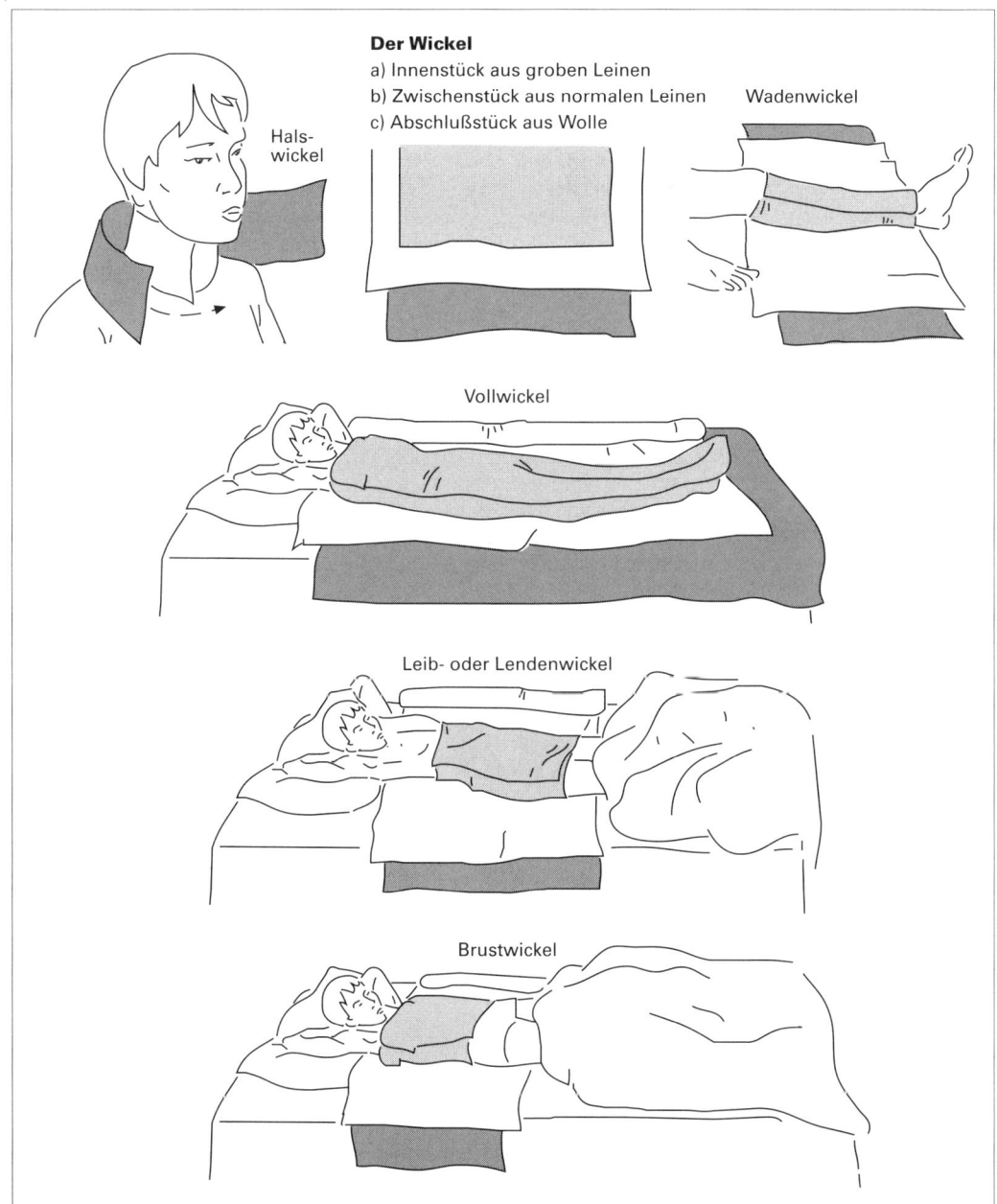

Der Wickel
a) Innenstück aus groben Leinen
b) Zwischenstück aus normalen Leinen
c) Abschlußstück aus Wolle

Halswickel

Wadenwickel

Vollwickel

Leib- oder Lendenwickel

Brustwickel

Anlegen von Wickeln

wenden oder in althergebrachter Weise ein Handtuch über Kopf und Inhalationsmittel legen und einatmen.

Dampfbad mit Kamillenaufguß beruhigt die Schleimhäute, z. B. bei Schnupfen. Dampfbad mit Eukalyptus- oder Pfefferminzaufguß macht die Nase frei und wirkt schleimlösend.

Schwitzkur: heißen Lindenblütentee in kleinen Schlucken trinken, anschließend mit einer Wärmflasche ins Bett legen, zweite Bettdecke über das Bett legen und schwitzen. Eine Schwitzkur wirkt fiebersenkend.

Eine Schwitzkur nur anwenden bei Erwachsenen und Jugendlichen mit stabilem Kreislauf.

Fettwickel: Brust mit Schweinefett einreiben, Leinentuch in heißes Wasser tauchen, leicht ausdrücken und so heiß, wie es ertragen wird, auf Brust und Hals legen. Flanelltuch darüber legen und den Wickel etwa 15 Minuten wirken lassen. Lindert Halsschmerzen und Husten.

Kalte Wickel an Waden, Beinen und Brust wirken ebenfalls fiebersenkend. Dazu werden Baumwolltücher in kaltes Wasser getaucht, leicht ausgedrückt und aufgelegt. Den kalten Wickel fest in Flanelltücher schlagen und etwa 15 Minuten wirken lassen (bis die nassen Tücher warm werden).

Feuchtwarme Wickel: Baumwolltücher in heißes Wasser tauchen, etwas ausdrücken, auflegen und warme Tücher darüberschlagen, etwa 15 Minuten wirken lassen. Als Brustwickel oder am ganzen Körper, bei Halsschmerzen um den Hals. Feuchtwarme Wickel wirken lindernd bei Halsschmerzen und Bronchitis und können auch als »Einleitung« für eine Schwitzkur dienen.

Ansteigendes Fußbad: Fußbad mit ansteigender Wassertemperatur machen, indem heißes Wasser zugegossen wird, Dauer: ca. 15 Minuten. Danach Baumwollsocken, die in heißes Wasser getaucht wurden, anziehen und darüber ein zweites, aber trockenes Paar Wollsocken und ins Bett legen. Wird angewendet bei Erkältung mit Schnupfen und Halsschmerzen.

GURGELN MIT SALZWASSER

Desinfiziert den Rachenraum und hilft gegen Halsschmerzen. Gleichermaßen wirkt heißer Salbeitee, der in kleinen Schlucken getrunken oder gegurgelt wird.

Heiserkeit

Das beste Mittel gegen Heiserkeit: nicht sprechen oder nur flüstern. Lindernd wirken heiße Halswickel, Gurgeln mit Salzwasser, Trinken heißer Milch, Inhalieren von Eukalyptus- oder Pfefferminzöl. Mehrmals täglich 1 TL Honig, der mit frisch gepreßtem Zitronensaft verrührt wird, einnehmen, heißen Brombeersaft trinken. Nichts Kaltes und nichts Scharfes zu sich nehmen. Im Zimmer bleiben, kalte Luft und Temperaturwechsel vermeiden, nicht rauchen.

Dauert Heiserkeit länger als zwei oder drei Tage, zum Arzt gehen.

Hexenschuß

Von einem Hexenschuß spricht man, wenn plötzlich, meist nach einer ruckartigen Bewegung, im Rücken starke, stechende Schmerzen auftreten. Als »erste Hilfe« ist ein Schmerzmittel empfehlenswert. Das Nachlassen der Schmerzen führt dazu, daß sich die Haltung entkrampft und damit auch die betroffenen Muskelpartien.

Bei einem Hexenschuß tut Wärme gut: heiße Bäder, Bestrahlen mit Infrarotlicht, ABC-Pflaster, wärmeerzeugende Salben oder Cremes (z. B. »Bienengift«), Bettwärme.

Zum Arzt sollten Sie gehen beim ersten Hexenschuß, oder wenn sehr häufig »die Hexe ins Kreuz schießt«.

Magenverstimmung, Übelkeit

Magen beruhigen durch Fastenkur mit ungesüßtem Kräutertee oder leichtem (kurz gezogenem) Schwarztee. Nicht zu viel Pfefferminztee trinken, er reizt in größeren Mengen die Magenschleimhaut. Wärmflasche auf den Magen legen, Bettruhe. Nach einem Hungertag langsam wieder mit dem Essen beginnen: Zwieback, leichtgesalzener Haferschleim. Danach zu leichter Vollkost übergehen (siehe S. 82).

Bei häufigen Magenschmerzen vor dem Essen etwas rohen Kartoffelsaft (aus der Apotheke) trinken. Alkohol, Nikotin und Kaffee sind tabu. Dauern die Schmerzen länger als drei Tage oder treten sehr starke Schmerzen auf, läßt sich ein Arztbesuch nicht vermeiden.

Durchfall

Bettruhe, Wärmflasche oder warme Umschläge auf den Bauch legen. Fasten mit leicht gezuckertem Tee oder kohlensäurearmem Mineralwasser. Durchfall stoppen mit Kohlekompretten (Apotheke), zerdrückten Bananen, heißem Heidelbeersaft oder geriebenem Apfel (mit der Schale gerieben, wirkt manchmal Wunder). Nach der Fastenkur langsam mit Haferschleim und Zwieback aufbauen.

Zum Arzt gehen, wenn der Durchfall länger als drei Tage dauert und von anhaltendem Fieber begleitet ist.

Verstopfung

Nicht mit Abführmitteln bekämpfen, sondern mit richtiger Kost (ballaststoffreich, siehe auch S. 82) und ausreichend körperlicher Bewegung. Auf nüchternen Magen 1 Glas lauwarmes Wasser trinken, am Abend zuvor eingeweichtes Dörrobst essen. Eingeweichte Leinsamen, Weizenkleie, grob geschroteten Dinkel unter Joghurt oder Müsli mischen. Bei ballaststoffreicher Kost möglichst viel trinken, denn nur dann können die Ballaststoffe quellen und den Darm anregen.

Husten, Verschleimung

Speisezwiebeln zerschneiden und mit Kandiszucker dämpfen, vom austretenden Saft alle paar Stunden 1 TL einnehmen.
Ein ausgezeichnetes Mittel gegen Husten ist Fichtenhonig: junge Fichtentriebe im Frühjahr pflücken und mit Zucker kochen und abseihen. Mehrmals täglich 1 TL einnehmen.

Blähungen

Heiße Leibwickel mit Essigwasser ($^{2}/_{3}$ Wasser, $^{1}/_{3}$ Essig) machen oder im Uhrzeigersinn den Bauch mit der flachen Hand massieren oder Rollkur: Fencheltee trinken, hinlegen und alle paar Minuten umdrehen.

Warzen

Mehrmals täglich mit Rizinusöl einreiben.

Sodbrennen

Tagsüber gelegentlich Wacholderbeeren kauen, morgens auf nüchternen Magen Wacholdertee trinken, trockene Haferflocken zusammen mit einem Apfel essen.

Prellung, Bluterguß

Kalte Umschläge mit essigsaurer Tonerde oder Eiswasser machen. Bei einer Beule, z. B. durch Stoßen an eine Kante: kalten Lappen auflegen. Wichtig bei Prellungen: die kalten Umschläge sofort machen.
Bei großen Prellungen oder Blutergüssen unbedingt zum Arzt gehen!

Sonnenbrand

Ein Sonnenbrand ist keineswegs harmlos, er stellt eine Verbrennung dar und belastet den Kreislauf. Kalte Tücher auflegen, mit Buttermilch einreiben, mit Babypuder abpudern. Keine Salbe oder Fett verwenden, damit Luft an die verbrannte Stelle gelangen kann. Etwas Joghurt mit Honig verrühren und die betroffenen Hautstellen damit einreiben. Unbedingt zum Arzt, wenn gleichzeitig Übelkeit und Erbrechen oder Schwindelgefühl auftreten sowie bei sehr großflächigem Sonnenbrand (z. B. der ganze Rücken).

Insektenstiche

Kalte, feuchte Umschläge mit klarem Wasser, essigsaurer Tonerde oder Essigwasser, die oft gewechselt werden.
Oder angeschnittene Zwiebel auf die Einstichstelle drücken. Oder Einstichstelle mit Alkohol, Kölnischwasser oder Franzbranntwein betupfen. Oder 1 EL Quark auf ein Taschentuch geben und auf die Einstichstelle legen.
Sofort zum Arzt bei Stichen in Hals, Rachen oder Mund, ebenso bei allergischen Reaktionen (Gefahr eines Kreislaufzusammenbruchs!).

Schlafstörungen

Schlaftabletten nur im äußersten Notfall einnehmen.
Auf Dauer wirken Baldriantropfen, Johanniskrauttee, Schlaftees (fertige Apothekenmischungen), heißer Holundersaft, 1 Glas Bier oder Rotwein (nicht zuviel, sonst schläft man zwar ein, wacht aber schnell wieder auf), 1 Glas heiße Milch.
In einem gut gelüfteten, ruhigen und abgedunkelten Raum schlafen, vor dem Schlafengehen keine aufwühlenden Diskussionen führen oder spannende Filme ansehen. Nicht versuchen, den Schlaf zu erzwingen. Beschließen Sie, wach zu bleiben und in einem Buch zu lesen. Sie werden sehen, wie schnell die Augen zufallen.

Leibschmerzen

Bettruhe, Wärmflasche auf den Bauch legen. Feuchtheiße Wickel auf dem Bauch helfen z. B. sehr gut bei Magen-, Leber-, Darm- oder Menstruationsbeschwerden.

4. HÄUSLICHE KRANKENPFLEGE

Grundkenntnisse in häuslicher Krankenpflege sind unentbehrlich für alle Familienmitglieder. Nicht nur bei akut auftretenden Krankheiten wie Grippe sind sie notwendig, sondern vor allem für die Pflege gebrechlicher und alter Menschen.

Auch bei der Krankenpflege hilft systematisches Vorgehen, Kraft und Zeit zu sparen. Außerdem fördert es das Wohlbefinden des Patienten. Im folgenden Abschnitt sind die Grundbegriffe der Krankenpflege erläutert. Zusätzliche Kenntnisse kann man sich bei speziellen Kursen des Roten Kreuzes, des Malteser Hilfsdienstes usw. aneignen.

Die Pflegeperson

Kranke Menschen brauchen liebevolle Pflege. Das Gefühl von Einsamkeit und Gleichgültigkeit der Umgebung macht dem Patienten seine Lage besonders schwer. Wichtig ist, daß die Pflege regelmäßig, umsichtig und gewissenhaft durchgeführt wird.

In besonders schwierigen Fällen kann eine Person mit der Pflege des Kranken überfordert sein. Bevor jedoch daran gedacht wird, den Kranken in eine Klinik oder ein Pflegeheim zu bringen, sollten alle Möglichkeiten, Unterstützung bei der häuslichen Pflege zu bekommen, geprüft werden. Gerade Kinder und alte Menschen sind für eine Pflege in der gewohnten Umgebung sehr dankbar. Hilfsdienste werden z. B. von vielen sozialen und kirchlichen Stellen angeboten.

Grundlagen der Krankenpflege

Krankenpflege ist nicht einfach und raubt manchmal »den letzten Nerv«. Trotzdem sollte sich der Pflegende immer darum bemühen, freundlich und gutmütig zum Kranken zu sein, auch wenn dieser manchmal unleidig ist. Nur wer versucht, sich in

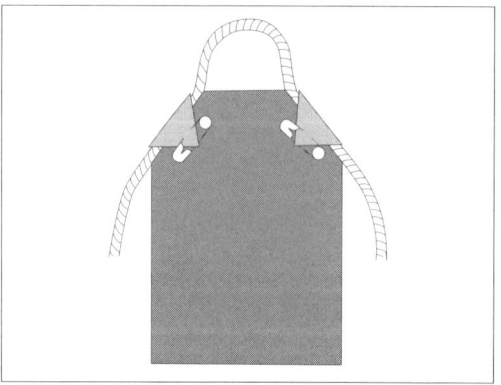

Einfache Pflegeschürze aus einem Handtuch

die Rolle eines Bettlägerigen hineinzudenken, der auf jeden Handgriff angewiesen ist und hilflos im Bett liegt, kann verstehen, daß der Kranke auch ungeduldig und mürrisch sein kann.

Wichtig ist bei der Krankenpflege Sauberkeit. Sie verbessert das Wohlbefinden des Patienten und verhindert Ansteckung des Pflegenden. Deshalb nach Kontakt mit dem Kranken immer sauber die Hände waschen. Fingernägel nicht vergessen, dort siedeln sich leicht Keime an, die übertragen werden. Bei der Krankenpflege sollte immer eine Schürze getragen werden, kochechtes Material ist zu bevorzugen. Ein praktischer Tip, der viel Bügelarbeit erspart: Diese provisorische Schürze wird aus einem Frotteehandtuch hergestellt.

Das Krankenzimmer

Von Laien wird schnell übersehen, daß die Umgebung den Krankheitsverlauf enorm beeinflußt – positiv wie negativ.

Wenn ein Familienmitglied nur wenige Tage das Bett hüten muß, kann es in seinem eigenen Zimmer bleiben. Wenn aber die Dauer einer Erkrankung nicht abzusehen ist, sollte ein eigenes Krankenzimmer eingerichtet werden.

Das Krankenzimmer sollte ruhig liegen, denn ein kranker Mensch ist sehr lärmempfindlich und braucht viel Schlaf. In einem freundlichen, sonnigen und gut belüftbaren Raum fühlt sich auch ein Kranker wohler. Natürlich muß ein Krankenzimmer auch beheizbar, und der Fußboden sollte leicht zu reinigen sein.

Um Infektionsquellen auszuschalten und die Reinigung des Zimmers zu erleichtern, sollte das Krankenzimmer sparsam, aber zweckmäßig möbliert sein: ein Krankenbett, Nachttischchen mit blendfreier Beleuchtung, Tisch und Stühle, Kleiderschrank und nach Möglichkeit Waschgelegenheit. Kleine Kinder und ältere Menschen fühlen sich mit einer Orientierungsleuchte im Dunkeln wohler.

Zusätzlich braucht ein Kranker ein Hilfsmittel, damit er sich bemerkbar machen kann, wenn er Hilfe braucht, z. B. Klingel.

DAS KRANKENBETT

Nur selten steht dem Kranken ein spezielles Bett zur Verfügung. Bei langwierigen Krankheiten bzw. Pflegefällen sollte der Zweckmäßigkeit des Bettes besondere Beachtung geschenkt werden.

Praktischer Hinweis:

■ *Bei Langzeiterkrankungen kann ein verstell- und rollbares Krankenbett bei Sozialstationen, der Nachbarschaftshilfe oder beim Roten Kreuz ausgeliehen werden.*

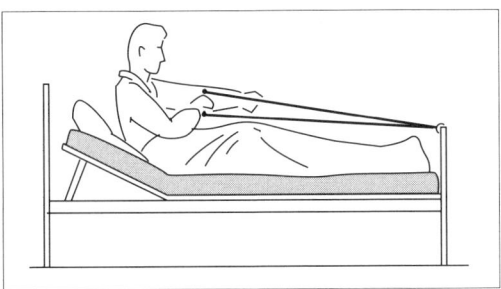

Bettzügel

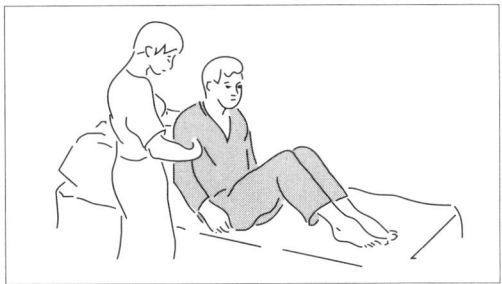

Aufsetzen des Kranken

Das im Haus vorhandene Bett kann so verändert werden, daß es sich als Krankenbett eignet. Meist hapert es weniger an der Größe als vielmehr an der Höhe des Bettes. Abhilfe kann mit einer zweiten Matratze oder Bettklötzen geschaffen werden.

Ein höheres Bett erspart der Betreuerin eines Bettlägerigen Rückenschmerzen. Es ist auch zweckmäßig, das Bett so in den Raum zu stellen, daß es von beiden Seiten zugänglich ist.

Zur Ausrüstung eines Krankenbettes gehören: Matratzenschoner, mittelharte Matratze, Bettuch, Stecklaken (es wird in Hüfthöhe quer zum Bett gespannt), Nackenkissen, zwei Kopfkissen, eine leichte Einziehdecke, eine Gummi- und eine Stoffunterlage. Besonderer Wert ist darauf zu legen, daß die verwendete Bettwäsche kochfest ist. Da vor allem bei älteren Bettlägerigen die Gefahr des Wundliegens sehr groß ist, ist auf eine superweiche Lagerung und damit Druckentlastung zu achten. Geeignet sind z. B. Schaumstoffmatratzen (siehe auch S. 340).

Geschwächte Patienten können sich oftmals nur schwer allein im Bett aufrichten. Hier hilft ein »Zügel«: Ein Band oder eine Leine wird am Fußende des Bettes befestigt und am anderen Ende mit einem Griff versehen.

Wichtige Griffe und Hilfen

TRAGEN, AUFSETZEN UND ANHEBEN DES KRANKEN

Das Anheben des Kranken kann für die Wirbelsäule des Betreuenden sehr anstrengend sein. Mit einigen Spezialgriffen kann man viel Kraft sparen.

Tragen

Grundsätzlich wird der Kranke so körpernah wie möglich gehalten und getragen. Holen Sie zum Tragen des Kranken eine zweite oder dritte Person. Mit Hilfe eines Lakens kann ein Kranker angehoben und getragen werden: Ein Helfer hält den Kopf, einer faßt unter die Hüfte, der dritte nimmt die Beine. Auf Kommando wird der Kranke gehoben und hingelegt.

Aufsetzen

Der Kranke liegt auf dem Rücken und winkelt die Beine leicht an. Der Betreuer schiebt den linken Arm unter dem Nacken des Kranken durch und umfaßt seine linke Schulter. Die rechte Hand faßt unter die rechte Achsel des Patienten. Nun den Kranken aufrichten. Das Hinlegen erfolgt in umgekehrter Reihenfolge.

Aufstehen

Zum Aufstehen wird der Kranke wie oben beschrieben aufgesetzt. Mit dem linken Arm wird der Patient gehalten, mit dem rechten unter die angewinkelten Knie gefaßt. Der Patient wird mit Schwung auf dem Po gedreht und die Beine über die Bettkante gezogen. Nun umfaßt die Betreuerin den Kranken in der Taille, das rechte Knie ist zwischen den Knien des Patienten, damit er nicht wegrutschen kann. Der Kranke faßt die Pflegerin um den Hals. So kann der Kranke einige Schritte gehen.

Den Kranken nicht im Nachthemd sitzen lassen, sondern eine Decke umlegen, denn das Anziehen des Morgenmantels ist meist zu beschwerlich.

WECHSELN DER WÄSCHE

In verschwitzter Wäsche kann sich niemand wohlfühlen, geschweige denn gesund werden. Regelmäßiges Wechseln der Bett- und Leibwäsche ist daher unerläßlicher Bestandteil der Krankenpflege. Bevor die Wäsche gewechselt wird, frische Wäsche bereitlegen, die Fenster schließen und das Zimmer gut durchwärmen.

Nachthemd, Schlafanzug

Der Kranke oder die Pflegeperson schiebt das getragene Nachthemd über das Gesäß hoch. Im Sitzen oder bei angehobenem Oberkörper zieht die Betreuerin das Nachthemd über die Schultern bis in Nackenhöhe. Der Kranke nimmt die Arme über der Brust zusammen, das Nachthemd kann mit einem Griff über den Kopf gezogen werden, zuletzt Ärmel ausziehen. Anziehen des Nachthemdes erfolgt in umgekehrter Reihenfolge.

Bei einem Schlafanzug bleiben die untersten Knöpfe geschlossen. Es ist viel leichter, den Schlafanzug wie ein Nachthemd über den Kopf auszuziehen als die geöffnete Jacke über beide Arme zu ziehen.

Bettwäsche

Ein sorgfältig gemachtes Bett trägt zum Wohlbefinden bei. Falten oder gar Krümel im Bett können einen Kranken fast zur Verzweiflung bringen.

Falls der Kranke nicht zu schwach ist, steht er auf. Kopfkissen und Bettdecke kommen auf einen Stuhl, das Bettlaken wird gestrafft und festgesteckt. Die Kopfkissen vom Kranken abgewandt aufschütteln, die Federn jedes Kissens jeweils in eine Richtung schütteln. Die Knopfleisten kommen oben oder seitlich zu liegen, damit sie den Kranken nicht drücken.

Als angenehm empfinden es viele Patienten, wenn die Kissen einen Winkel bilden. Ein kleines Kissen kommt dabei unter Kopf und Schultern.

Beim Patienten, der sich nicht bewegen kann, ist der Wechsel des Bettlakens komplizierter. Das frische Bettuch wird der Länge nach bis zur Hälfte locker aufgerollt oder gefaltet, das alte Bettuch rundherum gelöst. Dann den zugewandten Arm des Kranken auf seine Brust legen. Den Kranken an der anderen Schulter und am Gesäß fassen und zu sich drehen. Das obere Bein leicht anwinkeln und den Kranken so in die Seitenlage bringen.

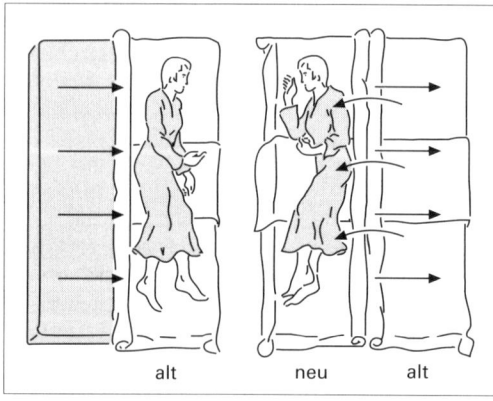

Bettuch wechseln

Auf der freien Bettseite das gebrauchte Laken bis zum Rücken des Patienten aufrollen und das frische Tuch auf die freie Stelle legen; die Rolle liegt dabei im Rücken des Patienten. Nun das Bettlaken spannen und feststecken, mit Stecklaken und Gummituch ebenso verfahren. Nun den Kranken auf die andere Seite drehen, das alte Bettuch entfernen und das neue ausrollen, ebenso Stecklaken und Gummituch.

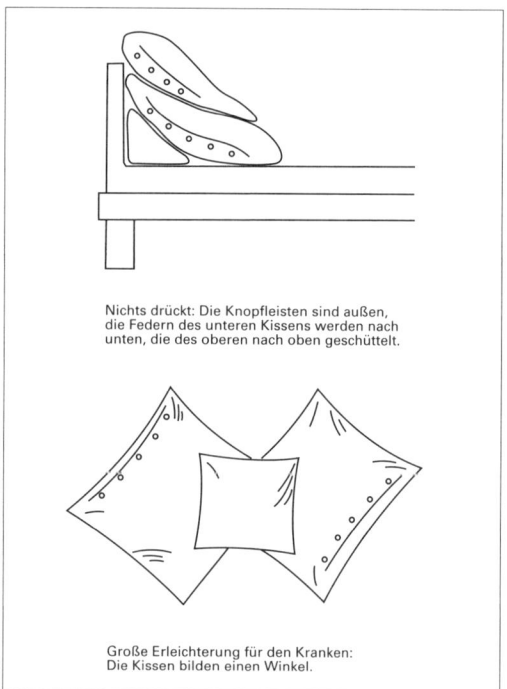

Nichts drückt: Die Knopfleisten sind außen, die Federn des unteren Kissens werden nach unten, die des oberen nach oben geschüttelt.

Große Erleichterung für den Kranken: Die Kissen bilden einen Winkel.

Kopfkissen für bequemes Liegen

LAGERUNG DES KRANKEN

Wer den ganzen Tag im Bett liegen muß, will bequem liegen und von Zeit zu Zeit seine Lage etwas verändern. Mit einem verstellbaren Lattenrost kann die Lage des Oberkörpers und der Beine problemlos verändert werden.

Hilfsmittel sind Kissen und Fuß- bzw. Rückenstützen. Solche Stützen können aus Karton leicht selbst hergestellt werden. Damit sie nicht verrutschen, werden sie in ein Bettuch gewickelt und die beiden Enden fest unter die Matratze gesteckt.

Beschwerden durch langes Liegen

Vom Regen in die Traufe kommt mancher Patient, wenn bei langem Liegen zu seiner eigentlichen Krankheit auch noch Wundliegen (Druckgeschwür, Dekubitus) oder andere Krankheiten kommen. Zu gewissenhafter Krankenpflege gehört daher auch die Vorsorge.

WUNDLIEGEN, DRUCKGESCHWÜRE

Die Ursache von Druckgeschwüren ist mangelnde Durchblutung der Haut. Die Zellen sterben ab, es entstehen Löcher, die zu Wunden aufbrechen. Am häufigsten kommt Wundliegen an folgenden Stellen vor: Ohren, Hinterkopf, Schultern, Schulterblätter, Wirbelsäule, Hüften, Gesäß, Waden, Knöchel, Fersen, Ellenbogen.

Die ersten Anzeichen sind Schmerzen, Rötung, Bläschenbildung und Hautabschürfung.

Vorbeugen

Erste Vorbeugung ist die Verwendung richtiger Pflegemittel: Bettlägerige mit Kernseife waschen, sie strapaziert die Haut am wenigsten.

Saubere, trockene Bett- und Leibwäsche ist ebenfalls wichtig. Schwitzt der Kranke sehr viel, häufig die Wäsche wechseln. Statt weniger saugfähigen Synthetikmaterials baumwollene oder reinleinene Wäsche verwenden, denn durch das Schwitzen wird die Haut aufgeweicht und ist anfälliger für Wundliegen.

Durch häufiges Umlagern des Kranken wird für Druckentlastung gesorgt. Das Körpergewicht wird auch entlastet durch superweiche Lagerung. Als Möglichkeiten hierfür bieten sich an:

- ❑ Schaumstoffauflage auf die Matratze mit 6 bis 10 cm Dicke
- ❑ Schaumstoffwürfel-Matratzen
- ❑ Superweiche Spezialmatratze
- ❑ Kissen, die mit Styroporkugeln gefüllt sind.

Empfehlenswert ist ein Antidekubitusfell, das unter die gefährdeten Hautstellen gelegt wird. Dafür kann ein echtes Lammfell oder ein Fell aus synthetischem Material verwendet werden. Synthetik läßt sich leichter waschen als Naturfelle, es ist jedoch umstritten, ob das künstliche Fell gleich gut wirkt (siehe auch S. 345).

Bequem und entlastend für die Knie ist eine Rolle, die ersatzweise auch aus einer Decke gerollt werden kann (schützenden Überzug nicht vergessen!).

Behandlung von Druckgeschwüren

Bei einem bereits bestehenden Geschwür ist äußerste Sauberkeit geboten, damit sich keine Entzündung festsetzen kann. Zunächst muß für absolute Druckentlastung gesorgt, die Wunden müssen geschlossen gehalten (mit einem sterilen Verband abdecken) und der Arzt zu Rate gezogen werden.

Lungenentzündung

Bei längerer Bettlägerigkeit kann es zu Lungenentzündung kommen. Ursache dafür kann eine Erkältung sein, z. B. durch Zugluft während der Körperpflege oder des Wäschewechsels. Aber auch mangelnde Mundpflege kann schuld sein, ebenso schlechtes Abhusten von Schleim und dadurch bedingte oberflächliche Atmung.

Vorgebeugt werden kann durch sorgfältige Mundpflege, Inhalieren und gezielte Atemübungen. Atemübungen sind vor allem bei älteren Patienten problematisch, weil sie nicht gerne mitmachen. Deshalb: neben den Kranken hinsetzen und zusammen mit ihm durch die Nase tief einatmen. Um dem Patienten das Ausatmen zu erleichtern, legt der Betreuende seine beiden Hände seitlich an den Brustkorb des Kranken. Eine weitere Übung: beim Einatmen die Arme hochnehmen, beim Ausatmen die Arme wieder sinken lassen.

Bei starker Verschleimung helfen Massagegeräte mit Polsterauflagen. Die Verschleimung wird gelöst. Wichtig ist anschließendes gutes Abhusten, das mit dem Patienten geübt werden muß. Als Spuckbehälter saubere Joghurtbecher verwenden, die nach Gebrauch vernichtet werden.

THROMBOSEN

Thrombosen, das sind Blutpfropfen in den Venen, können bei Bettlägerigen durch die mangelnde Bewegung entstehen. Vorbeugend muß die Durchblutung der Beine gefördert werden, z. B. durch gymnastische Übungen: Füße einzeln heben und wieder senken, Beine kreuzen, Beine abwechselnd aufstellen und wieder strecken, Zehen einkrallen und wieder spreizen. Wichtig ist bei diesen Übungen Gegendruck, d. h. der Fuß drückt gegen das Bett.

Thrombosen können auch durch Anlegen von Stützstrümpfen verhindert werden.

SOOR

Wird die Mundpflege vernachlässigt, kann sich leicht der Soorpilz in der Mundhöhle ausbreiten. Erstes Anzeichen ist ein grauweißer Belag in der Mundhöhle und auf der Zunge. Unbedingt dem Arzt mitteilen. Vorbeugend den Mund immer wieder mit Salbei-, Kamillentee oder Myrrhentinktur ausspülen.

ENTZÜNDUNG DER OHRSPEICHELDRÜSE

Zu einer Entzündung kann es kommen, wenn der Kranke sehr schwach ist und nur wenig ißt. Durch die mangelnde Kautätigkeit kann sich die Drüse entzünden. Vorbeugend Kaugummi, Fruchtgummi, Dörrobst oder trockene Brotrinde kauen lassen.

Körperpflege

Die tägliche Körperpflege ist für den Kranken besonders wichtig, weil er viel Schweiß absondert. Zudem wird durch die Körperpflege das Allgemeinbefinden verbessert.

Wenn sich der kranke Mensch selber waschen kann, sollte er dies tun, weil er sonst ohnehin wenig Bewegung hat. Die Pflegeperson sollte jedoch in der Nähe bleiben, um bei einem

Schwächeanfall zu helfen. Der Kranke sollte auf keinen Fall die Badezimmertür verschließen. Auf jeden Fall wird ein Stuhl neben das Waschbecken gestellt, Pflegeartikel und frische Wäsche werden vorher bereitgelegt.

Kranke, die nicht aufstehen können, werden von der Pflegeperson gewaschen. Dazu gehören nicht nur Waschen und Zähneputzen, sondern auch Rasieren, Haar- und Nagelpflege.

Der Raum, in dem der Kranke gewaschen wird, muß warm und zugfrei sein. Der Körper des Kranken sollte nur abschnittsweise aufgedeckt werden, um eine starke Abkühlung zu vermeiden. Folgende Utensilien werden vor dem Waschen bereitgestellt:

eine große Schüssel mit warmem Wasser, eine kleine Schüssel mit warmem Wasser für den Intimbereich, zwei Waschlappen (für Gesicht und Körper, für den Intimbereich täglich neu!), Handtücher, Cremes, Puder.

Damit das Bett nicht naß wird, breitet man unter dem Patienten ein großes Badetuch aus. Die Kissen werden entfernt. Der Kranke wird abschnittweise gewaschen, beginnend mit dem Kopf.

KÖRPERWÄSCHE

Das Gesicht des Patienten wird zuerst gewaschen, Ohren und Hals nicht vergessen. Es folgen Oberkörper, Achselhöhlen und Bauch. Dabei die Bettdecke bis zur Taille zurückschlagen und Nachthemd ausziehen. Die Haut nach dem Waschen gut abtrocknen, vor allem in den Hautfalten, damit sich keine Bakterien festsetzen können. Anschließend die Hände des Patienten sehr gründlich waschen. Rücken und Gesäß mit frischem Wasser waschen und gut abfrottieren. Dadurch wird die Durchblutung angeregt, und Druckstellen werden vermieden. Schwache Patienten werden dazu auf die Seite gerollt. Bei sehr schwachen Patienten nur zu zweit arbeiten, denn es besteht die Gefahr, daß der Kranke beim Waschen aus dem Bett fällt. Nach dem Abtrocknen kann das Nachthemd wieder angezogen werden.

Die Beine werden nacheinander gewaschen. Zum Waschen der Füße die Waschschüssel auf ein Handtuch stellen, der Kranke kann seine Füße hineinstellen und darin bewegen. Vor allem zwischen den Zehen gut abtrocknen.

Intimbereich

Sehr wichtig ist die Reinigung des Intimbereiches. Dazu ein Handtuch unter das Gesäß legen, dann die Innenseite der Schenkel waschen. Den Schambereich mit viel Wasser waschen, zuvor ein Steckbecken unterschieben. Bei einer Patientin wird immer von der Scheide zum After gewaschen,

damit eine Bakterieninfektion der Harnwege vermieden wird.

Bei Männern wird die Vorhaut des Penis zurückgeschoben und dieser Bereich gründlich mit Wasser abgespült. Bei nachlässiger Reinigung kann es leicht zu Entzündungen im Intimbereich kommen. Nach dem Waschen gut abtrocknen, eincremen und eventuell einpudern.

MUNDPFLEGE

Sorgfältige Mundpflege verhindert Krankheiten (Soor) und erfrischt den Kranken. Zähne, auch Prothesen, werden nach jeder Mahlzeit gereinigt und der Mund mit Mundwasser gründlich gespült. Bei Schwerkranken wird der Mund nur durch Auswischen mit einem getränkten Läppchen ausgewischt (Salbeitee, Kamillentee, Myrrhentinktur).

Wird die Zahnprothese von der Betreuerin gereinigt, erst Wasser ins Waschbecken einlaufen lassen. Es verhindert, daß die Prothese bricht, wenn sie auf das Porzellan fällt. Anschließend den Zahnersatz mit Zahnpasta unter fließendem Wasser putzen.

Vor dem Zähneputzen wird dem Patienten ein Handtuch umgelegt. Sehr praktisch ist die sogenannte »Serviette«: Ein Handtuch wird diagonal gelegt, die Zipfel liegen auf den Schultern des Kranken.

RASIEREN

Rasieren ermüdet den Patienten sehr, deshalb muß dies meist die Pflegeperson übernehmen. Nicht naß, sondern trocken rasieren.

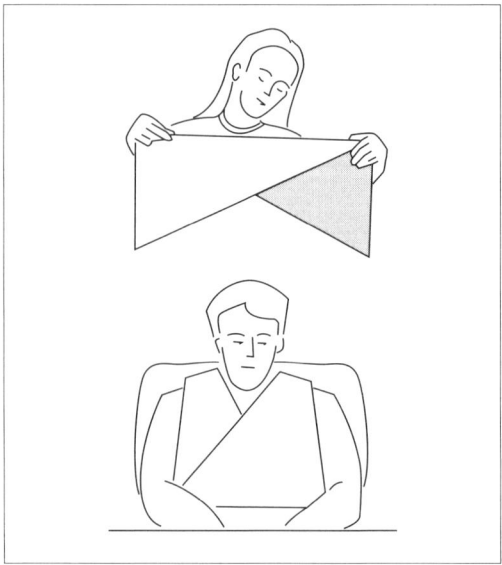

Handtuch, zur Serviette gefaltet

HAARWÄSCHE

Zum Haarewaschen gibt es im Fachhandel Nackenschüsseln. Die Haare gründlich waschen, spülen, abfrottieren, auskämmen und fönen. Auf ausreichende Raumtemperatur achten, wenn der Kranke nasse Haare hat.

BADEN

Darf der Kranke baden, sollten unbedingt rutschfeste Matten in der Bade- bwz. Duschwanne liegen. Wenn der Patient nicht selber in die Wanne steigen kann, muß die Pflegeperson helfen: den Patienten auf den Wannenrand setzen lassen, einen Arm des Kranken um die Schultern der Pflegeperson legen und dann die Beine gemeinsam über den Wannenrand schwingen. Der Kranke läßt sich dann – von der Betreuerin gehalten – ins Wasser gleiten. Dabei dem Kranken unter die Achseln greifen und mit beiden Händen am rechten Handgelenk festhalten.

Wichtiger Hinweis:

- *Lassen Sie den Kranken nicht allein. Bei einem Schwächeanfall sofort das Wasser auslaufen lassen, damit der Kranke nicht ertrinkt, während Sie Hilfe holen.*

Stuhlgang und Wasserlassen

Auch wenn es dem Schwerkranken peinlich ist, braucht er auch bei Stuhlgang oder Wasserlassen Hilfe. Solange der Patient aufstehen kann, sollte er die Toilette aufsuchen oder einen Toilettenstuhl (kann ausgeliehen werden). Wenn der Kranke zu schwach zum Aufstehen ist, wird ein Steckbecken verwendet.

Steckbecken unterschieben

Die Betreuerin schiebt das Steckbecken unter das Gesäß und stützt dabei die Lendengegend des Patienten mit der Hand. Das Becken wird zurechtgerückt und der Patient wieder locker zugedeckt. Den Kranken dann nach Möglichkeit allein lassen, aber in der Nähe bleiben.
Bewegungsunfähige Patienten an Schulter und Hüfte fassen und von sich wegdrehen. Das Steckbecken schräg an das Gesäß des Kranken drücken und den Griff festhalten. Den Kranken auf das Becken zurückrollen und leicht zudecken. Beim Wegnehmen der Schüssel diese fest gegen die Matratze drücken, der Patient hebt das Gesäß oder wird zur Seite gerollt. Steckbecken abstellen und zudecken, nun den Kranken reinigen.
Männern wird zusammen mit dem Steckbecken die Urinflasche gegeben.

Das Steckbecken muß nach jeder Benutzung mit Seifenlösung und Bürste gereinigt werden. Die Urinflasche erst mit kaltem Wasser ausspülen, weil das Eiweiß bei warmem Wasser gerinnen und die Flasche nur schwer gereinigt werden könnte. Danach die Urinflasche mit warmer Seifenlösung und Bürste säubern, sie nimmt sonst schnell einen unangenehmen Geruch an.
Hat der Patient eine Infektionskrankheit, werden Steckbecken bzw. Urinflasche zusätzlich desinfiziert.

INKONTINENZ

Kranke, die inkontinent sind, d. h. keine Kontrolle mehr über ihre Ausscheidungen haben, bekommen eine Gummiunterlage ins Bett. Sie wird unter das Stecklaken gelegt. Zusätzlich werden saugfähige Einlagen in das Bett gelegt. Windelhosen oder Einmalwindeln können eine Hilfe sein. Die Pflege des Intimbereiches ist bei diesen Patienten besonders sorgfältig vorzunehmen, um Wundliegen zu vermeiden. Das A und O ist sehr häufiges Wechseln der Einlagen bzw. Wäsche.
Männliche Bettlägerige, die »Dauertröpfler« sind, bekommen die Urinflasche nur alle paar Stunden abgenommen. Um Scheuerstellen zu vermeiden, wird die Öffnung der Flasche mit weichem Material umwickelt. Dazu eignet sich ein weicher Frotteewaschlappen, der über die Öffnung gestülpt, befestigt und rund ausgeschnitten wird.
Die beste Vorsorge gegen Infektionen besteht darin, den Kontakt der Haut mit Stuhl und Harn zu verhindern. Sehr wirksam und auch von Laien problemlos zu handhaben ist ein Urinal; es wird vom Arzt verschrieben.

Die Ernährung des Kranken

Richtige Ernährung des Kranken trägt wesentlich zu seinem Wohlbefinden und seiner Genesung bei. Als Grundsatz gilt, daß nur qualitativ hochwertige, frische Lebensmittel verwendet werden. Wichtig ist auch, daß die Speisen appetitlich angerichtet werden, weil der Appetit von Kranken ohnehin zu wünschen übrig läßt.
Überreden Sie aber den Kranken nicht zum Essen, er fühlt sich nach der aufgezwungenen Mahlzeit nicht besser.
Wenn keine Diät eingehalten werden muß, sollte der Kranke reichlich Vollkornprodukte und frische Salate und Obst bekommen. Auch schonend gedünstetes Gemüse oder Rohkost ist gut geeignet. Durch ballaststoffreiche Kost wird Verstopfung verhindert.
Bei Fieberkranken ist der Flüssigkeitsbedarf sehr hoch. Fruchtsäfte, Tees und Mineralwasser sind geeignete Durstlöscher.

Ungünstig für die Ernährung von Kranken sind scharf gewürzte Speisen, blähende Lebensmittel, Steinobst, fette und gebratene Speisen. Gut vertragen werden Karotten, Spinat, Blumenkohl, Kartoffelbrei, Geflügelfleisch, mageres Fleisch, Milchspeisen.

Bettlägerigen Kranken wird das Essen im Bett serviert. Stellen Sie zum Essen das Kopfende des Lattenrostes hoch oder legen Sie die Rückenstütze ein. Muß der Kranke gefüttert werden, testen Sie die Speisen auf ihre Temperatur; das gleiche gilt für Getränke. Das Trinken wird durch eine Schnabeltasse erleichtert.

Krankenernährung entspricht den Regeln der leichten Vollkost (siehe Seite 82).

Beobachtung des Kranken

Eine große Hilfe für den behandelnden Arzt ist es, wenn der Kranke genau beobachtet wird. Damit keine wichtigen Beobachtungen vergessen werden, ist es hilfreich, ein sogenanntes Patientenblatt anzulegen. Darin werden nicht nur die Beobachtungen eingetragen, sondern auch ärztliche Anweisungen, Temperatur, Medikamente etc. Beobachtungen auch dann eintragen, wenn sie scheinbar unwichtig sind, aber vom »normalen« Verhalten des Kranken abweichen. Oft sind gerade solche Tatsachen wichtige Hinweise für den Arzt.

Zum Beobachten eines Kranken gehört also mehr, als Fieber zu messen und den Puls zu fühlen. Auch die Urinmenge oder -farbe (milchig, dunkelgelb, braun, rötlich) kann beispielsweise für den Arzt ein wichtiger Hinweis auf die Krankheit sein.

FIEBERMESSEN

Vor dem Messen der Körpertemperatur wird ein Quecksilberthermometer »heruntergeschlagen«,
ganz locker aus dem Handgelenk, bis die Quecksilbersäule ins Depot zurückgegangen ist.

Elektronische Fieberthermometer werden genauso verwendet wie herkömmliche, sie zeigen aber innerhalb weniger Sekunden bereits die Temperatur an.

Die normale Körpertemperatur liegt zwischen 36 und 37 °C. Von erhöhter Temperatur spricht man bei 37–38 °C, von Fieber zwischen 38 und 39,5 °C und von hohem Fieber bei Temperaturen darüber. Untertemperatur liegt unter 36 °C.

Wie wird gemessen?

- *Axillar (in der Achselhöhle):* Gemessen wird auf der blanken, trocknen Haut, der Oberarm wird an den Körper gepreßt. Die Thermometerspitze muß in der Achselhöhle liegen. Gemessen wird 10 Minuten lang.
- *Rektal (im Darm):* Der Patient liegt seitlich, die Knie leicht angezogen. Die Thermometerspitze wird mit Öl oder Creme gleitfähig gemacht und vorsichtig mit leichten Drehbewegungen in den After eingeführt. Gemessen wird 3 Minuten. Bei Kindern und unruhigen Patienten während des Messens dabeibleiben.
- *Oral (im Mund):* Das Thermometer wird seitlich unter die Zunge eingelegt, gemessen wird 5 Minuten.

Wichtiger Hinweis:

- *Neue Fieberthermometer ermöglichen das Messen der Temperatur im Ohr. Diese Methode ist bei Kindern günstig.*

Ins Patientenblatt wird nicht nur die Temperatur eingetragen, sondern auch, wie und zu welcher Tageszeit gemessen wurde (abends ist die Temperatur meist etwas höher als morgens).

Patientenblatt

Name: Hans Hofer

Datum Uhrzeit	Temperatur (Axillar)	Puls (Minute)	Urin	Stuhl	Auswurf	Beobachtungen	Ärztliche Anweisungen	Medikamente
10. Okt.								
8 Uhr	39,3 °C	84	klar hellgelb	hart	gelb-grün zäh	Lippen trocken und rissig, Blick glasig	2× tägl. mit Salbeitee gurgeln 2× Wadenwickel	3× tägl. 1 EL Hustensaft, alle 2 Stunden Halstablette
18 Uhr	39,5 °C	82						
11. Okt.								
8 Uhr	38,9 °C	84	wie oben	wie oben	heller, flüssiger	wie oben	wie oben	wie oben
18 Uhr	39,1 °C	80						

Nach Gebrauch das Thermometer mit Wasser und Seife abwaschen und mit einem Papiertaschentuch abtrocknen. Bei Infektionskrankheiten zusätzlich desinfizieren. Quecksilberthermometer nicht herumliegen lassen, es könnte auf den Boden fallen und das Quecksilber austreten.

PULS FÜHLEN

Beim Pulsfühlen wird die Anzahl der Pulsschläge gezählt. Mit Zeige- und Mittelfinger der rechten Hand an der Daumenseite der Patientenhand Richtung Handgelenk fahren, bis man das »Grübchen« tastet, in dem der Puls zu spüren ist.

Pulsschläge pro Minute	
Säugling	120 – 140
Kind	100 – 120
Erwachsener	65 – 85

MEDIKAMENTENEINNAHME

Oberstes Gebot ist, sich streng an die Anweisungen des Arztes zu halten. Viele Arzneien verlieren ihre Wirkung schnell, wenn sie nicht vorschriftsmäßig genommen werden.

- Nach Tabletten, Dragees, Kapseln und Granulaten muß viel Wasser oder Tee getrunken werden, damit sie sich leichter auflösen.
- Pastillen gegen Halsschmerzen sollten möglichst langsam im Mund zergehen, dann desinfizieren sie den Mund besser.
- Tinkturen und Mixturen tropfenweise auf Zucker oder in Wasser einnehmen. Achten Sie aber darauf, daß Diabetiker (Zuckerkranke) Tropfen nicht auf Zucker bekommen. Manche Tropfen dürfen nicht verdünnt werden. Wenn man sich beim Abzählen der Tropfen verzählt, den Tropfer entfernen und die Tropfen zurückfüllen. Es gibt Tropfen, die hoch konzentriert sind!
- Einreibemittel mit Einweghandschuh auftragen, sie können u. U. Hautreizungen oder Allergien hervorrufen. Gerät etwas von dem Mittel auf die Schleimhäute oder Augen, sofort mit reichlich Wasser auswaschen.
- Zum Einführen von Zäpfchen den Kranken auf die Seite legen, die Knie sind leicht angezogen. Mit einem Fingerling oder Tupfer wird das Zäpfchen hinter den Schließmuskel des Afters geschoben, damit es nicht wieder herausrutscht.
- Ohrentropfen immer warm einträufeln.
- Das Verabreichen von Augentropfen macht manchmal Schwierigkeiten. Am besten klappt es, wenn der Kopf nach hinten gebeugt, das Augenlid etwas nach oben gezogen und der Tropfen in den inneren Augenwinkel getropft wird. Es gibt auch Augentropfen, die in den äußeren Winkel getropft werden, Beipackzettel beachten!
- Patienten, die ihre Medikamente selber nehmen, gelegentlich unauffällig beobachten, ob sie dies auch tun.

5. HYGIENE

Wenn von Hygiene die Rede ist, meint man damit meist Sauberkeit. Strenggenommen fällt unter den Begriff Hygiene mehr, nämlich alle Einflüsse, die auf die Gesundheit des Menschen einwirken, ferner die Verhütung von Krankheiten und die Förderung der Leistungsfähigkeit des Menschen. Dazu gehören z. B. die Vermeidung von Schadstoffen in Wohnräumen durch entsprechenden Auswahl von Materialien, die Schaffung eines angenehmen Raumklimas, Vermeidung von Lärm oder auch die Wahl hautverträglicher Textilien und die Reinigung von Wohnräumen und Kleidung.
In diesem Abschnitt soll nur der Bereich Hygiene und Körperpflege herausgegriffen werden. Die übrigen Einflüsse auf die Gesundheit des Menschen, die auch unter den Begriff Hygiene fallen, sind in anderen Kapiteln behandelt oder zumindest gestreift (z. B. Wohnen, Umwelt, Wäschepflege).

Körperpflege

Zur Körperpflege gehört mehr als tägliches Waschen, ein teures Parfüm und etwas Schminke im Gesicht. Auch geeignete Kleidung, die nicht zu warm oder zu luftig ist und aus Materialien besteht, die die Haut atmen lassen und Schweiß aufsaugen, gehört dazu. Ebenso eine ausgewogene Ernährung, Vermeiden von Genußgiften (Nikotin, Alkohol), regelmäßige Bewegung an der frischen Luft und gelegentlich ein kurzes Sonnenbad.

Hautpflege

»Natürliche Schönheit kommt von innen« heißt ein bekannter Werbespruch. Was die Schönheit der Haut anbelangt, ist er absolut richtig. Große Auswirkung auf die Beschaffenheit der Haut hat die Ernährung. Häufiger Genuß von Süßigkeiten oder scharf gewürzten Speisen fördert z. B. die Bildung von Hautunreinheiten.

Natürlich muß die Haut auch von außen gepflegt werden, damit Schmutz und Hautabsonderungen entfernt werden.

BADEN ODER DUSCHEN?

Die meisten Hautärzte plädieren für das Duschen, denn das Wasser wirkt nicht so lange auf die Haut ein wie beim Baden. Die Haut wird nicht so sehr aufgeweicht und ausgetrocknet. Ein gelegentliches Bad kann jedoch nicht schaden, vor allem, weil es auch eine Wohltat für Seele und Nerven ist. Nur zu heiß (über 35 °C) sollte nicht gebadet werden, das begünstigt das Auslaugen der Haut.

Tägliches Duschen ist nicht unbedingt notwendig, aber für Personen, die z. B. schmutzige Arbeit verrichten, sollte es selbstverständlich sein. Duschen macht nicht nur sauber, es entspannt den Körper auch. Wechselduschen mit abwechselnd warmem und kaltem Wasser (zum Schluß immer kalt) bringt den Kreislauf in Schwung.

WELCHES KÖRPERPFLEGEMITTEL?

Seifen

Angeboten werden hauptsächlich Parfüm- und Deoseifen. Deoseifen enthalten Wirkstoffe, die Körpergeruch hemmen; sie rufen allerdings häufig Hautreizungen hervor. Genauso wirksam, aber viel hautverträglicher sind Parfümseifen.

Syndets

Für Syndets wird geworben mit »hautfreundlichem pH-Wert«. Der natürliche Säureschutzmantel der Haut wird dadurch weniger angegriffen als durch Seife. Syndets werden im Stück oder als Flüssigseife angeboten; beim Kauf ist unbedingt darauf zu achten, daß keine Konservierungsmittel zugesetzt sind (auf der Verpackung angegeben). Syndets sind zu empfehlen für Menschen mit empfindlicher Haut, die sich – bedingt durch Schmutzarbeit – häufig die Hände waschen.

Mindenstens genausogut verträglich, aber erheblich billiger ist Kernseife. Syndets in Seifenform sind weniger ergiebig als gewöhnliche Seife, weil sie schnell matschig werden. Ergiebig sind flüssige Syndets, aber aufwendig in der Verpackung.

Schaumbäder, Duschbäder

Beide sind den Syndets ähnlich, enthalten jedoch hautrückfettende Stoffe und mehr Duftstoffe. Manche Schaum- und Duschbäder trocknen die Haut sehr stark aus und führen z. T. sogar zu Hautreizungen.

Intimpflegemittel

Diese Mittel sind nicht notwendig. Von den mei-

sten Ärzten werden sie mißbilligt, weil sie bei übertriebener Verwendung den Bakterienbefall fördern. Normalerweise reicht die Reinigung der Intimgegend mit Wasser und Seife aus.

Deodorants

Deodorants verhindern nicht das Schwitzen, sondern daß sich der Schweiß zersetzt und unangenehm riecht. Das Deo ersetzt das tägliche Waschen nicht.

Hautpflegemittel

Normale, gesunde Haut braucht keine Pflegemittel. Sie fettet von selbst nach, der Feuchtigkeitsgehalt wird ganz natürlich reguliert. Trockene Haut sollte man eincremen. Hautpflegemittel haben nicht nur nachfettende Wirkung, sondern dienen auch dem Schutz der Haut vor Witterungseinflüssen, sie verhindern das Austrocknen der Haut.

Eine Verjüngung der Haut können Hautpflegemittel nicht bewirken. Zwar gibt es Cremes gegen Falten, ihre Wirkung ist jedoch nur von kurzer Dauer. Die Frage, ob Faltencremes die Haut sogar schneller erschlaffen lassen, ist noch nicht endgültig geklärt.

Hautpflegemittel enthalten Konservierungsstoffe, denn mit den Fingern gelangen Keime und Bakterien in den Cremetopf, die rasch zum Verderb führen würden. Individuelle Unverträglichkeiten beachten! Wer auf der Suche nach einer geeigneten Hautcreme ist, sollte sich Proben geben lassen. Mit dieser kleinen Menge kann getestet werden, ob die Haut die entsprechenden Wirkstoffe verträgt.

Naturkosmetik ist im Aufwind, sie kann selbst hergestellt oder gekauft werden. Bei selbsthergestellten Cremes hat man den Vorteil, daß die Inhaltsstoffe genau bekannt sind, allerdings sind diese Mittel leicht verderblich. Deshalb nur kleine Mengen herstellen und im Kühlschrank aufbewahren. Creme mit einem Spatel aus dem Topf nehmen. Mit den Fingern werden Keime eingebracht, die zum Verderb führen.

Haarpflege

Haare brauchen regelmäßige Reinigung und Pflege. Es wird gewaschen, wenn es schmutzig oder fettig ist. Milde Shampoos, z. B. Baby-Shampoo sind günstig. Stark entfettende Shampoos führen zu schneller Rückfettung und können Schuppenbildung hervorrufen. Ein bewährtes Mittel gegen fettiges Haar oder Schuppen ist Schwefelshampoo aus der Apotheke. Wer dem Haar etwas Gutes tun will, spült es nach dem Waschen mit Brennessel-, Birkenblätter- oder Kamillenaufguß. Das Haar am besten an der Luft trocknen,

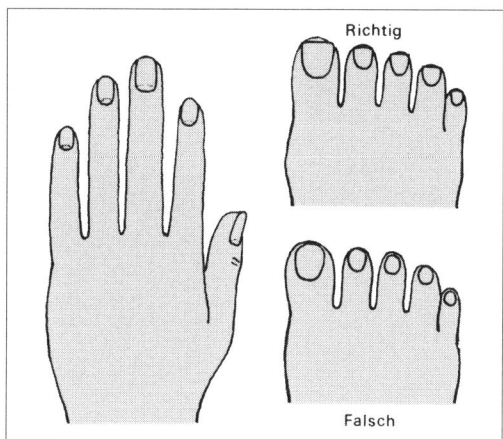

Richtig

Falsch

Schneiden der Finger- und Fußnägel

keinen zu heißen Fön verwenden. Heiße Luft macht das Haar trocken und brüchig.

Färben, Bleichen und Dauerwellen strapazieren das Haar. Eine schonendere Alternative sind Pflanzenfarben. Auf Dauerwellen nach Möglichkeit verzichten. Mittel zum Färben und für Dauerwellen sind nicht harmlos, sie können Allergien auslösen.

Nagelpflege

Auch Nägel gehören zur Haut und müssen gepflegt werden. Fingernägel und Fußnägel werden regelmäßig geschnitten oder gefeilt. Fingernägel werden oval geschnitten, Fußnägel immer gerade, damit sie nicht einwachsen.

Die Nagelhaut wird nur zurückgeschoben, auf keinen Fall abgeschnitten, damit keine Krankheitserreger eindringen können.

Zahnpflege

Keine Krankheit ist so verbreitet wie Karies (Zahnfäule). Die wichtigste Maßnahme dagegen: nach jeder Mahlzeit die Zähne putzen, auch bei Zwischenmahlzeiten!

Die Zähne werden in kreisenden Bewegungen mit Bürste und Zahnpasta geputzt, Innenseite der Zähne nicht vergessen.

Säugling und Kind

1. SÄUGLINGSERNÄHRUNG

1.1. Stillen

Die Meinungen, ob und wie lange gestillt werden sollte, gehen auseinander; viele Ärzte empfehlen Stillen bis zu einem halben Jahr. Eine Empfehlung kann jedoch nicht pauschal gegeben werden, sie liegt in der Entscheidung der Mutter oder wird ärztlicherseits empfohlen oder abgelehnt.

Vorteile des Stillens

Unbestritten ist, daß Muttermilch die beste Nahrung für den Säugling in den ersten Lebenswochen ist. Sie hat nicht nur die ideale Nährstoffzusammensetzung, die das Baby braucht. Sie enthält darüber hinaus wichtige Abwehrstoffe gegen Krankheiten und ist leicht verdaulich. Die Anfälligkeit gegen Krankheiten ist daher bei gestillten Säuglingen deutlich geringer als bei nichtgestillten, besonders deutlich ist der Unterschied bei Allergien. Neuere Studien haben auch gezeigt, daß gestillte Kinder insgesamt ein stabileres Immunsystem besitzen. Ein weiterer Vorteil der Muttermilch: Sie hat immer die richtige Temperatur und ist immer »griffbereit« ohne großen Aufwand.
Stillen wirkt sich auch positiv auf die Psyche des Kindes aus, es fühlt sich an der Mutterbrust geborgen. Eine tiefe gefühlsmäßige Beziehung zwischen Mutter und Kind kann sich leicht aufbauen, das Baby ist insgesamt ruhiger und ausgeglichener. Stillen trägt auch dazu bei, daß schwangerschaftsbedingte körperliche Veränderungen sich schneller zurückbilden, z. B. die Gebärmutter. Abnehmen sollte die Mutter während des Stillens nicht, weil im Fettgewebe Schadstoffe gespeichert sind, die in die Muttermilch übergehen.

Wichtiger Hinweis:

- *Stillen schützt nicht vor einer neuen Schwangerschaft!*

Vorbereiten auf das Stillen

Wer vorhat, das Kind zu stillen, sollte etwa zehn Wochen vor dem Geburtstermin anfangen, die Brustwarzen abzuhärten, denn wundgenuckelte Brustwarzen verderben die Freude am Stillen sehr schnell. Mehrmals täglich die Brustwarzen zwischen zwei Fingern leicht kneten und rollen und Wechselbäder machen.

Brustpflege

Vor dem Anlegen wäscht sich die Mutter die Hände; Brust und Brustwarze werden mit abgekochtem Wasser gesäubert. Nach dem Stillen etwas Milch an der Brustwarze antrocknen lassen.
Stilleinlagen aus Zellstoff oder waschbarem Seiden-Baumwoll-Gewebe werden in den BH eingelegt, sie nehmen die zwischen den Mahlzeiten austretende Milch auf.

Wann wird gestillt?

Das erste Mal wird gestillt, wenn die Mutter das Bedürfnis danach hat. Das ist meist in den ersten beiden Stunden nach der Geburt.
Danach wird gestillt, wenn das Baby sich meldet, mindestens jedoch alle 4 Stunden. Immer an beiden Brüsten trinken lassen, denn der Saugreflex regt die Milchbildung an. Erst 5 – 10 Minuten an einer Brust anlegen, dann an der anderen trinken lassen, solange das Baby will. Beim nächsten Stillen mit dieser Brust anfangen. Durch das beidseitige Anlegen wird verhindert, daß der Milchfluß nachläßt.
Während des Trinkens das Baby hochheben, damit es ein »Bäuerchen« machen und die verschluckte Luft aufstoßen kann.
Nach der Mahlzeit das Kind nicht sofort ins Bettchen legen, sondern »Bäuerchen« machen lassen, dazu das Kind hochheben und den Kopf an die Schulter legen.
Wundern Sie sich nicht, wenn das Baby anfangs nur wenig trinkt und sogar abnimmt. Diese Erscheinung ist nicht ungewöhnlich, das Geburtsgewicht wird erst nach etwa 14 Tagen wieder erreicht. Danach nimmt das Baby 150 bis 200 g pro Woche zu.
Die Anzahl der Brustmahlzeiten ist unterschiedlich und liegt in den ersten Lebenswochen zwischen 7 und 10 pro Tag. Gestillt wird auch nachts, das hält den Milchfluß.
Das Baby trinkt nicht bei jeder Mahlzeit gleich viel, manchmal will es nur nuckeln und den Hautkontakt mit der Mutter genießen. Auch das ist kein Anlaß zur Sorge, die Brust muß nicht nach jeder Mahlzeit leergetrunken sein.

Praktischer Hinweis:

- *Wenn die Milch zuwenig ist, das Kind öfter anlegen. Das fördert den Milchfluß. Reichlich Flüssigkeit trinken.*

Stillprobleme

Bei Stillproblemen hilft die Hebamme, die nach der Geburt auf Wunsch regelmäßig zur Nachsorge ins Haus kommt. Die Krankenkassen übernehmen die Kosten. Grund für Stillprobleme kann z. B. eine Brustdrüsen- oder -warzenentzündung sein. Schmerzt die Brust an einer Stelle und rötet sich, handelt es sich meist um einen Milchstau. In diesem Fall helfen Ruhe und kalte Umschläge. Kurz vor dem Stillen kalte Umschläge, wie z. B. Magerquark auf einem Kohlblatt, machen.

Ernährung während der Stillzeit

Zu empfehlen ist vielseitige Mischkost mit reichlich Obst und Gemüse sowie reichlicher Flüssigkeitszufuhr, am besten durch Wasser oder Saftschorle. Kräutertee ist nicht uneingeschränkt empfehlenswert, denn einige Kräuter wie Salbei und Pfefferminze hemmen die Milchbildung. Mit Gerstenkaffee, Mandeln und Trockenfrüchten als Zwischenmahlzeit läßt sich die Milchbildung dagegen steigern. Viel Milch, Fleisch oder Eier regen die Milchbildung nicht an, Milch und Milchprodukte sind jedoch wichtig als Calciumlieferanten.
Auf Alkohol, Nikotin und Koffein sollte während der Stillphase verzichtet werden. Hülsenfrüchte, Kohl und Zwiebeln, aber auch Gewürze, saures Obst und blähende Süßigkeiten (z. B. Gummibärchen) können beim Baby Verdauungsstörungen und Blähungen hervorrufen; bei Unverträglichkeit diese Lebensmittel meiden.
Falls Medikamente eingenommen werden, vorher mit dem Arzt absprechen.

Schadstoffe in der Muttermilch

In die Muttermilch gehen natürlich auch Schadstoffe über, die die Mutter mit der Nahrung aufnimmt, z. B. Schwermetalle, DDT, Pestizidrückstände, Quecksilber sowie Alkohol und Nikotin. Nach wie vor gilt jedoch, daß die Vorteile der Muttermilch die Nachteile und auch den Schadstoffgehalt mehr als ausgleichen.

Wie lange wird gestillt?

In den ersten 5 bis 6 Monaten reicht normalerweise die Brustnahrung, danach wird langsam mit Beikost angefangen. Mit etwa 6 Monaten interessiert sich das Kind von selbst für andere Kost, wie sie z. B. die Erwachsenen essen. Dann wird immer weniger Milch getrunken, die Milchmahlzeiten tagsüber werden schrittweise durch Breimahlzeiten ersetzt, und die Milchbil-

dung läßt nach. Gestillt wird zuletzt nur noch früh am Morgen und abends vor dem Zubettbringen. Wer mit dem Stillen ganz aufhören möchte, bietet diese Milchmahlzeiten als Fläschchennahrung an. Wer sein Kind bis zum ersten Geburtstag stillt, kann danach gleich auf Vollmilch aus der Tasse umsteigen.

Wichtiger Hinweis:

- *Kein Grund für Abstillen sind das Auftreten der Monatsblutung, eine Erkältung oder auch eine neue Schwangerschaft.*

Stillberatung

Bei Fragen und Informationsbedarf rund ums Stillen und die Ernährung von Kleinkindern helfen folgende Anlaufstellen professionell weiter:

Arbeitsgemeinschaft Freier Stillgruppen
Bornheimer Straße 100
53119 Bonn
www.afs-stillen.de

Nationale Stillkommission
Thielallee 88-92
14195 Berlin
www.bfr.bund.de/cd/420

Bundesverband Deutscher Laktationsberaterinnen e. V.
Saarbrückener Straße 157
38116 Braunschweig
www.bdl-stillen.de

1.2. Flaschennahrung

Wenn das Baby nicht gestillt wird, braucht es entsprechende Milchfertigkost. Reine Kuhmilch vertragen Säuglinge nicht, weil sie sich in der Zusammensetzung zu sehr von Muttermilch unterscheidet; sie kann aber als Grundlage für selbstzubereitete Milchnahrung dienen. Davon wird allerdings heute nur noch selten Gebrauch gemacht.
Säuglingsanfangsnahrung ist der Muttermilch weitgehend angepaßt in ihrer Zusammensetzung. Sie kann gefüttert werden, wenn die Muttermilch nicht reicht oder ausschließlich, und zwar sooft das Baby Hunger hat. Es gibt zwei Arten von Säuglingsanfangsnahrung. »Pre«-Milch enthält – wie Muttermilch – nur Milchzucker. »1-Nahrung« enthält zusätzlich etwas Stärke und sättigt daher mehr. Angerührt wird die Milch wie auf der Verpackung beschrieben. Löffel nicht häufen, sonst

kann es zu Durchfall kommen. Nur handwarmes abgekochtes Trinkwasser verwenden, vor dem Füttern die Temperatur am Augenlid oder auf dem Handrücken testen (40 °C).

Außer Säuglingsanfangsnahrung wird auch Folgenahrung angeboten, gekennzeichnet mit den Ziffern 2 und 3. Sie kann ab dem 5. Monat gegeben werden, ist aber nicht nötig. »Pre«- und »1er«-Milch reichen im 1. Lebensjahr aus, danach kommt ohnehin Beikost dazu.

HA-Nahrung (Hydrolysatnahrung) wird teilweise empfohlen, um allergischen Erkrankungen im Säuglings- und Kleinkindalter vorzubeugen. HA-Nahrung ist – obwohl schon seit vielen Jahren auf dem Markt – immer noch sehr umstritten. Unumstritten ist in diesem Zusammenhang nach wie vor konsequentes Stillen in den ersten vier bis sechs Monaten, wobei Zufüttern in den ersten Lebenstagen vermieden werden sollte. Nur wenn ein besonders hohes Risiko für atopisches Ekzem (Neurodermitis) vorliegt und die Mutter nicht stillen kann, sind stark hydrolysierte Produkte zu empfehlen (Arzt bzw. Hebamme fragen!).

Wenn bei einem Säugling trotz HA-Nahrung eine Allergie aufgetreten ist, braucht er Spezialnahrung; dabei wird das Eiweiß noch mehr aufgespalten.

Milchnahrung auf Sojabasis und andere besondere Milchnahrungen sollten nur auf Empfehlung des Arztes gegeben werden.

Wichtiger Hinweis:

- *Wenn das Fläschchen nicht ausgetrunken wird, auf keinen Fall wiederverwenden und aufwärmen. Durch Keimvermehrung kann es zu Durchfall kommen.*

Sauger und Fläschchen

Der Sauger sollte glatt, ohne Eigengeschmack sein und muß kochfest sein. Das Saugloch darf weder zu groß noch zu klein sein. Es hat die richtige Größe, wenn die Milch langsam heraustropft, sobald die Flasche schräg nach unten gehalten wird. Ist das Saugloch zu groß, verschluckt sich das Kind leicht, ist es zu klein, ermüdet das Kind beim Trinken und trinkt wenig.

Fläschchen und Sauger sauberhalten: sofort nach der Mahlzeit mit kaltem Wasser ausspülen, dann mit einer eigenen Flaschenbürste, Spülmittel und warmem Wasser säubern, mit heißem Wasser gut nachspülen. Anschließend desinfizieren durch Auskochen in Wasser (10 Minuten), auf ein sauberes Tuch stürzen und mit einem zweiten Tuch abdecken, Desinfektionsmittel sind nicht erforderlich.

1.3. Beikost

Beikost ist die Nahrung, die außer Milch gefüttert wird. Der frühestmögliche Zeitpunkt für Beikost ist der 5. Monat, denn mit Beikost wird die Milchmenge verringert, die aber das Baby bis dahin unbedingt braucht.

Zur Beikost zählen Gemüse- und Obstbrei, Flockenbrei. Erforderlich ist Beikost spätestens ab dem 7. Monat. Industriell hergestellte Babykost ist gut als Beikost geeignet, sie wird nach strengen Vorschriften hergestellt, und es werden nur streng kontrollierte Rohstoffe verwendet.

Beikostempfehlungen

Ungünstige Beikost	Günstige Beikost
Zitrussäfte	Karotten
(fördern Durchfall)	Spinat
Alle Kohlsorten	Zucchini, Fenchel, Kürbis
Alle Hülsenfrüchte	Kartoffeln
Steinobst	Ei
	Kalbfleisch
	Geflügel, Lamm, Rindfleisch
Birnen und Bananen	
(sind sehr energiereich)	

Wichtiger Hinweis:

- *Hersteller von Babynahrung geben als Zeitpunkt für Beikost oft den 4. Lebensmonat an, daran müssen Sie sich nicht halten.*

Das Baby langsam auf die Beikost umstellen, beginnend damit, daß eine Milchmahlzeit durch einen Kartoffel-Gemüse-Brei ersetzt wird. Anfangs fällt es dem Baby schwer, vom Löffel zu essen; es muß sich erst an die ungewohnte Beschaffenheit der Nahrung gewöhnen. Wenn es gelernt hat, die neue Nahrung zu schlucken, kann auch püriertes Fleisch untergemischt werden.

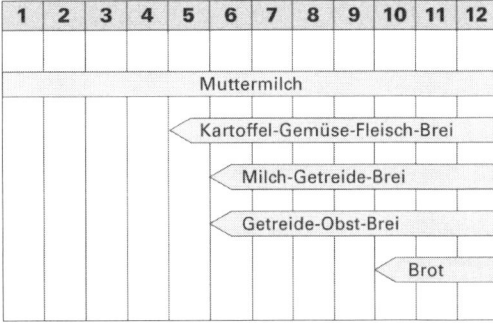

Ernährung im ersten Lebensjahr

Langsam mit püriertem Gemüse beginnen, d. h. mit 40 bis 50 g pro Tag anfangen und langsam steigern. Sobald sich das Kind an kleine Mengen Fruchtsaft gewöhnt hat, kann auch püriertes Obst gegeben werden.

Wichtige Hinweise:

- *Beikost von der Flaschennahrung abziehen, sonst wird das Kind überfüttert.*
- *Beikost und Flaschennahrung niemals wiederverwenden und aufwärmen!*

Nicht alle Gemüse- und Obstarten eignen sich gleichermaßen als Beikost, denn manche Arten rufen Unverträglichkeiten hervor.
Als Getränk zwischendurch wird abgekochtes Wasser empfohlen. Es eignet sich ungesüßter Tee, jedoch kein Schwarztee. Bei Kindertee darauf achten, daß er keinen Zucker enthält. Zucker verbirgt sich auf der Zutatenliste auch hinter folgenden Begriffen: Glucose, Fructose (Fruchtzucker), Saccharose, Glucosesirup, Maltose, Maltodextrin.

SELBSTGEKOCHTE BABYKOST

Babybeikost kann auch selbst hergestellt werden. Wichtig ist dabei, auf einwandfreie Rohstoffe zu achten. Gemüse aus dem eigenen Garten kann überdüngt sein, vor allem mit Stickstoff. Dadurch kommt es zu Nitratanreicherung im Gemüse, Nitrat wird im Körper zu Nitrit umgewandelt, was bei Säuglingen zu Blausucht führen kann. Wer sichergehen will, sollte eine Bodenuntersuchung machen lassen. Bei eigener Zubereitung nur kleine Mengen herstellen oder portionsweise einfrieren. Reste einer Mahlzeit auf keinen Fall wiedererwärmen, da die Gefahr großer Keimbelastung besteht. Vorteil selbstgekochter Kost: Salz und Zucker kann man selbst dosieren und so das Geschmacksempfinden des Kindes lenken.
Feinpürierte Beikost beginnt man zweckmäßig mit Karottenbrei, es folgt Karotten-Kartoffel-Brei. Diese Lebensmittel werden sehr gut vertragen und aufgrund des süßlichen Geschmacks auch gerne gegessen. Dazu allmählich mageres, gekochtes Fleisch (Geflügel, Kalb, Rind, Schwein). Es ist nicht empfehlenswert, ganz auf Fleisch zu verzichten. Wer es trotzdem tun möchte, sollte darauf achten, daß in einer Mahlzeit Vollkorngetreide enthalten ist, also statt eines Kartoffel-Gemüse-Fleisch-Breis einen Kartoffel-Gemüse-Vollkorn-Brei geben. Wichtig für die Verfügbarkeit des Eisens aus Getreide ist Vitamin C. Falls in Fertignahrung kein Vitamin C enthalten ist (Zutatenliste), etwas Vitamin-C-reichen Saft untermischen. Die Gemüse-Fleisch-Mahlzeit wird abgeschlossen mit einigen Teelöffeln

Obstmus. Ab dem 6. Monat wird eine Milchmahlzeit durch Getreidebrei ersetzt. Falls er ebenfalls selbst hergestellt wird, pasteurisierte Vollmilch dafür verwenden. Kuhmilch sollte frühestens gegen Ende des 1. Lebensjahres gegeben werden. Vorher braucht das Kind als Ersatz für Muttermilch Fertigmilch, weil sie den Nährstoffbedarf des Kleinkinds besser abdeckt als Kuhmilch. Bei gekauftem Brei auf den Aufdruck »Vollmilch« oder »ab 6. Monat« achten.

Beißnahrung

Wenn das Kind zahnt oder schon die ersten Zähne hat, auch beißfeste Nahrung geben, z. B. Kinderzwieback, Kinderkekse, Brotrinde.
Mit zunehmendem Alter des Kindes wird die Nahrung immer gröber, vom Brei bis zur sogenannten Juniorkost. Manche Kinder wehren sich anfangs gegen die gröbere Nahrung. Nicht nachgeben und nicht auf weichere Kost zurückgehen! Kauen und Beißen sind gut für die Kieferentwicklung.
Ab etwa einem Jahr kann ein Kind alles essen, was zur leichten Vollkost für Erwachsene zählt (siehe S. 82). Ab dem 2. Jahr ist alles erlaubt, aber: scharf gebratene oder gewürzte Speisen meiden.

Wichtige Hinweise:

- *Falls das Kind am Familientisch kindgerechte Erwachsenenkost mitißt, daran denken, daß Kinder einen anderen Geschmackssinn haben als Erwachsene bzw. sich der Geschmackssinn erst voll ausbildet. Deshalb Speisen nicht zu sehr süßen oder salzen.*
- *Überfüttern Sie das Kind nicht, ein gesundes Kind weiß, wann es satt ist. Denken Sie daran: dicke Kinder – dicke Erwachsene.*
- *Eßstörungen gibt es auch bei Babys schon, wenn es z. B. den Brei über Wochen verweigert oder erbricht. Die Ursachen können unterschiedlich sein; suchen Sie professionelle Hilfe, bevor die Störungen chronisch werden.*

2. PFLEGE DES SÄUGLINGS

2.1. Erstausstattung

Die wichtigsten Teile der Erstausstattung

Körperpflege

- Babybadewanne mit Gestell oder Aufsatz für die große Badewanne
- Wickelplatz mit Auflage (mindestens 70 × 80 cm groß)
- Badethermometer
- Babyseife
- 2 Badetücher
- 4 Waschlappen
- Babyöl, Babycreme
- Zellstofftücher
- Weiche Haarbürste
- Windeleimer mit Deckel, praktisch mit Fußbedienung
- Nagelschere mit abgerundeten Spitzen
- Heizstrahler über dem Wickeltisch
- Wundschutzcreme
- Feuchttücher

Kleidung

- 6 Baumwolljäckchen und -hemdchen oder Bodys
- 2 Nabelbinden
- 25 – 30 Einmalwindeln
- 12 Mullwindeln und 2 Höschen
- 6 Strampelhöschen
- Wolljäckchen und Wollmütze

Schlafen

- Gitterbett
- Matratze ohne Gummiauflage, mit waschbarem Matratzenschoner
- 2 Bettücher, 2 Bettbezüge
- Schlafsack
- Wärmflasche

Ausfahren

- Babyschale fürs Auto
- Kinderwagen mit Anschnallgurt

KINDERBETT

Das Kinderbett darf keine Beschläge und Scharniere haben, an denen sich das Baby verletzen oder einklemmen kann. Ein Gitterbett ist vielseitiger als ein Stubenwagen, weil das Kind darin 3 – 4 Jahre Platz hat. Anfangs wird die Matratze hochgestellt, damit die Mutter sich nicht so tief bücken muß (beim Kauf auf Verstellbarkeit achten!). Die Gitterstäbe dürfen nicht weiter als 7,5 cm voneinander entfernt sein, 2 oder 3 Gitterstäbe sollen herausnehmbar sein, damit das ältere Kind selbst aus dem Bett krabbeln bzw. hineinsteigen kann. Eine Seite des Gitterbettes sollte sich herunterfahren lassen. Ein gutes Kinderbett hat Rollen, die mit einer Feststellbremse versehen sind.

Im Babybett befindet sich kein Kopfkissen, damit sich die Wirbelsäule nicht verformt. Wichtig ist eine ebene und feste Matratze.

KINDERWAGEN

Der Kinderwagen muß kippsicher sein und eine Feststellbremse haben. Beim Kauf ist man gut beraten, wenn man auf die TÜV-Plakette achtet oder das Zeichen für Geprüfte Sicherheit. Günstig ist eine Ablage unter dem Wagen. Die Räder sollten nicht zu schmal und nicht zu klein sein. Ein klappbarer Kinderwagen läßt sich gut im Auto verstauen.

TRAGEBEUTEL ODER TRAGETUCH

Ein Tragebeutel oder Tragetuch hat den Vorteil, daß das Kind nahe an der Mutter bzw. dem Vater ist und die natürliche Spreizhaltung der Beine unterstützt wird.

2.2. Körperpflege

Um das Baby zu pflegen, muß man es natürlich anfassen, und manchmal erscheint ein Baby auf den ersten Blick so zerbrechlich, daß man kaum wagt, es auf den Arm zu nehmen. Doch mit Sorgfalt und Bedacht geht nichts »kaputt«.

Hautpflege

Kinderhaut ist sehr empfindlich, weil sie dünn ist und noch keinen Säureschutzmantel hat, der Krankheitserreger abwehrt. Außerdem ist Babyhaut sehr fettarm und trocknet leicht aus. Bevor die Haut eingecremt wird, wird sie gesäubert. Pudern war früher üblich, wird jedoch heute nicht mehr empfohlen, weil der Puder klumpt und dann drückt. Auch das tägliche Baden ist überholt. Hebammen empfehlen, das Baby nur etwa ein- bis zweimal pro Woche zu baden, damit sich der Säureschutzmantel der Haut aufbauen kann.

WASCHEN BZW. BADEN

Vor dem Waschen oder Baden den Raum auf etwa 24 °C aufheizen, Fenster und Türen schließen, um Zugluft zu vermeiden. Es ist auch zweckmäßig, vor dem Baden das Fläschchen zuzubereiten und warmzustellen, denn Waschen und Baden macht Babys hungrig.

Vor dem Waschen müssen bereitliegen:
- *Pflegemittel:* Watte, Öl, Hautcreme, Pflegetücher (mit Öl oder Reinigungsmilch getränkt), Kamm, Bürste, Nagelschere, Badetuch, 2 Waschlappen, Mullkompresse für die Nabelpflege.
- *Frische Wäsche:* Body, Jäckchen, Windelpaket, Strampelhöschen. Ferner Waschschüssel oder Badewanne mit warmem Wasser und Badezusatz (Babyseife oder andere Babypflegemittel).

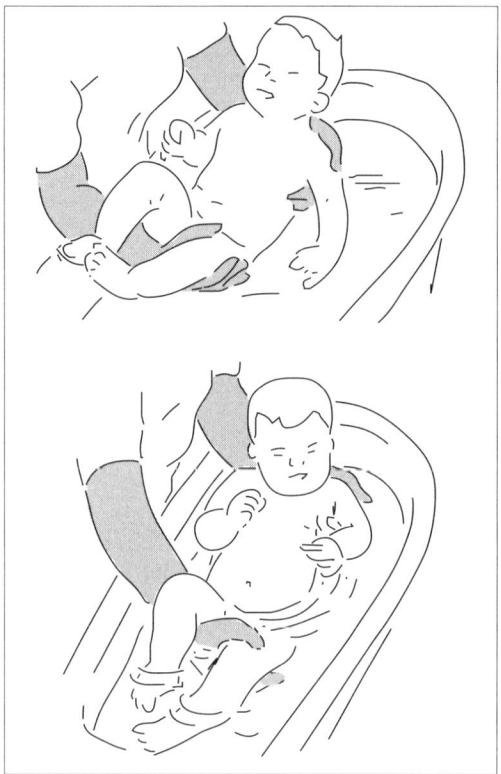

Baden des Säuglings

Badewanne mit 38 °C warmem Wasser bereitstellen (mit dem Thermometer messen), die Badetemperatur beträgt 37 °C. Bis jedoch das Baby in der Wanne sitzt, ist das Wasser ohnehin um 1 °C abgekühlt. Das Baby entkleiden, getragene Wäsche und schmutzige Windel in den Wäscheeimer geben. Grobe Verschmutzungen mit der Windel wegnehmen und Schamgegend vorreinigen, z. B. mit einem Pflegetuch. Den Nabel mit einem Tupfer Creme gegen Nässe schützen.

Baby in die Wanne heben, Gesicht und Oberkörper mit dem Waschlappen sanft waschen, das Gesicht immer nur mit klarem Wasser. Mit dem Waschlappen und wenig Baby-Shampoo die Haare waschen, dabei darauf achten, daß weder Wasser noch Seife in die Augen oder Ohren geraten. Danach Arme, Körper und Beine waschen. Für die Schamgegend

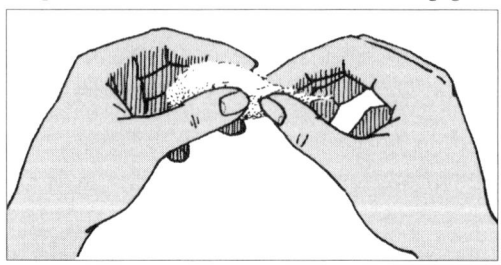

Wattedrill drehen

einen eigenen Waschlappen verwenden. Mädchen von vorne nach hinten waschen, damit keine Keime in die Scheide gelangen.

Das Baby umdrehen und Rücken und Po waschen, Kind wieder zurückdrehen und Oberkörper nochmals mit warmem Wasser abspülen.

Das Baby aus der Wanne heben und in das vorgewärmte Badetuch wickeln, sorgfältig abtrocknen, vor allem in den Hautfalten. Die Badeprozedur nicht länger als 10 Minuten ausdehnen.

Auf dem Wickeltisch die Nase mit einem Wattestäbchen vorsichtig reinigen. Bei den Ohren nur den Anfang des Gehörganges mit dem Waschlappen (ohne Wattestäbchen) reinigen. Nicht zu tief in den Gehörgang »wühlen«, das Trommelfell könnte verletzt werden, außerdem läuft bei Babys wie Erwachsenen das Ohrenschmalz ohnehin von selbst nach außen. Ohrenschmalz ist ein natürlicher Schutz gegen eindringendes Wasser.

Die Nabelpflege übernimmt die betreuende Hebamme, die regelmäßig zur Nachsorge kommt, bis der Nabel abgefallen ist.

Praktischer Hinweis:

■ *Noch günstiger als Wattestäbchen ist ein selbstgedrehter Wattedrill. Dazu ein Stück Watte an einer Seite fest verzwirbeln, das lose Ende fest zwischen Daumen, Zeige- und Mittelfinger nehmen und mit einer Drehung verfestigen.*

EINCREMEN

Nach dem Baden die Haut mit Babyöl massieren. Das Öl nicht direkt auf die Babyhaut tropfen, sondern in den Handflächen durch Reiben erwärmen. Das Baby genießt es, mit den warmen, öligen Händen am ganzen Körper gestreichelt zu werden. Das ist gut für die Körperwahrnehmung und die Mutter-Kind-Bindung und hilft dem Baby, entspannt einzuschlafen.

NAGELPFLEGE

Einmal wöchentlich die Nägel an Fingern und Zehen schneiden, entweder nach dem Baden oder wenn das Baby schläft. Nägel an den Zehen unbedingt gerade schneiden, weil sie sonst leicht einwachsen.

Wickeln

5 – 7mal täglich werden die Windeln gewechselt. Es ist zweckmäßig, nach dem Füttern zu wickeln, denn während der Mahlzeit verrichten viele Babys ihre »Geschäfte«. Kinder, die zum Erbrechen neigen, werden vor der Mahlzeit gewickelt.

Zum Wickeln das Baby auspacken, die Haut mit Feuchttuch oder feuchtem Waschlappen abtupfen. Empfindliche, bereits gerötete Haut waschen und sorgfältig trockentupfen. Nach dem Stuhlgang Babys Po ebenfalls waschen und trocknen. Das Baby einige Minuten nackt strampeln lassen, dabei trocknet die Haut gut ab und bekommt Luft, wodurch Wundsein vorgebeugt wird. Mit den gängigen Wegwerfwindeln kann man nichts falsch machen. Sie saugen gut Nässe und halten Babys Po ziemlich gut trocken und luftig. Sollte die feine Haut am Baby Po trotzdem einmal gerötet sein, dann hilft Wundschutzcreme oder Wund- und Heilsalbe aus der Apotheke, die nur dünn aufgetragen wird. Vorbeugendes Eincremen mit guter Kindercreme ist nur bei empfindlicher Haut notwendig, ebenso Pudern. Das Baby nicht zu fest in den Windelpack einwickeln, es muß aus dem Hüftgelenk heraus noch frei strampeln können.

Praktischer Hinweis:

- *Wer keine Wegwerfwindeln verwendet, sollte unbedingt darauf achten, daß die Windelhose nicht zu eng anliegt, denn dann kann keine Luft an die Haut. Es bildet sich ein feuchtwarmes Klima, in dem Pilze ideale Vermehrungsbedingungen haben.*

Welche Wickelmethode, ob mit Stoffwindeln oder mit Wegwerfwindeln, umweltfreundlicher ist, ist umstritten. Zum Windelwaschen benötigt man Zeit, Wasser, Energie und Chemie in Form von Waschmittel. Weil sie nicht so »dicht« halten, muß auch die übrige Babykleidung öfter gewaschen werden. Die Wegwerfwindeln verbrauchen Rohstoffe und Energie bei der Herstellung und landen schließlich in der Müllverbrennungsanlage. Sie sind allerdings unschlagbar praktisch, und die Kinder liegen trockener.

Lage im Bettchen

Die Lage im Bettchen oder Wagen möglichst oft wechseln. Dazu das Baby abwechselnd auf den Bauch, die beiden Seiten und auf den Rücken legen. Wichtig ist, daß keine Lage einseitig bevorzugt wird, sonst kann es zu Haltungsfehlern kommen.
Schlafen in Bauchlage wird als Ursache für plötzlichen Kindstod diskutiert. Das Kind stirbt ohne erkennbaren Grund während des Schlafs. Gefährdet sind Kleinkinder bis zu etwa einem Jahr. Als weitere Ursache für plötzlichen Kindstod wird das Einatmen von Zigarettenrauch vermutet, aber auch Rauchen während der Schwangerschaft. Es wird

außerdem empfohlen, das Bettchen des Babys nicht in einem eigenen Raum, sondern im Elternschlafzimmer aufzustellen. Der Raum sollte nicht zu warm sein, 18 bis 19 °C sind ideal. Das Kind sollte in Rückenlage gebettet werden.

Täglich frische Luft

Babys brauchen frische Luft. Dadurch werden sie abgehärtet gegen vielerlei Krankheiten. Schon nach der 2. Woche allmählich daran gewöhnen; anfangs nur wenige Minuten, danach ein bis zwei Stunden am Tag ins Freie stellen. Das Kind darf mit richtiger Kleidung Sommer wie Winter ins Freie. Ungünstig sind dichter Nebel, starker Wind, klirrender Frost und sehr hohe Temperaturen.

Wichtiger Hinweis:

- *Bei den Freiluftaufenthalten das Kind nicht zu lange allein lassen, vor allem wenn es schreit, damit es sich nicht einsam und verlassen fühlt.*

Gymnastik

Jedes Kind hat einen natürlichen Bewegungsdrang. Gezielte Gymnastik kräftigt die Muskeln und regt den Stoffwechsel an. Tägliche Gymnastik ist jedoch vor dem 3. Lebensmonat nicht angebracht. Die »Turnstunde« findet in einem warmen Raum, am besten ohne Kleidung, statt. Begonnen wird mit einigen einfachen Übungen. Später wird 5 – 10 Minuten geturnt, unterbrochen von kurzen Pausen. Ruck- und stoßartige Bewegungen sind schädlich. Turnen Sie so mit dem Baby, daß es Spaß daran hat.

3. KÖRPERLICHE ENTWICKLUNG IM 1. LEBENSJAHR

Eine Norm für die Entwicklung eines Kindes gibt es nicht, denn je nach Erbanlagen, Ernährung, Umweltreizen und Krankheiten entwickelt sich jedes Kind unterschiedlich schnell. Im folgenden sind Merkmale und Fertigkeiten einzelner Entwicklungsstufen aufgezeigt; sie sind jedoch kein Muß, denn manche Babys entwickeln sich sehr schnell, andere sind »Spätzünder«.
Wichtig für eine gesunde Entwicklung sind Ruhe und Zeit. Auf keinen Fall darf ein Baby zu bestimmten Leistungen »getrimmt« werden. Nur wenn mehrere Symptome auffällig sind, kann eine Entwicklungsstörung vorliegen. Der Arzt sollte eine genaue Untersuchung durchführen.

Neugeborenes

Die Händchen sind zu einer Faust geschlossen, der Kopf wird in Bauchlage zur Seite gedreht. Auf grelles Licht oder lauten Knall reagiert das Baby mit Schreck. Es öffnet den Mund, bewegt die Arme und spreizt die Finger.

Ende des 1. Monats

Das Baby kann den Kopf in Bauchlage mindestens 3 Sekunden heben. Es folgt einem Spielzeug mit den Augen. Wenn es eine Glocke hört, versucht es herauszufinden, woher der Klang kommt.

Ende des 2. Monats

Das Baby hebt den Kopf in Bauchlage um etwa 45 Grad an und kann ihn 10 Sekunden halten. Es beginnt zu lallen.

Ende des 3. Monats

Das Baby kann in Bauchlage den Kopf eine Minute oben halten, in Sitzhaltung gelingt ihm das eine halbe Minute. Außerdem lächelt es, manche Kinder lachen in diesem Alter schon richtig. Falls das Baby die Faust noch dauernd fest geschlossen hat, den Kinderarzt fragen. Ein einfacher Hörtest läßt sich mit Seidenpapier machen: abwechselnd rechts und links am Kopf in etwa 30 cm Entfernung rascheln, ohne daß das Kind es sieht. Ein neugieriges Baby, das gut hört, versucht durch Kopfdrehen herauszufinden, was raschelt.

Ende des 4. Monats

Das Baby stützt sich in der Bauchlage auf die Unterarme, auf dem Rücken liegend hält es ein Spielzeug fest und betrachtet es. Viele Babys können das Spielzeug auch schon drehen und wenden. Das Baby lacht laut und freut sich über die Zuwendung der Eltern. Den Kinderarzt fragen, wenn das Kind öfters für einige Zeit in einer bestimmten Körperhaltung verharrt (wie ein Fechter) oder wenn es den Kopf sitzend noch nicht mindestens 1 Minute aufrecht halten kann.

Ende des 5. Monats

Die Kopfhaltung wird sicherer beim Sitzen, die Beinchen tragen das Gewicht des Babys. Es stemmt sich mit den Zehen gegen die Unterlage. Beobachtungen mit den Augen werden mit den Händen koordiniert: Das Baby greift nach einem Spielzeug, das ihm hingehalten wird. Auf Ansprache reagiert es.

Ende des 6. Monats

In Bauchlage stützt sich das Kind mit gestreckten Armen ab, der Kopf kann im Sitzen völlig sicher gehalten werden. Das Baby greift von selbst nach Spielzeug in Reichweite. Es reagiert deutlich auf Zurufe, und beim Plappern werden Silben gebildet: dada, blabla, lala. Versteckspielen funktioniert allmählich: Das Baby versucht, die Mutter mit den Augen zu finden, wenn diese z. B. hinter dem Vorhang versteckt »hallo« sagt.

Ende des 7. Monats

Die meisten Kinder können sich selbst vom Rücken auf den Bauch drehen, sie spielen mit den Füßen. Das Baby versucht, nach interessanten Gegenständen zu greifen, auch wenn sie außer Reichweite sind. Es schreit oder plappert laut, wenn es beachtet werden will, und folgt interessiert einem Gespräch mit ihm.

Ende des 8. Monats

Das Baby kann fremde von bekannten Gesichtern unterscheiden, es beginnt zu fremdeln.

Ende des 9. Monats

Das Kind beginnt zu robben. Es versucht, sich mit Hilfe der Arme vorwärts und rückwärts zu bewegen. Viele Babys können eine Minute lang frei sitzen mit aufrecht gehaltenem Kopf. Werden sie gehalten, können sie eine halbe Minute lang stehen. Das Baby greift nach Spielzeug, das vor seinen Augen in einen Behälter gelegt wird. Es kann Spielzeug von der einen in die andere Hand wechseln und beherrscht den »Scherengriff«, d. h. es kann mit Daumen und Zeigefinger Gegenstände aufheben.

Ende des 10. Monats

Das Kind kann sich aus der Bauchlage selbständig aufsetzen, aus der Rückenlage versucht es sich aufzusetzen durch Festhalten am Bettgitter. Wenn es hingestellt wird, kann es sich etwa eine halbe Minute an Möbeln festhalten. Durch Festhalten an den Händen der Mutter kann es sich vom Sitzen zum Stehen hochziehen. Es klopft bereits Spielzeug gegeneinander oder wirft es fort. Außerdem versteht es schon viele Wörter und kennt »ja« und »nein«.

Ende des 11. Monats

Das Baby krabbelt. Es zieht sich selbständig an Möbeln hoch und versucht die ersten unsicheren Schritte, wenn es an beiden Händen geführt wird. Das Baby plappert fast pausenlos vor sich hin und findet Spielzeug, das vor seinen Augen versteckt wurde. Das Kind ahmt das Gehörte nach, z. B. brmm brmm, wenn die Mutter mit einem Spielzeugauto vor seinen Augen hin und her fährt.

Ende des 12. Monats

Das Baby kann zwischen Zeigefinger und Daumen auch kleinere Gegenstände aufheben. Es kann immer besser an der Hand laufen, manche Kinder brauchen keine Hilfe mehr zum Laufen. Sie sagen »Papa« und »Mama«, auch wenn sie damit schon mal andere Personen meinen.

4. GESUNDHEITSPFLEGE

Zur Gesundheitspflege des Säuglings und Kindes gehört das genaue Beobachten, um Krankheiten und Gesundheitsstörungen frühzeitig zu erkennen. Gesundheitspflege heißt auch, das Baby nur mit sauber gewaschenen Händen anzufassen, um keine Krankheitskeime zu übertragen. Wichtig ist gute Luft im Kinderzimmer: morgens, abends und zwischendurch gründlich lüften. Während der Heizperiode darauf achten, daß die Luft nicht zu trocken wird, an den Heizkörpern Verdunster aufhängen.

4.1. Vorsorgeuntersuchungen und Impfungen

Insgesamt sind neun Vorsorgeuntersuchungen vorgesehen. Die beiden ersten fallen in die erste Lebenswoche, sie werden meist noch in der Klinik durchgeführt, deshalb wird davon rege Gebrauch gemacht. Leider werden die folgenden Untersuchungen immer weniger in Anspruch genommen. Dabei sind gerade die späteren Untersuchungen, U8 und U9, besonders wichtig; denn es hat sich herausgestellt, daß mit zunehmendem Alter des Kindes auch häufiger Störungen und Krankheiten auftreten. Spätschäden können nur dann verhindert werden, wenn frühzeitig Störungen erkannt und behandelt werden.

U1 und U2

Die erste Untersuchung findet sofort nach der Geburt statt, die zweite einige Tage später. Der Arzt untersucht, ob Geburtsschäden vorliegen, ob Fehlbildungen oder Erkrankungen der Organe (Herz, Lunge) vorliegen, ob die Geschlechtsorgane gesund sind. Auch das Nervensystem wird getestet und Blut entnommen, um eventuelle Stoffwechselstörungen feststellen zu können.

U3

Diese Untersuchung in der 4. bis 6. Woche überprüft die altersgemäße Entwicklung. Die Hüftgelenke werden untersucht, der Impfplan wird besprochen.

U4

Die 4. Untersuchung im 3. bis 4. Monat testet ebenfalls, ob sich das Kind in geistiger und kör-

perlicher Hinsicht altersgemäß entwickelt hat. Besonders geachtet wird auf Bewegungsstörungen. Herz und Hüftgelenke werden kontrolliert, außerdem Reflexe, die auf eine normale Entwicklung des Gehirns schließen lassen.

U5

Im 6. bis 7. Monat wird außer der altersgemäßen Entwicklung vor allem geprüft, ob das Kind hören kann und die Augen beweglich sind, ob es sich alleine vom Rücken in die Bauch- und Seitenlage drehen kann.

U6

Im 10. bis 12. Monat wird besonders auf Störungen der Entwicklung der Sinnesorgane und des Nervensystems Wert gelegt.

U7

Die siebte Untersuchung erfolgt gegen Ende des 2. Jahres. Geprüft werden wieder die altersgemäße Entwicklung, Hör- und Sehvermögen sowie die geistige und Sprachentwicklung.

U8

Mit 3½ bis 4 Jahren wird das Kind erneut von Kopf bis Fuß untersucht. Der Arzt prüft, ob es gut sieht, hört, ausreichend spricht und sich auch motorisch altersgemäß entwickelt hat. Er erkundigt sich nach dem sozialen Verhalten beim Spielen, was für den Kindergartenbesuch wichtig ist.

U9

Im Alter von 5 bis 5½ Jahren findet eine weitere Vorsorgeuntersuchung statt, bei der gezielt nach Fehlentwicklungen wie Fehlsichtigkeit geschaut wird, die noch vor dem Schuleintritt behoben oder gebessert werden können. Neben Sprachentwicklung, Feinmotorik und Koordinationsfähigkeit wird auf Körperhaltung, Geschicklichkeit und Orientierungssinn geachtet.

Impfungen

Seit einiger Zeit gibt es keine Pflichtimpfungen mehr, wie z. B. früher die Pockenschutzimpfung. Einige Impfungen sollten trotzdem gemacht werden, weil die Krankheit schwer ist, z. B. Diphtherie, Wundstarrkrampf, Kinderlähmung, oder noch häufig auftritt, z. B. Masern. Mit dem Kinderarzt ist zu besprechen, welche Impfungen er für das Kind empfiehlt und wann sie gemacht werden sollen. Bei der ersten Impfung des Kindes wird ein Impfbuch ausgestellt, in das alle Impfungen eingetragen werden; es sollte sorgfältig aufbewahrt werden, damit sich der Arzt über den jeweiligen Impfschutz informieren kann.

Wichtige Hinweise:

- *Versuchen Sie nicht, Ihr Kind gegen möglichst viele Krankheiten zu impfen. Auch Impfen schwächt den kleinen Körper. Impfungen mit dem Kinderarzt besprechen; ein Verzicht auf wichtige Impfungen kann schlimme Folgen haben.*
- *Lassen Sie Ihr Kind gegen Wundstarrkrampf (Tetanus) impfen; bei jedem Unfall braucht es diese Impfung ohnehin.*

4.2. Gesundheitsstörungen beim Säugling

Blähungen

Der Grund für Blähungen ist meist Kost, die das Kind nicht verträgt. Häufig sind dies Erbsen, Bohnen, Linsen, Sauerkraut, Mehlspeisen, frisches Brot, kohlensäurehaltige Getränke (Limonade). Gegen Blähungen hilft Wärme, z. B. mit der Wärmflasche auf dem Bauch ins Bett legen. Säuglinge, die unter Blähungen leiden, im Bettchen öfters drehen oder tragen und leicht auf den Rücken klopfen oder den Bauch mit der flachen Hand massieren.

Durchfall

Es ist normal, daß Babys 3–4mal täglich Stuhlgang haben. Um Durchfall handelt es sich, wenn häufiger Stuhlgang kommt, der flüssig ist und auffallend übel riecht. Brustkinder haben übrigens sehr häufig Stuhlgang, der wässrig ist und einen aromatischen Geruch hat, das ist normal. Durchfall bekommen Brustkinder nur selten, wenn, dann meist nur, weil die Mutter sehr viel Obst ißt oder raucht. Ob der Durchfall nur leicht ist, kann auch am Allgemeinbefinden des Babys erkannt werden. Wenn es sich noch wohlfühlt, liegt keine ernsthafte Darmstörung vor. Vorsichtshalber sofort zum Arzt, Durchfall kann innerhalb weniger Tage tödlich verlaufen. Für eine schnelle und sichere Diagnose ist es wichtig, die letzte Stuhlwindel aufzuheben.

Bei Anzeichen für Durchfall, die nächste Mahlzeit durch Fenchel- oder Kamillentee (evtl. mit Traubenzucker gesüßt) ersetzen. Legt sich der Durchfall nicht, für einige Stunden nur Tee geben. Wenn sich der Stuhlgang normalisiert, das Kind wieder normal füttern, ansonsten unbedingt zum Arzt.

Bekommt das Baby schon Beikost, langsam wieder anfangen mit Heilnahrung aus der Apotheke, dann Karotten, Bananen, geriebenen Apfel.

Wichtig bei Durchfall: viel Flüssigkeit zu trinken geben.

Erbrechen

Die Ursachen von Erbrechen können sehr unterschiedlich sein: Nervöse Kinder trinken hastig und schlucken dabei viel Luft, die zusammen mit der getrunkenen Milch wieder nach oben kommt. Das ist nicht krankhaft, wenn das Baby trotzdem gut gedeiht. Besteht jedoch der Verdacht auf Infektion des Magen-Darm-Traktes, eine Mahlzeit ausfallen lassen und nur Fenchel- oder Kamillentee geben. Bei häufigem Erbrechen oder Brechdurchfall unbedingt den Arzt aufsuchen.

Fieber

Kinder reagieren auf Veränderungen im Körper z. B. Zahnen, schnell mit Fieber. Keine Zäpfchen oder fiebersenkende Mittel in eigener Regie geben, sondern das Kind beobachten und ihm viel zu trinken geben. Auch ein altbewährter Wadenwickel kann helfen (siehe auch S. 391). Das Kind nicht zum Essen zwingen, Fieber ist häufig mit Appetitlosigkeit verbunden. Bei steigender Temperatur den Arzt fragen.

Das Fieber wird bei Kindern im After gemessen. Thermometer mit etwas Vaseline oder Babyöl einfetten und vorsichtig einführen, 2–3 Minuten messen, dabei stehen bleiben und Kind und Thermometer festhalten. Eine Temperatur zwischen 36,2 und 37,4 °C ist normal. Es gibt Thermometer, mit denen die Körpertemperatur im Ohr gemessen wird. Das ist bei Kindern praktisch.

Gneis oder Grind

Mit Öl oder Vaseline aufweichen und mit der Babybürste abbürsten. Falls er dann nicht verschwindet, den Arzt fragen, denn es kann zu eitrigen Infektionen kommen.

Kopfschuppen, Pickel

Beides sind harmlose Erscheinungen. Schuppen mit Kinderöl einreiben, über Nacht wirken lassen und mit der Babybürste abbürsten. Gegen Pickel nichts unternehmen, sie verschwinden spätestens im 3. Monat von selbst. Wenn sie sich entzünden, den Arzt fragen.

Schnupfen

Ein kleines Kind hat noch eine geringe Widerstandskraft, deshalb darauf achten, daß sich das Kind nicht ansteckt. Ist die Mutter erkältet, bindet sie sich ein Schutztuch um die Nase, wenn sie das Baby betreut. Fremde Kranke dürfen dem Kind nicht zu nahe kommen. Hat es den Säugling trotzdem »erwischt«, braucht er viel frische und feuchte Luft.

Naseputzen ist beim Baby schwer möglich. Deshalb wird mit meerwasserhaltigen Nasensprays das Schnupfensekret zum Fließen gebracht und das Baby zum Niesen angeregt. Damit es in der Nacht leichter atmen kann, verschreibt der Arzt abschwellende Nasentropfen, die die Beschwerden lindern. Bessert sich der Zustand nach zwei Tagen nicht oder kommen Husten, Fieber oder Entzündung des Rachenraumes hinzu, zum Arzt gehen.

Soor

Mundsoor macht sich bemerkbar durch einen weißlichen Belag auf der Zunge und Wangenschleimhaut, der sich nicht abstreifen läßt. Das Kind verweigert oft die Nahrungsaufnahme. Es handelt sich um eine Pilzinfektion, die vom Arzt behandelt werden muß.

Windelsoor erkennt man ebenfalls an weißen, fest anhaftenden Auflagerungen um die Schamgegend, die sich nicht abstreifen lassen. Windelsoor muß vom Arzt behandelt werden. Kinder, die anfällig sind für Soor, oft wickeln und kein Babyöl verwenden, sondern die Haut nach jedem Stuhlgang mit Wasser säubern. Öl ist ein hervorragender Nährboden für den Soorpilz.

Verstopfung

Darmtätigkeit anregen durch Süßen mit Milchzucker, günstig ist auch Traubenzucker. Ungünstig, weil gärungsfördernd, sind normaler Haushaltszucker (Saccharose) und Malzzucker. Abführende Obstsorten geben wie Pflaume, Aprikose, auch Apfelsaft (ab dem 5. Monat).

Auf keinen Fall Abführmittel geben. Bei länger andauernder Verstopfung den Arzt fragen.

Wundsein

Solange die Haut nur etwas gerötet ist, besonders sorgfältig pflegen, d. h. nach dem Waschen gut abtrocknen lassen und eincremen. Viel frische Luft an die Haut lassen, indem das Baby nackt strampeln darf. Baby häufig und nicht zu fest wickeln. Ins Badewasser ölhaltigen Badezusatz oder Kinderbad geben. Die Haut trockentupfen, auf keinen Fall reiben. Keine weichgespülten Windeln und Gummihöschen verwenden.

Zahnpflege

Kinder- und Zahnärzte empfehlen eine regelmäßige Gabe von Fluoridtabletten, um Karies vorzubeugen. Dazu den Kinderarzt fragen. Regelmäßiges Putzen der Zähne soll schon bei Kleinkindern zur Selbstverständlichkeit werden. Zwischen einundhalb und zwei Jahren bekommt das Kind eine eigene Kinderzahnbürste, eine Zahncreme braucht es frühestens mit 3 Jahren, wenn es sie ausspucken kann. Sobald fluoridhaltige Zahncreme verwendet wird, sollte auf Fluortabletten verzichtet werden. Kinder erlernen das Zähneputzen am besten durch den Nachahmungstrieb.

Dauernuckeln am Fläschchen kann zu ernsthaften Zahnschäden führen, nicht nur bei zuckerhaltigen Getränken, sondern auch bei eigentlich gesunden Obst- und Gemüsesäften, selbst Wasser. Die oberen Schneidezähne werden so in Mitleidenschaft gezogen, daß sie schwarz werden oder abbrechen können. Die Trinkflasche samt Sauger darf nicht zum gewohnheitsmäßigen Ersatz für einen Schnuller werden. Spätestens ab dem 1. Lebensjahr sollte das Kind aus der Tasse trinken.

4.3. Krankheiten bei Kindern

Appetitlosigkeit

Ein Kind nicht zum Essen zwingen. Wenn Krankheit ausgeschlossen ist, einige Stunden »hungern« lassen. Prüfen Sie das Gewicht des Kindes häufiger (alle zwei Tage), wenn Sie meinen, das Kind esse zuwenig. Gewichtszunahme ist wichtiger als essen. Ein anderes Mittel, sich einen Überblick zu verschaffen, wieviel das Kind ißt: alles Gegessene und Getrunkene genau aufschreiben, also z. B. auch Kekse, Obst usw. Manchmal ist Appetitlosigkeit das erste Anzeichen einer beginnenden Krankheit. Achten Sie darauf, ob Blässe, Müdigkeit oder Schwitzen hinzukommen.

Manche Kinder sind von Haus aus »schlechte Esser«, deshalb keine gesüßten Getränke geben und bei Zwischenmahlzeiten genügend Abstand zu den Hauptmahlzeiten halten. Für genügend Ruhe beim Essen sorgen. In einer heiteren, gelassenen Atmosphäre schmeckt das Essen besser. Manche Kinder essen schlecht, weil ihr seelisches Gleichgewicht gestört ist. Beobachten Sie, ob Ihr Kind still und bedrückt ist.

Wichtiger Hinweis:

- *Vollmilch zählt wegen des hohen Energiegehalts zu den Lebensmitteln. Sie gilt nicht als Getränk.*

Bettnässen

Nächtliches Bettnässen ist bei Kindern bis zu 4 Jahren normal. Macht ein Kind mit 5 Jahren noch ins Bett, sollte der Kinderarzt zu Rate gezogen werden. Ursache für Bettnässen können organische Störungen sein, z. B. Entzündung der Harnwege oder Fehlbildung der Harnorgane. Sehr häufig ist die Ursache aber seelisch bedingt, z. B. zu strenge Erziehung oder Eifersucht auf ein jüngeres Geschwisterchen, traumatische Erlebnisse oder Angst. Strafen und Schimpfen sind nicht die richtige Behandlung eines Bettnässers, sondern viel Geduld und Einfühlungsvermögen.

Brechdurchfall
Eine Störung, die bei Kindern mit Durchfall, Erbrechen und Gewichtsabnahme einhergeht. Durchfall ist bei kleinen Kindern nicht harmlos. Der große Verlust an Wasser und Mineralstoffen kann zu lebensgefährlichem Austrocknen führen. Unbedingt einen Arzt aufsuchen.

Diphtherie
Ansteckende Infektionskrankheit, die häufig bei Kindern zwischen 2 und 6 Jahren auftritt. Auf den Mandeln bildet sich ein gelblich-eitriger Belag, der sich auf Rachen- und Nasenschleimhaut ausdehnen kann; ein blutig-eitriger Schnupfen ist die Folge. Bei Diphtherie sind auch die Halslymphknoten stark geschwollen. Sofort zum Arzt. Gefährlich sind die Giftstoffe, die die Krankheitserreger ausscheiden und die Lähmungen und Kreislaufversagen zur Folge haben können.

Hüftgelenksleiden
Hüftgelenksverrenkung oder -luxation kommt etwa bei 2 von 1000 Neugeborenen vor, betroffen sind meist Mädchen. Die Hüftgelenkspfanne ist bei diesem Leiden so flach, daß der Kopf des Oberschenkelknochens keinen Halt findet. Wichtig für die erfolgreiche Behandlung ist rechtzeitiges Erkennen. Ein Grund mehr, regelmäßig zu den Säuglingsvorsorgeuntersuchungen zu gehen.

Hämolytisch-urämisches Syndrom (HUS)
Krankheit, die hauptsächlich bei Kleinkindern im Krabbelalter bis zu vier Jahren auftritt. Sie äußert sich in einer Zerstörung der roten Blutkörperchen und akutem Nierenversagen. Die Patienten sind auffallend blaß und geschwächt und haben zu Beginn meist Durchfall. Hervorgerufen wird diese häufig tödlich verlaufende Krankheit durch EHEC-Keime. Deren Übertragungsweg ist nicht genau bekannt, diskutiert werden Rohmilch, Rohmilchkäse und rohes Fleisch. Da HUS-Fälle auch bei Kindern aufgetreten sind, die keines dieser Lebensmittel gegessen hatten, geht man davon aus, daß die beste Vorbeugung häusliche Hygiene ist, z. B. Händewaschen nach dem Toilettengang, saubere Handtücher.

Keuchhusten
Ansteckende Krankheit, die vorwiegend bei Kindern auftritt. Es können sich aber auch Erwachsene anstecken. Gefährlich kann Keuchhusten für alte Menschen sein. Keuchhusten kündigt sich an durch Husten und erhöhte Temperatur, danach kommt es zu charakteristischen Hustenanfällen, die meist nachts auftreten. Das Kind hustet hart und heftig, Luft kann dabei nur mühsam eingeatmet werden. Keuchhusten dauert 6 bis 12

Wochen. Eine Impfung ist möglich. Angesteckte Kinder unbedingt von anderen Kindern fernhalten, ein eigenes Krankenzimmer ist wichtig.

Kinderlähmung
Kinderlähmung ist eine Viruserkrankung des Zentralnervensystems, die dauerhafte Lähmungen bis Invalidität zur Folge haben kann. Vorbeugend impfen lassen, Impfschutz alle 10 Jahre auffrischen lassen, auch bei Erwachsenen! Der Impfschutz der Bevölkerung ist so gering, daß bei Auftreten der Krankheit eine Epidemie ausbrechen könnte.

Krupp
Schwere Schleimhautentzündung mit weißlichem Belag im Rachenraum. Typisch ist, daß die Beläge über die Mandeln hinaufreichen. Weitere Anzeichen sind Heiserkeit und bellender Husten, der schnell in Stimmlosigkeit übergeht. Die Atmung ist stark behindert. Krupp tritt manchmal als Folge von Diphtherie (s. o.) auf.

Pseudokrupp
Diese Krankheit tritt nur bei Kindern auf, überwiegend bei Jungen. Sie geht einher mit Schleimhautschwellung und bellendem Husten, es tritt aber keine Stimmlosigkeit auf. Typisch sind pfeifende Geräusche beim Einatmen. Bei einem Anfall sofort den Arzt verständigen und als Sofortmaßnahme das Kind in eine warme Decke gehüllt am offenen Fenster oder im Bad feuchte, kühle Luft einatmen lassen; das wirkt abschwellend.

Legasthenie
Legasthenie ist eine angeborene Lese- und Rechtschreibschwäche. Die Ursache ist vermutlich eine Fehlschaltung im Gehirn. Typisch sind Verdrehen der Silben in einem Wort und Verwechseln von ähnlich aussehenden Buchstaben, z. B. b und d.

Magersucht
Magersucht tritt vorwiegend bei Mädchen in der Pubertät auf. Die Kranke weigert sich zu essen. Magersucht muß ernst genommen und möglichst frühzeitig von einem Arzt bzw. Psychotherapeuten behandelt werden, sie kann bis zum Verhungern führen. Die Ursachen sind seelischer Natur.

Masern
Masern sind durch ein Virus hervorgerufen und ansteckend. Die Krankheit beginnt mit Husten, Schnupfen, Fieber und einer Augenbindehautentzündung, die den Kranken lichtscheu macht. In der Mundhöhle und an der Wangenschleimhaut sind kleine weiße Flecken zu sehen. Gleichzeitig sind Mundschleimhaut, Mandeln, Gaumenbögen

und Rachenwand deutlich samtrot bis bräunlich. Nach einigen Tagen steigt das Fieber an, gleichzeitig tritt ein rotfleckiger Ausschlag auf, der hinter den Ohren beginnt und dann den ganzen Körper befällt. Masern sind eine Krankheit, die unbedingt ernst genommen werden muß. Als Komplikationen können Mittelohrentzündung, Kreislaufversagen, Gehirn- und Lungenentzündung auftreten. Impfung ist möglich. Das kranke Kind in einem eigenen, verdunkelten Krankenzimmer unterbringen.

Down-Syndrom

Down-Syndrom (Mongolismus) ist eine angeborene Entwicklungsstörung, die nicht geheilt werden kann. Die Wahrscheinlichkeit, ein Kind mit Down-Syndrom zu gebären, steigt mit dem Alter der Eltern, vor allem der Mutter.

Mumps

Mumps wird durch Viren hervorgerufen und ist ansteckend. Diese Krankheit tritt hauptsächlich bei Kindern zwischen 5 und 15 Jahren auf, selten bei Erwachsenen. Sie beginnt mit Fieber, schmerzhaftem Anschwellen der Speicheldrüsen, vor allem der Ohrspeicheldrüsen. Impfung ist möglich. Spätfolge bei Jungen kann Unfruchtbarkeit sein.

Mundfäule

Es bilden sich kleine Bläschen auf der Mundschleimhaut, das Zahnfleisch entzündet sich, Mundgeruch tritt auf, manchmal auch Fieber. Mundfäule ist übertragbar, z. B. durch unzureichend gesäubertes Besteck oder Geschirr. Sie wird vom Arzt behandelt.

Polypen

Polypen sind gutartige Geschwülste, die aus der Schleimhaut wuchern, z. B. in der Nase. Wenn sie Beschwerden hervorrufen, können sie problemlos vom Arzt entfernt werden.

Rachitis

Rachitis wird durch einen Mangel an Vitamin D ausgelöst, sie tritt auf bei Säuglingen und Kleinkindern. Erste Anzeichen sind Erweichung der Schädelknochen, später kommt es zu Verformungen des Brustkorbes und der Beine (X- und O-Beine). Vorgebeugt werden kann durch regelmäßigen Aufenthalt der Kinder im Freien.

Röteln

Röteln werden verursacht durch Viren, sind ansteckend und treten meist zwischen dem 2. und 10. Lebensjahr auf. Erste Anzeichen sind leichtes Fieber, Schnupfen, Bindehaut- und Halsentzündung. Danach schwellen die Lymphknoten an, es tritt ein kleinfleckiger Ausschlag am ganzen Kör-

per auf, beginnend hinter den Ohren oder am Hals. Als Behandlung reicht meist Bettruhe. Gefährlich ist eine Rötelninfektion bei Schwangeren. Mißbildungen beim Kind oder Fehlgeburt können die Folge sein. Aus diesem Grund ist ein Rötelntest für Mädchen in der Pubertät unerläßlich.

Scharlach

Scharlach ist eine ansteckende Krankheit, die mehrmals auftreten kann. Es kommt schlagartig zu hohem Fieber, Kopf- und Gliederschmerzen, der Rachen ist gerötet, die Mandeln sind entzündet. Auf der Zunge bildet sich ein weißlicher Belag, der sich nach einigen Tagen löst, die Zunge wird hochrot, die Zungenpapillen (Schmeckorgane) treten stärker hervor. Man spricht von einer sogenannten »Himbeerzunge«. Gleichzeitig tritt ein Ausschlag auf mit feuerroten, kleinen Flecken, der am Hals beginnt und sich auf den ganzen Körper oder auch nur auf Unterbauch und Leistengegend ausbreitet. Die Partie um den Mund bleibt deutlich ausgespart.

Schielen

Schielen ist nicht nur ein Schönheitsfehler, es kann bei fehlender Behandlung zu Fehlsichtigkeit führen. Mit Kindern, die schielen, unbedingt zum Augenarzt gehen. Durch eine Operation kann das Schielen behoben werden.

Schlafstörungen

Als Schlafzimmer möglichst einen ruhigen, abgedunkelten, gut gelüfteten Raum wählen. Das Kind tagsüber nicht zu lange schlafen lassen. Viel Bewegung an der frischen Luft macht Kinder müde. Manche Kinder haben Angst, plötzlich in einem dunklen Raum allein gelassen zu werden. Unterstützen Sie bestimmte Einschlafrituale, z. B. Geschichten erzählen. Das Kind kann sich daran klammern und schläft schneller ein. Beruhigend wirkt auch, die Schlafzimmertür einen Spalt offenzulassen, so daß gedämpftes Licht ins Zimmer fällt.

Stottern

Stottern ist häufig ein Anzeichen für eine seelische Störung. Hartnäckiges Stottern kann durch Sprachübungen gelindert und geheilt werden, keinesfalls durch Schimpfen oder Bestrafen.

Windpocken

Windpocken werden durch ein Virus verursacht und sind ansteckend. Die Krankheit tritt auf bei Kindern bis zum 10. Lebensjahr. Am ganzen Körper kommt es zu einem Hautausschlag mit kleinen, flüssigkeitsgefüllten Bläschen, die stark jucken. Die Flüssigkeit färbt sich allmählich gelblich, die Blase fällt ohne Narbenbildung ab. Kratzen sollte unbedingt vermieden werden, weil es zu Hauteiterungen und Narbenbildung kommen kann.

das Kind wird, desto mehr wird es mit den Geschwistern und anderen Kindern spielen. Am meisten wird das Kind durch das gemeinsame Spielen in der Familie gefördert.

5. RICHTIGES SPIELZEUG

Spielen ist für ein Kind eine ernsthafte Beschäftigung. Es lernt dabei seine Umgebung kennen und mehr und mehr das Verhalten in der Gesellschaft. Das Kind entwickelt sich spielend, es entwickelt dabei verschiedene Fähigkeiten.

Die Art zu spielen verändert sich mit dem Alter und der zunehmenden Reife des Kindes. Anfangs sind die Eltern und Geschwister die ersten Spielgefährten. Das erste Spielzeug sind Rasseln und einfaches Greifspielzeug, auch Papier, Tücher und Pappe. Besonderen Spaß haben Kinder an überlieferten Spielen wie »Hoppe hoppe Reiter« oder Fingerspielen (»Das ist der Daumen...«). Je älter

Spielzeugkauf

Wer Spielzeug kauft, sollte nicht allein nach äußeren Kriterien vorgehen, wie Farbe oder Preis, sondern neben gutem Material auch nach erzieherischen Gesichtspunkten.

Alter des Kindes

Ein dreijähriges Kind liebt eine Knuddelpuppe mehr als eine Modepuppe, und ein sechsjähriger kleiner »Wissenschaftler« hat von einer guten Lupe mehr als von einem Mikroskop. Auch die Größe von Spielzeug ist wichtig: Das Kind muß das Spielzeug gut greifen können. Einen Riesenteddy z. B. kann ein kleines Kind nur schwer transportieren.

Das richtige Spielzeug für jedes Alter

Alter	Funktionsspiele/ Bewegungsspiele	Rollenspiele/ Theaterspiele	Regelspiele/ Gesellschaftsspiele	Konstruktionsspiele/ Experimentieren und Gestalten mit Material
1. Lebensjahr	Mobile, Klangspiel, Rassel, Greifspielzeug, Badewannenspielzeug, Ball, Werfpuppe			Mobile, Klangspiel, Rassel, Greifspielzeug, Badewannenspielzeug, Ball, Werfpuppe, Werftier
1–3 Jahre	Handwagen, Holzeisenbahn, Lastwagen zum Draufsitzen, Dreirad, Schaukelpferd, Ball	Stofftiere, einfache Puppe, Werfpuppe, einfache Haushaltsgeräte (Geschirr, Besen ...), Telefon, Spielmöbel		Hampelmann, Formensteckspiel, Hammerspiel, Steckspielzeug, Bauklötze, Fädelringe, Sandspielzeug, Fingerfarben, Filzstifte
3–6 Jahre	Fahrzeuge (ohne Antrieb), Schubkarre, Roller, Fahrrad, Springseil, Kreisel, Schaukel, Wasserspielzeug (Ball, Ringe)	Babypuppe, Puppenzubehör, zerbrechliches Geschirr, Puppenstube mit Biegepuppen, Zubehör für andere Rollenspiele (Arzt, Post, Supermarkt, Astronaut ...) und Sachen zum Verkleiden, Aufstellspielzeug, Miniaturfahrzeuge, Zelt	Lottospiele, Farben- und Bilderdomino, Katz und Maus, Hasch mich, Gedächtnisspiele (Memory, Kofferpacken), Schwarzer Peter, Farbwürfelspiel, Geschicklichkeitsspiele, Spielesammlungen	Bau- und Konstruktionsmaterial, Kugelbahn, Großbauelemente, Bilderlegespiel, Puzzle, Kartenhaus, Fädelperlen, Buntpapier, Ausschneidebogen, Knetmaterial, Tafel, Kreide, Wachsfarben, Wasserfarben, Malbücher, einfaches Werkzeug, Webrahmen
6–10 Jahre	Rollschuhe, Schlittschuhe, Stelzen, Schaukel mit Ringen, Strickleiter, Sportspiele (Tischtennis, Federball ...)	Verkehrsanlagen mit Federwerk- oder Batterieantrieb (Eisenbahn), Puppentheater (Bühne), mehr Handspielpuppen und Handspieltiere	Wettrennwürfelspiele, Brettspiele (Halma, Dame, Mühle ...), Buchstabenspiele, Domino, Quartett, Wurfspiele, Autorennbahn mit Netzanschluß	Autorennbahn, Montagebau (Fahrzeuge, Telefon ...), Segelschiffe, Modellbaubogen, Modelliermaterial, Werkbank, Buntstifte (Holz), Stempelkasten, Denkspiele, Zauberspiele, Experimentiermaterial
ab 10 Jahre	Sportgeräte, Sportballe, Blasrohr, Darts (Wurfspiel mit Pfeilen)	Marionetten, elektrische Geräte (Herd, Bügeleisen ...)	Schwierigere Gesellschaftsspiele, Geschicklichkeits-, Gedulds-, Denkspiele, Zauberspiele, Blasrohr	Experimentierkästen, Modelleisenbahn mit Netzanschluß, Nähmaschine, Aquarellfarben, Zeichenschablonen, Zirkel

Entnommen aus: Gutes Spielzeug von A–Z, spiel gut, Ulm

Phantasie

Spielzeug, das nur bestimmte Abläufe zuläßt, z. B. eine Sprechpuppe mit 12 Standardsätzen, fördert die Phantasie nicht. Das Kind sollte selber den Spielablauf bestimmen können. Zu viel Technik lähmt den Geist! Gutes Spielzeug erkennt man an der roten Marke »spiel gut«, es ist von Experten geprüft.

Wichtiger Hinweis:

- *Ein Junge kann auch mit einer Puppe spielen oder umgekehrt ein Mädchen mit Auto oder Indianer. Mit streng geschlechtsspezifischem Spielzeug wird die Entwicklung des Kindes in eine Richtung gedrängt, die den Anlagen des Kindes unter Umständen nicht entspricht und bestimmte Fähigkeiten verdeckt.*

Sicherheit

Auch Spielzeug kann gefährlich werden, deshalb vor allem bei technischem Spielzeug auf das »GS-Zeichen« achten (Geprüfte Sicherheit). Dieses Zeichen bürgt dafür, daß Material und verwendete Farben unbedenklich sind und vermeidbare Unfälle, z. B. Quetschen der Finger, ausgeschlossen sind. Generell Spielzeug mit scharfen Kanten und Ecken vermeiden.

Wichtiger Hinweis:

- *Achtung, kleine Kinder stecken alles in den Mund. Kleine Bausteine oder Kugeln können verschluckt werden.*

Preis

Lieber nur einen Wunsch erfüllen und gutes Spielzeug kaufen als viele verschiedene Dinge, die nicht lange Freude bereiten und die Entwicklung des Kindes nicht fördern. Für den Kauf von gutem Spielzeug braucht man Zeit.

Fernsehen

Kinder lieben Fernsehen, da rührt sich etwas, ohne daß die eigene Phantasie in Gang gebracht werden muß. Kinder brauchen jedoch eigene Erlebnisse und Kontakte mit anderen Kindern und Erwachsenen. Nur so lernen sie das Zusammenleben mit ihren Mitmenschen und entwickeln ihre Phantasie und Fähigkeiten. Der Fernseher bringt zwar Spannung und Erlebnis, kann aber keine Beziehung zum Kind herstellen. Außerdem können Kinder im Vorschulalter die Wirklichkeit und das Geschehen in der Flimmerkiste noch nicht unterscheiden. Sie können auch dem Film noch nicht folgen, es bleiben Filmfetzen im Gedächtnis, die sie nicht verarbeiten können. Das heißt nun

Spiel gut-Zeichen

nicht, daß die »Mattscheibe« für Kinder völlig tabu ist, aber die Eltern müssen den Kindern dabei helfen, das Gesehene zu verarbeiten.

Wichtiger Hinweis:

- *Pädagogen empfehlen Fernsehen nicht vor dem Schulalter und auch ab dem Schulalter nur zusammen mit einer Bezugsperson, die mit dem Kind über das Gesehene spricht. Empfohlene »Dosis«: täglich maximal 30 Minuten.*

6. DIE RICHTIGE SCHULTASCHE

Ein Schulranzen sollte dem Kind gefallen, aber er muß auch kindgerecht und praktisch sein. Nehmen Sie das Kind zum Kauf mit, dann können beide Aspekte vereint werden. Einige Hinweise für eine gute Schultasche:

- Die Schultasche sollte nicht zu groß sein und nicht über die Schultern des Kindes hinausragen. Der Taschenrücken sollte körpergerecht geformt und weich und gut gepolstert sein.
- Riemen und Gurte sollen sich einfach verstellen lassen und dürfen nirgends scheuern. Die Schultergurte sollten etwa 4 cm breit und gepolstert sein, damit sie nicht einschnüren. Die Riemen dürfen beim Tragen am Griff nicht zu Stolperfallen werden.
- Der Tragegriff sollte ebenfalls gepolstert sein. Sinnvoll ist auch eine Lasche zum Aufhängen der Tasche.
- Das Gewicht der leeren Tasche ist nicht der Hauptfaktor für das Gewicht des Schulranzens insgesamt. Bei den heute verwendeten Kunststoffmaterialien sind die Unterschiede nicht so groß, daß sie noch ins Gewicht fallen würden, wenn die Tasche »beladen« ist. Entscheidend für die Entlastung des kleinen Rückens ist es,

nur die Hefte und Bücher einzupacken, die am jeweiligen Schultag wirklich benötigt werden.

❑ Die Inneneinteilung sollte auch kleine und schmale Fächer enthalten, damit große Bücher und Ordner zwar gut Platz haben, aber auch kleinere Utensilien nicht »herumfliegen«.

❑ Der Schulranzen sollte standfest sein, er darf leer und voll nicht umkippen.

❑ Der Deckel der Tasche sollte nicht von allein zuklappen, außerdem sollte er sich schön weit öffnen lassen.

❑ Reflektierende Streifen sind ein wichtiges Sicherheitsmerkmal. Vorn und an den Seiten sind große Leuchtflächen wertvoll; nach einigen Jahren überprüfen, ob sie noch funktionieren.

❑ Leuchtende Farben (orange, gelb) sind günstig, weil sie sowohl tagsüber als auch bei Dunkelheit besser auffallen.

❑ Verlangen Sie ausdrücklich normgerechte Schultaschen (DIN- oder GS-Zeichen). Diese Taschen sind so gestaltet, daß sie im Straßenverkehr besonders auffallen und dadurch das Unfallrisiko verringern. Die Norm DIN 58124 legt fest, wieviel Prozent der Oberfläche mit reflektierenden und grell leuchtenden Flächen versehen sein müssen. Modische Taschen haben zwar auch Flächen mit Katzenaugeneffekt, aber deutlich weniger, als die Sicherheitsstandards empfehlen.

Umweltschutz

Umweltschutz geht uns alle an! Es sind unser Lebensraum und unsere Gesundheit, die wir schützen. Falsch ist die Einstellung, der einzelne könne ohnehin keinen wirksamen Beitrag zum Umweltschutz leisten, z. B. indem er Müll vermeidet. Wenn jeder in seinem Lebensbereich umweltbewußt handelt, wären die Müllberge bald niedriger und die Luft sauberer, denn »Kleinvieh macht auch Mist«! Umweltbewußtes Handeln ist manchmal teurer und unbequemer als die weniger schonende Alternative. Geld sollte jedoch nicht ausschlaggebend sein, wenn es um unsere eigene Gesundheit und die unserer Kinder geht.

Zwar werden vom Staat Gesetze erlassen, die den Schutz der Umwelt fördern. Viel wirkungsvoller ist es jedoch, wenn man als Verbraucher bereits beim täglichen Einkauf versucht, umweltfreundliche Waren vorzuziehen.

Seit 1978 wird der »Umweltengel« vergeben. Dieses Zeichen ist ein Hinweis darauf, daß das Produkt, das damit ausgezeichnet ist, umweltfreundlicher ist als die Masse der Konkurrenzprodukte, d. h. es ist langlebiger, reparaturfreundlicher, schadstoffärmer und wiederverwertbar. Der Blaue Engel zeigt aber nicht, ob es nicht noch umweltfreundlichere Alternativen gibt. So gibt es z. B. Abflußreiniger, die mit dem Engel versehen sind, noch umweltfreundlicher ist jedoch die mechanische Rohrreinigung, z. B. mit einer Saugglocke.

1. ENERGIE

Unter dem Begriff Energie ist in diesem Kapitel die Energie gemeint, die verbraucht wird, um Bedürfnisse des täglichen Lebens zu decken, z. B. warmes Wasser, Raumheizung, Autofahren.

Die Energiearten hierfür sind im wesentlichen elektrischer Strom, Heizöl, Gas und Kraftstoff für Autos.

Ein sehr angenehmer Aspekt beim Energiesparen: Je mehr Energie gespart wird, desto mehr Kosten werden auch gespart! Ein Grund mehr, sich die folgenden Energiesparmöglichkeiten genauer anzusehen.

1.1. Wohnraumbeheizung

Die Haus- und Wohnungsheizung macht mit Abstand den größten Anteil des Gesamtenergieverbrauchs im privaten Bereich aus. Hier kann sehr viel gespart werden.

Heizungsenergie kann im wesentlichen durch drei Maßnahmen eingespart werden:
- Moderne Heiztechnik (siehe Kapitel Heizung)
- Umweltbewußt heizen
- Wärmeverluste vermeiden (Wärmedämmung).

Umweltbewußt heizen

RÄUME NICHT ÜBERHEIZEN

In überheizten Räumen fühlt man sich nicht nur unwohl und wird schnell müde, es wird auch unnötig Energie verbraucht. Als Anhaltspunkte für die Temperatur in verschiedenen Räumen gelten folgende Werte:
- Wohnzimmer: 20 bis 21 °C
- Schlafzimmer, Küche: 18 °C
- Kinder-, Arbeitszimmer: 20 °C
- Flur, Diele, WC: 15 °C

Wenn die Temperatur in den einzelnen Räumen über diesen Werten liegt, sollten Sie daran denken, daß die Senkung der Raumtemperatur um nur 1 °C eine Heizkostenersparnis um 5 % bringt, eine Senkung um 2 °C bereits 10 %.

THERMOSTATVENTILE

Thermostatventile regeln automatisch die einmal eingestellte Temperatur, d. h. wenn das Ventil auf beispielsweise 18 °C eingestellt ist, sorgt es dafür, daß im Raum diese eingestellte Temperatur gehalten wird. Mit einem Thermostatventil spart man sich den Weg zum Heizkörper und durchschnittlich 15 % Heizkosten im Vergleich zu herkömmlichen Ventilen. Der Anschaffungspreis ist also schnell hereingeholt.

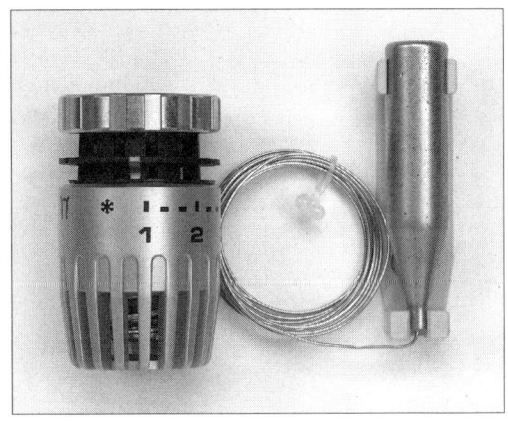

Thermostatventil mit Fernfühler

RICHTIG LÜFTEN

Kurz und kräftig zu lüften (Durchzug) ist immer besser als andauerndes, zaghaftes Lüften. Zum Lüften die Fenster ganz öffnen, nicht nur kippen. Das Lüften sollte möglichst nicht länger als 10 Minuten dauern, sonst kühlen Wände und Möbel zu sehr aus. Während des Lüftens natürlich die Heizung abdrehen (auch Thermostatventile auf 0, sofern diese Markierung vorhanden!).
Falsch wäre es, auf das tägliche gründliche Lüften ganz oder fast ganz zu verzichten. Luftaustausch ist z. B. wichtig in Räumen mit hoher Luftfeuchtigkeit, z. B. in der Küche, um Schimmelbildung zu vermeiden. Außerdem kann es durch verschiedene Materialien in Fußboden und Einrichtung (Teppichkleber, Spanplatten) zu Schadstoffbelastung in der Raumluft kommen, die durch regelmäßiges Lüften verringert werden kann.

LUFTFEUCHTIGKEIT REGULIEREN

Je trockener die Luft in einem Raum ist (je niedriger die Luftfeuchtigkeit), desto mehr muß geheizt werden, um eine bestimmte Raumtemperatur zu erreichen. Das Aufhängen von Verdunstern an Heizkörpern macht also nicht nur das Raumklima angenehmer, es spart auch Energie. Bei kalter Winterluft nicht zu häufig lüften, denn kalte Luft enthält wenig Feuchtigkeit. Die Feuchtigkeit im Raum würde dadurch eher ab- als zunehmen.

HEIZKÖRPER NICHT VERDECKEN

Zugestellte oder durch lange Vorhänge verdeckte Heizkörper können ihre Wärme nicht abgeben, weil zuwenig Luft daran vorbeistreichen kann. Das gleiche gilt für unfachmännisch angebrachte Heizkörperverkleidungen.

ANGEMESSENE KLEIDUNG

Wer im Winter in seinen eigenen vier Wänden Sommerkleidung tragen will, schadet seinem Geldbeutel. Man muß ja nicht in Wintermantel und Mütze im Wohnzimmer sitzen, aber eine Wolljacke über der Bluse oder dem Hemd spart bis zu 25 % Energie, weil die Raumtemperatur niedriger gehalten werden kann.

HEIZUNG RICHTIG STEUERN

Überlegen Sie, ob die eingestellte Kesseltemperatur wirklich nicht zu hoch ist. Bedenken Sie, daß sich ab einer Vorlauftemperatur von 65 °C vermehrt Kalk im Heizkessel und auf den Heizschlangen absetzt. Dadurch ist mehr Energie notwendig, um das Heizungswasser zu erhitzen. Nicht bei allen Heizkesseln kann die Temperatur ohne weiteres gesenkt werden (den Heizungsfachmann fragen).
Viel Energie läßt sich auch sparen, wenn die Nachtabsenkung z. B. eine Stunde früher eingestellt wird. Eine Nachtabsenkung um 5 °C spart 10 % Heizkosten. Ganz abstellen sollte man die Heizung nur, wenn die Raumtemperatur trotzdem nicht unter 15 °C abfällt, sonst ist der Energie-Aufwand für das erneute Aufheizen zu groß.

HEIZUNGSSYSTEM REGELMÄSSIG WARTEN

Auch eine Heizung braucht eine Wartung, z. B. Entlüften. Befindet sich zuviel Luft im Heizsystem, wird die Wärmeabgabe oft erheblich beeinträchtigt. Erkennbar ist dies an deutlichem »Gluckern« in den Heizkörpern.
Bei Neuanschaffung eines Brenners daran denken, daß es neue Brenner mit einem sehr hohen Wirkungsgrad gibt, die Heizkosten sparen helfen. Die Kosten für einen neuen Brenner sind schnell hereingeholt. Nutzen Sie die kostenlose und neutrale Beratung bei Verbraucherzentralen und Umweltberatungsstellen.

Wärmedämmung

FENSTER UND TÜREN ABDICHTEN

Durch das Abdichten von Fenster- und Türfugen lassen sich durchschnittlich bis zu 8 % des gesamten Energieverbrauchs einsparen, in einzelnste-

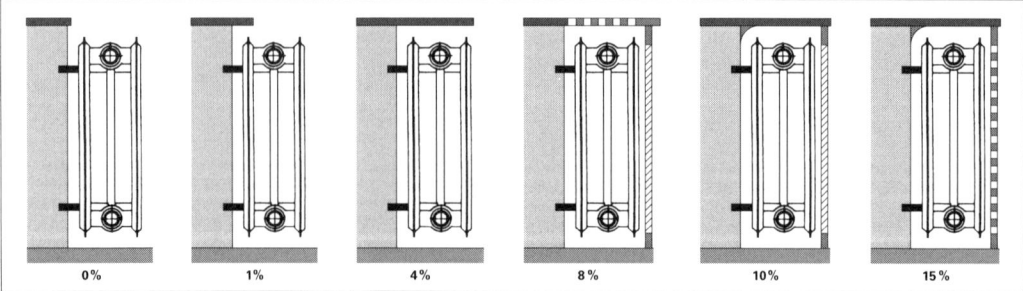

Energieverluste in % durch verschiedene Heizkörperverkleidungen

henden Häusern sogar bis 15 %. Der Arbeitsaufwand ist gering; die meisten Arbeiten kann man selbst durchführen, dabei ist die Arbeitsanleitung der Hersteller von Abdichtungsmaterial allerdings zu beachten.

Wer keine Isolierglasfenster oder Doppelfenster hat, weiß, wie unangenehm kühl es an so einem Fensterplatz im Winter ist. Es geht viel Wärme durch die Ritzen ungenutzt verloren. Fragen Sie aber Ihren Kaminkehrer, ob dichtere Fenster zulässig sind, bevor Sie Ihre Wohnung oder bestimmte Räume »luftdicht« verpacken. In Räumen mit Feuerstätten (Einzelöfen, offener Kamin) kann es zu einem Mangel an notwendigem Sauerstoff kommen.

Folgende Dichtungsmaterialien werden angeboten:

◻ *Schaumstoffdichtung:* wenig dauerhaft, saugt Wasser auf, preisgünstig.
◻ *Dichtungsbänder:* sind dauerelastisch, selbstklebend, wasserabweisend, an den inneren Falz der Fenstern anbringen.
◻ *Dichtmassen:* dauerelastisch, besonders gut geeignet für unregelmäßige Spaltbreiten, wie sie z. B. häufig bei alten Fenstern vorkommen, am inneren Falz des Fensters anbringen.
◻ *Dichtleisten:* werden angeschraubt oder angenagelt, innen an den Fensterflügel.
◻ *PU-Schaum:* (Polyurethanschaum) wird häufig verwendet zum Ausschäumen von Anschlußfugen bei Fenstern und Rolladenkästen.

Die Preise für die einzelnen Dichtungsmaterialien sind sehr unterschiedlich. Tests haben ergeben, daß preiswerte Schaumstoffdichtungen den gleichen Effekt haben wie teure Dichtungsbänder und -profile.

Praktischer Hinweis:

■ *In der Fenster- und Verglasungstechnik hat es in den letzten Jahren große Fortschritte gegeben. Doppeltes Isolierglas ist heute Standard, noch besser, allerdings entsprechend teuer, ist Dreifach-Isolierverglasung.*

WÄRMEDÄMMUNG IN HEIZKÖRPERNISCHEN

Oft ist die Wand hinter Heizkörpern dünner als die übrigen Wände (bei Neubauten darf das übrigens nicht mehr sein!). Energie geht ungenutzt verloren. Wärmedämmung in Heizkörpernischen lohnt sich allemal, der Aufwand ist nur gering. Gut geeignet sind Heizkörper-Reflexionsmatten, generell sollte die Dämmstoffdicke mindestens 3 cm betragen. Nicht des Guten zuviel tun: Zwischen Heizkörper und Isolierung muß noch ein Spalt frei bleiben, damit Luft vorbeiströmen und

erwärmt werden kann, sonst kann der Heizkörper seine Heizleistung nicht mehr erbringen.

WÄRMEDÄMMUNG AN DACH, WÄNDEN UND FUSSBODEN

Viel Energie läßt sich sparen, wenn Dach, Wände und Fußboden optimal isoliert sind. Je nach Hausart und Baumaterialien bieten sich unterschiedliche Methoden an, der Fachmann informiert darüber.

1.2. Fahrzeuge

Ein Auto zu haben ist selbstverständlich, genauso selbstverständlich sollte sein, beim Autofahren an die Umwelt zu denken und den Kraftstoffverbrauch des Autos so weit wie möglich zu drosseln. Der Kraftstoffverbrauch kann eingeschränkt werden durch

◻ einwandfreien technischen Zustand des Autos
◻ vernünftige Fahrweise
◻ sinnvolle Nutzung des Autos.

Von verschiedenen Organisationen werden inzwischen nicht nur Fahrsicherheitskurse, sondern auch Kurse für verbrauchsoptimiertes Fahren angeboten.

Der Schadstoffausstoß wird durch die Katalysatortechnik und durch Rußfilter bei Dieselmotoren, aber auch durch Neuentwicklungen in der Motorentechnik verringert.

Technischer Zustand des Autos

◻ Regelmäßige Wartung des Autos lohnt sich. Denn nur ein optimal eingestellter Motor ist wirklich verbrauchsgünstig. Produkte und Geräte, die die Werbung als Wundermittel fürs Kraftstoffsparen anpreist, erfüllen kaum die Erwartungen, wie neutrale Test zeigen.
◻ Wichtig ist auch, die Startautomatik regelmäßig überprüfen zu lassen. Besonders im Kurzstreckenverkehr kann eine falsch eingestellte Startautomatik den Kraftstoffverbrauch deutlich steigen lassen.
◻ Auch ein verstopfter Luftfilter treibt den Verbrauch um bis zu 15 % in die Höhe.
◻ Abgefahrene Reifen sind nicht nur gefährlich, sie haben auch einen deutlichen Mehrverbrauch zur Folge. Zu niedriger Reifendruck beeinträchtigt die Fahrsicherheit und führt zu erhöhtem Reifenverschleiß. Wenn den Reifen nur 0,5 bar fehlen, verbraucht der Motor schon 5 % mehr Kraftstoff. Regelmäßig den Reifendruck prüfen! Welcher Druck richtig ist, steht in der Betriebsanleitung.

◻ Sogenannte Leichtlauföle für den Motor und Reifen mit niedrigem Rollwiderstand können ebenfalls helfen, Kraftstoff zu sparen. Wie eine ADAC-Untersuchung ergab, senken dünnflüssige Leichtlauföle den Verbrauch im Vergleich zu herkömmlichem Mineralöl mit höherer Viskosität um bis zu 6 %. Die größten Einsparungen ergeben sich dabei im innerstädtischen Kurzstreckenverkehr. Das Öl ist zwar deutlich teurer, aber der Umweltschutz durch geringeren Kraftstoffverbrauch sollte das wert sein.

◻ Die Zubehörindustrie liefert auch viele Produkte, die den Komfort im Auto verbessern, zum Beispiel Klimaanlage und Standheizung. Allerdings erhöhen sie auch den Kraftstoffverbrauch. Nach Messungen des ADAC kann man bei der Klimaanlage von 0,3 bis 0,7 l Mehrverbrauch pro Stunde ausgehen, bei Standheizungen etwa 0,25 l. Es spricht nichts gegen eine sinnvolle Nutzung der Klimaanlage, aber die Einschaltzeit sollte auf das notwendige Maß begrenzt werden.

Vernünftige Fahrweise

Den größten Einfluß auf den Kraftstoffverbrauch hat die Fahrweise. Bis zu 30 % Kraftstoff lassen sich durch eine verbrauchsoptimierte Fahrweise einsparen:

◻ Beim Anlassen kein Gas geben.

◻ Nach dem Anfahren sofort in den 2. Gang schalten.

◻ Mit ¾-Gas zügig beschleunigen.

◻ Nicht zurückschalten, solange der Motor ohne zu ruckeln Gas annimmt.

◻ Gänge nicht voll ausfahren: Wer Gänge unnötig »hochzieht«, vergeudet Kraftstoff.

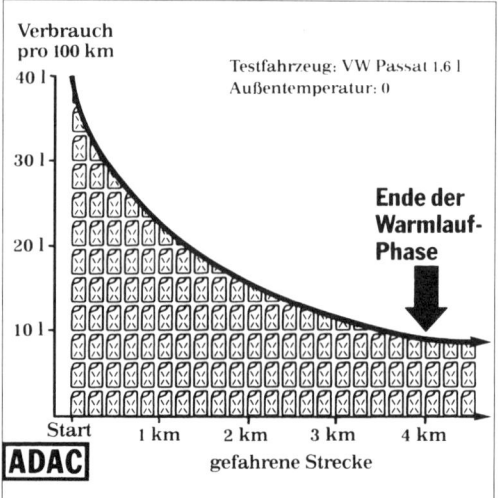

Kaltstart frißt Benzin

◻ Gleichmäßig fahren: »Kavaliersstart« und anschließendes scharfes Bremsen treiben den Verbrauch in die Höhe

◻ Vorausschauend fahren und unnötiges Bremsen vermeiden, das heißt auch, genügend Abstand zum Vordermann einzuhalten. Nur so kann das Brems- und Beschleunigungsverhalten dem Verkehrsfluß optimal angepaßt werden.

◻ Unnötiger Leerlauf verpestet die Luft und verschlingt Kraftstoff. Vor geschlossenen Bahnschranken oder im Stau den Motor abstellen. »Motor aus« lohnt sich schon bei Wartezeiten unter einer Minute, allerdings nur bei warmem Motor. Dieser Tip sollte aber nicht dazu führen, daß es zu Verkehrsstörungen kommt, weil der Motor vor der Ampel erst angelassen wird, wenn der Vordermann bereits fährt. So würden sich unnötige Staus bilden, die wiederum mehr Kraftstoff kosten und die Umwelt belasten.

◻ Auch im Winter den Motor nicht im Stand warmlaufen lassen!

Sinnvolle Nutzung

Mit etwas Überlegung ließen sich manche Autofahrten völlig vermeiden. Damit ließe sich Kraftstoff sparen, das Auto schonen und dabei viel Geld sparen.

◻ Kurzstrecken zu Fuß oder mit dem Fahrrad zurücklegen. Die ersten Kilometer mit dem »kalten« Auto verbrauchen den meisten Kraftstoff. Bei einem Mittelklassewagen liegt der Verbrauch direkt nach dem Start bei ungefähr 40 l/100 km, nach 1 km sinkt er auf 20 l/100 km, erst nach 4 km hat sich der Verbrauch normalisiert.

◻ Nach Möglichkeit öffentliche Verkehrsmittel benutzen.

◻ Gepäck: 100 kg Mehrgewicht verursachen etwa 0,5 l Mehrverbrauch pro 100 km Fahrstrecke. Unnötigen Ballast aus dem Kofferraum räumen. Wenn Dachgepäck aufgeladen wird, steigt der Verbrauch durch den erhöhten Luftwiderstand besonders stark (auch leere Dachgepäckträger abmontieren).

◻ Verkehrsspitzen meiden: Häufiges Anfahren und Bremsen erhöhen den Spritverbrauch erheblich. Vor dem Losfahren überlegen, ob die Fahrt nicht auf eine verkehrsärmere Zeit verlegt werden kann.

◻ Fahrgemeinschaften bilden: Mit ein wenig gegenseitiger Absprache und Rücksicht ließen sich oft Fahrgemeinschaften bilden, bei der beide Seiten – Fahrer wie Mitfahrer – viel Geld sparen können.

1.3. Haushaltsgeräte

Haushaltsgeräte verbrauchen meist Energie in Form von elektrischem Strom. Diese Energieart ist sehr geschätzt, weil sie sauber und einfach in der Anwendung ist, allerdings ist sie auch die teuerste Energie. Denken Sie daran, wenn Sie ein Gerät einschalten, daß ganz am Ende der Stromleitung meistens ein Kraftwerk steht, das Schwefeldioxid und Stickoxide in die Luft abgibt oder Atommüll erzeugt, wenn elektrischer Strom produziert wird. Elektrischen Strom zu sparen, heißt nun nicht, daß die teuer gekauften Geräte in der Ecke verstauben müssen und z. B. die schmutzige Wäsche wieder mit der Hand gewaschen werden soll.

Energie zu sparen heißt, sie sinnvoll einzusetzen. Mit etwas Überlegung kann beim Einsatz von Haushaltsgeräten viel Geld gespart werden. Die erste Maßnahme kann schon beim Kauf des Gerätes ergriffen werden: Geräte kaufen, die mit wenig Energie auskommen. Die Verbrauchsdaten der Produktinformation entnehmen, das ist ein gelbes Etikett auf jedem Gerät, das über technische Daten informiert (siehe auch S. 265). Das Energie-Label zeigt, welcher Energieeffizienzklasse ein Gerät entspricht. Die Einteilung dieser Klassen wurde jedoch bereits vor Jahren vorgenommen, so daß heute viele Geräte den besten Klassen (A oder B) entsprechen, obwohl sie im Energieverbrauch höchst unterschiedlich sind. Studieren Sie daher auch die Angabe über den konkreten Energieverbrauch des Geräts, der ebenfalls auf dem Label angegeben ist.

Bei den Kühl- und Gefriergeräten wurde bereits eine Anpassung vorgenommen, es gibt inzwischen die Klassen A, A+ und A++. Auch wenn die Unterschiede gering erscheinen, muß man sie hochrechnen auf die Lebensdauer der Geräte, und da ergeben sich durchaus beträchtliche Differenzen. Vor allem in größeren Haushalten fällt die Energieeinsparung mit neuen, sparsamen Geräten ins Gewicht, weil die Geräte öfter laufen als in kleinen Familien. Alte Geräte aber nur dann durch neue ersetzen, wenn sie defekt sind.

Praktischer Hinweis:

■ *Bei vielen Stromversorgungsunternehmen kann man sich leihweise ein Meßgerät besorgen, mit dem sich der Stromverbrauch einzelner Elektrogeräte im Haushalt exakt ermitteln läßt.*

Energiesparender Umgang mit Geräten

WASCHMASCHINE

❑ Voll beladen, denn die Maschine verbraucht immer gleich viel Strom, gleichgültig, ob die Trommel halb oder ganz gefüllt ist.

❑ Waschtemperatur prüfen: Meistens ist es nicht nötig, z. B. Tischdecken oder Geschirrtücher bei 90 °C zu waschen, es genügen auch 60 °C. Selbst wenn Tischwäsche mit Unterwäsche gemeinsam bei 60 °C gewaschen wird, bestehen keine hygienischen Bedenken. Tests haben ergeben, daß die Keime auch bei 60 °C genügend verringert werden.

❑ Programmwahl: Programm nicht nur nach der Gewebeart wählen, sondern auch nach der Verschmutzung. Bei leichtverschmutzter Wäsche Spartaste drücken. Damit sparen Sie Energie, Wasser, Waschmittel und Zeit.

❑ Schleudern: Wer die Wäsche im Wäschetrockner trocknet, sollte unbedingt darauf achten, daß sie gut geschleudert ist. Wird die Wäsche bei nur 700 bis 800 Umdrehungen pro Minute geschleudert ist der Energieaufwand für das anschließende Trocknen um etwa 25 % höher als bei einer Schleuderdrehzahl von 1000. Beim Kauf

Energie	Waschmaschine
Hersteller	AEG
Modell	ÖKO-LAVAMAT 74700

Niedriger Energieverbrauch

A
B
C
D
E
F
G

B

Hoher Energieverbrauch

Energieverbrauch kWh/Waschprogramm (ausgehend von den Ergebnissen der Normprüfung für das Programm „Baumwolle, 60°C")	1,1

Der tatsächliche Energieverbrauch hängt von der Art der Nutzung des Gerätes ab

Waschwirkung A: besser G: schlechter	A B C D E F G
Schleuderwirkung A: besser G: schlechter	A B C D E F G
Schleuderdrehzahl (U/min)	
Füllmenge (Baumwolle) kg	5
Wasserverbrauch l	50
Geräusch Waschen (dB(A) re 1 pW) Schleudern	

Ein Datenblatt mit weiteren Geräteangaben ist in den Prospekten enthalten

Norm EN 60456
Richtlinie 95/12/EG Waschmaschinenetikett

Effizienzklassen- Energielabel für Elektrogeräte

einer Waschmaschine auf die Schleuderdrehzahl achten, wenn ein Wäschetrockner geplant ist.
❑ Weitere Hinweise im Kapitel Technik im Haushalt.

WÄSCHETROCKNER

Die preisgünstigste Methode, Wäsche zu trocknen ist immer noch die Wäscheleine. In manchen Haushalten läßt sich der Gebrauch eines Wäschetrockners nicht vermeiden, dann sollten jedoch einige Grundsätze beachtet werden:
❑ Es gibt drei Arten von Wäschetrocknern (siehe S. 309). Am wenigsten Energie verbrauchen Ablufttrockner, an zweiter Stelle stehen Luft- und Wasser- Kondensationstrockner. Geradezu energiegefräßig sind Waschtrockner.
❑ Nur gut geschleuderte Wäsche in den Trockner stecken.
❑ Überlegen Sie, ob die Wäsche wirklich »schranktrocken« sein muß, reicht nicht auch »bügeltrocken«?

KÜHL- UND GEFRIERGERÄTE

❑ Der Energieverbrauch hängt in hohem Maße von der Umgebungstemperatur ab: ein kühles Plätzchen im Keller oder in der Speisekammer bringt gegenüber einem warmen Platz in der Küche Energie- und damit auch Kostenersparnis.
❑ Lüftungschlitze nicht verstellen, damit die warme Luft entweichen kann.
❑ Regelmäßig abtauen: Bei Kühlschränken ist dies meist nicht mehr nötig. Sie haben zum Großteil eine Abtau-Automatik. Bei Gefriergeräten regelmäßig vornehmen, denn schon eine 5 mm starke Eisschicht erfordert 30 % mehr Energie. Die Reifbildung fördern übrigens warme und feuchte, nicht abgedeckte Lebensmittel.
❑ Kühltemperatur prüfen: Im Kühlschrank reichen +7 °C, im Gefriergerät –18 °C.
❑ Gefrier- und Kühlgeräte nicht unnötig öffnen, die Kälte »fällt heraus«, warme Luft dringt ein und muß wieder abgekühlt werden.
❑ Gefriertruhen arbeiten meist energiesparender als Gefrierschränke.
❑ Gefriergeräte mit guter Wärmedämmung bevorzugen.

BÜGELGERÄTE

Beim Bügeln läßt sich nur wenig Energie einsparen, trotzdem ein paar »Spartips«:
❑ Wäsche nach Faserart sortieren und mit der Faserart beginnen, die bei niedriger Temperatur gebügelt wird.
❑ Restwärme des Bügeleisens nutzen, schon einige Minuten vorher ausschalten.

❑ Bei der Bügelmaschine die volle Walzenbreite nutzen, indem Sie z. B. zwei Taschentücher nebeneinander laufen lassen.

GESCHIRRSPÜLMASCHINE

❑ Maschine erst einschalten, wenn sie voll ist. Eine halbgefüllte Spülmaschine schluckt genau so viel Energie und Wasser wie eine volle.
❑ Bei leicht verschmutztem Geschirr, z. B. Kaffeegeschirr die Spartaste drücken.
❑ Geschirr nicht unter fließendem Wasser vorspülen, sondern mit dem Vorspülprogramm der Maschine. Das ist nicht teuer und verhindert starkes Antrocknen der Speisereste und damit das Einschalten des energieintensiven Super-Spülprogramms.
❑ Die Spülmaschine schneidet im Vergleich zum Handspülen bezüglich Energie- und Wasserverbrauch recht gut ab. Allerdings sind die eingesetzten Maschinenspülmittel sehr gewässerbelastend.

BELEUCHTUNG

Die Energieersparnis durch spärliche Beleuchtung sollte nicht überschätzt werden, denn der Anteil der Beleuchtung am Stromverbrauch ist sehr gering. Wer Glühbirnen bei jeder noch so kurzen Pause ausschaltet, spart unwirtschaftlich. Durch häufiges Abschalten ist die Lebensdauer einer Glühbirne verkürzt. Für die Herstellung einer Glühbirne ist viel mehr Energie nötig, als durch häufiges Abschalten gespart werden kann. Energieverschwender sind Glühbirnen trotzdem, denn nur etwa 5 bis 10 % des verbrauchten Stroms werden in Licht umgewandelt.
Viel energiesparender sind Leuchtstofflampen. Sie sind zwar erheblich teurer als herkömmliche Glühbirnen, haben jedoch eine längere Lebensdauer und kommen mit weniger Energie aus; der Mehrpreis wird hereingeholt. Alte Leuchtstofflampen sind gegen häufiges Ein- und Ausschalten noch empfindlicher als Glühbirnen. Durch neue Technik bei den Vorschaltgeräten von Leuchtstofflampen wirkt sich häufiges Ein- und Ausschalten nicht mehr negativ auf die Lebensdauer aus.
Energiesparlampen zahlen sich aus, auch wenn sie zunächst sehr teuer sind. Denn eine 20-W-Energiesparlampe hat die gleiche Leuchtkraft wie eine 100-W-Glühbirne, braucht aber nur $^1/_5$ des Stroms der Glühbirne und hält 6–8mal so lang.

KOCHEN UND BACKEN

Beim Kochen und Backen mit einem Elektroherd läßt sich einiges an Energie einsparen:

- Für langkochende Speisen den Schnellkochtopf verwenden.
- Richtige Kochtöpfe verwenden, die guten Kontakt zur Herdplatte haben.
- Kochtopf abdecken mit gut schließendem Deckel, Deckel nicht unnötig lüften.
- Nachwärme ausnutzen. Auch nach dem Abschalten der Kochplatte ist noch so viel Wärme vorhanden, daß das Gericht fertiggart.
- Backofenraum nur bei empfindlichem Gebäck oder Gerichten, z. B. Bisquit, Soufflée, vorheizen.
- Backofenraum voll nutzen, es ist z. B. Energieverschwendung, einige Scheiben Toast oder Brötchen im Backofen aufzubacken.

KLEINGERÄTE

Vor dem Kauf von Kleingeräten genau prüfen, ob sie wirklich nötig sind, z. B. elektrischer Dosenöffner, Elektromesser. Zwar ist der Energieverbrauch gering, aber er läppert sich zusammen, außerdem wird viel Energie benötigt für die Herstellung dieser Geräte. Manche Kleingeräte schneiden vom Energieverbrauch her allerdings besser ab als die großen; z. B. werden in einem Eierkocher die Eier energiesparender gekocht als im Topf auf der Herdplatte. Auch der Toaster bäckt Brötchen und Toast energiesparender auf als das Backrohr. Und ein Elektrowasserkocher verbraucht ebenfalls weniger Energie als die Kochplatte.

WARMWASSERBEREITUNG

Bei der Bereitung von warmem Brauchwasser im Haushalt wird viel Energie verbraucht. Deutlich sparen kann man also, wenn mit dem warmen Wasser sinnvoll umgegangen wird und wenn es energiesparend erzeugt wird. Zu den verschiedenen Systemen der Warmwasserbereitung und ihrer Wirtschaftlichkeit siehe Kapitel Technik im Haushalt.

FERNSEHER, COMPUTER UND ANDERE »DAUERLÄUFER«

Vermeiden Sie Standby-Betrieb. Übers Jahr gerechnet fällt auch dieser Verbrauch ins Gewicht, z. B. beim Fernseher mit Stromkosten von rund 20 Euro. Außer Unterhaltungselektronik (Fernseher, DVD-Player, Stereoanlagen, Videorekorder) sind auch viele EDV-Geräte (Computer, Scanner, Drucker) auf Standby-Betrieb bzw. auch im ausgeschalteten Zustand nicht vom Netz getrennt und nehmen dauernd Strom ab. Auch Warmwasserspeicher, die rund um die Uhr heißes Wasser bereithalten, Satellitenempfänger, Anrufbeantworter, Dimmer mit Fernbedienung, Heizungsumwälzpumpen, die im Sommer nur kaltes Wasser durch die Rohre pumpen, gehören zu diesen heimlichen »Dauerläufern« und damit Stromfressern. Die Leerlaufverluste in einem durchschnittlich ausgestatteten Haushalt betragen schnell um die 100 Euro jährlich, bei Haushalten mit überdurchschnittlicher Geräteausstattung sind es einige Hunderter pro Jahr. Manchen dieser ständigen Stromfresser kommt man nicht so leicht auf die Spur, hier hilft nur der Einsatz eines Strommeßgeräts (siehe auch S. 425).

2. WASSER

2.1. Wasserverbrauch

Haben Sie gewußt, daß pro Person und Tag etwa 130 l Trinkwasser verbraucht werden? Ganz schön viel, wenn man bedenkt, daß sauberes Trinkwasser keineswegs zu den unerschöpflichen Gaben der Natur gehört. Von den 130 l wird nur ein geringer Teil wirklich für Essen und Trinken verwendet, Trinkwasser bester Qualität wird auch für Toilettenspülung, zum Baden, zum Gießen und zum Autowaschen genommen.
Der Wasser-Verbrauch ist ein Bereich des Umweltschutzes, in dem sich jeder sehr wirkungsvoll engagieren kann.

TOILETTENSPÜLUNG

Etwa ein Drittel der täglichen Trinkwassermenge wird für die Toilettenspülung verbraucht. Durch einige Maßnahmen läßt sich dieser Verbrauch jedoch auf die Hälfte verringern:
- Bei alten Spülkästen »rauschen« bei jeder Toilettenspülung 10 und mehr Liter Wasser durch. So viel muß nicht sein, schon gar nicht beim »kleinen Geschäft«. Auch alte Spülkästen lassen sich auf wassersparend umrüsten, z. B. durch Schwimmer- oder Restwassermengen-Verstellung, so daß nur mehr etwa 6 bis 9 l bei einem Spülgang abfließen (beim »kleinen Geschäft« reichen übrigens 3 l).
- Auch durch den Einbau von Gewichten am Betätigungsgestänge oder durch Umrüstung mit Spartasten können alte Spülkästen wassersparender gemacht werden (geschickte Bastler können das ohne Zukaufteile).
- Beim Kauf eines neuen Spülkastens auf kleines Volumen (etwa 6 l reichen) und auf die Wasserspartaste achten, mit der die Spülung jederzeit abgebrochen werden kann.

❏ Druckspüler können ebenfalls auf wassersparende Funktion umgerüstet werden.

BADEN UND DUSCHEN

❏ Baden verbraucht mehr Wasser als Duschen. Wenn Sie sich also statt eines Vollbades duschen, sparen sie bis zu 100 l Wasser und natürlich auch die Energie, die nötig ist, um das Badewasser zu erwärmen.

❏ Einhandmischarmaturen ermöglichen schnelles Einstellen der gewünschten Wassertemperatur. Wird kaltes und warmes Wasser mit Zweihandmischarmaturen gemischt, fließt Wasser in der Zwischenzeit ungenutzt ab. Der Mehrpreis von Einhandmischarmaturen zahlt sich schnell aus, bei Aus- und Umbauten alte Armaturen ersetzen.

WASSERHAHN

❏ Das Wasser nicht weiterlaufen lassen, wenn z. B. die Zähne geputzt werden.

❏ Tropfende Wasserhähne reparieren. Ein tropfender Wasserhahn, der in der Sekunde einen Tropfen durchläßt, verbraucht am Tag 17 l wertvolles Naß!

❏ Durchflußbegrenzer einbauen: Dieses Zusatzteil läßt sich auf alle neuen Wasserhähne schrauben. Die Durchflußmenge wird begrenzt, z. B. von 20 auf 8 – 12 l pro Minute. Diese Möglichkeit, Wasser zu sparen, ist besonders sinnvoll an Handwaschbecken. Nur Durchflußbegrenzer mit Prüfzeichen einbauen!

SPÜLEN, WASCHEN

❏ Nach Möglichkeit nicht unter fließendem Wasser spülen oder waschen.

❏ Beim Spülen von Hand mit anschließendem Nachspülen unter fließendem Wasser wird mehr Wasser verbraucht als für die gleiche Menge Geschirr in neuen Spülmaschinen. Wird allerdings vor dem Beladen der Spülmaschine das Geschirr unter dem Wasserhahn vorgereinigt, ist der Wasserverbrauch größer. Wer vorspülen will oder muß, sollte dies mit dem Vorspülprogramm tun.

❏ Spül- und Waschmaschine nur einschalten, wenn sie voll sind.

Regenwassernutzung

Wasser aus der Regentonne tut den Pflanzen wohler als das eiskalte Leitungswasser. Gleichzeitig wird wertvolles Trinkwasser gespart. Regenwassernutzung kann aber noch weitergehen. Bei Wohnhausneubauten geht man immer mehr dazu über, nicht nur eine Regenwassertonne vorzusehen, sondern gleich eine große Zisterne mit einem Fassungsvermögen von mehreren Kubikmetern. Aus solchen großen Sammelbehältern kann sogar ein Teil des Wasserverbrauchs im Haushalt gedeckt werden. Dazu müssen aber bei der Wasserinstallation des Hauses zwei getrennte Systeme vorgesehen werden.

Das Regenwasser wird für die Toilettenspülung, die Waschmaschine und das Gartenwasser verwendet. Für die Küche und das Waschwasser liefert der zweite Installationskreis herkömmliches Trinkwasser. Beide Versorgungskreise müssen aber hermetisch voneinander getrennt und die Regenwasserleitung muß entsprechend gekennzeichnet sein.

Eine solche Regenwassernutzung im größeren Stil kann im Prinzip auch nachträglich eingebaut werden. Allerdings ist der Installations- und damit der Kostenaufwand relativ hoch.

Viel einfacher lassen sich dagegen kleinere Wassermengen »wiederverwenden«. Wasser vom Salatwaschen z. B. ist eigentlich zu schade für den Abfluß. Auch mit ihm könnte man Blumen oder Balkonpflanzen gießen. Nur vor der Mühe, es auszuschöpfen, darf man sich nicht scheuen.

Praktischer Hinweis:

■ *Sparsamer Umgang mit Wasser und Regenwassernutzung haben mehrere Effekte. In erster Linie geht es um die Schonung der Trinkwasserreserven. Aber auch der eigene Geldbeutel wird geschont. Zumal man sich nicht nur Trinkwasser-, sondern auch Abwassergebühren spart. Die Abwassergebühren werden nämlich üblicherweise nach dem Trinkwasserverbrauch berechnet.*

2.2. Wasserbelastung

In den Haushalten werden immer mehr Wasch- und Reinigungsmittel eingesetzt, die einen hohen Aufwand bei der Reinigung der Abwässer erfordern oder z. T. sogar in den Boden eingetragen werden und so in unser Trinkwasser gelangen können.

Waschmittel

Jeder Bundesbürger verbraucht ungefähr 10 kg Waschmittel im Jahr. Hier einige Hinweise zum umweltbewußteren Waschen:

❏ Nicht ein Waschmittel für alle Gewebe und Waschtemperaturen verwenden. Die sogenannten Vollwaschmittel sind Mischungen aus verschiedenen Substanzen (siehe S. 351), die jedoch nicht alle für jeden Waschgang benötigt werden. So sind z. B. optische Aufheller bei Buntwäsche überflüssig, sie lassen sogar die Farben verblassen. Enzyme, die z. B. bei 30-Grad-Wäsche ihren

Dienst leisten als Schmutzlöser, können bei Waschtemperaturen von 90 °C nicht mehr wirken, weil sie längst zerstört sind. Bleichmittel wirken erst oberhalb einer Waschtemperatur von etwa 60 °C. Wird beispielsweise für 30-Grad-Wäsche ein bleichmittelhaltiges Waschmittel eingesetzt, belasten die Bleichmittel ungenutzt die Abwässer. Also: Spezialwaschmittel für 30, 60 und 90 °C verwenden, so gelangen Inhaltsstoffe nicht ungenutzt in die Abwässer.

❑ Waschmittel richtig dosieren: Beim zuständigen Wasserwerk nach der Wasserhärte fragen, denn danach richtet sich die benötigte Waschmittelmenge. Wieviel Waschmittel bei welchem Härtegrad angemessen ist, gibt der Hersteller auf der Verpackung an. Bei den Waschmittelbechern auf den Eichstrich achten, was sich über dem Eichstrich befindet, ist zuviel. Ohne zu riskieren, daß die Wäsche nicht sauber wird, kann das Waschmittel um 20 % der angegebenen Menge verringert werden, denn die Waschmittelhersteller gehen bei ihren Dosierungsempfehlungen von starker Verschmutzung aus.

❑ Bei hoher Wasserhärte besser einen Enthärter zugeben. Die Waschmittelmenge kann dafür vermindert werden auf die Dosis für weiches Wasser (siehe auch S. 351).

❑ Den Vorwaschgang nur dann einstellen, wenn die Wäsche sehr stark verschmutzt ist.

❑ Wäsche nur waschen, wenn sie verschmutzt oder verschwitzt ist. Manchmal kann z. B. eine Bluse oder ein Hemd ein zweites Mal getragen werden, es reicht, wenn es zwischendurch gut gelüftet wird.

❑ Bei einem einzigen kleinen Flecken auf einem Kleidungsstück muß es nicht sofort in die Waschmaschine. Waschen Sie den Flecken mit etwas lauwarmem Wasser aus.

❑ Auf Weichspüler verzichten: Wäsche wird im Trockner und auf der Leine weich genug, um sie anzuziehen. Selbst wenn die Oberfläche sich rauh anfühlt, tut das der Haut allemal besser als Reste von Weichspülern, die Hautreizungen verursachen können.

Putzmittel

Wie die Waschmittel belasten auch Putz- und Reinigungsmittel die Abwässer. Auch hier taucht die Frage auf: Wird der Sauberkeitswunsch nicht manchmal übertrieben – auf Kosten unserer Umwelt und unserer Gesundheit?

SPEZIALREINIGUNGSMITTEL

Althergebrachte Reinigungsmittel haben auch in unserem Zeitalter ihre Existenzberechtigung noch nicht verloren: Mit Essig und Scheuermittel und ein wenig Muskelkraft lassen sich viele – auch hartnäckige – Verschmutzungen beseitigen.

Spezialmittel sind meist nicht nötig. Für normale Verschmutzungen reicht ein milder Allzweckreiniger, z. B. »grüne Seife« bzw. Neutralseife oder Schmierseife. Damit können Fußboden, Schränke, Geschirr, Fenster, einfach alles gereinigt werden. Lassen Sie sich nicht von Vorsilben wie »BIO« oder »ÖKO« täuschen, jedes Putzmittel belastet die Umwelt.

Falls wirklich einmal ein Spezialreinigungsmittel benötigt wird, grundsätzlich nicht mehr davon verwenden, als auf der Verpackung angegeben ist.

FENSTERPUTZMITTEL

Spezielle Fensterputzmittel sind eine unnötige Ausgabe. Klares Wasser mit einem Schuß Allzweckreiniger oder Spülmittel hat die gleiche Wirkung. Zum Nachwischen Spirituswasser verwenden (1 EL Spiritus auf 4 l Wasser). Kalkspritzer lassen sich mit Essig entfernen, Salmiakgeist hilft gegen blindes Glas.

DESINFEKTIONSMITTEL

Desinfektionsmittel sind im Haushalt nicht notwendig, Ausnahme: gefährliche, ansteckende Krankheiten, nicht aber z. B. bei Grippe.

Völlig frei von Pilzen und Bakterien werden Sie die Wohnung nie bekommen. Das ist auch nicht erstrebenswert, denn der Körper besitzt eine natürliche Abwehrkraft gegen schädliche Eindringlinge. Experten raten von einer regelmäßigen Desinfektion im Haushalt (auch im Bad oder WC) sogar ab, denn bei der Anwendung von Desinfektionsmitteln kann es zu Hautreizungen und Allergien kommen. Blitzblanke Fußböden, Bäder und WCs werden von der Werbung als absolutes Hygiene-Muß verkauft. Wenn man im Haushalt überhaupt von einer Gefahr durch Keime sprechen kann, dann geht sie von Schlamperei in der Küche aus: Bakterienquellen sind Schneidbretter, Geschirrtücher, Arbeitsflächen, Spüle und Kühlschrank. Wer sich vor schädlichen Bakterien schützen will, sollte hier für Sauberkeit sorgen, die allerdings weniger mit viel Reinigungsmitteln, sondern mit viel Wasser erreicht wird.

WC-REINIGER

WC- und Sanitärreiniger vorsichtig anwenden, sie wirken ätzend. Diese Mittel wirken desinfizierend, was aber im Haushalt überflüssig ist (s.o.). Sie lassen sich leicht und umweltschonend ersetzen durch Scheuermittel oder einen Allzweckrei-

niger. Ablagerungen von Kalk oder Urinstein können mit Essig entfernt werden. Bei hartnäckiger
Verschmutzung über Nacht einwirken lassen.

WC-STEINE

WC-Beckensteine belasten unnötig die Abwässer.
Der vielgepriesene »frische Duft«, kehrt auch ein,
wenn das Fenster geöffnet wird. Ebenso läßt sich
auf Raumsprays verzichten. Wie WC-Reiniger verringern sie die Keimzahl dort, wo ohnehin keine
Berührung stattfindet, nämlich in der Toiletten-
schüssel. Ansteckungsgefahr bergen die Klobrille
und die Spültaste, die regelmäßig gereinigt werden sollen.

ABFLUSSREINIGER

Abflußreiniger sind sehr aggressive Mittel. Sie
lösen in Verbindung mit Wasser Fettbestandteile,
Haare etc. auf, so daß der Abfluß nicht mehr behindert ist. Schon einiger Spritzer dieser Mittel
können zu schweren Verätzungen führen, v. a.
wenn nach dem Zugeben von Abflußreiniger mit
spitzen Gegenständen herumgestochert wird.
Außerdem entstehen beim Auflösen des Pulvers
giftige Dämpfe, die nicht eingeatmet werden sollen.
Als wesentlich besser, weil umweltschonender
und weniger gefährlich, hat sich die altbekannte
Saugglocke bewährt.
Bei einer Verstopfung kann auch der U-Bogen des
Abflußrohres abgeschraubt, gesäubert und wieder
eingesetzt werden.
Wenn Waschbecken und Toilette »ordnungsgemäß« benutzt werden, kommt es ohnehin kaum
zu Verstopfungen.

Praktischer Hinweis:

■ *Haare, Zigarettenkippen, Tampons, Binden, Essensreste gehören in den Mülleimer und nicht
ins WC!*

BACKOFENREINIGER

Auf diese Mittel nach Möglichkeit verzichten, sie
enthalten sehr aggressive Stoffe. Backöfen, die
nicht mit einer automatischen Reinigung ausgestattet sind, in lauwarmem Zustand mit etwas
Spülmittellauge auswischen. Falls nicht auf
Backofenreiniger verzichtet wird, den Backofen
und die Küche gründlich lüften, damit die entweichenden Dämpfe nicht auf Lebensmittel übergehen.

3. HAUSMÜLL

Über 400 kg Hausmüll fallen pro Bundesbürger in
einem Jahr an. Davon wird etwa ein Drittel wie-
derverwertet (Glas, Papier, kompostierbarer
Abfall), zwei Drittel dagegen wandern auf Depo-
nien oder in die Müllverbrennung. Gerne schiebt
man die Schuld auf die Vertreiber von Waren, weil
sie ihre Produkte aufwendig verpacken, doch kein
Verbraucher kann seine Hände deshalb in
Unschuld waschen. Jeder muß sich der Verant-
wortung bewußt sein, daß er durch richtigen
Umgang mit Müll die Umwelt schützen kann.

3.1. Müll vermeiden

Haben Sie sich schon einmal bewußt in Ihrem
Haushalt umgesehen, wie viele Einwegartikel Sie
finden? Getränkedosen, Papierwischtücher, Plastiktüten, Geräte, die nicht aufgeschraubt und
repariert werden können, sind nur einige Beispiele aufwendiger Einmalartikel. Ärgern Sie sich
nicht darüber, kaufen Sie solche Dinge einfach
nicht mehr! Wer beim Einkauf die Augen auf-
macht, kann »verpackungsarme« Waren entdecken:

▫ Mehrwegverpackungen sind ein aktiver Beitrag
zum Umweltschutz, sie können wieder verwendet werden. Kaufen Sie deshalb Getränke, die in
Pfandflaschen abgefüllt sind. Einwegflaschen
oder Einmal-Glasverpackungen, z. B. für Joghurt,
gehören übrigens mit zu den energieaufwendig-
sten Verpackungen.

▫ Zum Einkaufen Netz, Korb oder andere Ein-
kaufstasche mitnehmen, damit keine neue Pla-
stiktüte gekauft werden muß. Für unvorhergesehene Einkäufe sollte man eine Reservetüte bei
sich tragen.

▫ Oft werden gekaufte Artikel, ohne den Kunden
zu fragen, in eine Tüte gepackt. Verweigern Sie
diese, wenn sie den gekauften Gegenstand in
ihrer Tasche verstauen oder auch ohne Tüte
heimtragen können.

▫ Große Packungen machen verhältnismäßig weniger Müll als viele Kleinpackungen. Also: nach
Möglichkeit Großpackungen kaufen, keine Mini-
portionen, bei denen die Verpackung teurer ist
als der Inhalt.

▫ Nutzen Sie Nachfüllpackungen, z. B. für Gewürze, Kaffee, Waschmittel. Die Nachfüllbeutel
sind preisgünstiger und weniger aufwendig verpackt.

▫ Klarsicht- und Alufolie sind überflüssig. Decken
Sie Schüsseln einfach mit einem Teller ab.

▫ Unverpackte Lebensmittel bevorzugen: Lose
Ware gibt es auf Wochenmärkten, an der

Fleisch-, Wurst- und Käsetheke und beim Bäcker. Der Verpackungsaufwand ist besonders hoch in Selbstbedienungsläden, weil dort der hygienisch einwandfreie Zustand nur gewährleistet ist, wenn die Waren eingepackt sind.

❑ Obst und Gemüse der Saison kann lose gekauft werden. Konservierte und tiefgekühlte Lebensmittel sind bereits wieder verpackt.

❑ Verzichten Sie auf Einmalgeschirr.

❑ Viele Dinge sind zum Wegwerfen zu schade, z. B. alte Möbel, unmoderne Kleidung, Kinderspielzeug. Fragen Sie im Bekanntenkreis, ob jemand davon noch etwas gebrauchen kann. Guterhaltene Stücke können auch bei Basaren oder auf dem Flohmarkt wieder verkauft werden. Wohlfahrtsorganisationen führen regelmäßig Altkleidersammlungen durch.

❑ Prüfen Sie beim Kauf von Möbeln oder Geräten, ob diese solide verarbeitet und dann auch langlebig sind. Achten Sie darauf, daß Geräte reparaturfähig sind, d. h. sie müssen aufzuschrauben sein. Zusammengenietete oder -geschweißte Gehäuse deuten darauf hin, daß dies nicht möglich ist.

3.2. Müll richtig sammeln und entsorgen

Hausmüll setzt sich aus sehr unterschiedlichen Bestandteilen zusammen, z. B. Papier, Glas, Kunststoffen, Metallen, Küchenabfällen. Die Bestandteile des Mülls könnten zum Teil wiederverwendet werden, wenn sie getrennt gesammelt werden. Bei allem Eifer für die Müllsortie-

Müllsortieren in der Küche

rung sollte aber nicht vergessen werden, daß die Vermeidung von Müll der wichtigere Schritt ist.

Im Zusammenhang mit dem Trennen von Müll wird oft von Recycling gesprochen. Darunter versteht man die Wiederverwertung von Rohstoffen. Produkte, die aus recyceltem Müll hergestellt sind, tragen den Umweltengel oder das Recycling-Zeichen, z. B. Briefpapier.

Verschiedenen Müll getrennt zu sammeln sollte für jeden Selbstverständlichkeit werden. Das ist zwar etwas aufwendiger, als alles Unbrauchbare in eine Tonne zu werfen, mittlerweile werden aber schon spezielle Abfalleimer angeboten zum gezielten Sortieren von Müll.

Folgende Bestandteile von Müll sollten getrennt gesammelt werden:

Papier

Papier gehört nicht in die Mülltonne. Achten Sie darauf, daß kein Kunststoff oder Cellophan mit dabei ist. Pappkartons, in denen Milch oder Saft enthalten war, eignen sich z. B. nicht, weil hier Pappe von Kunststoff- und Alufolie umgeben ist. Altpapier und Pappe zu sammeln reicht aber nicht ganz aus, aus dem gesammelten Papier wird wieder Papier hergestellt, das auch verkauft werden muß.

Sammeln Sie also nicht nur Altpapier, kaufen Sie auch wieder Altpapier, z. B. als Notizblock, Schulheft, Briefpapier, Toilettenpapier.

Organische Stoffe

Organischer Müll sind z. B. Küchenabfälle (Speisereste, Obstschalen) und Gartenabfälle (Laub, Unkraut). Sie gehören auf den Komposthaufen oder – sofern vorhanden – in die Biomülltonne.

Glas

Leere Behälter aus Glas, die nicht mehr zurückgegeben werden, gehören in den Glas-Container. Nach Farben getrennt einwerfen, Schraubverschlüsse vorher entfernen und getrennt sammeln.

Kunststoff

Kunststoffabfälle können ebenfalls im Wertstoffhof oder bei einer Sammelstelle abgegeben werden. Da die Recyclingmöglichkeiten noch recht eingeschränkt sind, Kunststoffmüll möglichst vermeiden.

Aluminium

Aluminiumteile in den Aluminium-Sammelbehälter werfen (Schokoladenpapier, Alufolie). Aluminium ist ein extrem energieaufwendig hergestelltes Produkt. Alufolie sollte daher im Haushalt nach Möglichkeit überhaupt nicht verwendet werden – trotz der Wiederverwertbarkeit.

Praktischer Hinweis:

- *Wenn Sie nicht wissen, wo in Ihrem Wohnort Container für Altglas, Papier usw. stehen, rufen Sie bei der Gemeindeverwaltung an. Auch Verbraucherberatungsstellen wissen, wo Container stehen bzw. wo der Wertstoffhof ist.*

Sondermüll

Zum Sondermüll gehören die Abfälle, die nicht in die Hausmülltonne gegeben werden dürfen, weil sie z. T. hochgiftig sind. Sie können das Grundwasser gefährden und bei der Müllverbrennung gefährliche Schadstoffe freisetzen. Schwermetallhaltiger Müll führt zur Anreicherung im Klärschlamm und damit in den Böden und der Nahrungskette. Sondermüll nicht in die Mülltonne werfen, sondern bei den entsprechenden Sammelstellen abgeben:

Batterien

Ob große Auto- oder Motorradbatterien oder nur kleine Knopfzellen, alte Batterien dort abgeben, wo sie gekauft werden können. Für kleine Batterien gibt es mittlerweile auch schon öffentliche Sammelstellen. Batterien auf keinen Fall in den Müll geben!
Kaufen Sie Batterien, die kein Quecksilber und Cadmium enthalten.
Noch umweltfreundlicher ist die Anschaffung von Akkus, die mit einem Ladegerät wieder aufgeladen werden können. Kaufen Sie möglichst wenige batteriebetriebene Geräte, z. B. Quarzwecker, Quarzuhren, Walkman, Küchenwaagen, Kinderspielzeug.

Elektroschrott

Ausgediente Elektro- und Elektronikgeräte dürfen nicht in den Hausmüll geworfen, sondern müssen getrennt gesammelt werden: Haarfön, Handrührgerät, Radiowecker, Handy, Computer etc. sowie alle Arten von Leuchtstoffröhren und Energiesparlampen. Zum Teil nimmt der Handel alte Geräte zurück, er ist aber nicht dazu verpflichtet. Die ausgedienten Geräte kann man an Recycling-Höfen kostenlos abgeben. Sammelstellen erfahren Sie bei der Gemeinde- oder Stadtverwaltung.

Farben, Lacke, Lösungsmittel

Reste von Farben, Lacken und Lösungsmitteln sind Sondermüll und müssen bei entsprechenden Sammelstellen abgegeben werden. Bereits kleinste Mengen im Hausmüll können schwere Umweltschäden verursachen. Fragen Sie bei der Gemeindeverwaltung, wo Sammelstellen sind. In manchen Gemeinden ist von Zeit zu Zeit ein »Giftmobil« unterwegs, das solche Problemabfälle sammelt. Auch Holzschutzmittel fallen unter diesen Sondermüll.
Pinselreiniger oder Verdünner nicht in den Ausguß gießen, sie verseuchen das Grundwasser!

Pflanzenschutz- und Schädlingsbekämpfungsmittel

Vor dem Kauf den genauen Bedarf berechnen, so können Reste vermieden werden. Falls Sie trotzdem nicht alles aufbrauchen, fragen Sie bei der Gemeinde, wohin damit. Im Hausgarten zum Schutz der eigenen Gesundheit auf chemische »Keulen« verzichten, schließlich geht es hier nicht um einen möglichst hohen Ertrag wie im Erwerbsgemüsebau.

Altöl

Wer bei seinem Auto oder Motorrad den Ölwechsel zu Hause selbst durchführt, sollte wissen: Öl, egal ob frisches oder Altöl, kann schon in kleinsten Mengen zu verheerenden Verschmutzungen von Grund- und Oberflächenwasser führen. Nur 1 l Altöl verdirbt 1 Million Liter Trinkwasser! Altöl wird von den Verkaufsstellen oder an gemeindlichen Sammelstellen zurückgenommen

Wichtiger Hinweis:

- *Beim Waschen von Autos, aber auch von Rasenmähern oder anderen Motorgeräten, selbst von Maschinen und Fahrrädern, werden Öl-, Benzin- und Schmierstoffreste in die Kanalisation gespült oder versickern im Erdboden. Das gleiche gilt für den Ölwechsel bei Fahrzeugen. Deshalb: Wenn Ölwechsel oder Auto- und Maschinenwäsche schon zu Hause durchgeführt werden, dann nur auf betonierten Plätzen. Der Gully, in den das Schmutzwasser läuft, muß mit einem Ölabscheider ausgerüstet sein.*

4. LUFT

Die Verschmutzung der Luft ist leider erst bei massiver Anreicherung von Schadstoffen sichtbar und spürbar und deshalb für manche Menschen nicht glaubhaft. Sichtbar sind erst die Folgen der Luftverschmutzung, z.B. das Waldsterben oder die Zunahme chronischer Atemwegserkrankungen beim Menschen. Es ist also durchaus berechtigt, die Verschmutzung der Luft anzuprangern und nach eigenen Kräften für die Sauberhaltung der Luft etwas zu tun.

4.1. Kraftfahrzeuge

Autoabgase belasten unsere Luft mit Stickoxiden, Kohlendioxid und Kohlenwasserstoffen. Natürlich kann man nicht mehr ganz auf Kraftfahrzeuge verzichten, aber man sollte sein Auto regelmäßig warten, sinnvoll einsetzen und vernünftig fahren (siehe auch Seite 423). Damit kann jeder einen großen Beitrag zur Einsparung von Kraftstoff und damit auch für die Sauberhaltung der Luft leisten.

4.2. Haushalt

Heizung

Der größte Teil der Luftverschmutzung, die vom Haushalt ausgeht, wird durch die Heizung bzw. die Warmwasserbereitung hervorgerufen. Denn bei der Verbrennung von Heizöl, Gas, Holz oder Kohle entsteht nicht nur Wärme, sondern es entstehen leider auch Schadstoffe, die durch den Schornstein in die Luft geblasen werden. Wer einen aktiven Beitrag zur Reinhaltung der Luft leisten will, muß daher versuchen, möglichst wenig Heizenergie zu verbrauchen, unabhängig davon, ob er sie selbst erzeugt, oder ob die Heizwärme von einer größeren zentralen Heizanlage in einer Wohnanlage oder aus einer Fernwärmeleitung kommt.

Wer feste Brennstoffe verheizt, z.B. im Kachelofen, in Einzelöfen oder bei einem Lagerfeuer, sollte daran denken, daß nicht alles den Flammen zum Fraß vorgeworfen werden darf. Nach dem Bundes-Immissionsschutzgesetz ist es nur erlaubt, »naturbelassenes, stückiges Holz einschließlich anhaftender Rinde, beispielsweise in Form von Scheitholz, Hackschnitzeln sowie Reisig und Zapfen« zu verbrennen. Bei geschlossenem Brennraum (in einem Ofen) dürfen außerdem Stein- und Braunkohleprodukte sowie Torfbriketts verheizt werden. Alles andere ist streng verboten!

Der Ofen ist keine Müllverbrennungsanlage! Lackiertes, gestrichenes, beschichtetes oder anders behandeltes Holz wie Spanplatten, Sperrholz, Obstkisten, Faserplatten, Sägemehl, Sägespäne, Schleifstaub, abgeschälte Rinde und Stroh dürfen also nicht im Ofen landen. Nicht verbrannt werden dürfen natürlich auch größere Mengen Papier und Pappe, Kunststofftüten oder -säcke sowie andere Abfälle.

Nur trockenes Holz verbrennen

Feuchtes Holz brennt schlechter als trockenes, hat einen geringeren Heizwert und qualmt beim Verbrennen stärker. Die Folgen sind Rauch, Ruß und Wasserdampf, der den Schornstein versotten kann, sowie gefährliche Schadstoffe, die mit dem Rauch in die Luft geblasen werden: Kohlenmonoxid, Stickoxide, krebserregende Verbindungen. Zum Heizen deshalb nur trockenes Holz verwenden! Bei Nadelhölzern dauert das Trocknen etwa 1 Jahr, bei Laubhölzern 2 Jahre.

Lacke und Schutzanstriche mit giftigen Inhaltsstoffen

Die in der Tabelle (S. 434) aufgeführten Stoffe belasten die Umwelt, weil bei ihrer Anwendung giftige Gase in die Luft entweichen. Die meisten dieser Substanzen gefährden auch Grundwasser und Boden, wenn sie dem Hausmüll beigegeben werden. Der Anteil an dieser Verschmutzung, den Heimwerker leisten, wird dabei meist unterschätzt: Sie »leisten« knapp ein Drittel der Luftverschmutzung durch Lösemittel.

Die größte Gefährdung geht aber unmittelbar an den Anwender. Die giftigen Gase reichern sich in geschlossenen Räumen an und können zu Nervenschädigungen bis hin zu Gehirnschwund, Krebs, Leber- und Nierenschäden führen. Anzeichen für die Schädlichkeit sind auch Kopfschmerz, Übelkeit, Schwindelgefühl, Augenbrennen – Symptome, die sicherlich schon jeder beobachten konnte, der mit Abbeizmitteln, Verdünnern oder Lacken hantierte.

Hauptverursacher giftiger Dämpfe sind organische Lösungsmittel.

Farbpigmente (winzige Farbteilchen) stellen auch eine Gefahr für die Gesundheit dar, weil sie z.T. Schwermetalle enthalten.

Chrom wird als Grundbeschichtung für Metalle verwendet, es gehört zu den stärksten Allergieauslösern, manche Verbindungen sind krebserregend.

Blei ist in Rostschutzanstrichen (Bleimennige, Bleiweiß) enthalten. Es lagert sich in Knochen und Zähnen ab und schädigt Nieren, Blutbildung und Nervensystem.

Die wichtigsten Lacke und Farben

	Eigenschaften / Überwiegende Anwendungen	Gefährliche Inhaltsstoffe	Mögliche Gesundheitsschädigungen
Lacke mit hohem Lösemittelgehalt			
Kunstharzlacke (Alkydlacke)	Schnelltrocknend, sehr witterungsbeständig Holz- und Metallanstriche	Hoher Anteil an synthetischen Lösemitteln (bis zu 50 %), Schwermetallpigmente können enthalten sein (in importierten Lacken)	Akute und chronische Gesundheitsschäden möglich, Schwermetalle gefährlich für Kinder und beim Entfernen der Anstriche
Nitrolacke	Sehr schnell trocknend Holzanstriche (Möbel)	Sehr hoher Anteil an synthetischen Lösemitteln (bis 80 %)	Akute und chronische Gesundheitsschäden möglich
Naturharzlacke	Langsamer trocknend, wasserdampfdurchlässig gutes Raumklima Holz und Metall	Terpentinöl (ca. 10 %) hoher Anteil an Lösemitteln (bis zu 60 %)	Evtl. akute Beschwerden durch Lösemitteldämpfe, keine langfristigen chronischen Schädigungen bekannt
Lacke und Farben mit geringem Lösemittelgehalt			
Acryllacke (Blauer Umweltengel) Dispersionslacke	Wasserverdünnbar, schnelltrocknend Holz und Metall	Max. 10 % synthetische Lösemittel, Konservierungsstoffe, Acrylmonomere	Acrylmonomere und Konservierungsstoffe können problematisch sein
Dispersionsfarben	Wasserverdünnbar Tapeten, Putz	1–5 % Lösemittel, Konservierungsstoffe, Acrylmonomere	Siehe Acryllacke
NaturharzDispersionsfarben	Wasserverdünnbar Tapeten, Putz	Ätherische Öle als Lösemittel, Konservierungsstoffe	Keine bekannt
Speziallacke			
Phenolharz-, Harzstoff-, Melaminharzlacke Polyurethanlacke (DD-Lacke)	Chemisch und mechanisch sehr beständig Parkettversiegelung, Möbel	Hoher Gehalt an Lösemitteln, DD-Lacke enthalten giftiges Isocyanat	Siehe Nitrolacke
Polyesterlacke	Sehr harte Oberfläche Holz im gewerbl. Bereich	Hoher Gehalt an Lösemitteln	Siehe Nitrolacke
Chlorkautschuklacke	Boots-, Unterwasser-, Antifoulinganstriche	Hoher Gehalt an oft besonders giftigen Lösemitteln	Siehe Nitrolacke
Rostschutzmittel			
Bleimennige	Sehr wirksamer Rostschutz für Metall	Hoher Gehalt an Chrom und Blei	Einatmen der Stäube beim Entfernen von Anstrichen
Blei- und chromatarme Rostschutzmittel (Blauer Umweltengel)	Wirksamer Rostschutz für Metall	Geringer Gehalt an Chrom und Blei	Weitaus geringer als bei Bleimennige

Wichtiger Hinweis:

- *Solange die Farbpigmente auf dem Gegenstand festsitzen, sind sie nicht gefährlich. Werden sie jedoch abgeschliffen, können sie eingeatmet werden. Beim Abschleifen von Metallen oder Hölzern deshalb unbedingt Atemschutz tragen und nach Möglichkeit naß abschleifen.*

LACKE

Viele Lacke haben einen hohen Anteil an Lösungsmitteln, die während des Streichens und Trocknens verdunsten. Lacke, die mit dem Umweltengel ausgezeichnet sind, enthalten wenig Lösungsmittel, sind mit Wasser verdünnbar, die Pinsel können auch mit Wasser gereinigt werden (Verdünner und Pinselreiniger entfallen). Bei diesen umweltverträglichen Lacken ist auch gewährleistet, daß sie keine krebserzeugenden Stoffe enthalten und keine Farbpigmente aus Blei. Absolut schadstofffreie Lacke gibt es nicht, gründliches Lüften nach dem Streichen ist also immer wichtig.

Aus der fast unüberschaubaren Angebotspalette umweltschonende Alternativen herauszufischen ist nicht einfach, die Rezepturen sind sehr unterschiedlich und damit auch ihr Anteil an Lösungsmitteln und anderen schädlichen Inhaltsstoffe.

Naturharzdispersionsfarben sind eine umwelt- und gesundheitsschonende Alternative zu Kunstharzlacken. Sie sind aus natürlichen Harzen und Farbstoffen hergestellt und erhalten dem Holz die Wasserdampfdurchlässigkeit; damit beeinträchtigen sie das Raumklima nicht.

Direkter Hautkontakt sollte auch bei Naturharzlacken vermieden werden, die Trocknungszeiten sind länger. Der Preis von Naturharzlacken ist zwar erheblich höher als der von Kunstharzlacken, aber die Gesundheit sollte es jedem wert sein.

Wichtige Hinweise:

- *Eingetrocknete Lacke gehören nicht in den Hausmüll, sondern zum Sondermüll.*
- *Das Eintrocknen von Resten kann man wirkungsvoll und einfach verhindern, indem die Dose auf den Kopf gestellt wird.*
- *Vor dem Kauf von Lacken die benötigte Menge berechnen, dann bleiben auch keine Reste.*

ROSTSCHUTZMITTEL

Herkömmliche Rostverhinderer sind Bleimennige, Bleistaub und Zinkchromat, also gesundheitsgefährdende Stoffe. Rostschutzmittel, die mit dem Umweltengel ausgezeichnet sind, sind genauso wirkungsvoll, viel umweltverträglicher und weniger gesundheitsschädlich.

LACKENTFERNER UND ABBEIZMITTEL

Beide Mittel enthalten sehr viele Lösungsmittel und sollten daher vermieden werden. Lackentferner erübrigen sich, wenn wasserverdünnbare Acryllacke verwendet werden. Abbeizmittel können durch Ätznatron ersetzt werden. Bei der Verwendung von Ätznatron Schutzbrille und Handschuhe tragen!

Praktische Hinweise:

- *Praktisch, wenn auch etwas teurer, sind Abbeizstrips, sie enthalten Natronlauge. Nach der Einwirkzeit werden die Strips mit dem Lack abgezogen.*
- *Umweltschonend ist auch mechanisches Abziehen oder Abschleifen.*

- *Das Entfernen von Lacken mit dem Heißluftfön sollte man dem Fachmann überlassen, da schädliche Dämpfe entstehen können.*

VERDÜNNUNGSMITTEL

Verdünnungsmittel werden verwendet zum Reinigen von Arbeitsgeräten, z. B. Pinsel, und zum Verdünnen von Lacken. Verdünner bestehen ausschließlich aus Lösungsmitteln und sind daher besonders umwelt- und gesundheitsgefährdend. Bei Verwendung von Acryllacken ist zum Reinigen nur Wasser nötig, ebenso bei Dispersionsfarben.

Praktische Hinweise:

- *Sparsam mit Verdünnern umgehen, nach Möglichkeit darauf verzichten.*
- *Pinsel in sehr wenig Verdünner reinigen und diesen dann zum Sondermüll geben.*
- *Farbspritzer sofort wegwischen, dann ist hinterher kein Verdünner nötig.*
- *Hautkontakt vermeiden (Handschuhe tragen) und auf gute Lüftung achten.*

WAND- UND DECKENFARBEN

Wer Wand- und Deckenfarben kauft, kann sich nicht am »Umweltengel« orientieren. Für diese Farben gibt es ihn nicht, weil sie ohnehin lösemittelarm sind. Trotzdem sollte die Beschreibung genau gelesen werden. Zu vermeiden sind Farben, die Zusätze gegen Pilzbefall (fungizide Wirkstoffe), hohen Anteil an Kunstharz, Kunststoffen oder Latex enthalten.

Wichtiger Hinweis:

- *Farben, die für den Außenanstrich angeboten werden, nicht für Räume verwenden; nach dem Streichen von Wänden und Decken gründlich lüften.*

HOLZSCHUTZMITTEL

Mit Holzschutzmitteln wird inzwischen wesentlich sparsamer und bewußter umgegangen als noch vor einigen Jahren. Nicht zuletzt haben Prozesse gegen Holzschutzmittelhersteller ein anderes Bewußtsein geschaffen. Selbst bautechnische Vorschriften wurden geändert, so daß heute vorbeugender chemischer Holzschutz nicht mehr oft nötig ist; z. B. kann bei neuen Dachstühlen darauf verzichtet werden.

Auch bei Holz, das der Witterung ausgesetzt ist, setzt sich wieder mehr die Einsicht durch, daß man das Holz ruhig natürlich altern lassen kann, ohne es ständig nachstreichen zu müssen. Ob durch Farben oder Holzschutzmittel die Haltbarkeit von Holz verlängert wird, ist umstritten.

Wichtiger Hinweis:

- *Die Gifte von Holzschutzmitteln können über Jahre hinweg in die Raumluft verdunsten und zu Krankheitssymptomen führen. Wenn Sie unter Krankheitssymptomen leiden, für die kein Arzt eine Erklärung findet, prüfen Sie, ob nicht u. U. Holzschutzgifte die Ursache sein können. Die Umweltberatung oder baubiologische Institute helfen weiter.*

Trockene Innenräume

Vorbeugender Holzschutz in Wohn- und Schlafräumen ist überflüssig, denn diese Räume haben eine zu niedrige Luftfeuchtigkeit, als daß sich ein Pilz darin wohlfühlen und ausbreiten könnte.
Oberflächen aus rohem Holz mit schmutz- und wasserabweisendem Leinölfirnis oder Leinöl behandeln oder das Holz mit echtem Bienenwachsbalsam einreiben. Falls Oberflächen aus Holz farbig werden sollen, Holzbeizen oder Holzlasuren verwenden, die mit dem Umweltengel ausgezeichnet sind, ebenso Mittel zur Fußbodenversiegelung.
Für Holzdecken oder -wände sind schützende Maßnahmen nicht erforderlich.

Feuchte Innenräume

Auch im Bad sollte auf Holzschutzmittel verzichtet werden. Weil hier aber hohe Luftfeuchtigkeit erreicht wird, sollte man überlegen, ob nicht völlig auf Holzverkleidungen verzichtet wird.
Wer sich für eine Holzverkleidung entscheidet, sollte feuchtigkeitsbeständige Hölzer verwenden (Kernholz von Douglasie, Lärche, Eiche). Wichtig sind auch konstruktive Maßnahmen bei der Verarbeitung und regelmäßiges Lüften.
Im Spritzwasserbereich das Holz mit Grundieröl, Leinöl, Leinölfirnis oder Schellack behandeln.

Holzschutz bei tragenden Bauteilen und im Außenbereich

Für diesen Bereich weiß der Fachmann Rat und Hilfe. Meist kann durch bauliche Maßnahmen oder besondere Konstruktionen auf chemischen Holzschutz verzichtet werden.
Holz mit Bodenkontakt, z. B. Frühbeetkästen oder Sandkästen mit Holzumrahmung, verwittert natürlich. Doch hier sollte man abwägen, wie lange das Holz gebraucht wird und ob Holzschutz nicht überflüssig ist. Auf druckimprägnierte Holzbauteile sollte im Garten verzichtet werden.

5. BODEN

Die bisher angesprochenen Maßnahmen zum Schutz der Umwelt sind mehr oder weniger auch Maßnahmen, um den Boden zu schützen. Ganz spezieller Bodenschutz kann jedoch auf dem eigenen Grund und Boden betrieben werden. Bauern werden gern als die Giftspritzer der Nation angeprangert. Tatsache aber ist, daß in den Hausgärten im Verhältnis um ein Vielfaches mehr gedüngt und gespritzt wird als auf den landwirtschaftlichen Nutzflächen. Dabei sind viele von den in Hausgärten eingesetzten Düngern und Pflanzenschutzmitteln überflüssig, oder die Menge ist zu hoch.
Die Folgen sind hoher Nitratgehalt im Grundwasser durch ausgespülten Dünger, krankheitsanfällige, weil überdüngte Pflanzen und ein Artenrückgang bei Tieren, weil unüberlegt eingesetzte Pflanzenschutzmittel vor Nützlingen nicht haltmachen.
Der Verzicht auf Pflanzenschutzmittel im Hausgarten ist eines der besten Beispiele dafür, wie jeder einzelne zum Schutz der Umwelt beitragen kann. Zwar freut sich jeder Hobbygärtner über Erfolg und reiche Ernte aus seinem Garten, aber sie sollte nicht mit »chemischen Keulen« erzwungen sein.

Umweltschutz im Garten

- Pflanzenschutzmittel lassen sich vermeiden durch richtigen Fruchtwechsel und das Anlegen von Mischkulturen.
- Biologische Schädlingsbekämpfung bevorzugen: Nützlingen Lebensraum verschaffen, z. B. durch Erhalten von alten Mauern oder Steinhaufen. Darin haben Nützlinge wie Asseln, Kröten, Spinnen einen Unterschlupf. Einen Teil des Rasens »wild wachsen« lassen, auf dem sterilen, exakt geschnittenen Rasen fühlen sich nützliche Insekten nicht wohl.
- Mineraldünger lassen sich durch Kompost weitgehend ersetzen, auch regelmäßige Gründüngung ersetzt Dünger.
- Torf enthält keine Nährstoffe, er versauert den Boden. Außerdem werden durch den Torfabbau die Moore zerstört, ebenfalls Lebensraum seltener und nützlicher Tiere.
- Schneckenkorn ist eines der am meisten eingesetzten Gifte im Hausgarten. Es enthält Schwermetalle, deshalb nach Möglichkeit darauf verzichten. Alternativen: Schnecken absammeln, Schneckenzaun errichten, Asche streuen, Schneckenfallen aufstellen.
- Der Gehweg oder Platz vor dem Haus zählt zwar nicht zum Garten, aber auch hier kann aktiver Umweltschutz betrieben werden: im Winter kein Streusalz verwenden, sondern Streusplitt oder Sand.

Literaturverzeichnis

Aid Infodienst Verbraucherschutz, Ernährung, Landwirtschaft e.V., Bonn, Internetauftritt www.aid.de
sowie Broschüren und Faltblätter:
- Achten Sie aufs Etikett, 1994
- Allergenkennzeichnung, 2005
- Amtliche Lebensmittelüberwachung, 1995
- Ballaststoffe – kein überflüssiger Ballast, 1997
- Brot, 1996
- Deutscher Wein, 1999
- Die Zutatenliste – Kleines Lexikon der Zusatzstoffe, 2005
- Eier, 2003
- Empfehlungen für die Ernährung von Säuglingen, 2005
- Ernährung im hohen Alter – Ratgeber für Angehörige und Pflegende, 2004
- Fastfood – Essen auf die Schnelle, 2005
- Finanzierungsfragen in der Landwirtschaft, 1990
- Fisch, 1998
- Fleisch- und Fleischerzeugnisse, 1996
- Geflügelfleisch, 1998
- Gemüse, 1996
- Gentechnik in Lebensmitteln – So wird gekennzeichnet, 2004
- Haltbarmachen von Lebensmitteln, 1996
- Heil- und Gewürzpflanzen, 1996
- Hülsenfrüchte, 1999
- Käse, 1994
- Kaffee, Tee, Kakao, Kräutertee, 2000
- Kartoffeln und Kartoffelerzeunisse, 2002
- Kennwort Lebensmittel, 1994
- Küchenkräuter und Gewürze, 2005
- Lammfleisch, 1996
- Lebensmittelvorrat, 1995
- Mikrowelle – Fragen und Antworten, 1997
- Milch-Ersatzprodukte, 1996
- Milch und Milcherzeugnisse, 2005
- Nachhaltig haushalten – Ideen für eine begrenzte Welt, 2003
- Nahrungsergänzungsmittel – Nutzen oder Risiko, 2005
- Richtig lagern im Kühlschrank, 1996
- Rindfleisch einkaufen – zubereiten, 1994
- Schweinefleisch einkaufen – zubereiten, 1994
- Speisefette, 1995
- Süßwaren, 2003
- Teigwaren, 1998
- Tiefkühlkost – Einfrieren von A–Z, 1998
- Tips zum Lebensmitteleinkauf, 1999
- Tisch decken, 1995
- Vom Acker bis zum Teller: Lebensmittelsicherheit geht alle an, 2005
- Vorratsschädlinge, 1995
- Wild einkaufen – zubereiten, 1994
- Wissenswertes zu Koch-, Brat- und Backgeschirr, 1997
- Wurst, 1995
- Zucker, Sirupe, Honig, Zuckeraustauschstoffe, Süßstoffe, 2004

Allgemeine Ortskrankenkasse (AOK), Frankfurt/Main:
- Kaputtmacher Alkohol, Informationsheft Nr. 11/1985
- Drogen, Informationsheft Nr. 5/1986

Arbeitsgemeinschaft der Verbraucherverbände e.V. (AGV), Bonn:
- Betrifft: Textilien, 1996
- Fleisch, 1993
- Hausrat- und Haftpflichtversicherungen, 1996
- Regenwasser für Haus und Garten, 1995
- Richtig versichert – viel Geld gespart, 1996

- Richtiges Bett – gesunder Schlaf, 1996
- Verbraucher Rundschau Nr. 1–2/93, 5/93, 7–8/93, 7/94, 9/94, 6/95, 3/96
- Weniger Watt für Kühlschrank & Co, 1994
- Wohnqualität im Alter, 1994
- Zeitmanagement im Haushalt, 1996

Arbeitsgemeinschaft Die moderne Küche (AMK): Ratgeber Küche, Darmstadt, 1994

Arbeitsgemeinschaft Wohnberatung e.V.: Holzschutz, Bonn-Duisdorf, 1988

Augustin, A., Garthe, G.: neue mode Nähen von A–Z, Heinrich Bauer Verlag, Hamburg, 1973

Bayerisches Landesinstitut für Arbeitsschutz, München:
- Heben und Tragen von Lasten, Merkblatt, 1986
- Gefährliche Stoffe, Merkblatt, 1988

Bayerisches Staatsministerium für Arbeit und Sozialordnung, München:
Sicherheit für Ihr Kind – (k)ein Kinderspiel, 1994

Bocksch, M.: Natürlich heilen und behandeln, BLV Verlagsgesellschaft, München, 1986

Bohm, R.: Das bißchen Haushalt, DLG-Mitteilungen 2/1990, Frankfurt/Main

Böhm, R.: Das Haushaltsbudget, Faltblatt, Bayerische Landesanstalt für Ernährung, München, 1989

Bosch, G. u. a.: Lehrbuchreihe Die Hauswirtschaft, BLV Verlagsgesellschaft, München:
- Warenkunde und Verbraucherwissen, 1986
- Gesundheitspflege, 1989
- Haushaltstechnik, 1990
  Planen – Bauen – Wohnen, 1984
- Wirtschaftslehre des Haushalts, 1989

Brändle, E., Wittmann F.X.: Sanierung alter Häuser, BLV Verlagsgesellschaft, München, 1996

Bundesforschungsanstalt für Ernährung und Lebensmittel, Berlin: Internetauftritt www.bfel.de

Bundesinstitut für Risikobewertung, Berlin: Internetauftritt www.bfr.de

Bundesverband Verbraucherinitiative e.V., Berlin: Internetauftritt www.verbraucher.org

Calis, U.: Das große Mikrowellenkochbuch, BLV Verlagsgesellschaft, München, 1996

CMA Centrale Marketing-Gesellschaft der deutschen Agrarwirtschaft (CMA), Bonn: Internetauftritt www.cma.de

Der Große Klever – Kalorien & Nährwerte, Gräfe und Unzer, München, 2005

Deutsche Gesellschaft für Ernährung (DGE), Bonn: Internetauftritt www.dge.de

Deutsches Rotes Kreuz, Bonn:
- Erste Hilfe Fibel
- Handbuch Krankenpflege in der Familie, 1989

Daniel, C., Schreiber-Kaspers, I.:
  1000 Fragen für die junge Landfrau,
  Verlagsunion Agrar, Frankfurt/Main, 2005

Gensthaler, C. u. a.: Hauswirtschaft heute,
  BLV Verlagsgesellschaft, München, 1989

Grill, W., Percynski, H.: Wirtschaftslehre des Kredit-
  wesens, Verlag Gehlen, Bad Homburg, 1988

Hauptberatungsstelle für Elektrizitätsanwendung e.V.
  (HEA), Frankfurt/Main:
  – Be- und Entlüftung von Küchen, 1995
  – Bügelgeräte, 1996
  – Elektroherde, 1996
  – Geräte zur Geschirreinigung, 1995
  – Geräte zur Nahrungszubereitung, 1993
  – Geräte zur Raumpflege, 1993
  – Geräte zur Vorratshaltung, 1995
  – Geräte zur Wäschepflege, 1994
  – Geschirrspülmaschinen und Umwelt, 1993
  – Hauswirtschaftsräume: Planung von Küchen, 1994
  – Kochstellenausstattung von Elektro-Standherden,
    1996
  – Kühl- und Gefriergeräte, 1995
  – Mikrowellengeräte, 1993
  – Raumpflegegeräte, 1993
  – Sicherheit im Umgang mit Elektrogeräten, 1991
  – Wäschepflege im Haushalt, 1992

Horn, E., Muhle-Witt, C.: Wild in der Küche,
  BLV Verlagsgesellschaft, München, 1996

Horn, E., Stuber, H.: Fisch in der Küche,
  BLV Verlagsgesellschaft, München, 1996

Internationales Baumwollinstitut, Frankfurt/Main:
  Der Weg der Baumwolle von der Faser zum Stoff, 1987

Kagerer, R.: Mein Haushalt gut geführt,
  BLV Verlagsgesellschaft, München, 1984

Kuratorium für Technik und Bauwesen in der Landwirtschaft e.V. (KTBL), Darmstadt:
  Wäschereinigung und Wäschepflege, 1996

Pichert, H.: Haushalttechnik,
  Verlag Eugen Ulmer, Stuttgart, 1983

Rat für Nachhaltige Entwicklung, Berlin: Internetauftritt
  www.nachhaltigkeitsrat.de

Robert Koch-Institut, Berlin: Internetauftritt www.rki.de

Rust, H.: Praktische Vorratshaltung zu Hause,
  Alois Knürr Verlags GmbH, München, 1995

Schlieper, C.: Grundfragen der Ernährung,
  Verlag Handwerk und Technik, Hamburg, 2000

Statistisches Bundesamt, Wiesbaden: Internetauftritt
  www.destatis.de

Stiftung Warentest, Berlin:
  – Zeitschrift test, Jahrgänge 1997–2006
  – test-SPEZIAL Haushaltsgeräte
  – test-SPEZIAL Richtig essen – besser leben
  – Wohnen ohne Gift, 1995

Techniker-Krankenkasse (TKK), Hamburg, Broschüren:
  – Das Kind
  – Hausmittel
  – Hygiene
  – Sicherheit
TransFair e.V., Köln: Internetauftritt www.transfair.org

Umweltbundesamt, Dessau, Internetauftritt
  www.umweltbundesamt.de sowie Broschüren:
  – Haushaltstips für Umweltbewußte, 1994
  – Umweltbewußt leben, 1994

Zeitschrift ÖKO-TEST, ÖKO-TEST Verlag GmbH,
  Frankfurt/Main: Jahrgänge 1994 bis 2006

Register

Bildnachweis

ADAC, München: Seite 424

AEG Hausgeräte, Nürnberg: Seite 295, 303, 313, 425

Arbeitsausschuß Kinderspiel und Spielzeug, Ulm: Seite 419

Arbeitsgemeinschaft der Verbraucherverbände (AgV), Bonn: Seite 340

Arbeitsgemeinschaft DIE MODERNE KÜCHE e.V., Mannheim: Seite 222, 223, 224, 227

Arbeitsgemeinschaft ökologischer Landbau, Darmstadt: Seite 22 (rechts unten), 23 (oben)

Arbeitsgemeinschaft Pflegekennzeichen für Textilien in der Bundesrepublik Deutschland, Eschborn: Seite 326

Ausschuß für das Umweltzeichen der Europäischen Union (AUEU), Brüssel: Seite 22 (rechts oben)

Auswertungs- und Informationsdienst (AID), Bonn: Seite 31, 122, 124, 125, 126

Bayerischer Bauernverband, München: Seite 19

Bayerisches Landesinstitut für Arbeitsschutz, München: Seite 380

Berger Waltraud, Icking: Seite 129, 133, 186 (oben)

Robert Bosch Hausgeräte GmbH, München: Seite 287, 288

Bosch u. a.: Die Hauswirtschaft, Band Gesundheitspflege, BLV Verlagsgesellschaft München, 1989: Seite 385

Braun Hausgeräte, Kronberg/Ts.: Seite 290

Centrale Marketing-Gesellschaft der deutschen Agrarwirtschaft mbH (CMA), Bonn: Seite 22 (links oben), 119, 141 (unten)

Damnitz, Barbara von, München: Seite 391, 395 (rechts), 396 (links unten)

Deutsche Gesellschaft für Ernährung e.V., Bonn: Seite 71

Deutsche Gütegemeinschaft Möbel e.V., Nürnberg: Seite 215 (rechts oben)

Deutsche Zertifizierungsstelle Öko-Tex, Eschborn: Seite 327

Deutscher Kork-Verband e.V., Bielefeld: Seite 211

Deutsches Institut für Gütesicherung und Kennzeichnung e.V., St. Augustin: Seite 252

Euro RSCG ABC, Agentur für Kommunikation GmbH, Hamburg: Seite 23 (unten)

Europäische Teppichgemeinschaft e.V., Wuppertal: Seite 338

Forest Stewardship Council, Freiburg: Seite 24 (rechte Spalte, rechts oben)

Ganter Schuhfabrik GmbH, Waldkirch: Seite 331

Gericke Peter, München: Seite 141 (oben)

Globus-Press, Köln: Seite 378 (rechts)

Hailo, Haiger: Seite 377

Hauptberatungsstelle für Elektrizitätsanwendung e.V. (HEA), Frankfurt: Seite 264, 265, 275

Hoffmann Helmut, Starnberg: Seite 52, 169, 170 (links unten), 357

Huber, Typografie und Satz, München: Seite 32, 57, 170 (oben), 256

Internationaler Verband der Naturtextilwirtschaft e.V., Stuttgart: Seite 25 (links oben)

Internationales Wollsekretariat, Düsseldorf: Seite 318

Kärcher, Winnenden: Seite 302

Kontrollgemeinschaft Federnsiegel e.V., Mainz: Seite 343 (rechts)

Manufactum, Waltrop: Seite 170 (rechts unten), 173, 174, 186 (unten), 215 (links unten), 218, 228, 232, 239, 241, 254, 255, 293, 323, 343 (links)

Marine Stewardship Council, London: Seite 24 (links oben)

ÖkoControl Gesellschaft für Qualitätsstandards ökologischer Einrichtungshäuser mbH, Köln: Seite 24 (rechte Spalte, links oben)

Petra-elektric, Burgau: Seite 291, 292

Pfanzelt Walter, München: Seite 396 (rechts oben), 398

Pöppel Grafik Design, Dortmund: Seite 14, 17, 20, 51, 53, 54, 55, 56, 65, 66, 85, 93, 106, 128, 142, 183, 221, 257 (unten), 356, 369 (rechts), 370, 382, 394, 395 (links), 407, 410 (oben)

Quitta Egon, München: Seite 387

Rugmark Deutschlandbüro, Göttingen: Seite 24 (rechts unten)

Siemens Elektrogeräte, München: Seite 284, 289, 306

Sopexa, Düsseldorf: Seite 111

TransFair e.V., Köln: Seite 24 (links unten)

Vaillant GmbH und Co, Remscheid: Seite 421

Verband der Deutschen Lederindustrie e.V., Frankfurt: Seite 253

Viabono GmbH, Bergisch Gladbach: Seite 25 (rechts unten)

Wiesler Günter, Riding: Seite 99, 100, 102, 219, 363, 364, 365, 366, 367, 369 (links), 371, 372, 373, 374, 389, 403, 410 (unten)

Wittmann Franz, München: Seite 422